DAS BUCH ä

STEFAN ÜBLACKER

DAS BUCH ä

DIE VON die ärzte AUTORISIERTE BIOGRAFIE

SCHWARZKOPF & SCHWARZKOPF

*Für Bine, Karl und Marlene.
Ohne die beste Band der Welt
hätten wir uns nicht.*

Inhalt

ERKLÄRUNG 7

1. KÄPITEL – WEST-BERLIN 13

2. KÄPITEL – DIRK FELSENHEIMER 20

3. KÄPITEL – JAN VETTER 37

4. KÄPITEL – DAS ERSTE MAL 43

5. KÄPITEL – DAWN OF DIE ÄRZTE 54

6. KÄPITEL – BRAVOPUNKS 92

7. KÄPITEL – VÖLLJER SCHWACHSINN 120

8. KÄPITEL – DER MOND, DIE SCHATTEN UND DIE ÄRZTE 155

9. KÄPITEL – SEXUALETHISCHE DESORIENTIERUNG 184

10. KÄPITEL – HINTER UNS EIN MEER VON SCHUTT 230

11. KÄPITEL – RODRIGO GONZÁLEZ 251

12. KÄPITEL – GANZ OBEN 266

13. KÄPITEL – DAS BLATT WENDET SICH 289

14. KÄPITEL – WIEDER VEREINT 320

15. KÄPITEL – HASENHEIDE 9 371

16. KÄPITEL – EIN HIT IST EIN HIT IST EIN HIT 434

17. KÄPITEL – DISCO 2000 ... IS FUCK! 475

18. KÄPITEL – UMBAUPAUSE 522

19. KÄPITEL – DER TAG / DIE NACHT 549

20. KÄPITEL – EIN WINTERMÄRCHEN 582

21. KÄPITEL – DIE BESTEN DER BESTEN DER ALLERBESTEN ... 598

22. KÄPITEL – 2010 638

23. KÄPITEL – LATERNENUMZUG MIT FOLGEN 640

24. KÄPITEL – IST DAS ALLES? 692

ÄPILOG 697

ZUSAMM'FASSUNG 706
   DISKOGRAFIE 706
   ZU BREI GEROCKTE ORTE 710
   OPUS DÄ 712

ÄNDNOTEN 718

CRÄDITS 760

DANKE & GRÜSSE 762

WIDMUNG 763

BILDNACHWEIS 764

Erklärung

»*Das ist das, worum es geht.*«
(Die Ärzte – *Worum es geht*)

Wenn man erörtern möchte, welchen Stellenwert eine Musikgruppe innerhalb einer Gesellschaft besitzt, könnte man dies an vielen Faktoren festmachen. Man kann zum einen ganz plump die Verkaufszahlen zu Rate ziehen. Allerdings wäre das sehr eindimensional gedacht, denn dann würde das seichte Gedudel konturloser Interpreten aus dem deutschen Musik-Einheitsbrei eine ziemlich hohe Relevanz besitzen. Das tut es aber nicht. Es ist lediglich Musik, die gut zur Berieselung und Vermeidung der Stille taugt. Genau bei solcher Sorte Interpreten sind deren Plattenfirmen übrigens auch immer sehr darauf bedacht, die genauen Verkaufszahlen zu nennen. Allein wohl deshalb, um das Dasein dieser Interpreten zu legitimieren. Es gibt aber auch jene Sorte Künstler, die mit genauen Angaben zu ihren Erfolgen eher hinterm Berg halten, denn eine Lady oder ein Gentleman schweigt und genießt bekanntlich. Zu letzterer Sorte gehören Die Ärzte. Ein jeder ahnt, dass sie eine Menge Platten verkauft haben müssen, doch niemand weiß eben genau wie viele.

Ein anderer Aspekt der Betrachtung wäre das Auftreten in der Öffentlichkeit. Sprich: Wie oft sind die Fressen der Damen und Herren Künstler auf Titelseiten, im TV, im Radio und auf Plakaten zu sehen und zu hören. Doch ist hier Vorsicht geboten. Nicht immer sind die, die am lautesten brüllen und am breitesten grinsen, auch wirklich die Allerschürfsten. Die Ärzte gehören eindeutig nicht zur Gattung der Brüllaffen. Sie melden sich meistens nur dann, wenn es etwas Wichtiges zu vermelden gibt, und nicht sofort dann, wenn sie denken, dass sie sich mal melden sollten. Gerade in der heutigen, lauten Zeit ist die Unaufdringlichkeit ein hohes und kostbares Gut. Mir fallen jedenfalls einige Damen und Herren ein, von denen man sich wünscht, dass sie dem Vorbild der Die Ärzte folgen und am besten für immer die Klappe halten würden.

Würde man sich allein auf diese Betrachtungen beschränken, fiele die Einordnung der Die Ärzte in den kulturhistorischen Kontext des deutschsprachigen Raumes schwer. Doch es geht eben auch anders, und vielleicht ist es hilfreich, wenn ich dabei ein bisschen aus meinem eigenen Nähkästchen plaudere. Vielleicht macht dies deutlicher, welchen Stellenwert die Band hierzulande tatsächlich innehat, denn aus vielen, vielen Begegnungen und Unterhaltungen mit anderen Die Ärzte-Fans und -Sympathisanten weiß ich: Ich bin nicht allein.

Die Ärzte sind für mich so etwas wie eine Einstiegsdroge in die Popmusik gewesen. Aus einem heftigen Flirt wurde schnell eine innige Liebesbeziehung – zumindest von meiner Seite aus. Ein bisschen ist es wohl so wie bei der Berufung zum Fan eines Fußballvereins. Auch diese eine Liebe sucht man sich nicht aus, man findet sie einfach. Genauso war es bei mir mit den Die Ärzte (übrigens wird der Bandname generell nicht dekliniert – nicht dass Sie, liebe Leser, denken, ich könnte keine Grammatik schreiben tun). Diese Band war wie eine Erlösung, die mich aus dem tiefen Tal der Ahnungslosigkeit befreite, und sie war vor allem einfach anders als all der Kram, der sonst so durch die bunten und ansonsten ziemlich belanglosen Neunzigerjahre geisterte. Ihre Musik war dabei nur ein Teil von ihnen, der mir gefiel. Was mich noch viel mehr gekickt hat, waren die Typen selbst und ihr alles entwaffnender Humor. Es war kein platter Auf-die-Zwölf-Humor, es war ein intelligenter Humor. So wie er von Künstlern wie Monty Python, Loriot oder Heinz Erhard gelebt worden ist, die ich seit meiner Kindheit sehr verehre. Viele Späße der Band setzten eine gewisse Allgemeinbildung voraus, damit man mitlachen konnte. Wenn diese dann hier und dort mal fehlte, dann hat man eben nachgeschlagen oder jemanden gefragt – Internet gab es ja damals noch nicht – und dann nachgelacht. Besonders gut gefiel mir ihr Hang zur Selbstironie. Egal wie erfolgreich Die Ärzte waren, es bestand nie die Gefahr, dass sie jemals groß abheben würden, denn sie kümmerten sich in der Regel selbst darum, wieder auf den Boden der Tatsachen zu kommen. Das bewerkstelligte die Band schon allein dadurch, dass sie sich selbst nicht so wichtig nahm, so wie dies viele andere Musikerkollegen auf teils ätzende Art und Weise taten und noch heute tun.

Und ja, sie waren einfach auch immer verdammt gute Entertainer. Selbst wenn beim Konzert all ihre Instrumente ausfallen würden, hätten sie noch immer ihre Klappe, die sie, zumindest was zwei Drittel der Band betrifft, so gut wie nie halten können, und sie sind immer für einen Haufen Unsinn gut. Nachdem wir uns also Mitte der Neunzigerjahre gefunden hatten, also ich und Die Ärzte, ließen wir uns nicht mehr aus den Augen. Diese Band hatte einfach eine Aura, die mir stets sagte: Auf keinen Fall abschalten, denn dranbleiben lohnt sich. In Zeiten, wo es noch so etwas wie Musikfernsehen gab – die Älteren werden sich erinnern –, war die Band oft in diversen Sendungen zu Gast. Und eigentlich auch nur da. Mir haben dabei immer die von ihnen moderierten Videoclipsendungen besonders gut gefallen, in denen sie handverlesene Videoclips anderer Künstler präsentiert haben. Auf diese Weise habe ich Bands wie KISS, Social Distortion, Foo Fighters oder Faith No More kennen- und lieben gelernt. Überhaupt sind die ganzen musikalischen Bezüge, die sie auf ihren Platten oder Konzerten einstreuen, eine nie versiegende Quelle der Inspiration für das weitere Abdriften in die Untiefen der wunderbaren Welt der Musik. Man könnte sogar eine Wissenschaft daraus machen und jeden Die Ärzte-Song nach derlei Verweisen durchsuchen, am Ende würde man bei einem ganzen Arsenal an Interpreten unterschiedlichster Couleur landen. Seien es Pink Floyd, Frank Zappa, Metallica, NOFX, The Cure, Stray Cats, The Beatles, Beastie Boys oder, oder, oder.

Ein Umstand, den man auch nicht unterschätzen darf und der mir in meiner damaligen Pubertät sehr nützlich war, ist die Tatsache, dass man mit den Die Ärzte wunderbar rebellieren konnte. Gegen das Elternhaus, die Lehrer, den Staat oder sonstige Obrigkeiten. Ich bin dagegen, denn ihr seid dafür. Genau, so sieht das aus. Mit diesem simplen Satz von Farin Urlaub aus dem Song *Rebell* wurden sicher schon so manche Denkprozesse in Gang gesetzt. Natürlich gibt es da auch noch die unappetitliche Seite der Band, mit der man ziemlich gut Geschmacksgrenzen ausloten konnte. Für mich war es immer ein großer Spaß, neben harmlosen Liedern wie *Sommer, Palmen, Sonnenschein* oder *Westerland* auch Songs wie *Omaboy* oder *Sie kratzt, sie stinkt, sie klebt* auf meinen Mixtapes zu platzieren. Als ich diese dann im Beisein meiner Eltern hörte, was meist auf ausgedehnten Autofahrten der Fall war, war es oft nur eine Frage der Zeit, bis bei solchen Geschmacklosigkeiten irgendwann stillschweigend einfach vorgespult wurde oder ich einen verächtlichen Blick zugeworfen bekam. Muss das denn jetzt sein? Ja, das muss so. Wenn man fröhlich vor sich hin pubertiert, gefällt einem so ein Schweinkram natürlich besonders gut. Wenn man älter wird, beginnt man aber auch die Musikalität der Band mehr und mehr schätzen zu lernen. Die trauen sich eben nicht nur, Dinge zu sagen, die sich manche nicht trauen würden. Die trauen sich auch noch, alles zu spielen, was man ihnen gar nicht zutrauen würde. Für Überraschungen ist die Band nämlich immer gut. So fängt ein Album schon mal mit Jazz statt Punkrock an. So wird ein *MTV Unplugged*-Auftritt lieber mit einem Schulorchester als mit abgeklärten Profimusikern gespielt. So kümmern sie sich nicht nur um den Rock, sondern sind auch zuständig für Heavy Metal, Rockabilly, Ska, Reggae, Volksmusik, oder, oder, oder. Man fragt sich, warum machen die das? Na, aus Scheiß eben und purem Spaß an der Freude. Nicht lange fackeln, einfach mal machen. Jede Idee, sei sie blöd oder gut, ist es schließlich auch mal wert, ausgetestet zu werden. Der Spaß steht bei dieser Band stets im Zentrum ihres Handelns. Klar, das Finanzielle ist auch wichtig, aber es ist eben nicht alles entscheidend. Warum wirft man eine Single, die nur 30 Sekunden lang ist, auf den Markt? Warum veröffentlicht man ein Konzeptalbum, das sich nur mit Haaren beschäftigt? Warum dreht man sündhaft teure Videos, die nie und nimmer im Musikfernsehen laufen werden? Aus reiner Profitgier sicherlich nicht. Nein, es geht um eine gute Zeit, eine herrliche Zeit.

All dies hat dazu geführt, dass ich immer tiefer in den Sog der besten Band der Welt hineingezogen worden bin. Genau diesen ganzen Quatsch habe ich an ihnen geliebt und liebe ich bis heute. Auf meiner Schule stand ich mit dieser Vorliebe ziemlich alleine da. Wie kann man denn nur so einen Quatsch mögen, musste ich mir oft anhören. Da wären wir auch schon bei ihrem scheinbar nie enden wollenden Image als Funpunk-Band allerärzter Kajüte, das an ihnen haftet wie Fruchtfliegen an reifem Obst. Weil diese Band so großen Spaß am Spaß hat, wird eben gerne mal übersehen, dass sie schon immer klare Statements abgegeben haben. Weil sie dabei aber nie den Zeigefinger emporgestreckt haben, sondern sich diesen lieber ironisch genähert haben, haftet ihnen das Image des Gag-Imperiums bis heute an. Diejenigen, die ihnen das vorwerfen, vergessen dabei, dass hinter jedem guten Humor ein ernsthafter Gedanke steht. In besonders dringenden Fällen haben aber auch Die Ärzte auf jedweden Humor verzichtet, wie bei ihrem laut eigenen Aussagen wohl besten und wichtigsten Lied *Schrei nach Liebe*. Doch auch abseits der berühmten Zeile »Deine Gewalt ist nur ein stummer Schrei nach Liebe« gibt es im Schaffen der Band Passagen zu finden, die durchaus als Lebensmaxime taugen:

Ich ess' Blumen, denn Tiere tun mir leid.

Du trinkst Whiskey, er trinkt Bier. Ich trink Vollmilch.

Lass die Leute reden und lächle einfach mild. Die meisten Leute haben ihre Bildung aus der BILD.

Manchmal, aber nur manchmal, haben Frauen ein kleines bisschen Haue gern. Immer, ja wirklich immer, haben Typen wie du was auf die Fresse verdient.

Es gibt noch unzählige weitere Verse, die alles in allem eine klare Haltung ergeben. In »Haltung« steckt bekanntlich das Wörtchen »Halt« mit drin, und genau das suchen viele Leute in einer Welt, wo die Überzeugungen von gestern morgen schon keinen Bestand mehr haben. Im dichtesten Dickicht der Informationsgesellschaft halten die Leute verzweifelt Ausschau nach Wegweisern. Die Ärzte sind dies für viele. Ob sie auch wirklich dazu taugen? Wer weiß das schon. Die schlechteste Wahl sind sie mit Sicherheit nicht. Ihr ehemaliger Produzent Micki Meuser sagt in diesem Buch, dass Die Ärzte mit ihrer Musik und ihren Texten da ansetzen, wo junge Menschen ihre Gene und Erziehung in eine eigenständige Persönlichkeit entwickeln. Dass sie diese Fähigkeit bis heute nicht verlernt haben, zeigt schon ein Blick in die ersten Reihen auf ihren Konzerten. Diese sind voll mit jungen Menschen, die Die Ärzte wohl genau zu dem von Meuser genannten Zeitpunkt erwischt haben. Dahinter stehen dann dem Alter nach aufsteigend die weiteren Besucher. Mit den Jahren sind es immer mehr geworden, und mittlerweile füllen Die Ärzte ganze Stadien, wenn sie denn wollen. Sie haben diesen Erfolg auf ihrem ganz eigenen Weg erreicht, sind sich stets treu geblieben und können sich noch immer in die Augen sehen, ohne groß zwinkern zu müssen. Dieses selbstbestimmte Leben ist mit Sicherheit ihr größter Erfolg und zugleich ein Ansporn für die nachwachsende Generation an Musikern.

Mittlerweile bin auch ich der Pubertät entwachsen – zumindest laut meines Ausweises. Die Ärzte höre ich immer noch, und ich wage mal die vorsichtige Prognose, dass ich dies noch ganz lange tun werde. Ich mag mir auch gar nicht ausmalen, welche Wendung mein Leben ohne diese Band womöglich genommen hätte. Ohne sie würde ich sicher nicht dort zu Hause sein, wo ich jetzt bin. Ohne sie hätte ich nicht meine Frau getroffen, und meine Kinder wären dementsprechend auch nicht so geraten. Und ohne diese Band gäbe es auch dieses Buch nicht, und ich könnte Ihnen, liebe Leser, nicht die Geschichte von einer Band namens Die Ärzte erzählen.

So weit nun in Kurzform meine persönliche Sicht auf die beste Band der Welt. Lesen Sie doch jetzt einfach mal dieses Buch durch – die paar Seiten nur! –, und lassen Sie sich von mir mitnehmen auf einen irren Ritt durch über 30 bewegte Jahre deutscher Geschichte. In den Hauptrollen BelaFarinRod und andere. Fällen Sie anschließend Ihr eigenes Urteil! Sind Die Ärzte wirklich die beste Band der Welt? Haben Sie nichts Besseres zu tun, als die Die Ärzte zu hören? Gibt es wirklich nur einen Gott, der da heißt BelaFarinRod? Lassen Sie es mich bitte wissen.

Ihr Stefan Üblacker

1. KÄPITEL

West-Berlin

»*Ja, ich freu mich auf morgen.*
Ich freu mich auch schon tierisch auf die Scene – West Berlin.
Die Stadt mit der Mauer. Ja, da gehen wir hin.«
(Die Ärzte – West Berlin)

Berlin, Juni 1961. »*Niemand hat die Absicht, eine Mauer zu errichten.*« Am Ende wird es nichts weiter als ein hohles Versprechen sein, das der damalige Staatsratsvorsitzende der Deutschen Demokratischen Republik (DDR), Walter Ulbricht, der Journalistin Annamarie Doherr von der *Frankfurter Rundschau* in seinem unverwechselbaren sächsischen Dialekt und mit dünner Stimme auf den Weg gibt. Die Frage der Journalistin zielt auf die Gerüchte zum Bau einer Mauer im geteilten Berlin, und sie ist durchaus berechtigt.

Während des Zweiten Weltkriegs haben der Westen und der Osten noch Seite an Seite gegen die Nazis gekämpft, nun spitzen sich die Spannungen zwischen den einstmals Verbündeten immer mehr zu. Die Alliierten, in Gestalt der USA, Großbritanniens und Frankreichs, können sich mit der Sowjetunion nicht auf eine gemeinsame Deutschlandpolitik einigen. Die Sowjets wollen im östlichen Teil Deutschlands eine Diktatur errichten, die Westmächte sehen für ihre Zonen eine demokratische Staatenlösung vor. Der sogenannte »Kalte Krieg« findet gerade in dem von Alliierten und Sowjetmächten besetzten und kontrollierten Berlin seine große Bühne. 1948 beginnt die Sowjetunion damit, alle Landwege vom Westen nach Berlin abzuriegeln. Die Blockade soll den Westen zum Nachgeben bringen, doch der lässt sich davon nicht beeindrucken und versorgt die Berliner Bevölkerung mit einer groß angelegten Luftbrücke. Die Blockadepolitik Moskaus scheitert, und so kommt es ein Jahr später zur Gründung der beiden deutschen Staaten, der BRD und der DDR. Fortan wird die Teilung Deutschlands nicht nur politisch, sondern auch architektonisch immer weiter vorangetrieben. Zu jener Zeit stehen die DDR und die UdSSR unter dem großen Druck, den Flüchtlingsströmen von Ost nach West etwas entgegenzusetzen. Denn wider Erwarten verspüren unter den dort herrschenden widrigen Bedingungen offenbar doch nicht alle Bewohner der DDR große Lust, am Aufbau des Sozialismus mitzuwirken.

Während in der BRD dank der Hilfe des Marshallplans schon bald das Wirtschaftswunder aufblüht, fehlt es in der DDR noch immer an allen Ecken und Enden. Der vermeintlich große Bruder, die UdSSR, lässt die DDR für die entstandenen Kriegsschäden ordentlich bluten. Darunter leidet vor allem die Bevölkerung des Landes. Spätestens mit dem niedergeschlagenen Volksaufstand vom 17. Juni 1953 ist offensichtlich geworden, dass sich die noch junge DDR in einer existenzbedrohenden Krise befindet. Auch wenn die UdSSR fortan auf Reparationsleistungen seitens der DDR verzichtet, nutzen immer mehr Menschen die sich noch bietenden Fluchtmöglichkeiten in die BRD. Bis Anfang der Sechziger haben schon über zwei Millionen Menschen die sowjetische Besatzungszone und die spätere DDR verlassen. In ihrer Verzweiflung entscheidet sich die Regierung der DDR nach Absprache mit Moskau, ihr Volk durch Verstärkung der Grenzanlagen und durch Verriegelung der Zufahrtswege gen Westen schlichtweg einzusperren.

In der Nacht vom 12. auf den 13. August 1961 wird schließlich Realität, was viele bis dato für undenkbar hielten. Truppen der DDR, bestehend aus NVA, Grenzpolizei, Volkspolizei und Betriebskampfgruppen, fangen in Berlin damit an, die Straßen und Gleiswege in den westlichen Teil der Stadt abzuriegeln. Zur Sicherung der Grenze errichten Bauarbeiter an diesem und den Folgetagen an einigen Stellen erste Mauern. An anderen Stellen werden Zäune aufgestellt und Stacheldraht gezogen. Bald schon nimmt die Mauer, die DDR-Führung redet offiziell vom »antifaschistischen Schutzwall«, feste Gestalt an, und es kommt zu immer häufigeren und immer verzweifelteren Fluchtversuchen. Menschen, deren Häuser unmittelbar an der Grenze stehen, seilen sich todesmutig mit Bettlaken Richtung Westen ab, und auch viele Sicherheitskräfte nutzen die letzte sich bietende Gelegenheit zur Fahnenflucht. Das Bild vom flüchtenden Grenzpolizisten Conrad Schumann, der in der Bernauer Straße über den Stacheldrahtwall springt, geht alsbald um die Welt.

Die DDR-Regierung schafft auf eindrucksvolle und martialische Art Fakten, und die alliierten Mächte und die BRD schauen fassungs- und tatenlos dabei zu, wie West-Berlin ober- und unterirdisch sprichwörtlich eingemauert wird. Die innerdeutsche Grenze ist bereits mit enormen Grenzanlagen hochgerüstet, und die deutsche Teilung ist nun kein schwebender Zustand mehr. Sie ist Fakt, und sie scheint endgültig zu sein. West-Berlin fällt ein besonderer Status zu. Ursprünglich wollte die Sowjetunion den Westteil der ehemaligen Hauptstadt des Dritten Reichs in eine Freie Stadt umwandeln. Den Ostteil hat die DDR bereits mit ihrer Gründung als Hauptstadt der Deutschen Demokratischen Republik ausgegeben. Die Regierung der BRD betrachtet West-Berlin aber als eine Art Bundesland, und die wiederholten Versuche Moskaus, ihre Absicht weiter in die Tat umzusetzen, sollten scheitern. Faktisch ist West-Berlin zwar ein Bundesland, aber dennoch gelten nicht alle Gesetze und Regelungen der BRD unmittelbar auch hier. Es gibt Sonderregelungen, die das Leben für dessen Bewohner beeinflussen. So haben die Bewohner West-Berlins statt des normalen Personalausweises der BRD einen eigenen, »behelfsmäßigen« Berliner Personalausweis, der absichtlich keinen Hinweis auf das ausstellende Land enthält. Nur dieser Ausweis wird von der DDR als alleiniges Ausweispapier an den innerdeutschen Grenzen anerkannt. Ferner gibt es keine Wehrpflicht in West-Berlin, denn die Alliierten betrachten die Stadt als »entmilitarisiertes Gebiet« und erlauben keinerlei Bundeswehr-Präsenz. Die Befreiung von der Wehrpflicht wird schon bald zu einer Verlockung für viele junge Leute, die keine Lust auf die Bundeswehr oder den Zivildienst haben. Anstatt eingezogen zu werden, verlegen sie ihren Wohnsitz nach West-Berlin – mal zum Schein, mal in echt. Damit machen diese den Bevölkerungsschwund wieder wett, der sich nach dem Ende des Zweiten Weltkriegs eingestellt hat, als viele Menschen aus dem zerbombten Berlin in den Harz, nach Hamburg oder Bayern geflohen sind. Als zusätzliche Entschädigung für das Leben in der Mauerstadt gibt es für die dort ansässigen Arbeitnehmer auch noch eine Berlinzulage in Höhe von acht Prozent auf das Bruttogehalt. Der Senatshaushalt wird darüber hinaus sehr stark von der BRD bezuschusst, was einen guten Nährboden für eine alternative Kulturszene liefert und ein Paradies für Freidenker schafft.

Diese Sonderregelungen ändern jedoch nichts an der Tatsache, dass West-Berlin wie eine Insel inmitten der DDR, umgeben vom »Roten Meer«, liegt. Man kann dies gut mit dem kleinen gallischen Dorf des Comic-Helden Asterix vergleichen, das den Römern, die das übrige Gallien besetzen, trotzt. Ähnlich wie bei den Dorfbewohnern bei *Asterix* entsteht auch in West-Berlin bald ein interessantes Soziotop, das Leute aus den unterschiedlichsten Szenen und Lebensformen anzieht und miteinander verbindet. Das Ganze nimmt ironischerweise schon Züge von Sozialismus an – also von genau der Ideologie, die man sich gerade auf der anderen Seite der Mauer so hartnäckig auf die Fahnen schreibt. Eine wirkliche Elitebildung gibt es anfangs noch nicht. Im Laufe der Jahre findet ein reger Austausch zwischen Punk und Avantgarde, zwischen Mainstream und alternativer Szene, zwischen Aufbruch und Verfall statt. Auch besitzt die Stadt eine große schwule und lesbische Lebensgemeinschaft, die nicht in einer Parallelwelt abläuft, sondern ein fester Bestandteil der gesamten Szene und Subkultur ist. Mit der sie umgebenden Mauer besitzt die Stadt ein ziemliches Alleinstellungsmerkmal in der ganzen Welt. Die West-Berliner wissen natürlich darum und lassen es gerne auch raushängen. Für viele ist die Mauer zudem ein Schutz vor den »Spießern« im Rest der westlichen Welt – besonders der BRD. Dass aber ebenjene Spießer der Stadt ihren Sonderstatus ermöglichen, wird dabei gerne übersehen.

Bela B: »*Wir hatten kein Interesse daran, die Mauer abzureißen, denn wir West-Berliner haben eine ganz andere Sicht auf die DDR gehabt als der Rest von Deutschland. Wir haben uns darüber auch ein Stück weit definiert. Wir waren eingeschlossen. Unsere Gedanken gingen nach oben – höher statt weiter und schneller.*«

Die Bundeswehrfreistellung löst einen regelrechten Zuwanderungsboom in die Stadt aus. Vor allem aus den südlichen Bundesländern kommen viele Leute in die Mauerstadt. Ein Umstand, der schnell für eine große Wohnungsnot sorgt, denn viele Immobilien, die potenziellen Wohnraum bieten, befinden sich in einem desolaten Zustand. Dabei handelt es sich meist noch um unbeseitigte Schäden aus dem Krieg oder schlichte Vernachlässigung aufgrund ungeklärter Eigentümerfragen durch die Folgen des Krieges und der Teilung der Stadt. Doch viele der Zugereisten nehmen selbst die schäbigsten Buden in Kauf, um einfach nur sesshaft zu werden und sich als Bürger von West-Berlin anmelden zu können. Außerdem sind diese Wohnungen billig. Wem auch das noch zu teuer ist, der sucht sein Glück in der Hausbesetzerszene, die nirgendwo sonst so lebhaft und aktiv ist wie in West-Berlin. Dies führt gerade in den Bezirken Kreuzberg und Schöneberg immer wieder zu Konfrontationen zwischen Besetzern und linker Szene auf der einen Seite sowie dem kapitalistischen »Schweinesystem« auf der anderen Seite. Die Band Ton Steine Scherben um den markanten Frontmann Rio Reiser wird zum Sprachrohr der alternativen Szene. Ihre Songs wie *Macht kaputt was euch kaputt macht* oder *Keine Macht für Niemand* liefern die passenden Slogans, die schon bald an vielen Häuserwänden prangen. Die anarchische Kulturszene und der provinzielle, verfallene Charme der Mauerstadt wirken wie ein Magnet auf Leute mit künstlerischen Ambitionen – sowohl aus der bildenden Kunst als auch aus der Musik. Im Sommer 1976 kommt der »Thin White Duke« David Bowie in die, wie er sie nennt, »Hauptstadt des Heroins«. Bowie ist zu der Zeit sehr von Krautrock-Bands wie den frühen Kraftwerk, Can, Neu! oder Tangerine Dream beeinflusst. Von Edgar Froese, dem Gitarristen von Tangerine Dream, hat er viel Gutes über die Akustik im großen Meistersaal des Hansa-Studios gehört. Er hat gerade im französischen Hérouville an seinem Album *Low* gearbeitet und spontan seine Koffer gepackt, um wenig später mit seinem Freund Iggy Pop und seinem Produzenten Tony Visconti im Schlepptau in Berlin aufzuschlagen.

Er möchte die Albumaufnahmen unbedingt hier im vom Froese so gelobten Meistersaal fortsetzen. Dieser ist zu der Zeit aber fast durchweg vom deutschen Produzenten Jack White[1] belegt, der dort Schlagerkünstler wie Tony Marshall oder Jürgen Marcus produziert, die eher wenig internationales Flair umgibt. Bowie zieht daraufhin zunächst in das kleinere Hansa-Studio in der Nestorstraße in Wilmersdorf, bevor er zu einem späteren Zeitpunkt der Produktion doch noch in den Meistersaal umzieht. Nicht nur die Akustik wirkt auf ihn ungemein inspirierend. Auch die Lage des großen Hansa-Studios in der Köthener Straße in Kreuzberg trägt seinen Teil dazu bei, denn aus dem Fenster im Kontrollraum kann man direkt auf die Mauer sehen. So wird das Studio 2 international bald als *Big*

Hall by the Wall weltberühmt. Sein Album *Heroes* mit dem gleichnamigen, bekannten Titelstück wird davon unmittelbar beeinflusst. Der Legende nach schrieb Bowie es, nachdem er an der Mauer ein sich küssendes Liebespaar gesehen hat: »*We can be heroes, just for one day.*«

Mit dem Album *Lodger* enden Bowies Berliner Jahre, die musikalisch als Berlin-Trilogie betrachtet werden. Er wirkt jedoch wie eine Initialzündung für Musiker aus aller Welt nach, die nun in Scharen kommen, um in der eingemauerten Stadt ihre Inspiration zu finden. Neben seinem Kumpel Iggy Pop sind dies unter anderem Nick Cave, Depeche Mode, U2 oder Jazz-Größen wie Eartha Kitt. Bowie hat der Stadt so etwas wie eine künstlerische Adelung verliehen. Die Geschichten über ihn und Berlin streifen die Wahrhaftigkeit allerdings oft nur am Rande und sind schon bald nichts weiter als eben gute Geschichten.

Farin Urlaub: »*Ich habe früher gerne meine Urlaube in Italien verbracht, und wenn man abends am Lagerfeuer mit jemandem ins Gespräch kam, hat der damals garantiert irgendwann gesagt: ›Du kommst aus Berlin? Da kennst du doch bestimmt David Bowie. Wie ist der denn so privat?‹*«[2]

Bela B: »*Ich war damals auf einem Konzert von* Wayne County & The Electric Chairs[3] *im SO36, auf dem auch David Bowie und Iggy Pop waren, doch die waren so umringt von ihrer Entourage, dass ich nur einen kurzen Blick auf Iggys Haare erhaschen konnte. Die Präsenz der beiden tat dem Konzert nicht so gut, weil niemand mehr auf die Bühne achtete.*«

Bowie zieht nicht nur auf musikalischer Ebene Schatten nach sich. Die Geschichten über ihn und seine angeblich zahlreichen nächtlichen Ausschweifungen machen auch das Berliner Nachtleben legendär. Ebenso legendär wird auch dessen Verklärung. Blixa Bargeld von den Einstürzenden Neubauten sieht dies ähnlich.

Blixa Bargeld: »*West-Berlin bediente sich nach außen des Tricks, den Anschein zu erwecken, als würde hier unglaublich viel passieren. Hier passierte aber nicht ständig unglaublich viel, sondern manchmal sogar extrem wenig.*«[4]

Bargeld selbst steht in der Kneipe Risiko hinterm Tresen, und ein gewisser Nick Cave aus Australien ist hier gern gesehener Gast.

Die Bar hat einen Ruf wie Donnerhall. Sie liegt unweit des S-Bahnhofs Yorckstraße, der die Grenze zwischen Kreuzberg und Schöneberg bildet. Es ist ein Ort, in dem es ständig gärt. Alkohol, Drogen, Gestank und Platzmangel sind an der Tagesordnung. Das Bier ist hier, wie überall in Berlin, billig, wenngleich nicht unbedingt gut. Andere einschlägige Läden sind das Punkhouse, das 1979 schon wieder zumacht, der Dschungel in Schöneberg, wo Jäki Eldorado, Deutschlands erster Punkrocker, bedient, oder das Excess. Die Berliner gefallen sich in ihrer Inszenierung und Glorifizierung des Nachtlebens, wo oft erst Schluss ist, wenn auch der letzte Gast vom Tresen fällt. PVC, zugleich eine der ersten deutschen Punkbands überhaupt, thematisieren dies zu dieser Zeit in ihrem Song *Berlin by Night*[5].

Natürlich braucht jede Szene einen Namen. Aufgrund der Veranstaltung *Die große Untergangsshow – Festival Genialer Dilletanten* im Tempodrom im Herbst 1981 ist schon bald einer gefunden. Die Bezeichnung *Geniale Dilletanten* macht schon bald die Runde und vereint Künstler wie die *Einstürzenden Neubauten* mit Blixa Bargeld, die Punks von *DIN A Testbild* um Gudrun Gut oder *Die Tödliche Doris* um Wolfgang Müller. Die falsche Schreibweise von *Dilletanten* ist zunächst einem Fehler geschuldet, wird alsbald aber bewusst in Kauf genommen.

Blixa Bargeld: »*Es ging darum, diesem ganzen Phänomen der umherschweifenden künstlerischen Jugendlichen einen Namen zu geben. Das hat dann sofort die Presseartikel gegeben, weil plötzlich ein Name da war, mit dem man das benennen konnte.*«[6]

Bela B: »*Während die Öffentlich-Rechtlichen grad erst den Punk für sich entdeckt hatten und über Pogopartys im Ruhrgebiet berichteten, gab es in Berlin schon wieder etwas Neues und vor allem Eigenes. Die Punkprämisse ›Das kannst du auch‹ wurde hier noch mehr auf den Punkt gebracht.*«

Berlin bewahrt sich seinen Freigeist. Zwar finden die Ideen hier seitlich ihre Grenzen, doch nach oben hin ist alles offen. Der Urknall des Punk samt seiner Erschütterung ist recht schnell verpufft, doch die Grundideen der Punk-Bewegung leben in dieser Stadt wie in keiner anderen bis zum späteren Fall der Mauer weiter.

Zu dieser Zeit und in dieser Stadt beginnt die Geschichte der besten Band der Welt.

2. KAPITEL
Dirk Felsenheimer

> *»In Spandau wurde ick jeborn –*
> *is trotzdem wat aus mir jeworn!«*
> (Die Ärzte – *Komm zu Papa*)

West-Berlin, 1962. Die Menschen knabbern noch immer an den Folgen des Mauerbaus. Unter anderem besteht ein striktes Einreiseverbot nach Ost-Berlin, das erst nach und nach aufgelockert werden wird. Die Teilung Deutschlands sorgt für so manche Familienschicksale und trennt eben nicht nur optisch die Stadt und das Land. Die Welt schaut unterdessen gebannt in die Karibik. Dort gewinnt der Kalte Krieg immer mehr an Temperatur. Die Sowjetunion fängt an, Mittelstreckenraketen im verbündeten und von Fidel Castro regierten Kuba zu stationieren. Die Reichweite der Raketen stellt eine unmittelbare Bedrohung für die USA dar und versetzt sie in höchste Alarmbereitschaft. Im Verlauf dieser Kubakrise wird in gefühlt letzter Minute und unter höchsten diplomatischen Anstrengungen ein befürchteter Atomkrieg zwischen den USA und der UdSSR abgewendet. Die Spannungen zwischen den beiden Weltmächten aber bleiben. Sie werden bis zum späteren Zusammenbruch des Sowjetsystems andauern und vor allem im eingeschlossenen West-Berlin für ein dauerhaft mulmiges Gefühl sorgen. Viele Bewohner der Mauerstadt sind sich sicher, dass es im Falle eines Kriegsausbruchs nur eine Frage der Zeit ist, bis die Sowjets in West-Berlin einmarschieren werden.

Die Stadt ist zu dieser Zeit in zwölf Bezirke unterteilt. Das am westlichen Rand von Berlin gelegene Spandau, das in der britischen Besatzungszone liegt, stellt hierbei einen der flächenmäßig größten Bezirke dar. Große Industriekonzerne wie Siemens, der dem gleichnamigen Ortsteil Siemensstadt seinen Namen verliehen hat, bringen viele Arbeiter dazu, sich in unmittelbarer Nachbarschaft zu den Werken anzusiedeln. In eine solche Arbeiterfamilie wird am 14. Dezember 1962 Dirk Albert Felsenheimer zusammen mit seiner

Zwillingsschwester Diana hineingeboren. Die junge Familie wohnt in einer kleinen Zweieinhalb-Zimmer-Wohnung in einer typischen Fünfzigerjahre-Sozialbausiedlung in der Seegefelder Straße, die parallel zu den Gleisen des nahen Bahnhofs Spandau verläuft. Dirks Eltern sind zu dem Zeitpunkt seiner Geburt beide gerade mal Anfang 20. Als Dirk fünf Jahre alt ist, lässt sein leiblicher Vater die Familie im Stich und zieht zurück nach Köln.

Dirks Mutter muss fortan alleine die beiden Kinder erziehen. Sie arbeitet hauptberuflich bei einer Wohnungsbaugesellschaft, um die Familie über Wasser halten zu können. Auch die Großmutter lebt bis zu ihrem Tod noch mit in der Wohnung. Große Sprünge sind nicht möglich, große Träume jedoch erlaubt. Die Ferien verbringt Dirk hin und wieder bei seinem Vater in Köln, da sich seine Mutter gemeinsame Urlaube schlichtweg nicht leisten kann. Kurz bevor er in die Schule kommt, lernt Dirk lesen. Sein Vater ist es dann, der Dirks Leidenschaft für Comics weckt, indem er ihm *Tom Berry*[1]- und *Asterix*-Hefte kauft, um ihn tagsüber einigermaßen zu beschäftigen. Comics werden für Dirk bald das Fenster zur großen weiten Welt werden. Er beginnt, selbst welche zu zeichnen, und träumt davon, irgendwann sein Geld als Comiczeichner zu verdienen. Als Dirk 14 Jahre alt ist, bricht sein Vater den Kontakt recht abrupt ab. Dirk wird ihn erst sehr viel später wiedersehen – als Popstar. Irgendwann stellt der Vater auch die Unterhaltszahlungen für die Familie ein, was einen weiteren finanziellen Engpass bedeutet. Die Mutter lernt jedoch bald einen neuen Mann kennen, was zumindest die finanzielle Lage wieder etwas entspannt. Trotzdem ist man nicht auf Rosen gebettet, und so muss Dirk sogar die alten Schuhe seines Stiefvaters tragen, da neue Treter einfach nicht drin sind.

Spandau ist damals wie heute zwar nicht gerade der aufregendste Fleck Berlins, doch für Dirk bieten sich genug Rückzugsorte, um sich die Zeit zu vertreiben. In der Nähe seines Zuhauses gibt es gleich zwei Kinos, dort wird er bald zum Dauergast. In einem der Kinos arbeitet der Vater eines Freundes aus der Grundschule als Filmvorführer, was Dirk den ein oder anderen Gratisbesuch verschafft. Besonders Horrorfilme haben es dem kleinen Jurgen angetan. Schon mit fünf Jahren sieht er hinter dem Rücken seiner Mutter und seiner Oma den Film *Sindbads sieben Meere*. Der dort auftauchende Zyklop beschert ihm sein erstes echtes Horror-Erlebnis. Die wirkliche Initialzündung liefert aber Bela Lugosis eindringliche Verkörperung des Grafen Dracula. Sie fasziniert ihn mehr, als dass es ihn gruselt. Im Savoy-Kino um die Ecke laufen am Wochenende um 15:30 Uhr immer *Godzilla*-Filme. Selbstredend lässt Dirk sich auch diese nicht entgehen.

Wie viele Kinder probiert auch Dirk in seiner Jugend verschiedene legale und illegale Freizeitbeschäftigungen aus. Er tritt dem Fußball-Verein SC Schwarz-Weiss Spandau bei, muss aber einsehen, dass er fußballerisch eher eine Niete ist. Danach verschlägt es ihn in einen Judo-Verein, doch auch hier hält es ihn nicht lange. Dirk mangelt es ein wenig an Fixpunkten und an echten Freundschaften. Spandau ist durch und durch proletarisch geprägt. Hier treffen sich die Arbeiter noch nach Feierabend in den Kneipen und trinken ihr Bier, bevor es nach Hause geht. Über Kultur und die große weite Welt wird nicht viel geredet, doch genau das interessiert den Jungen. Um irgendwie dazuzugehören, hängt Dirk mit verschiedenen Jugendgangs herum. Dabei handelt sich meist um lose Verbindungen. Man geht zusammen auf Klau-Touren durch Geschäfte und macht seltsame Mutproben – typische Jungssachen eben. Dirk macht bald schon nicht mehr mit, doch trotzdem versucht er, sich weiterhin mit diesen Jungs gut zu stellen, denn es ist in dieser Gegend besser, solche Leute nicht gegen sich zu haben. Ähnlich ist es, als er 1975 in die Realschule kommt, denn da mag man erst recht keine Typen, die einen auf besonders vorwitzig und schlau machen. Dirk erfüllt dies aber nicht wirklich, und so verzieht er sich oft in seine Fantasiewelt aus Comics, Filmen und mehr und mehr auch Musik.

Die Gegend rund um Dirks Zuhause in der Seegefelder Straße ist und bleibt eine klassische Arbeitersiedlung. Die Elite wohnt woanders, und dementsprechend gröber sind hier die Raster, in die man Menschen einteilt. Als Kind plappert man schnell den ein oder anderen Spruch nach, ohne dies wirklich zu reflektieren.

Bela B: »*Es gab da einen türkischen Jungen, der mich immer wieder aggressiv angemacht hat. Da ist mir dann mal was Dummes rausgerutscht.*«

Als Dirks Onkel davon Wind bekommt, nimmt er ihn unter seine Fittiche. Der Onkel arbeitet bei der Ausländerpolizei in Berlin und ist nach dem Verschwinden seines Vaters so etwas wie ein Ersatzvater für ihn. An dessen Seite lernt Dirk die türkische Kultur rund um das Kottbusser Tor in Kreuzberg kennen. Das macht einen großen Eindruck auf den Jungen und zeigt ihm, dass Berlin viel mehr zu bieten hat als das eng gesteckte Spandau. Dirk schaut zu dieser Zeit sehr zu seinem Onkel auf.

Bela B: »*Erst war ich in einer Fleischerei mit ihm, wo man mir Schokolade schenkte, dann in einem Bauchtanzlokal, wo die Tänzerinnen hinter meinem Rücken probten, während ich Ayran serviert bekam. All meine Vorurteile waren augenblicklich verflogen.*«

In Spandau bildet sich ein idealer Nährboden für alltäglichen Rassismus, denn die türkischen und südeuropäischen Gastarbeiter machen sich logischerweise auch hier im Stadtbild bemerkbar und durchmischen die Belegschaften in den Betrieben.

Bela B: »*Spandau war eigentlich eine Stadt für sich. Es war 50 Jahre älter als Berlin, und es gab hier alles in etwas kleiner als im großen Berlin. Fuhr man zum Ku'damm, ging's ›in die Stadt‹. In Haselhorst, einem Teil Spandaus, war die Gastarbeiterdichte so stark wie im Wedding. Gleichzeitig war Spandau hochgradig überaltert, was erklärt, warum es wenig Zerstreuung für jüngere Leute gab. Die Straßen waren voll mit alten Leuten, und die gifteten uns Teenagern oder Ausländern ständig mit Nazisprüchen hinterher. Von ›Früher hätt's das nicht gegeben‹ bis ›Ab ins Lager‹ war alles dabei. Später als Punk war ich permanente Zielscheibe, was ich aber als Bestätigung meiner Rebellion empfand.*«

Flapsige Sprüche gegen die Zuwanderer sind an der Tagesordnung. Eindeutig radikaler hingegen sind einige Anhängergruppen von Hertha BSC Berlin wie die »Hertha-Frösche«, die mehr als einmal bei Fahrten ins Olympiastadion Jagd auf Ausländer machen.

Bela B: »*Es gab da später eine krasse Fangruppe, die nannte sich ›Zyklon B‹. Der Name war Programm. Die kamen aus der Ecke, wo ich wohnte, und ich bin denen lieber aus dem Weg gegangen.*«

Auch die berüchtigte neonazistische Wiking-Jugend, ein unmittelbarer Nachfolger der Hitlerjugend, hat in Spandau schon bald ihre Hochburg. Im Wald neben dem Olympiagelände führt sie ihre Wehrsportübungen durch und ist auch an Dirks Schule sehr präsent. Der Schulweg führt den Jungen immer am NS-Kriegsverbrechergefängnis in der Wilhelmstraße vorbei, das seit 1966 mit Rudolf Heß, dem früheren Stellvertreter Adolf Hitlers, nur noch einen einzigen Gefangenen führt. Das Gefängnis grenzt unmittelbar an die britischen Kasernen, die Smuts Barracks. Die dort stationierten Soldaten, deren Hauptaufgabe es ist, Heß zu bewachen, werden für Dirks musikalische Entwicklung bald noch an Bedeutung gewinnen.

Mit der Oberschule wird die Musik immer wichtiger für Dirk, denn darüber definiert man sich. Dirks erste echte Berührung mit Musik hätte aber schlimmer nicht sein können. Schuld daran ist seine Oma, die ihren beiden Enkeln etwas Gutes tun will und ihnen jeweils eine Single von Tony Marshall schenkt. Für Diana gibt es *Schöne Maid*, für Dirk *Heute hau'n wir auf die Pauke*.

Bela B: »*Ich denke, man kann verstehen, dass meine Begeisterung für Musik da noch nicht geweckt war.*«

Dies ändert sich aber schon bald, denn an die Stelle von Tony Marshall tritt der Glam Rock, verkörpert von Interpreten wie KISS, Slade, Sweet, Gary Glitter oder Suzi Quatro. Das Radio wird für Dirk immer wichtiger und die wöchentliche Chartsendung *Hey Music* vom SFB mit Moderator Jürgen Jürgens zum Pflichtprogramm.

Bela B: »*Mit* Ballroom Blitz *von Sweet kam meine erste Rock-Single zu mir ins Haus. Das war eine echte Offenbarung und ist bis heute ein großartiger Song. Mein erstes Album war dann Suzi Quatros Debüt. Ich war als Teenager total in sie verliebt und habe das Album rauf und runter gehört. Auf der Faschingsparty in der 6. Klasse habe ich mich zusammen mit drei Kumpels dann als Suzi Quatro Band verkleidet. Ich ging natürlich als Suzi Quatro und die anderen drei waren die Band. Wir haben dort zum Monokassettenrekorder mit Tennisschlägern in der Hand gepost. Das war mein erster öffentlicher Auftritt.*«

1975 steht Dirk zudem das erste Mal in einem Proberaum – wenngleich zufällig. Seine Schwester Diana geht zu dieser Zeit mit einem älteren Jungen namens Rolf aus. Der ist Gitarrist in der bis dato einzigen Schülerband an Dirks Schule. Der Mutter ist es nicht ganz recht, dass ihre Tochter mit einem viel älteren Jungen geht, und so muss Dirk als Aufpasser die beiden zu ihren Treffen begleiten. Rolf wohnt noch bei seinen Eltern in einem Einfamilienhaus, in dessen Keller sich der Proberaum seiner Band befindet. Damit er und Diana oben ungestört sein können, erlaubt er Dirk, sich im Proberaum etwas auszutoben. Dirks Interesse fällt dabei auf das Schlagzeug, und so spielt er einfach drauflos. Als Rolf wieder herunterkommt, bescheinigt ihm dieser großes Talent und empfiehlt ihm, seine Fähigkeiten weiter auszubauen. Er stellt ihm beim nächsten Mal einen Kassettenrekorder ans Schlagzeug, und Dirk beginnt, zur Musik zu trommeln.

Seine musikinteressierten Klassenkameraden belächeln Dirks Liebe zu Glam Rock als Kinderquatsch, doch er lässt sich nicht verbiegen und hält seiner Lieblingsmusik weiter die Treue. Eine ähnliche Antihaltung legt Dirk an den Tag, als der Musiklehrer an seiner Schule anfängt, neben der Klassik auch die Beatles zu akzeptieren. Seitdem sind die vier Pilzköpfe aus Liverpool für Dirk gestorben.

Bela B: »*Ich habe mir gedacht, wenn dieser Arsch die Beatles als Ausrede für seine Ignoranz benutzt, dann interessieren die mich nicht mehr. Das hat sich bei mir so festgesetzt und zu meiner Beatles-Verachtung geführt. Auch der ganze Prog-Rock zu der Zeit, der mir als Alternative vorgehalten wurde, nervte mich nur.*«

Aufgrund seiner Liebe zu KISS muss Dirk derweil weiter einiges an Schmähungen ertragen. Die meisten Leute können einfach mit deren Hang zur Theatralik und Show nichts anfangen. Doch genau das mag Dirk so an ihnen. KISS legen damit ganz sicher den Grundstein für Dirks Liebe zum Dreidimensionalen. Seine Schwester Diana macht mit. In ihrem gemeinsamen Zimmer hängen die Wände voll mit KISS-Postern. Sie ist Ace Frehley, er ist Gene Simmons. Dirk beginnt, sich zu Hause mit Kissen ein Drumset aufzubauen und darauf mit Kochlöffeln zu selbst aufgenommenen Kassetten aus dem Radio herumzutrommeln. Seine Mutter schenkt ihm daraufhin ein Paar Schlagzeugsticks und ein Lehrbuch über Jazzschlagzeug. Dirk nimmt nun alles aus dem Radio auf, was ihm gefällt. Das Fernsehprogramm durchforstet er täglich nach Musiksendungen.

Bela B: »*Obwohl damals die Programmauswahl überaus überschaubar war, habe ich das Gefühl, dass damals viel mehr Musik im TV lief als heute. Ich kann mich an ein KISS-Special erinnern, an Johnny Cashs Auftritt in St. Quentin, den* Musikladen *oder Thomas Gottschalk als Moderator von* Szene '76. *Dazu dann natürlich noch so etwas wie* disco *oder die ZDF Hitparade. Und wenn nichts lief,* hab ich eben Ostfernsehen geschaut. Die Ostband City fand ich sogar ganz gut.«

1977, in dem Jahr, als in England der Punk tobt, besucht Dirk mit seiner Mutter das Konzert von ABBA in der Deutschlandhalle. Natürlich haben es ihm Agnetha und besonders Anni-Frid angetan. Sie ziehen sich während der Show *drei Mal* um. Zu den Zugaben darf man aufstehen und nach vorne gehen, was Dirk auch tut und dort Anni-Frid anbetet.

Bela B: *»Kaum zu glauben, dass ich zwei Jahre später auf Punkkonzerten Pogo tanzte. Als Punk hatte ich dann eine Jacke, auf der hinten ABBA stand, wobei die beiden ›A's‹ aus Anarchie-Zeichen bestanden. Als ich sie das erste Mal öffentlich trug, habe ich direkt von einem Skinhead was auf die Fresse bekommen.«*

Es ist nicht das erste Konzert, das er hier mit seiner Mutter sieht. Zuvor hat er an gleicher Stelle schon eine Schlagerparade der besonders gruseligen Art erlebt.

Bela B: *»Hier hatte ich mein erstes Playback-Erlebnis, als während der Show eine junge Sängerin auf einem Pferd in die Mitte der Halle geritten kam. Sie verlor dabei ihr Mikrofon, doch ihre Stimme war seltsamerweise weiterhin zu hören. Bei dieser Parade waren alle damaligen Schlagergrößen mit dabei. Leute wie Roy Black, Howard Carpendale, Freddy Breck oder Rex Gildo, und jeder von ihnen hat am Ende ein Rock-'n'-Roll-Medley gesungen. Es war ganz schlimm.«*

Es ist auch die Zeit, in der Dirk anfängt, außerhalb von Spandau auszugehen. Oft ist er auf der Tanzfläche zu finden und gewinnt bei einem Twist-Tanzwettbewerb sogar einmal eine Flasche Sekt.

Bela B: *»Ich fand den klassischen Rock 'n' Roll damals voll gut. In der Disco liefen auch ein paar Punknummern, aber getanzt hab ich zu Chubby Checker.«*

Eines seiner nächtlichen Abenteuer führt ihn auch in das S.O.U.N.D. in der Kurfürstenstraße, unweit vom Bahnhof Zoo. Das S.O.U.N.D. rühmt sich damit, die modernste Diskothek Europas zu sein, und ist zudem ein stadtbekannter Drogenumschlagplatz. Berlins bekannteste Junkiebraut Christiane F. ist dort Stammgast. Dirk nimmt hier das erste Mal LSD und macht zudem die erste Bekanntschaft mit einer Musikrichtung namens Heavy Metal, die ihm außerordentlich gut gefällt. Besonders der Song *Silver Machine* der britischen Band Hawkwind mit ihrem Bassisten Lemmy Kilmister bleibt ihm in Erinnerung.

Im Jahr nach dem ABBA-Konzert trifft Dirk der Punkrock mit voller Wucht. Der RIAS-Moderator Burkhard Rausch spielt in seiner Sendung die ersten Punk-Singles, und kurz darauf läuft im Fernsehen in der Sendung *Musikladen* ein Konzert mit den Ramones. Beides sind echte Erweckungserlebnisse für Dirk.

Bela B: »*Mein erster Punksong war* Running Riot *von Cock Sparrer. Das Lied war so brachial, dass mir übel wurde. Ich liebte es sofort.*«

Von da an will auch er Punkrocker sein. Die Radikalität und Wucht des Punks, das optische Auftreten und die Gebärden seiner Anhänger faszinieren Dirk und machen ihm sogleich auch ein bisschen Angst. An seiner Schule findet er ersten Kontakt zu zwei Punks namens Matsch und Ferry, die von einem Gymnasium geflogen sind und in Dirks Schule versetzt werden. Matsch kommt in Dirks Klasse. Er ist in der Punkszene sehr aktiv unterwegs und sogar mit der Berliner Punkband PVC befreundet. Er verschafft Dirk einen Crashkurs in Sachen Punkkultur, zeigt ihm Fanzines, erzählt ihm von Bands und Konzerten und spielt selbst in einer Gruppe, was Dirk sehr beeindruckt. An der Schule werden die beiden Sonderlinge Matsch und Ferry argwöhnisch beäugt und teilweise offen bedroht. Dirk imponiert sehr, dass diese Ablehnung ihnen aber wenig auszumachen scheint. Ferrys Name ist an den Sänger Bryan Ferry der britischen Artrock-Band Roxy Music angelehnt. Zusammen versuchen die drei, an die neuesten Punkscheiben zu gelangen, und Dirk findet schnell Gefallen am neuen Zusammengehörigkeits- und Lebensgefühl, das sich durch den Punk bei ihm einstellt. Von da an hängt er immer mehr mit Leuten ab, die Punkrock hören.

Getreu der Punk-Leitlinie »Das kannst du auch« ergreift Dirk bald selbst die Initiative. Er meldet sich zum Schlagzeugunterricht an seiner Schule an, den ihm seine Mutter auch gerne bezahlt. Durch ihre Arbeit hat sie leider nicht so viel Zeit für ihre Kinder und ist dankbar für jede sinnvolle Beschäftigung. Auch Schwester Diana erhält daraufhin Gitarrenstunden. Der Schlagzeugunterricht währt nur eine Stunde, denn die Lehrerin gibt Dirk schnell zu verstehen, dass er schon viel zu gut für den Anfängerkurs ist.

Bela B: »*Es gab ein Schlagzeug und vier oder fünf Schüler. Immer wenn ich drankam, waren die anderen genervt, weil ich alle Übungen schon konnte.*«

Dirk nutzt fortan jede sich ihm bietende Möglichkeit zum Trommeln und möchte unbedingt in einer Band spielen. Da er nach wie vor kein eigenes Schlagzeug besitzt, erlaubt ihm sein Musiklehrer, auf Initiative von Rolf hin, immer mal wieder auf dem schuleigenen Schlagzeug zu spielen. Doch das reicht Dirk natürlich nicht aus – er möchte ein eigenes Set haben. Alleine kann er dies aber nicht finanzieren, und so springt ihm schließlich seine Oma aus Köln mit 400 DM zur Seite, und auch sein Stiefvater und seine Mutter steuern am Ende noch 100 DM bei. Da in der Wohnung seiner Eltern kein Platz ist – vom Geräuschpegel mal ganz zu schweigen –, bietet sein Stiefvater ihm an, das Schlagzeug in einer alten Tankwartswohnung einer leer stehenden Tankstelle unterzustellen, für die dieser noch einen Pachtvertrag hat.

Über eine Anzeige in der Zeitung kommt Dirk wenig später in den Kontakt mit zwei Studenten, mit denen er die Hardrock-Gruppe Empire gründet, die bald den Status von Rolfs Band als einzige Musikgruppe an seiner Schule kassiert. Anfangs ist noch eine halb blinde Sängerin mit von der Partie, doch die kann weder singen, noch passt sie ins Bandgefüge. Daraufhin übernimmt neben einem der Gitarristen nun auch Dirk den Gesang.

Ihren größten Auftritt haben Empire beim Abschlussfest von Dirks Jahrgang in der Aula seiner Realschule, wo sie im Vorprogramm von Rolfs Band spielen. Dirk genießt den Moment und die damit verbundene Aufmerksamkeit sichtlich und singt am Schlagzeug die beiden Songs *Cadillac* von den Renegades[2] und *Wild in the Streets* von Chris Spedding.

Bela B: »*Chris Spedding hatte mit den Sex Pistols und den Vibrators aufgenommen, und* Cadillac *wurde von The Clash gecovert. Ich hatte unserer Hardrock-Band klammheimlich etwas Punk untergejubelt, was auch nötig war, denn der Bandleader hat bei ein oder zwei Stücken auch noch Querflöte gespielt, was ich nur mäßig cool fand.*«

Das Ende der Schulzeit ist auch das Ende für Empire, und für Dirk stehen die Uhren nun wieder auf null. Das Schlimmste ist aber, dass er sich für die Zeit nach der Schule eine Berufsausbildung ausgesucht hat, die überhaupt nicht mit seiner Leidenschaft zum Punkrock einhergeht. Schon mit 15 muss Dirk überlegen, was er später nach der Schule beruflich machen will – eine Frage, die viele noch nicht mal mit 18 beantworten können. Aus einem Akt der Verzweiflung heraus meldet er sich zum Einstellungstest bei der Polizei an und besteht diesen unglücklicherweise mit null Fehlern. Die Ausbildung verspricht Dirk ein hohes Anfangsgehalt, und mehr interessiert ihn eigentlich nicht, denn er möchte so schnell wie möglich aus der Wohnung seiner Eltern ausziehen. Doch Geld allein ist eben nicht alles.

Dirk tritt 1979 die Ausbildung bei der Polizei überaus zähneknirschend und eigentlich nur noch aus Gefallen zu seiner Mutter an. Ihm selbst ist klar, dass das schiefgehen wird, aber leider mangelt es ihm an einer gescheiten Alternative. So passt dann nicht zusammen, was nicht zusammengehört. Dirk empfindet die Ausbildung als stumpf und eindimensional und kann den starren Strukturen des Polizeiapparats überhaupt nichts abgewinnen. Ebenso ergeht es dem Polizeiapparat gegenüber Dirks Null-Bock-Einstellung. Die Terroraktivitäten der RAF im »*Deutschen Herbst*« 1977 mit der Ermordung des Arbeitgeberpräsidenten Hanns Martin Schleyer, des Generalbundesanwaltes Siegfried Buback und des Vorstandssprechers der Dresdner Bank, Jürgen Ponto, sowie der Entführung der Lufthansa-Maschine *Landshut* haben sichtliche Spuren in der Polizeiausbildung hinterlassen. Im Unterricht erklärt man den angehenden Polizisten, wie man einen waschechten Terroristen erkennt – nämlich ganz leicht und unverwechselbar am charakteristischen Palästinensertuch, einer Nickelbrille, den langen Haaren, einem Zottelbart sowie dem verschlagenen Blick. Schon damals kann Dirk über solch ein klischeehaftes Denken nur lachen. Dazu passt, dass er von den Mitschülern blöd angemacht wird, als diese ihn mit einem *Tagesspiegel* statt der üblichen *BILD*-Zeitung erwischen. Seine Leidenschaft für Punkrock teilt man in der Polizeikaserne darüber hinaus freilich auch nicht, und so macht Dirk alsbald nur noch Dienst nach Vorschrift. Er kommt zuletzt und geht als Erster aus der Kaserne und handelt sich dafür auch prompt einen Verweis ein. Aus lauter Langeweile schmiert er auch noch einen punkigen Spruch an die Klowand – und wieder gibt es einen Verweis.

Nach nur zwei Wochen hat Dirk schließlich genug. Er nimmt all seinen Mut zusammen und kündigt die Ausbildung. Danach ist er quasi vogelfrei, doch er ist schnell mit dem Mund und proviert, wo er nur kann. Er weiß, dass die Kollegen ihn nicht schlagen dürfen, und hat großen Spaß daran, sie zur Weißglut zu bringen. Eigentlich müsste Dirk noch zwei Monate als Faktotum in der Kaserne verweilen, doch man entlässt ihn schon nach zwei Wochen – wahrscheinlich auch um den Störenfried endlich loszuwerden. Bei Dirk zu Hause macht sich indes Untergangsstimmung breit. Seine Mutter ist verzweifelt und sein Onkel als Mitarbeiter der Ausländerpolizei schwer gekränkt. Nur seine Schwester redet ihm gut zu. Was sein Onkel denkt, ist Dirk inzwischen aber herzlich egal, denn sein einstiges Vorbild hat sich zu einem erzkonservativen Hardliner entwickelt, der bei seinen Besuchen nur noch Stammtischparolen drischt und ständig versucht, den jungen Punk zu provozieren. Doch natürlich kann Dirk die Sorgen seiner Mutter verstehen und möchte ihr nicht noch weiteren Kummer zumuten. Er sieht sich schnell nach einer neuen Ausbildungsstelle um und hat nun die Idee, Grafiker zu werden.

Bela B: »*Ich dachte mir, als Grafiker könnte ich später auf Comiczeichner umsatteln.*«

Seine Mutter zeigt sich aber davon nicht begeistert. Sie findet, dass dies kein Beruf mit Zukunft ist. Schließlich entscheidet sich Dirk für eine Ausbildung als Schaufensterdekorateur bei Hertie. Das Ausbildungsjahr läuft aber bereits, und so kann er erst im September 1980 die Ausbildung beginnen. Um sich so lange über Wasser zu halten und seiner Mutter nicht weiter auf der Tasche zu liegen, nimmt Dirk eine Stelle als Lagerarbeiter in einem nahe gelegenen Supermarkt an. Darüber hinaus wäscht er noch Autos und lässt dabei gern BBC Radio laufen, um auf dem Laufenden zu bleiben. Das frisch zusammengesparte Geld wird meistens umgehend in Punkrock-Musik investiert. Sein Versuch, das *L.A.M.F.*-Album von den *Heartbreakers* zu klauen, endet allerdings miserabel. Dirk wird direkt erwischt und muss die Platte bezahlen. Der Verkäufer kann ihm aber nicht wirklich böse sein.

Bela B: »*Es gab nur einen Plattenladen in meiner Nähe, das Musicland, und der war aber gut mit Punk und Avantgarde bestückt. Der*

Verkäufer Rolf wurde fast so etwas wie ein väterlicher Freund und brachte mich auf die tollsten Sachen wie die B-52's, Lydia Lunch oder The Birthday Party. Er hat den Laden heute noch!«

Nebenbei spielt Dirk in einer Band, die mehr schlecht als recht Songs von Led Zeppelin covert. Die Proben finden in einem Raum bei Siemens in der Siemensstadt statt. Obwohl Dirk sein erstes Mal zu *Stairway to Heaven* hatte, ist er wenig begeistert von der Band, gehören sie doch aus seiner Sicht zum verhassten Rock-Establishment. Statt dem Spiel von Schlagzeuger John Bonham nachzueifern, spielt Dirk einfach schnell und direkt. Der Sänger seiner Band kriegt von alledem nicht allzu viel mit. Er ist ein echter Hippie und wälzt sich schon zu Beginn jeder Probe auf dem Boden.[3] Wenn die Band gerade nicht probt, hängt sie im Automaten-Restaurant von Siemens herum und findet großen Gefallen daran, mithilfe einer sagenumwobenen, neuartigen Erfindung namens Mikrowelle alle möglichen Dinge zum Platzen zu bringen. Nach ein paar Proben trennt man sich schließlich, doch Dirk ist zu dieser Zeit in wahrer Spiellaune, und parallel zur Led-Zeppelin-Coverband gründet er mit einer Zeltlagerbekanntschaft namens Ole und einem anderen Kumpel die Band *Wild in the Streets* – benannt nach dem Song von Chris Spedding, den Dirk bereits auf seiner Schul-Abschlussfeier gesungen hat. Außer dass wahnsinnig viel gekifft wird, kommt bei dem Projekt nichts Konkretes zustande. Dirk findet die Songs der beiden anderen sehr hippieesk, und das geht für ihn gar nicht, denn er selbst sieht sich inzwischen ganz klar als Punkrocker – zumindest als das, was er dafür hält – und möchte lieber aggressiven Punk oder wenigstens Rock spielen. Immerhin teilten sie den Übungsraum mit einer Punkband namens Pocket Rausch, benannt nach dem Radio-DJ Burghard Rausch. Sie sind der Grund, warum Dirk seiner eigenen Band noch etwas die Stange hält, denn mit ihnen kann er über Punk und dessen teils seltsame Auswüchse reden.

Bela B: *»Es gab einen Punk in Spandau, der megacool aussah, doch immer wenn er mich gesehen hatte, hat er mir den Mittelfinger gezeigt. Ich wurde irgendwann immer saurer und genervter davon. Ich habe ihn dann bei der Punkdisco in der Wilhelmschule getroffen und ihn darauf angesprochen. Es stellte sich heraus, dass der Typ gar nichts gegen mich hatte, sondern einfach dachte, dass dies der Punk-*

gruß wäre. Das war also nichts weiter als ein waschechter ›Plastic‹, so nannte zumindest die Punk-Polizei solche Typen wie ihn.«

Wer als echter Punk oder »Plastic« etwas auf sich hält, sollte selbstredend einmal in London, dem Mekka des Punkrock, gewesen sein. Passenderweise geht Dirks Freundin Tanja für ein Jahr als Au-pair-Mädchen nach Ipswich, einer Stadt an der englischen Ostküste. Dirk beschließt, sie dort zu besuchen, und will bei dieser Gelegenheit auch London erkunden.

Bela B: *»Natürlich wollte ich meine Freundin wiedersehen, aber rückblickend betrachtet war der Gedanke, in die europäische Hauptstadt des Punks zu reisen, schon aufregender. Ich hatte aber gar keine Vorstellung, wie groß London eigentlich war. Am Flughafen stieg ich in die Bahn und fuhr Richtung Ipswich, wo sie ihre Au-pair-Stelle hatte. Nach eineinhalb Stunden Bahnfahrt mit diversen Zugwechseln erreichte ich einen langweiligen Vorort. Ich sah lediglich ein – immerhin ziemlich hübsches – Punkmädchen auf dieser endlosen Fahrt. In Ipswich wohnte ich in einem Gästezimmer bei einer Familie mit zwei Kindern, wo ich keinen Besuch empfangen durfte. Meine Freundin durfte als Au-pair ihre Familie nach 22 Uhr auch nicht verlassen, und als wir bei ihr waren, wurde ständig überprüft, ob wir nicht unzüchtig waren.«*

Dirks Reise nach London fällt also sehr ernüchternd aus. Auf dem langen Weg zurück zum Flughafen sitzt Dirk in einem der typischen Londoner Doppeldecker-Busse. Mit einem Edding schreibt er den Namen seiner Band *Wild in the Streets* und *Berlin* auf eine Bank.

Bela B: *»Das war schon eine echte Loser-Punkaktion. Ich fand's ganz toll, dass der Name meiner Band durch London fuhr. Die Tat inspirierte mich später zu dem Ärzte-Song* Mr. Sexpistols, *und das hübsche Punkmädchen in der U-Bahn sah ich später auch wieder bei einem Konzert der Mo-dettes, einer Londoner Mädchenband, im Kant Kino. Sie war die Bassistin.«*

In der Silvesternacht 1979 sieht Dirk im Schöneberger Quartier Latin dann endlich sein erstes Punkkonzert. Bei einem kleinen Festival treten an diesem Abend die Bands Tempo (mit dem späteren Radiomoderator Peter Radszuhn in ihren Reihen), White Russia (mit einem gewissen Uwe Hoffmann am Schlagzeug) und DIN A Testbild um Gudrun Gut auf.

Bela B: »*DIN A Testbild haben auf der Bühne Fernseher zertrümmert, auf denen Bill Haley zu sehen war, was ich für mich wie eine Zeitenwende begriff. Der Rock'n' Roll war tot. Das hier war die neue Macht. Peter und Uwe spielten später noch größere Rollen in meinem Leben, und mit Gudrun war ich mal ein bisschen zusammen.*«

In dem Supermarkt, in dem er nun schon einige Zeit aushilft, bekommt Dirk eines Tages Besuch von Bernd van Huizen und dem türkischstämmigen Hussein Kutlucan. Sie haben gehört, dass hier ein Punkrocker im Lager arbeiten soll, und wollen ihn mal kennenlernen. Die drei verstehen sich prompt gut und beschließen, eine Band zu gründen. Ihre musikalischen Fähigkeiten sind zwar sehr überschaubar, doch dies ist im Punk bekanntlich nicht so wichtig.

Bela B: »*Im Punk ging es um Haltung, nicht um Perfektion.*«

Des Weiteren ist die Hemmschwelle, sich ohne große Kunstfertigkeit auf eine Bühne zu stellen, dieser Tage eh nicht besonders hoch. Das Cover eines Punk-Fanzines aus England bringt es Ende der Siebziger einfach wie genial auf den Punkt:

»*This is a chord, this is another, this is a third. Now form a band.*«[4]

Da Dirk Schlagzeug spielt, ist seine Position schnell klar. Hussein, oder kurz Hussi, übernimmt den Bass, obwohl er nicht spielen kann, und Bernd versucht sich als Sänger, obwohl er nicht singen kann. Dirk kann zwar etwas Gitarre spielen, doch die Band braucht noch einen richtigen Gitarristen. Diesen finden sie in Kai-Uwe Schmidt. Viel wichtiger als die Musikalität ist jedoch die Suche nach einem aufsehenerregenden Namen.

Horrorfilm-Fan Dirk schlägt Soilent Grün vor. Der Name geht auf den gleichnamigen amerikanischen Science-Fiction-Film *Soylent Green* (deutscher Titel: *… Jahr 2022 … die überleben wollen*) mit Charlton Heston[5] in der Hauptrolle zurück. Der Film spielt im New York des Jahres 2022 – im Erscheinungsjahr des Films 1973 war das noch ewig weit weg. Es mangelt an Wasser, Nahrung und Wohnraum. Echte Nahrungsmittel kann sich keiner mehr leisten, und so gibt sich die Bevölkerung mit den Nahrungsersatzmitteln *Soylent Gelb*, *Soylent Rot* und eben *Soylent Grün* zufrieden. Letzteres ist erst seit Kurzem auf dem Markt und der absolute Renner. Charlton Heston kommt aber als Detective Robert Thorn dem Geheimnis des neuen Produkts auf die Spur und macht am Ende eine grausige Entdeckung: »Soylent Grün ist Menschenfleisch!« *Klar*, dass einer der Songs von Soilent Grün genau dies thematisieren muss, und so lautet der Refrain des Songs wie das Filmzitat. Bald darauf folgen für die Band erste Konzerte.

Mittlerweile hat Dirk seine Dekorateur-Lehre bei Hertie angetreten. Zweimal in der Woche muss er dabei zur Berufsschule in die Wrangelstraße nach Kreuzberg. Dort lernt er seinen Klassenkameraden Jörg Buttgereit kennen. Die beiden freunden sich schnell an, denn sie teilen nicht nur den gleichen Musikgeschmack – auch Jörg ist großer KISS-Fan, hört aber auch Punkrock –, sondern hegen auch dieselbe Horrorfilm-Leidenschaft. Jörg belässt es aber nicht beim bloßen Konsumieren. Mit seiner Super-8-Kamera dreht er bereits erste eigene Filme wie *Mein Papi*. Später wird dank des Films *Nekromantik* ein weltweit anerkannter Independent-Regisseur aus ihm. Als KISS im Oktober 1980 nach langer Zeit mal wieder in Deutschland unterwegs sind, um im Rahmen der *Unmasked*-Tour auch ein Konzert in der *Ernst-Merck-Halle*[6] in Hamburg zu geben, fragt Jörg Dirk, ob er nicht Lust hat, mitzukommen. Dieser aber zögert. Er würde KISS sehr gerne sehen, doch diese erscheinen ihm inzwischen wie ein Relikt aus Kindertagen. Hinzu kommt, dass am selben Tag die auch von den anderen Soilent Grün-Mitgliedern sehr verehrten Tuxedomoon im SO36 in Kreuzberg spielen. Dirk will diese auf gar keinen Fall verpassen und geht schließlich mit ins SO36. Ein Umstand, der ihn im Nachhinein noch sehr ärgern wird, da es die letzte Deutschland-Tour von KISS vor ihrer Demaskierung ist.

Die Freundschaft zu Jörg Buttgereit befeuert auch Dirks Faible für Filme. Zu seinen Lieblingsfilmen zählen zu dieser Zeit *Eraserhead* von David Lynch, *Repo Man* oder *Quadrophenia*, der auf dem gleichnamigen Konzeptalbum von The Who basiert. Allein letzteren sieht Dirk innerhalb von zwei Wochen ganze neun Mal.

Bela B: »*Kino war zu dieser Zeit genauso aufregend wie Musik:* Eraserhead, Blue Sunshine *oder* The Rocky Horror Picture Show, *um ein paar Filme zu nennen. Als ich für den The Clash-Film* Rude Boy *keine Karte mehr bekommen habe, habe ich mich draußen vor den Notausgang gesetzt und mir den Film wenigstens angehört.*

Neben diesen ganzen Zeitgeist-Filmen bin ich nur noch auf Konzerte gerannt. So habe ich Black Flag, die Dead Kennedys und The Cure auf ihren ersten Tourneen gesehen. Oft habe ich mich umsonst in Konzerte geschmuggelt. Ins Metropol bin ich sogar mal durch den Lüftungsschacht geklettert, um die Specials zu sehen.«

Dirk verbringt viel Zeit mit Jörg Buttgereit, der in der Schloßstraße – im Kaufhaus Wertheim – arbeitet, das nur einen Steinwurf entfernt von dem Herrenausstatter Fugmann liegt, bei dem Dirk mittlerweile seine Ausbildung macht. Hertie hat ihm nach der dreimonatigen Probezeit bereits gekündigt. Mit etwas Glück hat Dirk daraufhin die Stelle beim Herrenausstatter gefunden, der ihm die Möglichkeit bietet, seine Ausbildung fortzuführen. Ein glückliches Arbeitsverhältnis wird aber auch dies nicht werden.

Eines Tages überrascht ihn sein Stiefvater mit einem besonderen Geschenk. Aus einer Pfändung bringt er zwei alte Jazz-Gitarren mit nach Hause, die er beide Dirk schenkt. Eine davon verkauft dieser direkt, die andere spielt er so lange, bis sie irgendwann durch seine Freundin im Streit zerstört wird. Zum Komponieren reicht die Gitarre gerade noch, aber für die Bühne kauft Dirk Rolf, dem Freund seiner Schwester, eine günstige bonbontürkise Stratocaster-Kopie von Framus ab, die es später noch zu einer kleinen Berühmtheit bringen wird. Von da an benutzt Dirk sie bei Songs, die er auf der Gitarre spielt. Der Band gelingt es unterdessen, sich mehr und mehr Reputation zu erspielen. Wie viele andere Bands zu diesem Zeitpunkt legen auch Soilent Grün eine klare Antihaltung gegenüber allem, was ihrer Meinung nach ablehnungswürdig ist, an den Tag. Sei es das Establishment, die Fast-Food-Industrie (*No More Hamburgers, McDonald's*) oder natürlich der Staat und die Bullen. Es wird ihnen sogar die Ehre zuteil, im legendären KZ 36[7] in Kreuzberg auftreten zu dürfen. Dies empfinden sie als große Ehre, denn in Kreuzberg hält man nicht viel von den Vorstadtkids, die aus vermeintlich behüteten Verhältnissen kommen und nur ein bisschen Rebellion spielen wollen. Dass Spandau nicht gerade für Punk steht und generell kein angenehmes Pflaster ist, bekommt auch der spätere Plan b-Frontmann Johnny Haeusler zu spüren.

Johnny Haeusler: *»In Kreuzberg war und ist ›anders sein‹ die Norm, nicht die Ausnahme. Ich fand Spandau, gutbürgerlich am west-*

lichen Rand Berlins gelegen und selbst immer darauf bedacht, die eigene Unabhängigkeit von Berlin zu betonen, mit den damals dort ansässigen britischen Skinheads weit gefährlicher, denn auf die Fresse bekommen habe ich in Spandau, nicht in Kreuzberg.«[8]

Bela B: »Da hat Johnny recht. Keiner wusste genau, was in Spandau los ist. Gerade zu Punkzeiten hatte man mit den Engländern viel zu tun, denn viele von denen haben Punkrock gehört. Durch die englischen Soldaten waren wir über die dortige Szene recht gut im Bilde. Leider haben die auch dieses ganze Skinhead-Ding nach Berlin gebracht, und das führte bald oft zu Stress, denn die haben immer gerne provoziert und häufig ›Sieg Heil!‹ und solche Sachen gebrüllt. Aber wir waren mit einigen ziemlich gut befreundet, was uns auch die Gelegenheit gab, unser Englisch aufzupolieren.«

Dementsprechend kritisch werden Soilent Grün im KZ 36 beäugt, doch sie bestehen die Feuertaufe. Leider endet dieses Highlight nicht gut, denn nach dem Auftritt von Soilent Grün kommt es in dem Laden zu einer Schlägerei mit Skinheads. Für Kai-Uwe Schmidt hat diese Schlägerei fatale Folgen, denn in dem Getümmel wird ihm seine Gitarre geklaut. Dies bedeutet für ihn zugleich das Ende bei Soilent Grün, denn einen Gitarristen ohne Gitarre kann die Band nicht gebrauchen. Hinzu kommt, dass es zwischenmenschlich eh nicht wirklich gestimmt hat.

Dirk, Hussi und Bernd machen sich daraufhin auf die Suche nach einem Ersatz und werden schon bald fündig.

3. KÄPITEL

Jan Vetter

»Junge, warum hast du nichts gelernt?«
(Die Ärzte – *Junge*)

Im Juni 1963 besucht der amerikanische Präsident John F. Kennedy anlässlich des 15. Jahrestages der Berliner Luftbrücke das eingeschlossene West-Berlin. Im Beisein des Regierenden Oberbürgermeisters Willy Brandt hält er vor dem Schöneberger Rathaus seine berühmt gewordene Rede (*»Ich bin ein Berliner.«*). Der Rathausplatz ist bis zum Bersten gefüllt, denn die Berliner verbinden viele Hoffnungen mit dem charismatischen Mann aus Massachusetts. Kennedy bekundet in seiner Rede ausdrücklich die Solidarität der USA mit West-Berlin, die die Stadt keinesfalls den Sowjets überlassen wollen. Niemand kann zu diesem Zeitpunkt ahnen, dass dies zugleich Kennedys letzter Besuch in der Stadt sein wird, denn nur wenige Monate später fallen im texanischen Dallas die tödlichen Schüsse auf das Cabriolet des Präsidenten und versetzen die ganze Welt in einen Schockzustand.

Am Sonntag, den 27. Oktober 1963 kommt Jan Ulrich Max Vetter im Krankenhaus von Berlin-Moabit auf die Welt. Seine Mutter ist noch Lehramts-Studentin und wohnt zu der Zeit mit zwei tunesischen Künstlern und einigen Hippies in einer WG in Moabit. Vom Balkon der Wohnung aus blickt man unmittelbar auf das berühmte Gefängnis von Moabit, in dem schon Kommunisten wie Karl Liebknecht und Ernst Thälmann einsaßen. Die WG-Mitbewohner passen nachts des Öfteren auf den kleinen Jan auf, da seine Mutter nebenbei als Rosenverkäuferin durch die Kneipen tingelt, um ihr Studium zu finanzieren. Auf diese Weise kommt Jan schon früh mit anderen Kulturen in Verbindung. Das Zusammensein mit Menschen, die anderer Hautfarbe sind und eine andere Sprache sprechen, ist für ihn von klein an völlig normal und prägt ihn nachhaltig. Seine Mutter ist zudem in der Friedensbewegung aktiv und nimmt ihn auf Demonstrationen gegen den Vietnamkrieg mit, wo

Jan im Alter von vier Jahren lautstark »Ho-Chi-Minh« skandiert, wenngleich er freilich noch nicht weiß, was es bedeutet. Für Jan sind diese Demonstrationen ein echtes Highlight und gehören mit zu seinen frühesten Kindheitserinnerungen. Als er während einer Demonstration einmal auf einen der anwesenden Polizei-Panzer klettert, findet seine Mutter dies jedoch gar nicht lustig. Jans leiblicher Vater kommt indes nur noch selten von längeren Auslandseinsätzen zu Besuch. Seine Mutter reicht infolgedessen die Scheidung ein. Sie hat inzwischen ihr Studium beendet und wird schon bald auf Lebenszeit verbeamtet. In der Schule, in der sie unterrichtet, lernt sie wenig später Jans Stiefvater kennen, den sie schließlich heiratet. Der kann zu dem Jungen jedoch keine große Beziehung aufbauen, da er dessen Begeisterung für Musik nicht teilt und auch nicht über sonderlich viel Humor verfügt – im Gegensatz zum meistens gut gelaunten Jan. Wenige Zeit später erblickt Jans Halbschwester Julia das Licht der Welt.

Wie viele Kinder in diesem Alter hegt auch Jan großes Interesse an den Comic-Abenteuern von Donald Duck des bekannten amerikanischen Cartoonisten Carl Barks. Das bloße Angucken der bunten Bilder langt ihm aber nicht, er will alles verstehen und lernt so schon vor Schulbeginn lesen. Die von Erika Fuchs verfassten deutschen Übersetzungen der Geschichten von Donald und Dagobert Duck werden ihn nachhaltig prägen. Jan wird zu einer richtigen Leseratte, er liest alles, was ihm vor die Nase kommt. Selbst das Fernsehen kann mit der Welt der Bücher nicht konkurrieren. Es interessiert den Jungen schlichtweg nicht.

Als Jan sieben Jahre alt ist, zieht die Familie nach Frohnau, einer ruhigen Stadtrandsiedlung im Nordosten des Bezirks Reinickendorf. Hatte Jan schon früh andere Kulturen und Eindrücke erfahren, so ist das eher dörfliche Frohnau nun ein kleiner Kulturschock für ihn. Die Eltern haben sich für ein kleines Eigenheim mit Garten in der Senheimer Straße in der Nähe des Lesser-Parks entschieden, das Jan schnell über alles liebt. Leider haben sich die frischgebackenen Beamten mit der Finanzierung des Hauses etwas übernommen, und so bleibt am Ende für das restliche Leben nur recht wenig Geld im Monat übrig. Jan besucht bis zur sechsten Klasse die nur 100 Meter entfernte Victor-Gollancz-Grundschule. Danach erhält er aber nur eine Empfehlung für die Realschule. Laut seinen Lehrern mangelt es ihm schlichtweg an Disziplin, Konzentrationsfähigkeit und Aufmerksamkeitsvermögen.

Farin Urlaub: »*Als Kind war ich eine ganz große Katastrophe, schwer verhaltensgestört. Heute hätte man bei mir ADHS diagnostiziert, damals hieß die Diagnose: Zappelphilipp. Ich hatte einen eigenen Tisch in der Schule, damit die Lehrerin mich bändigen konnte.*«[1]

Seine Mutter akzeptiert dies nicht und meldet ihn trotzdem für das Gymnasium an. Jan besteht daraufhin das erforderliche Probehalbjahr am Humboldt-Gymnasium in Tegel und wechselt danach auf das näher gelegene Georg-Herwegh-Gymnasium im südöstlich von Frohnau gelegenen Stadtteil Hermsdorf. Dort bleibt er schließlich bis zu seinem Abitur.

Seine Leidenschaft für Musik verdankt Jan seiner Mutter. Sie besitzt Platten von Bachs *Brandenburgischen Konzerten* und vor allem den Beatles. Seine Mutter hört sie oft in den ersten gemeinsamen Jahren, und so setzen sie sich in seinem Unterbewusstsein fest. Mit neun Jahren findet Jan auf dem Sperrmüll eine kaum noch bespielbare Gitarre und geht von da an zum Gitarrenunterricht bei einer Nachbarin namens Frau Wolf, die direkt gegenüber wohnt. Die schon sehr betagte Dame foltert ihn mit allen erdenklichen Volksliedern wie *Im Frühtau zu Berge* oder *Hoch auf dem gelben Wagen*. Als er eines Tages sein *Beatles Complete*-Gitarrenbegleitbuch mitschleppt, um mal etwas Cooles zu spielen, verweigert sie ihm diesen Wunsch. Der Unterricht endet bald darauf. Das Gitarrespielen jedoch nicht – eher im Gegenteil. Bald schon hängt sein Zimmer voller Beatles-Poster, auch wenn es die Band zu dem Zeitpunkt schon nicht mehr gibt.

Den nächsten Sommer verbringt Jan zum ersten Mal im Zeltlager der Falken. Dies ist kein Zusammenschluss von jungen Ornithologen, sondern eine linke, sozialistische Jugendorganisation, die noch heute existiert. Eines ihrer berühmtesten Mitglieder war der ehemalige Bundeskanzler Willy Brandt. Jan liebt es, in der freien Natur zu sein. Zu Hause in Frohnau ist er auch meistens im benachbarten Park oder im angrenzenden Wald anzutreffen. Außerdem sind diese Zeltlager für die Kinder die reinste Anarchie, denn bei den Betreuern handelt es sich meistens um Hippies, die sich lieber die Birne wegkiffen oder untereinander vergnügen, als sich sonderlich groß um die Kinder zu kümmern. Ein tägliches Ritual sind die gemeinsamen Abende am Lagerfeuer, bei denen immer jemand etwas auf der Gitarre spielt und alle mitsingen. Meistens sind dies Lieder wie *House of the Rising Sun* oder *Leavin' on a Jetplane*. Aber auch Gassenhauer wie *Scheiße in der Lampenschale* oder *Wir lagen vor Madagaskar* erfreuen sich großer Beliebtheit. Dabei lernt Jan auch coole Songs auf der Gitarre zu spielen, und er findet es großartig, wenn er die Leute zum Mitsingen animieren kann. Auch die nächsten vier Jahre wird er noch mit ins Zeltlager fahren. Jan ist froh, wenn er irgendwo anders sein kann als zu Hause. Denn dort gerät er immer wieder mit seinen Eltern, vor allem mit seinem Stiefvater, aneinander.

Musik bestimmt von nun an immer mehr Jans Leben – nur mangelt es ihm noch etwas an Orientierung. Er hört mal Frank Zappa und Hippie-Musik, dann wieder The Beatles und auch Punkrock. Die erste Platte der Düsseldorfer Band Fehlfarben, *Monarchie & Alltag*, zeigt Jan schließlich das Licht am Ende des Tunnels. Er ist begeistert von deren Sound und den Texten von Sänger Peter Hein. Die Platte zeigt ihm, dass man auch auf Deutsch gute Texte schreiben kann, die weder ins Belanglose noch ins Oberlehrerhafte abdriften. In ihm reift der Entschluss, selber Musik machen zu wollen und auf Deutsch zu singen und zu texten. Bald beginnt Jan damit, erste Songs zu schreiben und das Ergebnis in liebevoller Heimarbeit auf dem Kassettenrekorder aufzunehmen.

Farin Urlaub: »*Das Ergebnis war eine Kassette mit dem Titel* Spaß und Angst *– eine wirre Sammlung von Gags, seltsamen Liedern (darunter bereits die Urversionen von* Der lustige Astronaut *beziehungsweise* Kleine Kinder schmecken gut, *die wenig später von Die Ärzte und Soilent Grün übernommen worden sind) und einem akustischen Experiment: einem Lied, bei dem der Text gleichzeitig rechts auf Englisch und links auf Deutsch gesungen wird. Herrlicher Quatsch also, von dem ich insgesamt vielleicht sechs Kopien auf dem Schulhof verkauft habe. Ha! Ich war stolzer als Oskar.*«

Auch wenn die Fehlfarben dem Punkrock zugeordnet werden, so sieht Jan sich selbst zu der Zeit noch nicht als Punk. Dies ändert sich im Alter von 16 Jahren mit einer Klassenfahrt nach London, von der er am Ende als Punk zurückkehrt. Mit einem Klassenkameraden fährt Jan noch vor der eigentlichen Klassenfahrt in den letzten beiden Wochen der großen Ferien 1980 nach London, wo sie bei einer Gastfamilie unterkommen. Tagsüber bestreiten sie als Pflastermaler und Straßenmusiker ihren Unterhalt, um sich von dem eingenommenen Geld, das oft sehr üppig ist, mit den neuesten Punk-Singles und -Accessoires wie Badges und Klamotten einzudecken. Der Rest des Geldes geht für Konzertkarten drauf, denn fast jeden Abend spielt irgendwo eine Band, die sie sich ansehen. Für Verpflegung geben sie derweil eher wenig aus. Das Essen besteht in der Regel aus Resten, die sie sich aus den Rückgabestellen bei McDonald's holen.

Die Punks machen auf Jan einen enormen Eindruck. Ihn begeistert nicht nur ihre Musik, sondern die gesamte Attitüde. Der »Do it yourself«-Gedanke, der dem Punk innewohnt, setzt bei ihm neue kreative Kräfte frei. Er probiert viele Sachen aus, gestaltet seine Klamotten und sein Zimmer entsprechend punkig, und auch vor seinem Äußeren macht er nicht halt. Leider hält der erste Versuch, seine blonden Haare mit schwarzer Farbe aufzuhübschen, nicht lange vor, doch dafür weichen die langen Haare einer irokesenhaften Kurzhaarfrisur. Jan fühlt sich jetzt wie ein echter Punkrocker. Die eigentliche Philosophie, die hinter der Punk-Bewegung steckt, erschließt sich ihm jedoch erst mit der Zeit. Die Musik ist jedoch immer der Ausgangspunkt von allem.

Farin Urlaub: »*Songs wie* Anarchy in the UK *von den Sex Pistols,* Nice 'n' Sleazy *von den Stranglers oder die Stiff Little Fingers-Version von* Doesn't Make It Alright *haben mich so richtig mit Punkrock angesteckt. Meine ersten selbst gekauften Punkplatten waren jedenfalls* Nobody's Heroes, Never Mind the Bollocks *und irgendeine Single von UK Decay. Ich wurde auch recht früh richtig Fan von The Damned und The Clash.*«

Zu Hause wird sein äußerlicher Wandel stumm hingenommen bis zu dem Moment, als er ankündigt, seine Haare gelb und schwarz zu färben. Als er dies in die Tat umsetzt, stürzt er seine Mutter zunächst ins Tal der Tränen. Nach Vollendung kann sie dem neuen Look aber sogar etwas Positives abgewinnen. Damit ist sie jedoch eine der wenigen in der Gegend, denn so etwas wie Jan hat man dort bis dato noch nicht gesehen. Er ist der erste Punkrocker in Frohnau.

Dementsprechend wird der tägliche Weg zur Schule für ihn von nun an zum kleinen Spießrutenlauf. Das stockkonservative Frohnau ist definitiv noch nicht bereit für Punkrock, doch Jan gefällt die Ablehnung. Schließlich will er sich nicht nur gedanklich, sondern auch optisch von den ganzen Spießern abgrenzen – und die Abgrenzung gegenüber den bürgerlichen Verhältnissen ist bekanntlich eines der Urprinzipien des Punks. Dass dies funktioniert, spürt Jan nun fast jeden Tag, da man ihm wenig schmeichelhafte Worte hinterherruft. Vor allem ein Taxifahrer, der in der gleichen Straße wie Jan wohnt, ist dabei sehr hingebungsvoll.

Schon bald findet Jan Gleichgesinnte. An seiner Schule tummelt sich außer ihm eine Handvoll Jugendlicher, die ebenfalls Punk gut finden. Da wäre Christian Schmidt, den alle nur Nopper nennen und der eine Stufe über ihm ist, und Michael Wahler, der in die gleiche Klasse wie Nopper geht, sowie ein Junge namens Hans Runge, der in der Parallelklasse von Nopper ist. Man hängt fortan lose miteinander rum, tauscht sich über die neuesten Punkplatten und -konzerte aus und versucht, in Erfahrung zu bringen, wo es denn noch mehr Gleichgesinnte gibt. So erfährt Jan, dass in der Disco Ballhaus Spandau mittwochs ein Block mit einer Stunde Punkrock laufen soll.

Er überredet schließlich seinen besten Kumpel Ecky dazu, ihn mit dessen Moped dorthin mitzunehmen.

4. KÄPITEL

Das erste Mal

»*Glaubst du an die Liebe auf den ersten Blick?*
Mir ist sie passiert und ich denk gern zurück.«
(Die Ärzte – Rock Rendezvous)

Spandau glänzt nicht gerade mit Vergnügungstempeln. Punkrock-Clubs oder -Kneipen sucht man hier vergebens. Die gibt es in Kreuzberg oder Schöneberg. Doch bis dahin ist es eine halbe Weltreise.

Bela B: »*Es gab eine Disco, das Jet Power, wo dir fürs Gucken die Fresse poliert wurde, zwei Jugendheime, die an zwei Abenden die Woche bis maximal 22 Uhr aufhatten, und ansonsten ohne Ende Gardinenkneipen.*«

Ein kleiner Lichtblick ist da noch das Ballhaus Spandau, das bezeichnenderweise in der Dorfstraße liegt. Um möglichst allen Musikgeschmäckern zu dienen, gibt es hier unter der Woche klassische Themenblöcke – darunter auch eine Stunde Punkrock. Bevor dieser erklingt, müssen die Punkrock-Fans aktuelle Chartmusik wie *Weekend* von Earth & Fire oder *Funky Town* von Lipps, Inc. über sich ergehen lassen – in der Not frisst der Teufel bekanntlich Fliegen. Dirk hängt mit Hussi und Bernd mangels Alternativen öfter hier herum. Das Ballhaus ist nur wenige Kilometer von seinem Zuhause entfernt. Sofern kein gescheites Lied gespielt wird, lehnen die drei an der Wand, trinken Bier, schauen dem Treiben zu und quatschen.

An einem dieser Abende im Jahr 1980 betritt Jan gemeinsam mit Ecky den Laden. Hussi fällt der blonde, braun gebrannte Hüne sofort auf, er sticht förmlich aus der Masse hervor. Schließlich kommt die lang ersehnte Stunde, auf die man den ganzen Abend sehnsüchtig gewartet hat. Zur Musik von den Sex Pistols, The Damned, The Buzzcocks, Stiff Little Fingers, The Undertones oder The Clash geht jetzt der Pogo ab. Auch Jan ist eifrig mit dabei. Er freut sich, dass sich der weite Weg für ihn gelohnt hat und er endlich mit

Gleichgesinnten seiner Lieblingsmusik huldigen kann. Die Stunde geht schnell vorbei und endet wie jedes Mal mit *In the Air Tonight* von Phil Collins. Jan wendet sich angewidert ab. Auch Dirk kann Herrn Collins nicht viel abgewinnen. Kurz darauf spricht er Jan an.

Jan lacht sehr viel, was für echte Punks recht ungewöhnlich ist, denn diese haben ja eigentlich nichts zu lachen. Dirk findet aber gerade dies sehr sympathisch und fragt Jan, was er denn so mache. Eine Frage, die nicht unbedingt darauf abzielt, die wahren Lebensumstände zu erfahren, sondern eher dazu dient, abzuklären, was man in Sachen Punk denn so unternimmt. Dirk erzählt Jan von seiner Band Soilent Grün und stellt ihn sogleich Hussi und Bernd vor, die ihn ebenfalls sofort mögen. Schließlich fallen die drei direkt mit der Tür ins Haus und fragen Jan, ob er vielleicht Gitarre spielen kann. Der kann sein Glück kaum fassen und bejaht sofort, wenngleich er damit maßlos übertreibt. Er kann bei den Jungs auch noch punkten, als er ihnen mitteilt, dass er sogar einen Verstärker mitbringen kann. Dirk, Hussi und Bernd machen schnell Nägel mit Köpfen und holen Jan noch am selben Abend in die Band. Sie verabreden sich zu einer ersten gemeinsamen Probe und verabschieden sich. Kurze Zeit später verlässt Jan überglücklich mit Ecky das Ballhaus, um die weite Heimreise nach Frohnau anzutreten.

Er hat zwar zugesagt, bei Soilent Grün mitzumachen, doch er hat noch keinerlei Ahnung, was für Musik – außer eben Punkrock – die Band so spielt. Aber das ist auch zweitrangig. Die erste Probe mit Jan findet also im Proberaum von Soilent Grün statt, der sich im Keller der Spandauer Wilhelmschule befindet. Jan nimmt dafür sogar eine lange Fahrt mit dem Bus hin und eine noch längere Fahrt mit dem Bus zurück in Kauf.

Bela B: »*Ich habe mich immer gewundert, dass er zu jeder Probe immer ein anderes Buch dabeihatte. Mir war nie wirklich klar gewesen, wie weit Farin fahren musste, bis ich einmal bei ihm übernachtet habe. Wir waren gefühlte Stunden unterwegs. In dieser Zeit ist unsere Freundschaft entstanden.*«

Für Jan sind die langen Fahrten kein Hinderungsgrund. Er ist total beseelt von dem Gefühl, endlich mit anderen Leuten Punkrock zu spielen. Die ersten Proben verlaufen sehr gut. Mit Eintritt von Jan halten jedoch zwei Komponenten Einzug in die Band, die bald für ernste Risse sorgen werden: Witz und Pop. Einen der ersten Songs, den Jan zum Programm beisteuert und auch singt, ist *FDJ Punx*, ein Lied, das im sächsischen Dialekt vorgetragen wird und sich über die Jugend-Kaderschmiede der DDR lustig macht.[1]

Bela B: »*Mit Farin kamen auf einmal völlig neue Einflüsse in die Band wie Tango oder ein für Punkrock gänzlich untypisches Gitarren-Fingerpicking. Es war ein Glück, dass er nicht schon vorher von den vielen Punk-Klischees versaut worden war. Farins Songs hatten immer ein markantes Riff, eine Melodie. Künstler wie Dion and the Belmonts, Buddy Holly oder Eddie Cochran, die ich durch meine Teddyboy-Kumpels kannte, waren vom Songwriting her große Vorbilder für ihn.*«

Den ersten gemeinsamen Auftritt mit Jan spielen Soilent Grün im Johannesstift von Spandau in der Nähe einer stadtbekannten Nervenheilanstalt. Sie sind Teil eines kleinen Festivals, bei dem sich 20 bis 50 Besucher auf dem Gelände verlieren. Jans Mutter ist stolz auf ihren Sohn und hält den Auftritt mit ihrer Super-8-Kamera fest. Harry, ein Freund von Jan, verteilt in Anlehnung an den Film grün gefärbte »Soilent Grün«-Eierpfannkuchen, die aber, wen wundert's, keinen reißenden Absatz finden. Der Song *FDJ Punx* feiert hier seine Premiere und wird sich schon bald zu einem kleinen Publikumsfavoriten entwickeln.

In der Schule macht Jan indes nicht mehr als unbedingt nötig und meistert 1981 das Abitur mit einem Durchschnitt von 2,6 nicht wirklich gut, aber auch nicht wirklich schlecht. Seine Leistungskurse sind dabei Deutsch und Englisch. Was seine berufliche Zukunft angeht, ist Jan hingegen noch völlig ahnungslos. Seine Familie hat große Sorgen, dass aus ihm nichts Gescheites wird, und sein Musiklehrer, Herr Klöck, gibt ihm den folgenden, gut gemeinten Ratschlag mit auf den Weg: »Jan, egal was du später mal machst, mach bitte nichts mit Musik.« Zwar hat der Junge ein großes Interesse an Musik, jedoch interessieren ihn Noten- und Komponistenlehre nicht besonders, was ihm dementsprechend keine gute Note einbringt. Jan gibt seiner Familie zu verstehen, dass er weiter scharf überlegt, was mal aus ihm werden soll. Er weiß aber schon jetzt, dass er auf keinen Fall so enden möchte wie seine Eltern, die schon mit 30 verbeamtet sind und deren weitere Zukunft bereits vorbestimmt scheint. Bis er eine konkrete Bestimmung gefunden hat, will Jan erst einmal weiter mit Dirk Musik machen und nebenher jobben gehen.

Einer dieser Nebenjobs führt ihn in die Schokoladenfabrik von Storck. Dort arbeitet man gerade an der Herstellung eines neuen Produkts namens Knoppers, das bald auf den Markt kommen soll. Jan gehört mit zu der ersten Schicht, die daran arbeitet. Das ist aber auch schon das Spannendste daran. Ansonsten ist der Fabrikalltag eher trist, und Jan merkt schnell, dass er überhaupt nicht zum Akkordarbeiter und schon gar nicht zum Schichtdienst taugt. Das fängt schon allein damit an, dass er keinen Alkohol trinkt und wenig Interesse an einem Feierabendbierchen mit den Kollegen hat. In guter Erinnerung ist ihm dabei ein Original von einem Kollegen geblieben, dessen Wortschatz mit »limitiert« noch sehr wohlwollend umschrieben ist.

Es braucht eine Weile, bis Jan überhaupt versteht, was dieser mit dem Wort »Schlade« meint, nämlich: Schokolade. Als gegen 16:30 Uhr die Schicht zu Ende ist, sagt der Kollege nur »Fahm«, was wohl Feierabend bedeuten soll. Eine weitere lustige Anekdote ereignet sich, als Jan den Quirl an einem der riesigen Kessel, wo die Schokoladenmasse zusammengerührt wird, sauber machen muss. Dort bleibt immer wieder etwas von der Schokoladenmasse hängen, die von Zeit zu Zeit abgekratzt werden muss, damit der Quirl nicht irgendwann stecken bleibt. Jan macht sich mit einem Spaten an die Arbeit, jedoch bricht das Blatt des Spatens ab und verschwindet in der Schokolade. Jan stoppt daraufhin die Maschine, was sofort den Vorarbeiter auf den Plan ruft. Jan schildert kurz, was geschehen ist, und ehe er sichs versieht, ist der Vorarbeiter schon samt Kleidung in den Kessel gesprungen. Dieses und noch einige weitere Erlebnisse in der Fabrik führen dazu, dass Jans Bedarf an Schokolade vorerst gedeckt ist.

Soilent Grün machen derweil in der Berliner Punkszene weiter von sich reden und dürfen sogar erstmals im damals schon mythenumrankten SO36 – oder kurz: Esso – spielen. Der Club befindet sich in der Oranienstraße in der Nähe des Heinrichplatzes. Über einen langen Gang kommt man in die schlauchförmige, karge Halle. Das Neon-Licht an den Wänden erleuchtet den Raum nur schwach. Einst ein Supermarkt, entwickelt sich der Laden im Zuge der Punkwelle

Ende der Siebzigerjahre schnell zum beliebten Szene-Treffpunkt – ähnlich wie der Ratinger Hof in Düsseldorf oder die Markthalle in Hamburg. Als der Künstler Martin Kippenberger den Club pachtet, um dort auch der Avantgarde mehr Raum zu geben, bekommt er die Härte Kreuzbergs in Form der legendären Ratten-Jenny zu spüren. Als Kippenberger diese eines Abends vor die Tür setzt, stürzt sie, und ihr Bierglas zerbricht in ihrer Hand. Ratten-Jenny lässt sich aber nicht kleinkriegen und geht mit den Resten des Glases zum Gegenangriff über.

Bela B: »*Ratten-Jenny war wirklich die Krasseste von allen. Ich mochte sie immer und bin bis heute mit ihr befreundet, seit sie mal während eines Gigs ihren Kopf in meine Bassdrum gesteckt hat und mich, immer wenn ich mit dem Spielen aufhörte, anschrie, ich solle gefälligst weitermachen.*«

Kippenberger ergreift bald die Flucht aus Berlin und zieht weiter nach Köln. Sein verletztes und bandagiertes Gesicht hält er zuvor fotografisch fest. Unter dem Titel »Dialog mit der Jugend« erlangt das Bild nationale und internationale Berühmtheit. Nach Kippenbergers Abgang gehört das SO36 wieder ganz allein der Punk- und New Wave-Szene. Hier spielt alles, was im Punkrock Rang und Namen hat: Dead Kennedys, The Exploited, Wire, Black Flag und viele mehr. Jetzt sollen also auch Soilent Grün hier bei einem Festival spielen. Sie müssen aber ohne Jan auskommen, denn der Termin ist kurzfristig bekannt geworden, und keiner aus der Band hat seine Nummer. Absagen will man aber auch nicht, und so übernimmt Dirk an diesem Abend dessen Part an der Gitarre, und eine Freundin von Dirk vertritt diesen wiederum am Schlagzeug.

Bela B: »*Keiner hatte Farins Nummer. Wir haben ihn einfach nicht erreicht. Das kann man sich heute gar nicht mehr vorstellen. Ich wusste nicht mal, was ich da auf der Gitarre spiele. Es war ein entsetzlicher Krach, aber die Hauptsache war, dass wir spielten.*«

Es soll aber nicht der letzte Auftritt von Soilent Grün im SO36 werden. Beim nächsten Mal ist Jan mit von der Partie. Dirks Freund Jörg Buttgereit dokumentiert mit seinem Partner Manfred Jelinski diese Zeit und veröffentlicht das Material später in dem Dokumentarfilm *So war das SO36*, in dem man Soilent Grün live und backstage erleben kann.

Mit Jan an Bord unterscheiden sich Soilent Grün schon bald von vielen anderen Berliner Punkbands dieser Tage wie Stromsperre oder Betoncombo. Dies ist nicht nur Jans für die Szene eher ungewöhnlichem Gitarrenspiel geschuldet, sondern auch dem aufkommenden Entertainment-Faktor der Band. Exemplarisch ist ein Auftritt bei einem Punkfestival im Quartier Latin in Schöneberg, das Matthias »Matzge« Bröckel und Jörg Fukking von der Punkband Panzerknacker AG veranstalten.

Kurz vor knapp ist den beiden eine Band abgesprungen, und so klingelt Matzge bei Dirk durch, da er ihn von gemeinsamen nächtlichen Ausschweifungen her kennt. Soilent Grün nehmen das Geschenk dankbar an und liefern einen legendären Auftritt ab. An diesem Abend nehmen die Wortgefechte auf der Bühne zwischen Jan und Dirk ihren Anfang, die später eines der Aushängeschilder auf Konzerten von den Die Ärzte werden sollen. Man hat das Gefühl, dass die beiden gar nicht mehr aufhören wollen zu quatschen.

Bela B: »*Wir haben hinterher einen Mitschnitt von unserem Auftritt angehört und konnten nicht fassen, was wir da für einen Schwachsinn erzählt haben. Ich weiß zum Beispiel noch, dass Jan in dem Laden ein Plakat entdeckte und zum Publikum sagte: ›Das nächste Lied heißt* Gauloises, die Echten aus Frankreich.‹ *Hussi war extrem angenervt.*«

Bei Matzge Bröckel und Jörg Fukking hinterlässt der Auftritt jedenfalls bleibenden Eindruck. Dabei sind die Ansagen der Band oft aus der Not heraus geboren, denn dem Publikum ist es häufig egal, wer da gerade oben auf der Bühne steht und Musik macht – Hauptsache, es wird geliefert, und zwar bitte schön Punkrock. Was abseits davon liegt, findet schwerlich Akzeptanz. Bands, die dem Publikum nicht gefallen, werden auch schon mal unsanft von der Bühne geholt.

Farin Urlaub: »*Wir wollten nicht von der Bühne gehen. Wir wollten drauf bleiben.*«

Bela B: »*In diesem ewig währenden Krieg Band gegen Publikum, Publikum gegen Band haben wir einfach nicht aufgegeben. Die Leute haben uns teilweise wirklich gehasst, aber wir haben stur unser Ding durchgezogen.*«[2]

Die Haltung der Punks offenbart sich oft als genauso borniert und spießig wie die der Menschen, von denen sie sich eigentlich unterscheiden wollen. Punkrock muss sich demnach immer gegen das System, gegen die Bullen und gegen den Staat stellen – ein Lied, das den Alkohol verherrlicht, ist natürlich auch immer gern gesehen. Alles, was diese Kriterien nicht erfüllt, erfährt Missbilligung und Tadel von der Punk-Polizei. Damit macht die deutsche Punkszene genau jene Entwicklung durch, die England zu diesem Zeitpunkt schon hinter sich hat. Eine Band wie The Clash hat auf einmal damit begonnen, sich auf ihrer dritten LP *London Calling* nicht nur auf Punkrock zu beschränken, sondern auch Rockabilly-, Ska-, Reggae- oder Jazz-Einflüsse zuzulassen. Ein Umstand, der sie in den Augen vieler Menschen zu Punkverrätern gemacht hat. Nüchtern betrachtet haben The Clash aber damit den Zeitgeist erkannt und eine Platte geschaffen, die Jahrzehnte später noch zeitlos und viel zitiert sein wird. Auf genau diese Engstirnigkeit haben Jan und Dirk keine Lust mehr. Sie verbringen inzwischen immer mehr Zeit zusammen und stellen fest, dass sie beide in vielerlei Hinsicht ähnlich ticken und etwas anderes wollen.

Bela B: »*Wir entwickelten eine Antihaltung zur Antihaltung.*«

Die Proben von Soilent Grün finden zu der Zeit im Jugendzentrum in der Wilhelmstraße statt. Dirk bringt Jan regelmäßig von den Proben zum Rathaus von Spandau, wo dessen Bus abfährt. Auf dem Weg dorthin und an der Haltestelle spinnen sie die verschiedensten Ideen. So beschließen sie, fortan bis zur Schmerzgrenze provozieren zu wollen. Sie wollen lieber als zu eklig empfunden werden, als zu öde und zeigefingerpolitisch daherzukommen. Es ist ihnen auch egal, dass Humor und Witz zu dieser Zeit und in ihrer Szene nicht so gern gesehen sind. *FDJ Punx* bleibt somit nicht das einzige humorvolle Lied, das Jan für Soilent Grün schreibt. Mit dem schon erwähnten *Kleine Kinder schmecken gut* sowie *Ich bin glücklich* oder *Spitz wie Lumpi* (einer Coverversion des The Clash-Klassikers *Guns of Brixton* – jedoch mit gänzlich anderem Text) kommen fortan immer mehr dazu. Auch Dirk steuert mit dem politisch äußerst inkorrekten Song *Erwin* (Auszug: »*Erwin hat keine – Arme und Beine*«) ein recht krudes Lied bei. Bald schon ist das Programm von Soilent Grün klar in Klamauk und Parolenpunk trennbar – wobei

Jan und Dirk für den Klamauk stehen, während Hussi und Bernd weiterhin die Politpunks geben.

Erwähnenswert ist noch ein Auftritt bei einem Antifa[3]-Festival im KuKuCK[4]. Im Vorfeld geht einmal mehr das Gerücht von einem Nazi-Überfall um, und so stellen sich neben den üblichen Konzertbesuchern auch ein paar Autonome mit ins Publikum. Als keine Nazis kommen, brauchen diese aber offenbar ein neues Ventil und richten ihre Aggressionen nun gegen die vermeintlichen Popper-Schnösel von Soilent Grün, die sie von der Bühne holen wollen. Das Wort »Schnösel« passt im Zusammenhang mit Soilent Grün jedoch ungefähr so gut wie Punkrock zu den damaligen bürgerlichen Verhältnissen. Viele Kreuzberger verbinden Spandau zu dieser Zeit aber mit einem gutbürgerlichen Ortsteil, einer Villengegend. Die Realität sieht hingegen, wie bereits erwähnt, anders aus. Auch hier wird deutlich, dass Vorurteile auch in der Punkbewegung durchaus gang und gäbe sind. Der Auftritt von Soilent Grün verläuft sehr angespannt. Gerade Hussi kommt ob der drohenden Gefahr aus dem Publikum und seiner extremen Angespanntheit einer tickenden Zeitbombe gleich. Sänger Bernd hält sich wie immer sehr zurück. Er will nur ja kein falsches Zeichen geben oder ein blödes Wort sagen.

Bela B: »*Bernd war null aggressiv, hatte keine Körperspannung und sich beim Lachen immer die Hand vor den Mund gehalten, was schon wieder niedlich war.*«

Irgendwann tickt Hussi aus, doch statt ins Publikum zu springen, geht er auf Bernd los und jagt diesen quer durch den Saal. Die zurückhaltende Art des Frontmanns geht ihm gehörig gegen den Strich. Die Anwesenden wissen nun gar nicht, was sie davon halten sollen. Letztlich führt aber genau dieses krasse Verhalten von Hussi dazu, dass am Ende Schlimmeres verhindert wird, denn Soilent Grün können ohne größere Blessuren den Laden verlassen. Die Band verlassen muss jedoch daraufhin Bernd van Huizen, denn sein Verhalten hat seiner vorhandenen, aber dennoch tolerierten Unmusikalität nun die Krone aufgesetzt. Dirk soll ihm die Botschaft überbringen und tut es auch. Damit endet die Freundschaft der beiden. Bernd möchte Dirk nicht mehr sehen.

Bela B: »*Bernd hatte dann sein Coming-out, und ich hab ihn mal in vollem Lederornat im Dschungel gesehen. Ich dachte, dass der*

Rauswurf aus der Band dahingehend sicher hilfreich für ihn war, und sprach ihn an, aber er hatte keinen Bock mehr auf mich.«

Die restlichen drei bemühen sich um einen Ersatzmann und finden ihn in Roman Stoyloff. Er ist ihnen bereits über seine Band Squealer bekannt. Bei einem kleinen Festival in der Zitadelle Spandau hat er mit ihnen bereits im Vorprogramm von Soilent Grün gespielt. Der damalige Schlagzeuger von Squealer hört übrigens auf den Namen Motte und spielt kurz darauf auch als Percussionist bei Soilent Grün vor, wird aber nicht genommen. Etliche Jahre später wird er in Berlin unter dem Namen Dr. Motte die erste *Loveparade* organisieren. Roman Stoyloff kann nicht nur gut singen, sondern besitzt auch einen Moog-Synthesizer, mit dem man viel Quatsch machen kann.

Außerdem kehrt mit ihm ein bisschen Hardcore-Spirit in die Band ein. Er singt Songs wie das von Jan geschriebene *Romantik*, die deutlich aggressiver als das restliche Material der Band sind. Politisch haut er jedoch in dieselbe Kerbe wie Hussi. Mit ihm besteht die Band nun aus vier Mitgliedern und vier Sängern, was gerade bei den Live-Auftritten eine enorme Wucht mit sich bringt. Was Frauen angeht, so legt Roman die Messlatte sehr niedrig. Seine neue Freundin Susanna hat nämlich die Angewohnheit, immer direkt und frei heraus ihre Meinung kundzutun, was nicht allen gefällt und stets für Reibereien sorgt. Ihr werden Jan und Dirk etwas später das Lied *Ekelpack* widmen, dessen seltsamer Titel an den Black Flag-Song *Six Pack* angelehnt ist.

Die Live-Auftritte der Band beschränken sich inzwischen nicht mehr allein auf Berlin. Sie spielen auch Konzerte in Bremen oder Braunschweig. Die Fahrten dorthin verlaufen allerdings oft sehr abenteuerlich. Besonders die monotonen Fahrten über die holprige Transitstrecke Richtung Helmstedt bescheren ihnen immer wieder einprägsame Erlebnisse mit ost- und westdeutschen Zöllnern.

Was Soilent Grün nur noch fehlt, ist eine eigene Platte. Hier tritt Tom Spindler[5] auf den Plan. Er ist der Inhaber eines auf Hardcore spezialisierten Plattenladens namens Screen und möchte mit der Band eine EP[6] für sein Label aufnehmen. Die Band willigt gerne ein – für alle ist es immerhin die erste eigene Platte überhaupt. Als Titel hat man sich auf *Fleisch* geeinigt, denn schließlich ist Soilent

Grün ja Menschenfleisch. Leider versteht Tom Spindler Dirk, der den Kontakt zu ihm hält, falsch, und so wird daraus am Ende *Die Fleisch EP*. Eigentlich soll die Platte auch noch Angaben zu den Songs und Bandmitgliedern enthalten, doch Bela verfasst diese blöderweise auf Karopapier, das man nicht fotokopieren kann. Es sind nicht die einzigen Makel, denn die Aufnahmen zur Platte verlaufen ebenfalls nicht ganz reibungslos.

Die beiden Lager in der Band driften inzwischen immer mehr auseinander, und dementsprechend streitet man über die Titelauswahl, um beiden Seiten zu genügen. Als man sich schließlich einig ist, geht es ins Studio. Dort warten die nächsten Probleme auf die Band, denn der Toningenieur Jens Tröndle[7] mag sie nicht sonderlich, und zudem hat ihn Tom Spindler angewiesen, die Produktion so kostengünstig wie möglich zu halten. So ist die Band gezwungen, die Songs *Wir kommen*, *Tot*, *Romantik*, *FDJ Punx*, *Sodomie* und *Erwin* mit einer Acht-Spur-Maschine in nur zwei Stunden live einzuspielen – inklusive Verspieler, denn Zeit zum Wiederholen ist kaum vorhanden. Danach werden die Songs in Abwesenheit der Band gemischt. Erst etliche Wochen später erhält sie ihr fertiges Endprodukt.

»Endprodukt« beschreibt die Platte ganz gut, denn sie soll gleichzeitig das Vermächtnis der Band werden. Unmittelbar nach den Aufnahmen ist Soilent Grün am Ende der Fahnenstange angekommen. Die Diskrepanzen innerhalb der Gruppe sind einfach zu stark, als dass noch an eine lohnende Fortsetzung zu denken wäre. Noch in den letzten Tagen der Band schreibt Hussi Nummern wie *Die grünen Hampelmänner* oder *Keine Zukunft*, das mit der Textzeile »Ratten haben kurze Beine, so wie alle Bullenschweine« aufwartet.

Bela B: *»Ich glaube, Hussi war irgendwann total genervt von diesen Albernheiten. Das passte einfach nicht zu ihm. Hussi war ein Draufgänger und hatte vor nichts Angst. Er hat mal mit Ski-Maske Skinheads gejagt, und auf seinen Kopf haben ein paar Skins einen Kasten Bier ausgesetzt. Ich habe mit ihm zusammen eines Nachts eine Bushaltestelle geklaut und in sein Zimmer gestellt – eine echte Schwachsinnsaktion. Seine Eltern hatten tierisch Schiss, dass sie deswegen abgeschoben werden, also mussten wir das Ding in seinem Zimmer zersägen. Man kann sich ja vorstellen, wie lang es dauert, wenn zwei 17-Jährige ver-*

suchen, so ein Monstrum zu zersägen. Es hat ewig gedauert, und so etwas schweißt natürlich zusammen. Jahre später hat er für seinen Film Ich Chef, Du Turnschuh *einen Grimme-Preis gewonnen. Ich habe bis heute nur gute Gedanken an diesen Mann.*«

Jan und Dirk haben jedenfalls keine Lust mehr auf die platte Politnummer. Sie empfinden dies als Sackgasse und wollen sich fortan keinem starren Korsett mehr beugen. Sie haben längst andere Pläne und Ideen, und diese werden immer konkreter. Für beide steht fest, dass sich ihre Ideen mit Soilent Grün nicht umsetzen lassen.

Etwas Neues muss also her.

5. KÄPITEL
Dawn of Die Ärzte

»*Dann kommen die Ärzte.*«
(Die Ärzte – *Die Ärzte*)

November 1981. An den Wochenenden ist schon kaum etwas los in Spandau. In der Woche, und auch noch zu vorgerückter Stunde, wirken die Straßen regelrecht wie ausgestorben. Es herrscht typisches Wetter für diese Jahreszeit. Regen nieselt leicht vom dunklen Abendhimmel, und der Wind pfeift durch alle Ritzen. Die Uhr des beeindruckenden Rathauses von Spandau zeigt kurz nach zehn. In ein paar Minuten geht Jans Bus Richtung Frohnau. Dirk hat ihn wieder mal zur Haltestelle am Rathaus begleitet. Er verbringt gerne Zeit mit dem fast immer gut gelaunten Jan. Die beiden haben großen Spaß daran, sich einander mit den wahnwitzigsten Reimen zu überbieten oder einfach nur von einer Karriere als Rockstar zu fantasieren und dabei mögliche Szenarien durchzugehen. Mittlerweile ist ihnen klar geworden, dass Soilent Grün nicht die Band ist, in der sie weiterspielen möchten. Sie sind die Diskussionen um die Ausrichtung der Band leid und möchten sich nicht mehr dafür rechtfertigen müssen, warum man jetzt ausgerechnet über dies und das singen muss oder jene poppige Melodie verwendet, während da draußen doch das böse »Schweinesystem« herrscht. Jan und Dirk können nicht verstehen, dass der von ihnen gern gecoverte Slime-Song *Polizei-SA-SS*[1] die Blaupause für alle folgenden Punksongs sein soll. Politische Parolen im Punk empfinden sie als *mindestens* genauso plump und stumpf wie die Deutschrocker, gegen die sie mal angetreten waren. Der Punk droht in seinen selbst geschaffenen Klischees zu verenden, und besonders beim Thema Humor hört für viele Punks der Spaß auf. Jan und Dirk wollen endlich raus aus diesem Korsett.

Bela B: »*Wir wollten etwas komplett anderes machen.*«[2]

Nur wie? Wie könnte ihre neue Band aussehen? Natürlich soll sie auffallend sein, doch was macht eine Band besonders? Die musikalischen Fähigkeiten der beiden sind leider sehr überschaubar, gleichwohl Jan ein Talent für eingängige Melodien zu haben scheint. Wenn sie das Publikum also schon nicht mit ihrer Musikalität beeindrucken können, so müssen sie ihnen eben eine unvergessliche Show bieten. Eine, über die jeder spricht und die keiner verpassen will. Jan und Dirk kommen nun auf die wildesten Einfälle, wie so etwas aussehen könnte. Plötzlich kommt einer von beiden auf die Idee, dass man sich doch einfach dreist hinstellen und behaupten könnte, man wäre schon ein Popstar. Diese anmaßende Selbsteinschätzung entbehrt nämlich so offensichtlich jeglicher Grundlage, dass die Leute dies zwangsläufig mit einem milden Lächeln quittieren würden. Dieser Idee ordnen sie zukünftig alles unter. Ein Vorteil ihrer Großmäuligkeit ist, dass sie kaum angreifbar sind. Sollte sich halt irgendwann herausstellen, dass sie nie und nimmer Popstars werden, so können sie auf die Ironie in ihrer Aussage verweisen. Sollten sie aber eines Tages doch Stars sein, die in der Zeitung stehen, so können sie allen Unkenrufern von früher ein herzliches »Wir haben's euch doch schon immer gesagt« entgegenschleudern. Auch wenn die Idee aus Spaß entsteht, so haben Jan und Dirk schon die Absicht, von ihrer Kunst leben zu können.

Bela B: »*Ich hatte lange vor Punk mal davon geträumt, Rockstar zu sein. Als Punk hing ich dieser Illusion erst mal nicht mehr nach, aber mit Farin konnte ich plötzlich die absurdesten Pläne schmieden.*«

Jan und Dirk kriegen sich kaum ein vor Lachen bei dem Gedanken, wie die Blicke ihrer Bekannten aus der Szene ausfallen werden, wenn sie dies wirklich so durchziehen. Die werden sie für komplett übergeschnappt und bescheuert halten. Beide finden es lustig, sich einfach so als Stars auszugeben, obwohl sie weder Hits noch Ruhm geschweige denn Geld haben. Im Laufe des Abends spinnen sie die Idee zu einem Konzept weiter. Als es ihnen auch noch am nächsten Morgen gefällt, überlegen sie sich schon mal einen Namen für das neue Projekt. Zuerst ist Die Chorknaben lange Zeit ihr Favorit, doch der Name ist ihnen zu soft. Jan kommt schließlich eines Tages mit Die Ärzte an, und Dirk hat keine Einwände dagegen. Noch mehr als Jan ist er mit vollem Eifer bei der Sache und möchte unbedingt Rockstar werden. Schließlich findet er mit Gary Glitter, Slade und KISS gleich mehrere Künstler gut, die diesen Glamour versprühen und vollends ausleben. Einwände werden Jahre später die Damen und Herren von der Bundesärztekammer haben, wie sich Band-Anwalt Axel Schwarzberg erinnert.

Axel Schwarzberg: »*Die Bundesärztekammer wollte der Band den Namen gleich mehrere Male streitig machen, doch immer ohne Erfolg. Offenbar wollten die nicht, dass ihr Berufsstand in den Dreck gezogen wird. Dabei ging bei näherem Hinsehen von der Band absolut keine Gefahr aus. Da hatten andere Stellen sicher weitaus größeren Einfluss als diese drei Herren.*«

Nach seinem missglückten Ausflug in die Schokoladenfabrik hilft Jan unterdessen in einem Ingenieurbüro aus, wo auch einer dieser neuartigen Kästen namens Computer steht. Die Zahl der Unternehmen, die zu der Zeit solch ein modernes Gerät ihr Eigen nennen können, ist noch sehr überschaubar. Wenn überhaupt, ist meistens pro Betrieb oder pro Abteilung nur einer dieser klobigen, sündhaft teuren und in ihren Fähigkeiten doch arg limitierten Kästen vorhanden. Von einer benutzerfreundlichen Bedienoberfläche kann auch noch keine wirkliche Rede sein. Jan erkennt in dem Computer ein gutes Hilfsmittel, um auf seine neue Band aufmerksam zu machen. Mithilfe von kleinen Adress-Klebeetiketten beginnt er, Sticker zu produzieren, die schon bald an allen einschlägigen Ecken in der Stadt kleben. Sie enthalten nur Text und werben großspurig mit Slogans wie:

Bald: Die unvergleichlichen, phänomenalen, fantastischen, übersinnlichen und so weiter ÄRZTE.

Es handelt sich dabei um eine sinnfreie Aufzählung von Adjektiven, die einfach nur neugierig machen soll – Marketing Marke Eigenbau. In ihrer damaligen Lieblingslokalität, dem Stonz am Winterfeldtplatz in Schöneberg, sind schon bald alle möglichen Stellen mit diesen Stickern zugeklebt. Selbst die Jacke von Hussi bleibt nicht verschont, was ein ziemliches Wagnis ist, denn noch haben weder Jan noch Dirk ihm verraten, was sie nach Soilent Grün eigentlich vorhaben.

Bekanntlich wohnt aber jedem Anfang auch ein Ende inne, und so wird Soilent Grün erst einmal feierlich beerdigt. Das *Tanz in den Mai*-Festival im SO36 am 30. April 1982 scheint dafür der geeignete Zeitpunkt zu sein. Viele Freunde und Wegbegleiter sind gekommen, um ihnen die letzte Ehre zu erweisen. Die Band erhält im Laufe des Abends eine riesige Soilent-Grün-farbene Torte zum Abschied, auf der in roten Buchstaben *Na endlich* steht. Die Torte wird noch während des Gigs zerfetzt und auf die Bühne und das Publikum »verteilt«. Veranstalter des Festivals ist Norbert Hähnel alias *Der wahre Heino*, ein echtes Szeneunikat und Betreiber des Plattenladens Scheißladen in Kreuzberg. Er parodiert seit einiger Zeit den Volksmusiksänger Heino, was stets für großes Gelächter sorgt.

Norbert Hähnel: »*Ich war nicht nur Veranstalter, sondern auch noch mit einer KISS-Coverband auf der Bühne, die aus Jörg Buttgereit, Käthe Kruse (Die Tödliche Doris), Klaus, der leider wenig später verstorben ist, und mir bestand.*«

An der Kasse sitzt an diesem Abend ein junger, dürrer Punk namens Christian Ressler, den alle nur Kiki rufen und der hier seine Karriere als Live-Promoter beginnt. Zum Schluss spielt noch eine neue Gruppe aus Düsseldorf, die sich Die Toten Hosen nennt.

Bela B: »*Ich hab die Hosen dann noch überredet, ein paar Tage später im Stonz aufzutreten. Das hab ich nur leider verpasst, weil ich krank wurde.*«

Die Toten Hosen spielen hier ihren zweiten Auftritt überhaupt. Die Band rekrutiert sich aus Mitgliedern der inzwischen aufgelösten Formation ZK, dem KFC und Aram und die Schaffner[3]. Ihr Sänger Campino sieht, wie Jan und Dirk backstage mit einem Filzstift ein Kreuz und eine Brille an die Garderobenwand malen.

Bela B: »*Ich kann mich noch an einen Auftritt von ZK in der TU Mensa erinnern, bei dem Campino erst seinen Arm auf meine Schulter gelegt und dann einen Salto geschlagen hat. Das fand ich wahnsinnig beeindruckend. Er hat mir später noch erzählt, dass er Sport-Abi hat.*«

Campino: »*Ich habe da auch oft einen unmöglichen Scheiß geredet.*«

Der letzte Auftritt von Soilent Grün endet schließlich in einer wilden Pogoparty. Ein letztes Mal ertönen Songs wie *Emma Peel*, *FDJ Punx* oder *Erwin*. Dann ist Schluss. Zumindest für Soilent Grün.

Jan und Dirk haben nun endlich die Köpfe frei für Die Ärzte. Aufbruchstimmung macht sich breit. Die Gründung der neuen Band ist für sie wie das Sprengen von Ketten. Endlich gibt es keine Zwänge mehr. Keine Idee ist ihnen fortan zu spleenig und kein Thema zu unbedeutend, als dass man es nicht in ein Songgewand kleiden könnte. Gleichzeitig vollziehen sie im Rahmen ihrer noch begrenzten Möglichkeiten auch einen musikalischen Wandel. Der Punkrock weicht nun immer mehr den Melodien und Harmonien des Pop. Interpreten wie Dion & The Belmonts[4] mit ihren wunderbaren Arrangements und Chören oder die Comedian Harmonists[5], die im berühmten Berlin der 1920er mit erfrischend mehrdeutigen und vor Wortwitz nur so strotzenden Texten die Leute in ihren Bann zogen, üben dabei einen enormen Einfluss auf sie aus.

Bela B: »*Es stellte sich heraus, dass Farin, genau wie ich, in der Bücherei Platten von den abstrusesten Künstlern ausgeliehen hatte. Wir beide waren Fans von Gilbert Bécaud, Spike Jones and his City Slickers und den Comedian Harmonists. Sachen, die unsere Freunde alle gar nicht kannten.*«

Ihre Punkrock-Wurzeln lassen sie aber nicht komplett links liegen. Sie holen sich Inspiration vor allem vom unbeschwerten Happy-Go-Lucky-Punk, den Bands wie *The Undertones* oder *The Buzzcocks* mit Ohrwürmern wie *Teenage Kicks* oder *Ever Fallen in Love?* spielen.

Bela B: »*The Buzzcocks und The Undertones brachten uns einfach besser durch den Tag als all der negative Kram.*«

Ein großer Hit zu dieser Zeit ist *Come on Eileen* von Dexy's Midnight Runners. Dirk und Jan können mit dem Song an sich zwar nicht viel anfangen, erkennen aber den Masterplan, der dahinter steckt. Im Video zu dem Lied, das in einer englischen Arbeiterstadt spielt, sieht man die gesamte Band in Latzhosen. Diese Optik und die Popularität des Songs führen bald zu einem kleinen Hippie-Revival.

Bela B: »*Später fand ich raus, dass die aus den Killjoys hervorgegangen waren, einer wirklich extremen Punkband. Das brachte ich gar nicht zusammen.*«

Wenn so etwas Erfolg hat, kann man alles machen[6], denkt sich Dirk, und in der Tat gelingt es den beiden mit ihrem Konzept, eine Lücke zu besetzen. Es gibt zu ihrer Zeit kaum Künstler, die ähnlich absurd und humorvoll daherkommen und gleichzeitig solch einen Pop-Appeal besitzen. Am ehesten passen noch Trio[7] in dieses Schema, aber ansonsten sieht es sehr mau aus. Zuvor hat es Künstler wie Insterburg & Co.[8] gegeben, die dem Humor ebenfalls eine große Bedeutung beigemessen haben. Aber anders als diese folgen die frischgebackenen Die Ärzte nicht dem Dogma, auf Teufel komm raus immer lustig sein zu müssen. Humor ergibt sich bei ihnen eher beiläufig als Resultat ihrer jeweiligen Charaktere und Vorlieben. Einen großen Einfluss auf Jans Humor nimmt die britische Komikertruppe Monty Python[9] ein. Die Mitglieder verstehen es meisterhaft, jede noch so absurde und schwachsinnige Begebenheit zu einem schier epochalen Ereignis auszuwalzen. Ihre Charaktere finden sie dabei oft in unscheinbaren Außenseitern unserer Gesellschaft, und sie singen gern. Auch wenn der Humor schon in den Anfangstagen der Die Ärzte eine große Rolle spielt, so ist es ihnen mit ihrer Musik hingegen immer sehr ernst. Dies betrifft sowohl ihre Live-Auftritte als auch Studioaufnahmen. Hier lassen sich durchaus Parallelen zum tschechisch-amerikanischen Ausnahmegitarristen Frank Zappa[10] ziehen. Dieser hat oft höchst anspruchsvolle, teilweise kaum spielbare Musik geschaffen und diese mit makaberen, nicht immer politisch korrekten Texten verbunden. Jan ist ein großer Anhänger von dessen Kunst und Haltung. Zappa interessiert sich kaum dafür, was die Leute von ihm erwarten oder wohl über seine Ergüsse denken. Er hat es einfach gemacht. Jan und Dirk wollen diesem Credo folgen – langweilige Bands gibt es wirklich schon genug. Ihr späterer Manager und Mentor wird es in naher Zukunft so beschreiben:

Jim Rakete: »*Sie haben immer nach vorn gedacht, was für deutsche Künstler ungewöhnlich war (Wir wissen selber: Wo der deutsche Popstar hingrübelt, wächst so schnell kein Gras mehr).*«

Allerdings ist es mit Jan und Dirk alleine nicht getan. Die beiden suchen noch Mitstreiter für ihr neues Projekt. Bald darauf stößt Hans Runge als Bassist zur Band. Er kommt aus Hermsdorf, was neben Frohnau liegt, und ist wie Jan ebenfalls auf das Georg-Herwegh-Gymnasium gegangen. Sein jüngerer Bruder Stefan, den alle nur Kröte rufen, gehört später zur lokalen Clique der Hermsdorf Boys. Diese Gruppe, die sich nach der *Hersham Boys*-Platte der englischen Punkband Sham 69[11] benannt hat, wird so etwas wie der Fanclub von Frau Suurbier – jener Band, in der Hans bereits

Bass spielt und deren Mitglieder ausnahmslos aus Hermsdorf kommen. Frau Suurbier werden im Verlauf der nächsten Jahre eine Art Durchgangslager für zukünftige Rockstars werden.

Hans Runge (Sahnie): »*Ich hatte im Januar 1980 The Ruts im Kant-Kino gesehen. Der Auftritt der Band endete in einer wilden Schlägerei. Direkt nach dem Konzert habe ich mir die Haare geschoren und war von da an Punk. Ich meine, dass wir mit Frau Suurbier ein gemeinsames Konzert mit Soilent Grün in Bremen gespielt haben. Da bin ich mit Farin und Bela ins Gespräch bekommen, und wir haben uns dann öfters gesehen, und Bela hat dann ja auch bei Frau Suurbier Schlagzeug gespielt.*«

Das Konzert der The Ruts besucht übrigens auch Hagen Liebing. Sein Abend endet infolge der Unruhen jedoch in einer Polizeizelle. Er ahnt nicht, dass er einige Jahre später Hans einmal am Bass bei Die Ärzte beerben wird.

Hans Runge (Sahnie): »*2015 haben die* Suurbiers *ein Radio-Konzert im Park Am Gleisdreieck gespielt. Ich stand neben der Bühne, als mich plötzlich jemand von der Seite ansprach:* ›Bist du nicht der ehemalige Bassist von den Ärzten?‹ *Ich sah denjenigen an und antworte:* ›Ja, und wer bist du?‹ – ›Ich bin auch ein ehemaliger Bassist von den Ärzten: Hagen Liebing.‹ *Das war wirklich witzig. Ich hatte Hagens Gesicht gar nicht gespeichert und hätte ihn niemals erkannt. Wir haben uns dann kurz unterhalten und waren uns sofort sympathisch. Echt netter Typ.*«

Hans leistet eine Menge Starthilfe für die hoffnungsvolle Band. Zum einen hat er einen alten gelben Post-VW-Bus, in dem die Band von nun an zu ihren Konzerten fahren kann, und zum anderen kann er auch einen Proberaum zur Verfügung stellen, der irgendwo zwischen den Ortsteilen Hermsdorf und Lübars im Norden Berlins liegt. Dies hat allerdings zur Folge, dass sowohl Jan, der schon von zu Hause ausgezogen ist und nun in Kreuzberg lebt, als auch Dirk elendig lange Busfahrten auf sich nehmen müssen, um zu den Proben zu gelangen. Nachdem die Stelle des Bassisten besetzt ist, sucht man noch nach einem richtigen Sänger, denn sowohl Jan als auch Dirk sehen sich nicht in dieser Rolle. Dirk schlägt Max Müller von der Wolfsburger Band Honkas vor, der ein ziemlich guter Hardcore-Sänger ist. Max hat mit seiner Band die EP *Lied für Fritz* sowie einige Fanzines veröffentlicht und ist ein Freund von Dirk. Sein absurder Humor deckt sich in vielem mit dem von Jan und Dirk, weshalb sie ihn für geeignet halten.

Bela B: »*Max war damals ein wahnsinnig lustiger Typ und ständig in so einer komischen Rolle. Zusammen mit seinem Freund Florian ›Flori‹ Körner bildeten wir Die Vollstarken. Wir wollten so eine Art Loser-Gang sein und haben zum Beispiel in einer Schlägerei immer Leute festgehalten und so kindermäßig draufgepatscht.*«

Aus Zeichen ihrer Verbundenheit beschließen sie, sich das Wort »VOLLSTARK« plus ein Symbol ihrer Wahl als Tattoo zu stechen. Natürlich haben sie kein Geld für ein richtiges Tattoostudio, und so müssen sie improvisieren. Als Studio dient ihnen das Wohnzimmer von Dirks Eltern. Drei heiße Nähnadeln und Tinte dienen ihnen als Werkzeug, und die Tätowierer sind Dirk, Max und Flori selbst. Dirk entscheidet sich aufgrund seines Lieblingsfilms *Halloween* für einen Kürbis, den ihm Max auf den Oberarm sticht. Max bekommt von Flori ein Herz mit gekreuzten Knochen gestochen, das zu dieser Zeit noch unbenutzt ist und erst später von dem unsäglichen Bernward Büker[12] verwendet wird.

Bela B: »*Den Kürbis fand ich schnell doof und habe mir eine Rose drüber machen lassen, die aber so schlecht war, dass ich das noch dreimal hab verbessern lassen, bis ein Cover nötig war. Das ›VOLLSTARK‹ hab ich aber immer sichtbar gelassen.*«[13]

Ein großes Manko ist, dass Max noch in Wolfsburg lebt. Als Dirk ihn fragt, ob er Lust hat, bei Die Ärzte einzusteigen, gibt er aber an, nach Berlin ziehen zu wollen.

Eigentlich hätten sich Jan und Dirk keinen ungünstigeren Zeitpunkt für die Gründung ihrer Band aussuchen können – vor allem für die Art von Band, die ihnen vorschwebt. Spaß ist zu dieser Zeit in der deutschen Musikszene eher weniger angesagt. Der Kalte Krieg und die Friedens- und Öko-Bewegung greifen auch auf die Musik über. Es gibt kaum eine Band, die nicht etwas zur aktuellen politischen Lage zu sagen hat. Das betrifft sowohl Punkbands als auch Kraut- und Deutschrock-Interpreten. Jan und Dirk sind zwar nicht unpolitisch, doch sie verspüren keine Lust, nun auch noch in dasselbe muffige Horn zu blasen. Sie überlassen die Politnummern gerne Künstlern wie BAP[14], Konstantin Wecker oder Bots[15]. Als in den USA der ehemalige Schauspieler Ronald Reagan zum 40. Präsidenten des Landes gewählt wird, entlockt dies vielen Menschen hierzulande ein Schmunzeln. Schließlich ist es nahezu unvorstellbar, dass deutsche Politiker wie Franz-Josef Strauß, Hans-Dietrich Genscher, Helmut Schmidt oder Helmut Kohl vor ihrer Politkarriere als Schauspieler reüssiert hätten – gleichwohl ein gewisses Talent bei allen erkennbar ist. Schon nach den ersten Monaten seiner Amtszeit wird den meisten Leuten jedoch klar, dass Reagan ein ausgesprochener Hardliner ist, der im Konflikt mit der Sowjetunion absolut unnachgiebig ist. Ein Hauptbestandteil seiner Politik ist der NATO-Doppelbeschluss[16], der unter anderem die Aufstellung der atomar bestückten Mittelstreckenraketen Pershing II in Westeuropa vorsieht, um den sowjetischen Raketenbasen entgegenzutreten. Diese neue Form der Aufrüstung schürt die Angst vor einem Atomkrieg sowohl bei den Menschen in der BRD als auch in der DDR. Es kommt zu breiten Protesten innerhalb der Bevölkerung. Anlässlich des Staatsbesuches von Ronald Reagan versammeln sich am 10. Juli 1982 mehrere Hunderttausend Menschen im Bonner Hofgarten, um gegen den NATO-Doppelbeschluss zu demonstrieren.

Bela B: »*Farin und ich sind zu der Zeit grad zusammengezogen. Bezeichnend für unseren Umgang mit den Dingen ist vielleicht, dass wir zur Stationierung der Pershing-Raketen eine Spontan-Party in unserer Bude veranstaltet haben, weil uns das ganze Betroffenheitsgeseiere auf die Nerven ging. Alleine oder mit Hussi bin ich dann aber trotzdem auf diverse Demos gegangen.*«

Am 11. Juli kommt der US-Präsident in die Mauerstadt. Auch hier findet der Besuch unter strengsten Sicherheitsvorkehrungen statt, denn im Vorfeld wurden bereits einige Gegendemonstrationen angekündigt, die jedoch allesamt vom Verwaltungsgericht verboten werden. Gerade in West-Berlin ist die Angst, zwischen die Fronten zu geraten, besonders groß. Die verbotene Gegendemonstration versammelt sich am Nollendorfplatz in Schöneberg, wo schon bald die Situation außer Kontrolle gerät und es zu heftigen Straßenkämpfen zwischen Autonomen und der Polizei kommt, die bald auch auf andere Plätze wie den Winterfeldtplatz übergreifen. Auch Dirk ist bei der Demo mit dabei und kriegt die Krawalle hautnah mit. Im Gegensatz zu einigen seiner Kumpels passiert ihm aber nichts. Er organisiert sich am selben Abend noch den Eintritt zu einem Konzert von Madness[17] im Metropol, das ebenfalls am Nollendorfplatz beheimatet ist. Auch hier gibt es Krawalle, denn es kommt zu Schlägereien zwischen Punks, den Spandauer Fußball-Hooligans von Zyklon B und englischen Skinheads, in die sich sogar einige Madness-Mitglieder wie Saxofonist Lee »Kix« Thompson direkt einmischen.

Bela B: *»Eben noch auf der Straßenschlacht den Bullen entkommen und dann beim Madness-Konzert von Tränengas eingenebelt worden. Es war schon eine verrückte ziemlich durchgeknallte Zeit.«*

Nachdem die Personalfragen bei Die Ärzte geklärt sind, könnte es eigentlich so richtig losgehen, doch Jan verschwindet erst einmal in den Urlaub, um Energie für die weiteren Schritte mit der Band zu sammeln. Dirk passt Jans Entscheidung so gar nicht in den Kram. Er will das neue Projekt am liebsten sofort in die Welt hinaustragen. Jan beharrt jedoch stur auf seinen Urlaubsplänen. Dirk fügt sich und wartet auf ihn – dieses Schicksal wird ihn in Zukunft noch öfter ereilen. Ganz tatenlos bleibt er aber nicht, und so macht er schon mal einen ersten Auftritt für den 26. September 1982 im Besetzereck in Kreuzberg fest. Das Problem dabei ist nur, dass der Band nach Jans voraussichtlicher Rückkehr nur knapp eine Woche zum Proben eines komplett neuen Sets bleiben wird. Für Jan ist das kein Problem, er erscheint pünktlich zur ersten Probe, doch von Max fehlt jede Spur. Man weiß nicht, wo er steckt, und er hat auch gegenüber Dirk oder Hans nichts verlauten lassen.

Max Müller: *»Ich glaube, ich hatte was anderes zu tun.«*

In Ermangelung eines Sängers singen nun schließlich alle drei, was für sie aber kein ungewohnter Zustand ist, denn sie haben zuvor auch schon in ihren anderen Bands gesungen. In dem verranzten Proberaum in Hermsdorf wird in diesen sieben Tagen in einer Art Crashkurs das Fundament gegossen, auf dem später alles Weitere aufbauen wird. Fast täglich werden neue Songs geschrieben und eingeübt – viele davon sind heute Klassiker. Mit viel Eifer und Willen gelingt es Jan, Dirk und Hans, sich ein ganzes Set, bestehend aus 20 Songs (darunter nicht weniger als 18 Eigenkompositionen), draufzuschaffen. Das Besetzereck, der Ort, an dem das Konzert stattfindet, ist eine Kneipe, die sich im Erdgeschoss eines besetzten Hauses am Heinrichplatz in unmittelbarer Nähe zum SO36 in Kreuzberg befindet. Das Publikum besteht an diesem Sonntag nahezu aus derselben Klientel, die zuvor schon bei Soilent Grün-Konzerten anwesend war. Nicht immer verfolgen diese Leute ein freundliches Ansinnen, wie Hans sich Jahre später erinnern wird.

Hans Runge (Sahnie): »*Da war ein Rocker im Publikum, der vor unseren Augen seine Frau verprügelte. Die Kneipe war selbst uns zu hart gewesen.*«

Bela B: »*Ich weiß noch, dass ich angespuckt wurde. Ich hab dem Typen von der Bühne zugerufen, dass seine Freundin ein Poster von mir über dem Bett hat. Da war er sprachlos, und die Zuschauer schauten uns ebenfalls sprachlos an.*«

Trotzdem rücken sie nicht von ihrem Konzept ab und präsentieren den Anwesenden nun ihr Die Ärzte-Programm. So kommt es an diesem Tag zu den Uraufführungen von Songs wie *Teddybär*, *Zitroneneis*, *Vollmilch* oder *Teenager Liebe* und tatsächlich haben sie die Chuzpe, sich hinzustellen und zu behaupten, dass sie Popstars seien – in einem besetzten Haus.

Das Publikum weiß nicht so recht, was es von dieser Darbietung halten soll. Die Sympathisanten früherer Tage fühlen sich ob des Auftretens der Band sogar etwas verprellt. Nur die Wenigsten können mit Klamauk und Pop etwas anfangen. Die Ärzte lassen sich dadurch aber nicht vom Weg abbringen. Vielmehr bestärkt sie diese Erfahrung in der Erkenntnis, wirklich etwas Neues geschaffen zu haben. Das dafür passende Publikum wird sich schon noch finden. Die wichtigste Feststellung ist aber, dass sie sich selbst unglaublich wohl in ihrer neuen Haut fühlen. Das ist es, was sie machen möchten.

Die nächsten Proben finden allesamt ebenfalls ohne Max Müller statt. Er meldet sich einfach nicht mehr, und so belässt man es schließlich bei der klassischen Dreier-Konstellation: Gitarre, Bass, Schlagzeug. Max hingegen zieht kurz darauf nach Berlin und wird mit seiner Band Mutter[18] auf sich aufmerksam machen.

Nur wenige Wochen später soll schon das nächste Konzert in der Schöneberger Music Hall stattfinden. Die Band will für diesen Auftritt eigene Plakate malen, um sie dann später in der Stadt zu verkleben. Dafür treffen sich Jan, Dirk und Hans in der Wohnung

Promofoto von Olaf Heine. Es entstand für das Hörbuch *Faust vs. Mephisto*, das Bela 2004 gemeinsam mit Thomas D aufgenommen hat.

Links oben: Bela live im Luxor, Köln, 13.02.1984. Rechts oben: An den Congas während *Jag älskar Sverige*, das Die Ärzte auf der *Unrockstar*-Tour 2008 im Mittelteil von *Radio brennt* spielten, Cottbus, 28.05.2008. Mittlere Reihe und links unten: Live 2008. Rechts unten: Bela live bei Rock am Ring 2007.

Oben: Bela im Studio beim Einspielen der Schlagzeugparts für *Jazz ist anders* (2007). Unten links: Bela sagt die Band Bonaparte in Uelzen an, 17.08.2013. Unten rechts: Pressefoto für das Album *Geräusch*, in der Hand hält er die *Le Frisur*-LP (2003).

Linke Seite: Bela beim *15 Jahre netto*-Konzert auf dem Mariannenplatz (21.06.2002). Oben links: Nicht verwendetes Promofoto von 1995. Rechts: Live 2003. Mittlere Reihe links: Bela sagt *The Godfathers* an (Ferropolis, 21.06.2013). Rechts: Bela B fotografiert Bela B (2007). Links unten: Dortmunder Westfalenhalle 2001. Rechts unten: In Tokio, 1997.

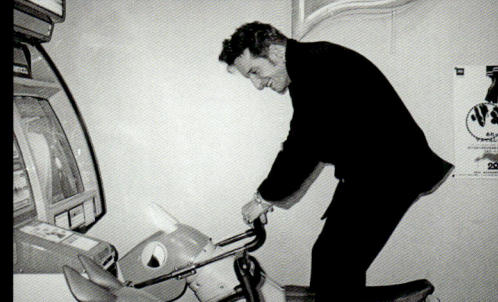

Oben: Bela an seinem speziell für ihn entworfenen Yamaha-Schlagzeug (Sziget-Festival, 07.08.2013) Unten links: Nicht verwendetes Promofoto von 1995. Rechts: Bela singt Tittenmaus in Wien (15.06.2012). In jener Stadt, in der die weibliche Fanschar der Band schon so manchen »Tittenorkan« bescherte. Rechte Seite: Während des Drehs zum *Unrockbar*-Video 2003.

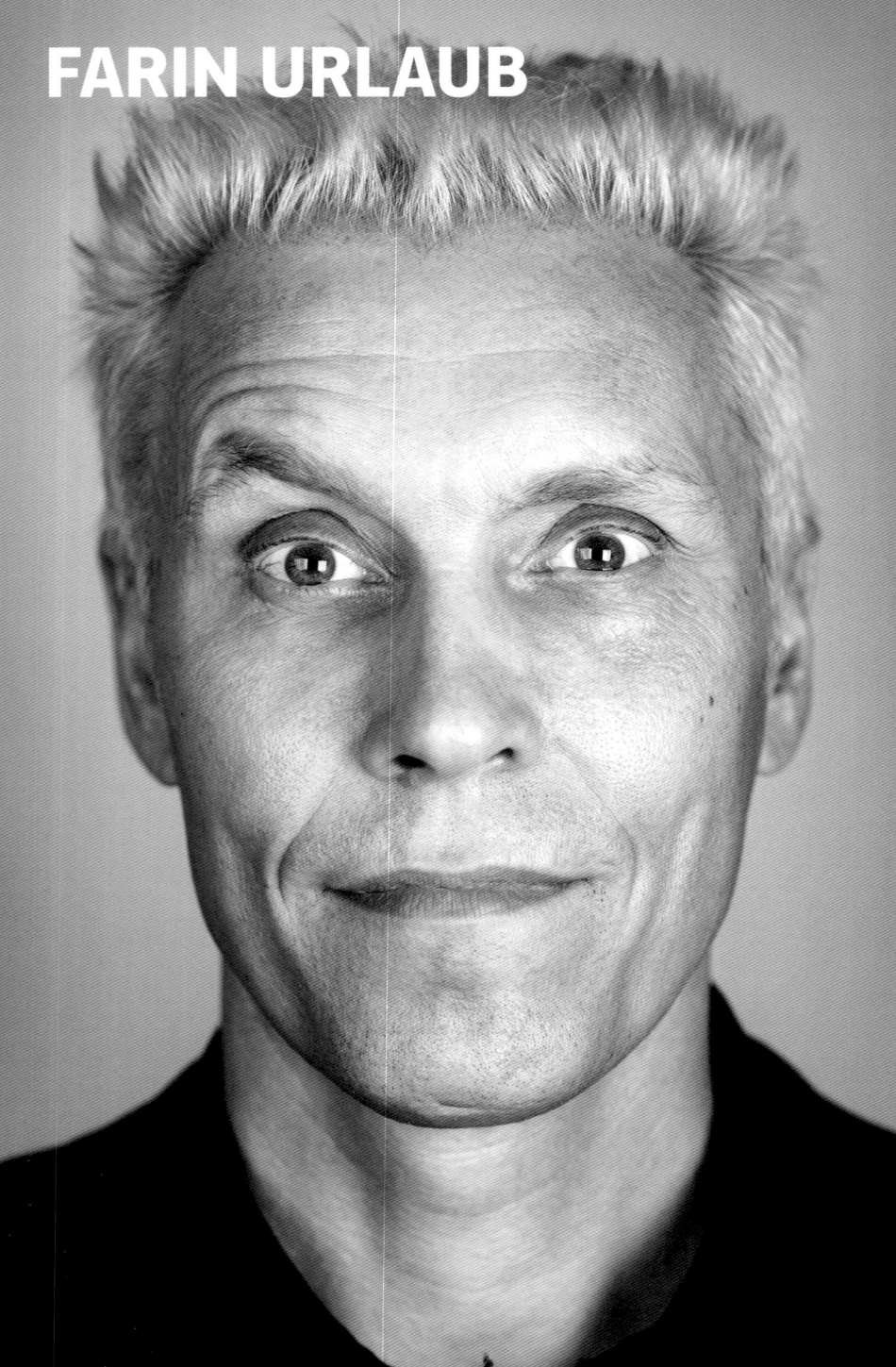

Linke Seite: Farin Urlaub 2014. Oben links: Farin beim Dreh zu *Unrockbar*. Oben rechts: Das Foto entstand Anfang der 90er Jahre bei einem türkischen Hochzeitsfotografen auf der Wiener Straße in Kreuzberg. Unten: Live in Braunschweig (01.10.1998).

Links oben: Pressefoto von 1998. Rechts oben und Mitte links: Farin als Nosferatu beim Dreh zu *Sumisu* (2001). Mitte rechts und unten links: Pressefotos vom Dreh zu *Männer sind Schweine* (1998). Rechts unten: Farin mit Dornenkrone. Das Bild entstand 1997 für das *GötterDÄmmerung*-Tributalbum. Rechte Seite: Foto für das Booklet von *Planet Punk* (1995).

Farin mit wechselnder Bühnengarderobe in Berlin (21.06.2002, oben links), Dortmund (10.06.2001, oben rechts), Hamburg (27.06.2001, unten links) und Halle (01.09.2000, unten rechts).

Oben: Während der Ansage für *UK Subs* in Bremen (24.08.2013). Unten: Im Studio, während der Aufnahmen zu *Jazz ist anders* (2007). Nächste Seite: Farin Urlaub – nur echt mit den 1000 Zähnen (2007).

einer Freundin in Kreuzberg, wo sie sich alte Tapetenrollen und Eddings schnappen und ihrer Kreativität freien Lauf lassen. Jan und Dirk überbieten sich in der Gestaltung ihrer Plakate, während es bei Hans etwas langsamer zugeht. Nach zwei Plakaten bemerken sie, dass er »Ärzte« mit »tzt« schreibt, und entbinden ihn von seiner Aufgabe. Für das Konzert selbst denken sie sich spezielle Gimmicks aus. Dirk schleppt von seiner Ausbildung eine ausrangierte Schaufensterpuppe an, die sie als Arzt verkleiden, übel zurichten und anschließend an einem Galgen an der Bühne aufhängen. Außerdem überredet Jan seinen Schulfreund Roberto Schubert dazu, auf dem Konzert den Gilbert Bécaud-Hit *Nathalie* zu singen – ein Lieblingslied von Jan und Dirk. Im Gegensatz zu ihnen spricht Roberto gut französisch und kann auch den Text, nur leider kann er nicht singen, wie sich später beim Konzert herausstellen wird. Diese etwas eigenwillige Darbietung bildet den Anfang einer oft seltsamen Auswahl an Coverversionen in der Geschichte von Die Ärzte.

Zu dieser Zeit befinden sich nur wenige Songs im Programm, die später auch einmal auf Platte gebannt werden sollen. Stücke wie *Sie liegt rum, Monster aus dem Wald, Geh doch oder Klaus, Peter, Willi und Petra* sind bis heute unveröffentlicht geblieben. Der Abend in der Music Hall wird indes zu einer einzigen Party. Die Ärzte kommen hervorragend an, und die meisten Anwesenden amüsieren sich sehr über ihre Songs und Sprüche. Auch Biggi, Sabine und Pelle vom WFC (Wessi Fan Club), von denen auch die grüne Torte zur Abschiedsshow von Soilent Grün stammte, sind im Publikum und halten den Abend für ihr Fanzine fest. Jan geht seit Kurzem mit Sabine und lebt mit ihr mehr schlecht als recht in einer kleinen Wohnung in Kreuzberg. Die Beziehung währt jedoch nicht lange, und Jan muss sich alsbald nach etwas Neuem umsehen. Dirk ist derweil im Begriff, endlich zu Hause auszuziehen. Durch ihre Tätigkeit in einer Wohnungsbaugesellschaft kann Dirks Mutter ihm eine winzige, aber sehr günstige Zweizimmerwohnung in der Niebuhrstraße 38b im Bezirk Charlottenburg verschaffen. Die Niebuhrstraße verläuft parallel zum nahe gelegenen Ku'damm und ist nicht weit vom Bahnhof Zoo entfernt. Die Wohnung liegt im zweiten Stock und ist nur 28 Quadratmeter groß. Diese verteilen sich auf einen engen Flur, eine schmale Küche, ein winziges Bad sowie ein größeres und ein kleineres Zimmer. Schnell wird klar, dass Jan auch dort einziehen kann. Er erhält das kleinere Zimmer, das aber einen Balkon hat, auf der er sofort eine Hängematte installiert. Die Miete beträgt 170 D-Mark.

Die gemeinsame Wohnung ist sehr förderlich für die Kreativität der beiden und bietet zugleich jede Menge Möglichkeiten für kindische Späße, wie etwa die Einführung der Klomusik. Im Badezimmer befindet sich nämlich ein kleiner Lautsprecher, der von Jans Anlage im Nebenzimmer aus bedient werden kann. Wenn nun also einer der beiden das Badezimmer für eine längere Sitzung oder ein Bad aufsucht, schlägt die Stunde des jeweils anderen. Auf dem Plattenteller landet dann schlimmste Foltermusik wie *Sind so kleine Hände* von Bettina Wegner, *Nur Steine leben lang* von Hans Hartz oder *Neue Männer braucht das Land* von Ina Deter. Da bleibt niemand länger als unbedingt nötig im Bad, und falls ausnahmsweise mal etwas nicht ganz so Schlimmes läuft, versucht man, den anderen durch laute Schreie und flehende Rufe dazu zu bewegen, nicht noch etwas Grausameres aufzulegen. Der Hang zu trashiger Musik wird den beiden auch in der Zukunft noch erhalten bleiben, wenngleich Dirk dabei ungeahnte Sammlerqualitäten offenbaren wird.

Bela B: »*Plötzlich durchstöberte ich Plattenkisten nicht mehr nur nach guter Musik, sondern auch nach geilem, ekligen Stoff. Mundartrock auf 'nem Grabbeltisch im Kaufhaus? Ich griff zu. Mein Meisterstück war allerdings, als ich in einer Diskothek dem DJ am Pult den Trommeltanz von George Kranz entwendete. Farin hat mir sicher die grausamsten Tode gewünscht, als ich ihn damit ›überraschte‹. Bei ihm ist die Leidenschaft für Trash etwas abgeklungen. Bei mir leider nie.*«

Farin Urlaub: »*Ich hatte mich zu diesem Zeitpunkt noch nicht endgültig von den Schallplatten meiner Kindheit verabschiedet und konnte auch aus dem Fundus meiner Eltern schöpfen, und so kam der arme Bela unter anderem in den Genuss von (Achtung, jetzt wirds unglaublich) Ougenweide! Das war eine Mittelalter-Band aus den 1970ern – also lange bevor das über den Grufti-Umweg wieder irgendwo einen winzigen Hauch von Coolness bekam. Ougenweide haben Texte von Walther von der Vogelweide und andere mittelhochdeutsche Lieder mit Jazzrock begleitet. Viele, sehr viele Jahre später besuchte mich Bela mal auf einer Racing Team-Tour (Achtung, jetzt* wird's NOCH unglaublicher) und brachte mir als Geschenk eine Komplett-Box von Ougenweide mit.«

Wenn sie nicht mit Die Ärzte beschäftigt sind, vertreiben sich Jan und Dirk die Zeit mit dem Dreh von kurzen Super-8-Filmen. Die Kameras und Filmrollen, auf die man nur wenige Minuten Film bannen kann, haben sie von ihren Eltern übernommen. Mit der Verbreitung der VHS-Videotechnik, die auch Tonaufnahmen erlaubt, ist das Super-8-Format mehr und mehr ins Hintertreffen geraten. Allerdings ist es wesentlich preisgünstiger, und so läuft in Dirks und Jans Szene eigentlich ständig jemand mit einer Kamera herum und filmt.

Bela B: »*Ständig wurde irgendwo gefilmt. Die Eltern vieler meiner Freunde hatten Super-8-Kameras irgendwo rumliegen, und wir benutzten die, um uns auszudrücken. Farin brachte irgendwann die Kamera seiner Mutter mit in die WG, mit der sie ja schon früher ein Soilent Grün-Konzert gefilmt hat. Er hatte noch zwei Filme, und unsere Kreativität war sofort angestachelt.*«

Filme sind Teil der Punk-Subkultur und tragen zur Verbreitung des Spirits und der Botschaften der Punkszene bei. In vielen Off-Kinos[19] läuft zu dieser Zeit auch der Film *Deutschland privat – Eine Anthologie des Volksfilms* von Robert van Ackeren. Er besteht aus zahlreichen privaten Super-8-Filmen, die ihm von verschiedenen Bürgern des Landes zugespielt worden sind, und ist so etwas wie ein Szene-Hit. Angespornt von Dirks Freund Jörg Buttgereit heben Dirk und Jan das fiktive Label Graveyard Funnies aus der Taufe. Buttgereit dreht schon seit einiger Zeit fleißig Filme, in denen auch Dirk immer wieder mitspielt. So ist er als Prolet in *Manne*, als Monster in *Captain Berlin* oder als Wissenschaftler in *Der Gollob* zu sehen. In dem Film *Die schönsten Zerstörungen* hat sogar Jan einen kurzen Auftritt[20]. Die Filme von Belas Freunden und besonders die von Jörg Buttgereit laufen schon bald in kleinen Off-Kinos oder an speziellen Buttgereit-Abenden in diversen Clubs. Bei einem dieser Abende im KZ 36 werden auch Jan und Dirks Filme *Karl – the Human Insect* und *Das unheimlich grauenhafte Schlüsselbund* gezeigt, die beim Publikum sogar so gut ankommen, dass sie noch mal wiederholt werden müssen. Erst Jahrzehnte später sollen diese Kleinode der Filmkunst im Bonus-Bereich der *Overkiller*-DVD einer breiten Öffentlichkeit zugänglich gemacht werden. Leider sind dies auch die einzigen beiden Super-8-Filme, die Dirk und Jan gedreht haben. Mehr ist nicht zustande gekommen.

Bela B: »*Wir hatten nur zwei Filmrollen und haben nie welche nachgekauft.*«

Filme bilden aber bei Dirk und Jan weiterhin einen großen gemeinsamen Nenner. In Berlin gibt es zu dieser Zeit eine große Anzahl an Off-Kinos, die sich in fester Regelmäßigkeit der Vergangenheit bedienen. Eines davon, das *Filmkunst 66*, befindet sich direkt um die Ecke von ihrer Wohnung. Besonders beliebt sind bei beiden die sogenannten *Langen Nächte*. An diesen Themenabenden laufen bis zu fünf Spielfilme nacheinander. Die Themen sind vielfältig.

Farin Urlaub: »*Es gab als feste Einrichtung die* Lange Nacht der Trickfilme, des Westerns, des Horrors *(nicht meins) und viele, viele andere. Highlights waren für mich auf jeden Fall die Sergio Leone-Trilogie (*Für eine Handvoll Dollar, Für ein paar Dollar mehr, Zwei glorreiche Halunken*) mit dem unglaublichen Soundtrack von Ennio Morricone, die* Roadrunner-Rolle *(45 Minuten antiphysikalische Gewalt gegen den armen Kojoten) und* Im tiefen Tal der Superhexen.«

Bela B: »*Die Kino-Szene war wirklich einmalig. In einem Indie-Kino lief zwei Jahre lang die* Rocky Horror Picture Show. *Das war damals ein echter Punk-Event – mag man heute gar nicht glauben. Auch hier verstanden wir uns blind. Unausgesprochen war zum Beispiel klar, das die* Looney Tunes *mit Figuren wie Will E. Coyote, Bugs Bunny und besonders Droopy cool, aber Tom und Jerry total uncool waren.*«

Als Band nutzen Jan, Dirk und Hans jede Gelegenheit, um zu spielen und mehr Gehör zu finden. Dabei beschränken sich ihre Auftritte nicht nur auf Berlin. Von ihrer Zeit bei Soilent Grün haben Jan und Dirk noch Kontakte nach Bremen, und der Bremer Punkpapst Uwe Lohse bucht Die Ärzte zusammen mit der Deutschen Trinkerjugend in den Magazinkeller des Schlachthofs, wo im April desselben Jahres die Toten Hosen ihr erstes Konzert gegeben haben. Lohses Kompagnon ist ein Punk namens Jens Koopmann, der in späteren Jahren viele Veranstaltungen der Die Ärzte in Bremen und Umgebung buchen wird. An eine große Gage ist zu dieser Zeit jedoch nicht zu denken. Ihnen reichen oft Unterkunft, Benzingeld und Verpflegung aus. Hauptsache, sie können spielen, das ist ihnen wichtig. Manchmal müssen sie allerdings aufpassen, nicht zwischen die Fronten zu geraten, wie etwa bei einem Konzert im After Eight, einem besetzten Haus in der Manteuffelstraße, unweit vom SO36 gelegen.

Bela B: »*Während unseres Gigs kam es draußen zu einer Straßenschlacht zwischen Hausbesetzern und Punks auf der einen und der Polizei auf der anderen Seite. Sahnie hat daraufhin mit der Polizei verhandelt, dass wir wenigstens unsere Anlage hinter die feindlichen Linien in Sicherheit bringen können. Auch wenn es sicher im Sinne der Band war, kam ich mir dabei vor wie ein Verräter.*«

Wie Dirk hat auch Jan viel Spaß an Die Ärzte, doch seine Familie hat große Bedenken, dass aus dem Jungen nichts wird. Sie sprechen das Thema immer wieder an, und irgendwann kommt Jan ins Grübeln: Musik ist für ihn zwar das Schönste, was es gibt, doch er sieht sich eigentlich nicht als Berufsmusiker. Er weiß aber auch nicht, was er sonst machen soll. Aufgrund des Drängens seiner Eltern schreibt er sich schließlich für ein Archäologiestudium an der Freien Universität von Berlin ein. Dort hält er es genau einen Tag lang aus – es ist einfach nicht seine Welt. Er möchte selbst bestimmen, was er lernen beziehungsweise wissen möchte, und es nicht vorgeschrieben bekommen. Auch die Masse an Studenten verschreckt ihn. Immerhin nutzt er aber seinen Studentenausweis, um mit Dirk in die Mensa zu gehen und dort das günstige Tagesgericht zu speisen. Die finanzielle Situation der beiden ist nach wie vor eine Katastrophe. Nach Abzug der Miete haben sie kaum Geld zum Essen übrig. Jans Mutter leiht ihnen ab und zu ihren *Metro*-Ausweis, den sie dazu nutzen, um Kartoffelpüree, Fischstäbchen und andere Fertiggerichte im Großvorrat einzukaufen.

Bela B: »*Und ständig Milch, Milch, Milch – 2-Liter-Packungen waren es irgendwann. Ich konnte die bald schon nicht mehr sehen, während Jan immer noch große Gläser davon mit Eiswürfeln trank. Wenn es zu schlimm wurde, haben wir für 100 Mark irgendwo gespielt, sogar Straßenmusik haben wir hin und wieder gemacht, aber für unser Geschrammel gab es meistens nichts. Ich hab hier und da noch als DJ ausgeholfen, aber meine Gage oft vor Ort vertrunken.*«

Woanders müssten sie richtig arbeiten gehen, um über die Runden zu kommen. In Berlin kann man jedoch mehr oder weniger auch ohne Geld überleben – ein Paradies für chronisch klamme Künstlerseelen.

Farin Urlaub: »*Dass wir in der Niebuhrstraße keinen Skorbut gekriegt haben, ist echt ein Wunder.*«[21]

Bela B: »*Wenn wir etwas mehr Geld hatten, leisteten wir uns mal eine Zitrone zu den Fischstäbchen. Das Püree machten wir immerhin immer mit Milch.*«[22]

Die Existenzangst setzt Jan sehr zu. Um auf andere Gedanken zu kommen, macht er schließlich das, was er am liebsten tut: Er kratzt sein weniges Geld zusammen und fährt in den Urlaub. Wieder ist London sein Ziel. Er lernt dort einen Engländer namens John kennen, der ihm einen lukrativen Job verspricht. Jan findet den Gedanken, in London zu leben und zu arbeiten, reizvoll. Seit seiner Klassenfahrt ist er ein großer Fan der britischen Hauptstadt. Er bedankt sich bei John für dessen Angebot und verspricht ihm, darüber nachzudenken und sich wieder bei ihm zu melden. Euphorisiert kehrt er nach Berlin zurück. Als er Dirk von seinen Überlegungen berichtet, reagiert dieser verständlicherweise alles andere als euphorisch. Er hat schließlich große Hoffnungen in Die Ärzte gesetzt und sieht nun seine Felle davonschwimmen. Außerdem ist er skeptisch, ob die Versprechen, die dieser John gegenüber Jan gemacht hat, auch wirklich der Realität entsprechen. Nach einigem Hin und Her verabreden sie, dass Jan sich das Ganze erst mal für drei Monate anschaut. Anschließend will man sich noch mal hinsetzen und besprechen, ob und – wenn ja – wie es mit Die Ärzte weitergeht. Dieses Vorgehen wird sich in der Geschichte der Die Ärzte noch mehrmals wiederholen.

Dirk ist sehr verärgert über den plötzlichen Einfall seines Freundes, doch er bleibt nicht untätig. Zum einen steigt er bei Frau Suurbier ein und kommt so immerhin zu ein paar Konzerten, und zum anderen gründet er mit Hussein und Hans noch das Projekt Hussi und die Fickboys. Da Hans und Dirk gerade viel miteinander zu tun haben, reisen sie gemeinsam nach Düsseldorf, um sich die dortige Szene rund um den Treffpunkt Ratinger Hof näher anzuschauen und die Toten Hosen zu treffen. Vor dem Ratinger Hof kommt es zu einem Tumult zwischen Punks und Polizei, wobei sie einen rothaarigen Mann namens Michael Beckmann kennenlernen, der ihnen

für die Nacht auch eine Schlafstätte bietet. Jahre später wird er mit Dirk einmal in einer Band spielen. An die ersten Konzerte der Die Ärzte wird er sich später so erinnern:
Michael Beckmann: »*Die Läden, in denen Die Ärzte anfangs spielten, waren dunkle Kaschemmen. Doch als sie die Bühne betraten, fingen diese Läden an zu leuchten. Die hatten einfach diese Popstar-Ausstrahlung – und zwar alle drei.*«

So nah wie in dieser Zeit werden sich Dirk und Hans nie wieder sein, denn schon bald wird das Tischtuch zwischen ihnen zerschnitten sein. Hussi und die Fickboys sind auch nur von kurzer Dauer. Es kommt zu keinem öffentlichen Auftritt. Sie proben genau zwei Mal und schreiben genau einen Song, der aus der bloßen Aufzählung von Wörtern wie Ficken, Flachlegen, Bumsen und so weiter besteht. Hussi kehrt kurz darauf der Musik endgültig den Rücken, während Hans und Dirk mit Frau Suurbier ein paar Demos einspielen. Während Hans weiterhin bei Frau Suurbier spielt, hilft Dirk außerdem bei der englischen Band Soldiers of Fortune aus, deren Drummer sich ein Bein gebrochen hat. Wenig später spielt Dirk noch Gitarre in einer Gothic-Band, mit der er auch eine schwarze Messe auf dem Teufelsberg[23] feiert. Er findet immer mehr Gefallen an dieser düsteren Musik und ihrer Szene, deren Mitglieder später als Gruftis bekannt sein werden. Damals treten diese aber noch als dunkle Randgruppe der New Wave-Bewegung in Erscheinung. Bands wie The Sisters of Mercy um Frontmann Andrew Eldritch oder Bauhaus üben einen großen Einfluss auf Dirk aus, was sich bald in seinem Gesangsstil sowie der Themenpalette in seinen Songtexten niederschlägt. Die erste Bauhaus-Single *Bela Lugosi's Dead* ist zudem nicht ganz unschuldig an Dirks späterem Künstlernamen. Der über neun Minuten lange Song ist aber nicht nur bei Dirk sehr beliebt, auch Jan und Hans finden ihn großartig und tragen mit Vorliebe Shirts der Band.

Während Dirk Zerstreuung sucht, versucht Jan, in London sesshaft zu werden. Der angeblich so lukrative Job, mit dem John ihn dem Mund wässrig gemacht hat, entpuppt sich jedoch als stumpfe und wenig ertragreiche Büroarbeit. Jan soll acht Stunden am Tag in einem winzigen Büro in der Tottenham Court Road mit einer besonderen Schreibmaschine Noten auf Papier drucken. Der Stundenlohn beträgt lachhafte 1,25 DM. Jan macht dies nicht lange mit und sieht sich nach anderen Jobs um. Die Suche verläuft aber alles andere als befriedigend, und so sieht er zu, dass er Land gewinnt. Schon nach zwei Wochen ist er wieder zurück in Berlin, und natürlich geht es weiter mit Die Ärzte.

Bela B: »*Farin brachte einen Haufen Ramsch-Singles mit, die er dort für wenig Geld aus den Läden geschleppt hat. Was er nicht mochte, überließ er mir, und ein paar davon sind heute noch in meiner Sammlung.*«

Jan berichtet Dirk von den aktuellen Trends aus London und will ihm stolz den neuesten Schrei präsentieren. Er verschwindet schnell im Bad, um nur kurze Zeit später mit einem dicken schwarzen Kajalbalken um die Augen herum wiederzukommen. Dirk muss sich schwer zusammenreißen, um nicht lauthals loszulachen. Jan findet Dirks Reaktion gar nicht lustig, er beteuert, dass viele Leute in London so herumlaufen, und erzählt ihm von Adam Ant[24], der ebenfalls so geschminkt ist. Noch am gleichen Abend besuchen sie den New Wave-Laden Linientreu[25]. Zu dieser Zeit meiden Dirk und Jan die klassischen Punkläden, da sie sich dort schnell langweilen. Als sie vor dem Linientreu stehen und der Türsteher Dirk fragt, ob der Waschbär neben ihm auch rein möchte, kann dieser sich nicht mehr halten vor Lachen. Jan zieht das mit der Schminke noch ein paar Mal durch und erträgt stur weiter blöde Sprüche, bis er den Balken irgendwann einfach still und heimlich weglässt. Obwohl Dirk sich über Jans Styling lustig macht, steht er ihm eigentlich in nichts nach. Seine Gothic-Affinität hat deutliche Spuren bei ihm hinterlassen: Seine Haare sind inzwischen blauschwarz gefärbt und extrem toupiert, und auch er muss sich blöde Türsteher-Sprüche wie »*Kiek mal, Winnetou ist der Fön explodiert*« gefallen lassen.

Was für die einen (oder in der Welt eines Türstehers) ein Modeverbrechen darstellt, wirkt auf andere faszinierend und konsequent und ist kein unwesentlicher Bestandteil ihrer steigenden Popularität. So sind Waschbär und Winnetou fotogen genug, um im englischen Fernsehen aufzutreten. Arrangiert hat das Mark Reeder. Er kommt ursprünglich aus Manchester und hat dort mit Mick Hucknall, dem späteren Sänger von Simply Red, in der Punkband Frantic Elevators gespielt. Diese gibt er jedoch wenig später auf, da er vom Punkrock gelangweilt ist, der seiner Meinung nach in einer Sackgasse angelangt ist. Reeder möchte etwas Neues machen und heuert beim neu gegründeten Label Factory Records an, bei dem zu der Zeit so wegweisende Bands wie Joy Division und deren spätere Ahnen New Order unter Vertrag stehen. Im Zuge dessen verschlägt es Reeder nach West-Berlin. Dort soll er den deutschen Ableger des Labels aufbauen und kehrt letztlich nie wieder zurück. Von West-Berlin aus unternimmt er auch erste Streifzüge nach Ost-Berlin, denn er ist sehr an der Subkultur in der DDR interessiert. So kommt es auch, dass Reeder das erste Konzert der Toten Hosen in der DDR in einer Kirche organisiert. Die späteren Mitglieder von Rammstein leihen den Hosen übrigens an diesem Tag ihre Instrumente.

Reeder ist fasziniert von Berlin und seiner zwanglosen, pulsierenden Szene. Er schlägt dem britischen Sender Channel 4 ein Special über deutsche Bands wie Einstürzende Neubauten, Die tödliche Doris, Die Haut und eben Die Ärzte vor. Der Sender stimmt zu, und so wird im Herbst 1983 Material für die populäre englische Musik-Sendung *The Tube* gedreht. Es wird die einzige Folge der Sendung sein, die jemals außerhalb von Großbritannien gefilmt wird. Die Moderatorin Muriel Gray trifft Jan zu einem kurzen Interview bei Kuchen und Tee im Café Einstein in der Kurfürstenstraße. Jan hat sich extra fein gemacht und trägt ein schwarzes Priesterhemd mit weißem Kragen, das er sich kurz vorher von einer Reise aus Rom mitgebracht hat. Das gleiche Hemd trägt er auch bei der Playback-Darbietung zum Song *Eva Braun*, die im Weinlokal Leydicke gefilmt wird. Dirk, der den Laden kennt, weil er um die Ecke vom Risiko liegt, schätzt dort vor allem den aus eigener Herstellung abgefüllten Fruchtwein, den es sogar noch 30 Jahre später dort geben wird. Das Lokal scheint etwas aus der Zeit gefallen zu sein. Alles ist mit viel schwarzem Holz verkleidet, und in den Regalen stehen jede Menge Flaschen der unterschiedlichsten Weinsorten. Der Thekenbereich verschlingt fast ein Drittel des gesamten Raumes. *Eva Braun* spielt die Band schon seit einiger Zeit live. Eigens für die Sendung nehmen sie den Song zusammen mit Toningenieur David Heilmann im Preussenton-Studio auf. Der Song handelt von der Beziehung Adolf Hitlers zu seiner Geliebten und späteren Frau Eva Braun. Es ist eine bewusste Provokation, die man trotz des deutschen Textes auch in England versteht, wo bereits Punk-Heroen wie Sid Vicious mit Hakenkreuzen die Leute schockiert haben. Die Musik ist sehr düster und mit viel Hall unterlegt. Dazu krächzt Jan den Text im krassen Hitler-Idiom. Leider, so sagt es die Legende, fallen die Aufnahmebänder einem späteren Brand im Preussenton-Studio zum Opfer. Ein paar Tage nach Die Ärzte nehmen auch die Einstürzenden Neubauten ihren Beitrag für die Sendung auf. Sänger Blixa Bargeld trägt dabei das gleiche Hemd wie Jan, was Muriel Gray mit einem freudigen, aber doch radebrechenden »Ah, die Artze« kommentiert – für Bargeld ist der Tag gelaufen.

In der Berliner Musikszene kommt es derweil zu ersten Abspaltungen. Es gibt die bereits erwähnten Genialen Dilletanten um die Einstürzenden Neubauten oder Tödlichen Doris, die Ur-Punk-Fraktion mit Bands wie Stromsperre, Betoncombo oder den *Ätztussis*, eine neu aufkommende Hardcore-Szene mit Bands wie Vorkriegsjugend oder die Hostages of Ayatollah, und es gibt Bands wie Die Deutsche Trinkerjugend, Frau Suurbier und Die Ärzte, die man zu dem sogenannten Funpunk zählt.

Bela B: »*Während Bullensohn[26], der Sänger von Stromsperre, ein enger Freund von uns war, hat uns Heske, der Sänger der Betoncombo, gehasst. Die Band kam aus dem Märkischen Viertel und hat darauf bestanden, dass nur Kreuzberg und das MV ›echt‹ seien. Ich habe Heske ein, zwei Mal bis auf das Äußerste provoziert, obwohl ich ihm körperlich deutlich unterlegen war.*«

Bisher war Punk stets aggressiv, rau und obszön – mit Bands wie Frau Suurbier, Die Ärzte oder die Toten Hosen wird dieses eindimensionale Spektrum nun erweitert. Punk darf nun auch lustig, poppig und originell sein. Die Funpunk-Szene ist eine ziemlich eingeschworene Gemeinschaft – auch über die Stadtgrenzen Berlins hinaus. Das Verhältnis zwischen Frau Suurbier und Die Ärzte ist dabei besonders intensiv. Hans und Dirk spielen in beiden Bands, und zusammen spielt man viele gemeinsame Konzerte. Für Jan und Dirk ragt Frau Suurbier-Frontmann Michael Wahler alias Cäpt'N Suurbier noch mal hervor. Sie schwören große Stücke auf dessen Songwriter- und Entertainer-Fähigkeiten und halten es nur für eine Frage der Zeit, bis er berühmt werden wird. Sie selbst glauben nicht daran, dass sie jemals so gut werden wie er.

Hans Runge (Sahnie): »*Leute wie Campino oder Farin waren gut, doch Micha Wahler war genial. Ein echtes Genie. Leider war er krank und unberechenbar. Seine Krankheit hat leider verhindert, dass er etwas aus seinem Talent machen konnte.*«

In der Szene macht im Herbst 1982 die Nachricht von einem Sampler die Runde, auf dem Berliner Funpunk-Bands spielen sollen. Die Idee stammt von den eingangs erwähnten Mitgliedern der Band Die Panzerknacker AG, Jörg Fukking und Matzge Bröckel, die beide eigentlich aus Reutlingen in Baden-Württemberg stammen. Jörg besteht aber stets darauf, 1978 nicht wegen der fehlenden Wehrpflicht, sondern aufgrund seines Elektrotechnik-Studiums nach Berlin gekommen zu sein. Sein bester Freund Matzge hat ihn nach Berlin begleitet. Schon früh entwickeln die zwei Schwaben ein Faible für Tontechnik und das Produzieren – als Die Panzerknacker AG haben sie in ihrer schwäbischen Heimat sogar schon ein Album eingespielt.

Schon während seines Studiums verdient sich Jörg als Tontechniker etwas dazu. Bei einer Veranstaltung in einem Jugendzentrum in Reinickendorf, wo er hinter dem Mischpult steht, sieht er das erste Mal Die Ärzte und findet großen Gefallen an ihnen. Mit Matzge und dem Rest der Panzerknacker AG bezieht er bald einen Proberaum in der Gneisenaustraße in Kreuzberg. Sie teilen die Räumlichkeiten mit einer Trennwand und richten neben dem eigentlichen Proberaum ein kleines Studio mit einer Vierspur-Aufnahmemaschine ein.

Die Panzerknacker AG ist derweil zum Hobby geworden und eigentlich so gut wie aufgelöst, doch das Studio wird kräftig in Beschlag genommen, und so produzieren Jörg und Matzge mehr und mehr befreundete Bands. Irgendwann kommen sie auf die Idee, einen Sampler mit Bands aus ihrer Szene auf die Beine zu stellen – das Thema Alkohol soll die inhaltliche Klammer bilden. Das Vorhaben ist als Gegenentwurf zur »*Flut von Untergangs- und Polithardcore-Platten*«[27] gedacht und wird schließlich *Ein Vollrausch in Stereo – 20 schäumende Stimmungshits* getauft. Der Titel an sich ist schon eine Anmaßung, denn auf dem Sampler sind lediglich 16 Songs enthalten, und auch bei der Liste der vertretenen Bands bleibt kein Auge trocken …

Die Panzerknacker AG
Frau Suurbier
Die Zapfhahnjodler
Deutsche Trinkerjugend (DTJ)
Tangobrüder
Die Ärzte

Als wäre dies noch nicht lustig genug, sollen auch noch sage und schreibe zehn Pfennig von jedem verkauften Exemplar an den bekannten Berliner Entertainer Harald Juhnke[28] gespendet werden, der wieder einmal mit Alkohol-Eskapaden in den Schlagzeilen ist.

Die Ärzte sind auf dem Sampler geradezu überproportional vertreten. Wie es für Berliner Bands typisch ist, treten die Mitglieder gleich in mehreren Bands auf. So spielt Hans gleich in drei Formationen Bass und ist neben Die Ärzte und Frau Suurbier auch bei den ominösen Tangobrüdern zu hören. Dirk hingegen sitzt bei Die Ärzte und bei Frau Suurbier hinter dem Schlagzeug. Hinter dem Pseudonym Tangobrüder verbergen sich Kuddel und Campino von den Toten Hosen, die für die Aufnahmen extra mit dem Zug nach Berlin kommen. Laut ihrer Aussage schreiben sie noch während der Fahrt den späteren Tote Hosen-Klassiker *Bis zum bitteren Ende*, der hier erstmalig erscheint. Der Name Tangobrüder ist noch ein Überbleibsel aus der Zeit der Namensfindung zu ihrer Band.

Campino: »*Da herrschte noch Eintracht pur zwischen beiden Lagern, und wir hatten ähnliche Vorstellungen davon, wie man Punkrock leben und zelebrieren könnte. Deshalb sind wir nach Berlin gefahren. Es war ein Gefallen unter Freunden.*«

Campino und Kuddel übernachten in der WG von Campinos Schwester Beate-Maria, die zu der Zeit mit einem gewissen Wolfgang »Wölli« Rohde zusammen ist. Da dieser Schlagzeug spielen kann und sie noch einen Schlagzeuger brauchen, nehmen sie ihn einfach mit ins Studio. Kurz nach den Aufnahmen wird Wölli von Frau Suurbier als Grandmaster Suurbier in die Band aufgenommen, wo er Dirk am Schlagzeug beerbt. Einige Jahre später wird er Nachfolger von Trini Trimpop bei den Toten Hosen und mit ihnen große Karriere machen, bevor er 1999 seinen Posten aus gesundheitlichen Gründen für Vom Ritchie räumen wird.[29]

Der Alkohol als verbindendes Element ist recht naheliegend, denn alle Bands kommen mehr oder weniger aus der gleichen Kneipen-Szene. Man kennt sich von diversen nächtlichen Exkursionen und hängt oft als Clique zusammen ab.

Bela B: »*Die DTJ war jeden Abend im Stonz, wo sie wiederholt versuchten, Farin ein Glas Batida de Coco als Milch anzudrehen. Abgesehen von der Unlogik eines Glases Milch in der Punkkneipe in einem besetzten Haus, kicherten die Jungs auch immer so verräterisch, dass es fast schon süß war.*«

Die Ärzte passen aber nur bedingt bis gar nicht in das Schema des Samplers hinein und wollen das auch nicht. Zwar zieht Dirk häufiger um die Häuser, doch Jan hat noch nie in seinem Leben Alkohol getrunken und hat es auch nicht vor. Im Repertoire der Band befindet sich dementsprechend auch kein wirkliches Trinklied. Wenn Die Ärzte Trinklieder schreiben, endet das in Songs wie *Vollmilch*.

Du trinkst Whiskey,
er trinkt Bier,
ich trink Vollmilch!

Von der Deutschen Trinkerjugend ernten sie dafür ein schallendes »Milchtrinker raus!«. Jörg und Matzge nehmen diesen Kontrast aber gerne in Kauf, und so stehen auch bald Die Ärzte in ihrem Studio, um ihre Songs *Vollmilch*, *Zitroneneis* und *Zum Bäcker* aufzunehmen. Alle Songs sind aus der Feder von Jan. Parallel zur Veröffentlichung des Samplers beschließen Dirk und Jan, in die Verwertungsgesellschaft GEMA[30] einzutreten. Hans ist zu diesem Zeitpunkt dort schon Mitglied, denn die Songs von Frau Suurbier laufen auf seinen Namen. Wie jeder Musiker können auch Dirk und Jan auf dem Anmeldeformular einen Künstlernamen angeben, was ihnen sehr entgegenkommt. Jan fällt recht schnell der Name Farin Urlaub ein.

Farin Urlaub: »*Bela und ich saßen in der U-Bahn und sponnen herum, wie so oft; diesmal ging es um Künstlernamen. Alle englischen Punker, die etwas auf sich hielten, hatten wild klingende Pseudonyme: Johnny Rotten, Sid Vicious oder Billy Idol. Während Bela sich für den coolen, düsteren ›Bela‹ entschied, wollte ich erst lange ›Jan Olé‹ heißen (beziehungsweise ›Jan Au lait‹, wegen meines geradezu krankhaften*

Milchkonsums), *fand dann aber das völlig bekloppte ›Farin Urlaub‹ noch besser. Na ja, wer konnte auch ahnen, dass mich noch über 30 Jahre später Leute mit diesem Namen ansprechen würden?«*
Das Wortspiel Fa(h)rin Urlaub ist als Tribut an seine Reiselust zu verstehen. Während er im Privaten weiter Jan Vetter bleibt, so wird er nun in der Öffentlichkeit zu Farin Urlaub. Dirk hingegen nennt sich Bela Felsenheimer, und auch dieser Name ist nicht ganz ohne Grund gewählt. Ein Lieblingslied von Dirk zu dieser Zeit ist das bereits zitierte *Bela Lugosi's Dead* von Bauhaus. Der dort besungene Bela Lugosi war wohl der charismatischste Dracula-Darsteller, den es bis dato gab. Er schaffte es zwar nie über den Status eines B-Movie-Darstellers hinaus, doch seine Arbeit war eine große Inspiration für viele Künstler. Dirk liebt die gebrochene Geschichte des ungarischen Schauspielers, der erst ein Weltstar war und dann durch eine Fehlentscheidung zum tragischen Verlierer wurde. Kurz vor seinem Tod spielte Lugosi noch im schlechtesten Film aller Zeiten mit, Ed Woods *Plan 9 From Outer Space*, der gerade eine Renaissance erlebt und gut zu Dirks entstehendem Hang zu Trash passt. Dirk ist inzwischen sehr von okkulten und mystischen Dingen angetan. Besonders das Wesen des Vampirs – eine Figur, die sowohl anziehend als auch abstoßend wirkt – übt auf ihn eine ganz besondere Faszination aus. So wird aus Dirk schließlich Bela. Anders als Farin übernimmt er seinen neuen Namen auch im Privaten. Laut eigenen Aussagen nennen ihn nur noch seine Mutter und seine Schwester mit richtigem Vornamen.

Bela B: *»Abgesehen davon ist mein zweiter Vorname Albert, und Albert kommt von Adalbert. Adalbert auf Ungarisch übersetzt heißt Bela. Also heiß ich sowieso Bela.«*[31]

Das später hinzugefügte Barney mit Punkt ist auf seinen Spitznamen zurückzuführen, den man Bela in seinen Kindheitstagen wegen seines Nachnamens Felsenheimer verpasste. Ähnelt der doch sehr dem Barney Geröllheimers aus der Zeichentrickserie *Familie Feuerstein*. Außerdem klingt es im Zusammenhang mit Bela schön. Noch bis heute ist Bela mit einigen Songs bei der GEMA als Bela Barney Felsenheimer gelistet. Nur kurze Zeit später nennt er sich allerdings Bela B., was auch auf seine Vorliebe für B-Movies hindeuten soll.

Nach der Veröffentlichung des Samplers kommt es am 11. Mai 1983 zu einer denkwürdigen gemeinsamen Schiffsfahrt aller beteiligten Bands unter dem Motto *Stimmung – Im Vollrausch live an Bord* auf einem gemieteten Dampfer auf Spree, Havel und Wannsee. Die Dampferfahrt wird zu einem ziemlich unvergesslichen Erlebnis für alle Beteiligten. Jörg und Matzge wollen unbedingt eine große Party mit allen am Sampler beteiligten Künstlern und deren Anhang feiern und chartern einen Dampfer. Der Andrang ist riesig, doch schon beim Ablegemanöver läuft alles aus dem Ruder. Diejenigen, die nicht mehr auf das Boot dürfen, fangen auf einmal an, vom Ufer aus mit Steinen nach der feiernden Meute zu werfen. Der Gitarrist der Panzerknacker AG verpasst sogar das Ablegemanöver. Statt sich aber in sein Schicksal zu fügen, läuft er neben dem Dampfer am Ufer entlang und springt wenig später in einer waghalsigen Aktion von einer Brücke auf das Schiff.

Hans Runge (Sahnie): »*Das waren bestimmt drei bis vier Meter Höhenunterschied. Es grenzt an ein Wunder, dass da nicht mehr passiert ist.*«

Dem Kapitän und dessen Crew schwant Übles, die herbeigerufene Wasserschutzpolizei hält sich jedoch zurück und wahrt lieber etwas Sicherheitsabstand zum feiernden Mob. Unter Deck spielt derweil eine Band nach der anderen. Bela und Hans treten beide jeweils mit Die Ärzte und Frau Suurbier auf. Für die unpässlichen Tangobrüder springen kurzerhand die frisch gegründeten Mimmi's[32] aus Bremen ein. Die Party wird bis zum bitteren Ende durchgezogen.

Aus Angst vor Randale haben der Kapitän und sein Team auch nicht den Mut, die Feier abzubrechen. Dafür dürfen Jörg und Matzge am nächsten Tag bei der Reederei antanzen, um die entstandenen Schäden zu begleichen. Diese halten sich aber im Rahmen, und am Ende kommen sie mit einem blauen Auge davon. Wahrscheinlich hat die Reederei auch gesehen, dass bei den beiden eh nicht viel zu holen ist. Für Die Ärzte sind diese ersten regulären Veröffentlichungen etwas ganz Besonderes.

Bela B: »*Unsere Veröffentlichungen auf dem Stimmungshits-Sampler haben mir viel mehr bedeutet als die Single mit Soilent Grün. Ich war richtig aufgeregt, als der Sampler herauskam.*«

Die Ärzte haben durch die Aufnahmen zum *Stimmungshits-Sampler* Blut geleckt. Sie möchten nun gerne ihre erste eigene Platte veröffentlichen und treten mit ihrem Wunsch an Jörg und Matzge heran. Diese sagen sofort zu, denn von allen Bands, die sie im Rahmen der Aufnahmen zum Sampler erlebt haben, bescheinigen sie den Die Ärzte das größte Talent und Potenzial für höhere Aufgaben.

Leider hat die Sache noch einen finanziellen Haken, denn Die Ärzte müssen für die Produktion der Single in Vorleistung treten, da Jörg und Matzge finanziell ebenfalls nicht auf Rosen gebettet sind. Im Raum steht eine Summe zwischen zwei- und dreitausend D-Mark, die jedoch keiner in der Band aufbringen kann. Farin bittet daraufhin seine Mutter, ihnen das Geld zu leihen, und sie gibt der Band damit das nötige Startkapital für eine der eindrucksvollsten Karrieren der deutschen Musikgeschichte.

Farin Urlaub: »*Es fiel mir nicht leicht, meine Mutter nach Geld zu fragen, da meine Eltern eigentlich immer pleite waren. Das Problem war, dass ich niemanden kannte, den ich sonst hätte fragen können. Hans' Vater war zwar wohlhabend, hatte aber für unsere Musik überhaupt nichts übrig. Zu meiner Überraschung sagte meine Mutter sofort zu, aber ich war dann doch sehr erleichtert, als wir ihr das Geld zurückzahlen konnten.*«

Schon auf ihrer ersten Platte, einer EP, die sie *Zu schön, um wahr zu sein* nennen, ist die Essenz ihres späteren Erfolges enthalten. Die Platte enthält die Stücke *Teenager Liebe*, *Grace Kelly*, *Teddybär* und *Anneliese Schmidt*. Jedes dieser Stücke kann als Blaupause für weitere unvergessene Epigonen angesehen werden. Besonders abstrus ist das Lied *Anneliese Schmidt*.

Im Garten spielt das kleine Mädchen.
Es baut zwischen den Blumen für die Ameisen kleine Städtchen.
Im Garten spielt das kleine Kind.
Und seine Haare, die wehen im Sommerwind.

So weit, so niedlich, doch gegen Ende nimmt diese schöne Szene Monty-Python-hafte Züge an, als der Erzähler sich als grausamer Kannibale offenbart.

Anneliese, mein Nachbarskind, du bist immer so gut drauf.
Ich ess' das Kind von meinem Nachbarn auf.

Farin Urlaub: »*Mir sind damals gefühlt alle zehn Minuten neue Lieder eingefallen. Ich meine, es ist vor allem Jörg und Matzge zu verdanken, dass wir den Song aufgenommen haben. Sie fanden ihn so ungewöhnlich. Bela und Sahnie hielten ihn mehr für Schwachsinn (was er ja auch ist; aber halt irgendwie cooler Schwachsinn).*« Um dem Ganzen die Krone aufzusetzen, spielt Bela auch noch das Gitarrensolo im Mittelteil, bei dem er erst gar nicht versucht, dem Instrument sinnvolle Töne zu entlocken. Diese Tradition werden Die Ärzte auch in Zukunft beibehalten, wenn es darum geht, einem Song einen ganz besonderen Zauber zu verleihen.

Bela B: »*Farin hat später mal versucht, meine Gitarrensoli nachzuspielen, doch es gelang ihm nie, denn sie waren schon sehr eigenwillig. Als er das Solo von* Anneliese Schmidt *fast komplett spielte, fiel ich hinten über. Unfassbar, mit was für einem Ehrgeiz er den Lärm herausgehört hat.*«

Mit Songs wie Anneliese Schmidt schaffen sich Die Ärzte ein völlig eigenes Universum und vertreten einen ziemlich abseitigen, aber dennoch ansteckenden Humor. Ihre nicht immer sittsamen Texte verpacken sie in so wunderschöne Melodien, dass man ihnen dies gar nicht übel nehmen kann. Schon früh entwickeln sie die Fähigkeit, so intelligent und mit so viel Witz zu provozieren, dass man die eigentliche Provokation kaum noch bemerkt. Das Versprechen, notfalls bis an die Schmerzgrenze gehen zu wollen, das sich Farin und Bela mit der Gründung von Die Ärzte gegeben haben, lösen sie gleich mit ihrer ersten Platte ein.

Ein Paradebeispiel ist der Song über die kürzlich verstorbene Fürstin von Monaco, Gracia Patricia, die vor ihrer Heirat mit Fürst Rainier von Monaco unter dem Namen Grace Kelly als Schauspielerin erfolgreich war. Ihr widmet Farin das gleichnamige Stück, in dem er die Affäre mit ihr kurz vor ihrem Tod besingt. Der Tod der Fürstin ist zum Zeitpunkt der Veröffentlichung der Platte erst wenige Wochen her. Man muss sich nur mal vorstellen, Elton John hätte 1997 anlässlich des Todes von Prinzessin Diana anstatt seines Tränenziehers *Candle in the Wind* so etwas gebracht. Natürlich sind Die Ärzte zu dieser Zeit längst nicht mit solchen Meriten wie Elton John gesegnet, doch eine bittersüße Provokation bleibt der Song allemal. Einige Radiostationen belegen das Lied sogar mit einem

Boykott, doch letztlich kann man sich diesem herrlichen Popsong nur schwer entziehen.

Mit *Teddybär* ist endlich auch eine Nummer von Bela auf der Platte vertreten – und was für eine. Ein Punkrocker, der über vernachlässigte Teddybären singt, ist eigentlich so cool wie ein Actionheld mit Panikattacken. Doch schon mit diesem Song zeigt sich Belas Faible für den ganz großen Pathos bei ganz banalen Dingen, und es gelingt ihm, durch eine ganz eigenwillige Haltung den Song nicht der Lächerlichkeit preiszugeben. Bela ist bekanntlich keine 13 mehr, doch letztlich ist es ein charakteristisches Merkmal eines guten Popsongs, dass dieser auch nach 30 Jahren nicht mehr oder minder peinlich wird, sondern vielmehr so etwas wie Zeitlosigkeit erreicht. Dieses Schicksal teilen viele der ersten Songs von Die Ärzte. Es gibt kaum eine andere Band, der das Publikum verzeiht, wenn diese auch mit über 50 Lenzen noch von *Teenager Liebe* singt. Im Gegenteil: Viele Besucher sind sogar höchst beleidigt, wenn der Song nicht gespielt wird.

Ich liebe sie, ich träum von ihr.
In meinen Träumen tanzt sie mit mir.
Doch wenn ich aufwach, dann fällt mir wieder ein,
sie liebt einen anderen, und ich bin allein.

Die unerfüllte Liebe ist eben nicht nur bei Teenagern ein zeitloses Thema. Auch Jörg und Matzge sind von diesem Song ganz besonders angetan und setzen große Hoffnungen in ihn.

Jörg Fukking: »*Wir haben dafür sogar noch eine Background-Sängerin ins Studio geholt und uns ein bisschen mehr Mühe gegeben.*«[33]

Mühe geben sich auch Farin und Bela bei der Gestaltung der Plattenhülle. So zeichnen Farin und Bela unabhängig voneinander ein Cover für die Single, Farin eine Skizze von der Band, Bela eine fröhlich grinsende Version von Frankensteins Monster in einem Herzen. Da sie sich schwertun, sich für eine Variante zu entscheiden, werden einfach beide verwendet. Völlig naiv schreiben sie ihre Adresse und Telefonnummer auf die Single, für den Fall, dass jemand ihnen schreiben oder zum Beispiel ein Konzert für sie buchen möchte. Eine Idee, die sie schon bald bereuen werden.

Kurz nach der Veröffentlichung der EP kommt auch Hans zu einem Künstlernamen. Seit einer gelungenen Parodie auf »den

großen Campino«[34] ist er als »Sahnie, das kleine Sahnebonbon« bekannt. Ähnlich wie einst der Sänger der Toten Hosen wirft auch Hans auf ein paar Konzerten Bonbons ins Publikum, worüber man sich köstlich amüsiert. Die Sache mit den Bonbons wird schon bald wieder fallen gelassen, der Name Sahnie jedoch bleibt. Ihm zu Ehren schreibt Farin kurz darauf auch das Stück *Sahnebonbon*, das sich jedoch nicht lange im Set hält.
Du bist zwar nicht das schönste Mädchen der Welt.
Du hast etwas an dir, was mir sehr gut gefällt.
Es ist nicht dein Körper, der ist eher dick.
Nein, dein Vater ist der Chef einer Bonbonfabrik.
Und jedes Mal, wenn ich komm, krieg ich ein Sahnebonbon.

Bela B: »*Sahnie bewunderte Campino auch ein bisschen, und da wir jetzt Künstlernamen hatten, stand er in Zugzwang und kam mit dieser Abwandlung um die Ecke.*«

Es ist sprichwörtlich *Zu schön, um wahr zu sein*. Im Frühjahr 1983 ist die erste Platte von Die Ärzte da. Stolz wie Oskar und mit der frisch gepressten EP im Gepäck, marschieren sie dreist zum SFB[35]. Die Platte wird dort auch tatsächlich gespielt, und die Band wird sogar vom Moderator Helmut Lehnert zum Talk in die Sendung *SFBeat* eingeladen. Hier nimmt die spätere Angst von Moderatoren vor Die Ärzte wohl ihren Anfang, denn vor allem Bela erzählt in der Sendung fortwährend Quatsch, und Lehnert hat größte Mühe, den Redefluss von ihm und Farin zu stoppen.

Bela B: »*Dieses legendäre Interview mit Helmut Lehnert war in gewisser Weise eine Initialzündung für Farin und mich. Wir haben gemerkt, dass wir uns auch in solchen Situationen perfekt die Bälle zuspielen können, also einer erzählt Scheiße, der andere ist vernünftig, und das in stetigem Wechsel. Der arme Herr Lehnert wusste gar nicht, wie ihm geschieht, und fragte in seiner Redaktion nach, ob man mich nicht mal entfernen könnte.*«

Höhepunkt des Nonsens ist Belas Behauptung, er wäre die Reinkarnation von Jimi Hendrix. Lehnert attestiert ihnen daraufhin, dass sie positiv bescheuert sind, und genießt trotz allem ihre erfrischende Andersartigkeit. Auch wenn ihm Die Ärzte keinen leichten Stand in der Sendung geben, bleibt er der Band weiter freundschaftlich verbunden. So bietet er der Band später die Gelegenheit, bei einem Hörerwettbewerb des Senders mitzuwirken, bei dem die Hörer dazu aufgerufen werden, selbst verfasste Prosa-Texte einzuschicken. Einzige Bedingung für die Einsendung der Texte ist hierbei, dass die Zeile »Direkt vom Herzen, mitten ins Ohr« enthalten sein muss. Der beste Text soll anschließend von Die Ärzte vertont werden. Den Wettbewerb gewinnt eine Annette Berr, die Jahre später noch Bekanntheit als Dichterin und Musikerin erlangen wird, mit einem Text namens *Gib mir alles*. Die Band albert ein bisschen mit dem Text herum, schafft aber einen durchaus schönen Song, in dem sich Farin und Bela den Gesang teilen. Später werden sie ähnlich mit den Auftragssongs für die *SFB*-Jugendserie *Moskito* umgehen.

Direkt vom Herzen, mitten ins Ohr.
Komm, sei ein Schwein und mach mir nichts vor.
Hau ab, nein, bleib hier.
Gib mir alles, was du hast.

Da *Gib mir alles* offiziell dem *SFB* gehört, verschwindet der Song in der Schublade und taucht erst Jahre später in Fankreisen auf. Mit ihren Auftritten beim Rundfunk setzt die Band in jedem Fall schon einmal ein mediales Ausrufezeichen – Fortsetzung folgt.

Am 27. Juni spielen Die Ärzte eine Support-Show für die amerikanische Neo-Rockabilly-Band Shockabilly im Loft, einem eigenständigen Club im Metropol. Obwohl sie nur Vorband sind, liefern sich Farin und Bela die wildesten Rededuelle und führen somit den ganzen Auftritt ad absurdum.

Bela B: »*Bei dem Konzert spielte ich auf dem Schlagzeug des Hauptacts. Der Drummer kam beim Soundcheck zu mir und erklärte mir, was jedes einzelne Teil seiner Drums gekostet hat, was ich ganz schön uncool fand, aber aus heutiger Sicht total verstehen kann. Ich war dann beim Konzert von seinen vielen Becken und Percussiongebimmsel derart zugehängt, dass niemand im Publikum den Typen sah, der außer Farin noch sang und sich mit ihm ständig Wortgefechte lieferte.*«

Matzge, der das Konzert der Band mischt, gibt Bela nach dem Auftritt den Rat, sein Schlagzeug-Set mehr nach vorne zu holen, um präsenter zu sein. Bela, der bei den wenigen Straßenmusikeinlagen mit Frau Suurbier und Die Ärzte schon mal im Stehen, allerdings nur auf einer Snare, gespielt hatte, erwog auch diese Möglichkeit. Zu endgültigen Entscheidung kommt es aber erst später. Jörg Buttgereit ist an diesem Abend auch im Loft, um mit seinem Partner Manfred Jelinski für die Band ein Super-8-Video von *Teddybär* zu drehen. Obwohl sie schon professionelles Equipment dabeihaben, kommen am Ende ausgerechnet von Bela, der das Stück singt, keine gescheiten Aufnahmen zustande. So dreht Jörg kurze Zeit später die Gesangsszenen mit ihm im Keller von Manfred Jelinski nach. Dessen Grundstück sollte noch öfter Kulisse für Jörgs Filme werden. Das *Teddybär*-Video wird etliche Jahre später auf der Wiederveröffentlichung des *Debil*-Albums *Devil* als Bonusmaterial auftauchen. Bei dem Konzert im Loft glänzt Sahnie durch ein gewagtes Bühnenoutfit. Er hat sich in Tracht gekleidet und trägt Lederhosen und Tirolerhut.

Bela B: »*Mich hat vor allem geschockt, dass er solche Sachen wirklich besaß.*«

Farin und Bela loten derweil ihre Grenzen weiter aus und haben großen Spaß daran, sich immer neue Aktionen – auch fernab von Die Ärzte – auszudenken. Die gemeinsame WG in der Niebuhrstraße 38b ist ihr Kreativ-Basislager. Eine dieser Ideen mündet in der Formation Die diabolischen Zwei. Unter der gewagten Ankündigung »*Goethe präsentiert*« geben Farin und Bela neben den Punkbands Razzia aus Hamburg und Toxoplasma aus Neuwied ein Gastspiel im KuKuCK. Hier wird schrägen Künstlern gerne ein Forum gegeben. Die diabolischen Zwei präsentieren den Anwesenden unter anderem Schillers *Lied von der Glocke*, was im späteren Verlauf ihrer Karriere noch einmal aufgegriffen werden wird, sowie seltsame okkulte Texte. Die Leute im Publikum, die sich auf Die Ärzte gefreut haben, werden enttäuscht.

Bela B: »*Wir sind mit Razzia aufgetreten? Krass!*«

Dies soll aber nicht der einzige Ausflug in das Genre des besonderen Ausdrucks bleiben. Auch für ihren Auftritt beim Berliner Oktoberfest im Tempodrom haben sich Farin und Bela etwas Besonderes überlegt, denn es wird der erste große Auftritt von Die Ärzte werden. Über 2.000 Zuschauer kommen zu dem Funpunk-Klassentreffen, bei dem neben Die Ärzte auch die befreundeten Bands Frau Suurbier, die Toten Hosen und Mimmi's auftreten. Für ihren Auftritt haben Farin und Bela etwas eigenwillige Dias angefertigt, die während ihrer Show im Hintergrund zu sehen sein sollen. Jeder Song ihres Sets erhält dabei sein eigenes Dia, allerdings sind die Motive alle nicht zwangsläufig originell. So lächelt dem Publikum beim Song *Frank'n'stein* das Monster von der Rückseite der EP entgegen, bei *Zum Bäcker* sind Brötchen zu sehen, und bei *Eva Braun* ist – Überraschung! – Eva Braun zu sehen. Der optische Effekt, den sich Die Ärzte davon erhoffen, bleibt allerdings komplett aus, denn sie treten als erste Band des Abends auf und spielen noch bei Tageslicht. Das Publikum kann die Dias kaum erkennen, und die Pannenserie soll noch weitergehen. Bela singt zu Beginn ihrer Show mit *Gebt mir eure Schädel* eine Version des Misfits[36]-Songs *Skulls*, dessen Text er 1:1 ins Deutsche übersetzt hat. Man kann ihn kaum verstehen, da er gleichzeitig noch eine Totenkopfmaske trägt, die nur Grunzlaute nach außen dringen lässt.

Bela B: *»Relativ früh kam die Idee auf, dass ich als Vorprogramm von unseren Konzerten auftreten sollte. Ich wechselte dabei zwischen den Songs* Tittenmaus *und der deutschsprachigen Version des Misfits-Klassikers* Skulls *namens* Gebt mir eure Schädel. *Das Wort* Tittenmaus *stammt übrigens aus der deutschen Synchronfassung des Films* Wer hat Angst vor Virginia Woolf. Gebt mir eure Schädel *legte den Grundstein für die stets wiederkehrenden Gruselthemen in meinen Liedern.«*

Für den Song *Grace Kelly* soll eine Freundin der Band namens Wee Flowers im Grace-Kelly-Outfit auf die Bühne kommen und den bedeutungsschwangeren Satz »*Es ist schon spät, ich muss zurück zu meinem Mann*« ins Mikro hauchen. Leider stolpert sie auf dem Weg zu ihrem Einsatz über ihr Kleid und fällt hin. Farin springt schnell für sie ein, doch Wee merkt das nicht und bringt den Satz stattdessen an einer anderen, eher unpassenden Stelle über die Lippen. Alles in allem ist dies kein gelungener Abend für Die Ärzte. Für Frau Suurbier hingegen wird dies ein denkwürdiger Abend. Sie spielen als letzte Band und sind die klaren Abräumer. Ausgelöst durch den Song *Obst und Gemüse* kommt es bei ihrem Konzert zu einer Gemüseschlacht zwischen Band und Publikum. Kohlköpfe, Tomaten und Fallobst fliegen hin und her. Auf der Bühne kriegt sich die Band kaum noch ein vor Lachen. Das Tempodrom hingegen ähnelt danach einem stinkenden Matschhaufen.

Bela B: »*Bei den Toten Hosen beschlossen wir – einige Musiker und die Hermsdorf Boys – über Kreuz ins Publikum zu springen. Als ich dran war, sprang ich, ohne etwas zu sehen, mitten in eine Horde Skinheads. Zum Glück erkannten die mich, und weil sie uns mochten, traten sie nur zur Seite, und ich prallte mit der Schulter auf den Steinboden in dem Zelt.*«

Schon eine Woche später spielen Die Ärzte im UJZ Kornstraße[37] in Hannover ein weiteres Konzert. Die »Korn« ist ein besetztes Haus, das sich zu einem Jugendzentrum gewandelt hat. Auch hier müssen Die Ärzte für ihren Klamauk erst einmal Lehrgeld zahlen, denn die Hannoveraner Punks sind eher traditionell bis radikal unterwegs und überhaupt nicht auf Humor eingestellt, was wohl auch auf das hinlänglich bekannte »rassige« Temperament der Niedersachsen zurückzuführen ist. Bela freut sich aber, seine Freundin aus Bremen zu sehen, die ihn und sich bei einer Freundin in Hannover einquartiert, weil sie nicht in der Turnhalle neben der Korn auf einem Feldbett schlafen möchte. Farin und Sahnie, die von der nahe gelegenen Übernachtungsmöglichkeit an der Korn Gebrauch machen, ist die Abwesenheit ihres Schlagzeugers gar nicht recht, denn Bela ist bekannt für seine notorische Unpünktlichkeit, die Farin und Sahnie regelmäßig in den Wahnsinn treibt. Handys gibt es bekanntlich noch nicht, und so macht Sahnie Bela gegenüber eine klare Ansage, wann der am Bus zu sein hat, damit sie am nächsten Morgen wieder pünktlich nach Berlin zurückfahren können. Natürlich ist Bela auch dieses Mal wieder unpünktlich, wenn auch im für seine Verhältnisse erträglichen Rahmen von nur einer Stunde. Zu seinem Erstaunen muss er aber feststellen, dass Sahnie seinen Worten dieses Mal wirklich hat Taten folgen lassen und mit Farin schon losgefahren ist.

Bela ist stinksauer. Da er kaum Geld bei sich hat, ist er, um zurück nach Berlin zu kommen, aufs Trampen angewiesen. Dies gelingt ihm ausgerechnet mit einem VW-Bus, der eine ganze Ladung Hippies an Bord hat. Als die Gruppe an einem Intershop[38] an der Transitstrecke anhält, schießt Bela eine billige Flasche Cherry Brandy, die ihm die »Good Vibrations« im Bus nun einigermaßen erträglich macht. Ordentlich angetrunken landet er schließlich in Berlin und lässt sich vor dem Metropol absetzen, wo er sich mit

Farin und Sahnie die Stray Cats[39] ansehen will. Vom Alkohol sehr übermütig, leiht er sich vom nächstbesten Rockabilly-Mädchen einen Kajalstift und malt sich den Stempel für die Tür auf die Hand. Aggressiv und selbstbewusst kommt er so an den Türstehern vorbei ins ausverkaufte Konzert. Was er dort sieht, verändert seine Bühnenpräsenz bei Die Ärzte grundlegend. Alle Bandmitglieder der Stray Cats spielen und stehen in einer Reihe – auch der schlaksige Drummer Slim Jim Phantom. Bela beschließt, ab sofort auch im Stehen zu spielen. Zwar muss sich Farin nach dem Konzert erst mal noch einiges von seinem Schlagzeuger anhören lassen, doch am nächsten Tag ist alles wieder vergessen, und Bela erzählt ihm von seinem Vorhaben. Kurz darauf wandelt Bela sein vorhandenes Schlagzeug-Set in ein Stehschlagzeug um und beschert der Band auf diese Weise einen kräftigen Impuls für ihre Live-Auftritte, denn zum einen ist er nun für jeden auch als Frontmann wahrnehmbar, und zum anderen ist ein im Stehen spielender und singender Schlagzeuger natürlich ein absoluter Hingucker.

Bela B: »*Im Gegensatz zu allen anderen Stehschlagzeugern, die es bis dato gab, wollte ich ein komplettes Rockset so spielen, also auch die Hi-Hat, plus drei bis vier Tomtoms. Ich musste für mich alle Stücke noch mal von vorn arrangieren, aber es hat sich gelohnt, und ich war plötzlich nicht mehr unsichtbar.*«

Es sollte nicht das einzige Mal bleiben, dass ein Intershop für Bela den Anfang eines guten Rauschs bildet. Jacques Palminger, der in jenen Tagen Schlagzeug bei der Cow-Punk-Band The Waltons spielt und heute Mitglied von Studio Braun und Fraktus ist, wird sich später noch gut an die verheerenden Folgen des Erwerbs einer Flasche Bourbon der Marke *Four Roses* im Intershop im U-Bahnhof Friedrichstraße erinnern.

Jacques Palminger: »*Wir waren ›junge, wilde Wasserbüffel aus dem Steintal‹*[40]*, trugen Cowboystiefel, schmierten uns Elvis' Black & White-Pomade in die Haare und schoben unsere Kokosfahne durch die Clubs. In einer dieser Nächte traf ich Bela auf einer Geburtstagsfeier in Kreuzberg. Ich kannte ihn von einem westdeutschen Ärzte-Konzert und traf ihn öfters bei den Konzerten der Suurbiers. Ich kam an diesem Abend direkt von der Friedrichstraße. Im Intershop wurde ich wegen einer Berührung mit Skinheads ziemlich paranoid, konnte* mir aber auf der Rückfahrt wieder frischen Mut antrinken und kam in bester Stimmung auf die Party. Bela sah mich mit der Flasche Four Roses, und nach einer hemdsärmeligen Begrüßung und dem üblichen Gerangel forderte er mich zum Whiskey-Wettsaufen heraus. Unter dem Gejohle der anderen Wasserbüffel wurden zwei Senfgläser bis zum Rand gefüllt und gleichzeitig Auge in Auge runtergekippt. Zumindest ich kippte den Schnaps in großen Schlucken, stellte mein Glas ab und fiel um. Auf einer Party einzuschlafen war damals nicht unüblich, mit verdrehten Augen in der Küche zu liegen schon. Meine Freundin Tomma schleppte mich an die Straße, um mich nach Hause zu bringen. Als ich im Taxi saß, musste ich mich übergeben. Unter dem Geschrei des Taxifahrers legte mich Tomma wieder auf dem Bürgersteig ab und wischte den Bourbon-Brei aus dem Wagen. Immerhin ersparte sie mir so die angedrohten Reinigungskosten von übertriebenen 20 Mark. Dann kam der Krankenwagen. Man fuhr mich ins Urban-Krankenhaus, legte mich in ein frisch bezogenes Bett und behielt mich zur Beobachtung da. Vollkommen derangiert erwachte ich am nächsten Mittag und konnte mich der Diagnose entsprechend ›an nichts erinnern‹. Man entließ mich ›auf eigenen Wunsch‹ und gab mir meine Alkoholvergiftung schriftlich mit auf den Weg. Auf wackligen Beinen schob ich den Entlassungsschein als Punk-Beleg in die Westentasche und wankte mit der Auszeichnung nach Hause. Ob Bela sein Glas überhaupt ansatzweise geleert hat, ob er den K.-o.-Sieg gefeiert hat oder ob er selbst Federn lassen musste, ist mir bis heute nicht bekannt. Wir haben nie wieder darüber geredet.«

Bela B: »Nachdem Jacques abtransportiert worden ist, hat mich Bene, der Sänger von den Waltons, am Kragen gepackt und gefragt, warum ich seinen Schlagzeuger ins Koma getrieben habe. Ich kann mich an den Whiskey kaum erinnern, weiß aber noch, dass da noch Dosenschießen involviert war, was ich seitdem nie wieder gemacht habe. Ich habe bei unserem Trinkcontest ganz sicher nicht betrogen. *Das ist gegen meine Natur.*«

Zu jener Zeit ist der kreative Output von Farin und Bela enorm. Bei fast jedem Konzert tauchen nun irgendwelche neuen Nummern im Set auf, die die Band kurz vorher geschrieben hat und direkt austestet. Doch längst nicht alle Ideen finden ihren Platz bei Die Ärzte. Farin und Bela entwickeln daraufhin das Konzept, einige

Sachen unter einem Pseudonym herauszubringen. Ein geeigneter Bandname ist bald auch gefunden. Dieser geht auf ein Interview mit Marc Hairapetian, Gründer und Herausgeber des Film-, Theater-, Musik-, Literatur- und Hörspielmagazins *Spirit – Ein Lächeln im Sturm*, zurück.

Marc Hairapetian: »*Als ich mit meinem Fanzine angefangen habe, war ich noch ein Teenager. Bei einem Konzert in Frankfurt bin ich einfach ganz dreist zum Backstage-Bereich gegangen und habe gefragt, ob die Band nicht Zeit und Lust für ein Interview hätte. Das hatte sie. Der Bonus der Jugend verhalf mir seinerzeit wohl, auch unangemeldet so manchen hochkarätigen Interviewpartner vor das Mikrofon zu bekommen. Wir sind uns schnell sehr sympathisch gewesen, und die Band hat es sehr geschätzt, dass ich viel besser vorbereitet war als manch anderer Journalist von der altetablierten Presse. Im Verlauf des Gesprächs kamen wir plötzlich auf sich reimende Wortspiele. Ich habe gefragt, ob sie im Angesicht ihrer stetig zunehmenden Popularität jetzt die wichtigen Richtigen sind, und Farin hat daraufhin blitzartig geantwortet:* ›*Nein, wir sind eher die ulkigen Pulkigen.*‹ *Einige Zeit später habe ich dieses Pseudonym tatsächlich auf dem Pesthauch des Dschungel-Samplers wiederentdeckt, auf dem neben Farin und Bela mit Family 5 auch eine meiner absoluten Lieblingsbands vertreten war.*«

Farin und Bela finden die Idee klasse, neben ihrer Hauptband noch ein zweites Projekt als Duo aufzuziehen, und füllen Die Ulkigen Pulkigen mit mehr Leben. Sie nennen sich John Ulkig (Farin) und Charlie Pulkig (Bela) und verfassen sogar einen Pressetext, der die Band geheimnisvoll erscheinen lassen soll.

»*… und da sind John Ulkig und Charlie Pulkig. Männer, die das Leben von der unrasierten Seite kennen. Und da ist noch diese Leiche, mit der Charlie heimkommt, obwohl er doch eigentlich nur ein Päckchen Filterlose holen wollte. Und dann ist da noch diese Brünette mit den viel zu langen Beinen und dem viel zu kleinen Revolver in ihrer Handtasche … HELP!*«

Help! bezieht sich auf den Hit der Beatles, den John Ulkig und Charlie Pulkig arg entfremden. Dreisterweise wollen sie das Stück auch noch als ihre eigene Komposition bei der GEMA mit den Textern Lennon/McCartney anmelden.

Bela B: »*Ein halbes Jahr in der GEMA und dann gleich so was. Wir hatten wirklich keine Ahnung, was wir da taten.*«
Daraufhin erhalten sie einen Brief von der Beatles-Plattenfirma Apple, die ihnen mit typisch britischem Humor mitteilt, dass sie das gerne so machen können, wenn sie dafür knapp 300.000 englische Pfund zahlen. John und Charlie nehmen daraufhin Abstand von der Sache. Der Song wird trotzdem auf dem Tape-Sampler *Sleep* veröffentlicht, der in äußerst geringer Stückzahl aufgelegt und später eine große Sammlerrarität darstellen wird.
Help! bleibt jedoch nicht der einzige auf Band gebannte Erguss der Ulkigen Pulkigen. Im Studio von Jörg und Matzge entsteht auch der Song *Ekelpack*, der in den Strophen nur sinnloses Gegröle enthält. Weitere Songs sind das von Bela gesungene *Die Einsamkeit der Würstchen*[41] und das funkige *Füße vom Tisch*. Auf dem von Marc Hairapetian angesprochenen Sampler *Pesthauch des Dschungels* der Mettmanner Plattenfirma Park Platten werden kurz darauf die Songs *Ekelpack* und *Die Einsamkeit der Würstchen* veröffentlicht. Der letzte verbliebene Song *Füße vom Tisch* wird hingegen noch viele Jahre unveröffentlicht bleiben und erst 2005 auf die breite Öffentlichkeit losgelassen. Die Ulkigen Pulkigen sind jedoch nur von kurzer Dauer, der Hauptfokus liegt weiterhin ganz klar auf Die Ärzte. Und schon bald soll die Karriere dieser jungen und sympathischen Berliner Band beschleunigt werden.

6. KAPITEL

Bravopunks

*»Als ich neulich durch den Canyon ritt,
da folgten mir Indianer und die waren zu dritt.«*
(Die Ärzte – *Kopfhaut*)

1983: Deutschland erlebt den »Heißen Herbst«, in dem die Proteste der Friedensbewegung gegen die Aufstellung von NATO-Raketen einen Höhepunkt erreichen. Der Kalte Krieg ist allgegenwärtig und beeinflusst auch die deutsche Popmusik. Udo Lindenberg will die innerdeutsche Grenze niederreißen und steigt in den Sonderzug nach Pankow, ganz Deutschland feiert Nena und ihre 99 Luftballons, und als Gegenreaktion auf die ernste politische Lage erreicht die Neue Deutsche Welle mit ihren sorglosen und teils einfach nur peinlich-platten Popsongs ihren Scheitelpunkt. Die deutschen Plattenfirmen nehmen mittlerweile jeden unter Vertrag, der eine halbwegs originelle Songidee hat, und überschwemmen den Markt mit deutschsprachigen Künstlern. Diese Goldgräberstimmung bringt viele junge Leute dazu, sich zusammenzutun und eine Band zu gründen. Auch in West-Berlin suchen immer mehr Künstler der Subkultur den Weg aus den muffigen Übungskellern und abgerockten Jugendzentren hinaus ins Rampenlicht.

Die brodelnde Kulturszene von West-Berlin hat sich derweil doch tatsächlich bis in die höchsten Politkreise der Stadt herumgesprochen. Dort freut man sich über die zusätzliche Werbung für die Stadt, und so leistet man es sich, diese lokale Szene finanziell zu fördern. Generell sitzt das Geld des Berliner Senats dank der üppigen Bundeszuschüsse locker. Es gibt kaum eine Interessengemeinschaft, die nicht irgendwelche Gelder von ihm bezieht, und sei sie noch so freakig. Die radikalen Kürzungen, die mit dem späteren Mauerfall einhergehen werden, sollen für ein relativ abruptes Ende dieser Gruppen und AGs sorgen. Natürlich ist der Anteil, der vom Senat aus in die sogenannte U-Musik (Unterhaltungsmusik, also Rock, Pop und Schlager) fließt, noch immer nur ein kümmerlicher Teil dessen, was der E-Musik (der »ernsten Musik« – Klassik und Jazz) zugutekommt. Doch seit 1979 gibt es immerhin den Rockwettbewerb *Berlin Rock News*, der von der Senatsverwaltung für kulturelle Angelegenheiten (SenKult) finanziert wird. Den teilnehmenden Künstlern werden lukrative Preisgelder im vier- bis fünfstelligen Bereich in Aussicht gestellt, die jedoch nicht direkt an die Künstler ausbezahlt, sondern mit den Kosten für Studioaufenthalte, Instrumentenkäufe oder sonstige technische Anschaffungen verrechnet werden. Verantwortlich für den Wettbewerb sind damals der »Rockbeauftragte« der Stadt, Bernd Mehlitz, und sein Assistent Uwe »Sandy Hobbs« Sandhop. Sie verwalten die Budgets, von denen ein Großteil dem Veranstaltungsort, dem Quartier Latin[1], zugutekommt, das durch den Wettbewerb der drohenden Schließung entgeht.

Jörg Fukking und Matzge Bröckel, die ihr Label Schnick Schnack inzwischen in Vielklang umbenannt haben, wollen unbedingt, dass Die Ärzte beim Senatsrockwettbewerb mitmachen – zumal Jörgs Frau Sylvie auch eine der Juroren ist. Die Band ist jedoch zögerlich, da sie zum einen nicht den Anschein erwecken möchte, sich mit dem Geld vom Senat dem Establishment zu beugen, und zum anderen auch etwas Angst davor hat, dass eine eventuelle Niederlage peinlich für sie sein könnte. Sie verweist außerdem auf die Vorjahressieger, die NDW[2]-Band UKW[3], mit denen sie auf keinen Fall in eine Schublade gesteckt werden wollen. Generell wollen sie nicht mit der NDW in einen Topf geworfen werden. Jörg und Matzge lassen diese Ausflüchte aber nicht gelten und bohren weiter. Ihrer Meinung nach kann es einfach keinen anderen Gewinner des Wettbewerbs geben außer Die Ärzte. Hinzu kommt, dass die Höhe des Preisgelds nicht gerade uninteressant ist und der notorisch klammen Band weitere Möglichkeiten bieten würde. Schließlich stimmen Die Ärzte zu und bewerben sich mit den Songs ihrer soeben fertig gestellten EP für den Wettbewerb, der in diesem Jahr unter dem Motto *Berlin bei Nacht* steht.

Der Wettbewerb selbst setzt sich aus mehreren Ausscheidungsrunden zusammen, bei denen pro Abend drei Bands im Quartier Latin um die Gunst des Publikums spielen. Am Ende des Abends kommt es jeweils zur Abstimmung, bei der die Besucher den Gewinner küren und ihre Stimme anhand ihrer Eintrittskarte in einer der bereitstehenden Boxen abgeben können. Die Jury des Wettbewerbs, die für die Nominierung der Bands zuständig ist, besteht durchweg aus Kennern der Szene. Neben Sylvie Fukking sind dort unter anderem die Betreiberin des Loft, Monika Döring, Doro Peters vom Café Swing[4] und Peter »Pem« Müller von der *Berliner Morgenpost* vertreten. Aus über 240 Bewerbern wählen sie Die Ärzte für eines der Ausscheidungskonzerte aus, die alljährlich in der Vorweihnachtszeit stattfinden. Auch Frau Suurbier, die sich ebenfalls beworben haben, werden für einen Abend nominiert.

Termin für Die Ärzte ist der 5. November 1983 – ein denkbar ungünstiger Tag. Kurz vorher hat die Band für den gleichen Abend einen Gig im Audimax der Freien Universität Berlin (FU) beim *Die Nacht der neuen Namen*-Festival zugesagt. Wenn sie dafür nicht eine stattliche Summe bekäme, würde die Band den Gig absagen, doch nun versucht man, beide Termine unter einen Hut zu kriegen. Auf ihre Bitte hin dürfen sie beim Senatsrockwettbewerb immerhin als letzte Band des Abends auftreten. Zunächst steht jedoch der Gig in der FU auf dem Plan. Headliner an diesem Abend ist die schwer avantgardistische Band La Loora, die nicht gut auf Die Ärzte zu sprechen ist. Ihre Mitglieder, unter ihnen Schlagzeuger Uwe Hoffmann und Band-Begleiter Dennis King, verwehren den Die Ärzte den Zugang zum gemeinsamen Backstagebereich, denn seit Kurzem macht in Berlin ein Gerücht die Runde, dass Die Ärzte ihnen eine Reise mit dem Goethe-Institut nach Amerika streitig machen würden. Dies stimmt aber nicht, und Farin, Bela und Sahnie lassen sich davon auch nicht weiter beeindrucken. An diesem Abend machen sie nette Bekanntschaften hinter der Bühne, denn bei dem Festival treffen sie auch auf die schwäbische Band Familie Hesselbach. Deren Saxofonist Michael Gaedt wird später mit seiner neuen Formation Die kleine Tierschau noch öfter die Wege der Band kreuzen.

Michael Gaedt: *»Meine erste Erinnerung an Die Ärzte liegt so weit im Alkoholdunst der Achtzigerjahre zurück, dass ich nicht einmal mit Sicherheit sagen kann, ob sie sich tatsächlich so zugetragen hat, oder ob ich sie nur so lange auf meiner Festplatte abgespeichert habe, dass ich sie selber glaube. Ich war damals Saxofonist der Neue Deutsche Welle-Band Familie Hesselbach. Übrigens eine Kapelle, die es auf mehrere Spex-Titel geschafft hat, was mich mit unbändigem*

Stolz erfüllt. Die Hesselbächer spielten in Berlin in der FU und trafen dort zum ersten Mal eine neue und schwer angesagte Band: Die Ärzte. Wenn ich dabei war, dann habe ich alles drum herum vergessen, wie gesagt, der tödliche Einfluss von Alkohol. Falls ich nicht dabei war, so kommt es mir immer noch vor, als wäre es gestern gewesen.«

Für ihren eigenen Auftritt haben sich Die Ärzte wieder etwas Spezielles überlegt. So erscheint Farin zum Auftakt des Konzertes in Frack und Chapeau Claque auf der Bühne, um das Publikum mit einer denkbar schlechten Bauchredner-Performance zu verwirren. Er hält sich ein Mikrofon vor den Bauch, und Bela, der sich hinter der Bühne befindet, spricht von dort aus via Mikrofon als Farins Bauch zum Publikum und sagt so die Band an. Die Zuschauer applaudieren ob des kindlichen Humors nur müde. Nach dem missglückten Start steigert sich die Band schnell und zieht ihr Publikum alsbald in den Bann. Anschließend verlassen sie schnellstmöglich den Ort des Geschehens. Vor dem Audimax wartet bereits ein Wagen, der sie in Windeseile durch die Stadt Richtung Quartier Latin bringt. Kaum dort angekommen, müssen sie auch schon auf die Bühne. Wieder eröffnen sie mit der Bauchredner-Nummer, die erneut nicht wirklich zündet, aber wieder liefern sie trotz allem eine überzeugende Show ab. Während des Konzerts muss die Band befürchten, dass einige ihrer Gefährten im Publikum ihnen den wichtigen Gig ruinieren, denn die lassen im angetrunkenen Zustand ordentlich die Sau raus und werfen sogar mit Schaumküssen um sich. Einer landet auch auf dem Griffbrett von Farins Banjo, was ihn zunächst am Weiterspielen hindert.

Bela B: »*Dieses ganze Lebensmittelgeschmeiße hatten wir der englischen Psychobilly-Band King Kurt zu verdanken, die für kurze Zeit mega-hip waren und bei deren Konzerten Mehl, Eier und was weiß ich alles flogen. Die Hosen und wir mussten tierisch unter diesem Trend leiden, aber ich habe mich gerächt und bei einem Konzert von King Kurt deren Schlagzeuger mit einer Klobürste gekämmt, wofür ich fast gelyncht worden wäre.*«

Letztlich können aber auch ihre beschwingten Freunde den Triumphzug der Die Ärzte nicht gefährden. Sie helfen ihnen sogar noch, indem sie auf dem Boden liegende Eintrittskarten aufsammeln und diese als Stimme für Die Ärzte abgeben.

Sahnie: »*Das Konzert war sicher eines der Highlights in meiner Zeit bei den* Ärzten. *An diesem Abend hatte einfach alles gepasst.*«

Der eigentliche Juryentscheid wird erst einige Tage später verkündet und fällt sowohl für Die Ärzte als auch für Frau Suurbier positiv aus. Die Ärzte gehören tatsächlich zu den vier Gewinner-Gruppen[5] und sind um 10.000 D-Mark reicher. Frau Suurbier landen auf Platz 5 und erhalten immerhin noch 2.500 D-Mark. Bei den Die Ärzte wird das zweckgebundene Preisgeld in neue Instrumente und Bühnen-Technik investiert. Da Bela sich erst vor kurzem ein neues Schlagzeug-Set gekauft hat, holt er sich von dem Geld eine limitierte Signature-Gitarre in Axt-Form von *KISS*-Mitglied Gene Simmons[6] und ein drahtloses Headset. Farin leistet sich eine billige Version einer Gretsch-Gitarre, so wie sie sein Vorbild Brian Setzer von den *Stray Cats* spielt, und das dazugehörige Equipment.

Zu diesem Zeitpunkt beginnt alles größer zu werden. Jörg und Matzge sind jetzt nicht mehr nur allein für die Plattenaufnahmen zuständig, sie übernehmen mehr und mehr Management-Aufgaben für die Band. Sie buchen einen Großteil der Konzerte und kümmern sich auch um Promo-Angelegenheiten. Ähnlich wie Die Ärzte sind aber auch sie blutige Anfänger im Musikbusiness und erarbeiten sich ihr Metier ebenfalls autodidaktisch. Die Ärzte und Vielklang halten ihre Zusammenarbeit schließlich in einem Vertrag fest. Erklärtes Ziel von beiden Seiten ist es, der Band zu einem großen Plattenvertrag zu verhelfen. Da Die Ärzte aber alles andere als im Mainstream-Bereich angesiedelt sind und diesen Zustand auch nicht ändern wollen, ist dies die große Hürde, die es zu nehmen gilt. Die Grenzen zwischen Mainstream und Independent sind noch klar abgesteckt und ähnlich gut bewacht wie die Berliner Mauer. Nur selten schaffen es sperrige Bands aus dem Indie-Millieu, bei den Majors unterzukommen. Riesenausnahmen sind beispielsweise die Fehlfarben oder DAF, die diese Hürde bereits genommen und bei einem großen Label unterschrieben haben.

Natürlich geht es für Die Ärzte schon bald wieder ins Studio. Neben dem Preisgeld vom Senatsrockwettbewerb gehört auch eine Woche im senatseigenen Beat-Tonstudio zum Gewinn, was die Band für einen weiteren Tonträger nutzen möchte. Nach Absprache mit Jörg und Matzge, die wieder für die Produktion und Veröffentlichung zuständig sein sollen, entscheiden sie sich dafür, die Stücke *Der lustige Astronaut, Kopfhaut, Mein kleiner Liebling* und *Sommer, Palmen, Sonnenschein* aufzunehmen. Außerdem soll auch eine neue Version von *Teenager Liebe* eingespielt werden, um den Song noch mal etwas für das Radio aufzupolieren. Eigentlich haben Die Ärzte inzwischen viel mehr Stücke angehäuft, doch Jörg und Matzge halten diese Auswahl für kommerzieller und massenkompatibler als Songs wie *Scheißtyp* oder *Claudia hat 'nen Schäferhund*. Vielklang überredet die Band also dazu, möglichst eingängige, radiokompatible Songs aufzunehmen, sodass der wilde, ungeschliffene Charme der Band auf der Platte so gut wie gar nicht stattfindet. Für die Aufnahmen von *Der lustige Astronaut* und *Kopfhaut* wechseln sie in das *Preussenton-Studio*, wo sie einst schon *Eva Braun* aufgenommen haben. Ironischerweise gehört das Studio ausgerechnet jenem Uwe Hoffmann, der ihnen vor Kurzem noch als Schlagzeuger von La Loora den Zugang zum Backstage-Bereich beim Festival in der Berliner FU verweigert hat.

Uwe Hoffmann: »*Neben meiner Tätigkeit als Produzent habe ich zu der Zeit auch als DJ aufgelegt. Dabei habe ich immer wieder auch Bela getroffen, und immer wenn wir uns sahen, hat er mich angemacht. Der hat immer blöd gestänkert und genervt wie eine Filzlaus. Einmal hatte er mich fast so weit, dass es gekracht hätte. Glücklicherweise war meine Freundin anwesend, sodass ich mich zurückhalten konnte. Wir haben das Klischee nicht bedient und uns trotzdem angefreundet.*«

Bela B: »*Wenn ich mir das jetzt noch mal so anschaue, habe ich es echt immer drauf angelegt, mir eine einzufangen. Dabei hätte ich mich ja nie mit jemandem prügeln können, ich war ja ein totaler Spargel.*«

Im Verlauf der Aufnahmen zur Platte kommt es zu ersten schwerwiegenden Streitereien. Bela muss feststellen, dass Vielklang, ohne vorherige Absprache mit ihm und dem Rest der Band, zum Einspielen der Songs *Mein kleiner Liebling* und *Teenager Liebe* einen professionellen Studioschlagzeuger bestellt hat. Bela ist außer sich und droht damit, die Band zu verlassen, gleichzeitig weigert er sich, die noch fehlenden Gesangsspuren einzusingen. Farin kann ihn letztlich nur durch gutes Zureden von diesem Vorhaben abbringen. Es ändert aber nichts an der Tatsache, dass die beiden Songs trotzdem von dem Studioschlagzeuger getrommelt werden.

Bela B: »*Das war schon ziemlich mies von Vielklang, das ohne Absprache zu machen. Ein kleiner Triumph für mich war, dass der engagierte Drummer dann bei einem Song auch Timing-Probleme hatte und der Track erst kompliziert zurechtgeschnitten werden musste, bevor Farin und Sahnie darauf spielen konnten.*«

Sahnie wirkt von diesem Vorfall nicht sonderlich überrascht. Er denkt mittlerweile in neuen Dimensionen und ist inzwischen auch bei Frau Suurbier ausgestiegen, um sich voll und ganz auf Die Ärzte zu konzentrieren. Er verspricht sich von der Zusammenarbeit mit Farin einen schnelleren Aufstieg zum Popstar und damit schnelleren Reichtum, als dies mit Frau Suurbier-Frontmann Michael »Cäpt'N Suurbier« Wahler der Fall wäre. Farin sieht er dabei in der Rolle des musikalischen Genies und Hitlieferanten, während er sich vor allem um die finanziellen Aspekte kümmern will. Bela kommt in seinen Zukunftsplänen nicht großartig vor. Er verheimlicht dies auch Bela gegenüber nicht, bietet ihm sogar offen an, die Band zu verlassen. Sahnie tut auch noch so, als sei dies alles bereits mit Farin abgesprochen – was jedoch in keinster Weise der Fall ist. Mit Wölli steht laut Sahnie auch schon ein Nachfolger für Bela parat, doch auch dieser weiß nichts von Sahnies Plänen. Bela traut seinen Ohren kaum und konfrontiert schließlich Farin mit Sahnies Aussagen. Farin beteuert, dass dies nicht mit ihm abgesprochen ist, und versucht, Sahnies Pläne herunterzuspielen. Ein echter Treueschwur sieht für Bela jedoch anders aus. Nichtsdestotrotz entwickelt Bela schnell wieder das altbekannte, vertraute Verhältnis zu Farin. Sahnie hingegen ist für ihn von diesem Tag an gestorben, und Bela begleitet dessen Aktionen fortan nur noch mit größtem Argwohn und Misstrauen.

Farin Urlaub: »*Das war sicher keine adäquate Reaktion meinerseits auf Sahnies Verrat. Ich war aber so froh, eine Band zu haben, die auch ein Stück weit Ersatzfamilie war, dass ich vor den realen Problemen gerne die Augen verschloss und gehofft habe, dass sich am Ende des Tages alle wieder liebhaben würden. Ein schwerer Fehler …*«

Für die Aufnahmen der neuen Version von *Teenager Liebe* ziehen Band und Produzenten derweil in das Beat-Studio nach Berlin-Wilmersdorf um. Durch den Gewinn im Senatsrockwettbewerb steht ihnen noch kostenfreie Aufnahmezeit im Studio zu, das eigentlich der Musikschule des Bezirksamtes Wilmersdorf gehört. Doch der Senat beteiligt sich seit 1980 an dem Betrieb durch punktuelle Finanzierung von Studiotechnik und vergibt auch die Aufnahmetermine. Dabei werden den Preisträgern des Senatsrockwettbewerbs vorrangig Aufnahmetermine als zusätzliche Förderungsmaßnahme angeboten. Der Leiter und Toningenieur des Beat-Studios ist Gerd Bluhm, der wohl schon alles vor dem Mikro gehabt hat, was aus Berlin kommt, und berühmt geworden ist – wie zum Beispiel Ideal. Das Studio selbst ist im Souterrain eines Berufsschulgebäudes in der Pfalzburger Straße untergebracht. Hier feilen Matzge, Jörg und die Band nun an einem neuen Sound für den Song über den armen Jungen, der das Mädchen seiner Träume nicht erreichen kann. Es entsteht ein klarerer, geradlinigerer Sound als bei der ersten Version. Zum Ende kann Bela noch einen Walwitz aus dem selbst erfundenen Genre zum Besten geben.

Wie nennt man einen musikalischen Walfisch zum Herumtragen? Na? WALkman – ha ha, ich werd verrückt.

Der Song endet jedoch nicht so, wie Jörg und Matzge es sich wohl gewünscht hätten, denn er hört ziemlich abrupt mit einer nervigen Dauerwiederholung des letzten Chores auf. Für einen Radioeinsatz ist dies eher suboptimal. Jörg und Matzge trösten sich aber wohl mit dem Gedanken, dass der Song, wenn überhaupt gespielt, eh vorher ausgeblendet wird, und außerdem gibt es mit *Mein kleiner Liebling* noch einen Song, der studiointern auch als Radio-Hit gehandelt wird. Mit *Teenager Liebe* enden die Aufnahmen für die Platte. Der Mix wird von Vielklang in Abwesenheit der Band angefertigt, und auch dieses Mal können sie das Endergebnis erst nach Abschluss aller Klangarbeiten hören. Naiv wie sie noch sind, nehmen Die Ärzte dies erst einmal so hin.

Noch ist nicht ganz klar, in welchem Format die Platte überhaupt erscheinen soll. Am Ende steht eine Mini-LP im klassischen 12"-LP-Format, die den Namen *Uns geht's prima ...* trägt – nach einem gleichnamigen Song, den die Band schon seit geraumer Zeit live spielt. Waren Die Ärzte mit den ersten Veröffentlichungen noch relativ einfach zufrieden zu stellen, so hadern sie nun mit dem ihnen vorgelegten Ergebnis der Aufnahmen. Bela ist noch ziemlich angesäuert wegen der Gängelung durch Vielklang, und insgesamt sind weder er noch Farin von dem eher leblosen, cleanen Sound der Platte besonders angetan.

Farin Urlaub: »*Die Konzeption von Uns geht's prima ... war im Großen und Ganzen von Vielklang. Wir waren alle der irrigen Ansicht, dass wir, um bei der Industrie unterzukommen, etwas möglichst Sanftes und Eingängiges machen sollten. Deshalb ist die Mini-LP auch nicht so bissig, wie wir eigentlich sind.*[7]«

Und genau diese Industrie ziert sich noch. Für viele Plattenfirmen sind Die Ärzte musikalisch einfach noch zu schlecht und zu wild. Eine dieser Plattenfirmen, die ihnen absagt, ist die Metronome in Hamburg. Jahre später wird genau diese Plattenfirma sich förmlich nach Die Ärzte reißen. Die EMI aus Köln hingegen ist zwar sehr interessiert, steht jedoch auch in Verhandlungen mit einer anderen deutschen Band: Die Toten Hosen. Das Verhältnis zu den Düsseldorfern ist zu dieser Zeit noch sehr freundschaftlich. Man teilt denselben Freundeskreis und besucht sich gegenseitig auf Konzerten der jeweils anderen Band. Die Spannungen zwischen Berlin und Düsseldorf nehmen jedoch zu, als beide Bands mit ihren jeweiligen Managern versuchen, einen Plattendeal bei der Industrie zu ergattern. Dies ist die große Hürde, die es zu nehmen gilt.

Dem Manager der Toten Hosen, Jochen Hülder, der diese Rolle seit der Bandgründung innehat, gefällt anscheinend die Nebenbuhlerei der Die Ärzte so gar nicht. Er möchte für die Hosen den Plattendeal mit der EMI ergattern, und es drängt sich der Verdacht auf, dass er versucht, Die Ärzte als direkte Konkurrenten seiner Band loszuwerden. Um dies zu erreichen, nimmt er Kontakt zu Vielklang auf und bietet Jörg, Matzge und der Band seine Dienste an. Er will ihnen angeblich bei der Suche nach einem Plattendeal behilflich sein und macht zunächst mal drei Shows in Hagen, Düsseldorf und Wolfsburg für Die Ärzte klar. Vor dem Konzert im Ratinger Hof in Düsseldorf passt Hülder Sahnie ab und bietet ihm an, Die Ärzte auf seinem Totenkopf-Label unterzubringen, doch diese lehnen Hülders Angebot ab. Unabhängig davon geht das Konzert im Ratinger Hof an diesem Abend gewohnt chaotisch über die Bühne. Vor allem die Aktionen eines Punks namens Anal sind der Band dabei in guter Erinnerung geblieben.

Sahnie: »*Anal stand vor der Bühne, und das Publikum spritzte mit Bier herum. Farin hatte nur seine Milchtüte in der Hand, und irgendwann hat er mit der Tüte Milch zurückgespritzt und diese aus Versehen Anal über seinen Iro geschüttet. Anal ist daraufhin auf die Bühne gestürmt, doch er ist nicht auf Farin, sondern auf mich losgegangen. Dabei hatte ich gar nichts gemacht.*«
Bela B: »*Was wir nicht wussten, es war die traditionelle Hardcorenacht im ›Hof‹. Hülder hatte aber mit Aram & die Schaffner eine Rockabilly-Band, mit Östro 430 eine Frauen-New-Wave-Kapelle und uns Alberköppe aus Berlin als Headliner gebucht. Die Rockabillys waren zu kräftig, und die Mädchen hatten den Vorteil, dass sie aus Düsseldorf kamen. Wir hatten die Idee, erst mal als Hippies verkleidet eine Bluesnummer zu spielen, bevor ich dann meine Wanderklampfenversion von* Skulls *zum Besten gab. Als ich sang, flogen die ersten Flaschen und Bierfontänen gen Bühne. Als Farin die Bühne betrat, kippte er sofort seine bestellte Tüte Milch ins Publikum und zerstörte direkt mal Anals kunstvoll aufgestellten Iro. Da flippt man schon mal aus. Vor dem Club haben später noch Punks versucht, unseren Bus anzuzünden.*«

Die Bilder dieser Rangelei sollen später in der *Ärzte-Fibel* auftauchen, die den Erstauflagen des Albums *Ist das alles?* beiliegen wird. Nach den drei Konzerten präsentiert Jochen Hülder Jörg und Matzge schließlich eine Liste mit Namen von Plattenfirmen, bei denen er für Die Ärzte die Klinken putzen will. Eine zweite Liste enthält Firmen, bei denen Jörg und Matzge selbst vorstellig werden sollen. Für seine Bemühungen verlangt Hülder von der Band, dass sie für ein halbes Jahr von der Bildfläche verschwindet. Farin, Bela und Sahnie reagieren aber äußerst misstrauisch auf Hülders Vorschlag und lassen sich nicht darauf ein.

Campino: »*Wenn es so gewesen ist, ich kann ihn dazu ja leider nicht mehr befragen, würde ich Jochen nachträglich noch ein Bier dafür ausgeben. Es wäre ein netter Versuch von ihm gewesen, aber natürlich ist klar, dass die Jungs aus Berlin das nicht toll gefunden hätten. So, wie ich Jochen kenne, könnte ich mir eher vorstellen, dass er tatsächlich Geschäfte mit den Ärzten machen wollte. Ich mochte es schon allein nicht, dass Jochen überhaupt mit den Ärzten redete. Ich konnte das überhaupt nicht ab und war darüber sehr eifersüchtig.*

Das war schon so, als Jochen noch Malaria! oder die Einstürzenden Neubauten betreut hatte. Ich kam damit nicht klar, dass er sich auch um andere kümmert, und es hat deswegen zwischen ihm und mir mal einen epischen Streit gegeben, wo ich mein eigenes Büro überfallen habe und alle Akten in einer Nacht-und-Nebel-Aktion verschwinden ließ. Aber es blieb der letzte Streit, den ich je mit ihm ausfechten musste. Wir hatten gegenseitig unser Terrain abgesteckt, und danach waren wir untrennbar.«

Von der EMI werden Die Ärzte inzwischen hingehalten, nur um wenig später zu erfahren, dass diese sich für die Toten Hosen entschieden haben. Die Berliner sind wütend auf die Geschäftspraxis aus Düsseldorf, und das Verhältnis zwischen beiden Bands wird fortan angespannter.[8]

Inzwischen wird den Die Ärzte auch bundesweit deutlich mehr Aufmerksamkeit bei Medienvertretern, Veranstaltern und der Plattenindustrie zuteil. Auftritte in der BRD sind nun keine Seltenheit mehr, sondern an der Tagesordnung. Einer dieser Auftritte findet im Dezember 1983 in der Mensa der Universität von Köln statt, im Rahmen eines kleinen Festivals zu Ehren des Kölner Stadtmagazins *Stadt-Revue*, wo Die Ärzte neben Wolf Maahn und Family 5 auftreten sollen. Im Publikum befinden sich auch zwei Leute, die schon bald sehr wichtig für die weitere Karriere von Die Ärzte werden sollen: Claudia Kaloff und Markus Linde. Kaloff hat die Band vor Kurzem bei einem Auftritt im Düsseldorfer DIN-A-Null[9] gesehen. Dort spielten Die Ärzte vor den Augen von 4/5 der Toten Hosen (Campino war als Einziger nicht da) und Peter Hein von den Fehlfarben einen umjubelten Auftritt.

Bela B: *»Nach unserem Konzert im DIN-A-Null hatten wir auf dem Rückweg noch einen unvergesslichen Auftritt in einer Kneipe namens Lila Eule, die auf einem Hippiebauernhof lag. Hier spielten wir für das Benzingeld von 50 Mark plus Übernachtung und plus Verpflegung ein circa dreistündiges Konzert. Am Schluss des Konzertes hatten wir das gesamte Publikum zum Muhen gebracht, während durch die Scheibe der Kneipe Kühe schauten. Nach dem Auftritt kam das Härteste: Ich wollte duschen, aber dafür hätte ich erst Holz hacken müssen, was ich nach drei Stunden Show nicht mehr machen wollte. Das Essen entpuppte sich als verkohlte Steinpizza, und Matratzen* sowie Bettwäsche waren so dreckig, dass wir alle lieber in unseren verschwitzten Klamotten blieben, um uns nichts zu holen. Sahnie wurde dann am nächsten Morgen von einem Marmelade-beschmierten Kindsgesicht geweckt und schubste den circa Zweijährigen vor Schreck drei Meter weit hinter sich!«

Sahnie: »*Unsinn, ich hab das Kind nicht drei Meter weit weggeschubst. Ich habe mich erschrocken und bin aufgesprungen, da das Kind sein dreckiges Gesicht sehr dicht an meins hielt. Lustig war die Geschichte wirklich nicht. Das Kind war völlig verschmutzt und verwahrlost. Ich fand es sehr traurig. Es hat mich berührt, dass schon kleine Kinder so vernachlässigt werden. Es gibt schon echte Scheiß-Eltern.*«

Seit Kaloff die Die Ärzte gesehen hat, geht ihr die Band nicht mehr aus den Kopf. Sie erzählt ihrem Bekannten Markus Linde davon, der zu der Zeit als Promoter in Köln lebt und arbeitet, und schleppt ihn mit zum Kölner Konzert. Auch dieser ist schnell angefixt.

Markus Linde: »*Die Ärzte waren einfach anders. Ich kann mich noch daran erinnern, dass es auf dem Konzert in der Mensa einen Feministinnen-Block gab, der sich lautstark über Songs wie* Tittenmaus *beschwert hat. Die Ärzte sind denen aber nicht mit Aggression oder blöden Sprüchen begegnet, sondern haben sie mit Humor und Intelligenz gekontert. Ich hatte Riesenspaß an ihrem Auftritt und habe seitdem versucht, mir so viele Auftritte wie möglich von ihnen anzuschauen. Kurze Zeit später bin ich nach Frankfurt gegangen und habe angefangen, für die CBS als kleines Licht Presse- und Promotexte zu schreiben. Dort sollten wir uns bald wiedersehen.*«

Der Auftritt in Köln ist jedoch noch in anderer Hinsicht schicksalhaft. Auf der Fahrt zu dem Auftritt lernen Farin und Bela einen gewissen Axel Knabben kennen, der zu der Zeit noch Saxofonist bei Family 5 ist. Farin und Bela sind große Fans der Band und mögen vor allem deren Texte und soulige Arrangements. Family-5-Gitarrist Xao Seffcheque[10] steckt Axel Knabben die Info, dass man gemeinsam ein Konzert in Köln spielen würde. Axel ist erst vor Kurzem vor der Bundeswehr von Düsseldorf nach »Spree-Athen« geflohen und versucht dort nun, wie viele andere auch, irgendwie über die Runden zu kommen. Er verspürt allerdings keine große

Lust, für nur 120 D-Mark Gage im tiefsten Winter mit zwei Saxofonen nach Köln zu trampen, und fragt – dank Xaos Tipp – Die Ärzte, ob sie ihn nicht mitnehmen könnten. So kommt es zu dieser verhängnisvollen Fahrt nach Köln, die der Anfang einer tiefen Freundschaft wird. Axel Knabben wird zum Vertrauten der Band werden und besonders zu Farin eine enge Beziehung aufbauen. 1993 wird Axel die Managerin der Band werden. Die nächste Zeit verbringt die Band mit weiteren Konzerten und ersten größeren TV-Auftritten im Dritten Programm, den zu dieser Zeit ausschließlich nur regional empfangbaren Fernsehprogrammen der ARD. Für den SFB nehmen Die Ärzte im Dezember 1983 noch einen kleinen Beitrag für dessen Jugendsendung *45 Fieber* auf. Er zeigt die Band, wie sie zu den Klängen von *Teenager Liebe* einem kleinen Mädchen im Europa-Center am Ku'damm nachlaufen. Bei dem kleinen Mädchen handelt es sich um Farins Schwester Julia. Einer der Redakteure der Sendung ist Michael Laux, der nur ein paar Monate später Die Ärzte zu Filmstars machen wird.

Die ersten Monate des neuen Jahres verbringt die Band mit weiteren Konzerten und ersten größeren TV-Auftritten im Dritten Programm. Im Februar 1984 sind sie Gäste in der *Michael Braun Show* im WDR. Die Show wird von *Rockpalast*-Gründer Peter Rüchel geleitet und von Michael Braun moderiert, dessen freches, anarchisches und provokantes Auftreten regelmäßige Zuschauerbeschwerden nach sich zieht. Neben Die Ärzte sind in dieser Sendung auch der Gründer der deutschen *Greenpeace*-Einheit, Harald Zindler, und die Schauspielerin und spätere *Tatort*-Kommissarin Eva Mattes eingeladen.

Michael Braun: *»Es war ein sehr lustiger Auftritt. Wir haben uns abwechselnd mit Pappnasen und Ärzte-Brillen verkleidet. Die Band hat sich einmal hinter dem Gästesofa versteckt, und wir sind öfters aus dem Off heraus in die Interview-Situation gewechselt. Alles in allem war es ein wildes Durcheinander und ein leicht infantiler Humor, der jedoch dem Moderator und Publikum gegenüber angemessen war.«*

Bela B: *»Ich mochte den Typen überhaupt nicht. Er wollte sich die ganze Zeit über uns lustig machen, was ihm aber nicht gelang.«*

Farin Urlaub: *»Wir haben nach einem völlig bescheuerten Interview dann am Ende der Sendung noch Der lustige Astronaut gespielt,* wofür ich mir von *Family 5* einen Flanger geliehen hatte, weil ich meinen vergessen hatte. *Wir waren sehr aufgeregt, aber im Fernsehen dann nur für wenige Sekunden zu sehen, weil die Redaktion lieber den Moderator zeigte, der in einem Astronautenoutfit an irgendwelchen Kabeln hing und ganz, ganz lustig war. Als wir die Sendung dann später irgendwann mal sahen, waren wir echt beleidigt.«*

Im März stehen sie für die Sendung *Musik Convoy* vor der Kamera. Das Konzept der Sendung sieht vor, dass ein Tross des WDR sich nationale wie internationale Künstler einlädt und sie auf einem Open Air auf öffentlichen Plätzen in der westdeutschen Provinz präsentiert. So sollen im selben Jahr beispielsweise ein paar junge britische Milchgesichter unter dem Namen Depeche Mode ihren neuen und stark von den Einstürzenden Neubauten beeinflussten Song *People Are People* auf dem Marktplatz in Schleiden in der Eifel vorstellen. Die Ärzte wiederum werden nach Wipperfürth im Bergischen Land eingeladen und geben zum Playback *Sommer, Palmen, Sonnenschein* von ihrer neuen Mini-LP zum Besten. Das Cover ihrer neuen Platte ist weder eine wirkliche künstlerische Glanzleistung noch besonders originell. Mit ihrem roten Kreuz auf weißem Grund ist sie aber immerhin sehr auffällig, als sie am 5. Mai in den Läden steht. Sie ist sogar so auffällig, dass die Band wenig später vom Deutschen Roten Kreuz mitgeteilt bekommt, dass sie die Verwendung des roten Kreuzes doch bitte zukünftig unterlassen sollten, um eventuellen Verwechslungen vorzubeugen.

Bela B: *»Bei einem Konzert standen nachmittags Leute, die unser Plakat missinterpretierten, in der Halle, um Blut zu spenden.«*

Vielklang gibt klein bei und druckt die Nachpressungen der Platte fortan jeweils in anderen Farben. So gibt es bald LPs mit blauen, grünen, weißen, gelben, braunen, schwarzen und goldenen Kreuzen. Das Frühjahr 1984 beschert der Band mit Konzerten in der Schweiz und in Österreich auch ihre erste »Auslandstour«, auf der sie in Clubs wie dem *U4* in Wien und der *Roten Fabrik* in Zürich spielen. Die Konzertreisen unternimmt die Band weiterhin in Sahnies gelbem VW-Bus, einem alten, ausrangierten Postbus. An Bord befinden sich stets zwei Eishockey-Schläger von ihm. Sahnies Mutter ist gebürtige Finnin, und die Schläger hat er einst von einem Besuch in dem nordischen Land mitgebracht. Stets der umtriebige

Geschäftsmann, will er sie hierzulande nun günstig an den Mann beziehungsweise die Frau bringen. Matzge übernimmt sowohl die Rolle der Tourleitung als auch des Live-Mixers. Neu dabei ist auch Christian »Nopper« Schmidt, Farins und Sahnies ehemaliger Schulkamerad, der sie nun als Fahrer, Roadie und später auch Merchandiser zu allen Konzerten begleitet.

Christian »Nopper« Schmidt: »*Das erste Mal bin ich der Band im Ballhaus Tiergarten*[11] *begegnet. Das war damals schon ein großer Club, in den circa 1.000 Leute reingingen. Das Haus war voll, und die Band hat abgeräumt. Danach hat sie aber ihre ganzen Gerätschaften selbst abgebaut. Das fand ich irgendwie blöd. Ich bin dann einfach dreist zu ihnen hin und hab mich ihnen als Roadie angeboten, damit sie sich nach dem Konzert erholen und um ihre Fans kümmern können. Kurze Zeit später hatte ich den Job und habe ihn auch bis zur Trennung ausgeübt.*«

Nopper wird schon bald ein treuer Verbündeter von Bela, wenn es darum geht, nach den Konzerten noch mal eben schnell um die Häuser zu ziehen. Er begleitet die Band auch zusammen mit Matzge und Jörg sowie Sahnies Freundin nach Barcelona. Hier sollen Die Ärzte im Rahmen eines Bandaustauschs[12] ein Konzert spielen. Weil Flugtickets nicht drin sind, geht es für alle mit dem Nachtzug nach Barcelona. Als die Reisegruppe Berlin dort nach über 15 Stunden Fahrt ankommt, bezieht sie ihr Quartier in einer schäbigen 2-Sterne-Herberge mit Vollpension. Da eigentlich alle knapp bei Kasse sind, lassen sie sich keine Mahlzeit entgehen – auch wenn sie noch so unappetitlich ist. Wenn Bela, Farin und Nopper abends ausgehen, klammern sie sich stundenlang an einem Getränk fest, weil für mehr ihr Geld nicht reicht. Trotz leerer Taschen machen vor allem Bela und Nopper die Nacht zum Tag. Lange schlafen können sie jedoch nicht, denn das idyllische Lärmen eines Bautrupps im Nebenhaus bewahrt sie davor. Um sich tagsüber die Zeit zu vertreiben, albern sie herum und wählen dabei Sahnie als Zielscheibe aus. Im Namen einer erfundenen spanischen Señorita schieben sie ihm schmeichelhafte Briefe unter der Tür zu und verstecken Schmuddelhefte auf seinem Zimmer. Sie bestechen sogar den Portier, damit dieser Sahnie ausrichtet, dass eine Dame da war, die nach ihm gefragt hat.

Bela B: »*Sahnie ließ sich nicht viel davon anmerken, doch wir haben mitbekommen, dass seine Freundin und er eines Abends einen lauten Krach hatten. Von dem Konzert selbst weiß ich nicht mehr so viel, außer, dass wir dauernd bespuckt worden sind.*«
Viellicht nicht in Spanien, dafür aber in ihrer Heimat ist weithin kaum übersehbar, dass Die Ärzte auf dem aufsteigenden Ast sind. Beim Heimspiel in der Villa Kreuzberg[13] im Juni 1984 in Berlin ist der Ansturm so riesig, dass die Band spontan ein zweites Konzert anberaumt, um die Massen zu beruhigen und nebenbei auch mehr zu verdienen. Vor dem Konzert sind sie noch zu einer Diskussionsrunde im Radio eingeladen, zu der neben Blixa Bargeld von den Einstürzenden Neubauten und Reinhold Heil von Spliff[14] auch der von ihnen wenig geliebte George Kranz eingeladen ist, dessen unsägliches *Din Daa Daa (Der Trommeltanz)* in Farins und Belas Klomusik-Charts ganz weit oben rangiert. Um den Teufel mit dem Beelzebub auszutreiben, nehmen Die Ärzte in derselben Nacht den Song in einer verhunzten Version in ihr Live-Programm auf. Sie spielen ihn später noch bei einem Konzert in der Hamburger Fabrik, bei dem auch ein junger Punk namens Rodrigo González im Publikum steht.

Rodrigo González: »*Ich habe Die Ärzte 1984 in der Fabrik zum ersten Mal gesehen. Das Konzert war nicht gut besucht. Damals waren sie noch nicht die Teenie-BRAVO-Band, sondern kamen eher aus dem Punk-Umfeld. Die meisten Bands aus diesem Metier haben entweder über politische Themen oder übers Saufen gesungen. Die Ärzte waren irgendwo dazwischen. Die waren einfach anders. Ich habe sie dafür bewundert, dass sie den Mut hatten, einen Song wie den Trommeltanz zu spielen. Der ging überhaupt nicht, den konnte in meiner Clique keiner leiden, und doch fanden alle die Version von den Ärzten gut. Ich weiß auch noch, dass sie eine Getränkepause gemacht haben, weil denen jemand gesteckt hat, dass das hier so üblich sei. Dabei hat zuvor noch keine Band in der Fabrik eine Getränkepause gemacht. Ich hatte auf jeden Fall viel Spaß an ihrem Auftritt und fand es geil, wie sie sich und das Publikum verarscht haben.*«

Die Mini-LP *Uns geht's prima* ... steigert zweifelsohne den Bekanntheitsgrad der Die Ärzte und beschert ihnen auch den ersten großen überregionalen Fernsehauftritt bei der ARD-Samstag-

Abend-Sendung *Showstart*, moderiert von Jürgen von der Lippe. Dabei handelt es sich um ein Format, das speziell Newcomern eine große Bühne bieten will. Jörg und Matzge sind überaus glücklich, der Band eine solche Präsentationsmöglichkeit an Land gezogen zu haben. Die Ärzte sollen im Rahmen der Show ihre Songs *Der lustige Astronaut* und *Teenager Liebe* darbieten, unterbrochen von einem kurzen Schwätzchen mit Jürgen von der Lippe. Es gibt jedoch einen nicht unwesentlichen Haken an der Sache: Die Sendung wird in der Paderhalle in Paderborn aufgezeichnet, und die Band und ihre Begleiter Matzge und Nopper sollen dafür ganze fünf Tage in der »Weltstadt mit Charakter« ausharren – eine furchtbar lange und öde Zeit, die bei allen Beteiligten traumatische Spuren hinterlassen wird.

Hey, kommst du mit, kommst du mit, kommst du mit?
Hey, hast du Lust, hast du Lust, hast du Lust?
Hey, nimm dir Zeit, nimm dir Zeit, nimm dir Zeit.
Wir machen Stunden zu Sekunden in Paderborn.[15]

Als wären die fünf Tage nicht schon schlimm genug, so sind Die Ärzte auch bei den Proben nicht sonderlich stark eingespannt. Sie haben somit viel freie Zeit, die sie aber leider für nichts Gescheites nutzen können, denn in Paderborn geht absolut gar nichts. Der Ausgehfaktor liegt weit unter der Grasnarbe. Selbst in dem Hotel, in dem die Band untergebracht ist, wird die Minibar pünktlich um zehn Uhr abends geschlossen. Neben den Die Ärzte und der Rockabilly-Formation Ace Cats aus Dortmund ist auch ein gewisser Michel dabei, der Jahre später als Produzent, Songwriter und Sänger Michel van Dyke[16] Erfolge feiern wird. Im Laufe ihres schier endlosen Aufenthalts in Paderborn lernt die Band Fitz Braum kennen. Er ist frischgebackener Junior A&R-Manager[17] bei der Plattenfirma CBS und mit den Ace Cats vor Ort.

Fitz Braum: »*Ich wurde von der CBS eingestellt, weil ich einen guten Draht zum Untergrund hatte. Ich sollte für die Firma Acts jenseits des Mainstreams finden und entwickeln – so wie die Ace Cats zum Beispiel. Die Ärzte standen nach unserem Kennenlernen fortan ganz oben auf meiner Liste der Bands, die ich gerne sofort unter Vertrag nehmen würde, doch die endgültige Entscheidung darüber lag leider nicht bei mir.*«

Die Proben für die Show zehren an den Nerven der Band, da sich alles unglaublich lang hinzieht. So wird beispielsweise unglaublich viel in den Auftritt von Tempodrom-Besitzerin Irene Moessinger mit ihrem dressierten Schwein Oscar gesteckt, das zu Beginn der Sendung mit seiner Schnauze einen roten Teppich für Jürgen von der Lippe ausrollen soll. Der gewagte Stunt misslingt jedoch bei der Generalprobe, und so wird die Nummer schließlich gestrichen. Für Die Ärzte kommt es dann noch knüppeldick, denn der Regisseur der Sendung hat für die Nummer *Der lustige Astronaut* tatsächlich ein Fernsehballett engagiert, das mit umgeschnallten Papp-Raumschiffen um die Musiker herumtänzeln soll. Die Ärzte finden das gar nicht lustig und sind äußerst übellaunig.

Matzge Bröckel: »*Die fanden das richtig scheiße und haben ihren Frust schön bei mir abgeladen. Sie haben gesagt: ›Matzge, das machen wir nicht!‹, und ich musste dann echte Überzeugungsarbeit leisten. Ich fand das mit dem Ballett auch scheiße, aber es war nun mal eine Primetime-Sendung. Das war halt eine einmalige Chance.*«

Bela B: »*Wenigstens waren in dem Ballett hübsche Mädchen. Am Sendetag haben wir Jürgen von der Lippe in seiner Garderobe eingeschlossen und den Schlüssel versteckt, aber pünktlich zu Showbeginn stand er in der Kulisse.*«

Während der ersten Probe fangen Die Ärzte an, das Ballett anzurempeln und umzupogen. Matzge schlägt die Hände über dem Kopf zusammen und sieht die Band schon vor dem Rausschmiss. Der bereits etwas ältere Regisseur aber findet das überraschenderweise total wild und ist begeistert von der Band. Auch wenn Die Ärzte unmittelbar vor der Show noch recht nervös sind und von Jürgen von der Lippe immer wieder beruhigt werden müssen, läuft die Sendung selbst doch routiniert ab. Der nicht gerade mit einem hochgeschossenen Körperbau versehene Jürgen von der Lippe verzichtet darauf, den Talk zwischen den langgewachsenen Farin und Sahnie zu führen und setzt sich lieber mit ihnen auf die Treppe vor der Bühne. Dort stellt er dem Publikum die Band als Farin Urlaub, Bela Felsenheimer und Sahnie, das kleine Sahnebonbon vor.

Bela B: »*Sahnie schaute daraufhin nach oben, weil er eine Ladung Sahnebonbons auf sich regnen lassen wollte. Dies war von der Sende-*

leitung jedoch kurzfristig abgesagt worden, allerdings wurde dies Sahnie nicht mitgeteilt.«

Stattdessen geben Die Ärzte daraufhin ihre Wal-Witze in der Show zum Besten, wie besagten WALkman-Witz, und Nopper darf aufs Stichwort noch ein Schild mit der Fanclub-Adresse hochhalten. Nach Ende der Aufzeichnung sind Band und Crew nur noch froh, dass sie Paderborn endlich verlassen dürfen. Bela und Nopper lassen sogar extra den Bus hinter dem Ortsausgangsschild anhalten, um den Boden küssen zu können.

Nicht nur der Band-Bus von Die Ärzte wird nach dem Ortsausgangsschild von Paderborn beschleunigt, auch ihre Karriere nimmt von nun an gehörig an Fahrt auf. Doch nicht alle können bei diesem Tempo mithalten. Die Band enteilt ihrem noch recht unbedarften Management zusehends, und es wird klar, dass sie kurz vor dem bundesweiten Durchbruch stehen. Für diesen brauchen sie aber noch entsprechende Kontakte und Türöffner. Ihr Freund Axel Knabben macht die Band daraufhin mit Claudia Kaloff bekannt, die die Band unbedingt kennenlernen möchte. Sie bittet Axel, den sie noch aus seiner Düsseldorfer Zeit kennt, ein Treffen mit der Band zu arrangieren. Dies findet nur wenige Tage später vor dem Café Swing am Nollendorfplatz statt. Die Band ist beeindruckt von Claudias Ideen und ihren Beziehungen zum Musikbusiness. Gemeinsam mit ihr wollen sie nun unbedingt den großen Plattenvertrag klarmachen – ein Ziel, das Vielklang bislang verfehlt hat.

Noch während des Gesprächs wird beschlossen, dass Claudia ab sofort das Management übernehmen soll. Allerdings muss dies erst noch mit Vielklang ausgehandelt werden. Verständlicherweise sind Jörg und Matzge nicht begeistert, als die Band sie über ihr Vorhaben unterrichtet. Mit den Die Ärzte verlieren sie zum einen ein finanzielles Zugpferd, doch zum anderen verbindet sie mit der Band auch eine spezielle Beziehung, und sie wären gerne dabei, wenn es zum großen Durchbruch kommt. Die Band hingegen ist ihnen für ihre Aufbauarbeit zweifelsohne sehr dankbar, gleichzeitig ist sie aber auch mit einigen Dingen, die Vielklang in der Vergangenheit gemacht hat, nicht einverstanden. Die Sache mit dem Studioschlagzeuger bei den Aufnahmen zur *Uns geht's prima…* hat Bela nicht vergessen, und von der von Vielklang präferierten musikalischen Marschrichtung sind sie zuletzt auch nicht begeistert gewesen. Diese wollen die Band musikalisch mehr und mehr in Richtung Mainstream-Geschmack positionieren. Die Band ist zwar sehr Pop-affin, jedoch wollen sie ihre Eigenständigkeit nicht irgendwelchen Trends und Normen unterwerfen. Die Ärzte wissen schon zu diesem Zeitpunkt sehr genau, was sie wollen, und vor allem, was sie nicht möchten – und sie hassen Kompromisse. Gleichwohl Jörg und vor allem Matzge über den Schritt der Band enttäuscht sind, so können sie die Band auch verstehen. Sie können der Band nicht die Kontakte bieten, wie es eine Claudia Kaloff kann, und ihnen ist auch klar, dass Die Ärzte an einem Punkt angelangt sind, an dem sie einfach die nächste Stufe der Erfolgsleiter erklimmen müssen, um nicht stehen zu bleiben. Mithilfe ihres Anwalts Axel Schwarzberg einigen sich Die Ärzte mit Vielklang auf eine entsprechende Ablösesumme in Höhe von 20.000 DM. Aus heutiger Sicht mag diese Ablösesumme gering erscheinen, für damalige Verhältnisse ist sie jedoch äußerst fair. Vielklang wird einige Jahre später noch sehr von der gemeinsamen Zeit mit Die Ärzte profitieren. Axel Schwarzberg wird dauerhaft der Anwalt der Band bleiben.

Bela B: »*Wir waren eine Band mit einer EP und einem Minialbum, die sich beide nicht nennenswert verkauft hatten, da erschien mir 20.000 D-Mark eher zu viel als zu wenig, aber Axel hielt das für angemessen.*«

Schon bald kommen Farin, Bela und Sahnie in den Genuss der Früchte der Zusammenarbeit mit Claudia. Zunächst braucht diese jedoch eine Bleibe in Berlin und zieht erst einmal in die Junggesellen-WG von Farin und Bela ein. Dem dort herrschenden Chaos tut Claudia mehr als gut, denn Farin und Bela sind wahrlich nicht die geborenen Hausmänner. Sie widmen ihrem Abwasch, der drauf und dran ist, ein demokratisches System zu gründen, sogar ein eigenes Lied namens *Mein Abwasch lebt*, was jedoch nie veröffentlicht wird. Außer dem Putzteufel bringt Claudia auch noch einen Anrufbeantworter mit, sodass Farin und Bela nicht jedes Mal ans Telefon gehen müssen, wenn es klingelt. Natürlich ist es müßig zu erwähnen, dass beide großen Spaß an diesem noch recht neuartigen Gerät haben und immer wieder abstruse Ansagen dafür aufnehmen. Es macht ihnen auch Spaß, die hinterlassenen Nachrichten abzuhören – zumindest anfangs. Claudia Kaloff ist es auch, die Bela als Mitbewohnerin davor bewahrt, einen frühen Tod zu sterben.

Bela B: »*Es war Winter und superkalt. Ich bin betrunken nach Hause gekommen und habe im besoffenen Kopf noch den Kohlenofen gefüllt und angezündet und bin dann gleich eingeschlafen. Ich hab nicht mitgekriegt, dass die Lüftungsklappe des Ofens nicht auf war. Die Rauchentwicklung hab ich komplett verpennt und bin dann erst durch kräftige Ohrfeigen von Claudia hustend zu mir gekommen. Mit leichter Rauchvergiftung und drei Tagen Kopfschmerzen kam ich glimpflich davon, aber wäre sie ein paar Stunden später gekommen, wäre das anders gewesen.*«

In Berlin spricht sich schnell herum, dass wo immer Die Ärzte – und vor allem Farin und Bela – auftauchen, immer etwas geboten wird. Auch wenn sie nicht im Vordergrund stehen, reißen sie die Show an sich – wie bei dem Projekt At the Rodeo, wo sie als Backing-Band des Vocal-Duos Die Zwei im April 1984 im Audimax der FU in Berlin-Dahlem auftreten und gemeinsam Country-Songs zum Besten geben. Für die anwesenden Redakteure des Assasin-Fanzines ist vor allem eine Szene später besonders erwähnenswert.

»*Ungeschlagen allerdings die Ärzte, die immer wieder das Publikum von den Bösartigkeiten ablenkten, die sie planten. Bei* Moon River *bewahrten sie die Zwei davor ausgepfiffen zu werden, indem sie einen gekonnten Doppel-Striptease auf die Bretter legten. Bis auf die Unterhose und noch ein Stückchen weiter: Das freute die angehenden Akademikerinnen, sowas ham die ja zuhause nich.*«[18]

Der Doppel-Striptease hat jedoch seine Tücken, denn der circa zehn Zentimeter größer als Bela gewachsene Farin muss sich in dessen Klamotten zwängen, während sie bei Bela eher schlabbernd herunterhängen.

Im Juli sind Die Ärzte wieder Gäste beim *Musik Convoy* vom WDR, der dieses Mal im westfälischen Höxter hält, das im Übrigen nur wenige Kilometer entfernt von Paderborn liegt. Die Band hat sich dazu entschlossen, ihre Songs *Mädchen* und *Teenager Liebe* auf dem *Musik Convoy*-Lkw zu spielen – und zwar live. Zu der Zeit ist dies reichlich ungewöhnlich, und obendrein hat Bela auch noch die Idee, den Auftritt in Römerkostümen zu absolvieren, die auch prompt von der Requisite für die Band in deren Garderobe bereitgestellt werden. Farin weigert sich jedoch, den Römerhelm über seinen schön toupierten Kamm zu stülpen, und lässt ihn weg.

Bela B: »*Farin war grad erkrankt, hatte eine Lebensmittelvergiftung oder so was. Er lag zur Beobachtung im Krankenhaus, und wir hatten dieses TV-Angebot. Ich wurde beauftragt, ihn dazu zu überreden, sich aus dem Hospital zu entlassen, um die TV-Show zu machen. Von meiner Idee mit den Römerkostümen erzählte ich ihm wohlweislich erst mal nichts.*«

Für BRAVO-Redakteur Uli Weissbrod ist die Weigerung von Farin nicht verwunderlich.

Uli Weissbrod: »*Bela hatte ganz klar den Plan, Popstar werden zu wollen. Das war sein erklärtes Ziel, denn er fand großen Gefallen an diesem ganzen Rock-'n'-Roll-Lifestyle. Farin war da nicht so. Er musste oft von Bela zu gewissen Dingen überredet werden, und manchmal hat er sich eben auch verweigert.*«

Bela B: »*Für mich war die Show immer enorm wichtig. Das Auge rockt mit, wie ich zu sagen pflege. Auf der Bühne zu stehen, war mein Lebensinhalt.*«

Vor ihrem Auftritt werden sie von den Moderatoren Karin Sarholz und Robert Treutel, der heute als Komiker Bodo Bach erfolgreich ist, angesagt. Außer Die Ärzte hat der WDR noch die Glamrock-Ikone Gary Glitter[19] und die Ace Cats eingeladen. Gary Glitter ist ein Kindheitsidol von Bela. Im Römerkostüm holt dieser sich von dem Glamrocker sogar ein Autogramm ab. Die Ace Cats haben zu dieser Zeit mit *Linda* einen großen Hit und werden an diesem Tag von Markus Linde begleitet, der kurz vorher zu der Frankfurter Plattenfirma CBS gewechselt ist. Ebenfalls im Tross der Ace Cats ist Axel »Atze« Ludwig, der wenig später deren Tourgitarrist und einer der besten Freunde von Bela wird. Linde verbringt an diesem Tag viel Zeit mit Die Ärzte. Er hat sie seit dem Konzert in Köln, das er mit Claudia Kaloff besucht hat, nicht aus den Augen gelassen und will sie unbedingt bei seiner Firma unterbringen. Zu seiner eigenen Verwunderung erhält Linde noch am selben Tag von der CBS-Führung aus Frankfurt ein Telegramm, in dem er gebeten wird, die Band zu einem Vorstellungsgespräch einzuladen. Claudia und Bela machen sich daraufhin auf den Weg nach Frankfurt. Dort treffen sie auf CBS-Chef Jochen Leuschner, die beiden A&R-Manager Bernd

Hoffmann und Andreas Kirnberger sowie den bereits bekannten Junior A&R-Manager Fitz Braum. Das Gespräch verläuft sehr sachlich, um nicht zu sagen kühl. Den meisten Anteil am Gespräch hat noch Bela, der der CBS-Führung Rede und Antwort steht bei Fragen zu ihrem Werdegang, ihrem Repertoire und ihren Zielen. Nach circa 15 Minuten werden Claudia und Bela mit der Aussage »*Danke, wir müssen erst mal ein Konzert sehen*« nach draußen gebeten.

Bela B: »*Zwischendurch hatte ich noch ein Treffen mit einem A&R von der Bellaphon, der mich mit ein paar mitgebrachten Platten ködern sollte. Eine der Scheiben stammte von den Hanoi Rocks, einer finnischen Glamrock-Kapelle, die extrem gut aussahen, aber sehr rüpelhaften Rock spielten. Die wurden meine Lieblingsband, aber die Bellaphon nahm wieder Abstand von ihrem Angebot.*«

Das Konzert, zu dem die CBS-Führung in Person von Bernd Hoffmann und Andreas Kirnberger erscheint, findet im Frankfurter Cooky's statt. Auch Markus Linde und Fitz Braum sind vor Ort und einmal mehr begeistert von dem Auftritt der Die Ärzte. Die Herren Hoffmann und Kirnberger sind jedoch gänzlich unbeeindruckt, ja sogar angewidert. Als gestandene Ex-Musiker halten sie Die Ärzte für musikalischen Dreck, der nicht zum guten Stil des Hauses CBS passt, der sich zu der Zeit eher aus einheimischen Interpreten wie Nena oder der Münchner Freiheit speist. Im schwer angetrunkenen Zustand halten sie nach dem Gig mit ihrer Meinung auch der Band gegenüber nicht unbedingt hinterm Berg.

Fitz Braum: »*Den Auftritt hätte die Band sich im Nachhinein sparen können. Am Ende war die Meinung meiner Vorgesetzten über Die Ärzte noch schlechter, als sie es eh schon vorher war. Das lag aber eindeutig nicht an der Band.*«

Fitz Braum und Markus Linde sind sehr enttäuscht. Der erhoffte Plattenvertrag für Die Ärzte kommt vorerst nicht zustande.

Andreas Kirnberger: »*Die CBS hatte eine große Affinität zu Berlin. Künstler wie die Nina Hagen Band, aus der später Spliff wurde, oder Nena waren sehr erfolgreich. Die Künstler aus dieser Stadt waren nicht ganz einfach, aber unglaublich spannend. Als wir Die Ärzte das erste Mal gesehen haben, fanden wir es handwerklich ganz schlecht, doch es war offensichtlich, dass sie etwas hatten, was Teenager anzog.*«

Die Ärzte stecken aber nicht auf. Nach dem Rundfunk gibt inzwischen nun auch die Printpresse der Band Gelegenheit, sich zu präsentieren. Das Berliner Stadtmagazin *TIP* setzt Die Ärzte in ihrer August-Ausgabe auf den Titel und veröffentlicht unter der brachialen Überschrift »*Die Fetzer der Nation*« einen Bericht über die Funpunk-Szene, in dem es neben Die Ärzte auch um die Toten Hosen und Frau Suurbier geht. Die Ärzte ziehen für die Fotos geliehene Hawaiihemden an und machen es sich in Liegestühlen auf im Studio aufgeschütteten Sand gemütlich. Der Artikel im *TIP* zieht jedoch längst nicht so weite Kreise wie die Zusammenarbeit mit Deutschlands größtem Jugendorgan: der *BRAVO*.

Bela B: *»Wow – die BRAVO. Das war sogar noch krasser als die Erwähnung im englischen NME[20], wo wir mit den Buzzcocks verglichen worden sind.«*

Eigentlich ist es ein Unding, dass ein Magazin wie die *BRAVO* überhaupt auf die Idee kommt, eine unbekannte Band aus dem Independent-Bereich zu featuren, und das gleich auch noch auf über zwei Seiten. Doch glückliche Umstände führen tatsächlich zu dieser Sensation. Verantwortlich dafür ist der Redakteur Uli Weissbrod, der die Gunst des Sommerlochs und des Urlaubs seines Chefredakteurs nutzt, um eine Story über Die Ärzte sowie eine Besprechung der *Uns geht's prima ...*-LP im Heft unterzubringen. Weissbrod hat eine Zeit lang in England gelebt und dabei unter anderem ein Tourtagebuch für The Undertones geschrieben, und er sieht durchaus Parallelen zwischen beiden Bands, was den Die Ärzte freilich sehr schmeichelt.

Sahnie: *»Den Uli habe ich sehr gemocht. Wenn ich mich noch richtig erinnere, wollte er die Abwesenheit seiner Vorgesetzten dazu nutzen, um zu beweisen, dass die BRAVO Stars erschaffen kann. Wir sind ihm da gerade recht gekommen, und es hat prima funktioniert. Wer weiß schon, was aus der Band geworden wäre, wenn die BRAVO nicht gewesen wäre. Später ist Uli übrigens Chefredakteur des Heftes geworden. Er hat also auch davon profitiert.«*

Zu einem guten Artikel gehören natürlich auch gute Fotos – sollte man meinen. Die Wahrheit sieht jedoch so aus, dass die Band auf ihren ersten Fotos für die *BRAVO* eher zum Weglaufen aussieht. Dies geht vor allem auf das unsägliche Make-up zurück, das von Sylvie Fukking stammt. Sie wollte sich mal als Visagistin probieren und kannte offenbar kein gescheites Augenmaß. Am Ende sehen Farin, Bela und Sahnie aus wie Kopien von Adam Ant. Bela ist froh, dass seine langen, ins Gesicht fallenden schwarzen Haare noch einen Großteil dessen verdecken, was bei Farin und Sahnie in voller Pracht zu »bewundern« ist. Die anschließenden Fotos, bei denen die Band äußerst widerwillig in bereitgestellte OP-Kleidung schlüpft, entstehen in kürzester Zeit in einer Kölner Tiefgarage. Doch auch diese furchtbaren Fotos verhindern nicht, dass schon bald die erste Fanpost eintrudelt und Farin und Bela in ihrem Treppenhaus in der Niebuhrstraße Bekanntschaft mit ihren Fans machen. Leichtsinnigerweise haben sie ja ihre Adresse auf der *Zu schön, um wahr zu sein*-EP abgedruckt. Als Bela beim ersten Konzert im Besetzereck zu jemandem im Publikum sagte: »*Deine Freundin hat bald Poster von uns an der Wand*«, haben dies alle noch für einen müden Scherz gehalten – inklusive der Band. Nun ist es Realität geworden, denn die Berichte über sie kommen so gut bei den Lesern an, dass schnell Nachschub beschafft wird. Die Ärzte finden die Tatsache, in der *BRAVO* zu stehen, völlig unglaublich, denn sie können sich zu der Zeit gerade mal so über Wasser halten, haben nur eine Handvoll Songs veröffentlicht und werden trotzdem neben »echten« Stars wie Nena, Billy Idol oder Duran Duran in einem Heft genannt.

Farin Urlaub: »*Es war völlig absurd. Wir waren berühmter, als wir erfolgreich waren.*«[21]

Uli Weissbrod: »*Ich werde nie vergessen, wie wir einmal am frühen Morgen eine Fotosession unter freiem Himmel im Berliner Zoo gemacht haben. Bela und Sahnie waren voll dabei, doch Farin war total übellaunig. Als ich ihn daraufhin ansprach, erzählte er, dass er noch nichts gegessen hatte – der Band ging es damals auch wirtschaftlich nicht so gut. Ich wusste aber, dass es gegenüber vom Zoo das Hotel Schweizer Hof gab, das ein opulentes Frühstücksbuffet anbot. Ich habe der Band dann versprochen, sie zum Frühstück einzuladen, wenn sie mit mir jetzt zusammen diese Session durchziehen. Das hat auch super funktioniert. So wie wir waren, sind wir dann rüber zum Hotel, und es war schon ein geiler Anblick, wie der halbe Speisesaal auf die Band geschaut hat. So etwas wie Die Ärzte hatten sie wohl*

noch nie gesehen. *In solchen Momenten spürt man, dass man mit ganz besonderen Leuten unterwegs ist.«*
Farin Urlaub: *»An dieses Buffet kann ich mich heute noch erinnern! Ich hatte noch nie so viel leckeres Essen auf einem Haufen gesehen und mich nach anfänglicher Scheu endlich mal so richtig satt gefuttert. Es sollte noch viele Jahre dauern, bis wir mit Die Ärzte auf Tour in Hotels dieser Güteklasse untergebracht wurden.«*
So lassen sie vieles mit sich machen, aber auch sie spielen ihr Spiel mit dem Blatt. Zu ziemlich jedem Interview sollen sie einen Fragebogen mit ihren persönlichen Daten und Vorlieben ausfüllen und machen sich schon bald einen Riesenspaß daraus, sich durch die Fragen zu kalauern. Als ihr Alter geben sie alle drei 19 an und ziehen das auch so lange durch, bis einem der *BRAVO*-Mitarbeiter dies auffällt und sie fortan normal altern. So kommt es, dass die Bandmitglieder eine Zeit lang zwei Jahre jünger sind als in Wirklichkeit. Farin gibt außerdem als bürgerlichen Namen Jan Vetter-Marciniak an, obwohl er nie den Nachnamen seines Stiefvaters angenommen hat.
Farin Urlaub: *»Ich habe mir den Doppelnamen ausgedacht. Um Leute erkennen zu können, die mich nur aus der* BRAVO *kennen. Der stand nämlich nur dort. Es war in der Anfangszeit ganz wichtig zu wissen, wer mich wirklich kennt. Wenn jemand mich Jan ruft, kann es sein, dass er mich kennt. Aber wenn er den Doppelnamen nennt, war klar, der kennt mich nicht wirklich.«*[22]
Die fortwährenden Artikel in der *BRAVO* machen nicht nur junge Menschen auf die Band aufmerksam, auch die Plattenfirmen werden nun immer hellhöriger. Der Band fehlt jedoch das berühmte letzte Zünglein an der Waage, der sogenannte »Missing Link«. Dieser taucht wenig später in Form von Jim Rakete höchstpersönlich auf. Rakete, dessen Nachname übrigens wirklich so lautet, ist schon damals ein angesehener Fotograf, der vor allem wegen seiner eindringlichen Schwarz-Weiß-Porträtaufnahmen Berühmtheit erlangt hat. Seit einiger Zeit ist er auch erfolgreich im Musikbusiness unterwegs und betreut über seine Agentur Fabrik schwer angesagte Künstler wie Nina Hagen, Spliff und vor allem Nena, die bei ihm einst als Sekretärin angefangen hat. Durch seine jetzigen Sekretärinnen wird Jim auf Die Ärzte aufmerksam. Sie hören die LP *Uns*

geht's prima ... rauf und runter und erzählen ihrem Chef mehr von der Band. Dieser ist überaus angetan und ruft einfach bei Bela und Farin an, um sich mit ihnen zu treffen. Als diese merken, wer am Telefon ist, fallen sie fast vom Glauben ab, und natürlich stimmen sie sofort einem Treffen zu. Jim will der Band gerne zu einem Plattenvertrag bei der CBS verhelfen, wo seine anderen Künstler ebenfalls vertreten sind.

Jim Rakete: »*Sie hatten Talent, Energie, Intelligenz und einen notorischen Mangel an Dezenz, den ich für Erfolg versprechend hielt.*«

Auch würde er gerne das Management für sie übernehmen, jedoch ist er aufgrund des großen Erfolgs von Nena und Co. bereits schwer eingespannt. Beim Treffen mit der Band erkennt er aber auch schon ihre frühe Selbstständigkeit und gibt ihnen den Rat, sich diese dringend zu bewahren. Etwas später greift er zum Hörer, ruft CBS-Chef Jochen Leuschner an und empfiehlt ihm ausdrücklich, die Band unter Vertrag zu nehmen.

Fitz Braum: »*Jims Wort hatte ein gewaltiges Gewicht. Durch die Erfolge seiner Künstler wie Nena oder die Nina Hagen Band hatte er sich einen enormen Einfluss verschafft, und den setzte er auch zum Wohle seiner Künstler vehement ein.*«

Fitz Braum selbst hat Jochen Leuschner bereits empfohlen, Die Ärzte unter Vertrag zu nehmen, doch dieser weiß zu dem Zeitpunkt gar nicht, was hinter der Band steckt. Er hat keine Ahnung, dass die Leute vor den Berliner Clubs Schlange stehen, um die Band zu sehen, und deren Lieder lautstark mitsingen. Er konzentriert sich nur auf das Vordergründige, also das musikalische Repertoire, und das begeistert ihn nicht. Aber dies macht bekanntlich nur einen Teil des Phänomens Die Ärzte aus. Erst als Jim Rakete ihn anruft, beschäftigt sich Leuschner näher mit der Band und diskutiert mit seinen Leuten wie Marketing-Leiter Hubert Wandjo darüber.

Hubert Wandjo: »*Nachdem sie bei uns durch die Vordertür nicht reingelassen wurden, kamen Die Ärzte also durch den Lieferanteneingang wieder herein. Diesen hat ihnen Rakete geöffnet, und natürlich stieß das einigen bei uns auch sauer auf. Ich finde es auch verständlich, dass die Band zunächst abgelehnt worden ist, denn wir haben in der CBS vorwiegend Künstler unter Vertrag genommen, die geniale Songs angeschleppt hatten. So weit waren Die Ärzte damals aber noch nicht.*«

Jochen Leuschner: »Jim hat mich gefragt: ›Leute, ihr seid dabei, die abzulehnen? Das ist ein Fehler. Nehmt die Band unter Vertrag und kümmert euch darum.‹ Wenn Rakete so etwas sagte, war das mehr oder weniger Gesetz. Daraufhin haben wir diskutiert, und es gab welche, die dafür waren, und welche, die damit nichts anfangen konnten. Das große Problem an der Sache war, dass wir ziemlich erfolgsverwöhnt waren und es nicht für nötig hielten, uns diesem Phänomen Die Ärzte überhaupt zu nähern. Ich glaube, wenn wir etwas mehr Zeit gehabt hätten, hätten sicher auch wir deren unglaubliches Talent erkannt. Dann hätten wir ihre Ironie, ihren Sarkasmus gesehen und verstanden. Das war ja zu der Zeit etwas ganz Außergewöhnliches. Im Gegensatz zu vielen Künstlern hatten sie eine komplett eigene Handschrift. Musikalisch passten sie nicht in unser Haus, doch sie hatten definitiv das Potenzial, aus eigener Kraft dieses Top-Niveau zu erreichen.«

7. KÄPITEL

Völljer Schwachsinn

»*Wenn im Sommer die Sonne scheint,
dann gehen wir schwimmen, es ist ja nicht weit.*«
(Die Ärzte – *Paul*)

Die BRD geht in das zweite Jahr der Koalition von CDU/CSU und FDP unter Bundeskanzler Helmut Kohl. Kaum einer ahnt zu diesem Zeitpunkt, dass noch unbeschreibliche 14 weitere Jahre folgen werden. Kohls gemütliches Erscheinungsbild scheint sich wie ein Grauschleier über das Land zu legen. Es regiert die neue deutsche Biederkeit. Auch für originelle Musik sind harte Zeiten angebrochen. Die anfangs hochgelobte und erfrischend andere Neue Deutsche Welle (NDW) ist dank der Vergewaltigung durch die Plattenindustrie (Operation Fräulein Menke) toter als tot. Die Charts werden nun von Sozialarbeiter-Betroffenheits-Deutschrock à la Herbert Grönemeyer, Wolfgang Niedeckens *BAP* oder Klaus Lage[1] dominiert. Dazwischen tummeln sich letzte Überbleibsel der NDW wie Nena oder Falco, die mit ihren Songs sogar internationale Erfolge feiern können.

Deutschsprachige Musik ist sonst jedoch ziemlich out. Der heiße Scheiß kommt aus England. Nahezu jede Woche wird dort ein neuer Star in den Pop-Olymp geschossen. Künstler wie Sade[2], Alison Moyet[3] oder Spandau Ballet[4] oder Posterboys wie Duran Duran und Wham! führen die Charts an. Eine Platte, die den Namen *Debil* trägt und Songs über Bademeister, Cowboys und Frankenstein enthält, ist da so ziemlich das Letzte, was die Leute hören wollen. Natürlich wird ein solch hedonistisch angelegtes Werk auch vom Deutschrock-Establishment kategorisch abgelehnt und gerügt, und sogar die Plattenfirma, bei der dieses Werk erscheint, verweigert Künstler und Produkt die volle Rückendeckung. Das Verhältnis zwischen der CBS und Die Ärzte ist von vornherein nicht das beste. Nicht umsonst gibt es einen Unterschied zwischen Akzeptanz und Toleranz. Die Ärzte werden bis zum Ende ihrer Karriere bei der CBS lediglich toleriert. Wahre Liebe erfahren sie nie.

Marketing-Chef Heinz Canibol, der später auf seinem eigenen Label 105music Künstler wie Annett Louisan oder Ina Müller beherbergen wird, ist der Auffassung, dass die Band nicht zum (guten) Stil des Hauses passt, und so wird die Band auch ein bisschen wie das berühmte Aschenputtel in Grimms Märchen behandelt – meistens mit Argwohn, oft aber mit schlichtem Desinteresse. Immerhin gibt es einen kleinen Club an Leuten, zu dem Markus Linde oder Fitz Braum gehören, der für Die Ärzte durchs Feuer gehen würde. Gerade diese beiden stehen voll und ganz hinter der Band und sind von deren Musik zu hundert Prozent überzeugt. Im Gegensatz zu ihren Vorgesetzten erkennen sie, dass Die Ärzte eben anders sind als die anderen Künstler im CBS-Raster, und mit ihnen ein neuer Typus Einzug hält.

Fitz Braum: »*Es hat keinen großen Spaß gemacht, sich zu der Zeit bei der CBS für Die Ärzte stark zu machen. Es gab bei uns lediglich eine Handvoll Unterstützer für die Band. Der Rest hat sie schlichtweg gehasst. Es war ein ständiger, anstrengender Kampf.*«

Während die meisten Künstler sich zu dieser Zeit wohlgefällig in die Hängematte legen und die Plattenfirmen um alle nicht-künstlerischen Aspekte kümmern lassen, gehen Die Ärzte von Anfang an konsequent ihren eigenen Weg. Sie wollen eine Kontrollfunktion über alle möglichen Aspekte ihres Wirkens haben, obwohl es ihnen in vielen Punkten noch an der nötigen Erfahrung mangelt. Diese Einstellung transportieren sie aus der Do-it-yourself-Szene, in der sie groß geworden sind.

Jochen Leuschner: »*Andere Künstler haben uns gefragt, was sie denn jetzt machen sollen, und haben es sich gerne bequem gemacht, doch Die Ärzte sprühten nur so vor Ideen. Die waren wirklich außergewöhnlich. Auch wenn es einem vielleicht gegen den Strich ging, so hatte man als Plattenfirma doch auch die gottverdammte Pflicht, so einen Künstler unter Vertrag zu nehmen.*«

Jedoch sind die großen Plattenfirmen mit ihren altbackenen Strukturen auf solch eigenständige Künstler nicht vorbereitet. Zu der Zeit, als Die Ärzte von der CBS aufgenommen werden, gibt es sie noch: die echten Veteranen und Haudegen in den A&R- und Marketing-Abteilungen, die einem ewig lange Listen von Entdeckungen vorbeten können und meistens selbst Musiker waren.

Heutzutage gilt man in der Plattenindustrie selbst mit 40 schon als Greis. Hinzu kommt, dass es kaum Berührungspunkte zwischen dem Independent-Bereich und Mainstream gibt. Die Ärzte platzen also einfach so herein und sorgen dafür, dass im Hause CBS zwei Welten aufeinanderprallen. Die meisten Mitarbeiter dort haben einfach keine Ohren für Independent-Musik. Erst viel später werden einzelne Sparten gegründet, die sich einzelnen musikalischen Bereichen widmen werden.

Jim Rakete: »*Die CBS war damals eine Firma von gestandenen Ex-Musikern, denen die Selbstironie der Die Ärzte fremd war. Das hat sich aber schnell geändert. Nach wenigen Wochen gab es dort Leute, die ihr letztes Hemd für die Band gegeben hätten.*«

Damit sind Leute wie Markus Linde oder Fitz Braum gemeint, die als eine Art Übersetzer fungieren und versuchen, ihrem Haus die Die Ärzte und ihre Art näher zu bringen. Nicht immer ist dies von Erfolg gekrönt.

Andreas Kirnberger: »*Man muss ganz klar sagen, dass wir auf so etwas wie Die Ärzte nicht vorbereitet waren. In der CBS grassierte die Unsicherheit: Wie soll man mit so einer Art Künstler umgehen? Wir kamen mit der forschen und kompromisslosen Art der Die Ärzte überhaupt nicht zurecht, und man kennt das aus vielen anderen Bereichen des Lebens: Was einem fremd ist, wird abgelehnt, oder man versucht es zu umgehen. Heute kann ich nur noch schwer nachvollziehen, warum wir es uns mit der Band so verdammt schwer gemacht haben, aber es war einfach eine andere Zeit.*«

Jim Raketes Drängen, Die Ärzte unter Vertrag zu nehmen, bringt CBS-Geschäftsführer Leuschner in die Situation, seine A&R-Abteilung entmachten zu müssen, denn seine A&R-Manager Hoffmann und Kirnberger haben sich eindeutig gegen die Band ausgesprochen. So vereinbart man mit der Band, dass zunächst einmal drei Songs für eine EP aufgenommen werden sollen. Diese will man sich dann anhören und weitersehen. Für die Aufnahmen bucht die CBS die Band in die Berliner Audio-Studios ein, die von Toningenieur Stanislav »Stan« Regal geleitet werden. Nach sechs Tagen hat die Band aber nicht nur eine EP, sondern ganze zehn Songs fertig produziert – genug für ein ganzes Album. Als sie Fitz Braum davon unterrichten, muss dieser erst mal schlucken, schließlich war es anders besprochen. Er bespricht sich mit Markus Linde und gibt der Band schon mal grünes Licht für ein Album. Braum und Linde sind sich darüber einig, dass sie behutsam vorgehen müssen, um die CBS-Granden mit diesem Vorstoß nicht zu vergrätzen.

Fitz Braum: »*Fast jede Woche hatten wir unsere Meetings, bei denen abgefragt worden ist, wie der aktuelle Stand bei den Künstlern aussieht, die man betreut. Als Die Ärzte dran waren, habe ich immer etwas rumgedruckst und bin erst scheibchenweise mit der Wahrheit herausgerückt. Als ich irgendwann die Katze aus dem Sack gelassen und erwähnt habe, dass genug Material für ein ganzes Album da wäre, hat sich aber keiner daran gestört, und damit war das Thema durch.*«

Für die Aufnahmen können Die Ärzte auf einen Fundus von Songs zurückgreifen, die schon seit einiger Zeit zu ihrem festen Live-Repertoire gehören. Dazu zählen Songs wie *Frank'n'stein, Claudia hat 'nen Schäferhund, Mädchen, Erna P.* oder die Bo-Diddley-Huldigung *Scheißtyp*.

Bela B: »*Farin meinte zu mir, das sei geklaut, aber ich sagte, dass man einen Drumbeat nicht klauen kann, weil er keine Komposition ist.*«

Auch der Song *Mr. Sexpistols* wurde in seiner Urform als langsame Ballade unter dem Namen *So hilflos wie ich* bereits live gespielt.

Bela B: »*Diese Loser-Songs wie Mr. Sexpistols oder das ebenfalls von mir geschriebene, aber nie veröffentlichte Verlierer müssen leiden standen mit ihren Teenager-Themen in Tradition zu den klassischen Rock-'n'-Roll-Songs der 1950er- und 1960er-Jahre, die Farin und ich so sehr liebten.*«

Die Band nimmt berechtigterweise an, dass sich die CBS-Führung wohl von ihrer Songwriting-Qualität allein noch nicht beeindrucken lassen wird, und liefert in diesen sechs Tagen stattdessen ein eindrucksvolles Zeugnis ihrer Stringenz ab. Die CBS schließt schließlich mit der Band einen Plattenvertrag für ein Album mit der Option für drei weitere ab. Durch den Vertragsabschluss wird nun auch die verabredete Ablösesumme für Vielklang fällig. Die Abwicklung übernimmt einmal mehr ihr Rechtsanwalt Axel Schwarzberg, dessen Alter Ego A. Blackmountain sie anständigerweise auch das kommende Album widmen. Die zehn aufgenommenen Songs sollen nach den Vorstellungen der CBS in den günstigeren Recordland Studios noch mal neu abgemischt werden, doch auch diese Vorgabe wird am Ende wieder missachtet werden, denn Die Ärzte mischen nicht nur die zehn Songs neu ab, sondern nehmen auch noch vier weitere neue Songs, darunter auch *Das Schlaflied*, auf. Die Idee zu diesem eher ungewöhnlichen Lied kam Farin, als er seiner Freundin ein Lied zum Einschlafen singen sollte und der aus dem Stegreif gedichtete Text dabei immer schlimmere Ausmaße annahm. Somit stehen 14 fertig aufgenommene Nummern zu Buche, wovon 13 auf das Album kommen und lediglich der Song *Erna P.* als B-Seite zurückgehalten wird.

Bela B: »*Die Zahl 13 war uns da wichtig, Wir haben auch später Entscheidungen anhand von Zahlen getroffen, das ist ein Spleen von uns.*«

Farin Urlaub: »*Solange es Vinyl-Alben gab, haben wir versucht, 13 Songs darauf unterzubringen. Zwei Mal hat das nicht geklappt, aber ich will nicht vorgreifen ...*«

Zusätzlich haben sie auch noch Zeit, für diverse Radiostationen Jingles[5] aufzunehmen, in denen sie auf ihre neue Platte hinweisen. Jede Station erhält dabei ihre eigene exklusive Version – ein höchst ungewöhnlicher Vorgang, der aber bei den Sendern sehr gut ankommt.

Farin Urlaub: »*Jim Rakete hat einmal wörtlich zu uns gesagt, dass wir 90 Prozent der Musiker hierzulande durch Fleiß übertreffen können. Er meinte: Ihr werdet nie besser als der und der sein, aber ihr könnt fleißiger sein. Das war dann jahrelang wirklich unser Arbeitsethos, und er hatte natürlich recht.*«

Bela B: »*Ich empfand keinen deutschen Act besser als uns und origineller sowieso nicht. Orientiert haben wir uns immer eher an altem Kram.*«

Genauso schnell wie die Aufnahmen sind auch die Fotos und das Artwork für das Album im Kasten. Zu jener Zeit ist die Gestaltung der Plattencover oft Sache der Plattenfirmen, die eigene Grafikabteilungen unterhalten und den Künstlern am Ende Vorschläge für das Artwork machen. Natürlich lassen es sich Farin, Bela und Sahnie nicht nehmen, die Fotos von Jim Rakete höchstpersönlich schießen zu lassen. Es entstehen die bekannten Fotos, die die Band dicht gedrängt am linken Rand des Bildes zeigen, was auf eine Idee der

Band zurückgeht. Jim Rakete gelingt es, die unterschiedlichen Charaktere in der Band hervorragend herauszuarbeiten. Farin kommt mit seinem Hawaiihemd als der verschmitzte Sonnyboy herüber, während Bela mit seinem Schmuck und langen schwarzen Haaren die düstere Seite verkörpert, dazwischen steht der recht bieder wirkende Sahnie. Für das gesamte Artwork zeichnet W. Andreas Motzek verantwortlich, der so etwas wie der Haus- und Hofgrafiker der CBS ist und unter anderem auch Platten von Rio Reiser, Phil Collins oder der Münchener Freiheit gestaltet hat. Er ist es zwar nicht gewohnt, dass Künstler sich in seine kreativen Belange einmischen, steht aber den Ideen der Band aufgeschlossen gegenüber. Von ihm stammt auch der Die Ärzte-Schriftzug mit dem Kreuz zwischen beiden Wörtern, der bis 1986 für alle weiteren Veröffentlichungen verwendet werden soll.

Ursprünglich sollte die Platte *Dreckig, feige und gemein* heißen, was auf eine Textstelle im Song *El Cattivo* zurückgeht. Jedes der drei Adjektive sollte dabei einem der Bandmitglieder auf dem Cover zugewiesen werden. Dieser Plan wird jedoch kurzfristig verworfen, als die Band mitbekommt, dass die Band Geier Sturzflug[6] ihr neues Album *3x täglich* mit der ähnlichen Trias *Gemein, hinterlistig und verlogen* bewirbt. Am Ende heißt die Platte *Debil* und bietet laut eigener Aussage *Heiße Musik für wilde Teenagerparties* – verteilt auf eine Jungs- und eine Mädchenseite. Auf der Vinyl- und Kassetten-Version des Albums wird der Hörer mit Sahnies goldenen Worten »*Ey, du Blödmann, du hast die falsche Seite aufgelegt*« begrüßt, was später noch öfter von Farin und Bela persifliert werden wird. Der recht ungewöhnliche Albumname ist eng mit Managerin Claudia Kaloff verbunden. Es ist eines ihrer Lieblingswörter, wenn es darum geht, Situationen als blöd oder ätzend zu beschreiben. Die Band selbst hat da ihre eigene Ausdrucksweise und bezeichnet so etwas im breiten Berliner Dialekt eher als »*völljen Schwachsinn*«. Das Wort »debil« gefällt der Band aber auf Anhieb, denn es eignet sich auch gut dazu, den Kritikern, die ihnen die belanglosen Texte vorhalten werden, vorab entsprechenden Wind aus den Segeln zu nehmen. Zudem kommt es auch in dem einzigen Song vor, der von Sahnie gesungen wird und dessen amouröse Versager-Story jeder Beschreibung spottet: *Kamelralley*.

Farin Urlaub: »*Der erste pataphysische Titel der Die Ärzte. Wir fanden den Song total doof (also Bela & icke) und wollten ihm auch einen doofen Titel geben.*«

Bela B: »*Sahnie hatte ein eher langweiliges Liebeslied geschrieben. Er hatte aber nichts dagegen, dass wir seinem Text eine völlig neue Bedeutung gaben.*«

Die Platte weist gleich mehrere musikalische Bezüge auf. Ein hörbarer Einfluss ist unverkennbar die erste LP der Stray Cats. Beispielsweise weist *El Cattivo* starke Ähnlichkeiten zu dem auf jenem Album vertretenen *Storm the Embassy* auf. Wie die Stray Cats sind auch Bela und Farin ein großer Fan von Fifties-Rock-'n'-Roll und dessen Interpreten wie Eddie Cochran, Gene Vincent oder Buddy Holly. Abgesehen von diesem Einfluss huldigt Farin auch seiner wohl ewigen Liebe zu den Beatles, ohne deren Wirken solch eingängige Popstücke wie *Roter Minirock*, *Mädchen* oder das überragende *Zu spät* wahrscheinlich nie das Licht der Welt erblickt hätten. Ein weiteres Highlight der Platte ist die eröffnende Instrumentalnummer *Ärzte-Theme* – ein Surf-Stück, das in Tradition von Künstlern wie Dick Dale, den Tornados oder den Ventures steht.

Fitz Braum: »*Die ganze Platte ist eher aus Versehen passiert, und trotzdem ist sie bis heute einer meiner absoluten Favoriten.*«

Auch wenn *Debil* in Berlin entstanden ist, so ist die LP nicht nennenswert von der Mauerstadt inspiriert. Die Faszination für die geteilte Stadt geht auch mehr von den restlichen Bewohnern der BRD aus als von den Berlinern selbst. Viele Bundesbürger können es sich nicht ausmalen, wie man es in einer eingeschlossenen Stadt wie West-Berlin überhaupt aushalten kann. Die Vorstellung, dass, egal wo man hinläuft, irgendwann eine unüberwindbare Mauer erscheint, ist für viele Menschen in der BRD ein blankes Horrorszenario. In Wirklichkeit nehmen viele West-Berliner diesen Umstand aber gar nicht so sehr wahr, wie man zunächst vermuten könnte – denn schließlich ist die Stadt trotz dieser Einschränkung noch immer sehr groß und bietet viele Rückzugsmöglichkeiten. So könnte man jeden Tag am Wannsee sitzen und den Wellen zuhören, den Teufelsberg erklimmen oder den riesigen Tiergarten durchstreifen. Der Plötzensee im Wedding ist ebenfalls eine dieser kleinen Oasen im ansonsten architektonisch eher tristen und bedrückenden

Berlin. Die reichlich besungene Berliner Luft kann man hier noch am ehesten gut atmen. Das in den ruhmreichen 1920ern erbaute Freibad, das an einer der Längsseiten des Sees liegt, ist ein beliebtes Ausflugsziel. Umgeben vom Grün des Volksparks Rehberge mit seinem langen künstlichen Sandstrand und den in den See ragenden Stegen, lässt es sich hier besonders gut aushalten – sofern es nicht gerade regnet. Am 1. September soll hier das vom RIAS[7] übertragene Open Water-Festival stattfinden. Neben dem walisischen Rock-'n'-Roll-Gitarristen Dave Edmunds, der auch die erste Platte der Stray Cats produziert hat, sind auch Die Ärzte gebucht. Das Festival gerät allerdings zum Reinfall, was nicht den Künstlern, sondern eher dem Wettergott zuzuschreiben ist, der die Schleusen des Himmels an diesem Tag ganz weit aufmacht. Das Festival macht seinem Namen alle Ehre, jedoch nicht in dem Sinne, wie es gedacht war. Es regnet so schlimm, dass man die Auftritte von Edmunds und Die Ärzte spontan auf den nächsten Tag verschiebt, denn das Publikum hat schlichtweg das Weite gesucht.

Bela B: »*In der Nacht hab ich mich aus Frust betrunken und dann im Dschungel mit wildfremden Engländern Streit angefangen. Am nächsten Tag traf ich die Engländer wieder. Sie waren Dave Edmunds' Band.*«

Tags darauf präsentiert sich das Wetter von seiner besten Seite, und so kommen die Hörer an den Radiogeräten in den Genuss des ersten Konzerts von Die Ärzte, das live im Radio übertragen wird. In einer Kritik zu dem Auftritt heißt es: »*Die Ärzte haben gerade das Niveau, um in Deutschland Popstars werden zu können. Die Teenies fahren auf ihre Mischung aus Pop und Punk ab, und so wurden sie klammheimlich, aber deutlich sichtbar zum Hauptact des Abends. Da hatte es Altrocker Dave Edmunds dann auch schwer, die Stimmung zu halten.*«[8]

Die Band selbst hat keine guten Erinnerungen an das Festival, denn der Veranstalter hat sich mit der Gage aus dem Staub gemacht. Er hat sich offenbar mit der ganzen Organisation und Planung etwas übernommen und taucht nach dem Festival unter. Viele Jahre später wird Bela ihn wiedertreffen – als Taxifahrer.

Zwei Jahre sind inzwischen seit der Bandgründung vergangen. Die Mädchen sind da, die Popsongs auch, der Plattenvertrag ebenso. Und jetzt soll es auch noch einen Film mit ihnen geben – ihr persönliches *A Hard Day's Night*. *Richy Guitar* heißt der Streifen, und verantwortlich dafür ist Michael Laux, der mit der Band bereits für den SFB einen Beitrag für die Sendung *45 Fieber* gedreht hat und sie seitdem kennt. Sein Film soll das Lebensgefühl der Stadt einfangen und eine Band zeigen, die nach oben will. Die Hauptfigur in dem Film ist der junge Richard Schrader, der viele Hürden nehmen muss, um den Traum vom großen Erfolg mit seiner Band zu erreichen. Er ist chronisch pleite und gerät immer wieder in Konflikte – sei es mit seinen Bandkollegen, seiner Freundin, seinen Eltern oder anderen Obrigkeiten. Die Ärzte sollen die Hauptrollen spielen, sind allerdings nicht die erste Wahl des Regisseurs. Zunächst hat dieser sich die Band Plan B um deren Frontmann und späteren Web-Aktivisten Johnny Haeusler ausgeguckt.

Johnny Haeusler: »*Zwischen den Ärzten und uns gab es so eine Art Pseudo-Konkurrenz. Da war von unserer Seite aus auch viel Neid mit im Spiel, weil die so Szene-Darlings waren und irre schnell Erfolg hatten. Eines Tages kam dieser Michael Laux auf uns zu und bot uns die Hauptrollen in seinem Film an. Wir waren uns schnell einig – es ging eigentlich nur noch ums Geld. Dann hat er aber alles noch mal umgeworfen und uns gesagt, dass er eine andere Band hat. Das waren dann Die Ärzte. Natürlich waren wir deswegen sehr angepisst. Im Nachhinein muss man aber sagen, dass er damit die richtige Wahl getroffen hat.*«

Bela B: »*Es hatte für viele Leute schon früh den Anschein, dass wir eine extrem erfolgreiche Band sind, aber das war absolut nicht der Fall. Wir haben uns wirklich den Arsch abgespielt und gerade so über Wasser gehalten. Wir haben aber immer so getan, als wäre alles super. Was Johnny sagt, kann ich nur zurückgeben. Wir hatten bei Plan B das gleiche Empfinden wie er bei uns.*«

Laux hält Farin für die ideale Besetzung des Richard Schrader und lädt ihn zum Casting ein. Anfang der 1980er hat Farin schon einmal Interesse am Mitwirken in einem Film gehabt, doch er ließ sich leider zu sehr von der langen Schlange der Castingbewerber für den späteren Film *Die Heartbreakers* beeindrucken und nahm erst gar nicht daran teil. Die enorme Gage von 15.000 D-Mark für seine Rolle in *Richy Guitar* kann Farin, der wie seine Bandkollegen

DIE ÄRZTE FRÜHER!

Farin Urlaub, Sahnie und Bela B alias Die Ärzte 1984 in Frankfurt am Main.

Oben: Die Ärzte live im DIN-A-Null, Düsseldorf (22.10.1983). Bela eröffnete den Abend mit seinem Lied *Tittenmaus*.
Unten: Farin brachte Einflüsse, wie ein für Punkrock völlig untypischen Gitarrenpicking-Sound, mit in die Band ein, der es ihm erlaubte auch Songs auf dem Banjo zu spielen, wie hier bei *Kopfhaut*.

Oben: Zu Beginn der Band spielte Bela noch im Sitzen. Bald funktionierte er sein Schlagzeug in ein Stehschlagzeug um. Die endgültige Erleuchtung brachte ihm ein Konzert der Stray Cats, bei dem alle drei Bandmitglieder in einer Reihe standen – so auch der Schlagzeuger. Unten: Zu ihrem Konzert im Düsseldorfer DIN-A-Null rückte die gesamte Düsseldorfer Punkszene an (bis auf Campino). Vorne links sind Kuddel und Trini Trimpop (direkt über Kuddel) von den Toten Hosen zu sehen. Zwei Plätze weiter rechts neben Kuddel steht Peter Hein von den Fehlfarben.

Oben links: Playback-Auftritt mit *Wegen Dir* in der Radio Bremen-Sendung *Extratour* (07.11.1985). Die Ärzte haben solche Auftritte gehasst und sich eigentlich immer geweigert ernsthaft so zu tun, als würden sie wirklich singen beziehungsweise spielen. Oben rechts: Skizzenbild von Die Ärzte für ein mögliches Video zu *Du willst mich küssen*. Unten: Die Ärzte auf der berüchtigten Vielklang-Bootstour zum Sampler *Ein Vollrausch in Stereo* (11.05.1983).

DIE + ÄRZTE

HIER IST DIE PLATTE: !

finden die Platte so dermaßen gut, daß
nach erstmaligem Anhören der fertigen
gar nicht glauben konnten, daß wir ein
lches Werk zustande gebracht haben; ja
elbst unsere Eltern glaubten uns kein Wort.
ber nachdem unser Produzent ein gutes Wort
ür uns einlegte, füllten sich unsere Herzen
mit Stolz.
Die Platte ist einfach überwältigend. Sie
ist mindestens das Beste was wir je gemacht
haben!! (seit der letzten) Sie ist einfach
klasse, wie uns die durchweg positive Resonanz unserer Verwandschaft immer wieder
bestätigt. Auf der Platte sind 13 absolut
bombige Lieder drauf, die alle von uns gespielt, gesungen und ausgedacht wurden.
Ist das nicht U N G L A U B L I C H ??
Aber nun zur Platte:
Sie ist spitze.
Sie ist einfach so schön, so S C H Ö N !!
Wir haben uns direkt jeder eine gekauft,
so schön ist die Platte.
Hach! Unsere Herzen sind voll von Dingen,
die man über diese Platte sagen kann. Neulich hatten wir alle denselben Traum:
17 wunderschöne, blondgelockte Engel spran-
gen wie besessen von Wolke zu Wolke und
sangen:"Im Schatten der Ärzte Halleluja!!"
Aber zurück zum Thema:
Auf der Platte sind (immer noch) 13 Lieder.
Im Detail: Die Platte beginnt mit einem
unglaublich schönen Stück und das geht so
weiter bis zum letzten Stück auf der anderen Seite.

Alles Gute

DIE ÄRZTE

P.S. H A C H !

P.P.S. Wir sind noch viel zu bescheiden.

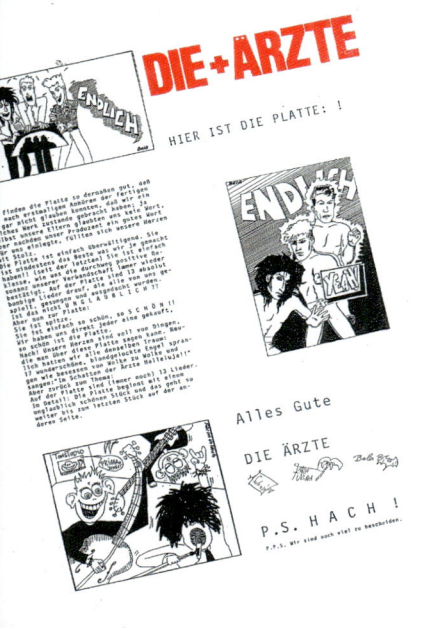

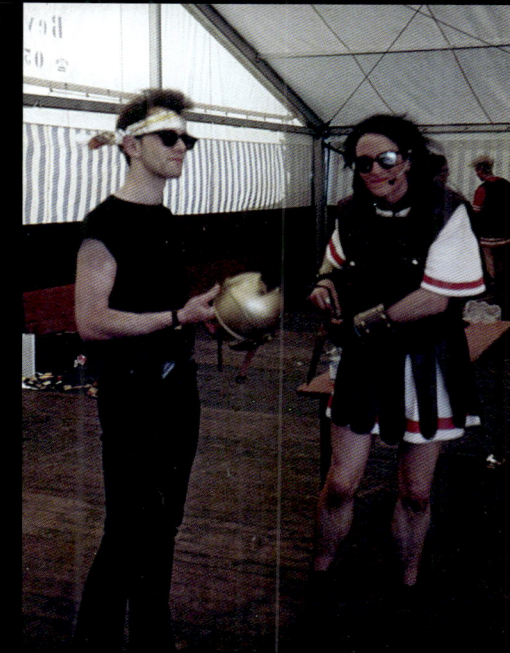

Oben links: Promoschreiben mit Zeichnungen von Bela zur *Im Schatten der Ärzte*-LP 1985. Rechts: Markus Linde mit Bela backstage beim WDR *Musik Convoy* (30.07.1984). Für den Auftritt bestellte Bela eine komplette Römer-Garnitur für die Band. Panoramabild unten: Die Ärzte live inmitten der Landesgartenschau im Britzer Garten (08.09.1985).

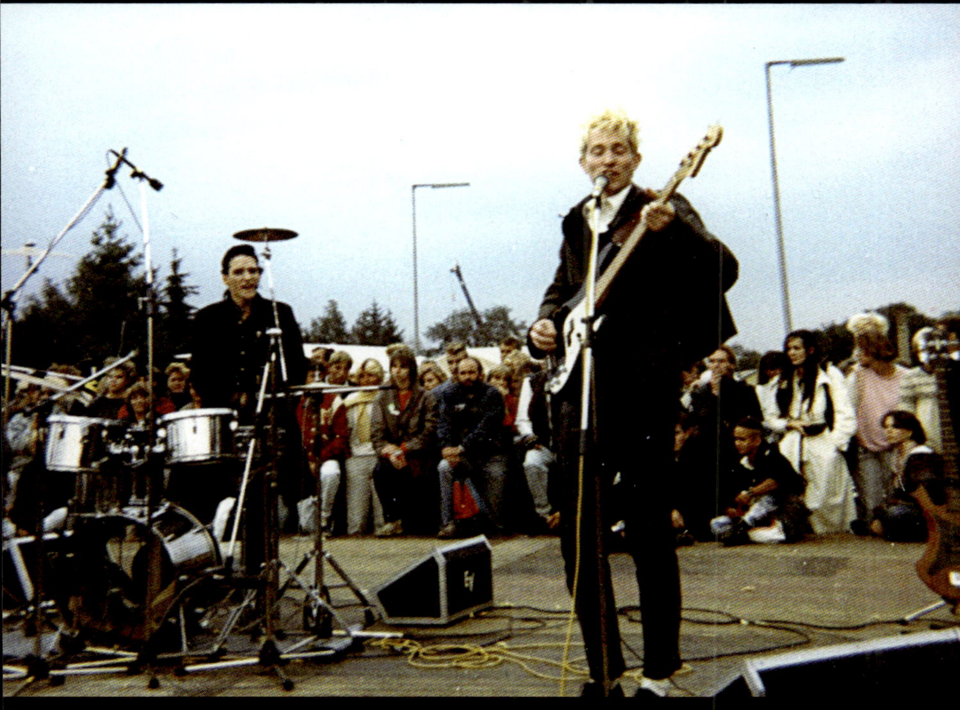

Die Ärzte auf der *Endlich! Die Ärzte*-Tour in Dirlos (13.03.1987). An Farins Gitarrengurt kann man einen Aufnäher der FDJ (der staatlichen Jugendorganisation in der DDR) erkennen. Zu Zeiten von Soilent Grün, der ersten gemeinsamen Band von Bela und ihm, schrieb er das Stück *FDJ Punx*.

Die Ärzte sollten eigentlich im Städtischen Jugendzentrum Fulda spielen, doch der CDU-Bürgermeister ist der Ansicht, dass »die Texte der Ärzte nicht mit dem Bild der christlichen Politik übereinstimmen, das die Stadt Fulda vertritt«, und so sperrt man den Auftrittsort für die Band. Der Veranstalter zog daraufhin in den Vorort Dirlos um. Auch die Tourposter wurden aufgrund des Gwendoline-Motivs zensiert und regelmäßig von der Stadt abgerissen.

Oben links: Farin auf den Schultern von Fahrer und Merchandiser Christian »Nopper« Schmidt. Oben rechts und unten: Die Band beim Autogrammeschreiben in der Bar der Alten Piesel in Dirlos.

Oben: Coverentwurf mit Typographieangaben und Poster für die *Ist das alles?*-LP. Unten: Entwurf und finales Motiv der *Ärzte! Ärzte! Ärzte!*-Tour 1987.

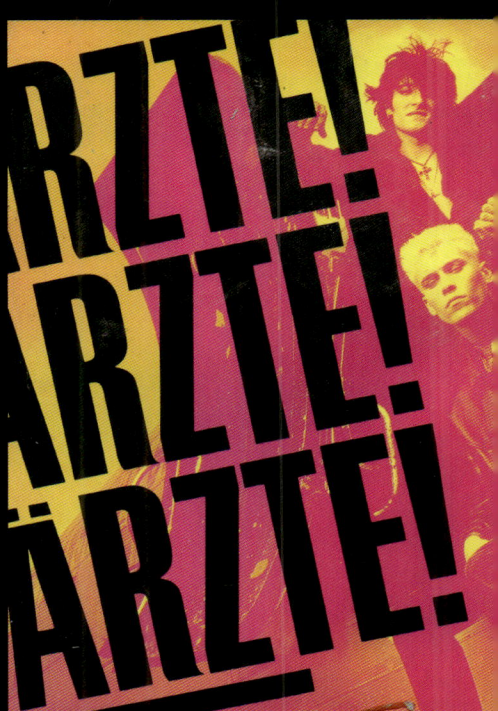

Oben links: Bela hinter der Bühne 1987. Rechts oben: Farin und Hagen beim Warmmachen. Rechts unten: Hagen in seinem Hotelzimmer. Unten: Die Ärzte und ihre Crew feiern in einem feudal eingerichteten Hotelzimmer. (V.l.n.r.: Monitormischer Günther Vieth, Farin, Hagen, Köchin Jutta Kirberg). Bela und Nopper haben wahrscheinlich zur selben Zeit die Stadt unsicher gemacht.

Oben links: An seinem Geburtstag hatte sich Farin in der Bochumer Zeche einen Bänderriss zugezogen. Die letzten drei Konzerte der Herbsttour 1987 spielte er sitzend auf einem Barhocker. Rechts oben: Hagen, Farin, Nopper und Bela bei einer Rast 1987. Rechts unten: Bela backstage 1987. Unten: Bela, Hagen und Farin im gemütlichen Umkleidebereich der Bad Hersfelder Jahnhalle, kurz vor dem Abschlusskonzert der *Ärzte! Ärzte! Ärzte!*-Tour (30.10.1987).

Farin, Bela und Hagen in der Alten Piesel in Dirlos (13.03.1987).

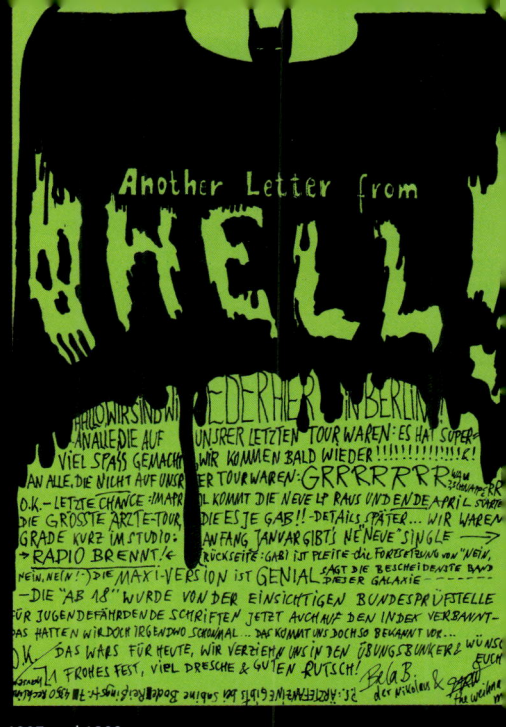

Von der Band selbst gestaltete Fanbriefe aus den Jahren 1987 und 1988.

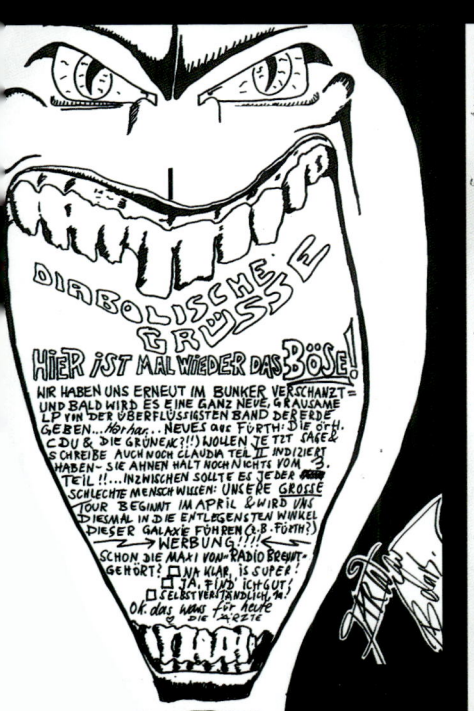
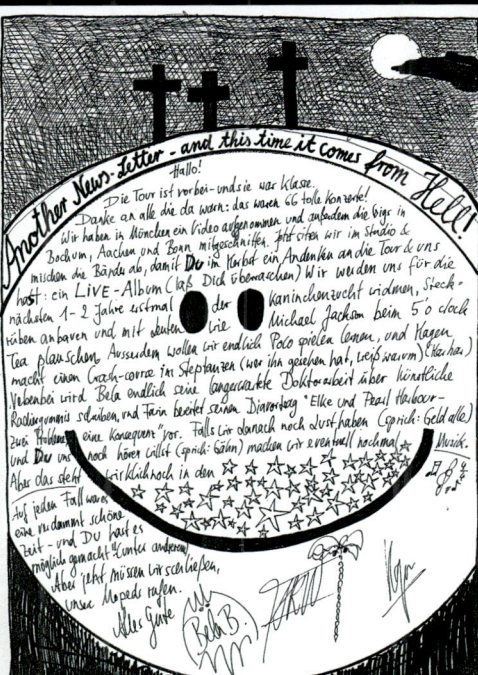

Oben: Coverentwurf für die nie erschienene Single *Komm zurück*. Der Song war der Favorit von Manager Conny Konzack auf dem 88er Album *Das ist nicht die ganze Wahrheit* … Unten links: Die Ärzte mit Manager Conny Konzack bei der Gold-Party im Pinguin Club (13.12.1988). Hier trank Farin das erste und einzige Mal in seinem Leben Alkohol, weil er einst mit Bela gewettet hat, dass sie niemals eine Goldene Schallplatte für ein Album kriegen werden. Rechts: Belas Goldener BRAVO Otto, den Die Ärzte als »Beste Rock-Gruppe des Jahres 1988« bekommen haben.

Oben links: Postkarte zur Ankündigung des letzten Konzerts der Band in Westerland. Unten links: Die Ärzte live in Köln (18.04.1988). Rechts: Farins T-Shirt vom letzten Playback-Auftritt in Straßburg. Unten: Farin und Bela im *Gabi ist pleite*-Video der damaligen SFB-Jugendsendung *Moskito*.

Einladungskarte zur Goldparty 1988.

chronisch pleite ist, gut gebrauchen. Er schlägt Laux vor, die noch freien Rollen von Richards Mitmusikern im Film mit Bela und Sahnie zu besetzen, die mit 10.000 und 7.000 D-Mark für ihr Mitwirken ebenfalls fürstlich entlohnt werden.

Farin Urlaub: »*Meine Gage sollte 10.000 D-Mark sein für vier Wochen Drehzeit. Da der Dreh aber aufgrund der Unerfahrenheit von Darstellern und Regisseur zwei Wochen länger dauerte, gab es am Ende auch 50 Prozent mehr Gage für alle – in meinem Fall also unglaubliche 15.000 Mark! Ich bin ziemlich durchgedreht, so viel Geld hatte ich noch nie auf einem Haufen gesehen, geschweige denn besessen. Ich habe mir dann davon eine weitere Gitarre, eine Stereoanlage, einen Stapel Bücher, ein paar Schallplatten und eine Matratze gekauft und fühlte mich wie im Paradies. Kurz nach Ende der Dreharbeiten bin ich dann auch noch aus der gemeinsamen Wohnung in der Niebuhrstraße aus- und mit einem Kumpel in eine Mietwohnung in Moabit gezogen. Damit war dann die gesamte Gage ausgegeben, und es wurde wieder am Hungertuch genagt.*«

Bela B: »*Das war unfassbar viel Geld für uns. Davon konnten wir erst einmal eine ganze Zeit lang recht sorglos leben.*«

Laux hat bereits einige Leute für Richards Bandkollegen gecastet, unter anderem den jungen Ben Becker, doch auf das Naheliegendste ist er anscheinend nicht gekommen. Nachdem die Band ein kurzes Vorsprechen in seinem Büro absolviert hat, stimmt er letztlich Farins Vorschlag zu. Er gibt Bela und Sahnie sogar die Möglichkeit, ihre Filmnamen selbst zu wählen. Bela nennt sich Igor, während sich Sahnie ganz kreativ für Hans entscheidet. So sind alle Mitglieder von Die Ärzte in dem Film zu sehen – was sich als Glücksgriff herausstellen wird. Die Band rettet den Film, dessen Produktion von Anfang an überaus chaotisch verläuft, und mischt sich beim Dreh immer wieder in die Dialoge aus dem Drehbuch ein, das interessanterweise viele Ähnlichkeiten zu dem bereits erwähnten Film *Die Heartbreakers* von 1982 aufweist. Bei deren Gestaltung lässt Laux ihnen irgendwann ziemlich freie Hand, da er merkt, dass es authentischer wird, wenn die Band ihre eigene Sprache benutzt.

Sahnie: »*Farin und Bela haben das ursprüngliche Drehbuch stark umgeschrieben. Die Filmförderung, die den Film mitfinanziert hat, war am Ende sehr sauer darüber, denn sie haben fast alle sozialkriti-*

schen Passagen, die denen anfangs so gefallen haben, aus dem Drehbuch gestrichen und durch unsere Ideen und unsere Sprache ersetzt.«
Bela B: »*Viele Sachen bei Richy Guitar sind spontan entstanden. Vor nahezu jeder Szene gab es einen Kampf um die Dialoge. Wir haben dann auch so Erika-Fuchs-Ausdrücke wie ›Du mieser Mistkerl‹ oder ›Du feiger Verräter‹ eingebaut, was natürlich super gestelzt klang.*«
Farin Urlaub: »*Erika Fuchs war schon sehr exakt in ihren Texten und trug sicher sehr zu meiner Liebe für sprachliche Detailgenauigkeit bei.*«
Nichtsdestotrotz können Die Ärzte damit nur Schadensbegrenzung betreiben, denn schlechte Dialoge bleiben schlechte Dialoge.
Johnny Haeusler: »*Es war tierisch kalt während der Aufnahmen. Die Stimmung am Set war auch frostig, als die Szenen mit uns gedreht wurden – wir waren ja die fiktive Vorband von Nena. Als unser Bassist Fritz irgendwann Farins oder Belas Mütze in eine Pfütze geworfen hat, wäre es fast zu einer Schlägerei gekommen. Die Dialoge waren auch ganz furchtbar. Mir war das teilweise echt peinlich, was ich da sprechen musste.*«

Die Dreharbeiten sind jedoch weiterhin von Problemen geplagt. Die Besetzung der weiblichen Hauptrolle, Richards Freundin Anja, mit der unerfahrenen Schauspielerin Kristina Raschen ist ebenfalls unglücklich. Eigentlich wollte Laux Nena für die weibliche Hauptrolle gewinnen, doch die sagt aufgrund einer USA-Tournee mit ihrer Band ab. Laux sieht sich daraufhin in der Statistenkartei vom Arbeitsamt um und stößt auf Kristina Raschen. Jedoch erweist sich diese Wahl als Fehlgriff, denn Laux' Kameramann Hans-Günther Bücking bescheinigt ihr schon kurz nach Beginn der Dreharbeiten eine gehörige Portion Untalent für diesen Beruf. Für den Anfang des Films sah Laux zunächst eine Traumsequenz vor. Ein schneeweißes Cabriolet sollte über den Hügeln von Monaco auftauchen, mit Farin als Beifahrer und einer Grace Kelly ähnelnden Frau als Fahrerin. Dazu sollte passenderweise der Song *Grace Kelly* laufen, den Die Ärzte für den Soundtrack neu eingespielt haben. An sich ein schöner Gedanke, doch das Ganze ist zu teuer und wird daher verworfen. Dasselbe Schicksal widerfährt auch dem ursprünglich geplanten Ende des Films. Statt eines Happy Ends wird der

Zuschauer im Ungewissen gelassen, was mit Richard und seinen Freunden passieren wird.

Ein kleines Happy End gibt es aber doch für die Filmcrew, denn entgegen allen Erwartungen sagt Nena kurzfristig einen Gastauftritt mit ihrer Band zu, der im Metropol gefilmt wird. Sie rückt für die Aufnahmen kostenlos mit ihrer kompletten Crew und Band an, um im Film ihren Song *Irgendwie, irgendwo, irgendwann* zu promoten. Farin wird sogar die Ehre zuteil, einen kurzen Dialog mit ihr führen zu dürfen. Neben Nena tauchen auch noch weitere bekannte Gesichter in dem Film auf. Richards Mutter wird von Ingrid van Bergen gespielt, die in dem Film eine ihrer ersten Rollen nach der Verbüßung ihrer Haftstrafe für den Totschlag an ihrem damaligen Lebensgefährten hat. Der auch über die Stadtgrenzen hinaus bekannte Berliner Playboy Rolf Eden hat als Manager Hecht ebenso einen kurzen Auftritt wie Bandfreund Axel Knabben, der als Saxofonist Hippy in Erscheinung tritt. Eine von Knabbens Szenen zeigt ihn beim Proben mit der Band in einer alten Fabrikhalle. Farin spielt dabei übrigens jene Framus-Gitarre, die er einst Bela abgekauft hat – nur ist sie inzwischen weiß lackiert und mit einem großen roten Kreuz verziert. Auch die Aktionsgruppe Notorische Reflexe[9] mit ihrem Song *Metalltanz II* sowie die bereits erwähnten Plan B mit *Gimme the Reason* sind in dem Film zu sehen und zu hören.

Auch wenn sich Michael Laux mit dem Film ziemlich verzettelt hat, so gelingt es ihm, ein schönes Zeitdokument jener Tage in West-Berlin abzuliefern, das bei vielen Schauplätzen einen großen Wiedererkennungseffekt weckt. So fährt die Band im großen Finale vor der markanten, denkmalgeschützten Zuschauertribüne der Avus-Rennstrecke am Ende der späteren A115 vor. Als Igor Richard von dem Roadie-Job bei Nena erzählt, gehen die beiden über die Gleisanlagen der Yorckbrücken am S-Bahnhof Yorckstraße, und das erste Aufeinandertreffen von Richard und Anja findet im Plattenladen City Music am Kurfürstendamm gegenüber der Kaiser-Wilhelm-Gedächtniskirche statt. Laux fragt Farin und Bela noch, ob sie sich trauen würden, bei Rot einen Verstärker über die stark befahrene Tauentzienstraße zu schieben. Diese willigen ein, und so kommt es zum ersten Filmstunt der beiden, denn diese Sze-

ne ist nicht gestellt. Das Mitwirken in einem Spielfilm ist für alle Beteiligten eine durchaus interessante Erfahrung.
Bela B: »*Der Dreh hat mir echt Spaß gemacht. Das lag vielleicht auch daran, dass Farin und ich während der Drehzeit Affären mit zwei Mädchen vom Set gehabt haben.*«

Am 26. Oktober 1984 fällt nach 35 Drehtagen die letzte Klappe für den Film. Es ist vorgesehen, dass der Film im Februar kommenden Jahres bei der Berlinale seine Premiere feiern soll. Zum Filmstart möchte die CBS auch eine Soundtrack-Single veröffentlichen, die aber ausschließlich Songs von Die Ärzte enthalten soll. Die Band nimmt ihren Freund Axel Knabben gleich mit ins Studio und spielt mit ihm am Saxofon die Stücke *Teenager Liebe* und *Ärzte-Theme* sowie das bereits erwähnte *Grace Kelly* neu ein. Bei Letzterem spricht Axel Knabben die wichtigen Worte »*Es ist schon spät, ich muss zurück zu meinem Mann*«. Darüber hinaus sind auch noch *El Cattivo* und *Sommer, Palmen, Sonnenschein* im Film zu hören.

Kurz vor der Veröffentlichung ihrer Debüt-LP *Debil* sind Die Ärzte Teil einer einwöchigen Revue im Tempodrom. Dessen Geschäftsführerin Irene Moessinger hat seit der gemeinsamen Zeit in Paderborn einen Narren an den Die Ärzte gefressen und bringt sie nun auf eine Bühne mit der von ihr ebenfalls heiß geliebten Kleinen Tierschau. Auch der Komiker Dieter Hallervorden ist Teil dieser Revue, wird aber vom Publikum nach jüngsten Sympathiebekundungen für die FDP gnadenlos ausgebuht. Da hilft ihm auch kein »Palim, Palim« mehr. Michael Gaedt von der Kleinen Tierschau sind die gemeinsamen Auftritte mit den Die Ärzte bis heute gut im Gedächtnis geblieben.

Michael Gaedt: »*Die Kleine Tierschau war zu Beginn der Achtzigerjahre der heißeste Show-Export aus dem Ländle und jährlich für mehrere Wochen im Berliner Tempodrom zu Gast. Irene Moessinger, die Zirkus-Prinzipalin, schwärmte uns die Ohren voll von dieser unglaublichen Band, die mit Frische und Vollgas die Herzen der Berliner eroberte. Bei einer der legendären Tempodrom-Shows teilten wir uns dann auch schon die Bühne im ›Großen Zelt‹. Wie immer in diesen Jahren ein unglaublich chaotisches Durcheinander von Publikumsspielen unter Leitung der Drei Tornados, Modeschauen, Zirkus-Einlagen, Stargast-Auftritten von Nina Hagen und Udo Lindenberg und* eben *Ärzte und Tierschau. Das, was die Tierschau an Requisiten, Tanz und Showeinlagen auffuhr, hatte einen wunderschönen Gegenpart im Auftritt der Die Ärzte, die schon damals genau wussten, wie man Popsongs baute. Die Freundschaft vertiefte sich, und schon bald waren wir, so oft es ging, gegenseitige Gäste in unseren Shows. Ich erinnere mich noch genau an unser gemeinsames Hippie-Medley im Tempodrom-Zelt, als die Die Ärzte mit selbst gebastelten überdimensionierten Joints die Show der Tierschau stürmten, um dort für den Weltfrieden oder sonst eine unbedeutende Kleinigkeit ein knallhartes politisches Statement abzuliefern. Der Besuch endete im seligen Wir-Gefühl und unserem deutlichen Bewusstsein, dass wir doch auf der richtigen Seite der Medaille tanzen.«*

Die chaotischen Auftritte im Tempodrom wirken sich sehr förderlich auf die Spontanität der Die Ärzte aus, denn der allabendliche frenetische Applaus des Publikums zeigt, dass genau dies ein Alleinstellungsmerkmal der Band ist.

Kurz danach, genauer gesagt im November 1984, steht *Debil* endlich in den Läden – ihr erstes Album bei einer großen Plattenfirma. Die renommierte und viel gelesene Musikzeitschrift *Musikexpress/Sounds* erklärt sie direkt zur Platte des Monats November und schreibt ihr folgende Worte zu: »*War Uns geht's prima ..., das letzte Machwerk der Berliner Ärzte, noch rezeptfrei, ist* Debil *verschreibungspflichtig. ... Mögen die Reime noch so holprig sein, die technischen Fähigkeiten noch so schlicht – ihr umwerfender Charme macht Die Ärzte einfach unschlagbar.*«[10]

In der *Spex (Das Magazin zur Zeit)* hingegen kritisiert der Redakteur Ralf Niemczyk, dass sie im Gegensatz zum Vorgänger nun deutlich an Substanz verloren hätten: »*›Sodapop‹ nennt ihr Penner also jetzt eure ›spritzige Power im bunten Land zwischen Beatmusik und NDW (Neuer deutscher Welle!!)‹. Ich werde euch helfen,* BRAVO-*Lesern Platten zu verkaufen, wo Sex mit Hunden (Claudia hat 'nen Schäferhund) vorkommt, ihr Ferkel. Ganz gut auf euren Instrumenten spielen könnt ihr ja (Micha), doch müsst ihr immer so albern sein? Und außerdem ... die neuen Lieder (Zu spät, Mr. Sexpistols, Roter Minirock) verlieren deutlich an Substanz. Ihr wisst, ich mag euch manchmal, und so will ich hoffen, dass euch nicht die Luft ausgeht.*«[11]

Niemczyk übersieht, dass diese Platte wesentlich eigenständiger und rauer als der Vorgänger *Uns geht's prima* ... ist, bei dem Vielklang die Songauswahl vorgegeben und die Produktion relativ glatt gebügelt hat. Die Beziehung zur *Spex* wird auch in den Folgejahren kompliziert bleiben. In dem Song *Goldenes Handwerk*, der 1998 auf dem Album *13* erscheinen soll, wird von Bela folgendermaßen zurückgedisst: *Mein natürlicher Sex wird selbst erwähnt in der Spex.*

Bela B: »*Ich erinnere noch den Satz ›Man hört den Schliff der Industrie‹, was gemessen an der harmlosen* Uns geht's prima ... *lächerlich war.*«

Doch nicht nur die *Spex* zerreißt sich das Maul. In der *Musikexpress*-Rubrik *Blind Date*, wo Künstler die Werke von Kollegen erkennen und kommentieren müssen, werden Rudolf Schenker und Klaus Meine von den Scorpions der Song *Kamelralley* sowie Herbert Grönemeyer *Claudia hat 'nen Schäferhund* vorgespielt. Die deutsche Rock-Elite lässt kein gutes Haar an den Die Ärzte.

Rudolf Schenker: *(Schüttelt ungläubig den Kopf.)* »*Was soll das denn? Kann ich mir nicht anhören, das ist Dummes. So was tue ich mir – wenn überhaupt – nur am Freitag, den 13ten an, schweinisch.*«

Klaus Meine: »*Was soll ich dazu sagen? Ich habe gedacht, das hätten wir schon lange hinter uns gelassen. Mach bloß weiter ...*«[12]

Herbert Grönemeyer: »*Was hat die?*«
Einen Schäferhund.
»*Hm, kenn ich nicht. (Liest den Blind-Date-Kommentar der Ärzte über seine* »*Alkohol*«-*Nummer.) Text völlig dämlich. Die Brüder sind ja wohl vom Hund gebissen. Langweilig und harmlos.*«[13]

Grönemeyer wird in den Achtzigerjahren der Lieblingsfeind der Die Ärzte bleiben. Als Jim Rakete ihnen einen Computer für die Beantwortung ihrer Fanpost zur Verfügung stellt, taufen sie diesen Heinz Grönemeyer (ein gestelltes Foto von Farin, Sahnie und Heinz wird später im Booklet des zweiten Albums *Im Schatten der Ärzte* zu sehen sein). Farin und Sahnie interessieren sich sehr für die neue Technik. Sie haben auch die Idee, alle Fan-Adressen in eine Datenbank einzugeben, damit sie ihre regelmäßigen Fanbriefe zügig verschicken können. Sie bringen Stunden damit zu, Adresse für Adresse in Heinz Grönemeyer einzuspeisen. Eines Tages, als sie gerade am Computer sitzen, ruft der wahrhaftige Herbert Grönemeyer bei Jim Rakete an. Als er erfährt, dass auch Die Ärzte zugegen sind, lässt er sich Farin geben und richtet ihm aus, dass er – der Deutschrock-Wichser, wie Die Ärzte ihn einmal öffentlich bezeichnet haben – heute schon fünf Mal gekommen ist und vorhat, weiterzumachen. Farin ist perplex, so viel Selbstironie hätte er Grönemeyer gar nicht zugetraut. Jim will nach diesem Vorfall für lange Jahre erst einmal keinen Heinz Grönemeyer oder einen seiner Verwandten mehr haben. Der Lauf der Geschichte will es, dass ausgerechnet Claudia Kaloff später Grönemeyers PR-Agentin wird.

Bela B: »*Wir waren schon eine Band, die man geil hassen konnte.*«

Auch die Scorpions werden von Die Ärzte immer wieder mit Spott überhäuft – sei es bei Gastspielen in deren Heimatstadt Hannover oder später auf Solo-Veröffentlichungen von Bela und Farin. So wird sich auf der 1989er Mini-LP *Get Wise, Get Ugly, Get Sump* von Belas Projekt S.U.M.P. vor dem Song *The Final Countdown* ein Sample von Rudolf Schenker aus dem Film *Bad News* wiederfinden, in dem dieser sich über die Heavy-Metal-Parodie Spinal Tap lustig macht (»*Haha, scheiße!*«). Jene Band ist das Produkt der legendären Musikerpersiflage *This Is Spinal Tap* von Rob Reiner aus dem Jahr 1984. Dieser Film wird ein reicher Zitatschatz für Farin und Bela, denn er bezieht einen Großteil seiner Komik aus vielen Klischees über Rockmusiker.

Einen echten Spinal-Tap-Moment erleben auch Die Ärzte, als sie kurz nach der Veröffentlichung von *Debil* eine Autogrammstunde beim Elektronik-Handelsriesen Saturn in Köln geben, die die CBS-Promoabteilung gebucht hat. Ähnlich wie im Film will sich auch hier niemand ein Autogramm von Die Ärzte holen – nicht mal auf Lautsprecherdurchsagen hin. Statt auf eine Horde kreischender Teenager, wie es sich wohl Plattenfirma und Marktleitung gedacht haben, blickt die Band auf eine gähnende Leere vor ihren Tischen. Ihre Egos werden durch diese Erfahrung zwar nicht unbedingt gestreichelt, doch immerhin darf sich die Band hinterher noch ein paar Platten aus dem Sortiment mitnehmen. Farin entscheidet sich für eine Box von Buddy Holly, deren Einfluss sich schon bald in Form eines Songs niederschlagen wird. Sahnie hingegen will unbedingt etwas von Vivaldi haben, da er diesen angeblich zu seinen Lieblingskomponisten der Klassik zählt.

Farin Urlaub: »*Das war wohl das erniedrigendste Erlebnis unserer gesamten Laufbahn. Wir standen da, verloren im Obergeschoss des riesenhaften Plattenladens, die Durchsagen wurden immer verzweifelter – und niemand, wirklich NIEMAND, kam vorbei, um sich eine Unterschrift zu holen. Wir machten zwar Witze, waren aber total frustriert.*«
Ungeachtet der Kritiken und der Erlebnisse bei der Autogrammstunde gewinnt die Band durch *Debil* zahlreiche weitere Fans. Eine Platzierung in den Charts bleibt ihnen aber verwehrt. Daran ändert auch die erste Auskopplung *Paul* nichts. Entgegen dem Wunsch der Band, die lieber *Zu spät* als erste Single gehabt hätte, fällt die Wahl der Plattenfirma auf diesen albernen Song über den kecken Bademeister, der Mädchen vom 10-Meter-Brett wirft. Offenbar scheint sich im Hause CBS auch niemand an dem eher ungünstigen Veröffentlichungszeitpunkt – es ist Dezember – zu stören.

Im Promoschreiben zur Single, dem sogenannten Waschzettel, heißt es: »*Die Ärzte nennen ihre Musik ›Sodapop‹, spritzige Power im bunten Land zwischen Beatmusik und NDW, gewürzt mit Texten, deren Humor eine atemberaubende Gratwanderung zwischen Banalität und Genialität vollführt. Paul ist die erste Auskopplung aus dem Album-Debüt* Debil *– eine herzerfrischend zutreffende Beobachtung, die sicher jeder bestätigen kann.*«

Bela B: »*Oh Gott, das stand da?*«
Auf der B-Seite der Single erscheint mit dem starken Rockabilly-Stück *Erna P.* der letzte der 14 aufgenommenen Songs, aber auch dieses geht mit der gesamten Single sprichwörtlich baden. Kein Mensch will im Dezember einen herzerfrischenden Song über einen halbstarken Bademeister in einem Freibad hören. Dann schon lieber etwas Weihnachtliches wie *Last Christmas* von Wham! oder *Do They Know It's Christmas?* vom All-Star-Projekt Band Aid, die beide in diesem Jahr erstmalig im Radio laufen und hartnäckig die vordersten Plätze der Charts blockieren. Auch die Band selbst wird bald Abstand von *Paul* nehmen und den Song übereinstimmend zu einem der wenigen Ausfälle in ihrer Karriere erklären. Dies wird jedoch nichts daran ändern, dass ihre Fans den Song immer wieder hören wollen.

Bela B: »*Auch Die Ärzte haben ihr Bommerlunder, und unser Bommerlunder heißt Paul*«.[14]

Die Singlewahl ist nur ein Beispiel dafür, dass das Verhältnis zwischen der Plattenfirma und dem frisch unter Vertrag genommenen Trio Licht und Schatten kennt. Einige der weiblichen CBS-Mitarbeiterinnen ekeln sich regelrecht vor der Band. Dies ist noch nicht mal auf ihre Musik zurückzuführen, was man noch nachvollziehen könnte, sondern es geht ihnen um die Personen selbst. Offenbar entspricht die Band nicht ihrem persönlichen Hygienestandard oder Erwartungsbild, und so meiden sie jegliche Berührung oder Kontakt mit den Die Ärzte.

Hubert Wandjo: »*Die CBS war zu der damaligen Zeit schon sehr auf Mainstream-Rock und -Pop wie REO Speedwagon oder Bruce Springsteen eingestellt. Für Repertoire, was danebenlag, war es schwierig, eine breite Basis im Haus zu finden.*«

Die Ärzte gehören zu diesem abseitigen Repertoire. Dennoch haben Claudia Kaloff und Markus Linde die Idee, die Band als Überraschungsgast auf die Weihnachtsfeier der CBS in Frankfurt zu schmuggeln. Dort verweigert aber das Trio das traditionelle Absingen von Weihnachtsliedern und präsentiert stattdessen lieber ein Potpourri feister Volkslieder wie *Ein Jäger aus Kurpfalz*, *Im Frühtau zu Berge* oder *Oh, du schöner Westerwald* und fordert das Publikum zum Pogotanz auf. Man könnte meinen, dass die Reaktionen darauf eher kümmerlich ausfallen, doch schon bald kommt echte Partystimmung auf. Es wird tatsächlich Pogo getanzt, getrunken und sogar mit Essen geschmissen. Die gegenseitigen Ressentiments werden allmählich abgebaut, und das Eis wird gebrochen. Mit ihrem Auftritt machen Die Ärzte die Weihnachtsfeier zu einem unvergesslichen Erlebnis für jeden CBS-Mitarbeiter.

Markus Linde: »*Man kann die Wichtigkeit dieses Auftritts bei der Weihnachtsfeier gar nicht hoch genug einschätzen. Der hat mehr bewirkt als alles gute Reden vorher. Die Band hatte anschließend auf jeden Fall mehr Fürsprecher bei der CBS als vorher.*«

Kurz vor Silvester kommt es noch zu einem Ereignis, das reichlich Stoff für Legenden und Mythen liefern wird. Ort des Geschehens ist das Ballhaus Tiergarten in Moabit. Hauptdarsteller sind Die Ärzte und Die Toten Hosen. Das Verhältnis zwischen den beiden Bands ist spätestens seit der Aktion um den Plattenvertrag bei der EMI merklich angespannt. Am 30. Dezember wird diese

Anspannung ihren vorläufigen Höhepunkt erleben. Die Toten Hosen spielen an diesem Abend ein Konzert mit Frau Suurbier. Zu den Besuchern gehören auch Die Ärzte, die in voller Besetzung erscheinen und auf der Gästeliste von Frau Suurbier stehen. Campino wird im Backstage-Bereich sehr wütend, als er erfährt, dass Die Ärzte auch anwesend sind und sogar noch auf der Gästeliste stehen. Campinos Wut mag vielleicht auch darin begründet liegen, dass Bela zu der Zeit einen kleinen Flirt mit der Freundin des Hosen-Sängers hat, in deren Verlauf sie sich auch Briefe schreiben. Es könnte sein, dass Campino einen davon in die Hände bekommen hat, wenngleich er dies in Zukunft immer bestreiten wird.

Der inzwischen schon ordentlich angetrunkene Bela mag jedenfalls keine schlechte Stimmung und verschwindet mit zwei Wodkaflaschen im Backstage, um die Sache auszuräumen. Dort befindet sich bereits Sahnie, der sich gerade mit Campino über ihre gemeinsame Liebe zum Eishockey austauscht. Belas Friedensangebot interessiert den ebenfalls stark alkoholgeschwängerten Campino nicht, doch Bela lässt nicht locker, und so kommt es zu einem kleinen Handgemenge, das, zunächst lustig gemeint, immer ernster wird und schließlich darin gipfelt, dass sich Bela und Campino gegenseitig unter die Dusche ziehen und erst mit kaltem und dann mit kochend heißem Wasser bespritzen, erst angezogen, schließlich halb nackt. Nicht nur, dass diese Aktion völlig albern und kindisch ist, sie tut auch noch verdammt weh – was sich aber natürlich keiner der beiden anmerken lassen will. Campinos Hemd ist völlig durchnässt und damit auch ein Päckchen Speed, das in der Tasche versteckt war. Das bringt ihn endgültig auf die Palme. Der kleine alberne Streit eskaliert nun. Bela will das mit Campino unter Männern klären, doch der winkt ab. Wenn es nach ihm ginge, soll Bela erst mal die anderen zwei holen, damit sich das für ihn lohnt. Bela macht sich daraufhin auf die Suche nach seinen beiden Bandkollegen, findet aber nur Sahnie und geht zusammen mit ihm vor dem Club auf Campino los. Zumindest versuchen sie es, aber bei den Witterungsverhältnissen können sich alle Beteiligten kaum auf den Beinen halten, geschweige denn einen platzierten Treffer landen. Die Straße ist spiegelglatt, und der bereits erfolgte Alkohol- und Drogenkonsum tut sein Übriges dazu.

Campino: »*Wir waren alle megadicht, und die Keilerei hatte sicher kein gutes Niveau.*«

Der ganze Vorgang dauert auch nicht lang, denn die Streithähne werden schnell von ihren jeweiligen Lagern getrennt. Bela hat jedoch immer noch nicht genug und will Campino stellen, doch Hosen-Bassist Andi kommt ihm dabei in die Quere. Als Bela diesen beleidigt, fängt er sich eine und geht zu Boden.

Bela B: »*Das hatte ich aber auch verdient, denn ich habe zu Andi so etwas gesagt wie:* ›*Du bist doch eh nur Campis Hündchen und machst alles, was der sagt.*‹«

Die Hosen verziehen sich anschließend ins Risiko, doch Bela heftet sich an ihre Fersen. Dort angekommen, entdeckt er schnell die Jungs von der Opel-Gang, doch Andi reicht ihm einfach ein Bier, was Bela schließlich befriedet. Die Vorkommnisse machen alsbald über Berlin hinaus die Runde und entwickeln schnell eine gewisse Eigendynamik. Das Verhältnis zwischen Die Ärzte und den Toten Hosen wird die ganzen Achtzigerjahre über schlecht bleiben, wenngleich sie viele gemeinsame Freunde haben. Mit dem Aufstieg beider Bands erkennen auch die Medien das Potenzial dieser Rivalität. Es gelingt ihnen immer wieder, beide Bands – so wie damals bei den *Beatles* und den *Rolling Stones* – gegeneinander auszuspielen und die Spannungen weiter aufrechtzuerhalten. Ein Clinch verkauft sich bekanntlich besser als Friede, Freude, Eierkuchen. Für Heranwachsende kommt die Frage, ob man eher die Hosen als Die Ärzte mag, der Frage nach der eigenen Lebensphilosophie gleich. Dort die Opel-Gang in ihren schrecklichen Klamotten und brachialem Sound, die keiner Feier aus dem Weg gehen. Hier die Popstars mit ihren Mädchen und unwiderstehlichen Pop-Hymnen, denen bald auch ein Schmuddel-Image anhaften wird.

Bela B: »*Die einen hatten lustige Klamotten an, die anderen waren lustig. So hab ich es gesehen.*«

Der Berliner Singer/Songwriter Georg auf Lieder bringt dies 2013 in seinem Stück *Tarzan und Jane* gut auf den Punkt.

Ich bin schwarz und du bist weiß.
Ich mag Nudeln und du magst Reis.
Ich bin Die Ärzte und du die Hosen.
Ich bin Löwenzahn und du Rote Rosen.

Entweder oder. Doch auch wenn es keiner wahrhaben will, so ist die Existenz der jeweils anderen gut für beide Bands, denn Konkurrenz belebt bekanntlich das Geschäft und spornt an.

Sahnie: »*Ich kann bis heute nicht verstehen, warum Die Toten Hosen so ein Problem mit uns hatten. Wir waren eigentlich keine Konkurrenten für die. Wir waren in Berlin und die in Düsseldorf – das waren damals, bedingt durch die DDR, noch echte Welten. Ich kann jedenfalls sagen, dass es zu meiner Zeit keine Ressentiments von unserer Seite aus gegenüber den Hosen gab. Ich bin bis heute ein großer Bewunderer der Hosen – weniger von ihrer Musik, sondern vor allem von ihnen als Menschen.*«

Campino: »*Die hatten kein Problem mit uns, doch wir hatten es mit ihnen. Wir waren schon genervt von ihnen. Wir waren absolute Punkrock-Puristen und hätten es uns zum damaligen Zeitpunkt im Gegensatz zu ihnen selber nicht erlaubt, mit der BRAVO gemeinsame Sache zu machen, dabei haben wir es später selber gemacht. Der Grund dafür war, dass die BRAVO so oder so über uns geschrieben hätte, und wenn wir nicht mit denen zusammengearbeitet hätten, wäre dabei irgendeine Scheiße herausgekommen. So wurde es zwar auch Scheiße, aber wenigstens halbwegs kontrolliert. Lustig ist rückblickend, dass sich Die Ärzte später viel heftiger mit der BRAVO überworfen haben als wir. Das nennt man wohl Ironie des Schicksals. Die Ärzte waren ab einem gewissen Punkt sicher strenger mit den Medien als wir. Ihre Zusammenarbeit mit der BRAVO hat uns damals jedenfalls sehr wehgetan, denn natürlich wollten wir auch gerne berühmt sein, aber eben nicht auf diesem Weg. Wir glaubten wohl auch lange, dass wir die Platzhirsche waren, und fühlten uns von ihnen links überholt.*«

Nachdem man mit der Single *Paul* einen waschechten Bauchklatscher hingelegt hat, möchte die CBS schnell einen weiteren Song auskoppeln. Dieses Mal wird auch die Band gefragt, und die gemeinsame Wahl fällt auf *Zu spät*. Band und Plattenfirma sind sich jedoch einig, dass eine neue Version her muss, denn der Song hat sich auf Konzerten inzwischen zu einer waschechten Disco-Nummer entwickelt, die hervorragend dafür geeignet scheint, um die angesagten Großraumdiskotheken des Landes zu beschallen. Diese schießen zu dieser Zeit wie Pilze aus dem Boden. Der Hedonismus hält Einzug im Land der Dichter und Denker und mit ihm die Spaßgesellschaft. Markus sang schon 1982 »*Ich geb Gas, ich will Spaß*« und beschrieb damit vortrefflich das Lebensgefühl, das sich inzwischen vor allem bei den jungen Leuten eingestellt und so gar nichts mehr mit dem »*No Future*«-Ansatz und dem provozierenden Aussehen der Punkbewegung gemein hat. Die Jugend von heute legt lieber viel Wert auf ihr Äußeres, und der abendliche Besuch in der Disco mit seinem Sehen und Gesehenwerden gehört dabei für viele zum Pflichtprogramm. Oft wird sich akribisch auf den nächtlichen Ausgang vorbereitet, und weite Anfahrtswege werden gerne in Kauf genommen – nur um dabei zu sein und nichts zu verpassen. Zeitschriften wie *Tempo* oder *Wiener* gaukeln den Leuten vor, den Zeitgeist zu kennen, und die Leute folgen ihren Ausführungen blind. Amerikanische Musikfilme wie *Flashdance* und *Footloose* oder die TV-Serie *Miami Vice* liefern die passenden Bilder und Style-Vorlagen. Die Plattenindustrie greift den Disco-Boom gerne auf und bietet seit Neustem mit Maxi-Singles, auf denen sich extra lange Disco-Nummern aktueller Hits befinden, den Soundtrack für den abendlichen Tanzmarathon an. Auch Die Ärzte finden Gefallen an Maxi-Versionen, und die bis heute meistverkaufte Maxi-Single aller Zeiten, *Blue Monday* von New Order, oder *Flesh for Fantasy* von Billy Idol laufen dank Farin auch in der Niebuhrstraße rauf und runter.

Bela B: »*Zwei Leute von der besten Band der Welt haben etwas gemeinsam: Sie haben ein Jahr lang jeden Morgen Blue Monday hören müssen. Der eine, weil er sie so toll fand, der andere, weil er nebenan wohnte.*«[15]

Farin Urlaub: »*Die schönste Maxi-Version – Die Ärzte sind hierbei natürlich außen vor – war Flesh for Fantasy von Billy Idol. Heute ist die Maxi-Single an und für sich völlig außer Mode. Flesh for Fantasy war wie eine völlige Neukomposition aus dem vorhandenen Bandmaterial zusammengesetzt. Dann gab's Shout von Tears for Fears, auch eine absolut großartige Maxi-Single. Die Achtziger waren eine unterschätzte Epoche.*«[16]

Bela B: »*Pffft!*«

Davon inspiriert, möchte die Band auch von *Zu spät* eine Maxi-Version aufnehmen. Die CBS hält dies für eine gute Idee, denn die Version auf der *Debil* ist ihnen für das Radio zu rau und rumpelig, und so soll die Band neben der Maxi-Version auch einen neuen Single-Mix aufnehmen. Die CBS mietet für drei Tage das FAR-Studio von Boney M.-Produzent Frank Farian in Roßbach bei Frankfurt, das über die aktuellste Technik verfügt und auch eines der wenigen ist, das vor den Weihnachtstagen noch frei ist. Für die Maxi-Version des Songs verfasst Farin einen detaillierten Ablaufplan, der analog der *Blue Monday*-Maxi viele unterschiedliche Teile miteinander verbindet.

Bela B: »*Er hat mich dann zu sich gebeten, und wir haben noch ein bisschen gehirnstürmt, aber eigentlich hatte er schon alle Teile zusammen.*«

Die Summe der Einzelteile soll dann die fertige Maxi-Version ergeben. Mit dem schnellen Öffnen und Schließen des Warenschachtes vom Cola-Automaten im Studio-Foyer simuliert man das Laden eines Gewehres, das gleich zu Beginn der Maxi zu hören ist.

Bela B: »*Im benachbarten Dorf gab es tatsächlich einen Waffenladen, der eine Winchester im Schaufenster hatte, aber der hatte gerade Betriebsferien.*«

Die eigentlichen Schüsse sowie viele weitere Elemente steuert ein Synthesizer bei. Sahnie ist derweil, wenn überhaupt, nur körperlich im Studio anwesend. Die Aufnahmen selbst interessieren ihn kaum. Als Farin und Bela ihn um eine alternative Bassbegleitung für die Maxi-Version bitten, spielt er ihnen recht lustlos ein Bassriff vor, das sich an dem Stiff Little Fingers- bzw. Specials-Song *Doesn't Make It Alright* anlehnt und postwendend abgelehnt wird, obwohl es einer ihrer Lieblingssongs ist.

Bela B: »*Mit dem Majordeal ging Sahnies Einsatz für die Band völlig verloren. Er hat sich für uns gar nicht mehr interessiert.*«

Sahnie: »*Ich war nie ein Profimusiker, und ich hatte auch keinerlei Ambitionen, einer zu werden. Nachdem wir zur Industrie gewechselt sind, hat mich das ganze Musik-Ding eigentlich nur noch gelangweilt.*«

Anstelle von Sahnie kommt der bekannte Studiobassist Frank Itt zum Einsatz. Er bietet der Band gleich mehrere Bass-Begleitungen an, und Farin und Bela wählen davon ihren Favoriten aus. Im Gegensatz zu Bela, der bei den Aufnahmen der *Uns geht's prima* …-LP richtig wütend geworden war, als man ihm einen Studiomusiker vor die Nase gesetzt hat, ist Sahnie dies egal. Sein musikalischer Beitrag zur Band wird immer verschwindender. Farin und Bela kommen mit den Aufnahmen der Single jedenfalls gut voran und können diese bald beenden. Nachdem alle künstlerische Arbeit getan ist, muss der fertige Mix nur noch auf Band kopiert werden. Dieses recht simple Vorhaben fällt jedoch einem Kabelbrand im Studio zum Opfer, der dafür sorgt, dass Teile des liebevoll angefertigten Mixes unbrauchbar werden und neu gemacht werden müssen. Jedoch ist die Band schon wieder in Berlin, und so wird der Ersatz ohne ihr Beisein angefertigt, was dazu führt, das Teile des Original-Mixes weggelassen werden. Es ist müßig zu erwähnen, dass gerade Farin sehr unglücklich darüber ist. Tatsächlich werden die Maxi-Version und der neu angefertigte Radio-Mix des Songs bis heute kaum im Radio gespielt, die rumpelige Ur-Version von *Debil* hingegen ist fester Bestandteil so mancher Formatradio-Playlisten.

Unglücklich ist die Band auch mit ihrem Film, der unter dem Namen *Richy Guitar (jung und taktlos)* im Februar bei der 35. Berlinale seine Premierenvorstellung hat. Das schlechte Gefühl, das sie schon während der chaotischen Dreharbeiten hatten, potenziert sich nun nochmals, als sie das fertiggestellte Werk erstmals im Zoo-Palast zu sehen bekommen, im Beisein vieler Freunde und der weiteren Darsteller aus dem Film. Unter ihnen sind auch Rolf Eden und der Radiomoderator Dennis King, der während der Vorstellung einschläft. Um seine Scham zu verstecken, trägt Bela während der Vorstellung eine Hulk-Maske. Es ist müßig zu erwähnen, dass das Ganze nicht ohne den Genuss von alkoholhaltigen Getränken abläuft. Das Filmzitat »Schau mal, wen ich mitgebracht habe: das debile Burgfräulein« wird noch während der Vorstellung zum Running Gag. Als der Film zu Ende ist, verschlägt es den Tross vor die Tür, wo gerade eine Modenschau im Gange ist. Bela, inzwischen recht angetrunken, triezt den ebenfalls schwer angetrunkenen Dennis King so lange, bis dieser schließlich den Moderator der Modenschau beiseite stößt und selbst das Zepter in die Hand nimmt.

Dennis King: *»Das werde ich nie vergessen. Danach hatte ich sieben Jahre lang Hausverbot im Zoo-Palast.«*

Der Film selbst kommt nicht gut weg. Besonders Farin hadert stark mit seiner schauspielerischen Leistung – und nicht nur damit, wie er später in der Rubrik »Häufig gestellte Fragen« auf seiner Homepage erklären wird.

Farin Urlaub: »*Die Geschichte ist hanebüchen (UND geklaut), meine ›schauspielerische Leistung‹ ist grauenhaft, die Dialoge tun meinem Hirn weh und ich mag ihn nicht. UND der Regisseur ist mir unsympathisch.*«[17]

Auch Bela und Sahnie sind nicht gut auf den Film zu sprechen. Bei den gemeinsamen Promoterminen mit Michael Laux liefert die Band – wie in einem Beitrag in der ZDF-Kultursendung *Aspekte* – dem gemeinen Kinogänger auch nicht gerade gute Argumente dafür, dass man den Film unbedingt gesehen haben muss. Bei einem Talk für die Sendung *Live aus dem Alabama*[18] des Bayerischen Rundfunks im Januar gehen Farin und Bela auch kaum auf die Fragen der Moderatorin Amelie Fried zum Film ein, sondern flirten lieber mit der späteren Bestseller-Autorin, die zum Ende des Gesprächs sichtlich um Fassung ringen muss.

Amelie Fried: »*Die Jungs haben mich ganz schön ins Schwitzen gebracht, waren dabei aber sehr charmant. Unerklärlich ist mir, warum man mich mit einer solchen Frisur vor die Kamera gelassen hat. Andererseits: Die Frisuren der beiden waren auch nicht besser. Ich fand die Begegnung damals ziemlich lustig, und wenn ich das Video heute sehe, trügt mich die Erinnerung nicht.*«

In der Live-Sendung, die seit 1980 regelmäßig in der Münchner Alabamahalle stattfindet und für ihre Übertragungen von Rockkonzerten bekannt ist, sind Die Ärzte allerdings nur Talkgäste – das Live-Konzert bleibt an diesem Montagabend der Münchener Freiheit vorbehalten. Nur einen knappen Monat später werden aber auch Die Ärzte im Rahmen der Sendung ihr erstes Live-Konzert fürs Fernsehen spielen. Die Münchener Freiheit jedenfalls scheint zu dieser Zeit wie ein Fluch über der Band zu liegen.

Nicht nur, dass Die Ärzte sich bei der CBS dauernd anhören müssen, was für kultivierte Menschen diese doch seien und was für tolle, anspruchsvolle Musik sie machten. Nein, es kommt noch schlimmer. Als Bela von Farin und Sahnie dazu gezwungen wird, sich ein elektronisches Schlagzeug kaufen zu müssen, enthält dies ausgerechnet Samples, die der Schlagzeuger der Münchener Freiheit eingespielt hat. Wahrscheinlich ist dies auch ein Grund dafür, dass dem E-Schlagzeug eine lange Verweildauer im Fundus von Die Ärzte verwehrt bleibt.

Der eigentliche Anschaffungsgrund für das E-Schlagzeug beruht auf der fixen Idee vom leisen Proben, die Farin und Sahnie beschleicht. Farin hat inzwischen die gemeinsame Wohnung mit Bela verlassen und ist mit seinem besten Freund Ecky in eine Wohngemeinschaft in der Turmstraße in Moabit gezogen. Dort ist neben den Zimmern von Farin und Ecky ein weiterer Raum frei. Farin will diesen zum Proben mit der Band nutzen. Um die Lärmbelästigung für die Nachbarn erträglich zu machen, wollen Sahnie und er Kopfhörer verwenden, und Bela soll eben ein elektronisches Schlagzeug spielen. Aber selbst damit ist es für die Nachbarn noch immer zu laut, und das Experiment scheitert. Am Ende ist man um eine weitere Erfahrung reicher und Bela um ein kleines Vermögen von 5.000 D-Mark ärmer, die er sich von Jim Rakete für das E-Schlagzeug geliehen hat.

Kurz darauf zieht man in einen Proberaum in den weitläufigen Katakomben des Tempelhofer Flughafens, den man sich fortan mit der Retro-Rock-Band The Subtones teilt. Immerhin wird das schöne E-Schlagzeug in Bild und Ton festgehalten, denn Anfang des Jahres dreht das ZDF für das Jugendmagazin *Schüler-Express* eine Homestory mit der Band in deren Original-Wohnungen. Nachdem im Beitrag zunächst dem Scheißladen vom »Wahren Heino« Norbert Hähnel ein Besuch abgestattet wird, öffnen nach und nach Farin, Sahnie und Bela die Türen zu ihren Zimmern. Farin führt seine Lieblingshanteln und ein Bild der von ihm verehrten Marilyn Monroe vor, Sahnie sprayt seine Haare vor dem Spiegel ein und Bela zeigt die schwarz gehaltenen Wände seines Zimmers, an denen hinter kleinen Rahmen seine Lieblings-Filmmonster hängen. Alle drei machen zum Schluss der Wohnungsbesichtigung jeweils noch einmal deutlich, dass sie vorhaben, Nena heiraten zu wollen.

Nena: »*Sie waren arrogant-sexy, wild, ungestüm, bereichernd, ernsthafte, intelligente Top-Jungs mit Humor. Da konnte ich weiß Gott nicht vorbeischauen – irgendwie magnetisch. In einem unserer ersten großen Konzerte, in der Deutschlandhalle Berlin, standen sie mal überraschenderweise in der ersten Reihe. Darauf bin ich heute noch stolz.*«

Der ZDF-Beitrag endet schließlich mit einer Playback-Performance von *Zu spät* in einem Club unter den Bögen des S-Bahnhofs Tiergarten. Hier sieht man Bela sein »lieb gewonnenes« E-Schlagzeug spielen. Ein herrlich naiver, fast kindlicher Charme wohnt dem gesamten Beitrag inne, und die Band ist sich der Wirkung dieser Bilder durchaus bewusst. Für einen waschechten Fan gibt es schließlich kaum etwas Interessanteres, als in die Privatgemächer seiner Idole zu blicken. Obwohl Die Ärzte schon damals sehr darauf bedacht sind, ihr Privatleben aus der Öffentlichkeit fernzuhalten, spielen sie das Spiel mit. Auch in der *BRAVO* erscheinen entsprechende Homestorys. Es wird jedoch nicht mehr oft vorkommen, dass die Band Journalisten so tief in ihre Privatsphäre blicken lässt.

Bela B: »*Einmal haben wir das noch gemacht. Eigentlich hatte keiner von uns mehr Lust dazu. Ich habe mich von Band und Management ein letztes Mal breitschlagen lassen, habe aber eine falsche Geschichte dazu erfunden. Während Farin und Hagen noch mal ihre Zimmer herzeigten, gab ich mich der BRAVO gegenüber als wohnungslos aus und behauptete, im Übungsraum zu schlafen. Das zog wahnsinnige Kreise, und mir wurden von Fans und Freunden ständig Schlafplätze angeboten.*«

In dieser Zeit macht die Band einen gewaltigen Sprung nach vorne. Die fortwährenden Artikel in der *BRAVO* und die immer häufigeren Auftritte im Fernsehen und im Hörfunk bescheren ihnen eine immer größere Fangemeinde. Die jungen Farin, Bela und Sahnie sind eine ideale Projektionsfläche für die Träume von heranwachsenden Mädchen. Die *BRAVO* erkennt dieses Vermarktungspotenzial und positioniert die Band entsprechend in ihren Artikeln und Bildern – nicht immer zu deren Freude. Die Artikel betonen vor allem die Unterschiedlichkeit der einzelnen Mitglieder, was dazu führt, dass sich eine breite Masse an Mädchen angesprochen fühlt – schließlich ist für jeden Geschmack etwas dabei. Es gibt den intellektuellen, spitzbübischen, groß gewachsenen Farin, den wilden, dunklen und gleichzeitig romantischen Bela und den etwas zurückhaltend wirkenden Sahnie.

Uli Weissbrod: »*Interessanterweise hat das Privatleben der Band die Leser der BRAVO aber gar nicht so sehr interessiert. Es ging vielmehr um die Typen an sich und ihren Look. Man wollte einfach wis-*

sen, was sie als Nächstes machen – auch wenn es total belanglos ist. Wir haben bis auf den Starschnitt, der zu der Zeit nicht möglich war, Die Ärzte in allen Rubriken des Heftes untergebracht.« Doch nicht nur die BRAVO erkennt in den Die Ärzte angehende Popstars. Seit Claudia Kaloff die Band das erste Mal im Düsseldorfer DIN-A-Null gesehen hat, ist sie davon überzeugt, dass dem Trio eine rosige Zukunft bevorsteht. Sie versteht, wie die drei ticken, weiß, was sie wollen und – vor allem – was nicht. Entsprechend strukturiert geht Claudia zu Werke und lebt der Band dabei eine Professionalität vor, die diese schwer beeindruckt. Dadurch gelingt es ihr, der Band deutlich mehr Profil zu verleihen und gleichzeitig den Star-Faktor weiter zu erhöhen. Endlich haben Die Ärzte nun ein »richtiges« Management hinter sich, das es ihnen erlaubt, sich noch mehr auf den künstlerischen Aspekt und weitere Feinheiten zu konzentrieren. Eine dieser Feinheiten sind zum Beispiel die Autogramme der Band. Farin, Bela und Sahnie feilen so lange an möglichen Varianten, bis ihnen etwas gefällt.[19]

Die im Februar 1985 startende *Debil*-Tour wird ihre erste große Tournee. Sie führt sie in Clubs einer Größenordnung zwischen 500 und 1.000 Leuten – darunter die Zeche in Bochum, die Markthalle in Hamburg oder das Luxor in Köln – und stellt gleichzeitig den Beginn der »*Ärzte-Mania*« dar, denn die Band kann sich kaum vor kreischenden Verehrerinnen retten. Auf den fast durchweg ausverkauften Konzerten sind die ersten Reihen nahezu fest in weiblicher Hand. Erst dahinter sind auch Jungs anzutreffen, die Pogo tanzen oder auf ihre Freundinnen warten. Ein Umstand, der auch in weiter Zukunft noch auf Konzerten der Band feststellbar sein wird – wenngleich in den großen Hallen mit zunehmender Entfernung zur Bühne auch der Altersdurchschnitt linear ansteigen wird.

Markus Linde: »*Die Mädchen waren gnadenlos verknallt in die drei, was immer ein todsicheres Zeichen dafür ist, dass man es mit erfolgreicher Popmusik zu tun hat.*«

Die Verehrung der weiblichen Anhänger erschöpft sich dabei nicht nur auf das eigentliche Konzert. Viele Fans harren schon Stunden vor Einlass bei Eiseskälte vor den Clubs aus, und auch nach dem Konzert warten sie noch auf ihre Idole. In dieser Zeit entwickelt sich das besondere Verhältnis von der Band zu ihren

Fans, denn Farin, Bela und Sahnie nehmen sich nach den Shows ausgiebig Zeit, um mit den wartenden Fans ein paar Worte zu wechseln, Fotos zu schießen oder Autogramme zu geben. Auch wenn die Band ein komplett anderes Leben als die meisten ihrer Fans führt, gibt sie ihnen nie das Gefühl, etwas Besseres zu sein. Von den Die Ärzte werden sie immerhin ernst genommen, im Gegensatz zu vielen anderen Bezugspersonen in ihrem Leben.

Dadurch, dass die Band jetzt bei einer großen Plattenfirma unter Vertrag steht, wird ihr auch erstmalig eine professionelle Tour samt professioneller Crew gebucht. Als Tourmanager wird den Die Ärzte Jäki Hildisch zur Seite gestellt, der unter seinem Pseudonym Jäki Eldorado in den Anfangstagen der deutschen Punkszene große Berühmtheit erlangte. Legendär ist ein Foto aus dem Jahr 1977, das ihn zeigt, wie er mit kurzgeschorenen Haaren und ordentlich Kajal um die Augen bei einem Konzert von Iggy Pop dessen linkes Bein ableckt. Das Foto bringt ihm schließlich den Titel »Deutschlands erster Punkrocker« ein. Mittlerweile ist Jäki aber etwas ruhiger geworden und hat sich auf Tour- und Künstlermanagement spezialisiert. Er versteht sich prima mit den Die Ärzte, auch wenn ihm deren pubertäre Anfälle und Streiche öfter auf den Wecker gehen – trotzdem würde er für die Jungs durchs Feuer gehen. Leider bleibt es seine einzige Tour mit der Band, denn er wird danach mit den Toten Hosen durch die Lande reisen und noch viele Jahre deren Tourmanager bleiben. Zur Ärzte-Crew zählt auch Lichtmann Lui Helmig, der bis 2013 noch für die Band arbeiten wird. Außerdem sind Mischer Dirk Holzhäuser, Monitor-Mischer Dave, Fahrer Frank Schneider und Nopper als Merchandiser mit dabei.

Vor Kurzem hat die Band einen Merchandising-Vertrag mit der Firma L&R (Lewitscharoff & Rakete) geschlossen, die die Band dazu angehalten hat, eine eigene Merchandising-Kollektion zu erstellen. Hier hat sich für Bela und Farin eine neue Spielwiese eröffnet, auf der sie sich richtig austoben können. Neben T-Shirts gibt es auch einen Die Ärzte-Hammer und eine Die Ärzte-Tasse zu erwerben. Außerdem wird ein rot-weißer *Ärzte*-Porsche für nur 99.000 D-Mark (bei Lieferung bis ins Schlafzimmer) angeboten, wofür sich aber seltsamerweise kein Käufer findet. In Anlehnung an die sehr populären Shirts von Bands wie Wham! oder Frankie

Goes To Hollywood, auf denen in großen Buchstaben Sprüche wie »Choose Life« oder »Frankie says: Peace on Earth« stehen, werden von der Band auch drei personifizierte Shirts entworfen, auf denen jeweils der Name eines Bandmitglieds und ein entsprechender Sinnspruch steht.

Farin sagt nichts, Farin brüllt!
Bela sagt (Sprechblase mit Comic-Icons, die Wut symbolisieren)
Sahnie sagt Schnusel
Sahnies Äußerung legen ihm Bela und Farin in den Mund, da er keine passende Idee hat. Außer den T-Shirts gibt es noch ein Sweatshirt im Angebot, auf dem vorne »Ä« und hinten »RZTE« steht.

Bela B: »*Am Ende der Tour bekamen wir jeweils einen Block mit 20-Mark-Scheinen, von dem man die Scheine abreißen konnte. Es waren jeweils 1.000 D-Mark für jeden, mehr als wir auf der Tour an Merchandise überhaupt eingenommen hatten. Wir fanden das ziemlich cool. Lewitscharoff trennte sich dann im Unfrieden von Rakete, aber Genaues ist nicht bekannt.*«

Sahnie verhält sich inzwischen merklich anders als Bela und Farin. Für ihn hat das Musikmachen nicht die oberste Priorität, er will sich anderweitig weiterbilden. So interessiert ihn die kaufmännische Seite des Musikbusiness inzwischen mehr als der kreative Aspekt. Während Farin und Bela die Musik profimäßig betreiben wollen, hat Sahnie seine Probleme damit. Zudem decken sich seine musikalischen Vorlieben immer weniger mit denen von Bela und Farin.

Sahnie: »*Ich musste mit ansehen, wie meine ehemaligen Klassenkameraden erfolgreiche Karrieren starteten und an mir vorbeizogen. Ich hingegen hatte das Gefühl, auf der Stelle zu treten, und war schwer deprimiert. Die Musik war einfach nicht mehr meine Welt.*«

Bela B: »*Es ist schon hart, wenn man mit jemandem in einer Band spielt, der die Münchener Freiheit ernsthaft gut findet.*«

Zur nächsten Platte wird Sahnie die großartige Ballade *Wie ein Kind* beisteuern, bei der es sich eigentlich um ein Stück von Frau Suurbier aus der Feder von Michael Wahler handelt. Das Lied ist eine Anklage an einen Menschen, der seine Jugendideale hinter sich gelassen hat. Also ein Lied von Sahnie über Menschen, die eine Entwicklung nehmen, wie er sie gerade durchmacht.

*Den ganzen Tag rennst du der Kohle hinterher.
Den ganzen Tag arbeitest du von früh bis spät.
Nur damit du mal 'nen eigenen Mercedes hast,
und ein eigenes großes Haus, mit großem Garten.*

*Nur du gehst dabei vor die Hunde,
nur du gehst dabei zugrunde.
Steh ich vor dem Spiegel, schau ich in Alltagssorgen rein,
und dann denk ich, ich wär so gern noch mal ein Kind,
ich wär so gern noch mal ein Kind.*

Sahnie fängt in dieser Zeit an, Betriebswirtschaftslehre zu studieren. Geld findet er ungleich faszinierender als Musik. Letztere sieht er nur noch als Steigbügel, um sein erklärtes Ziel zu erreichen: Reich und berühmt zu werden.

Christian »Nopper« Schmidt: *»Sahnie hat anders getickt als Farin und Bela. Er hat immer schon an den Profit gedacht, was im Übrigen nicht immer schlecht für die Band war. Vor allem in der Anfangszeit, wo es ihnen finanziell noch nicht so gut ging, war Sahnie sehr wichtig. Ich kann mich noch daran erinnern, dass er sich fast immer das Geld für die Unterkunft von den Veranstaltern hat auszahlen lassen. Dann hat er lieber eine private Übernachtungsmöglichkeit gesucht, oder wir schliefen gleich in unserem Tourbus mit Schlafkabine. Das hat natürlich den anderen beiden und mir auch nicht immer gefallen.«*

Es geht Sahnie nicht um künstlerischen Ausdruck oder kreative Freiheit. Das ist ihm gleichgültig. Es geht ihm schlicht ums Geldverdienen. Er vertritt zu dieser Zeit nicht als Einziger diese Ansicht. Viele andere Jugendliche denken ähnlich. Die sogenannten Yuppies machen sich in der Gesellschaft breit. Auf einmal sind Bänker, Designer und Anwalt die neuen Traumberufe vieler Jugendlicher. Für diese jungen Leute gehört zu einem gut bezahlten, einflussreichen Beruf auch ein entsprechend luxuriöser Lebensstil dazu: Teure Wohnung, teure Kleidung, teure Uhr, teures Auto. Der »Marken-Wahn« greift Mitte der Achtziger wild um sich und erklärt Labels wie *Lacoste*, *Boss* oder *Joop!* zu neuen Trendmarken. Musikalisch schlägt sich diese Bewegung bei den Poppern nieder, die ebenfalls viel Wert auf ihr Äußeres legen und lieber Papas Anzüge tragen, als so schäbig wie die von ihnen verhassten Punks und Teds herumzulaufen. Auf Konzerten von Die Ärzte ist schon damals ein sehr gemischtes Publikum anzutreffen, denn sie sprechen sowohl Punks, Teds und Popper als auch Normalos an. Das Heimspiel im Berliner Metropol am 7. Februar 1985 wird zum Highlight der *Debil*-Tour. Die Wände der großen Halle, in der schon die irische Band U2 einen ihrer ersten Deutschland-Gigs gespielt hat, sind mit meterhohen Postern des *Debil*-Covermotivs plakatiert. Das Konzert steht aber kurz vor dem Abbruch, als Bela bei *Zu spät* von einer vollen Bierdose am Kopf getroffen wird und daraufhin bewusstlos und blutüberströmt zu Boden sinkt. Hier muss man wissen, dass es richtige Sicherheitskontrollen, wie man sie heute kennt, noch nicht gibt, und professionelle Security-Kräfte sind eher die Ausnahme. Meistens sind Künstler und Crew sich selbst überlassen. Nach einer kurzen Behandlungspause kann Bela das Konzert fortsetzen und widmet dem Dosenwerfer direkt das Stück *Scheisstyp*. Auch in Aachen kommt es zu einer Eskalation, als Sahnie einen besonders penetranten Spucker und Bierwerfer in die Schranken weist und dieser daraufhin mit einer Pistole zurückkehrt. Zum Glück lässt sich jedoch weiteres Unheil vermeiden.

Bela B: »*In Bremen spielten wir nun in der großen Halle vom Schlachthof. Unten im Magazinkeller gab es eine Gegenveranstaltung, wo* Who Killed Bambi *gezeigt wurde. Nach dem Film stürmten die Punks den Eingang unseres Konzertes, um ›den Verrätern‹ das Maul zu stopfen. Ein Teil unseres Publikums bestand aber aus handfesteren Jungs und jagte die Störer nach draußen. Nur ein kleiner Iro schaffte es auf die Bühne und provozierte den zwei Köpfe größeren Farin. In Stuttgart gab es auf einer späteren Tour auch einen Punkerangriff, der aber deutlich lustiger war. Wir spielten in einem Zelt, und es schneite draußen. Plötzlich traf mich beim Spielen ein Schneeball. Nach der Show lieferten wir uns mit einer Horde Punks dann eine Schneeballschlacht, was ich zwar echt absurd, aber auch sehr lustig fand.*«

Am 18. Februar steht endlich das besagte Konzert in der Münchner Alabamahalle an, das live im TV übertragen wird – zumindest die ersten Lieder davon. Neben Die Ärzte zeigt der Bayerische Rundfunk an diesem Abend auch die Hip-Hop-Formation Grandmaster Melle Mel & The Furious Five, die zuvor als Grandmaster Flash & The Furious Five auftraten und als Pioniere des Hip-Hop gelten. Mit Songs wie *The Message* und *White Lines (Don't Do It)*[20] konnten diese bereits internationale Chart-Erfolge feiern. Die Atmosphäre zwischen beiden Bands ist mehr als frostig. Die Amerikaner wissen offenbar nicht so recht, was sie von der Hysterie um diese drei jungen Männer halten sollen, die im Vergleich zu den muskelbepackten und kettenbehangenen Sängern der Furious Five wie Milchbubis wirken.

Die Amerikaner entscheiden sich zunächst für Ablehnung und verweisen Die Ärzte bei ihrem Soundcheck aus der Halle. Als diese jedoch im Backstage Rock-'n'-Roll-Songs von Dion & The Belmonts oder Eddie Cochran zum Warmmachen für ihren Auftritt anstimmen, kommt auf einmal Furious Five-Sänger Scorpio vorbei und steigt mit ein. Nach dem Ende der Jam-Session verschwindet er jedoch genauso wortlos, wie er gekommen war. Kurz danach beginnen Die Ärzte ihr Konzert. Der bullige Melle Mel steht mit seinem von Goldketten behangenen, nackten Oberkörper wie ein Leuchtturm im Publikum und schaut sich das Treiben an. Auch wenn er versucht, es sich nicht anmerken zu lassen, so scheint ihn der Zuspruch des Publikums für diese seltsame Band, deren Texte er zudem nicht versteht, doch zu beeindrucken.

Nach der geglückten Fernseh-Livepremiere wird hemmungslos gefeiert – dabei ist es auch egal, dass die Abfahrt nach Köln schon für sieben Uhr am nächsten Morgen terminiert ist. Etliche Mädchen stürmen die Garderobe. Von einem bekommt Bela nach dem Konzert noch einen Totenschädel geschenkt – wieder einmal. Er ärgert sich schon jetzt, dass er der *BRAVO* einst gesteckt hat, dass er ein Faible für Totenköpfe hat. Seit das Magazin dies öffentlich machte, wird er von Fans mit allen möglichen Totenkopf-Utensilien bombardiert. Den gleichen Fehler wird einige Jahre später auch Sahnies Nachfolger The Incredible Hagen begehen, als er der *BRAVO* aus Quatsch erzählt, dass er Flugzeugkotztüten sammelt. Der Schädel, den Bela an diesem Abend erhält, ist jedoch anders als die anderen. Er ist voller Erde und scheint frisch aus einem Grab gestohlen worden zu sein. Bela, der von der Hautfarbe her von Natur aus eh nicht so der mediterrane Typ ist, weicht nun auch das letzte bisschen Farbe aus dem Gesicht. Als er einst »Gebt mir eure Schädel« sang, hat er das sicher nicht wörtlich gemeint.

Bela B: »*Ich ging dann noch aus. Jäki hatte mir 50 D-Mark gegeben, damit konnte man in Berlin schon was anfangen, aber für München war das wohl zu wenig. In einer Bar traf ich Cowboy, den Gitarristen von Melle Mel. Wir wollten ein bisschen zusammen trinken, und auch er hatte 50 D-Mark von seinem Tourmanager für die Nacht bekommen. Nach zwei Bier und zwei Whiskey waren die 100 D-Mark allerdings weg. Wie wir feststellten, hatten wir uns beide in die Diskothek P1 verlaufen, die unfassbar teure Getränkepreise hatte.*«

Nach der Tour reisen Bela und Farin gemeinsam nach London. Dort wohnen sie in einem besetzten Haus, in dem englische Punks und sogar welche aus München hausen. Die beiden gehen jeden Abend aus, und schon nach dem Aufstehen durchstreifen sie die kleinen Plattenläden der Stadt, um bei den Sonderangeboten Schätze zu erstehen. Für die regulären Plattenpreise in Läden wie dem Virgin Megastore fehlt ihnen schlichtweg das Geld. An einem Abend besuchen sie einen Showcase-Gig ihrer englischen Namensvetter Doctor & The Medics.

Bela B: »*Im Publikum konnte ich endlich auch mal bekannte Gesichter ausmachen wie Ian Astbury von Southern Death Cult, die sich später nur noch The Cult nannten, und noch einige andere, die ich in Punkdokus über London gesehen hatte. Die Band war grell geschminkt, spielte eher Glamrock als Punkrock und hatte zwei hübsche Gruftimädchen als Chorsängerinnen. Ihr kleiner rothaariger Drummer sollte mir etliche Jahre später wieder begegnen.*«

Es ist kein Geringerer als Vom Ritchie, der später Schlagzeuger bei den Toten Hosen werden wird. Die Münchner Punks begleiten Bela und Farin an diesem Abend. Einer von ihnen besorgt sehr schlechtes LSD, das auch in Belas Körper landet.

Bela B: »*Doch ich war nicht wählerisch und saß eine Stunde später mit dämmerndem Kopf an der Tanzfläche. Ich genoss die laute Gitarrenmusik, als auf einmal ein Schatten vor mir stand. Ich schaute hoch und erkannte den Sänger einer Heavy Metal-Band, die auch bei den Punks geschätzt wurde. Es war Lemmy Kilmister, der den Club wahrscheinlich nach Frauen, vielleicht aber auch nach Drogen abcheckte. Der Song, der zu diesem Zeitpunkt lief, brannte sich mit* diesem Bild in mein Gehirn ein. Es war No Rest for the Wicked, eine Maxi-Single der New Model Army. Erst später, als Farin und ich zurück nach Deutschland reisten, erfuhr ich, dass auch ihn dieses Lied schwer beeindruckt hat.«

Farin Urlaub: »*London war damals wirklich noch unser ›Mekka‹, wenn man so will. Nicht nur musikalisch, auch stylish sorgten die Ausflüge dorthin für eine ständige Weiterentwicklung. Ich weiß nicht, wie viele kleine verchromte Schuhschnallen, Nietenarmbänder und natürlich bedruckte T-Shirts wir immer von dort mitbrachten. Auch ›Directions‹-Haarfarbe war oft in meinem Gepäck, weil es in Berlin damals nur die miese ›Crazy Colour‹ gab, die nach zwei Kopfwäschen schon verblichen war. Später kaufte ich dann meine Traum-Gretsch-Gitarren in London und brachte auch den heiligen Gral der Verstärker von dort mit: einen alten Fender Bassman.*«

Besonders das irre Spiel des New Model Army-Bassisten, der wie wild Tonleitern rauf und runter wanderte und dadurch die Songs der Band nach vorne trieb, beeindruckte Farin. Er kann recht schnell ähnlich gut spielen und setzt das Erlernte immer wieder mal ein, wenn kein Bassist zur Hand ist, was schon bald nicht selten vorkommen wird.

8. KÄPITEL
Der Mond, die Schatten und Die Ärzte

»Du weißt, ich liebe dich.
Doch das bedeutet für dich nichts.«
(Die Ärzte – Dein Vampyr)

Video Killed the Radio Star sangen The Buggles, als 1981 in Amerika der Musiksender MTV das Licht der Welt erblickte. Was zunächst noch recht utopisch anmutete, wird alsbald Realität: Das Video tötet zwar nicht das Radio, doch es tut ihm immerhin spürbar weh. MTV gewinnt immer mehr an Bedeutung – bei Jugendlichen, bei den Künstlern und bei den Plattenfirmen. Schon bald kommt kaum eine Veröffentlichung ohne dazugehöriges Video aus.

Plattenfirmen können die Käufer nun auch noch verstärkt mit optischen Reizen ködern und ihre Künstler in Form von extra produzierten Musikvideos global in Szene setzen. Die Künstler wiederum schätzen die neue Präsentationsfläche als weiteren kreativen Spielplatz, und die Jugendlichen freuen sich, dass sie ihren Lieblingskünstlern nun nicht mehr nur an ausgewählten Terminen, sondern jeden Tag zu Hause begegnen können – sie müssen nur den Fernseher anschalten. Die Industrie hingegen freut sich über einen neuen Kanal, mit dem sie konsumfreudige Jugendliche gezielt ansprechen kann.

MTV bringt Künstler und Fan einander näher und schafft gleichzeitig Distanz, denn schon bald erobern neue Pop-Ikonen die Welt, deren enormer globaler Erfolg ohne MTV kaum vorstellbar ist. Michael Jackson liefert mit *Thriller* den bis dato teuersten Videoclip aller Zeiten ab, ein irres Spektakel auf Kurzfilmlänge, das mit einer beeindruckenden Tanz-Choreografie aufwartet. Madonna tanzt in *Like a Virgin* trällernd durch Venedig und rekelt sich lasziv vor der Kamera, weckt damit bei den Jungs Begehrlichkeiten und zieht bei den Mädchen tausend Nachahmerinnen nach sich. Die Brit-Popper Duran Duran hingegen machen jedes ihrer Videos zu kleinen, pompösen Kunstwerken. Selbst schwache Songs haben durch ein phänomenales Video nun die Möglichkeit, zu Klassikern zu werden, und tun dies auch.

Natürlich geht dieser Trend nicht spurlos am deutschen Markt vorbei. Der Bayerische Rundfunk produziert ab 1983 in den Bavaria Filmstudios, wo auch große Teile des Kassenschlagers *Die unendliche Geschichte* entstehen, die Musiksendung *Formel Eins*. Hier wird fast ausschließlich Chartsmusik gezeigt. Der erste Moderator ist der etwas blasse Peter Illmann, dem aber bald schon der umtriebige und ungleich beliebtere Ingolf Lück folgt. Für Jugendliche gehört die Sendung künftig zum Pflichtprogramm. Will man als Künstler in der BRD was erreichen, muss man dort auftreten. Auch Die Ärzte sind mit von der Partie. Sie kommen über eine Art Wild Card in die Sendung, die die Redaktion für abseitige Künstler bereithält, die nicht in den Charts vertreten sind. Auf ähnlichem Wege kommen so auch Bands wie Die Toten Hosen oder Einstürzende Neubauten ins Fernsehen. In der wenig originellen Kulisse eines nachgebauten Behandlungszimmers performen Die Ärzte ihre aktuelle Single *Zu spät*. Extra für solche Anlässe hat Claudia Kaloff spezielle Gala-Outfits in Gestalt von blau-schwarzen Satin-Jacketts für sie anfertigen lassen. Für Claudia ist es der letzte TV-Auftritt, zu dem sie die Band begleiten wird. Wenig später trennen sich Die Ärzte von ihr. Zu den genauen Vorkommnissen schweigen sich Farin, Bela und Kaloff bis heute aus. Nach all den Jahren scheinen die Narben der Trennung noch immer nicht verheilt zu sein.

Bela B: »*Sie war sehr wichtig für unsere Entwicklung und ein gutes Bindeglied zwischen Popbusiness und Indie-Haltung. Mich nervte aber nach einer Weile, dass ich sie immer zu allen geschäftlichen Dates begleiten sollte. Ich denke, sie war damals dem Machoverein Musikbusiness gegenüber zu unsicher, aber ich wollte auch nicht ständig mit A&R-Leuten und Produktmanagern über das Geschäft reden. Sie sollte uns das eigentlich vom Hals halten. Ich finde es schade, dass es keinen Kontakt mehr gibt.*«

Band-Anwalt Axel Schwarzberg muss Die Ärzte nun schon das zweite Mal bei einer Trennung beraten, und es wird nicht die letzte in der Band-Geschichte bleiben. Nach dem Split von Claudia Kaloff soll nach den Vorstellungen der Die Ärzte nun ihr Mentor Jim Rakete neuer Manager werden. Jim sträubt sich jedoch etwas, da er mit seinen anderen Schützlingen Nena und Spliff noch immer gut beschäftigt ist. Er sagt aber zu, eine Art »abgespecktes Management« für die Band zu übernehmen. Seiner Meinung nach brauchen Die Ärzte sowieso keine Ganztagsmutter, sondern lediglich jemanden, der ihnen den Rücken freihält, mögliche Wege aufzeigt und dabei hilft, gewisse Entscheidungen herbeizuführen. Am Ende weiß die Band schon selbst am besten, was ihr schadet und nützt. Für Farin, der wie Bela bei einer alleinerziehenden Mutter groß geworden ist, wird Jim auch zu einer Art Ersatzvater, dessen Ausführungen und Meinung er gerne hört.

Farin Urlaub: »*Jim war ein totaler Visionär. Sein Engagement für uns war ein echter Ritterschlag, das kann man sich heute gar nicht mehr vorstellen. Als wir das erste Mal in seinem sehr geräumigen Büro waren, entstand wirklich das Gefühl, dass wir nun die heiligen Hallen betreten. Ich bin ihm noch heute dankbar dafür, dass er das für uns gemacht hat. Er hat uns ganz, ganz viel beigebracht.*«

Mit Jim an ihrer Seite wollen Farin, Bela und Sahnie nun das zweite Album bei der CBS in Angriff nehmen. Die Euphorie hält sich auf deren Seite jedoch in äußerst engen Grenzen. *Debil* hat sich mit über 20.000 Einheiten zwar sehr gut für einen Erstling verkauft und ihnen immerhin keinen Verlust eingebracht, so wie es einige Stimmen prophezeit hatten. Mehr aber eben auch nicht. Für die hohen Ansprüche der CBS ist das eigentlich zu wenig. Doch zum Glück haben Die Ärzte mächtige Fürsprecher. An vorderster Front natürlich Jim, der den Ruf seiner ganzen Agentur, der sogenannten Fabrik, bei den Gesprächen mit der CBS in die Waagschale wirft.

Farin Urlaub: »*Man liebte uns nicht besonders bei der CBS, aber Jim Rakete hatte genügend Einfluss, sodass sie uns zumindest nicht rausgeschmissen haben. Dabei haben wir von Anfang an schwarze Zahlen geschrieben, weil unsere Produktionen so saubillig waren.*«

Bela B: »*Die Antipathie, die man uns entgegenbrachte, war auch ein Vorteil für uns, denn dadurch waren wir freier und konnten tun, was wir wollten.*«

Farin Urlaub: »*Wir sind im Windschatten von Bands, die die Aufmerksamkeit unserer A&R-Abteilung hatten, groß geworden. Die haben sich überhaupt nicht für uns interessiert und uns auch nicht verstanden.*«[1]

Zwar haben sie bei der CBS mit Fitz Braum und Markus Linde noch immer ihre Unterstützer, doch leider besetzen diese (noch) keine entscheidenden Posten. So bleibt die Frage, ob die Band überhaupt noch ein weiteres Album aufnehmen darf, lange unbeantwortet.

Fitz Braum: »*Vor jedem Album war es ein Riesen-Veitstanz, ob die CBS nun die Option für ein weiteres Album zieht oder nicht. Meine Vorgesetzten haben da jedes Mal schwer mit sich gerungen.*«
Die Geschäftsleitung der CBS votiert letztlich ziemlich nüchtern und emotionslos für einen Verbleib der Band. Sie ist der Ansicht, dass sich das finanzielle Risiko für das Unternehmen selbst bei einem eventuellen Ladenhüter nicht groß ausnimmt, und billigt die Aufnahmen zu einer zweiten LP. Die A&R-Leute Andreas Kirnberger und Fitz Braum kündigen sich im Spätsommer 1985 zu einem Besuch bei den Die Ärzte in Berlin an. Farin und Bela haben schon einige Demos angehäuft, die sie in Farins Wohnung mit einem 4-Spur-Gerät aufgenommen haben. Der Besuch von Kirnberger und Braum bietet ihnen nun die Gelegenheit, die Plattenfirma über den aktuellen Stand der zweiten Platte zu unterrichten. Beim Treffen scheint Kirnberger aber überhaupt nicht an der Arbeit der Band interessiert zu sein. Stattdessen spielt er ihnen ein Demo vom Trio-Musiker Stephan Remmler[2] vor, das dieser ihm zur weiteren Verwendung überlassen hat.

Fitz Braum: »*Andi Kirnberger und ich waren vorher in einem Sporthotel in Herzogenaurach bei Nürnberg, wo sich Stephan Remmler zu der Zeit aufhielt. Ich weiß gar nicht mehr, warum wir da überhaupt waren, denn Remmler hatte bereits einen guten Plattenvertrag. Er hat uns Stücke vorgespielt, die später auf seinem ersten Soloalbum erschienen – so etwas wie* Alles hat ein Ende, nur die Wurst hat zwei*, grausam. Auf einmal reicht er uns eine Kassette rüber mit der Aussage: ›Ihr habt doch so viele Künstler, vielleicht ist das was für einen davon, ich dachte da an Die Ärzte.‹ Ich hätte ihm am liebsten gesagt, dass er das direkt behalten kann, doch Andi Kirnberger hat es erst mal angenommen. Ich dachte da noch, dass er es nur aus Höflichkeit gemacht hat.*«
Kirnberger will das Demo aber tatsächlich den Die Ärzte nahelegen. Doch es hat schon einen guten Grund, warum Remmler sich

von diesem Stück trennen konnte, denn es ist überhaupt nicht zu gebrauchen und knüpft da an, wo Trio mit seltsamen Songs wie *Turaluraluralu – ich mach BuBu was machst du* aufgehört haben. Farin, Bela und auch Fitz Braum, den Kirnberger zu allem Überfluss nicht in seine Pläne eingeweiht hat, sind entsetzt und fassungslos ob dieser Aktion.

Fitz Braum: »*Ich bin da echt vor Scham im Boden versunken. Das war unglaublich peinlich.*«

Die Ignoranz und das fehlende Taktgefühl von Kirnberger sind nur sehr schwer zu überbieten. Fitz Braum kommt nicht umhin, sich mehrmals für das peinliche Verhalten seines Chefs zu entschuldigen, den selbst die offenkundige Verwunderung der Band gegenüber dem Remmler-Demo scheinbar kaum interessiert.

Andreas Kirnberger: »*Diese Aktion war aus heutiger Sicht schon ziemlich schwachsinnig von mir. Sie war wohl meiner damaligen Unsicherheit geschuldet, da ich einfach keinen Draht zu der Band gefunden habe. Ich habe wohl gedacht, dass ich einfach nur in die eine Erfolgskiste (Remmler) reingreifen müsse, und schon wird das andere auch zum Erfolg. Es war sicher nicht meine beste Aktion.*«

Jochen Leuschner: »*Ich habe die Geschichte nicht mitbekommen, doch ich muss da den Andi Kirnberger auch etwas in Schutz nehmen. Nehmen wir mal an, er hätte es nicht zur Sprache gebracht, und jemand anderes hätte das Stück veröffentlicht, und es wäre ein Hit geworden. Dann bräuchte Remmler auf einer Preisverleihung nur Bela zu treffen und ihn zu fragen, warum Die Ärzte das Stück nicht verwendet haben. Das hätte genauso gut gegen Kirnberger ausgelegt werden können. Sein Verhalten erscheint mir aus meiner Sicht also durchaus legitim. Es ist aber schon ein schwieriges Thema, einem sich selbst mit Songs versorgenden Künstler Fremdkompositionen mitzubringen. Da gibt's kein Richtig oder Falsch. Es war aber auf jeden Fall bekannt, dass Die Ärzte nicht zu der Sorte Künstler gehörten, bei denen wir uns großartig einmischen mussten. Generell haben wir das eigentlich nur gemacht, wenn die Künstler dies auch wollten.*«

Bela B: »*Ist danach auch nicht mehr passiert!*«

Farin und Bela sind überaus gefrustet. Die Aktion Kirnbergers zeigt ihnen deutlich, dass ihre Plattenfirma sie noch immer nicht versteht. Ein schlechteres Omen für die Produktion eines neuen

Albums kann es eigentlich nicht geben. Trotzdem lassen sich die beiden nicht entmutigen und tüfteln weiter an ihren Demos herum. Sie überlegen sogar kurzzeitig, ob ebenjener Stephan Remmler vielleicht ein geeigneter Produzent für ihr Album wäre, und treffen sich mit ihm in einem türkischen Restaurant in Kreuzberg.

Farin Urlaub: »*Trotz der Schrott-Demos war er uns irgendwie sympathisch.*«

Noch immer sind sie auf der Suche nach jemandem, der ihrer zweiten großen Produktion einen angemessenen Sound verleihen kann. Remmler schlägt ihnen vor, dass sie sich nach wie vor lieber selbst produzieren sollen, da niemand sie besser verstehen würde als sie selbst. So kommt es zu keiner Zusammenarbeit mit ihm. Jim Rakete schlägt Farin und Bela dann den Spliff-Bassisten Manfred »Manne« Praeker vor, der mit seinem Bandkollegen Reinhold Heil schon bei den ersten Nena-Alben hinter den Reglern saß und dabei Songs wie *99 Luftballons* oder *Nur geträumt* produziert hat. Neben seinem Engagement bei Spliff widmet sich Praeker nun wieder verstärkt der Studioarbeit als Musiker und Produzent. Die Ärzte finden Jims Idee, Praeker als Produzenten zu nehmen, nicht schlecht, wenngleich sie mit der Musik von Spliff überhaupt nichts anfangen können. Sie müssen jedoch zugeben, dass die Musiker dieser Band ihr Handwerk verstehen.

Farin Urlaub: »*Jim hätte aber auch seine Mutter vorschlagen können, ich hätt's gut gefunden.*«

Nach dem ersten Treffen mit Manne Praeker, bei dem sie ihm ihre bisherigen Demos vorspielen, wird klar, dass man zusammenarbeiten möchte. Farin und Bela mögen ihn auf Anhieb, wenn auch aus unterschiedlichen Gründen. Farin schätzt Praekers musikalische Fähigkeiten. Bela hingegen steht der Blues- und Jazzrock-Vergangenheit des Spliff-Bassisten eher skeptisch gegenüber, doch ihm gefällt Praekers Lebensstil. So findet er in ihm bald einen Gleichgesinnten, wenn es darum geht, die Nacht zum Tag zu machen. Man erstattet der CBS also entsprechenden Bericht und bucht das Studio. Der erste geplante Aufnahmetag könnte jedoch nicht beschissener starten, denn Praeker gibt Farin und Bela kurzfristig aus privaten Gründen den Laufpass. Der wahre Grund – den Praeker Bela erst später verraten wird – ist jedoch, dass er sich nach einem Besuch der

Band im Studio noch alleine etwas mit Sahnie unterhält, der ihm offenherzig erzählt, dass er eigentlich gar keine Lust auf die Aufnahmen habe, sich eh nur noch in der Rolle des finanziellen Strippenziehers sehe und am liebsten aus der Studioarbeit rausziehen würde. Praeker fällt vom Glauben ab, als er Sahnies Ausführungen hört, und sucht schnell das Weite. Mit einer Band, die eine solche Berufsauffassung an den Tag legt, will er nicht zusammenarbeiten.

Farin Urlaub: »*Für mich ist echt eine Welt zusammengebrochen, als ich hörte, dass Manne abgesagt hat.*«

Durch den plötzlichen Rückzug Praekers steht die Band in akutem Zugzwang, denn die CBS will neues Material von ihr haben, um besser entscheiden zu können, wie es mit ihnen weitergeht. Fitz Braum schlägt schließlich Hans-Georg »Micki« Meuser als neuen Produzenten vor. Dieser hat sich in den letzten Jahren mit erfolgreichen Produktionen für Bettina Wegner (*Sind so kleine Hände* – ein Lied aus Farins Klo-Charts-Sammlung) und Ina Deter (*Neue Männer braucht das Land* – ein Lied aus Belas Klo-Charts-Sammlung) einen Namen gemacht. Bei einem ersten Treffen in Berlin, zu dem Meuser von der CBS extra aus seiner Heimatstadt Aachen eingeflogen wird, können sie sich auch entsprechende Sticheleien nicht verkneifen.

Da gefällt es ihnen schon eher, dass Micki nebenbei auch Bass in der New-Wave-Punkband Nervous Germans spielt, die ebenfalls kurz davor ist, bei der CBS zu landen. Band und Plattenfirma trauen Micki den Job als Feuerwehrmann zu. Bei der CBS gilt Meuser spätestens seit seiner Arbeit für Ina Deter als der Mann für die »schwierigen Fälle«. Die Sängerin mit ihren feministischen Songs finden die Verantwortlichen nämlich noch unmöglicher als die Die Ärzte. Der Plan sieht vor, dass Micki im Preussenton-Studio mit der Band zunächst bessere Demos aufnehmen soll. Die CBS will diese Aufnahmen erst mal hören und erst danach entscheiden, ob es sich überhaupt lohnt, mit der Band weiterzumachen. Falls ja, sollen die Demos im berühmten Hansa-Studio ausproduziert werden. Natürlich sieht der einst geschlossene Vertrag generell vor, weitere Platten zu veröffentlichen, doch wenn die CBS es wirklich darauf anlegen sollte, würde sie sich schon aus der Nummer herauskaufen können.

Nach kurzer Zeit stellt Meuser fest, dass sich die Band im Preussenton-Studio unheimlich wohlfühlt und dort, gemessen an ihrem derzeitigen Können, auch viel besser aufgehoben zu sein scheint als in der High-End-Welt des Hansa-Studios. Er schlägt der CBS vor, im Preussenton-Studio nicht nur die Demos, sondern direkt das ganze Album aufzunehmen. In Frankfurt ist man darüber nicht gerade begeistert, denn natürlich passt das international anerkannte Hansa-Studio besser zum künstlerischen Anspruch der Plattenfirma als das eher mittelklassige Preussenton-Studio.

Micki Meuser: »*Die CBS hatte seinerzeit einen – nach meinem Empfinden – ziemlich hochnäsigen Qualitätsanspruch. Mir war es aber lieber, das Budget für drei/vier Wochen im Preussenton-Studio auszugeben, als die Band für eine Woche im Hansa-Studio arg unter Druck zu setzen. Die Ärzte waren zudem zum damaligen Zeitpunkt keine High-End-Band, bei der man einen starken Hi-Fi-Sound erwarten konnte.*«[3]

Meuser schlägt daraufhin vor, seine ganze Technik aus Aachen mitzubringen und den Mix der Aufnahmen im Hansa-Studio vorzunehmen, und kann damit letztlich die CBS zufriedenstellen. Überzeugungsarbeit muss Meuser auch beim Drum-Sound leisten, denn er ist der Meinung, dass Belas Schlagzeugspiel einfach noch nicht exakt genug für eine gute Produktion ist. Er macht Bela aber den Vorschlag, den Sound von dessen Trommeln und Becken mit seinem neuen Emulator-II-Keyboard zu sampeln, um so den Klang von Belas Schlagzeug zu übernehmen.

Farin Urlaub: »*Micki hat uns nicht viel zugetraut, und wir waren nicht selbstbewusst genug und viel zu ahnungslos, um uns gegen diese schlechte 80er-Produktion zu wehren. Ich hatte halt keine Ahnung und war Micki (den ich übrigens sehr mochte) hilflos ausgeliefert. Wir haben uns ein paar Mal milde gestritten, und er meinte knallhart, dass Belas Schlagzeugkünste einfach nicht gut genug wären. Immerhin haben wir* Käfer *mit echten Drums aufgenommen. Der Song klingt heute am wenigsten kacke.*«

Bela ist ob Meusers Ansage zwar ziemlich zerknirscht, geht aber dennoch mit großem Eifer an die Sache heran. Er will eben das Beste daraus machen, und neben *Käfer* spielt er immerhin auch noch ein paar andere Nummern mit ein.

Bela B: »*Ich verstand mich mit Micki gut, also hab ich das geschluckt. Bei* Wie ein Kind *hab ich gespielt, und ich glaube auch bei* Was hat der Junge doch für Nerven. *Schlimm war, dass Micki sehr von den metallischen Drumsamples im Emulator überzeugt war. Die kamen besonders bei den Maxis zum Einsatz. Micki hatte schon eine Vision, aber du kannst in fünf Wochen und mit den drei Flitzpiepen, die wir damals waren, keine Trevor Horn*[4]-*Produktion hinzaubern.*«

Micki Meuser: »*Ich kann mich noch erinnern, dass er penibel darauf bestand, dass keine Hi-Hat gleichzeitig mit einem Becken zu hören war, weil er das im Stehen nicht spielen konnte.*«

Des einen Eifer, des anderen Desinteresse: Während Farin und Bela konzentriert am Album arbeiten, glänzt Sahnie durch Abwesenheit. Er verbringt seine Zeit lieber an der Uni als im Studio, und wenn er dort doch mal aufschlägt, ist er total lustlos und unvorbereitet. Sein Ausfall führt dazu, dass Micki Meuser nahezu alle Bässe für die Produktion einspielt. Den Song ... *und es regnet* begleitet er sogar am Kontrabass. Den prägnanten Basslauf von *Du willst mich küssen* soll allerdings Lutz Fahrenkrog-Petersen[5] einspielen, da Meuser diesen Lauf nicht gut mit Plektrum[6] spielen kann.

Bela B: »*Auch Lutz hat den Basslauf nicht gut spielen können, sodass wir das programmiert haben. Das wiederum hat Farin gemacht. Ich habe mich da auch dran probiert. Der EMU II war nicht so gut wie spätere Sampler, und der* ›Swing‹ *in dem Basslauf war für die Maschine, aber auch für jeden Bassisten eine Herausforderung. Der Erste, von dem ich den Basslauf wirklich gut gehört habe, war Rod.*«

Lediglich für die Aufnahmen seines Gesangs erscheint Sahnie im Studio – und auch das nur auf Nachdruck.

Bela B: »*Einmal war er aber doch da. Da haben wir bis spät in die Nacht aufgenommen, bis wir seltsame Geräusche hörten und in Panik gerieten, weil wir dachten, dass das Aufnahmeband beschädigt wäre. Plötzlich kam Sahnie in die Regie und fragte uns lachend, ob wir seine Mäusesignale gehört hätten, mit denen er eine Maus im Aufnahmeraum nachgestellt hatte. Wir waren fassungslos, und ich glaube, ich hab ihn nur noch angeschrien, dass er sich verziehen soll.*«

Ansonsten lässt Sahnie selbst bei seinem eigenen Song *Wie ein Kind* Farin, Bela sowie Micki Meuser, der hier auch das Klavier spielt, die restliche Arbeit machen. Trotz alldem bringt Farin den

Song »*Was hat der Junge doch für Nerven*« als letztes Lied auf der Platte unter, der ausdrücklich betont, dass Die Ärzte zu dritt sind.

Farin Urlaub: »*Wir waren schon immer noch ein Trio, auch wenn Sahnie nicht viel im Studio war und auch sonst wenig brachte. Damals galt schon: Die Ärzte sind drei Mann auf der Bühne, fertig. Außerdem hatte ich ja noch meinen ›Die-Band-als-kleine-heile-Familie‹-Traum, der mich die Realität so lange ausblenden ließ, bis es nicht mehr ging.*«

Bela B: »*Der Gang-Gedanke war bei uns schon früh gestorben, denn wir haben schnell gemerkt, dass wir drei absolut unterschiedliche Charaktere sind. Wir haben voneinander profitiert, uns ergänzt und so diese immense Vielseitigkeit erreicht. Aber jeder hat sich für sich weiterentwickelt. Darum ist das mit Sahnie wohl auch so gelaufen, weil er nicht daran dachte, sich für die Band zurückzunehmen.*«

Die Aufnahmen verlaufen recht fleißig und zügig. Es ist müßig zu erwähnen, dass Meuser mit Farins und Belas Humor und Tempo nicht wirklich mithalten kann. Er versucht es auch gar nicht, sondern lässt den Aufnahmeprozess, soweit es möglich ist, fließen und glänzt immer wieder mit seinem wahnsinnig trockenen Humor. Bela zeigt sich indes auch beeindruckt von dessen Sammlung an schlechten Platten. So besitzt Meuser die Platte einer Band, in der fast die gesamte Chefetage der CBS spielt: Hardcake Special.

Bela B: »*Das half uns bei unserer Unsicherheit der CBS gegenüber, denn die Platte war, na ja, eher schlecht.*«

Meuser gibt auch andere Erfahrungswerte weiter. Einer davon ist der Zwerge-Weitwurf (Meuser selbst ist übrigens fast zwei Meter groß), von dem ihm sein Nervous Germans-Bandkollege Grant Stevens berichtet hat. Farin und Bela können es kaum fassen, dass in Stevens Heimat Australien wirklich kleine Menschen von großen, kräftigen Burschen zum Amüsement der Zuschauer durch die Gegend geworfen werden, doch Meuser beteuert die Existenz dessen. Bela lässt sich davon zu der Textzeile »*Wer findet Zwergewerfen königlich?*« im Song *Die Antwort bist du* inspirieren. Meuser versucht mit seiner Art, diese gewisse Magie weiter aufrechtzuerhalten, die die beiden kreativen Köpfe erzeugen.

Haben Die Ärzte ihr erstes Album *Debil* noch alleine aufgenommen, so sind auf Album Nummer zwei nun erstmals Gastmusiker zu hören. Axel Knabben und Markus Türk von Family 5 veredeln

Rennen nicht laufen! mit ihren Blasinstrumenten. Gerd und Udo von Die Zwei, bei denen Die Ärzte einst schon als Live-Band ausgeholfen haben[7], steuern mit ihren starken Stimmen Chöre zu Songs wie *Buddy Holly's Brille* und *... und es regnet* bei. Der prominenteste Gast ist aber eindeutig Nena, die für *Du willst mich küssen* die Zeile »... mh, am besten heute Nacht« ins Mikro haucht. Leider sind Die Ärzte selbst nicht zugegen, als diese die berühmten Worte spricht, denn ihr Part wird von Meuser mit mobilem Equipment in einem Hotel bei Frankfurt aufgenommen, in dem Nena während einer Tournee residiert.

Das zweite Album einer Band hat es bekanntlich oft nicht leicht und die Künstler mit ihm auch nicht. Während das Debüt-Album noch locker aus dem Handgelenk geschüttelt wird, fängt beim Nachfolger meistens die Verkrampfung an.

Farin Urlaub: *»Für das zweite Album hast du circa ein Jahr Zeit, für das erste dein ganzes Leben.«*

Was erwarten die Fans? Wie lässt sich der Erfolg des Vorgängers toppen? Wohin will man sich entwickeln? Auch Die Ärzte haben es schwer mit ihrem zweiten Album. Sie würden gerne so perfekte Melodien wie Madness schreiben, doch wollen sich dabei nicht auf einen typischen Sound festlegen. So vielfältig wie ihr Musikgeschmack ist, so soll auch ihre neue Platte sein. Sie wollen sich mit dem Album weiterentwickeln und dies auch hörbar machen. Nicht für die Plattenfirma oder ihre Fans, sondern vor allem für sich selbst. Doch wie soll so eine Entwicklung aussehen? Wenn es nach Bela ginge, könnte es schon etwas härter werden. Seit er mit Matzge zusammen im Fernsehen die Heavy-Metal-Nacht in der Sendereihe *Rockpop in Concert* mit Judas Priest, Def Leppard, Ozzy Osbourne und Co. verfolgt hat, macht dieses Genre einen großen Eindruck auf ihn. Er hört immer mehr davon und geht Farin damit schon bald ziemlich auf die Nerven. Dieser hegt indes immer noch eine große Vorliebe für klaren Rock-'n'-Roll- und Pop-Sound. Diese Zerrissenheit wird auf dem Album mehr als deutlich. Es gibt ein Surf-Stück *(Wegen Dir)*, eine Streicher-Ballade *(Ich weiss nicht (ob es Liebe ist))*, einen Punkrock-Song *(Käfer)*, eine Gothic-Nummer *(Dein Vampyr)* und Rockabilly-Songs *(... und es regnet, Buddy Holly's Brille)*. Den roten Faden sucht man vergebens. Es finden sich aber viele kleine

Fäden, die am Ende zu dem heutigen Profil der Band führen. So spielt Farin auf *Käfer* zum ersten Mal eine verzerrte Gitarre ein.

Bela B: »*Den Verzerrer, einen Tube Screamer, hab ich bei einem Konzert der Band The Wirtschaftswunder von der Bühne runtergeklaut. Farin benutzte den dann live für Käfer, bis der uns ebenfalls geklaut wurde. Vor zwei Jahren habe ich mal mit Tom Dokupil, dem damaligen Gitarristen der Band, telefoniert und ihm den Diebstahl gestanden, was ihn sehr erheiterte.*«

Bela hingegen startet mit *Dein Vampyr* sein Coming-out als ernst zu nehmender Songschreiber und ritzt mit diesem dunklen Song schon mal die Kerbe ein, in die viele seiner weiteren Stücke wie *Mysteryland* oder *Der Graf* noch einschlagen werden.

Farin Urlaub: »*Ich hatte für das Album Demos gemacht, die ich vorab schon Manne Praeker zum Hören gegeben habe. Da waren ein paar sehr, sehr düstere Nummern dabei. Die sind aber nicht einmal in die engere Wahl für die Aufnahmen gekommen. Letztlich hat Bela dann auf dem Album das Dunkle für sich entdeckt, während ich mich mit dem Sonnyboy-Image arrangiert habe. Es hätte aber auch ganz anders kommen können.*«

Auch bei diesem Album kann man die prägenden Einflüsse noch deutlich heraushören. Dieses Mal scheinen Farin und Bela recht viel The Cure gehört zu haben, denn die Songs *Dein Vampyr* sowie ... *und es regnet* weisen große Ähnlichkeit mit deren Hits *A Forest* beziehungsweise *The Love Cats* auf. Auch Glamrock ist auf dem neuen Album zu hören. Bela ist die Liebe zu dieser Art von Musik schon seit Kindheitstagen gegeben, und sie schlägt sich jetzt in einem Stück wie *Die Antwort bist Du* nieder. Aber auch Farins Nummer *Was hat der Junge doch für Nerven* enthält Glamrock-typische Elemente. Fast wäre auch noch eine Surf-Instrumentalnummer dazugekommen – Bela und Farin hatten jeder eine eigene Nummer komponiert. Allerdings können sie sich nicht entscheiden, welche sie nehmen wollen.

Bela B: »*Da haben wir dann keines der beiden Stücke genommen. Außerdem hatten wir auf der* Debil *mit dem Ärzte-Theme schon ein Surf-Instrumental. Aus meiner Nummer wurde übrigens viele Jahre später der Song* Letzter Tag, *der dann auf meinem ersten Soloalbum erschien.*«

Farin Urlaub: »*Sehr interessant, daran kann ich mich gar nicht mehr erinnern. Ich habe aber schon immer dermaßen viele Lieder geschrieben, die dann nicht genommen wurden (schon wegen der Menge und dem beschränkten Platz auf Tonträgern), dass ich irgendwann begonnen habe, sie zu sammeln. Leider erst ein Album später. Vielleicht bringe ich die besten davon irgendwann mal raus.*«

Am Ende steht mit *Im Schatten der Ärzte* eine Platte, mit der die Band nicht zufrieden ist. Songs wie *Rennen nicht laufen!* versinken förmlich unter den wummernden, von Meuser produzierten Drums. Der warme Sound von Farins Gretsch-Gitarre und Fender Bassman-Anlage passt so gar nicht dazu und lässt die Gitarren auf dem Album sehr dünn wirken. Es mangelt ihnen aber auch schlichtweg an Alternativen und vor allem an Erfahrung. Die Band stößt zum ersten Mal an ihre musikalischen Grenzen, und die Zeit rennt ihnen davon. Auch beim finalen Mix der Platte, den Micki Meuser, Toningenieur David Heilmann und Bela im Mischraum im obersten Stock der Hansa-Studios vornehmen (Farin ist im Urlaub), kommt es zu keiner wesentlichen Verbesserung. Wenigstens macht Bela im Aufzug die Begegnung mit Udo Jürgens, dessen Arrangeur auch für das Streicherarrangement auf *Ich weiss nicht (ob es Liebe ist)* verantwortlich ist. Dieser beschwert sich bei Bela über den Krach, den die *Einstürzenden Neubauten* gerade im großen Studio 2, dem Meistersaal, machen. Bela stimmt Jürgens zu und lässt sich von ihm noch ein Autogramm für seine Mutter geben, die ein großer Fan des Sängers ist.

Bela B: »*Er sah mich genervt an und quittierte das Neubauten-Geschepper mit dem Satz:* ›*Ein furchtbarer Lärm, oder?*‹ *Ich war zwar ein großer Fan der Neubauten, aber die Gelegenheit, mich mit dem Idol meiner Mutter zu verbrüdern, ließ mich* ›*Ja, fürchterlich!*‹ *sagen. Was Udo wohl von dem mageren, geschminkten, wild toupierten Typen gehalten hat, der da mit ihm den Fahrstuhl teilte?*«

Marc Hairapetian: »*Die Einstürzenden Neubauten waren in der Tat brutal laut.*«

Die Unzufriedenheit mit der Platte bleibt auch nach dem Mix bestehen, aber sie betrifft nicht die Songs an sich, denn Lieder wie *Du willst mich küssen, Buddy Holly's Brille, Ich weiss nicht (ob es Liebe ist)* oder *Dein Vampyr* werden gerne von der Band gespielt.

Farin Urlaub: »*Ich mag Micki Meuser sehr, doch er war damals nicht der richtige Produzent für uns – aus heutiger Sicht. Damals hätten wir mit unseren bescheidenen Mitteln wohl keinen besseren Produzenten finden können, doch ich frage mich noch heute manchmal, wie das Album wohl geklungen hätte, wenn Manne Praeker es produziert hätte. Leider wird man dies niemals mehr herausfinden.*«
Als man der CBS die fertigen Aufnahmen vorspielt, ist diese recht angetan. Vor allem dem Surfsong *Wegen Dir* traut man Radioeinsätze zu. Für das LP-Artwork hat die Band auch schon eine Idee. In Anlehnung an den Titel *Im Schatten der Ärzte* soll das Cover sie hell belichtet vor einem dunklen Mond zeigen. Darüber soll in blutrünstiger Schrift, ganz in der Tradition von Horrorfilm-Plakaten, der schauderhafte Albumtitel stehen. Am liebsten möchte die Band nur den Titel auf dem Cover drucken, aber die CBS sträubt sich und setzt zum Frust der Band noch den bekannten Die Ärzte-Schriftzug darauf.

Leider bleibt es nicht bei diesem Eingriff in die künstlerischen Belange, denn die Plattenfirma stellt auch einfach die geplante Reihenfolge der Songs um. Statt *Rennen nicht laufen!* eröffnet nun *Du willst mich küssen* das Album, dem man mehr Eingängigkeit bescheinigt. Die Idee der Band, den Beginn und das Ende des Albums mit einer Fanfare zu markieren, ist damit über den Haufen geworfen. Auf der im nächsten Jahr startenden *Die Ärzte kommen!*-Tournee macht die Band dies aber wieder wett und eröffnet die Konzerte mit *Rennen nicht laufen!* Die Veröffentlichung des Albums ist für den 6. November geplant, die erste Single wird *Wegen Dir*. Auf der B-Seite befindet sich die Country-Nummer *Und ich weine*, die vom Stil her nicht so recht auf das Album passen wollte.

Bela B: »*Farin war schon in den Urlaub gefahren, da rief mich Micki an und sagte, dass für die B-Seite noch etwas fehlte. Das Hufeklappern hatte ich schon vorher mit zersägten Kokosnüssen gemacht, aber Farin hatte das Solo vergessen. Auf seinem Demo war es eine Slide-Gitarre, aber dafür brauchten wir ein Bottleneck. Es war Sonntag, und am nächsten Tag musste der Song fertig sein. Also zerschlug ich eine Bierflasche und spielte das Solo, so gut ich konnte, seinem Demo nach. Es war mein zweites Gitarrensolo für die Band, aber diesmal nicht atonal. Da hab ich ziemlich geschwitzt.*«

Wie zuvor schon bei *Zu spät* gibt es auch von *Wegen Dir* eine Maxi-Single. Die dafür produzierte Maxi-Version, der sogenannte *Supermix*, ist jedoch wohl die schlechteste seiner Art von Die Ärzte. Schon auf dem Album sind die Drums sehr prägnant, doch hier tobt sich Micki Meuser so richtig aus und lässt ein wahres Schlagzeugbeben auf den Hörer los. Besser gelungen ist dagegen der *Zeltlager-Mix*, der in gemütlicher Runde im Preussenton-Studio entsteht. Zur Gitarrenbegleitung von Farin singen sie in alter Lagerfeuer-Tradition das Lied im Chor. Als kleine Spitze gegen Micki Meuser fordert Bela zwischendurch immer wieder, dass Farin doch mal etwas von Ina Deter spielen soll. Obwohl die Band mit dem Album nicht zufrieden ist, wird es ihre bis dato erfolgreichste Veröffentlichung, die es in den deutschen Album-Charts sogar bis auf Platz 56 schafft. Trotz aller Querelen rund um dieses Album kann die Band insgesamt auf ein hervorragendes Jahr zurückblicken. Die kommenden zwölf Monate werden sie hingegen vor einige Probleme stellen.

Bela B: »*Wir fanden die Platte gar nicht so schlecht. Nur die lauten Sample-Drums nervten Farin und Sahnie sehr. Die ersten Kritiken waren auch ziemlich gut.*«

Das Jahr 1986 ist bis heute vielen Leuten in Erinnerung geblieben – leider nicht in allzu guter. Am 28. Januar soll vom Kennedy Space Center in Florida aus die Raumfähre *Challenger* zu einer Mission ins Weltall aufbrechen. An Bord sind sieben Besatzungsmitglieder, an den Fernsehschirmen verfolgen Millionen Menschen den Start. Doch kurz nachdem die Raumfähre abgehoben ist, zerbricht sie und explodiert. Alle sieben Besatzungsmitglieder kommen ums Leben. Die Bilder von der sich in Rauch auflösenden Raumfähre gehen um die Welt und prägen sich in den Köpfen der Menschen ein. Es ist das bis dato schwerste Unglück in der amerikanischen Raumfahrtgeschichte. In einem Buch vom Autor Richard Feynman, das sich ausgiebig mit den Ursachen des Unglücks beschäftigt, taucht am Ende der Satz auf: »Die Natur lässt sich nicht zum Narren halten.« Die Natur wird dieses Jahr noch einiges aushalten müssen.

Die Ärzte eröffnen das neue Jahr mit der Veröffentlichung von *Du willst mich küssen*, der zweiten Single aus ihrem aktuellen Album. Der Song entstand einst in ihrem ehemaligen Übungsraum im Keller des Sasketchewan-Hochhauses[8] und enthält für

Die Ärzte-Verhältnisse eine kleine Sensation: Zum ersten Mal verwendet Farin im Refrain des Songs einen Fis-7-Akkord. Anfangs heißt der Song noch *Du willst mich foltern*, aber Farin schreibt noch einen alternativen Text über die Liebe unter Intellektuellen, der das schöne Lied rettet. Für die Single möchten sowohl Micki Meuser als auch die CBS einen neuen Mix des Songs verwenden. Der Remix wird von Meuser, Toningenieur David Heilmann und Bela im Dezember 1985 im Sound-Studio »N« in Köln angefertigt. Anschließend verbringen die drei ein paar ausschweifende Tage bei Meuser in Aachen.[9] Von der neuen Version des Songs sind Farin und Sahnie am Ende jedoch nicht sehr angetan. *Du willst mich küssen* hält übrigens bis heute den unangefochtenen Rekord an Studio-Versionen: Ganze sieben verschiedene Fassungen existieren von dem Lied, darunter eine unveröffentlichte englischsprachige Version, deren Refrain so lautet:

You want to kiss me, so this is my farewell.
You should have known I'm an intellectual.
You want to kiss me, so I will go,
'cause if you love me I'll never know.
I'll never know, I'll never know ...

Wieder erscheinen auch Maxi-Versionen des Songs, die recht platte Namen wie *Disco-Kuschel-Mix* oder *Modern-Kissing-Mix* tragen. Auf der Rückseite des Singlecovers befinden sich das Plakatmotiv und die Tourdaten zur anstehenden *Die Ärzte kommen!*-Tour, die am 18. Februar im Bielefelder PC69 starten soll. Es ist die erste Tournee, die Die Ärzte mit der Konzertagentur hit & run promotion GmbH durchführen. Hinter hit & run verbirgt sich Reinhard »Conny« Konzack – eine bekannte Größe im Berliner Musikbusiness und ein alter Freund Jim Raketes. Konzack war bis 1983 Geschäftsführer der Albatros Concert GmbH und Inhaber des Kant-Kinos, das neben seiner eigentlichen Funktion als Programm-Kino vor allem als subkulturelle Veranstaltungsstätte einen guten Ruf für Konzerte unterschiedlichster Couleur erworben hat. Viele nationale und internationale Stars wie BAP, die Erste Allgemeine Verunsicherung, U2, Duran Duran oder The Police hatten hier ihre ersten Berlin-Auftritte. Doch zuallererst war das Kino Schauplatz von Konzerten der tollsten Punkbands wie The Stranglers (mit den

Dickies im Vorprogramm), The Ruts, Stiff Little Fingers (wo alle Sitze des Kinos rausgerissen wurden) oder Killing Joke. Konzack hatte Ende der 1970er auch einen Vertrag mit den Sex Pistols, den diese jedoch nicht mehr erfüllen konnten – die Gründe sind bekannt.

Johnny Haeusler: »*Das Kant-Kino (man kann sich den Spaß vorstellen, den britische und amerikanische Bands mit dem Namen hatten) und auch das Metropol in Schöneberg waren die Orte unvergessener Konzerte.*«[10]

Bela B: »*Hier hab ich zum Beispiel Spizz Energi zusammen mit den Mo-Dettes gesehen, in deren Bassistin ich die Punkette aus Londons U-Bahn 1979 wiedererkannte. Aber auch die X-Pectors, die kurze Zeit später Ideal wurden und da schon fast all die Songs, die später zu Hits wurden, spielten.*«

Farin Urlaub: »*Meine beiden Kant-Highlights waren Human League (nach ihrem zweiten Album* Travelogue, *bevor sie so poppig wurden) und die unglaublichen Bow Wow Wow*[11]. *Mann, war ich verliebt in deren Sängerin Annabella!*«

Konzack war außerdem Manager von Ideal und dem von Die Ärzte so leidenschaftlich gehassten George Kranz. Nachdem Konzack mit der Deutschlandtournee des von Francis Ford Coppola präsentierten Films *Napoleon 1927* einen wirtschaftlichen Schiffbruch erlitten hat, baut er sich mit hit & run gerade erneut eine eigene Konzertagentur auf. Der Anruf von Jim Rakete kommt ihm da sehr gelegen. Zum ersten Treffen mit Die Ärzte und Rakete bringt Konzack seine Kollegin Gabi Kowarik mit, die die Konzerte buchen soll und die er der Band auch als Tourneeleiterin mit auf Tour geben will. Konzack, Kowarik und die Band verstehen sich auf Anhieb gut und vereinbaren schnell eine entsprechende Zusammenarbeit. hit & run bucht der Band daraufhin eine Tour, die sie quer durch die großen Clubs der BRD führen wird und dabei auch Metropolen wie Borken[12] oder Delmenhorst einschließt.

Die Besucherresonanz ist hervorragend. Beim ausverkauften Abschlusskonzert in Berlin stellt die Band mit 150 Leuten einen neuen Gästelisten-Rekord für das Metropol auf. Beim gleichen Konzert fallen auch die magischen Worte »Halt's Maul und spiel!« von Sahnie in Richtung Bela. Dieser hat nämlich irgendwann die Schnauze voll von Belas anhaltendem Spott über ihn. Sahnies verbaler Ausrutscher verselbstständigt sich schnell und wird auch zukünftig noch gerne auf Konzerten zitiert – auch vom Publikum. Eine spätere Veröffentlichung der Band wird mal auf diesen Namen hören.

Bela B: »*Sahnie hatte nie einen besonders großen Anteil an der Bühnenshow. Farin und ich haben uns immer gegenseitig in die Pfanne gehauen, aber ihm fiel da selten etwas Originelles ein, also schnauzte er mich einfach an. Ich erinnere mich, dass er in Berlin immer sehr nervös war, weil seine Freundin und Familie da waren, was aber auch auf Farin und mich ein bisschen zutraf. Schon beim Soundcheck war er latent aggressiv gegen uns und die Crew. Jetzt, wo wir professionelle Shows spielten, kamen plötzlich auch unsere Eltern zu den Konzerten. Das hat nicht gerade zur Entspannung beigetragen.*«

Auf ihrer Tournee spielen Die Ärzte naturgemäß viele Songs von ihrem aktuellen Album. Songs wie *Alles*, *Rennen nicht laufen!* oder *... und es regnet* werden nach der Tour jedoch nie wieder live gespielt. Teil des Programms ist auch die Nummer *Boris Becker*[13], die von dem neuen deutschen Tenniswunder handelt, das seit seinem Gewinn auf dem heiligen Rasen von Wimbledon im vergangenen Jahr zahlreiche Jugendliche auf die Tennisplätze der Nation treibt.

Farin Urlaub: »*Wir spielen jetzt eine Runde Personenraten. Kleiner Tipp: Er hat rote Haare und Sommersprossen, ist 18 Jahre alt, 1,93 m groß und hat uns unsere Stammplätze in der BRAVO weggenommen. Und er spielt Fußball, ach nee, Tennis! Die Rede ist von Borrrris Beckerrrrr. Wir haben ihn in Wimbledon gesehen mit einem Zielfernrohr, aber wir haben ihn leider verfehlt – 24 Mal. Mehr Schuss hatten wir nicht. Wir haben ihm einen vergifteten Brief geschickt, er lebt immer noch, und jetzt haben wir uns zu einem ultimativen Schritt entschlossen: Wir haben ein Lied über Boris Becker gemacht.*«[14]

Der Text des Songs beschränkt sich auf lediglich zwei Wörter: Boris Becker. Die Ärzte führen auch die Tradition der eigentümlichen Coverversionen fort. Musste das Publikum auf der letzten Tournee den *Trommeltanz* von George Kranz ertragen, so bekommen sie nun das pathosgeladene *Jenseits von Eden* von Nino de Angelo um die Ohren gehauen. Als Schadensersatz dürfen die Besucher dafür mit *Wie am ersten Tag* und *Alleine in der Nacht* schon ein paar Vorboten vom neuen Album hören, das noch in diesem

Jahr erscheinen soll. Man ist sich schon jetzt einig, dass man nicht noch einmal mit Micki Meuser zusammenarbeiten möchte. Vor allem Farin und Sahnie sind mit dem Sound von *Im Schatten der Ärzte* nicht zufrieden.

Die lange Suche nach einem neuen Produzenten erübrigt sich aber, denn Manne Praeker bietet der Band nun wieder seine Dienste an, worauf man gerne eingeht. Bela teilt Micki Meuser den Entschluss mit, was diesen nicht gerade erfreut. Meuser zeigt sich zudem enttäuscht darüber, dass weder Farin noch Sahnie es ihm erklären, sondern lieber Bela vorschicken. Er muss sich aber auch eingestehen, dass er den Kontakt zur Band nach den Aufnahmen nicht aufrechterhalten hat.

Bela B: »*Ich hatte schon Kontakt, aber eben auch zu Manne. Farin und ich haben uns solche Sachen immer geteilt. Mal hat er unangenehme Nachrichten überbracht und mal ich. Mich wunderte der Sinneswandel von Manne ein bisschen, denn Sahnie hatte sich ja nicht geändert. Spliff waren dabei, sich aufzulösen, und Praeker arbeitete gerade mit an einem neuen Projekt mit Bernhard ›Potsch‹ Potschka und Reinhold Heil, das Froon hieß.*«

Nach den recht ordentlichen Verkäufen des zweiten Albums macht die CBS dieses Mal keinen großen Aufstand und bewilligt ziemlich schnell das Budget für die Produktion. Der gute Name Praekers spielt hierbei sicher auch eine gewichtige Rolle. Während es Farin zunächst einmal wieder in einen ausgedehnten Urlaub verschlägt, streift Bela mit Praeker durch das Berliner Nachtleben. Beide sind keine Kinder von Traurigkeit, und so hauen sie sich diverse Nächte um die Ohren.

Bela B: »*Manne und ich wurden in der Zeit gute Freunde. Einmal prügelte ich mich sogar mit dem manischen Ex seiner Freundin, der ihn ständig anmachte, wenn er ihm über den Weg lief.*«

Als Farin wieder da ist, erstellt man mit Praeker zusammen erste Demos für das neue Album. Darunter sind Songs wie die bereits live gespielten *Wie am ersten Tag* und *Alleine in der Nacht* oder *Sweet, Sweet Gwendoline* – ein Stück, das auf Farins Vorliebe für die Comics aus der Reihe *Die Abenteuer der Sweet Gwendoline* des amerikanischen Zeichners John Willie zurückgeht. Sahnie ist während dieser Vorproduktion nicht zugegen, er konzentriert sich lieber auf sein Studium. Weder Bela noch Farin haben großartigen Kontakt zu ihm.

Die eigentlichen Aufnahmen zur neuen Platte finden im Spliff-Studio in der Huttenstraße statt, wo schon Nena-Songs wie *Nur geträumt* produziert worden sind. Toningenieur ist Jens Tröndle, der bereits die allerersten Aufnahmen von Farin und Bela überhaupt betreut hat. Er war es nämlich, der als Toningenieur Soilent Grün einst so sehr durch die Aufnahmen ihrer ersten und einzigen EP hetzen musste. Dieses Mal ist die Atmosphäre aber weitaus besser, und Farin und Bela genießen die Studiozeit. Mit Praeker haben sie einen Produzenten gefunden, der es auf geschickte Art und Weise versteht, mehr aus ihnen herauszukitzeln. Bestes Beispiel hierfür ist Farin, dessen Gitarrenspiel dank Praeker einen gewaltigen Schub nach vorne bekommt. Als Farin bei den ersten Versuchen eine relativ unverzerrte Gitarre spielt, unterbricht ihn Praeker sofort und erläutert ihm eindrucksvoll die Vorteile von verzerrten Gitarrenklängen. Beispielhaft spielt er das Gitarrensolo am Ende von *Alleine in der Nacht* ein, das der Band so gut gefällt, dass sie es direkt für die Platte übernehmen.

Farin Urlaub: »*Ich war sehr dankbar für Mannes Ratschläge. Er hat die Sachen mit uns erarbeitet und viele Vorschläge gemacht. Er hat um Längen besser Gitarre gespielt als ich, dabei war er eigentlich Bassist. Er hat aber immer versucht, mich aufzubauen, und hat Sachen gesagt wie: ›Du spielst viel geiler als Carlo Karges, du hast wenigstens einen eigenen Stil.‹ Damit meinte er wohl wirklich: ›Du spielst echt schlecht – aber auf eine besondere Art und Weise.‹*«

Eine solch direkte Einmischung in sein Hoheitsgebiet kennt Farin bis dato nicht, doch Praekers Argumente haben Hand und Fuß, und so gewinnen im Laufe der Produktion die Gitarren deutlich an Wucht, und auch Bela traut sich immer mehr zu. Zum Album steuert er neben *Alleine in der Nacht* noch Songs wie *Mysteryland* und *Ist das alles?* bei – die bald alle ausnahmslos Klassiker werden. Er führt damit die Verwandlung zum düsteren Rock ’n’ Roller weiter fort und experimentiert in dieser Zeit auch viel mit seiner Stimme. Er erkennt, dass ihm vor allem die dunklen und tiefen Stimmlagen liegen. Markus Linde ist zufälligerweise im Studio, als Bela gerade *Ist das alles?* einsingt.

Markus Linde: »*Es war wahnsinnig beeindruckend zu erleben, wie sich Bela regelrecht in diese Aufnahme reingearbeitet hat: Noch mal singen und noch mal, immer intensiver – und dann war der Knoten geplatzt. Man spürte, wie anstrengend und wie wichtig ihm das war. Und es ging nicht nur um diesen Song, das war mehr. Das war eigentlich der Schritt von ›einfach gut singen‹ zur Authentizität.*«

Spätestens mit diesem Album gelingt es, Bela, aus dem Schatten von Farin herauszutreten und als ernst zu nehmender zweiter Songschreiber der Band wahrgenommen zu werden. Auch sein Schlagzeugspiel hat sich durch die fortwährenden Liveauftritte weiter verbessert, sodass man dieses Mal darauf verzichtet, das Schlagzeug zu programmieren. An Gitarre und Schlagzeug tut sich also was. Am Bass ruht jedoch still der See, denn Sahnie glänzt weiter durch Abwesenheit. Ähnlich wie bei Micki Meuser vertraut er auch jetzt einfach darauf, dass Manne Praeker alle Bässe für das Album einspielen wird – schließlich gilt dieser als einer der begnadetsten Bassisten des Landes. Die Songs von Spliff lebten von Praekers beeindruckendem, oft virtuosem Bassspiel. Damit der Zeitplan durch Sahnies Fernbleiben nicht noch weiter in Verzug gerät, spielt Praeker tatsächlich alle Bässe für die Produktion ein. Die Verweigerungshaltung und Lustlosigkeit von Sahnie belasten die Bandchemie nun immer mehr. Als Farin und Bela Sahnie die fertigen Songs vorspielen, sorgt dessen ablehnende Meinung für sehr viel Unmut.

Sahnie: »*Ich fand keinen der Songs wirklich gut, aber das hätte ich mal lieber für mich behalten sollen, denn ich hatte ja auch nichts dazu beigetragen. Meine Reaktion war dann sehr arrogant und dumm, und ich kann auch verstehen, dass die beiden sauer waren – wäre ich an ihrer Stelle wohl auch gewesen.*«

Auch Außenstehenden wie dem Radiomoderator Dennis King bleiben diese Verstimmungen nicht länger verborgen. Zu Himmelfahrt hat die Band einen Besuch in einer Live-Show von ihm bei Radio RIAS zugesagt. King ist inzwischen ein guter Bekannter der Die Ärzte geworden, man kennt sich über den Besitzer des Preussenton-Studios Uwe Hoffmann, mit dem King zusammen eine Firma betreibt und früher auch in der Band Zebra Zebra gespielt hat.

Dennis King: »*Eigentlich sollte mein Chef die Sendung leiten, doch der war großer Fan von Broadway-Musicals und zog es lieber* vor, über Himmelfahrt nach New York zu fliegen. *Er bat mich, diese Sendung für ihn zu übernehmen. Ich hatte überhaupt keinen Plan, was ich machen sollte, und klingelte bei Die Ärzte durch, da mir noch Sahnies Worte: ›Wir sollten mal was zusammen machen‹ im Gedächtnis waren. Sie haben sofort zugesagt.«*

Die Show wird live aus einem kleinen Jugendclub in Steglitz gesendet. Natürlich weiß King, dass Die Ärzte schon recht bekannt sind, doch er unterschätzt den Zuspruch für die Band komplett.

Dennis King: »*In den Jugendclub gingen vielleicht 400 Leute rein. Die Sendung sollte erst am Nachmittag beginnen, doch schon morgens standen 900 Teenies vor der Tür, die unbedingt rein wollten. Der Club platzte förmlich aus allen Nähten. Es war einfach unglaublich voll und laut.*«

Bela und King machten sich vor der Show noch an einer Flasche Jack Daniels zu schaffen, was das Chaos noch verstärken sollte. Die Sendung selbst gleicht einer Ansammlung von Wahnsinnigen. Die Band und King sind am Ende sehr zufrieden.

Bela B: »*Ich hatte mal eine Elvis-Show im Fernsehen gesehen, wo der King mitten in einem Song ins Publikum ging und eine Frau küsste. Mit genügend Mut in der Blutbahn sprang ich einfach zwischen die Leute und küsste ein sehr hübsches Mädchen, das mir vorher aufgefallen war – mit Zunge.*«

Nach dem Auftritt bleiben Bela und Sahnie gemeinsam mit ihren Freundinnen noch in dem Club. Dort erklärt Sahnie Belas Freundin in dessen Anwesenheit recht unverhohlen seine persönliche Sicht der Dinge zur Lage der Band. Farin sieht er als das musikalische Genie, sich selbst als Geschäftsmann und Strippenzieher hinter den Kulissen und Bela … ja, Bela ist halt auch dabei. Falls man sich für noch mehr Erfolg anders aufstellen müsste, so müsste das eben sein. Es besteht kein Zweifel, wessen Position Sahnie dabei am gefährdetsten sieht. Bela traut seinen Ohren nicht, als er dies hört. Der emotionslose Vortrag von Sahnie bringt ihn fast zum Heulen, denn ihm liegt viel an der Band, und es macht ihn wütend, mit anhören zu müssen, wie egal dies ihrem Bassisten alles eigentlich ist. Sahnie stellt das Ganze auch noch so dar, als bestünde darüber mit Farin Einigkeit, was Bela noch mehr zusetzt. In der Nacht nach dem Gespräch kann Bela kaum schlafen. Am nächsten Morgen steht für ihn fest, dass er der Band nicht länger im Wege stehen möchte, und verkündet seinen Ausstieg. Er ruft nacheinander Farin und Jim Rakete an, die beide schockiert sind.

Bela B: »*Ich kann mich an ein Gespräch mit Farin nicht mehr erinnern, aber Jim intervenierte sofort. Er sagte wortwörtlich, dass Sahnies Gerede und das Seelenleben eines Baumes in China an Wichtigkeit gleichzusetzen wären, während er mich in der Band für unersetzlich hielt. Das erstaunte mich, denn ich dachte zu dem Zeitpunkt, dass Jim von mir nicht so viel hielt.*«

Rakete beruft noch für den gleichen Tag eine Krisensitzung mit allen Bandmitgliedern ein. Er bittet Sahnie, seine Ausführungen von gestern Abend in gesammelter Runde zu wiederholen. Sahnie windet sich: Bela habe wohl einige Wörter in den falschen Hals bekommen, und er beteuert, dass er nichts gegen Bela habe und gerne mit ihm in einer Band spiele. Bela und Farin üben harsche Kritik an seiner Einstellung zur Band, und Sahnie gibt zu, dass er sich im Moment schwer damit tue, dem Studium und der Musik gleich viel Aufmerksamkeit zu schenken. Er verspricht aber, sich zukünftig mehr im Sinne der Band zu verhalten. Am Ende kann Bela von einem Verbleib überzeugt werden, und die Sache ist vom Tisch – vorerst.

Sahnie: »*Ich war zu der Zeit sehr frustriert und hatte mich innerlich schon komplett von den Ärzten verabschiedet. Das haben sie natürlich auch gespürt. Es war auch immer wieder Thema bei uns, was mich und die anderen beiden natürlich noch mehr frustriert hat.*«

Unterdessen gehen die Arbeiten im Studio weiter. Praekers ehemaliger Spliff-Kollege Reinhold Heil[15] schaut mit seiner Freundin Rosa Precht vorbei. Beide betreiben das Projekt Cosa Rosa, mit dem sie es unter anderem bis in die *ZDF Hitparade* schaffen. Während Heil für *Sweet Sweet Gwendoline* eine wunderschöne Orgel einspielt, soll Precht in dem Song der Gwendoline ihre Stimme leihen, wozu es aber nicht kommt.

Bela B: »*Wir hatten wirklich viel Spaß während der Studioarbeiten. Manne Praeker kümmerte sich erst mal um die Atmosphäre und kaufte auf Produktionskosten etliche Zeitungen ein. Irgendwann kamen auch Pornohefte dazu. Ich begann, in den Zeiten, wo ich nichts zu tun hatte, aus den Pornos kleine Mobiles zu basteln, mit denen ich* die Wände zuhängte. Dann besuchte uns Cosa im Studio. Erst sah sie nur ein Penthouse-Poster mit einer großbusigen Frau in Reizwäsche, doch als sie sich umdrehte und auf meine Kunstwerke an der Wand starrte, wurde sie blass und verließ schnell das Studio. Wir haben dann eine Gruppe Mädchen in einem Restaurant angesprochen, ob sie für uns etwas im Studio sprechen würden. Eine, Jeanette hieß sie und sie war ein bisschen angeschwipst, kam dann mit ins Studio, um auf Sweet Sweet Gwendoline zu stöhnen, was wir ihr aber erst nach und nach verrieten. Farin rannte vor, um die Pornobildchen abzuhängen. Er hatte Angst, dass sie ansonsten sofort das Weite suchen würde.«

Leider verplempert die Band durch solche Aktionen auch viel Zeit. Statt der üblichen 13 Stücke kommen sie am Ende gerade mal so nur auf elf Songs.

Farin Urlaub: »*Wir hatten schon bei Weitem genügend Demos, aber Manne Praeker war ein sehr gemütlicher Arbeiter. Jeden Tag gingen wir herzhaft und ausgiebig essen, und so fehlte es am Ende einfach an Budget und Studiozeit. Daher gab es diesmal nur elf Songs.*«

Aufgrund dessen wird auch ein Song nicht fertig, den viele Fans sicher gerne mal hören würden.

Bela B: »*Farin und ich waren zusammen im Kino und haben uns* Rambo II *mit Sylvester Stallone angesehen. Wir fanden den Film total doof. Da wir aber wegen dem Stress mit Sahnie wieder etwas näher zusammengerückt waren, hatten wir aus Quatsch die Idee zu einem Discosong über ein hanebüchenes Abenteuer von John Rambo mit dem Titel* Rambo in a Chinese Whorehouse. *Damit es auch authentisch klang, habe ich meinen Ami-Kumpel Geoff Freemann gefragt, ob er den Text sprechen könne. Die Aufnahmen sind leider verschollen. Farin hat im Refrain sehr schöne Kopfstimmen gesungen: ›R A M B O in a Chinese whorehouse, in a Chinese whorehouse, baby.‹*«

Die Stimmung im Studio ist gut, doch nicht nur für die Band sollte sich dies bald wieder ändern. Am 26. April kommt es im Block 4 des Atomkraftwerks von Tschernobyl in der heutigen Ukraine zu einer verheerenden Explosion, bei der jede Menge radioaktive Strahlung freitritt. Die furchtbaren Bilder des völlig zerfetzten Reaktorblocks, die über die Bildschirme flimmern, bleiben unvergesslich. Unklar ist, was diese Katastrophe für die Menschen hierzulande konkret bedeutet. Klar ist jedenfalls, dass sich die Radioaktivität über die

Luft schnell über Europa verbreitet. Besonders in Österreich und der DDR, wo man dies aber herunterspielt, werden erhöhte Strahlenbelastungen im Boden gemessen. Im Studio diskutiert die Band kurz, ob man die Katastrophe als Anlass für einen Song nehmen sollte – die Aufmerksamkeit wäre ihnen sicher gewiss. Aber Die Ärzte wollen den Zeigefinger partout nicht erheben – das Feld überlassen sie gerne anderen. Schließlich ist es Wolf Maahn, der die Gelegenheit beim Schopf packt und bald darauf mit *Tschernobyl (Das letzte Signal)* den Song zur Katastrophe liefert.

Nach dem Unglück von Tschernobyl erleben bald auch Farin und Bela mit der Band ihren Super-GAU. Hätten sie auch nur im Entferntesten geahnt, was ihr Song *Geschwisterliebe* anrichten würde, hätten sie vielleicht Abstand davon genommen, ihn überhaupt für das neue Album aufzunehmen. Natürlich wollen sie mit dem Song, in dem die Liebe unter Geschwistern besungen wird, provozieren. Schon seit ihren Anfangstagen befindet sich die Nummer in ihrem Programm. Farin hatte ihn noch im Teenager-Alter geschrieben und fand vor allem die Konjugation von »flachlegen« witzig. Der als Bluesballade angelegte Song gefällt ihnen auch musikalisch und passt gut zu der Maxime »Lieber bis zur Schmerzgrenze provozieren, als belanglos zu sein«. Und natürlich ist es eine Provokation, wenn man über den sexuellen Akt zwischen Geschwistern singt – auch wenn man sich danach wieder den Bademeistern oder Teddybären zuwendet. Nun aber soll dieser Song endlich auf Platte gebannt werden. Da das Stück schon vielen Konzertbesuchern in seiner Live-Version bekannt ist, beschließen Die Ärzte, ihn in einer benachbarten Halle auch unter Live-Bedingungen aufzunehmen. Farin an der Gitarre und am Gesang, Bela am Schlagzeug und Manne Praeker am Bass. Farin und Bela schließen schon Wetten darüber ab, wie ihre Plattenfirma auf diesen Song reagieren wird.

Noch während Die Ärzte im Studio sind, erhalten sie ein Angebot der Raiffeisenbank aus Schwabmünchen, einer kleinen Stadt in der Nähe von Augsburg. Diese bietet der Band eine sehr hohe Gage in Höhe von 6.000 D-Mark plus Spesen für ein Konzert am 28. Juni im Jugendclub Morning Star an. Für diesen recht hohen Betrag unterbricht die Band sogar die Arbeiten am Album, um dafür zu proben. Es werden die letzten Proben mit Sahnie sein.

Drei Tage vor dem Auftritt sind Farin und Sahnie zu vereinbarter Uhrzeit im Proberaum der Band. Wer fehlt, ist wieder mal Bela. Um die Zeit nicht weiter sinnlos mit Warten zu vergeuden, gehen Farin und Sahnie in ein benachbartes Café, Bela hinterlassen sie eine entsprechende Nachricht auf einem Zettel an der Tür. Während des Aufenthalts im Café kommt Farin wieder auf die Band und Sahnies Verhältnis dazu zu sprechen. War es beim letzten Mal Bela, der ob Sahnies Äußerungen vom Glauben abfiel, so ist es nun Farin, der von Angesicht zu Angesicht erfährt, wie Sahnie wirklich denkt. Der wiederholt seine Beweggründe, die er zuvor schon Bela geschildert hat: Er mache das mit der Musik eigentlich nur des Geldes und des Ruhmes wegen. Er weiß zwar, dass ein Leben als Rockstar auch aus einem gewissen künstlerischen Gehalt besteht, doch dies interessiert ihn nicht. Die Studioarbeit findet er langweilig, und statt sich immer nach ihnen richten zu müssen, sollte die Band sich zukünftig nach seinem Studium richten und nur noch in den Semesterferien touren. Rausschmeißen könne man ihn ja wohl schlecht, man bräuchte ja sein Gesicht. Farin trifft der Schlag. Das Heile-Welt-Kartenhaus, das er mühevoll versucht hat aufrechtzuerhalten, ist gnadenlos eingestürzt. Noch während des Gesprächs wird ihm klar, dass es mit Sahnie definitiv nicht weitergehen kann. Er gibt ihm gegenüber an, kurz mit Bela telefonieren zu müssen, um zu fragen, wo er denn bleibt. Dieser ist tatsächlich noch zu Hause und hat schon ein schlechtes Gewissen, da seine Verspätung, ausgelöst durch eine extrem kurze Nacht, selbst die bisher von ihm bekannten Dimensionen bei Weitem übersteigt. Farin geht aber gar nicht darauf ein, er teilt Bela ohne Umschweife mit: »Wir werfen Sahnie aus der Band!«

War er eben noch recht angegriffen von letzter Nacht, so ist Bela nun hellwach und traut seinen Ohren kaum. Ein lautes »YEE-EEEES!« erreicht Farin durch den Telefonhörer. Gemeinsam vereinbaren sie, alle weiteren Details in den kommenden Tagen bis zum Konzert in Schwabmünchen besprechen zu wollen. Sahnie soll erst nach dem Konzert über seinen Rausschmiss informiert werden, denn der Auftritt ist gut bezahlt, und die Kohle können alle drei gut gebrauchen. Außerdem gibt es so kurzfristig auch keine Alternative. Natürlich informieren sie auch Jim Rakete über ihren Entschluss, der zwar etwas schlucken muss, aber die Sache mitträgt.

Jim Rakete: »*Ich hätte mich vielleicht an ihrer Stelle nicht von ihm getrennt. Aber dann: Was weiß ich schon davon, wie es lief? Sollten die Beatles zusammenbleiben, nur weil sie mir so gefielen? Letztlich muss das eine Band allein wissen, das ist die Wahrheit. Hans ist jedenfalls ein feiner Kerl und völlig unvergessen meinerseits!*«

Man vereinbart, dass es nach dem Schwabmünchen-Konzert ein letztes gemeinsames Treffen mit Sahnie im Büro von Anwalt Axel Schwarzberg geben soll, wo man ihn über seinen Rausschmiss informieren und mit ihm die finanziellen Aspekte seines Ausstiegs klären will. Jim rät ihnen dazu, ihm eine großzügige Abfindung zu zahlen, und er solle im Gegenzug dazu ihnen seine Rechte an allen Veröffentlichungen übertragen – ausgenommen seiner eigenen Kompositionen. Farin und Bela weihen auch ihre Crew in Person von Lui, Nopper und Gabi Kowarik ein. Auch diese waren in der Vergangenheit oft genug genervt von Sahnies Eigenwilligkeiten. Da wäre beispielsweise die Angewohnheit, gewisse Dinge, die ihm während eines Konzertes nicht gefielen, über sein Bühnenmikro an die Crew zu übermitteln – oft mit abstrusen Begründungen. So sollte Lichtmann Lui ein paar Scheinwerfer von ihm wegnehmen, da er ansonsten zu sehr schwitze, und Tonmann Dirk Holzhäuser wurde angehalten, ein paar Bässe rauszunehmen, da Sahnie Angst habe, Herzrhythmusstörungen zu bekommen. Sie alle machen das Spiel mit. Es weiß nun also jeder Bescheid, dass dies das letzte Konzert mit Sahnie werden wird – bis auf Sahnie. »Rache ist süß« lautet ein bekanntes Sprichwort, und Farin und Bela haben großen Spaß daran, Sahnie weiter in Unkenntnis zu lassen. Man kann darüber streiten, ob dies von gutem Stil zeugt, doch man darf nicht vergessen, dass alle Beteiligten gerade mal Anfang 20 sind – ein Alter, wo der Bauch noch die meisten Rennen gegen den Kopf gewinnt. Gerade Bela hat in letzter Zeit zu oft Bauchschmerzen wegen Sahnie gehabt, und ausgerechnet er möchte ihm die letzten gemeinsamen Stunden noch so schön wie möglich gestalten.

Bela B: »*Ich habe es zwar genossen, aber außer, dass ich, als er im Bus schlief, ein paar der Studio-Porno-Mobiles um seinen Kopf drapiert hatte, habe ich nichts gemacht. Das wäre auch ein typischer Scherz gewesen, den ich sowieso gemacht hätte. Wir waren jedoch genervt, dass wir erst so spät loskamen, da er noch eine Vorlesung*

besucht hat. Seine Bassanlage mussten wir für ihn packen, was man für einen Freund ja gerne macht.«
Vor ihrem Konzert soll die Band noch eine Autogrammstunde geben. Dabei bemerkt Bela, dass Sahnie offenbar auch einen Imagewandel vollziehen möchte, denn anstatt »Sahnie« steht auf einer Autogrammkarte nur noch »Hans«. Die Abkehr von seinem Künstlernamen ist durchaus nachvollziehbar, wahrscheinlich stand Breiti von den Toten Hosen auch schon mehrmals davor. Doch der Zeitpunkt von Sahnies Imagewandel ist schon sehr unglücklich gewählt.

Sahnie: *»Der Name Sahnie ist völlig bescheuert, passt aber zur Band. Ich habe den Namen nie gemocht. Ich bin Hans und niemand anderes.«*

Bela B: *»Ich fand es tragisch lustig, weil er gerade mir gegenüber betont ernsthaft aufgetreten ist, um auch mir klarzumachen, dass jetzt andere Zeiten angebrochen waren.«*

Das Konzert selbst läuft recht ereignislos ab, wenngleich Farin und Bela es sich nicht verkneifen können, immer wieder verschwörerische Blicke auszutauschen. Als sie wieder in Berlin sind, geht alles sehr schnell. Sahnie bekommt eine Vorladung zu einem Anwaltstermin per Post, und man trifft sich zwei Tage später mit ihm im Büro vom gemeinsamen Anwalt Axel Schwarzberg, um ihn offiziell rauszuschmeißen. Sahnie ist sauer über die Art und Weise, wie ihm der Rausschmiss erklärt wird, und selbst Jim Rakete ist davon etwas verwundert, doch Bela und Farin wollen es schnell hinter sich bringen. Am 1. Juli 1986 endet somit der gemeinsame Weg von Bela, Farin und Sahnie.

Bela B: *»Wir haben Sahnie vor die Wahl gestellt, weiterhin an den ersten Platten beteiligt zu bleiben oder eine stattliche Abfindung von 10.000 D-Mark für seine Rechte zu akzeptieren. Er hat nicht lange überlegt, weil unsere Verkäufe zu dem Zeitpunkt noch nicht sehr üppig waren.«*

Farin Urlaub: *»Nachdem meine heile Welt der wahren Bandfreundschaft von Sahnie so brutal wie ehrlich zerstört worden war, gab es kein Zurück mehr. Obwohl er sich mit mir immer gut gestellt hatte (wahrscheinlich aus der Überlegung heraus, dass ihm das finanzielle Vorteile brächte), fühlte ich mich von ihm verraten – so fiel mir der Abschied nicht schwer. Heute würde ich vielleicht etwas sanfter* mit einer solchen Situation umgehen, aber damals hatte ich das Gefühl, mein Leben hinge von der Band ab, was vielleicht die scheinbare Härte etwas erklärt. Ich gebe zu: Wir empfanden dann auch so etwas wie heimliche Genugtuung darüber, dass der ›Geschäftsmann‹ Sahnie sich auf diesen schlechten Deal einließ; aber er glaubte wohl tatsächlich, dass wir sein Gesicht bräuchten und Die Ärzte ohne ihn am Ende wären.«

Sahnie: »Ich war froh, dass das Kapitel endlich beendet war, auch wenn ich mir gewünscht hätte, dass sie es mir direkt gesagt hätten und nicht über unseren Anwalt. Ich weiß auf jeden Fall noch wie heute, dass ich nach dem Gespräch bei Axel Schwarzberg in der Leibnitzstraße mit einem breiten Grinsen auf mein Motorrad gestiegen bin. Ich hatte einen Gedanken, den ich bis heute nie vergessen habe: Ich bin wieder FREI. Die Spannungen wurden ja zum Schluss hin immer größer, und es war sicherlich gut, dass wir uns zu diesem Zeitpunkt getrennt haben – das war das Beste für alle Beteiligten. Wir alle haben uns eigentlich viel zu lange aneinandergeklammert, aber was wussten wir schon, wir waren ja noch alle sehr jung. Ich war jedenfalls froh, dass ich nun endlich das machen konnte, was ich wollte, und Farin und Bela sind dann ja auch ein paar Jahre später durchgestartet. Nach der Trennung habe ich in Windeseile mein Studium beendet und bin recht bald nach Asien gegangen. Seitdem bin ich viel in der Welt herumgekommen. Ich habe Dinge erlebt, die ich mit den Ärzten sicher nie erlebt hätte. Direkt nach den Ärzten habe ich noch mit ein paar Freunden ein Soloalbum produziert, das aber eher ein Spaß war. Mit Musik habe ich mich danach nie wieder ernsthaft beschäftigt. Musik wurde und ist für mich heute eher unwichtig.«

Farin und Bela sind erleichtert, dass die Querelen nun wohl der Vergangenheit angehören. Sie sind zwar nun auf ein Duo zusammengeschrumpft, doch diese neue Erfahrung setzt viel Energie bei ihnen frei. Diese werden sie bald auch brauchen, denn sie ahnen ja nicht, was ihnen bevorsteht.

9. KAPITEL

Sexualethische Desorientierung

*»Wir singen nicht mehr über schmutzige Sachen.
Ich bitte Sie, das würden wir doch nie im Leben machen.«*
(Die Ärzte – Schopenhauer)

Die Anti-Atomkraft-Bewegung erreicht durch die Geschehnisse von Tschernobyl einen großen Zuspruch. War ihr Anliegen bislang bei einer überschaubaren Zahl von linken Alternativen verankert, so zieht sich der Wunsch nach dem Rückzug aus der Atomenergie nun quer durch alle Bevölkerungsschichten. Angesichts von allein über 20 Atomkraftwerken in der BRD steigt die Angst vor einem Atomunglück vor der eigenen Haustür. Ein Höhepunkt der Bewegung findet im bayerischen Burglengenfeld statt. Dort wird am Wochenende des 26. und 27. Juli das *Anti-WAAhnsinns-Festival* veranstaltet. Der Veranstaltungsort ist nicht ohne Grund gewählt worden: In Burglengenfeld soll eine Wiederaufbereitungsanlage für atomaren Müll entstehen. Über 100.000 Menschen strömen in die bayerische Kleinstadt, um Künstler wie BAP, Herbert Grönemeyer, Wolf Maahn, die Rodgau Monotones oder die Toten Hosen zu sehen.

Die Ärzte sind nicht eingeladen. Sie wären wohl auch nicht gekommen, denn sie sehen sich als apolitische Band und schon gar nicht in einer Reihe mit der von ihnen so verhassten Deutschrockelite. Verbrüderungsgesten, wie sie Die Toten Hosen mit Grönemeyer oder BAP während des Vortrags des alten Schlagers *Am 30. Mai ist der Weltuntergang* beim großen Finale des Festivals feiern, sind für Die Ärzte nicht vorstellbar. Massive Bürgerproteste und die bundesweite Aufmerksamkeit durch das Festival bringen Bund und Land schließlich dazu, ihre Pläne zu verwerfen. Angespornt von diesen Erfolgen, fordert die Bevölkerung weiterhin den Atomausstieg, doch zu einem grundlegenden Wechsel in der deutschen Atompolitik führt die Katastrophe von Tschernobyl letztlich nicht. Im Gegenteil: Unter der Kohl-Regierung werden in den folgenden Jahren noch sechs weitere Atomkraftwerke in Betrieb genommen.

Farin und Bela legen unterdessen letzte Hand an ihr drittes Album, das schlicht *Die Ärzte* heißen soll. Lange Zeit war *Sex* ein Favorit für den Titel, doch am Ende entscheiden sie sich dagegen.

Bela B: »*Wir waren von der Studioarbeit und den Vorfällen mit Sahnie sehr ausgelaugt und sprühten dieses Mal nicht vor Ideen für einen Albumtitel. Auch schafften wir es nicht, die üblichen 13 Titel fertig zu stellen, da jetzt ja auch die Beiträge von Sahnie fehlten, die wir vorher schon aufgenommen hatten. Dass wir das Album nur* Die Ärzte *nannten, hat mich lange geärgert, weil ich eigentlich mehr Originalität von uns verlangte. Heute denke ich, es war gut so, denn Farin und ich waren die Essenz der Band, und das machten wir damit klar.*«

Das Album markiert in vielerlei Hinsicht einen Wendepunkt. Es ist das erste Album ohne Sahnie. Obwohl er zum Zeitpunkt der Aufnahmen noch in der Band war, hat er nicht einen einzigen Ton dazu beigetragen. Gleichzeitig wendet die Band sich vom Pop hin zum Rock. War die verzerrte Gitarre auf *Im Schatten der Ärzte* noch eine Ausnahme, so ist sie nun omnipräsent – Manne Praeker sei Dank. Gleichzeitig wirkt die Band reifer, wenngleich man ihnen bei Songs wie *Geschwisterliebe* oder *Ich bin reich* noch immer infantilen Humor bescheinigen kann. Alles in allem geht es auf *Die Ärzte* aber sehr düster zu. Belas Songs drehen sich fast ausschließlich um die Nacht und das Dunkle, Geheimnisvolle. Der letzte Song *Zum letzten Mal*, in dem der von seiner Freundin Verstoßene beschließt, seine ehemalige Geliebte zu töten, lässt das Album höchst dramatisch und bitter enden. Dieser Stimmung fällt auch der von Farin geschriebene Song *Australien*[1] zum Opfer, denn der fröhliche Song über »Down Under« und seine Bewohner will nicht so recht zur Ausrichtung der Platte passen.

Bela B: »*Warum wir stattdessen lieber eine Indie-Rock-Version von* Jenseits von Eden *aufnahmen, weiß ich nicht mehr. Wir hatten eigentlich nie vorgehabt, Coverversionen auf Vinyl zu bannen, und taten das danach auch höchstens mal für Sampler oder B-Seiten. Drafi Deutscher, der Komponist des Liedes, der aufgrund von* Marmor, Stein & Eisen bricht *auch bei uns Punks sehr beliebt war, fand unsere Version viel zu zahm, wie er mir kurz darauf bei einer Fernsehshow*[2] *erzählte. Ich aber mochte diese schleppende Version, die dem Text viel mehr entsprach als der Schmalz eines Nino De Angelo.*«

Farin Urlaub: »*Ich erinnere mich, dass ich im Rahmen der Albumaufnahmen endlich meinen Führerschein gemacht und mir auch mein erstes Motorrad gekauft hatte: die schließlich auch auf dem Albumcover verewigte BMW. Wie immer brannte ich darauf, nach dem Ende der Aufnahmen endlich wieder zu verreisen – wenn auch nur nach Bayern zu meiner damaligen großen Liebe. Ich erinnere mich auch, etwas frustriert gewesen zu sein, dass wir dieses Mal keine 13 Songs aufgenommen hatten. Wahrscheinlich wollte Manne mit* Jenseits von Eden *auf Nummer sicher gehen; mit einem derartigen Monsterhit auf dem Album würde die CBS sicher irgendwie zufrieden sein.*«

Natürlich muss das Album auch noch von der CBS abgenommen werden. Der Song *Geschwisterliebe* wird erwartungsgemäß höchst kontrovers diskutiert. Heinz Canibol, der Marketing-Chef, findet ihn absolut geschmacklos und will, dass er gestrichen wird. Er befürchtet zugleich juristischen Ärger. Als Hubert Wandjo und Markus Linde davon erfahren, dass man ernsthaft überlegt, sogar das ganze *Die Ärzte*-Album wegen des einen Titels nicht zu veröffentlichen, marschieren sie prompt in das Büro von CBS-Chef Jochen Leuschner. Sie reden auf Leuschner ein, auf diese Forderung nicht einzugehen, ansonsten würden sie mit sofortiger Wirkung ihre Jobs zur Disposition stellen. Leuschner hört auf sie.

Markus Linde: »*Jochen Leuschner hat daraufhin einen Satz gesagt, den ich ihm heute immer noch hoch anrechne: ›Solange ich hier im Haus das Sagen habe, wird es keine Zensur geben.‹ Das hat ihm großen Respekt bei uns allen eingebracht.*«

Die CBS entscheidet sich schließlich dafür, das Album ohne Änderungen zu veröffentlichen.

Andreas Kirnberger: »*Wir waren schon ein wenig bekümmert wegen* Geschwisterliebe, *aber letztlich war es für uns nur einer der eher schlechten Titel auf einem Album mit ansonsten vielen guten Songs. Für immer ist bis heute sogar eines meiner absoluten Lieblingslieder von* Die Ärzte. *An eine mögliche Zensur dachte damals von uns ganz sicher niemand. So etwas gab es ja bislang im Pop-Business auch nicht.*«

Bela B: »*Wir haben Kirnberger konkret gefragt, ob das Probleme geben würde, und er verwies auf das Lied* Claudia hat 'nen Schäferhund, *das ja auch nicht beanstandet worden war. Tja …*«

Um die Fotos kümmert sich wieder Jim Rakete, der, was seine Fotos für *Die Ärzte* betrifft, hier sein Meisterstück abliefert. Zum ersten Mal sind nur Farin und Bela auf einem Ärzte-Cover zu sehen, ein Bild, das vorher schon viele insgeheim von der Band hatten.

Andreas Kirnberger: »*Für uns bei der CBS bestand die Band eigentlich immer nur aus Farin und Bela. Das waren für uns Die Ärzte. Sahnie haben wir kaum gekannt, gleichwohl die Band ja nach außen hin als Trio aufgetreten ist. Für uns war es egal, dass er nun nicht mehr mit dabei war.*«

Raketes Bilder zeigen die gereiften Farin und Bela, die unterschiedlicher nicht sein könnten. Auf den ersten Blick hat man auch nicht unbedingt den Eindruck, dass man es hier mit einer Band zu tun hat. Man denkt eher an ein Duo, das einen Namen wie Urlaub & B. tragen könnte – eben zwei Individualisten, die zusammen etwas Großes erschaffen.

Sahnie: »*Bela ist ein sehr feinfühliger Mensch, der ein ganz feines Gespür für Zwischenmenschliches hat. Farin hingegen ist ein absoluter Kopfmensch und ein großer Stratege. Wenn die beiden zusammen sind, ist das wie eine toxische Mischung. Sie ergänzen sich perfekt.*«

Die große Kunst an Raketes Bildern ist, dass sie in beide Richtungen wirken – sowohl gruppendynamisch als auch individuell. Bela stört sich aber daran, dass Farins bayerisches Motorrad so prominent auf dem Cover und der Rückseite des Albums zu sehen ist. Er hat zwar ebenfalls ein Faible für Motorräder, doch er findet Farins Maschine äußerst uncool.

Bela B: »*Heute, wo Harley-Davidson für wohlhabende Freizeitrocker steht, bin ich total froh darüber!*«

Farin Urlaub: »*Bela war schon schwer genervt von der uncoolen Gummikuh, die so prominent abgebildet war. Irgendwie hatte er ja schon recht, aber ich hatte nun einmal kein cooleres Motorrad und er noch keinen Führerschein.*«

Im Herbst 1986 stellt die CBS das neue Album in die Läden. Natürlich müssen Die Ärzte im Rahmen der Promotion zur Platte viele Fragen zu Sahnies Fortgang beantworten. Um die wahren Gründe zu verschleiern, geben sie an, dass sich dieser mehr auf sein Studium konzentrieren wollte, was ja auch nicht ganz falsch ist. Natürlich stellt sich den Leuten aber auch die Frage, wer denn nun Sahnie beerben wird. Auch Bela und Farin überlegen eifrig, denn schon im Oktober soll die gemeinsame Tour mit ihren Proberaum-Kollegen von The Subtones starten, die unter dem Motto *Boys Want Fun!* stehen soll. Beide sind sich einig, dass der Charakter des neuen Bassisten noch viel wichtiger als sein eigentliches Spielvermögen sein sollte. Aufgrund dessen überlegen sie eine Zeit lang, ihren Freund Nopper vom Merchandiser zum Bassisten umzufunktionieren, doch daraus wird nichts. Zum einen hat Nopper kein Talent dafür und zum anderen auch keine richtige Lust.

Christian »Nopper« Schmidt: *»Bassist zu sein, war einfach nichts für mich. Ich hätte lieber Schlagzeug gespielt, doch das stand ja nun mal nicht zur Diskussion. Farin und Bela haben zwar auf mich eingeredet, mir Mut gemacht, dass das doch nicht so schwer sei, doch ich wollte nicht. Nach meiner Zeit bei Die Ärzte wurde ich dann Sänger bei meiner eigenen Band namens Stone, Cold & Crazy. Einer unserer Produzenten war übrigens Rodrigo González – so schließt sich der Kreis. Natürlich habe ich seitdem immer wieder mal überlegt, was wohl heute wäre, wenn ich damals zugesagt hätte, aber ich bin nicht unzufrieden mit dem Verlauf meines Lebens. Ich habe es jedenfalls nicht bereut, den Bassistenjob abgelehnt zu haben.«*

So sucht man also weiter nach möglichen Kandidaten. Farin fällt nicht wirklich jemand ein, doch Bela hat zwei mögliche Bassisten in Aussicht. Der eine ist Rolf Kötting – ein echter Aktivposten, der sehr talentiert ist. Der andere heißt Hagen Liebing. Er spielt Bass bei der Band Los Nirvana Devils. Bela kennt ihn aus den gemeinsamen Anfangstagen der Berliner Punkszene und ist ihm dabei in sehr guter Erinnerung geblieben, da Hagen ein stets ausgeglichener und besonnener Typ war, mit dem er immer gut klargekommen ist.

Bela B: *»Ich habe zwar Rolf und Hagen im Kopf gehabt, aber letztlich nur Hagen vorgeschlagen, weil ich wusste, dass Farin mit Rolf nicht klarkommen würde. Bei Hagen war ich mir, was Farin betrifft, hingegen total sicher, und das war mir sehr wichtig. Rolf war und ist kein schwieriger Typ, doch er ist auch ein Macher und ein Nachtmensch, und wir brauchten damals eher einen passiven Vertreter.«*

Hagen ist gerade dabei, seine stockende Musikerlaufbahn gegen ein Journalistikstudium einzutauschen, als ihn ein schicksalhafter

Anruf von Bela erreicht. Der stellt ihm die folgenschwere Frage: »*Hagen, willst du Popstar werden?*«

Die Frage trifft ihn völlig unvorbereitet, doch er bejaht – schließlich sind Die Ärzte eine der wenigen Bands aus Berlin, die er uneingeschränkt gut findet. Farin und Bela bieten ihm an, ein vollwertiges Bandmitglied zu werden, doch Hagen zögert. Dies würde zwar bedeuten, dass er Anteil an allen Umsätzen der Band erhält, dafür würde er aber auch das finanzielle Risiko mit ihnen tragen, müsste bei allen Promo-Terminen zugegen sein und sich gleichzeitig dazu verpflichten, sein Studium hintanzustellen, denn die Band geht vor. So ist er froh, dass man ihm auch den Status eines Leih-Bassisten vorschlägt. Hagen soll dabei vor allem Konzerte und ausgewählte Promotermine wahrnehmen, wird aber ansonsten von Pflichten wie Studioarbeit oder Interviews entbunden. Für seine Verpflichtungen soll er ein festes Tageshonorar erhalten. Gleichzeitig soll Hagen schauen, dass sich seine Studientermine nicht mit den Tourneen der Band überschneiden – ein solches Drama wie bei Sahnie wollen Farin und Bela nicht noch einmal erleben. Hagen ist einverstanden. Rolf wiederum wird in den 1990ern bei der Berliner Punkband Terrorgruppe als Bassist einsteigen.[3]

Bela B: »*Als ich Rolf einige Jahre später mal erzählt habe, dass er beinahe unser Bassist geworden wäre, ist er fast aus allen Wolken gefallen.*«

Bei einem Treffen mit Hagen in einem italienischen Restaurant kommt die Band auf das Thema Künstlername zu sprechen. Farin und Bela sind bekanntlich bereits versorgt, und Hagen soll dem in nichts nachstehen. Eigentlich mag Hagen seinen bürgerlichen Namen und kann sich nur schwer mit einem Pseudonym anfreunden. Die Ergebnisse des Brainstormings sind auch nicht gerade einfallsreich. *Gurki* ist noch eine der besten Ideen, aber selbstredend unbrauchbar. Bela kommt schließlich darauf, ihn einfach *The Incredible Hagen* zu nennen, nach der Comicfigur *The Incredible Hulk*. Der Vorschlag findet die Zustimmung aller Beteiligten, und Hagen ist froh, dass er sogar seinen richtigen Namen weiter verwenden kann. Schon bald muss er auch das erste Mal in seiner neuen Funktion ran, als Farin und Bela ihn bitten, sie bei den Aufnahmen zu dem Song *Ewige Blumenkraft* zu unterstützen, der als B-Seite auf der

Maxi-Single der ersten Album-Auskopplung *Für immer* erscheinen soll. Bei dem Song handelt es sich um eine Verarsche des von der Band so leidenschaftlich gehassten Hippietums inklusive großem Happening und Hare-Krishna-Chören. Die Band hat jedoch ihre ganz eigene Definition von Love, Peace und Happiness, wie sie gleich am Anfang des Songs klarmacht:

Man nennt mich »Bruder Friedlich«
Und ich sage euch: Nur wer liebt
Kann auch geliebt werden
Man nennt mich Jesus Christus
Und ich sage euch:
Nur wer knallt, kann auch geknallt werden.

Bela B: *»Der Song war eine unmittelbare Reaktion auf unseren Song* Eva Braun, *bei dem immer wieder Dummglatzen den Hitlergruß machten. Wir dachten,* Ewige Blumenkraft, *der Titel stammt aus der* Illuminatus!*-Trilogie, würde uns für die Idioten unattraktiv machen. Den Witz hat aber wirklich niemand verstanden, und ich denke, so gut wie kein Fan mochte das Lied.«*

Nach dem ersten Studioeinsatz steht Hagen am 18. Oktober 1986 nun die nächste Bewährungsprobe bevor: sein erster Auftritt als Bassist von Die Ärzte. Zwar wird dieser recht kurz, aber dafür nicht gerade klein sein, denn Die Ärzte treten neben vielen anderen Musikern wie den Toten Hosen, Mimmi's, den Goldenen Zitronen oder Element of Crime bei einem Benefiz-Konzert für den Wahren Heino alias Norbert Hähnel im Berliner Tempodrom auf. Dieser hat es sich mit dem echten Heino alias Heinz-Georg Kramm verscherzt. Im Gegensatz zum Publikum fand dieser Hähnels Parodien im Vorprogramm der Toten Hosen nämlich gar nicht witzig und sah sich sogar ernsthaft einer Verwechslungsgefahr ausgesetzt. Infolgedessen verlieren Die Toten Hosen ihren Plattenvertrag bei der EMI (bei der Heino unter Vertrag steht), und auch der Wahre Heino, also Norbert Hähnel, erfährt Konsequenzen. Ihn erreicht eine einstweilige Verfügung, mit der ein Ordnungsgeld von 10.000 D-Mark einhergeht. Damit Hähnel das Geld aufbringen kann, haben seine Freunde nun dieses Konzert im Tempodrom organisiert. Die Ärzte stehen an diesem Abend unter besonderer Beobachtung – schließlich wollen Publikum und Kollegen wissen, wie denn dieser neue Mann am Bass so ist. Natürlich braucht es ein bisschen Eingewöhnung, schließlich war Sahnie seit Beginn der Die Ärzte-Zeitrechnung mit dabei gewesen und alleine optisch eine ganz andere Erscheinung als der eher unscheinbare Hagen. Farin und Bela geben sich alle Mühe, Hagen gut dastehen zu lassen, und zur Freude aller bleiben die erwarteten Pfiffe und »Wir wollen Sahnie«-Plakate im Großen und Ganzen aus. Die Feuertaufe ist also bestanden. Mit den Toten Hosen gibt es übrigens an diesem Abend keinen Wortwechsel. Man geht wortlos aneinander vorbei. Die Eiszeit zwischen Berlin und Düsseldorf hält weiter an.

Campino: »*Es herrschte eine Art Kalter Krieg zwischen uns, und wir haben uns auf so eine richtig blöde Art geschnitten, dabei hatten wir denselben Freundeskreis. So kam es zu solchen blöden Momenten wie bei dem Heino-Konzert. Beide Seiten haben sich da auch von den Hetzern in der Szene vereinnahmen lassen, und man hat sich gegenseitig nichts Gutes mehr gewünscht.*«

Der Wahre Heino nimmt indes das eingenommene Geld dankend entgegen, sieht aber nicht ein, es dem Staat zu geben, und geht stattdessen lieber für zwei Wochen ins Gefängnis. Von dem Geld eröffnet er wenig später in der Yorckstraße seine eigene Kneipe, das Enzian, in der Bela bald zum Stammgast wird. Kurz darauf erscheint das neue Album *Die Ärzte*, auf das Farin und Bela stolz sind. Ebenso wie die Plattenfirma sind sie sich sicher, dass das Album gut ankommen wird, doch sie sollten sich irren. 1986 ist kein gutes Jahr für die Musik. Zwar erscheinen mit *Master of Puppets* von Metallica und *Reign in Blood* von Slayer Meilensteine des Heavy Metal-Genres, die ganze Teenager-Horden zu Kuttenträgern machen, doch es gibt auch den bösen Bruder davon: Die Hair Metal-Welle brandet auf. Allen voran Bands wie Bon Jovi oder Europe, die mit *Livin' on a Prayer* oder *The Final Countdown* brachiale Stadionrock-Nummern abliefern und allein durch das Haarspray für ihre Frisuren Tonnen von FCKW[4] freisetzen.

Bela B: »*Bon Jovi haben auch zeitlose Hymnen geschrieben. Wanted Dead or Alive mochten wir alle, und Guns N' Roses haben wenig später ein sehr wichtiges Album herausgebracht.*«

Doch der schlimmste Schmerz für die Ohren geht von deutschem Boden aus. Auch wenn sie es gerne anders hätten, so hat das Duo Farin Urlaub und Bela B gegen das Duo Dieter Bohlen und Thomas Anders alias Modern Talking keine Chance in den Charts. Es scheint so, als ob die einlullende Politik Helmut Kohls in Modern Talking nun ihren musikalischen Ausdruck gefunden hat. Angeblich will bis heute niemand deren Platten gekauft haben, und doch stürmen Hirnschwund-Nummern wie *You're My Heart, You're My Soul, Geronimo's Cadillac, Brother Louie* oder *Cheri Cheri Lady* die Charts. Als wäre die Musik allein nicht schon furchtbar genug, so macht sich auch im öffentlichen Leben ein gewisser Modern Talking-Style breit. Das Tragen von Jogginganzügen in den schlimmsten Farbkombinationen wird dank Dieter Bohlen salonfähig, und manche Jungs verbringen mittlerweile mehr Zeit im Bad als Mädchen, um am Ende so wie der extrem polarisierende Thomas Anders auszusehen. In der Presse-Ankündigung der *Endlich! Die Ärzte*-Tour 1987 werden Die Ärzte einen interessanten Vergleich zu Modern Talking herstellen:

Bela B und Farin Urlaub: *»Sollten wir bei dieser Tour ausverkaufte Hallen haben, verdienen wir bei 40 Auftritten so viel wie Modern Talking bei einem, wenn sie schlecht bezahlt werden. Das haben wir mal ausgerechnet, und dann haben wir gelacht.«*[5]

Modern Talking werden bis zu ihrer Trennung Ende 1987 noch weiter ihr Unwesen treiben und von Hit zu Hit eilen. Deutschsprachige Rockmusik hingegen hat es schwer. Das bekommen auch Die Ärzte zu spüren. Ihr neues Album schlägt nicht so ein, wie sie es sich erhofft haben, und bleibt hinter den Zahlen der Vorgängeralben zurück. Die Plattenfirma kämpft um jede Rezension, und auch die Fanschar ist offensichtlich skeptisch ob der neuen Ausrichtung der Band. Im Oktober startet bereits die *Boys Want Fun!*-Tour mit ihren Freunden von The Subtones. Die Plakate zur Tour zeigen alle beteiligten Musiker schön nebeneinander aufgereiht mit Gitarre beziehungsweise Bass in der Hand – auch die Schlagzeuger. Farin und Bela sind leicht auszumachen, doch der den meisten Fans bislang nicht geläufige Hagen ist von den Subtones-Musikern kaum zu unterscheiden – sicher nicht der cleverste Weg, um den neuen Mann am Bass einzuführen.

Auch eine andere Idee geht nicht auf: Ursprünglich sieht es der Plan vor, dass beide Bands gleichberechtigt auftreten und sich all-

DIE 90ER JAHRE

Oben: King Køng 1990: Konrad »Rupprecht« Mathieu, Christian »Flo« Florie-Albrecht, Jan Vetter und Uwe Hoffmann.
Unten: Depp Jones 1990: Olaf OM Kobold, Michael Beckmann, Bela B, Rodrigo González.

Links oben: Die Rainbirds mit dem erst 19-jährigen Rod (1988). Links unten: Bela und Atze Ludwig im Conny-Plank-Studio bei den Aufnahmen zur ersten Chainsaw Hollies-Platte. Rechts: Rod und Atze Ludwig in dessen Bochumer Wohnung Anfang der 90er Jahre.

Unten: Das berühmte Pressefoto, auf dem Bela etwas seltsam dreinschaut. Schon damals wollte Bela das Bild eigentlich nicht veröffentlichen, doch Farin und Rod hielten ihm entgegen, das dies nicht so oft verwendet werden wird. Denkste: Bis heute ist es eines der am häufigsten verwendeten Pressebilder der Band und Farin und Rod grinsen jedes Mal, wenn sie es sehen.

Oben: Die Ärzte live auf dem Bizarre-Festival in Köln (20.08.1994). Unten links: Eintrittskarte für die *Plugged*-Tour 1993 mit der von Managerin Axel Schulz gezeichneten, oder sagen wir grob skizzierten, Gwendoline. Rechts: Die Ärzte beim Bizarre-Festival. Bela verschönert Rods Bauch im Biohazard-Style.

Links oben: »Keine Macht den Prinzen« steht auf Rods T-Shirt. Die Leipziger A capella-Gruppe ist nicht gut gelitten bei den Die Ärzte. Links unten: Die Ärzte live in Rendsburg auf der *Sömmer der Libe*-Tour. Rechts: Die Ärzte outen sich als »Kelly-Family-Fans«. Mit deren Song *An Angel* quälten sie ihr Publikum auf der 1995er Clubtour ausgiebig. Unten: Farin beim Bizarre-Festival 1994. Wofür wohl die 69 auf seinem T-Shirt steht?

Die ersten Pressebilder, die von Olaf Heine aufgenommen worden sind, alle 1995.

Ober: Kreuzberg zuerst: »Der wahre Heino« Norbert Hähnel und Bela B als Spitzenkandidaten für die KPD/RZ (Kreuzberger Patriotische Demokraten/Realistisches Zentrum) auf einer Wahlkampf-Veranstaltung 1995. Bei der Senatswahl wurden sie fünftgrößte Partei Kreuzbergs. Unten und rechte Seite: Bela, Farin und Rod als Politiker beim Dreh zum *Quark*-Video. Man beachte das kleine Mobiltelefon, das Bela in seiner rechten Hand hält.

RODRIGO GONZÁLEZ

Oben links: Rod beim Autogrammeschreiben 1994. Rechts oben: Mit Bronx Boys-Pullover. Rechts unten: Live in Dortmund (20.03.1994). Unten: Vor dem Auftritt im Dortmunder Musikzirkus 1994.

Oben links: Rod beim *Unrockbar*-Videodreh. Rechts: Beim Auftritt auf den *Hard Pop Days* in Halle/Saale (01.09.2000) Unten: Im Studio bei den Aufnahmen zu *Jazz ist anders*. Rechte Seite, linke Spalte: Pressebilder aus 2007. Rechts oben: Aufnahme für das *GötterDÄmmerung* Tributalbum. Rechts Mitte: Im Studio 1998. Rechts unten: Im Studio 2007

Oben links: Rod 666 beim *Unrockbar*-Videodreh. Rechts: Nicht verwendetes Pressefoto 2003.
Unten links: The Rod mit dem Schwarzen Gold. Rechts: Pleks von Rod.

Oben links: Rod während der Fotosession für *Geräusch*. Rechts: Rod in Santiago de Chile
Unten links: Live in Leipzig 2007. Rechts: Rod anno 2003.

Relax and have a smoke, Rod 2012, aufgenommen von Nela König. Im Jahr 2001 hat Rod mal für die Zigarrenmarke NIL Werbung gemacht. Überschrift damals: »Wer nicht genießt, ist ungenießbar«. Heute konsumiert er meistens E-Zigaretten.

abendlich in der Reihenfolge ihres Auftretens abwechseln, doch schon das erste Konzert macht dieses Vorhaben zunichte. Die Subtones treten vor Die Ärzte auf und werden vom Publikum größtenteils ignoriert. Das ändert sich auch dann nicht, als Die Ärzte vor den Subtones spielen. Obwohl die Subtones von der Ignoranz des Die Ärzte-Publikums genervt sind, bleibt die Stimmung zwischen beiden Bands davon unbeeinträchtigt. Um die Verbundenheit nach außen zu zeigen, kommen beide Bands zu der jeweils anderen auf die Bühne und spielen als »Ärztones« beziehungsweise »Subärzte« einen gemeinsamen Song – unter anderem das von beiden Bands innig geliebte *Teenager in Love*. Für Die Ärzte setzt sich der negative Lauf fort – nachdem die Besucherzahlen zuletzt stets bergauf gingen, muss die Band jetzt einen leichten Rückgang hinnehmen. Beim Konzert im Metropol in Berlin stellen sie sogar einen eigenen Negativrekord auf. Es ist schwer zu sagen, woran es genau liegt. Es ist bereits das zweite Konzert, das sie dort in diesem Jahr spielen – das erste ohne Sahnie. Hinzu kommt, dass die Band mit der neuen LP eine rockigere Gangart eingelegt hat, die vielleicht den ein oder anderen Fan der ersten Stunde verschreckt hat, und vielleicht will der ein oder andere Ärzte-Anhänger auch nicht für eine Band mitbezahlen, die er nicht kennt. Farin und Bela lassen sich jedoch nicht beirren. Ihnen ist klar, dass Veränderungen ihre Zeit brauchen.

Bela B: *»Wir haben uns voll auf Augenhöhe mit den Subtones gesehen. Diese hatten mit* Such a Pain *eine Single draußen, die in Berlin total oft im Radio lief, aber kein wirklicher Hit war. Wir haben gedacht, dass es doch cool ist, wenn zwei Berliner Bands als Export ihrer Stadt zusammen auf Tour gehen würden. Das war aber ein Irrglaube, denn es stellte sich bald heraus, dass wir größer waren, als wir uns selber eingeschätzt hatten, denn die Subtones wurden an den ersten Abenden entweder ausgebuht oder die Leute sind einfach gegangen. Die Tour selbst fand eigentlich viel zu früh statt. Damals gab es die Faustregel, erst drei Monate nach Veröffentlichung einer Platte auf Tour zu gehen, damit das neue Album auch wirklich bei den Leuten angekommen ist.«*

Farin Urlaub: *»Ich denke, es hat mit an der falschen Promo für die Tour gelegen, was unsere Schuld war. Vielleicht war auch die Anfangseuphorie der ersten Jahre ein bisschen verpufft.«*

Nach den ersten Tourtagen fühlen Bela und Farin sich aber in einer Sache bereits bestätigt: Hagen ist ein Glücksgriff für die Band. Seine zurückhaltende, kontrollierte und vor allem freundliche Art macht ihn schnell bei allen beliebt. Im Gegensatz zu Sahnie, dessen Sympathien für Farin spürbar größer waren als für Bela, kommt Hagen mit beiden gut klar. Kurz vor Weihnachten geht die Tour mit einem Nachholkonzert in der Kieler Pumpe zu Ende.

Bela B: »*Auf der Tour hatten wir auch ein Konzert in einem Laden mit einer Deckenhöhe von 2,50 m gespielt. Die Bühne allein war circa 40 cm hoch, was bedeutete, dass Farin mit seinem Kopf fast die Decke berührte. Damals wurde in den Läden noch auf das Exquisiteste geraucht. Da tat er mir schon beim Soundcheck leid. Farin hustete während des Gigs fast pausenlos und war danach zwei Tage heiser.*«

Nach diesem sehr aufwühlenden Jahr freuen sich Die Ärzte auf ein paar ruhige Wochen. Doch dazu soll es nicht kommen, denn über der Band brauen sich dunkle Wolken zusammen. Zunächst müssen sich Bela und Farin nach einem neuen Manager umsehen, denn Jim Rakete hat ihnen mitgeteilt, dass er sich dazu entschlossen hat, sich aus dem Musikbusiness zu verabschieden und seine Fabrik aufzulösen.

Jim Rakete: »*Zehn Jahre davon reichten. Ich wollte auch so gern mal wieder etwas anderes knipsen als Plattencover.*«

Bela und Farin bedauern Jims Schritt sehr. Sie befolgen einen allerletzten Rat von Rakete, indem sie seine Aufgaben an Conny Konzack und Gabi Kowarik übertragen. Es ist keine Entscheidung, die einen langen Reifeprozess braucht, denn man kennt sich inzwischen sehr gut und vertraut einander. Konzack und Kowarik sind gerade noch beim Einarbeiten, als ihnen und der Band unliebsame Post ins Haus flattert. Absender ist die Bundesprüfstelle für jugendgefährdende Schriften (BPjS)[6] in Bonn, die sich die jüngste Platte der Band aufgrund einer Beschwerde einer empörten Mutter aus Witten genauer angehört hat.

Viele Eltern sind der Ansicht, dass man seine Kinder vor allem Schlimmen und Bösen in der Welt bewahren muss. Diese sogenannte Bewahrpädagogik soll helfen, den Kindern eine möglichst unbeschwerte Kindheit zu ermöglichen und sie auf den Pfad der Tugend zu führen. Oft führt dieses In-Watte-Packen aber zum gegenteiligen Ergebnis, denn die heranwachsenden Sprösslinge sind auf plötzlich eintretende Schwierigkeiten, die es bekanntermaßen in jedem Leben gibt, nicht vorbereitet und kommen oft nur schwer mit ihnen klar. Die psychologischen Praxen sind heutzutage voll mit solchen Fällen. Doch Kinder müssen lernen, sich selbst eine eigene Meinung zu bilden und ein eigenes Wertesystem zu entwickeln – das durchaus unterschiedlich zu dem ihrer Eltern sein kann. Kinder sind meistens viel intelligenter, als es ihre Eltern wahrhaben wollen, die es bekanntlich nur gut mit ihrem Nachwuchs meinen und ihnen nicht zutrauen, Sachverhalte selber zu bewerten. Genau an diesem Punkt greifen Die Ärzte ein.

Micki Meuser: »*Die Ärzte setzen mit ihrer Musik und ihren Texten da an, wo der junge Mensch seine Gene und Erziehung in eine eigenständige Persönlichkeit entwickelt. An der gleichen Stelle setzen auch Nazis an, um Einfluss zu nehmen, doch Die Ärzte sind dazu fähig, sie an dieser Stelle positiv zu begleiten. Wenn sie diese Fähigkeit irgendwann verlieren, dann werden sie auch nicht mehr Die Ärzte sein.*«[7]

Natürlich ist ein Lied über den Sex zwischen Geschwistern, der zu Recht unter Strafe steht, moralisch verwerflich und eine offensichtliche Abkehr von der gesellschaftlichen Norm. Es ist allerdings nur schwer vorstellbar, dass sich Geschwisterpaare nach dem Hören von *Geschwisterliebe* geradewegs dazu angestachelt fühlen, sich in ähnlicher Form einander zu nähern.

Farin Urlaub: »*Das Lied fällt sicher nicht in die engere Wahl, wenn es darum geht, welche Ärzte-Songs ich meinen Patenkindern vorspielen würde.*«[8]

Für Arnim Teutoburg-Weiß, später Sänger und Gitarrist der Beatsteaks, der in der DDR aufwächst, ist ausgerechnet dieser Song die erste Berührung mit der Musik der Die Ärzte.

Arnim Teutoburg-Weiß: »*Das erste Mal hörte ich Die Ärzte auf einer Musikkassette eines Freundes –* Geschwisterliebe *hieß der Song. ›Im Westen ist der Song verboten‹, sagte er zu mir. In Ost-Berlin fühlte es sich so an, als ob man dafür sofort in den Knast kommt.*«

Den vorgegebenen Weg der gesellschaftlichen Norm hat knapp ein Jahr zuvor auch der österreichische Sänger Falco mit seinem Song *Jeanny* verlassen. Die selbst erklärten moralischen Instanzen warfen ihm damals vor, mit dem Song Vergewaltigungen zu verharmlosen, und belegten ihn mit etlichen Boykotten, was den Bekanntheitsgrad des Songs eher steigerte, als ihn wie erhofft zu senken. Man berief sich auf »ethische Gründe« und wollte verhindern, dass die Zahl der vermissten Personen, wie es auch im Newsflash des Songs heißt, weiter ansteigt. Es wurde sogar ein Antrag bei der Bundesprüfstelle für jugendgefährdende Schriften gestellt, die es jedoch ablehnte, das Stück auf den Index zu setzen. Bei den Die Ärzte ist die BPjS allerdings nicht so zurückhaltend. Am 27. Januar 1987 nimmt sie das Album *Die Ärzte* aufgrund des Songs *Geschwisterliebe* in die Liste der jugendgefährdenden Schriften auf.

Ein Medium, das auf dieser Liste steht, darf nicht mehr öffentlich verkauft oder beworben werden und für Menschen unter 18 Jahren nicht frei zugänglich sein. Interessiert man sich dennoch für solch ein Medium, muss man im Geschäft explizit danach fragen und einen entsprechenden Altersnachweis zur Kontrolle vorlegen. Zuwiderhandlungen seitens der Geschäftsinhaber werden mit Bußgeldern und gegebenenfalls weiteren rechtlichen Konsequenzen geahndet. Die Bundesprüfstelle für jugendgefährdende Schriften gibt es seit den Fünfzigerjahren. Bislang ist ihr Wirken jedoch weithin unbeobachtet geblieben. Die indizierten Medien waren einfach zu unbedeutend, um sonderlich großes Aufsehen zu erregen – meistens handelte es sich um Medien, die kriminelle Tatbestände wie Volksverhetzung, Anleitung zu Straftaten, Verbreitung von Rassenhass oder Ähnliches erfüllten. Nun trifft es mit Die Ärzte erstmals eine bekannte deutsche Popband.

Der Indizierung vorausgegangen war ebenjene Beschwerde einer empörten Mutter aus Witten. Diese hat die Platte bei ihrem Sohn sichergestellt und sich beim Stadtjugendamt Essen beschwert. Dieses folgt der Auffassung der Mutter und ist der Meinung, dass das Lied »das Scham- und Sittlichkeitsgefühl verletzt und auf Kinder und Jugendliche sexualethisch desorientierend wirke«. Mit dieser Begründung hat das Stadtjugendamt am 23. Dezember 1986 bei der Bundesprüfstelle den Antrag auf Überprüfung des Albums gestellt. Ein Dreier-Gremium, bestehend aus dem Vorsitzenden der BPjS, Rudolf Stefen, dem Verleger Hermann Neusser und dem Kirchenvertreter Werner Jungeblodt – allesamt weit über 70 Jahre alt –, unterzieht die Platte einer eingehenden Prüfung: »*Die Mitglieder des 3er-Gremiums haben die Langspielplatte in voller Länge bei normaler Laufgeschwindigkeit gehört. Die Beisitzer erklären ihr Einverständnis mit der Entscheidung und ihre Begründung mit ihrer Unterschrift unter dieser Entscheidung.*«[9]

Da die BPjS keine Teilindizierungen kennt, wird nicht nur der Song *Geschwisterliebe*, sondern eben das ganze Album *Die Ärzte* auf den Index gesetzt. Als sie davon hören, glauben Farin und Bela zunächst an einen schlechten Scherz, doch schon bald müssen sie sich eines Besseren belehren lassen. Erst langsam erahnen sie, welche Folgen das Verbot ihres Albums für sie haben kann. Ende Februar wollen sie unter dem Motto *Endlich! Die Ärzte* erneut auf große Deutschlandtournee gehen und ihr neuestes Album präsentieren, das sie aber nun nicht mehr bewerben dürfen. Langsam nehmen auch die Plattenhändler und die Medien von der Indizierung Notiz. Viele Plattenhändler wissen gar nicht, wie sie damit umgehen sollen, denn für viele ist es die erste Berührung überhaupt mit dem Thema Indizierung. Vor dem Tourstart in Münster geben Farin und Bela der ARD-Sendung *Titel Thesen Temperamente* ein Interview und machen ihrem Ärger über die Indizierung Luft.

Farin Urlaub: »*Wir haben noch nicht einmal Vokabeln benutzt, die Kinder irgendwie verderben könnten. Wenn man alles wörtlich nehmen würde, was wir singen, dann hätten wir schon den 3. Weltkrieg entfacht.*«

Bela B: »*Was soll das? Wo liegt da der Sinn?*«

Auf dem Index zu stehen, ist eine anrüchige Sache, und natürlich wohnt dem auch ein gewisser Coolnessfaktor inne, doch auf die Nachbarschaft zu Bands aus dem rechten Milieu wie den Böhsen Onkelz, Kotzbrocken oder Störkraft würden Bela und Farin sicher liebend gerne verzichten. BPjS-Chef Rudolf Stefen gibt gegenüber der *Münsterschen Zeitung*[10] sogar zu, dass es mit Sicherheit weitaus gefährlichere Scheiben als die von Die Ärzte gibt, doch seine Einrichtung kann nur auf Antrag hin handeln und nicht von sich aus Zensur ausüben – was auch gut so ist. Das Verhalten der CBS, immerhin offizielle Antragsgegnerin, ist in dieser Angelegenheit etwas undurchsichtig. Es ist offensichtlich, dass auch sie mit der ganzen Situation überfordert zu sein scheint.

Andreas Kirnberger: »*Als die Platte indiziert worden ist, haben wir überlegt, wie wir damit umgehen. Wir haben uns gefragt: Verkraftet die Band so etwas, verkraftet die Firma so etwas?*«

Die derben Texte gehörten immer schon zu den Vorwürfen, die man in den Fluren der Frankfurter Zentrale im Hinblick auf Die Ärzte geäußert hat. Die daraus entstandene Zensur nimmt die CBS nun erstaunlicherweise gelassen auf.

Fitz Braum: »*Ich kann ja jetzt verraten, dass bei uns keiner schweißgebadet über den Flur gerannt ist. Wir haben uns stattdessen schlaugemacht, welche Maßnahmen nun zu ergreifen sind, um den rechtlichen Anforderungen zu genügen. Es war auch nicht der erste Fall von Zensur, der unser Haus heimgesucht hat. In den 1970er-Jahren wurde schon die berüchtigte* Bobby Brown-*Single von Frank Zappa indiziert. Grund dafür war die B-Seite* Stick It Out, *deren deutscher Text sehr explizit ist, um es mal so zu beschreiben.*«[11]

Hubert Wandjo: »*Die Indizierung passte ja auch zur Band, und man konnte schon auch ahnen, dass sie aus dieser Situation einen Nutzen schlagen können.*«

Bela B: »*Jetzt im Nachhinein tun alle so, als hätten sie's gewusst. Wir zumindest waren ratlos, und mehr als 50 Prozent der Plattenfirma lehnte uns nun noch mehr als sowieso schon ab.*«

Farin Urlaub: »*Ich erinnere auch erst Ratlosigkeit und dann Krisensitzungen, bei denen uns die Plattenfirma nicht gerade unterstützt hat. Wir fühlten uns damals sehr allein gelassen und dachten auch ernsthaft über eine Auflösung nach, als die ersten Konzertabsagen kamen.*«

Das neue Album hat zwar schon seinen Verkaufshöhepunkt hinter sich, doch mit der Bekanntmachung der Indizierung stagnieren die Verkäufe nun augenblicklich. Diverse Plattenhändler, die die Platte noch immer öffentlich feilbieten und dem Ganzen nicht viel beimessen, werden angezeigt und nehmen infolgedessen alle Veröffentlichungen der Band aus dem Programm.

Farin Urlaub: »*Das ging richtig ans Eingemachte. Wir waren zunächst für Radiosender und für sehr viele Plattenhändler ›tabu‹, keiner wollte sich die Finger mit uns schmutzig machen. Das ging eine ganze Weile so; ich meine mich an etwa ein halbes Jahr Durststrecke zu erinnern, wenn nicht sogar mehr, bis der Wind sich lang-*

sam drehte. Das klingt jetzt nicht sooo lange, aber wir wussten ja nicht, ob wir jemals wieder auf die Bühne gelassen werden.«

Die Indizierung von *Geschwisterliebe* ist erst der Anfang einer beispiellosen Kampagne gegen eine Popband, die nichts weiter als Spaß verbreiten will. Beim näheren Betrachten des aktuellen Albums kann man als recht- und ordnungsschaffender Sittenwächter auch Anstoß an dem Song *Sweet Sweet Gwendoline* nehmen, der mit Elementen aus der Sado-Maso- und Bondage-Szene spielt. Der Band gefällt die Figur der gefesselten *Sweet Gwendoline* sogar so gut, dass sie vom CBS-Grafiker Roman Stolz eine Adaption davon zeichnen lassen, die sie für das Plakat ihrer kommenden Tournee *Endlich! Die Ärzte* verwenden wollen. Farin und Bela sind begeistert von der Optik, und die Gwendoline wird zu einem einzigartigen Erkennungsmerkmal der Band.

Bela B: *»Farin und ich wünschten uns eine symbolische Figur, ähnlich der des Eddie von Iron Maiden, und kamen über unsere Comicsammlungen schnell auf die Gwendoline, die ja auch für seinen gleichnamigen Song Pate stand.«*

Auf dem von Farin entworfenen und schließlich von Roman Stolz gezeichneten Tourplakat nimmt sie nun die gesamte Fläche ein. Die Band und auch ihre Fans sind begeistert, doch nun hat man sich mit Frauenrechtlerinnen und anderen Spaßbremsen weitere Feinde geschaffen. Schon seit die Band Lieder wie *Tittenmaus* singt, muss sie mit dem Vorwurf der Frauenfeindlichkeit leben, aber durch die Gwendoline erreicht der eine bisher ungekannte Dimension. Am 26. Februar 1987 soll die Tournee starten, und nun haben Die Ärzte mit dieser Dreingabe gleich zwei Fraktionen gegen sich, die ihnen während dieser 50 Tage das Leben schwer machen werden. Die Band ist jedoch kämpferisch. Farin, Bela und auch Hagen sehen es überhaupt nicht ein, irgendwelche Kompromisse einzugehen, da sie der festen Überzeugung sind, nichts Schlimmes verbrochen zu haben. Sie weigern sich auch, darüber zu schweigen, sondern nutzen jede sich ihnen bietende Gelegenheit, auf die vom Staat ausgeübte Zensur ihrer Kunst hinzuweisen. Das Katz-und-Maus-Spiel »Die Ärzte gegen den Rest der Welt« hat begonnen.

Ihre Tour startet im Münsteraner Jovel[12]. Schon zwei Tage vor dem eigentlich ersten Konzert reisen Band und Crew an, um die

Songs und die Show zu proben. Neben den Songs vom verbotenen Album hat die Band in Berlin auch drei weitere neue Songs geschrieben: *Madonnas Dickdarm*, *Helmut K.* und *Claudia II*. *Helmut K.* ist eine direkte Reaktion auf die Indizierung und ein Affront für alle Sittenwächter und Wahrer der christdemokratischen Werte des Landes.

Es macht die Runde in der Koalition
Selbst Rita Süssmuth weiß es schon
Hannelores Tag ist grau,
denn Helmut Kohl schlägt seine Frau

Die Ärzte ahnen nicht, dass sie mit dem Text gar nicht mal so sehr danebenliegen. Erst viel später, nach dem Suizid von Hannelore Kohl, wird der Öffentlichkeit klar, dass ihre Tage im Schatten ihres beleibten Mannes wohl nicht gerade von eitel Sonnenschein geprägt gewesen sein müssen. Aus Respekt vor ihrem Ableben wird die Band den Song (bis auf eine Ausnahme[13]) nie wieder live spielen.

Bela B: »*Als Kohl dann kein Kanzler mehr war, machte die Provokation keinen Sinn mehr, und so wahnsinnige Fans des Songs waren wir auch bald nicht mehr, während wir* Madonnas Dickdarm *bis heute lieben.*«

Der Song *Claudia II* ist eine musikalische Fortsetzung von *Claudia hat 'nen Schäferhund*, in dem Claudia ihre sodomitischen Gelüste nun mit einem Pferd auslebt. Farin und Bela wollen gerne, dass Hagen auch einen Song auf der Tour singt, doch dieser sträubt sich. Er hat genug damit zu tun, Bass zu spielen und gleichzeitig die Backing Vocals der Songs zu singen. Er macht aber den Vorschlag, den Song *Walk Like an Egyptian* von der amerikanischen Frauenrockband The Bangles auf Deutsch zu covern. Hagen ist Fan der Band, seit er mit seiner ehemaligen Band Los Nirvana Devils in deren Vorprogramm bei einem Konzert in Berlin gespielt hat. Noch während der Tourproben in Münster schreiben Farin, Bela und Hagen einen deutschen Text für den Song, den sie sinngemäß *Gehn wie ein Ägypter* nennen, und planen ihn als letzte Nummer für ihr Programm ein.

Farin Urlaub: »*So wie ich das erinnere, hatten wir mal wieder zu wenig Songs auf der Setlist und hatten keine Lust, noch einen ›alten Hut‹ zu spielen. Der Bangles-Song war cool und damals in aller*

Ohren. Wir dachten gar nicht so groß darüber nach, als wir im Hotel in Münster schnell einen deutschen Text dazu geschrieben haben: ich auf dem Bett liegend mit Stift und Zettel, Bela und Nopper am Fenster, hinausspuckend, und Hagen auf einem Sofa oder Stuhl sitzend.«

Wäre noch die Frage offen, wie man denn nun mit dem Lied *Geschwisterliebe* auf Konzerten umgeht, denn es ist ihnen ja verboten worden, den Song in Anwesenheit von Minderjährigen zu singen. Die Band sieht es überhaupt nicht ein, dass der Staat sich in ihr Programm einmischt, und entscheidet sich dafür, den Song jetzt erst recht auf den Konzerten zu spielen – aber eben nicht zu singen. Das werden die Fans schon für sie übernehmen, die oft eh viel textsicherer als die Band selbst sind. Überhaupt haben ihre Fans einen großen Anteil daran, dass die Band vor dem Unheil, das sich über sie ergießt, nicht kapituliert.

Markus Linde: »*Mir hat es sehr imponiert, wie kompromisslos die Band mit dieser Indizierung umgegangen ist. Die haben sich nicht einschüchtern lassen, sondern einfach weitergemacht und immer wieder dagegen aufbegehrt, und am Ende haben sie den Platz eindeutig als Sieger verlassen.«*

Es gibt reichlich Versuche, die Konzerte der Band zu sabotieren. Besonders in Fulda und Regensburg sind Frauengruppen, Vertreter der Grünen und die CDU- beziehungsweise CSU-Stadtverwaltung scheinbar zu allem bereit, aber am Ende doch eben machtlos. Die Regensburger CSU-Stadträtin stöhnt ob des Textes von *Geschwisterliebe*: »Was müssen wir uns noch alles gefallen lassen?« Die Frauenprojektgruppen stoßen sich hingegen vor allem an den Gwendoline-Plakaten, die sie »empörend und zutiefst frauenverachtend« finden[14]. In Fulda können die Gegner der Band immerhin einen Teilerfolg erzielen, denn die Stadt entzieht den Die Ärzte das Spielrecht für die städtische Halle, und so wird das Konzert in den Vorort Dirlos verlegt.

Bela B: »*In Regensburg gab es Infostände in der Innenstadt. Die Frauengruppen hassten auch mehr das Lied. Ein paar Frauenrechtlerinnen verteilten vor dem Konzert Flugblätter gegen uns und wurden gegen vereinzelte Fans handgreiflich. Wir boten ein Gespräch an und unterhielten uns mit drei Frauenrechtlerinnen backstage. Das Gespräch war sogar ganz nett, wenn es auch zu keinem Ergebnis führte.*

Als ich auf die Bühne kam, lag eine zerteilte Wurst auf meinem Schlagzeug und ein Zettel, auf dem ›Schönen Gruß von deiner Schwester‹ stand. Dasselbe lag auf dem Bass- und Gitarrenverstärker.«

Conny Konzack: *»Die Leute haben nicht verstanden, dass das nicht frauenverachtend gemeint war. Mir fällt es heute noch schwer zu verstehen, was sich manche Leute bei diesen Aktionen gedacht haben. Aus heutiger Sicht ist es noch lächerlicher, als es damals schon war.«*

Gabi Kowarik: *»Die Jungs waren richtige Gentlemen und haben sicher keine frauenverletzenden Absichten verfolgt. Daher fand ich ich diese ganzen Reaktionen von den sogenannten Frauenrechtlerinnen komplett überzogen.«*

Trotz dieser negativen Begleiterscheinungen und der befürchteten finanziellen Einbußen scheint sich der Wind allmählich zu drehen. Die Fans kommen in Scharen und bescheren der Band Abend für Abend Hochgefühle. Am Ende der Tour werden über 40.000 Besucher Die Ärzte gesehen haben. Es scheint so, als ob die alte Weisheit, dass Verbote sexy machen, auch auf Die Ärzte zutrifft, denn es sind nicht mehr nur Teenager, die in die Konzertsäle strömen. Auch Rocker und Alternative sind nun vermehrt auszumachen. Sie wollen sich wohl mal ansehen, wer diese Band überhaupt ist, die so viel Ärger mit dem Staat hat.

Die Tour selbst steht unter dem deutlichen Einfluss der Indizierung. Es vergeht kaum ein Konzerttag, an dem die Band nicht Bekanntschaft mit den örtlichen Gesetzeshütern macht. Hagen hält diese Geschehnisse protokollartig fest.

27.2.: Anruf aus Wien: Veranstalter will die Plakate wg. der geknebelten und gefesselten Frau nicht aufhängen.

Aus Fulda: Das Jugendamt hat das Jugendzentrum als Auftrittsort für uns gesperrt, Veranstalter verlegt das Konzert nach außerhalb der Stadt, aber das Jugendamt kündigt trotzdem an, das Lied »GL« verhindern zu wollen. Die Plakate werden verboten, sind aber schon verklebt, sodass der Veranstalter erwägt, mit schwarzen Balken zu überkleben.

5.3.: Bremerhaven: Unterschreiben, dass wir »GL« nicht singen, damit der Veranstalter keine Schwierigkeiten bekommt. Die Fans singen den Song an unserer statt, und die anwesenden Vertreter des Jugendamts sehen alles nicht so eng.

6.3.: Lübeck: Ein Plattenhändler berichtet, ihm wäre bei 5.000 DM verboten, unsere Platte auszustellen oder an Minderjährige zu verkaufen. In Städten wie Köln und Hamburg werden Durchsuchungen und Beschlagnahmungen durchgeführt und angeblich sogar jemand vorübergehend festgenommen. »Hbg. Morgenpost« ergreift betr. Indizierung für uns Partei.

9.3.: Braunschweig: Im Vorfeld des Konzerts wurden die Plakate von Frauengruppen mit den Aufklebern »Fällt aus« beklebt bzw. die anstoßerregende Gwendoline aus den Plakaten geschnitten.

10.3.: News aus Fulda: Plakate werden zensiert, Briefe an die Zeitungen verschickt, die die Berichterstattung über das Konzert verhindern sollen. Da der Eindruck erweckt wird, das Konzert fiele aus, stoppt hier der VVK abrupt.

13.3.: Fulda: Den Veranstalter-Plakatkolonnen folgen städt., die das Geklebte wieder abreißen. Eltern sind verunsichert und rufen beim Veranst. an, weil sie das Gerücht gehört haben, dass er nicht für die Sicherheit ihrer Kinder garantieren könne. CDU-Bürgermeister sagt in der Lokalzeitung: »Die Texte der Ärzte stimmen nicht mit dem Bild der christlichen Politik überein, das die Stadt Fulda vertritt.« Auch die Grünen der Stadt begrüßen die Repressalien, allerdings unter dem frauenpolitischen Aspekt. Aus Lüdenscheid: Militante Frauen wollen für Boykott des Konzertes sorgen.

19.3.: Es heißt, bei der CBS wolle man von Indizierung und aktueller LP nichts mehr hören.

30.3.: Reutlingen: »Radio Alchem« fragt bei der Behörde nach, ob sie »GL« trotz Indizierung spielen könnten, und erhalten zur Antwort, dass sie dann geschlossen würden.

1.4.: Regensburg: Zwei Jugendkontaktbeamte kommen backstage, um uns unter Androhung einer Anzeige (Ordnungswidrigkeit) das Spielen von »GL« zu untersagen. Schon Tage vorher gab es von grünen Frauenverbänden und CSU-Stadtverwaltung Druck auf den Veranstalter, die Veranstaltung abzusagen, was aber rechtlich nicht gelang. Grüne Frauen demonstrieren vor der Halle, wollen Fans davon abhalten, ins Konzert zu gehen, ein Mädchen wird von ihnen geohrfeigt. Pressedebatte um Plakate, Stück darf nicht einmal vor Volljährigen gespielt werden. Nach der Show kommen die Vertreter des Gesetzes und nehmen unsere Personalien auf. Ein Pulk von Journalisten wohnt *der Zeremonie bei und funktioniert sie zu einer Pressekonferenz um. Es wird der Eindruck geäußert, es solle ein kulturpolitischer Präzedenzfall geschaffen werden.*

2.4.: München: 6 Polizisten im Backstage, aus Regensburg wurde Alarm geschlagen. Heute sind »GL« und »Helmut und Hannelore« verboten, das Bayerische Innenministerium wittert einen Straftatbestand. Man sagt, das Staatsoberhaupt würde beleidigt. Bei Zuwiderhandlung droht Absage der restl. bayer. Gigs. Bravo-Fotografin will die Szenerie in der Garderobe fotografieren, wird daran aber mit den Worten »Wir würden dann den Film sowieso gleich herausholen« gehindert. Bravo erhielt Indizierungsklage aus Bad Godesberg (8 Seiten), weil man in einem Konzertbericht »GL« erwähnte. Daraufhin wird die schon im Kasten befindliche »Telefon-Aktion« gecancelt.

9.4.: Aus Mannheim die Kunde, dass Mütter in der Fußgängerzone mit einem Stand gegen die unmoralischen Texte der Rockmusik protestieren, wobei alleinige Belege Ärzte-Platten, -Artikel und -Plakate sind.

10.4.: Marburg: Veranstalter hängt Plakate nicht auf, weil einen Monat zuvor ein alternativer Frauentag veranstaltet wurde und man so seine Credibility verlöre.

13.4.: Mannheim. Eine Mutter stellt Indizierungsantrag für »Debil« wg. »Claudia« und »Schlaflied«. Wieder Polizei, die zw. den Zugaben backstage kommt und eine Anzeige ankündigt.

16.4.: Nachmittags kommen Jugendamt und Polizei und avisieren eine Anzeige fürs Singen von »GL«. Ihr Vorschlag zur Güte: Instrumentalversion. Das Publikum singt wie erwartet mit und die Anzeige kommt trotzdem, da wir nun zum Singen aufgefordert hätten (Goslar).

Das Protokoll endet mit folgendem Nachtrag:

Mai '87: Vom Urlaub zurück die Nachricht, dass »Debil« nun auch auf dem Index steht.

Conny Konzack gibt dieses Protokoll an die Presse weiter, doch die Resonanz ist eher dürftig. Viele, vor allem öffentlich-rechtlich tätige Journalisten, haben offenbar Angst, sich an dem Thema die Finger zu verbrennen. Der Band werden nur wenige Möglichkeiten gegeben, sich öffentlich zur Zensur zu äußern. Oft wird ihr vor einer Sendung sogar diktiert, dass dieses Thema nicht angesprochen werden soll, wie bei einem Interview mit dem sehr jungen Moderator

Michael Steinbrecher[15] für die ZDF-Sendung *Schüler-Express*. Sie halten sich aber nicht daran.

Bela B: »*In einer Live-Sendung drohte mir ein Vater mit der Faust. Ständig war Polizei vor Ort, die vor dem Konzert Warnungen gegen uns aussprachen und nach der Show unsere Personalien aufnahmen. Einmal hat Farin eine Kommissarin von der Bühne runter ein bisschen beleidigt. Nach dem Gig wartete sie schon backstage auf uns – rot vor Wut! Es gab eine sehr absurde Situation, als die Polizei auf einem Konzert zum Schutz gegen einen angekündigten Naziüberfall zugegen war. Sie haben uns dann wegen Verstoßes gegen Indizierungsauflagen angezeigt, nur um mich dann wieder zu meinem Schutz bei einem Spaziergang mit einer jungen Dame zu begleiten.*«

Farin Urlaub: »*Wir fragten uns eigentlich ständig, ob man uns jetzt irgendwie einsperren oder wenigstens vor Gericht stellen würde. Die Polizisten drohten viel, und ich hatte auch Respekt vor ihnen, aber so richtig ernst konnte ich es trotzdem nicht nehmen. Leute, es ist ein alberner Text, verfasst von einem damals 15-jährigen, pubertierenden Bengel! Wie staatsgefährdend kann der schon sein?*«

Conny Konzack ist öfter vor Ort, um sich ein eigenes Bild vom Verlauf der Tour zu machen. Er ist es auch, der die Band und die CBS dazu überredet, *Gehn wie ein Ägypter* als Single herauszubringen. Dem Song traut er einiges an Charts-Potenzial zu und sieht in ihm zugleich die Möglichkeit, wieder mit positiven Schlagzeilen auf sich aufmerksam zu machen.

Conny Konzack: »*Die CBS wollte die Band fallen lassen. All der Indizierungskram und die ganzen Folgen davon waren den Herren in Frankfurt sehr lästig geworden. Es hat halt vieles umständlich gemacht, denn sie konnten Die Ärzte nicht so plakativ vermarkten wie ihre anderen Künstler. Nach einem Konzert auf dieser Frühjahrstournee, ich glaube in Mainz, habe ich mir den Fitz Braum zur Seite genommen und ihm empfohlen,* Gehn wie ein Ägypter *als Single zu veröffentlichen. Der Fitz war wirklich einer, der noch wegen der Musik bei der Plattenfirma gearbeitet hat und nicht wegen des Geldes. Ich war mir sicher, dass der Song funktionieren würde, was er dann ja auch tat.*«

Für die Aufnahmen werden Manne Praeker und Reinhold Heil mit einem mobilen Studio zum Konzert nach München geholt, wo sie den Song beim Soundcheck mitschneiden, um anschließend auf Heils sündhaft teuren Synclavier[16] eine taugliche Radio- und Maxi-Version daraus zusammenzubasteln. Für die B-Seite der Single hat sich die Band noch etwas Spezielles überlegt. Dort soll eine Instrumentalversion von *Geschwisterliebe* namens *...liebe* erscheinen. Statt Farin soll eine von Heil gespielte Orgel die verbotene Gesangsmelodie übernehmen. Auch die so lieb gewonnene Gwendoline darf natürlich nicht fehlen. Mit ägyptischem Kopfschmuck bekleidet und freilich gefesselt, soll sie den linken und rechten Rand des Plattencovers schmücken, auf dem zum ersten Mal auch Hagen explizit genannt wird. Mitte Mai erscheint *Gehn wie ein Ägypter* auf dem Markt, und Konzacks Idee geht tatsächlich auf. Die Single steigt – als erste Single der Band überhaupt – in die Charts ein und rückt immerhin bis auf Platz 44[17] vor.

Hubert Wandjo: »*Da war er endlich, der erste Single-Hit der Band. Ab da ging es mit den Verkäufern steil bergauf. Da sieht man wieder einmal, wie wichtig Hits für eine Band sind. Selbst ein Bruce Springsteen brauchte hierzulande einen solchen Hit. Vor* Born in the USA *hat der 75.000 bis 100.000 Einheiten verkauft. Nach* Born in the USA *waren es 1,5 Millionen.*«

Bela B: »*Seit wann ist Platz 44 in den Charts ein Karriereschub? Das war auch damals schon unter ›ferner liefen‹. Und welche Verkäufe zogen da an? Von den ersten drei Alben? Wohl kaum! Aber wir bekamen etwas Airplay, weil es die deutsche Version eines Superhits war.*«

Farin Urlaub: »*Jein, Herr Wandjo hat schon recht: Man konnte uns spielen. Ab da gingen die Verkäufe wirklich nach oben, wenn auch nicht gerade steil. Trotzdem war* Gehn wie ein Ägypter *ein wichtiger Türöffner für uns: ›Ach guck mal, die sind ja nicht nur schmutzig, die sind ja ganz süß.‹ Damals war es ja schon ein Ding, überhaupt in die Charts zu kommen, im Gegensatz zu heute.*«

Plötzlich klopfen nun auch die Medien wieder an. Die Band wird zunehmend ins Fernsehen eingeladen, und auch die CBS ist glücklich: Endlich ist keine Rede mehr von Zensur. Doch zu früh gefreut, denn wie Farin im Protokoll schon nachgetragen hat, setzt die Bundesprüfstelle für jugendgefährdende Schriften im Mai auch das Album *Debil* auf den Index. Eine ethisch schwer integre Mutter aus Mannheim hat sich beschwert und ist beim Jugendamt der Stadt vorstellig geworden. Es geht um die schlimmen Lieder *Claudia hat 'nen Schäferhund* und *Schlaflied*, die laut Jugendamt die Fähigkeit haben, die Jugendlichen in ihrer sittlichen und seelischen Entwicklung zu gefährden. Das sieht auch die Bundesprüfstelle so, doch es ist wirklich haarsträubend und tragikomisch, mit welcher Ernsthaftigkeit sich die Bundesprüfstelle diesen sinnfreien Songs widmet. Der zugegebenermaßen recht pubertäre Humor, der diesen Stücken innewohnt, wird komplett ignoriert. Die Prüfer nehmen tatsächlich alles, was gesungen wird, für bare Münze.

Besonders bei der Begründung der Indizierung des Songs *Claudia hat 'nen Schäferhund* wird es extrem absurd: »*Der Inhalt des Liedes* Claudia hat 'nen Schäferhund *ist jugendgefährdend, weil Kinder und Jugendliche auf deviante, sexuelle Aktivitäten hingewiesen und diese positiv bewertet werden. Hauptfigur des Liedes* Claudia hat 'nen Schäferhund *ist das Mädchen Claudia. Diese sieht ›spitze‹ aus, ist sexuell attraktiv, denn auf sie ›sind alle scharf‹. ... Sie ist nicht heterosexuell, abweichend von sexuellen Normalitätskonzepten verkehrt sie sexuell mit einem Tier. Dies verschafft ihr Befriedigung, vor allem wenn unter dem Esstisch sexuell agiert wird. ... Zwar wird in der letzten Strophe auf die Gefahr des ›Verharzens‹ hingewiesen, dennoch wird der Gesamteindruck vermittelt, geschlechtliche Kontakte mit einem Schäferhund überträfen bei weitem heterosexuelle Befriedigung.*«[18]

Die Heterosexualität scheint für die Herren Prüfer das »sexuelle Normalitätskonzept« schlechthin zu sein – eine Ansicht, die man sicher auf ihr betagtes Alter zurückführen kann. Richtig dämlich wird es, als man der Band zugutehält, dass sie am Ende des Songs auf die »Gefahr des Verharzens« hinweisen. Bei den sogenannten zoophilistischen Sexualpraktiken, also Verkehr mit Tieren, gibt es dieses Phänomen aber überhaupt nicht. Das Verharzen oder Austrocknen kommt lediglich bei pflanzlichen Ölen vor, die nicht ordnungsgemäß gelagert werden. Farin hat seinerzeit einfach nur einen blöden Reim auf »Arzt« gesucht, doch die Bundesprüfstelle versteht dies tatsächlich als ernst gemeinten Warnhinweis. Den aufklärerischen Zweck des Liedes übersieht sie dabei völlig.

Farin Urlaub: »*Da gibt es Leute, die dressieren Schäferhunde für ganz, ganz andere Zwecke. Da hat unser Bassist neulich mal so ein*

Heftchen in die Hände gekriegt, da war das ziemlich detailliert abfotografiert. Und dann kam er an: ›Kommt mal alle her, guckt mal.‹ Da haben wir ihm gesagt, wie das heißt, und dann haben wir ein Lied drüber gemacht.«[19]

Doch nicht nur *Claudia hat 'nen Schäferhund* weist in den Augen der Sittenwächter ein enormes Gefährdungspotenzial auf. Auch das *Schlaflied* soll Böses in sich tragen, da es den Zuhörer nach deren Auffassung in »einen Zustand angespannter, latenter Aggressivität entlässt«. Laut der BPjS schildert es die »brutalen, grausamen und ekligen Taten eines Monsters und ist verrohend«. Weiter heißt es: »*Das Lied konfrontiert den Hörer mit Gräueltaten; das Schlaflied wiegt den Hörer nicht in den Schlaf, im Gegenteil, es schürt Angst vor dem Einschlafen und den damit verbundenen Träumen.*« Wenn man das so wie die BPjS betrachtet, dann dürfte niemand mehr Kindern Horrorgeschichten erzählen, *John Sinclair* dürfte nicht mehr auf Geisterjagd gehen, der *Hulk* nicht mehr grün anlaufen und um sich schlagen, und die Nachrichten mit ihren Berichterstattungen über Tod und Krieg dürften auch nur an Jugendliche über 18 Jahren und nach 22 Uhr ausgestrahlt werden. An derlei Beispielen erkennt man schnell, wie albern diese Zensur ist, doch im Band-Camp ist man zugleich auch fassungslos darüber, dass das alles wirklich so durchgeht. Sicher ist die Gesellschaft noch nicht so enttabuisiert, wie sie es Jahre später mal sein wird, doch die Entscheidungen der Bundesprüfstelle sorgen schon jetzt für Kopfschütteln. Humor und Deutschland passen gerade in den Kohl-Jahren einfach nicht zusammen.

Bela B: »*Ich glaube, die BPjS wollte damals an uns ein Exempel statuieren, dass es so nicht geht in Deutschland. Streng genommen haben wir natürlich auch Straftatbestände erfüllt, zumindest bei zweien der Lieder.*«

Als die Nachricht über die erneute Zensur die Runde macht, nehmen ganze Ketten wie der Karstadt-Konzern alle Die Ärzte-Tonträger aus ihrem Sortiment. Statt drei hat die Band nur noch ein Album draußen, das öffentlich angeboten werden darf – ein Witz, aber ein schlechter. Der Staat verursacht durch seinen Eingriff echte Existenzängste bei Farin und Bela. So kann es hierzulande jemandem ergehen, der sich den Spaß und Rock 'n' Roll auf die Fahne geschrieben hat.

Bela B: »*Ich weiß, wie gesagt, von mindestens drei Geschäftsführern von Plattenläden, die angezeigt wurden. Einer ist sogar abgeführt worden. In einer Report-Sendung im TV wurden Jugendliche in Plattenläden geschickt, um Tonträger von uns zu erstehen, die indiziert waren. Da wurden Verkäufer bewusst gefoppt.*«

Wie man jedoch weiß, endet die Geschichte nicht im Untergang der *MS Ärzte*, sondern im Triumph. Allen Moralisten zum Trotz leistet gerade die staatliche Zensur der Band ungewollte Beihilfe zum Aufstieg in den Popstarhimmel. Sie verleiht der Band etwas Anrüchiges und gleichzeitig etwas Bewundernswertes, denn Die Ärzte erhalten viel Respekt und Unterstützung für ihre konsequente Weigerung, sich den staatlichen Repressalien zu beugen. Die Idee, *Geschwisterliebe* nur noch zu spielen und nicht mehr zu singen, ist nur einer von vielen cleveren Schachzügen im Umgang mit der Zensur. Bislang waren Die Ärzte nur eine von vielen Popbands in diesem Land, die man oft und gerne zu den letzten Überbleibseln der NDW zählte. Nun sind sie die wohl meistindizierte westliche Band und besitzen spürbare Credibility.

Bela B: »*Die Fans waren die gleichen, aber ich spürte da plötzlich eine stärkere Verbundenheit. Die da draußen waren alle gegen uns, aber wir hier drinnen würden zusammenhalten. So was eben.*«

Farin Urlaub: »*Ich habe dann irgendwann die ganzen bösen Schlagzeilen über uns zu einer Collage zusammengebastelt. Die zur Abwechslung sehr sympathische Überschrift lautete:* ›*Von vielen verboten, verteufelt, gejagt – doch Die Ärzte weiter auf großer Fahrt.*‹. *Die Collage haben wir dann auf T-Shirts gedruckt und richtig viel davon verkauft. So haben wir versucht, mit dem ganzen Bullshit auf unsere Art umzugehen, und waren dabei eher aus Versehen ganz cool, glaube ich.*«

Gehn wie ein Ägypter beschert der Band auch ihren ersten Videoclip. In Co-Produktion mit dem SFB-Format *45 Fieber* bewilligt die CBS dafür sage und schreibe 10.000 D-Mark an Budget. Conny Konzack stellt den Kontakt zu zwei Studenten der Berliner Filmhochschule her, die mit Feuereifer bei der Sache sind, wenngleich das »enorme« Budget ihm keine Möglichkeit lässt, die beiden angemessen zu bezahlen. Das Storyboard sieht vor, dass Bela und Farin in Abwesenheit ihrer Eltern (gespielt von ihnen selbst) mit ihren

Freunden eine kräftige Party zu dem Song feiern, bei der am Ende noch eine Mumie auftaucht, die sich als Hagen entpuppt. Dieser hat statt des Videodrehs schon länger einen Trip nach London geplant, den er auf keinen Fall absagen möchte. Die Szenen mit ihm werden zwar direkt als Erstes gedreht, doch trotzdem ist der Bassist in ständiger Sorge, seinen Abflug nach London zu verpassen. Eigentlich sollte Hagen auch noch die Mumie mimen, doch aufgrund seiner Verpflichtungen muss nun ein Statist dran glauben, der die warme Verkleidung stundenlang ertragen muss. Der weitere Dreh verläuft indes mehr als chaotisch. Die beiden Regisseure haben den Fehler gemacht, die Statisten zu sehr vom alkoholhaltigen Buffet naschen zu lassen. Die Party muss also nicht groß gespielt werden, sie findet wirklich statt, wenngleich es mit zunehmender Dauer der Produktion immer anstrengender für alle Beteiligten wird. Die Legende besagt, dass unter den Partygästen auch der Four Roses-erprobte Jacques Palminger ist.

Jacques Palminger: »*Haha, wer dabei war, kann sich nicht erinnern. Ich sage mal, wahrscheinlich stimmt das!*«

Die neuerliche Indizierung und deren lachhafte Begründung bestärkt die Band und ihr Umfeld nun umso mehr darin, sich nicht ins Bockshorn jagen zu lassen, sondern nachzulegen. Der Erfolg von *Gehn wie ein Ägypter* zeigt, dass die Band weitaus mehr zu bieten hat, und genau da will man nun weitermachen. Auch die CBS ist davon überzeugt und möchte nun gerne ein neues Album der Band herausbringen. *Gehn wie ein Ägypter* hat den Die Ärzte ihren ersten Singlehit beschert und wäre eine ideale Steilvorlage für ein erfolgreiches Album. Es gibt jedoch ein Problem: Farins und Belas Kreativität hat in letzter Zeit sehr gelitten. Es gibt schlichtweg nicht genug Material für ein neues Album. Mit *Radio brennt* und *2000 Mädchen* stehen gerade mal zwei brauchbare Lieder zu Buche, über den Rest hüllt man lieber den Mantel des Schweigens. Als Bela und Farin Conny Konzack ihre Demos vorspielen, weicht diesem die Farbe aus dem Gesicht. Das, was er zu hören bekommt, ist schlichtweg unterirdisch.

Bela B: »*Wir wussten selbst, dass wir nichts Geniales geschrieben hatten. Wir waren durch die Ereignisse, den Bassistenwechsel, die Indizierungen und das Touren einfach ausgelaugt und leer. Farin fand* *seinen Song Mann mit Gipsbein, glaub ich, selbst ganz gut, aber die Batterien waren einfach leer. Ein letzter Versuch, gemeinsam etwas zustande zu bekommen, scheiterte kläglich. Ich weiß noch, wie müde ich da war.«*

Farin Urlaub: »*Ich hatte eher müde Ideen, aber immerhin war in meinem Song über Peter Parker (laaange, bevor Spiderman im Kino so abgeräumt hat) das spätere* Schunder-Song-Bläser-Riff *enthalten. Der Text ging dann irgendwie so:* ›*Niemand, der mir sagen kann, wo ist Peter Parker / Kein Bruce Wayne, kein Superman, niemand weiß Bescheiiiid / Wo ist Peter, wo ist Peter, wo ist Peter, Peter Parker* …‹ *Jup, wir brauchten dringend Urlaub.*«

Konzack wird angst und bange, wenn er daran denkt, wie er das der CBS erklären soll, die auf ein neues Album pochen wird. Aus der Not heraus einigt man sich schließlich darauf, eine Art Best-of-Album zu veröffentlichen. Neben den beiden neuen Stücken soll es mit Songs aus den ersten drei Alben gespickt sein, vor allem vom indizierten Album *Die Ärzte*. Einige Lieder wie *El Cattivo* oder *Mysteryland* will man extra noch mal neu aufnehmen. Wieder müssen sich Die Ärzte nach einem neuen Produzenten umsehen, denn Manne Praeker hat ihnen bereits mitgeteilt, dass er nicht weitermachen will. Daraufhin empfiehlt ihr Freund Jim Rakete ihnen Uwe Hoffmann.

Bela B: »*Jim hatte eine Platte von der Band The Guitar Army bei sich im Büro rumliegen. Ich fand das Album selber nicht so gut, aber die Gitarren klangen geil. Produziert hatte sie Uwe Hoffmann.*«

Die Band und Hoffmann sind sich schon des Öfteren über den Weg gelaufen. Nicht immer waren diese Begegnungen von Freundschaft geprägt – man denke nur an die einst zugeschlagene Backstage-Tür im Audimax der FU oder Belas Provokationen. Das alles hält sie aber nicht davon ab, sich mit Hoffmann auszutauschen. Ihnen gefällt der Umstand, dass Hoffmann ein ausgesprochenes Faible für Gitarren hat und damit wohl den musikalischen Weg weitergehen wird, den sie mit Manne Praeker bereits eingeschlagen haben. Hoffmann und Band werden sich schnell einig, doch die CBS sträubt sich. Wie schon bei Micki Meuser ist sie auch dieses Mal mit der Wahl des Produzenten nicht einverstanden. Der Name Hoffmann ist in Frankfurt ein unbeschriebenes Blatt – der CBS schwebt ein klangvollerer Name vor. An dieser Stelle kommt es Die Ärzte zugute, dass Uwe Hoffmann nebenbei noch Schlagzeug bei der Band The Other Ones spielt, die gerade mit ihrem Song *Holiday* die Charts stürmen. Darauf aufmerksam gemacht, lenkt die CBS schließlich ein und gibt ihren Segen. Bald darauf beginnen im Preussenton-Studio die Aufnahmen für die neue Platte, die den passenden Titel *Ist das alles?* tragen wird.

Hagen ist bei den Aufnahmen nicht im Studio. Die Bassläufe für die neuen Songs sind für ihn schlichtweg zu anspruchsvoll, und als Student mangelt es ihm auch an der Zeit, diese zu lernen. Seine Parts spielt entweder Farin ein, oder sie werden programmiert. Immerhin sampelt man dafür den Klang von Hagens favorisierter Bass-Marke Fender.

Neben *Radio brennt* und *2000 Mädchen* spielt die Band mit Uwe Hoffmann auch *El Cattivo*, *Mysteryland* und *Ist das alles?* komplett neu ein. Letzteren Song, der zu Belas großem Bedauern nur als 7"-Single[20] veröffentlicht worden war, dehnen sie zur Maxi-Version aus. Hier baut Farin noch das Gitarrensolo eines sehr bekannten Songs einer sehr bekannten englischen Band ein. Mit der Maxi-Version von *Zu spät* und dem Song *Erna P.* fügen sie der Zusammenstellung auch Aufnahmen von nicht mehr erhältlichen Platten hinzu. Am Ende kommt man auf 13 Songs, darunter auch die aktuelle Single *Gehn wie ein Ägypter*.

Selbsternannte Jugendschützer werden dieses Mal wohl kaum Anstoß an der Veröffentlichung nehmen, doch die Band will nicht den Anschein erwecken, unter dem Eindruck der Indizierung zukünftig jede mögliche Provokation verstreichen zu lassen. Bela kommt auf die Idee, alle indizierten und sonstigen schmuddeligen Songs auf eine eigenständige Platte zu pressen. Farin schlägt vor, diese von vornherein selbst zu zensieren, indem man sie *Ab 18* tauft. Conny Konzack ist begeistert von der Idee und findet großen Gefallen daran, die Bundesprüfstelle nun mit ihren eigenen Waffen zu schlagen. Bei der CBS agiert man größtenteils jedoch eher zurückhaltend bis ablehnend, denn man ist froh, nun wieder jugendfrei zu sein, und möchte nicht noch mehr Öl ins Feuer gießen.

Die Band schlägt daraufhin vor, die Platte durch einen Independent-Vertrieb unters Volk zu bringen. Erste Anlaufstelle ist hier der

EFA-Vertrieb[21], bei dem Bandfreund Axel Knabben seit Kurzem arbeitet. Fitz Braum beweist seine Verbundenheit zur Band und redet seinem Arbeitgeber aus, die Platte zu vertreiben. Die CBS lässt sich tatsächlich von Braums fadenscheinigen Argumenten blenden und verzichtet. So erhält der EFA-Vertrieb den offiziellen Auftrag, die Platte zu vertreiben. Es ist ein Novum, dass eine Major-Plattenfirma eine Platte über einen Independent-Vertrieb ausliefert. Die indizierten Songs *Geschwisterliebe*, *Claudia hat 'nen Schäferhund* und das *Schlaflied* sowie das »frauenfeindliche« *Sweet Sweet Gwendoline* stellen sich quasi von selbst für die Platte auf. Die Band spielt aber mit *Claudia II*, *Helmut K.* und *Sie kratzt, sie stinkt, sie klebt* noch drei weitere Songs ein, die bereits zum Repertoire gehören. *Sie kratzt, sie stinkt, sie klebt* ist sogar einer der ältesten Songs der Band überhaupt.

Bela B: »*Claudia II sollte noch einmal unmissverständlich klarmachen, dass wir nichts bereuen.*«

Bei den Aufnahmen ist auch Hagen wieder mit von der Partie. Wie schon einst bei *Debil* spielen sie auch diese Songs nun wieder kurz und schmerzlos ein. Da sieben Songs ein bisschen wenig für eine normale LP sind, möchte Farin die Platte im kleineren 10"-Format[22] herausbringen, was recht ungewöhnlich für diese Zeit ist, aber gut zu dieser besonderen Veröffentlichung passt.

Farin Urlaub: »*Ich hatte auch eine Idee für den Titel und das Cover – eine letzte Retourkutsche für die BPjS. Wir haben den Entwurf dann auch genau so genommen und vom Grafiker umsetzen lassen. Darauf war ich schon stolz.*«

Fitz Braum: »*Ich könnte mich heute noch darüber amüsieren, dass sich die CBS so einfach die Butter vom Brot hat nehmen lassen. Von der Ab 18 haben wir sicher über 100.000 Platten verkauft, und die CBS hat sich nachher mächtig geärgert.*«

Nachdem die neuen Veröffentlichungen im Kasten sind, verspürt Farin wieder große Lust zu verreisen. Wieder ist Zypern sein Ziel, wo er schon so manchen Urlaub verbracht hat, um ausgiebig Motocross zu fahren. Dieses Mal kann er Bela zu einem gemeinsamen Urlaub auf der Mittelmeer-Insel überreden, obwohl dieser erst dabei ist, seinen Motorradführerschein zu machen. Beiden kommt die Auszeit nach einer zuletzt mehr als anstrengenden Zeit sehr gelegen. Die

Querelen der letzten Zeit haben ihr Zusammengehörigkeitsgefühl zwar gestärkt, aber diese haben eben auch ihren Tribut gefordert – körperlich wie mental. Außerdem betrachtet Farin Belas steigenden Alkoholkonsum mit Sorge. Er befürchtet, dass dessen Party-Attitüde auf Dauer zu Lasten seiner Kreativität und Kondition geht.

Bela B: »*Ich bin zu dieser Zeit nie groß verreist, so wie Farin. Mich hat das Touren völlig befriedigt. Auf der Bühne zu stehen, ist bis heute meine größte Droge. Deswegen habe ich auch noch immer vor jedem Auftritt Lampenfieber. Ich habe das Touren geliebt und auch immer dazu genutzt, um auszugehen, und ich habe da natürlich auch öfters über die Stränge geschlagen. Zu meinem damaligen Lebensstil gesellte sich noch eine Essstörung, verbunden mit der Tatsache, dass ich bei 1,80 m Körpergröße gerade mal 68 Kilo wog. Wir hatten außerdem schon recht früh den Ehrgeiz entwickelt, die 2-Stunden-Marke bei unseren Konzerten zu durchbrechen. Zwischen den Zugaben habe ich oft unsere Tourmanagerin Gabi Kowarik gefragt, wie lange wir denn schon spielen. Aber nicht nur, dass unsere Konzerte auch immer länger wurden, sie wurden auch immer voller, und auch immer mehr Schweinwerfer wurden auf uns gerichtet. Irgendwann war in den Läden einfach keine Luft mehr da. Ich habe damals auch noch geraucht und hatte damit besonders zu kämpfen. Von Farin hätte ich mir nach den Konzerten schon mehr Euphorie gewünscht, anstatt in irgendeinem Buch zu blättern, aber so verschieden waren wir nun mal.*«

Farin Urlaub: »*Bela leistete im Gegensatz zu Hagen (der nicht besonders viel sang) und mir (dem Mann mit der Bühnenshow einer Tanne) wirklich harte Arbeit am Schlagzeug; und die Hallen waren damals oft wenig bis gar nicht belüftet. Ich kann mich an einige Gigs erinnern, wo mir bei längeren, höheren Gesangstönen schwarz vor Augen wurde, und oft habe ich meine Finger nicht mehr gespürt vor Sauerstoffmangel. Wie muss es da erst Bela gegangen sein? Der Unterschied zwischen uns war, dass ich keinen Alkohol trank und mich vor Touren mit Dauerläufen etwas fit machte, was Bela damals sehr spießig und albern fand. Außerdem ging er nach dem Konzert gerne noch lange aus, während ich längst erschöpft im Hotelbett lag. Das kam dann auf einer längeren Tour irgendwann nicht mehr so gut.*«

Bela B: »*Und Jahre später bin ich dann sieben Mal einen Marathon gerannt. So ändern sich die Zeiten.*«

Farin und Bela nutzen die Zeit auf Zypern, um auch über die Band zu sprechen. Beide wissen, dass das vergangene Jahr sehr viel Kraft gekostet hat, aber gleichzeitig sind sie auch stolz, dass sie dies gemeinsam – und allen Unkenrufen zum Trotz – durchgestanden haben. Die vielen negativen Erfahrungen waren sehr lehrreich, Die Ärzte sind derzeit so erfolgreich wie nie, doch wie soll es weitergehen, und wo will man noch hin? Farin und Bela haben sich diesen Erfolg hart erarbeitet, haben zahlreiche Ideen umgesetzt und Entscheidungen getroffen, die sie nun dort hingebracht haben, wo sie sind. Alle erwarten jetzt den nächsten großen Wurf von ihnen, doch die Werfer wissen nicht so recht, welche Technik sie dafür anwenden sollen.

Inzwischen haben sie den Wandel vom Pop hin zum Rock vollzogen, denn sie wollen nicht ein Leben lang als die »Funpunks« vom Dienst gelten. Das Wort ist für sie eh zum Schimpfwort verkommen, und es nervt sie gewaltig, wenn man ihre Musik als Klamauk darstellt. Die einstigen Weggefährten aus Düsseldorf, die Toten Hosen, fügen ihrem Auftreten inzwischen immer mehr Politik hinzu. Für Die Ärzte ist dies ein rotes Tuch. Es erinnert sie an den schlechten Teil der deutschen Rockmusik, der immer gehaltvolle Botschaften in sich tragen will. So wollten sie nie sein, deswegen haben sie sich einst vom Punkrock abgewendet und Die Ärzte gegründet. Sie haben lieber Songs über Sex & Crime geschrieben und sich eher über einen gelungenen Reim als eine gehaltvolle Botschaft gefreut. Vor allem geht es ihnen um den Spaß an der Sache und nicht um die Umsetzung eines selbst auferlegten Marketingplans. Die oft gruselige Ernsthaftigkeit, mit der viele ihrer Kollegen die Bühnen des Landes betreten, ist ihnen ein Gräuel. Dem fühlen sie sich nicht zugehörig, denn so ernst wollen sie sich nie nehmen, und den Nabel der Welt vermuten sie auch nicht in ihrer Nähe. Zuletzt war die Band in den Augen vieler, egal ob gewollt oder ungewollt, immer wieder für einen Skandal gut. Bei den Die Ärzte, so die Ansicht vieler Anhänger, muss man immer mit allem rechnen. Wie kann man dieser Erwartungshaltung nun Rechnung tragen?

Noch während des Urlaubs kommt Farin aus heiterem Himmel auf eine Idee, die recht ungewöhnlicher Natur ist. Eine typische Eigenart der Band war und ist es, in sie gesetzte Erwartungshaltungen nicht zu erfüllen, beziehungsweise zu brechen. Was wäre also nun wohl das Ungewöhnlichste, was von ihnen in dieser Situation kommen könnte?

Die Ärzte lösen sich auf!

Farin findet die augenscheinlich verrückte Idee genial. Alle würden ihnen den Vogel dafür zeigen, dass sie sich ausgerechnet jetzt, auf dem Höhepunkt ihrer Karriere, auflösen. Für Farin ergibt diese Überlegung aber durchaus Sinn. Er möchte lieber, dass die Band so in Erinnerung behalten wird, wie sie sich jetzt gibt, als dass er und Bela die nächsten Jahre nur noch damit verbringen, das Erbe der Band zu verwalten und irgendwann vielleicht wie abgehalfterte Schlagerstars bei der Einweihung von Möbelhäusern aufzutreten. Das Kreativitätsloch, in das sie jüngst gefallen sind, ist für ihn ein ernsthafter Indikator dafür, dass es ab jetzt nur noch peinlich werden könnte. Gleichzeitig birgt die Auflösung auch die Chance, noch mal etwas komplett Neues zu wagen – auch jenseits der Musik. Bela und er sind gerade mal Mitte 20. Jeder von ihnen kann neue Wege betreten und sich austoben. Farin ist sich sogar sicher, dass er nach Die Ärzte erst einmal keine Musik mehr machen will.

Farin Urlaub: »*Ich schlug die Auflösung nicht vor, weil ich uns in irgendeiner Sackgasse sah, sondern wirklich und wahrhaftig nur, weil ich das so absurd fand und weil sich das niemand sonst getraut hätte. Auch in Sachen Lebensplanung ist das ja, wie sich selbst ein Bein zu stellen. ›Yeah, that's Punkrock!‹, wie es Dekaden später auf der 5, 6, 7, 8 – Bullenstaat! hieß.*«

Als er Bela seine Idee und die Beweggründe schildert, muss dieser erst einmal schlucken und bittet sich einen Tag Bedenkzeit, den Farin dazu nutzt, um mit seinem Motorrad alleine durch die Landschaft Zyperns zu brettern.

Bela B: »*So konnte ich auch mal einen Tag meine Blessuren pflegen.*«

Am Abend treffen sie sich wieder, und Bela ist bei Farins Plan dabei. Ihm liegt natürlich viel an der Band, doch Farins Argumente gefallen ihm durchaus. Er hat ebenfalls große Lust, neue Erfahrungen abseits der Band zu sammeln. An diesem Abend wird das Ende von Die Ärzte besiegelt. Es sollte jedoch noch fast zwei Jahre dauern, bis es auch wirklich amtlich wird. Die Entscheidung, die

Band aufzulösen, befreit Farin und Bela auf einen Schlag von ihren schweren Gedanken. Der Spaß kehrt allmählich wieder zurück und mit ihm auch die einmalige Kreativität der beiden. Nach ihrer Rückkehr aus Zypern unterrichten sie Hagen, Conny und die CBS von ihren Plänen. Alle bedauern ihren Entschluss, sichern ihnen aber ihre Unterstützung zu. Im nächsten Jahr wollen Bela und Farin noch ein letztes Album aufnehmen und eine letzte riesengroße Tour spielen. Die CBS bietet der Band einen neuen, deutlich aufgestockten Vertrag an – verbunden auch mit der Hoffnung, dass sie es sich vielleicht doch noch mal anders überlegt. Gleichzeitig lässt sie sich aber auch die Option auf ein mögliches Comeback-Album zusichern – man weiß ja nie.

Bela B: »*Wir haben dann wieder vor Ideen gesprüht, wie damals an der Bushaltestelle in Spandau. Wir wollten eine letzte, geniale Platte machen und dann monatelang tourentourentouren. Daraufhin haben wir noch mal einen Gang zugelegt in Sachen Kreativität, so nach dem Motto: ›Das wird jetzt unser Vermächtnis! Lass uns mal so richtig Gas geben.‹*«

Jochen Leuschner: »*Die Auflösung der Band hat mich schon sehr enttäuscht. Ich habe das nicht verstanden. Ich kenne auch keine drei Fälle in meiner langen Laufbahn, wo das so gelaufen ist. Wir hatten zunächst die Vermutung, dass sie das machen, weil sie aus ihrem Vertrag rauswollen, haben das ihnen gegenüber aber nie so geäußert.*«

Bevor es dazu kommt, steht aber erst einmal die Veröffentlichung der beiden neuen Alben *Ist das alles?* und *Ab 18* sowie die dazugehörige Herbst-Tour an. Im Sommer nimmt die Band an einigen Open-Air-Veranstaltungen teil, darunter auch ein paar der von der Band so gehassten Playback-Auftritte. Bei einem Schülerfestival[23] des SWF am 22. Juli in Saarbrücken kommt es zu tumultartigen Szenen, denn die anwesenden Teenager sind schier verrückt nach der Band.

Den ganzen Tag schon hat es in der saarländischen Landeshauptstadt geregnet, und die meisten Künstler halten sich im Backstage auf, von wo aus sie nur kurz für ihre Auftritte nach draußen kommen, die unter einer überdachten Bühne stattfinden. Das Publikum steht derweil im Regen. Als Die Ärzte dran sind, hält es sie nicht lange unter dem Dach, sie begeben sich lieber zum Publikum in den Regen und feiern mit ihm zusammen eine Party. Anschließend muss die Band geradezu fluchtartig den Ort des Geschehens verlassen, denn die Teenager stürmen hysterisch hinter ihnen her. Die Band wird von Conny Konzack und einem Security zu ihrem Auto begleitet. Der Security schützt Farin, Conny deckt Hagen, nur Bela ist auf sich allein gestellt und schafft es nicht rechtzeitig zum Auto. Er wird von einem Pulk pubertierender und kreischender Mädchen eingekreist, die ihm wahllos sein T-Shirt herunterreißen, seine Ohrringe abreißen und dabei auch noch lachen. Bevor noch Schlimmeres passiert, helfen ihm die anderen ins Auto.

Bela B: »*So etwas Krasses habe ich danach nicht wieder erlebt.*«[24]

Conny Konzack: »*Schon nach den Konzerten auf der Frühjahrstournee haben wir ernsthaft überlegt, ob wir die Tourneen noch weiter seriös durchführen können. Das war wirklich* Beatlemania*, beziehungsweise* Ärzte-Mania*, und damit übertreibe ich nicht mal. Die Mädchen wurden reihenweise ohnmächtig. Es war absurd, was sich da im Bereich der Bühne abgespielt hat.*«

Die Band ist auch eingeladen worden, um auf der Freilichtbühne Hohentwiel in Singen im Rahmen eines kleinen Festivals mit Bands wie Meat Loaf, Magnum und den Strassenjungs[25] zu spielen. Die Stimmung auf dem Gelände ist sehr hippiemäßig, und Die Ärzte sind der Meinung, dass es bestimmt lustig wäre, in diesem Rahmen ihr Programm mit Bob Dylans *Blowin' in the Wind* zu beginnen. Die Band lacht auch, das Publikum aber nicht. Erst als bekannte Songs wie *Alleine in der Nacht* oder *Wie am ersten Tag* ertönen, befreien sich die Zuschauer aus ihrer Starre.

Bela B: »*Das war einer der Gigs, die ich angetrunken gespielt habe. Es war dermaßen heiß, dass ich ständig Flüssigkeit in mich reinkippte. Kurz vor der Show trank ich auch ein Bier, was mir sofort so in den Kopf stieg, dass ich erst mal taumelte und am Drumset die Orientierung verlor. Vor uns spielten die Strassenjungs, nach uns Magnum – was für ein seltsames Line-up. Meat Loaf hatte eine sehr heftige Aura. Als zwei Typen ihm aus Gag den Mittelfinger zeigten, sprang er zum Bühnenrand und würgte einen der beiden.*«

Ist das alles? – 13 Höhepunkte mit den Ärzten, so der volle Name der Platte, steigt im September 1987 von 0 auf Platz 22 in die Album-Charts ein. Dem Album vorausgegangen war bereits die erste

Single *2000 Mädchen*, für die man wieder einmal eine Maxi-Version produziert hat, den *Wumme-Mix*.

Bela B: »*Zu dem Text inspirierte uns eine wahre Geschichte über einen Telefonstalker, der 2000 Mädchen terrorisiert haben soll. Der Aufbau des Liedes ist fast eine Blaupause von* Schrei nach Liebe, *mit lauten Farin-Strophen und ruhigem, tief gesungenem Bela-Refrain.*«

Als weitere Dreingabe findet sich auf der Single auch das Stück *Nein, nein, nein* wieder. Es ist der erste einer langen Reihe sogenannter »Moskito-Songs«. *Moskito – Nichts sticht besser* ist eine Jugendsendung des SFB, die seit Mai 1987 ausgestrahlt wird und sich verschiedenen Aspekten des Heranwachsens widmet. In der Sendung werden so auf unterhaltsame Art und Weise verschiedene Themen wie Liebe, Geld, Drogen oder Mode beleuchtet. Über allem schwebt der Gedanke der Aufklärung. Der SFB hat Die Ärzte Anfang 1987 gefragt, ob sie nicht Lust hätten, zu den einzelnen Themen knackige Popsongs zu schreiben. Farin und Bela haben zugestimmt und sich selbst das Dogma auferlegt, die Songs jeweils an einem Tag im Studio zu schreiben, einzuspielen und fertig zu produzieren. Die Hauptprotagonisten aller Lieder sind Gabi und Uwe, die auf dem langen Weg des Erwachsenwerdens so manche schmerzhafte Erfahrung machen müssen. So widmet sich *Nein, nein, nein* der Pubertät mit all ihren unschönen äußerlichen Veränderungen wie Zahnspangen und Pickeln. Weitere Themen, die von Die Ärzte für *Moskito* bis 1989 in Popsongform gegossen werden, sind Geld (*Gabi ist pleite*), Rock 'n' Roll (*Das ist Rock 'n' Roll*), Sex (*Sie tun es*), Partys (*Gabi gibt 'ne Party*), Mode (*Gabi & Uwe in: Liebe und Frieden*) und Zeugnisse (*Schlechte Noten*).

Bela B: »*Das entstand ganz spielerisch und hat uns beim ersten Mal solch einen Spaß gemacht, dass wir das beibehielten. Wir freuten uns richtig über jede Moskito-Anfrage.*«

Farin Urlaub: »*Während wir den ersten Song noch in unserem muffigen Übungsraum im Flughafen komponierten und ein Demo aufnahmen, fühlten wir uns ab dem zweiten unserer Spontanität so sicher, dass wir einfach einen Studiotag buchten und völlig unvorbereitet, aber immer bestens gelaunt ins Preussenton-Studio gingen und abends den Song fertig komponiert, getextet, aufgenommen und gemischt hatten. Dabei waren Bela und ich immer zu zweit, und jede* noch so absurde Idee wurde direkt aufgenommen. Es war ein Riesenspaß und stellt heute für mich musikalisch die Quintessenz der 80er-Ärzte dar. Ähnlich spontan ging es später bei den Bullenstaat-Aufnahmen zu; allerdings dann zu dritt mit dem vollen Einsatz von Rod.«

Was das Album *Ist das alles?* betrifft, ist aus der Notlösung indes ein Verkaufserfolg geworden – die LP geht fleißig über die Ladentheken. In einem Promoschreiben erklärt die Band, was es mit den einzelnen Liedern auf der Platte auf sich hat.

Gehn wie ein Ägypter: Der hoffnungslose Versuch, die Bangles kennenzulernen. Ein gescheitertes Lied.

Du willst mich küssen: Der geglückte Versuch, Nena bei einem Lied mitwirken zu lassen. Doch Babys bekommt sie von anderen. Ein im Großen und Ganzen befriedigendes Lied.

2000 Mädchen: Der sparsam instrumentierte Versuch, sexuellen Gesellschaftsmechanismen Ausdruck zu verleihen. Ein politisches Lied.

Mysteryland: Ein Versuch, als Berliner die rheinische Karnevalsstimmung einzufangen. Ein lebensbejahendes Lied.

Zu spät: Eine Herausforderung an die gesamte männliche Musikerkonkurrenz. Ein mutiges Lied.

El Cattivo: Ein ausländisches Lied, das ethnologische Einflüsse genauso wenig verleugnet wie geschickt gesetzte Ohrwürmeleien. Ein Meilenstein-Lied.

Radio brennt: Hier fungiert der Text nur als Vehikel, um unser aller Vorbilder Modern Talking namentlich erwähnen zu können. Ein wichtiges Lied.

Alleine in der Nacht: Ein Schlag ins Gesicht der musikalischen Schöngeister, die sich in einer Zeit wie heute immer noch weigern, den negativen Seiten des Lebens ins Auge zu blicken. Ein geistreiches Lied.

Buddy Holly's Brille: Der Versuch, Buddy Holly kennenzulernen, mit der späten Einsicht, dass dies wohl unmöglich ist. Ein trauriges Lied.

Dein Vampyr: Der aus instrumentalen Mosaiksteinen zusammengesetzte Versuch, aus jedem Scheiß ein Lied zu machen. Ein seltenes Lied.

Wie am ersten Tag: Das Spiel mit der Vorstellung, unglücklich zu sein. Ein ironisches Lied.

Ist das alles?: Die Rechtfertigung, dieser LP einen einfallslosen Namen zu geben. Ein Mittel-zum-Zweck-Lied.
Erna P.: Ein Lied.
Nach der Platte für den Verkauf über die Ladentische steht nun die Veröffentlichung der Platte für den Verkauf unter den Ladentischen an. Diese soll im Verlauf der großen Herbsttournee erfolgen, die schlicht *Ärzte! Ärzte! Ärzte!* betitelt ist. Inzwischen hat das amerikanische Label Alternative Tentacles, das von Jello Biafra, dem Frontmann der Dead Kennedys, betrieben wird, seine Fühler nach den Die Ärzte ausgestreckt. Biafra hat ebenfalls schon einige Erfahrungen mit der Zensur gemacht und würde die Platte *Ab 18* gerne in England auf den Markt bringen.

Bela B: »*Biafra war damals auch manchmal in Berlin und pflegte Kontakt zum Scheißladen vom Wahren Heino und zum EFA-Vertrieb. Als Plattensammler kam er auch schnell auf uns. Als wir auf einen Schlag so massiv indiziert wurden, beschäftigte sich der Kämpfer gegen die Zensur mit dem deutschen Indizierungsverfahren und wollte uns gerne auf seinem Label veröffentlichen. Die CBS war mit der Situation total überfordert. Viele Mitarbeiter distanzierten sich von uns. Plattenhändler, die Anzeigen kassierten, das alles war zu viel für die Traditionsfirma CBS. Da kam die Anfrage, mit einem berüchtigten amerikanischen Punklabel zu arbeiten, nicht gut an. Farin war zu dem Zeitpunkt im Urlaub und bekam davon wenig mit. Ich war total begeistert, weil ich Biafra richtiggehend verehrte. Leider tat sich die CBS extrem schwer mit der Vergabe der Lizenzen, und es kam zu keiner Zusammenarbeit.*«

So kommt es zwar zu keiner Veröffentlichung auf der Insel – wohl aber in Deutschland. Obwohl noch keine »offizielle« Indizierung erfolgt ist, hat die Band die Platte schon vorsorglich selbst indiziert. Auf dem Cover prangt in großen Zeichen »AB 18«, versehen mit dem Hinweis: »Achtung! Verkauf nur an Jugendliche ab 18«. Das Innencover enthält noch mal alle Songtexte sowie Auszüge aus den offiziellen Schreiben der Bundesprüfstelle für jugendgefährdende Schriften. Die Ärzte haben damit der BPjS schon mal etwas Arbeit abgenommen, und tatsächlich lässt deren Amtshandlung nicht lange auf sich warten. Am 21. Dezember wird *Ab 18* der offizielle Status der Indizierung zugestanden. Neben der Platte selbst wird auch das Textblatt gleich noch mitindiziert. Das Ganze gleicht inzwischen einem Katz-und-Maus-Spiel, bei dem der Staat, vertreten durch die BPjS, natürlich nur zweiter Sieger werden kann. Die Ärzte haben die staatliche Zensur marketingtechnisch längst für sich beansprucht, und wer will es ihnen auch verdenken.

Durch *Ab 18* steigt ihre Reputation noch weiter, denn es dauert nicht lange, bis die Platte unter den Jugendlichen die Runde macht. Oft wird die Platte von den großen und volljährigen Geschwistern besorgt, die diese dann an ihre minderjährigen Geschwister weitergeben oder ihnen kopieren. Die wiederum tauschen diese munter auf den Schulhöfen der Republik, und selbst Teenager, die sich bislang nicht für die Band interessiert haben, werden nun auf Die Ärzte aufmerksam. Der Reiz des Verbotenen ist einfach zu verlockend, um ihm zu widerstehen. An diesem Beispiel lässt sich wunderbar erkennen, was Zensur wirklich bringt – nämlich gar nichts. Durch den staatlichen Eingriff sind die Jugendlichen erst recht auf die ach so schlimmen Songs der Band aufmerksam geworden. Das Ziel der Verhinderung der weiteren Verbreitung wurde auf jeden Fall gründlich verfehlt.

Wie sehr sich die Songs verbreitet haben, bekommen Die Ärzte auf der Herbsttour zu spüren, wo vor allem Lieder wie *Helmut K.*, *Sweet Sweet Gwendoline* oder *Claudia II* lauthals mitgesungen werden. Der Publikumsgesang bei *Geschwisterliebe*, das die Band als Zugabe spielt, ist jeden Abend ohrenbetäubend und eines der Highlights auf den Konzerten. Der große Spießrutenlauf, dem die Band noch auf der Frühjahrstournee ausgesetzt war, bleibt dieses Mal aus. Völlig problemlos verläuft aber auch diese Tournee nicht. Den größten Skandal löst dabei ein TV-Konzert für die Sendung *Live aus dem Alabama* aus, das am 12. Oktober über den Äther gehen soll. Die Redaktion des Formats ist schon vor dem Auftritt der Band recht nervös. Moderator ist der junge Günther Jauch. Der Bayerische Rundfunk will die erste Viertelstunde des Konzertes live senden.

Die Redaktion bittet die Band inständig, zumindest für die TV-Aufzeichnung auf die verbotenen Stücke zu verzichten, doch solche Appelle rufen bei der Band inzwischen eher eine Trotzreaktion als die gewünschte Handlung hervor. Die Ärzte geben sich nun besondere Mühe, ihren Auftritt entsprechend zu inszenieren. Extra für die TV-Übertragung treten sie alle mit schwarzen Gwendoline-T-Shirts auf und befördern *Geschwisterliebe* vom Zugabenblock an die fünfte Stelle ihres Sets, damit es auf jeden Fall im Fernsehen übertragen wird. Das ist aber noch nicht der eigentliche Skandal.

Am Abend vor dem Konzert wurde bekannt, dass der erst kürzlich zurückgetretene Ministerpräsident von Schleswig-Holstein, Uwe Barschel, tot in der Badewanne seines Hotelzimmers im schweizerischen Genf aufgefunden worden ist. Es ist das Ende eines dramatischen Abstiegs einer einst verheißungsvollen Politkarriere. Die wahren Hintergründe seines Ablebens sind bis heute ungeklärt und Bestandteil verschiedenster Theorien. Den Die Ärzte ist dies per se eigentlich egal, doch als die Ordner sie darum bitten, aufgrund des mörderischen Gedrängels vor der Bühne beruhigend auf das Publikum einzuwirken, gehen sie auf den toten CDU-Politiker ein.

Bela B, Farin Urlaub und The Incredible Hagen:
Bela: Wir sind die Ärzte aus Berlin, und wir haben uns geschworen, wir machen heute Abend München-Massaker. Zwei Leute sind schon tot, und Barschel gestern Abend ging auch auf unser Konto.
Farin: Aber wir machen weiter.
Bela: Äh, wenn ihr vielleicht ein bisschen Rücksicht nehmen könntet auf die Leute hier vorne ...
Farin: Wir haben jetzt schon genug Leichen.
Bela: ... das wär unheimlich nett. Das wär eine Geste.
(...)
Farin: Mit unserem nächsten Lied hatten wir in letzter Zeit einige Probleme. Da hat uns die Bundesprüfstelle für jugendgefährdende Schriften so einen Schriftverkehr aufgezwängt – ungefähr mit dem Inhalt, dass das Lied Geschwisterliebe *die Jugend in Deutschland verdirbt und sexualethisch desorientiert. Wir haben uns noch mal mit Vertretern der Bundesprüfstelle getroffen ...*
Bela: ... und wir sind in uns gegangen.
Farin: Sie haben uns bekehrt.
Bela: Wir wissen genau, was sie meinen, und wir sind auch ihrer Ansicht. Es war falsch! Es war falsch!
Farin: Wir bereuen es.

Bela: Und darum werden wir heute Abend dieses Lied nicht singen.
Farin: Wir werden es aber spielen!
Bela: Aber – es kommt hin und wieder zu Komplikationen. Wir haben auf unserer letzten Tournee acht bis zehn Anzeigen bekommen, als wir das Lied noch gesungen haben, und das würde nicht nur uns betreffen, sondern jeden einzelnen Bundesbürger in diesem unserem Lande. Wenn er dieses Lied singt, macht er sich strafbar, und das wollen wir nicht. Nein! Ihr habt eure Jugend noch vor euch. Ihr seid so jung. Macht eine Bankkaufmannslehre oder werdet drogenabhängig, aber singt nicht dieses Lied! Bitte!
Farin: Denkt an Uwe Barschel. Er hat es auch versucht. Er ist nicht durchgekommen damit. Sie haben ihn erschossen.
Bela: Mit eurem heiligen Versprechen, dass ihr das Lied nicht singt, spielen wir es jetzt.
Farin: Habt ihr es versprochen?
Hagen: Okay, danke.[26]

Was man später in den sogenannten Sozialen Netzwerken als Shitstorm bezeichnen wird, passiert heute via Telefon: Schon während der Übertragung kommt es zu zahlreichen telefonischen Beschwerden beim Sender und in der Halle. Die Band kriegt derweil von dem ganzen Aufruhr nichts mit. Zur Zugabe holen sie noch die befreundeten Goldenen Zitronen[27] auf die Bühne, um mit ihnen gemeinsam deren Song *Doris ist in der Gang* zu spielen. Günther Jauch kommt nach der Show zur Band in die Garderobe. Er reagiert zwar kopfschüttelnd, doch verärgert wirkt er nicht und warnt die Band schon mal vor, dass es sicher Ärger wegen der heute gemachten Aussagen geben werde.

Farin, Bela und Hagen spielen die Ängste Jauchs jedoch herunter und verziehen sich auch bald aus der Halle. Hagen und Bela unternehmen mit BRAVO-Redakteur Uli Weissbrod noch einen Abstecher ins P1. Bei der Münchner Schickeria hält es sie aber nicht lange.

Conny Konzack: *»Die vom Bayerischen Rundfunk haben uns vorher bekniet,* Geschwisterliebe *nicht zu singen. Die Band hat daraufhin den Song instrumental gespielt, denn nur der Text war ja indiziert, was ich in der Form auch unterstützt habe, da ich es für einen genialen Schachzug hielt. Der Günther Jauch ist nach der Sendung völlig* *ausgetickt, und es gab dann diesen kleinen Eklat. Besser hätte es für uns nicht laufen können.«*

Für die Band ist das Konzert in München am nächsten Tag schon abgehakt, doch nicht für die vermeintliche Öffentlichkeit. Die *Münchner Abendzeitung* setzt den »Skandal« zwei Tage später auf ihren Titel. Hagen staunt nicht schlecht, als er bei einer Rast an der Tankstelle den Aufreißer entdeckt.

Bela B: »*Hagen kam am Morgen nach dem Konzert in Karlsruhe aufgelöst zum Bus zurück: ›Ihr glaubt es nicht! Wir sind auf der Titelseite!‹ Da war ich schon ein kleines bisschen stolz auf unsere Band.*«[28]

Auch bei Conny Konzack steht das Telefon nicht mehr still. Man will eine offizielle Stellungnahme von ihm und der Band haben. Der bayerische CSU-Innenminister, ein gewisser Edmund Stoiber, echauffiert sich gekonnt medienwirksam: »*Betroffen war ich im Übrigen von der Reaktion des größtenteils jugendlichen Publikums im Saal. Der frenetische Jubel zeigt, in welch irrationalen, nur noch massenpsychologisch erklärbaren Bahnen sich eine solche Veranstaltung bewegen kann. Die Band wird dafür kein Geld von uns bekommen.*«[29]

Sicher ist das nicht Herrn Stoibers bester Kommentar, wenn man nur an seine Elogen auf Bruno, den Problembär, oder den Münchner Airport-Express denkt, doch sollte er sich mit solch irrationalen, nur noch massenpsychologisch erklärbaren Bahnen bestens auskennen. Bei einem stinknormalen CSU-Parteitag geht es kaum anders zu. Die scheinbar schlechten Witze dort können allerdings im Gegensatz zu einem *Ärzte*-Konzert zum bitteren Ernst für die Bevölkerung dieses Landes werden. Hinter den Kulissen des Bayerischen Rundfunks fliegen unterdessen die Fetzen.

Moderator Günther Jauch muss sich eine Woche später sogar öffentlich für die Sendung entschuldigen: »*Die Popgruppe Die Ärzte hielt es anscheinend für nötig, während ihres Konzertes bei den Ansagen einen Bezug herzustellen, einen völlig unnötigen und dazu noch bescheuerten Bezug, zu dem Tod von Uwe Barschel. Wir in der Redaktion sind darüber sehr sauer gewesen – aus begreiflichen Gründen. Zum einen halten wir es für völlig idiotisch, was da gesagt worden ist. Zum anderen ist es natürlich letztlich auch das Ausnützen einer Live-Situation bei einer Gruppe, mit der wir vorher geredet haben, dass das Konzert so und so eben abläuft – und nicht anders. Wir sind also darüber sehr verärgert gewesen und bekennen uns auch insofern schuldig, als wir uns dafür entschuldigen, dass das so gelaufen ist. Darüber hinaus hat der Intendant des Bayerischen Rundfunks sich bereits bei der Familie Barschel und in aller Öffentlichkeit auch bei allen Zuschauern entschuldigt, und wir schließen uns dieser Entschuldigung im Namen der ganzen Redaktion an. Es ist nämlich nicht der Stil dieser Sendung, es ist noch nie der Stil von* Live aus dem Alabama *gewesen, und er wird es auch künftig nicht sein. Dafür stehen die Redaktion und all diejenigen, die diese Sendung regelmäßig machen. So viel dazu, und jetzt kommen wir zu Erfreulicherem ...«*

Am Ende geht es so wie fast immer aus – es wird sich einmal kurz aufgeregt, dann verläuft sich alles im Sande. Natürlich erhalten Die Ärzte ihr Geld für den Auftritt, 1994 werden sie ein weiteres Mal ein Live-Konzert für die Sendung spielen, und Günther Jauch wird später wohl über jeden Zweifel erhaben sein und vielleicht darüber schmunzeln.

Bela B: »*Erwähnenswert ist hier sicherlich, dass die Gage für den Auftritt eh nur 1.500 D-Mark betragen hat, wir auf der Tour aber Fixkosten von 9.000 D-Mark pro Tag hatten. Unsere Plattenfirma hat dann für den Promoeffekt die Differenz übernommen. Die 1.500 D-Mark, die wir übrigens schon nach knapp drei Wochen bekamen, spendeten wir anonym dem Eiszeit-Kino in Berlin. Die wurden ungefähr zur gleichen Zeit von einem autonomen PorNO!*[30]*-Kommando (militante Antisexisten) überfallen und ausgeraubt, weil bei ihnen der Kunstfilm* Fingered[31] *mit Hardcore-Sexszenen gezeigt wurde.*«

Die weitere Tour verläuft skandalfrei. Am 27. Oktober spielt die Band das erste von zwei ausverkauften Konzerten in der Bochumer Zeche. Es ist gleichzeitig Farins 24. Geburtstag. Nach dem Konzert ist eine Party geplant, die Gästeliste ist entsprechend voll. Während des Soundchecks will Farin eine Absperrung mit einem lässigen Sprung überwinden und knickt dabei unglücklich mit dem rechten Fuß um. Farin kann nur noch humpeln, das Konzert übersteht er nur unter größten Schmerzen. Gerade an diesem Abend ist die Band aber in enormer Spiel- und das Publikum in bester Feierlaune. Das Konzert ufert zum Ende hin in einen regelrechten Cover-Wahn aus. Die Band spielt *51st State* von New Model Army, *Radar Love* von Golden Earring, *Whole Lotta Rosie* von AC/DC und vieles mehr. Die anschließend geplante Geburtstagsparty erlebt Farin jedoch nicht. Er lässt sich direkt nach dem Konzert ins Krankenhaus bringen, wo man ihm einen Bänderriss diagnostiziert. Damit ist Farin dazu verdammt, auf den letzten Konzerten der Tour im Sitzen zu spielen, da sein Fuß eingegipst ist. Sein Bewegungsradius ist nun stark eingeschränkt, doch zum Glück stehen nur noch drei Konzerte auf dem Tourplan. Nicht alle im Ärzte-Tross wissen aber, dass es noch drei Konzerte sein werden. Was seltsam klingt, ist wohl einer der besten Tour-Gags, den Die Ärzte in ihrer Karriere gebracht haben, denn sie haben sich entschlossen, auf der vorletzten Station ihrer Tour dorthin zurückzukehren, wo sie einst der unerbittlichen Langeweile so schutzlos ausgeliefert waren. Es geht nach Paderborn.

Alle in der Band und in der Crew wissen schon zu Beginn der Tour, dass es am 29. Oktober nach Paderborn geht. Alle bis auf den armen Nopper. Nach den einst traumatischen Erlebnissen in Paderborn hat er sich geschworen, nie wieder einen Fuß in diese Stadt zu setzen, doch er hat dabei nicht mit den perfiden Plänen der Band gerechnet. Die tut wirklich alles, um Nopper über sein Schicksal im Unklaren zu lassen. Selbst vom Tourrider, also das Heft, in dem für Band und Crew alles Wissenswerte zu einer Tour mit Adressen, Hotels und Ansprechpartnern zusammengestellt ist, gibt es eine spezielle Nopper-Version. Dort fehlt nämlich der Gig in Paderborn. Auch bei den Touranzeigen und Plakaten bleibt Paderborn außen vor. Die Falle für Nopper wird generalstabsmäßig gelegt. Bela übernimmt die Aufgabe, Nopper am Vorabend der Fahrt nach Paderborn nach allen Regeln der Kunst abzufüllen, sodass dieser kaum in der Lage ist, am nächsten Tag den Bus zu fahren. Hagen wird sich tags darauf ganz fürsorglich geben und ihm anbieten, das Steuer zu übernehmen, damit Nopper auch ja nicht mitbekommt, wohin die Reise geht. Unterwegs versuchen Bela, Farin und Gabi Nopper weitestgehend abzulenken, sodass er ja keine Beschilderungen mitbekommt. Als sie schließlich das Ortsschild von Paderborn erreichen, kriegt Nopper einen gewaltigen Schreck, sofort kommen in ihm die Erinnerungen an das einst so öde Dahinvegetieren hoch.

Bela B: »*Wir gaben plötzlich alle vor, Hunger und Durst zu haben, und wollten uns in Paderborn ein Restaurant suchen.*«

Es wird noch schlimmer, als Hagen den Bus exakt an dem gleichen Hotel anhält, wo sie damals die Bedeutung der Wörter Tristesse und Langeweile auf so schmerzhafte Art und Weise erfahren mussten. Als letztlich alle aussteigen und ihre Koffer und Taschen entladen, wird es für den armen Nopper traurige Gewissheit: Er ist zurück in Paderborn. Das allgemeine Gelächter ist groß, Nopper findet es hingegen weniger witzig. Er muss an diesem Tag viel aushalten, denn er wird fortlaufend und sogar während des Konzerts von der Bühne aus mit seiner Paderborn-Phobie aufgezogen.

Bela B: »*Ich hab von der Bühne runter behauptet, Nopper sei ein Paderborner, der sich über persönliche Grüße und Schulterklopfen sehr freuen würde. Dem kamen dann auch einige Konzertbesucher nach.*«

Nopper revanchiert sich während der Zugabenpause dafür, indem er auf die Bühne geht und das Publikum dazu animiert, sich lautstark *Paul*, den Hass-Song der Band, zu wünschen. Im Gegensatz zum letzten Besuch in Paderborn reist die Band jedoch schon am nächsten Tag ab, um in Bad Hersfeld den Abschluss ihrer Tournee zu feiern – natürlich mit Nopper.

Im Set der Tour befindet sich mit dem Song *Ich bin wild*[32] ein neuer musikalischer Erguss der Band. Eigentlich müsste der Titel aber korrekterweise *Ihr seid wild* heißen, denn was sich in Saarbrücken angedeutet hat, setzt sich auf der Herbst-Tour gnadenlos fort: Die Ärzte umweht die reinste Teenie-Hysterie. Das Gekreische ist ohrenbetäubend und das Gedränge vor der Bühne oft mehr als grenzwertig. Die Sanitäter und Securitys sind mehr als gut damit beschäftigt, die Menge im Zaum zu halten. Die jüngsten Chart-Erfolge, der Indizierungsskandal, die fortlaufenden Berichte in der *BRAVO* und die stetig größer werdende, treu ergebene Fangemeinde geben der Band einen gewaltigen Schub nach vorne.

Farin Urlaub: »*Ich erinnere mich an absurde Situationen. Wir waren gar nicht so berühmt, dass besonders viel Publikum zu unseren Konzerten kam, aber die, die kamen, waren oft völlig fanatisch und überdreht. Zudem hatten diese kleinen Hallen und Clubs oft keine adäquate Lüftung, und so fielen die Leute wirklich haufenweise um. Da es dann auch meist keinen richtigen Backstage-Bereich gab, gingen wir zu den Zugaben hinter die Bühne, wo Scharen von Sanitätern* *unzählige Ohnmächtige behandelten, darunter viele Mädchen. Wenn die dann gerade wieder zu sich kamen und uns da rumstehen sahen, fielen die meisten gleich wieder kreischend in Ohnmacht – worüber die erschöpften Sanitäter dann wieder stinksauer waren. Es war bizarr! Und wir fühlten uns wie richtige Popstars.«*

Bela B: *»Manchmal haben wir uns einen kleinen Scherz erlaubt und den langsam wieder zu sich kommenden Mädchen absichtlich einen tiefen Blick geschenkt, da war es dann wieder vorbei mit der Besinnung.«*

Farin Urlaub: *»Musst Du denn ALLES verraten?!«*

Mit *Radio brennt* veröffentlichen Die Ärzte im Januar 1988 die zweite Single aus ihrem aktuellen Chart-Album. Farin hat den Song mit Bela während ihres gemeinsamen Zypern-Urlaubs geschrieben.

Farin Urlaub: *»Hagen hatte mir kurz vorher die grandiosen Replacements nähergebracht. Die haben einen Song, der die Zeile ›I'm gonna kick, kick your door down‹ enthält. Für mich hatte diese Zeile eine unglaubliche Kraft. Bei mir wurde jedoch keine Tür eingetreten, sondern ein Radio angezündet.«*

Für die Maxi-Version des Songs betreten Die Ärzte Neuland. Lange bevor die Fantastischen Vier deutschsprachigen Rap populär machen, übersetzt die Band den Flow des amerikanischen Hip-Hop in nicht mehr so ganz cool klingende deutsche Kinderreime. Später werden sich noch viele deutschsprachige Hip-Hop-Künstler auf Die Ärzte beziehen und viele genau diesen Radio Rap als Einfluss nennen.

Rappen kann ich, rappen kannst du.
Rappen kann ein Esel, genauso wie ein Gnu.
Die Leute halten uns für ausgemachte Deppen,
doch wir sind klasse, denn wir können rappen.

Es ist mit Sicherheit die lustigste Maxi-Version, die die Band bislang eingespielt hat – allein der Name *Dingleberry-Mix*[33] ist bereits kompletter Nonsens. Farins und Belas Formkurve zeigt stark nach oben und bestärkt sie gleichzeitig aber auch in dem Entschluss, dass es gerade jetzt richtig ist, die Band aufzulösen. Besser geht's doch nicht! Oder vielleicht doch?

10. KÄPITEL
Hinter uns ein Meer von Schutt

>»Mit uns kommt sowieso keiner mit,
>denn wir sind die Ärzte und wir sind zu dritt.«
>(Die Ärzte – Was hat der Junge doch für Nerven)

Wenn man die Karriere der Die Ärzte mit einer Bergetappe der Tour de France vergleichen möchte, dann ist jetzt der Zeitpunkt für den letzten Aufstieg, die letzten Meter zum Gipfel gekommen. Aller Druck, der noch vor einem Jahr wie Blei an der Band hing, ist abgefallen. Die Zielgerade ist erreicht, das letzte Album steht an. Farin und Bela wollen dafür noch mal alles in die Waagschale werfen. Natürlich möchte jede Band, dass das nächste Album immer das beste ihrer Karriere wird – so auch Die Ärzte. Dieses Album soll jedoch das Gipfelkreuz werden, das weithin sichtbare Denkmal für eine Band, die es nicht mehr gibt und die doch eigentlich nichts weiter als eine recht erfolgreiche Popband war. An solch einem letzten Ausrufezeichen kann man schon mal verkrampfen, doch Bela und Farin geht es dieses Mal überraschend leicht von der Hand. Alles ist dieses Mal anders. Endlich nehmen sie nun auch ein ganzes Album mit Uwe Hoffmann auf, wobei es anfangs nicht klar war, ob Hoffmann überhaupt zur Verfügung steht.

Uwe Hoffmann: *»Die Ärzte wollten sehr gerne mit mir arbeiten, ich spielte damals jedoch noch bei The Other Ones, und wir waren in Vorbereitungen für die zweite Platte. Es sah also erst mal so aus, als hätte ich keine Zeit. Es lief dann auch schon die zweite Tour, aber das Klima in der Band war mittlerweile eher anstrengend, sodass ich die Band nach der Tour verlassen habe. Ich war froh zu hören, dass Die Ärzte noch keinen Ersatz gefunden hatten und wir doch zusammenarbeiten konnten. Die ›Preussen-Crew‹ hat dann für die Aufnahmen schnell noch eine zusätzliche Etage angemietet und zum Studio ausgebaut, da das Preussenton-Studio 1 zum geplanten Zeitraum bereits von Wire und ihrem Produzenten Gareth Jones belegt war. Die Bauarbeiten waren sehr intensiv, und es wurden die Nächte* durchgearbeitet, und eines Morgens, mit dem letzten Hammerschlag, stand auch schon die Band samt Plattenfirma in der Tür.«

Bela B: »*Endlich nutzte mir meine Ausbildung als Dekorateur mal etwas. Nachdem ich den Jungs beim Tragen des Mischpults geholfen hatte, zeigte ich ihnen, wie man Wände bespannt. Das hatte ich in den drei Jahren Ausbildung ungefähr 1000-mal gemacht.*«

Mit Hoffmann und seinen Toningenieuren Ronnie Schreinzer, dem bereits bekannten David Heilmann sowie Peter Schmidt erleben Farin und Bela die wohl angenehmsten Studioarbeiten ihrer bisherigen Karriere. Hagen hingegen ist nicht mit von der Partie. Aufgrund seiner Vorlesungen wäre es eh schwierig für ihn geworden, die Studiotermine in seinen Terminkalender zu integrieren. Außerdem kann Farin mittlerweile sehr gut Bass spielen, und so werden Hagens Bassparts direkt von ihm selbst eingespielt oder programmiert.

Es ist noch gar nicht lange her, da bekamen Farin und Bela nicht mal genug Songs für ein Album zusammen, nun schleppen beide extrem viele Songideen an, aus denen sie die besten für die Platte auswählen. Erstmalig sollen auf dem Album gleich viele Songs aus der Feder von Farin und Bela enthalten sein – ein Umstand, den sich Bela schon auf Zypern erbeten hat, da sich noch nicht absehen lässt, wie sehr man auf die Einnahmen aus diesem letzten Album angewiesen sein wird. Belas Bitte geht aber nicht zu Lasten der Qualität, denn er liefert hier wohl seine bisher besten Arbeiten für die Band ab. Farin ist besonders von dem Song *Baby, ich tu's* sehr angetan, den Bela erst im Studio schreibt. Er darf den Basslauf zu dem Song beisteuern und entscheidet sich für eine Reminiszenz an New Model Army. Belas Favorit von Farin hingegen ist *Komm zurück*, eine sehnsuchtsvolle Power-Ballade. Conny Konzack möchte diesen Song unbedingt als erste Single aus dem Album auskoppeln, doch die Band hat anderes vor.

Bela B: »*Uns war der Song als Single zu offensichtlich, was wir Conny auch so gesagt haben. Als wir dann die Platte im Endmix Vertretern der Plattenfirma vorspielten, sprang der etwas beschwipste Conny plötzlich auf und rief: ›Das ist die Single!‹ Das hätte er mal besser bleiben lassen, denn bei Farin waren sofort alle Chancen, sich noch mal umstimmen zu lassen, gestorben.*«

Etliche Jahre später wird sich aber im Rahmen des *MTV Unplugged*-Albums Konzacks Wunsch erfüllen und der Song seine Singlequalitäten unter Beweis stellen. Noch während der Studioarbeiten werden sich Farin und Bela auch über den Titel des neuen Albums einig. Es soll auf den bedeutungsschwangeren Namen *Das ist nicht die ganze Wahrheit*... hören – ein Satz, den William Shatner in seiner Rolle als Commander Buck Murdock im Film *Die unglaubliche Reise in einem verrückten Raumschiff* fallen lässt. Der Titel lässt jede Menge Platz für Interpretationen, ein Umstand, der der Band stets viel Freude macht, und nimmt sogleich Bezug auf den Opener *Ohne dich*, der mit der Frage »Wollt ihr die Wahrheit hören?« beginnt. Die Frage stammt jedoch eigentlich aus dem verworfenen Song *Mädchen*... Dort wäre es folgendermaßen weitergegangen:

Wollt ihr die Wahrheit hör'n?
Die Wahrheit über Mädchen.
Aber vorher müsst ihr schwör'n,
nichts weiterzuerzählen ...

So ertönt nun ein chorales »Nein!« und das anschließende Pfeifen der *Ohne dich*-Refrainmelodie von Ilse Werner[1]. Bela und Farin haben der berühmten Kunstpfeiferin einen Brief geschrieben, um sie von einer Zusammenarbeit zu überzeugen:

»*Sehr geehrte Frau Werner!*

Wir, die Musikgruppe Die Ärzte, möchten Sie auf diesem Wege bitten, auf unserem neuen Lied Ohne Dich *zu pfeifen. Auf diese ungewöhnliche Idee kamen wir aus folgenden Gründen:*

1. Ein Refrain existiert in diesem Lied in Form einer gepfiffenen Melodie. Wir wissen, dass Sie virtuos pfeifen können, und dachten uns: ›Warum sollte Frau Werner diesen Teil nicht für uns übernehmen?‹

2. Würden wir es interessant finden, wenn Musiker verschiedener ›Generationen‹ und sicher auch verschiedener Stile einmal etwas gemeinsam machen würden.

Bitte stoßen Sie sich nicht an dem etwas rüden Text des Liedes, er ist durchaus als Satire zu verstehen. Unkosten, Honorare, etc. werden selbstverständlich von uns getragen. Bitte hören Sie sich die Kassette an und lassen Sie uns Ihre Entscheidung wissen.

In Hoffnung auf Ihre Zustimmung, mit ehrlicher Bewunderung
Ihre ÄRZTE«

Ilse Werner macht sich daraufhin tatsächlich auf dem Weg ins Studio und pfeift furios und virtuos. Da niemand in der Band auch nur ansatzweise so gut pfeifen kann wie Ilse Werner, wird dieser Teil bis heute bei Live-Konzerten in Lautsprache vorgetragen.

Bela B: »*Ich kannte Ilse Werner noch von meiner Oma, und die Vorstellung, mit einem alten UFA-Star zu arbeiten, gefiel uns sehr. Sie war sehr nett und gab uns Autogramme für unsere Eltern. Ich habe meins dann aber behalten.*«

Ohne dich bleibt mit seinem aggressiven Text (Zitat: »*Fahr zur Hölle! Fall tot um!*«) nicht das einzige Hass-Lied auf der Platte. Der erste Platz in dieser Kategorie geht zweifelsohne an den Song *Elke*. Das Stück ist in zweierlei Hinsicht eine Premiere für die Band. Es ist die erste Metal-Nummer, die auch noch ausgerechnet aus Farins Feder stammt.

Bela B: »*Als wir im Studio waren und das Album* Die Ärzte *aufgenommen haben, habe ich Farin schon mit Heavy- und Trash-Metal genervt. Da hat er noch gesagt: ›Bela, jetzt merk dir es ein für alle Mal. Ich werde diese Musik nie, nie gut finden.‹ Und dann schreibt ausgerechnet er den ersten Metal-Song der Bandgeschichte. Das fand ich ganz geil. Wenn ich es recht bedenke, hat er alle Metal-Songs der Band geschrieben. Zumindest bis Rod dann loslegte.*«

Farin Urlaub: »*Stimmt! Bela hat damals alles durcheinander gehört, und ich fand das zunächst alles furchtbar. Das hatte nix mit Punk zu tun, und mit den Beatles schon gar nicht! So nach und nach entdeckte ich dann Unterschiede: Anthrax und Metallica gefielen mir mit der Zeit, Suicidal Tendencies stellten einen tollen Schnittpunkt dar zwischen Punk und Metal, nur mit Sodom und Venom kann ich bis heute nichts anfangen. Aber Bela war schon immer mein Trüffelschwein, was Musik angeht; bis heute bin ich ihm dankbar für viele Bands, die ich ohne ihn wohl nie kennengelernt hätte.*«

Es ist außerdem das erste Mal, dass die Band einem ihrer Fans einen Song gewidmet hat, denn es gab sie nämlich wirklich, jene fette Elke. Zusammen mit ihrer nicht weniger üppigen Freundin Daniela zählt sie zu jener Spezies Fans, die alles dafür tun würden, um von ihren Idolen beachtet zu werden. Bei einem Auftritt in der *Harald-Schmidt-Show* im Herbst 1999 erzählen Farin und Bela dem Moderator in bildreicher Sprache, wie es zu dieser Nummer kam:

Farin Urlaub und Bela B:
Farin: »Wir waren im Studio. Jedes Studio hat ein Telefon – damit zukünftige Kunden dort anrufen können. Da riefen aber nicht zukünftige Kunden an, sondern eben Elke und Daniela – und zwar am Tag circa 200 Mal. Das heißt, da saß jemand, ein Sekretär, der ist da rangegangen. Irgendwann hatte er aber Feierabend, und dann durften wir rangehen. Das waren so Anrufe wie ›Farin, hihi, kicher, kicher‹ – aufgelegt. Das klingt jetzt sehr ulkig, doch nach dem 200. Mal hat der Witz sich so ein bisschen breit getreten. Dann kam der nächste Tag, und man wusste schon: ›Hach, das Telefon klingelt, wird wohl wieder die lustige Elke sein.‹ Irgendwann haben sie den Fehler gemacht, uns einen Brief zu schreiben und ein Foto beizulegen. Es war ein sehr kleines Foto, beide Mädchen waren nur ausschnittweise drauf zu sehen, aber man konnte schon erahnen, oh, oh …«
Bela: »Die saßen auch auf so 'ner Mauer …«
Farin: »Die Mauer war auch ziemlich gewellt. Kurz gesagt: Sie waren verdammt fett, und wir sind niederträchtige Menschen. Wir sind Rockstars. Rockstars sind grundsätzlich niederträchtig. … Wir hatten damit dann ein Druckmittel in der Hand. Irgendwann hat sie wieder genervt, und dann haben wir gesagt: ›So, Elke, wenn du noch mal anrufst, dann schreiben wir ein Lied über dich. Das klingt jetzt wie ›Ah, das haben sie sich aber schön ausgedacht‹ – ist aber wirklich eine wahre Geschichte, denn kaum legte ich auf, machte es Riiing. Okay, nicht sofort, denn mit den dicken Fingern dauert es mit der Wählscheibe schon etwas länger. Dann haben wir halt das Lied gemacht, und es war dann schon etwas gemein … Die Platte kam raus, aber kurz bevor die Platte rauskam, sind wir schon auf Tour gegangen, und natürlich war Elke bei den ersten Konzerten dabei und stand in der ersten Reihe – also exklusiv. Daniela stand dann in der zweiten Reihe, und dann war die Halle auch schon voll. Dann haben wir das Lied gespielt, und sie war erst ziemlich sauer und enttäuscht. Klar, kann ich auch verstehen. Sie hat halt nicht verstanden, dass sie uns ziemlich auf diverse Dinge gegangen ist. Aber hinterher war sie doch ein bisschen stolz drauf, denn es ist ja nicht so, dass auf jeder Platte von uns so ein Lied drauf ist wie ›Die dürre Petra‹: Nein, es gibt halt nur die fette Elke.«[2]

Elke zeigt, wie deutlich Farin seinen Hass in einem Lied zur Schau stellen kann. Der Song hatte eigentlich sogar noch mehr Strophen, doch die waren selbst Farin für eine Veröffentlichung zu hart.

Bela B: »*Und damit Daniela nicht zu kurz kam, spielte, nein, hackte ich mit dem Ruf ›Bela für Daniela‹ ein fürchterliches Noise-Solo in den Song.*«

Das Metal-Stück *Elke* lässt erahnen, dass es dieses Mal wesentlich abwechslungsreicher zugehen wird als auf allen anderen Ärzte-Platten zuvor. Ein weiterer Beleg für den wilden Stil-Mix ist das Synthie-Stück *Bitte bitte* – ein Lied über Sado-Maso- und Domina-Fetisch. Dominique, eine mit Farin befreundete Domina, inspirierte diesen zu dem Song. Für die spätere Maxi-Version, den Domina-Mix, gibt jene Dominique auch noch Einzelheiten aus ihrem Arbeitsalltag preis. In dem Song schlägt sich Farins Liebe für elektronische Musik nieder, wie sie von Bands wie Depeche Mode oder New Order gespielt wird. Er hat großen Spaß daran, das Stück mithilfe eines Samplers zusammenzubasteln. Außerdem passt das Thema des Songs auch gut zum Schmuddel-Image, das der Band seit der Indizierung anhaftet und von ihr auch gerne bedient wird. Nur eine Band wie Die Ärzte kann so ein Thema in einen gefälligen Pop-Song verpacken. Es ist jedenfalls kaum vorstellbar, dass sich Künstler aus dem Rest der deutschsprachigen Szene – mit Ausnahme von Udo Lindenberg vielleicht – eines solchen Themas bedienen. Der Sampler wird aber nicht nur allein für diesen Song benutzt, sondern auch dafür, die einzelnen Songs auf der Platte miteinander durch kleine Soundschnipsel zu verbinden. Diese Idee wollte Farin einst schon auf dem Album *Die Ärzte* umsetzen, doch wurde dies seinerzeit verworfen. Pate für diese Idee ist das Frank-Zappa-Album *We're Only in It for the Money* aus dem Jahr 1968. Auf der neuen Platte wird diese Idee nun mit diversen Samples zum Leben erweckt, und die Band zitiert mit *Dein Vampyr* dabei sogar einen ihrer eigenen Songs.

Uwe Hoffmann: »*Diese Platte wurde mit sehr viel Herzblut gemacht. Ich erinnere mich noch gut, welch magischer Moment es war, als ich die einzelnen Songs mit den Samples aneinanderkoppelte und das Album damit fertig war.*«

Mit *Ich ess' Blumen* beweist sich Bela als Prophet. Die Inspiration zu dem Song gibt ihm Axel Knabben, denn der wollte kürzlich Bela und Farin tatsächlich davon überzeugen, dass seine Kacke nicht mehr stinkt, seit er Vegetarier ist – worüber Rockstars sich halt so unterhalten.

Bela B: »*Ich habe es nicht gefasst, dass Axel wirklich wollte, dass wir kommen, um seine Kacke zu schnuppern. Ich bin dann anschließend nach Hause gefahren und habe den Text geschrieben. Ich habe es einfach nicht gefasst.*«

Der Vegetarismus ist dabei längst nicht so verbreitet, wie er es später einmal sein wird. Leute, die gezielt auf ihre Ernährung achten, findet man in den Achtzigern kaum. Meistens handelt es sich um Ökos und klassische Reformhaus-Gänger. Die breite Gesellschaft hingegen lässt sich noch nicht für eine vegetarische oder gar vegane Ernährung begeistern. Der Song ist auch deshalb so prophetisch, weil kurz darauf erst Farin auf Fleisch verzichtet (er isst jedoch weiter Fisch) und viel später auch Bela selbst sich nur noch vegetarisch, mit Abstrichen auch vegan, ernährt. Auch wenn der Song ironisch gemeint ist, enthält er doch ein klares Statement und regt vielleicht den ein oder anderen zum Nachdenken an. Die Band beschließt, den Song als erste Single aus dem neuen Album vom Stapel zu lassen. Wie schon bei den vorangegangenen Singles wollen sie auch hier wieder eine Maxi-Version aufnehmen, aber aufgrund der Vorbereitungen zu ihrer bis dato größten Tournee und vielen Promoaktivitäten fehlt ihnen jedoch dieses Mal die Zeit. Daraufhin schreibt Conny Konzack einen Brief an das Management von DJ Westbam mit der Frage, ob dieser sich vielleicht vorstellen könnte, den Titel neu zu mixen. Doch das Ganze verläuft im Sande, und so erscheint *Ich ess' Blumen* lediglich als 7"-Single.

Bela B: »*Dass Westbam einen Remix machen sollte, höre ich zum ersten Mal.*«

Es ist übrigens ein Novum in der Bandgeschichte, dass eine Vorab-Single aus einem neuen Die Ärzte-Album aus der Feder von Bela stammt. Erst 2012 wird dies wieder mit *zeiDverschwÄndung* der Fall sein. Der Band ist aber auch klar, dass *Ich ess' Blumen* nicht das größte Hit-Potenzial in sich trägt. Bei einem anderen Song auf der Platte sieht das hingegen schon ganz anders aus. Fitz Braum erinnert sich, dass Farin ihm schon nach der Veröffentlichung des Albums *Im Schatten der Ärzte* eine Demo-Aufnahme eines Songs zusteckte, den er gleich als Hit ausmachte. Der Song hieß *Helgoland* und erfüllte alle Kriterien eines Sommerhits. Er war äußerst eingängig und hatte eine mitreißende Melodie. Fitz empfahl Farin, den Song unbedingt zu veröffentlichen, doch der zierte sich.

Fitz Braum: »*Farin meinte, dass die Zeit für eine Veröffentlichung dieses Songs noch nicht gekommen sei. Seiner Meinung nach sei die Band noch nicht so weit, und er wollte lieber noch etwas warten. Er lag mit dieser Einschätzung goldrichtig. Heute ist der Song ein Evergreen. Wer weiß, wie es gekommen wäre, wenn sie den Song schon auf dem zweiten Album verbraten hätten.*«

Bela B: »*Ich fand diesen Surfsong mit Beach Boys-Chören super, aber in der Urversion war es eine Hymne auf den Strand von Helgoland, was ich zu harmlos fand. Das sagte ich Farin auch.*«

Farin Urlaub: »*Die allererste Version des Liedes hieß* Salvador *und handelte von Folter und Mord, inspiriert durch den gleichnamigen Film. Ich hatte dann aber doch eher Schiss, mich lächerlich zu machen als damals politisch weitgehend Ahnungsloser, und habe dann erst mal den harmlosen* Helgoland-*Text geschrieben.*«

Nun ist offenbar der perfekte Zeitpunkt für dieses Stück gekommen. Farin entscheidet sich jedoch dafür, den Song auf *Westerland* umzuschreiben. Obwohl er noch nie auf Sylt war, zeichnet er mit dem Song ein perfektes Bild der Lieblingsinsel der selbst ernannten High Society des Landes. Vor allem die folgenden Zeilen legen den oft sinnlosen Herdentrieb dieser Leute offen.

Es ist zwar etwas teurer, dafür ist man unter sich,
und ich weiß, jeder Zweite hier ist genauso blöd wie ich.

Auf der kommenden Tour werden sie das Lied Abend für Abend mit der Ansage »Kennt ihr den Club der Arschlöcher?« einführen. Ironischerweise wird der Song gerade bei der Klientel, gegen die er einst gedacht war, zu einem der beliebtesten Songs der Band überhaupt. Manche Fans haben jedoch so ihre Probleme damit. Für sie ist das Lied deutlich zu poppig. Vielleicht sind sie auch deshalb etwas verschreckt, weil viele Radiosender den Song in ihre Programmlisten aufnehmen und diese Fans nun um ihre Distinktion fürchten. Es handelt sich dabei um ein Phänomen, das man bei jeder Band erlebt, die zunächst im Untergrund schmorte, bevor sie irgendwann von den Massen wahrgenommen wird. Ob man nun

Broilers, Jupiter Jones, Beatsteaks oder eben Die Ärzte heißt: »Wer 'ne unbekannte Band hört, muss sie hassen, wenn sie Trend wird.[3]«

Sahnie: »*Westerland war dann wohl endlich der Hit, auf den alle gewartet haben. Ich habe zu der Zeit eigentlich keine Musik mehr gehört, doch an dem Song kam man irgendwann nicht mehr vorbei. Bis heute ist es eines meiner Lieblingslieder von ihnen, und ich weiß, dass ich dazu auch schon mal eine flotte Sohle auf das Parkett gelegt habe.*«

Bela B: »*Der Song war damals aber absolut keine Hitsingle, wie viele heute glauben. Wir haben nicht auf Hits hingearbeitet, sonst hätten wir Komm zurück veröffentlicht. Der Surfsong lag einfach voll auf unserer Linie, alten Musikstilen zu huldigen.*«

Farin Urlaub: »*Das merkt zwar heute niemand mehr, aber dieser Surfsong war schon seeehr retro mit seiner Farfisa-Orgel und – eine Premiere in der Bandgeschichte – 23 Chorspuren! Ich durfte mich richtig austoben.*«

Insgesamt 14 Songs will die Band auf ihrem letzten Album veröffentlichen, aber die Songliste auf der Verpackung soll nur 13 Stücke auflisten. Das hat auch seinen Grund, denn der optisch unterschlagene Track ist etwas ganz Besonderes: Es ist Farins Retourkutsche für die jüngsten Anfeindungen von Frauenrechtlerinnen, der »Lila-Latzhosen-Fraktion«, wie sie die Band scherzhaft nennt. Deren tatsächlich so vorgetragener Schlachtruf »Schwanz ab« dient nun als 1:1-Vorlage für den Refrain des Songs, der von einer unerfüllten Liebe eines Mannes zu einer Power-Emanze handelt.

Bela B: »*Es war von Anfang an klar, dass der Song auf das Album sollte, aber mit* Elke *und* Baby, ich tu's *waren es zu viele Songs. Also kreierten wir unseren ersten Bonustrack auf Vinyl, denn die CBS brachte damals lediglich CDs von Hochkarätern wie Michael Jackson und Bruce Springsteen heraus. Wir waren ihnen das zunächst nicht wert.*«

Bei dem Anfang des Songs bedient sich die Band an dem Intro, das man bereits auf der zurückliegenden *Ärzte! Ärzte! Ärzte!-*Tournee zu Konzertbeginn laufen ließ. Dann ertönen Tablas, eine Gitarre, eine Schere, und Farin singt dazu:

Als ich das Mädchen mit den Latzhosen sah,
da war mir eines sofort klar.
Sie ist nicht so, wie die anderen sind,
und wo sie ist, da weht ein anderer Wind.

Ich ging auf sie zu, und ich sagte zu ihr:
»Ich such dich schon seit Jahren, bitte glaube mir.«
Sie sagte ...
Schwanz ab! Schwanz ab!
Runter mit dem Männlichkeitswahn!
Ich musste meine Liebe teuer bezahlen.
Sie trat mir in den Bauch mit ihren Sandalen.
Ich ging zu Boden, sie waren hart wie Zement.
Selten war ein Mädchen so konsequent, ohoho.
Und als ich da lag, da wollte sie gehen.
Ich rief: »Aber, ich liebe dich, kannst du das nicht verstehen?«
Sie sagte ...
Schwanz ab! Schwanz ab!
Runter mit dem Männlichkeitswahn!
Statt mit Machosprüchen dagegenzuhalten, wählt Farin einmal mehr den Humor als Gegenwaffe. Live wird die Band den Song später, getrennt nach Geschlechtern, vom Publikum singen lassen. Die Mädchen rufen »Schwanz ab«, die Jungs springen ihnen mit »Runter mit dem Männlichkeitswahn« bei. Auf diese Weise führen sie die ihnen vorgeworfene Frauenfeindlichkeit ad absurdum. Überhaupt ist dieser Vorwurf beim genauen Hinsehen sowieso nur schwer aufrechtzuerhalten. Er basiert auf Songs wie *Sweet Sweet Gwendoline* oder *Sie kratzt, sie stinkt, sie klebt*, die entweder nicht verstanden oder allein aufgrund ihres Titels schon abgelehnt werden.

Farin Urlaub und Bela B:
Farin: »Es gibt Leute, die haben behauptet, dass Die Ärzte Chauvinisten sind.«
Bela: »Andere sagen, dass Die Ärzte frauenfeindlich sind. Manche behaupten sogar, wir wären schwul.«
Farin: »Zu unserer Rehabilitierung haben wir ein Lied gemacht über Mädchen, also wer da nicht auftaut ... es heißt Sie kratzt, sie stinkt, sie klebt.*«*[4]

Songs wie *Teenager Liebe*, *Mädchen* oder *Für immer* werden bei diesen Vorwürfen hingegen nicht in Betracht gezogen. Allein die Tatsache, dass ein Großteil der Besucher auf Die Ärzte-Konzerten weiblich ist, sollte einem zu denken geben, denn es ist kaum vorstellbar, dass die anwesenden Mädchen und Frauen sich allesamt selbst verleugnen.

Ein Flyer, den eine Frauenrechte-Gruppe vor dem Konzert in der Göttinger *Neuen Mensa* verteilt, offenbart jedoch, wie sehr manche Frauen offenbar unter den Texten der Band leiden: »*In den Medien werden Sie als ›Starter von Attacken auf die Lachmuskeln ihres Publikums‹ dargestellt (Spiegel Nr. 26/87). Dabei wird völlig ignoriert, dass in sämtlichen Texten reine Gewalt besungen wird. Diese Gewalt richtet sich ausschließlich gegen Frauen, die als Opfer in brutaler Weise lächerlich gemacht werden. Wir rufen alle auf, die Veranstaltung von ›Den Ärzten‹ am 7. Mai in Göttingen zu boykottieren. Diese Schweine sollen hier kein Publikum bekommen! Informiert euch, informiere weiter, über die Gruppe und ihren miesen Texte.*«

Mit dem Ende der Aufnahmen wird der Band indes klar, dass dieses Album wohl größer wird als alles, was sie zuvor veröffentlicht haben. Alles, was man sich seit den ersten Veröffentlichungen aufgebaut hat, scheint nun in diesem letzten Album zu kumulieren.

Bela B: »*Ich sagte zu Farin im Scherz: ›Das wird unsere erste Gold-Platte‹, und er entgegnete: ›Wenn das passiert, trink ich mit dir ein Glas Champagner.‹ Aber geglaubt oder gar gehofft haben wir nicht darauf, und es hat ja dann auch noch eine ganze Weile gedauert.*«

Farin Urlaub: »*Das war so weit weg von allen realistischen Erwartungen, dass ich das leichtfertig gesagt habe – das wird mir nie wieder passieren!*«

Für den letzten Akt legen Farin und Bela nicht nur großen Wert auf die Qualität der Songs, auch das Artwork soll dieses Mal wertiger sein. Die beiden haben zunächst jedoch eine sehr abstruse Vorstellung vom Cover ihres neuen Albums.

Jim Rakete: »*Sie kamen ins Büro und grinsten. Nein, eine Fotosession sei nicht nötig. Ich sollte einfach Nena aufs Cover machen. Nichts weiter. Und ihren Schriftzug. Solche Sachen sind an Schlichtheit und Genialität eigentlich nicht zu überbieten. Mag sein, dass andere Künstler auch solche Sachen gedacht haben. Der Unterschied war immer: Die Ärzte hätten es wirklich gemacht.*«

So gern sie es gemacht hätten, so müssen Farin und Bela doch einsehen, dass die Idee nicht umsetzbar ist. Conny Konzack empfiehlt der Band daraufhin den Grafiker Ulf Meyer zu Kueingdorf

(MZK), den er noch aus seiner Zeit als Manager von Ideal kennt. MZK, der zuvor bereits auch Artworks für Falco oder Westernhagen angefertigt hat, trifft sich mit der Band in Berlin, um sich deren Ideen anzuhören. Recht schnell ist eine Idee für das Cover geboren: Die Ärzte sollen auf einem Motorrad sitzend an weinenden, rotzverheulten jungen Mädchen vorbeifahren.

Ulf Meyer zu Kueingdorf: »*Die Ärzte waren enorm selbstbewusste Typen. Als wir uns das erste Mal trafen, haben wir von den zwei Stunden, die uns zur Verfügung standen, erst einmal 1 ¾ Stunden damit verbracht, Sprüche zu klopfen. In der restlichen Zeit haben wir dann die eigentliche Arbeit erledigt. Sie waren unfassbar gipfelfähig, wie wir in den 80ern gesagt haben. Die Arbeit mit ihnen war enorm spannend und ungeheuer inspirierend.*«

Als MZK aber kurz darauf ein Probe-Shooting des geplanten Motivs in einem Studio durchführt, muss er feststellen, dass sich das Bild, das die Band und MZK im Kopf haben, nicht umsetzen lässt. Es wirkt aufgesetzt und könnte zudem der Band eventuell falsch ausgelegt werden. So entsteht letztlich die finale Idee mit den jubelnden Mädchen. Jim Rakete, der einmal mehr das Foto schießen soll, erinnert sich noch heute gut daran.

Jim Rakete: »*Wir hatten im Radio durchsagen lassen: Alle Mädchen, die auf dem neuen Ärzte-Cover mit drauf sein wollen, sollen um 15 Uhr am Paul-Lincke-Ufer sein. Ich stellte mich auf die andere Seite der Fahrbahn. Dann kamen Die Ärzte auf ihrem Motorrad vorbei, und ich habe ein paar Mal draufgedrückt, als ihnen beim Vorbeifahren Dutzende Mädchen zujubelten. Und seither, ich schwöre es, vergeht kein Jahr, in dem ich nicht irgendwo eine ganz, ganz tolle Frau treffe, die behauptet, damals dabei gewesen zu sein. Das sind Spätfolgen.*«

Das Album ist nun nahezu fertig. Bela und Uwe Hoffmann müssen die Platte jedoch noch abmischen. Dafür ziehen sie in den Mischraum des Hansa-Studios um, wo sie sich die nächsten Tage und Nächte um die Ohren hauen werden. Es gilt, den Abgabetermin, der mit einem Meeting und anschließendem Essen mit der CBS verbunden ist, unbedingt einzuhalten.

Bela B: »*Wir haben während des Mischens noch fehlende Percussion wie Schellenkränze oder Shaker eingespielt. Ich hatte nicht viel* *mit den Reglern zu tun, sondern war überwiegend der Wachhund, der knurren sollte, wenn etwas fehlte.«*

Bela und Hoffmann stellen ihre Körper auf eine harte Probe, und es sollte wohl klar sein, dass so ein Lebensstil äußerst ungesund ist und nicht ohne den Einfluss von »Wachmachern« vonstattengeht. Am Morgen des offiziellen Vorspiel-Termins um acht Uhr ist es tatsächlich vollbracht: Die letzte Platte von Die Ärzte ist nach nur sechs Wochen Studiozeit im Kasten. Während Hoffmann den Rest des Tages damit verbringt, die Bänder zu überspielen und Kopien zu erstellen, fährt Bela nach Hause und legt sich in die Badewanne, wo er direkt einschläft. Durch das kalt gewordene Wasser wacht er wieder auf, gerade noch rechtzeitig für den Vorspiel-Termin. Auf dem Weg dorthin kauft Bela noch eine Flasche Schampus ein. Farin und er sind mehr als erleichtert, dass nun der Deckel auf dem Buch drauf ist, und natürlich sind sie besonders stolz auf das letzte Kapitel.

Bela B: *»Danach gab es erst mal einen Promomarathon, den wir so noch nicht kannten. In Wien hatten wir eine Pressekonferenz in einem Sushi-Restaurant, und alle Journalisten waren eingeladen. Gleich nach dem Essen verabschiedete sich die Promocrew nebst Plattenfirmenchef und ging zu einem Konzert von David Hasselhoff, was ich schon doof genug fand (er war damals definitiv nicht Kult!). Aber vor allem gingen sie ohne zu bezahlen und ließen uns auf der Rechnung für alle Journalisten, aber auch für ihr eigenes Essen sitzen. Conny hat dann von Berlin aus genialerweise eine Rechnung nur für das Essen des Firmenchefs geschickt. Solche Aktionen liebte ich an dem Mann.«*

Die Ärzte sind in erster Linie eine Live-Band. Sie sind keine Künstler, die es vorziehen, sich im Studio zu verschanzen, um sich dort tagein, tagaus an Soundfrickeleien zu ergehen. Sie gehen schlichtweg ins Studio, um Platten zu machen, mit denen sie auf Tour gehen können. Auch bei diesem Album verhält es sich nicht anders. Die Band kann es kaum erwarten, die neuen Songs auf ihr Publikum loszulassen. Außerdem wird es ihre letzte Tournee als Die Ärzte sein, und es soll ihre bis dato größte und längste werden. Bisher hat die Band mit jeder Tour eine Schippe drauflegen können, und so ist es auch dieses Mal wieder – alles wird noch einmal größer als bisher. Die Bühnentechnik ist so umfangreich wie nie – zum Leidwesen der Crew, die nun länger als sonst mit dem Auf- und Abbau beschäftigt sein wird. Nopper ist fortan auch vom Job des Fahrers entbunden, denn die Band reist nun mit einem eigenen großen Bus durch die Lande, der von einem speziell für sie abgestellten Fahrer gesteuert wird. Nopper scheidet schon allein deswegen als Fahrer aus, weil er gar nicht den erforderlichen Führerschein für diese Fahrzeugklasse hat. Natürlich bereitet ihm dieser Verzicht keine allzu großen Bauchschmerzen. Mit Jutta Kirberg hat die Band inzwischen eine eigene Köchin mit dabei. Schon vor dem ersten Konzert muss sie jedoch einen Teil ihrer Planung über den Haufen werfen.

Bela B: »*Farin beschloss auf dieser letzten Tour, auf Fleisch zu verzichten, und fragte mich, ob ich mitmachen wolle. Ich fand das auch gut und wurde für circa eine Woche Vegetarier. Jutta hatte aber schon im Vorfeld Speisepläne erstellt, entsprechend eingekauft und war regelrecht entsetzt, als sie erfuhr, dass zwei Leute der Band kein Fleisch mehr essen würden. Ich war nicht mit ganzem Herzen dabei und fing nach den ersten Tagen wieder mit dem Fleischessen an. Farin aß aber weiterhin Fisch, was Jutta ein paar Optionen gab.*«

Zum ersten Mal setzt die Band auf dieser Tour auch einen Bühnenvorhang ein. Damit beginnt eine Tradition, die sich in den kommenden Jahrzehnten bewähren wird. Der Vorhang ist mit den Worten *Die beste Band der Welt* versehen, denn so lautet auch das bescheidene Tourmotto. Man könnte meinen, dass Die Ärzte jetzt endgültig größenwahnsinnig geworden sind, doch es ist einmal mehr ihre Selbstironie, die hier zuschlägt. Geht es nach ihren Anhängern, so trifft dieser Ehrentitel sicher hundertprozentig zu. Geht es nach ihren Kritikern, so ist der Titel pure Selbstüberschätzung von größenwahnsinnigen Dilettanten. Bekanntlich sind der Band Letztere aber eh egal, und schließlich muss man es ihr auch erst einmal nachweisen, dass sie nicht die beste Band der Welt ist. KISS behaupten ja auch, die heißeste Band des Landes zu sein, und auch hier hat bislang keiner den Gegenbeweis angetreten.

Bela B: »*Nachdem die ersten Anzeigen geschaltet waren, meldete sich die Rechtsabteilung der PolyGram, die im Namen aller unter ihnen befindlichen Plattenfirmen und Künstler darum bat, dass wir diese Selbstbezichtigung einstellen sollten. Jochen Leuschner beein-*

druckte mich damals sehr, weil er lapidar zurückschrieb: ›Beweist doch erst mal, dass Die Ärzte nicht die beste Band der Welt sind.‹ Unter den sich beschwerenden Firmen war auch die Metronome, von der wir Jahre später ganz andere Töne hören sollten.«

In den kommenden drei Monaten liefern Farin, Bela und Hagen jede Menge Gründe, die dafürsprechen, dass dieser Titel nicht ganz aus der Luft gegriffen ist. Fast überall, und selbst in den entlegensten Gegenden wie Appenweier, Buchholz oder Stadthagen, spielen sie vor ausverkauften Häusern. Mancherorts müssen Zusatzkonzerte anberaumt werden, um die enorme Nachfrage zu befriedigen. Denn nachdem erste Gerüchte durchsickern, dass sich die Band auflösen wird, will jeder noch einmal Die Ärzte sehen. Manchen Fans reicht dabei EIN letztes Mal nicht, und so sind viele, viele Fans auf mehreren Konzerten anzutreffen – auch Elke. Das eigens von Farin und Bela für die Tour komponierte Intro, das mit vielen Fanfaren beginnt, ist der allabendliche Auftakt für einen Erfolgsmarathon, der in diesem Frühjahr beziehungsweise Sommer bundesweit seinesgleichen sucht.

Bela B: »*Farins kleiner EMU-Sampler machte uns da viel Freude. Ich brachte die Filme mit, von denen wir sampelten, er hatte seine Library mit irren Sounds dabei, und dann sponnen wir im Übungsraum herum.*«

Nach etwas bedrohlichen Klängen ertönt schließlich eine dunkle Männerstimme, die kurz erklärt, wer nun die Bühne betritt, um anschließend von 10 an herunterzuzählen, wenngleich sie dabei etwas durcheinander kommt:

Ladies and Gentlemen:
Die beste Band der Welt!
10 – 9 – 8 – 7 – 6 – 5 – 5 – 4 – 3 – 2 – 1

Bela B: »*Irritation war unser zweiter Vorname!*«

Als Farin dann die ersten Töne von *Radio brennt* spielt und der Vorhang fällt, bieten sich der Band Abend für Abend dieselben euphorischen Szenen. Die Luft in der Halle wird zum Schneiden dick, aus den ersten Reihen werden jede Menge Ohnmächtige und Erschöpfte herausgezogen, das Publikum ist unfassbar laut, und die Marschalls der Band, die natürlich bis 11 gehen, dröhnen nur so durch die Halle. Für zwei bis maximal zweieinhalb Stunden spielen sich Die Ärzte durch ein wildes Programm aus ihrem bisherigen Schaffen. *Buddy Holly's Brille* wird besungen, die Geschichte von *El Cattivo* wird erzählt, und Hagen fragt, was wohl besser als 1.000 Mädchen ist. Natürlich darf auch *Zu spät* nicht fehlen. Es gibt keinen anderen Song im Set, der bis heute das Publikum so in Ekstase versetzt wie dieser Live-Heuler. Die Band spielt den Song innerhalb eines Medleys, in dem sie aktuelle Pop-Hits wie *I Should Be So Lucky* von Kylie Minogue, *Tell It to My Heart* von Taylor Dayne oder *Blueprint* von der Berliner Band Rainbirds verbraten.

Sahnie: »*Ich hatte immer den Eindruck, dass Farin in diesem Song seine Schulzeit verarbeitet hat. Damals verschmähten uns die Mädchen, weil wir anders waren. Das Georg-Herwegh-Gymnasium, auf das wir beide gingen, ist bis heute ein gutes Vorstadt-Gymnasium. Menschen wie wir passten da aber nicht hin. Der Song geht mir bis heute sehr nah, wohl auch deswegen, weil ich den Text sehr gut nachvollziehen kann. Das Schöne an ihm ist ja auch, dass sein Inhalt wirklich wahr wurde.*«

Nicht selten kapitulieren Mensch und Maschine vor der enormen Anstrengung. Während die Band oft bis zur Grenze der Erschöpfung geht, sorgt die hohe Luftfeuchtigkeit dafür, dass die Technik ein ums andere Mal versagt. Vor allem Belas Headset-Mikrofon, das eh schon ziemlich empfindlich ist, gibt des Öfteren den Geist auf oder zerfällt in seine Einzelteile. Einmal ist Bela darüber sogar so sauer, dass er vor lauter Wut mit blanken Fäusten auf ein Crash-Becken seines Schlagzeugs einschlägt, das sich prompt nach oben wölbt und nun eher ein China-Becken ist. Auch Belas Song *Tittenmaus* ist, wenn er denn gespielt wird, fast jedes Mal ein Garant für Pannen. Das ist auch der Grund, warum es dieser Song am Ende nicht auf das Live-Album schaffen wird, das die Band nach der Tour veröffentlichen will und wofür die Konzerte in Aachen, Bonn, Bochum und Saarbrücken mitgeschnitten werden. Ist die aktuelle LP das letzte Kapitel, so ist das geplante Live-Album nun wohl der Epilog in der Karriere von Die Ärzte – ein Dokument des Wahnsinns, der die Band seit einiger Zeit umgibt.

Bela B: »*Sabine Bode, die damals unser Fanzine gemacht hatte, lieferte dafür den Anstoß. Sie sagte am Anfang der Tour, als Farin sie fragte, wie sie unser neues Album findet: ›Das is 'ne tolle Platte,* *aber was wir Fans uns am meisten von euch wünschen, ist ein Live-Album.‹ Farin erzählte mir das, und wir waren sofort dafür, noch eins aufzunehmen – Auflösung hin oder her.«*

Der Song *Westerland* bringt Conny Konzack zudem auf die geniale Idee, diese letzte Tour mit einem finalen Auftritt an ebendiesem Ort enden zu lassen. Die Umsetzung dieses Vorhabens gerät zu einem Kraftakt, denn es dauert, bis die Kurverwaltung von Westerland diesem Wunsch auch tatsächlich nachgibt – denn der Aufgalopp einer solch wilden Band ist ihr nicht geheuer. Letztlich siegt aber wohl der Gedanke an die landesweite Werbewirksamkeit und die zu erwartenden Mehreinnahmen über ihre Bedenken. Ein Zusatzkonzert wird jedoch kategorisch abgelehnt, denn man befürchtet, dass die schöne Insel sonst an mehreren Tagen von wilden Punks und anderem Gesocks bevölkert wird. Dies ist natürlich Humbug, denn egal ob ein oder zwei Konzerte, die überschaubare Insel wird so oder so von *Ärzte*-Fans überschwemmt werden. Das Konzert auf der Insel wird erst im Laufe der Tour bekannt gegeben. Westerland ist somit das Gipfelkreuz, das die Band und ihre Crew vor sich haben. Über 66 Konzerte sind bis dahin zu bewältigen – in Deutschland, Österreich und der Schweiz. In Wien kann die Band mit 3.149 Zuschauern ihr bisher größtes Konzert verbuchen. Über 1.000 Leute müssen an diesem Abend sogar noch weggeschickt werden.

Bela B: »*Am selben Abend haben in Wien A-ha und Alice Cooper gespielt, die zusammen weniger Zuschauer hatten als wir.*«

Im bayrischen Wunsiedel, in dem unlängst Nazi-Größe Rudolf Heß beerdigt worden ist, spielt die Band als Headliner auf dem *4. Ost-West Rocktreff*. Band und Crew erweisen sich gegenüber den anderen Gruppen, der Tatrai-Band aus Ungarn, Brigitte Stefan & Meridian aus der DDR und der Gruppe Autograf aus Russland, mehr als großzügig. Während die *Ärzte*-Crew alle Beteiligten ins Kiffen einführt und über die Anlage der Die Ärzte spielen lässt, nehmen sich Farin, Bela und Hagen selbst auch viel Zeit, um Kontakte zu den Kollegen aus dem Ostblock zu knüpfen – ob der Sprachbarriere besonders zu der DDR-Band Brigitte Stefan & Meridian.

Bela B: »*Über ernste Themen konnten wir zunächst nicht sprechen, denn wir mussten erst den IM[5] in ihrer Crew abfüllen, was wir dann mit Schnaps hinbekamen.*«

Bei den Die Ärzte hat vor allem Hagen eine große Affinität zur DDR. Ihm ist sehr daran gelegen, auch die vielen *Ärzte*-Fans im Osten zu berücksichtigen. Während Die Toten Hosen in jener Zeit gleich mehrere Auftritte im Untergrund der DDR geben, klappt dies bei Die Ärzte jedoch nicht.

Farin Urlaub: »*Wir sind auf Hagens Initiative hin einmal rübergefahren und haben für das Jugendradio DT64 ein Interview gemacht, doch wir haben es leider nicht auf die Reihe gekriegt, dort ein Konzert zu spielen. Es ist eine der wenigen Sachen, die ich im Nachhinein bereue.*«

Bela B: »*Wir besuchten zunächst mit dem Radio-DJ ein Konzert der Band Die Anderen. Sie spielten an dem Abend nur Velvet Underground-Coversongs, was ich sehr skurril fand. Nach dem Gig sind wir mit der Band in die Wohnung des Radio-DJs gegangen, haben Bier getrunken und uns über Politik in der Musik unterhalten. Nach der Wende stellte sich heraus, dass der Radio-DJ wohl ein IM der Stasi war.*«

Auch Fanzine-Herausgeberin Sabine Bode erhält zunehmend Post von Ärzte-Fans jenseits der Mauer.

Sabine Bode: »*Ich muss zugeben, dass mir dieses ganze Thema DDR bis dato fremd war. Ich wusste, dass es diesen Teil Deutschlands gab, aber habe mich nicht sonderlich dafür interessiert, weil es ja auch wenig Austauschmöglichkeiten gab. Nachdem ich die ersten Fanzines veröffentlicht habe, erhielt ich mehr und mehr seltsam aussehende Post aus Ost-Deutschland. Erst später habe ich kapiert, dass jeder einzelne Brief vom Staat aufgemacht worden ist. Die Fans dort wollten unbedingt Musik von der Band haben oder auch nur ein Foto. Das war ja da drüben alles schwer bis gar nicht zu bekommen. Ich war damals noch Schülerin und hatte nicht genug Kohle, um allen Wünschen gerecht zu werden, denn bald sollten mehr und mehr Briefe eintrudeln. Ich habe dann Brieffreundschaften vermittelt. Bis heute weiß ich nicht, ob meine Briefe an diese Leute jemals angekommen sind – wahrscheinlich nicht, denn ich habe oft Poster, Fotos und Autogrammkarten verschickt, die sicher direkt verdächtig aussahen und aussortiert wurden.*«

Bela B: »*Zweimal habe ich Fans, deren Briefe bis zu uns durchdrangen, Sticks geschickt. Die wollten die Sticks allerdings weniger als*

Souvenir denn als Arbeitsgerät, um Schlagzeug zu spielen. So etwas war nämlich Mangelware in der deutschdemokratischen Planwirtschaft. Einen der Jungs, die welche von mir bekommen haben, habe ich Jahre später in Bochum getroffen, als ich mit Depp Jones vor King Køng gespielt habe, wo er mit seiner Mutter hinkam. Ich wunderte mich sehr, dass meine Paketsendung in der DDR angekommen war.«

Auf dem Festival in Wunsiedel tauschen sich die Gruppen aus Ost und West rege aus. Die russische Gruppe Autograf strapaziert die Großzügigkeit aber sehr, als sie während der Ärzte-Show die Catering-Vorräte von Die Ärzte und ihrer Crew plündern und noch während deren Show abreisen. Für Die Ärzte ist ihre Crew so etwas wie eine zweite Familie. Als Dankeschön für ihren Einsatz auf der Tour spendieren sie ihnen und sich zwischendurch einen mehrtägigen Kurzurlaub am Gardasee, und den haben Band und Crew nach all den Anstrengungen auch bitter nötig. Das Wetter ist schön, man verbringt die meiste Zeit mit den vielen aufblasbaren Krokodilen[6], die ihre Fans zahlreich zu den Konzerten mitgebracht hatten, im Pool und freut sich des Lebens.

Bela B: *»Außer ich. Am ersten Tag ging ich zum See hinunter und legte mich zum Entspannen auf einen Steg. Plötzlich drehte sich alles. Ich bekam Schweißausbrüche und fühlte mich elendig, worauf ich in mein Zimmer ging und mich hinlegte. Gabi besorgte ein Thermometer und stellte fest, dass ich Fieber hatte. Das ist mir seitdem öfters nach Tourneen passiert und bei Musikern nicht selten, denn durch das Adrenalin der Bühne verdrängt der Körper Krankheitssymptome und wartet, bis er das Signal zum Zusammenbruch bekommt. Ich lag also die gesamte Zeit in meinem Zimmer, während ich die Anderen am Pool mit ihren Krokodilen spielen hörte.«*

In München, wo sie in einem Zelt auf dem Gelände des Olympiaparks spielen, wird das Konzert für ein Live-Video filmisch festgehalten. Lichtmann Lui besorgt eigens dafür Flammensäulen, die bei einigen Songs gezielt eingesetzt werden sollen. Das Konzert findet im Rahmen des *Macht der Nacht*-Festivals statt, das auf Initiative des Goethe-Instituts zurückgeht. Neben den Die Ärzte bestreiten der noch recht unbekannte DJ Westbam, Nina Hagen und die Rainbirds das Programm. Letztere sind neben den Die Ärzte wohl derzeit die Band der Stunde in Deutschland. Den Bass spielt hier ein alter Bekannter von Bela: Michael Beckmann. Er war es, der einst Bela und Sahnie bei sich in Düsseldorf übernachten ließ. Und wie Bela hat auch er bei den Suurbiers gespielt, wo er Sahnie am Bass ersetzte, nachdem dieser zu den Die Ärzte abgewandert war. Im Gegensatz zu den Suurbiers sind die Rainbirds aber keine Punkband, sie bewegen sich eher in den Gefilden der anspruchsvollen Popmusik. Die einzigartige Stimme von Frontfrau Katharina »Katja« Franck, die zugleich auch alle Texte verfasst, verleiht der Band dabei eine unverkennbare Besonderheit. Mit seinem Punkhintergrund scheint Beckmann hier eigentlich fehl am Platz zu sein, doch er hat einen hohen Anteil an der Produktion des Debütalbums der Band und hält große Stücke auf die Künste von Katja Franck. Neben ihm gibt es noch jemanden in der Band, der nicht so recht reinpassen will. Es handelt sich dabei um einen jungen Mann namens Rodrigo González. Äußerlich entspricht er zwar dem Typus eines klassischen 80er-Hair-Metal-Fans, doch seine Fähigkeiten an der Gitarre sind mehr als beeindruckend und haben sich auch bereits bis zu Farin Urlaub rumgesprochen.

Rodrigo González: »*Auf diesem Festival habe ich Farin kennengelernt. Er kam zu mir an und wollte von mir wissen, wie man* Girl from Ipanema *spielt. Ich war zwar etwas irritiert, doch ich habe ihm die Akkorde aufgeschrieben. Nach circa zehn Minuten war er wieder da und fragte: ›Was soll denn das? Was ist denn F Major 7?‹ Er war total begeistert, dass er jemanden kennengelernt hat, der so einen Akkord kennt. Ich dachte, der will mich verarschen, doch er meinte es ernst.*«

Farin Urlaub: »*Das stimmt zu hundert Prozent. Ich liebe diesen wunderbaren Song, hatte aber keinen Schimmer, wie man diese krummen Akkorde hinbekommt. Mir ist der Unterkiefer runtergeklappt, als Rod das schnell mal so lächelnd aufgeschrieben hat. Die traurige Wahrheit ist aber, dass ich* Girl from Ipanema *bis heute nicht spielen kann.*«

Auch wenn die Rainbirds sicherlich die besseren Musiker sind, so schaffen sie es nicht, das Publikum so dermaßen ausrasten zu lassen, wie es Die Ärzte tun. Das schafft an diesem Abend keiner.

Rodrigo González: »*Bei unserem anschließenden Auftritt war ganz gut was los, doch bei den Ärzten hat der Laden gebrannt. Es* *war, als hätte man wie bei einem Filmwechsel einfach das Publikum komplett ausgetauscht. Wir waren fassungslos.* Beckmann und ich *fanden es auch sehr lustig, dass sie später noch* Blueprint *in* Zu spät *zitiert haben.«*

Nachdem Die Ärzte mit ihren Fans das Zelt gerockt haben, hat es die anschließend auftretende Nina Hagen mehr als schwer, mit ihrer Show zu punkten. Rodrigo, Beckmann und Bela ziehen nach der Veranstaltung noch gemeinsam um die Häuser. Es wird nicht mehr lange dauern, bis sich die Wege der drei wieder kreuzen werden.

11. KÄPITEL

Rodrigo González

»*Die Welt braucht 'nen Meister,
Rodrigo, so heißt er.*«
(Die Ärzte – Rod Army)

Wer auch nur ein geringes Maß an gesundem Menschenverstand besitzt, sollte wissen, dass Menschen, die als Flüchtlinge in ein fremdes Land kommen, dies in der Regel nicht freiwillig tun. Hätten sie die Wahl, würden sie wohl am liebsten in ihrer gewohnten Umgebung bei den Menschen, die sie lieben, bleiben wollen. Wir haben diese Wahl und können frei darüber entscheiden, wohin wir gehen wollen – Flüchtlinge nicht. Sie befinden sich in Situationen und erleben Dinge, die wir uns in der westlichen Welt nicht mal ansatzweise vorstellen können, geschweige denn wollen. Nicht selten müssen sich Flüchtlinge zwischen Leben und Tod entscheiden – und das stellvertretend für ihre ganze Familie.

Und auch wenn ihnen die Flucht gelingt, so steht ihnen doch meist noch das Schlimmste bevor: Gestrandet in einem Land, dessen Sprache sie nicht sprechen und dessen Kultur sie nicht verstehen. Sie wurden schließlich nicht gefragt, wohin sie wollen. Sie sind dorthin gekommen, wo Platz ist. So hausen sie in irgendeinem Flüchtlingsheim am Stadtrand und müssen mit Leuten verschiedenster Kulturen auf engstem Raum unter fragwürdigen Umständen zusammenleben. Flüchtlingsheime sind keine Orte, an denen man länger als nötig verweilen möchte. Man möchte einfach nur da raus, doch die hierzulande geltenden Gesetze lassen den Übergang in die »normale« Gesellschaft zu einem unüberwindbaren Hindernis werden. Die Politik der BRD macht den Flüchtlingen beinhart klar, dass sie nur geduldet, nicht aber erwünscht sind. Fremdenhass und gewalttätige Übergriffe machen den Leuten darüber hinaus das Leben zur Hölle. Verständlicherweise wünschen sie sich nichts sehnlicher, als in ihre geliebte Heimat zurückkehren zu können, doch diese Heimat, wie sie sie kannten, gibt es nicht mehr.

Wer seinen Hass und seine Wut auf solche Leute abwälzt, kann nicht allzu viel in der Birne haben – von der Sozialkompetenz ganz zu schweigen. Und doch gibt es genug Idioten, die dies tun. Flüchtling zu sein, prägt für ein ganzes Leben – in guter wie in schlechter Hinsicht. Es ist wie ein Stempel, der sich nicht abwaschen lässt. Wenn man Glück hat, wird man nicht allzu oft daran erinnert, dass man in diesem Land nicht zu Hause ist. Wenn man Pech hat, bekommt man es jeden Tag aufs Neue zu spüren.

Auch Rodrigo González ist ein Flüchtling. Er wird am 19. Mai 1968 als Rodrigo Andrés González Espindola in Valparaíso, Chile geboren. Valparaíso, die größte Hafenstadt des lang gestreckten Landes ganz im Südwesten von Südamerika, ist eine ungewöhnliche Stadt – kaputt und schön zugleich. Charakteristisch für das Stadtbild sind die vielen Hügel, auf denen die Leute die Häuser teilweise bis in den Berg hineingebaut haben. Die Hügel sind durch zahlreiche steile Treppen und Aufzüge mit dem unteren Teil der Stadt verbunden. Hier oben über dem großen Hafen pulsiert das Leben, und durch die unzähligen kleinen Gassen weht ein ganz besonderer Freigeist, wie ihn Hafenstädte oft versprühen.

Rodrigo verlebt hier eine glückliche Zeit. Zusammen mit seiner älteren Schwester Claudia ist er eines von zwei Kindern eines Bankers und einer Sekretärin. Die Familie macht viele gemeinsame Unternehmungen, und man feiert viel. Wenn Familienfeste anstehen, ist immer viel los, und irgendwann kommt meistens der Moment, an dem Rodrigos Vater seine Gitarre herausholt und gemeinsam mit der Familie und seinen Freunden südamerikanische Folklore spielt. Natürlich ist sein Papa ein großer Held für Rodrigo. Mit ihm geht er angeln, Insekten sammeln, baden oder zelten. Doch auch der kleine Rodrigo bekommt mit, dass das Land in Aufruhr ist.

Die Chilenen sind ein stolzes Volk, doch innerlich ist das Land zerstritten. Linke und rechte Kräfte führen einen erbitterten Kampf um die Zukunft des Landes. Fast jeden Tag gibt es Demonstrationen, gewalttätige Auseinandersetzungen und sonstige Unruhen. Die Menschen sind enorm politisiert, die Gesellschaft ist polarisiert, und das südamerikanische Temperament trägt sein Übriges dazu bei. 1970 finden in dem Land Wahlen statt. Für das Linksbündnis Unidad Popular (UP)[1] tritt der ehemalige Senator Salvador Allende an, für die Christdemokraten Jorge Alessandri. Der US-Botschafter Edward Korry prophezeit der Regierung von Richard Nixon einen Wahlsieg des sozialistisch eingestellten Allende und warnt vor den unabsehbaren Folgen einer möglichen Präsidentschaft. Das Weiße Haus entschließt sich dazu, den Wahlkampf Alessandris zu unterstützen, misst dem Ganzen ansonsten aber nicht viel Bedeutung bei. Dies ändert sich, als Allende im September tatsächlich die Wahl gewinnt. Der Sieg seiner UP führt am darauffolgenden Tag zu einem regelrechten Sturm auf die Banken. Die Gegner Allendes befürchten eine Verstaatlichung und räumen ihre Konten leer. Die Panikmache ist durchaus gewollt, denn so gerät die mögliche Regierung Allendes schon früh unter Druck.

Der Präsident aber handelt schnell und bringt günstige Kredite für den Mittelstand in Umlauf. Er will auch eine Verstaatlichung der wichtigen Kupferminen erreichen, doch die gehören den USA, deshalb fangen in Washington die Alarmglocken an zu schrillen. Nachdem bereits mit Kuba ein Land der Hemisphäre den Kommunisten in die Hände gefallen ist, befürchten sie für Chile nun die gleichen Folgen. Allende kann jedoch nicht mit dem kubanischen Machthaber Fidel Castro verglichen werden. Zwar bezieht er klare linke Positionen, ist aber längst nicht so radikal wie Castro unterwegs, der die Diktatur des Proletariats und das Einparteiensystem vertritt und zudem sich selbst an die Macht geputscht hat. Den USA ist dies jedoch gleich. Es herrscht Kalter Krieg, und man will mit aller Macht verhindern, dass sich die Pest des Kommunismus weiter über den Kontinent ausbreitet. Aus lauter Angst vor der roten Bedrohung ist den Amerikanern so ziemlich jedes Mittel recht.

Obwohl Allende vom Volk gewählt worden ist, möchten sie seine Amtszeit gerne vorzeitig beenden. So erfahren all die Gruppierungen, die Aussicht auf einen erfolgreichen Putsch haben, nun die vollste Unterstützung Washingtons – egal wie ihre Absichten danach sind. Eine Wahl Allendes zum rechtmäßigen Präsidenten durch den Kongress des Landes soll mit aller Macht verhindert werden. US-Außenminister Henry Kissinger gibt entsprechende Gelder zur Bestechung der Christdemokraten frei, denn Allende besitzt nur eine knappe Mehrheit und braucht auch die Zustimmung seiner Gegner, um zum Präsidenten gewählt zu werden. Die

Christdemokraten lassen sich aber nicht kaufen und wählen Allende zum Staatsoberhaupt – aus Respekt vor dem Wohl des Landes. Die Stimmung im Land beruhigt sich daraufhin etwas. Die Wirtschaft gewinnt wieder an Fahrt, und die Arbeitslosenquote sinkt. Die Entspannung währt jedoch nicht lange, denn Fidel Castro will bald das Land besuchen. Ausgerechnet Castro! Er kommt für Präsident Allende zum wohl denkbar ungünstigsten Zeitpunkt. Infolgedessen nehmen die Befürchtungen, dass sich Chile zu einem marxistischen Land wie Kuba entwickelt, zu und lassen die nationalen Kräfte des Landes wieder aus ihrem Dornröschenschlaf erwachen. Es kommt vermehrt zu Straßenkämpfen zwischen Stoßtrupps der nationalistisch eingestellten, paramilitärischen Organisation Patria y Libertad und dem linksextremen MIR[2], der der UP nahesteht.

Die Stimmung ist explosiv, und die zentrale Frage ist, auf wessen Seite das mächtige Militär steht. Die USA wollen einen Militärputsch erreichen und überprüfen, welche Generäle in der chilenischen Armee gute Aussichten auf einen erfolgreichen Putsch hätten. Allerdings stellt sich das Militär auf die Seite der rechtmäßig gewählten Regierung – noch. Präsident Allende dankt es ihm und holt gleich mehrere Vertreter des Militärs in seine Regierung. Die internationale Blockadepolitik schwächt das Land und seine Regierung indes mehr und mehr. Die zunehmende Destabilisierung Chiles bleibt dem Militär nicht verborgen, und so bröckelt die Unterstützung für Allende immer mehr. Auch der ihm wohlgesinnte Heereschef, General Prats, tritt zurück. Sein Nachfolger wird General Augusto Pinochet. Prats beschreibt ihn Allende gegenüber als überaus verfassungstreu, wird sich aber schwer irren. Präsident Allende ist nach dem Rücktritt von Prats nun komplett isoliert.

Am frühen Morgen des 11. September fährt Salvador Allende mit seinen engsten Vertrauten in den Präsidentenpalast La Moneda im Herzen der Hauptstadt Santiago de Chile. Er wird nicht wieder zurückkehren, denn das Militär greift zu den Waffen und leitet den Putsch ein. La Moneda wird mit Kampfjets bombardiert, doch Allende will nicht fliehen.

In einer letzten Ansprache wendet er sich an sein Volk: *»Mit Sicherheit ist dies die letzte Gelegenheit, mich an Sie zu wenden. (...) Mir bleibt nichts anderes, als den Arbeitern zu sagen: Ich werde* *nicht aufgeben! In diesem historischen Moment werde ich die Treue zum Volk mit meinem Leben bezahlen. (...) Sie haben die Macht, sie können uns überwältigen, aber sie können die gesellschaftlichen Prozesse nicht durch Verbrechen und nicht durch Gewalt aufhalten. Die Geschichte gehört uns und sie wird durch die Völker geschrieben. Arbeiter meiner Heimat: Ich möchte Ihnen für Ihre Treue danken. (...) Es lebe Chile! Es lebe das Volk! Es leben die Arbeiter! Dies sind meine letzten Worte, und ich bin sicher, dass mein Opfer nicht umsonst sein wird, ich bin sicher, dass es wenigstens ein symbolisches Zeichen ist gegen den Betrug, die Feigheit und den Verrat.«*[3]

Für den Verrat ist General Pinochet verantwortlich, der den Militärputschisten vorsteht. Als dessen Truppen gegen 14 Uhr den Präsidentenpalast stürmen, ist Allende bereits tot. Nachdem er all seine Vertrauten von ihren Aufgaben entbunden und weggeschickt hat, hat er sich mit einer AK-47 das Leben genommen. Mit dem Tod Allendes beginnt die brutale Militärdiktatur unter der Junta[4] von Pinochet. Noch am gleichen Tag bricht eine unglaubliche Welle der Gewalt über das Land herein. Tausende Menschen werden verhaftet und verschleppt. Das Regime von Pinochet hat es vor allem auf Mitglieder und Sympathisanten der Regierung, der Linksparteien und der Gewerkschaften abgesehen. Rodrigos Vater taucht sofort unter und flieht in die ungarische Botschaft. Er ist ein bekannter Aktivist in der Gewerkschaft und hat unter anderem die Verstaatlichung der Automobilkonzerne mit begleitet. Genau solche Männer stehen ganz oben auf Pinochets Liste. Rodrigo und seine Schwester Claudia werden von ihrer Mutter auf dem schnellsten Wege zu Verwandten ihres Vaters in den Norden des Landes gebracht.

Rodrigo González: »*Ich kann mich noch erinnern, dass wir zu einer absolut ungewöhnlichen Zeit von meiner Mutter geweckt worden sind und mit ihr einen der ersten Busse genommen haben, die in den Norden Chiles fuhren. Da das Eisenbahnnetz in Chile marode war, ist man immer Bus gefahren. In der Wüste angekommen, wurden meine Schwester und ich auf zwei verschiedene Orte aufgeteilt. Meine Mutter ist kurz darauf wieder nach Santiago gereist, um unsere Ausreise zu organisieren.*«

Seine Eltern wollen mit dieser Maßnahme verhindern, dass die Kinder als Druckmittel für den Vater benutzt werden können.

Ihnen ist klar, dass Rodrigos Vater wohl mit dem Leben bezahlen wird, wenn Pinochets Schergen ihn in die Hände kriegen. Diese betreiben inzwischen eine regelrechte Hetzjagd, die Erinnerungen an den Nationalsozialismus hervorruft. Bis Ende des Jahres werden in kurzerhand errichteten Konzentrationslagern über 13.000 Menschen brutal gefoltert und getötet. Unzählige werden in entfernte Regionen des Landes verschleppt. Über 20.000 Menschen ergreifen noch 1973 die Flucht ins Ausland. Die DDR-Regierung hilft beim Ausschleusen führender linker Politiker und nimmt insgesamt mehr als 6.000 Flüchtlinge auf, mehr als doppelt so viel wie die BRD. Als Rodrigos Familie das Land verlässt, ist nahezu jeder politische Widerstand in Chile ausgeschaltet, und Pinochet regiert das Land fortan mit harter Hand. Rodrigos Familie wird mit einer bereitgestellten KLM-Maschine außer Landes geflogen, das Ziel ist Zürich. Von dort aus werden sie schnell nach Deutschland weitertransferiert.

Rodrigo González: »*Ausgewählt haben wir Deutschland eigentlich nicht. Es war reiner Zufall.*«[5]

Sie landen in einem Flüchtlingsheim in Hamburg-Harburg. Die Zeit dort ist nicht schön, doch zumindest sind sie alle in Sicherheit. Das Flüchtlingsheim in der Eisendorfer Straße ist ein ehemaliges Krankenhaus, ein unglaublich großes und bedrückendes Gebäude, das neben Chilenen auch noch viele Menschen anderer Nationalitäten beherbergt. Entsprechend laut ist es auf den schier endlos langen und nur schwach beleuchteten Gängen. Überall riecht es nach Essen, und über allem schwebt ein Wirrwarr unterschiedlichster Sprachen. Es ist einer dieser Orte, die man so schnell wie möglich verlassen möchte. Genau das wollen auch Rodrigos Eltern, denn sie verfallen nicht dem irrsinnigen Glauben, dass die Bedingungen in ihrem Heimatland eine baldige Rückkehr zulassen und all dies hier nur vorübergehend ist.

Rodrigos Familie profitiert in dieser Zeit sehr von der großen Solidarität der hiesigen Bevölkerung mit den chilenischen Flüchtlingen. Es gibt viele lokale Initiativen, die sich sehr gut um die Chilenen kümmern. Sie zeigen den Flüchtlingen die Stadt und helfen ihnen bei Behördengängen. Auf einem seiner ersten Ausflüge in die Harburger Innenstadt kommt der kleine Rodrigo aus dem Staunen

1995 – 1998

oto aus der berühmten Nacktfotosession mit Olaf Heine 1995. Hier haben Bela und Farin al erdings noch ihre lamotten an. Wurde so für die Rückseite der *Ein Song namens Schunder*-Single verwendet.

Die Ärzte live im Dortmunder Musikzirkus (20.03.1994). Wie man unschwer erkennen kann war Farin zu dieser Zeit großer Fan der Bostoner Skapunk-Band The Mighty Mighty Bosstones.

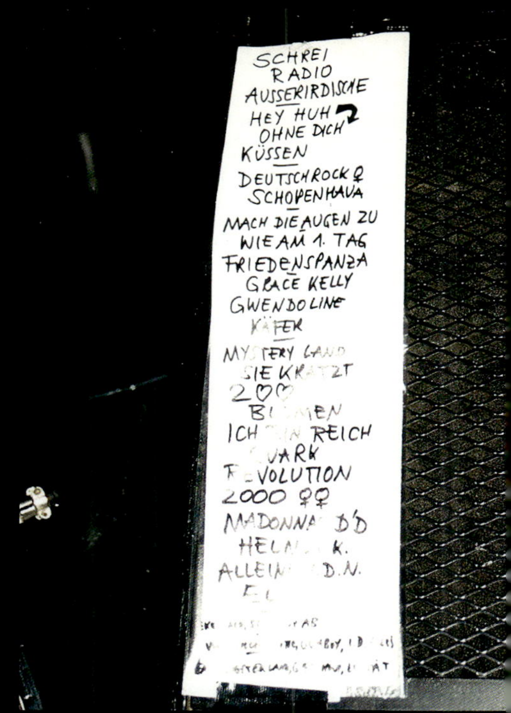

Oben links: Bela outet sich als Mitglied der »Church of Underberg«. Rechts: Setlist der 1994er *Tour-Tour* inklusive den Smash-Hits *Schopenhaua* und *Friedenspanza*. Unten: Die Ärzte live im Dortmunder Musikzirkus 1994.

Oben: Die Ärzte beim Autogrammeschreiben 1994. Früher war dies Standard nach den Shows der Band. Doch irgendwann standen immer wieder die gleichen Leute an, was die Band zunehmend genervt hat. Als die Hallen schließlich immer größer wurden, haben sie es komplett eingestellt. Für Bela ein durchaus zweischneidiges Schwert: »Es ist leider traurig, aber wahr: Das Gemecker über zu wenig Autogramme-Schreiben hat aufgehört, als ich keine mehr gegeben habe. Das habe ich von Farin gelernt.«

Unten: Die berühmte Goldene Schallplatte im praktischen Klodeckel-Format, die Paul Stanley und Gene Simmons von KISS der Band 1994 im Klubheim des FC St. Pauli überreichten. Hier ist das Exemplar von Managerin Axel Schulz zu sehen, das lange Zeit die Kloschüssel im Büro ihrer Plattenfirma Hot Action Records zierte. Rechte Seite: Unveröffentlichtes Pressefoto von Olaf Heine.

Oben: Unveröffentlichte Pressefotos von 1995, geboren in traumhafter Alpenkulisse. Unten: Wer immer schon mal wissen wollte, was Bela, Farin und Rod in ihrer Freizeit so treiben …

Oben: Man beachte auf diesen beiden Fotos die T-Shirt-Wahl der Bandmitglieder. Im linken Foto trägt Rod ein Shirt der Band A.O.K., für die er zusammen mit Bela ein paar Songs für deren Maxi *Das Büblein wollt ein Mädel sein* aufgenommen hat. Im rechten Foto ist Bela in einem T-Shirt von »Tiger« Tom Jones zu sehen. Unten: Unveröffentlichtes Pressefoto (1995).

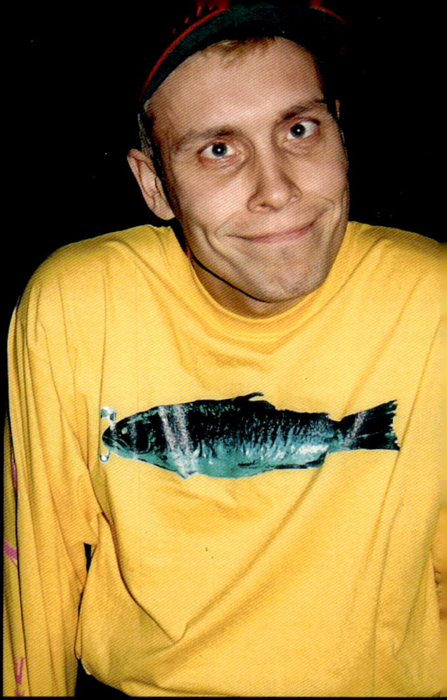

Links oben: Belas Schlagzeugset im Preussenton-Studio während der Aufnahmen zu *Planet Punk*. Links unten: Die Ärzte live in der Zeche Carl (09.04.1995). Rechts: Farin mit von ihm selbst gestalteten *1, 2, 3, 4 – Bullenstaat!*-Longsleeve in Köln (10.04.1995).

Links oben: Die Ärzte beim Abschlusskonzert der 1995er Geheimtour im Berliner Loft (20.04.1995). Links unten: Die Ärzte live im Bremer Schlachthof (07.04.1995). Rechts: Die Ärzte in der Zeche Carl zu Essen. Bilder ganz unten: Da war Stagediven noch möglich: Die Ärzte live 1995 in der Essener Zeche Carl.

Links: Die Ärzte beim Auftaktkonzert der 1995er *Eine Frage der Ehre*-Tour in Unna. Die Stadthalle wurde in den 80er und 90er Jahren oft als Startpunkt für Tourneen gebucht, da die Hallenmiete sehr günstig war, das Lager der PA-Firma Schallwand (heute Satis & Fy) in der Nähe lag und der Hausmeister sowie der örtliche Runner eine Institution waren. Rechts: Farin mit seiner Tennisschläger-Gitarre, die er für *Teddybär* auspackte und 2009 zu Gunsten verschiedener Hilfsorganisationen versteigerte.

Auf dieser Tour wurde die Bühne mit allerhand technischem Equipment und Gebimsel zugestellt. Für viele Bühnenelemente war Gitarrenbauer Thomas Harm von Cyan Guitars verantwortlich. Er verzierte Belas Drumkit im Alice Cooper-Style, baute für Farin einen Sarg, aus dem bei *Erna P.* ein Skelett zum Vorschein kam, und für Rod ein großes, rotes Herz, das ab und zu aufflackerte. Dazu kamen noch Scheinwerfer sowie Verstärker und Monitore und schon war die Bühne gerammelt voll.

Links und rechts oben: Die Ärzte live in Unna 1995. Rechts unten: Bela beim Konzert im Bremer Modernes, das von Radio Bremen für deren Sendung *Absolut Live* aufgezeichnet worden ist. Unten: Belas Schlagzeug wurde während *Ist das alles?* mit einer hydraulischen Bühne nach oben gefahren. Manchen Hallen oder Clubs, wie die Große Freiheit in Hamburg, hatten jedoch eine zu geringe Deckenhöhe, so dass schon die ersten Becken umfielen und Bela geduckt weiterspielen musste, bis sein Roadie die Bühne stoppen konnte.

Oben: 1996 fotografierte Olaf Heine die Band nach einer Show in Nürnberg auf dem dortigen Reichparteitagsgelände. Das Bild in der Mitte rechts stammt noch aus aus einer Session für *Planet Punk*. Rechts: Da bei der Fotosession in Nürnberg aufgrund des straffen Tourneeplans nicht viel Zeit für die Fotos zur Verfügung stand, musste Heine improvisieren und schuf dennoch beeindruckende Bilder wie diese Silhouette, die später in der Innenseite der *Mein Baby war beim Frisör*-Single abgedruckt wurde.

Oben: Die Ärzte in ihrem Nürnberger Hotel am 16.04.1996. Unten: Die Ärzte unmasked: Vokuhila-Fotos für die *Le Frisur*-LP (1996).

Links: Farin live im Leipziger Conne Island (03.05.1997). Rechts: Bela beim Abschlusskonzert der 1996er Voodoo Lounge-Tour in der Bielefelder Hechelei (30.06.1996).

Links oben: Rod im Berliner Frannz Club (02.05.1997). Rechts oben: Farin beim Auftaktkonzert der 1997er Geheim-Tour in der Pumpe Kiel (30.04.1997). Unten: Die Ärzte live in der Hechelei, Bielefeld, mit dem Hacker-Ballett der Bielefelder Punkband ZZZ Hacker.

Fotos von der 1997er Weltreise aus Tokio (oben links) und New York (alle anderen), die für das Booklet ihres späteren Nummer-Eins-Albums 13 verwendet wurden. Unten: Die Ärzte im Gaga-Studio bei den Aufnahmen zur 13

nicht mehr raus. Als sie im Karstadt sind, sieht Rodrigo zum ersten Mal Rolltreppen und ist schwer beeindruckt. Die Menschen hier scheinen wohl nicht mal gehen zu müssen, denkt er sich.

Draußen vor dem Kaufhaus gibt es noch einen Stand mit Scherzartikeln. Neben allerlei lustigen Dingen gibt es da auch Brillen mit Scheibenwischern vor den Gläsern. Auch Brillenputzen scheinen diese Leute nicht zu kennen. Die leben hier wirklich ganz anders als zu Hause. Kurze Zeit später findet Rodrigos Vater einen Job als Operator bei einer Spedition. Seine Familie kann daraufhin das Flüchtlingsheim verlassen und findet in einer 3-Zimmer-Wohnung im Stadtteil Langenhorn ein neues Zuhause. Rodrigo und seine Schwester gehen dort in die Grundschule am Neuberger Weg. Die Schule liegt nur einen Steinwurf vom Reihenhäuschen von Helmut und Loki Schmidt entfernt. Rodrigo und Claudia finden sich gut zurecht und lernen schnell die deutsche Sprache. Kinder sind in solchen Dingen bekanntlich viel unvoreingenommener und lernen schnell dazu.

Für Rodrigos Eltern hingegen ist die erste Zeit in der BRD richtig hart. Sie müssen für sich und ihre Kinder ein neues Leben aufbauen und erst einmal lernen, sich in der hiesigen Kultur zurecht zu finden. Die schwierige deutsche Sprache erleichtert ihnen zudem nicht gerade die Eingewöhnung. In regelmäßigen Abständen rufen Rodrigos Eltern bei ihren Verwandten und Freunden daheim in Chile an, um zu hören, ob es allen gut geht. Die Anrufe finden wegen der Zeitverschiebung immer zu nachtschlafender Zeit statt und dauern, weil sie so unglaublich teuer sind, nie länger als ein paar Minuten. Nach diesen Anrufen sind Rodrigos Eltern meist besonders wehmütig, doch selbst wenn sie es wollten, könnten sie nicht in ihr Heimatland zurückkehren. Ihre Pässe wurden mit der Einreise in die BRD ungültig gestempelt, und eine Einbürgerung in die BRD ist noch in weiter Ferne.

Im Grunde ist die ganze Familie staatenlos. Doch alles ist besser, als der Tod. Mittlerweile dringen immer mehr Details der Gräueltaten des Pinochet-Regimes zu ihnen vor. Vieles, was sie vor ihrer Flucht nur vermuten konnten, ist inzwischen zur traurigen Gewissheit geworden. Sie wissen sehr wohl, dass sie ihre Heimat ganz lange nicht wiedersehen werden.

Rodrigo wächst weiter heran. Nach seiner Zeit auf der Grundschule wechselt er auf die Real- und Orientierungsschule am Grellkamp. Inzwischen hat er schon mehr Zeit in der BRD als in Chile verbracht. Die Erinnerungen an seine alte Heimat verblassen immer mehr und bleiben ihm nur noch schemenhaft im Gedächtnis. Seine Eltern haben inzwischen endgültig damit abgeschlossen, nach Chile zurückzukehren. Sie wollen ihren Kindern einen zweiten Kulturschock ersparen und nicht noch ein drittes Mal wieder bei null anfangen. Rodrigo entdeckt unterdessen eine große Leidenschaft für sich, die sein weiteres Leben entscheidend beeinflussen wird: die Musik.

Der Auslöser ist die schöne Nylon-Konzertgitarre seines Vaters. Sie übt eine unglaublich große Faszination auf ihn aus. Sie begleitet seinen Vater bei manchem öffentlichen Auftritt. Meistens sind dies Solidaritätsveranstaltungen für Chile, bei denen Sachspenden gesammelt werden oder versucht wird, mehr Öffentlichkeit für die Befreiung der politischen Gefangenen in Chile zu erreichen. Rods Vater spielt dabei gerne Lieder von großen chilenischen Musikern wie Víctor Jara[6], Patricio Manns[7] oder Quilapayún[8]. Den Jungen beeindruckt nicht nur die Art und Weise, wie sein Vater auf dem Instrument spielt, sondern auch, wie fürsorglich dieser seine Gitarre hegt und pflegt. Wenn Rodrigo aus der Schule kommt, holt er sich heimlich und vorsichtig den schweren Gitarrenkoffer vom Wohnzimmerschrank herunter und setzt die große Gitarre auf seinen Schoß. Es dauert nicht lange, und schon bald kann Rodrigo ihr die ersten Töne entlocken. Die schnellen Erfolge machen süchtig. Er übt nun fast jeden Tag, und immer kurz bevor sein Vater nach Hause kommt, legt Rodrigo die Gitarre wieder akkurat auf den Schrank zurück – so als wäre nichts gewesen.

Rodrigo González: »*Mein Papa hat dazu nie etwas gesagt. Er müsste sich aber eigentlich gewundert haben, warum die Saiten immer so runter waren.*«

Die anderen Jungen in seinem Alter treffen sich nach Schulschluss auf dem Bolzplatz oder in einem der unzähligen Vereine. Rodrigo hält dies für pure Zeitverschwendung. Ein Tag, an dem er nicht Musik machen oder hören kann, ist für ihn ein verlorener Tag. Natürlich bringt ihm dieses Verhalten automatisch die Rolle eines

Sonderlings ein, doch das macht ihm nichts aus. Die Schule macht ihm nach wie vor Spaß, nur sein Verständnis von Freizeit ist eben ein anderes. Auch Rodrigos Schwester fängt mit dem Gitarrespielen an. Sie bekommt zum Geburtstag sogar eine Gitarre geschenkt, die Rodrigo jedoch nicht gefällt. Dafür besitzt er bald eine eigene.

Rodrigo González: »*Meine erste Gitarre stammte von einem Freund aus der Mittelstufe. Er hatte sie geschenkt bekommen, hatte aber kein großes Interesse daran. Irgendwann hatte er sich auf die Gitarre gesetzt, und sie war zerbrochen. Daraufhin hat er sie mir vermacht, und ich habe sie geleimt und bemalt. Die Gitarre hatte daraufhin zwar eine Saitenlage wie ein Eierschneider, doch es war meine erste Gitarre. Auf ihr habe ich geübt, bis die Finger bluteten. Irgendwann war ich richtig gut, denn was ich auf dieser Gitarre spielen konnte, konnte ich auf jeder Gitarre spielen.*«

Rodrigo bringt inzwischen mehrere Stunden am Tag mit Gitarrespielen zu. Irgendwann fällt ihm, ähnlich wie auch Farin Urlaub, das *Beatles Complete*-Gitarrenbuch in die Hände. Das Buch ist eine gute Schule für ihn, schon bald kann er jeden Song daraus auswendig spielen. Ihm tun all die armen Seelen aus seiner Schule leid, die oft gegen ihren Willen von ihren Eltern dazu angehalten werden, ein Instrument zu lernen. Für diese sind die Nachmittage, an denen sie Blockflöte oder Bratsche üben sollen, oft der blanke Horror. Für Rodrigo ist Musikmachen hingegen die pure Freude. Im Musikunterricht wird sein Eifer allerdings nicht belohnt. Ihm wird angekreidet, dass er kein passables Orchesterinstrument spielen kann.

Als Kompromiss geht Rodrigo meistens mit einer Drei nach Hause. Musikalisch wird diese Phase von Supergroups wie Pink Floyd oder Queen dominiert. Auch Jimi Hendrix' Erbe wirkt noch nach. Rodrigo findet großen Gefallen an dieser progressiven und technisch brillanten Musik, doch anders als bei den Beatles sind deren Songs leider mal eben nicht so einfach nachzuspielen. Ein Umstand, der Rodrigo sowohl beeindruckt als auch frustet. Wieder und wieder schaut er sich die Rückseite von Pink Floyds viertem Album *Ummagumma* an, wo auf einem Rollfeld zwei Roadies inmitten des beeindruckenden Equipments der Band posieren. Wie gerne würde sich Rodrigo hier einmal austoben – es wird jedoch eine unerreichbare Wunschvorstellung bleiben. Doch zum Glück werden die Hürden bald niedriger gelegt, denn der Punkrock bahnt sich seinen Weg nach Hamburg.

Durch einen englischen Austauschschüler namens Andrew kommt Rodrigo zum ersten Mal mit Punkrock in Berührung. Andrew wird von seiner älteren Schwester aus England stets mit den neuesten Punksingles versorgt. Zusammen hören die beiden die eingängigen Songs von The Stranglers, Stiff Little Fingers oder den Sex Pistols an. Rodrigo haut der Sound dieser Bands komplett um. Im Gegensatz zu den vertrackten Arrangements von Pink Floyd und Co. wird hier nicht viel um den heißen Brei herumgeredet. Es geht direkt zur Sache, und das Beste ist, dass Rodrigo es direkt nachspielen kann. Entsprechend sinkt sein Interesse am Progressive Rock. Punkrock ist das neue angesagte Ding und so etwas wie die Zündschnur, die bei Rodrigo die musikalische Bombe zum Explodieren bringt. Seiner Mutter bleibt indessen das Interesse und Talent ihres Sohnes nicht verborgen. Zu seinem 13. Geburtstag schenkt sie ihm zusammen mit einem Schaller-Verzerrer eine ziemlich trashige, asiatische Kopie einer Les Paul-Gitarre, die Rodrigos Schulfreund Thomas Harm gehörte. Sie wird ihn noch viele Jahre lang begleiten und lange Zeit seine einzige Gitarre sein.

Zu dieser Zeit saugt Rodrigo alles an Punkrock auf, was bis zu ihm vordringt. Vor allem Bands, die die schnell ausgetretenen Pfade verlassen und auch in Gewässern jenseits des 3-Akkorde-Punkrocks fischen, tun es ihm an. Darunter fallen englische Bands wie Discharge oder G.B.H., die mit ihrem schrägen Sound (manchen würden es Krach nennen) Vorreiter des aufkommenden Hardcore-Punk sind. Hardcore-Punk oder HC-Punk versteht sich als schnellere und radikalere Form des bisherigen Punkrocks und wird zu einer großen Inspirationsquelle für Rodrigo. Er vergöttert Bands wie die Dead Kennedys, Bad Brains oder der Bostoner Szene wie The Freeze[9]. Bald kommt es zu seiner ersten Band Massaker, die er zusammen mit Thomas Harm gründet. Ziel von Massaker ist es, wie die UK Subs zu klingen, doch eigentlich kommt nur ungestümer Lärm dabei heraus. Das Ergebnis ist aber auch zweitrangig, denn der gemeinsame Weg und das Machen an sich sind wichtiger. Rodrigo interessiert sich aber nicht nur für Punkrock. Das wäre ihm auch viel zu eng gesteckt, denn eigentlich interessiert ihn alles, was mit Musik zu tun hat. Selbst Swing oder Jazz kann er etwas abgewinnen. Neben Gitarre kann Rodrigo mittlerweile auch Bass spielen. Sein Musiklehrer Jochen Arp erkennt als einer der Ersten Rodrigos unglaubliches Talent und fördert ihn.

Rodrigo González: »*Jochen Arp war zweifelsohne mein Lieblingslehrer, bei dem ich eine Menge gelernt habe – auch die unsägliche Fugenanalyse. In den Freistunden durfte ich mich auch mal in den Leistungskurs reinsetzen und mitmachen oder in andere seiner Kurse. Wir waren in einem ständigen Dialog.*«

Jochen Arp: »*Rodrigo und ich haben uns immer sehr gut verstanden. Er hatte schon damals ein unglaublich gutes Gehör und Gedächtnis. Wo man anderen Leuten ein Stück wieder und wieder vorspielen musste, bevor sie es konnten, hatte Rodrigo es sofort verinnerlicht und konnte es schnell nachspielen. Vom Blatt spielen war hingegen nicht so sein Ding.*«

Über Arp kommt Rodrigo auch zu einem Einsatz als Bassist in der Lehrer-Bigband seiner Schule. Auch hier fällt seine Begabung auf, und man lädt ihn zu einer Probe der Yamaha Big Band ein, die von Peter Herbolzheimer[10] geleitet wird. Eigentlich ist Rodrigo nur als Aushilfe vorgesehen, doch schon bald wird er festes Mitglied der Band. Er findet großen Gefallen an dieser für ihn völlig neuen Welt und gewinnt viele neue und wertvolle Eindrücke. Der Kontakt zu Arp hält Rodrigo auch nach seiner Schulzeit lose aufrecht, und das Schicksal wird ihn und Arp etliche Jahre später wieder für eine gemeinsame Sache zusammenbringen.

Bald darauf gründet Rodrigo mit seiner Schwester das Country Duo. Über eine Annonce in einem Anzeigenblatt kommt er zu einem Banjo, auf dem er sich schnell ein paar klassische Country-Licks beibringt. Die Idee zu dem Duo entsteht aus einem Witz heraus, denn derlei imperialistische Musik ist so ziemlich das Letzte, was man in der radikalen Hamburger Punk-Szene hören möchte. Der absurde Witz wird aber tatsächlich verstanden, und so spielen Claudia und er tatsächlich bald in der berüchtigten Hamburger Hafenstraße Songs wie den *Yankee Doodle* oder *I Come from Alabama*.

Dort werden die Goldenen Zitronen auf die beiden aufmerksam, denn auch diese haben die ein oder andere Country-Reminiszenz in ihrem Programm. Es folgen einige gemeinsame Konzerte in

Hamburg und der näheren Umgebung wie Bargteheide oder Dithmarschen. Als die Goldenen Zitronen im Herbst 1986 ins Studio gehen, um dort ihre Interpretation des Juliane-Werding-Schlagers *Am Tag als Conny Kramer starb* einzuspielen, wird Rodrigo mit seinem Banjo gleich mit dazugeholt. So ist er also auf diesem Lied zu hören, das als *Am Tag als Thomas Anders starb* in die deutsche Punk-Geschichte eingehen wird.

Eines der Konzerte des Country Duos sieht auch Michael Beckmann, und er ist sehr angetan von Rodrigos Ausstrahlung und Bühnenpräsenz. Nach seiner Jugend im Sauerland und in Düsseldorf ist Beckmann inzwischen in Berlin sesshaft geworden. Hier spielt er mittlerweile Bass bei der Band Rainbirds. Nachdem diese im letzten Jahr den Senatsrockwettbewerb gewonnen hat, arbeitet sie nun im Audio-Studio an ihrem Debütalbum, das Ende des Jahres 1987 bei der Mercury, einem Sublabel der Phonogram, erscheinen soll.

Allerdings ist die Band nur zu dritt, ihnen fehlt ein Leadgitarrist. Noch im Studio testet die Band verschiedenste talentierte Gitarristen an, doch bei keinem will der Funke überspringen. Als das Country Duo einen Auftritt im Quartier Latin spielt, gesellt sich Beckmann als Gastmusiker hinzu. Er erzählt Rodrigo aber nicht, dass er auch die anderen Rainbirds-Musiker in das Konzert geschleust hat. Denen hat Beckmann von Rodrigo vorgeschwärmt, und sie sollen sich selbst ein Bild von ihm machen. Nach dem Auftritt fragt Beckmann Rodrigo, ob er sich vorstellen könne, bei den Rainbirds als Gitarrist auszuhelfen. Rodrigo kennt die Band zwar gar nicht, sagt aber zu. Noch am nächsten Tag fährt er mit Beckmann ins Studio und spielt auf zwei Stücken Gitarrenspuren ein. Die Band und ihr Produzent Udo Arndt signalisieren Rodrigo, dass sie sich ihn gut in der Band vorstellen könnten, und beschließen, ihn mit nach Kanada zu nehmen. Hier soll die Band auf Einladung des Goethe-Instituts ein paar Konzerte in Montréal in der französischsprachigen Provinz Québec spielen.

Für Rodrigo steht inzwischen fest, dass sein späterer Beruf auf jeden Fall etwas mit Musik zu tun haben muss. Eines seiner Vorbilder in dieser Hinsicht ist sein Freund Stephane Larsson, der Schlagzeug bei der Hamburger Punk-Institution The Buttocks[11] spielt. Dieser ist angehender Elektroingenieur und will anschließend am renommierten Pariser Konservatorium Tonmeister lernen. Rodrigo bestärkt dies in dem Entschluss, nach dem Abitur selbst ein Ingenieursstudium zu beginnen. Für die Rainbirds stellt er diese Pläne aber erst einmal zurück, denn er sieht die Kanada-Reise als eine einmalige Chance an. Allerdings muss er seine Eltern noch über sein Vorhaben informieren. Beckmann hilft ihm dabei und wird bei Rodrigos Eltern vorstellig.

Michael Beckmann: »*Ich saß auf dem Sofa von Rods Eltern und habe seinen Vater darum gebeten, dass wir ihn mit auf Tour nehmen können. Ihm war das nicht ganz recht. Er hatte eigentlich andere Pläne für seinen Sohn und konnte auch überhaupt nicht begreifen, warum wir ausgerechnet ihn haben wollen. Er hatte sich zu dem Zeitpunkt mit der Leidenschaft seines Sohnes noch gar nicht richtig auseinandergesetzt. Natürlich war er auch ein wenig besorgt wegen der ganzen Sex, Drugs & Rock'n'Roll-Klischees. Hätte ihn unsere asketische Frontfrau Katharina Franck gefragt, wäre seine Zustimmung wohl sicher schneller erfolgt.*«

Letztendlich geben Rodrigos Eltern ihren Sohn frei. Was sollen sie auch anderes tun? Ihr Junge ist alt genug, und sie wissen nur zu gut, dass es sinnlos wäre, ihn von etwas abzubringen, was er sich in den Kopf gesetzt hat. Natürlich hätten sie es, wie wohl die meisten Eltern, am liebsten, dass er und seine Schwester auf die Uni gehen und Doktor oder Professor werden. Doch Rodrigo und Claudia haben eben andere Pläne. Da alle anderen Rainbirds-Mitglieder in Berlin wohnen, zieht auch Rodrigo in eine kleine WG in Schöneberg. Lange aufhalten wird er sich hier jedoch nicht. Direkt nach der Arbeit im Studio trifft sich die Band, um für die Konzerte in Montréal zu proben. Hier sollen sie über mehrere Wochen in Aulas von Universitäten und Schulen sowie kleinen Clubs auftreten. Während Sängerin Katharina Franck, Schlagzeuger Wolfgang Glum und Beckmann die Songs vom neuen Album zumindest schon durch die Studio-Arbeiten gut genug kennen, hat Rodrigo bislang kaum Ahnung von dem Material. Im Vorfeld der Tourproben gibt man ihm lediglich eine Kassette mit, verbunden mit der Bitte, sich die Songs so schnell wie möglich einzuhämmern. Ausgerechnet Rodrigo ist dann bei der ersten Probe tatsächlich derjenige, der das neue Material von allen am besten beherrscht.

Während die Band nach Kanada aufbricht, bereitet die Mercury die Veröffentlichung des Albums vor, das schlichtweg *Rainbirds* heißen soll. Schon kurz nachdem die ersten Bemusterungsexemplare außer Haus sind, wählt *Musikexpress/Sounds* die LP zur »Platte des Monats«. Zu dieser Zeit ist dies ein sicheres Anzeichen dafür, dass man richtig viele Platten verkaufen wird. Die Verkäufe befeuert auch die erste Single *Blueprint*, die sich schnell zu einem landesweiten Radio-Hit mausert. Die Phonogram wird überhäuft mit Anfragen, die bereits gebuchte Clubtour ist im Nu ausverkauft und wird durch eine anschließende Hallentour verlängert. Im fernen Montréal ahnt die Band derweil nicht, was für ein Rummel um sie in Deutschland entstanden ist. Im herrlichen Indian Summer von Québec haben die vier Musiker eine richtige gute Zeit – wohl die glücklichste Zeit in dieser Besetzung. Erst als die Phonogram ihnen telegrafiert, dass zu Hause in Berlin eine Menge Arbeit auf sie wartet, bekommen sie eine leise Ahnung, was in Deutschland auf sie zukommt.

Rodrigo González: »*In Montreal haben Beckmann und ich im Club Foufounes Électriques sogar mit Stevie Nicks von Fleetwood Mac getanzt. Die hatten an dem Abend im Spectrum gespielt, und Nicks ist mit ihrer Entourage noch ausgegangen und landete im gleichen Laden wie Beckmann und ich. Wir beide waren voll auf Labatt Bleue-Bier. Es war ein herrlicher Abend!*«

Als alle vier wieder in Berlin sind, wird diese Ahnung jedoch von der Wirklichkeit persifliert. Anfang 1988 sind sowohl die Single als auch das Album in die Top 10 der Charts eingestiegen. Für die Band beginnt eine unglaublich intensive und erfolgreiche Zeit. All das, was sich die Musiker erhofft haben, bricht nun in Rekordzeit über sie herein. Für Rodrigo fühlt es sich so an, als säße man auf einem Schleudersitz in dem Wissen, dass der harte Aufprall jederzeit bevorstehen muss.

Rodrigo González: »*Ich krieg wirklich nicht mehr zusammen, was wann genau war. Wir waren gut unterwegs mit dem einen Lied – waren auf Tournee, in Fernsehshows, im Radio und, und, und.*«

Michael Beckmann: »*Rod und ich haben mit Billy Ocean gekifft, Katarina Witt im Arm gehabt, uns mit den Ramones, Fleetwood Mac und James Brown die Bühne geteilt, mit dem Deutschland-Achter am Tisch und im Flieger neben Franz Beckenbauer in der Business*

Class gesessen, mit den Suicidal Tendencies in Stoke-on-Trent den Märchenpark gerockt und in Montréal bei Hüsker Dü in der ersten Reihe gestanden. Was soll da als Musiker noch kommen?«

Die Rainbirds sind zweifelsohne ganz oben. Doch da werden sie nicht lange bleiben, denn schon bald kann die Band bei dem enormen Tempo ihrer Karriere nicht länger mithalten. Dem schnellen Erfolg folgt der schnelle Fall in die Bedeutungslosigkeit. Trotzdem haben sie für die Geschichte der Die Ärzte eine gewisse Bedeutung.

12. KÄPITEL
Ganz oben

»Diese eine Liebe wird nie zu Ende gehn
Wann werd ich sie wiedersehen?«
(Die Ärzte – *Westerland*)

Deutschland im Sommer 1988. Auf der großen Wiese vor dem Berliner Reichstag macht Michael Jackson am 19. Juni mit seiner *Bad-Tour* Station und gibt ein umjubeltes Konzert, das sowohl die Jugendlichen in West-Berlin als auch hinter der Mauer in Ost-Berlin begeistert. Allerdings versucht die Volkspolizei der DDR größere Ansammlungen zu verhindern, und es kommt zu Ausschreitungen. Dies und der frenetisch gefeierte Auftritt vom »Boss« Bruce Springsteen circa einen Monat später auf der Ost-Berliner Trabrennbahn in Weißensee sind nur ein Beleg dafür, dass es im Arbeiter-und-Bauern-Staat heftig unter der Oberfläche gärt. Auch in den anderen Staaten des Warschauer Paktes, allen voran der UdSSR, bahnt sich eine Veränderung an.

In der BRD findet derweil vom 10. bis 25. Juni die 8. Fußball-Europameisterschaft statt. Von einem Sommermärchen kann aber keine Rede sein. Die deutsche Elf rumpelt sich nur mit Mühe und Not bis ins Halbfinale, wo gegen die Mannschaft aus den Niederlanden, späterer Gewinner der EM, Endstation ist. Am Tag des Finales spielen Die Ärzte in Aachen. Wieder schneiden sie dieses Konzert für ihr kommendes Live-Album mit. Danach sind noch zehn Konzerte auf dieser Tour zu spielen – zehn Konzerte, bis die »beste Band der Welt« sich für immer von den Bühnen dieses Landes verabschieden wird.

Der Sommer ist heiß geworden, und Die Ärzte ziehen es inzwischen vor, in kurzen Hosen auf die Bühne zu gehen. Farin hat große Freude daran, seine Shorts mittels Kartoffeldruck ganz liebevoll mit vielen kleinen Motiven zu verzieren. Beim näheren Hinsehen entpuppen sich diese dann als kleine F-Wörter. Der Sommer trägt auch dazu bei, dass es im Bandbus nahezu unerträglich geworden ist. Die

Hitze lässt kaum noch eine gescheite Ablenkung zu. Mittlerweile sind Bela, Farin und Hagen schon seit mehr als zwei Monaten auf Tour. Es steht außer Frage, dass dies allmählich seinen Tribut fordert. Allen widrigen Umständen zum Trotz werden noch einmal die letzten Kräfte mobilisiert, denn die Zielgerade ist erreicht.

Schon jetzt machen sich bei den Fans erste Anzeichen von Wehmut breit bei dem Gedanken, dass am 9. Juli in Westerland eben nicht nur diese Tour, sondern auch das Bestehen der Band endet. Über 100.000 Besucher haben Die Ärzte bis dato auf ihrer Abschiedstournee schon gesehen. Nach dem letzten Konzert in Münster bleiben der Band und ihrer Crew noch zwei freie Tage bis zum finalen Showdown auf Sylt. Während die Crew schon mal vorfährt, um sich auf der Insel »ganz oben in Deutschland« (so die Sylt-Werbung) noch ein bisschen zu erholen, fahren Bela, Farin und Nopper nach Berlin. Sie wollen die letzte Etappe nach Westerland mit ihren eigenen Motorrädern bestreiten. Farin muss sein bayerisches Motorrad aber erst einmal wieder instand setzen lassen, denn eifrige Souvenirjäger haben es bei einem der letzten Konzerte vor der Halle entdeckt und sich ganz besondere Erinnerungsstücke gesichert.

Farin Urlaub: *»Mein ›Kumpel‹ Peter hatte sich mein Motorrad geliehen und brachte es während der Tour zurück – dämlich wie er war, parkte er es direkt vor der Halle. Mann, Mann. Wir sprechen von dem Motorrad, das auf dem Cover unseres dritten Albums war.«*

Am frühen Morgen des 8. Juli fahren die drei los Richtung Westerland. Unterwegs werden Bela, Farin und Nopper von zahlreichen Regenfällen heimgesucht und müssen immer wieder unter Brücken anhalten, um einen Schauer vorbeiziehen zu lassen. Kurz vor Niebüll, wo die Autos und Motorräder auf einen Zug verladen werden, um die Strecke über den Hindenburgdamm nach Sylt zurückzulegen, müssen sie wieder mal ungewollt anhalten. Bela traut seinen Augen nicht, als eine japanische Rennmaschine im tiefsten Regen an ihnen vorbeizieht, deren Fahrer nicht mal Regenklamotten trägt.

Bela B: *»Später habe ich die Maschine im Backstage wiedererkannt. Sie gehörte einem Security-Mann.«*

Bedingt durch die ungewollten Zwischenstopps kommen die drei viel zu spät auf der Insel an. Das geplante letzte Abendmahl mit

Crew und Management muss somit ohne sie stattfinden, da sie erst kurz nach 22 Uhr das altehrwürdige Hotel Miramar erreichen, das direkt am Strand von Westerland liegt.

Gabi Kowarik: »*Sie kamen und kamen nicht, und ich machte mir richtig Sorgen, dass ihnen etwas passiert ist. Ich war dann richtig froh, als sie zwar erschöpft, aber im ›Ganzen‹ angekommen sind. Sie hatten dann auch voll das schlechte Gewissen.*«

Bela B: »*Wir konnten unsere Motorräder nicht vor dem Hotel abstellen, weil Fanhorden und Schaulustige davor standen. Gabi überzeugte die Rezeption in Windeseile, dass wir unsere Motorräder in die Lobby schieben und dort erst mal abstellen durften.*«

Das Hotelmanagement ist zwar nicht begeistert, versteht aber tatsächlich die Notwendigkeit angesichts der Fans vor den großen Fenstern. So langsam hat sich der kleine Ort mit allerhand Leuten gefüllt, die die Band auf ihrem letzten Konzert begleiten. Etliche Freunde und Bekannte sind der Einladung der Band zu ihrem Begräbnis gefolgt. Auch Sahnie hat man eine Einladung zugestellt. Bela und Farin waren zunächst dagegen, ihm eine zu schicken, doch Hagen hat darauf bestanden, dass man ihn als wichtigen Teil der Bandhistorie neben all den anderen Gefährten auch einladen sollte. Sahnie hat sich daraufhin persönlich bei Conny für die Einladung bedankt, dann aber doch abgesagt. Ansonsten ist wohl so ziemlich jeder vertreten, mit dem die Band in ihrer Karriere zu tun hatte, darunter viele Musikerkollegen wie Rocko Schamoni, R.P.S. Lanrue von Ton Steine Scherben, Lüde und die Astros oder Fabsi und seine Mimmi's sowie die Goldenen Zitronen und Rodrigo González von den Rainbirds.

Rodrigo González: »*Als feststand, dass Die Ärzte auf Westerland ihr letztes Konzert spielen, war für die Zitronen und mich klar, dass wir da hinfahren und denen Tribut zollen.*«

Dazu kommen noch etliche Freunde und Bekannte wie Biggi vom WFC, Atze Ludwig und Axel Knabben, der nach seiner Heirat nun mit Nachnamen Schulz heißt.

Doch der Wettergott scheint etwas gegen Die Ärzte und ihren Anhang zu haben. Es ist kalt und stürmisch. Der raue Nordseewind bringt Temperaturen, von denen man meinen könnte, dass man sie für dieses Jahr schon lange hinter sich gelassen hat. Bela, Farin und

Hagen nehmen so viele Leute wie möglich in ihre großzügigen Suiten auf. Wer dort nicht unterkommt, versucht sein Glück in einem der zahlreichen Strandkörbe oder auf dem nahe gelegenen Zeltplatz. Die Nachtruhe währt kurz, denn schon am nächsten Morgen setzt mit den ersten ankommenden Zügen der Strom der *Ärzte*-Gefolgschaft ein. Bald gibt es kaum noch einen Flecken in Westerland, der fortan nicht mit treuen Anhängern der Band bevölkert ist.

Im Fanzine des Die Ärzte-Fanclubs werden die Szenen wie folgt beschrieben: »*Westerland befand sich fest in der Hand von Ärzte-Fans. Sie lauerten am Bahnhof, sie zogen durch die Stadt, sie belagerten den Eingang der Kurhalle und die nahe Strandpromenade. Sie fuhren Skateboard, sie tranken, sie tauschten Adressen und Erlebnisse mit Farin, Bela und Hagen aus, und über alldem lag eine Stimmungsmischung aus Vorfreude auf das Konzert und leiser Trauer, weil es das letzte sein sollte.*«[1]

Unter den wetterbedingt leider notwendig gewordenen Jacken blitzen fast überall *Ärzte*-Shirts hervor. Die anwesende Polizei ist solche Szenen nicht gewohnt und wirft dem bunten Haufen argwöhnische Blicke zu. Touristen, die sich auf erholsame Stunden in vornehmer Kulisse gefreut haben, schauen mehr als angewidert drein. Was ist nur aus dieser schönen Insel geworden? Dieser Insel, die auch ganz ohne Zutun der *Ärzte*-Fans schon Probleme genug hat. Sylt ist dem enormen Ansturm von jährlich über 400.000 Besuchern kaum noch gewachsen, denn diese lassen insgesamt nicht nur über 300 Millionen DM auf der Insel, sondern auch jede Menge Abgase und Müll.

Als Vorbote des Festlands kommt Sylt zudem früher als manch anderer Küstenort mit negativen Umweltauswirkungen in Berührung wie etwa extremen Robbentod, Algenpest oder verdrecktem Wasser. So weicht die herrlich frische Meeresluft immer mehr einem beißenden Gestank. Die Tourismusbranche befürchtet durch die zunehmende Verschmutzung der Nordsee für die Zukunft enorme Einbußen. Die Ärzte greifen dies im *Kommerzmix* von *Westerland* auf, der auf der Maxi-Single veröffentlicht wird. Im Rahmen eines nachgestellten Sendersuchlaufs interpretieren sie dabei ihren Hit in unterschiedlichen Musikstilen wie House, A capella oder Heavy Metal.

Neulich sind wir da gewesen,
die Jungs von Greenpeace hatten recht,
denn das Meer stank ziemlich übel,
und uns wurde ziemlich schlecht.
...
Ich bin die kleine Robbe, und Algen find ich gut.
Am Morgen hab ich Ausschlag, am Abend spuck ich Blut.

Farin wird sogar von einem Einheimischen angesprochen, der ihn bittet, während des Konzertes auf eine Menschenkette hinzuweisen, die am 24. Juli am langen Strand der Insel stattfinden soll. Tatsächlich kommt Farin diesem Wunsch später auf dem Konzert im Rahmen der Ansage zu *Westerland* nach. Vor dem großen Tourfinale gibt die Band noch eine letzte Pressekonferenz. Noch einmal betonen sie gebetsmühlenartig, dass sie nicht im Zorn auseinandergehen. Auch hat es keine handgreiflichen Auseinandersetzungen zwischen Bela und Farin gegeben, wie einige Journalisten geschrieben haben.

Bela B: »*Eben haben wir noch harmonisch am Strand gemeinsam Krabben gepult und uns mit Farins Skateboard versucht, und eine Stunde später werden wir mit diesen Gerüchten konfrontiert. Es war echt bizarr. Uns war es inzwischen aber ein Stück weit egal, was die Leute geglaubt haben.*«

Die Trennung wird vollzogen, weil es sich richtig anfühlt und Bela und Farin sehen wollen, was es außer Die Ärzte noch so alles gibt. Die meisten der anwesenden Journalisten glauben ihnen dennoch nicht. Sie können nicht verstehen, warum die Band es gerade jetzt macht, wo sie doch den größten Erfolg hat. Nach der Pressekonferenz geht es für Die Ärzte Richtung Kursaal[2], wo ihre Freunde Markus Linde und Fitz Braum sowie Willy Ehmann als Vertreter der CBS auf sie warten, um ihnen eine Goldene Schallplatte[3] zu überreichen.

Bela B: »*Natürlich hatten wir nicht mal ansatzweise 250.000 Exemplare eines Albums abgesetzt. Es war eine gestückelte Platte mit allen bisher erschienenen Alben, die zusammen ungefähr diese Zahl erreicht hatten. Noch in dem Moment beschlossen Farin und ich, diesen Award, es gab nur einen, Conny zu überlassen, dessen Arbeit wir damit Tribut zollten. Wir waren aber auch enttäuscht, dass niemand* *von der CBS-Chefetage kam, um sich zu verabschieden – sie hatten wohl Besseres vor.*«

Die verbleibende Zeit bis zum Auftritt nutzt die Band, um sich für den letzten Akt vorzubereiten. Der große Kursaal, in dem das allerletzte Konzert von Die Ärzte stattfinden soll und der nur einen Steinwurf vom Bandhotel entfernt ist, gehört definitiv nicht zu den Bauten, die für Rockkonzerte ausgelegt sind, sondern eher für Tagungen des besagten Clubs der Arschlöcher oder Diavorträge geeignet scheinen. Über 1.000 Leute passen in den Saal, der neben dem Parkett auch eine Empore besitzt, die sich über das gesamte Rund erstreckt. Natürlich ist auch dieses Konzert, wie schon so viele auf dieser Tour vor ihm, restlos ausverkauft. Trotzdem treten einige Fans auch ohne Karte den langen Weg nach Sylt an. Sie geben die Hoffnung nicht auf, die Band, die sie so sehr lieben, noch dieses eine letzte Mal zu sehen. Dank Tourmanagerin Gabi Kowarik geht dieser Wunsch tatsächlich für sie in Erfüllung, denn sie lässt sie noch rein.

Um 19:00 Uhr werden die Türen für die Trauergemeinde geöffnet. War es sonst unabdingbar, sich schon in den frühen Morgenstunden vor den Hallen herumzutreiben, um einen der begehrten Plätze in der ersten Reihe zu ergattern, so genügt es ausgerechnet hier, pünktlich zum Einlass vor Ort zu sein. Es wirkt fast so, als hätten die Fans Angst, der ganzen Wahrheit ins Auge zu sehen. Ungeachtet dessen füllt sich der Saal recht zügig. Man spürt schnell, dass man heute etwas ganz Besonderem beiwohnen wird, und so liegt eine merkwürdige Spannung in der Luft, als pünktlich um 20:00 Uhr die vertraute Stimme vom Band die letzten Sekunden bis zum Beginn der Show herunterzählt. Danach fällt der Vorhang und gibt allen Anwesenden den Blick auf die Die Ärzte preis, die gleich mit Feuereifer loslegen. Ihnen ist keine Schwermut anzumerken, doch im Publikum macht sich bald ein mulmiges Gefühl breit. Einmal noch gibt es das Basssolo von *Du willst mich küssen* zu hören, einmal noch fragt Hagen, wie viel das Doppelte von 1.000 Mädchen ist, einmal noch warnt Farin die Massen vor Helmut K., »dem Schläger«, vor dem selbst der frischgebackene Boxweltmeister Mike Tyson Angst habe. Die Zeit vergeht wie im Flug.

Natürlich wird vor allem *Westerland* besonders abgefeiert. Bei *Zu spät* verzichtet die Band spontan auf das bislang gespielte Medley aus aktuellen Charthits und spielt lieber Songs von den Goldenen Zitronen (*Doris ist in der Gang*), den Mimmi's (*Deutscher Meister wird nur der SVW*), Rocko Schamoni (*Ich will Liebe*) und sogar den Toten Hosen (*Liebeslied*) an. Bis auf die Hosen sind auch alle vor Ort. Sie stehen auf der Empore, wo sie für die Band jederzeit gut zu sehen sind.

Rocko Schamoni: »*Wir standen alle da oben, und die haben Songs von uns allen gespielt. Stolzer konnte man nicht sein.*«

Bela B: »*Das geschah spontan, und es fühlte sich an diesem speziellen Abend für uns richtig an, von den Bands, die uns nahestanden, Songs zu spielen. Deswegen haben wir auch* Liebeslied *von den Toten Hosen gespielt, denn wir waren trotz aller Animositäten auch immer Fans der Hosen gewesen.*«

Farin Urlaub: »*Doris ist in der Gang von den Goldenen Zitronen war ein absoluter Favorit von uns.*«

Das Publikum fordert lautstark *Elke* und kriegt es auch als erste Zugabe um die Ohren gehauen – es ist nicht überliefert, ob die Besungene selbst auch anwesend ist. Dann spielt die Band sich weiter durch den bekannten Zugabenblock. Allmählich wird nun auch Bela, Farin und Hagen klar, dass es danach keine Zugaben mehr geben wird – nie mehr. Also kramen sie alles raus, was ihnen einfällt. Bloß nicht von der Bühne gehen, denn dann ist es unwiderruflich vorbei. Als ihnen irgendwann die eigenen Stücke ausgehen, weichen sie auf Coversongs aus – *I Wanna Live* von den Ramones und *Where's Captain Kirk?* von Spizz Energi.

Das Ende des Konzertes ist trotzdem unausweichlich. Schließlich nimmt Bela Farin und Hagen in die Arme und stimmt den Refrain aus »*Was hat der Junge doch für Nerven*« an: *Mit uns kommt sowieso keiner mit* ... Das Publikum steigt direkt mit ein, und so dröhnt es durch den ganzen Saal: ... *denn wir sind Die Ärzte und wir sind zu dritt.* Der Chor nimmt kaum ein Ende. Ein Kamerateam, das die Band schon beim *Macht der Nacht*-Festival gefilmt hat, hält die letzten Bühnensekunden der Die Ärzte für die Nachwelt fest. Mit ordentlich Wasser in den Augen treten Bela, Farin und Hagen für eine allerletzte Verbeugung an den holzvertäfelten Bühnenrand. Ungläubigkeit und blankes Entsetzen spiegeln sich in den Augen der Besucher wider. Bela spricht die letzten Worte und beendet mit einem platten »Das war's« das Konzert und die Karriere der Die Ärzte aus Berlin.

Bela B: »*Da erst war mir klar, dass es vorbei sein würde. Ich hatte urplötzlich einen Kloß im Hals und Tränen in den Augen, was man aber wegen des Schweißes nicht sehen konnte.*«

Die beste Band der Welt geht für immer von der Bühne. Zum letzten Mal läuft das berühmte *Non, je ne regrette rien* von Edith Piaf als Rausschmeißer vom Band. Hier bereut niemand etwas, doch die Stimmung ist mehr als gedrückt. Viele Besucher können nicht mehr an sich halten und lassen unter dem Eindruck des Erlebten ihren Gefühlen freien Lauf. Man tröstet sich gegenseitig und wünscht sich leise, die Band würde noch ewig weiterspielen.

Hinter der Bühne bietet sich das gleiche Bild – es gibt kaum jemanden, der nicht weint oder zumindest betrübt ist. In den Köpfen aller Beteiligten laufen noch einmal all die zahlreichen Erlebnisse aus den letzten Jahren im Schnelldurchlauf ab. Zu all der Trauer, dass diese gute Zeit nun ihr Ende gefunden hat, mischt sich aber auch Freude und Zufriedenheit. Die Band ist dankbar für die zahlreichen Fans, die all die Jahre zur Stange gehalten haben und ihnen sogar bis an diesen entlegenen Ort gefolgt sind. Gleichzeitig ist man froh, das eigene Ende selbst bestimmt zu haben – auch wenn es jetzt wehtut. Bela und Farin sind eher gut gelaunt, denn besser hätte dieses letzte Konzert für sie nicht laufen können. Immer wieder tauschen sie kurze Blicke aus, die sagen wollen: Wir haben es geschafft! Fabsi von den Mimmi's stürmt in die Garderobe, auch ihm rinnen Tränen über das Gesicht. Ihm ist schmerzlich klar geworden, dass von denen, die einst auszogen, das Land von seinem Bierernst zu befreien, jetzt nur noch Die Toten Hosen übrig sind. Bela verspricht noch in dieser Nacht, seine ersten Solosachen auf Fabsis Weser Label zu veröffentlichen, wo auch schon die Goldenen Zitronen ihre Platten rausbringen. Während in der Umkleide Trauerbewältigung stattfindet, hat Rocko Schamoni vor dem Kursaal inzwischen ganz andere Probleme.

Rocko Schamoni: »*Nach dem Konzert ging es ziemlich bizarr weiter, denn auf einmal tauchte draußen eine 10- bis 15-Mann-starke Skinhead-Gang auf. Ich wollte zu dem Zeitpunkt mit meiner Freundin Sachen in unser Auto packen, und die haben uns dann abgefangen.*

Die Stimmung war kurz vor Auf-die-Fresse-hauen, doch glücklicherweise ist uns nichts passiert. Ich habe das dann dem Duke erzählt, einem sehr schrankförmigen Begleiter der Band. Der ist durchgedreht, als er das gehört hat, und wollte ihnen eins aufs Maul geben. Wir sind dann noch mal raus und haben mit ihm zusammen Jagd auf die Skins gemacht. Irgendwann haben wir sie dann erwischt, denen ihre Waffen abgenommen und in ihre eigenen Münder reingehalten. Das war für die vielen Punks unter uns natürlich sehr befriedigend. Als die Skins dann abgefrühstückt waren, sind wir in den Club American gezogen.«

Bela B: »*Der Duke hatte sich uns ein wenig aufgedrängt und uns seit der Zeche, Bochum regelrecht verfolgt. Er war aber eine ziemliche Großfresse, vor der einige Leute schon Respekt bekamen.*«

Im Club American, einem recht mondänen Laden unweit des Bahnhofs, findet die offizielle Aftershow-Party zum Konzert statt, den man für diesen Abend komplett gemietet hat. Es herrscht eine Stimmung wie beim Abi-Ball, Euphorie und Trauer liegen eng beieinander. Es ist eine dieser Partys, bei der niemand gehen möchte. Als der Laden irgendwann in den frühen Morgenstunden dicht macht, ziehen die wenigen Hartgesottenen weiter Richtung Strand. Rocko Schamoni und die Goldenen Zitronen inszenieren eine kleine Aufführung in der Kurmuschel, Fabsi und andere springen in die Nordsee. Auch viele *Ärzte*-Fans sind noch auf den Beinen und warten bibbernd und übermüdet auf den ersten Zug Richtung Festland. Als schließlich die rote Sonne über den Dünen auftaucht, liegen in den Strandkörben noch immer die letzten Alkoholleichen der vergangenen Nacht. Bela, Farin und Hagen machen noch letzte Fotos und Videoaufnahmen am Strand. Ansonsten deutet nichts mehr darauf hin, dass hier gestern Abend eine kleine Ära zu Ende gegangen ist. Im Kursaal tritt heute Abend Mike Krüger auf.

Bela B: »*Ich habe mal mit Freunden Wer wird Millionär? gespielt. Eine Frage zum Thema Pop war: ›Wo fand das legendäre letzte Konzert der Band Die Ärzte statt?‹ Ich habe diese Karte seitdem in meinem Portemonnaie.*«

Farin, Bela und Nopper fahren – dieses Mal ohne weitere Zwischenfälle – mit ihren Motorrädern nach Hause. Dort verabreden sich Bela und Farin für den nächsten Abend im Metropol-Café am Nollendorfplatz. Sie mögen den Laden, weil dort auf einer Leinwand immer MTV läuft und es zwei Billardtische gibt. Hier spielen nun die beiden Freunde Jan Vetter und Dirk Felsenheimer den ganzen Abend eine Partie nach der anderen, trinken und unterhalten sich dabei, als wäre nichts weiter passiert – ein unglaublich gutes Gefühl für beide.

Farin Urlaub: »*... und wir trugen irgendwann danach zum ersten Mal in unserem Leben gewollt Shirts mit dem Namen ›Die Ärzte‹, weil: Wir waren ja nicht mehr in der Band! Das war schon sehr befreiend.*«

Mit dem Konzert in Westerland hat vor allem das geendet, was die Band am meisten ausgemacht hat: die energiegeladenen und äußerst unterhaltsamen Live-Auftritte. Der eigentliche Abschied der Die Ärzte wird sich jedoch noch bis ins neue Jahr hinein erstrecken. Im August 1988 absolviert die Band beim Festival *Deutsch-Französischer Rockpop in Concert* im französischen Straßburg ihren letzten gemeinsamen Playback-Auftritt.

Bela B: »*Wir haben Playback gehasst. Wem wollte man da wirklich vormachen, dass das live gespielt war? Allerdings war das in der damaligen TV-Landschaft einfach nicht zu umgehen. Wir haben uns dann schon ganz früh dagegen entschieden, das ernsthaft mitzumachen. Ich habe zum Beispiel so gut wie nie ein Drumset aufbauen lassen, weil ich eh immer vorne rumgerannt bin, und die hingestellten Mikrofone haben wir auch so gut wie nie benutzt.*«

Farin Urlaub: »*Der Auftritt in Straßburg war der komplette Wahnsinn! Er fand in einem sehr langen, schlauchartigen, aber riesigen Zelt statt, und die Stimmung war crazy.*«

Vor 10.000 tobenden Fans und in T-Shirts mit der Aufschrift »Zum letzten Mal Playback« gekleidet, bieten sie die Songs *Ich ess' Blumen*, *Westerland* und *Elke* dar. Die anschließend auftretenden The Other Ones, die ehemalige Band von Uwe Hoffmann, können einem nur leidtun – sie gehen unter den lautstarken Ärzte-Rufen des Publikums förmlich unter. Die Ärzte widmen sich nach diesem »letzten Mal« nun der Fertigstellung ihres Live-Albums. Es soll ihr großes Vermächtnis werden. Die mitgeschnittenen Live-Aufnahmen sollen dabei so ungeschliffen wie möglich auf Platte gepresst werden. Das Konzert-Erlebnis, das die Fans von den Live-Auftritten her kennen, soll sich auch beim Hören in den eigenen vier Wänden einstellen. Leider müssen Band und Uwe Hoffmann im Studio ein bisschen nachhelfen, denn Belas Headset-Mikrofon hat nur mäßige Aufnahmen geliefert. Möchte man Bela beim Singen auch verstehen, so ist eine Nachbearbeitung unausweichlich. Bela macht Hoffmann den Vorschlag, alle seine Gesänge in einem Durchgang hintereinander weg im Studio neu einzusingen. Wenn er schon nicht live auf der Platte singt, so möchte er dem Ganzen im Studio immerhin so nah wie möglich kommen.

Bela B: »*Wir haben dann in einem Raum zwei große Boxen aufgebaut, das Konzert laufen lassen, und ich habe die Songs in ein gewöhnliches Shure SM58, das gängige Live-Mikro, gesungen. Ich habe jeden Song nur einmal gesungen, denn die anderen beiden hatten ja auch keine zweite Chance.*«

Eigentlich ist das Album zunächst als Doppel-LP geplant, doch nach dem Bearbeiten aller Aufnahmen ist mehr Material vorhanden, als Platz da ist. Farin erinnert sich an das Woodstock-Live-Album, das er früher oft gehört hat und welches aus drei Platten besteht. Warum sollen es Die Ärzte nicht auch so machen? Genau so ein obskures Format scheint wie gemacht für die Band zu sein, das kleine Kräftemessen mit der Plattenfirma, die dagegen sicherlich Bedenken haben wird, mit eingeschlossen.

Fitz Braum: »*Farin rief mich irgendwann an und meinte, dass es keine Doppel-LP wird. Wir müssen es als Dreifach-Album rausbringen. Das war absolut unüblich und hat seit den 1970er-Jahren kaum jemand mehr gemacht. Ich habe die Idee aber gar nicht groß infrage gestellt, sondern gleich damit begonnen, bei unseren Lieferanten nachzuforschen, was dies für einen Aufpreis für uns bedeutet. Es wäre sowieso unsinnig gewesen, der Band diese Idee auszutreiben, und es gab ja auch gute Argumente, die dafürsprachen.*«

Das Mehr an Spielzeit erspart der Band nun die quälende Entscheidung, Lieder auszusieben, und ermöglicht ihnen nun, das gesamte Programm der zurückliegenden Tour abzubilden. Außerdem bleibt auf der letzten Seite noch genug Platz für den ganz großen Quatsch. Der simpel mit *Sprüche* betitelte vorletzte Track des Albums enthält einen Mix aus abstrusen Ansagen, einfallsreichen Publikumsanimationen und verbalen Wortgefechten – dem Markenzeichen der Band.

Bela B: »*Wir bekamen Bänder von allen Konzerten der Tour und sollten die nach geeigneten Ansagen durchhören. Erst waren Farin und ich erschlagen ob der zu erwartenden Arbeit, aber nach einer kurzen Weile liefen uns die Tränen über das Gesicht, als wir all den Quatsch hörten, den wir im Laufe einer Tour verzapft hatten. Ich hatte nach kurzer Zeit Bauchschmerzen vor Lachen. Eine unserer Stärken ist ja auch, dass wir uns sehr wenig wiederholen und keine abgesprochenen Sprüche dreschen – Hagens 2000 Mädchen-Ansage vielleicht mal ausgenommen.*«

Farin Urlaub: »*Um das mal zu erklären: Von den knapp 100 Kassetten, die wir dahatten, haben wir für die Sprüche nur etwa 30 bis 40 benutzt – und die nicht mal ganz durchgehört. Da war streckenweise unglaublich viel Gelaber drauf! An ein paar Konzerthöhepunkte konnten wir uns, so kurz nach der Tour, noch erinnern, aber eigentlich hatten wir nach einem halben Tag alle Sprüche zusammen, die letztlich auf dem Live-Album zu hören sind.*«

Mit *Nach uns die Sintflut* ist auch bereits ein passender Titel gefunden. Grafiker Ulf Meyer zu Kueingdorf kommt die Idee des Coverfotos, das drei nackte Mädchen auf einem Badewannenrand sitzend zeigt.

Ulf Meyer zu Kueingdorf: »*Bei dem Foto handelt es sich um drei Geschwister. Ich habe es in einem Fotoalbum von einer Freundin von mir entdeckt und fand es schlichtweg genial. Die drei Schwestern sehen übrigens heute noch allesamt bezaubernd aus.*«

Bela B und Farin Urlaub: »*Wir haben die bis heute leider nie getroffen.*«

Mit *Ich bin wild* und *Uns geht's prima* kommen noch zwei Nummern auf die Platte, die eigentlich nicht zum 1988er-Set gehörten, sich auf vorangegangenen Konzerten aber großer Beliebtheit erfreut haben. Sie waren eigens beim Soundcheck vor dem Konzert in Bochum für die Platte aufgenommen worden. Am Schluss bleibt noch die Frage offen, wie man mit *Geschwisterliebe* umgehen soll. Der Song muss auf die Platte, doch natürlich möchte man eine erneute Indizierung unbedingt vermeiden. Farin kommt auf die simple wie geniale Idee, den Song als Bonus-Single beizulegen. Um nicht gleich mit der Tür ins Haus zu fallen, geben sie ihm – in Anspielung an eine Ansage – den verblümten Namen *Der Ritt auf dem Schmetterling*. Sollte die BPjS den Song beanstanden, müsste nur die Single entfernt werden, das Album selbst bliebe unberührt. Außerdem geht man davon aus, dass der Zug eh schon abgefahren ist, bevor die Bundesprüfstelle überhaupt merkt, was sich hinter diesem poetischen Titel verbirgt. Die rechtlichen Folgen der Bonussingle sollen übrigens überschaubar bleiben, wie Bernd Rathjen, zuständiger Produktmanager für die Band bei der CBS nach dem Weggang von Markus Linde, sich später erinnern wird.

Bernd Rathjen: »*Fitz Braum wurde deswegen angeklagt und hat über 2.000 D-Mark Strafe zahlen müssen. Bei dem Erfolg um dieses Album war das aber durchaus zu verkraften.*«

Made in Japan von Deep Purple, *No Sleep 'til Hammersmith* von Motörhead oder *Alive!* von KISS waren allesamt Alben, die Die Ärzte maßgeblich beeinflusst haben. Mit *Nach uns die Sintflut* steht nun am 27. Oktober 1988, Farins Geburtstag, die bandeigene Definition eines Live-Albums in den Läden. Das als Abschiedsgeschenk für ihre Fans gedachte Werk wird gleichzeitig zum Geschenk für sie selbst, denn die Nachfrage ist enorm.

Ulf Meyer zu Kueingdorf: »*Ich kann mich an einen Tag erinnern, an dem ich in Frankfurt tätig war. Als ich dort durch eine Straße ging, hörte ich aus zwei verschiedenen Fenstern laut Die Ärzte schallen. Ich bin danach in die Plattenabteilung des lokalen Horten-Kaufhauses gegangen. Dort war die Platte nicht bei den sonstigen Neuerscheinungen zu finden. Sie lag direkt am Eingang in meterhohen Stapeln – ein sicherer Indikator dafür, dass man richtig viel verkauft. Die Ärzte waren zweifelsohne am Gipfel angelangt.*«

Tatsächlich beschert das Album der Band in der zweiten Woche nach ihrem Einstieg die Spitzenposition in den deutschen LP-Charts und bleibt insgesamt 33 Wochen in den Top 100 vertreten. Es ist das erste Dreifach-Live-Album, dem in den deutschen Charts die Pole Position gelingt. Mit ihrem Lärm schieben sich Die Ärzte vor Alben wie *Rattle and Hum* von U2, *Money for Nothing* von den Dire Straits oder *Ein kleines bisschen Horrorschau* von den Toten Hosen. Campino ist, wie er später zugeben wird, sehr davon genervt, dass seine Band ausgerechnet von Die Ärzte auf die Plätze verwiesen wird.

Campino: »*Klar hat uns das gefuchst, denn die anderen hatten auch noch diesen Abschiedsbonus, von wegen ›letztes Album‹ – diesen*

Joker konnten wir natürlich nicht spielen. Da war es völlig irrelevant, welche Platte wirklich besser war. Es ging uns allein um die Platzierung, und man will nicht hinter den Ärzten stehen. Dazu muss man sagen, dass die Charts damals noch eine ganz andere Relevanz hatten. Wenn man damals auf Platz 1 war, konnte man das eine ganze Woche lang genießen. Erst dann hat man erfahren, ob es wieder abwärts geht oder ob man oben bleibt. Heute gibt es tägliche Trends, und schon bei Verkündung der Chartposition weiß man, ob es nächste Woche abwärts geht oder nicht. Man kann seinen Triumph also gar nicht mehr auskosten. Früher war das romantischer.«

Rocko Schamoni: »*Diese Feindschaft zwischen Ärzten und Hosen ist meiner Meinung nach vor allem von außen aufrechterhalten worden. Ich hatte jedenfalls nicht den Eindruck, dass die sich wirklich gehasst haben. Ich habe mir natürlich auch meinen Spaß daraus gemacht und mit Sprüchen wie ›Komm, lass doch mal Campino anrufen, ob er noch vorbeikommt‹ gerne gezündelt. Wenn zwei solch erfolgsverwöhnte Kinder auf einmal anfangen, sich um den ersten Platz zu rangeln, dann müssen sie sich nicht wundern, wenn die Kinder hinter ihnen anfangen, mit Schneebällen auf sie zu schmeißen.*«

Andere Musikerkollegen wie Peter Maffay wettern hingegen herum, wie so eine »Scheiße« Platz 1 erreichen kann.[4] Vielleicht sieht Maffay allmählich seine Felle davonschwimmen, denn die jungen Leute wollen jemanden, der ihre Sprache spricht und »cool« ist, nicht so wie Peter Maffay, der mit oft inhaltslosem Schmuserock daherkommt. In einem Punkt muss man Maffay aber recht geben, musikalisch ist es mit Sicherheit nicht die Offenbarung.

Rodrigo González: »*Ich habe mir vor Kurzem noch einmal die Nach uns die Sintflut-LP angehört. Das war musikalisch schon wirklich lausig. Ich hatte sogar Mühe, einige Stücke zu erkennen, weil wir sie heute ganz anders spielen. Andererseits war es eben hervorragende Unterhaltung, die ein Lebensgefühl vermittelte, dem man sich nur schwer entziehen konnte.*«

Von all dem Trubel um die Band kriegen Farin und Bela indes nicht viel mit. Sie verweilen beide in ausgedehnten Urlauben. Erst als sie sich telefonisch in Berlin melden, erfahren sie von ihrem Glück. Bela ruft von einer Bar in Australien aus an und gibt nach der Nachricht prompt eine Lokalrunde aus. Farin meldet sich aus den USA bei Conny Konzack und ist mehr als ungläubig.

Farin Urlaub: »*Ich wollte wissen, wie die Platte ankommt. Als man mir sagte, dass wir auf der Eins sind, konnte ich es nicht fassen. Ich dachte mir: ›Bitte? Das geht doch gar nicht, mit diesem Krach, den wir machen.‹ Ging aber wohl doch.*«

Das Live-Album erreicht in Rekordzeit Goldstatus, und auch dem letzten Studioalbum *Das ist nicht die ganze Wahrheit …*, das bis auf Platz 6 der Charts vorstößt, ist diese Ehre inzwischen zuteil geworden. Manager Conny Konzack ist hocherfreut darüber und beschließt, am 13. Dezember eine Gold-Party im Berliner Pinguin-Club zu veranstalten. Farin wird gebeten, dafür seinen Urlaub zu unterbrechen, was er gerne macht, schließlich sind es seine ersten Goldenen Schallplatten. Am Abend der Party ist der Pinguin-Club brechend voll. Draußen hoffen noch ein paar einzelne Fans darauf, Zutritt zu der Party zu bekommen, doch Türsteher Teddy, ein harter Brocken mit goldenem Herzen, *Die Ärzte-Rock*-Truckermütze und *Die beste Band der Welt*-T-Shirt unter der Jacke, passt auf, dass die Partygäste ungestört bleiben.

Bela B: »*Der Pinguin-Club war zu der Zeit meine Stammbar und wurde von alten Punkfreunden betrieben. Bevor ich allerdings nach Berlin zurückkam, wurde ich am Flughafen abgefangen und musste noch kurzerhand nach Österreich, um dort Interviews für das Album und das in Kürze erscheinende Live-Video zu machen. Inzwischen war Heinz Canibol dort Chef. Er war seinerzeit der einzige Mann bei der CBS, der mir ehrlich gesagt hatte, wie schrecklich er Geschwisterliebe findet. Das mochte ich, und so sagte ich ihm dem Promo-Job zu.*«

Noch einmal sind für diesen Abend die entscheidenden Wegbegleiter der Band zusammengetrommelt worden, und dieses Mal ist auch die gesamte Chefetage der CBS anwesend. Auf Sylt hatte sich noch so gut niemand von ihnen blicken lassen, hier überbieten sich nun plötzlich alle mit Lobeshymnen auf die Band, die ihnen nie wirklich am Herzen lag. Bela und Farin sind etwas angewidert, aber ein Stück weit genießen sie auch die Elogen. Für Farin ist zudem die Stunde der Wahrheit gekommen, denn er muss hier und heute seinen ersten Schluck Alkohol trinken. Schuld daran ist die besagte Champagner-Wette mit Bela, die er diesem während der

Aufnahmen zum letzten Studio-Album leichtfertig angeboten hat. Farin hat damals nicht im Entferntesten daran geglaubt, dass sie jemals eine Goldene Schallplatte erhalten würden. Doch gesagt ist gesagt, und nun muss Farin also vor versammelter Mannschaft ran. Als glühender Verehrer von Marilyn Monroe besteht er auf deren Lieblingsmarke, einem Jahrgangschampagner der Marke Dom Pérignon, doch diesen kann Conny Konzack nicht auftreiben. So kauft der Ärzte-Manager die teuerste Sorte, die er im KaDeWe bekommen kann. Nachdem Farin einen ersten Schluck genommen hat, lässt die Menge glücklich von ihm ab. Sie sieht somit nicht, dass Farin in einem unbeobachteten Moment den Rest des Glases wegschüttet. Es wird der erste und letzte Tropfen Alkohol für ihn sein.

Bela B: »*Ich war abgelenkt, und als ich mich wieder umdrehe, sehe ich sein grinsendes Gesicht und dann die Tropfen auf der Dekopflanze neben ihm. Da war ich ein bisschen sauer.*«

Farin Urlaub: »*Ich weiß, ich weiß – Wettschulden, Ehrenschulden, bla, bla. Aber es war einfach zu ekelhaft!*«

Während der Gold-Party bekommen Die Ärzte von einer Leserin der *BRAVO* noch vor deren offizieller Verleihung ihren ersten *Goldenen Otto*[5] für »Die beste Rock-Gruppe des Jahres 1988« überreicht. Bei dem Jahrespoll konnte die Band angesagte internationale Künstler wie A-ha und Bros auf die Plätze verweisen. In der Kategorie »Hard'n'Heavy«, die in diesem Jahr die Schweden von Europe gewinnen, werden sie in den folgenden Jahren immer wieder nominiert werden.

Bela B: »*Durch unseren späteren Streit mit dem Magazin in den 1990ern fing die BRAVO an, diesen Preis an uns zu verleugnen. Zu ihrer 50-Jahr-Feier listeten sie alle Preisträger auf, nur für 1988 gab es angeblich keinen. Wir fanden das sehr lustig, da ich den Otto ja bei mir zu Hause habe.*«

Farin Urlaub: »*Haha, das wusste ich gar nicht! Geil.*«

Die Ärzte sind aufgelöst, eigentlich haben Farin und Bela längst damit abgeschlossen und den Kopf voller Ideen, die sie nun ohne den jeweils anderen verwirklichen wollen. Doch jetzt wird die Band erst so richtig groß und lässt die beiden nicht so schnell los. Der Erfolg des Live-Albums hat eine enorme Nachfrage ausgelöst, und da kein neues Material mehr zu erwarten ist, stürzt man sich auf die Archive. Die frühen Veröffentlichungen sind inzwischen heiß begehrt und erzielen beträchtliche Preise auf dem Schwarzmarkt. Jörg Fukking und Matzge Bröckel vom Vielklang-Label möchten nun gerne die alten Aufnahmen gesammelt auf einer Platte veröffentlichen. Farin und Bela finden die Idee gut und gehen dafür sogar noch einmal ins Studio. Dort spielen sie ihre alten Gassenhauer *Wilde Mädchen* und *Tittenmaus* nach althergebrachter Art und Weise neu ein, da es von diesen keine Studio-Aufnahmen gibt. Das Ganze passiert allerdings mehr oder weniger inkognito, da die CBS eigentlich ein exklusives Veröffentlichungsrecht für Neuaufnahmen besitzt. Wenn deren Mitarbeiter sich die Platte einmal genauer angehört hätten, wäre ihnen vielleicht auch aufgefallen, dass *Tittenmaus* gar nicht aus einer früheren Aufnahmesession stammen kann. Bela zitiert hier *Purple Rain* von Prince, das erst erschien, als die Band schon längst bei der CBS war. Zusammen mit den Songs der EP *Zu schön, um wahr zu sein!*, der Mini-LP *Uns geht's prima ...* sowie den Beiträgen von den *Ein Vollrausch in Stereo-* und *Pesthauch des Dschungels*-Samplern landen die beiden neu eingespielten Songs auf dem Album *Die Ärzte früher*.

Bela B: »*Wir haben uns mit Matzge und Jörg bei Conny Konzack im Büro getroffen und das weitere Vorgehen besprochen. Farin und ich waren nicht wild auf mehr Arbeit und wollten das Meeting schnell hinter uns bringen. Als die Frage nach dem Titel kam, schoss Farin mit ›Die Ärzte früher‹ heraus, und weil er das wohl selbst ein bisschen langweilig fand, legte er mit ›75 % alte Hüte‹ nach, was uns alle zum Lachen brachte. Wir wollten gerade gehen, als Matzge noch schnell das Thema Cover aufs Tapet brachte. Was dann kam, werde ich nie vergessen. Farin hatte schon die Jacke an und einfach im Stehen eine Zeichnung hingeklirrt und gesagt, das ist es. Ich unterdrückte ein Lachen und stimmte zu. Wir gingen, und Monate später ist es dann tatsächlich das Plattencover – genial.*«

Farin Urlaub: »*Ich glaube, diese Leichtigkeit war immer das Wichtigste bei Die Ärzte.*«

Obwohl auf dem Cover der Platte klargestellt wird, dass diese zu 75 % aus alten Hüten besteht, erfreut sie sich bei den Fans großer Beliebtheit. Für die neuen Anhänger sind einige Songs sogar gänzlich unbekannt. Auch Jörg und Matzge freuen sich, denn schon bald stellen sich bei ihnen die üppigen Erlöse aus dem Verkauf ein. War damals bei dem Weggang von *Die Ärzte* bei ihnen noch ein fader Beigeschmack geblieben, so ist dieser nun endgültig verflogen. Dank der erzielten Einnahmen können sie sich wirtschaftlich auf breitere Beine stellen. Matzge wird bald sein Ska-Label Pork Pie aus der Taufe heben, Jörg hingegen will sich mehr und mehr dem Verlagswesen widmen. Beide wissen, dass Die Ärzte mit ihnen niemals so weit gekommen wären, und Bela und Farin wissen, dass Jörg und Matzge sie im Rahmen ihrer Möglichkeiten bestmöglich unterstützt haben, als noch kaum jemand Die Ärzte wahrgenommen hat.

Trotz der Auflösung fährt die Band nun endlich große Gewinne ein, und nicht nur Fukking und Bröckel profitieren davon, sondern auch Management und Plattenfirma. Hier ist zuallererst natürlich Conny Konzack zu nennen, der wie zuvor jeder ihrer Manager im zweistelligen Prozentbereich an den Gewinnen der Band mitverdient. Konzack ist freilich ziemlich umtriebig und stets darauf bedacht, dass es seinen Goldeseln gut geht. Und letztendlich profitiert auch die CBS. Auch wenn die ersten Veröffentlichungen der Band nicht wirklich ertragreich waren, so hat es sich für die Plattenfirma nun mehr als gelohnt, an der Band festzuhalten. Dementsprechend werden die Verträge mit der Band nachverhandelt, denn Die Ärzte sind inzwischen zu einem ihrer finanziell ertragreichsten Acts gereift.

Jochen Leuschner: *»Wir haben dies eigentlich immer so mit unseren Künstlern gehalten und auch oft von unserer Seite aus angestoßen, denn wir hatten ja ein großes Interesse daran, mit unseren erfolgreichen Künstlern weiterzuarbeiten.«*

Natürlich möchte die CBS diese fette Cashcow[6] so lange wie möglich melken, und so soll auf Wunsch der Plattenfirma noch eine letzte Single aus dem Album *Das ist nicht die ganze Wahrheit ...* veröffentlicht werden. Mit *Bitte, bitte* schlägt man einen für Die Ärzte-Verhältnisse eher ungewöhnlichen Song vor, der im Frühjahr 1989 erscheinen soll.

Bela B: *»Man hat uns förmlich dazu gedrängt, und die Songauswahl war auch von ihnen. Conny hat mit Engelszungen auf uns einreden müssen, damit wir dem zustimmen. Ich glaube, diese letzte Single war Bedingung für die Nachverhandlungen.«*

Dank der jüngsten Erfolge stellt man der Band nun auch ein üppiges Budget für die Produktion eines Videoclips zur Verfügung. Bela und Farin finden dies viel zu hoch, gemessen an dem Geld, das sie sonst für Studio-Aufenthalte ausgeben. Doch die beiden Regisseure des Videos, Reinhard Günzler und Jürgen Schreyer, die bei *Gehn wie ein Ägypter* noch gänzlich ohne Gewinn gearbeitet haben, bringen das Argument, dass nun wenigstens mal alle Leute adäquat für ihre Arbeit bezahlt werden würden. Damit können sie Die Ärzte überzeugen. In dem Clip soll noch ein letztes Mal das heiße Eisen »Zensur« angepackt werden. Die Hauptrolle in dem Clip wird mit Deutschlands Matratzenakrobatin Nummer eins, Teresa Orlowski, mustergültig besetzt, denn die als Foxy Lady bekannte Pornodarstellerin kann zum Thema Zensur ihre ganz eigene Geschichte erzählen.

Conny Konzack: »*Die Idee, Teresa Orlowski für den Clip zu verpflichten, kam von Bela. Sie war auch sofort begeistert davon. Bei den Dreharbeiten lernte ich sie dann näher kennen. Sie war witzig und eine interessante Person.*«

Bela B: »*Ich kam zu dem Kennenlernen-Essen etwas zu spät, alle saßen schon am Tisch. Ich schaute mich nach einem freien Stuhl um, aber da war nur einer direkt neben Frau Orlowski, den mir meine Jungs freigehalten haben. Heute ist Porno in der Mitte der Gesellschaft angekommen, und Sexdarsteller sitzen mit Politikern und Künstlern in TV-Shows herum, aber damals waren Pornofilme, obwohl eine Riesenindustrie, alles andere als gesellschaftlich akzeptiert. Als sie dann anfing, mit mir zu flirten, bekam selbst ich rote Ohren.*«

Das Drehbuch des Clips sieht Die Ärzte und speziell Farin und Bela nur in einer Nebenrolle vor. Der Clip beginnt mit Hagen, der mit einer Platte unter dem Arm zum Ministerium für Zucht und Ordnung marschiert und dort von einem sehr martialisch aussehenden Wachmann in Empfang genommen wird. Dieser begleitet ihn in die Zentrale des Bösen. Die kalte und zweckmäßige Innenansicht erinnert stark an den Film *Brazil* des Monty Python-Mitglieds Terry Gilliam. Als Hagen die Schaltzentrale betritt, blickt er auf vier biedere Prüfer[7], die mit großen Stempeln und weiteren Hilfsmitteln alles zensieren, was ihnen auf ihrem Rollband vor ihre Antlitze kommt. Angsterfüllt übergibt Hagen der obersten Zen-

sorin, gespielt von Teresa Orlowski, eine Platte von Die Ärzte. Auf dem Label der Platte sind Bela und Farin zu sehen, die auf einmal zu singen anfangen:
Ich habe ein Geschenk für dich.
Ich liebe dich, ich schenk dir mich.
Ihre Betörungen können sie sich schenken. Die Oberzensorin lehnt die Platte angewidert ab und schmeißt sie auf das Rollband, an dessen Ende ein großer und gefräßiger Schlund darauf wartet, Kleinholz aus ihr zu machen. Dieser aber bekommt in seiner Gier eine Maulsperre. Die Zensorin herrscht ihre Untergebenen daraufhin energisch mit ihrer Peitsche an, der Platte endlich den finalen Stoß zu geben, doch diese sind ihr schon so untergeben, dass sie sich in einer Art Delirium befinden. Also muss die Chefin es selbst richten. Sie entledigt sich ihres strengen Businessoutfits, um nun in einem extravaganten Lederkostüm mit megaspitzen Metall-Kegel-BH[8] die Platte von Die Ärzte auf den Scheiterhaufen zu schicken. Dem Gierschlund bekommt dies aber gar nicht gut, denn er spuckt die Platte zusammen mit vielem anderen Verbotenen wieder aus. Die Zensorin führt jedoch den ehrenwerten Kampf für Zucht und Ordnung weiter tapfer fort und hält die Fahne ihres Ministeriums bis zum Ende hoch. Für den Schnitt des Videos überlässt die Orlowski den Regisseuren Günzler und Schreyer ihre eigenen VTO-Studios, in denen in anderen Ateliers zeitgleich neue Erwachsenenfilme gedreht werden. Über Monitore in den Schnitträumen können die beiden Regisseure das muntere Treiben in den anderen Ateliers verfolgen. Es sind geradezu unmenschliche Arbeitsbedingungen für sie.

Der Clip wird erstmals am 19. Mai 1989 bei der großen Die Ärzte-Abschiedsgala auf dem Privatsender Tele 5 gezeigt – zum Ärger von Conny Konzack allerdings nicht in voller Länge. Extra für diese eine Sendung, deren Überschrift *100 Jahre Ärzte sind genug* lautet, sind Bela, Farin und Hagen noch ein letztes Mal zusammengekommen. Neben ihnen hat der Sender außerdem noch den Leiter der Bundesprüfstelle für jugendgefährdende Schriften, Rudolf Stefen, und Teresa Orlowski eingeladen. Der vom Sender erhoffte Disput zwischen Stefen und der Band bleibt jedoch aus. Allein ein einziger Blick auf den betagten Stefen genügt, um festzustellen, dass die BPjS in ihren Ansichten mehr als überholt ist.

Bela B: »*Der Stefen war sogar ganz nett, und Teresa kannte er auch. In der Sendung habe ich schon ein neues Projekt von mir vorgestellt: Pogo Dancing[9], meine Single mit PVC. Der Moderator Jochen Bendel war leider mega-unwitzig und rannte die ganze Zeit in einem Arzt-Kostüm herum. Ich bin dann noch mit Andreas Dorau durch Münchens Nacht gezogen, die für mich in einem Weißbierkeller endete.*«

The Incredible Hagen: »*Allein an der Anzahl der Veröffentlichungen nach der eigentlichen Auflösung der Ärzte kann man sehen, dass wir uns als Freunde getrennt haben. Das vielerorts gemutmaßte böse Blut gab es nicht. Wir haben uns sogar gefreut, wenn wir uns noch einmal gesehen haben. Vor allem für mich waren das ja drei unwahrscheinlich schöne und spannende Jahre. Möglich, dass dies jemand als Ausverkauf wahrnehmen wollte, doch so hat es sich einfach nicht für uns angefühlt. Wenn es sich nicht gut für uns angefühlt hätte, hätten wir es auch nicht gemacht.*«

Bela B: »*Ich bin mit Hagen noch zu zwei Events gefahren, beide waren in München. Das erste Event war die offizielle BRAVO-Otto-Verleihung im P1, wo ich recht angetrunken neben unserem Otto für die beste Rock-Gruppe des Jahres auch noch den Hard'n'Heavy-Otto von Europe entgegennehmen wollte, weshalb ich von dem Bassisten von Iron Maiden übel beschimpft wurde. Wir bekamen dort für die Fotografen Awards in die Hände gedrückt, die wir wieder abgeben sollten, ich hab aber meinen für Hagen gestohlen, damit er auch einen hat, denn es gab nur einen pro Künstler. Dann waren wir noch bei einer Party der TV-Sendung* Formel 1, *wo ich mich Martin Semmelrogge aufgedrängt habe, der mich mit dem Sänger von Stunde X[10] verwechselte. Im Hotel war ich übrigens sehr stolz auf Hagen. Wir passierten Udo Lindenberg, der am Empfang auf sein Zimmer wartete. Der Concierge sagte am Telefon laut so etwas wie ›Für Udo, es gibt nur einen Udo in Deutschland‹, worauf Hagen in die Runde fragte, ob Udo Jürgens auch da wäre.*«

Trotz aller Ausschlachtungsbemühungen sind Die Ärzte nun endgültig passé und zur Legende geworden. Die Industrie bemüht sich derweil um Bands, die das Erbe der Band antreten sollen. Die Goldenen Zitronen haben auf diese Rolle allerdings keine Lust. Sänger Schorsch Kamerun schwebt mittlerweile eine eher avantgardistische Ausdrucksform vor, die die Band schließlich bis zur Perfektion durchexerziert.

Bela B: »*Ich habe die Zitronen bei einem Konzert in Düsseldorf besucht. Sie hatten sich total verändert. Ihre Texte waren politisch verklausuliert, ihr Auftreten war das von Künstlern. Aber im Publikum tanzten Irokesenpunks mit Schnauzbärten Polonaise. Diese Übergangsphase der Band war bestimmt nicht sehr angenehm für sie.*«

Wer heute die Goldenen Zitronen hört, kann sich jedenfalls nur schwer vorstellen, dass diese sich einst mit *Am Tag als Thomas Anders starb* über die »höhensonnengegerbte Sangesschwuchtel«[11] von Modern Talking lustig gemacht haben. Aus Hannover werden die Abstürzenden Brieftauben schnell nach oben gespült, doch deren Originalität ist ebenso schnell aufgebraucht, sofern sie jemals da war. Da die großen Plattenfirmen den möglichen Nachfolger für Die Ärzte in deren Umfeld vermuten, erhalten auch Lüde & Die Astros einen Major-Plattenvertrag, doch diese Ehe ist nur von kurzer Dauer.

Bleiben noch die Toten Hosen übrig. Sie profitieren ganz sicher von dem Verschwinden ihrer direkten Konkurrenz, denn sie können nun die Plätze für sich allein beanspruchen, die sie zuvor noch mit den Die Ärzte teilen mussten. Bald werden auch sie sich mit der Doppel-LP *Auf dem Kreuzzug ins Glück* über ihr erstes Nummer-eins-Album freuen dürfen. Jetzt, da keine Konkurrenz mehr zwischen beiden Bands besteht, scheint sich auch das Verhältnis allmählich wieder zu entspannen.

Campino: »*Wir waren nicht traurig, als sie sich aufgelöst haben, aber wir haben auch nicht triumphiert. Wir haben das eher belächelt.*«

Bei einem zufälligen Treffen und einem guten Gespräch in einer Berliner Kneipe begraben Campino und Farin schließlich das Kriegsbeil. Campino ist dennoch davon überzeugt, dass Die Ärzte die Trennung nicht lange durchhalten werden. Farin ist es damit jedoch mehr als ernst, und so wettet er einen Tausender dagegen. Eigentlich geht er nur dann auf eine Wette ein, wenn er sich absolut sicher ist, sie auch zu gewinnen. So auch in diesem Fall.

Wie ernst es Bela und Farin mit der Trennung ist, sieht man, als sie ihr wohl kostbarstes Gut versetzen: Die Rechte an ihren Songs. Diese sind inzwischen nach dem Aufkauf der CBS durch

Sony Music frei geworden, woraufhin der Musikverlag EMI Music Publishing GmbH an sie herantritt und den beiden ein lukratives Angebot macht. Da der Musikverlag jedoch eine hundertprozentige Tochter der Plattenfirma EMI ist, gibt es noch ein kleines Problem, denn diese plant, demnächst ein Soloalbum von Sahnie zu veröffentlichen.

Bela B: »*Sie haben uns gefragt, ob wir damit ein Problem hätten. Wir haben ihnen gesagt, dass wir kein Problem damit haben, solange sie keine Werbung mit dem Namen Die Ärzte machen. Das war zu der Zeit, als ich die Single mit PVC gemacht habe. Die waren dann Vorband von Motörhead gewesen. Sie haben mich dann zu der Show in Hamburg eingeladen, wo ich mit ihnen gemeinsam Wall City Rock gesungen habe. Das Konzert fand im Docks auf der Reeperbahn statt, und ich habe unweit davon im Metropol-Hotel übernachtet. Am Morgen danach, beim Gang aus dem Hotel, fiel mein erster Blick auf einen Bauzaun, der ringsum mit Sahnies Gesicht und der Überschrift ›Ein Arzt kehrt zurück – Sahnie – Er(z)ste Sahne‹ plakatiert war. Ich habe dann gleich Farin angerufen und ihm gesagt, dass wir den Deal mit der EMI auf keinen Fall machen werden.*«

Nach der Absage an die EMI wird der Verleger Hartwig Masuch vorstellig und bietet ihnen eine für ihre Verhältnisse sehr hohe Summe für die Rechte an. Manager Conny Konzack plädiert sehr dafür, aber auch Bela und Farin zeigen sich nicht abgeneigt. Masuch stellt jedoch eine Bedingung: Sollte es Die Ärzte jemals wieder geben, bekommt er auch die Verlagsrechte von einem möglichen Comeback-Album.

Bela B: »*Farin und ich dachten damals: ›Kann er gerne haben, so ein Album wird's nie geben.‹*«

Farin Urlaub: »*Da haue ich heute noch immer meinen Kopf gegen Bäume. Das war so blöd von uns.*«[12]

13. KAPITEL
Das Blatt wendet sich

> »*Doch dann, dann kam die Wende.*
> *Unser Leid war zu Ende.*«
> (Die Ärzte – *Hurra*)

Als Bela und Farin am 19. Mai 1989 bei der großen Abschiedsparty auf Tele 5 ihren letzten öffentlichen Auftritt als Die Ärzte haben, stecken beide gedanklich längst schon in neuen Projekten. Eines davon ist Belas Single mit PVC, die er mit der Berliner Punkband bei der Tele 5-Party zum Playback darbietet. Neben diesem offensichtlichen Ausblick geben Bela und Farin in der Fernsehsendung ihren Fans auch einen verdeckten Hinweis darauf, wie die Zukunft der beiden aussehen wird, denn sowohl Bela als auch Farin tragen T-Shirts mit Motiven vom neuen Projekt des jeweils anderen. Die Zuschauer haben jedoch keine Ahnung, dass es sich dabei tatsächlich um die neuen Betätigungsfelder der beiden handelt, denn während der Sendung verlieren Bela und Farin kein Wort darüber. Auf Farins Shirt kann man den Bandnamen S.U.M.P. erkennen. Im Laufe der Sendung spielt die Regie sogar ein Musikvideo von deren etwas eigenwilliger Interpretation von *The Final Countdown* ein. Unter Belas Hemd und Hosenträgern sind die Wörter King Köng zu erkennen – so soll der Name von Farins neuer Band lauten, die später allerdings King Køng[1] geschrieben werden wird.

Bela B: »*Selbst wenn Farin nie Alkohol getrunken hat, war er bei Schnapsideen immer dabei – wie bei dieser Aktion mit den T-Shirts!*«

S.U.M.P. ist ein reines Spaßprojekt, das Bela gemeinsam mit seinem Freund Atze Ludwig im Frühjahr 1989 aus der Taufe gehoben hat. Mit ihm zusammen hat er die Mini-LP *Get Wise, Get Ugly, Get Sump* aufgenommen, die bis auf zwei eigene Songs ausschließlich Coverversionen enthält – darunter das besagte *The Final Countdown* von Europe, *Do You Love Me?* von KISS und sogar eine Aufnahme des Tote Hosen-Songs *Opel-Gang*. Auf Wunsch von Bela haben sie dabei Unterstützung von Michael Beckmann und Rodrigo »Rod«

González von den Rainbirds erhalten, die sich zu der Zeit ebenfalls im Studio befanden, um den Nachfolger für das enorm erfolgreiche Debütalbum ihrer Band einzuspielen. Wie zuvor schon *Pogo Dancing* erscheint auch die S.U.M.P.-Platte auf Fabsis Weser Label. Bela löst damit sein Versprechen ein, das er Fabsi ein Jahr zuvor auf Westerland gegeben hat. Die Aufnahmen mit Bela und Atze waren für Beckmann und Rod eine willkommene Abwechslung, denn die Stimmung bei den Rainbirds ist alles andere als rosig. Die Band ist in zwei Lager zerfallen, bestehend aus Frontfrau und Songschreiberin Katharina Franck und ihrer Freundin Ulrike Haage auf der einen, sowie Beckmann, Rod und Schlagzeuger Wolfgang Glum auf der anderen Seite. Es ist offensichtlich, dass die Band mit dem enormen Erfolg, der innerhalb kürzester Zeit über sie hereinbrach, komplett überfordert ist. Für Beckmann und Rod, die Musik mehr als Berufung denn als Beruf verstehen, sind die Rainbirds inzwischen zu einer Arbeitsstelle verkommen. Das Herzblut, das einst mal da war, ist ihnen komplett verloren gegangen.

Rodrigo González: *»Die S.U.M.P.-Platte hat tierisch Spaß gemacht. Im Gegensatz zu den anstrengenden Arbeiten mit den Rainbirds, wo im Studio mit drei verschiedenen Produzenten um jeden Ton gefeilscht wurde, waren diese Aufnahmen richtig befreiend. Hier wurde nicht viel geredet, es wurde einfach gemacht, und die Ergebnisse waren sofort da.«*

Am 12. Mai spielen die Rainbirds im Berliner Tempodrom das letzte Deutschland-Konzert ihrer großen Tour zum zweiten Album. Vor der Show ahnt niemand, dass dies gleichzeitig auch das letzte Deutschland-Konzert in dieser Konstellation ist. Beckmann ist mittlerweile total entnervt von der Band und der Tour. Vor ein paar Tagen hat er mitten in der Nacht bei Bela angerufen und darauf gedrängt, dass sie so schnell wie möglich eine Band gründen sollten. Er müsse hier unbedingt raus, hieß es, und Rodrigo wäre auch mit dabei. Nach der Show im Tempodrom schaut Bela im Backstage vorbei, um mit Beckmann und Rodrigo alles zu klären und auf die gemeinsame Zukunft anzustoßen. Die beiden lassen für ihren Ausstieg bei den Rainbirds sogar hohe Garantiesummen für ein weiteres Album sausen. Hauptsache, sie haben ihre Freiheit wieder. Schlagzeuger Wolfgang Glum will zunächst noch bei den Rainbirds bleiben, wird aber schließlich gefeuert. Die Band ist danach de facto aufgelöst und wird erst sehr viel später in neuer Besetzung wieder in Erscheinung treten.

Rodrigo González: »*Der Fall war ziemlich hart, doch ich hatte den Vorteil, dass ich in Berlin war. Dort fiel es mir leicht, Leute zu treffen, mit denen ich wieder Musik machen konnte. Ich habe meinen eigentlichen Berufswunsch nie aus den Augen verloren und mich dann weiter ins Produzieren reingefuchst und mir von dem Rainbirds-Geld gutes Equipment besorgt. Es war teilweise müßig, Jobs heranzuholen, aber es lief, und ich habe viele Sachen produziert. Durch die Rainbirds hatte ich mir auch einen ziemlich guten Ruf erworben, was mich vor allem finanziell eine ganze Zeit lang gut getragen hat – zumindest so weit, dass ich meine Miete und mein Essen davon bezahlen konnte.*«

Bela kennt Beckmann schon bestens, nun will er auch Rodrigo einmal genauer kennenlernen und trifft sich mit ihm in einer seiner Stammkneipen, dem Sexton, zum Umtrunk. Das Gespräch verläuft zunächst sehr einseitig. Während Bela unentwegt redet, schweigt Rodrigo vor sich hin und hört Belas Ausführungen interessiert zu. Erst als die Nacht tiefer wird und in der Kneipe ein KISS-Song läuft, kommt Rod aus sich heraus und singt begeistert mit. Bela steigt mit ein, danach ist das Eis zwischen den beiden endgültig gebrochen, und ihre Freundschaft beginnt.

Rodrigo González: »*Ich mochte Bela sofort – ein unglaublich netter Typ und ein Musiknerd mit einer beeindruckenden Plattensammlung. Der hat wirklich alles gehabt. Außerdem war er schon seit seiner Kindheit KISS-Fan und hat das auch in der Punkphase nie verleugnet. So war ich auch.*«

Bela, Beckmann und Rodrigo werden nach dem Split der Rainbirds umtriebig. Unter dem bewährten Pseudonym S.U.M.P. nehmen sie für einen Tributsampler an AC/DC und Motörhead eine unglaubliche Disco-Version von *Ace of Spades* samt *Spinal Tap*-Zitat auf.

Bela B: »*Das ist bis heute eine meiner liebsten Arbeiten mit Beckmann und Rod. Selbst Lemmy fand die Version lustig, und der hasste Coverversionen seiner Band.*«

Mit Beckmann und Rod nimmt Bela im Anschluss daran den Song *Genschman*[2] auf – eine Hymne auf das Superhelden-Alter-

Ego von Bundesaußenminister Hans-Dietrich Genscher. Die Figur wurde von den Machern der Satire-Zeitschrift *Titanic* ersonnen. Den Kontakt zur Zeitschrift hat Wiglaf Droste[3] hergestellt. Erwähnenswert sind auch noch Belas Aufnahmen mit King Rocko Schamoni[4] – vor allem aufgrund der Tatsache, dass diese nur dank des tatkräftigen Einsatzes gleich mehrerer Schutzengel überhaupt zustande gekommen sind.

Rocko Schamoni: »*Um uns für die Aufnahmen fit zu machen, sind wir in das Tote Gebirge Wandern gegangen, weil Beckmann da eine Wanderroute kannte. Wir hatten dafür 'ne Woche eingeplant und wollten am Ende in Wien landen. Beckmann meinte, dass wir außer Wanderklamotten nicht viel mitnehmen müssten. Unsere Einwände, dass Seile oder Kletterhaken vielleicht auch nicht verkehrt wären, wischte er beiseite. Man muss dazu sagen, dass er diese Route einst im Hochsommer absolviert hatte, wir hatten aber nun so etwas wie Mai. Als wir bei unserer Wanderung dann ins hohe Gebirge kamen, war es sehr kalt. Die Knie von Bela und mir haben recht früh nicht mehr mitgemacht, und wir konnten bald kaum noch gehen vor Schmerzen. Wir kamen dann auf so eine Passwanderung, wo die Wanderwege komplett zugeschneit waren. Man konnte die Wandermarken nicht mehr sehen. Das, was Beckmann als Spaziergang beschrieben hatte, wurde dann zu einer Art Halbtodesritt. Ich habe totale Höhenangst, und wir sind da einen Kamm langgegangen, wo es links und rechts mehrere Hundert Meter in die Tiefe ging. Am Ende dieses Kamms war ein Drahtseil, wo man sich in eine Felswand reinlassen musste, und dann ging es in der Schräge an der Wand entlang weiter, aber die Wandermarken waren auch hier weg. Ich hörte Bela immer aus dem Hintergrund brüllen und aufstöhnen:* ›*Ah, ich kann nicht mehr. Ich brauch noch mehr Schmerztabletten.*‹ *Wir sind dann irgendwann in eine Gletscherlandschaft reingekommen, wo alle Spuren endeten. In unserer Verzweiflung sind wir in unseren eigenen Fußspuren rückwärts gegangen, weil wir dachten, dass wir die Abzweigung verpasst hätten. Dann haben wir Gott sei Dank wieder eine Wandermarke gesehen. Bald darauf war auf einmal auch noch Beckmann verschwunden. Der war zwischen uns in eine Gletscherspalte reingerutscht, hatte seinen Wanderstock quer gestellt und hing nun an diesem in der Gletscherspalte drin. Unter ihm ging es so richtig* runter. Wir haben ihn wieder raufgezogen, doch es wurde nun immer härter, weil Bela nicht mehr gehen konnte. Er hat dann wie in einem alten Western gesprochen: ›Leute, es ist egal, lasst mich zurück, ihr müsst überleben.‹ Da waren wir schon neun statt der geplanten drei Stunden unterwegs, und es wurde immer dunkler. Wir haben Bela in unsere Mitte genommen, es schneite so leise vor sich hin, und wir hatten echt schon die Hoffnung aufgegeben, als wir Rauch entdeckten. Nach gut zwei Kilometern über Stock und Stein haben wir dann die rettende Hütte erreicht. Da haben wir drei Tage verbracht, weil wir nicht mehr gehen konnten, und die Hüttenwirtin hat uns komplett für bescheuert und lebensmüde erklärt. Wir haben während der drei Tage dort sehr viel Alkohol eingenommen. In Wien haben wir dann noch mehr Alkohol eingenommen, und als wir wieder in Berlin waren, wo wir eigentlich frisch und munter ins Studio gehen wollten, waren wir komplett im Arsch.«

Bela B: »Plötzlich bekam ich unglaubliche Schmerzen in der Kniekehle. Rocko hatte eine reichlich bestückte Reiseapotheke dabei und gab mir irgendetwas dagegen. Er selbst haute sich ständig Baldrian gegen seine Höhenangst rein, und das alles nur, weil wir drei im Magazin Tempo mal als Hobby ›Bergdenken‹ angegeben hatten.«

Während Bela sich von einem Projekt in das nächste stürzt und die Arbeit mit Beckmann allmählich auf eine gemeinsame, echte Band hinausläuft, ist Farin schon einen Schritt weiter. Seine neue Band King Køng steht so gut wie in den Startlöchern. Statt Farin Urlaub nennt er sich inzwischen wieder Jan Vetter. Was von außen betrachtet nach einem straighten Plan aussieht, war jedoch zunächst alles andere als klar.

Farin Urlaub: »Ich war mir nach den Ärzten sicher, dass ich keine Musik mehr machen wollen würde. Darum hatte ich mir vorgenommen, so lange zu verreisen, bis ich eine Idee haben würde, was ich mit dem Rest meines Lebens anfangen sollte. Ich war dann ein paar Monate unterwegs und dachte darüber nach, einen Laden aufzumachen, in dem es ausschließlich schwarze Dinge zu kaufen gibt – und andere, ähnlich spinnerte Ideen. In Indien hielt ich es dann nicht mehr aus, kaufte mir eine schrottige Akustikgitarre und schrieb die ersten Stücke für King Køng. Ein paar Monate und Länder später kam ich dann mit einem dicken Heft voller Texte und dem Kopf voller Musik zurück.«

Die Texte in seinem Heft sind fast ausschließlich auf Englisch geschrieben – die Sprache also, die seine großen musikalischen Vorbilder, The Beatles, benutzen. Für Jan hat das einen simplen Grund.

Farin Urlaub: »*Wenn man auf Deutsch irgendetwas sagt, worüber man nachdenkt, dann klingt das furchtbar banal und irgendwie gestelzt, und wenn man den Anspruch hat, dass es sich am Ende ein bisschen reimt, dann klingt es furchtbar. Es klingt gleich nach Wilhelm Busch. Auf Englisch klingt das komischerweise alles gut.*«[5]

Doch nicht nur allein durch die Sprache will Jan sich vom Die Ärzte-Stigma lösen, auch musikalisch will er zu neuen Ufern aufbrechen. Er möchte wirklich etwas ganz anderes machen als bisher. Hagen wird sich später daran erinnern, dass Jan ihm zu dieser Zeit sogar seine übrigen deutschsprachigen Songs, die es einst nicht auf eine *Die Ärzte*-Platte geschafft haben, zur weiteren Verwendung angeboten hat. Dies ist wohl nur ein Beleg dafür, wie weit Jan schon mit seiner Vergangenheit abgeschlossen hat. Für ihn stellt sich auch nicht die Frage, in welcher Form er seine neuen Songs präsentieren will. Er sieht sich als Rockmusiker, und für ihn ist klar, dass er wieder in einer Band spielen will.

Allein mit seiner Gitarre auf einem Barhocker zu sitzen und traurige Lieder zu spielen, ist nicht sein Ding. Er braucht das Adrenalin, und er will auch den Austausch mit anderen Musikern haben, so wie es einst mit Bela in Perfektion der Fall war. Doch im Gegensatz zu seinem ersten Aufeinandertreffen mit Bela ist er nun kein unbeschriebenes Blatt mehr. Am liebsten würde Jan sich als einfaches Mitglied einer Band sehen, doch diese Denkweise ist mehr als naiv. Sie passt auch gar nicht zu seinem Charakter. Solange er nicht wieder mit Bela zusammenfindet, wird seine Stimme in der neuen Band zwangsläufig mehr Gewicht haben, und es wird nach außen hin stets *seine* neue Band bleiben – selbst wenn er dort außer dem bloßen Spielen der Songs nichts weiter machen würde. Große Namen werfen eben einen langen Schatten.

Jan freut sich sehr, dass er Uwe Hoffmann als Schlagzeuger für seine Band gewinnen kann. Auch Bela hat diesen für den Posten des Schlagzeugers seiner neuen Band in Erwägung gezogen, doch Hoffmann sagt ihm ab.

Uwe Hoffmann: »*Obwohl ich mehr Kumpel von Bela war, war mir Jan als Songschreiber einfach lieber. Ich glaube, das hat Bela mir noch lange Zeit übel genommen.*«
Bela B: »*Er sagte, ihm wären meine Erwartungen an die Optik eines Bandmitgliedes zu viel. Er wolle keine Lackklamotten anziehen oder sich die Haare färben müssen. Ich hatte so etwas nie gesagt, strahlte das aber wohl für ihn aus. Als Jan und er später mit diesen angekleisterten Hairextensions auftraten, musste ich schon schmunzeln.*«
Farin Urlaub: »*Ich wollte Hoffmann von Anfang an dabei haben, denn er ist ein technisch unfassbar guter Schlagzeuger.*«

Außerdem ist Hoffmann ein großer Gitarrenfreund, und davon soll es auf dem Erstling von King Køng auf Wunsch von Jan reichlich zu hören geben. Neben Hoffmann kann Jan noch Christian »Flo« Florié als zweiten Gitarristen sowie den erfahrenen Bassisten Konrad »Conny« Mathieu alias Rupprecht für die Band gewinnen.

Konrad Mathieu: »*Ich kam im Sommer 1989 vor dem PowWow mit Uwe Hoffmann ins Gespräch. Wir waren uns sofort sympathisch und haben uns direkt zum Jammen verabredet. Dabei erzählte er mir, dass er und Jan noch auf der Suche nach einem Bassisten für ihre neue Band seien. Die Ärzte kannte ich zu diesem Zeitpunkt nur dem Namen nach. Als ich Jan und Flo dann zum ersten Mal getroffen habe, wusste ich nicht mal, wer von beiden denn nun bei Die Ärzte gespielt hatte. Jan bedachte das nur mit einem breiten Grinsen, was mir gut gefiel.*«

Jan muss nicht lange um einen Plattenvertrag betteln. Die BMG Ariola aus München schlägt zu und ist der festen Überzeugung, den Hitlieferanten schlechthin eingekauft zu haben, der ihnen sicher schon bald ein zweites *Westerland* schreiben wird. Doch Jan liegt nichts ferner, als er im Herbst 1989 in Hoffmanns Preussenton-Studio mit den Aufnahmen zum ersten Album seiner neuen Band beginnt. Belas Pläne einer neuen Band nehmen in dieser Zeit ebenfalls konkrete Formen an. Zusammen mit Beckmann, Rodrigo, Atze Ludwig und dem Schlagzeuger Olaf Kobold gründet er die Band Depp Jones – benannt nach einer Figur aus einem *Lucky Luke*-Comic. Über Markus Linde bekommen auch sie schnell einen Plattenvertrag, und so landet Bela bei Sony Music. Bald darauf verschlägt es die fünf Herren in die Einöde eines Bauernhofs im schleswig-holsteinischen Fresenhagen. Hier, wo einst schon Rio Reiser und seine Ton Steine Scherben gewirkt haben, wollen sie in Ruhe Songs schreiben und proben. Sowohl für Bela als auch für Jan sind dies bewegte Zeiten. Doch nicht nur ihnen wird der Herbst 1989 in besonderer Erinnerung bleiben.

Am 7. Oktober feiert man in Ost-Berlin den 40. Jahrestag der DDR. Ein letztes Mal gibt es die großen, staatlich organisierten Jubelparaden zu sehen. Ein letztes Mal ist scheinbar alles so wie immer, und ein letztes Mal zeigt sich der Staatschef Erich Honecker seinem Volk. Neben ihm steht der Präsident der UdSSR, Michail Gorbatschow. Auch wenn Honecker es nicht wahrhaben will, so weiß Gorbatschow doch ganz genau, dass das Ende der DDR unmittelbar bevorsteht. Es ist auch nicht mehr zu übersehen, dass das Land große Probleme hat. Seit Ungarn im August die Grenzen zu Österreich geöffnet hat, haben mehrere Tausend Bürger das Land verlassen. Die DDR kann sich gegen den Ausreisestrom nur wehren, indem sie auch die Grenzen zu den Bruderstaaten im Osten abschottet, was wiederum große Proteste auslöst. In Leipzig gehen bei den Montagsdemonstrationen Woche für Woche immer mehr Leute auf die Straße, um unter der Parole »Wir sind das Volk!« friedlich gegen die Missstände im Land und für eine politische Neuordnung zu demonstrieren. Bei den Feierlichkeiten zum Geburtstag der DDR begrüßen die Menschen Gorbatschow mit nicht mehr zu überhörenden »Gorbi, Gorbi«-Rufen. Gorbatschow ist der personifizierte Hoffnungsschimmer vieler Menschen in der DDR. Seine Politik von Glasnost und Perestroika[6] lässt die in ihrem Land eingesperrten Menschen von einem Leben in Freiheit träumen.

Diese Träume gehen am Donnerstag, den 9. November 1989 in Erfüllung. Günter Schabowski, ein Mitglied des DDR-Politbüros und eine Art Regierungssprecher, gibt an diesem Tag kurz vor 19:00 Uhr eine Pressekonferenz mit weitreichenden Folgen. Zunächst referiert er recht banal über die aktuelle Sitzung des Zentralkomitees (ZK), von der er gerade kommt. Einer der Hauptpunkte, die auf dieser Sitzung besprochen worden sind, ist das neue Reisegesetz. Es soll den Bürgern in der DDR das Recht einräumen, ohne große Auflagen aus ihrem Land auszureisen. Es ist so etwas wie ein letzter Akt der Verzweiflung, denn die neue Führung der DDR, die seit Mitte Oktober von dem Honecker-Nachfolger Egon Krenz angeführt wird, steht unter enormem Druck. Mit der neuen Reiseregelung will man die Bürger beschwichtigen und ihnen entgegenkommen, doch es kommt noch ganz anders als gedacht.

Obwohl Schabowski vom ZK den Auftrag hat, über das neue Reisegesetz zu informieren, geht er bei seiner Pressekonferenz erst auf Nachfragen von Journalisten darauf ein. Er will nicht gleich zu Beginn diese wichtige Mitteilung verlesen, denn er befürchtet einen Gesichtsverlust seines Landes. Als die anwesenden Journalisten ihn nun weiter löchern, holt Schabowski einen Zettel aus der Tasche, den ihm Krenz kurz zuvor überreicht hat, und beginnt den Inhalt des neuen Reisegesetzes wortwörtlich zu verlesen:

»Privatreisen nach dem Ausland können ohne Vorliegen von Voraussetzungen [Reiseanlässe und Verwandtschaftsverhältnisse] beantragt werden. Die Genehmigungen werden kurzfristig erteilt. Die zuständigen Abteilungen Pass- und Meldewesen der VPKÄ – der Volkspolizeikreisämter – in der DDR sind angewiesen, Visa zur ständigen Ausreise unverzüglich zu erteilen, ohne dass dafür noch geltende Voraussetzungen für eine ständige Ausreise vorliegen müssen. Ständige Ausreisen können über alle Grenzübergangsstellen der DDR zur BRD erfolgen [...]«[7]

Was hat der gerade gesagt? Die anwesenden Journalisten sind baff erstaunt und haken nach: *»Wann tritt das in Kraft? Sofort?«*

Eigentlich soll das Gesetz laut Beschluss des ZK erst am nächsten Tag in Kraft treten, denn zuvor müssen ja noch die Grenzer und weitere Stellen über den Erlass informiert und auf die damit verbundenen Folgen vorbereitet werden. Jedoch unterläuft Schabowski ein verbales Missgeschick, das folgenschwer sein wird: *»Das tritt nach meiner Kenntnis ... ist das sofort, unverzüglich.«*

Schabowskis gestammelte Worte sind der Startschuss für den Fall der Berliner Mauer. DDR-Bürger, die via Radio und Fernsehen die Übertragung der Pressekonferenz verfolgt haben, machen sich schon wenig später zu den Grenzübergängen auf und konfrontieren die verdutzten Grenzer mit Schabowskis Worten. Westliche Rundfunkanstalten verbreiten die Nachricht, dass die Mauer nun offen sei, was aber tatsächlich noch gar nicht der Fall ist. Immer mehr Menschen versammeln sich an den Grenzübergangsstellen in Berlin. Die anwesenden Grenztruppen sind mit der Situation völlig überfordert, eine enorme Spannung liegt in der Luft. Zum Glück kommt es in dieser hitzigen Situation zu keiner Panikreaktion. Vielmehr sehen die Grenztruppen ein, dass es sinnlos ist, dem Druck der Massen weiter standzuhalten, und öffnen die Schlagbäume. Um 21:20 Uhr passieren die ersten Ostdeutschen tatsächlich den Grenzübergang an der Bornholmer Straße im Wedding. Bis kurz nach Mitternacht folgen ihnen allein an dieser Stelle über 20.000 Menschen. Die emotionalen Szenen, die sich in dieser Nacht des 9. Novembers abspielen, sind sicher bis heute für alle Beteiligten unvergesslich geblieben.

Belas Mutter hat an diesem besonderen Tag Geburtstag, und sie und ihr Sohn sitzen gerade in einem Restaurant, als am Nachbartisch das Tuscheln anfängt. Sie können nicht glauben, dass die Mauer offen ist, und halten dies für einen schlechten Scherz. Bela verabschiedet sich kurz vor Mitternacht von seiner Mutter und zieht weiter in seine geliebte Stammkneipe, das Sexton in der Winterfeldtstraße in Schöneberg.

Bela B: »*Ich saß am Tresen und schaute aus dem Fenster, als plötzlich ein VoPo, ein Ost-Berliner Volkspolizist, vorbeiläuft. Ich dachte, ich würde träumen. Wenig später stürmte ein Haufen Punks aus Ost-Berlin die Kneipe. Da begriffen wir erst, was los war. Memesch, der Barmann, schaltete sofort und gab alle Getränke auch gegen Ost-Geld heraus, aber ich und andere spendierten auch ein paar Runden.*«

Einige trauen ihren Augen kaum, als sie Bela erkennen. Dass es Die Ärzte nicht mehr gibt, wissen die wenigsten von ihnen. Bela lädt kurz darauf ein paar der Punks zu einem Ramones-Konzert ein.

Bela B: »*Da liefen bei nicht wenigen von ihnen die Tränen.*«

Auch Jan ist an diesem historischen Tag in Berlin. Er war mit seinen King Køng-Bandkollegen Flo und Hoffmann schon am Tag vor dem offiziellen Mauerfall in Ost-Berlin.

Farin Urlaub: »*Wir sind einen Tag vor dem Fall der Mauer rübergeklettert. Da berichteten schon CNN und einige andere Medien, dass da jetzt was passiert. Wir sind am Brandenburger Tor über die Mauer und bis zum Alex gelaufen. Als wir wieder zurückkamen zum Brandenburger Tor, zogen sich die Grenztruppen zusammen. Wir sind* *ganz selbstverständlich auf die zugegangen – und die haben uns auch ganz selbstverständlich wieder zurück in den Westen klettern lassen. Das war ein irrer Moment, die Grenz-VoPos zu passieren. Entweder nehmen die uns jetzt fest, oder die schießen – oder es ist eben vorbei. Am nächsten Tag war die Mauer weg.«*[8]

Rodrigo González, Beckmann und Atze Ludwig sind ebenfalls in der Stadt. Zusammen mit so ziemlich allem, was in der damaligen Berliner Szene Rang und Namen hat, besuchen sie das Konzert der noch recht unbekannten Faith No More im Loft. Veranstalter des Konzerts ist Axel Schulz.

Axel Schulz: *»So kurz vor 19:00 Uhr kam ein aufgeregter Hausmeister des Metropol (in dem auch das Loft war) in unser Produktionsbüro und sagte so etwas wie: ›Die Mauer ist weg!‹ Ich konnte das natürlich nicht glauben. Er aber bestand darauf, dass ich unser Büro-Radio anmachen solle. Ich bin dann alle Sender durchgegangen: Überall gab es Wortbeiträge, keine Musik und alle Sender hatten bereits Reporter an diversen Orten der Mauer, die sich mehr und mehr öffnete und übersprungen wurde, wo keine Übergänge waren. Mir läuft heute noch ein Schauer den Rücken runter, wenn ich daran denke! Daraufhin bin ich in die Künstlergarderobe gegangen und habe der Band erzählt, was hier in der Stadt gerade Weltveränderndes abgeht. Obwohl Faith No More ja Amis sind, haben sie wohl annähernd die Tragweite dessen verstanden. Als das Konzert gegen 21 Uhr begann, waren gut 300 Leute da, und die meisten wären sicher nicht dort gewesen, hätten sie gewusst, was gerade an der Mauer abgeht. Nun ging die Band auf die Bühne und improvisierte einen deutschen Rap-Text: ›Die Mauer is uweck, die Mauer is uweck ...‹. Das Publikum hat das natürlich null verstanden und überwiegend mit Stirnrunzeln zur Kenntnis genommen. Ich bin gleich nach dem Konzert mit meiner Frau Gudrun zum Übergang Heinrich-Heine-Straße gegangen und von dort weiter zum Brandenburger Tor. Wir haben zur Feier der Nacht auf dem Weg eine Flasche 1986er Chablis in Pappbechern getrunken.«*

Michael Beckmann: *»Da ich die Nacht vorher wieder durchgemacht habe, bin ich erst gegen 19 Uhr aufgestanden und dann direkt ins Loft. Ich habe also gar keine Radio- oder Fernsehmeldungen mitbekommen. Als Mike Patton von Faith No More das Konzert damit* *eröffnete, dass er Bananen ins Publikum schmiss, war ich endgültig irritiert. Einer der Gäste erklärte mir dann den Grund. Natürlich haben wir auch diese Nacht wieder zum Tag gemacht.«*

Der 9. November gibt den Anstoß für eine komplette Neuordnung der politischen Verhältnisse. Der Warschauer Pakt, in dem die Ostblockstaaten bislang verbunden waren, zerbricht, und die UdSSR soll ihm bald folgen. Eine Wiedervereinigung der beiden deutschen Staaten steht unmittelbar bevor und wird auch von den einstigen Alliierten unterstützt, wenngleich nicht völlig vorbehaltlos. Den Soundtrack dieser Tage liefern die Scorpions, Westernhagen und ausgerechnet David Hasselhoff.

Leider wird dem Debütalbum von King Køng, das auf den Namen *King Who?* hört und im Frühjahr 1990 erscheint, eine solche Aufmerksamkeit nicht zuteil. Es liegt vielmehr wie Blei in den Regalen. Das lässt nichts Gutes für die bald startende Tournee der Band erahnen, doch Conny Konzack und Gabi Kowarik von hit & run, die nach wie vor das Management für Bela und Jan betreiben, bleiben weiter optimistisch. Sie haben der Band Hallen gebucht, die zwei Jahre zuvor noch Die Ärzte bespielt haben. Doch anders als damals bleibt der erwartete Ansturm nun aus. King Køng spielen oft, wenn überhaupt, in halb leeren Hallen.

Farin Urlaub: »*Ich wollte zunächst eigentlich in winzigen Clubs spielen, doch Conny und Gabi waren von meinem Vorhaben entsetzt und sagten: ›Jan, willst du, dass die Leute sterben? Das kannst du nicht verantworten.‹ Da habe ich echt Angst gekriegt und mich leider umstimmen lassen. Ich hatte also durchaus Zweifel, doch die wurden beiseite gewischt. Das war eines der schlimmsten Meetings, in denen ich je war.*«

Gabi Kowarik: »*Mir war schon klar, dass King Køng und Depp Jones eine kleinere Nummer als Die Ärzte werden würden, doch ich war mir immer noch sicher, dass mindestens 10 bis 20 Prozent vom Die Ärzte-Publikum kommen werden. Nie im Leben hätte ich gedacht, dass tatsächlich nur ein Prozent von ihnen kommt. Ich habe mich leider auch selber von Veranstaltern dazu überreden und verleiten lassen, das Ganze größer zu denken, als ich es eigentlich zunächst wollte. Die hatten im Gegensatz zu mir aber keine Bedenken gehabt und uns sogar Garantiesummen geboten. So hielt sich der finanzielle*

Schaden am Ende dann in Grenzen, doch für die Moral war es wirklich niederschmetternd.«

Konrad Mathieu: »*Schon die Verkaufszahlen der Platte waren eher bescheiden, doch man hat sich an die Tour geklammert in der Hoffnung, dass darüber noch was geht. Aber auch hier lief der Vorverkauf schleppend. Ich kann mich noch gut daran erinnern, dass bis kurz vor dem Start überlegt wurde, die gesamte Tour abzusagen. Wir wollten aber unbedingt spielen und waren in so einer Art rosa Wolke. Erst als wir beim ersten Konzert in eine leere Halle blickten, landeten wir auf dem Boden der Tatsachen. Auf diese leere Halle folgten dann noch 30 weitere. Es war ein absolutes Fiasko.*«

Uwe Hoffmann: »*Ich glaube, wir hatten für die Konzerte ein spezielles Intro vorbereitet, das wir aber schon nach den ersten Konzerten verwarfen und durch* Waterloo *von ABBA ersetzten.*«

Für die Außenwirkung von King Køng sind die leeren Hallen selbstredend katastrophal. Viele stempeln Jan als größenwahnsinnig ab. Auch Häme macht sich breit. Hinzu kommt, dass die wenigen Leute, die die Shows besuchen, oft mit der Hoffnung angereist sind, vielleicht den ein oder anderen Die Ärzte-Klassiker zu hören, doch diesem Wunsch kommt man nicht nach.

Auch wenn die Band viel Spaß an den neuen Songs und auch untereinander hat, so senkt der schlechte Zuschauerschnitt die Stimmung doch deutlich. Bela verfolgt Jans erste Schritte ganz genau. Er will mit seiner Band auf keinen Fall die gleichen Fehler machen wie King Køng. Ähnlich wie Jan betritt auch er mit Depp Jones neue musikalische Wege. Der Sound der Band lässt sich als Stilmix aus Alternative, Rock'n'Roll, Punk und Metal beschreiben, die Gitarren stehen ganz klar im Vordergrund. Bela übernimmt die Rolle des Sängers, die Arbeit am Schlagzeug überlässt er Olaf Kobold. Die meisten Texte kommen von Bela, der überwiegend auf Englisch schreibt, aber auch immer wieder deutsche Passagen mit einbaut.

Rodrigo González: »*Depp Jones war relativ diffus und gar nicht so auf eine bestimmte Richtung festgelegt. Bela und mir war aber klar, dass wir beide auf jeden Fall etwas von KISS drin haben wollten. Im Grunde genommen sollte es ein poppiges Rockding werden, nur ziemlich rau gespielt. Beckmann und ich wollten weg von diesem filigranen*

Rainbirds-Stil und auf keinen Fall eine Platte machen, wo man in der Presse Goldene Ohren *für bekommt.«*

Belas bester Freund Atze Ludwig kommt mit dem Stil von Depp Jones indes nicht zurecht. Er ist ein großer Freund von Rickenbacker-Gitarren und Powerpop-Songs à la Hüsker Dü oder The Replacements. Metal, Alternative und Hardcore sind dagegen nicht sein Ding. Bela merkt, dass sein Freund nicht glücklich mit der Situation ist, und legt ihm schweren Herzens den Ausstieg aus der Band nahe. Ludwig akzeptiert den Vorschlag, gleichwohl er trotzdem geknickt ist, dass er sich ausgerechnet mit seinem besten Freund nicht musikalisch verwirklichen kann. Bald schon ist das Verhältnis zwischen ihm und Bela aber wieder frei von Ballast, und Ludwig wird seine musikalischen Vorstellungen mit seiner Band The Chainsaw Hollies umsetzen. Bela wird zu einem ihrer treuesten Fans.

Atze Ludwig: »*Die S.U.M.P.-Platte ist damals spontan aus einem Spaß heraus entstanden. Danach habe ich mich bei Depp Jones für die Band mit meinem besten Freund entschieden und nicht für eine andere, musikalisch wohl passendere Option. Na ja, Depp Jones und ich waren aber wohl nicht füreinander bestimmt, und die anderen Mitglieder und ich mussten dann unsere Konsequenzen ziehen. Unterm Strich aber das Wichtigste für mich: Bela und ich sind immer noch DIE besten Freunde.«*

Das erste Konzert von Depp Jones, das gleichzeitig auch Ludwigs Abschiedskonzert wird, findet am 24. Mai 1990 in der Bochumer Zeche statt. Bela und Co. sind an diesem Abend aber nur Vorgruppe, Hauptattraktion sind ausgerechnet King Køng. Aber Animositäten gibt es nicht, im Gegenteil: Mit dieser Paarung will man ein Statement setzen und zeigen, dass Bela und Jan sich nicht hassen. Für die angestrebte Eigenständigkeit der beiden Bands ist dies jedoch weniger hilfreich, und für die Fans ist es ein unnötig aufgebauter Hoffnungsschimmer auf eine baldige Reunion der Die Ärzte.

Bela B: »*Man hatte uns an diesem Abend eine halbe Stunde Spielzeit zugestanden, was natürlich für eine Vorband völlig normal ist. Ich fand es aber zu wenig, denn mit Die Ärzte habe ich ja so gut wie nie als Vorband gespielt.«*

Bela und Jan haben kaum Kontakt an diesem Tag. Sich beide als Mitglied einer gemeinsamen Band vorzustellen, fällt in diesen

Tagen schon reichlich schwer. In dieser Phase haben sie sich wohl so weit wie noch nie voneinander entfernt; und das bezieht sich nicht auf das Räumliche. Bela kann dem etwas hochtrabenden musikalischen Anspruch von Jan nicht viel abgewinnen. Für ihn haben King Kong zu wenig »Eier«. Als sich Jan auch noch jene besagten Dreadlocks anschweißen lässt und mit dem Rest der Band eine schwer verständliche Art von Humor teilt, macht Bela sich sogar ernsthaft Sorgen um die Entwicklung seines Freundes.

Bela B: »*Ich habe im Berliner Privatfernsehen ein Interview mit King Kong gesehen und fand das ziemlich unsympathisch. Ich habe ihn deswegen auch angerufen und ihm gesagt, wie es auf mich wirkte. Jan hat aber das Gespräch relativ schnell abgewürgt. Er fand es wohl anmaßend.*«

Farin Urlaub: »*Wir haben damals eine totale Groupthink-Mentalität entwickelt: auch wenn alle uns schlecht finden, sind wir doch irgendwie cool und auf dem richtigen Weg. Wir waren völlig verblendet. Als Bela mich anrief, war ich sehr überrascht und habe tatsächlich darüber nachgedacht, ob er nicht recht haben könnte; aber geändert haben wir uns nur langsam. Die ohnehin schon verkopfte Musik wurde dann auch immer komplizierter.*«

Depp Jones beziehen einen Tag nach dem Auftritt das Conny-Plank-Studio[9] in Wolperath bei Köln. Zusammen mit dem international renommierten Produzenten Tony Platt wollen sie dort ihr Debütalbum aufnehmen, dass ¡Return to Caramba! heißen und im Herbst 1990 erscheinen soll. King Kong setzen ihre Waterloo-Tournee derweil fort. In deren Verlauf tritt Jan am 30. Mai 1990 das erste Mal in Ost-Berlin auf, genauer gesagt im Kulturhaus des VEB Elektrokohle[10] im Stadtteil Lichtenberg. Er holt damit endlich das nach, was er mit Die Ärzte nie geschafft hat, auch wenn es nach dem Mauerfall nun nicht mehr das Gleiche ist.

Farin Urlaub: »*Unser Bassist Hagen Liebing war da sehr hinterher, dass wir mal im Osten spielen. Aber wir haben es nicht auf die Reihe gekriegt. Eine der wenigen Sachen, die ich bereue.*«[11]

Bela B: »*Wir hätten sehr gerne im Osten gespielt und hatten auch einige Kontakte zu Leuten von drüben, doch ich muss uns leider ankreiden, dass wir das vergeigt haben. Wir hatten zu Zeiten des dritten Albums sogar schon eine komplette Tour im Osten geplant, doch dann* sind wir auf den Index gekommen, und das Angebot aus dem Osten stand nicht mehr. Wir hatten auch überlegt, dem Beispiel der Toten Hosen zu folgen und in Kirchen zu spielen, doch das verlief sich im Sande. Das ist mir bis heute fast peinlich.«

Farin Urlaub: »*Wir haben uns auch gerne die Sachen aus dem Osten angehört. Ich mochte tatsächlich das City-Album, denn so ostige Rocksongs wie* Der King vom Prenzlauer Berg *oder* Meister aller Klassen *fand ich auf eine schräge Art gut. Pankow gefiel uns sogar so sehr, dass wir deren* Gut' Nacht *in den 1980ern eine ganze Tour lang gecovert haben.*«

Bela B: »*Und wir waren zusammen auf deren Konzert im Café vom Ballhaus Moabit oder wie das hieß.*«

Noch kurz vor der Maueröffnung wollte der VEB Deutsche Schallplatten in der DDR eine LP von Die Ärzte veröffentlichen, die folgende Zusammenstellung haben und in einer Auflage von 15.000 Stück gepresst werden sollte:

A-Seite:
Du willst mich küssen
2000 Mädchen
Radio brennt
Buddy Holly's Brille
Ich ess' Blumen
Elke
B-Seite:
Alleine in der Nacht
Dein Vampyr
Westerland
Gute Zeit
Ohne Dich
Mysteryland
Wie am ersten Tag

Als Covervorlage sollte die *Ist das alles? 13 Höhepunkte mit den Ärzten*-LP genommen werden. Doch die Wende bedeutete das Ende für Schallplattenproduktionen in der DDR. So blieb es lediglich bei einer Veröffentlichung in Form einer EP in der AMIGA Quartett-Reihe mit den Songs *Zu spät, Gehn wie ein Ägypter, Radio brennt* und *Du willst mich küssen*.

Ungefähr zu der Zeit, als King Køng ihre erste Tour spielen, plant Jan seine Stadtflucht. Er will dem inzwischen nicht mehr ganz so überschaubaren Berlin den Rücken kehren, um auf dem Land etwas Ruhe zu finden. Es verschlägt ihn schließlich in die Lüneburger Heide. In einem winzigen Dörfchen kauft er sich ein kleines Häuschen mit Garten und richtet sich im Keller ein bescheidenes Tonstudio ein, um seine musikalischen Ideen schnell in die Tat umsetzen zu können. Die King Køng-freie Zeit verbringt er mit ausgedehnten Reisen. Unter anderem hält er sich sehr lange in Brasilien auf. In Rio de Janeiro besucht er auch ein Spiel des lokalen Fußballvereins Botafogo. Viel mehr als das Spiel interessieren ihn aber das anwesende Publikum und die Stimmung, die es macht. Als er wieder in Deutschland ist, zieht es ihn wieder zum Fußball.

Es ist der 29. Juni 1991 und ein recht schöner Tag. Jan und sein guter Freund Axel Schulz haben sich in Hamburg verabredet. Gemeinsam wollen sie sich im Millerntor-Stadion das Relegationsspiel des FC St. Pauli gegen die Stuttgarter Kickers anschauen. Wie Jan kann auch Axel mit dem Thema Fußball eigentlich überhaupt nichts anfangen, doch Bela hat sowohl ihm als auch Jan von der besonderen Stimmung am Millerntor vorgeschwärmt, und nun ergibt sich eine passende Gelegenheit, dies einmal zu überprüfen.

So sitzen Jan und Axel auf der morschen Tribüne des ausverkauften Stadions und schauen zu, wie sich der FC St. Pauli müht, in der 1. Liga zu bleiben. Es geht zur Sache, und das Publikum ist entsprechend emotional unterwegs. Für einige ist die Spannung offenbar zu viel, denn nach Spielende wird bekannt, dass ein älterer Herr während der Partie an einem Herzinfarkt gestorben ist. Der Halbzeitpfiff ist für die meisten jedenfalls eine willkommene Abwechslung.

Axel und Jan, die als Vegetarier beziehungsweise Pescetarier nicht neidisch werden, wenn sich jemand ein Steak oder eine Bratwurst einzerrt, bleiben auf ihren Plätzen sitzen. So werden sie Zeuge, wie der Stadionsprecher *Westerland* auflegt und das ganze Stadion aus vollem Hals mitsingt. Gerade im Norden hat sich der Song zu einer Kulthymne entwickelt. Jan zuckt zusammen, als er die Massen singen hört, doch nicht vor Schamgefühl. Nein, er ist ernsthaft berührt.

Axel Schulz: »*Jan wurde relativ ruhig, und irgendwann hat er gar nichts mehr gesagt. Ihm wurde da wohl bewusst, WIE relevant Die Ärzte noch immer für die Fans waren.*«

Dabei versuchen Bela und Jan weiterhin alles, um sich vom langen Schatten der Die Ärzte zu emanzipieren. Allerdings machen sie auch immer wieder den Fehler, durch gewisse Aktionen den Hoffnungen der Fans auf eine Reunion neue Nahrung zu geben und damit gleichzeitig den Stand ihrer neuen Bands zu schwächen. Die bereits erwähnte Bühnenteilung in Bochum im Mai 1990 ist nur ein Beispiel dafür. Hinzu kommen noch die gemeinsamen Aufnahmen für einen musikalischen Beitrag zum Film *Werner – Beinhart!* im Jahr 1990. Produzent Bernd Eichinger hat Bela und Jan dafür mit einem ordentlichen Batzen Geld geködert und sich durch das Zusammenbringen der beiden einen entsprechenden Marketing-Effekt für seinen Film erhofft.

Bela B: »*Die Aufnahmen für den* Werner-*Soundtrack gehören zu den wenigen Sachen, wo wir uns haben kaufen lassen. Eichinger wollte uns kennenlernen und hat uns ins Kempinski eingeladen, damals das beste Hotel der Stadt. Er kam in Begleitung seiner Partnerin Barbara Rudnik – eine wirklich wunderschöne Frau und tolle Schauspielerin, die leider viel zu früh an Krebs gestorben ist – und hat uns einen hohen fünfstelligen Betrag geboten, wenn wir die Aufnahmen machen. Das alles hat uns sehr beeindruckt und wohl dazu verleitet, dass wir zugesagt haben. Das Problem war, dass ich die* Werner-*Comics überhaupt nicht kannte. Das war nicht meine Welt. Nur Jan kannte sie.*«

Der von Eichinger erhoffte Effekt bleibt aber aus. Zum einen tun Bela und Jan ihm nicht den Gefallen, auf dem Soundtrack als Die Ärzte in Erscheinung zu treten, sondern nennen sich Bela B. & Jan. Zum anderen ist das Ergebnis ihrer Zusammenarbeit ein echtes Armutszeugnis. Bela und Jan finden überhaupt keinen Zugang zum Film sowie zur Hauptfigur und kriegen nur mit Hängen und Würgen eine halbwegs passable Nummer hin. Das Ergebnis ist für beide erschreckend und bestärkt sie nochmals in ihrem Gefühl, dass die Auflösung der Die Ärzte seinerzeit wohl richtig war. Ihr Song *Wir brauchen … Werner* wird letztendlich vom Titelsong zur Abspannmelodie degradiert. Die an seine Stelle tretende Nummer *Beinhart* von *Torfrock*[12] landet im Januar 1991 auf Platz eins in Deutschland.

Bela und Jan hingegen wirken auf dem Soundtrack völlig fehl am Platz.

Bela B: »*Ich hatte gar nichts mehr mit Die Ärzte am Hut und habe wenigstens an einem der Studiotage Jan die erste Depp Jones-Platte vorgespielt.*«
Trotzdem überlegen sie 1991 sogar kurzzeitig, *Die Ärzte* wiederzubeleben. Anlass für diesen Sinneswandel ist das von Axel Schulz veranstaltete *Ich bin ein Ausländer*-Konzert, dass am 26. Oktober in der *Deutschlandhalle* stattfinden soll. Schulz fragt Bela und Jan, ob sie sich nicht vorstellen könnten, für diesen Zweck noch mal zusammenzukommen, und tatsächlich beschäftigen sich beide ernsthaft mit dem Gedanken. Es wird sogar überlegt, nur im Osten des Landes noch mal eine Tour zu spielen, um auch hier den vielen Fans die Möglichkeit zu geben, die Band wenigstens noch einmal zu sehen. Die Gedankenspiele werden jedoch schnell wieder verworfen.

Jedenfalls kommen King Køng und Depp Jones nicht recht vom Fleck, und sie haben eines gemein: Die bisherigen Verkäufe ihrer Debüt-Alben bleiben weit hinter den Erwartungen zurück. Die sicher geglaubte Rechnung ihrer Plattenfirmen ist in beiden Fällen nicht aufgegangen, und die Schere zwischen Investition und Gewinn geht immer weiter auseinander. Die Verkäufe sind sogar so schlecht, dass beide Bands mit ihren Nachfolgealben geradezu dazu verdammt sind, Erfolg zu haben, andernfalls scheint eine Fortsetzung des Vertragsverhältnisses eher unwahrscheinlich. Der ausbleibende Erfolg nagt sowohl an Bela als auch an Jan. Beide sind bislang erfolgsverwöhnt gewesen und nun auf dem harten Boden der Realität gelandet – Selbstzweifel inklusive.

Bela B: »*Wenn du mit deiner Band nach München kommst und spielst dann in einem Laden, in dem drei Wochen später auch King Køng spielen sollten, war die Ankündigung für Depp Jones:* ›*Bela B. von den Ärzten mit seiner neuen Band Depp Jones*‹. *Die Ankündigung für King Køng war dann:* ›*Bela B. und Farin Urlaub von den Ärzten mit ihrer neuen Band King Køng*‹. *Ich bin daraufhin zum Veranstalter gegangen und meinte:* ›*Moment mal, das ist eine Lüge, das ist scheiße!*‹ *Er meinte dann, ich könnte das ruhig ihm überlassen, wie er den Laden vollkriegt. Kurz danach hat er einige Sachen aus seinem Getränkelager vermisst – ich glaube, so ziemlich alles. Ich* *kann das jetzt zugeben, du kannst mich ja verklagen, du Sack, mir doch egal ...«*[13]

Konrad Mathieu: »*Ich kenne keinen zweiten Fall, bei dem es innerhalb von so kurzer Zeit von ganz oben bis ganz unten ging. Jan hat das unfassbar tapfer durchgestanden. Ich hätte es sehr gut verstanden, wenn er hingeschmissen hätte, doch er verlor nie die Hoffnung. Wie schon vorher klar war, musste ich wegen anderweitiger Verpflichtungen leider nach der Tour bei King Køng aussteigen.*«

Conny Konzack: »*Bela und Farin wurden mal eben vom Gipfelkreuz auf die Basisstation zurückgeholt. Es war klar, dass sich das erste Interesse an den beiden Bands nur aus den Ärzte-Fans speisen kann, doch die wollten das nicht haben. Mein Fehler war es gewesen, das Ganze so offensiv anzugehen, vielleicht hätte man erst die Platte rausbringen und mal abwarten sollen. Ich habe schon damit gerechnet, dass es weniger Interesse geben würde, doch dass es so radikal weniger werden würde, hätte ich nicht gedacht. Nicht mal die Hardcore-Fans waren daran interessiert.*«

Jan versucht, all das Negative, so gut es eben geht, auszublenden. Für ihn zählt in erster Linie der Spaß, und den hat er mit King Køng. Konrad Mathieu wird derweil durch Hans-Jürgen »Jäcki« Reznicek ersetzt, den Uwe Hoffmann bei den Aufnahmen zum Album *Februar* der Ostrock-Band Silly[14] kennengelernt hat.

Farin Urlaub: »*Jäcki hat die Touren damals echt gerettet. Wenn man eigentlich schlechte Laune hätte haben müssen, so hat Jäcki einfach irgendwelche Anekdoten erzählt, und wir haben Tränen gelacht. Wir lieben uns bis heute, auch wenn wir uns kaum noch sehen.*«

Auf dem Cover der zweiten King Køng-Platte *General Theory*, die Anfang 1991 herauskommt, wird Reznicek aber nicht aufgeführt. Dort tritt man als Trio auf. Die Happy-Go-Lucky-Pop-Nummern, die noch einen Großteil des Erstlings *King Who?* ausgemacht haben, sind auf dieser Platte kaum noch vorhanden. Jan befasst sich dieses Mal mehr mit ernsteren Themen wie Rassismus oder Orientierungslosigkeit, und die Musik wird allmählich düsterer, komplizierter und verkopfter. Doch auch diese Platte bleibt ein Ladenhüter, und die Tour zum Album ist noch schlechter besucht als die davor, gleichwohl die Band dieses Mal in kleineren Clubs spielt. Die Plattenfirma BMG Ariola entlässt King Køng bald darauf aus ihrem Vertrag, und die Zukunft der Band ist mehr als ungewiss. Im Zuge des Misserfolgs kommt Unmut auf. Jan wechselt sein Umfeld und kündigt den Management-Vertrag mit Conny Konzack und Gabi Kowarik kurz nach der Veröffentlichung von *General Theory* auf. Die einst so gute Chemie stimmt einfach nicht mehr. Gerade Konzack merkt man auch an, dass er mit den Solokarrieren seiner beiden Schützlinge nicht wirklich glücklich ist. Er kann den beiden nicht das geben, was Bela und Jan zu diesem Zeitpunkt brauchen, denn er ist kein Ideenlieferant, so wie es Jim Rakete einst war. Er ist mehr ein Macher als ein Stratege.

Conny Konzack: »*Der Misserfolg beider Bands hat die Stimmung so sehr nach unten gezogen, dass man diese Abwärtsspirale einfach nicht mehr aufhalten konnte. Wir hatten immer eine Abmachung, dass wir sowohl Gewinne als auch Verluste teilen, doch als der Misserfolg da war, wollten beide nichts mehr davon hören. Allein Gabi und mir wurde die Verantwortung dafür gegeben, und das fand ich so nicht fair. Das blöde Ende ist mir echt nahe gegangen, denn ich konnte die Trennung nicht wirklich nachvollziehen.*«

Gabi Kowarik: »*Die Luft war dann irgendwann einfach raus, und die Trennung war aus meiner Sicht völlig okay, denn ich war zu dem Zeitpunkt komplett ausgelaugt. Ich hatte weitaus mehr geackert als bei den Ärzten, und es war sehr frustrierend, dass es nichts brachte, denn es trat keine Besserung ein.*«

Bela B: »*Mir war schon klar, dass es nicht die Schuld von hit & run war, aber wir hatten zum Beispiel einen Plattenvertrag, bevor wir erste Songs hatten. So fing alles schon mit Druck an, dem wir so lange wie möglich standhielten. Wir sind aufs Billigste auf Tour gefahren, ich habe selbst aufgebaut und bin teilweise selbst den Pick-up-Truck gefahren. Wir hielten zusammen und hatten bei dem auch viel Spaß. Da hit & run keine Kleinsttour buchen konnten oder wollten, übernahm das Beckmanns Freundin Suse Kost. Als Sony Music uns eine Support-Tour mit Danzig besorgte, fuhr Gabi noch einmal mit, aber so richtig interessierte sie sich nicht mehr für uns. Jan trennte sich dann von hit & run, und damit ebbte auch mein Kontakt zu ihnen ab. Wir bespielten mit Depp Jones inzwischen Jugendheime und Kleinstbühnen, was auf wenig Verständnis bei Conny stieß. Aus meiner Sicht wollte hit & run auch einen Schlussstrich ziehen.*«

Michael Beckmann: »*Wir wollten wieder Gras fressen. hit & run haben das nicht verstanden, und auch die Leute auf den Shows haben blöd geguckt, als sie gesehen haben, wie Bela seine Monitorbox selber auf die Bühne schleppt. Es war zwar alles sehr anstrengend, doch es hat auch verdammt viel Spaß gemacht, und unsere Clubshows liefen am Anfang auch recht gut.*«

Nach der Trennung von Konzack und Kowarik überträgt Jan einige derer Aufgaben an seinen Freund Yentz Köhler, der bei King *Køng* so etwas wie ein Mädchen für alles ist. Um den Rest kümmert er sich nun alleine. Zusammen mit Köhler und Uwe Hoffmann gründet er das Label Gringo Records, um dort die nächsten Platten mit King Køng veröffentlichen zu können. Jedoch wird es nur noch eine Platte geben. Die Band verkommt immer mehr zum Hobby aller Beteiligten und hat sich inzwischen weitestgehend vom Pop verabschiedet. *Life Itself Is Sweet, Sweet, Sweet*, so der Name des letzten Albums, das Anfang 1992 erscheint, ist die bis dato härteste Platte der Band. Der Einfluss der aktuellen Alternative- und Grunge-Welle ist deutlich hörbar. Bands wie Nirvana, Red Hot Chili Peppers, Rage Against the Machine oder die nordirischen Rocker von Therapy?, mit denen man im April 1992 gemeinsame Konzerte spielt, stehen Pate.

Uwe Hoffmann: »*Obwohl es für die Band nicht gut lief, hatten wir eine tolle Zeit. Während der Aufnahmen zu Life Itself ... mussten wir im Studio alle zwei bis drei Tage das Schlagzeug umstellen, da unsere Carrera-Bahn immer größere Formen annahm. Wenn ich im Studio etwas zu tun hatte, bei dem ich die Band nicht brauchte, haben Jan und Flo die Secondhandläden der Stadt abgeklappert, um noch weitere Schienen zu besorgen. Große Jungs halt.*«

Es fällt King Køng schwer, eine halbwegs ordentliche Tour zum Album zusammenzustellen, denn die Veranstalter haben nach den Erfahrungen aus den letzten Tourneen Angst, dass noch weniger Besucher kommen. Diese ganze Abwärtsspirale geht auch an der Band nicht mehr spurlos vorbei, sie schlägt sehr aufs Gemüt. Jan und Flo geraten darüber immer mehr aneinander. Für Flo, der im Gegensatz zu Hoffmann und Jan nicht von einer properen Vergangenheit zehren kann, stellt sich mehr und mehr die Existenzfrage. Schließlich entscheidet er sich, sein zurückgestelltes Medizin-Studium wieder aufzunehmen.[15]

Farin Urlaub: »*Hoffmann hat für das letzte Album sein Studio kostenlos zur Verfügung gestellt, und ich habe alle weiteren Kosten, die anfielen, bezahlt. Aber es ist kaum etwas reingekommen. Es hat sich halt überhaupt nicht mehr gerechnet, und irgendwann hatten wir ein Einsehen. Das war schon sehr traurig für mich.*«

Auch Bela hat weiterhin mit großen Problemen zu kämpfen. Seine Band Depp Jones läuft ebenfalls nicht so, wie man es sich erhofft hat. Trotzdem steckt er alle Kraft in das Projekt.

Bela B: »*Ich war fest von unserem Weg überzeugt, nahm Gesangsunterricht und textete mir einen Wolf. Dann ließ ich noch Deutsch einfließen, um mich als Texter abzuheben, aber wenn ich heute ehrlich bin, war das alles zu schwer, zu verkopft. Es fehlte der Humor und die selbstverständliche Leichtigkeit. Ich musste ich mir den Kopf erst einrennen, um das zu erkennen. Insofern war Depp Jones in meinem Leben ein sehr wichtiger Abschnitt.*«

Trotz der enttäuschenden Verkäufe des ersten Albums haben alle Beteiligten nach wie vor große Lust auf Depp Jones, und gerade Bela, Beckmann und Rod können noch gut von ihren einstigen Gagen leben. Anfang 1991 nehmen sie als Überbrückung zum zweiten Album eine Mini-LP auf. Sie heißt *Welcome to Hell*, benannt nach einem neuen Song von Rodrigo und Bela. Neben dem Titelstück und dem weiteren neuen Song *Deep Jones Sux* enthält die Platte Coverversionen von Madonnas *Like a Prayer*, *Hey Hey (My My)* von Neil Young oder *White Lines (Don't Do It)* von *Grandmaster Flash*. Die LP bringt der Band aber ebenso wenig Aufmerksamkeit wie die bereits erwähnte große Europa-Tour mit der amerikanischen Band Danzig. Zu allem Überfluss verlässt auch noch Beckmann die Band aus persönlichen Gründen.

Michael Beckmann: »*Aus heutiger Sicht muss ich feststellen, dass ich nach dem Auseinanderbrechen der Rainbirds wohl eine Art Burnout hatte. Leider hatte ich das damals nicht gemerkt. Vor dem zweiten Album mit Depp Jones musste ich endlich mal mein Privatleben in geordnete Bahnen lenken und war dadurch nicht mehr so sehr an der Entstehung beteiligt. Rod und Olli Kobold haben sich tagelang bei Rod im Studio eingeschlossen und einen komplizierten Part nach dem anderen erdacht. Das ging alles in Richtung Metal und Progrock. Ich konnte damit nicht viel anfangen. Die Erfolge von Nirvana und Co. be-*

stätigten mich eher darin, dass wir einfachere Stücke schreiben sollten, doch der Rest war da anderer Meinung. So bin ich dann gegangen.«

Bela B: »*Olli Kobold – der sein Spektrum von Pop und Funk nun auch um kompliziertesten Metal erweitert hatte – und ich haben viel Musik zusammen gehört, Bands wie Public Enemy, Slayer oder Torture Garden. Das wollten wir dann auch machen, und Rod konnte das klar bedienen. Nur Beckmann gefiel das scheinbar nicht. Ich war ziemlich traurig, als er ausgestiegen ist.*«

Einer der letzten Auftritte mit Beckmann findet im Café Swing im Rahmen des zehnjährigen Geburtstags des Ladens statt. Neben allen Mitgliedern von Depp Jones sind auch noch Tex Morton und Atze Ludwig als Zweit- beziehungsweise Drittgitarrist mit dabei. Für diesen Abend nennen sie sich Ford Felse & Disco Express[16] und spielen ausschließlich Coverversionen wie *Shake Some Action* von den Flaming Groovies, *She's My Ex* von All oder *Cold Feelings* von Social Distortion. Es bereitet ihnen eine Menge Spaß.

Bela B: »*In derselben Woche spielten auch King Køng dort, aber ich sah sie nur von außen, da der Laden sehr klein und brechend voll war. Sie spielten unter anderem Juke Box Hero von Foreigner, was ich super fand, weil ich bis dahin nicht wusste, dass auch Farin ein Herz für derlei Yacht-Pop/Rock hatte.*«

Für Beckmann hingegen sind Bands danach erst einmal gestorben. Nach seinen jüngsten Erfahrungen hat er vorerst genug und beschließt, sich mehr der Studioarbeit zu widmen, fängt an, Filmmusik zu schreiben, und lässt es etwas ruhiger angehen.[17] Die übrigen drei besetzen Beckmanns Posten mit einem Studio-Bassisten namens Peter Sonntag. Mit ihm zusammen spielen sie noch eine kleine Tour, doch dessen Selbstgefälligkeit und Exzentrik tun dem Bandgefüge gar nicht gut. 1992 wird das Album *At 2012 A.D.* veröffentlicht, das sich musikalisch deutlich von seinem Vorgänger unterscheidet.

Bela B: »*Auf dem Album ging es um den prophezeiten Weltuntergang, und es war schon ein hartes Stück Arbeit. Die Musik war sehr vertrackt, und eine musikalischere Platte hab ich seitdem nie wieder gemacht.*«

Aber schon vor der Veröffentlichung verdichteten sich die Anzeichen, dass die Sony wohl nicht länger mit Depp Jones plant. Markus

Linde hält der Band bis zuletzt die Stange, bis es eben irgendwann nicht mehr geht. Dann muss er Bela im Auftrag seiner Vorgesetzten mitteilen, dass der gemeinsame Weg zu Ende ist. Das Label Dragnet, ein neuer Ableger der Sony, unter dem Depp Jones nun laufen, zieht keine weitere Option für ein drittes Album und entlässt die Band aus ihrem Vertrag. Bela hat dies Markus Linde bis heute nicht richtig verziehen.

Markus Linde: »*Der Fehler, den wir damals alle begangen haben, war, anzunehmen, dass man hier nach einer Art mathematischer Formel vorgehen kann: Arzt + 2 Rainbirds + Geld = Erfolg. Das hat die Band von sich gedacht, das hat das Management gedacht, und das haben wir auch als Plattenfirma gedacht. Es gab von Anfang an eine Diskrepanz zwischen dem Underground-Gedanken, den die Band verkörpern wollte, und den Ressourcen, auf die sie dabei zugreifen konnte, denn die Budgets waren sehr üppig. Im Nachhinein muss man sagen, dass man auch eine mentale Größe haben muss, um wieder kleiner zu werden, und die hatten wir damals alle nicht. Hinzu kommt, dass Depp Jones anders als Die Ärzte keiner Szene entstammten. Sie waren einfach da, eine Art Supergroup, und hatten dadurch sicher auch ein Problem mit ihrer Authentizität. Natürlich kann man das der Band nicht vorwerfen, doch es hat sicher auch zu der geringen Akzeptanz geführt. Wenn man sich das alles noch mal vor Augen führt, kann man heute schon fast wieder darüber lachen. Damals war aber keinem zum Lachen zumute. Professionell und stimmungsmäßig hat dieser Flop allen sehr wehgetan, aber es ist – im Ganzen betrachtet – am traurigsten, dass die Enttäuschung auch zwischenmenschlich so tief ging. Das hätte ich wirklich gerne vermieden.*«

Rodrigo González: »*Uns war ja selber nicht wirklich klar, wo wir eigentlich hinwollten. Man hat von uns eine Schublade erwartet, die es so nicht gab. Dementsprechend konnten wir die Erwartungen auch nicht erfüllen. So wie Beckmann ging es eigentlich uns allen. Wir waren alle ausgebrannt, doch wir hatten noch immer diese Band, und wir wussten nicht, wozu wir damit noch fähig sind. Wir dachten immer: Mit dem nächsten Album können wir uns festigen. Irgendwann ging es eben nicht mehr. Doch wir waren mit Sicherheit nicht der teuerste Flop in der Geschichte der Sony.*«

Bela B: »*Ich war nur sauer, weil Dragnet offensichtlich schon vor der Fertigstellung unsere Platte nicht mehr wollte. Die Besuche von Markus Linde in unserem Studio wurden seltener und er einsilbiger. Ich bot ihm damals an, die Studiokosten zu übernehmen und das Album dann einem anderen Label anzubieten, aber er versicherte mir, dass die kleine Firma hinter uns stehen würde. Das Album kam heraus, es wurden noch ein paar billige Anzeigen in Fanzines geschaltet und 3.000 Exemplare gepresst und rausgestellt, und dann wurden wir gedropt. Insgesamt hat das drei Monate gedauert, in denen wir nicht mal touren konnten, um das Album zu bewerben. Es war nicht schön, recht zu behalten.*«

Anders als bei King Køng gibt es bei Depp Jones ein klares Ende. Das Touren mit Peter Sonntag macht keinen Spaß, und Bela sieht keinen Sinn mehr in einer Fortführung der Band. Bei einem Auftritt vor der IG Metall-Jugend in Recklinghausen, den man zusammen mit der Metal-Band Rage bestreitet (man beachte hierbei die Verbindung zwischen Metall und Metal), spielen Depp Jones ihr letztes Konzert. Zum zweiten Mal streift Bela nun einen schweren Rucksack von seinen Schultern ab, doch nun tut es mehr weh als zuvor bei Die Ärzte. Das unschöne Ende mit Depp Jones und die zuletzt schlechten Erfahrungen mit dem Musikbusiness lassen Bela erst einmal etwas Abstand gewinnen.

Bela B: »*Wir hatten noch einen Song übrig, den wir Thorsten Dohm, dem heutigen Beatsteaks-Manager, für einen Sampler auf dessen XNO-Label überließen. Er hieß* Mit dem Schwert nach Polen, *warum René?*«

Bela will sich nicht so schnell wieder einem größeren Projekt verschreiben, sondern lieber etwas zu sich kommen und sein Leben neu ordnen. Große Zukunftsängste verspürt er nicht, doch zum ersten Mal seit langer, langer Zeit kommen wieder Überlegungen in ihm hoch, ob er nicht doch noch mal etwas Anständiges machen will. So kann er sich zum Beispiel sehr gut einen Job beim Radio vorstellen. Konkreter werden seine Überlegungen aber nicht. Um nicht ganz einzurosten, steigt er gleich in zwei Bands als Schlagzeuger ein. Über seine Freundin Maria stranden die zwei Australier Lynn und Ash vorübergehend in seiner Wohnung, die ihre Band Crashland in Berlin weiterführen wollen. Nach kurzer Zeit besteht die Gruppe neben dem neuseeländischen Bassisten Tim auch noch aus Droge[18], einem alten Freund Belas, und aus Chrislo Haas, der sich nach seiner Zeit bei DAF mit seiner Band Liaisons Dangereuses und dem Song *Los niños del parque* ein Denkmal auf den Tanzflächen der Welt gesetzt hatte.

Bela B: »*Wir haben einige Gigs gespielt und hatten eine Platte in Planung, aber kein Label. Mir tat es gut, hinten zu sitzen und nicht im Mittelpunkt zu stehen. Natürlich haben mich aber auch öfters mal Leute erkannt.*«

Mit Thorsten Dohm verbindet Bela seit den gemeinsamen Gigs von Depp Jones und dessen Band Resistors eine Freundschaft, die enger wurde, als Dohm nach Berlin gezogen war. Als dessen neue Band Pearl Harbour einen Drummer sucht, sagt Bela zu, jedoch kommt es nur zu ein paar Probeterminen. Jan geht es zu dieser Zeit ähnlich wie Bela. King Køng dümpeln so vor sich hin, und infolgedessen kommt auch Jan ins Grübeln. Er kann sich ebenfalls ein Leben ohne die Bühne vorstellen, doch er möchte diese nicht auf eine solch bedrückende Art und Weise verlassen. Er will wenigstens noch einmal ein euphorisches Publikum erleben, will hören, wie die Leute seine Lieder singen, und sehen, wie sie Spaß an dem haben, was er macht. Ein Fußballer will schließlich auch am liebsten als Weltmeister abtreten und nicht als Absteiger die Schuhe an den Nagel hängen müssen.

Farin Urlaub: »*Wir haben mit King Køng den absoluten Albtraum erlebt. Ich erinnere mich noch daran, dass wir einmal in Kiel vor circa 300 zahlenden Gästen eines unserer besten Konzerte überhaupt gespielt haben. Nach einem Jahr kamen wir wieder und haben uns total auf das Konzert gefreut, doch dieses Mal waren da nur 150 Leute. Dass nicht mehr als vorher gekommen sind, ist ja nicht schlimm, doch warum kommen auf einmal weniger? Wir konnten es nicht begreifen. Das hat uns fertiggemacht.*«

Mit King Køng holt er keinen hinter dem Ofen hervor, das ist ihm inzwischen schmerzlich klar geworden. Er hat aber noch immer viele Ideen und könnte locker weitere King Køng-Alben schreiben. Doch wer will sie wirklich ernsthaft hören, wenn schon kaum jemand auf die Konzerte kommt?

Farin Urlaub: »*Da habe ich gedacht: Das war doch mal anders!*«

Es gärt in ihm. Zum ersten Mal denkt Jan ernsthaft über eine Reunion der Die Ärzte nach. Diese Band war einfach anders als King Køng. Sie hatte etwas Magisches. Diese Magie hat er im Stadion von St. Pauli selbst erlebt. Doch wie kann eine gescheite Reunion der Band aussehen? Klar für ihn sind in jedem Fall drei Dinge:
1.) Bela muss unbedingt wieder mit dabei sein, denn ohne ihn sind es nicht Die Ärzte.
2.) Er möchte nicht einfach die ollen Kamellen aufwärmen, sondern auch neues Material schreiben.
3.) Er will noch einmal eine schöne Tour spielen. Eine Tour, zu der auch Leute kommen.

Auch wenn Die Ärzte in den Jahren der Trennung für ihn ganz weit weg waren, so ist Jan auf einmal total euphorisiert von der Idee, die Band wieder aufleben zu lassen. Doch er muss erst Bela davon überzeugen, was sicher nicht ganz einfach werden wird. Die folgenden Tage und Wochen arbeitet Jan vieles auf und stellt sich viele Fragen: Warum ist King Køng so schiefgelaufen? Was hätten Die Ärzte in den 1990ern noch zu sagen? Wie könnten die neuen *Ärzte* aussehen?

Farin Urlaub: »*Irgendwann sagte ich mir: Wenn wir damals uns selbst aufgelöst haben, könnten wir uns ja auch selbst wieder zum Leben erwecken.*«

Jan beschließt, Bela einen Brief zu schreiben. Ihm ist klar, dass er seinen früheren Bandkumpel schon allein damit überraschen wird, denn Briefeschreiben gehörte bislang nicht zu den bevorzugten Kommunikationswegen der beiden. Jan schreibt einfach drauflos, er erzählt Bela von seinen Erlebnissen im Stadion und will ihn davon überzeugen, dass es durchaus cool sein könnte, wenn die beste Band der Welt wieder zurückkehrt.

In seinem Brief geht er auch auf Die Toten Hosen ein, die den Wandel von der rüpelhaften Punkband zum deutschen Rock-Establishment vollziehen konnten, ohne dabei großen Kredit einzubüßen oder Kompromisse zu machen. Ihm imponiert, dass die Hosen diesen Übergang so gut gemeistert haben und gleichzeitig ihr Publikum auf authentische Art und Weise vergrößern konnten. Vor allem offenbart er Bela, dass ihm der Zuspruch des Publikums sehr fehlt. Da zu den Konzerten von King Køng am Ende immer weniger Leute gekommen sind, war ihm die Berechtigung genommen worden, überhaupt auf Tour gehen zu können. Jan geht in dem Brief auch auf das bedrückende Thema des zunehmenden Neonationalismus im wiedervereinten Deutschland ein. Das Thema hätte ja schon vor ein paar Monaten beinahe dazu geführt, dass Die Ärzte wieder zusammenfinden, wenn auch nur aus diesem traurigen Anlass. Jan ist der Meinung, dass eine Band wie Die Ärzte zu solchen Themen nicht mehr schweigen sollte. Die Band genießt in der Jugend immer noch ein hohes Ansehen, vor allem im Osten. Diese Reputation will er nutzen, um unmissverständlich klarzumachen, welche Position Die Ärzte in diesem Fall vertreten.

Als Bela Jans Brief liest, hält er ihn zunächst für einen Scherz. Er mag nicht so recht glauben, dass dieser wirklich von Jan ist, denn der schreibt eigentlich keine Briefe und schon gar nicht solche ausführlichen, ehrlichen und emotionalen.

Bela B: »*Was mich am meisten berührte, war, dass er zugab, wie sehr ihm das Spielen vor Leuten fehlte.*«

Doch abgesehen davon findet Bela keinen großen Gefallen an einer Reunion der Band. Das Thema Die Ärzte ist für ihn inzwischen meilenweit weg, und er genießt es gerade sehr, keinerlei Verantwortung mehr für solch ein kompliziertes Konstrukt wie eine Band tragen zu müssen. Noch immer leben zu dieser Zeit Lynn und Ash bei ihm – aus den eigentlich angedachten paar Tagen bis maximal drei Wochen ist inzwischen fast ein halbes Jahr geworden. Als sie eines Tages außer Haus sind, beschließt Bela, Jan anzurufen. Er will vor allem wissen, ob der Brief echt ist. Im Gegensatz zu Jan, der wieder Feuer und Flamme für die Band ist, reagiert Bela sehr zurückhaltend. Er ist kein Freund von Rückziehern und will nicht sein Gesicht verlieren. Erst kürzlich hat er dem *Rock Hard*-Magazin gegenüber zu Protokoll gegeben, was er von einer Die Ärzte-Reunion hält: »*Ich schwöre, dass es keine Ärzte-Reunion geben wird.*«[19]

Bela sieht zudem das Risiko, den Legendenstatus der Band einzubüßen und sie der Lächerlichkeit preiszugeben. Nein, er möchte da nicht mitmachen. Wenn Jan denn unbedingt will, so kann er sich gerne andere Mitstreiter suchen und Die Ärzte fortführen. Bela aber ist raus.

Bela B: »*Einer der Argumentationspunkte von Jan in diesem Gespräch war, dass ja 16 Millionen Deutsche keine Chance hatten, uns live zu sehen, und dass wir in den fünf Jahren nach der Auflösung 70.000 Platten verkauft hatten, mehr als mit King Køng und Depp Jones zusammen.*«

Farin Urlaub: »*Es waren sogar knapp 250.000 Platten!*«

Für Jan ist Belas Antwort zwar zunächst ein schwerer Schlag, doch so schnell lässt er sich nicht entmutigen. Eine Wiederbelebung der Band ohne Bela kommt für ihn nicht infrage. Er kann Belas Sorgen, dass das Ganze ins Lächerliche mündet, sogar durchaus verstehen, doch er will noch einen letzten Versuch starten. Er will Bela davon überzeugen, dass die neuen Die Ärzte gar nicht peinlich sein müssen. Schon seit einiger Zeit schreibt Jan neue Songs für eine mögliche Reunion. Anfangs fällt es ihm gar nicht so leicht, denn die Arbeit mit King Køng hat ihre Spuren hinterlassen. Bald klingt es aber wieder »ärztig«, und die alte Kraft scheint zu ihm zurückzukehren. Seine Ideen sind aber anders als das, was man aus den Achtzigern von der Band gewohnt war. Eines seiner ersten neuen *Ärzte*-Lieder trägt den Titel *Wenn es Abend wird*. Es ist ein Volksmusik-Stück der etwas anderen Art und eng mit seinem Umzug auf das Land und dem dortigen Dorftratsch verbunden. Endlich kann er nun auch sprachlich wieder aus dem Vollen schöpfen, denn er schreibt wieder auf Deutsch. Sein neues Credo, sich keine Grenzen mehr zu setzen und keine Themen im Vorfeld auszuschließen, wirkt sich zudem sehr vorteilhaft auf seine Kreativität aus. Es macht ihm wieder verdammt viel Spaß, sich neue Die Ärzte-Songs auszudenken. Er klingelt noch einmal bei Bela durch und kann ihn dieses Mal immerhin dazu überreden, ihm wenigstens einen Besuch in seinem neuen Zuhause abzustatten.

Bela B: »*Ich erzählte Lynn von dem Brief und den Telefonaten. Sie lächelte und sagte:* ›*You should do it and leave Crashland.*‹ *Ich meinte, dass ich grundsätzlich nicht rückwärts gehen möchte, doch sie lächelte wieder und erwiderte:* ›*You know, you will do it.*‹«

Bei sich zu Hause spielt Jan ihm vor, was der bislang geschrieben hat, und die ersten Songs wie *Quark* oder *Lieber Tee* gefallen Bela schon ganz gut, doch der Funke will noch nicht so recht überspringen. Für Bela ist allerdings deutlich hörbar, dass Jan in all der Zeit viel dazugelernt hat. Zwischen diesen Demos und den letzten Die Ärzte-Aufnahmen liegen Welten. Dann kommt schließlich *Wenn es Abend wird*. Aus taktischen Gründen hat Jan besagten Song an das Ende gestellt – eine Taktik, die er im weiteren Verlauf ihrer Karriere immer wieder gerne wählen wird, um Bela zu überraschen. Bela fällt vom Glauben ab, als er diesen Song hört. Er kann nicht fassen, dass Jan ernsthaft ein fünfminütiges Volksmusikstück dafür nutzen will, um ihn zu einer Reunion zu überreden. Seine ursprüngliche Befürchtung, dass eine mögliche Wiederbelebung der Band peinlich werden könnte, verflüchtigt sich immer weiter.

Bela B: »*Genau das war es, was uns verband – diese Unberechenbarkeit.*«

In dem Lied sitzt jemand mit einem kleinen Glaserl Wein in einer gemütlichen Wirtschaft und schaut sich die lieben Leute an, zum Beispiel die eigene Lehrerin:

Da ist mei Lehrerin, der ich so dankbar bin,
weil i heute schreibn und lesen kann.
Und in den Ferien, da fährt sie nach Schwerin,
und da zündt sie Asylantenheime an.

Es ist ein altbewährtes, humoristisches Konzept, das hier zur Geltung kommt. Ein radikaler Bruch in einer scheinbar ach so heilen Welt. Jan beherrscht dieses Stilmittel meisterhaft und wird noch öfter darauf zurückgreifen. Er gibt Bela die Demos anschließend auf Kassette mit, der sie sich auf der Rückfahrt nach Berlin immer wieder anhört. Jan hat ihn zumindest dazu gebracht, ernsthaft über eine Reunion nachzudenken. Als er wieder in Berlin ist, ruft Bela Jan an und macht ihm den Vorschlag, ihn für eine Woche zum Songschreiben zu besuchen. Er will schauen, was dabei herauskommt, und sich dann entscheiden. Natürlich rattert es jetzt auch bei Bela, und auch er beginnt damit, erste Songideen auszuarbeiten. Die Rückkehr der besten Band der Welt steht unmittelbar bevor.

14. KÄPITEL

Wieder vereint

» *Wie immer schlauer als der Rest,*
also bitte keinen Neid,
halt die Beste Band der Welt,
bei aller Bescheidenheit. «
(Die Ärzte – Super Drei)

Ende der 1970er-Jahre hatte der Punk Bela, Jan und viele andere Jugendliche infiziert. Sie alle wollten Teil dieser Jugendbewegung sein und sogen alles wie ein Schwamm auf. Nun befinden wir uns in den frühen Neunzigern, und Punk ist schon seit etlichen Jahren tot. Neben Grunge und Crossover ist Techno jetzt das neue heiße Ding, und die DJs sind nun die Stars. Deutsche Plattendreher wie Westbam, Sven Väth oder Paul van Dyk reisen um den Erdball, um den Sound der Stunde aufzulegen. War London der Schmelztiegel des Punk, so kann man nun das wiedervereinte Berlin guten Gewissens als »die Wiege des Techno« bezeichnen. Wie seinerzeit beim Punk wird auch diese Jugendbewegung schnell aus dem Untergrund in die guten Stuben des Landes getragen. Was anfangs noch über Mundpropaganda läuft und in Clubs wie dem legendären Tresor vor sich hin brodelt, wird durch Massenveranstaltungen wie der Mayday oder der Lovepoarade zum Mainstream. Die Entwicklung ist im Grunde dieselbe wie beim Punk: Mit steigender Beliebtheit des Angesagten wandert der Zeiger von der Qualität immer mehr Richtung Quantität. Dance-Musik ist nun weltweit auf dem Vormarsch, egal ob als Eurodance, House, Acid, Trance, Drum and Bass oder Techno. Erlaubt ist, wozu man die ganze Nacht durchtanzen kann. Texte mit Bedeutung sucht man vergebens, was allein zählt ist der Beat.

Viele der international erfolgreichen Dance-Produktionen wie Snap!, U96, 2Unlimited oder Culture Beat kommen aus Deutschland. Die hiesige Rockmusik hingegen erreicht die Jugendlichen kaum noch. Eine Ausnahme bilden noch die Toten Hosen, die sich inzwischen zu einer echten Größe entwickelt haben, oder die Böh-

1998 – 2002

Oben: Die Ärzte mitten in Budapest anno 1998. Kurz nach diesem Schnappschuss rückte schon cie Polizei an.

Die Ärzte (hier ohne Lara Croft), aufgenommen am Set vom *Männer sind Schweine*-Video und weitere Pressebilder.

Das berühmte Black-Metal-Foto, das Unmengen an Geld gekostet hat (unter anderem deshalb, weil alle Waffen auf dem Bild echt sind) und zunächst nur hinter dem CD-Tray der *Wie es geht*-Single versteckt war.

Oben: Am Set des *Rebell*-Videos: Auf dem zweiten Bild trägt Bela sein Bay City Rollers-Outfit, das er sich bereits 1994 für eine Tour hat anfertigen lassen. Man beachte auch die Bassdrum-Felle mit den Anspielungen auf Blur, die ih 1999er Album frecherweise auch *13* genannt hatten. Unten: Farin, Bela und Rod in den Weiten der ungarischen Puszt beim Bonanzaradfahren während des Drehs zum *Goldenes Handwerk*-Video. Da Bela in dessen Handlung seinen Kop verliert, musste er während der Drehzeit meist eine orange Maske tragen, unter der es extrem heiß war.

Oben: Farin und Hans-Jürgen Steffen vom Gaga-Studio während einer Pause, Rod bei den Aufnahmen zum Album *Runter mit den Spendierhosen, Unsichtbarer!*, Die Ärzte am zweiten Set vom *Rebell*-Video (was später so nicht verwendet worden ist) und die kleinen Monkey-Motorräder, mit denen die Band während ihrer Shows im Jahr 2000 über die Bühne bretterte. Unten: Die Ärzte trotzen dem Weltuntergang.

Oben: Im Studio bei den Aufnahmen zu *Runter mit den Spendierhosen, Unsichtbarer!* Oben links ist Produzent Uwe Hoffmann neben Rod zu sehen. Unten hat sich Olaf Heine für Fotoaufnahmen aufgebaut. Rechte Seite Pressebild mit Gitarren aus dem Jahr 2000.

Oben: Die Ärzte und Die Toten Hosen auf der Bühne des SO36, 28.03.2000. Unten: Die Ärzte als Thin White Dukes!

Links oben: Videodreh zu Rebell, 1999. Links Mitte und unten: Bela während der Halloween-Record-Release-Party zu *Runter mit den Spendierhosen, Unsichtbarer!* knutschend mit mal Val Herdam von den Yucca Spiders und

Die Ärzte auf dem Bizarre-Festival in Weeze, 19.08.2011.

Oben links: Die Ärzte während der Goldverleihung auf Westerland. Oben rechts: Jörg Buttgereit, Bela und Rod als DJs auf der Aftershow-Party nach dem Konzert in Westerland. Mitte links: Bela und Schwarwel machten während des Westerland-Konzertes am ganzen Körper Werbung für Farin Urlaubs erstes Soloalbum. Mitte rechts: Klare Ansage nach den

Oben: Pressebild aus dem Jahr 2000. Unten: An Tagen die Wiesen – Die Ärzte beim Kick-Off Festival im österreichischen Wiesen, 2002.

Die Ärzte geben am 21. Juni 2002 ihr *15 Jahre netto*-Konzert auf dem Kreuzberger Mariannenplatz und ein Ende der

15 Jahre netto: Bela musste schon auf seine Bassdrum steigen um ein Ende der Massen vor der Bühne auszumachen. Farin mutierte zu La-Ola-Man und auch Rod hatte seinen Spaß.

astauftritt von The Incredible Hagen, der mit Farin und Bela *2000 Mädchen* spielte und, wie in alten Zeiten, ver-
inden mit einer kniffligen Fragestellung auch ansagte.

Die Ärzte feierten mit über 35.000 Zuschauern ein rauschendes Geburtstagsfest.

sen Onkelz aus Frankfurt, die einst mit ihren ersten Veröffentlichungen unter anderem wegen »tendenziell nationalsozialistischen Texten«[1] auf dem Index landeten. Dahinter sieht es aber düster aus. Der Coolnessfaktor von Althauern wie Herbert Grönemeyer, Westernhagen oder Udo Lindenberg tendiert gegen null. Weitaus angesagter sind da schon die Fantastischen Vier. Sie kombinieren amerikanische Hip-Hop-Musik mit deutschen Texten und können 1992 mit *Die da?!* einen großen Hit landen, der sie in die Spitzengruppe der deutschen Musikszene befördert. Mit der aus Leipzig stammenden A capella-Band Die Prinzen hat auch eine ostdeutsche Band erstmalig bundesweiten Erfolg. Zwar zerreißen sich die Kritiker das Maul, doch die Plattenkäufer langen gnadenlos zu und sorgen dafür, dass sich Songs wie *Küssen verboten* oder *Millionär* millionenfach verkaufen. Es scheint, als ob der Erfolg der Band ein willkommenes Pflaster für die in letzter Zeit arg geschundene ostdeutsche Seele ist. Denn diese hat immer noch schwer damit zu kämpfen, sich in der freien Marktwirtschaft zurechtzufinden.

Obwohl sich die Wege von Bela und Jan zerstreut hatten, sind die Spuren von Die Ärzte in all der Zeit erhalten geblieben, ja sogar größer geworden. Die im Handel erhältlichen Platten verkaufen sich weiterhin, und es vergeht kaum ein Disco-Abend in der Republik, der ohne *Westerland* oder *Zu spät* auskommt. Die Ärzte sind zur Legende geworden. Jan hat selbst erlebt, was ein Song wie *Westerland* heute bei den Leuten auslöst, und weiß auch, das genau dieser Song damals nur einer von vielen war und kaum mehr als die anderen wahrgenommen worden ist. Was wird also geschehen, wenn diese sich einst auf ihrem Zenit wähnende Band nun wieder zusammenkommt? Alles ist möglich.

Bela und Jan besuchen sich in dieser Zeit regelmäßig, um Demos aufzunehmen und Ideen zu spinnen. Sie sind sich darüber einig, dass, wenn sie wirklich als Die Ärzte zurückkommen, sie zumindest einmal klar Stellung beziehen müssen. Jeder soll wissen, wo sie politisch stehen. Beide haben sie Textfragmente für einen Anti-Nazi-Song im Notizbuch, doch sowohl Bela als auch Jan tun sich sehr schwer mit dieser ernsten Thematik. Bela fragt sogar seinen Freund, den Satiriker Wiglaf Droste, ob er nicht eine Idee für einen gescheiten Text hat. Doch Droste winkt ab, selbst ihm ist das Thema zu heikel. Bela und Jan feilen also alleine an dem Stück weiter. Jans Demo enthält schon einen großen Teil dessen, was später auch aufgenommen werden wird. Bela ergänzt noch eine zweite Strophe, aber dem Song fehlt noch immer eine gewisse Direktheit. Er soll auf keinen Fall zu einem Betroffenheits-Protestsong verkommen und braucht daher etwas absolut Unmissverständliches. So ergänzt Bela den Refrain um einen Aufgang und schlägt vor, diesen mit dem Kraftausdruck »Arschloch!« enden zu lassen. Er findet, dass dieses Wort keinen Zweifel daran lässt, was man von der rechten Brut hält.

Bela B: *»Ich hatte Bedenken, dass der Song als Verständnis für die Knochenköpfe ausgelegt werden könnte und unsere Ironie, die zuweilen doch sehr ironisch ist, nicht verstanden wird.«*

Somit erhält der Song sein unverkennbares Markenzeichen, das zugleich unterstreicht, dass sie kein Interesse daran haben, sich irgendwo anzubiedern. Bela und Jan sind sehr zufrieden und nennen das Stück Schrei nach Liebe. Sie sind nun endgültig überzeugt davon, dass ein Neustart gelingen kann. Die Ärzte leben wieder!

Du bist wirklich saudumm, darum geht's dir gut.
Hass ist deine Attitüde, ständig kocht dein Blut.
Alles muss man dir erklären, weil du wirklich gar nichts weißt,
höchstwahrscheinlich nicht einmal, was Attitüde heißt.

Deine Gewalt ist nur ein stummer Schrei nach Liebe.
Deine Springerstiefel sehnen sich nach Zärtlichkeit.
Du hast nie gelernt, dich zu artikulieren,
und deine Eltern hatten niemals für dich Zeit.

Ohoho – Arschloch!

Warum hast du Angst vorm Streicheln, was soll all der Terz?
Unterm Lorbeerkranz mit Eicheln, weiß ich, schlägt ein Herz.
Und Romantik ist für dich nicht bloß graue Theorie,
zwischen Störkraft und den Onkelz steht 'ne Kuschelrock-LP.

Deine Gewalt ist nur ein stummer Schrei nach Liebe.
Deine Springerstiefel sehnen sich nach Zärtlichkeit.

*Du hast nie gelernt, dich zu artikulieren,
und deine Eltern hatten niemals für dich Zeit.*

Ohoho – Arschloch!

*Weil du Probleme hast, die keinen interessieren,
weil du Schiss vorm Schmusen hast, bist du ein Faschist.
Du musst deinen Selbsthass nicht auf andre projizieren,
damit keiner merkt, was für ein lieber Kerl du bist.*

*Deine Gewalt ist nur ein stummer Schrei nach Liebe.
Deine Springerstiefel sehnen sich nach Zärtlichkeit.
Du hast nie gelernt, dich artizukulieren,
und deine Freundin, die hat niemals für dich Zeit.*

Ohoho – Arschloch – Arschloch – Arschloch!

Die Zusammenarbeit von Bela und Jan beschert ihnen ein eindrucksvolles Ergebnis, denn niemand hat zuvor so eindeutig Stellung gegen das Thema Fremdenhass und Gewalt gegen Fremde bezogen.

Bela und Jan möchten *Schrei nach Liebe* als erstes Lebenszeichen aussenden, auch wenn ihnen klar ist, dass die Radiostationen an dem Wort »Arschloch« sicher Anstoß nehmen werden. Doch die beiden lassen sich nicht beirren. Sie stehen dazu und sprechen das aus, was jeder anständige und vernünftige Mensch über die stumpfen Parolen und abscheulichen Taten der rechten Pest denkt.

Am Freitag, den 19. April 1993 treffen sich Bela, Jan und Axel Schulz, der an diesem Abend die Rolle des Moderators übernimmt, in einem asiatischen Restaurant in Berlin-Charlottenburg. Zusammen wollen sie erörtern, wie eine mögliche Neuauflage der Band aussehen könnte. Jan schlägt Axel Schulz als ihren neuen Manager vor.

Axel Schulz: *»Ich habe sie gefragt, unter welchen Bedingungen sie sich vorstellen könnten, das Ding noch einmal anzuwerfen. Es gab dann relativ schnell eine ellenlange Liste an Sachen, die sie nicht mehr machen wollten, wie zum Beispiel Homestories in der BRAVO* *oder Meet & Greets bei Saturn. Zu fortgeschrittener Stunde waren schließlich zwei der drei Protagonisten schon relativ betrunken. Bela wollte dann noch einen Punkt auf die Liste setzen und sagte: ›… und eines ist klar, ich will nie wieder einen Manager haben.‹ So habe ich kurzentschlossen gesagt: ›Okay, dann bewerbe ich mich hiermit als Managerin.‹«*

Bela und Jan schauen sich kurz an, prusten laut los und geben Axel den Job. Noch am selben Abend halten sie die Abmachung schriftlich fest. Axel nimmt eine gebrauchte Stoffserviette, kritzelt das Wort »Vertrag« sowie das Datum darauf und lässt Bela und Jan darauf unterschreiben, bevor er selbst gegenzeichnet. Es wird der einzige gültige Vertrag zwischen beiden Parteien bleiben.

Axel Schulz: »*Bisher hat keiner gegen diesen Vertrag verstoßen. Er ist knallhart, knochentrocken und absolut wasserdicht.*«

Mit den feierlichen Unterschriften ist die Rückkehr der besten Band der Welt nun endgültig beschlossene Sache. Die eigentliche Arbeit geht jetzt erst richtig los. Unter anderem braucht es:

Einen neuen Bassisten.
Einen neuen Plattenvertrag.
Eine neue Platte.
Eine neue Single.
Ein neues Video.
Eine neue Tour.

Viel weiter gehen die Planungen erst einmal nicht, denn niemand weiß, ob das Vorhaben von Erfolg gekrönt sein wird. Zuallererst machen sich Bela und Jan Gedanken über die Besetzung der Band. Kurzzeitig steht die Idee im Raum, Uwe Hoffmann als Schlagzeuger in die Band zu holen, doch das lehnt Bela ab. Zum einen weiß er nicht, wie dann seine Rolle auf der Bühne aussehen soll, und zum anderen will er nicht von der etablierten Konstellation mit ihm am Stehschlagzeug und Jan an der Gitarre abweichen. Also geht es um einen neuen Bassisten. Hagen fällt für sie schnell raus, denn Bela weiß, dass dessen Bassanlage seit fünf Jahren unberührt im Proberaum der Chainsaw Hollies steht, und somit liegt die Vermutung nahe, dass er sich seit seiner Zeit bei Die Ärzte musikalisch kaum weiterentwickelt hat. Jetzt, wo sie einen Neuanfang starten, wollen sie auch einen Schritt nach vorne gehen. Jan wirft schließlich die

Frage auf, ob nicht Rodrigo González ein geeigneter Kandidat wäre. Bela ist überrascht, dass Jan ausgerechnet auf Rodrigo kommt. Er kann sich seinen ehemaligen Depp Jones-Kollegen nicht als Bassisten vorstellen, doch er will ihn fragen.

Bela B: »*Obwohl ich einige Jahre schon mit Rod zusammengespielt habe, kannte ich seine musikalische Vergangenheit kaum, denn er war schon damals kein sonderlich gesprächiger Mensch. Zu meiner Überraschung erzählte mir Rod bei unserem Gespräch, dass er einige Zeit lang auch als Bassist in Bands gespielt hat.*«

Da alles noch in den Kinderschuhen steckt, lässt Bela Rod bei dem Gespräch etwas im Unklaren. Er verrät nur, dass er und Jan noch einmal eine Tour spielen wollen und ihn gerne als Bassisten an Bord hätten. Rod fühlt sich sehr geschmeichelt, doch er ist sich noch nicht ganz sicher, was er davon halten soll, und bittet Bela um ein paar Tage Bedenkzeit.

Rodrigo González: »*Meine erste Reaktion war ›Geil! Cool!‹. Ich fühlte mich geehrt, dass mein Freund Bela mich dabeihaben wollte. Bass zu spielen war für mich überhaupt kein Problem. Ansonsten hatte Bela nicht viel Konkretes bei unserem Treffen erzählt. Ich kannte ihn inzwischen aber schon so gut, dass ich wusste, dass er sich das mit der Reunion sicher sehr gut überlegt hatte. Mir war trotzdem nicht klar, wie das aussehen sollte. Ich hatte die Befürchtung, dass er und Jan nur noch mal die alten Dinger raushauen wollen. Dazu hätte ich aber keine Lust gehabt, denn ich wollte mir auf keinen Fall meine mühevoll erworbene musikalische Integrität ruinieren. Ich hatte auch kein Gespür dafür, ob überhaupt noch Fans der Band existieren. Das Abschiedskonzert auf Sylt lag für mich Lichtjahre zurück. Ich hatte Angst vor einem Fehlgriff.*«

Kurz darauf spielen Bela und Rod als Gastmusiker bei einer All-Star-Band im Kreuzberger Eimer mit. Ohne vorangegangene Proben geben sie *We Are the Champions* von Queen und *My Way* in der Version von Sid Vicious zum Besten. Als beide schon ziemlich angesoffen sind, erhält Bela von Rod schließlich die Zusage. Nach dem Niedergang von Depp Jones will der unbedingt weiter mit seinem Freund Bela Musik machen und ist gerne mit dabei. Bela erzählt Rod nun mehr und erwähnt auch erstmals, dass sie ein neues Album aufnehmen wollen.

Um die Auferstehung der Die Ärzte zu feiern, machen Bela und Jan daraufhin das, was sie schon nach dem Konzert in Westerland gemacht haben: Sie gehen zusammen aus. Wie in alten Zeiten ziehen sie durch Kreuzberg, unter anderem ausgerechnet auf der belebten Oranienstraße, wo sie Hinz und Kunz kennt.

Farin Urlaub: »*Das war schon ein bewusstes Spiel mit dem Feuer, wenn man es denn so nennen will. Dass wir in den vergangenen Jahren sehr lockeren Kontakt gehabt hatten, wusste kaum jemand; zusammen unterwegs – und das noch in Berlin – waren wir jedenfalls lange nicht mehr. Andererseits hatten wir keinen Schimmer davon, was für ein Wirbelsturm da demnächst losgehen würde.*«

Genau dort befanden oder befinden sich auch noch ein paar entscheidende Orte ihrer gemeinsamen Zeit, wie das ehemalige Besetzereck oder das SO36. Tatsächlich legen sie es schon ein bisschen darauf an, gesehen zu werden. Als sie die Franken-Bar gegenüber dem SO36 passieren, sehen sie, dass drinnen eine Band spielt. Dort geben an diesem Abend die Rubbermaids ein Akustik-Konzert.

Bela B: »*Wir betraten den Raum, in dem ewig viele Freunde von mir waren, inklusive der Band selbst, mit denen ich mit Depp Jones schon auf Tour war. Gagu, der Sänger, sah mich und strahlte mit diesem wissenden Lächeln in unsere Richtung. Da erst bemerkten uns viele andere Leute im Raum. Jan und ich tranken in Ruhe ein Glas und verließen den Franken, bevor die Maids fertig waren und man uns zu viele Fragen stellen konnte. Auf der Straße dann kamen wir aus dem Grinsen nicht mehr heraus. Von dem Auftritt muss auch Hagen erfahren haben.*«

Kurz darauf ruft Hagen bei Atze Ludwig an und fragt ihn, ob er seinen ihm vor langer Zeit ausgeliehenen Bass wieder zurückhaben könne. Doch da ist die Entscheidung für Rod schon gefallen.

Atze Ludwig: »*Das war schon etwas unangenehm für mich, aber ich konnte ihm ja nichts sagen ... letztendlich mussten ja Farin und Bela selbst Hagen ihre Entscheidung überbringen. Der logische Schritt – keine Entscheidung gegen Hagen, sondern für Rodrigo. Trotzdem ...*«

Bela B: »*Atze rief mich an und erzählte mir davon. Ich hatte ein sehr schlechtes Gewissen, weil wir Hagen, mit dem ich ja weiterhin* *befreundet war, im Unklaren halten mussten. Doch wir wollten die Bekanntgabe unserer Reunion unbedingt noch hinauszögern, und Hagen war ja immerhin Journalist, schlimmer noch: Musikjournalist.«*

Hagen Liebing: *»Das war schon sehr enttäuschend – aber nicht in der Sache an sich, die konnte ich voll verstehen. Ich war ja mittlerweile in einem anderen Leben. Meine Freundin und jetzige Frau Anja und ich freuten uns damals schon, ein Kind in die Welt zu setzen. Da wäre eine weitere Musikkarriere gar nicht möglich gewesen. Zudem gab es ja wirklich auch den Beruf des Journalisten, den ich sehr ernst genommen habe. Enttäuscht hat mich aber sehr, dass man mir da nicht vertraut hat. Ich selbst sah uns ja immer als Verbündete. Aber die Zeit heilt bekanntlich und auch wirklich Wunden – erst recht, wenn darüber Jahrzehnte vergehen.«*

Farin Urlaub: *»Ich glaube, es war im Rahmen eines in großer Runde gemeinsam besuchten Faith No More-Konzertes, dass ich das erste Mal direkt mit Rod über seinen möglichen Einstieg sprach. Zuerst habe ich mich bei ihm sozusagen entschuldigt, dass ich ihm nicht direkt die Gitarre überlassen konnte, obwohl er offensichtlich um Lichtjahre besser spielt als ich. Aber die Position des Gitarristen war nun mal nicht vakant. Rod fand das aber gar nicht so wild, er bat nur darum, dass wir live ab und zu mal die Instrumente tauschen, damit er wenigstens ein paar Mal sein Lieblingsinstrument spielen kann, was ich gerne versprach. Ich spiele ja ganz gerne Bass, kann aber nicht wirklich gleichzeitig singen, denn da fehlt mir die Übung. Ansonsten war das damals alles gleichzeitig aufregend und entspannt.«*

Einige Wochen später kommen Bela, Jan und Rod bei Jan zu Hause das erste Mal als Die Ärzte zusammen. Rods Antrittsbesuch hinterlässt dabei gleich Spuren, denn er parkt seinen Wagen auf dem frisch gesäten Rasen vor Jans Haus – zu dessen blankem Entsetzen. Noch Jahre später werden diese Reifenspuren dort zu sehen sein. Während dieses Treffens hört Rod zum ersten Mal die Songs, die Jan und Bela bisher aufgenommen haben, darunter die bereits erwähnten *Schrei nach Liebe* und *Wenn es Abend wird* sowie die Ballade *Mach die Augen zu* und einen Song namens *Knäckebrot*. Rod ist sehr angetan, zeigt das neue Material doch eine klare Weiterentwicklung.

Rodrigo González: »*Da lagen echt Welten dazwischen. Der Gitarrensound war fett und verzerrt und hatte mit dem von den alten Aufnahmen nichts mehr zu tun. Jetzt klang es wirklich nach Rock. Die Ärzte gaben sich ja schon in den 1980ern als Rock-Band aus, doch wer die Platten einmal gehört hat, der weiß, dass diese den Rock oft nur aus der Entfernung gesehen haben. Damals stand der Gesang im Vordergrund, dazu kamen noch eine laute Snare und Keyboards. Die Gitarren waren sehr dünn. So klangen eben die typischen Achtzigerjahre-Produktionen. Inzwischen waren beide aber bessere Musiker geworden, und das hörte man nun deutlich.*«

Bela B: »*Auch deswegen, weil wir nun endlich und ausgerechnet den Gitarristen der Rock-'n'-Roll-Institution Rainbirds in unseren Reihen hatten.*«

Schon früh ermuntert Jan Rod, auch eigene Stücke mit einzubringen, und der macht sich gleich zusammen mit Bela an die Arbeit. Als eines ihrer ersten Stücke erarbeiten die beiden den Song *Mit dem Schwert nach Polen, warum René?*, ein Überbleibsel aus den letzten Tagen von Depp Jones, das nun für Die Ärzte verwendet wird.

Bela B: »*Das war quasi die Ermutigung für Rod, dass es wirklich überall hingehen konnte, denn der Song war schon ein schweres Stück, das absolut nichts mit den alten Ärzten zu tun hatte, und er hatte es mitgeschrieben.*«

So wie Jan dem alten Sound der Band nicht nachtrauert, möchte er am liebsten auch seinen Künstlernamen Farin Urlaub vergessen lassen. Eine kurze Zeit lang tut er sich schwer damit, sich wieder so zu nennen, doch Bela redet ihm gut zu. Für ihn ist der Name ziemlich eigenständig und einfach untrennbar mit der Band verbunden – andernfalls sind es für ihn nicht Die Ärzte. Das sieht auch Jan schließlich ein, und so wird aus ihm wieder Farin Urlaub.

Bela B: »*Das würde ich heute vielleicht nicht mehr machen, aber ich hatte damals noch die Situation im Kopf, als Sahnie auf der Suche nach mehr Integrität seinen Künstlernamen abstreifen wollte. Das fand ich peinlich und wollte nicht, dass der Verdacht aufkommt, Farin würde sich von seiner Vergangenheit distanzieren.*«

Die Ärzte wollen ihrer neuen Plattenfirma ein Komplettpaket anbieten, das neben dem fertigen Album und der Single auch entsprechende Artworks und Videos beinhaltet. Für die Schlagzeugaufnahmen und Anfangsproduktion zum Album begibt sich die Band in das Conny-Plank-Studio. Hier haben Bela und Rod bereits die erste Depp Jones-LP aufgenommen, und es ist ihre Idee, nun an gleicher Stelle auch die Comeback-LP von Die Ärzte aufzunehmen. Das Studio ist in einem alten Fachwerk-Bauernhof in Wolperath untergebracht, einer kleinen Ortschaft im Bergischen Land, circa 35 Kilometer von Köln entfernt. Seit dem Tod von Conny Plank führt dessen Lebensgefährtin Christa Fast[2] das Studio weiter. Ihre warme und liebevolle Art sorgt dafür, dass die Band sich sehr wohl fühlt. In Berlin, wo die Gerüchteküche bereits heftig brodelt, wären Die Ärzte nicht lange unbemerkt geblieben. Hier aber leben sie wie in einem Kokon und können ungestört mit ihrem Stamm-Produzenten Uwe Hoffmann am neuen Album arbeiten. Es ist eine unglaublich optimistische Zeit. Die Band ist sehr produktiv und weiß, dass das, was sie macht, richtig gut ist. Allerdings weiß niemand, wie die Außenwelt darauf reagieren wird. Der große holzvertäfelte Aufnahmeraum im Conny-Plank-Studio ist jedenfalls eine hervorragende Kulisse, um als Band die neuen Songs einzuspielen. Hier entstehen auch durchaus kuriose Sachen, wie die etwas eigenwillige Version des Italo-Disco-Schlagers *Felicità*.

Rodrigo González: »*Eines schönen Tages wollten wir nach Köln zu einem Konzert fahren und haben uns alle zusammen in den alten Mercedes-Strich-Achter des Studios gezwängt. Irgendwann während der Fahrt fing ich an* Felicità *zu singen. Bis auf ›Felicità‹ kannte ich aber kein Wort des Textes und habe stattdessen einfach so herumgebrabbelt. Das hat sich dann verselbstständigt, und immer wieder ertönte es: ›Felicità, nananananana, nanananana, Felicità‹ – auch am Ende noch, als vier der fünf Insassen schon ordentlich besoffen waren. Am nächsten Tag haben wir dann unsere Version des Songs aufgenommen.*«

Rods Einfluss macht sich aber nicht nur bei diesem Kleinod bemerkbar. Er bringt sich generell viel mit ein und agiert nicht nur als reiner Mietbassist. So steuert er auch die Instrumentalversion für den späteren Song *Friedenspanzer* bei, den er gemeinsam mit Bela im Studio bei viel Sake und Rotwein fertigstellt. Mit *Dos Corazones* schafft es auch eine komplett von ihm geschriebene spanischsprachige Nummer auf die Platte. Die Musik dazu stammt noch aus der letzten Phase von Depp Jones.

Schon während der Aufnahmen wird klar, dass dieses Album anders als alle vorherigen Platten von Die Ärzte werden wird. Dies ist nicht nur dem Umstand geschuldet, dass sowohl Farin als auch Bela inzwischen bessere Musiker geworden sind und mit Rod nun auch noch ein musikalisches Genie an ihrer Seite haben. Es hängt auch ganz viel mit dem neuen Freigeist zusammen, der sich innerhalb der Band breitgemacht hat. Die einzige Regel, die nun mehr zu gelten scheint, ist die, dass es keine Regeln mehr gibt. Alles ist erlaubt, alles darf ausprobiert werden, und zu allem darf auch etwas gesagt werden. Es gibt keine Denkverbote mehr.

Rodrigo González: »*Wir hatten die Freiheit, herumspinnen zu dürfen, und mussten keine Erwartungen erfüllen, denn es gab ja keine. Wir haben uns oft bei dem Gedanken beömmelt, wie die Leute wohl reagieren würden, wenn sie dieses oder jenes Stück hören. Das ist für mich auch ein ganz wesentlicher Bestandteil der Band.*«

So lassen sich dann wohl auch die seltsamen Samples am Anfang (ein Gitarrenintro, bei dem eine Saite reißt) und am Ende (ein Rülpser) des Albums erklären, die nicht jedem in der Band gefallen.

Uwe Hoffmann: »*Die Samples kamen erst später beim Mischen hinzu. Da war Farin schon im Urlaub. Als er wiederkam und es dann hörte, sagte er: ›Na super, dann fängt die Platte mit 'nem Scheißsample an und hört mit 'nem Scheißsample auf.‹*«

Das Sample mit der gerissenen Nylon-Gitarrensaite stammt aus einer Produktion für die deutsche Metal-Band Grave Digger, die Toningenieur Gerdie Gerhardt betreut hat.

Bela B: »*Wir haben so darüber gelacht. Das musste einfach drauf.*«

Das neue Album wird sowohl das bisher härteste als auch das inhaltlich anspruchsvollste Werk der Band werden. Neben dem Thema Fremdenfeindlichkeit geht es darauf um verlorene Ideale, Kleinbürgerlichkeit und Trennungsschmerz. Dazwischen ist immer wieder Platz für ganz großen Quatsch wie Farins Rap-Gedisse in *FaFaFa*, das tief in berlinerischem Dialekt getunkte *Die Allerschürfste* oder Belas Ragga-Muffin-Nummer *Gehirn-Stürm*.

Bela B: »*Gehirn-Stürm habe ich benebelt im Plank-Studio geschrieben, konnte mich aber nur noch schemenhaft erinnern. Ein Satz* *in dem Text war: ›Punkt 1. Hoffmann ist 'ne Drecksau.‹ Was haben wir gelacht, aber ich hab den Satz dann Hoffmann zuliebe eliminiert. Die Allerschürfste war vorher ein typischer Hasstext von Farin, der aber auf Hochdeutsch irgendwie nicht kam. Dann hat er einfach noch eine Spur lang losberlinert, bis wir heulen mussten. So gut war das.«*

Farin Urlaub: »*Seltsamerweise war* Die Allerschürfste *der erste deutschsprachige Text, der mir noch ohne Hintergedanken während der King Køng-Zeit eingefallen ist – lange bevor ich überhaupt an eine Ärzte-Reunion gedacht habe.*«

Vor und während *Gehirn-Stürm* präsentiert sich der Humorist Heinz Strunk erstmalig einer breiten Öffentlichkeit. Zu der Zeit hat er gerade seine erste CD *Spaß mit Heinz* in einer kleinen Auflage von 500 Stück draußen, die er in Eigenregie versucht, unters Volk zu bringen. Ein Exemplar dieses obskuren Werkes liegt bei Farin im Regal. Er hat sie zugesteckt bekommen, aber bislang noch gar nicht gehört. Als Bela ihn besucht, fällt sie diesem in die Hände und landet schließlich im CD-Player. Gemeinsam vernehmen sie nun Kleinode wie *Die Kackwurst* oder *Der Arschbrand* und kriegen sich vor Lachen kaum noch ein.

Bela B: »*Wir haben ihn dann zu Hause in Hamburg-Harburg besucht und dort die Statements von ihm aufgenommen. Ich kann mich noch daran erinnern, dass er kurz vorher seine Ex-Freundin auf der Straße getroffen hat, was ihn wohl sehr mitgenommen hat.*«

Der Blick ist schon klar nach vorne gerichtet, doch die Band nimmt auch immer wieder Bezug auf ihre bewegte Vergangenheit. In *Schopenhauer* gräbt Farin schon mal vorweg all den Kritikern das Wasser ab, die der Band sicher wieder fehlendes Niveau attestieren werden.

Wir singen nicht mehr über schmutzige Sachen.
Ich bitte Sie, das würden wir doch nie im Leben machen!

Die Stücke *Claudia (Teil 95)* und *Omaboy* enthalten darüber hinaus Auszüge aus alten *Die Ärzte*-Platten. Im letztgenannten Song, sicherlich einer der Höhepunkte des Albums, preist Bela über sechs Minuten die Vorzüge der Liebe zum älteren, weiblichen Geschlecht an:

Models in Strapsen sind chic, doch ich krieg meinen Kick,
von welkenden Schenkeln, die sich in Stützstrumpfhosen pressen.

Denn seh' ich schneeweißes Haar, ja, dann lauf' ich Gefahr,
mich vor Liebe und Sehnsucht fast zu vergessen:
Je älter, je besser!

Bela B: »*Ich habe schon bei unserem ersten gemeinsamen Songschreiben irgendetwas gesucht, womit ich Farin schockieren konnte. Als ich ihm den Song vorgespielt habe, ist er fast vom Stuhl gefallen. Es hat ihn gleichermaßen geekelt und begeistert (und später auf der Bühne hat er immer sein Gesicht verzogen). Diese Erlebnisse gehören für mich außerhalb der Bühne zu den schönsten Momenten bei den Ärzten.*«

Farin Urlaub: »*Ich war total begeistert und holte sofort Umberto Ecos Nonita-Kurzgeschichte aus dem Regal, eine Persiflage auf Lolita, die Bela noch nicht kannte. Herrlich!*«

Mit dem Song *Deutschrockgirl* holt man zu einem geballten Rundumschlag gegen die von ihnen so leidenschaftlich gehassten Vertreter der deutschsprachigen Musikszene aus. Da aber auch Die Ärzte selbst vom Fachhandel immer wieder ins Deutschrockfach gestellt werden, stellen sie ihre Nummer *Alleine in der Nacht* folgerichtig in eine Reihe mit Songs wie *Nackt im Wind*[3] und *Kinder an die Macht*[4].

Bela B: »*Eigentlich war* Punkrockgirl, *eine spätere B-Seite, die Ur-Version. Es enthielt eine Auflistung aller Bands, die ich zu der Zeit liebte, mit Seitenhieben auf King Kong und Depp Jones. Farin mochte den Song zwar, hat hier eines seiner besten Gitarrensoli beigesteuert, aber er sagte mir, dass ihm bei dem Song etwas fehlen würde. Da haben wir in zwei Minuten den Text auf Deutschrock umgemünzt, und schon flog wieder Konfetti durch den Raum. Unfassbar, wie entspannt wir da zu Werke gegangen sind.*«

Insgesamt enthält das Album sage und schreibe 19 Tracks. Am Ende steht mit *Wenn es Abend wird* der Song, der alles wieder zum Laufen brachte. Die Band hat die Schnapsidee, für die Aufnahme des Songs die Wildecker Herzbuben[5] ins Studio zu bugsieren. Die beiden Schwergewichte erwägen wohl auch ernsthaft eine Zusage, machen aber schließlich doch einen Rückzieher. Der böse Text passt wohl nicht zu ihrer rosaroten *Herzilein*-Welt, und wahrscheinlich fürchten sie um ihre Credibility in der Volksmusik-Szene. Die Band und der Lastenaufzug des Studios tragen es mit Fassung, und statt der Herzbuben wird einfach ein unbekanntes Blasorchester besorgt. Dank dieses zünftigen Titels zieht die Band es sogar kurzzeitig in Erwägung, damit im gefürchteten *Musikantenstadl* in der ARD aufzutreten, nimmt dann aber doch davon Abstand.

Farin Urlaub: »*Es wäre absurd gewesen, aber die Sendung war uns dann doch zu reaktionär.*«

Rodrigo González: »*Wir hatten Mitte der 90er auch mal vor, zu dritt in die ARD-Sendung Herzblatt zu gehen. Die haben uns auch alle drei gecastet, aber den Witz dahinter nicht verstanden, und wollten uns einzeln in die Sendung reinnehmen. Das machte dann aber für uns keinen Sinn mehr.*«

Bevor Die Ärzte ihre Reunion an die große Glocke hängen, schicken sie ohne Erklärung einen 1000-Mark-Schein an Campino, denn Wettschulden sind Ehrenschulden. Der versteht sofort und schickt kurze Zeit später einen Umschlag an sie zurück, darin eine Hälfte ebendieses Scheines und ein Zettel, auf dem steht: »Den machen wir zusammen platt.«

Die Ausschluss-Liste, die Farin und Bela sozusagen als Grundlage für die Reunion im März erstellt haben, sieht viele Punkte vor. Einen der wichtigsten haben sie dabei ganz oben notiert: die völlige Souveränität und Unabhängigkeit der Band in ihrem Auftreten und ihrem musikalischen Wirken. Bela und Farin haben weder Lust, sich von irgendjemanden in die musikalischen Belange reinreden zu lassen, noch irgendwelchen Plattenfirmenmenschen erklären zu müssen, warum sie etwas so und so machen wollen. Sie wollen ab sofort die totale Kontrolle über alle künstlerischen Belange zugestanden bekommen. Neben dem finanziellen Aspekt ist dies für sie das wichtigste Kriterium bei der Suche nach einer neuen Plattenfirma. Normalerweise müssten Die Ärzte jetzt damit beginnen, sich bei den großen Plattenfirmen anzubieten, doch das wollen sie nicht. Es widerstrebt ihrer Natur zutiefst, und sie gruseln sich davor, in irgendwelchen Meetings Plattenfirmenbosse von sich zu überzeugen. Vor diesem Hintergrund kommt Bela eine simple wie geniale Idee: Warum nicht einfach den Spieß umdrehen? Warum sollen Die Ärzte mit ihrem Status irgendwo vorstellig werden und um Angebote betteln müssen? Sollen doch die Plattenfirmen erst einmal kommen. Schon beim ersten Treffen mit Axel hat Bela vorgeschlagen, einfach im Branchen-Fachblatt *Musikmarkt* eine ganzseitige Anzeige zu schalten. In der Juni-Ausgabe (Heft 12) ist es dann so weit.

Dort steht in weißer Schrift auf schwarzem Hintergrund: *Die Ärzte (Beste Band der Welt) suchen Plattenfirma.*

Darunter sollen Axels Name und die Faxnummer von seinem Büro im Loft stehen. Wenn es nach Bela gegangen wäre, so hätte dort nur »Beste Band der Welt sucht Plattenfirma« gestanden, doch das konnten ihm Farin und Axel noch ausreden. Der Vorteil dieses Vorgehens ist, dass die Zeitschrift von jedem, der in der Musikbranche arbeitet, gelesen wird und demzufolge alle gleichzeitig über die Rückkehr der Band informiert sind.

Axel Schulz: »*Die Faxnummer kannte genau niemand. Über sechs Wochen lang trudelten darüber aber die wildesten Angebote ein, angefangen von Plattenläden und windigen Tourneeveranstaltern bis hin zu kleinen Independent- und ersten Major-Plattenfirmen.*«

Die Nachricht von der Rückkehr der besten Band der Welt zieht ein breites Echo nach sich. Die Majors fühlen sich von dieser Dreistigkeit anfangs ziemlich überrumpelt, doch zur Freude der Band kommt es tatsächlich bald zum Bieterwettstreit der großen Labels um Die Ärzte, und Axel Schulz muss mehrmals die Papierrollen seines Faxgerätes wechseln. Es sollte an dieser Stelle auch nicht unerwähnt bleiben, dass keiner der Bieter bis dato auch nur einen Ton von dem neuen Material zu hören bekommen hat. Mit diesem Schachzug hat die Band es tatsächlich geschafft, die Verhältnisse umzudrehen.

Bela B: »*Wir wollten den Zuschlag, und dann erst wollten wir der neuen Firma etwas vorspielen. Dieser Größenwahn, dieses Pokern mit den Erwartungshaltungen, hat uns einen Riesenspaß gemacht.*«

Für eine Plattenfirma allerdings machen Die Ärzte eine Ausnahme. Auf Wunsch von Farin informieren sie aus alter Verbundenheit Sony Music vorab von ihren Plänen. Deren verantwortlicher A&R-Direktor ist ein alter Bekannter und Freund: Fitz Braum. Nach der Auflösung der Die Ärzte ist er die Karriereleiter weiter emporgestiegen. Mit den Fantastischen Vier ist ihm sogar noch einmal ein ähnlich großer Erfolg gelungen, und seine neueste Entdeckung Selig ist ebenfalls sehr vielversprechend. Braum will unbedingt wieder mit seinen alten Schützlingen zusammenarbeiten und gibt vor seinem Urlaub seinen Kollegen den Auftrag, ein unschlagbares Angebot für Die Ärzte vorzubereiten. Nach einem Telefonat mit Farin ist er fest davon überzeugt, dass Die Ärzte noch größer werden können, als sie es zum Zeitpunkt der Auflösung je waren.

Fitz Braum: »*Der Kontakt zu Farin ist in all der Zeit nie abgerissen. Wir haben immer mal wieder telefoniert und uns auf dem aktuellen Stand gehalten. Er hat mich auch vor der Schaltung der Anzeige angerufen und mir auch zu verstehen gegeben, dass Sony Music von ihnen besonders berücksichtigt werden würde. Ich war mir sicher, dass ihr Comeback ein Erfolg werden wird.*«

Sony Music ist aber nicht allein, auch andere Majorfirmen buhlen kräftig um die Band – allen voran die neu gegründete MCA Records[6]. Ihr Chef Heinz Canibol, der zu CBS-Zeiten einer der größten Kritiker der Band war, glaubt ebenfalls fest an eine erfolgreiche Rückkehr und macht der Band ein überaus lukratives Angebot. Canibol ist gerade dabei, die MCA in Deutschland aufzubauen, und wünscht sich Die Ärzte als nationales Flaggschiff. Mittlerweile ist schon eine solch hohe Bietersumme erreicht, die berechtigte Zweifel aufkommen lässt, ob ein solch hohes Investment je wieder reingeholt werden kann.

Bela B: »*Die hatten immerhin Guns N'Roses, die Sony Bruce Springsteen, was für mich damals schon ein Sympathiepunkt Richtung MCA war. Heute wäre es genau andersherum.*«

Nach Rücksprache mit Anwalt Axel Schwarzberg gibt Bela Canibol per Handschlag die Zusage. Im Hause MCA ist man hocherfreut und holt schon mal einen teuren Champagner aus dem Schrank, doch die Korken werden nicht knallen, denn auf den sprichwörtlich letzten Metern tritt tatsächlich noch eine andere Plattenfirma auf den Plan: die Metronome aus Hamburg mit ihrem Leiter Albert Slendebroek. Slendebroek ist ein sehr hochgewachsener Holländer und gibt unumwunden zu, kein wirklicher Musikkenner zu sein. Dafür hat er eben seine Leute. Er ist mehr der Mann für das Geschäftliche und sehr daran interessiert, für seine Auftraggeber einen guten Deal abzuschließen. Er möchte auch, dass die Produkte seiner Künstler stets für eine hohe Qualität stehen. Um dies zu erreichen, lässt er jenen gerne freie Hand – solange die Zahlen stimmen. 1992 erhält Slendebroek vom Mutterkonzern PolyGram den Auftrag, das in die roten Zahlen abgerutschte deutsche Label Metronome wieder auf Kurs zu bringen. Slendebroek sagt zu und schart kurz darauf Fachmänner wie A&R-Direktor Freddie de Wall und Oliver Hellwig um sich. An ihrer Seite gelingt ihm tatsächlich die Konsolidierung des Labels, doch das ist der PolyGram und deren Leiter Wolf-Dieter Gramatke anscheinend zu wenig. Sie wollen den Sparkurs noch weiter verschärfen und verbieten Slendebroek sogar, neue Künstler für die Metronome unter Vertrag zu nehmen. Slendebroek ahnt schnell, dass die PolyGram die Metronome wohl abwickeln und seine jüngst eingestellten Mitarbeiter vor die Tür setzen möchte, doch das will er nicht mitmachen. Er gibt Gramatke unmissverständlich zu verstehen, dass er seinen Mitarbeitern, die aufgrund der neuen Vorgabe nun überflüssig werden würden, nicht kündigen werde. Dafür solle Gramatke doch besser ihn rauswerfen, doch dieser lehnt ab. Slendebroek überbringt seinen Leuten die traurige Botschaft, die verständlicherweise sehr geknickt sind. Darüber hinaus hat er noch ein Problem – eines namens Ace of Base.

Mit jener Erfolg versprechenden schwedischen Band hat Slendebroek bereits einen unterschriftsreifen Plattenvertrag ausgehandelt, der nun zu platzen droht, da keine neuen Verträge mehr gemacht werden können. Slendebroek gibt aber nicht auf und fängt an zu tricksen. Er streicht aus dem Vertrag die Vertriebsrechte für den amerikanischen Markt heraus, was die Gesamtsumme drückt und Slendebroek nun dazu ermächtigt, den Vertrag auf eigene Faust abzuschließen. Außerdem datiert er ihn zwei Tage zurück und umgeht so auf nicht ganz legale Art und Weise die neue Vorgabe der PolyGram.

Slendebroek ahnt nicht, dass dieses Vorgehen der Metronome die weitere Existenz sichern und gleichzeitig den Grundstein für die Zusammenarbeit mit Die Ärzte legen wird. Denn für die Plattenfirma wird Ace of Base zum Glücksfall. Deren Debütalbum *Happy Nation* verkauft sich 1993 weltweit millionenfach. Songs wie *All That She Wants* oder *The Sign* dominieren die Charts – sogar in den USA. Mit den Veröffentlichungen der Skandinavier, die mittlerweile schon als Reinkarnation von ABBA vermarktet werden, macht die Metronome in jenem Jahr mehr Umsatz als die ganze niederländische Plattenindustrie zusammen. Es ist ein unglaublicher Erfolg – vor allem auch für Slendebroek, dessen Ansehen im Hause PolyGram nun enorm gestiegen ist. Slendebroek ruht sich darauf jedoch nicht aus und plant schon den nächsten großen Coup. Als er mitbekommt, dass Die Ärzte wieder zurückkommen wollen, und erfährt, welchen Legendenstatus die Band in Deutschland innehat, will er sie unbedingt unter Vertrag nehmen. Da ihm bewusst ist, dass dies nicht ganz billig werden wird, holt er sich entsprechende Rückendeckung von der PolyGram-Zentrale in London. Dies ist entscheidend, denn nur so kann Slendebroek tatsächlich voll auf Risiko gehen.

Albert Slendebroek: »*Wir haben der Band zunächst einen Zehner geschickt und wollten was hören. Da kam aber nichts. Dann haben wir noch mal einen 20-Mark-Schein hinterhergeschickt. Aber wieder nichts. An einem Montag habe ich schließlich Axel Schwarzberg angerufen und ihm gesagt, dass ich der Band gerne ein Angebot unterbreiten will, was sie nicht ablehnen kann. Schwarzberg sagte mir, dass ich zu spät komme und am Nachmittag eine Vertragsunterzeichnung mit der MCA anstünde. Das war natürlich ein harter Schlag für mich, doch ich habe nicht lockergelassen. Schwarzberg lenkte irgendwann ein und gab mir zu verstehen, dass er das noch einmal mit der Band abstimmen möchte und sich in einer halben Stunde wieder meldet.*«

Die Band wird von Slendebroeks Last-Minute-Anruf ziemlich überrascht. Sie befindet sich inzwischen wieder in Berlin, wo sie im Preussenton-Studio letzte Hand an ihr neues Album anlegt, und ist eigentlich darauf eingestellt, heute den Vertrag mit der MCA zu unterzeichnen. Schwarzberg richtet ihnen aus, dass dieser verrückte Holländer scheinbar zu allem bereit ist, und rät ihnen dazu, sich dessen Angebot zumindest mal zukommen zu lassen. Den Vertrag mit der MCA könne man schließlich auch noch einen Tag später unterschreiben. Die Metronome ist der Band nicht ganz unsympathisch, denn diese ist Sponsor des von ihnen so geschätzten FC St. Pauli. Was nun folgt, ist fast filmreif, denn die Band gibt Slendebroek 24 Stunden Zeit, ihnen ein ansprechendes Angebot zu unterbreiten. Zur Orientierung lassen sie ihm den unterschriftsreifen Vertrag der MCA zukommen, machen aber clevererweise die dort verhandelten Summen für Vorschüsse und dergleichen unkenntlich.

Slendebroek ist klar, dass er der Band schon einen unanständigen Haufen Geld bieten muss, damit sie sich das noch anders überlegt. Dies muss eine so abstrus hohe Summe sein, dass die Band gar nicht anders kann als zuzusagen. Natürlich liegt darin auch ein gewaltiges Risiko, denn noch immer hat Slendebroek keinen einzigen Ton zu hören bekommen. Er trommelt sein Team und einen Justiziar zusammen und verbringt die ganze Nacht damit, einen unschlagbaren Vertrag vorzubereiten.

Albert Slendebroek: »*Mir war klar, dass der Erfolg ihres Comebacks stark von ihrem ersten Album abhängen wird. Das würde den weiteren Weg der Band vorgeben. Die MCA hat der Band einen klassischen Vertrag über drei Alben vorgelegt, der der Band für jedes Album einen üppigen Vorschuss garantiert hätte. Ich hingegen hatte die Idee, der Band einen extrem unanständigen Vorschuss allein für das erste Album zu garantieren. Die Vorschüsse für die zwei nachfolgenden Alben machte ich hingegen abhängig von den Verkaufszahlen des ersten Albums.*«

Als Die Ärzte erfahren, welch obszön hohe Summe Slendebroek bietet, geraten sie ins Schwimmen. So einen Betrag können sie tatsächlich nicht ausschlagen, doch stehen sie bei der MCA im Wort. Slendebroeks heftiges Werben bringt die Band in eine echte Zwickmühle und treibt sie dazu, ihren inneren Schweinehund zu überwinden und ihr Wort zu brechen. Bela greift daraufhin zum Hörer und überbringt Heinz Canibol die schlechte Nachricht. Dieser ist schwer getroffen.

Bela B: »*Ich hatte und habe viel Achtung vor Heinz. Er war zu CBS-Zeiten zwar nicht sonderlich gut auf uns zu sprechen, doch er war immerhin einer der wenigen, die stets offen und ehrlich ihre Meinung gesagt haben. Das hat mir imponiert. Nun lag es an mir, ihn anzurufen und mitteilen zu müssen, dass wir von unserem Wort zurücktreten möchten. Ich habe ihm gesagt, dass eine andere Firma ein Vielfaches von seinem Angebot bieten würde, und ihn offen und ehrlich gefragt, was er an meiner Stelle tun würde.*«

Heinz Canibol: »*Ich habe ihm gesagt, dass ich ihn in meiner Funktion als MCA-Chef die nächsten zwei Jahre nicht sehen möchte. Als Freund habe ich ihm jedoch geraten, den Deal anzunehmen, denn sie wären bescheuert gewesen, wenn sie es nicht getan hätten.*«

Bela B: »*Geiler Typ!*«

Bela ist diese Entscheidung allein um des Geldes willen äußerst unangenehm, doch nun ist der Weg frei für die Vertragsunterzeichnung mit der Metronome. Slendebroek und Co. eilen tags darauf nach Berlin. Im Büro von Axel Schwarzberg lernen sich beide Parteien erstmals kennen und sofort lieben. Mit ihrer Unterschrift unter den Vertrag beendet die Band die wochenlange Suche nach einer neuen Plattenfirma.

Bela B: »*Wir kannten Albert nicht. Ich sah da einen durchgeschwitzten Mann, nervös bis in die Haarwurzeln. Einen Familienvater, der gerade beim Roulette sein Vermögen und sein Haus gesetzt hatte! Er hätte mir fast leidgetan, wenn ich nicht so selbstsicher ob unserer Songs gewesen wäre.*«

Anschließend werden die Leute von der Metronome ins Preussenton-Studio chauffiert, wo sie ohne jegliche Wertung und finale Reihenfolge endlich das neue Material zu hören bekommen. Die Ballade Mach die Augen zu gefällt Slendebroek dabei besonders gut. Wenn es nach ihm ginge, würde er den Song am liebsten als erste Single auskoppeln, doch die Band hat sich auf Schrei nach Liebe festgelegt.

Komischerweise löst der Song bei ihrer neuen Plattenfirma nicht die Reaktion aus, die sie sich erhofft haben.

Bela B: »*Das hat denen erst mal gar nicht geschmeckt, dass da in einem Song gefühlte 20 Mal ›Arschloch‹ gebrüllt wurde.*«

Farin Urlaub: »*Wir haben ihm Schrei nach Liebe vorgespielt und dann noch Mach die Augen zu, und Albert, dieser schräge, coole Typ, grinste uns an und sagte in seine unnachahmliche hollandische Akkssent: ›Jungs, ihr habt einen Fehler gemacht! Hätte ich dieses Lied vorher gehört, hätte ich noch eine Million mehr gezahlt.‹*«

Trotzdem halten Die Ärzte weiter an Schrei nach Liebe fest. Sie einigen sich mit Slendebroek aber darauf, dass Mach die Augen zu die zweite Single wird.

Albert Slendebroek: »*Der Deal mit Die Ärzte war ein klassisches Alles-oder-nichts-Spiel. Entweder wir würden alles gewinnen oder alles verlieren. Als sie uns endlich die neuen Songs vorspielten, war uns klar, dass wir alles gewinnen würden. Wir waren begeistert und haben noch die Nacht zum Tag gemacht.*«

Zu erwähnen sei da noch das Angebot von Sony Music. Dies verdient nicht mal seinen Namen, denn es wurde nur noch von zwei anderen Firmen unterboten. Es ist sogar so schlecht, dass Die Ärzte nicht mal darauf antworten.

Hubert Wandjo: »*Nachdem Fitz Braum uns von seinem Telefonat mit Farin erzählt hat, haben wir angenommen, dass es eigentlich so gut wie beschlossene Sache wäre, dass die Band wieder zu uns zurückkommt. Diese Anzeige haben wir mehr als Gag begriffen. Wir haben uns natürlich trotzdem zusammengesetzt, die letzten Verkaufszahlen zusammenaddiert und ein relativ nüchternes Angebot ausgearbeitet. Als die Anzeige dann rauskam, waren wir eine der ersten Firmen, die ein Angebot abgegeben haben, doch dann passierte tagelang nichts, gar nichts. Wir sind unruhig geworden, und ich habe dann Fitz im Urlaub angerufen und ihn gefragt, was los ist. Er hat mich nach einem Telefonat mit Farin dann zurückgerufen und erzählt, was da gerade abgeht und welche Summen im Spiel sind. Wir waren danach völlig verstört und schon allein mental gar nicht mehr in der Lage, in die Konkurrenzsituation einzusteigen. Wir haben zwar unser Angebot noch mal auf 450.000 DM erhöht, doch da hatte Heinz Canibol mit der MCA schon mehr als das Doppelte geboten.*«

Fitz Braum: »*Das Angebot, das wir damals abgegeben haben, war eine Frechheit. Ich habe mir gesagt: Wenn ich als A&R-Direktor nicht mal Die Ärzte unter Vertrag nehmen kann, dann sollen sie sich besser einen anderen für den Job suchen. Ich hatte anschließend kurzzeitig überlegt, als A&R zur Metronome zu wechseln, was der Band sicher gefallen hätte. Meine innere Stimme sagte mir aber, dass ich etwas anderes machen muss. Kurz darauf habe ich mit den Fanta 4 das Label Four Music gegründet, mit denen wir dann große Erfolge feiern durften. Jochen Leuschner hat mir später vorgeworfen, dass ich nicht verbissen genug war. Vielleicht hat er damit sogar nicht ganz unrecht.*«

Jochen Leuschner: »*Das war eine grauenhafte Erfahrung, als uns der Deal durch die Lappen ging. Ich habe dem Fitz danach auch viele Vorwürfe gemacht, denn das war einfach unprofessionell. Für mich klangen Fitz' Worte wie:* ›*Wir gehen morgen in den Wald und nehmen mal ein Gewehr mit. Vielleicht sehen wir einen Hasen.*‹ *Er hat mir aber verschwiegen, dass da Tausende von Wildschweinen rumlaufen.*

Hätten wir die ganze Wahrheit gewusst, hätten wir das ganz anders aufgezogen und es auch gekonnt. So war unser Angebot tatsächlich eine Lachnummer, und wir sahen beschissen aus.«

Farin Urlaub: »*Ich gebe zu: Nach meinen Erfahrungen bei King Køng war ich der Schisser bei Die Ärzte, der am liebsten wieder zurück zur Sony wollte. Ich habe dann noch eine Weile die Fahne hochgehalten, bis klar war, dass die uns offenbar entweder gar nichts zutrauen oder uns für komplett bescheuert halten. Ein Glück, denn mit Albert hatten wir wahrscheinlich den besten Plattenfirmenchef gefunden, den wir zu dieser Zeit hätten haben können.*«

Nachdem Die Ärzte nun endlich eine neue Heimat gefunden haben, inserieren sie in der November-Ausgabe des *Musikmarkt* folgerichtig: *Die Ärzte (Beste Band der Welt) suchten Plattenfirma ...*

Bela B: »*Herrliche Ulknudeln, die wir waren.*«

Ein weiterer Bestandteil des Komplettpakets, das die Band der Metronome anbietet, ist auch ein entsprechendes Video für *Schrei nach Liebe*. In ihrer ersten Band-Phase hatten Videoclips von deutschsprachigen Künstlern noch nicht die große Relevanz. Derlei Clips liefen maximal bei Musiksendungen wie *Formel Eins*, danach war schon Schluss. Durch die Ausdehnung von MTV auf Europa werden sie nun aber auch für deutsche Interpreten immer wichtiger. Für ihr erstes Video will die Band einen besonderen Regisseur engagieren. Irgendwann stoßen sie bei ihren Überlegungen auf Detlev Buck, der mit seinem jüngsten Film *Wir können auch anders* einen Achtungserfolg erzielen konnte. Man beauftragt Axel Schulz damit, ein Treffen mit Buck zu arrangieren.

Bela B: »*Ich war ein Riesenfan von Bucks ersten Filmen* Erst die Arbeit und dann?, Karniggels *und seinem Meisterwerk* Wir können auch anders, *den ich im Kino vielleicht sieben Mal (unter anderem auch mit Farin) gesehen hatte. Deshalb schlug ich ihn vor, ohne zu wissen, ob ein Filmregisseur auch die visuelle Sprache eines Musikvideos beherrscht.*«

Farin Urlaub: »*Detlev Buck war Belas Idee, aber da ich* Wir können auch anders *auch sehr mochte, war ich sofort begeistert davon. Hach, dieser zweite Frühling war schon sehr harmonisch.*«

Axel Schulz: »*Ich musste mit Detlev Buck zu einem Zeitpunkt Kontakt aufnehmen, als keiner wissen durfte, dass es die Band wieder* geben würde. So bin ich als kleiner Scheißer bei ihm vorstellig geworden und habe ihm den Wunsch der Band nach einem Treffen übermittelt, ohne ihm zu sagen, um wen es sich handelt. Jeder andere hätte wohl dankend abgelehnt, doch Buck hat tatsächlich einem Treffen zugestimmt. Das fand dann in einer schäbigen Eckkneipe irgendwo in Moabit statt.«

Als Buck die Kneipe betritt und Farin und Bela erblickt, fällt ihm ein Stein vom Herzen.

Axel Schulz: »*Er hat gesagt: ›Boah, Gott sei Dank, seid ihr nicht Peter Maffay.‹ Ein großer Lacher.*«

Bela und Farin spielen ihm *Schrei nach Liebe* und *Mach die Augen zu* vor. Auch Buck ist schwer angetan von *Mach die Augen zu* und würde am liebsten nur hierzu einen Clip drehen. Ihm schwebt für die Handlung direkt eine märchenhafte Geschichte vor, die auch Bela und Farin gut gefällt. Trotzdem bitten sie Buck, auch für *Schrei nach Liebe* einen Clip zu drehen, und räumen ihm in Abstimmung mit ihrer neuen Plattenfirma ausreichend Budget ein, damit er beide Clips in Szene setzen kann. Als Erstes soll *Schrei nach Liebe* abgedreht werden. Buck fällt es nicht leicht, ein gescheites Drehbuch auf die Beine zu stellen. Alles, was ihm in den Sinn kommt, ist recht platt und vorhersehbar. Am Ende entsteht die Geschichte mit den in Tarnklamotten gekleideten Nazis, die gewaltsam in eine Kirche eindringen. Dort stören sie so lange den Frieden, bis Bela und Farin aus ihren Särgen kommen – ein passendes Bild für die Wiederauferstehung der besten Band der Welt. Bela und Farin kesseln die Nazifratzen ein und üben sich in Erklärungsversuchen für deren Hass. Ihr Fazit »Arschloch« setzt diesen jedoch ein gewaltiges Echo entgegen. Die klare Ansage führt schließlich dazu, dass die Nazifratzen sich wieder besinnen und von den anwesenden kleinen Mädchen[7], die zunächst noch aus Angst vor ihnen in der Kirche Zuflucht suchten, die martialische Schminke entfernen lassen.

Detlev Buck: »*Ich denke, wir haben es gut und international professionell gemacht. Wenn Sting diesen Film sieht, kann er uns auch gerne anrufen, denn es ist für uns kein Problem, so einen Film auch für Sting oder Michael Jackson zu machen.*«[8]

In Berlin laufen derweil die Drähte heiß, und Axel Schulz ist heftig am Rotieren. Als Managerin von Die Ärzte hat er zu dem Zeitpunkt nicht mal ein eigenes Büro, denn er leitet mit einer Kollegin eigentlich hauptberuflich das Veranstaltungsbüro Loft Concerts. Allein dies ist für ihn schon ein Vollzeit-Job. Irgendwann lässt sich beides aber nicht mehr bewältigen, und so bittet er seine Kollegin, ihn für eine unbestimmte Weile zu vertreten. Die Ärzte und ihr Comeback verlangen nun seine ganze Konzentration.

Axel Schulz: »*Mir war nicht einmal ansatzweise klar, was diese Die Ärzte-Reunion für eine Arbeit mit sich bringen würde. Ich habe anderthalb Jahre durchgearbeitet und oft so lange gearbeitet, bis ich umgefallen bin. Ich hatte auch keine Zeit gehabt, um Leute einzustellen und denen zu sagen, was sie machen sollen. Wie auch? Ich wusste ja selber nicht mal, was ich machen muss, vieles war auch einfach improvisiert. Ich hatte überhaupt nichts drauf und keine Ahnung. Meine einzige Qualifikation war die Freundschaft zu den Jungs. Ich hatte zwar schon viele Facetten des Musikbusiness kennengelernt, doch Management war Neuland für mich. Gerade das machte aber auch den Reiz für mich aus.*«

Schon kurz nachdem die Reunion abgemachte Sache war, hat Axel über einen befreundeten Veranstalter für die Zeit ab Ende Oktober Clubs in einer entsprechenden Größenordnung für eine anonyme Band reservieren lassen. Axel geht davon aus, dass die Clubs recht schnell ausverkauft sein werden, sobald klar wird, für wen er diese wirklich gebucht hat. Daher sichert er sich in einigen Städten auch die nächstgrößeren Hallen, behält dies aber zunächst für sich. Spätestens mit der Veröffentlichung der Anzeige im *Musikmarkt* kann Axel aber die wahre Identität dieser anonymen Band nicht länger geheim halten und gibt den Vorverkauf für die Tour, die am 29. Oktober in Bielefeld starten soll, frei. Axel ist auch für das Design der Eintrittskarte verantwortlich – wenn auch eher unfreiwillig. Als Diskussionsgrundlage schickt er der Band einen Vorschlag zur Gestaltung der Karte. Diese soll neben dem Bandnamen auch die Gwendoline und das Motto der Tour, die *Plugged-Tour* heißen soll, abbilden. Zur besseren Veranschaulichung fertigt Axel eine Skizze an und schickt diese der Band. Da an Axel kein van Gogh verloren gegangen ist, schreibt er in seine eher abstrakte Zeichnung der Gwendoline sicherheitshalber noch rein, was damit gemeint ist. Als die Band Axels Vorschlag sieht, braucht sie nicht lange, um zu entscheiden, dass genau diese Skizze das offizielle Motiv werden soll.

Bela B: »*Der Tourname war wieder zwischen Tür und Angel oder besser zwischen zwei Songs rausgekackt worden. Herrlich! Als die Zeichnung von Axel, also das Gekrakel, kam, entschieden wir in der Sekunde, dass die Eintrittskarte so bleiben sollte. Das war wie in 1980ern, als Farin und ich beschlossen, Nenas Gesicht aufs Cover zu packen, nur dass wir noch schneller entschieden. Wir waren auch in diesen Dingen besser geworden.*«

Die eigentliche Aufbereitung für den Druck überlässt die Band aber Thomas Meitsch, der sich selbst nur Schwarwel nennt. Er wird der neue Grafiker der Band und ist fortan verantwortlich für ihr visuelles Erscheinungsbild, sprich Plattencover, Plakate, Anzeigen und T-Shirt-Motive. Bela hat Schwarwel bereits zu Depp Jones-Zeiten kennengelernt. Wie Bela ist auch Schwarwel ein großer Comic-Fan und vor allem selbst mit einer großen Gabe für das Zeichnen von Comics ausgestattet. So kommt es, dass er bereits für das Artwork des letzten Depp Jones-Albums verantwortlich gewesen ist und der Band auch einen eigenen Comic gestaltet hat, der dem Album ursprünglich beigelegt werden sollte.[9] Bela bringt Schwarwel bei den Die Ärzte ins Gespräch, wo dieser bald den Auftrag erhält, die einst von Roman Stolz entworfene Gwendoline wegen mehr Evilness als Skelettversion anzufertigen.

Farin Urlaub: »*Gwendoline hat fünf Jahre nichts zu essen bekommen und sah jetzt so aus.*«

Darüber hinaus wird Schwarwel mit der Gestaltung des Artworks für das neue Album beauftragt. Die Band hat die möglichen Titel für das neue Album recht schnell auf *Die Bestie in Menschengestalt* oder *Hölle* eingeschränkt. Noch während man im Studio ist, liefert Schwarwel eine beeindruckende Anzahl an Entwürfen ab. Die Band entscheidet sich ohne viele Diskussionen für das kleine rote Teufelsmännchen und den Titel *Die Bestie in Menschengestalt*. Mit dem Fotografen Paul Kalkbrenner (nicht dem Musiker) nehmen sie im Hinterhof des Preussenton-Studios Fotos für das Booklet des Albums auf. Kurz danach folgt eine weitere Fotosession mit Fred Stichnoth, den Farin noch aus King Kong-Zeiten kennt. Obwohl Bela ansonsten sehr angetan von Stichnoths Fotos ist, ist er es bei einer Aufnahme explizit nicht. Blöderweise ist es bis heute eines der Bilder, die am häufigsten von ihnen verwendet werden.[10]

Bela B: »*Die anderen beiden haben mich dazu überredet, dem Foto zuzustimmen, obwohl ich da so eine blöde Fratze ziehe. ›Ist doch nur eins von vielen‹, haben sie gesagt, und dann haben sie sich jedes Mal weggeschmissen vor Lachen, wenn das Bild wieder irgendwo erschien.*«

Zu dieser Zeit werden eine Menge Personalfragen geklärt, die sich rund um die bevorstehende Tour und die Veröffentlichung des Albums ergeben. Was zu diesem Zeitpunkt noch keiner ahnen kann, ist, dass viele dieser Entscheidungen in den Aufbau von langjährigen Existenzen und sogar Wirtschaftsunternehmen münden. So soll Farins Freund Yentz Köhler den T-Shirt-Verkauf auf der Tour übernehmen. Dort macht er Bekanntschaft mit Erik Schunder, einem Freund von Rod, der ihn dazu überredet, ein eigenes Textildruckunternehmen zu gründen. Aus dieser Idee wird erst die Deutschrock GmbH und später die Bravado AG.

Bela B: »*Erik kam von der Antifa und hat T-Shirts zur Unterstützung gegen Nazis verkauft. Wir haben das gerne unterstützt, und außerdem war er ein zusätzlicher, Straßenkampf-erfahrener Security.*«

Für das Catering engagiert man Jörg Raufeisen und Ole Plogstedt, die sich Rote Gourmet Fraktion[11] nennen. Raufeisen und Plogstedt bieten Tour-Catering der etwas anderen Art und sind gerade dabei, in der Branche Fuß zu fassen.

Jörg Raufeisen: »*Diese erste Tour war für uns superaufregend, aber auch sehr anstrengend, denn wir hatten noch gar nicht die Erfahrung, wie man so etwas von der Organisation und der Logistik her aufzieht. Wir sind dann aber von der Band und ihrer Crew schnell eingenordet worden und haben es dann recht schnell perfektioniert.*«

Bela B: »*Ich hab die beiden im Berliner Sexton kennengelernt, und wir haben uns sofort angefreundet. Als es um die Besetzung einer Catering-Firma ging, schlug ich sie vor, obwohl sie wenig Erfahrung hatten. Ich steckte ihnen, dass Farin Sushi liebt, und so haben sie ihm zum Tourauftakt einen Teller bereitet. Leider haben sie wohl den falschen Reis dafür genommen, aber Farin hat den Teller aus Höflichkeit trotzdem aufgegessen.*«

Bei der Wahl ihrer Technik-Crew vertraut die Band auf bereits bewährte Kräfte der Schallwand GmbH aus dem Münsterland. Deren Truckfahrer Gerhard »Hammer« Hammerich sowie Lichtmann Lui Helmig haben die Band schon in den 1980ern begleitet. Es sind jedoch auch viele neue Gesichter mit dabei, wie der Amerikaner Chris Heckmann, der für den Ton zuständig ist. Seit einer gemeinsamen Tour von Depp Jones und den Rubbermaids lebt er in Hamburg, und er fühlt sich sehr geehrt, als Bela ihn als Live-Mischer vorschlägt. Die Rubbermaids sind übrigens auch Bestandteil des für Bela unvergesslichen Besuchs auf der Popkomm[12] im August 1993 in Köln. Die Geschichte beginnt in Hannover, wo Bela zusammen mit Uwe Hoffmann und dessen Studioassistent Nils Busch am finalen Mix der neuen Platte arbeitet. Sie arbeiten unter höchstem Zeitdruck, denn der Plan sieht vor, dass Bela Metronome-Chef Albert Slendebroek die neue Platte, also das fertige Mastertape, auf der Popkomm feierlich überreicht. Mehrere Nächte lang arbeiten Bela, Uwe und Nils dafür durch. Nachdem sie fertig geworden sind, schießen sie sich in ihrem Hotel in eher trostloser Hotelbar-Umgebung noch so richtig ab. Entsprechend dröhnt ihnen der Schädel, als die drei sich am nächsten Morgen wieder in der Hotellobby treffen. Dort sind sie aber nicht allein, denn es herrscht ein Riesenspektakel, und die Lobby ist voll mit seltsam gekleideten und aussehenden Menschen. Bela, der ausnahmsweise mal einer der Ersten am vereinbarten Treffpunkt ist, traut seinen Augen nicht. Zumindest so lange, bis er erkennt, dass das Hotel als Versammlungsstätte einer *Star Trek*-Convention dient. Im Zuge dessen gibt er einigen Klingoninnen und Vulkaniern, die ihn erkannt haben, noch Autogramme. Dann fahren Hoffmann, Busch und er nach Köln.

Bela B: »*Da unsere Reunion in aller Munde war, machte ich mich auf einige Fragen gefasst und druckte mir ein T-Shirt mit Antworten auf die am ehesten zu erwartenden Fragen:*
1. Ja, wir sind wieder zusammen.
2. Es wird eine neue Platte geben.
3. Wir sind bei der Metronome.
4. Farin geht's gut.
5. Rodrigo heißt der neue Bassist.
6. Ja, auf Tour werden wir auch gehen.

Und auf der Rückseite dann: Danke fürs Gespräch.«

Auf der Popkomm trifft Bela neben etlichen Journalisten und Plattenfirmenmenschen auch viele bekannte Gesichter und Freunde, allen voran eben die Rubbermaids sowie seinen Kumpel Thorsten Dohm. Mit ihnen vernichtet er bei dem Besuch eines mexikanischen Restaurants unendlich viel Mezcals und Tequilas. Anschließend wankt die fröhliche Runde ins Hotel, wo Bela dann allerdings den Ausschweifungen der letzten Tage Tribut zollen muss und auf seinem Zimmer einen Kreislaufzusammenbruch erleidet. Er kann gerade noch einen Freund anrufen, der schließlich einen Krankenwagen für ihn ruft. Die Sanitäter transportieren Bela auf einer Trage ab, vorbei an der voll besetzten Hotelbar und vor den Augen der versammelten *Rock Hard*-Redaktion und Hanin Elias von Atari Teenage Riot. Das Krankenhaus kann Bela nach ein paar Infusionen schnell wieder verlassen. Für seinen Auftritt beziehungsweise sein Daniederliegen wird er, zurück im Hotel, von den *Rock Hard*-Journalisten gefeiert. Das von ihm eigens für die Messe gedruckte T-Shirt federt nur einen Bruchteil der Fragen ab, die in Köln während der Pressekonferenz auf ihn einprasseln. Es ist deutlich zu spüren, dass die Branche mehr als gespannt ist, wie die »neuen« Ärzte nun klingen werden. Auch bei der Band selbst steigt die Spannung darüber, wie die Leute die Reunion aufnehmen werden. Die Wochen der Wahrheit stehen unmittelbar bevor, und die Vorzeichen stehen mehr als gut. Schon kurz nach Beginn des Vorverkaufs sind die ersten Shows der Tour bereits ausverkauft.

Bela B: »*In Hamburg gab es den Laden Kontor Records, der neben Klamotten auch Platten führte. Der hat nur einen kleinen, schäbigen, handgeschriebenen Zettel mit der Aufschrift ›Die Ärzte-Tickets hier‹ an der Kasse aufgehängt und innerhalb einer halben Stunde alle Karten für das Konzert verkauft.*«

Farin Urlaub: »*Wir waren noch im Plank-Studio am Aufnehmen, als alle paar Stunden ein Anruf aus Berlin kam mit immer absurderen Nachrichten – und dann dieser kleine Zettel, der in einem Schaufenster hing und für ein ausverkauftes Konzert reichte. Das war wirklich verrückt.*«

Auch die Vorbestellungen bei den Händlern für das neue Album sind mehr als erfreulich, doch die Metronome will die Verkäufe mit einem Kinospot noch weiter anheizen. Der Blockbuster *Jurassic Park* steht an und garantiert volle Kinosäle, die die Metronome gerne für ihre Botschaft nutzen will. Schließlich soll jeder erfahren, dass Die Ärzte wieder da sind. Die Band findet die Idee gut, und so sieht der gemeine Kinogänger bald vor dem Hauptfilm einen Spot mit einem weinenden Mädchen und dem Slogan »Das Weinen hat ein Ende – Die Ärzte«. Am Ende grinsen Bela und Farin noch kurz in die Kamera. Es ist eine bewusste Entscheidung, nur die beiden zu zeigen, denn sie sind nun mal a) die bekannten Gesichter, und b) will man sich Rod noch als Überraschung aufheben. Am 10. September erscheint nach über vier Jahren mit *Schrei nach Liebe* endlich der erste neue Tonträger der besten Band der Welt. Der Song wird überall durchweg positiv aufgenommen, wenn man von vereinzelten Ausnahmen absieht.

Uwe Hoffmann: »*Irgendein Radiomoderator, leider weiß ich seinen Namen nicht mehr, meinte damals:* ›*Hier, der neue Song von den Ärzten. Na, das braucht ja wohl kein Mensch.*‹ *Damit sollte er sich irren.*«

Für das Flüchtlingskind Rodrigo González hat der Song auch eine sehr persönliche Bedeutung.

Rodrigo González: »*Es war richtig, dass Die Ärzte endlich ein klares politisches Statement abgegeben haben. Kein Song konnte dieses leidige Thema besser auf den Punkt bringen als* Schrei nach Liebe. *Er war weit entfernt von jeder Peinlichkeit und eine klare Ansage an das rechte Pack. Ich kenne viele Musiker aus meinem Umfeld, die alle ähnlich gedacht haben und alle der Meinung waren, dass man gegen die rechte Gewalt ein klares Zeichen setzte müsste. Doch sie fanden keine passenden Worte. Farin und Bela hingegen haben das meisterhaft hingekriegt. Ich war auf jeden Fall mächtig stolz, in einer solchen Band zu spielen.*«

Schrei nach Liebe verfehlt seine Wirkung nicht. Das rechte Lager fühlt sich schnell auf den Schlips getreten, und so sehen Farin und Bela sich erstmals mit Drohbriefen und Morddrohungen konfrontiert, wenngleich diese oft abstrus formuliert sind.

Bela B: »*Einer schrieb uns, er hätte etliche Male zu dem geilen Song getanzt, bis er auf den Text gehört hat, da wäre er richtig wütend geworden. So etwas kannst du nicht mal erfinden.*«

Für ihre klaren Worte gewinnt die Band ein großes Stück Credibility aus dem Punk-Umfeld zurück, das die Band in den 1980ern noch als Verräter verstoßen hat. Rocko Schamoni begrüßt solch klare Aussagen.

Rocko Schamoni: »*Ich finde es gut, wenn Bands einer solchen Größenordnung den Kids ein Statement mitgeben. Ich mag dieses Edutainment, wo man zum einen unterhalten wird, aber zum anderen auch klar weiß, wofür die da oben auf der Bühne stehen. Ich glaube nicht, dass es einen großen politischen Einfluss hat, aber die Kids, die sich meist noch in einer politische Findungsphase befinden, können durch solche klaren Aussagen von den falschen Fronten weggehalten werden.*«

Die Radioeinsätze lassen hingegen, wie zu erwarten war, etwas zu wünschen übrig. Die Programmdirektoren zieren sich, das Lied zu spielen, und nehmen wie befürchtet an dem »Arschloch«-Refrain Anstoß. Die Metronome betrachtet dies mit Sorge und beeilt sich, die weniger explizite zweite Single *Mach die Augen zu* in den Handel zu bringen.

Bela B: »*Wir hatten Albert den Song als zweite Single versprochen, und sechs Wochen nach Release der ersten Single hatte er Angst, dass der Überraschungseffekt verpufft, wenn wir keinen Song im Radio haben.*«

Der Aktionismus der Metronome kommt jedoch zu früh, denn Lidia Antonini, eine Radiomoderatorin vom HR3 aus Hessen, fasst sich ein Herz und verfasst einen Rundbrief an die Kollegen ihrer Zunft. In diesem gibt sie zwar zu, dass das Wort »Arschloch« normalerweise nicht zu ihrem Sprachgebrauch gehöre, für die Adressaten von *Schrei nach Liebe* hält sie es aber durchaus für angemessen. Sie fordert ihre Kollegen auf, den Song ins Programm zu nehmen, und tatsächlich folgen ihr die meisten. Auf einmal läuft *Schrei nach Liebe* überall rauf und runter.

Bela B: »*Unfassbar, dieses Engagement!*«

Die Single, die neben dem titelgebenden Song auch die Lieder *Wenn es Abend wird* (das sie auch noch an die erste Stelle setzen) und *Felicita* enthält, marschiert in die Top 10 der deutschen Single-Charts und verkauft sich über 250.000 Mal. Vom Erfolg der Single angetrieben, schießt auch das Comeback-Album *Die Bestie in Men-*

schengestalt direkt auf die vorderen Plätze der Album-Charts. Der Band ist schon jetzt ein fulminantes Comeback gelungen.

Bela B: »*Nur Mach die Augen zu war dann dem späten Erfolg unserer ersten Single zum Opfer gefallen. Zumindest wurde das Lied dann live ein Hit und Campinos Lieblingslied von uns.*«

Die Risikofreudigkeit ihrer neuen Plattenfirma hat sich ausgezahlt. Jetzt müsste man noch nachlegen, denkt sich Freddie de Wall, Marketingchef der Metronome. Jedoch sind der Band dafür längst nicht alle Mittel recht.

Freddie de Wall: »*Die Ärzte haben auf der anschließenden Plugged-Tour bei uns in Hamburg gespielt. Dort habe ich mit ihnen gesprochen, und es ging darum, wie wir die Platte noch weiter nach vorne bringen können. Ich habe dann vorgeschlagen, Funk- oder Fernsehwerbung zu machen, doch da guckte ich in drei überraschte Gesichter, und Farin sagte: ›Und genau das machen wir nicht.‹ Auf meine Nachfrage hin, wieso denn nicht, erklärte er, dass sie einfach nicht als Produkt neben Persil oder Nestlé im Fernsehen präsentiert werden wollen. Die wussten, wie sie ihren Weg gehen wollten, und das wäre in ihren Augen der falsche Schritt gewesen. Ich habe dann lange über dieses Gespräch nachgedacht, musste ihnen recht geben und habe dann Alternativen vorgeschlagen, die sie klasse fanden. Bei dieser Band musste man quer denken, und das war nur eine Sache, die ich von ihnen gelernt habe. Es war mir ein Vergnügen und eine Ehre, mit diesen Ausnahmekünstlern arbeiten zu dürfen.*«

Bela B: »*Farin und ich mussten einmal zu einer Besprechung nach Hamburg, doch es gab ein Problem. Farin hatte gerade seinen Führerschein abgeben müssen, und wir beide hatten eh gerade kein Auto. So stellte uns die Plattenfirma kurzerhand eine Luxuslimousine der ganz oberen Protzkategorie vor die Tür, mit der ich uns beide kutschieren sollte. Ich hab von innen an die Scheibe gespuckt und hatte an jeder Ampel Angst, von Freunden gesehen zu werden. Das war nicht unsere Welt. Wir haben die Metronome dann wissen lassen, dass wir so etwas zukünftig nicht mehr möchten.*«

Bevor es so richtig mit der Tour losgeht, legen Die Ärzte noch zwei spontane Kurzauftritte hin – einen freiwilligen und einen eher unfreiwilligen. So spielen sie nach einem Spiel des FC St. Pauli auf dem Millerntorplatz in Hamburg auf einer Bretterbühne über das

Equipment der vor ihnen hier aufgetretenen Rubbermaids kurz entschlossen *Schrei nach Liebe* und lassen verblüffte Gesichter zurück. In Wien, wo sich die Band ein paar Tage später auf Promo-Reise befindet, sind sie ohne ihr Wissen Teil einer großen *Ärzte*-Party im Rockhaus. Eigentlich sind sie nur als Gäste auf der Plattenfirmenparty von PolyGram Austria vorgesehen, die in einem Hinterzimmer des Rockhaus stattfindet. Doch die Betreiber des Ladens haben noch mehr im Sinn.

Rodrigo González: »*Im großen Saal des Rockhaus war eine prall gefüllte Rockdisco im Gange. Die hatten dort eine Backline für uns aufgestellt, und die Betreiber hatten uns überredet, doch bitte einen Song zum Besten zu geben. Gesagt, getan. Es war ein Trümmergig, denn Bass und Gitarre waren verstimmt, aus den Monitorboxen kamen nur Rückkopplungen. Es hat mächtig gescheppert, und die Backline war zu leise, weil das Geschrei und der Jubel lauter als unser Gerumpel waren. Wir haben dort* Schrei nach Liebe *und* Geschwisterliebe *gespielt, doch ich denke, sehr viel werden die im Endeffekt nicht gehört haben, aber es war in dem Moment scheißegal.*«

Am 29. Oktober 1993 geben Die Ärzte ihr erstes offizielles Konzert nach über fünf Jahren Pause. Ort des Geschehens ist das PC69 in Bielefeld. Der Laden, in dem die Band bereits 1988 auf ihrer Abschiedstournee gespielt hat, ist nicht ganz ohne Grund gewählt. Zu dessen Betreibern und dem Veranstalter Marc Huelsewede pflegt man ein besonders herzliches Verhältnis.

Marc Huelsewede: »*Ich denke, die Band hatte das PC69 schon mit Bedacht ausgewählt, denn hier konnten sie in aller Ruhe proben. In Bielefeld ist das Medienaufkommen generell nicht sehr hoch. Hier gibt es keine überregionale Presse und keinen großen Rummel. Das hätte in Städten wie Berlin oder Hamburg sicher anders ausgesehen.*«

Wie viele andere Läden auf dieser Tour ist auch das PC69 bereits seit Wochen ausverkauft. Selbst das Zusatzkonzert, das die Band am Ende der Tour wieder hierher führen wird, ist ebenfalls schon ausverkauft. Der Hype um die Band kennt anscheinend keine Grenzen und ist bei diesem allerersten Konzert besonders intensiv zu spüren. Noch weiß keiner, was einen erwarten wird. Welche Leute werden kommen? Wie wird das Publikum die neuen Songs aufnehmen? Wird es nach Hagen oder Sahnie schreien? Es ist eine Fahrt ins Ungewisse, doch die Band bereitet sich bestens darauf vor und probt zuvor drei Wochen lang im Keller von Farins Haus. Neben den neuen Songs muss Rod sich auch einen gewaltigen Stiefel an alten Songs draufschaffen.

Rodrigo González: »*Das meiste kannte ich ja von früher, aber trotzdem war es eine Menge Holz. Ich wollte ja gerne Paul (der Bademeister) spielen, doch Farin war verständlicherweise strikt dagegen. Gerade die Debil war immer eine meiner Lieblingsplatten gewesen.*«

Es ist zweifelsohne schon ein besonderer Moment, als Bela und Farin zum ersten Mal seit langer Zeit wieder die alten Songs gemeinsam spielen.

Farin Urlaub: »*Ich erinnere mich daran, dass sich die meisten Stücke sehr gut anfühlten; wie ein olles Lieblingsshirt, das man endlich mal wieder anzieht.*«

Kurz vor der ersten Show ist die Vorfreude riesengroß. Draußen vor dem Club harren einige Fans schon seit der Nacht aus, um es bis ganz nach vorne in die erste Reihe zu schaffen. In der Hoffnung, noch irgendwie an eine Karte zu kommen, haben sich viele Leute einfach so auf den Weg zum Club gemacht, dementsprechend blüht der Schwarzmarkt. Teilweise werden astronomische Preise für die begehrten und von Axel Schulz so liebevoll gestalteten Tickets aufgerufen. Die Nummernschilder an den Autos auf dem Parkplatz verraten, dass manche Besucher beachtliche Wegstrecken auf sich genommen haben, um an diesem speziellen Abend mit dabei zu sein. Der Laden selbst ist bis zum Bersten gefüllt, die Zuschauer stehen dicht gedrängt. Während draußen der kalte Herbstwind bläst, regieren drinnen schon vor Konzertbeginn tropische Temperaturen. Die Luft ist zum Schneiden dick. Die Band bekommt dies alles hautnah mit, denn der Backstage-Bereich grenzt unmittelbar an den Konzertsaal. Während sich Farin, Bela und Rod auf die Show vorbereiten, können sie aufgrund der enormen Lautstärke im Saal und den frenetischen »Ärzte, Ärzte«-Rufen ihr eigenes Wort kaum noch verstehen. Als Intro hat sich die Band den englischen Triumphmarsch *Land of Hope and Glory*[13] zurechtgelegt. Die Menge ist jedoch so laut, dass die Musik kaum zu hören ist.

Farin Urlaub: »*Wir wollten unbedingt ein Tourintro haben, ähnlich wie auf der Abschiedstournee, hatten aber schlicht keine Zeit* mehr gehabt für eine Aufnahme. Ich schlug dann Land of Hope and Glory von Elgar vor, und wir ließen es insgesamt fünfmal abbrechen und von vorne beginnen. Hauptsache, Folter! Noch heute bekomme ich einen Mega-Adrenalinstoß, wenn das Stück irgendwo läuft. Später haben wir uns oft richtig Zeit für die Tourintros genommen. Meistens haben Rod und ich riesige Sound-Sample-Archive zusammengestellt mit Filmzitaten, Geräuschen, klassischen Instrumenten und so. Das war ein richtiges Hobby von uns.«

Dann sind Die Ärzte endlich wieder da. Die ersten Töne von *Schrei nach Liebe* bringen das Publikum komplett zum Ausrasten. Es ist so laut, dass Mischer Chris Heckmann alle Regler auf Anschlag drehen muss, damit die Musik überhaupt noch durchdringt. Auf der Bühne muss die Band quasi im Blindflug spielen, denn über die Monitore ist kaum noch etwas zu hören. Was sich Bela, Farin und Rod in ihren kühnsten Träumen erhofft haben, ist wahr geworden: endlich wieder Begeisterung und Zuspruch. Es kommt einem so vor, als wären sie nie weg gewesen. So wie früher sind die ersten Reihen voll mit jungen Menschen, und auch die Songs – alt wie neu – werden begeistert mitgesungen. Farin begrüßt die Menge mit den Worten: »Ihr habt es geschafft. Ihr seid die Ersten, die uns sehen.« Die legendären Wortgefechte zwischen Bela und Farin erreichen an diesem Abend noch nicht das Niveau früherer Tage. Man merkt, dass die Band noch reichlich unsicher agiert und genug damit zu tun hat, sich keine großen Verspieler oder Textaussetzer zu leisten. Natürlich bleibt dies aber trotzdem nicht aus. Rod ist auch ganz froh, dass Bela und Farin noch nicht zur Höchstform auflaufen, denn er muss sich zunächst einmal auf seine eigenen Aufgaben konzentrieren. Außerdem fällt ihm ein Riesenstein vom Herzen, dass ihm das Publikum einen freundlichen Empfang bereitet.

Rodrigo González: »*Erst da ist mir so wirklich aufgefallen, wie viel die beiden auf Konzerten sabbeln. Ich musste mich auch erst einmal an das spontane Element der Band gewöhnen. Das hat mir viel Konzentration abgefordert. Außerdem hatte ich eine Menge zu tun. Ich musste auf einmal wieder nur Bass spielen, mir viele Texte merken und die zweite oder dritte Stimme singen und dazu eben auch noch spielen. Das war schon anspruchsvoll. Zu dem kam noch das Problem, dass viele der alten Ärzte-Songs im CAmFG-Schema waren, und das* *in allen Variationen, die man sich vorstellen kann. Da Farin in seinen Songs gerne mal ein paar Fallen in diesem Schema hatte, musste ich schon viel beim Singen und Spielen im Voraus mitdenken. Nach zwei Tourneen ging das dann eigentlich ganz gut.«*

Neben Klassikern wie *Radio brennt*, *Du willst mich küssen* oder *Wie am ersten Tag* präsentiert die Band auch alte Songs, die bisher noch nie gespielt worden sind – allen voran eine Rockabilly-Version von *Bitte, bitte*. Leider wird die Nummer aber nach dem Konzert aus dem Programm genommen. An diesem Abend fordert das Publikum mehrmals lautstark, die Band möge doch *Teenager Liebe* spielen, doch die kommt dieser Bitte (noch) nicht nach. Ansonsten bleiben Die Ärzte dem Publikum wenig schuldig. Während Songs wie *Teenager Liebe* in den Augen der Band die Zeit nicht überlebt zu haben scheinen, haben andere Lieder noch immer Relevanz. So bekommt die Menge mit *Helmut K.* wieder die traurige Geschichte von Helmut und Hannelore zu hören, denn der Dicke ist 1993 immer noch Kanzler. Mit *New Rose* von *The Damned* und *Doesn't Make It Alright* von den Stiff Little Fingers zollt die Band außerdem zweien ihrer größten Vorbilder Tribut. Nach gut zweieinhalb Stunden und dem abschließenden *Westerland* geht die Band völlig erschöpft von der Bühne. Farin, Bela und Rod sind total kaputt, denn so lange hat in letzter Zeit keiner mehr von ihnen gespielt. Noch auf der Bühne verspricht Bela dem Bielefelder Publikum weitere Konzerte im Frühjahr des nächsten Jahres.

Auf der nun folgenden Tour wird die Band vor allem bei den Konzerten in den neuen Bundesländern besonders euphorisch empfangen. Hier scheinen die Fans mit noch mehr Leidenschaft und Seele dabei zu sein. Aber auch einige rechte Gesinnungsgenossen legen eine gewisse Art von Leidenschaft an den Tag. Vor allem am Chemnitzer *Haus der Einheit* geht es ganz und gar nicht einheitlich zu. Jana Seifert, die die Ost-Konzerte der Band als Veranstalterin betreut, hat das Gastspiel in Chemnitz bis heute nicht vergessen.

Jana Seifert: *»Als wir mit dem Großteil des Einlasses durch waren, erschienen plötzlich 40 bis 50 Nazis vor dem Club. Sie tobten und pöbelten rum und zerlegten den Einlass. Die Absperrgitter flogen in Bauchhöhe an mir vorbei und krachten durch die Glasscheiben des*

Foyers. Danach starteten wir unter der Leitung des damaligen Ärzte-Securitychefs Andi Simon den beherzten Gegenangriff. Die Prügeleien dauerten circa eine halbe Stunde. Wir behielten zwar die Oberhand, doch vor der Halle sah es aus wie auf einem Schlachtfeld. Das Publikum hat davon kaum etwas mitbekommen, und auch die Band haben wir erst nach dem Konzert eingeweiht. Das Ganze zog noch ein juristisches Nachspiel mit sich, denn das rechte Lager hatte doch einige schwerste Verletzungen zu beklagen, und das LKA und die Gerichte waren um Aufklärung bemüht. Die Untersuchungen und Verfahren verliefen jedoch im Sande.«

Andi Simon: *»Das waren aber nicht nur Nazis, die da waren, und das hatte in meiner Erinnerung auch nicht unbedingt etwas mit Rechts zu tun. Viele von denen haben einfach auch gegen diese ›Kommerzpunkscheiße‹ gewettert oder waren sauer, dass sie nicht mehr reinkamen. Die Nazis waren eigentlich nicht so ein großes Problem, denn Die Ärzte waren zum damaligen Zeitpunkt schon eine Nummer zu groß für die, um da groß Krawall zu machen. Allerdings haben sich zu dieser Zeit die Nazis noch ganz offen auf der Straße gezeigt. Die gehörten sozusagen zum Stadtbild dazu, und das war natürlich für uns nur sehr schwer zu ertragen.«*

Bela B: *»Wir hatten mit Andi Simon zum ersten Mal einen Security auf einer Tour dabei. Es ging dabei aber hauptsächlich um die Sicherheit des Publikums. Er betreute Absperrgitter und briefte die örtlichen Secus, wie und wohin man Verletzte und Ohnmächtige am schnellsten zur Versorgung durch Sanitäter brachte. Nur in Ost-Deutschland forderte er zwei Helfer aus Frankfurt an, weil es da leider häufiger zu Zwischenfällen vor allem mit Nazis kam. Nach einem Gig stand ich mit ihm auf der Straße und wartete auf unseren Van. Da fuhr ein offener Wagen vorbei, aus dem jemand einen Hitlergruß machte. Andi öffnete daraufhin seine Jacke, und ich und der mir unbekannte Grüßer erkannten dort einen beeindruckend großen Colt. Ich war baff. So ernst nahm Andi damals das Problem.«*

Schon im März 1994 gehen Die Ärzte wieder auf Tour. Gleich das erste Konzert wird live im Fernsehen übertragen, der Name der Sendung ist *Live aus dem Alabama* – genau jenes TV-Format, das der Band nach dem ach so skandalösen Auftritt anno 1987 nie wieder eine Präsentationsfläche bieten wollte. Aber was sind schon

Prinzipien gegenüber einer verheißungsvollen Einschaltquote? Das Konzert von Die Ärzte soll nach einer Diskussionsrunde zum Thema Politikverdrossenheit ausgestrahlt werden. Neben den Politikerinnen Monika Hohlmeier (CSU) und Renate Schmidt (SPD) ist auch Bela zu der Runde eingeladen. Er hat jüngst mit seinem Engagement für die Spaß-Partei KPD/RZ[14] Aufsehen erregt und scheint für die Redaktion ein geeigneter Diskussionsteilnehmer zu sein. Bela, der gerade erst aus einem Urlaub zurückgekehrt ist, geht gänzlich unvorbereitet in die Sendung. Es dauert nicht lange, bis man ihn nach ein paar flapsigen Sprüchen, die er passenderweise im Titten-T-Shirt von sich gibt, nach allen Regeln der Kunst auseinandernimmt. Vor allem Monika Hohlmeier, die Tochter von Franz Josef Strauß, gibt sich empört über Belas Äußerungen. Einige Jahre später wird Hohlmeier selbst das Ziel großer öffentlicher Empörung sein, als herauskommt, dass sie wie so viele CSU-Politiker Dreck am Stecken hat.

Bela B: »*Die Parteiführung der KPD/RZ hat mich breitgeschlagen, und ich war in Berlin ja neben dem Wahren Heino Norbert Hähnel Kandidat für das Vizebürgermeisteramt. Ich hatte null Erfahrung in solchen Dingen und hatte noch einen Jetlag, da ich direkt aus dem Urlaub kam. Als ich den anwesenden Politikern lapidar vorwarf, dass eh alle käuflich sind und nur die KPD/RZ es wenigstens zugeben würde, explodierten die alle. Besonders die Hohlmeier beschimpfte mich im breitesten Bairisch.*«

Die richtige Tournee beginnt erst eine Woche nach dem TV-Konzert. Die Nachfrage ist noch immer riesig, und gerade in den großen Metropolen ist sie kaum mehr mit einem Konzert zu befriedigen. Die Band hat jedoch ein Problem damit, direkt in große Hallen zu wechseln. Für sie fühlt es sich einfach nicht gut an. Man will lieber mehrere Konzerte in einem Club hintereinander spielen, als in einer für ihre Verhältnisse unpersönlichen Halle aufzutreten. Das führt dazu, dass Axel in Berlin an drei aufeinanderfolgenden Tagen den Club Huxley's Neue Welt und direkt danach in Hamburg sogar fünf Termine im Docks bucht. Das letzte Konzert der Berlin-Rutsche wird vom frisch aus der Taufe gehobenen Berliner Jugendsender Radio Fritz live übertragen. Als die Band von der Bühne kommt, passt Moderator Jürgen Kuttner[15] sie ab, um sie live mit

Fragen von Fans zu konfrontieren. Bela wird gleich am Anfang die originelle Frage gestellt: »Habe gehört, dass dein Spitzname ›Ratte‹ ist. Stimmt das?« Er muss laut loslachen, doch Farin entgegnet dem Anrufer schnell: »Bisher nicht« und nennt Bela im weiteren Verlauf des Interviews noch öfters Ratte.

Spätestens in Hamburg zeigt sich, dass es keine besonders gute Idee war, mehrere Konzerte hintereinander in ein und demselben Club zu spielen. Während die Ärzte-Crew sich freut, dass sie nach den Konzerten nicht abbauen muss und feiern gehen kann, fühlt sich die Band stark an die Erlebnisse von Phil Connors alias Bill Murray in dem Film *Und täglich grüßt das Murmeltier* erinnert. Jedes Konzert fühlt sich für sie gleich an, denn nicht nur der Club, sondern auch das Publikum ist fast jeden Abend dasselbe und hat stets den Anspruch, jeden Abend ein anderes Konzert zu erleben. Im Laufe des fünften Konzertes kommt es innerhalb der Band gar zum Streit.

Rodrigo González: *»Der kleine Laden roch mit jedem Abend immer schlimmer. Wir haben uns am Ende gefühlt wie Musical-Musiker, die jeden Tag das Gleiche machen. Es war ganz schlimm.«*

Bela B: *»Besonders schlimm war für mich die Tatsache, dass am letzten Abend Dee Dee Ramone zu uns ins Konzert kam und unbedingt mit uns einen Song spielen wollte. Farin und Rod waren aber so angepisst von der ganzen Situation, dass sie sich weigerten. Dee Dee war sehr sauer darüber und ist im Verlauf der Show abgezogen. Das tut mir bis heute noch weh, denn das hätte mir viel bedeutet.«*

Farin Urlaub: *»Bela und ich bekamen bei der letzten Hamburg-Show Streit, weil Bela Dee Dee Ramone zu einem gemeinsamen Lied mit auf die Bühne holen wollte, aber ich war dagegen, weil das Publikum ohnehin schon durch war und wir ungeprobt wahrscheinlich nicht gerade eine Spitzenzugabe abgeliefert hätten – meiner spießigen Meinung nach.«*

Rodrigo González: *»Es ist schade, dass wir mit ihm keinen Song intoniert haben. Immerhin kamen bei der zweiten Show Elf, Dirk und Eddie von Slime auf die Bühne und sangen mit uns die Bluesversion von deren Polizei-SA-SS. Sie überreichten uns außerdem noch von ihnen unterschriebene Baseballschläger. Das war ihr persönlicher Ritterschlag für uns.«*

Abgesehen davon verläuft die 1994er *Tour-Tour*[16] sehr harmonisch. Die Nervosität des letztes Jahres ist bei der Band nahezu verschwunden. Man traut sich wieder mehr und hat unter anderem großen Spaß daran, Coverversionen von alten wie neuen Hits in das Programm einzubauen. Lieder wie *Radio brennt, Blumen, Schopenhauer* oder *Hey Huh (in Scheiben)* enthalten fast immer Reminiszenzen an zeitgenössische Kompositionen. Belas *Tittenmaus* artet sogar jeden Abend in ein regelrechtes Cover-Medley aus, in das Songs wie *Nur geträumt* von Nena, *Dancing with Myself* von Generation-X beziehungsweise Billy Idol oder *What's Up* von den 4 Non Blondes integriert werden. Auch das bereits vehement geforderte *Teenager Liebe* kommt darin vor.

Bela B: »*Der Song besteht aus nicht sehr geheimen Zauberakkorden, die vor und nach mir immer wieder für Hits sorgten.*«

Für den Song *FaFaFa* hat die Band in Anlehnung an die Videos von angesagten Boybands wie Take That oder New Kids on the Block eine eigene Tanzchoreografie eingeübt, die abendlich zu den simplen Klängen von Rods kleinem Casio Rapman-Keyboard aufgeführt wird. Das hohe Kreischen, das sich stets einstellt, wenn die Band im Zuge der Choreografie ihre Hüften kreisen lässt und dem Publikum ihre Ärsche präsentiert, wird dabei bewusst in Kauf genommen.

Rodrigo González: »*Die erste Zeit nach der Reunion war ein einziger Rausch, wie eine ellenlange Klassenreise. Bis heute ist das für mich ein langer Film, der irgendwann 1993 anfing und erst mit* Planet Punk *aufhörte. Ab da wurde mir zum ersten Mal richtig bewusst, was für eine Euphorie uns von außen entgegenschlug. Davor befand ich mich noch im Auge des Orkans.*«

Bela B: »*Ich kann mich manchmal besser an Dinge aus den 1980ern erinnern als an diese Zeit. Ich kriege nicht einmal mehr eine ungefähre zeitliche Abfolge hin, denn es passierte einfach so unglaublich viel und gleichzeitig.*«

Die Band genießt die Erlebnisse in vollen Zügen. Vorbei sind die Zeiten, in denen sie hoffen mussten, dass wenigstens ein paar Menschen zu ihrer Show kommen. Schon kurz nach der Fortsetzung ihrer Band-Geschichte sind Die Ärzte erfolgreicher, als sie es je waren. Das beweisen auch die beeindruckenden Verkaufszahlen für *Die Bestie in Menschengestalt* und *Schrei nach Liebe*.

Albert Slendebroek: »*Es war eine unglaublich schöne Zeit. Die Ärzte hatten einen enormen Erfolg mit ihrem Comeback. Das Album hat sich über 750.000 Mal verkauft, und wir hatten unseren gewaltigen Vorschuss schneller wieder reingeholt, als wir jemals gedacht hätten.*« Band und Plattenfirma laden aus Dank dafür zu der Verleihung der Gold- und Platin-Schallplatten in das Klubheim des FC St. Pauli in Hamburg ein. Die Band lässt es sich nicht nehmen, allen am Erfolg beteiligten Menschen persönlich die Auszeichnungen zu überreichen. Für die Übergabe an die Band selbst hat sich Albert Slendebroek etwas ganz Besonderes ausgedacht. Er gibt den dreien ein Zeichen, ihm in einen abgetrennten Raum zu folgen, wo zwei komplett in Schwarz gekleidete Männer mit eigens für die Band gestalteten Awards in der Hand auf sie warten. Bela, Farin und Rod fallen fast vom Glauben ab, als sie erkennen, um wen es sich handelt – es sind Paul Stanley und Gene Simmons von KISS höchstpersönlich. Bela und Rod, die selbst Mitglieder der legendären KISS Army[17] waren und noch immer große KISS-Fans sind, bleiben die Münder offen stehen. Sie sind völlig perplex und bringen kaum ein vernünftiges Wort heraus. Farin lockert die peinliche Stille mit etwas Konversation auf, bevor nacheinander auch Bela und Rod wieder zur Besinnung kommen. Stanley und Simmons zeigen sich sehr gut über die Band informiert und beglückwünschen sie zu ihren jüngsten Erfolgen. Simmons spricht Bela sogar auf sein Projekt S.U.M.P. an. Er hat deren Coverversion von *Do You Love Me?* gehört und erkundigt sich, wie es mit der Band läuft. Bela ist völlig baff, dass Simmons tatsächlich ein Exemplar davon besitzt.

Bela B: »*Rod und ich mussten dann ziemlich dringend auf Toilette und ein kleines Freudenpipi veranstalten. Rod fragte mich dabei: ›Eigentlich können wir doch jetzt sterben?‹ Recht großspurig entgegnete ich ihm: ›Nee, Rod, wir spielen mal mit denen, und dann sterben wir.‹*«

Stanley und Simmons finden auch großen Gefallen an gewissen anwesenden Damen – ohne jedoch zu wissen, dass es sich dabei um die Freundinnen der Bandmitglieder handelt. Albert Slendebroek klärt die beiden schließlich auf und verhindert Schlimmeres.

Farin Urlaub: »*Meine damalige Freundin hatte recht große Brüste, und Mr. Simmons war sehr, sagen wir, interessiert an ihr. Er fragte mich dann, ob ich etwas dagegen hätte, sie ihm auszuleihen. Ich* schlug ihm vor, sie doch einfach selbst zu fragen, sie sei schließlich nicht mein Eigentum. Sie gab ihm allerdings einen Korb.«

KISS fragen Die Ärzte auch, ob sie nicht Lust hätten, einen deutschen Beitrag für deren internationalen Tribut-Sampler *KISS My Ass* beizusteuern. Ihre erste Anlaufstelle dafür waren aufgrund der Verkaufszahlen zwar zunächst Die Toten Hosen gewesen, doch deren uninspirierte Version von *Do You Love Me?* gefiel Simmons und Stanley nicht, und die Hosen fühlten sich auch nicht sonderlich wohl damit.

Campino: »*Mir haben KISS nie etwas bedeutet. Ich habe diese Bemalung früher nie verstanden. Heute weiß ich, es ist clever, denn du kannst 130 sein und siehst trotzdem so aus wie der Typ von früher. AC/DC hingegen waren für mich immer echt. KISS sind alles, nur nicht echt. Außerdem haben wir gemerkt, dass die Anfrage von denen nicht gerade von Herzen kam. Es war schon klar, dass da eindeutig geschäftliche Dinge im Vordergrund standen. Genau wie es nachher den Ärzten widerfahren ist, wollten sie uns nicht weltweit, sondern nur auf einige Editionen koppeln. Daraufhin haben wir unseren Beitrag zurückgezogen. Die Ärzte passten da einfach viel besser hin als wir.*«

Bela und Rod stimmen nach Rücksprache mit Farin sofort zu – gleich welche Bedingungen KISS dabei stellen würden. Ihnen ist es egal, dass sie nicht viele Rechte an ihrer Coverversion haben und dass der dazugehörige Vertrag aus 90 kleingeschriebenen Seiten besteht. Für sie ist es einfach eine Ehrensache. Sie entscheiden sich dafür, das noch recht junge Stück *Unholy* von dem letzten KISS-Album *Revenge* mit einem neuen deutschen Text (*Unheilig*) aufzunehmen. Dies gefällt Stanley und vor allem Simmons, der das Stück auch geschrieben hat, denn die unmaskierte Phase haben die anderen Interpreten des Samplers wie Lenny Kravitz, Anthrax oder Garth Brooks bislang außen vor gelassen.

Bela B: »*Ich hatte gehört, dass die Hosen da mit drauf sollten, und habe sofort interveniert, da sie sicher keine Fans der Band waren. Nachdem sich KISS mit den Hosen überworfen hatten, rief Simmons uns auf der Tour im Orpheum in Graz an. Farin überließ das Verhandeln mir, weil er wusste, dass es mir viel bedeuten würde, mit dem Idol meiner Jugend zu telefonieren. Innerlich recht aufgelöst sprach ich dann mit Simmons, und er bat mich, ihm drei unserer Lieblingssongs* zu nennen. Wir verabredeten dann, das Gespräch nach unserem Konzert weiter fortzuführen. Ich sprach mit den beiden anderen, und Rod und ich pickten drei Songs heraus, dann spielten wir den Gig. Als das Konzert vorbei war, wurde ich verschwitzt und voller Adrenalin ans Telefon geholt, wo mich die tiefe Stimme von Simmons fragte: ›And?‹ Ich schlug ihm zwei ältere Klassiker und den ganz neuen Song Unholy vor, der Rod und mir extrem gut gefiel. Simmons wählte den Song, den er geschrieben hatte. Wir fuhren dann in einer Tourpause nach Berlin, gingen ohne Umweg ins Studio und nahmen den Song auf. Ich übersetzte den Text ins Deutsche, und wir spielten ihn gemeinsam in einem Raum ein. Dann machten wir noch Overdubs und überließen ihn Hoffmann zum Mischen, weil die Zeit drängte. Danach ging es weiter mit der Tour.«

Ihre Interpretation des KISS-Songs reiht sich ein in die Riege der eigenwilligen Coverversionen der Band. Die Ärzte haben zwar schon einige Coverversionen in ihrer Karriere aufgenommen, doch nie haben sie diese 1:1 übernommen. Bei *Unholy* sind zum Beispiel Auszüge aus *I Was Made for Lovin' You* und *Schrei nach Liebe* zu hören.

Nach über 70 Auftritten endet die *Tour-Tour* schließlich im Juni 1994 mit drei ausverkauften Konzerten im Tor 3 in Düsseldorf. Beim letzten Konzert wollen Die Ärzte und Die Toten Hosen ihr Kriegsbeil endgültig begraben. Hierfür machen beide Bands nach dem Auftritt der Die Ärzte den 1.000-Mark-Schein zunichte, um den Campino und Farin einst gewettet haben. Trotz des opulenten Buffets und der reichhaltig vorhandenen alkoholischen Getränke will jedoch keine wirkliche Partystimmung aufkommen.

Campino: »*Das war eher eine Stock-im-Arsch-Veranstaltung. Die Ärzte waren sehr nett zu uns, aber wir mussten feststellen, dass auch die jeweiligen Crews beider Bands offenbar den Fehdehandschuh übernommen hatten. Es gab jedenfalls den ein oder anderen blöden Spruch aus dem Ärzte-Lager in unsere Richtung, was ich angesichts der Veranstaltung total überflüssig fand. Alles in allem wurde an diesem Abend die Friedenspfeife zwar angesteckt, aber noch nicht so richtig geil durchgeraucht.*«

Farin Urlaub: »*Wir haben uns wirklich gefreut, dass die Hosen kamen, aber wir waren nach den Konzerten und der langen Tour* *auch einfach durch, und zumindest ich war nicht wirklich in Partylaune. Ich wollte einfach nur schlafen.«*

Kurz darauf stehen Die Ärzte schon wieder auf einer Bühne. Gemeinsam mit Bands wie The Bates, Terry Hoax sowie den am Anfang ihrer Karriere stehenden Lemonbabies und Selig bestreiten sie das Undercover Open Air im Braunschweiger Kennelbad. Es ist das erste Konzert ihrer *Sömmer der Libe*-Festivaltour und gleichzeitig ein wunderschöner, warmer Sommertag. In fast schon hippiemäßiger Atmosphäre knüpfen Die Ärzte hier vor allem mit den Damen von den Lemonbabies und den Herren von Selig erste zarte Bande.

Bela B: »*Terry Hoax fühlten sich als Lokalmatadoren, haben schlimm überzogen und unsere Fans angepöbelt. Die noch nicht so bekannten Selig haben dann uns zuliebe ein paar Songs aus ihrem Programm genommen, was wir erst gar nicht mitbekamen. Im Nachhinein fand ich das irre nett und war erstaunt, wie unkompliziert und ohne Aufhebens das vonstattenging.«*

Im weiteren Verlauf der Tour spielen Die Ärzte ihre bisher größten Konzerte. Im österreichischen Wels teilen sie sich beim School's Out-Festival die Bühne sogar mit internationalen Rockgrößen wie Aerosmith oder ZZ Top und liefern einen überzeugenden Auftritt ab. Nach einem Festival in Rendsburg kommt es am nächsten Tag zu einem folgenschweren Erlebnis.

Rodrigo González: »*Wir haben uns für die 1994er Tour einen Chevy-Van gekauft, der allerdings viel zu klein war für unseren ganzen Schrott, den wir mitgeschleppt haben. Außerdem kamen noch ständig Probleme mit der Elektrik dazu. An dem Morgen nach dem Open Air bei Rendsburg wurden wir in unserem Hotel durch die Dreckskarre unsanft geweckt. Der Wagen hupte laut, alle Lichter blinkten und eine zusätzliche Sirene heulte auf. Das Ganze ging nicht mehr abzustellen. Das ist uns auf der Tour öfters mal passiert, gerne nachts, oder auch mal auf der Raststätte nach der Pinkelpause. Der Wagen war ein absoluter Fehlkauf.«*

Bela B: »*Es war das letzte Konzert vor unserer Tour-Unterbrechung, und Farin und ich wollten direkt am nächsten Tag mit Hoffmann in dem Chevy-Van nach Spanien fahren.«*

Im schleswig-holsteinischen Rendsburg ist bekanntlich nicht viel los und an einem Sonntag noch viel weniger. So ist man froh, dass man immerhin eine Werkstatt findet, die auf amerikanische Fahrzeuge spezialisiert ist. Der Mechaniker, der daraufhin zum Hotel der Band kommt, um nach dem Wagen zu sehen, wird zu einer ungeahnten Inspirationsquelle.

Bela B: »*Da kam ein Typ in Hotpants an. Ein Kleidungsstück, das nicht für Männer gemacht worden ist, die ernst genommen werden wollen. Bei ihm waren sie auch noch so eng abgeschnitten, dass man schon fast die Beckenknochen sehen konnte. Der Typ war so 1,95 groß und hatte lange Storchenbeine. Neben seinen Hotpants trug er noch ein bis zu den Rippen ausgeschnittenes Harley-Davidson-T-Shirt, Turnschuhe und Socken. Das Auffälligste war aber sein buschiger Oberlippenbart und seine Vokuhila-Matte, die bis zu den Brustwarzen reichte.*«[18]

Der Mechaniker macht aus der Reparatur ein großes Brimborium. Die Antworten auf seine Fragen erwidert er stets mit einem »Geili, geili«.

Bela B: »*Er fragte vor der Reparatur, ob noch Zeit für einen Cappuccino wäre. Als wir dies bejahten, antwortete er: ›Geili, geili.‹ Daraufhin sind wir fast vom Stuhl gefallen. Das ging immer so weiter: ›Ist dieses Höckerchen besetzt?‹ – ›Nee, ist nicht besetzt.‹ – ›Geili, geili.‹ Er hat uns echt einen vom Pferd erzählt, dass er sich in der Werkstatt erst einmal eine Stunde hinlegen muss, um über den Schaden zu meditieren und so ein Quatsch. Der hat echt eine Wissenschaft daraus gemacht, dabei weiß man, dass amerikanische Autos nicht wirklich anspruchsvoll verbaut sind.*«

Der selbst ernannte Chevy-Guru entpuppt sich schnell als Scharlatan, denn nach großem Trara und Blabla sowie einer sehr teuren Reparatur geht der Wagen ein paar Kilometer hinter Hamburg wieder kaputt.

Bela B: »*Er hat uns komplett verarscht. Der hat nur die Batterie ausgetauscht und uns dafür 3.000 DM berechnet. Unsere Rachegedanken hielten sich aber in Grenzen, denn diesen Typen zu erleben, war das Geld mehr als wert.*«

Die Ärzte werden des Geili-Geili-Supertypen später in Songs wie *3-Tage-Bart* oder *Vokuhila Superstar* gedenken. Der Chevy-Van wird nach der Sommer-Tour entnervt abgestoßen. Es ist wieder mal ein Beweis dafür, dass nicht alle scheinbar coolen Ideen auch wirklich cool sind. Anders verhält es sich da mit einer Pressekonferenz, die die Band auf der Popkomm in Köln vor ihrem Auftritt beim Bizarre Festival gibt. Hintergrund für diesen Termin ist die Veröffentlichung des Best-of-Albums *Das Beste von kurz nach früher bis jetze*. Nach dem enormen Erfolg, den ihr Comeback der Band bislang beschert hat, will nun auch Sony Music ihren Teil vom Kuchen abhaben und ein Best-of-Album aus den alten Aufnahmen der Achtzigerjahre veröffentlichen. Die damals geschlossenen Verträge erlauben Sony Music, dies jederzeit und ohne Einwilligung der Band nach ihrem Gutdünken zu tun. Die Ärzte sind darüber nicht sehr erfreut und bitten darum, wenigstens beim Artwork und der Titelauswahl mitreden zu dürfen.

Bela B: »*Die Sony verkaufte zu der Zeit die meisten Platten mit Best-of-Kompilationen. Ich glaube, die haben pro Jahr zwei Meat-Loaf-Best-of-Alben veröffentlicht. Da wollten wir uns keinesfalls einreihen, sondern wenigstens etwas veröffentlichen, was sich auch für den Sammler lohnt.*«

Für das Zugeständnis von Sony Music gibt die Band im Gegenzug ein paar neue Songs wie *Schrei nach Liebe* für die Zusammenstellung frei. Die Sony besteht außerdem auf einer Anwesenheitspflicht der Band bei ebenjener Pressekonferenz während der Popkomm. Die Ärzte erfüllen tatsächlich ihre Anwesenheitspflicht, mehr aber auch nicht, denn das Reden überlassen sie ihren beiden »Anwälten«, die von Michael Schulig und Michael Gaedt von der Kabarett-Gruppe Die kleine Tierschau verkörpert werden.

Michael Gaedt: »*Eine sehr elegante Inszenierung einer Pressekonferenz, in deren Verlauf die Ärzte – wie Norbert Grupe seinerzeit im Aktuellen Sportstudio – nichts zu sagen hatten, und die Kleine Tierschau den Ausverkauf des ›Backkatalogs‹ seitens der Plattenfirma Sony anprangern konnten. Wenn ein Jura-Studium zu so viel Spaß gereichen kann, hätte man uns das mal früher sagen können. Aber vielleicht sind es eher die ›Quereinsteiger‹ in den Jobs, die dann die wirklich gute Arbeit leisten. Ein mit einer absoluten Unschuld im Herzen vorgetragenes Spektakel, das dem Zeitgeist entsprechend die ›böse‹ Industrie an der Nase rumführte. Mit großer Heiterkeit haben wir damals beobachten können, dass die angereiste Journaille fleißig in die Heftchen schrieb und keiner der Beteiligten so genau wusste,* *was hier überhaupt gespielt wurde. Aber im bierernsten Rock-'n'-Roll-Business hat sich jeder der Beteiligten treu doof an die Spielregeln gehalten. Den ganzen Schwindel als ›… great Rock 'n' Roll Swindle‹ zu enttarnen war auch zu viel verlangt. Auf jeden Fall waren wir mit unserer Rolle als Hofnarren sehr zufrieden. Wir waren sogar so zufrieden, dass mir erst heute, fast 30 Jahre danach, auffällt, dass uns nie in den Sinn gekommen ist, bei unseren ›Mandanten‹ nachzufragen, wie dieser ganze Blödsinn letztlich geendet hat. Damals freuten wir uns auf jeden Fall, dass wir uns nun auch mit einer ›sackblöden‹ Performance in die würdige Reihe der Popkultur-Phänomene eingereiht hatten.«*

Auf die Frage hin, was denn für Stücke auf dieser Platte enthalten sind, liest »Anwalt« Michael Gaedt den Journalisten eine entsprechende Verlautbarung seiner »Mandanten« vor: »*Es handelt sich bei dem nun erscheinenden Album um eine ›verschissene Best-of-Platte‹, nicht um eine neue LP. Ich zitiere hier bewusst den Wortlaut der Künstler und kann Ihnen ganz kurz eine Liste mit den Titeln der Platte hochhalten.*«[19]

Um der Sony selbst im Stillen noch einen mitzugeben, tragen Farin, Bela und Rod T-Shirts mit dem Konterfei von George Michael, der schon seit Monaten mit besagter Plattenfirma im Streit liegt. Die Journalisten dürfen ihre Fragen ausschließlich an die Anwälte richten, die nach Rücksprache mit den Künstlern auch die Antworten wiedergeben. Die Band und die meisten Journalisten haben sichtlich Spaß an diesem etwas ungewöhnlichen Pressegespräch.

Axel Schulz: »*Es gab vorher keine Absprachen, die Tierschau hatte keinerlei Infos über die Platte. Die haben alles improvisiert. Höhepunkt war sicher folgender Dialog: ›Wird es die Platte auch auf Vinyl geben?‹, Antwort: ›Vinyl ist praktisch CD.‹ … was haben wir gelacht.*«

Die Pressekonferenz wird Bestandteil eines Promovideos werden, das anlässlich der Veröffentlichung der »verschissenen Best-of-CD« an interessierte Journalisten herausgegeben wird. Das Video enthält auch Szenen, in denen sich Die Ärzte dem Zuschauer von ihrer ganz privaten Seite zeigen. Axel Schulz hatte die glorreiche Idee, nach dem Auftritt in Wels noch ein paar Statements mit der Band für das Video aufzunehmen und dafür sein Hotelzimmer zur Verfügung zu stellen. Bela, Farin und Rod fabrizierten aber nur

Schwachsinn – sie geiferten rum, versuchten sich gegenseitig auszuziehen, beschimpften sich und nahmen ganz nebenbei Axels Zimmer auseinander. Obwohl das Material eigentlich unbrauchbar war, wird es trotzdem verwendet, denn ein besseres Argument zum Kauf der CD gibt es ja wohl kaum.

Bela B: »*Wir hatten da wirklich keinen Nerv mehr zu und waren ja auch im Tourmodus, was bedeutete, dass ein Großteil unserer Gehirnzellen in ständiger Deckung war.*«

Farin Urlaub: »*Da waren wir wirklich nur noch kichernde Spätpubertierende, und Bela und ich haben tatsächlich versucht, Rod auszuziehen! Ich habe es mir Jahre später mal wieder angesehen und musste ganz schön lachen.*«

Auf der Best-of ist als erstes Stück eine neue Version von *Quark* zu hören. Während die Musik, abgesehen von einem neuen Mix, gleich geblieben ist, bezieht sich der Text nun explizit auf das politische Tagesgeschäft. Albert Slendebroek hatte die Idee, dass die Band ihren ganz eigenen Beitrag zum Superwahljahr 1994 leistet. Farin schreibt daraufhin einen neuen Text und zitiert mit den »Heuchelei«-Chören im Mittelteil nebenbei aus dem Song *Schweineherbst* von Slime.

Bela B: »*Quark war ein Wunsch von Albert Slendebroek. So richtig gefiel uns das nicht, aber die Beziehung mit Albert war da schon sehr eng. Der Mann passte zu uns, also machten wir's. Die Doubles in unserem Video waren es zumindest wert.*«

Der neue *Quark* wird zusammen mit einer ebenfalls neuen Fassung von *Kopfüber in die Hölle*, nun *Revolution '94* genannt, als Doppel-A-Seiten-Single veröffentlicht. Allerdings wird nur zu *Quark* ein Video gedreht – ein ziemlich absurdes noch dazu. Nach *Friedenspanzer*, der dritten Auskopplung aus der *Bestie*, ist es bereits das zweite Video, das die Band mit dem Düsseldorfer Kai Sehr dreht. Die Ärzte selbst tauchen darin nur am Rande auf. In dem Video sieht man sie auf dem Fernseher in einer Kneipe, wie sie als Politiker verkleidet das Blaue vom Himmel versprechen, wobei andere zeitgenössische Politgrößen wie Helmut Kohl, Norbert Blüm oder Hans-Jochen Vogel ebenfalls eingeblendet werden. Die Szenen mit der Band werden stilecht im Regierungsviertel von Bonn gedreht, wo die Bundesregierung 1994 noch – auch nach dem Entzug des Status als Hauptstadt der BRD – ihren Sitz hat.

Kai Sehr: »*Heute wäre dies kaum vorstellbar, doch wir mussten damals noch nicht mal eine besondere Genehmigung für den Dreh einholen. Die waren erstaunlich entspannt.*«

In dem Clip werden Bela, Farin und Rod von drei sehr abgewrackten Typen gedoubelt, die ihnen entfernt ähnlich sehen und die Gäste der Kneipe mimen. Außerdem ist der Laden voll von Damen mit extremer Oberweite – Sehrs offensichtliche Reminiszenz an die Filme von Russ Meyer, die auch der Band sehr gut gefällt. Zum Ende des Clips sieht man Bela noch in einem schlecht sitzendem Anzug tot in einer Badewanne liegen. Damit schließt sich der Kreis zum Barschel-Skandal aus den Achtzigerjahren. Einen Tag nach der glorreichen Pressekonferenz auf der Popkomm treten Die Ärzte als Headliner auf dem Bizarre Festival auf, das in diesem Jahr zum ersten Mal in Köln gastiert.

Bela B: »*Ich hatte mir für die Tour meinen ersten Anzug, eine Kopie des bekannten Bay City Rollers-Outfits, machen lassen. Das war der Beginn meiner extravaganten Bühnenanzüge, die den 1970ern entlehnt waren.*«

Die Amerikaner von Biohazard, die vor den Die Ärzte spielen, können nur schwer begreifen, warum solch eine seltsame Band mit einem so komischen Namen ausgerechnet hier auf dem Bizarre Festival der Headliner ist, und lästern auf der Bühne über die deutschen Kollegen. Die Ärzte revanchieren sich, indem sie auf der Bühne den Fans ihre auf Rücken und Bauch selbst aufgemalten Tattoos präsentieren[20].

Bela B: »*Eine Sache werde ich nicht vergessen: Als wir die Bühne verließen, war da nicht nur Jubel. Ein paar Hardcore-Idioten pöbelten uns hinterher:* ›*Ärzte, ihr seid scheiße*‹ *oder so etwas. Farin lächelte nur und sagte mehr zu sich:* ›*Und ihr seid doch geblieben.*‹ *Das war der richtige Spirit.*«

Farin Urlaub: »*Der Gitarrist von Biohazard (die wir bandintern immer* ›*Bioladen*‹ *nannten) kam bei unserem Soundcheck am Tag davor auf die Bühne und sah mein sehr selbst gebasteltes Gitarrenrack. Fassungslos meinte er dann zu mir:* ›*Man, I could never use something like this! It looks so complicated!*‹ *Ich glaubte ihm aufs Wort.*«

Bela B: »*Meine sechs Bassdrums auf der Tour haben eh allen das Maul gestopft!*«

Den Die Ärzte ist dieser Vorfall jedoch egal. Sie haben großen Spaß während ihres Auftritts, und Farin und Rod zeigen dem Publikum auch hier bei *Westerland* ihre eigens für sie angefertigten Sylt-Gitarren, die die charakteristische Form der Nordseeinsel haben und darüber hinaus Funken sprühen können. Nach dem Konzert geht es weiter nach Freiburg – jedoch nicht in ihrem Chevy-Van, sondern in einem Learjet – so hat es Axel der Band gegenüber zumindest angekündigt. Entsprechend groß ist dann die Ernüchterung, als am Köln/Bonner Flughafen nur eine kleine Cessna auf sie wartet.

Bela B: »*Ich kannte Learjets nur aus Bon Jovi-Videos und war schon enttäuscht, als es sich als zwölfsitzige Cessna mit zwei Propellermotoren entpuppte. Während des Fluges machte der Pilot Faxen wegen einer Flugshow, die wir überflogen, und zur Landung drehte er noch eine Schraube über dem Festivalgelände. Ich hab mein Essen gerade so bei mir behalten und musste dann auch noch würgend zu einem Interview.*«

Bevor Die Ärzte die Sommertour beenden, kehren sie noch einmal dorthin zurück, wo alles angefangen hat, und geben spezielle Benefiz-Shows im Berliner SO36 und der Hamburger Markthalle. In Letzterer spielen sie zusammen mit der noch recht unbekannten Terrorgruppe eine Show zugunsten des wegen einer Klage in seiner Existenz bedrohten FC St. Pauli-Fanzines *Der Übersteiger*. Im SO36 spielen sie ein Benefiz-Konzert für den Club selbst – genauer gesagt spielen sie drei Konzerte an einem Abend, die jeweils einzeln verkauft werden und circa eine Stunde dauern. Die Band kramt an diesem Abend viele Songs hervor, die sie in dieser Formation noch nie zuvor zusammen gespielt hat. Darunter sind mit einer deutschen Coverversion des *Wire*-Songs *12XU* namens *Lest die Prawda* sowie *FDJ Punx* und *Erwin* sogar ein paar alte Nummern von Soilent Grün dabei. Kurz nach diesen Shows zerstreuen sich die Wege der drei für eine längere Zeit. Nach all den aufregenden Ereignissen der letzten anderthalb Jahre bietet sich nun erstmals die Gelegenheit, zu verschnaufen und das Erlebte zu verarbeiten. Für Axel Schulz endet der erste Urlaub seit langer Zeit direkt im Krankenbett.

Axel Schulz: »*Es hat unglaublich viel Spaß gemacht. Durch den Erfolg, der sich einstellte, habe ich so eine Art Überkraft bekommen, die mich immer weiter getrieben hat. Als ich nach all dieser Zeit* *endlich mal Urlaub gemacht habe, bin ich auch direkt erst mal zwei Wochen krank gewesen.«*

Aus den anfangs vorsichtigen Plänen, zunächst einmal nur ein neues Album aufzunehmen und eine Tour zu spielen, ist auf schleichendem Wege tatsächlich wieder eine gewaltige Erfolgsmaschine entstanden.

Farin Urlaub: »*Dass das noch mal solche Formen annehmen würde, hätte ich nie geahnt. Ich habe damals gedacht, wir nehmen noch einmal ein Album auf und spielen noch mal eine Tour. Ich wollte unbedingt noch mal vor Leuten spielen und Enthusiasmus erleben. Doch es kam alles ganz anders.«*

Bela B: »*Es gibt so viel Schrott-Musik auf dieser Welt, dass die beste Band der Welt einfach zurückkommen musste.«*[21]

Im Gegensatz zu den 1980ern muss sich die Band nun niemandem mehr beweisen und hat mit den neuen Rahmenbedingungen die besten Voraussetzungen für ihre weitere künstlerische Existenz und Unabhängigkeit geschaffen. Bela und Farin sind darüber hinaus sehr froh, dass sie mit Rod einen kongenialen Mitstreiter gefunden haben, der sie musikalisch ein ganzes Stück weiter nach vorne bringt. Wurde in der Vergangenheit noch manche Idee verworfen, weil sie sich musikalisch nicht umsetzen ließ, so stellen sie Rod nun ihre Ideen vor, und er setzt diese um. Schon während der Aufnahmen für *Die Bestie in Menschengestalt* ist Bela und Farin klar geworden, dass Rod kein bloßer Leihbassist ist.

Bela B: »*Bei Depp Jones hatten wir schon eine gewisse Zusammenarbeit zwischen uns etabliert. Wir mussten nicht bei null anfangen. Morgens hat Rod mir ein Riff vorgespielt, abends hatten wir dann Friedenspanzer fertig. Das gab mir viel Zuversicht für die Zukunft.«*

Rodrigo González: »*Ich bin ja erst nach den Aufnahmen von der Bestie in Menschengestalt richtig in die Band eingestiegen. Auf dem Weg nach Hause (Bela und Farin in Richtung Hamburg, ich nach Berlin) hielten wir auf der A2 an der Raststätte Garbsen an. Bela und Farin hatten auf der Fahrt miteinander gesprochen und mir dann beim Stopp gesagt:* ›*Wir wollen dich als volles Mitglied, nicht nur als Mietmusiker, und wir wollen dich an dem Album auch als volles Mitglied beteiligen.*‹ *Da war ich doch sehr baff, denn wir hatten ja noch keinen einzigen Gig zusammen gemacht!«*

Rods zurückhaltende Art und sein druckvolles Bassspiel kommen nicht nur beim Publikum und der Crew gut an. Es entwickelt sich auch eine tiefe Freundschaft zu Bela und Farin, die die Grundlage aller Aktivitäten von *Die Ärzte* bildet.

15. KAPITEL

Hasenheide 9

»*Mach noch etwas lauter,*
ein kleines bisschen lauter.«
(Die Ärzte – *B.S.L.*)

Mitte der 1990er-Jahre macht der Begriff der Spaßgesellschaft die Runde. Die vermeintlichen Spaßpunks, als die Die Ärzte oft hingestellt werden, sollten da also perfekt reinpassen. Tun sie aber irgendwie nicht. Sie verhalten sich eher so wie ein Quadrat in einem Kreis. Doch was bedeutet eigentlich Spaß? Das Lexikon versteht darunter eine Zerstreuung, einen Zeitvertreib. Jedenfalls nichts, was auch nur entfernt etwas mit jenem Tiefgang zu tun hat, den man in Deutschland stets hinter jeder Sache sucht. Und ausgerechnet dieses stets so grüblerische Deutschland gibt sich jetzt hemmungslos dem Spaß hin. Die Bedrohungen, gegen die man in den 1980er-Jahren noch so leidenschaftlich, kollektiv und generationsübergreifend protestiert hat, sind mit dem Ende des Kalten Krieges verschwunden. Die Welt ist deswegen aber noch lange nicht besser geworden. Im ehemaligen Jugoslawien tobt seit 1991 ein erbitterter Bürgerkrieg zwischen den verschiedensten Bevölkerungsgruppen, der seinen traurigen Höhepunkt im Massaker von Srebrenica findet. In Ruanda kostet der Völkermord an den Tutsi einer Million Menschen das Leben. 1995 werden im amerikanischen Oklahoma 168 Menschen bei einem Bombenanschlag getötet. Frankreich testet im selben Jahr im Pazifik zum allgemeinen Entsetzen seine Atomwaffen, und nach einer kurzen Phase des Friedens in Israel wird im November Premier Jitzchak Rabin während einer Kundgebung erschossen. Doch all diese Ereignisse sind weit weg von der eigenen Haustür.

Hierzulande ist man froh, dass man jetzt erst einmal mit Politik in Ruhe gelassen wird. Vor allem die Jugend hat keinen Bock mehr, den ganzen Tag lang herumzugrübeln. Sie will einfach nur Spaß am Leben haben, und die Industrie gibt ihr, was sie will. Im Dezember 1993 geht mit dem Musiksender VIVA[1] erstmalig ein eigenständiger deutscher Musiksender an den Start, der dem bisherigen Monopolisten MTV mit seiner klaren Fokussierung auf den deutschen Markt im Nu das Wasser abgräbt. VIVA wird die Kinder der Neunzigerjahre fortan wie kein zweites Medium prägen. So wie der Sender, ist auch das Jahrzehnt: grell, bunt, schrill und auch etwas belanglos. Die Moderatoren der ersten Stunde wie Stefan Raab, Heike Makatsch, Tobi Schlegl oder Matthias Opdenhövel werden zu bundesweiten Stars. VIVA will der Freund der Jugend werden und sagt frei heraus: VIVA liebt dich. Die Liebe wird erwidert, und so wird der Sender nach Schulschluss tatsächlich zum Dreh- und Angelpunkt für die heranwachsende, Pop-affine Generation. Für die Musikindustrie ist der Sender eine mehr als dankbare Vermarktungsplattform, denn was bei VIVA läuft, ist in – und sei die Musik wie im Falle von lokalen Eurodance-Combos wie *Mr. President, Captain Jack, Blümchen* und Konsorten noch so platt und einfallslos. Das Internet steckt zu diesem Zeitpunkt noch in den Kinderschuhen, nur wenige Haushalte haben überhaupt eine Verbindung ins Netz. Es ist die letzte Epoche, in der das Fernsehen noch Relevanz besitzt, und auch dies richtet sein Programm nun immer mehr nach der neuen Spaßgesellschaft aus.

Auf allen Kanälen schießen Comedy-Formate aus dem Boden. Die *RTL Samstag Nacht*-Komiker Wigald Boning und Olli Dittrich treten 1995 als Die Doofen bei Rock am Ring auf[2]. Als sie das Publikum fragen: »Seid ihr alle doof?«, antworten über 10.000 Anwesende: »Ja!« Die Nachmittage im Fernsehen gehören senderübergreifend den haarsträubenden Daily-Talk-Shows von Jürgen Fliege, Hans Meiser oder Bärbel Schäfer. Am Abend laufen Seifenopern wie *Gute Zeiten, schlechte Zeiten* oder *Verbotene Liebe*, die der Jugend praktischerweise stets die neuesten Modetrends und aktuellen Charthits mitliefern. Es wird auf sehr seichte Kost geachtet. So viel Müßiggang wird aber nicht überall gern gesehen. Kulturpessimistische Kulturpessimisten sehen die Apokalypse nahen, und selbst Bundespräsident Roman Herzog ist der Meinung, dass ein Ruck durch Deutschland gehen muss. Doch nichts dergleichen passiert.

Bei den Die Ärzte passiert hingegen einiges. Sie finden im Frühjahr 1995 wieder zusammen und haben sich für dieses Jahr ein neues Album vorgenommen. Zu der Zeit läuten Bands wie Green

Day, The Offspring, NOFX, Rancid oder Bad Religion ein neues Punk-Revival ein und verkaufen weltweit Millionen Platten. Ihre Musik spricht die Leute an, die mit der Spaßgesellschaft nicht viel anfangen können, und sie inspiriert auch Die Ärzte. Diese treffen sich in Berlin, um erste Ideen für neue Songs zu sichten. Farin bringt aus seinem Urlaub zwar einen ganzen Batzen an Liedern mit, allerdings hätten es noch weitaus mehr sein können.

Farin Urlaub: *»Zwölf Lieder waren komplett fertig getextet, und dann war mein Notizbuch weg. Ich habe mein komplettes Haus zwei Wochen lang auseinandergenommen und es nicht gefunden. Ich bin fast wahnsinnig geworden. Am Ende konnte ich mich noch an drei Texte erinnern. Der Rest ist leider weg – wohin auch immer.«*

Es wird wohl ein großes Geheimnis bleiben, welche Songs den Die Ärzte-Fans somit auf ewig verwehrt bleiben. Eines der Stücke, an das Farin sich glücklicherweise noch erinnern kann, heißt *Langweilig* und hat gewisse Ähnlichkeiten mit dem Green Day-Song *Basket Case*. Farin bestreitet aber, dass dieser Song als Vorlage gedient hat. Er leugnet jedoch nicht, dass dafür andere amerikanische Punkbands wie *NOFX*, *All* oder die *Descendents* einen großen Einfluss auf ihn ausgeübt haben.

Farin Urlaub: *»Nachdem ich durch Herrn B die Punk in Drublic von NOFX kennengelernt hatte, fand ich diesen Lichtgeschwindigkeit-Melodien-Punk so großartig, dass ich pausenlos solche Stücke schrieb. Die Begeisterung darüber hielt sich bei den anderen beiden über die Jahre mehr und mehr in Grenzen.«*

Bela B: *»Rod gingen diese ganzen neuen melodischen Punkbands tierisch auf die Nerven, aber ich, als Melodienjunkie, fand immer wieder eine Band richtig gut. NOFX hatten dabei einen Sonderstatus, weil deren Humor so besonders war, dass man sie auch ohne Musik lieben konnte.«*

Besonders Farins späterem Song *Red mit mir* merkt man die musikalische Ähnlichkeit zu NOFX an. Der ursprüngliche Text gefällt Bela jedoch nicht, und so schreibt Farin kurzerhand einen neuen, da er sehr stolz auf die Musik ist. Dieser handelt von einem Menschen, der anderen Leuten gerne sein Ohr leiht, und ist vielleicht eine Anspielung auf Bela, der in dieser Zeit scheinbar für jeden ein offenes Ohr hat. Für einen Augenblick steht sogar die Idee im

Raum, die neue Platte *Das Todesohr des Bela B* zu nennen, was aber wieder verworfen wird.

Farin Urlaub: »*Die Urversion von Red mit mir war ein sehr philosophischer Text über Leben, Liebe, Glauben, Sterben und Gott mit dem üblichen pataphysischen Titel 13!*[3]. *Leider konnte Bela mit dem Text gar nichts anfangen, also schrieb ich einen neuen, der ihm dann recht bekannt vorkam.*«

Bela B: »*Da ich den Text kritisierte, schrieb er einen neuen, quasi über mich und meine Fähigkeiten, Leuten stundenlang zuzuhören, auch wenn sie nur Mist erzählten. Einen Superhelden mit dieser Fähigkeit könnte man nur bemitleiden.*«

Damit *Red mit mir* es auf das Album schafft, opfert Farin den Crossover-Song *Straight Outta Bückeburg*, auch bekannt als *Zickenbart*. Mit der Nennung von Städten wie Minden, Rinteln oder dem namensgebenden Bückeburg ist er so etwas wie eine kleine Ode an das Weserbergland – ein Landstrich unweit von Hannover, in dem Farins Großmutter einst gelebt hat.

Für die Aufnahmen des neuen Albums bezieht die Band wieder das lieb gewonnene Preussenton-Studio von Uwe Hoffmann in der Hasenheide 9. Die Ärzte bauen ihre Anlage und Instrumente im großen Aufnahmeraum auf, und um alles richtig einzustellen, machen sie einen kleinen Soundcheck. Gerne spielen sie bei solchen Anlässen Coversongs, und so schütteln sie dieses Mal ein paar Punk-Klassiker von ihren früheren Pogo-Feten aus dem Ärmel. Das Ganze macht ihnen so viel Spaß, dass Rod vorschlägt, ihre Interpretationen aufzunehmen und auf Platte zu bannen. Über Nacht geht jedes Bandmitglied noch einmal in sich und durchstöbert seine Plattensammlung. Am nächsten Tag steht man wieder im Studio und spielt Songs von Bands wie den Buttocks (*BGS, I Hate Hitler*), Zimmermännern (*So froh*), Rotzkotz (*Kein Problem*), den Cretins (*Samen im Darm*) oder Brutal Glöckel Terror (*Tittenfetischisten*) ein. Auch ihr persönliches Hasslied *Paul* wird in einer speziellen *I Hate Paul*-Version verewigt.

Bela B: »*Schon kurz nach seiner Veröffentlichung war uns der Song peinlich gewesen. Während anderen Stücken in all ihrer Naivität noch wenigstens irgendetwas Cooles anhaftete, war Paul so etwas wie ein schwarzer Fleck auf unserer weißen Weste. Obwohl wir den Song auf-*

genommen und auch live gespielt haben, fanden wir, dass das einfach nicht wir waren. Trotzdem haben wir den Song später immerhin öfter gespielt als Männer sind Schweine.«

Die Band hat sehr viel Spaß an den Aufnahmen und beschließt, daraus eine EP zu machen. Farin hat sich mittlerweile für seinen Computer eine Bildbearbeitungssoftware gekauft und entwirft nebenbei das so alberne wie lausige Cover – aus Spaß. Schwarwel nimmt es seufzend zur Kenntnis. Wie früher üblich, möchte man diese Aufnahmen nur auf Vinyl anbieten. Doch was damals in Ermangelung von Tonträger-Alternativen gang und gäbe war, ist mittlerweile mehr als ungewöhnlich, denn kaum ein Mensch kauft noch Vinyl-Platten oder besitzt gar einen Plattenspieler. Die Ärzte halten aber hartnäckig an dem schwarzen Gold fest und werden weiterhin all ihre neuen Veröffentlichungen auch auf Vinyl herausbringen, wenn auch in äußerst kleinen Auflagen.

Farin Urlaub: *»Wir machen das, weil wir Vinylfans sind – alleine die Cover sind den ganzen Aufwand wert.«*

Mit *1, 2, 3, 4 – Bullenstaat!* ist bald ein passender Name für die Platte gefunden. Auf Wunsch der Band soll die neun Stücke umfassende EP, die eine Anarchie- sowie eine Bnarchie-Seite enthält, ausschließlich am Merchandise-Stand auf der nächsten Tour erhältlich sein und auf den normalen Vertriebsweg komplett verzichtet werden. Die Ärzte wollen auch, dass die Original-Interpreten ihre GEMA-Einnahmen bekommen, doch dieses Ansinnen stellt sich als schwierig heraus, denn die wenigsten von ihnen sind überhaupt bei der GEMA angemeldet und interessieren sich – wie im Falle der Buttocks – auch noch nicht einmal dafür. Produzent Uwe Hoffmann kann dem rumpeligen Sound dieser Aufnahmen nicht viel abgewinnen. Er sieht sie aber als probates Mittel für den Einstieg in die eigentliche Studioarbeit an. Diese gestaltet sich schwieriger als erwartet, denn Bela ist in keiner sonderlich guten Verfassung. Spätestens als er seine Schlagzeug-Parts einspielen soll, wird allen Beteiligten klar, dass das so nicht geht. Er spielt nicht gut und schämt sich für seine schlechte Verfassung, was auch nicht gerade förderlich ist.

Bela B: *»Ich hatte wenig Songs für die Platte geschrieben, was unter anderem daran lag, dass ich keinen Übungsraum und auch ungeeig-*

netes Equipment für Demo-Aufnahmen hatte. Hinzu kam, dass ich zu der Zeit häufig um Geld betrogen und von einigen engen Freunden sehr enttäuscht worden bin. Es war eine schwierige Phase für mein Selbstbewusstsein.«

Vor allem die Offbeat-Parts[4] wie beim *Schunder-Song* machen ihm im Studio Probleme. Bela nimmt sogar zum ersten Mal Unterricht, doch auch das bringt ihn nicht wirklich weiter. Obwohl es die anderen ihm gegenüber nicht offen ansprechen, merkt Bela schon, dass sie sehr genervt von ihm sind. Hoffmann macht der Band den Vorschlag, zunächst ein paar Konzerte in kleinem Rahmen zu spielen, um wieder etwas Spielpraxis zu sammeln und die Köpfe frei zu kriegen.

So bucht Axel für die Band kurzfristig eine kleine Clubtour, die sie wieder zurück zu den Wurzeln und in kleine Läden wie das Luxor in Köln, das Loft in Berlin oder die Röhre in Stuttgart führt. Die kleinen, schwarzen Tickets, die nur ein silbernes »Ä« zeigen, werden zunächst nur über die Fanclubs[5] der Band in den Umlauf gebracht. Der Rest geht über Mundpropaganda und lokale Vorverkaufsstellen weg. Auf der Tour präsentieren Die Ärzte mit *BGS* und *12XU (Lest die Prawda)* erstmals Stücke der *1, 2, 3, 4 - Bullenstaat!*-EP, die die Fans bei dieser Gelegenheit auch direkt kaufen können. Es sind aber nicht die einzigen neuen Songs, die Bela, Farin und Rod den Fans um die Ohren hauen. Gleich fünf Lieder aus den laufenden Album-Aufnahmen schaffen es auf die Setlist, darunter *Langweilig*, *Sterben* (das später *Trick 17 m.S.* heißen wird), *Ich bin so wie ich bin* (später *Der Misanthrop*) und der *Schunder-Song*. Sie kommen auch gut an, wenngleich die Stimmung bei diesen Songs schon etwas leidet, denn die Fans versuchen natürlich, so aufmerksam wie möglich den neuen Songs zu lauschen.

Andi Simon: *»Diese Clubtour war Chaos pur. Da gab es keinen Graben und keine Absperrung. Die Leute waren wie wild am Stagediven und Pogen. Ich stand auf der Bühne und habe nur geschaut, dass der Band nichts passiert. Das war alles nicht so wirklich verantwortungsvoll und wäre heute unvorstellbar. Mir haben solche Konzerte aber den meisten Spaß bereitet, denn es war alles so direkter und intensiver und hat mich sehr an meine Jahre in der Frankfurter Batschkapp erinnert. Es hatte auf jeden Fall deutlich mehr mit Rock* 'n' Roll zu tun als die heutigen Konzerte, wo alles bis ins kleinste Detail durchorganisiert ist.«

Das Finale der Tour findet im Berliner Loft statt, wo die Band in ihren Anfangstagen schon so manchen umjubelten Auftritt hingelegt hat. Auch dieses Mal ist die Stimmung wieder großartig, und es passieren viele außergewöhnliche Dinge. So verkleiden sich einige Fanclub-Mitglieder während des Konzertes als Polizisten und verhaften die Band, als diese das provokative *BGS* spielt. Wenig später stacheln sich Bela und Farin so lange gegenseitig an, bis sie tatsächlich gemeinsam ins Publikum springen und crowdsurfen. Bela vergisst jedoch, vorher sein Headset-Mikrofon abzulegen, was zur Folge hat, dass es anschließend einige technische Probleme gibt. Rod steht nur kopfschüttelnd da.

Zur Zugabe tauschen Bela und Rod bei *Elke* ihre Positionen, wodurch die Qualität der Darbietung doch ein wenig leidet. Aber wer auf filigrane musikalische Aufführungen Wert legt, ist bei Die Ärzte-Konzerten sowieso falsch aufgehoben. Beherrschendes Thema dieser Tour ist die zur Zeit sehr erfolgreiche Kelly Family. Die irische Folklore-Familie ist dank ihres hippiemäßigen Auftretens und ihrer frenetischen Anhängerschaft, die fast ausnahmslos aus pubertierenden Mädchen besteht, eine perfekte Zielscheibe für Hohn und Spott. So tragen Die Ärzte fortan mit Vorliebe T-Shirts der Gruppe und quälen ihre Fans nach den Clubshows mit dem Kelly-Hit *An Angel* als Rausschmeißer.

Hoffmanns Idee erweist sich im Verlauf der Tour als goldrichtig. Die Band hat viel Freude an den intimen Gigs und geht nach Tourende mit großer Lust die restlichen Arbeiten zum neuen Album an. Auch Belas Kummer ist verflogen. Er ist sehr gut drauf und spielt neben den verbleibenden Schlagzeugspuren auch seine Parts bei den bereits aufgenommenen Stücken noch mal neu ein. Der Spaß ist nun bei allen wieder da, und so kommt es, dass auf dem neuen Album nicht nur ordentlich in Schwingung gebrachte Gitarrensaiten, sondern unter anderem auch Haushaltsgegenstände zu hören sind.

Uwe Hoffmann: »*Beim Song B.S.L. ist die ganze Zeit über ein Staubsauger im Hintergrund zu hören. Wir fanden, dass dessen Sound ein gutes Grundrauschen erzeugt. Im Refrain haben wir dann* den Staubsauger gedoppelt. Der Song klang uns einfach zu clean ohne Lärm.«

Während der Aufnahmen feiert Rod seinen 27. Geburtstag. Bela und Farin wollen ihm ein besonders »schönes« Geburtstagsgeschenk machen und holen seine Freundin mit ins Boot. Sie soll vorgeben, dass sie seinen 190er Mercedes geschrottet hat und der nun in der Werkstatt steht. Tatsächlich lassen Bela und Farin das Fahrzeug aber zu einer Tuning-Werkstatt bringen, wo das Auto auf ihren Wunsch hin richtig prollig aufbereitet wird. So erhält es unter anderem breite Schluppen, einen Heckspoiler und rote Hosenträger-Gurte. Und damit auch jeder sieht, wem die Karre gehört, wird auf das Heck des Fahrzeugs noch ein »Hot Rod 666« Plastikchrom-Emblem draufgesetzt. Bela und Farin würden das Fahrzeug sogar noch tiefer legen lassen, als es eh schon ist, doch da macht die Werkstatt nicht mit.

Bela B: »*An seinem Geburtstag haben wir ihm den Wagen dann präsentiert, und er wusste nicht, ob er weinen oder stolz sein sollte, dass er so phantasiebegabte Freunde hat.*«[6]

Die Aufnahmen gehen nun endlich in einem zufriedenstellenden Tempo voran. Für ein geplantes Homevideo darf eine Kameracrew die Band sogar bei der Studioarbeit filmen. In dem späteren Video wird der Zuschauer auch Zeuge eines nicht zu vernachlässigenden Problems, denn Die Ärzte können sich nicht auf einen griffigen Titel für das Album festlegen. Bela liest für die Kamera eine Liste mit Ideen vor. Davon ist eine schwachsinniger als die andere.

Ärzte 90210
Die Leiden der Jungen Ärzte
Die Ärzte versus die Welt
Die Ärzte nach Babylon
Flucht aus Babylon
Lärm deluxe
Ganz egal
Methan
There Goes the Regenwald
Ein überdimensionales Meerschwein frisst die Erde auf
Abgespritzt! Ein Trommelfeuer aus der Sackkanone
Wurst of Love

Wurst essen Seele auf
Jesus liebt uns
Berserker der Liebe
Verzerrer – Zerstörer des Universums
Guten Morgen Deutschland (mit Penis-Cover)
The Peel Sessions
Verrückt in Las Vegas
Extrem Kommerz
Schwer auf Zack
Schraubenschlüssel tut weh auf Kopf
Zombiepower 2000
Uwe Hoffmann: »*Während der Produktion lag im Aufenthaltsbereich ein A3-Zeichenblock herum, in denen kleine CD-Kästchen gemalt waren. Da hat dann jeder von ihnen mal eine spontane Coveridee reingekritzelt. Da waren wirklich großartige Sachen dabei.*«
Bela B: »Methan *stand von da an auf jeder kommenden Liste. Das war ein Running Gag von Rod und mir, den wir auch noch brachten, als wir selbst nicht mehr darüber lachen konnten. Schließlich nannten wir mal eine spätere B-Seite so.*«
Farin Urlaub: »*Zu meinen Favoriten gehörte ein Albumtitel namens* Alle auf Brille!*; natürlich war das übliche Schulmobbing inklusive Prügel auf dem Cover dazu abgebildet. Zum Produktionsende hin gab es noch* Brille ist doch der Beste. *Na ja, immerhin hatten die Kassierer ein Jahr später den sensationellen Albumtitel* Habe Brille. *Gut, dass das mal gesagt wurde!*«
Die Ärzte verwenden aber nichts davon. Lediglich *Ein überdimensionales Meerschwein frisst die Erde auf* wird einige Jahre später zum Titel einer Veröffentlichung werden. Einer, der unter der Entscheidungsunfreudigkeit der Band besonders leidet, ist ihr Grafiker Schwarwel. Er legt einen Entwurf nach dem anderen vor, und in ihrer Unsicherheit lehnt die Band einen nach dem anderen ab. Irgendwann steht der Name *Planet Punk* im Raum und wird kurz vor knapp tatsächlich zum Titel des neuen Albums auserkoren. Richtig glücklich ist man damit zwar nicht, doch für eine bessere Alternative läuft der Band schlichtweg die Zeit davon. Dabei scheint der Name wie gemacht für eine Zeit zu sein, in der Punkrock plötzlich wieder massenkompatibel geworden ist. Wahrscheinlich gefällt der

Band aber genau deswegen der Titel nicht, denn man kann ihnen durchaus vorwerfen, die Fahne in den Wind zu hängen.

Bela B: »*Der Titel gefällt uns bis heute nicht. Der Hauptvorwurf, den ich uns hierbei mache, ist die Tatsache, dass wir uns durch diese Titelwahl angreifbar gemacht haben. Das war sicherlich keine sonderlich schlaue Entscheidung von uns.*«

Der Titel befeuert wieder einmal die ewige Diskussion, ob Die Ärzte überhaupt (noch) Punkrock sind. Angesichts der Tatsache, dass diese Jugendbewegung bereits mehr als 15 Jahre zurückliegt, ist diese Debatte eigentlich obsolet. Zumal es keine feste Definition gibt, was Punk denn überhaupt ist. Wenn man an junge Männer und Frauen mit Irokesen und Hunden denkt, die auf Bahnhofsplätzen abhängen und Passanten anbetteln, dann bringt man dieses Punkverständnis nicht zwangsläufig in Verbindung mit den Die Ärzte. Wenn man aber den Song Do Anything You Wanna Do von Eddie & The Hotrods als zentrales Motiv des Punk betrachtet, so sind Die Ärzte wohl mehr Punk als viele andere, die dies für sich beanspruchen. Campino von den Toten Hosen jedenfalls empfindet den Albumtitel gar als unanständige Anmaßung und ist sehr pikiert, wie er in einem Interview mit dem Fachblatt Musikmagazin offenbart:

1995 hatten die Hosen, zumindest nach außen, Sendepause. Genau in diese Zeit fällt das große Punkrock-Revival. Wie habt ihr das verfolgt?

»*Ich mag mich heute gar nicht mehr darüber unterhalten, was sie irrtümlich und ohne bösen Willen für Punk halten. Green Day, Offspring – das ist kein Punkrock für mich, sondern eine Sache von gestern. Dazu habe ich eine Verbindung, dazu kann ich was sagen, die Ideologie war klar umrissen. Die Bewegung von heute hat keine einheitliche Ideologie, sie definiert sich ein bisschen übers Outfit und über die Musik, die viele Bands ganz gut und ehrenwert nachmachen. Es ist nachträglich befriedigend zu sehen, dass Punk das Zeug hatte, große Hits zu liefern. Aber es kommt heute zu Missverständnissen, da tut's mir dann weh. Wenn Die Ärzte über den Planet Punk singen, werden viele Kids irritiert sein, da dieser Planet Punk rein gar nichts mit dem von 1977 zu tun hat.*«

Die Ärzte würden sicher vehement widersprechen.

»*Sie würden widersprechen – aber wer sind sie denn, dass sie widersprechen! Sie sind die Typen, die früher von den Punks verprügelt wurden, bevor sie sich auflösten – das werde ich nie vergessen. Sie machen Musik, die okay ist, und spielen den Rebellen. Aber ich würde nicht so mit dem Wort ›Punk‹ kokettieren, wenn ich dieselbe Vergangenheit wie sie hätte. Weil es wehtut, was mit dem Begriff ›Punk‹ passiert ist, wollen wir uns darüber nicht mehr definieren und uns nicht mehr dahinter verstecken. Wir sind wir.*«[7]

Wenn man Campinos Ausführungen folgt, merkt man, dass die Spannungen zwischen beiden Bands noch immer nicht ganz abgebaut sind, und man kann wohl erahnen, wie es in den Achtzigerjahren erst gewesen sein muss.

Bela B: »*Von unserer Vergangenheit hatte Campi wenig Ahnung, aber ich glaube, dass dieses Album dann auch wieder so ein Erfolg wurde, hat die alte Feindschaft – zumindest von ihm aus – aufflammen lassen. Ich hab da in Interviews von ihm noch mehr unschöne Sachen gelesen, aber er hat ja recht. Als er 1977 in England zusammen mit den Sex Pistols und The Clash das Punk-Manifest geschrieben hat, war ich 15 und grad auf einem ABBA-Konzert.*«

Farin Urlaub: »*Ich wurde von Punks verprügelt? Das ist mir neu. Genauso neu, dass wir von* Planet Punk *gesungen hätten … aber nichts für ungut. Wir waren damals genauso dünnhäutig, was einige Hosen-Songs anging.*«

Die erste Speerspitze des neuen Albums soll der bereits live erprobte *Schunder-Song* werden. Mit dem Titel ehren Die Ärzte ihren Merchandiser Erik Schunder und halten den Song für sehr gelungen. Die Metronome hingegen äußert aber aufgrund von Zeilen wie »Gewalt erzeugt Gegengewalt« und »Immer mitten in die Fresse rein« ein paar Bedenken. Doch genau für solche Fälle hat sich die Band das letzte Wort vertraglich zusichern lassen, und so wird es eben gemacht.

Bela B: »*Wir saßen im Studio, haben über eine mögliche Single nachgedacht und dann den vielleicht Radio-untauglichsten Song genommen, den das Album hatte. So waren wir.*«

Farin Urlaub: »*Ich weiß noch: Wir hatten schon ein paar Lieder fertig gemischt, aber waren uns bezüglich der ersten Single noch sehr uneinig. Als die Metronome dann ins Studio kam und etwas hören* wollte, war unser Plan eigentlich, ihnen den Michael-Schumacher-Song vorzuspielen. Spontan haben wir uns dann für den Schunder-Song entschieden, und der fühlte sich dann auch viel besser an. Dabei hatte ich ihn eigentlich nur als B-Seite vorgeschlagen, weil ich mit meinem Demo-Arrangement gar nicht glücklich war. Aber dann haben wir zu dritt daran gearbeitet und dem Lied eine völlig neue, kraftvollere Richtung gegeben. Das war einer der seltenen Fälle, wo ich mir mal in ein Songarrangement reinreden ließ – zum Glück!«

Für die Produktion des Videos wird wieder Kai Sehr engagiert, der schon die vorangegangenen Videos zu *Friedenspanzer* und *Quark* drehte. Die Band gibt Sehr die Vorgabe, Bild und Text komplett gegensätzlich darzustellen. Sehr entwickelt daraufhin die Idee, Die Ärzte den Song im Stile alter Busby-Berkeley-Musicals[8] in Gala-Outfits mit Bigband und Tänzerinnen präsentieren zu lassen.

Kai Sehr: »Das war eine riesige Produktion. Der ganze Clip war extrem durchchoreografiert, was alles sehr aufwendig machte. Wir haben insgesamt zwei Tage daran gedreht. Die Tänzerinnen kamen vom berühmten Friedrichstadtpalast und waren wirklich super. Wir hatten sogar noch überlegt, ein Wasserballett einzubauen, doch das hatte das eh schon arg ausgereizte Budget nicht mehr hergegeben. In dem Video sind viele Shots enthalten, die ganz klar aus diesen ganzen Busby Berkeley-Filmen zitiert sind, wie der mit Rod, der unter den Beinen der Tänzerinnen hervorguckt.«

Das Resultat verfehlt seine Wirkung nicht. Für den Autor dieses Buches ist das Video zugleich der Einstieg in den *Ärzte*-Kosmos.

Der Autor: »Ich war noch in der Schule, als ich das Video zum ersten Mal gesehen habe. Während meine Klassenkameraden an diesem Tag hitzefrei bekommen haben und ins Freibad gingen, saß ich krank zu Hause und schaute vor lauter Langeweile VIVA. Zu dieser Zeit dominierten Boyband- und grelle Eurodance-Videos den Sender, doch irgendwann wurde das neue Video von Die Ärzte gezeigt. Es war so anders, mit viel Liebe zum Detail und so viel Humor gemacht, dass es mich sofort einnahm. Eine meiner Lieblingsszenen ist nach wie vor die, wie Farin mit einem fehlenden Schneidezahn in die Kamera grinst. Ich freute mich dann jedes Mal, wenn ich das Video sah, und versuchte verzweifelt, es mit meinem Videorekorder mitzuschneiden. Damals gab es ja kein YouTube, wo das Video jederzeit online zur

Verfügung steht. Von da an hatte die Band mich gepackt, und ich wollte mehr über sie wissen.«

Kai Sehr: »*Als Farin mit dem Wunsch ankam, einen Schneidezahn zu verdecken, war ich überhaupt nicht davon begeistert. In meiner Welt hatte dies überhaupt kein Platz in dem Video. Ich fand das schlichtweg zu albern und habe daraufhin auch zwei Versionen von dem Video abgegeben – einmal mit und einmal ohne Zahn. Ich fand, dass hier der eh schon schmale Grat zwischen Albernheit und Konzepthaftigkeit überschritten wurde. Heute sehe ich das viel relaxter und muss gestehen, dass Farin recht hatte, denn die Szene ist markant und repräsentiert einfach zu 100 Prozent den Humor der Band.«*

Bela B: »*Der Dreh war megahart. Einige der Tänzerinnen weinten vor Erschöpfung, und wir munterten sie mit Kalauern auf, bis auch wir gänzlich erschöpft waren.«*

Farin Urlaub: »*Obwohl der Dreh wirklich sehr anstrengend war – wenngleich auch nur ein zarter Vorbote von* Männer sind Schweine *oder* Manchmal haben Frauen … *–, hatten wir einen Riesenspaß an dieser völlig überdrehten Riesenproduktion. Heute wirkt das Video noch einigermaßen im Rahmen, aber wir waren ja damals noch lange nicht so bekannt wie heute und längst nicht so erfolgreich, um ein solches Video zu rechtfertigen. Aber dieser Größenwahn hatte schon etwas. Außerdem waren die Tänzerinnen wirklich wunderschön!«*

Aus Spaß heraus nennen Die Ärzte die Single *Ein Song namens Schunder*, und auch wenn diese von den Radioanstalten weitestgehend ignoriert wird, so platziert sie sich immerhin in den Top 10 der Charts. Die Single ist wie das bald erscheinende Album in orange-grünen Schrägstreifen gehalten und bis auf die CD komplett aus Pappe beziehungsweise Papier hergestellt. Auch bei Die Ärzte erwacht allmählich das Umweltbewusstsein. Hinzu kommt, dass die lieblose Gestaltung der meisten CDs der Band schon immer ein Dorn im Auge gewesen ist.

Farin Urlaub: »*Bis heute finde ich, dass es zu viel überflüssiges Plastik gibt. Axel und ich sind damals sogar zu einem Umweltinstitut gefahren, um die am wenigsten schädliche CD-Verpackung entwickeln zu lassen. Leider war der Chef des Instituts eine sinnlose Labertasche, die sich nach vielen Versprechen einfach nicht mehr gemeldet hat.«*

Planet Punk ist so etwas wie der Auftakt für eine ganze Reihe von aufwendig gestalteten Verpackungen von Die Ärzte-Tonträgern. Schwarwel empfindet das Booklet des Albums den klassischen Punk-Fanzines nach. Für die Bandfotos ist Olaf Heine zuständig. Die Band findet Gefallen an seinen unaufgeregten, aber dennoch eindringlichen Fotos. So ist Heine auch die erste Anlaufstelle, als es darum geht, Bilder für eine große Plakataktion zu schießen. Zur Veröffentlichung des Albums hat die Metronome in Deutschlands Metropolen großformatige Plakatflächen an Häuserwänden gebucht, die mehrere Meter hoch sind. Zuvor wurden auf diese Weise schon die jüngsten Platten von Tina Turner und Phil Collins beworben, und die Metronome erhofft sich nun auch für *Planet Punk* einen lohnenden Verkaufseffekt.

Olaf Heine: »*Bevor wir mit den Aufnahmen begannen, haben wir erst einmal überlegt, wie die Fotos werden sollen. Ich fand ein normales Bandporträt, wie es von der Plattenfirma gewünscht war, ziemlich langweilig, denn genau das hätte die Band für mich in eine Reihe mit Phil Collins oder Tina Turner gestellt. Das hier aber waren Die Ärzte. Irgendwann sagte ich, dass wir schon etwas Spektakuläreres machen müssten, zum Beispiel ein Nacktfoto. Das war nur zur Veranschaulichung gedacht, doch Farin und Bela haben sofort angefangen, die Idee weiterzuspinnen. Rod war klar dagegen. Für ihn kam das einer Entmystifizierung gleich, und er nannte als Beispiel das Sex-Buch von Madonna. Er hat sich strikt geweigert, blankzuziehen.*«

Bela und Farin aber lassen ihren Worten tatsächlich Taten folgen und vor Heine ihre Hüllen fallen. Die Schuhe bleiben aber an. Irgendwie finden sie es auch cool, dass Rod nicht mitmacht, denn so können sie ihn als Gegenpol zu ihrem Adamskostüm komplett overdressen. Wie er jetzt mit Belas Jacke und Sonnenbrille zwischen den nackigen Farin und Bela steht, erinnert er schon fast an Elvis Presley. Heine drückt anschließend auf den Auslöser und hält das Motiv für die Nachwelt fest. Bela und Farin beömmeln sich bei dem Gedanken, dass man ihre Pimmel bald in x-facher Vergrößerung sehen wird, doch die Metronome ist etwas zurückhaltender in ihrer Begeisterung. Sie gibt zu Recht zu bedenken, dass die Plakate wohl nur eine kurze Zeit hängen werden, bevor sie wegen Erregung öffentlichen Ärgernisses wieder abgenommen werden müssen. In

2002 – 2003

ben: Am 31.08.2002 spielten Die Ärzte ihr *MTV Unplugged*-Konzert im Hamburger Albert-Schweitzer-Gymna-um, zusammen mit dessen Schulorchester. Unten: Rod und sein ehemaliger Musiklehrer Jochen Arp, der 2002

Oben: Die Aula des Gymnasiums wurde für das Konzert komplett umgestaltet. Um die Traglast der Decken sicher zustellen erschien sogar der frühere Architekt der Aula. Unten: Überall wo Platz war, wurde Technik untere

ben links: Die Percussion-Instrumente für Markus Paßlick. Oben rechts: Die Gitarrenracks für Farin und Rod klusive Banjo. Mitte links: Das Mini-Drumkit und Cocktail-Schlagzeug-Set von Bela. Mitte rechts: Das Mischpult. nten: Bela eröffnete das Konzert, so wie früher, indem er auf der Gitarre *Tittenmaus* spielt.

Oben: Letzte Proben vor dem großen Auftritt. Rod geht mit den Schülern die Orchestersätze noch einmal durc[h]
Unten: Für das *MTV Unplugged*-Konzert nahmen die Die Ärzte allerhand Songs auf, darunter viele Hits, aber au[ch] Raritäten.

ben links: Axel Schulz, Anja Marenbach und Bela bei einer Pause. Oben rechts: Materialausgabe für die Schülerinnen und Schüler. MItte links: Der Büffelschädel von Belas Rollator. Mitte rechts: Regisseur Norbert Heitker und

Wenn man schon über drei Stunden Konzert hinter sich hat, dann gehen einem die Worte: »Deutschland, Februa[r] 92, der arbeitslose Schustergeselle René geht bewaffnet und im schwarzem Kampfanzug über die polnisch[e] Grenze« schon mal schwer über die Lippen.

ie Aufzeichnung für das MTV Unplugged-Konzert dauerte an die 6 Stunden. Allein für *Mit dem Schwert nach olen, warum René?* brauchte die Band mehrere Anläufe, unter anderem wegen eines Lachanfalls von Farin.

Generalprobe am 30.08.2002. Läuft!

Oben: Farin im Studio bei den Aufnahmen zum Doppelalbum *Geräusch*. Unten links: Hans-Jürgen Steffen vom Gaga-Studio an seinem Arbeitsplatz. Seine Tochter Sarah ist im Song *Als ich den Punk erfanc …* zu hören. Rechts: Die Ärzte während des Drehs zu *Unrockbar*.

Bilder vom *Unrockbar*-Videodreh in Hamburg im August 2003.

Oben: Nicht verwendete Pressebilder für das *Geräusch*-Album. Unten: *Unrockbar*-Videodreh. Rechts: Die Ärzte aufgenommen in einem U-Bahnhof in Berlin. PS: Fuck the Police.

Für das Album *Geräusch* entstanden haufenweise Bilder, denn die Band arbeitete mit zwei Fotografen an verschiedenen Sets.

Oben links: Bela zusammen mit Fettes Brot. Rechts oben: Farin ganz in Weiß bei *WAMMW*. Mitte rechts: Bela u[nd] Rod auf der *Jenseits der Grenze des Zumutbaren*-Tour 2003. Unten: Bühnenvorhang. Seit 2003 wird das Bandlog[o] mit drei Punkten über dem a geschrieben.

München müssen solche Großplakate sogar von der Kirche abgesegnet werden, und es darf bezweifelt werden, dass sie solchem Frevel ihren Segen erteilt. Am Ende wird die Idee verworfen, und die Bilder landen vorerst im Giftschrank. Das geplante Budget wird kurze Zeit später anderweitig verwendet werden.

Farin Urlaub: »*Trotzdem ... wäre schon jeil jewesn, wie wir in Berlin sagen würden.*«

Bela B: »*Ich habe das meiner damaligen Freundin erzählt, die regelrecht sauer wurde. Ich versprach ihr daraufhin, den Ausschnitt meines Penis fürs Schlafzimmer zu besorgen. Da hätte sie fast mit mir Schluss gemacht.*«

Planet Punk erscheint im September und belegt kurz nach der Veröffentlichung den zweiten Platz der deutschen Album-Charts. Mit der neuen Platte steigen auch *Die Bestie in Menschengestalt* sowie andere ältere Platten wieder in die Charts ein. Streckenweise sind Die Ärzte mit fünf oder sechs Alben in den Charts vertreten, was eindrucksvoll zeigt, wie viele neue Fans sie mit dem neuen Album hinzugewinnen können. Nie zuvor hatten Die Ärzte im Vorfeld mehr Songs für ein Album geschrieben, doch nur 17 davon finden darauf Platz. Einige Stücke wie das bereits auf der Clubtour gespielte *Warrumska* verwendet die Band für B-Seiten. Lieder wie Belas Stück *Vokuhila* oder Farins *Straight Outta Bückeburg* werden bewusst zurückgehalten, denn mit ihnen haben Die Ärzte noch etwas Besonderes vor: Beide Songs sind laut Ansicht der Band viel zu gut, um als B-Seite zu enden, und außerdem haben diese noch eines gemein – sie handeln beide von Körperbehaarung. Aus dieser zufälligen Tatsache entsteht ganz spontan die komplett wahnwitzige Idee, im nächsten Frühjahr eine ganze EP zum Thema Haare aufzunehmen. Bevor es aber dazu kommt, wirbelt *Planet Punk* erst einmal ordentlich Staub auf. Die Band ist mehr als zufrieden mit dem Album und schreibt vor allem Uwe Hoffmann einen großen Anteil daran zu. Anders als der Vorgänger, der noch viel Stückwerk bot, ist es nun ein richtiges Band-Album geworden, das alles enthält, was Die Ärzte ausmacht. Neben den angepunkten Popsongs, die charakteristisch für die Band sind, enthält es auch allerhand Ausflüge in andere Gefilde, was für Die Ärzte inzwischen ebenso zum Markenzeichen geworden ist. Den Gipfel bildet wohl Farins

Gloria-Estefan-Hommage *Meine Ex(plodierte Freundin)*. Wenn man abgefahrene Nummern wie diese hört, fällt es einem schwer zu glauben, dass dieser Mann wirklich keine Drogen nimmt.
Gestern Nacht ist meine Freundin explodiert.
Ich hatte nicht damit gerechnet, darum bin ich blutverschmiert.
Wer konnte ahnen, dass sie so reagiert?
Gestern Nacht ist meine Freundin explodiert.
Außer der Band selbst wirken bei diesem Song auch Heinz Strunk an der Querflöte sowie Ralf Dörper von der Neue Deutsche Härte-Band Die Krupps mit. Schon in den Achtzigern fanden Bela und Farin Dörper aufgrund seines Nachnamens cool und mochten auch dessen experimentelle Hommage an den Soundtrack des John-Carpenter-Klassikers *Assault on Precinct 13*. Schon damals geisterte der Reim »Ein schöner Körper wie Ralf Dörper« in ihren Köpfen herum. Bei *Meine Ex(plodierte Freundin)* ist für Farin nun endlich der Moment gekommen, diesen Reim für die Ewigkeit festzuhalten, und natürlich muss Ralf Dörper persönlich seinen Namen an der passenden Stelle im Song aufsagen. Mehr muss er nicht tun.
Sie hatte einen schönen Körper,
so wie der eine von den Krupps.
Wie hieß er noch?
Dörper!
Die Unberechenbarkeit, die Die Ärzte schon bei *Die Bestie in Menschengestalt* an den Tag legten, setzt sich auf diesem Album weiter fort. Der Band gelingt das Kunststück, ernste Songs wie *Die traurige Ballade von Susi Spakowski* oder das Kapitalismus-kritische Stück *Opfer* neben Ga-Ga-Nummern wie *Mein Freund Michael* zu versammeln. Die Ode an Formel-1-Weltmeister Michael Schumacher ist allerdings ein gutes Beispiel dafür, dass sich manche auf Platte gebannte Gags mit der Zeit doch abnutzen. Obwohl der Song anfangs noch ein ernsthafter Singlekandidat ist, findet Farin ihn schnell peinlich. Seine Meinung über den Sport an sich hat sich aber nicht geändert.
Farin Urlaub: »*Ich fand Im-Kreis-Fahren schon immer überflüssig. Der Song ist aber tatsächlich der Tiefpunkt auf* Planet Punk.«
Bela B: »*Die Plattenfirma dachte, ein Song über Deutschlands Sporthelden Nummer 1 würde viel Airplay bekommen – und genau*

das haben wir befürchtet. Eigentlich ist der Song eine Weiterführung unseres früheren Stückes über Boris Becker. Immerhin hat Farin da sehr schöne Chöre drauf gesungen, sodass wir mit viel Fantasie einen Bogen zu den Comedian Harmonists spannen konnten.«

Es gibt aber noch genug andere Knaller, die zünden. Besonders Bela ist einmal mehr der Schöpfer unfassbarer Songs, die sich noch unfassbareren Themen widmen. Wer beim Titel *Nazareth* beispielsweise eine Auseinandersetzung mit der Kirche erwartet, wird enttäuscht. Es geht lediglich um Popel oder Nasenkoteletts, wie Bela sie hier liebevoll nennt. Als er Farin den Song zum ersten Mal in einer eher schlechten Demoaufnahme vorspielt, versteht dieser zunächst gar nicht, worum es überhaupt geht. Nachdem Bela es ihm offenbart hat, braucht Farin erst einmal eine Weile, um sich von seinem Lachkrampf zu erholen.

Farin Urlaub: *»Bela hat mir den Song am Telefon vorgespielt, und da die Leitung schlecht war, habe ich nicht genau verstanden, wovon er da gesungen hat. Ich habe immer ›Nazareth‹ verstanden. Als Bela es aufgelöst hat, habe ich aufgelegt. Dann habe ich Rod angerufen und ihn gefragt: ›Fällt dir noch ein anderer Schlagzeuger ein? Einer, der nicht Lieder über Popel schreibt?‹«*[9]

Bela B: *»Auf den Song war ich sehr stolz. Das Spinett am Anfang zitiert übrigens die berühmte* Miss Marple-*Melodie und wurde vom Keyboarder von Silly eingespielt, einem Freund von Uwe Hoffmann.«*

Damit aber noch nicht genug. In *Die Banane* geht es um zwanghafte Oralsex-Fantasien eines Mannes, die sich automatisch bei diesem einstellen, wenn eine Frau in seiner Gegenwart eine Banane verspeist. Bela entwickelt das Stück gemeinsam mit Rod, der einen Großteil der Musik und die Modern Talking-mäßigen Falsettstimmen zum Ende hin beisteuert. Der Nachwelt werden dabei folgende denkwürdige Zeilen hinterlassen.

Frauen essen Bananen,
ohne was von den Folgen zu ahnen.
Für sie ist's nur Nahrungsaufnahme.
Für den Herrn 'ne Fellatioreklame.

Die Banane ist nur ein Beitrag von Rod zu dem Album. Die größte Überraschung gelingt ihm sicherlich mit der Disco-Nummer *Rod Loves You*. So eine stilsichere Mischung aus Bee Gees, Barry White und Londonbeat haben Bela und Farin ihm gar nicht zugetraut, doch sie sind absolut begeistert davon. Bela greift Rods gleichlautenden Refrain-Entwurf direkt auf und baut den Song zur ultimativen Lobhudelei für den Chile-Mann aus der BRD aus.

Bela B: »*Es gab da diesen Werbespot für eine Engelbert Humperdinck-Best of, wo der schönste Schnauzbart von Las Vegas immer sagte: ›Remember, I love you!‹ Das hat Rod dann ständig gesagt, bis es zu diesem Song kam. Er singt auf diesem Song mit einer genialen Kopfstimme. Überhaupt hat er von uns allen die beste Kopfstimme. Das hört man am besten, wenn er Paul Stanley von KISS nachmacht.*«

In der Tat kann man Rods Beitrag zur Band nicht genug würdigen. Für die Fans und einen großen Teil der Öffentlichkeit bestanden Die Ärzte bislang ausschließlich aus Bela und Farin, doch so langsam, aber allmählich erlangt der Slogan »Es gibt nur einen Gott – BelaFarinRod« seine Gültigkeit. So ist es inzwischen schon zur Tradition geworden, dass Rod jedes Die Ärzte-Konzert mit den magischen Worten »Ich liebe euch« oder »I love you« beendet. Dementsprechend ist es nur folgerichtig, dass auf der kommenden Tour *Rod Loves You* auch als Rausschmeißer vom Band läuft, was für das Publikum sicherlich erträglicher ist als das zuvor verwendete *An Angel* von der *Kelly Family*.

Bevor die Tournee zum Album beginnt, statten Die Ärzte noch der Vertriebstagung der PolyGram, die im bayerischen Sonthofen stattfindet, einen Besuch ab. Die Muttergesellschaft der Metronome schwört, wie viele andere Plattenfirmen auch, auf der alljährlichen Tagung ihre Vertriebspartner auf die bevorstehenden Veröffentlichungen im heiß umkämpften Weihnachtsgeschäft ein. Natürlich dienen solche Tagungen auch dazu, dem Vertrieb für die bisherige Arbeit zu danken. Gleichzeitig möchte man ihn entsprechend bei der Stange halten, auf dass er die Produkte des Hauses auch weiterhin mit Elan vertritt. Eines dieser Produkte sind eben auch die Veröffentlichungen von Die Ärzte. Die Band und die Metronome sind sehr glücklich mit den Verkaufszahlen von *Planet Punk*, und Albert Slendebroek hätte gerne, dass die Band auf der jährlichen Vertriebstagung einen kleinen Überraschungsauftritt hinlegt – als kleines Dankeschön an den Handel.

Albert Slendebroek: »*Ich bin immer sehr für einen Austausch zwischen Künstler und Vertrieb gewesen, denn beide Seiten sind nun einmal voneinander abhängig, und es hat natürlich auch viel mit Psychologie zu tun. Die Leute im Vertrieb lernen auf solchen Veranstaltungen die Menschen kennen, von denen sie sich Platten in die Läden stellen. Solche Erlebnisse können motivieren und führen mitunter dazu, dass man zum Beispiel Die Ärzte besser bei sich im Laden platziert als irgendeine andere Band.*«

Bela B: »*Das Erscheinen auf diesen Vertriebstagungen zählte mit zu den Unannehmlichkeiten, die wir laut dem Vertrag mit der Metronome machen mussten. Solche Veranstaltungen sind definitiv kein Hobby von Farin und mir und werden es auch nie werden. Laut Vertrag mussten wir aber nur alle zwei Jahre vorstellig werden.*«

Die Ärzte tun Slendebroek den Gefallen und machen sich auf den Weg nach Sonthofen. Nach Absprache mit Slendebroek sollen sie als Überraschungsgäste die Kaffeepause aufmischen. Die Band zieht extra ihre Galaoutfits aus dem *Schunder-Song*-Video an und kommt mit Verstärkung – in Person von Brezel Göring von *Stereo Total*. Mit ihm an der Orgel präsentieren sie den begeisterten Zuschauern ein kleines Potpourri seltsamer Schlagermelodien wie *Wenn du das Hasch nicht brauchst* von Marc André oder *In der Bundesrepublik machen alle gern Musik* von Rita Pavone. Die Menge johlt und ist mehr als begeistert. Die nächsten Auftritte spielt die Band dann aber wieder mit den gewohnten Instrumenten. Am 1. Oktober startet die Tour, die den ebenso verheißungsvollen wie sinnfreien Titel *Eine Frage der Ehre* trägt. Diesen übernehmen Die Ärzte von dem reißerischen Motto der Boxkämpfe zwischen Weltmeister Henry Maske und Herausforderer Graciano Rocchigiani, die in jenem Jahr stattfinden. Auch Bela, Rod und Teile der Crew machen einen Abstecher nach München, um sich den Rückkampf der beiden anzuschauen. Tagsüber gehen sie noch in einer Pizzeria essen. Es ist zufälligerweise genau die gleiche Pizzeria, in der nach dem Kampf eine Razzia stattfindet, bei der Größen aus der Halbwelt wie der Steffi-Graf-Erpresser Ebby Thust[10] verhaftet werden.

Bela B: »*Ich weiß nicht mehr genau, über welche Kanäle wir die Tickets für den Boxkampf bekommen haben. Wir saßen auf jeden Fall recht weit vom Ring weg. In einem Anfall von Dekadenz habe* *ich dann bei den umherlaufenden Hostessen eine Flasche Billigsekt plus Gläser für uns geordert. Ich war in meinem ganzen Leben auf höchstens zwei bis drei Boxkämpfen, und es war schon lustig, diese ganzen halbseidenen Gestalten dort rumlaufen zu sehen. Einige Reihen vor uns saß Ebby Thust, den ich immer ein paar Mal ganz laut mit ›Ebby‹ gerufen habe. Er hat sich jedes Mal brav umgedreht und gewunken.«*

Bela und Co. sind klar für Rocchigiani, doch diesem nutzt die Unterstützung nichts, denn der Sieg geht an Maske. Chris Heckmann ist so sehr aufgebracht, dass er in einem Akt von Stumpfsinn sein Sektglas in den Ring wirft und dabei den Ringarzt trifft. Damit ist der Abend für alle gelaufen.

Bela B: »*Das war echt unangenehm, doch natürlich wollte ich Chris nicht in die Pfanne hauen. Ich weiß noch, dass es danach Anrufe bei uns gab, mit denen man herausfinden wollte, ob das Glas aus unseren Reihen geworfen worden ist. Wir haben aber dichtgehalten. Später habe ich auf der Tour noch die Tochter vom Ringarzt getroffen, die mir von dessen Schnittwunde erzählt hat. Das war eine wirklich unschöne Sache.*«

Einen Tag vor dem Kampf haben Die Ärzte in Erfurt bereits die zehnte Show ihrer Tournee gespielt. Während die Auftaktshow in Unna von der Band noch als überaus schlecht empfunden worden ist, läuft der Motor nun rund.

Bela B: »*Es ist schon eine Art unrühmliche Tradition dieser Band, dass das erste Konzert unserer Tournee nicht so gut ist, wie es sein könnte. Wir sind dann meistens noch unsicher wegen der Reihenfolge und denken während des Spielens über mögliche Änderungen nach, was auf Kosten der Spontaneität und der Lässigkeit geht. So konzentriert spielen 80 Prozent aller Bands, und ich finde das total langweilig. Lieber den Text vergessen für einen Gag oder sich verspielen für einen Sprung. Aber bei dem jeweils ersten Konzert einer Tour sind wir leider immer viel zu konzentriert, und das führt dazu, dass wir uns selbst mehr zuhören als dem Publikum. Auf der 1988er Tour empfanden wir unsere Darbietung als so unterirdisch, dass wir ein richtig schlechtes Gewissen hatten und nach dem Konzert noch einmal mit unseren Instrumenten rausgekommen sind und noch ein paar Akustik-Songs für die verbleibenden Besucher improvisiert haben.*«

Die Ärzte bestreiten diese Tour nicht alleine. Für das Vorprogramm haben sie sich die Terrorgruppe aus Berlin und WIZO aus Sindelfingen eingeladen, die jeweils abwechselnd den Einheizer geben. Beide Bands kommen hervorragend beim Publikum an und profitieren auch weit nach dieser Tour von den gemeinsamen Auftritten mit der besten Band der Welt.

Archi Alert (Terrorgruppe): »*Die Tour war angenehm und hat großen Spaß gemacht. Wir spielten mit unserer kleinen Punkband plötzlich vor über 30.000 Leuten, verkauften auf einmal drei Mal so viel Platten wie vorher und hatten unsere ersten Features in der BRAVO. Viele Kids wurden unsere Fans, und viele Puristen- und Nörgelpunker fanden uns nachher scheiße, was ich persönlich sehr gut und gesund für uns empfand.*«

Johnny Bottrop (Terrorgruppe): »*Wir haben damals, also im Herbst 1995, schon erahnen können, dass die irgendwann mal ganz groß rauskommen werden.*«

Bela B: »*Im Verlauf der Tour hatte Axel Geburtstag, was wir in einem Restaurant gefeiert haben. Ich hatte die Idee, ihm eine große Torte zu schenken, aus der eine Stripperin kam. Damals war das noch nicht so abgedroschen. Die Terrorgruppe, die auch da war, fand dies ziemlich großkotzig und chauvinistisch, was es ja auch war. Einen Tag später hatte deren italienischer Roadie Max Geburtstag, und sie stellten das Geschenk an Axel nach, indem sie eine Mülltonne vor Max aufbauten, aus der dann Johnny Bottrop kam und strippte. Das war wirklich eine gelungene Parodie auf uns. Hier die Straßenköter, da die Rockgiganten.*«[11]

Rodrigo González: »*An dem besagten Geburtstag haben sie ihrem Roadie auch eine tote Taube geschenkt, die sie draußen gefunden hatten und in die sie eine kleine italienische Flagge gesteckt haben. Die hatten schon einen harten Humor.*«

Farin Urlaub: »*Die Terrorgruppe war ein seeehr lustiger Haufen! WIZO wirkten dagegen eher ernsthaft.*«

Rodrigo González: »*Dazu muss man wissen, dass Axel, der Bandleader von WIZO, keinen Alkohol trinkt und auch sonst kein großer Partyhase ist.*«

Bela B: »*An wen erinnert mich das bloß? Ich mochte Axel aber gern, weil er fast genauso größenwahnsinnig war wie wir. Er war auch* *der erste Punk mit Handy, den ich sah, und ihr Drummer spielte Punk mit einer Doppelbassdrum, was damals ein Novum war.«*

Die Terrorgruppe hingegen ist immer für einen Spaß gut und steckt auch Die Ärzte damit an. So ist es ihnen zu verdanken, dass Bela, Farin und Rod zur Halloween-Show in Zürich kurz entschlossen ihr Publikum mit bemalten Pappkartons auf ihren Köpfen begrüßen.

Bela B: »*Wir sahen, dass die Terrorgruppe sich verkleidet hatte, während wir nichts hatten. Da wir uns nicht vorbereitet hatten, bastelten wir – wohlgemerkt, wir waren Rockstars – uns hinter der Bühne aus herumliegenden Pappkartons Masken. Das sah so bescheuert aus, dass wir mit Bildmaterial davon unser nächstes Live-Video begannen. Im Nachhinein laufen mir immer noch die Tränen, wenn ich an uns denke, wie wir im Züricher Volkshaus mit UHU und Tacker versucht haben, adäquate Verkleidungen zu zaubern, während die Fans draußen hysterisch nach ihren Helden verlangten. Dann lief das Intro, wir standen hinter einem Vorhang, der dann fiel und den Blick freigab auf, ja, auf drei Hirnis, die bemalte Pappkartons auf dem Kopf hatten. Yeah!«*

Farin Urlaub: »*Das wurde dann eine ›Instant Tradition‹ von Die Ärzte: Zu Halloween-Shows gab es Pappkartons auf dem Kopf – immer die ersten drei Lieder lang. Nun ist es leider so, dass die auf Konzerten meist anwesenden Pressefotografen nur die ersten drei Lieder lang aus dem Graben fotografieren dürfen, weil der Graben danach einfach für die Securitys gebraucht wird, um Ohnmächtige, Verletzte oder Surfer aus der Menge zu ziehen und zu den Sanitätern zu tragen. Natürlich hofft jede/r von diesen erfahrenen RockfotografInnen auf einen schönen, nahen, intimen Schuss von den Musikern und will keine Bilder von Honks mit kindisch bekrakelten Pappkartons auf den Schultern. Wir haben später nach jedem Halloween-Konzert Hassmails oder totale Konzertverrisse bekommen, weil die Leute wirklich stinksauer waren. Tja, für einen doofen Gag nahmen wir bei Die Ärzte schon immer gerne Kollateralschäden in Kauf.«*

Auf den Konzerten der *Eine Frage der Ehre*-Tour fahren Die Ärzte eine beeindruckende Bühnenshow auf – wenngleich nicht alle Showelemente so gewollt sind. Allein die misslungenen Pyro-Effekte sind immer wieder für einen Lacher gut. Für diese Effekte hat die Band einen »Spezialisten« in ihrer Crew: Matthias »Matti« Kühner.

Bela B: »*Mit den Pyros ist so viel schiefgegangen auf der Tour. Allein damit könnten wir ein ganzes Buch füllen.*«

Rodrigo González: »*Für ein Konzert hat Matti sich etwas ganz Besonderes einfallen lassen. Er wollte um Belas Schlagzeug herum eine Flammenwand aufgehen lassen. Dafür hat er mehrere Blumenkästen mit Brennmaterial gefüllt, aus denen bei einem Song von Bela auf Knopfdruck Flammen aufsteigen sollten. Matti hat im Vorfeld einen Riesen-Zinnober darum gemacht. Das sei verdammt gefährlich, und er könne für nichts garantieren und so weiter. Als der Moment kam und er auf das Knöpfchen drückte, kamen nur Mini-Flammen zum Vorschein. Die waren nicht einmal gelb, sondern nur bläulich. Ich bin vor Lachen fast umgefallen. Das sah sicher wahnsinnig beeindruckend aus.*«

Kühner fällt aber nicht nur durch sein »Pyro-Können« auf, sondern auch durch eine andere Tätigkeit.

Bela B: »*Matti saß von mir aus gesehen immer am linken Rand der Bühne und hat von dort aus die Pyros bedient. Allerdings kam es öfters vor, dass er da saß und geschlafen hat. Am Anfang fanden wir das noch lustig, doch mit der Zeit ist das schon sehr demotivierend gewesen. Man selber ist in dem Moment ja voller Elan und Adrenalin, und wenn man dann sieht, dass die Roadies pennen, kann einen das schon runterziehen. Wenn er einen Effekt zünden sollte, war er aber immer am Start, und nett war er auch.*«

Farin Urlaub: »*Unser Trucker Hammer hatte dann schnell einen Namen für die ganze Zauberei: Mattis Hähnchengrill! Ich muss noch heute lachen, wenn ich daran denke. Wir wären soooo gerne beeindruckende Rockstars gewesen, aber irgendwie blieben wir optisch in der Kreisklasse.*«

Neben den Pyro-Effekten hat sich die Band für ihre Zuschauer noch weitere Special Effects überlegt, aber die wenigsten davon erzielen die erhoffte Wirkung. So registrieren wohl nur wenige Besucher, dass sich der hinter Farin aufgebaute Sarg beim Song *Erna P.* öffnet und ein Skelett zum Vorschein bringt. Auch Farins extra für die Tour angefertigte Tennisschläger-Gitarre ist nur schwer zu erkennen. Darüber hinaus ist die Bühne mit allerhand Licht-Equipment dermaßen überfrachtet, dass selbst bei großen Bühnen der Bewegungsradius der Band dermaßen eingeschränkt ist, dass sie sogar Mühe haben, diese vernünftig zu betreten und zu verlassen. Lichtmann Lui Helmig schüttelt heute noch den Kopf, wenn er an diese Tour denkt.

Lui Helmig: »*Es war einfach viel zu viel. Die Band wollte wohl mal sehen, was alles so geht. Das Problem war jedoch, dass wir sowohl auf kleinen Bühnen wie dem Modernes in Bremen als auch auf großen Bühnen wie der Essener Grugahalle gespielt haben. Bei den kleinen Bühnen konnte ich gar nicht alles aufbauen, was ich noch im Truck hatte. Hinterher haben wir eingesehen, dass es so nicht geht, und haben schon bei der nächsten Tournee deutlich reduziert. Weniger war aber auch in diesem Fall wieder mehr, denn wir haben fortan lieber ein paar abwechslungsreiche Akzente gesetzt, als mit der großen Keule zu schwingen.*«

Farin Urlaub: »*Wir haben Lui komplett in den Wahnsinn getrieben, mussten aber im Laufe der Tour einsehen, dass lauter kleine, individuelle Witzchen noch lange keine beeindruckende Bühnenshow ergeben.*«

Bela B: »*Wir hatten uns alle selbst ein paar Bühnendekorationen anfertigen lassen. Ich hatte eine Teufelin auf meinem Drumpodest und über mir eine riesige Fledermaus. Rod hatte blinkende Herzen auf seiner Anlage. Das war alles schon sehr verworren.*«

Rodrigo González: »*Besonders im Capitol in Hannover wurde das Ausmaß der vollgestellten Mini-Bühne klar, denn ich konnte nicht mal mehr einen Schritt nach hinten gehen, ohne über eine Wackellampe oder unsere Bühnenrampe zu stolpern. Ich war an der Mikrofonposition festgetackert, so wie Farin normalerweise an seiner.*«

Zum Bühnenaufbau gehören auch Rampen, die es Farin und Rod erlauben, während der Songs für das Publikum gut sichtbar hinter dem Schlagzeug von Bela entlangzumarschieren. Auch Bela benutzt die Rampen gerne, um zwischen den Songs den Kontakt zum Publikum zu suchen. Nicht selten kommt es vor, dass Farin diesen Moment für seinen altbekannten Trick ausnutzt, mit dem er seinen Bandkollegen schon gern auf früheren Touren geärgert hat: Er beginnt schnell einen Song – nur um Bela hinters Schlagzeug rennen zu sehen.

Farin Urlaub: »Wie am ersten Tag *konnte immer vom jeweils anderen begonnen werden (gerne auch spontan und außerplanmäßig)* mit ›Hey du, bleib stehn‹, *und dann musste der jeweils andere auch schon am Start sein.*«

Obwohl die Konzerte im Oktober stattfinden, geht die Band bei der Hitze in den Hallen nahezu ein. Das Wasser läuft an ihren Instrumenten herunter, und es ist teilweise so stickig, dass die drei auf der Bühne kaum richtig Luft bekommen. Entsprechend fehlt ihnen auch die Puste, um die extra aufgebauten Rampen hinter dem Schlagzeug zu nutzen. Da Belas Bewegungsradius von Natur aus eingeschränkt ist, hat er sich für sein Schlagzeug noch ein besonderes Gimmick ausgedacht. Im Stile von KISS-Schlagzeuger Peter Criss lässt er sein Steh-Schlagzeug auf ein hydraulisches Podest stellen, einen sogenannten Hub-Riser, das beim Song *Ist das alles?* in die Höhe fahren soll. Im Stile von *Spinal Tap* soll es zum Schluss des Songs eine große Pyro-Explosion geben, bei der Bela vom Podest springt und es für die Fans so aussehen soll, als ob er explodiert sei.

Bela B: »*Das größte Problem war, von dem Drumpodest zu springen. Damit das Publikum das nicht sieht, blieb dabei der Hintergrund unbeleuchtet. Ich bin dann immer circa zweieinhalb bis drei Meter ins Dunkel gesprungen. Mein Drum-Roadie hat versucht, mich aufzufangen, aber er konnte mich auch nicht sehen. Nicht selten bin ich zur Zugabe auf die Bühne gehumpelt. Am krassesten war es in der Großen Freiheit in Hamburg. Der Hub-Riser fuhr hoch, gesteuert von meinem Backliner, der nichts sehen konnte. Plötzlich merkte ich, dass die Decke nicht hoch genug war. Die ersten Becken fielen um, und ich spielte geduckt weiter, bis mein Drum-Roadie das Malheur bemerkte. Das war mehr* Spinal Tap, *als wir hätten erfinden können. Und es war echt.*«

Dem gewünschten Wow!-Effekt ist dies freilich nicht zuträglich. Es ist aber nicht die einzige wiederkehrende Panne auf der Tour. Auch Rods neuer Plexiglas-Bass macht immer wieder Probleme. Das im Instrument eingefasste rote Herz, das bisweilen aufleuchten soll, verweigert seinen Dienst in schönster Regelmäßigkeit. Irgendwann gibt Rod entnervt auf, und der Bass kommt nie wieder zum Einsatz.

Bela B: »*Mit steigendem Status wollten wir dem Publikum mehr bieten als nur Musik und Gags. Wir sind dann immer mal wieder* übers Ziel hinausgeschossen. Auf der Bühne haben wir auch die Wucht von Luis Lichtshow nicht richtig mitbekommen, die eigentlich jegliche zusätzlichen Showeffekte überflüssig gemacht hat. Mein Tipp an junge Bands: Macht nie etwas ohne Absprache mit eurem Lichtmann. Das geht nach hinten los, und Pyro ist seit Rammstein auch obsolet. Bei uns kommt das beste Feuer immer noch aus unseren Kodderschnauzen.«

Abgesehen von diesen technischen Kapriolen ist die Tour abermals ein großer Erfolg. In der Grugahalle in Essen spielt die Band sogar ihre bis dato größte Hallenshow. Dies ist zugleich eine Art Experiment, denn die Band ist unsicher, ob ihre Art der Unterhaltung auch in solch großen Hallen funktioniert, und auch viele Fans sind dahingehend etwas skeptisch. Doch am Ende erweisen sich diese Ängste als unbegründet, denn die *Ärzte*-typische Spontanität und Tuchfühlung zum Publikum bleiben erhalten. So haben die Konzertbesucher in Essen großen Spaß an dem Programm, das sowohl neue Stücke wie *Langweilig*, *Geh mit mir* oder den *Schunder-Song* enthält sowie ältere Perlen wie *Frank'n'stein*, *Roter Minirock* oder *Ich weiss nicht (ob es Liebe ist)* bietet. Mit Konzerten in Wolfsburg und Bremen endet Mitte November 1995 die *Eine Frage der Ehre*-Tour. Im direkten Anschluss dreht die Band in einem Studio in Hamburg einen Clip für die zweite Single *Hurra*. Dabei handelt es sich um das gleiche Studio, in dem sie kurz vorher mit Olaf Heine das Nacktfoto geschossen haben. Wurde beim *Schunder-Song*-Video noch richtig dick aufgetragen, so geht es dieses Mal sparsamer zu.

Bela B: »*Das Budget war wieder extrem hoch, obwohl wir eigentlich ein sehr minimales, stilisiertes Video drehen wollten. So bestanden wir darauf, das Videobudget mindestens zu halbieren und auf jeglichen Bombast zu verzichten. Wir wollten Schwarz-Weiß, es sollte nur die Band zu sehen sein, und wir wollten beim Dreh noch etwas improvisieren. Erst war Kai sichtlich genervt davon, aber als wir dann loslegten, hatte, denke ich, auch er Spaß an dem Guerilla-Dreh. Die angezündete Diddl-Maus am Ende war uns ein besonderes Anliegen, denn das war das mit Abstand am häufigsten geworfene Stofftier auf der zurückliegenden Tour, das wir gleichzeitig so extrem hässlich fanden.*«

Der neue Clip steht sowohl von der Atmosphäre als auch vom Budget her im krassen Gegensatz zu seinem Vorgänger. Statt vormals greller Bilder regiert nun Schwarz-Weiß – eine bewusste Entscheidung, die die Intention des Textes nochmals unterstreichen soll. Farin schrieb dieses Lied als Antwort auf all die verschleiernden Jubelarien rund um die Deutsche Wiedervereinigung, die den Menschen in diesem Land weismachen wollen, dass alles total super und toll sei und man sich doch nun gefälligst nur noch zu freuen habe.

> *Früher waren wir alle traurig, wir weinten jeden Tag*
> *Es nieselte, wir waren oft krank, jetzt ist alles total stark*
> *Jetzt lachen immer alle und reißen ständig Witze*
> *Wir sind nur noch am Badengehn, wejen die Hitze*
> *Und ich find es wirklich scharf, dass ich das noch erleben darf*
>
> *Hipp, hipp, hurra! Alles ist super, alles ist wunderbar*
> *Hipp, hipp, hurra! Alles ist besser, als es gestern war*
> *Alle sind happy, alle sind glücklich, alle sind froh*
> *Und überall, wo man hinguckt: Liebe und Frieden und so*

Während der Dreharbeiten trägt Bela unter seinem rechten Auge ein schwarzes Rechteck, wie es für gewöhnlich Footballspieler unter ihren Helmen tragen, um sich vor der Sonneneinstrahlung zu schützen. Dies ist eine Anspielung auf Lisa »Left Eye« Lopes von der amerikanischen R&B- und Hip-Hop-Formation TLC, die gerade mit *Waterfalls* einen Riesen-Hit am Start haben. Left Eye[12] trägt den Strich, wie ihr Name schon vermuten lässt, allerdings unter ihrem linken Auge.

Kai Sehr: »*Dieser lässige Umgang mit Zitaten ist symptomatisch für die Band. Andere würden die Medien wohl mit dem Holzhammer darauf hinweisen, doch sie machen das nicht. Sie wissen nur allzu gut, dass sie mit ihrer Methode wesentlich mehr zu Legendenbildung beitragen.*«

Nach den Dreharbeiten geht die Band erst einmal ihrer Wege und trifft sich Anfang 1996 für die Aufnahmen zu ihrer geplanten Haare-EP wieder.

»*Eigentlich wollten wir uns nach* Die Bestie in Menschengestalt *und* Planet Punk *mal auf unseren Lorbeeren ausruhen, ein bisschen*

Urlaub machen, Villen am Starnberger See aussuchen, Golfplätze in Berlin eröffnen und vielleicht auch noch eine Fast-Food-Kette für Models ... und eigentlich wollten wir vor der Frühjahrstour '96 im März nur kurz ins Studio gehen, um 4 oder 5 Stücke für eine geplante EP aufzunehmen. Eigentlich ...«[13]

Während ihres Urlaubs sind Farin und Bela nicht untätig gewesen und haben weitere Stücke für die EP geschrieben. Farin schleppt das sehr von Pink Floyd beeinflusste Lied *Am Ende meines Körpers* an und macht darin eine unheimliche Entdeckung.

Am Ende meines Körpers
(Von den Füßen aus gesehen) wachsen Haare
Sie sind ein bisschen unheimlich und seltsam
Und nachts machen sie oft Krach
Es gibt da ein Geheimnis
Was ich eigentlich für mich allein verwahre
Ich schneid sie manchmal ab
Jedoch sie wachsen von alleine wieder nach

Belas Stück *Medusa-Man* ist nicht weniger seltsam. Es dreht sich um einen gewissen Ralf, der als Serienmörder Tod und Unglück sät und mit seinem Haar Menschen umbringt. Als sie die Demos vor den Aufnahmen zusammentragen, stellen sie fest, dass sie schon jetzt mehr haarige Stücke auf Lager haben, als überhaupt auf eine EP passen würden. So kommt es zu der Idee, ein ganzes Konzept-Album zum Thema Haare einzuspielen: *»Schon die Titelauswahl deutet an, dass wir früher oder später um einen längeren Aufenthalt beim Psychiater wohl nicht herumkommen werden.«*[14]

Davon angetrieben, schreibt die Band im Studio weitere Songs, und damit die Platte voll wird, spielt man mit einer an den Beastie Boys-Song *Fight For Your Right* angelehnten Version von *Haar*[15] und dem holländischen Kinderlied *Kaperfahrt* auch zwei Fremdkompositionen ein. Die Band hat einen regelrechten Lauf. Spontane Einfälle werden meistens sofort aufgenommen und scheinen sich wie von Zauberhand in das Gesamtwerk einzufügen. Lange Diskussionen gibt es kaum. Es wird einfach gemacht, und wenn einmal irgendetwas nicht passt, wird eben etwas anderes ausprobiert.

Bela B: *»Nachdem wir das Konzeptalbum beschlossen hatten, ging jeder nach Hause und schrieb weitere Songs. Im Studio erdachten wir* *noch gemeinsam Der Afro von Paul Breitner und baten Axel um ein Saxofon-Solo. Axel, der schon seit Jahren nicht mehr gespielt hatte, bekam keine hohen Töne mehr hin und konnte nur noch in den tiefen Lagen brauchbar spielen, was wir aber etwas halbgar fanden. Farin wollte es dann versuchen und fiepte ein paar ganz erbärmliche Töne aufs Band, die wir dann auch nahmen. Genau das Richtige für eine viel zu schöne Jazz-Pop-Nummer. Genial.«*

Noch während die Band im Studio ist, wird sie von der Metronome kontaktiert. Diese hat von der Plattenfirma London Records die Anfrage erhalten, ob die Band nicht Lust hätte, für den Soundtrack zu dem kommenden Pamela-Anderson-Film *Barb Wire*[16] eine Coverversion des Plastic Bertrand-Hits *Ça plane pour moi* zu liefern. Zwar ist es eigenartig, dass man für den Soundtrack zu einem amerikanischen Film eine deutsche Band sucht, doch Die Ärzte sagen zu. Allerdings halten sie von der Coverversion nichts, und so schreibt Farin ein sehr poppiges Surf-Stück.

Bela B: »*Erstens gab es von dem Song schon etliche Versionen, und außerdem schreibt Farin so ein Lied zwischen zwei Löffeln Cornflakes.*«

In Anlehnung an *Barbara Ann* von den Beach Boys lautet der Refrain seines Songs »Ba-Ba-Ba-Bababa-Ba-Ba-Ba-Barb Wire«. London Records gefällt der Song aber nicht, und so texten Bela und Farin daraufhin den *Schunder-Song* auf Englisch um. Doch auch *Love Hurts*, wie der Song nun heißt, findet keinen Anklang. Danach meldet sich London Records einfach nicht mehr. Später kommt heraus, dass statt Die Ärzte die Berliner Band Mr. Ed Jumps the Gun[17] mit einer – Überraschung! – Version von *Ça plane pour moi* für den Soundtrack auserwählt worden ist. Die Bemühungen der Die Ärzte waren aber nicht ganz umsonst, denn Farin gefällt der *Barb Wire*-Song so gut, dass er ihn für die Haare-Platte recycelt. Die textliche Kehrtwende von Barb Wire zu Bart drängt sich dabei förmlich auf. Schon in den Achtzigerjahren hatte Farin seinem Hass auf Bärte Luft machen wollen und das Stück *Männer mit Bärten* geschrieben:

Für Männer mit Bärten ist kein Platz auf dieser Welt
Männer mit Bärten haben verdient, dass man sie quält
Schießt sie in die Atmosphäre, peitscht sie nackt
Bärtigen gehört der Kopf abgehackt

Anwalt Axel Schwarzberg, selbst Träger eines Schnauzbarts, gab zu bedenken, dass Bärtige ihnen den Song übel nehmen könnten, doch Farin hatte eh schon andere Pläne mit diesem Song und schrieb stattdessen einen neuen Text über die Brille von Buddy Holly. Jetzt wird das Thema Bärte noch mal angepackt, und so wird aus *Barb Wire* schließlich *3-Tage-Bart*. Den Text schreiben Farin und Bela zusammen. Der Song gefällt der Band so gut, dass sie ihn als erste Single auskoppeln. Neben dem Refrain ist vor allem der Abschlusschor prägnant: *Geili-Geili-Supertyp – warum hat dich keine lieb?*

Bela würdigt hier jenen Kfz-Monteur aus Rendsburg, der auch bereits für den Song *Vokuhila* Pate steht. Trotz der außerplanmäßigen Unterbrechung durch das *Barb Wire*-Projekt stellt die Band in nur zwei Wochen ein komplettes Album zusammen.

Rodrigo González: »*Als wir aus dem Studio rauskamen, haben wir uns angeschaut und gefragt:* ›*Was war das denn eben?*‹ *Wir waren wirklich rekordverdächtig effektiv.*«

Uwe Hoffmann: »*Es war teilweise so, dass Farin vom Klo kam, sich die Schenkel blau gehauen hat vor Lachen, weil ihm an diesem kreativen Ort wieder ein neuer Text einfiel. Wir hatten wirklich alle sehr viel Spaß. Genau dieser Output macht sie so besonders als Band.*«

Als sie im Laufe der Aufnahmen Axel Schulz ins Studio holen, um ihm das neue Material vorzuspielen, geht dieser immer noch davon aus, fünf oder sechs Songs kennenzulernen. Er sollte sich irren.

Axel Schulz: »*Nach einer Woche riefen sie mich an und luden mich ins Preussenton-Studio ein. Ich hatte mich schon gewundert, warum sie sich so lange nicht meldeten. Dann habe ich den ersten Song gehört, den zweiten und so weiter. Nach dem fünften Song kam noch ein sechster, und es ging immer weiter, und alle Songs handelten von Haaren. Ich hab geheult vor Lachen.*«

Die Band ist mehr als stolz auf das durchgeknallte Ergebnis, dass sie *Le Frisur* nennen wollen. Es liegt jedoch nun an Axel, der Metronome mitzuteilen, dass man schon wieder ein neues Album veröffentlichen will – und das obwohl *Planet Punk* noch immer in den Charts steht. Die Band selbst feiert ihre Leistung mit einem Streifzug durch Kreuzberg. Ihrem Fanclub-Mitglied Ravel Rowghani fällt folgende Szene ein.

Ravel Rowghani: »*Ich war im Enzian, der damaligen Kneipe vom Wahren Heino, als plötzlich Bela, Farin und Rod freudestrahlend reinkamen. Dass alle drei zusammen unterwegs waren, hatte schon Seltenheitswert, und sie hatten offensichtlich etwas zu feiern. Farin nahm mich irgendwann beiseite und erzählte mir, dass sie mal eben ein neues Album eingespielt hätten, und war sichtlich stolz. Ich weiß nicht, wann ich die Band danach wieder so emotional nah beieinander gesehen habe.*«
Bela B: »*Und wir hatten nur ein halbes Jahr nach der* Bullenstaat-EP *und* Planet Punk *ein weiteres Album aufgenommen.*«
Während die Band feiert, telefoniert Axel mit Albert Slendebroek von der Metronome und erzählt ihm von den Plänen der Band. Slendebroek ist anfangs nicht angetan davon, schon jetzt ein neues Album zu veröffentlichen. Lieber würde er die aktuelle LP mit ein paar weiteren Singles befeuern, als ihr mit einem sperrigen Konzeptalbum Konkurrenz zu machen, doch er stimmt wenig später zu.
Albert Slendebroek: »*Axel hat mir erklärt, warum die Band das so machen will, und das war für mich nachvollziehbar. Auf eine solche ungewöhnliche Idee kann nur eine Band wie Die Ärzte kommen.*«
Kai Sehr: »*Die Ärzte hatten nie den Anspruch, jemandem gefallen zu wollen oder das zu machen, was man so erwartet. Genau dies ist für mich auch der Unterschied zwischen Kunst und Kommerz, und ich hatte nie den Eindruck, dass sich die Band auch nur im Ansatz dem Kommerz unterordnet.*«
Slendebroek erklärt, dass er das Album auch als eigenständiges drittes Album betrachten wird, womit der 1993 geschlossene Vertrag vonseiten der Band erfüllt worden wäre. Als Dankeschön für diese wirklich noble Geste gewähren Die Ärzte der Metronome eine Option für ein Best-of-Album. Auf der wenig später erscheinenden Single *3-Tage-Bart* platziert die Band für Slendebroek noch eine Liebeserklärung der besonderen Art: Dort findet sich nämlich das Stück *Love Hurts* wieder, als Dank an Slendebroek und passend zum französischen Albumtitel umbenannt in *Chanson d'Albert*. Ein Zug, der ganz viel über das Verhältnis von der Band zu ihrer Plattenfirma aussagt. Im Frühjahr setzen Die Ärzte ihre Tournee fort. Für *3-Tage-Bart* drehen sie ein bemerkenswertes Video im Park Güell in Barcelona, da sich Band und Crew gerade im nahe gelegenen

Sitges für einen Kurzurlaub von der laufenden Tour aufhalten. In dem kleinen Ort nahe Barcelona, der so etwas wie eine Hochburg der Schwulen-Szene des Landes ist, werden auch die Strandszenen des Videos gefilmt.

Bela B: »*Da waren wirklich kaum Frauen. Überall nur Männer. Wir hatten trotzdem oder gerade deswegen unseren Spaß und haben in dem Ort auch die Outfits gekauft, die wir dann in dem Video getragen haben.*«

Farin Urlaub: »*Da gab es in irgendeinem Laden Klamotten der Marke Pornstar, was ich schon sehr super fand. Dazu noch diese Pastellfarben – das Video wurde schon sehr speziell.*«

Der Clip wird wieder von Kai Sehr gedreht und ist als Persiflage auf die inflationären Videos von Boybands wie Take That, East 17, Caught in the Act oder Worlds Apart zu verstehen. Gemeinsam mit Sehr will die Band einmal alle Boyband-Klischees in typischer Die Ärzte-Manier aufarbeiten – inklusive bescheuerter Tanzchoreografie.

Kai Sehr: »*Bela wollte bei den Strandszenen unbedingt diese aufblasbare Jacke tragen. Jeder andere hätte die wohl nach dem Dreh in die Ecke gedonnert, doch er ist dann tatsächlich die ganze Zeit damit rumgerannt. Außerdem wollte er auch noch einen Hund streicheln, und auch das haben wir möglich gemacht.*«

Eine Choreografin übt mit der Band einen ganzen Tag lag die Tanzeinlagen. Für einen Spiegeleffekt wird der Boden der Sala Hippostila, einer Tempelanlage inmitten des Parks, ständig gewässert. Irgendwann ist der so glitschig, dass Farin ausrutscht und sich hinlegt – zur Schadenfreude der anderen Beteiligten. Viele Kinder einer benachbarten Schule finden dies ebenfalls lustig, für sie sind die Dreharbeiten extrem spannend, und sie machen mit ihrem Lärm ein richtiges Spektakel daraus. Die Arbeitsmentalität der spanischen Crew bereitet Kai Sehr durchaus Kopfzerbrechen.

Kai Sehr: »*Wenn wir in Deutschland drehten, haben wir meistens geschaut, dass wir die Mittagspause irgendwann einschieben, wenn es gerade passte. Das ging in Spanien nicht, denn da wurde um Punkt 13 Uhr alles stehen und liegen gelassen – auch wenn wir gerade drehten. Ich weiß noch, dass ich mit meinem Kameramann und der örtlichen Filmcrew kurz vor einer Mittagspause die nächste Einstellung* besprochen habe. *Der Kameramann und ich waren total fokussiert und schwer am Diskutieren. Als wir alles besprochen hatten und uns wieder zur Crew umdrehten, waren alle weg. Wir waren die Einzigen am Set, die noch da waren. Alle anderen waren beim Mittagessen.«*

Nach dem Dreh setzt die Band ihre Tour weiter fort. Sie steht unter dem Motto *Voodoo Lounge 1996* und führt die Band außer in hiesige Metropolen auch in Kleinstädte wie Appenweier, Lippstadt oder Baunatal. Eine englische Band namens The Rolling Stones behauptet übrigens bis heute, dass sie zuerst die Idee hatte, ihre Tour *Voodoo Lounge* zu nennen.

Farin Urlaub: »*Die simple Maßgabe für diese Tour war: so viele Konzerte wie möglich zu spielen.*«

Bela B: »*Den Gag mit dem Tournamen hat auch nie jemand wirklich erfasst.*«

Für das Tourprogramm erfüllt man auch endlich Rods Wunsch und spielt mit *Mr. Sexpistols* und *Kamelralley* einige bisher mit ihm noch nicht gespielte Stücke vom 1984er-Album *Debil*.

Bela B: »*Rod wollte* Mr. Sexpistols *und wie immer* Eva Braun *spielen. Letzteres war für uns ausgeschlossen, und von meiner früheren Power-Pop-Hymne war ich auch nicht mehr begeistert. Ich sagte, wir spielen den Song nur, wenn er* Kamelralley *singt, und so kamen beide Songs ins Set.*«

Viele Fans freut das natürlich. Manch ein Journalist reagiert jedoch verwundert, wie eine Konzertkritik aus der *Nordsee-Zeitung*[18] zum Konzert in Cuxhaven beweist: »*Die Stimmung steigt schlagartig an, wenn Farin Urlaub und Bela B. aus der Hitkiste Knaller wie* Ist das alles?*,* Zu spät *oder* Schrei nach Liebe *kramen. Hauptsächlich die Kinderfraktion kann zum Geschrammel aus* Planet Punk *richtig abgehen. Nichts gegen harte Kost, aber differenziert durchgespielt und abgemischt sollte das Ganze sein. Insgesamt glich das Konzert dem Suchlauf einer Radiofrequenz – Ansagen, plötzliche laute Musik und dazwischen Rauschen und Knistern. Die Meinungen unter den herausströmenden Gästen gingen weit auseinander – die einen waren hin und weg, und die anderen wollten weg.*«

Bela B: »*Zum ersten Mal gab es Zweifel an unserem Mischer Chris, aber selbst die Journalisten sind bis zum Schluss geblieben, und das ganz sicher nicht, weil sie es so schrecklich fanden.*«

Im Laufe der Tour streut die Band auch ein paar Songs des neuen Albums *Le Frisur* ein. Das Boyband-Video zu *3-Tage-Bart* kommt bei den Fans hervorragend an, und für Kai Sehr hat das Video noch Folgen.

Kai Sehr: »*Dieses Video hat bei mir einen sehr merkwürdigen Rattenschwanz nach sich gezogen, denn vier bis fünf Monate später habe ich von meiner Agentur in L.A. die Information erhalten, dass die Backstreet Boys ein Video mit mir drehen möchten. Die waren zu dem Zeitpunkt in Deutschland bekannt und wollten nun auch weltweit durchstarten. Ihr Manager Lou Pearlman fand, dass ich aufgrund meiner USA-Deutschland-Connection genau der richtige Mann dafür sei, und außerdem hätte ich ja ein super Boyband-Video mit einer Band namens Die Ärzte gedreht. Dass dieses Video eine komplette Verarsche war, hat er nicht geschnallt. Tatsächlich habe ich dann mit den Backstreet Boys ein Video für deren Song* Quit Playin' Games with My Heart *gedreht, das all die Klischees enthielt, die wir bei 3-Tage-Bart noch durch den Kakao gezogen haben. Angefangen von schlimmen Klamotten in Apricot bis hin zu blöden Tanzszenen. Für meinen Kameramann und mich war dieser Dreh total surreal. Wir mussten uns zwischenzeitlich immer wieder wegdrehen, weil wir uns nicht mehr halten konnten vor Lachen. Es schraubte sich anschließend noch weiter ins Absurde, als eine Anfrage von Blink-182 auf dem Tisch lag, die einen Regisseur für ein Video zu einem Song suchten. Ich habe daraufhin ein relativ ernstes Treatment geschrieben, was zur Folge hatte, dass ich den Job nicht bekam, sondern jemand anderes. Der hat dann zu ihrem Song* All the Small Things *ein Boyband-Persiflage-Video gedreht. Das Beste war noch, dass es dort diese Szene gibt, wo einer von denen vor einem Bus steht und über ihm jemand auf einer Leiter steht und Wasser aus einer Gießkanne auf ihn regnen lässt. Das haben wir tatsächlich vorher genauso bei den Backstreet Boys gemacht.*«

Le Frisur erscheint am 24. Mai 1996, zeitgleich mit der ersten Single *3-Tage-Bart*. Jedoch spaltet das Album die Gemüter. Ein Großteil ihrer Anhängerschaft hält es aufgrund seiner konsequenten Durchgeknalltheit bis heute für das Meisterwerk der Band. Bei vielen anderen aber wird es recht bald vom CD-Player ins Regal verbannt. Ähnlich verläuft es auch bei den Albumverkäufen: Nach einem starken Start wird *Le Frisur* in den Charts schnell wieder nach hinten durchgereicht und lässt auch *Planet Punk* aus den Charts verschwinden. 2007 blickt die Band in einer TV-Sendung[19] auf die Platte zurück:

Rodrigo González: »*Wir reden hier von einer Zeit, in der noch richtig viele Tonträger verkauft wurden, und da war es eigentlich Schwachsinn, nach so kurzer Zeit wieder ein neues Produkt auf den Markt zu schmeißen, weil du damit den Verkauf des vorherigen Albums komplett stoppst, und genauso war es auch. Wir hatten den Effekt, dass die Verkäufe von* Planet Punk *ausblieben, aber auch Le Frisur nicht wirklich viel verkaufte.*«

Bela B: »*Es ist nach wie vor nicht eine unserer bestverkauften Platten. Es war aber trotzdem eine wahnsinnig tolle und wichtige Zeit für mich.*«

Farin Urlaub: »*Es gab ja Leute in unserem Umfeld, die von uns gelebt haben und noch immer leben, und die waren nicht begeistert, weil es kommerzieller Irrsinn war. Aber ganz viele Sachen in der Band, und da bin ich auch total stolz drauf und das soll auch niemals aufhören, passieren aus Scheiß. Wir wissen, es ist Quatsch. Wir wissen, es gibt nur Ärger. Aber wir wollen es so, und das reicht dann.*«

Zum Ende der *Voodoo Lounge*-Tour legt die Band am 30. Juni 1996 noch einen letzten Halt in Bielefeld ein. Da der ausgesuchte Club Hechelei weniger als tausend Besucher fasst, gibt man sich im Vorverkauf als *Diese Band aus Berlin* aus[20]. Veranstalter Marc Huelsewede, der für die Band seit geraumer Zeit in und um Bielefeld herum Konzerte organisiert, weist Axel darauf hin, dass dies auch der Tag des Finales der Fußball-Europameisterschaft in England ist.

Marc Huelsewede: »*Ich habe Axel Schulz davon unterrichtet, doch der hat nur abgewunken. Nach dem Motto: Wer interessiert sich schon für Fußball?*«

Axel Schulz: »*Ich interessiere mich wirklich gar nicht für Fußball und habe in meinem ganzen Leben nur zwei Fußballspiele im Stadion gesehen. Einmal war ich mit Farin beim FC St. Pauli, wo sie Westerland in der Halbzeitpause gespielt haben, und noch einmal Jahre später mit meinem Sohn.*«

Bela B: »*Das Konzert war lange vorher ausverkauft, woraufhin Marc uns einen Award bastelte, auf dem sinngemäß stand:* ›Die Ärzte vs. EM-Finale 1:0‹.«

An jenem 30. Juni stehen sich Deutschland und Tschechien beim Spiel um den Pokal gegenüber. Während Deutschland das Spiel dank des ersten Golden Goals bei einer Fußball-Europameisterschaft für sich entscheiden kann, liefern sich Die Ärzte im Bielefelder Club mit dem anwesenden Publikum eine wahre Hitzeschlacht und bringen dabei viele selten gespielte Songs zu Gehör.

Die Spitzenposition der Charts nehmen in dieser Zeit ausgerechnet die Toten Hosen mit ihrem Album *Opium fürs Volk* ein. Diese lassen es sich nicht nehmen, all ihre Medien- und Geschäftspartner – unter anderem auch das Büro von Die Ärzte – per Fax darauf hinzuweisen, dass sie die erfolgreichste deutsche Rockband sind.

Bela B: »*Wir konnten darüber nur milde lächeln.*«

Die Ärzte waren ja nicht minder erfolgreich – auch wenn *Le Frisur* bei Weitem nicht an die Verkäufe der beiden Vorgänger herankommt. Am Ende gibt es immerhin noch Gold für das Album. Kurz vor der Gold-Verleihung wird bekannt, dass die Metronome zum Ende des Jahres ihre Pforten schließen muss. Der Mutterkonzern PolyGram will sich nicht länger den Betrieb einer weiteren eigenständigen Plattenfirma leisten und vor allem im kaufmännischen Bereich Einsparungen erzielen. Während andere Künstler sich bei Metronome-Chef Albert Slendebroek ausheulen, erkennen Die Ärzte schnell die Gunst der Stunde, die sich ihnen nun bietet.

Albert Slendebroek: »*Die waren so verdammt clever. Die haben als Einzige kapiert, dass das eine riesige, unerwartete Chance für sie bedeutete, denn durch die Auflösung der Metronome wurden sie vertragsfrei, denn sie hatten ihren Band-Abnahmevertrag nur mit der Metronome geschlossen, nicht aber mit der PolyGram. Das bedeutete, dass sie nun wieder einen neuen Vertrag aushandeln konnten. Ich gebe zu, dass ich aufgrund meines angespannten Verhältnisses zu PolyGram-Chef Wolf-Dieter Gramatke schon ein wenig schadenfroh war, dass er nicht einfach mit Die Ärzte weiterarbeiten konnte.*«

Die Ärzte haben in den letzten Monaten sehr interessiert beobachtet, wie die Fantastischen Vier oder die Toten Hosen ihre eigenen Plattenfirmen gegründet haben. Sie können sich sehr gut vorstellen, diesem Beispiel zu folgen, denn sie verspüren wenig Lust, bei einer neuen Plattenfirma wieder alles von Neuem durchkauen zu müssen und zu erklären, warum sie dies und jenes nicht machen.

Bis die Überlegungen für eine eigene Plattenfirma konkreter werden, hält das Jahr 1996 für die Band noch einiges bereit, wie etwa der Videodreh für die zweite *Le Frisur*-Single *Mein Baby war beim Frisör*, die Ende August erscheint. Wie schon bei *3-Tage-Bart* zieht es die Band auch für diesen Dreh wieder ins Ausland. Ort des Geschehens ist nun das altehrwürdige Ambassador-Hotel[21] in Los Angeles, wo sich einst John F. Kennedy heimlich mit Marilyn Monroe getroffen haben soll und sein jüngerer Bruder Bobby Kennedy bei einem Attentat ums Leben kam. Das Hotel steht seit Jahren leer und ist seitdem ein beliebter Ort für Filmaufnahmen geworden. So entstanden hier Filme wie *Forrest Gump*, *Apollo 13* oder *Fear and Loathing in Las Vegas* und zahlreiche Musikclips wie zum Beispiel *When I Come Around* von Green Day.

Die Entscheidung, ausgerechnet in L.A. zu drehen, hängt unter anderem auch damit zusammen, dass Stammregisseur Kai Sehr mit seiner Frau mittlerweile nach Kalifornien ausgewandert ist. Wie schon beim *Schunder-Song* übernimmt diese auch hier wieder das Set-Design. Der Frisör in dem Clip wird von einem Freund von Sehr aus der Werbebranche gespielt, der gerade zufällig bei ihm zu Besuch ist. Die weiblichen Darstellerinnen wurden jedoch allesamt vor Ort gecastet. Für die Produktion des Videos sind zwei Drehtage angesetzt, die Band ist jedoch insgesamt eine ganze Woche lang in Los Angeles und hat eine gute Zeit. Da der Song *Mein Baby war beim Frisör* eine klare Hommage an die Ramones ist – man beachte nur die Ähnlichkeit zu deren *The KKK Took My Baby Away* –, imitieren Bela, Farin und Rod für das Video das legendäre Outfit der New Yorker Band.

Uwe Hoffmann: »*Großartiger Song. Besser gut geklaut als schlecht geschrieben.*«

Da passt es gut, dass jene Ramones zur selben Zeit im Palace in Hollywood ihr letztes Konzert spielen. Als Bela davon erfährt, nimmt er sich schnell ein Taxi und düst zum Konzertort. Vor dem Einlass steht jedoch eine ellenlange Schlange, die einmal um den ganzen Block herumreicht und voller Leute ist, die denselben Gedanken wie Bela haben – eben noch ein letztes Mal die Ramones zu sehen. Doch es ist aussichtslos, noch eine Karte zu ergattern, und von drinnen hört man schon Bassist C.J. Ramone, wie er den ersten Song mit »1, 2, 3, 4« anzählt. Bela gibt sich geschlagen und hält wieder das gleiche Taxi an, das ihn bereits hingebracht hat. An den drehfreien Tagen erkundet er alleine oder zusammen mit Rod und dessen Freundin die Stadt. Als Bela den Sunset-Boulevard entlangschlendert, macht er ein ihm bekanntes Gesicht aus.

Bela B: »*Ich traute meinen Augen kaum und rief laut:* ›*Hey, Wölli!*‹ *Es war aber nicht Wölli, der sich umdrehte, sondern Kuddel:* ›*Hey Bela, na?*‹ *Das war mir schon peinlich, dass ich die beiden verwechselt habe – zumal Kuddel gegenüber Wölli extrem tätowiert ist. Es war schon sehr skurril, ihn hier weitab der Heimat zu treffen. Er war übrigens privat dort.*«

Das Treffen mit Kuddel von den Toten Hosen bleibt jedoch nicht das einzige skurrile Ereignis in dieser Woche. Ein anderes Mal sitzt Bela mit Rod und dessen Freundin in einem Café am Sunset Boulevard, als sie von einem Typen angesprochen werden, der für 50 Dollar Gage Komparsen für einen Videodreh sucht. Im Verlauf des Gesprächs stellt sich zwar heraus, dass er Deutscher ist, doch offenbar erkennt er weder Bela noch Rod. Es ist aber auch nicht ganz leicht, Bela zu erkennen, denn er trägt sehr kurze, blonde Haare, in die er sich ein Leopardenmuster hat einfärben lassen. Diese Frisur ist einer Wette mit seiner Freundin Dada geschuldet. Zusammen haben beide sich einst geschworen, dass, wenn die Sex Pistols jemals wieder ein Konzert spielen sollten, sie dort hingehen und mit Iros erscheinen. In diesem Jahr ist es tatsächlich zu deren Reunion gekommen, am 6. Juli haben sie ihr einziges Deutschlandkonzert in der Berliner Arena gespielt. Das Vorprogramm bestritt eine junge Berliner Nachwuchsband, die auf den Namen Beatsteaks hört. Bela muss bei seinem Besuch des Konzerts einen wahren Spießrutenlauf über sich ergehen lassen.

Bela B: »*Ich kam alleine zu dem Gig, und ungefähr 6.000 Punks waren da. Ich dachte, mit Iro erkennt mich niemand, aber schon am Eingang wurde ich mit* ›*Hey Bela, gib mal'n Bier aus*‹ *begrüßt. Als ich an der Absperrung vor der Bühne ankam, hatte ich circa 20 Punks hinter mir, die alle Freibier oder ein Gespräch von mir erwarteten. Die Beatsteaks holten mich aus Mitleid backstage, und die Pistols habe ich mir dann vom Graben aus angesehen. Am nächsten Tag habe ich mir eine Glatze rasiert und bin so auf die Loveparade gegangen. Als* der Videodreh in L.A. anstand, hatte ich immer noch extrem kurze Haare und hab in die ein Leopardenmuster gefärbt.«

Obwohl sie ihre Sache sicher gut gemacht hätten, haben Bela und Rod keine Lust, bei dem Videodreh der Band mitzuwirken. Im Nachhinein ist es wohl auch eine gute Entscheidung gewesen.

Bela B: »*Später habe ich erfahren, dass auch die Prinzen zur gleichen Zeit wie wir in L.A. waren, um dort ebenfalls ein Video zu drehen. Die Vermutung liegt nahe, dass dieser deutschsprachige Typ uns dafür haben wollte, doch genau weiß ich das natürlich nicht. Dazu muss man auch sagen, dass es aufgrund der extrem schlechten Bezahlung der Darsteller und Crewleute zu dieser Zeit günstiger war, ein Video in L.A. zu drehen als in Deutschland. Das hat dem Ganzen schon einen faden Beigeschmack gegeben.*«

Während Farin nach dem Dreh noch ein paar Tage Urlaub in den Staaten dranhängt, fliegen Bela und Rod nach Deutschland zurück. Sie haben dem Sender VIVA zugesagt, auf deren *Comet*-Preisverleihung aufzutreten, wo sie einen *Cometen* für ihr Video zu *Rod Loves You* in Empfang nehmen sollen[22]. Normalerweise hätte die Band dies wie üblich rigoros abgelehnt, doch VIVA hat schwere Geschütze aufgefahren. Zum einen hat man sie damit geködert, dass sie in der Backing-Band von Iggy Pop hätten mitwirken dürfen – was sich kurz darauf leider zerschlug –, und zum anderen damit, dass sie am gleichen Abend KISS einen Preis für ihr Lebenswerk überreichen könnten. Die US-Rocker haben sich erst vor Kurzem in Originalbesetzung wiedervereinigt. Diese Reunion – und zwar mit Masken – verschafft der Band wieder eine ungeahnte weltweite Aufmerksamkeit. Als Bela und Rod erfahren, dass KISS im Rahmen ihrer Reunion-Tour auch Auftritte in Deutschland planen, müssen sie an ihre Unterredung auf der Toilette des St. Pauli-Klubheims zurückdenken. An jenem Abend hatten Paul Stanley und Gene Simmons ihnen die Platin-Awards für *Die Bestie in Menschengestalt* überreicht, und daraus war der Traum entstanden, einmal im Vorprogramm der Band spielen zu dürfen. Nun bitten sie Axel zu prüfen, ob dies möglich ist.

Axel Schulz: »*Nachdem Bela und Rod gehört hatten, dass KISS eine Reunion Tour planten, habe ich den telefonischen Kontakt gesucht und gefunden. Deren Manager, Doc McGhee, war eine Erscheinung.*

Er kam mir vor wie eine Art Danny DeVito-Kopie: Geschmackloser, zu enger Anzug mit unpassender Krawatte, stark untersetzt, ständig einen Zigarrenstummel im Mundwinkel und immer ein verdächtiges Blinzeln in den Augen. So stelle ich mir einen Mafia-Boss aus den 1950ern in Sizilien vor. Die Zusammenarbeit mit ihm lief aber super. Er hatte sich umgehend, nachdem ich ihn in L.A. angerufen hatte, über die Band informiert und herausbekommen, dass Die Ärzte in Deutschland, Österreich und der Schweiz zu dem Zeitpunkt erfolgreicher waren als KISS. Es konnte also nur zu deren Vorteil sein, die Band als Support zu buchen. Marek Lieberberg[23] hatte sicher auch ein gutes Wort für uns eingelegt: Er war damals für die Tour zuständig.«

Bela und Rod können ihr Glück nicht fassen, als Axel ihnen verrät, dass Die Ärzte als Special Guests von KISS, insbesondere von Gene Simmons, für die Tour eingeladen worden sind. Axel ist es sogar gelungen, beim KISS-Management eine sehr gute Bezahlung und über eine Stunde Spielzeit für seine Band herauszuholen. Farin hält eigentlich keine großen Stücke auf die amerikanische Rocktruppe, doch er will seinen Freunden diese einmalige Chance nicht verwehren. Neben der guten Gage und der langen Spielzeit ist jedoch noch ein weiterer Aspekt interessant, denn die Shows von KISS finden allesamt in großen Hallen statt. Dies bietet den Die Ärzte die Gelegenheit, weitere wertvolle Erfahrungen mit großen Konzerten zu sammeln. Für die *Comet*-Verleihung an KISS lassen sich Bela und Rod etwas Besonderes einfallen: Um die Zeremonie möglichst würdevoll zu gestalten, wollen sie sich in Ritterrüstungen zwängen. Für den abwesenden Farin engagieren sie einen kleinwüchsigen Knappen. Den Tag vor der Preisverleihung verbringen Bela und Rod feucht-fröhlich auf der *Popkomm*. Entsprechend verkatert sitzen sie am nächsten Tag im Backstage der Veranstaltungshalle. Sie sehen dabei offenbar so einschüchternd aus, dass kaum einer es wagt, sie anzusprechen – man macht eher einen großen Bogen um sie. So beobachten Bela und Rod genüsslich und kopfschüttelnd zugleich die Szenen, die sich hinter den Kulissen einer Preisverleihung so abspielen.

Bela B: »*Das war wirklich eine skurrile Szenerie. Rod und ich haben die ganze Zeit nur gelästert. Captain Jack und Scooter haben sich da abgefeiert. Tic Tac Toe waren da und auch Mr. President. Ich kann* mich auch noch gut an den Sänger von Babylon Zoo erinnern. Der hatte gerade mit Spaceman einen Hit gelandet und benahm sich wie der ganz große Star. Er schickte seinen Manager los, um für ihn Frauen anzubaggern. Als er meine auch anwesende Freundin ansprach, gab ich ihm im Vorbeigehen einen Bodycheck. Irgendwann fing er dann an, über KISS zu lästern. Gene Simmons hat das mitbekommen, sich vor ihm in voller Montur aufgebaut und zu ihm gesagt: ›Watch your mouth, boy!‹ Von da an war Ruhe im Karton.«

Es ist ein extrem heißer Sommertag in Köln. Für die Aufzeichnung muss das Publikum schon seit Stunden in der Halle ausharren und ruft ständig nach Wasser. Bela und Rod schwitzen sich ebenfalls einen ab und warten bis zuletzt mit dem Anziehen ihrer Ritterrüstungen. Als sie kurz darauf die Bühne betreten, gehen die beiden Moderatoren des Abends allerdings kaum auf die Kostüme der beiden und ihren Begleiter ein, denn auch sie sind förmlich erschlagen, als KISS tatsächlich und leibhaftig in voller Montur die Bühne betreten. Für Bela und Rod ist dies zweifelsfrei ein ganz besonderer Moment.

Rodrigo González: »*Da ist mir echt der Atem weggeblieben.*«[24]

Es wird das einzige Mal bleiben, dass Die Ärzte einer solchen Preisverleihung beiwohnen. Ansonsten meidet die Band die *ECHOs* und *Bambis* dieser Welt wie der Teufel das Weihwasser. Dies ist sicher auch ein Grund dafür, warum der Trophäenschrank der Band so dünn besetzt bleiben wird.

Bela B: »*Diese Preisverleihungen sind eine abgekartete Sache. Die wollten uns als Band schon seit Jahren dafür gewinnen, doch wir haben immer abgesagt. Dann haben sie uns mit KISS geködert, und wir haben zugesagt, denn Rod und ich wollten klarstellen, warum wir mit KISS spielen. Ich kann aber versprechen, dass so etwas nicht noch einmal vorkommen wird.*«

Bevor es mit KISS auf Tour geht, veröffentlichen Die Ärzte im November 1996 noch eine gemeinsame Splitsingle mit der Terrorgruppe. Beide Bands nehmen sich dafür zwei Songs aus dem Opus der jeweils anderen Band zur Brust. Während sich Die Ärzte für *Namen vergessen* und *Rumhängen* entscheiden, wählt die Terrorgruppe *Kopfüber in die Hölle* und *Mach die Augen zu* für die Single aus. Für den letztgenannten Song drehen sie auch ein Video, in dem

Bela, Farin und Rod kurz auf dem Dach eines Kreuzberger Hauses zu sehen sind. Der Produzent dieses seltsamen Clips ist ein junger Nachwuchsregisseur namens Norbert Heitker, der in der Geschichte der Die Ärzte noch eine große Rolle spielen wird.

Archi Alert (Terrorgruppe): »*Der Produzent hatte die sagenhafte Idee, uns auf einem Dachgarten rumspringen zu lassen, und wir sollten dabei die Kamera einfach selber in die Hand nehmen. Das war eine suuuuper Idee, gaaaaanz toll umgesetzt, hat einen Haufen Geld gekostet, und in der Mitte des Videos stehen dann sogar noch Die Ärzte irgendwie völlig bedeppert herum und wissen nicht, was sie da machen.*«[25]

Neben den beiden Songs von der Terrorgruppe haben Die Ärzte noch ein neues Lied aufgenommen. Es trägt den Titel *Ein Lied über Zensur* und ist eine unmittelbare Reaktion auf die Ereignisse, die sich Mitte 1995 rund um den Alpha Comic Verlag in Sonneberg abgespielt haben. Der Verlag, der unter anderem die Comics von Ralf König[26] vertreibt, ist Opfer einer groß angelegten polizeilichen Durchsuchungsaktion geworden, die auf eine Anzeige aus christlich-fundamentalistischen und rechtsradikalen Kreisen zurückgeht. Die teils schwer bewaffneten Beamten konfiszieren dabei jede Menge »Beweismaterial« in Form von kompletten Comic-Editionen, Plakaten und sonstigen Gegenständen.

Bela B: »*Das mit der Nazi-Propaganda kam wegen des Comics* Maus *auf, in dem Art Spiegelman, der Enkel eines in Auschwitz vergasten Juden, das Nazireich anhand von Katzen und Mäusen verarbeitet hat. Dafür hatte er sogar den Pulitzer-Preis gewonnen. Die Beschlagnahmung war schon allein deshalb so lächerlich, weil der Comic in den USA im Geschichtsunterricht in Grundschulen benutzt wird.*«

Doch nicht nur der Verlag war Opfer dieser Aktion, auch über 1000 Buchhandlungen sahen sich bundesweit mit einer Razzia konfrontiert. Laut dem Börsenverein des Deutschen Buchhandels hatte es eine solche Aktion seit 1933 nicht mehr gegeben. Die eifrigen Beamten stellten sogar die Behauptung auf, dass die Comics weder an Erwachsene noch an Jugendliche verkauft werden dürfen, was jeglicher Grundlage entbehrte. Dem Alpha Comic Verlag droht nach dieser Aktion der finanzielle Kollaps. Um diesen zu verhindern, springen ihm jede Menge Comic-Zeichner sowie die Plattenfirma Plattenmeister zur Seite. Diese plant für das nächste Jahr die Veröffentlichung eines Benefiz-Samplers namens *Zensur?!*, auf dem die Crème de la Crème deutscher Künstler vertreten sein wird. Die Ärzte haben bekanntlich ihre ganz eigene Erfahrung mit dem Thema Zensur gemacht und sagen sofort ihre Unterstützung zu. Ihr *Lied über Zensur* beschäftigt sich vor allem mit der Verhältnismäßigkeit und dem Sinn von Zensur.

Wir propagieren weder Inzest hier, noch Sodomie.
Nein, es ist Zeit für moralische Reinigung.
Wir fordern ausnahmsweise nicht einmal auf
zur Gründung einer terroristischen Vereinigung.
Davon kann gar nicht die Rede sein,
nein, nein, nein.

Wir singen nur – ein Lied über Zensur.
Ja, dies ist nur ein Lied über Zensur.

Wir bitten niemanden, Politiker zu exekutieren,
oder falsche Tausender zu drucken.
Wir sind auch garantiert die Letzten,
wenn's ums Kinderficken geht,
oder darum, den Papst anzuspucken.
Da schwör ich Stein und Bein,
nein, nein, nein.

Wir singen nur – ein Lied über Zensur.
Ja, dies ist nur ein Lied über Zensur.

In dieser Zeit scheinen Die Ärzte das Preussenton-Studio gar nicht mehr verlassen zu wollen. Sie verlängern kurzerhand ihren dortigen Aufenthalt, um Songs für ein englischsprachiges Album aufzunehmen. Die Band würde gerne mehr Gigs im Ausland spielen und benötigt entsprechend internationales Songmaterial, um auch in Ländern auftreten zu können, in denen die Menschen nicht deutsch sprechen. Obwohl die Band einfach nur mal testen will, ob sie so etwas hinbekommen, rät Albert Slendebroek ihnen schon früh davon ab und warnt sie vor den Kosten eines solchen Unterfangens. Die Band aber will es nicht unversucht lassen, und so begeben sie sich an die Aufnahmen. Ihr Ziel ist es, neben einigen komplett neuen Songs auch einige englischsprachige Versionen ihrer Songs aufzunehmen, so wie sie es schon beim *Schunder-Song* gemacht haben. Nur *Schrei nach Liebe* wollen sie wegen seiner Aussage auf Deutsch stehen lassen. Bela bringt neben dem Song *Love + Pain*, der ganz stark vom Stil der amerikanischen Punkrock-Band Social Distortion beeinflusst ist, noch zwei weitere englische Songs ein, und Farin stellt sein Stück *Shit Piece* vor. Nach dem Abschluss der Aufnahmen und einem Testdurchlauf sind sich Bela, Farin und Rod allerdings darin einig, dass das Ergebnis nicht gut ist.

Rodrigo González: »*Da die Textebene komplett fehlte, schien es uns zu eindimensional und abgeflacht. Uns war klar, dass wir in den USA damit nichts reißen werden, denn alles, was wir selber an englischsprachigen Bands mochten, war um Welten besser. Unsere Platte hingegen klang unglaublich konstruiert.*«

Farin Urlaub: »*Das meiste waren bestehende Songs, für die wir englische Texte schrieben. Dabei musste ich feststellen, dass unser Humor sich einfach nicht übersetzen lässt.*«

Uwe Hoffmann: »*Da die deutschen Texte als verbindendes Element nun fehlten, ergab sich zwischen den Songs in all ihrer musikalischen Vielfalt auch kein roter Faden mehr. Das hätte man in Amerika nie kapiert.*«

Bela B: »*Musikalisch waren das Songs der ersten drei Alben nach der Reunion, und die waren alle so unterschiedlich, auch in der Produktion, dass das ja nur konstruiert klingen konnte.*«

Jedes Bandmitglied bekommt eine Kopie der Aufnahmen, danach wandern sie ins Archiv. Immerhin erblicken *Shit Piece* und *Love + Pain* mit etwas Verzögerung doch noch das Licht der Welt. Ersteres wird später auf einem Sampler veröffentlicht, und Zweiteres wird von Bela zu *Liebe und Schmerz* umgeschrieben werden. Die Weltherrschaft wird also erst einmal verschoben. Nach dem Aufenthalt im Studio spielt die Band im November noch zwei kleine, exklusive Clubshows. Zuerst spielen sie im SO36 in Berlin – so wie 1994 – wieder drei Konzerte an einem Abend, um dem Club finanziell unter die Arme zu greifen. Beim letzten Mal hatte man für eine neue Lüftungsanlage gespielt, jetzt braucht der Club eine neue Hausanlage.

Rodrigo González: »*Wir sind da gerne in die Bresche gesprungen, denn das SO36 ist ein gut geführter Laden mit netten Leuten. Ich freue mich auch jedes Mal, wenn ich ins SO komme und feststellen muss, was für eine gute Luft und für ein herrlicher Klang hier herrschen.*«

Neben einer überaus originellen Setlist hat sich die Band auch noch ein paar andere Gimmicks für den Konzert-Marathon im SO36 ausgedacht. Vor jedem Set betritt einer der drei verkleidet als indischer Mönch die Bühne und klimpert auf einer Sitar herum. Kurz darauf kommen die jeweils anderen beiden dazu, und das Konzert beginnt. Die Aktion ist eine Hommage an das Benefiz-Konzert für Bangladesch von George Harrison und dem indischen Musiker Ravi Shankar von 1971, bei dem Shankar den Abend ebenfalls mit einer Darbietung auf der Sitar eröffnete. Leider kriegen aufgrund der schlechten Sicht aber nur die ersten Reihen wirklich etwas davon mit, der Rest hat Fragezeichen über den Köpfen. Kurz nach Beginn des dritten Konzertes fangen Mitglieder der KPD/RZ damit an, vor der ersten Reihe eine Mauer aus Pappkartons aufzubauen. Tatsächlich lässt sich das Publikum ohne großes Murren die Sicht auf die Band nehmen. Erst nach ein paar Minuten und Kommentaren der Band, die hinter der Kartonwand »Die Mauer muss weg« skandiert, beginnen die ersten Fans damit, das schöne Bauwerk einzureißen. Die Band quittiert dies mit einer Interpretation von *Another Brick in the Wall* von Pink Floyd. Am Tag danach statten sie der Frankfurter Batschkapp zu deren 20-jährigem Jubiläum einen Besuch ab. Zur Feier des Tages präsentieren sie dabei viele selten gespielte Songs wie das *Schlaflied*, *Wie ein Kind* oder das Frank-Zappa-Medley *Stick It Out/What's the Ugliest Part of Your Body*. Zu dem Club in Frankfurt-Eschersheim hat die Band eine ganz besondere Beziehung, denn für ihre öffentlichen Auftritte greifen sie gerne auf Security-Kräfte der Batschkapp zurück.

Bela B: »*Unser erster dauerhafter Security-Mann Andi kam aus der Kapp, sein Nachfolger T! auch. Klar, dass die dann gerne ihre Kumpels dazugeholt haben, wenn mal Verstärkung gebraucht wurde. Manfred Meier, der leider viel zu früh verstorbene Chef der Crew,* *wurde bald ein Freund von mir, obwohl er immer mit den Hosen auf Tour war und uns seltener besuchte.«*

Am 4. Dezember 1996 ist es schließlich so weit: In Berlin steht die erste Show mit KISS an. Seit Wochen schon ist die Deutschlandhalle – sowie alle anderen Konzerte der Deutschland-Tour auch – ausverkauft. Schon jetzt haben KISS weitere Shows für das nächste Jahr angekündigt, die sie gerne wieder mit Die Ärzte spielen wollen. Während Bela und Rod kurz vor Showstart immer nervöser werden, erkundet Farin die Katakomben der riesigen Halle. Dort hat er eine etwas seltsame Begegnung, von der er Bela und Rod gleich berichtet.

Bela B: »*Er erzählte uns, dass er soeben wohl einem Roadie von KISS über den Weg gelaufen ist, und konnte nicht glauben, wie alt und fertig dieser aussah. Er beschrieb ihn als langhaarigen, staksigen, verdrogt aussehenden Kerl, der ein Shirt von Ace Frehley trug. Rod und mir wurde schnell klar, dass er tatsächlich soeben Ace Frehley selbst begegnet war, und tatsächlich hatte dieser direkt neben Farins Garderobe seinen Raum, in dem er seinen Gitarren-Pyroeffekt selbst präpariert hat.*«

Wenig später betreten Die Ärzte die Bühne. Vor Belas eigentlicher Bassdrum ist eine übergroße Bassdrum-Attrappe aufgebaut, die – in Anlehnung an das Cover des *Hotter Than Hell*-Albums von KISS – den Namen seiner Band als japanisches Schriftzeichen zeigt. Die Anspannung von Bela und Rod ist noch immer so groß, und sie dauert fast die gesamte erste Show über an. Sind Rod und vor allem Bela sonst eher nicht auf den Mund gefallen, so bekommen sie ihn jetzt kaum auf. Bei jeder ihrer Aktionen müssen sie daran denken, dass genau an dieser Stelle gleich ihre Helden spielen werden. Derlei Gedankenspiele machen sie nicht gerade locker und lenken sie sehr ab.

Farin Urlaub: »*Die waren überhaupt nicht ansprechbar. Die haben nicht eine Ansage rausgebracht, standen nur da, haben geglüht, und ich hatte den Stress, das alles alleine zu machen.*«[27]

Bela B: »*Ganz so war es nicht, aber es stimmt: Ich habe ständig nur über KISS gebrabbelt. Hier wird gleich Gene Simmons stehen, von hier wird Ace gleich seine Pyros schießen, oder ich habe die Anweisungen vorgelesen, die auf der Bühne standen. Vor Ace Frehleys*

Mikrofon stand auf dem Boden zum Beispiel immer, in welcher Stadt sie sich gerade befinden, damit er später rufen kann: ›Oberhausen, wie geyht's?‹«

Farin nervt diese Ergriffenheit bisweilen, doch dies tut dem Ganzen keinen Abbruch. Im Gegenteil: Die Ärzte werden vom KISS-Publikum gnädig behandelt, was wohl auch daran liegen mag, dass sie Songs wie *Black Diamond* oder *God of Thunder* in ihrem Programm anspielen. Natürlich feiern Bela und Rod nach ihrem Auftritt das Konzert von KISS ab und werden es auch die nächsten Male tun, auch wenn die Show jeden Abend gleich ist.

Rodrigo González: »*Ich habe nach der ersten Show mit KISS in Berlin drei Nächte lang nur davon geträumt. Die tauchten ständig wieder in meinen Träumen auf. Das war eine einzige Endlos-Show.*«[28]

Es vergeht eine Woche, bis das nächste Konzert ansteht, und allmählich kehrt nun auch bei Bela und Rod die Lockerheit zurück, und sie fangen an, die Konzerte zu genießen. KISS verhalten sich sehr nett gegenüber der Band und weisen sogar ihre Filmcrew an, auch das Konzert von Die *Ärzte* auf den großen Videoleinwänden zu übertragen.

Bela B: »*Die Filmcrew hat uns das Material zum Kauf angeboten, um ihr Gehalt aufzubessern, weil sie wohl nicht allzu gut bezahlt wurden.*«

Bela und Rod dürfen sogar für die »weite« Strecke von Stuttgart nach Zürich im Privatjet der Band mitfliegen. Da angeblich nur zwei Plätze frei sind, verzichtet Farin den beiden zuliebe und lässt sich lieber von Axel Schulz im Auto nach Zürich bringen.

Farin Urlaub: »*Von Stuttgart nach Zürich kann man schon mal fliegen.*«

Bela B: »*Das war von Anfang an skurril: Wie wir im Hotel mit Gene Simmons auf Peter Criss warteten, wie Gene über Ace und seinen Abschiedskuss mit einem Groupie herzog, wie Frehley uns nicht erkannte, obwohl wir schon Wochen zusammen auf Tour waren, oder wie ihr Security-Mann Andre dem Piloten erst die Wolken zeigte, die es zu umfliegen galt, und dann die Zollkontrolle mit Freitickets umging.*«

Rodrigo González: »*Der Flug, der eigentlich nicht länger als 15 Minuten dauern sollte, dauerte so 90 Minuten. Gene hatte die Ste-*

wardess auf seinem Schoß, und Ace Frehley las die Financial Times und erklärte mir, warum man jetzt Apple-Aktien kaufen sollte – total bizarr!«

Andi Simon: »*Die Zeit mit KISS war schon etwas Besonderes. So klein habe ich Bela und Rod danach nie wieder erlebt. Die waren wie kleine Schuljungen, was ich aber auch sehr sympathisch fand.*«

Während des Fluges stellt sich heraus, dass doch mehr als zwei Plätze im Flieger frei sind, weshalb Gene Simmons auch etwas angesäuert ist. Bela und Rod erklären ihm aber, dass Farin an Flugangst leide, worüber sie sich sehr befeixen. Die KISS-Tour stellt für die Band eine große Zäsur dar, denn die Konzerte in den größten Hallen der BRD haben nun auch Bela und Farin gezeigt, dass eine Die Ärzte-Show auch solchen Massen standhält. Rod hatte sich zuvor schon dafür ausgesprochen, auch einmal in größeren Hallen zu spielen. Die Band schaut sich ganz genau an, wie KISS ihre Mega-Shows aufziehen, und speichert ihre Beobachtungen ab. Vieles imponiert ihnen, anderes wiederum löst bei ihnen großes Befremden aus. So hoffen sie, dass sie nie einen solchen Verschleiß an Crew-Mitgliedern während einer laufenden Tournee wie KISS haben werden. Tourmanager Wolfgang Reffert fehlen dafür die Worte.

Wolfgang Reffert: »*Die Leute aus der Crew von KISS kamen vor zwei Uhr nachts nicht aus der Halle raus und mussten dann schon um sieben Uhr an der nächsten Halle ausladen. Bei solch einem Pensum kommt es zwangsläufig zu Fehlern. Allerdings wurde da nicht drüber hinweggesehen, sondern die Leute wurden in bester amerikanischer ›Hire & Fire‹-Manier schlichtweg gefeuert. Diese Diskrepanz zwischen dem Luxusleben von KISS und den Arbeitsbedingungen für ihre Crew war echt krass.*«

Rodrigo González: »*Der Pyro-Chef von denen sah aus, als wenn er gerade aus der Zeche Zollverein von Untertage kommt. Der war schwarz vom Hantieren mit dem Schwarzpulver und kam bei den Back-to-Back-Shows schon seit Tagen nicht mehr zum Duschen, weil das Arbeitspensum so hart war.*«

Wenige Tage nach der letzten Show mit KISS geht für Die Ärzte ein abwechslungsreiches Jahr zu Ende. Durch die Auflösung der Metronome zum Jahresende ist die Band nun tatsächlich vertragsfrei geworden. Schon als bekannt wurde, dass die Metronome ihre

Pforten schließen wird, war die Idee aufgekommen, eine eigene Plattenfirma zu gründen. Für die Band wird dies nun konkret. Im Gegensatz zu dem Geschäftsmodell der Toten Hosen oder der Fanta 4 soll die eigene Plattenfirma jedoch einzig und allein für Die Ärzte zuständig sein – ein absolutes Novum in die Branche. Nachdem der Entschluss nun gefallen ist, soll das Vorhaben in die Tat umgesetzt werden, denn 1998 soll ein neues Album der Band erscheinen. Axel verbringt die nächste Zeit damit, sich in die Materie einzuarbeiten und alles dafür Notwendige in die Wege zu leiten.

Axel Schulz: »*Management konnte ich nicht, Plattenfirma kann ich nicht. Also lautete die Devise: Komm, lass eine Plattenfirma machen.*«

Schnell wird ihm klar, dass er ein so großes Projekt alleine nicht stemmen kann und auch nicht stemmen mag. Er sucht fachkundige Hilfe und wird in Person des Schweizers Louis Spillmann auch bald fündig. Dieser hat in der Branche einen Ruf wie tausend Alphörner. Er hat Trio und Yello zu internationalem Erfolg verholfen und in den 1980ern für die Phonogram jede Menge Metal-Bands wie Dio, Slayer, Danzig sowie eine Gruppe namens Metallica unter Vertrag genommen. Spillmanns starke Metal-Ausrichtung wird ihm jedoch zum Verhängnis, denn der Phonogram-Mutterkonzern PolyGram will seinen Musikmix erweitern und bittet Spillmann, auch im Bereich Dance und Pop aktiv zu werden.

Louis Spillmann: »*Ich fand diese Idee idiotisch, denn genau diese Bands haben der Phonogram einen Haufen Geld und Prestige eingebracht. Da ich diesen Kurs nicht mittragen wollte, musste ich den Hut nehmen.*«

Der nimmermüde und stolze Spillmann bleibt aber nicht untätig. Er gründet bald darauf das Label Gang Go Music und feiert mit Acts wie Bellini, Fragma oder Blank & Jones weltweit enorme Erfolge. Spillmann ist also dick im Geschäft und erhält von seinem Anwalt Axel Schwarzberg, der eben zufälligerweise auch Die Ärzte betreut, den Hinweis, dass sich ein gewisser Axel Schulz bei ihm melden wird.

Axel Schulz: »*Louis war eine Koryphäe in der Musikbranche der 1980er/1990er-Jahre. Rod kannte ihn noch aus seiner Rainbirds-Zeit sehr gut. Ich habe ihn angerufen und gefragt, ob er nicht Lust hätte,* *für die neue Plattenfirma der Die Ärzte als* Wise Präsident *zu arbeiten. Er hat den Witz sofort verstanden und direkt zugesagt.«*

Louis Spillmann: »Direkt zugesagt habe ich nicht, mir war aber klar, dass ich das gerne machen will. Eigentlich hatte ich mit deutschen Interpreten nicht viel am Hut, doch Die Ärzte waren für mich eine Ausnahme. Ich hatte einen Riesenrespekt vor der Band. Ich musste nur sehen, wie ich das mit meinem eh schon engen Terminplan und meinen Verantwortungen vereinbaren konnte. Da mir klar wurde, dass das Ganze sehr anstrengend für mich werden würde, habe ich Axel Schulz von vornherein gesagt, dass ich nur Starthilfe geben möchte und nach neun Monaten das Schiff wieder verlassen werde.«

Schulz ist einverstanden, gleichwohl er etwas schlucken muss, als Spillmann ihm seinen Preis nennt. Er weiß jedoch, dass die Verpflichtung von Spillmann ein Glücksfall für die Band und ihn ist. Zu dieser Zeit befindet sich Schulz in Verhandlungen mit der PolyGram, um einen Vertriebsdeal für seine Band auszuhandeln, und wer kennt deren Verhandlungsstrategien und Vertragsklauseln am besten, wenn nicht Spillmann? Hierzu muss man wissen, dass ein Vertriebsvertrag die größtmögliche Unabhängigkeit für einen Künstler bedeutet. Die Plattenfirma hat nur die Aufgabe, die Veröffentlichungen des Künstlers unters Volk zu bringen. Sie hat keinerlei Mitspracherecht, denn für alles Weitere ist der Künstler beziehungsweise dessen eigene Plattenfirma selbst zuständig. Darüber hinaus sichert ein Vertriebsvertrag dem Künstler alle Rechte und Lizenzen an seinen Veröffentlichungen zu. Die Plattenfirma erhält lediglich einen prozentualen Anteil an dem Erlös aus dem Vertrieb der Veröffentlichungen.

Da solche Verträge nur mit Künstlern abgeschlossen werden, die sehr bekannt sind und viel verkaufen, kommt für die Plattenfirma immer noch ein hübsches Sümmchen zusammen. Zumal sich die Ausgaben für sie in Grenzen halten, denn den Großteil der Marketing-Kosten trägt der Künstler. Natürlich muss man auch erwähnen, dass der Künstler selbst auch gehörig ins Risiko geht und auch alle laufenden Fixkosten wie Gehälter oder Bürokosten zu tragen hat. Misserfolg kommt aber für die beste Band der Welt nicht infrage, und so gründet Axel mit Bela, Farin und Rod die Hot Action Records GmbH.

Bela B: »*Ich werde oft zuerst gefragt, wenn es um Namensfindungen geht. Der Name unserer Merchandise-Firma Deutschrock ging auf meine Kappe, und für unsere eigene Plattenfirma sollte es etwas Anrüchiges sein. So kam ich zunächst auf V.C.-Records (gesprochen: VauCee Records). Axel und Farin lehnten aber direkt ab, weil es den neuen Mitarbeitern nicht zuzumuten wäre, sich so am Telefon zu melden.*«

Farin Urlaub: »*Ich hatte dann die Idee für diesen nach Porno klingenden Namen, der allen gut genug gefiel.*«

Während Axel Geschäftsführender Gesellschafter wird und BelaFarinRod die Gesellschafter sind, fungiert Louis Spillmann als Berater. Man teilt aber der PolyGram und deren Ableger Motor Music, unter dem Die Ärzte vertrieben werden sollen, den Namen des Beraters nicht mit. Dieses Überraschungsmoment will man sich für die Vertragsunterzeichnung aufheben. Die Anwälte der PolyGram sind von Axels Verhandlungsgeschick sehr beeindruckt und ahnen, dass er einen ausgewiesenen Fachmann an seiner Seite haben muss, der ihn berät.

Doch sie kommen beim besten Willen nicht auf Spillmann, da sie glauben, dass der schon beschäftigt genug ist. Nachdem man insgesamt über zehn Monate lang verhandelt hat, ist der Vertrag schließlich fixiert. Die Ratifizierung soll wieder im Büro von Axel Schwarzberg stattfinden. Während dort der Vertrag unterzeichnet wird, sitzt Spillmann in einem Café und wartet auf seinen großen Auftritt.

Axel Schwarzberg: »*Der Vertrag sollte in Anwesenheit der Band feierlich in meinem Büro unterschrieben werden. Man merkte Wolf-Dieter Gramatke, dem Chef der PolyGram, schon an, dass er etwas nervös war. Er hatte keine Ahnung, wer da gleich zur Tür hereinkommen würde. Nachdem die Unterschriften erfolgt waren und Louis Spillmann schließlich hereinkam, wurde die Luft kurzzeitig sehr heiß. Gramatke und Spillmann haben sich aber die Hand gegeben, und alles war gut.*«

Axel Schulz: »*Herr Gramatke hat mich kurz darauf zu diesem exzellenten Schachzug beglückwünscht. Er konnte Spillmann zwar nicht leiden, doch er wusste, dass wir keinen Besseren hätten nehmen können.*«

Louis Spillmann: »*Gramatke war einen kurzen Moment lang sprachlos, dann sagte er zu mir:* ›*Ich hätte es wissen müssen.*‹«

Wie es in der Branche üblich ist, werden derlei Ereignisse gerne für Fachmagazine wie die *MusikWoche* mit schüttelnden Händen und breitem Grinsen im Bild festgehalten. Axel ist jedoch kein großer Freund von Fotoaufnahmen und bestellt eine Gerichtszeichnerin für diesen Termin, die die Porträts der Beteiligten – unter ihnen auch Motor Music-Chef Tim Renner – mit Bleistift skizziert. Während im Hintergrund an der weiteren Zukunft der Band gearbeitet wird, hält diese sich gegenwärtig etwas zurück, was öffentliche Auftritte angeht. Nach den ereignisreichen letzten Jahren tut das Durchatmen auch mehr als gut, wenngleich auch dieses Jahr so ganz ereignisarm nicht werden wird. Dafür stehen im Mai 1997 allein die Auftritte bei den Schwesterfestivals Rock am Ring und Rock im Park, wo die Band von über 100.000 Zuschauern bejubelt wird.

Es ist das erste Mal, dass Die Ärzte den beiden größten Open-Air-Veranstaltungen in Deutschland einen Besuch abstatten. Bisher haben sie sich gegen solche Großfestivals gewehrt, doch Veranstalter Marek Lieberberg und die jeweils nach ihnen spielenden KISS können Bela, Farin und Rod letztlich zu diesem Schritt bewegen. Um für die beiden Gigs bestens vorbereitet zu sein, legen Die Ärzte noch eine kleine Clubtour um die Termine herum, die wieder schneller ausverkauft ist, als man »Endoplasmatisches Retikulum« sagen kann. Zu den beiden Festival-Shows kommen auch noch Auftritte als Special Guests für die KISS-Shows in Hamburg und Leipzig hinzu. KISS wollen Die *Ärzte* kurzfristig auch noch für zwei Shows in Osteuropa verpflichten, doch dem schiebt Farin einen Riegel vor. Er sieht seine Schuldigkeit getan und fürchtet, dass Die Ärzte ansonsten als ewige Vorband von KISS abgestempelt werden. Bela und Rod hätten KISS zwar gerne den Gefallen getan, können aber Farins Beweggründe nachvollziehen.

Insgesamt spielt die Band also nur wenige Konzerte in diesem Jahr, doch ganz still bleibt es um sie nicht. Dafür sorgen allein über 34 Bands und Künstler, die den Die Ärzte auf dem Album *Götter-DÄmmerung* Tribut zollen, darunter Interpreten wie die Fantastischen Vier, Fettes Brot, Fury in the Slaughterhouse, Heinz Strunk oder die Kassierer sowie viele langjährige Weggefährten wie Lüde, der Wahre Heino oder auch The Incredible Hagen. Den Stein des Anstoßes für dieses Album liefert der Die Ärzte-Fanclub von Roman Hottgenroth und Markus Karg, der die Idee hat, Künstler aus dem Umfeld der Band zu fragen, ob sie nicht Lust haben, einen Song der besten Band der Welt zu covern.

Die Resonanz darauf ist so überwältigend, dass der Fanclub recht bald hoffnungslos überfordert ist und das ganze Ding in professionelle Hände gibt. So kümmert sich Gringo Records um die Realisierung des Projekts. Die Band ist ziemlich gerührt von dem großen Aufwand, der hier betrieben wird, und macht auch selbst Vorschläge, als es darum geht, welche Künstler noch einen Beitrag zu dem Album leisten könnten. Mit der Hilfe von Olaf Heine entstehen für das Cover des Albums die bisher wohl aufwendigsten Fotoaufnahmen von der Band. Um dem Titel *GötterDÄmmerung* gerecht zu werden, haben die Macher des Fanclubs die Idee, Bela, Farin und Rod buchstäblich ans Kreuz zu nageln. So führt Heine die Band an einem kalten Morgen auf einen Acker nahe Hildesheim, wo man am Abend zuvor eine Show im Club *Vier Linden* gespielt hat. Auf dem Acker stehen drei Kreuze für sie bereit, und so setzen Bela, Farin und Rod sich ihre Dornenkronen auf und lassen sich anschließend leicht bekleidet als Märtyrer am Kreuze hängend ablichten.

Farin Urlaub: »*Die Ergebnisse sind mir bis heute eine Ehre! Ich liebe die* Madonnas Dickdarm-*Version der Fanta 4, auch wenn die Jahre später zu bösem Blut führen sollte, und verehre das wunderbar traurige* Hurra *von Pankow. Die charmante Lemonbabies-Version von* Mit dem Schwert nach Polen *ist auch herzerwärmend.*«

Die Ärzte setzen ihre Clubtour indes weiter fort. Auf dem Weg von München nach Wien wird Bela jedoch von einer heftigen Lebensmittelvergiftung heimgesucht. Schuld daran ist wohl ein Softeis, das er sich an einem sonnigen Off-Tag in München gegönnt hat. Schon kurz nach dessen Genuss weiß Bela im Tourbus gar nicht mehr wohin mit sich.

Bela B: »*An der österreichischen Grenze musste ich zum ersten Mal aufs Klo rennen. Im Tourbus gibt es eine eiserne Regel: NIEMALS Nummer zwei machen. Während uns Zöllner kontrollierten, rannte* *ich, bunthaarig und mit viel Schmuck behängt, aufs Klo. Ich weiß nicht, was Andi Simon den Beamten erzählt hat, aber sie ließen uns trotz meines auffälligen Verhaltens unbehelligt weiterfahren.«*

Als die Band schließlich in ihrem Hotel außerhalb von Wien angekommen ist, verschwindet Bela sofort in seinem Zimmer, wo die Situation aber für ihn im wahrsten Sinne des Wortes immer beschissener wird. Eigentlich ist Bela hart im Nehmen, doch schon jetzt ist für ihn klar, dass er das heutige Konzert im Wiener WUK nicht spielen kann. Als er Tourmanager Wolfgang Reffert darüber informiert, ist dieser alles andere als glücklich, denn nun muss schon das zweite Jahr in Folge die Show im WUK ausfallen. Letztes Jahr wurde sie immerhin ins Chelsea verlegt, nun aber fällt sie komplett aus. Zugleich ist es das erste Konzert in ihrer Karriere, das die Band wegen Krankheit absagen muss. Während sich Reffert auf den Weg zum Veranstalter macht, windet sich Bela auf seinem Zimmer hin und her. Unglücklicherweise ist die Band in einem Apartment-Hotel untergebracht, das keinen Zimmerservice bietet. Netterweise bringt die Rezeptionistin Bela ihre eigenen Kekse vorbei, damit dieser etwas in seinen Magen bekommt. Die Situation wird aber nicht besser und Bela immer verzweifelter. Er meldet sich wieder bei Reffert, denn er braucht Hilfe. Reffert empfiehlt ihm, sich einfach ins Krankenhaus einliefern zu lassen, was Bela kurz darauf auch macht. Dort wollen sie ihn am liebsten gleich stationär aufnehmen und stecken ihn schon mal in ein 2-Bett-Zimmer.

Bela B: *»Neben mir lag ein Mann, der gerade eine Kehlkopf-OP hinter sich hatte und die ganze Zeit wie Darth Vader geatmet hat. Das war der Horror, da wollte ich auf keinen Fall bleiben. Glücklicherweise ging es mir nach der Infusion, die ich dort bekommen habe, schon wieder besser, und so beschloss ich, das Krankenhaus wieder zu verlassen.«*

Aus dem Krankenhaus ruft Bela wieder bei Reffert an, um zurück zum Hotel zu gelangen. Dieser lässt Bela indes deutlich anmerken, dass er schwer genervt von ihm ist. Statt ihn abholen zu lassen, lässt er ihn am Krankenhaus stehen und gibt ihm den Rat, sich doch einfach ein Taxi zu nehmen. Im Taxi schließlich fällt Bela auf, dass er gar kein österreichisches Bargeld bei sich trägt. Wieder also muss er Reffert anrufen, und dieser wird allmählich richtig sauer, macht sich aber zerknirscht auf den Weg, um Belas Taxifahrer am Hotel zu entlohnen. Während der nächsten Tage ist das Verhältnis zwischen Reffert und Bela merklich angespannt.

Bela B: »*Heute würde ich einen Tourmanager für so ein Verhalten direkt feuern, doch Wolfgang war seit 1993 unser Tourmanager, und unsere Crew war und ist für uns etwas sehr Heiliges, was uns bei manchen Vorfällen auch ein Auge zudrücken ließ. Trotzdem wollte ich mit Wolfgang danach nie wieder eine Tour machen, und schon bald kam glücklicherweise Patty Unwin zu uns, die bis heute unsere Tourneen leitet. Wolfgang hat sich immerhin einige Zeit später bei Farin und mir pauschal für sein damaliges Verhalten entschuldigt.*«

Wolfgang Reffert: »*Wenn ich mir das Ganze aus heutiger Sicht anschaue, muss ich sagen, dass mir das in diesem Stadium alles auch eine Nummer zu groß wurde. Dazu kamen interne Eifersüchteleien in der Crew und auch in der Band, die mir auf die Nerven gingen. Die üblichen Egotrips halt, wenn's schon fast zu gut läuft. Ich kam damit nicht gut zurecht und hatte vor allem ein Problem damit zu erleben, wie Erfolg Menschen verändern kann – mich selber eingeschlossen. Ich habe dann recht patzig hingeschmissen, was mir im Nachhinein sehr leidgetan hat. Deswegen habe ich mich auch später bei allen Dreien entschuldigt. Das war mir wichtig – wobei ich mich an diese spezielle Episode mit Bela ehrlich gesagt gar nicht mehr erinnern kann. Ich hoffe, ich war nicht wirklich so ein Arsch! Ich musste nach meiner Zeit mit Die Ärzte auch erst einmal wieder lernen, ein ›Nein‹ zu hören, denn vorher wurde mir nahezu jeder Wunsch für die Künstler erfüllt. Die Zeit mit den Jungs war jedenfalls sehr lustig und lehrreich für mich.*«

Zum Glück ist Bela bald wieder auf dem Damm, was auch wichtig ist, denn für die Band steht nun das Highlight in diesem Jahr an: der Auftritt bei Rock am Ring am Nürburgring. Schon der Auftritt bei Rock im Park im Nürnberger Frankenstadion zwei Tage zuvor hat für die Band eine neue Dimension markiert. Doch hier am Ring ist alles noch mal größer, geradezu gigantisch groß, vor allem das Medienaufgebot ist riesig. Der abschließende Auftritt von KISS wird von MTV weltweit übertragen, und auch die Show der Die Ärzte wird aufgezeichnet, wenngleich später nur die Songs *Super Drei* und *Ich ess' Blumen* im Fernsehen zu sehen sind. Bei *Ich ess' Blumen* streut die Band schon seit der Reunion immer wieder gerne

Coverversionen nach dem zweiten Refrain ein. Für den Auftritt bei Rock am Ring haben sie das vor allem durch Boney M. bekannt gewordene Stück *Rivers of Babylon* ausgewählt – allerdings haben sie den Text in seiner Bedeutung geringfügig verändert:

> *By the rivers of Babylon,*
> *there we sat down.*
> *Yeah, yeah, we wept,*
> *when we remembered Zion.*
>
> *Yeah, we want to stick our dicks,*
> *right into your juicy hole.*
> *And we wanna squeeze your fat tits,*
> *all night long.*

Das fast schon legendär-schlechte Rock am Ring-Wetter schlägt auch dieses Jahr zu, doch als Die Ärzte auftreten, kommt tatsächlich die Sonne wieder raus und geht im Laufe des Konzertes unter. Noch während die Band spielt, klettern über ihnen die Roadies von KISS durch die Traversen, um letzte Hand für deren nachfolgenden Auftritt anzulegen. Kurzzeitig hat sogar die Nachricht die Runde gemacht, dass ein großes Loch in die Mitte der Bühne gesägt werden muss, damit das hydraulische Schlagzeugpodest von Peter Criss mit diesem nicht bis unters Bühnendach fährt. Zur Erleichterung der Die Ärzte war dies jedoch nicht nötig, und so hat die Band genug Platz und kann sich endlich über eine große Bühne freuen. Rod ist überaus dankbar dafür und fegt während des ganzen Auftritts wie ein Derwisch über die Bühne. Die gemeinsamen Konzerte mit KISS scheinen bei ihm Spuren hinterlassen zu haben.

Rodrigo González: *»Bela kann sich während der Show ja nicht groß bewegen, und Farin steht immer wie angenagelt vor seinem Mikrofon. Also habe ich mich umso mehr bewegt, damit wir nicht wie Kraftwerk rüberkommen. Ich hatte das Gefühl, dass wir die Leute so mehr bei der Stange halten können.«*

Bela B: *»Aber wenn ich mal nicht spielen muss, nutze ich immer die ganze Bühne – auch wenn das bedeutet, dass ich mal einen Einsatz verpassen werde.«*

Der Auftritt am Ring wird für die Band ein voller Erfolg und führt Bela, Farin und Rod in atemberaubender Weise vor Augen, dass ihr Blödsinn auch auf großen Bühnen funktioniert. Er zeigt ihnen zudem, welch enormen Stellenwert sie in Deutschland inzwischen innehaben. Im Publikum ist kaum jemand auszumachen, der Songs wie *Zu spät*, *Elke* oder *Teenager Liebe* nicht mitsingt. Ein irrer Festivalbesucher klettert sogar auf eine Laterne, um die beste Sicht auf die Bühne zu haben. Farin zollt ihm Respekt und entdeckt außerdem eine neue Leidenschaft: seine Vorliebe für ausgefallene Publikum-La-Olas. So soll die Menge vor dem Song *Motherfucker 666* eine Hüpf-La-Ola durchführen, und sehr zur Freude von Farin gelingt dies auch. Allerdings scheitert bei *Dauerwelle vs. Minipli* der Versuch, die anwesenden Damen und Herren getrennt »Dauerwelle« beziehungsweise »Minipli« brüllen zu lassen, da die Damen viel zu leise sind. Im Anschluss an *Anneliese Schmidt* singen sie *God Gave Anneliese to You* in Anlehnung an *God Gave Rock 'n' Roll to You*. Zusammen mit KISS, die wieder einmal eine bombastische Show abliefern, sind Die Ärzte eindeutig der Abräumer des Tages.

Farin Urlaub: »*Wir fanden uns damals selbst recht cool angesichts der unfassbaren Zuschauermenge. Als ich mir aber sehr viel später den Live-Mitschnitt anhörte, musste ich doch sehr grinsen: Wir schreien die ganze Zeit und müssen randvoll mit Adrenalin gewesen sein. Süß!*«

Bela B: »*Der Auftritt war grandios. Ich habe das sehr genossen. Paul Stanley hat uns später sogar ausrichten lassen, dass er sehr beeindruckt war von unserer Show.*«

Den Auftritt von KISS können Bela und Rod nur kurz sehen, denn Rod hat seinen 29. Geburtstag, und das muss selbstverständlich in der Nacht gefeiert werden. Immerhin kann Bela noch den Beginn des Konzerts vom Rand aus sehen. Neben ihm stehen Mitglieder der amerikanischen Band Live, die vor den Die Ärzte gespielt haben. Nun erschrecken sie sich fast zu Tode, als KISS mit einem lauten Knall ihr Konzert beginnen.

Bela B: »*Die waren völlig fertig und mussten sich gegenseitig stützen. Ich war da schon etwas angesoffen und habe sie mit den Worten angebrüllt: ›Ich wusste doch, dass ihr Weicheier seid!‹ Die haben dann schnell das Weite gesucht.*«

Rod erhält zu seinem Geburtstag ein Präsent der besonderen Art: Man schenkt ihm einfach eine eigene Armee, die *Rod Army*. Die optischen und ideologischen Ähnlichkeiten zur *KISS Army* sind durchaus beabsichtigt. Rod freut sich sehr über dieses originelle Geschenk und treibt die Armee in den kommenden Monaten weiter mit einer eigenen Website und Mitgliedspässen voran. Bald gibt es Mitgliederlisten sowie eigenes Merchandise, und auch seinen Bass ziert schon bald das Emblem dieser speziellen Vereinigung. Nach dem Ausklang von Rock am Ring fährt die Band weiter in ein Hotel nach Frankfurt, wobei auf der Fahrt die Feier mit reichlich Alkohol weitergeht. Am nächsten Tag ist Rodrigo ziemlich im Arsch, als Farin und Bela an seiner Hotelzimmertür klopfen. Sie wollen den noch nicht ganz nüchternen Rod abholen, weil auf ihn noch eine spezielle Überraschung wartet. Die beiden führen ihn die Gänge des Hotels entlang in einen dunkeln Tagungsraum. Als Rodrigo gerade fragen will, was das werden soll, bekommt er gewaltig den Marsch geblasen: Das Licht geht an, und ein Blasorchester beginnt das Lied von Einigkeit und Recht und Freiheit zu spielen. Während Rodrigo nun noch mehr der Schädel brummt, kriegen Bela und Farin sich nicht mehr ein vor Lachen. Der Grund für diese Überraschung ist, dass Rodrigo seit einigen Wochen offiziell deutscher Staatsbürger ist. Auch wenn er noch reichlich verkatert ist, muss Rod doch sehr über diese Einlage schmunzeln. Er muss wohl denken, seine Bandkollegen haben sie nicht mehr alle.

Die letzte gemeinsame Show mit KISS findet auf der Hamburger Trabrennbahn statt. Vor allem Bela und Rod wollen dieses Erlebnis noch mal richtig genießen. Leider steht das Konzert der Glam-Rocker nicht unter einem besonders guten Stern, denn die Veranstalter haben beim Aufbau der Bühne nicht bedacht, dass die Sonne hinter der Bühne untergeht und das Publikum dementsprechend geblendet wird. So verpufft ein Großteil der Pyro-Effekte von KISS. Die sind schließlich so genervt davon, dass sie direkt nach dem Konzert noch in Bühnenklamotten in ihre Limos steigen und abhauen. So können sich Bela und Rod zwar nicht gebührend von ihren verabschieden, doch das hält die *Bad Boys of Die Ärzte*[29] nicht davon ab, noch ordentlich zu feiern. Den Morgen danach behält Bela wohl für immer in seinem Gedächtnis.

Bela B: »*Wir waren im Radisson am Dammtor eingebucht. Am nächsten Morgen musste ich pinkeln und habe mich noch sehr benommen und verkatert zur Toilette geschleppt. Ich öffnete die Tür, von der ich dachte, dass sie zum Badezimmer führte, und schloss sie hinter mir. Als auf einmal die Tür des Aufzugs aufging, merkte ich, dass ich auf dem Hotelflur und nicht im Badezimmer gelandet war, und noch viel schlimmer: Ich war komplett nackt. Dementsprechend haben sich die Leute im Aufzug erschrocken, als ich da so vor ihnen stand. Ich habe dann wie wild an die Tür von meinem Zimmer geklopft, in der Hoffnung, meine Freundin würde mir öffnen, doch niemand machte auf. Da sie Stewardess war, nahm ich an, dass sie schon losgeflogen ist. In meiner Not klopfte ich an der nächsten Zimmertür, um von dort aus die Rezeption anzurufen. Eine ältere Frau machte auch auf, doch anstatt mich reinzulassen, schrie sie nur ganz hysterisch:* ›*Gehen Sie weg! Gehen Sie weg!*‹ *und schlug die Tür zu. Draußen ging derweil wieder der Fahrstuhl mit Gästen auf – es war der Horror. Gott sei Dank haben mich dann zwei Typen in ihr Zimmer gelassen, die auch auf dem KISS-Konzert waren. Sie haben mir ein Handtuch besorgt, und ich konnte von ihrem Zimmer aus mit der Rezeption telefonieren. Als der Typ von der Rezeption mich fragte, ob ich mich ausweisen könne, schrie ich nur:* ›*Ich bin nackt!*‹ *Irgendwann kam jemand vom Haus und ließ mich wieder in mein Zimmer. Dort lag meine Freundin im tiefsten Koma, und ich war ziemlich sauer.*«

Dem arg verkaterten Bela steht jedoch im gleichen Hotel noch weiteres Unheil bevor. Mit Rod hat er ausgemacht, dass dieser einen Mietwagen holt, damit beide zurück nach Berlin fahren können. Als Bela am Morgen mit Rod telefoniert, richtet dieser ihm aus, dass Bela schon mal in aller Ruhe auschecken könne, er sei in ungefähr einer halben Stunde mit dem Mietwagen da. Bela ahnt nicht, dass aus dieser »ungefähren halben Stunde« eine gefühlte Ewigkeit wird.

Bela B: »*Ich saß völlig verkatert mit Sonnenbrille in der Hotellobby und wartete auf Rod. Mir gegenüber stand eine Großfamilie, die scheinbar auf ein Großraumtaxi wartete. Sie schauten ständig zu mir herüber und meinten, mich zu erkennen. Irgendwann sprachen sie mich an und fragten mich, ob ich nicht von den Fantastischen Vier sei. Ich verneinte. Sie ließen aber nicht locker und überlegten, wer ich denn nun sein möge. Rod verspätete sich derweil immer mehr, und* *die Familie rätselte munter weiter. Das ging von Westernhagen über Oli P. bis hin zu Lindenberg, doch ich war nicht bereit, ihnen meinen Namen zu nennen. Erst nach einer Stunde kam Rod, um mich zu erlösen. Er hatte sich noch mit seinem Freund und Gitarrenbauer Thomas Harm getroffen und verquatscht.«*

Im Sommer gibt es für die Band die Gelegenheit, sich einmal bei den Fantastischen Vier zu revanchieren, denn diese haben nicht nur eine Interpretation von *Madonnas Dickdarm* für das *Götter-DÄmmerung*-Album beigesteuert, sondern Die Ärzte auch auf der zurückliegenden Clubtour in Stuttgart besucht. Dort erschienen die Fanta 4 zur Zugabe auf der Bühne und spielten mit Die Ärzte einen Bastard[30] aus deren Hit *Was geht?* und *Zu spät*. Nun tun Die Ärzte also den Fanta 4 einen Gefallen – genau genommen Thomas D. Mit ihm zusammen erarbeiten sie den Song *Sie hacken auf mir rum* für dessen erstes Soloalbum. Die Fantastischen Vier sind schon zu Teenie-Zeiten große Die Ärzte-Fans gewesen. Bereits 1994 füllten beide Bands den Titel der Zeitschrift *Musikexpress* und sprachen dort über Gemeinsamkeiten und Unterschiede. Die Ärzte und die Fantas freundeten sich daraufhin weiter an, und nun gibt es auch eine musikalische Zusammenarbeit. Während Thomas D den Text für den Song vorgibt, lässt er den Die Ärzte bei dem Arrangement und den Chören ziemlich freie Hand. Die gemeinsamen Aufnahmen finden im Hamburger M.O.B. Studio statt und werden unter anderem von Thomas Ds Bandkollege Smudo überwacht.

Farin Urlaub: *»Ich bin nicht so superglücklich über das, was dabei herausgekommen ist, weil ich mir eine andere Musik vorgestellt hatte. Das Problem war, dass ich vergessen hatte, dass Thomas zum Rappen eine bestimmte Geschwindigkeit braucht. Wir haben die Musik viel langsamer gemacht, als ich sie eigentlich einmal im Kopf hatte. Dadurch klingt es nicht mehr so gut und passt auch nicht mehr so gut zum Text. Ich bin aber darüber glücklich, dass wir es gemacht haben. Es ist echt klasse, dass er uns gefragt hat.«*[31]

Bela nutzt indes die Bandpause für einen Abstecher ins Filmgeschäft. Zusammen mit dem ehemaligen Die Ärzte-Produzenten Micki Meuser kümmert er sich um den Soundtrack für den Film *Obsession* mit Daniel Craig und Heike Makatsch in den Hauptrollen. Bela ist schon seit einiger Zeit mit Heike Makatsch befreundet und findet die Arbeit an einem Soundtrack sehr reizvoll. Nachdem sich die Makatsch für ihre Gesangsdarbietung in dem Film *Männerpension* noch schlimmste Kritik anhören musste – obwohl ihre Version von *Stand By Your Man* ein Top-Ten-Hit war –, will sie eigentlich nicht wieder öffentlich singen. Bela und Micki Meuser gelingt es aber, sie umzustimmen, und so entsteht das Duo Heike & Dirk. Zusammen singen sie das Titelstück des Films *This Girl Was Made for Loving* sowie auch *Come with Me*, eine englische Version der bereits auf *Planet Punk* enthaltenen Punkrock-Ballade *Geh mit mir*. Nachdem Bela den Song schon auf *Planet Punk* mit einer Schauspielerin eingesungen hat – dort in Person von Jasmin Tabatabai –, ist die Makatsch nun die zweite Aktrice, die mit ihm den Song singt. Darüber hinaus steuert Bela noch zwei weitere Songs zum Film bei. Die Arbeiten an dem Soundtrack machen Bela sehr viel Spaß, nur leider wird der Film kein sonderlich großer Erfolg. Immerhin hält er für die beiden Hauptdarsteller ein Happy-End bereit, denn zwischen dem späteren James-Bond-Darsteller Daniel Craig und Heike Makatsch funkt es gewaltig.

Micki Meuser: »*Heike, Daniel, Bela und ich saßen eines Abends in einem italienischen Restaurant, das neben dem Preussenton-Studio lag. Da hat es spürbar geknistert zwischen Heike und Daniel. Am nächsten Tag stand aber in der Zeitung, dass es zwischen Heike und Bela gefunkt hätte. Das hat uns sehr amüsiert. Nach dem Essen sind wir zu später Stunde noch einmal in das Studio gegangen, um ein paar Aufnahmen für den Soundtrack anzuhören. Im Aufnahmeraum war das Gesangsmikro noch aufgebaut, und Daniel wollte unbedingt This Girl Was Made for Loving singen. Ich habe dann mehrere Takes mit ihm aufgenommen, die heute kleine Schätzchen sind. Heike und Daniel waren nach den Dreharbeiten dann mehrere Jahre lang ein Paar.*«

Nachdem Die Ärzte mit der Gründung ihres eigenen Labels und dem Vertriebsdeal mit der PolyGram die Weichen für eine erfolgreiche Zukunft gestellt haben, beschließt die Band, Anfang 1998 mit den Aufnahmen für ein neues Album zu beginnen. Noch Ende 1997 treffen sie sich, um die ersten Demos und Ideen zu sichten. Farin schlägt vor, gemeinsam eine kleine Weltreise zu unternehmen, die sie für jeweils drei Nächte nach Tokio, New York und London führen soll. Dies soll das Vergnügen vor der eigentlichen Arbeit werden, denn unmittelbar danach sind die Studioarbeiten für das neue Album angesetzt. Da Farin sich nicht sicher ist, ob Bela und Rod seinen Vorschlag gut finden, hat er die Idee, noch Olaf Heine mitzunehmen. Dieser soll sich an ihre Fersen heften und Fotos machen, die sie für das spätere Album-Artwork und die Presse verwenden wollen. Auf diese Weise können sie sich die lästigen Fotoshootings sparen, die ihnen schon oft Nerven und wertvolle Studiozeit geraubt haben. Bela und Rod finden Farins Idee gut, und so bricht die Band kurz vor Weihnachten zusammen mit Olaf Heine auf ihre kleine Reise um den Erdball auf.

Olaf Heine: »*Bevor sie ins Studio gingen, wollten sie diese Reise machen – wahrscheinlich um sich wieder aneinander zu gewöhnen. Ich fühlte mich sehr geehrt, dass ich sie dabei begleiten durfte. Wir sind dann einfach rumgelaufen, haben uns dann spezielle Orte wie Shibuya in Tokio oder den Washington Square Park in New York angeschaut, haben Fotos gemacht, gut gegessen, gut getrunken und gefeiert. Tokio war schon sehr strange, in New York haben wir am meisten gefeiert, und in London waren wir dann irgendwann so durch, dass wir kaum noch etwas gemacht haben. Es war eine sehr intensive Zeit. Ich erinnere mich noch daran, dass sie sich auf den Flügen gegenseitig ihre Demos für die neue Platte vorgespielt haben. Als ich Farins Tape von Bela bekam, sagte der zu mir, dass da ein echter Hit drauf sei. Ich, musikalisch Nichtwissender, habe aber nichts Besonderes herausgehört. Die Demo-Version von Männer sind Schweine war mir jedenfalls nicht besonders aufgefallen.*«

Bela B: »*Wir wollten die ganze Zeit feiern, so die Losung von Farin! In Tokio haben wir zuerst einmal gut gegessen und dann eine Reisebekanntschaft von Farin in ihrer winzigen Wohnung besucht, wo sie uns bewirtet hat. Wir mussten aufpassen, was wir sagen, denn auf Reisen hatte er sich ihr gegenüber als Messebauer ausgegeben, weil er nicht mit seinem Ruhm in Germany angeben wollte. Später waren wir Karaoke singen, wo uns Rod alle in die Tasche steckte, als er eine KISS-Playlist entdeckt hatte. Am 24. Dezember erreichten wir New York. Wir gingen erst mal einen Kaffee trinken, als Farin und Rod sich schnell abseilten, weil sie Jetlag hatten. So irrte ich mit Olaf herum und landete schließlich auf einem Geheimkonzert von Ronnie*

Spector, der Girlgroup-Ikone und ehemaligen Frau von Phil Spector. Die nächsten Tage hingen wir mit einem coolen Typen namens We Can rum und hatten eine irre Zeit. In London war dann absolut tote Hose, weil um diese Zeit dort wirklich nichts passiert, außer dass es das Startwochenende des Spice Girls-*Film war, den wir uns dann notgedrungen anschauten. Ich gab danach nicht auf, aber es war nichts los in der City. So gingen Rod und ich um Mitternacht noch in eine Wiederholung von* Der Exorzist. *Farin wiederum stand mit Olaf megafrüh auf, um morgens Fotos auf Londons leeren Straßen zu machen. Insgesamt war das wohl unsere beste Fotosession jemals.«*

Diese Tage Ende Dezember sind für Die Ärzte der Anfang einer weiteren gemeinsamen Reise, die sie nicht nur auf neue/ungeahnte Höhen bringen, sondern auch auf harte Proben stellen wird. Aber immer schön der Reihe nach.

16. KÄPITEL

Ein Hit ist ein Hit ist ein Hit

»*Kommst du aus Hamburg oder aus Berlin?*
Kommst du aus Zürich oder kommst du aus Wien?
Kommst du aus Bielefeld, aus Dresden, aus Heilbronn?
Egal, irgendwie haben wir dein Herz gewonnen.«
(Die Ärzte – *Ein Lied für dich*)

Die Band und ihr Umfeld wissen, dass 1998 ein entscheidendes Jahr werden wird, denn erstmals werden Die Ärzte ihre neue Platte auf ihrem eigenen Label veröffentlichen. Sie wissen, dass sie zum Erfolg verdammt sind, denn ein Flop würde das Thema »Eigene Plattenfirma« ganz schnell beenden. Deswegen will man nichts dem Zufall überlassen. Schon mal beruhigend ist die Tatsache, dass die Band so viele Songs wie nie zuvor für ein Album geschrieben hat. Es sind so viele, so gute Songs dabei, dass sogar kurz erwogen wird, ein Doppelalbum zu veröffentlichen. Farin hat aber Bedenken und schlägt vor, sich lieber nur auf die Perlen zu konzentrieren und einfach das beste Album von Die Ärzte abzuliefern. Eine dieser Perlen ist eine Nummer von ihm selbst: *Männer sind Schweine*. Als Bela und Rod das Demo des Songs zum ersten Mal hören, stimmen sie darin überein, dass sie gerade ihre neue Single gehört haben. Der Song hat enormes Hitpotenzial. Sein Text brennt sich förmlich ins Gehirn ein, und der Motown-Rhythmus passt perfekt dazu.

Farin Urlaub: »*Ich war tagelang in Botswana und Sambia im Regen auf dem Motorrad unterwegs; aus einem anfänglichen Mantra über die Sonne wurde nach und nach der jetzige Song. Der Motown-Sound kam gleich mit der Melodie. Ich war mir so sicher, dass es das Lied schon geben müsste. Ich hab das Demo etwa 20 Leuten vorgespielt, um sie zu fragen, ob sie die Melodie nicht irgendwoher kennen.*«

Bela B: »*Wir haben Farin sehr direkt gesagt, dass wir den Hit diesmal nicht für die zweite Single aufheben wollen, und er war tatsächlich etwas erstaunt, dass wir uns das offensichtlichste Lied für die erste Auskopplung wünschten. Ich sagte ihm, dass das unsere erste*

Platinsingle werden würde, was damals noch 500.000 Stück bedeutet hat. Er belächelte mich, sagte ›Jaja‹, und wir hatten unseren Einheitsbeschluss. Wir ahnten nicht, dass unsere Vorstellungen noch um einiges übertroffen werden würden.«

Farin Urlaub: »*Ich saß irgendwann vor den Aufnahmen bei Axel im Auto, und wir hörten uns meine fertigen Demos an. Nachdem er* Männer sind Schweine *gehört hatte, wollte er das Lied sofort noch mal hören, drückte dann auf Pause und meinte ganz trocken: ›Ich tausche meinen gesamten Managementanteil an dem neuen Album gegen die GEMA-Einnahmen von diesem Lied!‹ Das war so seine Art, mir mitzuteilen, dass er den Song für einigermaßen Single-tauglich hielt.«*

Genauso schnell, wie die Single feststeht, ist man sich auch darüber einig, dass die neue Platte den Titel *13* tragen soll. Ausgerechnet Bela, der zu Vinyl-Zeiten immer sehr darauf bedacht war, dass eine Die Ärzte-Platte 13 Stücke enthält, findet den Titel zunächst etwas platt. Als Farin ihm aber schließlich erklärt, dass das Album deswegen *13* heißen muss, weil es im Grunde genommen ihr 14. Album wird, lenkt er ein.

Bela B: »*Das war wieder typisch wir.*«

Für die Aufnahmen zu *13* muss sich die Band ein neues Studio suchen. Das geliebte Preussenton-Studio gibt es nicht mehr, denn Uwe Hoffmann hat es inzwischen nach Spanien verschlagen. In Javea, unweit von Alicante gelegen, hat er sich das Casa Pepe Studio eingerichtet und genießt das schöne Wetter. Die Band überlegt kurzzeitig, ihm für die Aufnahmen dorthin zu folgen, doch Bela befürchtet, dass das entspannte Arbeiten sich negativ auf die Platte auswirken könnte. Er will das neue Album lieber in einer Großstadt aufnehmen. Berlin kommt jedoch nicht infrage, da Hoffmann ungern in einem Studio seiner ehemaligen Konkurrenten aufnehmen will. Da die Band vor Kurzem bereits mit Thomas D in Hamburg aufgenommen hat, fällt die Wahl auf die Stadt an der Elbe – eine Entscheidung, mit der alle Bandmitglieder prima leben können. Farin wohnt schon seit einiger Zeit vor den Toren Hamburgs in der Lüneburger Heide, und auch Bela hat es inzwischen in die Hansestadt verschlagen.

Bela B: »*Ich hatte irgendwann sehr viele Freunde in Hamburg und habe mich da wohlgefühlt. So bin ich 1997 dann da hingezogen. Nach* der Maueröffnung war Berlin für mich erst mal echt Stress, purer Stress. Es war die reinste Goldgräberstimmung, und jeder war auf der Suche nach seinem Claim. Irgendwann wurde es mir zu viel.«

Rod hat aufgrund seiner Vergangenheit sowieso noch viele Freunde und Bekannte in der Stadt. Zusammen mit Uwe Hoffmann klappert er mögliche Studios in Hamburg ab, aber so richtig überzeugen kann keines. Viele sind zwar technisch auf dem neuesten Stand, doch versprühen null Charme und Annehmlichkeit, was der Band aber mindestens genauso wichtig ist wie die technische Ausstattung. Hinzu kommt, dass es den meisten Studio-Besitzern beim Namen Die Ärzte direkt die Dollar-Zeichen ins Gesicht treibt und sie den großen Reibach wittern. Ganz zum Schluss landen Hoffmann und Rod an der Tür vom Gaga-Studio in Hamburg, das von Hans-Jürgen Steffen geleitet wird.

Hans-Jürgen Steffen: *»Hoffmann und Rod haben sich bei mir alles in Ruhe angesehen und waren sehr angetan. Sie haben sich besonders über meinen Mikrofon-Schrank gefreut, in dem ich diverse Mikrofone für die Aufnahmen lagere. Gegen Ende hin meinte Rod, dass ich davon ausgehen solle, dass sie hierherkommen. Solche Sätze hatte ich aber schon so oft gehört, dass ich da noch nichts groß drauf gegeben habe. Ich fand es aber cool, als Rod noch ergänzt hat, dass er das Finanzielle zwar noch abklären müsse, doch selbst wenn es daran scheitern sollte, würden sie trotzdem kommen. Kurz darauf hat mich dann der Betreiber eines anderen Hamburger Studios, bei dem Hoffmann und Rod auch gewesen waren, dazu beglückwünscht, dass Die Ärzte jetzt bei mir aufnehmen würden, da er soeben die Absage erhalten habe. Das hat mich dann natürlich sehr gefreut.«*

Uwe Hoffmann: *»Eigentlich war die Entscheidung für das Gaga-Studio schon nach dem Guten-Tag-Sagen mit Hans-Jürgen gefallen.«*

Rodrigo González: *»Das Studio hat einfach eine unglaublich warme Atmosphäre. Man konnte gar nicht anders, als sich wohlzufühlen und ein schönes Album aufzunehmen. Dazu kommt, dass Hans-Jürgen ein unglaublich guter Typ ist, der auch schon einiges erlebt hat und uns immer wieder mit zahlreichen Anekdoten aus seinem Leben erfreut hat.«*

Bela B: *»Das Gaga ist eines der schönsten Studios, die ich kenne, doch um es herum gibt es echt gar nichts. Wenn man aus dem Studio-*

fenster schaut, blickt man auf den größten Baumarkt Deutschlands. Das allein zeigt schon die Trostlosigkeit dieser Gegend.«

Um den sicher eintretenden Zeitdruck etwas zu lindern, nimmt die Band die Songs, die auf der Single erscheinen sollen, als Erstes auf. Darunter sind neben Männer sind Schweine die Songs *Du bist nicht mein Freund* – eine Nummer von Bela, in der er gemachte Erfahrungen verarbeitet – sowie *Ein Lächeln (für jeden Tag deines Lebens)* und *Saufen*. Die beiden letztgenannten Songs gehören sicherlich zu dem Kuriositätenkabinett der Band. Der Text von *Ein Lächeln (für jeden Tag deines Lebens)* besteht eigentlich nur daraus, dass die Bandmitglieder sich gegenseitig mit ihren Vornamen ansprechen. Dies klingt mal schmachtend, mal bewundernd, mal nachdenklich:

Bela! – Ja, Farin?
Ach, Bela! – Ja, Farin, ja!
(Darauf beide) Rod! – Ja, Farin und Bela.

Das Ganze zieht sich über vier Minuten und wird von sanften Pianoklängen untermalt. Mit *Saufen* feiert die Band eine Premiere, denn es ist das erste Trinklied, das Die Ärzte aufgenommen haben – wenn man das antialkoholische *Vollmilch* mal außen vorlässt. Natürlich ist dieses Lied nicht ganz ernst gemeint. Das wird besonders deutlich, wenn man sich vor Augen führt, dass der Antialkoholiker in der Band selbst dieses Stück verfasst hat und auch noch singt beziehungsweise gurgelt. Dass das Lied letztendlich so sehr nach den Toten Hosen klingt, ist ebenfalls durchaus beabsichtigt.

Campino: *»Hier treffen sie uns sehr gut. So gut haben sich Die Ärzte selten angehört. Ich würde den Song direkt übernehmen und wette, dass das Lied auch in Ärzte-Fankreisen gut ankommt.«*

Bela B: *»Die Idee, das Schlagzeug im Outro einsetzen und dann ausfaden zu lassen, finde ich immer noch großartig, und das Gurgelsolo von Farin ist ebenfalls einzigartig.«*

Farin Urlaub: *»Ich weiß bis heute nicht, welcher Teufel mich damals geritten hat, aber ich wollte ENDLICH die ultimative Sauflied-Parodie schreiben. Mir hätte schon gereicht, wenn die anderen nach dem ersten Demo-Vorspielen einmal laut gelacht hätten. Doch wir haben es dann tatsächlich aufgenommen und hatten unseren Spaß dabei.«*

Auch wenn man sich als Kollegen sehr schätzt und mag, so bleibt ein gewisses Maß an Konkurrenz zwischen Die Ärzte und den Toten Hosen immer bestehen, und das wird sich wohl auch so schnell nicht ändern. Dennoch gibt es Überlegungen, vielleicht mal eine Splitsingle zu veröffentlichen.

Rodrigo González: »*Die Idee stand schon einige Male im Raum. Für uns stellte sich aber nie ein passender Anlass dafür dar. Wenn es dazu gekommen wäre, hätte ich sehr dafür plädiert,* Liebesspieler *zu covern.*«

Bela B: »*Das Wort zum Sonntag – und ich will es singen, aber erst, wenn ich 60 bin.*«

Die Arbeit im Studio geht für alle Beteiligten ziemlich stressfrei und entspannt vonstatten. Erstmalig hat die Band auch einen Koch engagiert, der drei Mal in der Woche für sie arbeitet. Das ist auch nötig, denn Eidelstedt ist wahrlich kein Gourmet-Bezirk, und für Vegetarier gibt es hier in den meisten Läden wie zum Beispiel dem Schweinske (der Name sagt es eigentlich schon) ein müdes Lächeln als Hauptspeise.

Die meisten Songs für das neue Album sind schon sehr gut ausgearbeitet und vorbereitet, sie brauchen eigentlich nur noch veredelt zu werden. *Männer sind Schweine* ist dabei nicht der einzige Knaller, den die Band aufnimmt. Dass sie gerade heftig von der Muse geküsst werden, beweisen auch Songs vom Kaliber wie *Angeber*, *½ Lovesong*, *Ignorama*, *Rebell* oder *Ein Lied für dich*, die noch immer zum festen Live-Repertoire der Band zählen. Auch *Meine Freunde* wird sich recht schnell großer Beliebtheit erfreuen, vor allem in der Schwulen-Szene. Ende 1998 werden Die Ärzte das erste Mal in Harald Schmidts Late-Night-Show vorbeischauen, wo der Moderator das Lied gleich in den richtigen Kontext einordnet: »*Hier ist ein Song, da geht es, wenn ich das richtig verstehe, gegen Atomtransporte, Gorleben und so weiter. Er heißt* Meine Freunde. *Es geht um Freunde, die bedroht sind durch Umweltschmutz, durch Ozonloch ...*

Meine Freunde sind homosexuell.
Meine Freunde sind alle kriminell.
Sie ficken sich ganz einfach so,
gegenseitig in den Po.«[1]

Farin Urlaub: »*Die besten Freunde meiner Mutter waren schwul. Als Kind habe ich gesehen, wie die sich auf Partys geküsst haben, und was ein Kind sieht, das nimmt es zunächst als völlig normal wahr. So war es bei mir auch. Erst als ich älter wurde, habe ich mitbekommen, dass Homosexualität für manche Leute der Teufel ist. So kommt es zu Texten wie Meine Freunde, denn mir macht es Spaß, den Finger in solche überflüssigen Befindlichkeiten zu legen. Mir ist es auch egal, welche sexuellen Neigungen jemand hegt, es sei denn, es geht um Themen wie Pädophilie. Erlaubt ist, was Spaß macht.*«

Bela, Farin und Rod laufen auf der 13 definitiv zu Höchstform auf. Was jeder für sich zu Hause zunächst im stillen Kämmerlein erarbeitet hat, verschmilzt bei den Studioaufnahmen wie selbstverständlich zu einem großen Ganzen. Nicht nur die Band hat einen neuen künstlerischen Gipfel erklommen, auch jedes einzelne Bandmitglied hat ein neues, bislang ungeahntes Level erreicht. Bela fügt mit Der Graf seiner Reihe der düsteren Vampir-Songs die wohl bisher eindringlichste Episode hinzu – ein Lied über einen Vampir, der sich in der heutigen Welt wie ein Anachronismus vorkommen muss.

Der Graf ist nicht das, was er mal war
Ja, der Graf wirkt heut seltsam und bizarr
Ja, der Graf lebt von Blutkonserven, Ratten und Getier
Ja, der Graf ist kein Punkrocker, er ist Vampir

Der Graf erschreckt schon längst keine Kinder mehr
Ja, der Graf fühlt sich nutzlos, alt und leer
Ja, der Graf weiß nichts vom Ozonloch und Kernenergie
Ja, der Graf ist Vergangenheit, Blut und Nostalgie

Bela ist es auch, der der unterschätzten Zunft der Schlagzeuger endlich ihre Hymne schenkt. In dem Country-Song Goldenes Handwerk schildert er die Dinge aus der Sicht des Mannes hinter der Schießbude und lässt dabei ein großes Sammelsurium an Vorurteilen und Sprüchen einfließen, die ihm im Laufe seines Lebens so untergekommen sind:

Ich trinke gern Spirituosen, gehör zu den Ahnungslosen
Double Platinum, für das bisschen Bumm-Bumm,
kommt 'ne Menge bei rum.

Farin, Rod und Hoffmann lieben den Song, der vor Selbstironie nur so strotzt. Für die Aufnahmen holt man den Pedal-Steel-Gitarristen der Country-Band Truck Stop, Knut Bewersdorff, ins Studio, der in voller Cowboy-Montur erscheint und eine wunderschöne Slide-Gitarre für den Song einspielt.

Bela B: »*Obwohl sie selbst einen super Slide-Gitarristen hatten, haben Truck Stop auf ihren eigenen Studioplatten immer jemanden aus den USA die Sachen einspielen lassen. Der Knut Bewersdorff war dann auch sehr überrascht, dass wir tatsächlich ihn für die Aufnahmen haben wollten. Ich verstand das nicht, denn er war saugut.*«

Auf Rods Wunsch hin baut Bewersdorff auch noch das Gitarrenlick vom Truck Stop-Hit *Take It Easy, altes Haus* mit ein. Rod selbst hat nicht viele Lieder geschrieben, ist dafür aber mehr an der Produktion beteiligt. Die wenigen Stücke, die er unterbringt, sind aber umso bemerkenswerter: zum einen die Ballade *½ Lovesong* sowie ein Stück namens *Lady*.

Rodrigo González: »*Ich hatte mir für die Platte vorgenommen, einen klassischen Achtzigerjahre-Popsong zu schreiben. Darin wollte ich vordergründig all das unterbringen, was für mich so richtig fies in den 1980ern war. Musikalisch drückt sich das in diesem Spandau Ballet-Schmalz und -Bombast aus, und textlich findet sich darin diese ganze koksgetriebene Miami Vice-Gigantomanie wieder mit Statussymbolen wie Rocher, Porsche, Pommery, Yacht, etc.. Damit es letztlich nicht zu scheiße klingt, habe ich versucht, so heulend wie Mark Hollis von Talk Talk zu singen. Von denen bin ich großer Fan, und ihre Hits wie* Such a Shame *oder* It's My Life *schwingen in* Lady *auch mit.*«

Der Textteil über die Bingo-Lady beruht auf einer wahren Geschichte. In ihrem jüngsten Tauchurlaub in Ägypten haben Bela und Rod eine aufdringliche Animateurin kennengelernt, die ein großes Auge auf Rod geworfen hatte und ihn dazu überreden wollte, zum Bingo-Abend mitzukommen. So nannten die beiden sie Bingo-Lady, und wahrscheinlich weiß die Gute bis heute nicht, dass sie Gegenstand eines Die Ärzte-Songs ist.

Zu den Malediven zieht's mich immer wieder hin,
zum Haus der Sonne und meiner Königin.
Rocher im Porsche, Pommery auf meiner Yacht.
Bingo-Lady, wer hätte das gedacht?

Als es um die Auswahl der Songs für die endgültige Titelliste der Platte geht, ist *Lady* ein Wackelkandidat. Produzent Hoffmann ist dagegen, und auch Farin ist nicht sonderlich angetan, Bela hingegen sehr dafür. Für Studiobesitzer Hans-Jürgen Steffen ist es sogar der beste Song auf dem Album.

Hans-Jürgen Steffen: »*Ich fand und finde den Song ehrlich gut und habe sogar mal meinem Freund Dieter Thomas Kuhn vorgeschlagen, ihn zu covern. Er meinte jedoch, dass er ihn nie so gut hinbekommen würde wie Die Ärzte, und hat es sein lassen.*«

Rodrigo González: »*Hoffmann hat das Demo davon irgendwann im Auto gehört und erzählte mir später, dass er fast gegen einen Baum gefahren wäre, als der Song kam. Wahrscheinlich ließ er vor Entsetzen das Lenkrad los.*«

Letztendlich wird der Song zum Hidden-Track, der jedoch nicht, wie gewöhnlich, ganz am Ende der Platte nach einer längeren Pause »versteckt« wird. Die Ärzte platzieren ihn gemeinerweise noch vor dem ersten Lied im Minus-Bereich der CD. Üblicherweise beginnt eine CD mit dem ersten Track, doch man kann auch einen ganzen Titel im sogenannten Pregap-Bereich unterbringen. Diesen erreicht man, wenn man vor dem ersten Track einer CD mit seinem Wiedergabegerät in den Minus-Bereich zurückspult.

Da kommt natürlich keiner so schnell drauf, und gemeinerweise können einige CD-Spieler dies auch gar nicht wiedergeben. Als Farin von diesem Verfahren hört, schlägt er vor, es genauso zu machen. Der erste Song auf *13* heißt übrigens *Punk ist ...* und beginnt mit ... Jazz! In dem Song rechnet Bela textlich wie musikalisch mit all den ewigen Unkenrufern ab, die ständig darüber parlieren müssen, ob dies oder jenes noch Punkrock ist, und immer wieder glauben machen wollen, dass nur wer 1977 wirklich dabei war, überhaupt erst mitreden kann. Die Ärzte finden solche Grundsatzdebatten seit jeher sehr ermüdend. Sie haben da ihre eigene Sicht der Dinge.

Du sagst, Punk ist ... politisch unbequem.
Du sagst, Punk ist ... mit deinem Geist gegen das System.
Du sagst, Punk ist ... Existenzialismus pur.
Verneinung von Werten und Struktur.

Ich sag dir: Mach dein Ding, steh dazu!
Heul nicht rum, wenn andere lachen!
Mach dein Ding, steh dazu!
Heul nicht rum, wenn andere lachen!
So wie ich!

Du sagst, Punk ist ... coole Klamotten, alles im Lack!
Du sagst, Punk ist ... ein guter Musikgeschmack.
Du sagst, Punk ist ... besoffen Lieder grölen am Tresen,
und nur 77 ist echt gewesen.

Bela B: »*Nach* Planet Punk *waren wir einhellig der Meinung, der Song wäre das beste Statement, speziell auch gegenüber den Hosen, die unseren Punkanspruch sehr infrage gestellt haben.*«

Punk ist ... wird zusammen mit Jazz-Studenten, die oft im Hamburger Birdland-Jazzclub auftraten, eingespielt. Eigentlich waren zunächst Götz Alsmann und seine Band als musikalische Begleiter vorgesehen, doch die Jazz-Version ist viel weiter weg von Die Ärzte als Alsmanns beschwingter Rumba, was letztlich den Ausschlag gibt, diese auf das Album zu nehmen. Bela blutet ein wenig das Herz, denn der eigentliche Song verliert sich fast völlig in der eigenwilligen Jazz-Version. Aber er und die beiden anderen belachen sich darüber, wie wohl die Fans den ersten Song des lang erwarteten neuen Albums aufnehmen würden: »Geil, die neue *Ärzte*-Platte ... Scheiße!« Die Version der Götz Alsmann Band bleibt jedoch nicht unter Verschluss, sondern wird später als B-Seite zugänglich gemacht.

Es sind aber nicht nur die puren Songs, die *13* so besonders und rund machen. Auch die vielen Samples tragen dazu bei, dass die Platte ein wahres Gesamtkunstwerk wird. Wie schon einst beim Album *Das ist nicht die ganze Wahrheit ...* sind auch hier fast alle Songs durch Samples miteinander verbunden. Anders als damals bilden jetzt viele dieser Soundschnipsel mit den Songs eine echte

Einheit. Bestes Beispiel sind das von Rod gestammelte »Acht-an-abl-ah« vor *Angeber*, das er später auf jedem Konzert als Einzähler für den Song benutzen wird, oder Bela Lugosis Worte »Listen to them, the children of the night. What music they make!« vor *Der Graf*. Besonders amüsant ist sicherlich das »Zünd den Knaller«-Sample vor *Männer sind Schweine*. Dies haben Farin und Bela aus einem alten Radiospot ausgegraben, den sie einst für Die Kleine Tierschau eingesprochen haben. Da klar ist, dass *Männer sind Schweine* die erste Single werden wird, macht sich die Band schon einmal darüber Gedanken, wie das Video dazu aussehen könnte. Bela, Rod und Regisseur Kai Sehr kommen schließlich auf die Idee, dass eine weibliche Ikone der Jetztzeit die Hauptrolle spielen sollte. Eine, die aber unbedingt zu sexy sein muss für den vermeintlich feministischen Text des Liedes – jemand wie Pamela Anderson, Jenny McCarthy oder Carmen Electra.

Rodrigo González: *»Nachdem wir zuvor unsere Platte unserem neuen Vertriebspartner Motor Music vorgespielt haben, sind wir noch in Hamburg ausgegangen und mit Kai auf einem Konzert im Mojo-Club gelandet. Dort standen Videospielkonsolen herum, auf denen man die neuesten Games antesten konnte – unter anderem auch* Tomb Raider. *Ich daddelte ein wenig herum und hatte dann die verrückte Idee, ein Video mit Lara Croft zu drehen.«*

Bela und Kai Sehr sind ebenfalls große Fans der gut gebauten Archäologin und spinnen Rods Idee weiter. Als sie Farin davon erzählen, findet der den Vorschlag auch toll, doch Axel Schulz ist weniger begeistert. Er hat große Bedenken wegen der Kosten und ist zudem skeptisch, ob die Videospielfirma Eidos Interactive, die Lara Croft erschaffen hat, diese überhaupt für so etwas freigibt. Ein Versuch ist es aber allemal wert, und zur allgemeinen Überraschung ist die Deutschlandzentrale von Eidos Interactive tatsächlich von der Idee sehr begeistert. Jedoch kann diese nicht allein entscheiden, denn das letzte Wort haben die Verantwortlichen am Hauptsitz in Japan. Die haben nur eine geringe Vorstellung davon, wie bekannt Die Ärzte im deutschsprachigen Raum sind, und so zieht sich der ganze Freigabeprozess in die Länge.

Axel Schulz: *»Die Marke Lara Croft wurde von denen gepflegt und geschützt wie ein eigenes Embryo. Eidos Deutschland hat sich redlich*

Mühe gegeben, den Japanern den hiesigen Stellenwert der Die Ärzte zu erklären.«

Nach einer langen Zitterpartie lassen sich die Japaner überzeugen, machen es vertraglich aber zur Bedingung, dass Die Ärzte Lara Croft nicht küssen dürfen und sie auch sonst keinen großen Schaden nimmt. Um Lara Croft in dem Video bestmöglich aussehen zu lassen, wird das Animationsteam von ProSieben unter der Leitung von Gert Zimmermann mit ins Boot geholt. Dies hat mit der Figur schon Erfahrung gesammelt und mit ihr als Moderatorin auch bereits einen Piloten für eine geplante Spiele-Sendung auf dem Sender abgedreht. Der Videodreh findet unter Anleitung von Kai Sehr schließlich im Münchner Kesselhaus statt. Sehr hat die Idee, die Band als brutale und coole Gangster auftreten zu lassen, die unter dem Einsatz von Schuss- und Kampfwaffen versuchen, Lara Croft den Garaus zu machen. Das Ganze soll in der Tradition von John-Woo- oder Quentin-Tarantino-Filmen stehen, und auf Wunsch der Band soll »viel geballert« werden. Um die Bewegungsabläufe und Licht- und Schatteneffekte von Lara Croft zu simulieren, fungiert die Tänzerin Uta Geyer als Double. Sie ist während des gesamten Drehs mit über 20 Sensoren und etlichen Kabeln bestückt, die jede ihrer Bewegungen über eine Software an die virtuelle Lara Croft am Rechner übertragen. Das Video stellt höchste Ansprüche an Mensch und Maschine, und vor allem die aufwendige Technik sorgt immer wieder für Komplikationen. Die Dreharbeiten sind mehr als anstrengend für alle Beteiligten.

Rodrigo González: *»So lustig, wie das Video anzuschauen ist, so anstrengend war es auch, es zu machen. Wir haben mit einem Riesenteam fast 48 Stunden durchgedreht. Irgendwann waren meine Augen von dem Gebläse und dem grellen Scheinwerferlicht so rot geworden, dass ich regelmäßig Tropfen bekam, um das zu verbergen. Das war echt die Hölle. Ich bin nach dem Dreh auch direkt krank geworden.«*

Bela B: *»Wir selbst waren zwei Tage am Set, aber die Crew hatte fünf Tage Drehzeit. Unser erster Drehtag begann um neun Uhr morgens und endete nach 18 Stunden. Am zweiten Tag waren es mehr als 23 Stunden, und Rod und ich sind dann direkt nach dem Dreh zum Münchener Flughafen gefahren. Jeder von uns hatte Stunts zu absolvieren, die er proben musste. Farin hantierte mit Nunchakus* herum, Rod wurde von Eisenstangen erschlagen, und ich sollte über Geländer springen und eine Rolle über eine Tonne machen, aus der just in dem Moment eine Feuerfontäne schießen sollte. Dafür sprang ich Dutzende Male über diverse Tonnen, musste dann aber noch fünf Stunden auf meinen Einsatz warten. Im Video erkennt man nur an den grün-schwarzen Haaren, dass ich es bin.«

Farin Urlaub: »Ich war total begeistert von dem Dreh, von der Action und dem unfassbaren Aufwand. Auch wenn ich mir nur schwer vorstellen konnte, dass die verkabelte, weiß gekleidete Uta sich hinterher in Lara Croft verwandeln würde. Leider habe ich das mit dem coolen Schießen so gar nicht hinbekommen, denn ich bin immer wieder zusammengezuckt ob der Lautstärke der Schreckschusspatronen. Dafür durfte ich morgens um zwei völlig übermüdet mit Nunchakus hantieren. Ich war froh, dass ich sie mir nicht vor den Kopf geknallt habe.«

Auch nach dem Abschluss der Dreharbeiten wartet noch eine Menge Arbeit auf die am Projekt beteiligten Leute, wenngleich die Band erst einmal erlöst ist. Der Einsatz der virtuellen Figur in die realen 35mm-Filmaufnahmen nimmt mehrere Wochen Zeit in Anspruch. Die Münchner SZM-Studios[2] werden mit dieser Herkulesaufgabe beauftragt, doch die Zeit rast ihnen davon.

Gert Zimmermann: »Wir haben wirklich am Limit gearbeitet, denn das Video hatte einen fixen Abgabetermin bei VIVA und MTV. Für uns und das Team von den SZM-Studios war das damals kein monetärer Erfolg. Doch wir wollten das unbedingt machen, denn so etwas hatte vorher keiner gemacht, und Die Ärzte sind auch einfach eine coole Band. Als das Video das erste Mal lief, hat fast ganz ProSieben es geschaut. Es hat uns im Nachgang viele Türen geöffnet, und wir haben etliche Preise damit gewonnen. Für alle, die an dem Projekt beteiligt waren, war es definitiv eine großartige Erfahrung.«

Kai Sehr: »MTV wollte der Band für den Clip unbedingt einen Award verleihen und sie vor ihren Karren spannen, doch die hat kategorisch abgelehnt. Als sie bei der Band nicht weiterkamen, haben sie es über mich versucht, doch auch ich habe ihre Bemühungen abgewehrt. Die Ärzte hätten laut MTV einfach nur kommen müssen, dann hätten sie schon den Award bekommen, aber sie hatten einfach keine Lust. Das war nie ihr Ding.«

Bela B: »*Beim ECHO wurde dann* Lords of the Boards *von den Guano Apes als bestes Video ausgezeichnet, was ein lächerliches Homevideo war, gedreht im Snowboard-Urlaub der Band. Beim VIVA Comet dann dasselbe. Über unser Video schrieb die Weltpresse, aber weil wir nicht da waren, bekam Sabrina Setlur den Preis. Eine Entscheidung, die vor Ort mit Buhrufen und Pfiffen quittiert wurde.*«

Für Eidos Interactive dürften die Handgreiflichkeiten gegenüber ihrer Lara Croft aber verschmerzbar sein, denn eine bessere Werbung als dieses Video können sie sich eigentlich nicht wünschen. Der Clip ist schlichtweg am Puls der Zeit und hat eine unglaublich gute Optik. Natürlich trägt Lara Croft einen Großteil dazu bei, doch auch die Band selbst kommt verdammt cool rüber. Kurz vor dem Dreh hat Bela seine Haare zu gleichen Teilen grün und schwarz gefärbt, während Farin seit langer Zeit wieder mal mit roten Haaren glänzt. Zusammen mit ihren Gangster-Outfits und Schusswaffen ergibt dies einen einmaligen Look. Im Verlauf der Dreharbeiten entstehen für Promozwecke noch viele weitere Fotos. Auch wenn der eigentliche Song bei all der Schießerei und Explosionen ziemlich in den Hintergrund tritt und eher wie ein Soundtrack wirkt, sind dessen Ohrwurm-Qualitäten nach wie vor unverkennbar.

Bela B: »*Wir waren uns mit Kai einig, dass der Song genug im Radio läuft, und haben uns – gegen den Rat der Plattenfirma und von Axel – dafür entschieden, alle Schuss- und Kampfgeräusche laut über die Musik zu legen, sodass der eigentliche Song zu einem Hintergrundgeräusch verkam. Es war mehr Film denn Video und in dieser Form auch absolut innovativ.*«

Fest steht aber auch, dass das Video zu *Männer sind Schweine* unglaublich teuer geworden ist. Es kostet ungefähr sechs Mal so viel wie vergleichbare Videos und ist nur dank tatkräftiger finanzieller Unterstützung von Eidos Interactive zu stemmen. Dafür ist es aber eben nicht mit anderen Videos vergleichbar. Durch dieses große Wagnis stehen Die Ärzte noch mehr unter Erfolgsdruck, denn so eine enorm hohe Summe muss erst einmal wieder erwirtschaftet werden. Entsprechend verantwortungsvoll handeln die Personen ihres Vertrauens.

Axel Schulz: »*Anfangs ging mir der Arsch ziemlich auf Grundeis, denn ich hatte die komplette Verantwortung: Für den Erfolg der*

Geschichte, für die Mitarbeiter und für ein großes Budget. Gott sei Dank hatte ich mit Anja Bruchschmidt, heute Marenbach, und Louis Spillmann erfahrene Kollegen, auf die 200 Prozent Verlass war. Als klar wurde, dass das funktioniert, sind mir eine gute Woche lang Steine vom Herzen gefallen. Ab dann hat es wirklich wahnsinnig Spaß gemacht, alles in einer Hand zu haben und faktisch alles machen zu können, was die Band sich ausdenkt.«

Anja Marenbach: »*Jede andere Plattenfirma hätte das hohe Budget für das Video schlichtweg abgelehnt. Die Ärzte waren aber nun ihre eigene Plattenfirma und konnten das selbst bestimmen. Das hat die Entscheidungen zwar herrlich vereinfacht, doch natürlich bedeutete das auch wesentlich mehr Verantwortung. Oft waren wir Mitarbeiter dann die Spaß- und Geldbremsen, aber der Erfolg hat der Band immer recht gegeben. Das Video mit Lara Croft war bahnbrechend.*«

Louis Spillmann: »*Für uns alle stand eine Menge auf dem Spiel. Wir wurden sehr genau beobachtet und konnten es uns gar nicht erlauben zu scheitern.*«

Spillmann lädt früh die wichtigsten Vertriebspartner der PolyGram zum Vorhören ein. Für ihn ist es sehr wichtig, dass die Band beim Vertrieb schwer angesagt ist, denn dort konkurrieren sie mit jeder Menge anderer Superstars, und wer in der Gunst der Vertriebler vorne liegt, dessen Verkaufschancen stehen nicht schlecht. Auch hier sind alle begeistert von *Männer sind Schweine*, und sie freuen sich vor allem darüber, dass das Lied von einer deutschen Band wie Die Ärzte kommt. Die Folge ist, dass der Vertrieb eine große Menge an Singles bei *Hot Action Records* bestellt, was schon einmal sehr beruhigend ist.

Rodrigo González: »*Ich hatte das Los gezogen, Louis auf die Vertriebstagung der PolyGram zu begleiten, denn es sollte auch einer von uns vor Ort sein. Als wir beide spätnachts auf die Bühne stiegen, brachen ein unglaubliches Gejohle und anhaltender Applaus aus, als sie Louis sahen. Die alten Vertriebshasen bekamen feuchte Augen, und Louis gab ihnen auch, was sie hören wollten:* ›*Das wird das beste Album des Jahrhunderts! (Vertrieb: Johl!) Ich will eure volle Power sehen! (Vertrieb: Johl!) We're the best, fuck the rest! (Vertrieb: Jaaa!) My way is the high way! (Vertrieb: Tosender Applaus und Gebrüll)*‹ *Danach war es denen auch egal, dass wir einen Pre-Mix von* Männer sind Schweine *über die dröhnenden Boxen abspielten, denn Louis hatte sie schon längst überzeugt. Spätestens da war mir klar, dass wir mit ihm den absolut besten Mann engagiert hatten!«*

Nachdem das Video zum ersten Mal im Musikfernsehen zu sehen ist, wird es von VIVA und MTV auch prompt auf höchste Rotation gesetzt. Gleiches widerfährt dem Song im Radio. Als *Ein Schwein namens Männer*[3], so der offizielle Name der Single-Veröffentlichung, schließlich am 6. April 1998 im Handel erscheint, wird schnell klar, dass es nur ein Ziel geben kann: die Spitze der Charts. Diese erklimmt die Single tatsächlich in der zweiten Chartswoche und behält die Pole Position für sage und schreibe acht Wochen.

Farin Urlaub: *»Ich saß kurz nach der Veröffentlichung in Berlin in einem Restaurant, und plötzlich lief der Song. Das hat mich sehr gefreut. Etwa eine halbe Stunde später lief er auf demselben Sender noch mal und dann später wieder – da habe ich Angst bekommen. Aber dass der Song so ein Monster werden würde, konnte keiner ahnen.«*

Uwe Hoffmann: *»Noch während der Produktion hatte Farin die Idee,* Männer sind Schweine *vielleicht besser gar nicht auf das Album zu nehmen. Eine Riesenidee! Ich habe ihm daraufhin vorgeschlagen, er solle am besten gleich Produktmanager bei der Sony werden, und damit gemeint, dass ich davon nichts halte.«*

Bela B: *»Vorher war Céline Dion mit ihrem* Titanic-*Song* My Heart Will Go On *ganze drei Monate die Nummer eins der Charts. Als wir sie dann endlich ablösten, fiel vielen Leuten ein Stein vom Herzen. Auf der Straße sank einmal ein Mann vor mir auf die Knie mit den Worten: ›Ich danke euch, dass Céline Dion nicht mehr ständig im Radio läuft.‹«*

Louis Spillmann: *»*Männer sind Schweine *war ein genialer Song. So einen Song kann man als Plattenfirma gar nicht versäbeln.«*

Auch in Österreich und der Schweiz klettert der Song auf die Spitzenposition. Der erste Nummer-eins-Hit in ihrer Karriere gibt der Band einen gewaltigen Schub. Man hat das Gefühl, dass ganz Deutschland den Song mitsingt, doch wohl nur die wenigsten verfolgen den Song aufmerksam bis ganz zum Ende. Dabei lohnt es sich einmal genauer hinzuhören, denn es werden brisante Zeilen vorgetragen: Um die Chöre zum Ende des Songs hin etwas abwechs-

2004 – 2007

e Ärzte tanzten am 20.06.2004 in Berliner Wuhlheide gemeinsam mit den Village People zu deren Song *YMCA*.
e Verkleidung der Band wurde von Tourmanagerin Patty Unwin aus der Not heraus geboren, denn die Band

Oben: Die Ärzte machen es sich während des Unplugged-Teils auf ihrer *Unrockstar*-Tour 2004 gemütlich. Unten: Die Ärzte rocken 2004 das Sziget-Festival und das Dresdner Elbufer. Man beachte im Bild rechts unten auch die vielen Leute auf der nahen Carolabrücke in Dresden.

ben: Rock ohne Grenzen: Konzertankündigung für das Konzert von Die Ärzte und Floripondio in Santiago de
hile am 6.11.2004. Darunter rechts: An der richtigen Schreibweise des Bandnamens sollen schon so manche
assisten und Clubbetreiber gescheitert sein. Unten: Der Hafen von Valparaíso, Chile. Im Hintergrund gut zu er-
ennen ist einer der unzähligen Ascensores (Aufzüge), die das Stadtbild prägen.

Die Ärzte live in Valparaíso, Chile – Rods Geburtsstadt, 07.11.2004.

Die Ärzte live in Santiago de Chile (09.11.2004). Das auf dem Plakat gewünschte Lied *Sex me, Baby* wurde leider nicht gespielt.

Oben: Man beachte den Höhenunterschied zwischen Bela und Farin und Rod. Dies war nötig geworden, weil au der Bühne des Clubs La Batuta nur sehr, sehr wenig Platz war und dort schon das Equipment der Hauptban Floripondio stand. Unten: Fan-Plakat beim Auftritt im argentinischen Cordoba (18.11.2004).

Oben: Die Ärzte beim Pilsen Rock Festival in Durazno, Uruguay (14.11.2004). Unten: Die Ärzte und La Vela Puerca im Estadio Obras Sanitarias, Argentinien (19.11.2004).

Ärzte statt Böller: Die Ärzte beim großen Silvester-Open-Air im Müngersdorfer Stadion (Köln, 31.12.2006).

ber 45.000 Zuschauer feierten mit Bela, Farin und Rod in das Jahr 2007.

Oben: Es war der erste große Auftritt nach langer Funkstille. Unten: Rod bricht mit seiner Gitarre sprichwörtli
die Herzen der stolzesten Frauen.

ie Ärzte stießen mit ihren Fans auf das neue Jahr an und verkündeten, dass sie den guten Vorsatz gefasst haben, 2007 ein neues Album aufzunehmen.

Oben: Die Ärzte fotografiert von Die Ärzte (Selbstauslöser macht's möglich). Unten: Zombieapokalypse im brandenburgischen Hennigsdorf während des Drehs zum *Junge* Video.

Die Ärzte bei Rock am Ring und Rock im Park 2007: Während Bela seinen Song *Der Graf* vorträgt, erhält er cha manten Besuch von einem Wesen, das den Text des Liedes nur allzu gut versteht.

ie ging das Lied noch mal? Ein Blick ins *Die Ärzte Songbook* lohnt sich immer wieder – auch wenn man gerade n Konzert vor mehreren zehntausend Menschen spielt.

Es wird eng hieß die 2007er Hallentournee. Warum der Name recht passend gewählt worden ist, zeigen diese Bild die Rod von der Bühne aus gemacht hat. Es war eng in Frankfurt (oben) und Hamburg (unten) – und nicht nur d

lungsreicher zu gestalten, werden Textstellen aus dem inzwischen indizierten Slime-Song *Wir wollen keine Bullenschweine* eingestreut. Diese sind zwar sehr leise beigemischt, aber dennoch deutlich zu verstehen. Arnim Teutoburg-Weiß von den Beatsteaks wird einige Jahre später ein schönes Erlebnis mit Bela dazu haben.

Arnim Teutoburg-Weiß: »*Das Slime-Zitat in dem Song ist ein kleiner Geniestreich aus Sicht der Ärzte. Ich weiß noch, wie ich nach einem Open-Air-Konzert neben Bela in Richtung Backstage laufe. Um uns herum sind Polizisten, die das Gelände bewachen. Plötzlich kommt einer auf Bela zu und fragt nach einem Foto mit ihm: ›Na klar doch.‹ Der Polizist fragt ihn dann, warum sie* Männer sind Schweine *nicht gespielt haben, doch Bela sagt nichts und grinst nur.*«

In einem Interview mit dem Musikmagazin *VISIONS* äußert sich Bela zu dem Slime-Zitat und dem Vorwurf, bewusst eine Indizierung provozieren zu wollen.

Bela B: »*Wahrscheinlich wird's auch wieder ein paar Schlaumeier geben, die dann meinen, dass wir es darauf angelegt hätten, aber das ist nicht wahr – dann hätten wir es weiter in den Vordergrund gestellt. Eine eindeutige Aufforderung findet in unserem Song ja nicht statt, es ist einfach ein Zitat. Auf der anderen Seite ist es natürlich auch spannend: Wird es jetzt indiziert oder nicht? Ich glaube aber nicht, dass die Bundesprüfstelle noch mal den Fehler macht und eine Ärzte-Platte indiziert.*«[4]

Vielleicht sollte man hierbei noch erwähnen, dass Die Ärzte schon seit ein paar Jahren *BGS* von den Buttocks auf ihren Konzerten spielen, dessen Text zwar nicht indiziert ist, in seiner Aussage aber den von *Wir wollen keine Bullenschweine* noch mal übertrifft (Zitat aus *BGS*: »Hängt die Bullen auf und röstet ihre Schwänze!«). Dem Erfolg von *Männer sind Schweine* tut das Slime-Zitat jedenfalls keinen Abbruch, im Gegenteil: Der Song verursacht ein nie zuvor gekanntes Medieninteresse um Die Ärzte. Die Band versucht, jedem noch so kleinen Wunsch nachzukommen, und droht dabei, den Bogen zu überspannen.

Rodrigo González: »*Wir wollten alles besonders gut machen und haben jedes Interview zusammen gemacht. Dadurch haben wir uns übernommen. Heute bin ich mir sicher, dass das Album auch ohne diesen Aufriss groß geworden wäre.*«

Die Ärzte können gar nicht alle Medienanfragen, die an sie herangetragen werden, bedienen. Manche wollen sie aber auch gar nicht bedienen. *Wetten, dass ..?* ist dabei mal wieder nur eines von vielen Formaten, die sich mit der Band schmücken wollen, doch Die Ärzte lehnen ab. Sie wollen in diesem Umfeld einfach nicht stattfinden.

Anja Marenbach: »*Natürlich fällt es schon schwer, einem solch bekannten TV-Format wie* Wetten, dass ..? *absagen zu müssen, doch die Band hat sich da ganz klar positioniert. Natürlich hat das die Redaktion nicht davon abgehalten, in den nächsten Jahren noch weitere Anfragen an uns zu richten, doch die Antwort war immer ein konsequentes NEIN. Die Band hat sich nie vor einen Karren spannen lassen.*«

Bela B: »*Ich bin schon stolz darauf, dass wir insgesamt drei Auftrittsangebote für* Wetten, dass..? *abgelehnt haben. Das haben außer uns nur die Abgefrästen Bremsbeläge*[5] *gemacht. Die Sendung hatte zu ihrer Hochzeit 17 Millionen Zuschauer. Es war für junge und besonders deutsche Acts schwer genug, da reinzukommen, und wenn, dann nur über eine Warteliste. Die Hosen haben es zwei Mal gemacht, aber nicht wirklich davon profitiert.*«

Während die meisten Medien die Band über den grünen Klee loben, agiert die *BRAVO* eher unter der Grasnarbe. Sie will am sauberen Image der Band kratzen und veröffentlicht über mehrere Wochen hinweg hanebüchene Storys über die Band und speziell über Farin. Es stört sie offenbar sehr, dass Die Ärzte so wenig Privates über sich preisgeben, und so will sie wohl etwas nachhelfen. Doch sowohl Farin, Bela, als auch Rod schotten ihr Privatleben ab. Sie gehören nicht zu der Sorte Prominenter, die ihr Privatleben öffentlich vor sich hertragen müssen. Sie machen dieses Spiel ganz bewusst nicht mit, und so weiß man auch recht wenig Privates über die drei. Die *BRAVO* bohrt jedoch weiter.

Bela B: »*Wir machten immer weniger Termine mit der BRAVO. Uns gingen die Interviews und die Fotosessions, die immer gleich abliefen, langsam auf die Nerven. Einmal weigerte sich Farin dann offen gegenüber einem Redakteur, blöde Fragen zu seinem Privatleben zu beantworten, was das Fass zum Überlaufen brachte.*«

Als die *BRAVO* Farin sogar einen Paparazzo nach Hause schickt, der dort mit ihm ein Interview führen soll, wird die rote Linie endgültig überschritten. Als Farins Reaktion harsch ausfällt, was sicher nicht gut überlegt, aber allzu menschlich ist, will die *BRAVO* daraus einen großen Skandal machen. Sie beschreibt ihn als wilden Stier und total durchgeknallt und veröffentlicht nebenbei fleißig weitere Details aus dessen Privatleben. Die Sache beschäftigt daraufhin die Anwälte, und die *BRAVO* erreicht immerhin, dass Farin auf der neu eingerichteten Website der Band Gegendarstellungen liefert. Die *BRAVO* lässt sich davon aber offenbar nicht sonderlich beeindrucken und legt mit weiteren Geschmacklosigkeiten nach. Allerdings verfehlt sie ihr eigentliches Ziel, denn die Band setzt das Blatt fortan auf die schwarze Liste. Einst hat die Zeitschrift wohl wesentlich dazu beigetragen, dass Die Ärzte bekannter wurden, aber nun überschätzt die *BRAVO* ihre Wichtigkeit kolossal. Für die Band ist die Trennung eine Erleichterung, denn endlich sind die ätzenden Fotosessions und Interviews mit dem Blatt für sie passé.

Bela B: »*In unserer Anfangszeit gehörte das Spiel mit den Teenie-Medien zum Bild der Band. Jetzt, wo wir völlig unironisch Stars waren, war jede Erwähnung in der* BRAVO *eher weiteres Futter für unsere Kritiker.*«

Die breite Öffentlichkeit nimmt von der *BRAVO*-Affäre indes kaum Notiz, und so geht die Band unbeschadet aus dem Ganzen heraus. Es ist auch eine der wenigen negativen Begleiterscheinungen einer ansonsten überaus ruhmreichen Zeit. Als Folge des unglaublichen Erfolgs der Single erobert Anfang Juni auch das Album *13* die Spitze der Charts, zweifelsfrei der bisherige Höhepunkt in der Karriere der Die Ärzte und das auch noch auf ihrem neu gegründeten, eigenen Label. Sie haben es tatsächlich bis ganz nach oben geschafft und dies zu ihren eigenen Bedingungen. Entsprechend gelöst ist die Stimmung in Berlin. Rund um die Veröffentlichung von *13* herum spielen sie wieder eine kleine Clubtour, auf der sie ihren Fans schon einen Vorgeschmack auf die Songs vom neuen Album bieten. Dieses Mal nennt die Band sich schlicht Paul – nach ihrem bislang wohl größten Hit. Auf dieser kleinen Tournee gibt es eine Premiere, denn die Band reist erstmals mit ihrer neuen Tourmanagerin Patty Unwin. Diese ist der Band nicht ganz unbekannt, denn sie hat bereits in den 1980ern mit ihrer Firma Patty Trucking das Equipment der Band von A nach B transportiert. Dass sie die neue Tourmanagerin der Band wird, erfährt sie jedoch auf typisch »ärztigem« Wege.

Patty Unwin: »*Es gab in der Branche die Aussage: ›Bester Tourmanager der Welt gesucht‹. Die Bewerbung sollte an Axel Schulz, den Manager und Booker der Band, gehen. Ich hatte damals noch keinen Computer und schrieb darum meine Bewerbung mit Füllfederhalter. Das fiel wohl auf, und ich bekam eine Einladung zu einem Interview mit Axel in einem Hamburger Restaurant. Axel meinte: ›Du hörst von mir.‹ Kurz darauf bekam ich eine Einladung zu einem Treffen mit der Band im Gaga-Studio, wo die Jungs gerade am Aufnehmen waren. Ich habe mit jedem Einzelnen von ihnen gesprochen. Dabei ging es um viele verschiedene Sachen und eigentlich kaum um Fragen zum Job an sich. Danach hieß es wieder: ›Du hörst von uns.‹ Es vergingen dann einige Wochen, bis ich Rod zufällig abends in einem Hamburger Hotel traf, wo ich mit einer Band namens Cultured Pearls*[6] *übernachtet hatte. Ich kam aus dem Logo, Rod aus dem Studio, und nachdem wir uns begrüßt hatten, fragte er mich, ob ich schon die Nachricht bekommen hätte. ›Welche Nachricht?‹, fragte ich. ›Du bist adoptiert. Du hörst von uns.‹ Das mündete dann schließlich in Form einer Hinbestellung zur Abfahrt des Tourbusses zur* Paul-Tour. *Seitdem bin ich dabei.*«

Im August beginnt dann unter dem Titel *Attacke Royal* die offizielle große Tournee durch ganz Deutschland, Österreich und die Schweiz. Der Name der Tour stammt von Bela und geht auf ein Missverständnis zurück. Bei einem seiner Besuche im Büro von Axel Schulz fällt ihm eine Packung Zigarren ins Auge, auf der er *Attacke Royal* liest. Er hält dies für ein super Tourmotto und sieht erst später, dass die Zigarren eigentlich *Attache Royal* heißen. Der Tourstart findet nach inzwischen lieb gewonnener Tradition wieder in der Weltstadt Unna statt.

Axel Schulz: »*Die kleine, aber feine Stadthalle in Unna wurde von uns öfter mal zum Tourstart ausgewählt, weil es dort verschiedene* ›Bonbons‹ *gab:*
1) *Der Hausmeister der Halle war mit Gold nicht aufzuwiegen. Seine Motti:* ›Kann isch eusch helfen?‹ *und:* ›Jeht nisch jibs nisch‹. *Ich hätte ihn hier liebend gerne namentlich erwähnt, alleine: Ich erinnere seinen Namen nicht mehr.*

2) *Unsere Ton- und Lichtfirma Satis&Fy hatte damals schon ihr Lager unweit von Unna. Da konnten schnell noch mal ein Kabel, zwei Scheinwerfer oder Ähnliches nachgeschickt werden, wenn etwas gefehlt hat.*
3) *Wir haben dort SEHR wenig Miete für die Aufbau- und Probentage zahlen müssen. In der Halle, beziehungsweise in Unna, hätte wohl sonst gar niemand gespielt, obwohl sie technisch gesehen damals wirklich gut war (noch ist?). Ich musste immer ziemlich auf die Kosten achten, da die Eintrittspreise auch damals auf ausdrücklichen Wunsch der Band sehr niedrig angesetzt waren.*
4) *Wir hatten dort (und im restlichen Ruhrpott) einen Runner[7] namens Festus: Eine wirkliche Seele von Mensch, der damals tatsächlich aus Überzeugung Religion studierte und heute Pfarrer ist! Weil wir immer so viel Spaß miteinander hatten, war Festus noch manchmal unser Runner, als er schon Pfarrer war ...«*

Bela B: »*Festus hatte aber auch einschlägige Erfahrungen, was Pornografie anging. Ich bat ihn, mir ein* Hustler*-Magazin mitzubringen, und er sagte gleich: ›Da geht nur der amerikanische, alle anderen sind schlecht. Ist schwer zu kriegen, aber ich weiß, wo es den hier gibt.‹«*

Nach der Generalprobe in Unna geht es für die Band nach draußen. Eigentlich ist eine Open-Air-Tournee im Sommer schon ganz gut aufgehoben, doch der 1998er Sommer verdient seinen Namen nicht, und sollte es wirklich einen Wettergott geben, so ist er garantiert kein Die Ärzte-Fan. Die Band und ihre Anhängerschaft jedenfalls müssen einiges aushalten.

Rodrigo González: »*In Stuttgart hat es während der Show angefangen zu hageln, in Kufstein geschneit, und in Hildesheim mussten wir unseren Auftritt vorziehen, damit das Publikum und wir noch ein unbeschadetes Konzert erleben können. Es war wirklich grausig.«*

Die Wetterlage in Hildesheim erfordert es, dass der Auftritt der Vorgruppe The Busters ausfallen muss. Diese gibt daraufhin für die Crew ein Spontankonzert im Catering-Zelt und wird zur Wiedergutmachung für die Konzerte in Mannheim und Saarbrücken auf der anschließenden Hallentournee verpflichtet. Farin freundet sich im Verlauf der Tour mit der Ska-Band an und wird ihr weiter verbunden bleiben. Die Die Ärzte-Show in Hildesheim fällt dann kürzer aus als geplant. Aus aktuellem Anlass verzichtet die Band zum Beispiel darauf, *Sommer, Palmen, Sonnenschein* zu spielen. Auf der Bühne hat Bela die ungünstigste Position inne. Direkt über ihm hat sich im Dach eine große Wasserkuhle gebildet, die sich während des Konzertes mehrere Male über dem an seinem Instrument gebundenen Schlagzeuger ergießt.

Bela B: »*Ich eitler Pfau hatte weniger Angst vor einem Stromschlag, sondern war eher angepisst, dass meine Haare ruiniert waren.*«

Auch im Amphitheater von Xanten bietet sich das gleiche Bild wie bei den vorangegangenen Open-Air-Shows: Es kübelt ohne Unterlass. Annette Röttgen vom Veranstalter concertteam nrw hat solche Wassermassen seitdem nie wieder erlebt.

Annette Röttgen: »*Das Publikum stand wirklich knietief im Wasser. Die Securitys hatten schon gar keine Lust mehr, die Leute aus der Menge rauszuziehen, denn jedes Mal bekamen sie dabei eine ordentliche Ladung Matsch und Wasser ab. Trotzdem haben die Leute gefeiert, als gäbe es kein Morgen mehr. Das hat mich sehr beeindruckt. Auch der Auf- und Abbau war mehr als schwierig, denn wir kamen mit den Gabelstaplern nicht mehr durch. Die ganze Kanalisation von Xanten war zusammengebrochen und sorgte dafür, dass das Wasser nicht mehr ablief, sondern immer weiter stieg. Wir befanden uns kurz vor dem Abbruch, denn ein paar Zentimeter hätten gereicht, um die Stromverteiler zum Absaufen zu bringen. Das bleibt für mich auf ewig unvergessen.*«

Bela B: »*Mir ist von dem Auftritt vor allem das Bild eines Security-Menschen im Gedächtnis geblieben, den ich von der Bühne aus wahrgenommen habe. Er stand inmitten des himmlischen Sturzbaches in einem Nordwester im Gegenlicht und beobachtete die Menge. Während des Gigs dachte ich, ich müsste das so malen und ›Der fliegende Holländer‹ nennen, denn so sah das für mich aus.*«

Bei Bela soll über die Jahre die Erkenntnis reifen, dass er, was das Wetter angeht, offenbar zu Höherem berufen scheint, denn überall, wo er auftaucht, regnet es in Strömen. Es ist die Geburtsstunde von Regengott Bela B – der allerdings von niemandem angebetet wird.

Bela B: »*Die Erkenntnis hat einige Zeit gedauert, dabei lag sie eigentlich auf der Hand. 1996 war ich eine Woche in Rom. Statt strahlendem Sonnenschein gab es eine Woche Dauerregen für mich. Im*

Jahr 2000 war ich dann für längere Zeit in Australien. Dort, wo es eigentlich so gut wie gar nicht regnet, ereigneten sich die schlimmsten Regenfälle seit 20 Jahren. Mit den Jahren habe ich dann aber den Nimbus verloren, und wir konnten auch mal wieder Open Air-Shows im Trockenen spielen.«

Mit solch einem Regengott in der Band kann man am Wetter nicht viel ausrichten, und so fügt sich die Band ihrem Schicksal. Viel wütender als das Wetter macht sie die ausgesprochen merkwürdige Tourneeplanung, die ihre Managerin Axel Schulz auf die Beine gestellt hat. Die Band muss stellenweise brachiale Wegstrecken auf sich nehmen, um von einem Konzertort zum anderen zu gelangen. Den Vogel schießt hier wohl die Strecke von Stuttgart nach Bergen auf Rügen ab – die beiden Städte liegen fast 1.000 Kilometer auseinander. Es geht durch sieben Bundesländer und über zehn Autobahnen. Mit jedem Kilometer, den die Band mehr zurücklegt, sinkt die Stimmung im Tourbus. Die vielen Staus, die aus den veranschlagten zehn Stunden eine 14-Stunden-Fahrt machen, tun ihr Übriges dazu.

Bela B: »Ich habe Rodrigo noch nie so wütend gesehen wie auf dieser Fahrt. Ich dachte, der platzt gleich. Als unsere Vorband Mad Sin angefangen hat zu spielen, waren wir immer noch unterwegs. Die haben netterweise eine ganze Stunde gespielt, um die Leute bei Laune zu halten.«

Patty Unwin: »Die Tourneen, die Axel gebucht hatte, wurden bei uns vieren die ›Dartboard-Touren‹ genannt. Wir witzelten, dass er die Karte des deutschsprachigen Europas auf ein Dartboard geklebt hatte und der Reihe nach mit Darts geworfen hat. So wie die Pfeile landeten, so wurde dann auch der Reihe nach gebucht. Nur so konnten wir uns das Zick-Zack-Routing erklären! Sorry, Axel.«

Allerdings haben es nicht nur die Routen in sich, auch bei den Unterkünften erlebt die Band so manche böse Überraschung. So entpuppt sich in Unna ein groß angekündigtes Sporthotel als Pension mit Kegelbahn.

Bela B: »Rod kam nach Besichtigung seines Zimmers sofort wieder an die Rezeption und fragte, wo der Fernseher auf dem Zimmer sei. Man antwortete ihm, dass die drei Leihgeräte schon von unserer Crew in Beschlag genommen wurden.«

In Lahnstein, wo Axel Die Ärzte für das Konzert auf der Loreley-Freilichtbühne untergebracht hat, senkt die Band bei Betreten der Lobby den Altersdurchschnitt um gefühlte 40 Jahre. Schlimmer als die vielen Senioren ist jedoch die Langeweile. Erinnerungen an Paderborn kommen hoch, denn weit und breit ist keine gescheite Ablenkung in Sicht, und das gleich für mehrere Tage. In seiner Verzweiflung verzieht sich der Partygott Bela B mit einem Buch unter dem Arm in den nahe gelegenen Wald und liest. Allein daran sieht man, wie schlimm es hier um die Band bestellt ist.

Bela B: »*Laaahnstein. Ein Musiker langweilt sich.*«[8]

Das Konzert in der altehrwürdigen Freilichtbühne bedeutet für die Band das Ende des dreitägigen Martyriums von Lahnstein und entschädigt für so manches. Auf Deutschlands wohl bekanntestem Felsen stimmt an diesem Sonntagabend einfach alles, und selbst Regengott Bela B kann nicht verhindern, dass strahlender Sonnenschein herrscht. Bei *Männer sind Schweine* sind The Busters, die zusammen mit den Chainsaw Hollies das Publikum einstimmen, mit ihren Bläsern wieder als Unterstützung mit den Die Ärzte auf der Bühne. Es ist eines der letzten Konzerte, auf denen der Song gespielt wird. Der ganze Bohei, der um das Lied veranstaltet wird, ist der Band nach all der Anfangseuphorie inzwischen sehr lästig geworden. Das Stück hat mittlerweile auch Leute erreicht, die die Band eigentlich nicht zwangsläufig mit ihrer Musik erreichen möchte, und wird mittlerweile auch von sämtlichen Coverbands, die die Stadtfeste des Landes bespielen, zum Besten gegeben. So ist das eben mit echten Hits. Für die Band ist solch ein Ausmaß jedoch Neuland. Sie sehen die Gefahr, dass sie nur noch auf diesen Song reduziert werden, und packen ihn recht schnell in die Mottenkiste, in der er lange ruhen wird.

Bela B: »*Schon nach kurzer Zeit kamen die Anfragen von Leuten, die den Song auf ihren Hit-Kompilationen haben wollten. Einem Sampler haben wir zugesagt, dann nicht mehr, wobei in solchen Fragen immer der Hauptautor, hier Farin, das letzte Wort bei uns hat. Die Macher der* Ballermann-Hits *ließen dann eine Coverband das Lied einspielen, weil der Song der Dauerbrenner auf Mallorca war, und auch auf dem Münchner Oktoberfest waren wir der Wiesn-Hit. Nach der anfänglichen Belustigung wurde uns unbehaglich zumute.*

Wir wollten nicht von jedem gemocht werden – definitiv nicht. Farin schlug schon bei den Proben vor, den Song einfach nicht zu spielen. Ich intervenierte, und wir versuchten es beim ersten Konzert, kamen uns aber schon dabei wie Huren vor. Wir haben ihn dann ein paar Mal mit den Bläsern der Busters gespielt. Eine Band, die sich ihrem aktuellen und dann noch größten Hit verweigert, hat es aber sicher auch noch nicht so oft gegeben.«

Farin Urlaub: *»Ich habe bis heute ein ambivalentes Verhältnis zu* Männer sind Schweine. *Zwar bin ich dankbar dafür, dass uns das Lied so viel Aufmerksamkeit und neue Fans beschert hat, und bin auch noch immer stolz auf diese schöne Strophenkadenz und die Arrangements von Bläsern, Geigen und Gesang im Refrain (jaja, eitler Komponist, schon klar). Aber auf der anderen Seite haben wir so viele bessere, innovativere, originellere und mutigere Lieder geschrieben, dass ich es gehasst habe, wenn man uns auf dieses eine reduziert hat.«*

Aber auch ohne *Männer sind Schweine* werden die Konzerte allabendlich zu einem Erlebnis. Die Band genießt den Hype, der um sie gemacht wird. Die vielen neuen Songs, die sie spielen, fühlen sich schon nach wenigen Konzerten so an, als würden sie ewig zum Programm gehören. Ein Höhepunkt auf den Konzerten ist das ungefähr viertelstündige Medley, das sie im zweiten Zugabenteil spielen. In dem Medley bringen sie Songs wie *Teenager Liebe*, *3-Tage-Bart*, *Radio brennt* oder *Bonnie & Clyde* von den Toten Hosen unter. Das Ganze steht in der Tradition des *Ärzte On 45*-Medleys[9], das sie 1986 auf der letzten Tour mit Sahnie gespielt haben. Mit dem Klassiker *Zu spät* enden die zumeist zwischen zweieinhalb und drei Stunden dauernden Konzerte.

Es läuft alles unverschämt gut für die Band. Die Ärzte sind zweifelsohne auf dem bisherigen Höhepunkt ihrer Karriere angelangt, und sie wissen, wem sie zu Dank verpflichtet sind. Ein großer Dank gilt beispielsweise ihrem Vertrieb, der maßgeblich dazu beigetragen hat, dass sowohl Single als auch Album ein großer Erfolg werden. Bald schon ergibt sich eine passende Gelegenheit, Danke zu sagen, denn die PolyGram hält in Leipzig ihre alljährliche Vertriebstagung ab. Deren Vertriebschef Hartmut Peine bittet Louis Spillmann, sich dafür etwas Besonderes einfallen zu lassen, und diesem kommt eine wahnwitzige Idee.

Louis Spillmann: »*Eines vorweg: Ich weiß nicht, was mich damals geritten hat. Wir hatten jedenfalls die Idee, dem Vertrieb, der wirklich hervorragende Arbeit geleistet hat, etwas Gutes zukommen zu lassen. Es sollte richtig pompös werden. Also suchten wir eine passende Location dafür, und irgendwer kam auf einmal auf das damals stillgelegte Zentralstadion. Das Stadion passte perfekt zu der Band – richtig groß, aber eben doch auch provinziell.*«

Die Idee besteht darin, die ahnungslose Vertriebsmannschaft der PolyGram vom Tagungszentrum mit Bussen abzuholen und mit ihnen in das leere Stadion zu fahren. Dort werden auf dem Rasen Zelte aufgebaut sein, in denen Axel Schulz und Die Ärzte auf sie warten, um ihnen als Dankeschön Urkunden mit an die DDR-Zeit angelehnten Ehrentiteln wie »Held der *Die Ärzte*« zu verleihen. Als die Busse in das in Flutlicht getränkte Stadion fahren und die circa 100 Personen das riesige Rund betreten, ertönt über die Lautsprecher die ihnen wohlbekannte Stimme von Louis Spillmann.

Louis Spillmann: »*Da spürte ich, wie sich Goebbels gefühlt haben muss. Das war eine unglaubliche Erfahrung für mich. Das Problem an der Geschichte war noch, dass die Kollegen von der Klassik-Abteilung auf der Tagung überzogen hatten und wir uns nur bis 22:30 Uhr im Stadion aufhalten durften. Es musste also leider alles sehr schnell gehen. Der ganze Aufwand, den wir betrieben haben, hat aber seine Wirkung nicht verfehlt.*«

Nachdem Spillmann seine kurze Ansprache gehalten hat, schenken Die Ärzte in Kellneruniformen den euphorisierten Vertrieblern noch Champagner ein und bedanken sich bei jedem Anwesenden. Danach geht es für die Band weiter auf Hallentournee. Man verfolgt inzwischen die Idee, im nächsten Jahr ein Live-Album zu veröffentlichen. Wenn man die Konzerte aus den 1980ern mit den heutigen vergleicht, ist dies auch längst überfällig, denn der Live-Sound der Band hat sich seit dem Einstieg von Rod komplett geändert. So werden auf der Tour die Konzerte in Mannheim, Saarbrücken und Siegen mitgeschnitten. Zusammen mit älteren Aufnahmen der zurückliegenden Jahre will man diese zu einem neuen Live-Testament zusammenkoppeln. Olaf Heine ist auch bei vielen Konzerten vertreten, um Fotos für das Artwork und Booklet des Albums zu schießen. Heine hat für die Band auch eine Titelstory mit der Zeitschrift *Max* eingefädelt. Die Band würde hier gerne das berühmte Nacktfoto aus der *Planet Punk*-Fotosession verwenden, das schon für die Eintrittskarten der aktuellen *Attacke Royal*-Tour verwendet worden ist – als Titelbild einer hochwertigen Zeitschrift wäre dies natürlich noch mal witziger. Auf den Eintrittskarten ist das Bild extra so lang gezogen worden, dass Farins und Belas primäre Geschlechtsmerkmale in den Abrissbereich der Tickets fallen. Somit kommt die Band endlich dem einst so inbrünstig vorgetragenen Schlachtruf der ihnen so feindlich gesinnten Frauenrechtlerinnen der Achtzigerjahre nach: Schwanz ab! Leider können nicht alle Fans die primären Geschlechtsorgane von Bela und Farin sehen, denn Veranstalter wie Annette Röttgen müssen diese das eine oder andere Mal unkenntlich machen.

Annette Röttgen: »*Einige Vorverkaufsstellen haben sich schlichtweg geweigert, die Tickets so anzunehmen, und so hat unser ganzes Büro die Schniedel von Bela und Farin mit Eddingstiften geschwärzt.*«

Wie die Vorverkaufsstellen bekommt aber auch die *Max*-Redaktion kalte Füße. Um einen Plan B in der Tasche zu haben, bittet sie Heine, noch ein paar andere Aufnahmen mit der Band zu machen. Dafür fährt der Fotograf im Sommer nach Ungarn, wo sich die Band für den Videodreh zu *Goldenes Handwerk* aufhält. Die Dreharbeiten zu der zweiten Single finden in der Puszta statt, und es ist unsagbar heiß. Die Handlung des Videos sieht vor, dass Bela, Farin und Rod nichts ahnend auf ihren Bonanza-Rädern durch die Gegend fahren, bis Bela bei einem Schlagloch sprichwörtlich seinen Kopf verliert, der dann über Umwege in einer Strip-Bar landet, um dort von Belas Rumpf wieder in Beschlag genommen zu werden. Die Dreharbeiten sind vor allem für Bela sehr anstrengend, denn er muss bei der Hitze meist mit einer orangenen Maske auf dem Kopf herumlaufen, die sein verloren gegangenes Haupt ersetzen soll.

Kai Sehr: »*Die Strip-Bar war übrigens echt. Nur hatte sie vor der Tür nicht diese Festmachösen für Pferdeleinen. Die Szene haben wir an einer anderen Bar aufgenommen. Ein Einheimischer erzählte mir, dass bei ihnen Trunkenheit zu Ross nicht unter Strafe steht und deswegen viele Gäste mit dem Pferd kommen.*«

Bei der Szene in der Strip-Bar ist im Hintergrund kaum sichtbar der bekannte Schauspieler Ben Becker zu sehen. Er dreht zur gleichen Zeit ebenfalls in Ungarn zusammen mit Joachim Król den Film *Ein Lied von Liebe und Tod* und trifft die Band am Flughafen. Als er erfährt, warum Die Ärzte sich in Ungarn aufhalten, wird es für Bela und Rod schwer, ihm einen Auftritt in dem Video zu verwehren. Jede andere Band würde ihn wohl mit einer tragenden Rolle betrauen, doch Die Ärzte und Regisseur Kai Sehr geben ihm eher die Nebenrolle einer Nebenrolle. So soll Becker nur einen der Bargäste mimen, die für ein paar Sekunden im Bild sein werden.

Bela B: »*Rod war mit ihm befreundet und lud ihn zum Set ein. Er kam mit Joachim Król, den ich besser kenne und der echter Die Ärzte-Fan ist. Während Joachim das Set aber schnell wieder verließ, weil ihm die vielen halb nackten Statistinnen unangenehm waren, blieb Becker einfach im Set als Statist sitzen. Pro Einstellung exte er ein Bier, und das bei circa 35 Grad im Schatten. Bei Drehende war er dann sternhagelvoll und musste gestützt werden.*«

Aufgrund des aufwendigen Kopf-ab-Effekts von Bela wird auch dieses Video auf hochwertigem 35mm-Film gedreht. In der sogenannten Post Production lässt Sehr das Material durch mehrere Filter jagen, bis es schließlich wie ein Super-8-Film wirkt. Die neue Optik geht aber nicht mit der Ästhetik von VIVA oder MTV konform, weshalb der Clip eher selten gezeigt wird. Zudem ist es auch das letzte Video, das Sehr mit der Band dreht.

Kai Sehr: »*Ich hatte den Eindruck, dass es das erste Video war, das nicht alle in der Band uneingeschränkt toll fanden. Bei den vorangegangenen Videos war das alles noch so ein Gemeinschaftsding, und hier hat es sich nach meinem Empfinden aufgesplittet. Wir sind aber nicht im Bösen auseinandergegangen. Ich glaube einfach, dass Künstler nach einer gewissen Zeit auch mal wieder neue Reize und Umgebungen brauchen, und unser langer und gemeinsamer Weg war mit dem Video einfach vorbei.*«

Die Single wird Ende August 1998 veröffentlicht, über vier Monate nach Erscheinen von *Männer sind Schweine*. Als Bonustrack für die physische Single hat die Band noch einen speziellen *Drummer-Mix* des Songs aufgenommen, der aus lauter musikalischen Gags besteht. Der auch auf der normalen Version zu hörende, absichtlich schlecht gespielte Drumbreak nach dem ersten Refrain wird hier noch einmal weiter »verfeinert«. Ferner ist während des gesamten

Songs ein Metronomklicken im Hintergrund zu hören, und alle anderen Spuren bis auf Belas Gesang und Schlagzeug sind extra leise geregelt. Das alles ergibt einen Mix, der schon fast unhörbar ist.

Nachdem die Band das Video zu *Goldenes Handwerk* in der Puszta abgedreht hat, trifft sie sich mit Olaf Heine in Budapest. Dieser hat drei Paar Lederchaps mitgebracht und die Idee, die Band untenrum nur damit bekleidet auf einem Boulevard der Hauptstadt abzulichten. Die Ärzte willigen ein und schlüpfen in die popofreie Beinbekleidung, die vor allem in der Schwulenszene sehr beliebt ist. Da Heine klar ist, dass er für die Fotoaufnahmen keine Genehmigung erhalten wird, wenn er offiziell anfragt, muss es sehr schnell und spontan gehen. So rennen Heine und die Band während einer Rotphase auf die Straße, um in Windeseile das Motiv zu schießen.

Farin Urlaub: »*Nach etwa drei Minuten kam die Polizei, und die Beamten waren stinksauer. Heutzutage wären wir sofort verhaftet worden, damals ließ man uns gehen – aber erst, nachdem wir versprochen hatten, uns wieder korrekt zu kleiden und von der Straße zu verschwinden. Glücklicherweise ist Olaf sehr schnell, wir hatten also das gewünschte Bild schon ›im Kasten‹.*«

Olaf Heine: »*Das Foto stand in der Tradition zu dem Nacktfoto. Da das Video zu* Goldenes Handwerk *Western-Atmosphäre versprühte, habe ich diese Lederchaps mitgenommen. In Budapest sind wir auf die meistbefahrene Straße gegangen und haben das Motiv geschossen. Ich weiß noch, wie ich zu einem der Jungs gesagt habe: ›Schau mal in die Kamera‹ und er daraufhin nur meinte: ›Schau du dich mal lieber um‹, denn hinter uns stand schon ein Polizeiauto. Einer der Leute von der Videocrew hat das dann aber mit der Polizei geklärt, und wir kamen ungeschoren davon.*«

Wohl auch wegen seiner ungewöhnlichen Entstehung zählt das Bild bis heute zu Heines Lieblingsaufnahmen von der Band. Die *Max* nimmt aber doch das Nacktbild für den Titel, setzt es in hochwertige Silberoptik und vermarktet die Ausgabe unter dem Slogan »Nackte Rockstars verkaufen Zeitschriften«. Nicht wenige Zeitschriftenhändler legen das Magazin daraufhin fälschlicherweise im Erotikbereich ihres Sortiments aus. Mit Heine dreht die Band im Herbst auch ein Video zu ½ *Lovesong*, der dritten Single aus *13*. Für ihn ist es erst der zweite Videodreh überhaupt, wovon beim Dreh selbst jedoch nichts zu spüren ist. Auch hier setzt sich die angenehme Arbeitsweise mit ihm fort. Heine zeigt die Band in schönen Schwarz-Weiß-Aufnahmen und lässt Rod all die Phasen durchspielen, die sich nach einer Trennung ergeben können. Besonders einprägsam ist ein ungewöhnlich langer Close-up auf ihn, bei dem es dem Zuschauer schwerfällt, Rods Blick standzuhalten.

Olaf Heine: »*Meine damalige Freundin hatte mich kurz nach der Weltreise mit der Band verlassen, und ich hatte monatelang furchtbaren Liebeskummer. Ich habe dann viel von dem, was ich damals gefühlt habe, in das Video gepackt und habe Rod all die Stadien durchleben lassen, die ich auch durchgemacht hatte. Ich kriege immer noch eine Gänsehaut, wenn ich den Song höre.*«

Ende November findet die bisher größte Tour der Band ihr Ende. Mit einer letzten Zusatzshow im Kölner E-Werk verabschiedet sich die Band für dieses Jahr von ihrem Publikum. Die Leute im Saal ahnen nicht, dass sie Zeuge des bisher wohl längsten Konzertes in der Geschichte von Die Ärzte werden. Was anfangs noch normal anfängt, artet irgendwann komplett aus. Bela und Rod schweifen ständig vom Programm ab. Farin nimmt diese Vorlagen gerne auf, und so gibt es viele selten gespielte Lieder wie *Paul, Lieber Tee* oder die B-Seite *Is ja irre* zu hören.

Bela B: »*Das war tatsächlich ganz spontan. Wem ein Song einfiel, der begann ihn, und die beiden anderen setzten ein.*«

In welchen Sphären die Band unterwegs ist, beweist die ellenlange Version von *Hey Huh (in Scheiben)*. Neben dem eigentlichen Lied zitiert die Band dabei aus *Sure Know Something* von KISS, *I Feel Love* von Donna Summer oder dem *Rockafeller Skank* von Fatboy Slim. Je später der Abend wird, umso mehr sinkt auch das Niveau der Band, das sich laut Rod während einer Tournee eh nur kurz zu Beginn vorstellt.

Rodrigo González: »*Wenn man auf Tour fährt, schmeißt man mit Betreten des Tourbusses erst einmal das Niveau über Bord, 22 Kilometer später die Moral, und dann ist man auf Tour.*«[10]

Dank nachhaltiger, alkoholreicher Versorgung durch ihre Roadies sind Bela und Rod ab der Zugabe ziemlich angetrunken, und als Bela *Tittenmaus* vorträgt und dabei ein Mädchen namens Sylvia erblickt, das auf den Schultern ihres Begleiters sitzt, lässt er fortan nichts unversucht, diese zum Lüften ihres T-Shirts zu bewegen. Vom schmachtenden »Bitte« bis zur Drohung, dass das Lied sonst nicht weitergehen würde, ist alles dabei. Sylvia lässt sich jedoch nicht erweichen, dafür aber andere weibliche Personen. Die Band schlägt daraufhin den Deal vor, dass es für jeden blank präsentierten Busen einen zusätzlichen Song zu hören gibt, und so kommt es zu dem ewig langen Konzert. Ein Fan, der damals im Publikum stand, erinnert sich noch gut an das Konzert.

Christian Dahms: *»Ich musste am nächsten Tag in der Schule eine Klassenarbeit schreiben, und die haben einfach nicht aufgehört zu spielen. Ich war total durch. Entsprechend habe ich die Prüfung am nächsten Tag in den Sand gesetzt, doch für dieses Konzerterlebnis hat es sich allemal gelohnt. Wenn ich das Konzert mit einem Wort beschreiben sollte, wäre es: Brüste.«*

Farin Urlaub: *»Wir haben nur aus Mitleid mit dem Publikum aufgehört. Ich habe irgendwann realisiert, dass wir ab etwa vier Stunden ü-ber-haupt nicht mehr witzig waren.«*

Nachdem auch dieses Konzert dann irgendwann mal sein Ende gefunden hat, sind Band und Crew auch froh, dass eine sehr schöne, aber auch sehr lange und anstrengende Tour zu Ende ist. Farin hat von dem Stress der vergangenen Wochen sogar schon Hautausschlag bekommen. Dank des Erfolges von *Männer sind Schweine* und *13* haben Die Ärzte im Laufe des Sommers und Herbstes vor so vielen Leuten wie nie zuvor gespielt. Gleichzeitig haben sie so viel Zeit wie nie zuvor miteinander verbracht. Ihre Belastbarkeit wurde in dem Jahr auf eine extrem harte Probe gestellt und ist am Ende überstrapaziert worden. Sie hassen sich nicht, doch Bela, Farin und Rod wollen mal wieder andere Leute als ihre Bandkollegen sehen. Sie brauchen dringend Abstand voneinander.

Rodrigo González: *»Wir fühlten uns wie ein altes Ehepaar. Wir waren unglaublich satt und haben gemerkt, dass wir zu viel gemacht haben. Das fing an mit der schier endlosen Promoreise zur* 13 *und ging auf der Tour nahtlos weiter. Wir konnten uns einfach nicht mehr sehen.«*

Farin Urlaub: *»So eine Promoreise ist die ersten drei Stunden echt spannend, dann kamen aber noch ein paar Wochen, wo es dann nicht* *mehr so spannend für uns war ... Dann kam der Strychnin-Gedanke auf: ›So, Rod, wenn du jetzt noch einmal sagst, das ist ein wichtiges Album für uns, dann haue ich dir richtig eins in die Fresse.‹«*[11]

Hot Action Records ist zu dieser Zeit bereits runtergefahren. Laut Plan arbeitet die Firma nur so lange, wie es auch ein aktuelles Produkt der Band gibt – eine Idee von Axel und Louis Spillmann, denn sie haben die Befürchtung, dass die eigene Plattenfirma die Band ansonsten womöglich zu sehr unter (Kosten-)Druck setzen würde. So ist die Band nun frei vom Druck, etwas veröffentlichen zu müssen, um womöglich ihre laufenden Kosten damit zu decken.

Louis Spillmann: *»Ich habe in meiner Karriere viele kleine Plattenfirmen den Bach runtergehen gesehen. Wenn deren Hauptacts mal nicht so viel verkauft hatten wie erwartet, sind diese oft an ihren eigenen Fixkosten kaputtgegangen. Dieses Schicksal wollte ich Hot Action Records ersparen. Der Vorteil einer fliegenden Firma liegt nämlich unter anderem darin, dass die Personal- und Bürokosten geringer werden. So konsequent hatte das in Deutschland vorher noch niemand gemacht.«*

Mit der vorübergehenden Stilllegung von Hot Action Records endet wie verabredet auch Spillmanns Engagement als Geschäftsführer und »Wise Präsident« der Firma. Axel Schulz misst ihm noch heute einen großen Anteil an dem Erfolg bei.

Axel Schulz: *»Louis' Job bestand darin, aufzupassen, dass die Kinder keinen Quatsch machen, und uns seinen reichlich vorhandenen Erfahrungsschatz zur Verfügung zu stellen! Das hat er perfekt gemacht und vor allem mir dabei die Sicherheit gegeben, dass da jemand ist, der mich warnt, wenn ich Gefahr laufe, Unsinn zu machen – was aufgrund meiner damaligen Unerfahrenheit in Sachen Label-Führung durchaus hätte passieren können. Der Mann war unbedingt wichtig und jeden Cent wert, den wir ihm gezahlt haben! Außerdem war es ein großer Spaß, mit ihm zu arbeiten und die herrlichen Geschichten aus seinem Leben zu erfahren!«*

In diese Zeit fällt auch die Entwicklung von *bademeister.com* – der Anlaufstelle im WWW für die Fans der besten Band der Welt. Schon früh erkennen Die Ärzte, dass ihnen das Internet eine hervorragende Plattform bietet, um mit den Fans aus aller Welt in Kontakt zu treten und entsprechende Informationen zu streuen.

Farin Urlaub: »*Ich war absurderweise das erste Mal in Afrika im Internet – und fand das sehr seltsam. Hauptantriebskraft für bademeister.com war Rod, der als Erster eine E-Mail-Adresse hatte, den ersten surffähigen Computer, und mir überhaupt bis heute technisch in so ziemlich allen Angelegenheiten meilenweit voraus ist. Die ersten Fan-Mails fand ich noch spannend, aber es wurde sehr schnell sehr viel, dann zu viel – und heute bin ich nur noch privat online.*«

Bela B: »*Wir haben wirklich die erste Zeit und fast die ganze Tour über Mail-Kontakt mit unseren Fans gehalten. Sehr schnell begannen aber viele, sich mit heftiger Kritik interessant machen zu wollen. Es wurden Eintrittspreise genauso wie vergurkte Songs bemosert. Die Ärzte waren immer fair zu ihren Fans, hatten für Fanclubmitglieder günstigere Sammeltickets herausgebracht, sie per Tourtagebuch an unserem Leben teilhaben lassen et cetera, aber wir waren nicht die Band, die sich für etwas rechtfertigt. Das belastete unser Tourleben.*«

Natürlich ist es zunächst höchst seltsam, dass sich die Band bademeister.com als Adresse im Netz aussucht, doch auch die vermeintliche Schwachsinnsidee, ihre Website nach ihrem persönlichen Hasssong zu benennen, macht durchaus Sinn. In allererster Linie wird die Idee aber aus der Not heraus geboren, denn pfiffige Fans haben sich bereits die Domains *die-aerzte.de* oder *die-beste-band-der-welt.de* reserviert. Statt sich diese aber nun für teures Geld zurückzukaufen, wählt man ebendiese besondere Adresse. Die Homepage wird schon bald täglich von ihren Fans heimgesucht. Vor allem der Chatroom erfreut sich großer Beliebtheit, zumal sich in Fankreisen herumspricht, dass auch die Band selbst diesen hin und wieder besucht. Mit der Verbreitung des Internets wird ein neuer Fantypus geboren, an den sich die Band erst einmal gewöhnen muss. Die neue onlineaffine Generation durchforstet nun das ganze Netz, um etwas über die Band in Erfahrung zu bringen. Wie im Journalismus gilt auch hier: Wer die Meldung als Erster hat, ist für einen Augenblick lang König oder Königin. In ihrem 2012 veröffentlichten Song *zeiDverschwÄndung* wird die Band das Thema aufgreifen:

Du surfst den ganzen Tag schon durch das weltweite Netz,
in der Hoffnung, dass vielleicht mal irgendeiner was petzt.
Einer, der deinen Göttern näher ist als du.
Doch du bist nie zufrieden, du gibst nie-niemals Ruh.

So viel Petzerei und Investigation macht der Band in einigen Dingen die Arbeit schwerer, vor allem wenn es um Dinge geht, die zunächst einmal geheim bleiben sollen wie Plattenveröffentlichungen, Videodrehs oder Geheimtouren. Andererseits macht es den Die Ärzte auch Spaß, das Spiel zu einem gewissen Grad mitzuspielen und den Fans neues Futter zu liefern. Ein Highlight sind dabei die noch heute legendären Adventsspecials oder Ostereiersuchereien. Bela, Farin und Rod lernen schnell und verstehen bald meisterhaft, das Internet für ihre Zwecke zu nutzen. Als eigenverantwortliche Künstler wird die Homepage schnell zum wichtigsten Kommunikationskanal der Band.

Über *bademeister.com* erfahren die Fans nun auch, dass Die Ärzte 1999 lediglich auf den sechs Deutschland-Terminen der *Vans Warped Tour* auftreten werden – einer vom Schuhhersteller Vans gesponserten internationalen Konzertreihe mit Bands aus dem Hardcore, Skatepunk- und Alternative-Metier. Für Die Ärzte besteht auch das Angebot, den US-Teil der Tour zu spielen, doch wird dies nach einigem Überlegen abgesagt. Während Bela gerne mal in den USA touren würde, sieht Farin die Sache relativ nüchtern. Er ist der Meinung, dass diese Mittags-Auftritte der Band nichts bringen würden außer Stress und Reiserei. Die sechs Konzerte in Deutschland sind schon sechs mehr als ursprünglich geplant, denn eigentlich wollen Die Ärzte 1999 überhaupt nicht auftreten, doch sie haben Kiki Ressler, der für die Organisation des deutschen Teils der *Vans Warped Tour* verantwortlich ist, ihr Wort gegeben. Ressler bucht seit Mitte der Achtzigerjahre die Konzerte der Toten Hosen und ist in dieser Zeit mit ihnen gewachsen. Aus einer Freizeitbeschäftigung ist die Firma KKT (Kikis Kleiner Tourneeservice)[12] entstanden.

Zum ersten Mal seit ihrer Reunion im Jahr 1993 macht die Band in diesem Jahr eine schwere Zeit durch. Bela, Farin und Rod sehen und sprechen sich kaum und wollen dies auch gar nicht. Der Wunsch, den Bandkarren wieder flott zu machen, hält sich bei allen dreien in äußerst engen Grenzen. Das anstrengende, zurückliegende Jahr fordert noch immer seinen Tribut. Man sucht Abstand voneinander, gleichwohl dies mit einem eigenen Label im Rücken nun nicht mehr so einfach ist. Trotzdem will man die Pflichttermine auf das Nötigste beschränken. Einer davon ist der Videodreh zu *Rebell*, der vierten Singleauskopplung aus *13*. Der Refrain des Songs war in seiner reimlosen Sperrigkeit als Parodie auf die Parolen von Tocotronic entstanden, hat sich aber durch den eindringlichen Strophentext zu einem der wohl ernstesten Songs entwickelt, die Farin je geschrieben hat. Auf der *Attacke Royal*-Tour hat sich der Song darüber hinaus zu einem echten Publikumsfavoriten gemausert. So liegt es also nahe, den Song als letztes Ausrufezeichen der Platte zu veröffentlichen.

Farin Urlaub: »*Rebell ist für mich einer der besten Songs, die ich je geschrieben habe. Allerdings kann man so was als Urheber kaum objektiv beurteilen.*«

Für das Video soll wieder Olaf Heine die Regie führen. Mit ihm entsteht ein sehr intensiver Clip, der die Band beim Spielen des Songs zeigt, wobei die Kamera ganz nah an Bela, Farin und Rod herangeht. Das Besondere an dem Video ist, dass es im sogenannten One-Take-Verfahren gedreht wird – es gibt keine Schnitte, alles wird in einem Mal durchgedreht. Die Band braucht nicht viele Anläufe, dann ist alles im Kasten. Aufwendiger ist da schon die Post Production, denn das Einbetten des Songtextes in Form einer roten Schrift, die eigens für das Video entwickelt wird, ist komplizierter, als es am Ende aussieht.

Olaf Heine: »*Die Idee, ein One-Take-Video zu drehen, stammte von Farin, und er wollte auch diese durchlaufende Schrift haben, die sehr aufwendig war – was man sich heutzutage gar nicht mehr vorstellen kann. Das Video haben wir in Düsseldorf gedreht. Dirk Rudolph, der heute viele Artworks für die Toten Hosen gestaltet, hat mir damals geholfen, die Schrift zu animieren.*«

Bela B: »*Ich persönlich fand gestellte Live-Performances in Videos, ohne wenigstens einen doppelten Boden, immer einfallslos und langweilig und war nicht glücklich mit dem Video.*«

Heine dreht mit der Band sogar zwei verschiedene Versionen des Clips – eine in Farbe und eine in Schwarz-Weiß. Jeweils eine davon will man MTV, die andere VIVA geben. Die Band wechselt dafür ihre Outfits, und Bela lässt das Fell seiner Bassdrum ebenfalls mit zwei verschiedenen Motiven beziehen: In der Bunt-Version des Clips steht dort »12 – One Before Blur« und in der Schwarz-Weiß-Version »14 – One More Than Blur«. Damit spielt Bela auf die Brit-Pop-Band Blur an, die in diesem Jahr ebenfalls ein Album namens

13 herausgebracht hat. Der Gag wird aber kaum bemerkt, denn das Bassdrum-Motiv ist in der finalen Version des Clips kaum zu sehen. Die Band hat sich außerdem letztendlich dafür entschieden, nur die Schwarz-Weiß-Version zu veröffentlichen. Auf ihrer Homepage wird sie später aber auch Bilder von dem Dreh der bunten Version veröffentlichen. Im Video sieht man ein letztes Mal das Logo von Belas Ex-Band *Depp Jones* auf seinem rechtem Unterarm. Kurz nach dem Dreh sind Bela und seine Freundin mit dem Auto unterwegs zum Studio von Uwe Hoffmann in Spanien, als während der Fahrt auf einmal der Tank ihres Fahrzeugs explodiert. Wie durch ein Wunder überleben beide das Unglück, aber Bela erleidet schwere Verbrennungen, die ihn einen Großteil seiner Tattoos an seinem rechten Arm kosten.

Bela B: »*17 Prozent meiner Haut waren verbrannt. Wegen der Gefahr einer Blutvergiftung musste ich zwei Wochen auf der Intensiv-Station bleiben. Für mich war es ein Zeichen, dass wir uns in dem Jahr zu viel vorgenommen hatten. Ich trage diese Narben als Zeichen dieser Zeit und werde das nicht übertätowieren.*«

Belas Aufenthalt im Krankenhaus hindert ihn daran, sich in vollem Maße in die Zusammenstellung des neuen Live-Albums, dessen Veröffentlichung für den Spätherbst 1999 geplant ist, einzubringen. So ist hauptsächlich Farin bei Uwe Hoffmann im Studio, der sich jedoch nicht nur den eigentlichen Songs widmet, sondern auch den Ansagen. Da relativ schnell klar ist, dass man schon bei den normalen Songs um eine Doppel-CD nicht herumkommen wird, will die Band die Sprüche auf eine dritte CD packen. Dies würde aber dazu führen, dass das Album für den Verbraucher ziemlich teuer werden würde, und so wird diese Idee verworfen. Die Ärzte wären aber nicht Die Ärzte, wenn ihnen auch hier nicht etwas einfallen würde. So kommen sie auf die Idee, den beiden normalen CDs eine kleine 3"-CD beizulegen. Da diese für das enorme Konvolut an Sprüchen jedoch mit lediglich 21 Minuten eine viel zu geringe Spielzeit besitzt, finden sie einen ganz pragmatischen Weg für die Lösung des Problems: Sie trennen einfach die beiden Stereokanäle und bringen die Sprüche im Mono-Sound auf die CD. Wenn man nun den linken Lautsprecher seiner Stereoanlage aufdreht und auf »Play« drückt, hört man den ersten Teil. Wenn man den rechten Lautsprecher aufdreht, den zweiten Teil. Um die besten Sprüche für die Platte herauszufiltern, hat man Fanclub-Leiter Markus Karg[13] damit beauftragt, etliche DAT-Kassetten mit Aufnahmen von Konzerten der zurückliegenden Tourneen durchzuhören. Bela und Farin behalten es sich vor, die Auswahl Kargs auf insgesamt 42 Minuten herunterzukürzen. Für den wiedergenesenen Bela ist dies mal wieder eine schöne Beschäftigung nach all den schmerzhaften Wochen.

Für die Auswahl eines geeigneten Singlekandidaten schlägt Uwe Hoffmann der Band *Elke* vor. Obwohl nie eine Single gewesen, gehört das Lied in der Tat zum festen Bestandteil eines jeden Die Ärzte-Konzerts. Seit Langem schon geistert bei den begeisterten Comic-Lesern Bela und Farin der Gedanke durch die Köpfe, einen Zeichentrickfilm als Video zu veröffentlichen. *Elke* erweist sich nach einigem Überlegen als passende Vorlage dafür. Schwarwel, den Bela zuallererst als Comic-Zeichner kennengelernt hatte, wird damit beauftragt, den Trickfilm zu zeichnen und zu entwickeln. So entsteht ein grellbunter Streifen, der mit allerhand Details und Insider-Gags gespickt ist. Leute, denen Die Ärzte und ihr Umfeld näher bekannt sind, erkennen in dem Video sicher viele der realen Vorbilder für die Nebenrollen wieder, wie zum Beispiel Security-Chef Andi Simon.

Andi Simon: »*Ich bin Schwarwel und der Band noch heute sehr dankbar dafür, dass sie das gemacht haben. Da war ich schon sehr gerührt, und ich finde, ich bin auch ganz gut getroffen worden.*«

Als musikalische Vorlage dient dem Clip eine Aufnahme vom Rock am Ring-Auftritt 1997, die für die Single-Version allerdings stark bearbeitet und gekürzt wird. Auf dem Album ist hingegen eine Version mit deutlich mehr Abschweifungen zu hören. Das animierte Video wird in einem Studio in Hamburg produziert, wo zur gleichen Zeit auch der Zeichentrickfilm *Käpt'n Blaubär – Der Film* entsteht. Als Bela sich vor Ort einen Überblick über den aktuellen Stand der Dinge verschafft, lernt er auch den Produzenten des *Käpt'n Blaubär*-Films kennen. Aus diesem Gespräch heraus entsteht der Song *Bleib sauber, Blaubär*, der neben Beiträgen von Die Sterne und Selig Bestandteil des Soundtracks zum Film sowie im nächsten Jahr auch als B-Seite auf der *Wie es geht*-Single veröffentlicht wird. Die Aufnahmen zu dem Song finden in den Hamburger M.O.B.-Studios statt, wobei alles recht schnell über die Bühne gehen soll. Der

Tontechniker Mirko Schaffer erfährt erst kurz vor den Aufnahmen, dass er der Band zur Hand gehen soll, und begeht gleich einen der schlimmsten Fehler, die man machen kann.

Mirko Schaffer: »*Ich wurde vorher instruiert, wie Farin die Gitarren aufnehmen wollte, doch ich fand das nicht gut und habe etwas anderes für ihn vorbereitet. Als er dann da war und mich fragte, was das soll, habe ich ihm gesagt: ›Ich fand, die Gitarren auf euren letzten Alben klangen nicht so gut.‹ Er meinte dann nur: ›Oh, es redet, es will zeigen.‹ Offenbar fand er meinen Vorschlag aber gut, denn wir haben die Gitarren genauso aufgenommen. Das war dann der Beginn einer wunderbaren Feindschaft zwischen uns.*«

Farin Urlaub: »*Wer ist eigentlich dieses Mirko?*«

Am 21. August 1999 steht in der Berliner Wuhlheide der erste Termin der *Vans Warped Tour* an. Das riesige Open-Air-Gelände ist nur spärlich besucht. Hinter der Bühne tummeln sich nahezu mehr Menschen als davor. Am linken Rand des Innenraums ist eine große Halfpipe aufgebaut – Teil des Konzepts der Tour ist, dass neben Bands auch Skateboard- und BMX-Sportler auftreten. Der Einlass beginnt schon am frühen Nachmittag, denn es warten über 6 ½ Stunden Musik auf die Besucher. Damit es keine Pausen zwischen den einzelnen Bands gibt, ist die Bühne zweigeteilt worden. Während die eine Band spielt, baut die andere nebenan auf, und unterdessen zeigen die Sportler auf der Halfpipe ihr Können. Um die Besucher schon früh auf das Gelände zu locken, wird kommuniziert, dass die Reihenfolge der spielenden Bands ausgelost wird. Theoretisch kann es also sein, dass Die Ärzte bereits am frühen Nachmittag spielen. Das tun sie aber nicht, denn rein zufällig spielen sie als letzte Band des Abends, und rein zufällig entspricht auch die Reihenfolge der sonstigen Bands einer Rangfolge ihrer Popularität. Ein Schelm, wer hier Böses denkt. Wenn man sich die gähnende Leere des weiten Rundes so anschaut, wird klar, warum Die Ärzte hierfür gebucht worden sind: Der Kartenverkauf ist miserabel. Er läuft sogar so schlecht, dass von den sechs geplanten Terminen am Ende nur vier übrig bleiben.

Der Band tut dies zwar leid, doch ihrer Spielfreude schadet es nicht. Waren sie Anfang des Jahres noch äußerst widerwillig, was das Spielen von Konzerten betrifft, so sind sie nach den Proben für die Auftritte mehr als heiß darauf. Entsprechend unverkrampft betreten sie gegen 21 Uhr die Bühne der Wuhlheide. Aufgrund der zweigeteilten Bühne steht die Band eng beieinander. Um sie herum steht ein großer Pulk an Menschen, von dem man sich fragt, was er da eigentlich zu suchen hat. Die Ärzte spielen direkt drauflos und verkünden, dass sie analog des angeblichen Losverfahrens bei den Auftritten der Bands auch die Reihenfolge ihrer Songs auslosen werden. Ihre Setlist entzieht sich daraufhin tatsächlich jeglicher Logik. Bela tritt im Anzug und Cowboyhut auf, seine Haare sind blond gefärbt. An seinem rechten Arm trägt er noch immer einen großen Verband. Ihm kommt es durchaus entgegen, dass die Band nur eine knappe Stunde Spielzeit hat, denn eine wesentlich längere Belastung kann er seinem Arm noch nicht zumuten. Dem Publikum gegenüber lässt sich Bela aber nichts anmerken. Er hat einfach großen Spaß an Unfug jeder Art. So zündet er mit der Begründung, dass Die Ärzte die Rammstein der Skateboard-Szene seien, während der Show ein Skateboard an. Dies ist jedoch etwas widerspenstig und kann erst mit der Zugabe von Feuerzeugbenzin zum Brennen überredet werden.

Bela B: »*Cowboyhut und Anzug dienten vor allem dazu, meine Brandwunden vor der Sonne zu schützen. So gekleidet lief ich den ganzen Tag durch den Backstage-Bereich, der sonst voll war mit Leuten, die in Skater-Klamotten rumliefen. Nach drei Tourtagen wusste dann auch jeder, wer ich bin. Ich gab dann sogar ein Interview für ein internationales Skater-Magazin und erzählte da nur Scheiß. Meine Nahtod-Erfahrung hatte mich wieder ziemlich skrupellos werden lassen.*«

Auch die drei verbleibenden Termine in Hamburg, Minden und Duisburg sind schlecht besucht, aber die Band macht das Beste daraus. Auch wenn Farin und Bela sich in letzter Zeit etwas entfremdet haben, so ist auf der Bühne doch alles beim Alten. Und auch neben der Bühne haben sie beispielsweise großen Spaß, die Konzerte von US-Rapper Ice-T zu verfolgen, der leider nur solo und ohne Body Count[14] auftritt, sich dafür aber an Belas Cowboyhut mit dem großen Hustler-Logo erfreut. Im Rahmen der Festivaltour sehen sie auch die Shows der Beatsteaks aus Berlin, die den meisten Besuchern noch recht unbekannt sind. Die enorme Bühnenpräsenz von Sänger Arnim Teutoburg-Weiß macht dabei großen Eindruck auf sie. Sein Ausflug ins Publikum, bei dem er sich auf einem Surfboard stehend von den Massen tragen lässt, ist ein Höhepunkt der Beatsteaks-Show. Die Ärzte werden von da an sehr interessiert verfolgen, wie es mit der Band weitergeht.

Arnim Teutoburg-Weiß: »*Ich kann mich daran erinnern, dass unser Gitarrist Peter und Farin irgendwann nachmittags auf einer Wiese im Backstage saßen und sich ziemlich lange unterhielten. Es war ein Bild, das ich nie vergessen werde: Mein bester Freund und sein Jugendidol saßen da, plauderten und lachten sich die ganze Zeit kaputt. Peter sagte später: ›Ick glaube, die wollen uns mit uff Tour nehmen.‹ Danach waren wir alle ein bisschen high.*«

Im November erscheint endlich das neue Live-Album. Es trägt den satanischen Titel *Wir wollen nur deine Seele*[15] und weist eine stolze Spielzeit von über drei Stunden auf, die sich auf drei CDs beziehungsweise eine Box mit sechs 10"-LPs verteilt. Die CDs hören auf die Namen *Nö Sleep 'til Viehauktiönshalle Öldenburg*[16] und *Halt's Maul und spiel!*. Die kleine Bonus-CD, die die besten Sprüche und Ansagen der vergangenen sechs Jahre enthält, wird passenderweise *Invasion der Vernunft* getauft. In der Vinyl-Version wird jede Platte nach einem Wochentag getauft. Da eine Woche bekannterweise aber sieben Tage enthält, muss der Mittwoch leider draußen bleiben.

Farin Urlaub: »*Fuck Wednesdays!!!*«

Sowohl CD- als auch Vinyl-Version sind wieder mit großer Liebe zum Detail gestaltet worden. Das Öffnen der CD-Version kommt schon fast dem Auspacken eines Weihnachtsgeschenkes gleich, was es aufgrund des Veröffentlichungstermins auch für viele Fans ist. Mit diesen aufwendigen Verpackungen setzen Die Ärzte auch ein Zeichen gegen die Zunahme von Musikpiraterie. Seit findige Wissenschaftler vom Fraunhofer-Institut das digitale MP3-Format erfunden haben, sieht sich die Musikindustrie ihrem bisher größten Problem gegenüber.

Dieses Format erlaubt es, Lieder so zu komprimieren, dass man sie bequem tauschen und im Netz verbreiten kann. Mit der Zuhilfenahme von CD-Brennlaufwerken können diese MP3s wieder problemlos in normale Audio-CDs umgewandelt werden. Über Börsen wie Napster tauscht die Generation Internet schon bald im großen Stil und trifft die Musikbranche damit empfindlich, denn deren Umsätze gehen drastisch zurück. Auch Die Ärzte müssen Einbußen hinnehmen, wollen aber nicht in das allgemeine Wehklagen einstimmen. Für sie ist die aktuelle Entwicklung zum größten Teil von der Branche selbst verschuldet.

Axel Schulz: »*Ich erinnere eine Popkomm Anfang/Mitte der 1990er in Köln. Da gab es unter anderem ein Panel mit Thomas M. Stein, dem damaligen Chef der BMG. Damals gab es gerade mal Stand-Alone-CD-Brenner, die nicht unter 2.000 DM zu kriegen waren, und die CD-Rohlinge waren auch noch sündhaft teuer, so knapp unter 10 DM, wenn ich das recht erinnere. Ich hatte damals die These aufgestellt, dass das Brennen von CDs sehr bald zum Volkssport werden würde, weil ich mir sicher war, dass die Brenner und die Rohlinge sehr bald sehr billig werden würden. Thomas M. Stein winkte weise lächelnd mit den Worten ab, dass das noch gut und gerne 25 Jahre dauern würde. Als mir das Format MP3 vorgestellt wurde, habe ich nur noch gedacht: Das ist der Tod der klassischen Musikbranche. Noch toter wurde sie, als sich Streaming-Plattformen durchsetzten.*«

Bela B: »*Rod hatte später die Idee, CD-Rohlinge in unsere Merchandising-Kollektion aufzunehmen. Deutschrock ließ diese mit Bildern von uns verzieren und produzieren, und wir feierten diesen ironischen Schachzug. Unser Anwalt Axel Schwarzberg fand das aber gar nicht witzig und ermahnte uns, was das wohl für einen Eindruck bei all den Leuten vom Vertrieb machen würde, die wegen der Raubkopiererei um ihre Jobs bangten. Farin und ich machten daraufhin gegen Rods Veto einen Rückzieher, und wir verteilten die fertiggestellten CDs untereinander.*«

Rodrigo González: »*Unsere Fans brannten sowieso schon CDs, die sie uns zum Unterschreiben hinhielten. Wie cool wäre es gewesen, wenn die bösen Brenner beispielsweise die neue Madonna-CD auf einem DÄ-Rohling verschenkt hätten?*«

Farin Urlaub: »*So etwas passierte mit der Zeit immer häufiger: Eigentlich harmlose Scherze oder achtlose Bemerkungen unsererseits bekamen plötzlich eine unverhältnismäßige Wichtigkeit – ein Umstand, mit dem wir erst sehr langsam umzugehen lernten. Ständig musste man nun an gefährdete Arbeitsplätze denken oder an irgendeine massive Außenwirkung. So wurde ich zum Beispiel mal anlässlich eines Fernseh-Interviews bei Charlotte Roche nebenbei gefragt, was ich denn von der Band Blumfeld hielte. Ich gab unvorsichtigerweise* *eine ehrliche und wenig schmeichelhafte Antwort, und am nächsten Tag war die Hölle los. Ich war nun ein unsympathischer Großkotz und hatte viele neue Feinde.«*

Im Rahmen ihrer kleinen Promoreise zum Live-Album machen sie wieder bei den gängigen Musiksendern halt. VIVA hat inzwischen allem, was explizite Lyrik und harte Gitarrenklänge enthält, mit dem neuen Sender VIVA 2 ein neues Zuhause gegeben. Die Ärzte sind gern gesehene Gäste und statten auch der Sendung *Kamikaze* von Niels Ruf, dem Enfant terrible des Senders, einen Besuch ab.

Bela B: »*Ich war schon vorher einmal alleine bei ihm in der Sendung und verstand mich bestens mit dem Vogel.*«

Mit Ruf unternehmen sie einen Streifzug durch das VIVA-Gebäude im Kölner Mediapark. Dabei kommt es unbeabsichtigt zu einem öffentlichen Aufeinandertreffen mit Campino und Andi von den Toten Hosen, die ebenfalls im Sender für ihre neue Platte *Unsterblich* unterwegs sind. Es wird nicht die letzte gemeinsame öffentliche Begegnung der beiden Bands bleiben – schon sehr bald wird man sich wiedersehen.

17. KAPITEL

Disco 2000 ... is fuck!

»*Die Welt, sie ist ein Freudenhaus,
und wir machen das Beste draus.*«
(Die Ärzte – *Rock'n'Roll-Übermensch*)

Auch wenn erst der Beginn des Jahres 2001 den Jahrtausendwechsel offiziell vollführt, so ist die Welt Ende 1999 schon in großem Aufruhr ob des bevorstehenden Millenniums. Apokalyptiker sehen mit dem Jahr 2000 einmal mehr und jetzt aber auch wirklich das Ende der Welt kommen. Wissenschaftler und Informatiker fürchten hingegen eher den sogenannten *Millennium-Bug*, einen Zusammenbruch sämtlicher Computersysteme, und prognostizieren Katastrophenszenarien für die ganze Welt. Tatsächlich ist die Angst vor diesem Jahr-2000-Problem groß. Die ganze Aufregung entsteht letztlich nur deswegen, weil man in den Zeiten geringer Speicherkapazitäten die Jahreszahlen lieber zweistellig anstatt vierstellig geschrieben hat und die Computerprogramme die Jahreszahl 00 nicht korrekt verarbeiten könnten. In dieser Zeit liest man viel von möglichen Börsencrashs, Verkehrsinfarkten und Wirtschaftskrisen oder selbst fälschlicherweise ausgelösten Atomwaffen. Kurzum: Alles wird den Bach runtergehen. Als aber in der Silvesternacht 1999/2000 der Zeiger auf 0:00 Uhr springt, passiert ... gar nichts! Kein Weltuntergang, keine Katastrophe, kein Zusammenbruch, nada. Stattdessen wünschen sich die Menschen wie bei jedem Jahreswechsel Glück und Gesundheit für das neue Jahr. Doch zugegeben: »Alles Gute für 2000« klingt schon besser als »Alles Gute für 1963«.

Der Musikbranche geht es derweil laut eigenen Angaben total mies, denn das Brennen von Musik zieht immer größere Kreise und wird zum echten Problem. Dem Privatmenschen hingegen gefällt der weltweite und kostenlose Zugriff auf Musik. Dank Tauschbörsen wie Napster füllen sich die Festplatten der Computer-Besitzer weltweit in Windeseile mit Milliarden von Musikdateien. Die Branche kann diese Welle nicht stoppen, ihre Absätze brechen massiv ein. In ihrer Not versucht die deutsche Musikindustrie, angeführt von Motor Music-Chef Tim Renner, mit Kampagnen wie *Copy Kills Music* an das schlechte Gewissen der brennfreudigen Musikkonsumenten zu appellieren. Doch was einst schon im Zeitalter des Überspielens von Schallplatte auf Kassette mit dem Slogan *Home Taping Is Killing Music* völlig wirkungslos war, ist nun genauso sinnfrei. Der englische Singer-Songwriter Billy Bragg[1] hatte bereits 1988 seinem Album *Workers Playtime* den passenden Untertitel Capitalism Is Killing Music mitgegeben, und tatsächlich kosten normale CD-Alben zu dieser Zeit noch 30 DM – ein Preis, der um ein Vielfaches über den Herstellungskosten für eine CD und den Tantiemen für den Künstler liegt. Zwar sind auch für Die Ärzte die fetten Jahre vorbei, doch finden sie es nur allzu schäbig, allein den Konsumenten dafür verantwortlich zu machen.

Bela B: »*Ich empfand das Gejammer allzu heuchlerisch. Plötzlich war die Rede vom Diebstahl an unserer Kunst, aber die, die am lautesten jammerten, hatten jahrelang Künstler mit Geringstbeteiligung ausgebeutet, um den Börsengang ihrer Firma voranzutreiben. In den 1980ern haben Megaseller an die 500.000 Einheiten verkauft, inzwischen gab es jenseits von Springsteen, Jackson und Madonna auch deutsche Acts, die mit ihren Verkäufen die Millionengrenze überschritten. Hier wurde an das Herz der Musikfans appelliert, die doch bisher einfach nur Käuferschicht waren.*«

Als sich die Band Anfang Januar 2000 trifft, um die Aufnahmen zu ihrem neuen Album vorzubereiten, diskutiert sie ausgiebig über diese Entwicklung. Sie spricht auch über die Klage, die Metallica bereits medienwirksam gegen Napster eingereicht haben. Aus all diesen Themen heraus entsteht ihre eigene Kampagne *Kill Them All! Die Initiative*. Das Logo der Kampagne mit drei blutüberströmten CDs persifliert dabei das *Copy Kills Music*-Logo und soll die zukünftigen Tonträger der Band zieren. Fans der Die Ärzte werden wenig später das Motto aufgreifen und auf www.kill-them-all.de die teilweise teuer gehandelten Bootlegs der Band zum kostenlosen Download anbieten. Die Ärzte unterstützen die Aktion, indem sie den dafür notwendigen Speicherplatz kostenlos zur Verfügung stellen. Das ist ihre Art Rache an all den Bootleggern, die sich zuvor an ihnen bereichert haben.

Um mit ordentlich Schwung ins Studio zu gehen, will die Band wieder eine Clubtour in Deutschland, Österreich und der Schweiz spielen. Ein passender Name ist mit Die Zu Späten schnell gefunden. Schon Ende März findet im altehrwürdigen Bremer Schlachthof das erste Konzert der *Sie operieren wieder*-Tour statt. Die Band wendet dieses Mal schon die Holzhammer-Methode an, um ihre wahre Identität schlechtestmöglich zu verschleiern.

Bela B: »*Wir hatten schon echt wilde Namen auf unseren Geheimtouren. Rod schlug vor, uns den dämlichsten Namen zu geben, der uns einfallen würde. Ein Name, bei dessen Nennung jeder sofort ›Aua‹ denkt. Wir überschlugen uns mit Ideen und bekamen von dem Nonsens schier Kopfschmerzen.*«

Parallel zum Beginn der Clubtour ist Bela das zweite Mal in einem Kinofilm zu sehen. Bereits vor zwei Jahren stand er für den Film *Over the Rainbow* vor der Kamera, wo er die Rolle des Verbrechers Spin verkörperte.[2] Großer Erfolg war dem Film leider nicht beschieden. Farin Urlaub hatte nicht mal die Chance, ihn zu sehen, so schnell war er auch schon wieder aus den Kinos verschwunden.

Bela B: »*Das war ein sehr schmal budgetiertes Indie-Kammerspiel. Sie konnten mir nur zwei Drehtage bezahlen, sodass ich an den jeweiligen Tagen bis zu 18 Stunden vor der Kamera stand, und das auch noch während einer Tournee, wo ich an meinen freien Tagen nach Leipzig ans Filmset gereist bin.*«

Bei seinem zweiten Film *Kaliber Deluxe* ist Bela nicht nur als Schauspieler zu sehen, er ist auch am Soundtrack beteiligt. In dem Film des Österreichers Thomas Roth spielt Bela an der Seite von namhaften deutschen Schauspielern wie Dieter Pfaff, Frank Giering, Jürgen Tarrach und Marek Harloff den »coolen« Chris, einen Killer. Trotz der guten Besetzung ist auch dieser Film nur kurz in den Kinosälen zu sehen. Für den Soundtrack hat Bela das Stück *Der Baldower*[3] sowie ein schleppendes Rock-Thema geschrieben, das den Überfall auf ein Wettbüro untermalen soll. Zu den Aufnahmen zieht er die Band seines besten Freundes Atze Ludwig, die Chainsaw Hollies, hinzu.

Atze Ludwig: »*Wir waren immer schon gut darin, für ihn als eine Art Feuerwehr zu fungieren, wenn er mal auf die Schnelle eine Band brauchte. Dieses Mal waren wir mit den Chainsaw Hollies gerade im*

Studio, um unser drittes Album aufzunehmen. Bela hat uns dann *The Western Playboys* getauft und mit uns diese schöne Nummer aufgenommen.«

Bela B: »*So hatte ich die Gelegenheit, mit meinem besten Freund wieder Musik zu machen. Verdient habe ich an dem Soundtrack nichts, aber die Arbeiten mit Lula, Diane und Atze haben mich allesamt sehr glücklich gemacht.*«

Bela hat das Vergnügen, bei zwei Stücken von zwei bezaubernden Damen als Duettpartner mitzuwirken. So entsteht mit Lula der Song *Leave* und mit Diane Weigmann von den *Lemonbabies* die Nummer *Chocolate for the Tears*. Beide Songs sind von der jeweiligen Sängerin geschrieben, und für beide Stücke dreht Bela an nur einem Tag mit Thomas Roth ein entsprechendes Video.

Diane Weigmann: »*Wir haben in einer alten Filmkulisse in Wien gedreht, die kurz nach unserem Dreh abgerissen wurde. Thomas Roth hatte die Idee, das ganze Video in einem durch zu drehen, also mussten wir entsprechend viel proben, damit die ganzen zeitlichen Abfolgen hinhauen. Das war schon sehr sportlich, vor allem für Bela, der an dem Tag ja schon ein Video mit Lula gedreht hat. Es hat trotzdem sehr viel Spaß gemacht, auch wenn das Video später kaum im Musikfernsehen zu sehen war.*«

Um den Film zu promoten, reist Bela kurz vor dem Start der Die Zu Späten-Clubtour ins Fernsehstudio von Harald Schmidt. Endlich kommt er in dessen Sendung nun einmal ausführlich zu Wort und muss nicht den großen Batzen des Gesprächsanteils an Farin Urlaub abgeben.

Bela B: »*Immer wenn wir zu Schmidt kamen, prasselte Farin sofort los, als wenn es kein Morgen gäbe, und Rod und ich kamen so gut wie nie zu Wort. Ich weiß nicht, ob es Nervosität oder sonst etwas war. Wir hatten bestimmt Tausende gemeinsame Interviews, aber so wie bei Harald Schmidt war es nirgends mit ihm.*«

Danach geht es für Bela nach Bremen, wo die Proben für die Clubtour stattfinden. Das erste Konzert der Tour beginnt so, wie die letzten der Band aufgehört haben – mit Regen. Der liebe Himmel öffnet die Luken sogar so sehr, dass die ersten Fans schon lange vor dem eigentlich geplanten Einlass in den Vorraum des Schlachthofs gelassen werden, um sie draußen nicht noch länger unter dem Wasserfall stehen zu lassen. Als auch die Türen zur Halle aufgemacht werden, deren Tanzfläche seit jeher knapp bemessen ist, fällt den meisten Leuten der unter den zahlreichen Treppenstufen versteckte Merchandise-Stand kaum auf, der dieses Mal besonders ausgefallene Tourshirts zum Verkauf anbietet. Es handelt sich dabei um bereits anderweitig bedruckte Shirts, die einfach mit dem Schriftzug *Die Zu Späten* vorne und mit den Tourdaten hinten überdruckt sind. Yentz Köhler, der Geschäftsführer der Merchandising-Firma Deutschrock GmbH, erzählt einige Jahre später, wie es dazu kam.

Yentz Köhler: *»Einer unserer Kunden ist insolvent gegangen, und wir sind auf einer Riesenrechnung sitzen geblieben. Wir haben dann Druck gemacht, und er meinte, dass er noch irgendwelche Shirts bei sich rumstehen hat. Wir sind dann bei ihm vorbeigekommen und haben sein Lager ausgeräumt, und der hatte nur diese scheiß Michael-Jackson-, Simpsons- und Wolfgang-Petry-Shirts. Das war echt Schrott, und der war wahrscheinlich noch froh, dass ihm jemand die Scheiße rausgetragen hat. Irgendwann hatten wir dann so einen absurden Moment und sind auf diese Idee mit dem Überdrucken gekommen, die die Band auch so skurril witzig fand. Wir haben auch nichts darauf gegeben, ob sich da jemand wegen Rechteverletzung dran stören könnte.«*[4]

So wächst also auf den Shirts zusammen, was zusammengehört: King of Pop meets beste Band der Welt. Nachdem Sahnies berühmte Worte »Ey, du Blödmann, du hast die falsche Seite aufgelegt!« mehrmals vom Band gelaufen sind, zeigen sich Bela, Farin und Rod endlich ihren Fans. Farins Kopfhaar ist wieder errötet, Rods Hemd und Hose sind mit Flammen verziert, und Bela verbirgt seinen tätowierten Oberkörper nur unter einem durchsichtigen Netzshirt. Sie beginnen das Konzert mit *Dauerwelle vs. Minipli*, um schon direkt danach mit *Westerland* den ersten großen Hit vom Stapel zu lassen. Wie schon bei vorangegangenen Clubshows spielen sie auch dieses Mal wieder selten oder lange nicht gehörte Stücke. Die Wahl fällt unter anderem auf Songs wie *Wilde Mädchen*, *El Cattivo*, *Roter Minirock* oder *Teddybär*.

Bela B: *»Das hatte zwei Gründe. Erstens, weil wir uns bei selten gespielten Songs mehr konzentrieren müssen und deshalb auf so einer kurzen Tour nicht so schnell Routine aufkommt, und zweitens, weil* *wir auf diesen Geheimtouren machen können, was wir wollen. Es ist ein Privileg, wenn man für die kleinen Clubs Karten ergattern konnte und dann auch noch Songs zu hören bekommt, die die Band sonst so gut wie nie spielt. Unsere Fans haben es uns immer gedankt, bis es zum großen Zwickau-Eklat kam. Aber dazu später mehr.«*

Außerdem haben sie sich noch einen ganz besonderen Programmpunkt für die Clubshows ausgedacht, denn sie lassen Fans aus dem Publikum einen Die Ärzte-Song ihrer Wahl singen – sie selbst liefern im Stile von Karaoke-Partys lediglich das Playback. Pro Stadt wählen sie aus den Zuschauerreihen immer einen männlichen und einen weiblichen Vertreter aus, und alle Teilnehmer bekommen für ihre Sangeskünste auch noch Preise überreicht. Bei der Auswahl dieser Preise hat die Band vor allem praktische Hintergedanken, und so wird vor jedem Konzert an einer Autobahnraststätte haltgemacht, um im abgesteckten finanziellen Rahmen entsprechende Devotionalien einzukaufen.

Bela B: *»Endlich hatten wir eine Aufgabe während eines Tankstopps und haben uns schon immer diebisch auf die kleinen Shopping-Touren gefreut. Es sind diese kleinen Sachen, die uns als Band zusammengeschweißt haben. So etwas hat uns den Stress besser überstehen lassen.«*

Farin Urlaub: *»Wir haben auf dieser Tour erst so richtig auskosten können, was für unfassbarer Kram auf diesen Autobahnraststätten so feilgeboten wird. Da wir Ärzte-typischerweise auch hier versucht haben, uns möglichst nicht zu wiederholen, wurde die Auswahl immer bizarrer. Vor dem Hamburg-Konzert fanden wir einen Lenkradschonbezug aus Vollplastik und einen Sack Grillkohle. Diese Kombination sollte uns dann am Abend das mit Abstand peinlichste Bühnenerlebnis aller Zeiten bescheren.«*[5]

Neben dem einmaligen Erlebnis, mit ihrer Lieblingsband zu spielen, kommen die allabendlichen Interpreten so in den Genuss eines neuen Scheibenwischersets, Warndreiecks oder »King of the Road«-Aufklebers für ihr Auto, sofern sie denn eins besitzen. Wer würde sich angesichts solcher Preise schon über 1.000 Mark oder eine neue Rolex freuen?

Rodrigo González: *»Ein echtes Erlebnis, von seinen Helden begleitet einen Song zu singen und anschließend dafür noch einen Satz Scheibenwischergummis zu bekommen – unvergesslich!«*

Für das Publikum gibt es von den Aktionsteilnehmern mal gute und mal nicht so gute Gesangsdarbietungen mal bekannterer und mal wenig bekannterer Die Ärzte-Songs zu hören. Wie es der Zufall so will, tingelt zeitgleich zu den Die Zu Späten auch eine Band namens Essen auf Rädern durch die einschlägigen Clubs des Landes. Auch hinter diesem recht unbedarft gewähltem Alias verbirgt sich ein prominenter Name: Es handelt sich um die Toten Hosen, die gerade von ihrer Südamerika-Tournee nach Deutschland zurückgekehrt sind. 16 Jahre nachdem sie sich das letzte Mal eine Bühne teilten, wollen beide Bands im Rahmen ihrer Clubtourneen wieder gemeinsame Shows spielen.

Die Idee dazu liefert eine zufällige, private Begegnung von Campino und Farin. Sie verabreden, dass die Toten Hosen in Berlin die Vorgruppe für Die Ärzte geben und diese dafür in Düsseldorf den Einheizer spielen. Vor allem vereinbaren sie Stillschweigen darüber, denn sie wollen ihre jeweiligen Fans mit der Aktion überraschen. Das Schweigen hält jedoch nicht lange, denn spätestens als der Düsseldorfer *Express* die Pläne offenlegt, explodieren die Preise für die eh schon knappen Tickets. Vor dem Tor 3 in Düsseldorf, wo beide Bands das jeweils letzte Konzert ihrer Tour spielen, blüht der Schwarzmarkt-Handel. Es werden Ticketpreise aufgerufen, die teilweise das Fünf- bis Zehnfache des Originalpreises übersteigen. Der Club selbst ist bis zum Bersten gefüllt.

Kurz nach 20 Uhr stürmt Campino auf die Bühne und verkündet zunächst, dass Zlatko Trpkovski aus dem *Big Brother*-Container geflogen ist. Das vermeintliche Spektakel um 13 mehr oder weniger aufregende Menschen, die mehrere Wochen lang einen Wohncontainer in Hürth-Kalscheuren bewohnen, lässt die Menschen im Frühjahr 2000 wie Fruchtfliegen an reifem Obst an den TV-Geräten kleben. Nach dieser zweifelsohne wichtigen Durchsage kündigt der Hosen-Sänger eine kleine Nachwuchsband aus Berlin an, die es verdiene, hier und heute zu spielen und vom fachkundigen Düsseldorfer Publikum eine Chance zu erhalten.

Daraufhin betreten Die Ärzte die Bühne und spielen ein circa einstündiges Programm bestehend aus Songs wie *Westerland*, *Rebell*, *Schunder-Song* oder *2000 Mädchen*, die natürlich auch jeder noch so stramme Tote Hosen-Verehrer kennt. Danach spielen die

Toten Hosen ihr erstes Heimspiel mit ihrem neuen Schlagzeuger Vom. Zur Zugabe holen sie aber noch einmal ihren alten Schlagzeuger Wölli[6] auf die Bühne, um mit ihm den Gassenhauer *Bis zum bitteren Ende* zu spielen.

Wölli ist jedoch nicht der einzige Gast – kurz nach ihm gesellen sich noch Claus »Fabsi« Fabian und Ralf »Isi« Isbert zu ihnen. Zusammen mit Campino und Kuddel bildeten sie einst ZK, die Vorgänger-Band der Toten Hosen. Dem verdutzt dreinschauenden Publikum hauen sie nun gemeinsam die ZK-Songs *Dosenbier* und *Hahnenkampf* um die Ohren. Die Backstage-Räumlichkeiten im Tor 3 befinden sich auf der gegenüberliegenden Seite der Bühne auf einer Empore über den Zuschauern. Um zur Bühne zu gelangen, müssen die Künstler über einen schmalen Steg gehen, der über die Köpfe des Publikums hinweg führt. Als die ersten Zuschauer zum Ende der Toten Hosen-/ZK-Show auf diesem Steg nun Bela, Farin und Rod ausmachen, brandet großer Jubel auf. In Berlin haben sich die Verbrüderungsgesten noch hinter der Bühne abgespielt, hier in Düsseldorf hingegen finden sie nun endlich vor den Augen aller statt. Vor dem Konzert haben alle Beteiligten noch eifrig überlegt, was man denn nun gemeinsam zum Besten geben könnte. Irgendwann ist man sich über das ZK-Stück *So wie Konrad* einig gewesen.

Bela B: »*Ein Lieblingssong von Farin und mir, als wir noch im Jugendheim Pogo getanzt haben.*«

Farin Urlaub: »*Ich habe den Song dann beim Konzert auf der Gitarre gespielt, und zwar in der Aufregung (und allgemeinen Hirnlosigkeit) in der falschen Tonart! Statt dem bequemen A-Dur, was bei dem Konrad-Rockabilly sehr leicht zu spielen ist, habe ich C-Dur gewählt, worauf Kuddel mich ein ganzes Lied lang kopfschüttelnd ansah.*«

Bei der Vorbereitung für den Auftritt hat sich aber ein Problem ergeben, denn keiner konnte sich noch groß an den Text, geschweige denn an die Akkorde des Songs erinnern. Fabsi klingelte daraufhin bei Rocko Schamoni in Hamburg durch. Er war sich sicher, dass dieser die einzig erschienene ZK-Platte noch besitzt, und bat ihn, den betreffenden Song aufzulegen und das Telefon so nah wie möglich an die Box zu halten. Schamoni war perplex und sogleich ziemlich sauer darüber, dem Auftritt der beiden Schwergewichte der deutschen Musiklandschaft nicht beiwohnen zu können.

Rocko Schamoni: »*Mich anrufen, damit ich die Materialien liefere, aber dann die Party ohne mich feiern. Das geht gar nicht.*«

Das Düsseldorfer Publikum freut sich hingegen umso mehr und feiert die gemeinsame Einlage frenetisch ab. Es ist so unfassbar laut, dass das eigentliche Lied kaum zu hören ist. Keiner der Anwesenden vergisst wohl die Bilder, wie Campino und Farin gemeinsam ins Mikrofon brüllen oder Bela und Vom zusammen aufs Schlagzeug eindreschen. Zum Schluss gibt es mit dem Song *Do Anything You Wanna Do*, im Original von *Eddie & The Hotrods*, noch so etwas wie ein großes Finale mit allen Musikern des Abends. Wie kaum ein anderer Song beschreibt dieser Punk-Klassiker wohl am besten die Lebensmaxime sowohl von Die Ärzte als auch von den Toten Hosen. Egal ob man nun schon 1977 Punk war oder erst 1978 auf den Trichter kam – Punkrock und der damit verbundene gesellschaftliche Aufbruch ist das verbindende Element beider Bands. Obrigkeiten infrage zu stellen, sich selbst treu zu bleiben und Spaß am Leben zu haben ist ihr gemeinsamer Lebensentwurf, und genau dies wird an diesem wohl denkwürdigen Abend mehr als deutlich. Das Publikum geht jedenfalls selig strahlend nach Hause.

Campino: »*Das war ein Statement beider Bands. Wir hatten nie den Gedanken, das kommerziell zu verwerten. Später hatten wir mal überlegt, ein paar gemeinsame Festivalshows zu spielen, doch dazu kam es dann leider nie.*«

Direkt nach der Tour finden sich Bela, Farin und Rod im Gaga-Studio ein. Man sollte meinen, dass sie nach dem enormen Erfolg von *13* nun unter großem Druck stehen, eine noch bessere Platte nachzulegen, doch dem ist nicht so. Die Band ist sehr entspannt und gelassen. Um sich für die eigentlichen Aufnahmen entsprechend in Stimmung zu bringen, wollen sie als Soundcheck zunächst noch eine Fortsetzung der *1, 2, 3, 4 – Bullenstaat!*-EP einspielen – nur dieses Mal mit eigenen Songs.

Bela B: »*Wir legten ein Dogma fest. Es durften nur Themen behandelt werden, die einen Punk zu interessieren hatten, und kein Song durfte länger als eine Minute sein. Alles durfte nur an einem Tag aufgenommen und auch nur an einem Tag gemischt werden. Allerdings waren wir vollkommen frei, was Stil und Instrumentierung der Songs anging. Wir schrieben eine Idee auf und gingen dann zu unserem*

Live-Set-up, um ihn einzuspielen. Den Gesang overdubten wir dann meistens. Wir schrieben um die Wette, und besonders Farin und ich lieferten uns einen Wettstreit um die bescheuertste Idee.«

Farin Urlaub: »Genauer gesagt, ging es darum, was einen Berliner Punk in den frühen Achtzigerjahren thematisch interessiert hätte. Ich glaube, Bela und ich lebten hier endlich das ›Scheißstaat, Scheißbullen, Scheißgesellschaft!‹-Ding aus, wegen dem wir seinerzeit frustriert Soilent Grün aufgelöst hatten. Das ging alles unfassbar schnell. Wir standen im Aufnahmeraum, dachten uns irgendein punkig klingendes Riff aus (geschätzte Ausdenkzeit pro Song: zwei Minuten), ›arrangierten‹ das dann zu Vers und Refrain oder so, und nachdem wir jeweils eine Handvoll davon aufgenommen hatten, saßen Bela und ich mit Notizblock im Mischraum und versuchten wie am Fließband, möglichst bekloppte Texte zu verfassen. Ich gebe zu, an diesen drei Tagen hat mich Bela um Längen geschlagen, was Geschwindigkeit und Originalität anging! Der Text zu Cops Underwater sorgte dann für eine extrem empörte Hassmail von einem Polizisten-Fan, der sich persönlich angegriffen fühlte und uns danach offiziell nicht mehr mochte. Auch mein Einwand, dass wir uns ja in einem Text selbst als ›Punkverräter‹ besingen, ließ er in seiner Wut nicht gelten – Hussi wäre stolz auf uns gewesen!«

In nur drei Tagen entstehen 25 Songs, die nur selten länger als eine Minute dauern. Sie tragen Namen wie *Biergourmet*, *Punkbabies*, *That's Punkrock*, *Knüppelbullendub* oder *Deutschland verdrecke* und lassen schnell erahnen, worum es geht. Die Band nimmt auch alte Soilent Grün-Nummern wie *McDonald's* und *Ich bin glücklich* auf, und Rod bringt das Stück *Chile 3* an, das er bereits mit seiner ersten Band Massaker gespielt hat. In nur 23 Minuten unternimmt die Band einen irren Ritt durch die Geschichte des Punkrocks. Zu den Höhepunkten zählen sicherlich die beiden Bela-Songs *Bravopunks* und *Elektrobier*. In *Elektrobier* bricht Bela eine Lanze für Bands wie die Krupps oder DAF und malt zu Synthieklängen ein Szenario vom Punkrock im 22. Jahrhundert.

Computerbulle, naschst den Transistordonut.
Womit spülst du ihn runter? Womit spülst du ihn runter?
Mit 'nem Elektrobier!
Roboterpunker, womit trinkst du dir Mut an,

für deinen Widerstand gegen Computerbullen?
Mit 'nem Elektrobier!
Bravopunks ist hingegen eine knackige Form der Abrechnung mit der eigenen Vergangenheit:
»Ihr wollt echte Punker sein?«, da lacht doch jeder Mann!
Ihr abgefuckten Bravopunks, ihr kotzt uns total an.
Die Punkbewegung braucht so Penner wie euch wirklich nicht.
Kommt her mit eurem Plastikmüll, wir spucken euch ins Gesicht.
Ärzte – Kings of Punkkommerz!
Ärzte – Punkrock ohne Herz!
Punkverräter!
Da die Aufnahmen eigentlich als Fortsetzung für die *1, 2, 3, 4 – Bullenstaat!*-EP gedacht waren, ist der Titel für den neuen Opus mit *5, 6, 7, 8 – Bullenstaat!* quasi vorgegeben. Um den mittlerweile vergriffenen Vorgänger nicht noch begehrenswerter zu machen, als er eh schon ist, werden dessen Songs als Bonus noch mit auf die CD gepackt. Auch dieser Tonträger soll wiederum nur auf zukünftigen Konzerten erhältlich sein.

Bela B: *»Wir hatten plötzlich so irre viele Miniatursongs und konnten gar nicht mehr aufhören. Als klar wurde, dass das ein ganzes Album werden würde, ermahnte uns Axel, dass wir das mit unserem Vertrieb besprechen müssten. Nichts ahnend, was das für ein Hit werden würde, bewilligten sie uns das Album ausschließlich für den Tourverkauf. Das Cover wurde gemeinsam mit Schwarwel als einfache Papptasche hingekotzt, und der Preis sollte zehn D-Mark betragen. Wir waren wieder mächtig stolz auf unsere kleine Band.«*

Nach diesem ausgedehnten Soundcheck beginnen die richtigen Aufnahmen. Farin schleppt selbstredend wieder eine Menge Songs an, doch auch Bela hat dieses Mal sehr viele Stücke geschrieben. Die Band steht einmal mehr vor dem Luxusproblem, sich die Rosinen herauspicken zu müssen. Ein herausragender Song ist das von Farin geschriebene *Wie es geht*. Obwohl der Text eher traurig ist und von einer unerfüllten Liebe erzählt, gerät der Song dank seines Killer-Gitarrenriffs und den fröhlichen »Whoohoo«-Chören zum Gute-Laune-Ohrwurm und wird als erste Single auserkoren.

Farin Urlaub: *»Wieder ging es ins Gaga-Studio und wieder jeden Tag Stau am Elbtunnel. Ich war auf einige meiner Demos extrem* stolz und erinnere mich noch, dass an meinen Songs dieses Mal sehr viel rumgemäkelt wurde – manchmal zu Recht (zum Beispiel waren die Original-Strophengitarren von Wie es geht sehr langweilig, was Bela zu Recht bemängelte) und manchmal vielleicht eher aus Prinzip, keine Ahnung.«

Uwe Hoffmann: »*Bei dieser Platte wurde viel mehr darüber diskutiert, welcher Song die erste Single werden sollte, als zuvor bei der 13. Das lag daran, dass dieses Mal kein Song wirklich offensichtlich war.*«

Bela B: »*Ich fand, dass* Wie es geht *schon ein Killersong war, aber die Whoohoo-Chöre am Anfang hätte ich gern vermieden, weil es einen anderen Song in den Charts gab, der zwar völlig anders war, aber eben auch solche Chöre hatte.*[7] *In späteren Kritiken hat man uns das auch direkt aufs Brot geschmiert.*«

Bela und Farin liefern sich auf der Platte einen erneuten Wettstreit darum, wer die ausgefallenste Textidee bieten kann. Farin liefert allein in dem Rockabilly-Song N 48.3 viele bemerkenswerte Zeilen.

Ich flüsterte ihr Schweinereien ins Ohr
und sie schmolz dahin wie Schnee auf 'nem Ford-V8-Motor
Dann zog ich sie aufs Klo, wo's niemand sieht
Sie drehte total auf, ich wusste kaum wie mir geschieht
Doch manchmal ist da mehr als man erst sieht
Reingefallen: Transvestit –
Mädchen mit Glied!

Bela hält eindrucksvoll mit der Ballade *Manchmal haben Frauen ...* dagegen. Deren Refrain beinhaltet die rabiate Zeile: *Manchmal, aber nur manchmal, haben Frauen ein kleines bisschen Haue gern.*

Natürlich ist diese darauf ausgelegt, dass man mit dem Ohr hängen bleibt. Getreu dem Motto: »Das hat der jetzt nicht wirklich gesagt, oder?« Dabei sollte es mit dem abschließenden Refrain, den Diane Weigmann im Studio einsingt, eigentlich keine Zweifel mehr geben, wie das Ganze zu verstehen ist: *Immer, ja wirklich immer, haben Typen wie du was auf die Fresse verdient*

Farin Urlaub: »*Der Moment, in dem Bela mir bei einem seiner eher seltenen Besuche zum ersten Mal* Manchmal haben Frauen ... *auf der Akustikgitarre vorspielte und dazu sang, war das absolute*

Highlight für mich. Es ist zu Recht der erfolgreichste Song des Albums!«

Bela B: »*Ich hatte eine sehr gute Freundin, mit der ich auch kurzzeitig mal Freundschaft und Liebe vertauscht habe. Wir haben immer sehr offen über Sex gesprochen, und irgendwann sagte sie mir mal, dass Frauen es manchmal antörnt, wenn es ein bisschen härter zur Sache geht. So kam ich zu der Eingebung, darüber ein Lied zu schreiben. Die Schlusszeilen gab es noch gar nicht, als ich Farin das Lied vorspielte. Den Twist am Ende zu schreiben hat viel länger gedauert als der restliche Song.*«

Das Schreiben von Songs, bei denen eine exakte Deutung schwerfällt, ist für Die Ärzte seit jeher ein großer Spaß. Genauso viel Spaß macht es ihnen, über eklige Themen zu singen. In dem Song *Baby* packt Farin nach *Kleine Kinder schmecken gut* und *Anneliese Schmidt* bereits zum dritten Mal das heiße Eisen Kannibalismus an.

Gib Schweinen eine Chance!
Beiß lieber in einen Menschen hinein
aus artgerechter Haltung
Sag mir was könnte besser sein?

Farin Urlaub: »*Die ersten beiden Songs entstanden während meiner Pubertät, sooo spannend finde ich das Thema nun auch nicht. Baby war als ursprüngliches Demo irgendwie besser, viel böser und handelte von etwas völlig anderem. Das war den anderen beiden (speziell Bela) aber viel zu hart, und so habe ich quasi über Nacht einen Alternativtext geschrieben – wie schon bei Red mit mir. Leider haben wir dann bei den Aufnahmen diese Boygroup-Parodie nicht wirklich gut hinbekommen.*«

Bela B: »*Nachdem Farin mir noch mal erzählt hat, worum es in dem alten Text ging, kann ich das wieder bestätigen, und es ging nicht um die Vergewaltigung minderjähriger Leichen mit satanisch geweihten Fäkalien! Es war schlimmer. Das endgültige Lied war dann wiederum musikalisch zu hart für eine Boygroup-Parodie, selbst wenn es vor Harmonie-Gesängen nur so überquoll.*«

Rodrigo González: »*Das Schweinesolo darauf ist mir ganz gut gelungen. Uwe Hoffmann war jedenfalls schwer begeistert.*«

Ein Song, den so sicher nicht viele Rockbands in Deutschland aufnehmen würden, ist *Rock Rendezvous*. Es ist Belas spezielle Ode an die Liebe unter Männern beziehungsweise Bandkollegen. Untermalt von romantischen Klängen gesteht er Farin im Refrain endlich seine Liebe, wenn auch auf etwas sehr direkte Art und unter dem häufigen Einsatz des berühmten F-Wortes:

> *Farin, ich will dich ficken*
> *und das schon seit 17 Jahren*
> *Ich will dich ficken*
> *will mich einfach mit dir paaren*
> *Ich will dich ficken*
> *Komm schon, Farin, mach mich froh*
> *Ich will an deinen süßen Po, ohoho*
> *Will an deinen süßen Po!*

Bela B: »*In unseren früheren Punktagen sind Bernd (van Huizen) und ich auch in so einer Schwulen-Gang gelandet. Darunter war auch der spätere Travestie-Künstler Ades Zabel*[8]. *Dort haben wir zwar, schon als Provokation, oft zusammen herumgeknutscht, aber irgendwie haben mich Männer dann doch nicht gereizt, und glaubt mir, ich habe es probiert. Der Text zu* Rock Rendezvous *hat damit aber rein gar nichts zu tun. Da geht es nur um den Spaß an der Irritation. Ich wollte bewusst an unserem Rockstar-Image kratzen und mal wieder so richtig albern sein. Außerdem ist es ein Bandsong, den alle drei gleichberechtigt singen sollten.*«

Schon während der Aufnahmen des Songs ist der Band klar, dass sie bei der Live-Aufführung den Text ganz sicher so nie singen werden. Der Song schreit förmlich nach spontanen Textveränderungen, für die die Band auf ihren Konzerten hinlänglich bekannt ist.

Bela B: »*Wir haben den Song tatsächlich noch nie in der Originalversion gespielt, selbst bei keiner Probe. Immer waren die ersten beiden Strophen anders. Farin und ich haben versucht, uns an Absurdem zu überbieten. Nur Rod, die Stimme der Vernunft, blieb fast immer bei seinen ihm zugedachten Zeilen.*«

Das neue Album wird um einiges abwechslungsreicher als die Vorgänger, denn selten waren die Stilrichtungen der Songs vielfältiger als auf diesem Werk. Vor allem der Song *Rock-'n'-Roll-Übermensch* schlägt so richtig aus der Art. Es gehört zu jenen Stücken der Band, die sowohl Erstaunen als auch Ungläubigkeit hervorrufen, und ist zugleich ein Paradebeispiel für die kompositorische Zusammenarbeit von Bela und Rod. Bei ihnen wird häufig aus einer kleinen verrückten Idee ein großer verrückter Song, was meistens nicht ohne bewusstseinserweiternde Hilfsmittel geschieht. Hier ist es eine Maxi-Flasche Sake, die dazu anregt, dass wohl eines der seltsamsten Die Ärzte-Stücke überhaupt entsteht. In dem Lied, dessen Titel von einem gleichnamigen Song der holländischen Punkband Loveslug übernommen worden ist, spielt Rod ein Charango[9] und hat ansonsten mit Bela zusammen großen Spaß daran, ein unglaubliches Stück Musik abzuliefern.

Bela B: »*Den Text schrieb ich bei vollem Bewusstsein, nur der Refrain fehlte, und als Rod ›Rock'n'Roll-Übermensch‹ vorschlug, wurde das zum halbwegs roten Faden. Der Sake hat lediglich die Vernunft, nicht aber uns betäubt. Als ich den Text am nächsten Tag fertig hatte, kam Rod mit der Charango-Idee, und wir passten die weitere Instrumentierung den Strophen an. Ich hatte zwei Katzen, die bekamen eine Strophe, und das Ende war für die Apokalypse reserviert. Die Katzen hab ich dann noch per Sample in den Song eingebaut, aber das Schnurren hört man nur, wenn man's weiß.*«

Als Bela und Rod einen letzten Blick auf den Text des Liedes werfen, wissen sie selbst nicht so genau, wie sie diesen zu verstehen haben, und auch dem neutralen Beobachter fällt eine gescheite Interpretation schwer.

Ich fliege über euer Land,
bin von fernen Galaxien zu euch gesandt, jaja.
Und unser Megalaserstrahl,
bringt euch bald um, so ist's nun mal, tja.

Um Gnade winseln nützt euch nicht.
Ich tu schließlich nur meine Pflicht.
Das habt ihr euch selbst eingebrockt,
trotz alledem bin ich noch total Rock.

Ich bin der Rock-'n'-Roll-Alien,
tu die Apokalypse bewerkstelligen.

Wenn Rod Stücke schreibt, liefert er in der Regel die komplette Musik und einen Titel oder eine Textidee ab. Bela vervollständigt dann diese. Zum neuen Album bringt Rod dieses Mal ein Demo mit, das mit seinem 1980er-Grufti-Stil stark an Bands wie die Sisters of Mercy erinnert. Der Song hört auf den Namen *Leichenhalle* und handelt von einem Menschen, der des Nachts in selbiger aufwacht. Ausnahmsweise stellt Rod dieses Mal zusammen mit Farin den Text fertig, den er im Stile von Sisters of Mercy-Frontmann Andrew Eldritch singt.

Bela B: »*Eldritch lebte seit einiger Zeit in Berlin, und ich hatte Kontakt zu einem Freund von ihm. Als Riesen-Sisters-Fan schlug ich vor, ihn das Ende singen zu lassen, und verfasste die Zeilen: ›Andrew Eldritch, can you hear my call?‹, worauf er antworten sollte: ›Hau ab, du Fucker, du nervst mich total!‹ Ich wusste, dass Eldritch deutsch sprach, und der erste Teil ist ein Zitat aus dem einzigen deutschen Sisters of Mercy-Song Marianne. Als Eldritch tourbedingt absagte, wurde auch die Strophe gestrichen, und man kam dann auf Vader Abrahams Schlümpfe. Aus rechtlichen Gründen durften wir aber nicht ohne Weiteres den Schlumpfsong in Rods Lied integrieren und mussten den Teil als eigenen Song listen. Hans-Jürgen vom Gaga-Studio hatte mal mit dem Vader zu tun und warnte uns vor dessen Anwälten. Erwähnenswert ist noch, dass wir den Song als Weißpressung an Gothic-DJs verschickt haben, in der Hoffnung, dass demnächst auch im Linientreu die Schlümpfe laufen.*«

Um die Verwirrung bei den Fans, die das Album zum ersten Mal hören werden, noch weiter zu erhöhen, beschließt die Band, bei den Songtexten im Booklet des Albums an dieser Stelle einen anderen Text abzudrucken.

Letzten Endes kommt die Band auf über 30 Songs, die sie nun gedanklich in Albumtracks, B-Seiten und Sonstiges aufteilen muss. Um dies nicht auf die Schnelle entscheiden zu müssen, lassen sie sich für den Entscheidungsprozess etwas länger Zeit. Es ist aber schon jetzt aussichtslos zu glauben, dass dieses Album kürzer als die 13 werden wird.

Bela B: »*Während der Schreibphase überließ mir Farin noch ein Riff, das etwas an Social Distortion erinnerte, und den Satz ›Die Welt ist schlecht‹ zur freien Verwendung, weil er genug andere Songs* *geschrieben hatte und ich großer Fan von Social D bin. Ich schrieb daraufhin einen Song über einen Mann, der sich aus Kummer über den Verlust seiner Freundin ins Koma säuft und am nächsten Morgen neben einem anderen Mann aufwacht, in den er sich dann verliebt, weil der viel besser zu ihm ist, als seine Freundin es je war. Der Song kam dann aber nicht aufs Album, weil wir viel zu viele gute Lieder hatten.«*

Farin Urlaub: »*Dieses Zuwerfen von Ideenfetzen klappt immer besonders gut zwischen Bela und mir. Das für mich beeindruckendste Beispiel war* Mondo Bondage, *von dem ich nichts hatte als diesen sexy Titel (wie ich finde). Und ZACK! hatte er einen super Text fertig und mit Rod zusammen eines meiner Lieblings-Livestücke komponiert. Bei* Als ich den Punk erfand ... *lief es ähnlich. Ich hab das geliebt!*«

Für den finalen Mix der Aufnahmen fahren Bela, Farin und Rod abwechselnd zu Uwe Hoffmann nach Spanien. In dessen Casa Pepe-Studio wacht jeder Komponist über seine Songs und sorgt mit Hoffmann für den Feinschliff. Zum Ende der Arbeiten sind dann alle drei vor Ort, denn neben dem Mischen will man in Spanien auch das Video zur ersten Single *Wie es geht* drehen, bei dem Norbert Heitker Regie führen soll. Heitker bekommt von ihnen die Vorgabe, sie reich und schön aussehen zu lassen, alles Weitere überlassen sie ihm. Der Regisseur arbeitet daraufhin einen entsprechenden Plot aus, der vorsieht, Farin als reichen Macker darzustellen, der auf unterschiedliche Weise versucht, Frauen von sich zu überzeugen. Aber all die Statussymbole, die er auffährt, bedeuten den Ladys nichts, denn sie wollen viel lieber mit den Die Ärzte abhängen, die mit mächtig viel Spaß an Bord auf ihrem Motorboot über das Meer brettern. Da für den Dreh sommerliche Witterungsverhältnisse förderlich sind, bittet Heitker die Band für die Dreharbeiten ganz in den Süden Spaniens, in die Hafenstadt Estepona.

Bela B: »*Ich war mit Sommerklamotten angereist, doch da Rod und ich die Bodyguards von Farin spielen sollten, brauchte ich einen schwarzen Anzug. Die Produktion konnte aber nur einen gefütterten Anzug in meiner Größe besorgen, und es waren circa 30 Grad im Schatten. Das lustigste Erlebnis aber war der, sagen wir, Stunt von einem der Mädchen. Sie sollte einen Kopfsprung ins Hafenbecken machen, was aber scheinbar so gefährlich war, dass die spanische*

Produktion eine Stuntfrau engagierte. Als die erschien, staunten wir nicht schlecht, denn sie lief auf Krücken mit bandagiertem Fuß herum. Letztlich hüpfte sie sehr ungelenk ins Wasser, aber wurde voll bezahlt. Da hätte wohl lieber einer von uns einen Bikini anziehen und springen sollen.«

Nach dem Dreh fährt die Band wieder ins Casa Pepe-Studio zurück, wo sie noch einmal alle Aufnahmen durchgeht und außerdem klärt, welchen Titel man dem Album geben will und wie das Artwork aussehen soll. Doch es wirkt so, als hätte man mit den Aufnahmen bereits alles an kreativem Pulver verschossen, denn eine richtig zündende Idee will ihnen nicht einfallen – auch nicht, als es schon fast zu spät dafür ist.

Axel Schulz: »*Die Deadline für den Albumtitel war schon zwei Mal geschoben worden, weil es keinen Titel gab, auf den die Band sich einigen konnte. Eines Tages, ich war grade in Javea im Studio zu Besuch, musste ich der Band mitteilen: ›Jungs, heute um Mitternacht ist wirklich der letzte Moment, an dem wir einen Album-Titel wissen müssen, sonst müssen wir den Release verschieben.‹ Wir sind anschließend in einer größeren Gruppe in einer Tapas-Bar essen gegangen, und ich habe versucht, ein Brainstorming (auch Gehirn-Sturm genannt …) zu initiieren. So was ging aber regelmäßig nach hinten los, weil Die Ärzte sich nie vorschreiben lassen, wann sie kreativ sind, und es genau dann nicht sind, wenn sie es sein müssten. Ich bin fast durchgedreht! Es kamen wirklich nur komplett beknackte Vorschläge auf den Tisch, Teile der Gesellschaft wurden immer betrunkener, und irgendwann kurz vor Mitternacht sagte Bela (wirklich ohne Ansatz und aus heiterem Himmel) den denkwürdigen Satz: ›Runter mit den Spendierhosen, Unsichtbarer.‹ Alle schwiegen kurz, schauten sich ungläubig an, und es wurde nicht mehr länger diskutiert, wie das Album heißen sollte. Danke, lieber Bela!*«

Bela B: »*Wir hatten bis zum Schluss des Essens keinen Titel, bis die Rechnung kam und Uwe und Axel nicht wussten, wer die jetzt übernehmen soll. Ich rief dann: ›Runter mit den Spendierhosen, Axel‹ und sagte dann zu Farin, dass das doch ein guter Titel wäre. Er verzog das Gesicht, und ich fragte ihn, was ihm denn fehle. Er sagte sinngemäß, dass der Titel nicht mystisch oder geheimnisvoll genug wäre. Darauf schlug ich ›Runter mit den Spendierhosen, Dracula‹ vor,* was ihn ein wenig schmunzeln ließ. Nun überschlugen wir uns mit Variationen, wie ›Werwolf‹, ›Frankenstein‹, ›Mumie‹ etc., bis jemand ›Unsichtbarer‹ sagte. Als Farin immer noch skeptisch war, bat ich ihn zu überlegen, wie sich so ein bescheuerter Titel wohl in den Charts lesen würde. Da hat er dann endlich zugestimmt.«

Farin Urlaub: »Während der (mal wieder) endlosen Titel-Diskussion hatten wir drei Parameter für einen guten Albumtitel festgemacht: Er soll erstens sexy sein, zweitens geheimnisvoll, und drittens bedrohlich. Ich musste dann tatsächlich lachend zugeben, dass Runter mit den Spendierhosen, Unsichtbarer! schon irgendwie alle drei Kriterien erfüllte.«

Um dem Ganzen noch eins draufzusetzen, hat Farin die Idee, die CDs beziehungsweise die Vinylscheiben in türkisfarbene Plüschtaschen zu stecken, denn schließlich fallen diese dem Käufer schon von Weitem auf. Er erhofft sich, durch die ausgefallene Verpackung den Leuten einen zusätzlichen Anreiz zu bieten, das Album nicht nur zu brennen, sondern auch zu kaufen.

Axel Schulz: »Gott sei Dank kam die Idee mit den Plüschtaschen schon sehr früh auf. So hatten wir fast ein Jahr Zeit, Fellproben zu testen (lassen die sich einschweißen, laden sie sich statisch auf, flusen die, laufen die ein, et cetera ... an was wir da alles denken mussten ...) und von Herstellern anbieten zu lassen. Der beste Stoff wurde bei einem Hersteller in Portugal gefertigt. Unser damaliger Tonträger-Produzent hatte ein Dorf in Polen ausfindig gemacht, in dem viele Näherinnen wohnten. Die haben dann den Job gemacht. Unser Produzent ist mal da hin gefahren, um die Arbeit zu kontrollieren, und erzählte später, dass in der Umgebung die Bäume und Sträucher vollhingen mit türkisen Fell-Fusseln.«

Ein Album namens Runter mit den Spendierhosen, Unsichtbarer! in türkisem Plüsch – bei anderen Bands würde man sich wohl fragen, was sie dabei geritten hat. Bei den Die Ärzte rechnet man aber fast schon mit so etwas, und genau das ist vielleicht auch ein Manko des Albums.

Rodrigo González: »Als der Titel geboren worden ist, fanden wir ihn alle recht lustig, und waren froh, dass wir überhaupt einen hatten. Das hat sich aber ziemlich schnell abgenutzt, denn logischerweise wurden wir schon bald in jedem Interview nach dem Sinn dahinter befragt, was uns ziemlich schnell genervt hat. Dasselbe gilt für die Idee mit der Plüschhülle. Im Nachhinein finde ich es schade, dass wir so berechenbarer wirkten und wieder das Klischee der Funny Ärzte erfüllt haben. Es wirkt heute auf mich so wie ›Witz komm raus, du bist umzingelt‹, was schon schade ist, da ich das Album ansonsten ziemlich gut finde.«

Bela B: »*Ich bin da anderer Meinung. Ich fand den Titel zuerst mal absurd, und die Hülle hat uns gute Steilvorlagen für Irritationen geliefert, entsprach sie doch überhaupt nicht unserem bisher nah außen kommunizierten Umweltanspruch. Außerdem sah sie gut aus und war so noch nicht vorgekommen. Die Tour hieß dann* Rauf auf die Bühne, Unsichtbarer! *und so weiter. Berechenbar war das nicht. Allerdings hatten wir recht bald eine unglaubliche Anzahl an Interviews und Promoterminen, die unseren Marathon von der 13 noch übertreffen sollte. Das führte zu Unmut und Reibereien.*«

Mit der Abgabe der Bänder scheinen Die Ärzte einen Großteil ihrer Kreativität aufgebraucht zu haben. Eine besonders originelle Strategie zur Bewerbung ihres Albums will ihnen dieses Mal nämlich nicht einfallen. Band und Plattenfirma tun sich ungewohnt schwer damit, den zündenden Knaller zu finden. In einem offenkundigen Anflug von Verzweiflung engagiert Axel einen Experten, einen waschechten »Marketing-Punk«. Die Band ist skeptisch, denn jegliche Marketing-Strategien lagen ihr bisher fern, doch Axel überredet sie. Der Marketing-Punk soll neues Blut einspeisen und verkauft Band und Plattenfirma eine sogenannte Anti-Kampagne: Auf großen Plakaten verlieren dabei mehr oder weniger normale Menschen wenig nette Worte über die Band. Mal heißt es »Die Ärzte sind eine ätzende Eighties-Kapelle«, dann wieder »Die Ärzte sind die peinlichste Band der Welt«. Zwar steht rechts unten immer »Kauf die neue CD trotzdem. Die Fellhülle ist so schön.«, doch das nimmt kaum jemand wahr.

Rodrigo González: »*Die Kampagne war relativ teuer und ist völlig in die Hose gegangen. Die Plakate waren einfach scheiße und sind niemandem aufgefallen. Da waren die rundum beklebten Stadtbusse, die wir später auf die Straße geschickt haben, wesentlich effektiver.*«

Bela B: »*Ich habe durch Zufall mal ein Plakat gesehen, und es sah wirklich so aus, als wäre es eine Bankenwerbung für junge Leute –*

völlig unauffällig. Der Kinospot war absichtlich schlecht und leider ebenso unauffällig. Ich war im Kino und hab im Werbeblock gar nicht gemerkt, dass der Spot schon gelaufen war. Die türkisen Busse mit einem türkisen Sitz darin fuhren leider nur in ein paar Großstädten, aber die Aktion passte dann doch mehr zu uns. Warum haben wir einer Anti-Kampagne zugestimmt, wo wir uns doch sowieso ständig selbst ironisierten, besser gesagt ständig absichtlich zum Horst machten?! Ich werde das nie verstehen.«

Diane Weigmann: »*Die Ärzte sind gestandene Männer, aber auch Kindsköpfe und ihre eigene Werbeagentur. Wenn jemand anders versuchen soll, so kreativ wie sie zu sein, kann das eigentlich nur in die Hose gehen.*«

Den Veröffentlichungstermin für die Single legt Hot Action Records auf den Montag nach der *Popkomm* in Köln. Auf der größten Musikmesse der Welt ist wieder mal jeder vertreten, der auch nur im Entferntesten etwas mit Musik zu tun hat – einen besseren Rahmen kann es also kaum geben. Um ihre neuen Veröffentlichungen mit dem größtmöglichen Trara vorzustellen, bucht Hot Action Records für die Band ein altes Ausflugsschiff, das sie in der Mitte des Rheins zwischen der Kölner Altstadt auf der einen und dem Hyatt-Hotel auf der anderen Uferseite ankern lassen. Damit während der Messe auch wirklich jeder mitbekommt, dass es sich um das Boot von Die Ärzte handelt, gibt Axel Schulz noch eine kleine Dekoration in Auftrag.

Axel Schulz: »*Ich habe bei einer englischen Spezialfirma, die unter anderem für Pink Floyd das fliegende Schwein gebaut hatte, zwei wirklich große, aufblasbare Gwendolines bauen lassen: Die Gwen der ersten Bandphase, die noch Fleisch hatte, und die Gwen der zweiten Phase, die nur ein Skelett war, weil die Band nach Auflösung natürlich vergessen hatte, die Dame zu entfesseln. Der Firma habe ich je eine schwarz-weiße Zeichnung der beiden Gwens gefaxt und ihnen den Verwendungszweck, Größe, Material et cetera bis ins Kleinste erklärt. Die Riesen-Teile (die später noch jahrelang auf etlichen Konzerten Verwendung fanden) wurden zu unserer PA-Firma nach Werne geliefert, um sie einmal testweise in der dortigen Probenhalle aufzubauen. Ich werde nie den Anruf unseres Lichtmanns Lui Helmig vergessen, der mich fragte, ob es richtig sei, dass die Gwens BUNT sind ...*

Es hat einige Zeit gedauert, den Engländern zu erklären, dass die Shell-Muschel gelb-rot ist, die Farben von BP Grün und Weiß sind und unsere Gwens eben auf immer schwarz und weiß bleiben. Der Typ ist durchgedreht, aber es half alles nichts: Die haben einen Maler nach Deutschland eingeflogen. In der Probenhalle wurden um die beiden Gwens Gerüste aufgebaut, und die beiden Riesendinger wurden originalgetreu umgestrichen. Ich fürchte, die Engländer haben noch nie so viel Geld an einem Auftrag verloren.«

In der Tat ist das Die Ärzte-Boot durch diese dezente Verschönerungsmaßnahme nun schon von Weitem aus zu sehen. An Bord hält die Band Hof und steht den zahlreichen Medien von morgens bis abends Rede und Antwort. Der Andrang ist riesig, Die Ärzte sind mittlerweile endgültig zu Stars geworden. Genau deswegen und natürlich auch aufgrund der Wahl des Gesprächsortes möchte sich kaum ein Journalist die Überfahrt mit den eigens bereitgestellten Tendern vom Ufer zum Boot nehmen lassen. Zum Abschluss ihres Aufenthalts in Köln will die Band noch eine exklusive Club-Show im Alten Wartesaal spielen, und als wäre der Terminplan nicht eh schon voll genug, soll auch noch ein weiterer Auftritt bei Harald Schmidt hinzukommen, wo zum ersten Mal die neue Single *Wie es geht* gespielt werden soll.

Für ihren Live-Auftritt in der *Harald-Schmidt-Show* haben sich Bela, Farin und Rod etwas Besonderes ausgedacht. Entgegen der Gepflogenheiten wenden sie sich nicht Richtung Publikum, sondern bauen sich um den Schreibtisch von Harald Schmidt herum auf. Somit überreichen sie sich ihm als leibhaftiges Geburtstagsgeschenk, denn der Showmaster feiert am nächsten Tag seinen 43. Geburtstag. Bevor die Band Harald Schmidt ihre neue Single vorspielt, wärmen sie sich erst einmal mit *Dauerwelle vs. Minipli* auf. Schmidt setzt sich vorsichtshalber schon mal Schallschutzkopfhörer auf, die man aufgrund der bald einsetzenden brachialen Lautstärke auch gut gebrauchen kann. Nach der unvermeidlichen Werbepause findet schließlich die Uraufführung von *Wie es geht* statt, an das die Band zum Abschied noch ein Geburtstagsständchen für Schmidt dranhängt.

Schmidt hält natürlich auch brav die neue Single in die Kamera. Die Verpackung ist einem stinknormalen CD-Rohling nachempfunden, auf dessen weißen Einleger in roter Schrift die Titel und

Autorenangaben vermerkt sind. Auf der Rückseite prangt wie beschlossen das *Kill Them All! Die Initiative*-Logo. Man kann es schon als gewagt bezeichnen, eine Single mit einem solchen Artwork inmitten der Raubkopierdebatten zur *Popkomm* zu veröffentlichen. Auch der berühmte Otto Normalverbraucher muss schon etwas genauer hinsehen, um es als das, was es ist, zu verstehen. Das Beste ist aber in der CD-Hülle versteckt. Klappt man diese auf, sieht man die Band mit Jaguar-Cabriolet, Mobiltelefonen und teuren Anzügen als Yuppies posieren. Wenn man dann auch noch das CD-Tray aus der Hülle nimmt, entblößt sich das Foto einer dreiköpfigen Black-Metal-Band vor einem Leichenwagen mit Warpaint, Nagelnieten, Spikes, Leder und jeder Menge Waffen wie Morgenstern, Sense, Panzerfaust oder Maschinengewehr.

Bela B: *»Das war vielleicht unsere teuerste Fotosession jemals. Wir hatten die Wagen gemietet, geliehene Designeranzüge und natürlich die Waffen. Rodrigos Schwester war die Ausstatterin und hatte von uns detaillierte Angaben bekommen, was sie besorgen sollte – ohne Rücksicht auf die Kosten. Farins Make-up, wenn man es so nennen darf, habe ich gemacht, und Rod hat sich selbst entstellt. Dass wir das besonders teure Black-Metal-Foto auch noch auf der Single versteckt haben, empfand ich als typische DÄ-Glanzleistung. So waren nur wir. Für die nächste Tour haben wir dann aber das Foto für ein Langarmshirt benutzt, das ich designen durfte.«*

Farin Urlaub: *»Bela und Rod hatten da deutlich mehr Erfahrung als ich Black-Metal-Vollanfänger. Das unfassbar Teure an dem Foto waren vor allem die Waffen, denn die waren tatsächlich echt und scharf! Der Waffenmeister stand auch während des Fotoshootings die ganze Zeit daneben und hat aufgepasst, dass wir uns nicht versehentlich umbringen.«*

Rodrigo González: *»Ganz klar unser schönstes Bandfoto! Das Beste der Besten der Allerbesten!«*

Die Tage in Köln gestalten sich für die Band sehr kurzweilig. Während man tagsüber mit Journalisten rumhängt, ist für zwei Drittel der Band am Abend anständiges Amüsement angesagt. Gerade das Hyatt-Hotel, in dem die Band untergebracht ist, ist während der *Popkomm* eine der Partyhochburgen der Stadt. Nicht immer aber geht man dabei bis zum Äußersten.

Bela B: »*Nachdem ich an einem Abend unten an der Hotelbar noch einen Absacker zu mir genommen habe, bin ich ziemlich erledigt in mein Bett gefallen. Als ich gerade eingeschlafen war, klingelte das Telefon auf meinem Zimmer. Ich nahm ab und verstand in meiner Verschlafenheit erst gar nicht, wer da auf Englisch auf mich einredete. Erst nachdem ich wieder etwas munterer wurde, merkte ich, dass es Dr. Alban war, der meine Zimmernummer ausfindig gemacht hatte. Er erzählte mir, dass er zwei Mädchen bei sich hätte, die angeblich große Fans von mir waren, und wollte fragen, ob er mit ihnen zusammen auf mein Zimmer kommen könnte, um etwas Spaß zu haben. Ich habe dankend abgelehnt.*«

Beim Konzert im Alten Wartesaal wollen Die Ärzte dann nicht nur ihre neue Single, sondern auch ihr neues Album vorstellen. Die quadratischen und türkisfarbenen Eintrittskarten für dieses Konzert deuten bereits auf dessen Gestaltung hin. Natürlich ist das Konzert in Windeseile ausverkauft gewesen, und entsprechend groß ist die Ticket-Nachfrage vor dem Club. In dem großen Gewölbe unter dem Kölner Hauptbahnhof ist derweil eine Luftfeuchtigkeit vorhanden, die einem Urwaldhaus im Zoo locker die Show stiehlt. Schon beim Betreten des Ladens ist man nass geschwitzt, und mit den ersten Liedern der Band tropft das Kondenswasser unaufhörlich die Decke herunter. Axel Schulz ist immerhin so schlau und verbringt einen Teil des Konzertes mit einem kalten Lappen auf der Stirn stehend an der Bar. Seine Künstler können derlei Annehmlichkeiten leider nicht für sich in Anspruch nehmen – sie spielen bis zur buchstäblichen Erschöpfung. Neben *Wie es geht* spielen sie im Laufe des Konzertes auch erstmals die auf der Single enthaltenen B-Seiten *Poser, Du bist ein ...* und *Die Instrumente des Orchesters*. Auch das neue Album wird präsentiert, doch wer sich auf weitere neue Stücke gefreut hat, wird enttäuscht, denn die Band bittet lediglich eine junge Dame auf die Bühne, die ein lebensgroßes, türkises Plüsch-Quadrat trägt. Was für die Band ein Brüller ist, erzeugt beim Publikum allerdings nur Stirnrunzeln, denn noch haben die wenigsten so wirklich kapiert, dass das neue Album ebenfalls in einer Plüschverpackung erscheint.

Bela B: »*Es war so heiß, dass Rod sich irgendwann in den Schatten einer Box stellte und nicht mehr zu sehen war. Farin und ich konnten* *dem heißen Bühnenlicht dagegen nicht so leicht entkommen. Dummerweise wurde das Konzert auch noch filmisch festgehalten und sollte am nächsten Tag auf VIVA gesendet werden. Am nächsten Morgen mache ich vom Bett aus den Fernseher an, schalte auf VIVA und sehe uns schweißüberströmt, mit zerstörten Frisuren, Augenringen und eingefallenen Wangen neben dem Schatten unseres versteckten Bassisten performen. Diese Ausstrahlung hätte ich gern verhindert, aber Axel hatte sie in der Nacht freigegeben, weil er uns nicht wecken wollte.«*

Farin Urlaub: »*Das war wirklich eine Zombie-Show und sehr schade, weil sowohl das Publikum als auch wir eigentlich totale Lust auf das Konzert hatten.*«

Nach dem Sauna-Konzert in Köln spielen Die Ärzte noch jeweils eine exklusive Show in Wien und in Zürich, bevor die *Hard Pop Days* auf dem Tourplan stehen. MTV hat diese Tourneereihe ins Leben gerufen und dafür große Bands wie Die Ärzte, Die Fantastischen Vier, die Bloodhound Gang oder Bad Religion gebucht, die zusammen in kleinen Städten wie Landsberg, Halle, Koblenz und Lichtenfels auftreten sollen. Obwohl MTV ordentlich für die Konzerte getrommelt hat, ist der Vorverkauf sehr schlecht. Am besten ist er noch in Hannover, wo in diesem Jahr auch die Weltausstellung Expo gastiert. Diese ist auch dafür verantwortlich, dass Die Ärzte eine sehr beschwerliche Anreise in die niedersächsische Landeshauptstadt haben.

Rodrigo González: »*Von Axel wurde uns für die Fahrt ein sehr komfortabler Kleinbus versprochen, doch anscheinend hatte sich, wie es damals leider häufiger der Fall war, niemand so wirklich darum gekümmert. Nach dem Tourneeauftakt in Lichtenfels haben wir in München geschlafen. Als wir am nächsten Tag unseren Bus in Empfang nehmen wollten, lag jedenfalls keine Reservierung für uns vor. So mussten wir in unserer Not das nehmen, was da war. Aufgrund der Expo in Hannover war da aber nicht viel Auswahl, und so haben wir wohl oder übel eine VW Caravelle genommen, die nur eine ungepolsterte Rückbank hatte und keine getönten Scheiben besaß, richtig Drückerkolonnen-Style. Darin haben wir uns mit unserem Fahrer bei 40 Grad durch den nie enden wollenden Stau nach Hannover gequält. Das war die reinste Tortur. Wir haben uns noch an einer Raststätte schwarze Folien gekauft, um ein bisschen Schatten zu haben, doch das* hat nichts gebracht. Wir waren mit den Nerven am Ende. Als wir in Hannover aus dieser Sardinenbüchse herausgefallen sind, haben sich die anderen Bands wie Fünf Sterne deluxe totgelacht. Die sind alle mit einem Nightliner gefahren, nur halt die lustigen Ärzte nicht. Ich war stocksauer und bin die nächste Route lieber im Bus der Crew weitergefahren, wo es wenigstens hinter dem Fahrer eine kleine Koje gab.«

Bela B: »Unterwegs mussten wir den Wagen sogar noch wechseln und bekamen einen noch übleren Bus. Ich weiß noch, wie Bo von Fünf Sterne Deluxe gerade von der Bühne kam, als ich aus dem Bauarbeitergefährt stieg, und kopfschüttelnd zu mir meinte: ›Ich dachte, ihr seid Stars?‹ Nach Hannover gab's dann wenigstens einen mittelgroßen Pkw, der zwar kaum Platz für unser Gepäck bot, aber wir durften nicht wählerisch sein.«

Ausgerechnet in Hannover soll ihre Show, so wie auch schon die Auftritte der Bloodhound Gang und der Fanta 4, live im TV gezeigt werden. Als die Band kurz nach 20 Uhr die Bühne betritt, ist ihr der Stress jedoch nicht anzumerken. Die Ärzte sind froh, sich endlich sinnvoll verausgaben zu können. Trotzdem steht für sie fest, dass sie sich zukünftig in die Obhut einer anderen Konzertagentur begeben wollen. Kurz darauf sprechen sie in Absprache mit ihrer Managerin Kiki Ressler an und bitten ihn, sich zukünftig neben den Konzerten der Toten Hosen auch um die ihren zu kümmern. Ein Schritt, der zugleich noch weitere Vorteile mit sich bringt.

Axel Schulz: »Ich war sehr erleichtert über diesen Schritt. Managen und die Plattenfirma leiten: Okay, das ging noch. Aber die Touren obendrein? Das wurde mit der Zeit doch zu groß für mich, und Kiki konnte und kann das auch viel besser, als ich es jemals können werde. Für uns beide war es damals eine echte Win-win-Situation: Er hatte die Hosen, ich Die Ärzte, und es war klar, dass beide Bands niemals gleichzeitig veröffentlichen und touren würden. Daher mussten sowohl Kiki als auch ich für die Tourperioden eine nicht unerhebliche Infrastruktur aufrechterhalten und finanzieren, die natürlich auch in den Tour-freien Zeiten aufrechterhalten werden musste. So lag es nahe, dass Kiki künftig auch die Die Ärzte-Touren organisiert. Dadurch konnte seine Infrastruktur dauerhaft genutzt werden, während meine nicht mehr nötig war. Diese Zusammenlegung war sicher eine meiner besseren Ideen.«

Die Ärzte verbringen mit ihrem Publikum jedenfalls einen wunderschönen Sommerabend in Hannover, bei dem die Zuschauer zum ersten Mal seit der Indizierung wieder *Claudia hat 'nen Schäferhund* zu hören bekommen und auch sonst eine bestens aufgelegte Band erleben. Den Chor-Teil im Song *Der lustige Astronaut* nutzt Farin wieder für Publikumsanimationen (»... und jetzt singen alle Leute, die nicht auf der Expo waren ...«). Als er irgendwann nur die Leute, die an den Geschlechtsteilen gepierct sind, darum bittet, den Chor zu singen, ist es merklich still im Publikum, nur hinter dem Schlagzeug kann man ein tiefes »Lalalalala« vernehmen.

Bela B: »*Wir hatten auch unsere kleinen verchromten Monkey-Mofas auf der Bühne, mit denen wir ein bisschen auf der Bühne rumfuhren, was besonders beim langbeinigen Farin furchtbar cool aussah. Wir hatten wirklich Spaß an den Konzerten, bedeutete jede Minute auf der Bühne doch weniger Zeit im Auto.*«

Farin Urlaub: »*Wir hatten ein wenig Bammel, denn der Bloodhound Gang eilte der Ruf voraus, eine sensationelle Live-Band zu sein, und wir wollten natürlich als Headliner nach ihnen nicht völlig abkacken. Es wurde dann aber eines dieser rundum perfekten Konzerte, nach denen man sich verwundert die Augen reibt und sich fragt, warum es denn bitte schön nicht immer so viel Spaß machen kann.*«

Das schöne Wetter von Hannover bleibt der Band auf der Tournee nicht erhalten. Besonders katastrophal ist die Lage im Kurt-Wabbel-Stadion von Halle an der Saale: Hier ist Weltuntergangsstimmung angesagt, denn es regnet ohne Unterlass in Strömen. Dies hält Die Ärzte aber nicht davon ab, ihr Publikum zu Brei zu rocken.

Bela B: »*Die anderen Bands haben an diesem Tag recht lustlos ihr Programm durchgezogen. Wir haben jedoch ein legendäres Konzert gespielt. Das lag wohl auch daran, dass wir den anderen Bands gegenüber die Regenerfahrung voraus hatten. Es war schon öfters der Fall, dass wir besonders gut gewesen sind, wenn die äußeren Bedingungen extra mies waren. In Halle haben wir jedenfalls einen unglaublichen Umsatz an T-Shirts gehabt. Der lag auf dieser Tour höher als in jeder anderen Stadt, und das obwohl dort die wenigsten Leute waren.*«

Farin Urlaub: »*Ja, Bela hat recht: Unter widrigen Umständen laufen wir gerne zu ungeahnter Hochform auf. Ups, das klingt jetzt aber sehr narzisstisch.*«

Der große Zuspruch ist umso bemerkenswerter, wenn man weiß, dass die Gegend um Halle an der Saale mit zu den strukturschwächsten Regionen der BRD zählt. Trotz des guten T-Shirt-Verkaufs bleiben sowohl hier als auch bei der letzten Station in Koblenz die Besucherzahlen hinter den Erwartungen zurück.

Ab Oktober ist endlich das neue Album *Runter mit den Spendierhosen, Unsichtbarer!* erhältlich. Die Plattenkäufer treiben auch dieses Album an die Spitzenposition der Charts. Zur Veröffentlichung rühren Die Ärzte auf VIVA die Werbetrommel, wo man ihnen dieses Mal sogar eine ganze Die Ärzte-Woche widmet. Zu deren Beginn werden sie von Moderator Oliver Pocher zu Königen von VIVA gekrönt und tauchen fortan mit Umhang und Krone in diversen Formaten des Senders auf. Zum Abschluss und zu Ehren von Farins Geburtstag dürfen sie am 27. Oktober zwei Stunden lang die Sendung *Interaktiv* moderieren, bei der die üblichen Moderatoren des Senders wie Mola Adebisi, Oliver Pocher oder Jessica Schwarz im Publikum sitzen. Die Zuschauer bekommen während dieser Zeit Quatsch der feinsten Sorte serviert. Bela, Farin und Rod machen allerdings nur gute Miene zum bösen Spiel, denn das ach so lustige Konzept des Senders fällt ihnen schnell auf die Nerven und sorgt anschließend für ernsthafte Grundsatzdiskussionen.

Rodrigo González: *»Ganz ehrlich, das war für mich das demütigendste Erlebnis in meiner Karriere. Schon bei der anfangs tollen Idee, dass wir in sämtlichen VIVA-Sendungen intervenieren dürfen, hatten wir unterschätzt, wie niveaulos manche Redaktion sein kann. Auf jeden Fall war dieses Erlebnis ein Grund für uns, zukünftig nicht mehr jeden Scheiß für die Promo zu machen.«*

Im Rahmen der Die Ärzte-Woche wird auch erstmals das Video zur zweiten Single *Manchmal haben Frauen ...* gezeigt. Regisseur dieses Videos ist wieder Olaf Heine, der anfangs abgelehnt hatte, für den Song ein Video zu drehen, da er keinen Zugang zu dem Stück gefunden hatte. Irgendwann war ihm aber die Idee mit der »Ersten Bodybuilding-Meisterschaft der Frauen in der DDR« in den Sinn gekommen, und er hat diese dann eingereicht. Sie gefiel auch der Band und vor allem Bela, den Heine mit der Hauptrolle bedachte, ganz hervorragend. Nach Heines Idee spielen Die Ärzte in dem Video die steife und verklemmte Jury eines Frauen-Bodybuilding-Wettbewerbs. Bela verliebt sich dabei in eine der kräftigen Frauen und kann sie sogar dazu überreden, ihn mit zu sich nach Hause zu nehmen, wo die beiden schnell im Bett landen. Allerdings hält Belas Auserwählte dort für ihn keine Zärtlichkeiten, sondern Schläge bereit, die so heftig sind, dass sowohl Bela als auch das Bett bald blutüberströmt sind. Bela aber lächelt, denn er ist schwer verliebt und hat endlich eine Frau gefunden, die ihn und seine Sehnsüchte versteht.

Olaf Heine: »*Der Song von Bela hatte mich zunächst musikalisch nicht hinterm Ofen hervorgelockt. Ich fand ihn etwas plump. Mir gefiel es mehr, wenn Bela eine gewisse Wut in seine Songs legte – wie bei Ignorama. Irgendwann hat es aber Klick gemacht, und ich habe den Spieß umgedreht. Ich erinnerte mich daran, dass ich die Band Terry Hoax Mitte der 1990er mal bei einem weiblichen Bodybuildingwettbewerb fotografiert habe. So kam es zu der Idee, starke Frauen zu nehmen und Bela als kleinen Hanswurst darzustellen. Ich wusste, dass Bela das liefern kann, da ich seine schauspielerischen Fähigkeiten kannte. Der Dreh war richtig anstrengend. Am ersten Drehtag haben wir 19 Stunden in einer Sporthalle in Hamburg gedreht, am zweiten Drehtag haben wir über 25 Stunden in einer Wohnung verbracht. Allein an der Prügelszene haben wir 8 bis 9 Stunden gedreht. Das ständige Überschminken von Belas Tattoos hat am meisten Zeit in Anspruch genommen, denn jedes Mal, wenn er sich ins Bett gelegt hatte, war alles wieder weg. Doch Bela hat das mit uns durchgezogen. Heute ärgere ich mich, dass wir daraus nicht noch einen Kurzfilm mit Dialog gemacht haben, denn das hätte die Story locker hergegeben.*«

Das Video gibt der Single einen großen Schub, und auch die Radio-Einsätze schnellen für diesen eher ungewöhnlichen Song in die Höhe. *Manchmal haben Frauen ...* wird zu Belas bislang erfolgreichstem Lied und klettert bis auf Platz 4 der deutschen Single-Charts. Doch es gibt auch Aufregung um den Song, und einige Radiosender verbannen ihn gar aus ihren Playlisten. In einer Radiosendung wird Bela auch noch von diversen Frauenrechtlerinnen aufs Übelste beschimpft.

Diane Weigmann: »*Ich kann gar nicht begreifen, wie man diesen Song ernsthaft falsch verstehen kann. Ich finde ihn sehr lustig und weiß, wie er gemeint ist, und wenn einer charmant zu Frauen ist, dann ist es wohl Bela B.*«

Wie bei Die Ärzte üblich, so befinden sich auch auf dieser Single wieder exklusive B-Seiten. Darunter ist der Song *Rettet die Wale* von Farin – eine abgefahrene Punkrock-Nummer, die in 1:50 Minuten auf charmante Art und Weise zum Rundumschlag gegen das Abschlachten von Walen, Pädophilie und die Atomwirtschaft ausholt. Danach ist das Lied *Matthäus 1:5:0* zu hören, das hart darum kämpft, die Bezeichnung »Lied« überhaupt tragen zu dürfen, denn eigentlich ist nur Gegrunze und Gekreische zu hören. Nach einem möglichen Subtext sucht man jedenfalls vergebens.

Bela B: »*Wir brauchten noch eine B-Seite, und Lothar Matthäus hatte gerade sein 150. Länderspiel, das im Studio im TV lief. Rod und ich finden Herrn Matthäus ein bisschen widerlich, also haben wir schnell eine Grindcore-Nummer improvisiert und irgendeinen Scheiß drübergegrölt. Wir waren beide Black-Metal-Noise-Grind-Fans und tobten uns hier ordentlich aus. Der Titel sollte dann nach Evangelium klingen.*«

Rodrigo González: »*Hahahaha.*«

Normalerweise hätte Farin die Zeit zwischen der Veröffentlichung des Albums und des Tourbeginns zu einem ausgedehnten Urlaub genutzt, doch dieses Mal bleibt er zu Hause, denn er verfolgt einen Plan. Er will die Zeit nutzen und an seinem ersten Soloalbum arbeiten. Der Gedanke zu einem solchen Schritt stand schon des Öfteren im Raum, denn zu jedem Die Ärzte-Album schreibt Farin immer viel mehr Lieder als nötig, und bei so manchen hat es ihm in der Seele wehgetan, sie in die Schublade packen zu müssen. Nun kommt der passende Arschtritt ausgerechnet in Person von Bela, der bei einem Interview zum neuen Album herausposaunt, dass Farin im nächsten Jahr ein Soloalbum veröffentlichen wird, und ihn damit bewusst unter Zugzwang setzt.

Farin Urlaub: »*Das ist leider so bei Bela: Er hat schon ein paarmal Dinge rausposaunt, die wir vorerst unter Verschluss halten wollten. Andererseits hat er dann dermaßen reizend die Werbetrommel für mein Soloalbum gerührt, dass ich ihm nicht mehr böse sein konnte.*«

Für das Jahr 2001, den wirklichen Beginn des neuen Jahrtausends, steht die große *Rauf auf die Bühne, Unsichtbarer!*-Tour[10] auf dem Programm. Der erste Teil der Konzertreise beginnt Anfang März und soll die Band zunächst durch die kleineren Hallen der

Republik führen. Anschließend spielen Die Ärzte im Sommer in größeren Hallen wie der Dortmunder Westfalenhalle und auf diversen Open-Air-Bühnen und Festivals. Auch exklusive Shows in Osteuropa sind geplant. Um für die neue Show zu proben, trifft sich die Band Ende Februar in einem angemieteten Proberaum in Hamburg.

Farin Urlaub: »*Die Ärzte, die einzige halbwegs erfolgreiche Rockband ohne eigenen Proberaum! YES!*«

Hier soll am letzten Tag des Monats ein Proberaum-Wunschkonzert stattfinden, das über T-Online live im Internet ausgestrahlt werden soll. Derlei Live-Konzerte sind zu dieser Zeit noch nicht groß in Mode, und wenn, dann zeichnen sie sich durch sehr pixelige Bilder und holprigen Ton aus, denn die Bandbreiten sind noch nicht dafür ausgelegt. Das Wort »Streaming« gibt es zwar schon, doch der reißende Strom entspricht eher einem kleinen Bächlein. Schon auf der Die Zu Späten-Clubtour im letzten Jahr hatte die Band einen ersten Versuch gestartet, ein Konzert live im Internet zu übertragen. Allerdings war der Server der Band damals dem enormen Zuspruch der Fans nicht gewachsen, und die Übertragung brach immer wieder zusammen. Nun soll also ein neuer Versuch her. Für Jörg »Auge« Augsburg, der – seit Die Ärzte online vertreten sind – die Web-Präsenz der Band als Webmaster betreut, ist klar, dass der Die Ärzte-Server auch dieses Mal dem Massenansturm nicht standhalten wird.

Jörg Augsburg: »*In den ersten Jahren der Homepage gab es das Problem, dass es kaum passende Server gab, die für einen solch enormen Traffic ausgelegt waren. Heute bietet jeder Provider große Volumen an, doch damals gab es das nicht. Damit wir nicht noch einmal so einen Zusammenbruch wie bei der Übertragung der Clubshow erleben, sind wir auf T-Online zugegangen, die das bei sich auch gleich ganz oben aufgehängt haben. Und selbst deren Server sind nachher bei der Übertragung kurzzeitig in die Knie gegangen.*«

Da sich die Band nicht in die Karten schauen lassen will, wie das neue Programm aussieht, kommt sie auf die Idee, dass die Fans sich über einen Chatroom Lieder wünschen können, die sie live proben. Jedem Liedwunsch muss aber eine gute Begründung beigefügt werden. Die ganze Aktion steht unter der Überschrift *Üben, Unsicht-*

barer! und beschert den Servern von T-Online und *bademeister.com* wie erwartet einen gewaltigen Ansturm, denn natürlich möchte jeder Fan die Möglichkeit nutzen und sich sein persönliches Lieblingslied wünschen. Viele Fans sehen die Aktion auch als Chance, einmal Songs zu hören, die so wohl nie auf einer Setlist auftauchen würden. Die Vermittlung zwischen Fans und Band übernimmt eine junge Dame von T-Online, die jedoch nicht sonderlich bewandert im Die Ärzte-Kosmos ist. Als sie sich bei *Elke* verhaspelt und den Song zunächst als *Dicke* anmoderiert, fängt sie sich auch gleich einen Rüffel von Bela ein, der sie charmant darauf hinweist, dass das Westernhagen-Wunschkonzert auf einem anderen Server stattfindet. Die Band hat während der zwei Stunden dauernden Aktion viel Spaß und bemüht sich, auch selten oder nie zuvor live gespielte Stücke hinzubekommen. Während Songs wie *Regierung* oder *Für uns* schon nach kurzem Überlegen verworfen werden, bekommen die Fans immerhin Perlen wie *Wir werden schön, Sie tun es, Mr. Sexpistols, Rod Loves You* oder *Ewige Blumenkraft* zu hören. Mit *Geld, Manchmal haben Frauen ..., Wie es geht, Rock Rendezvous* und *Yoko Ono* werden auch Songs vom neuen Album gespielt.

Yoko Ono, der mit Abstand kürzeste Song auf dem neuen Album, zählt auch zu den Kuriositäten der Band. In nur 30 Sekunden bringt Farin hierin den Hass auf eine nervige Freundin treffend auf den Punkt und wählt den für einen Beatles-Fan wie ihn wohl schlimmsten Vergleich überhaupt.

Du hast mir nichts als Pech gebracht.
Hast mich nur belogen.
Du hast mich lächerlich gemacht,
mein Konto überzogen.

Du nervst noch mehr als Yoko Ono.
Du gehst mir ewig auf den Sack.
Du haust nicht ab aus meiner Wohnung.
Du hast einen beschissenen Musikgeschmack.

Zu dem Song existierte ursprünglich noch eine geheime zweite Strophe, doch Farin belässt es bei einer Strophe und einem Refrain. In all seinem epischen Ausmaß wird der Song am 5. März als dritte Single aus *Runter mit den Spendierhosen, Unsichtbarer!* ausgekoppelt.

Farin Urlaub: »*Hauptsächlich war da schon der Gedanke dahinter: Wir machen wieder mal was, was noch keiner gemacht hat.*«[11]

Bela B: »*Das Intro mit dem dann hereinbrechenden Gewitter war so brachial und majestätisch zugleich, dass eine zweite Strophe völlig unnötig wurde.*«

Für die Single-Veröffentlichung nimmt man gleich noch zwei Alternativversionen des Songs auf – eine dreiminütige »Maxi-Version« namens *Do Brasil* und einen *L'Age D'Or Mix*. Letztere Version ist eine Anspielung auf Bands der berühmt-berüchtigten Hamburger Schule[12]. Um deren oft schrammeligen Sound so gut wie möglich hinzubekommen, spielt die Band den Song extra kompliziert ein.

Farin Urlaub: »*Ich trug Handschuhe, Rod spielte den Bass linksrum, und Bela hat Hi-Hat und Snare getauscht oder so. Das sollte schon absichtlich wirklich übel klingen!*«

Bela B: »*Den Text habe ich dann auch improvisiert und mehr gesprochen. Unser Verständnis der Hamburger Schule eben. Hüstl...*«

Die Single beschert den Die Ärzte gleich mehrere Rekorde. Mit dem dazugehörigen Video von Sven Bollinger, der es noch auf 47 Sekunden gestreckt hat, schielen sie auf einen Eintrag ins *Guinness-Buch der Rekorde* für den kürzesten Musikvideoclip aller Zeiten – und tatsächlich bekommen sie ihn auch. Außerdem legen sie mit dem Lied den kürzesten Auftritt einer Band in der TV-Show *Top of the Pops* hin und sind auch die erste Band, deren neues Video in voller Länge in der *Harald-Schmidt-Show* zu sehen ist. Dort sind sie am 27. März 2001 kurz vor ihrem Konzert im Kölner Palladium, das genau gegenüber von Schmidts Studio 449 liegt, wieder einmal zu Gast. In der Show geht Harald Schmidt nicht nur auf die neue Single der Die Ärzte ein, sondern auch auf den neuen Comic der Band, der den schauderhaften Namen *Geschichten aus der Die Ärzte #1: Angriff der Fett-Teenager* trägt. Der Titel geht auf ein gleichnamiges Demo von Rod zurück, das dieser einst zu den Aufnahmen von *13* vorgestellt hat, das aber abgewählt worden ist, weil es als Fanbeleidigung missverstanden werden konnte. Den Comic jedenfalls hat Schwarwel gezeichnet, der ihn auch zusammen mit Bela unter dem Dach des gemeinsamen Comic-Verlags EEE herausbringt.

Bela B: »*Drei Jahre vorher erschien ein anderes Comic von uns bei EHAPA, das aber an unserem Humor scheiterte. Nie zuvor war mir mehr klar, dass wir eben nicht einfach nur Klamauk und Kalauer sind. So etwas merkt man erst, wenn jemand anderes versucht, deinen Humor zu treffen. Bei Schwarwels Comic war das anders. Er kannte uns sehr gut und mischte Versatzstücke aus Erlebtem mit Texten von uns. Dieses zweite Comic war deutlich besser.*«

Schwarwels Comic ist im Stile des *Elke*-Videos gehalten und entführt den Leser in die wunderbare Welt der Die Ärzte. Dabei lernt der Leser so wichtige Dinge wie das Votze-Spiel kennen, das darin besteht, dass Bela und Farin sich so lange das Wort »Votze« an den Kopf werfen, bis der Erste anfängt zu lachen – was meistens Farin ist.

Bela B: »*In irgendetwas muss ich ja gut sein!*«

Farin Urlaub: »*Ich habe wirklich JEDES VERDAMMTE MAL verloren, und wir haben das oft gespielt. Kleiner Tipp: Wenn Rod live auf die Gitarrenposition wechselt und ich Bass spiele, gehe ich während eines längeren Intros gerne mal zum Schlagzeugpodest – so wie die ganzen groovigen Rockbassisten das auch immer gerne tun. Nur schauen Herr B und ich uns dann tief und ernst in die Augen und beginnen dies wunderschöne und völlig zu Unrecht übel beleumundete Wort wie ein Mantra gleichzeitig aufzusagen. Von wegen kindisch – wir verspielen uns dabei nicht einmal!*«

Im Anschluss an die Harald-Schmidt-Aufzeichnung steigt im ausverkauften Palladium das 14. Konzert der *Rauf auf die Bühne, Unsichtbarer!*-Tour. Zwischen dem Studio und dem Palladium liegt das E-Werk, wo an diesem Abend Kylie Minogue ein exklusives Konzert spielt. Schon direkt zu Beginn des Konzertes von Die Ärzte begrüßt Bela das Kölner Publikum mit »Hey, wir sind Kylie Minogue aus Sydney, Australien« und legt damit den Grundstein für weitere Anspielungen auf die australische Sängerin. So muss die Minogue auch für einen improvisierten Reim bei *Die Instrumente des Orchesters* herhalten. Obwohl der Song nur als B-Seite auf der *Wie es geht*-Single erschienen ist, liegt er der Band sehr am Herzen und hat es ins aktuelle Tourprogramm geschafft – sehr zur Freude seines Komponisten.

Farin Urlaub: »*Ich finde es bis heute schade, dass ich den Song als B-Seite zur Verfügung gestellt habe. Wäre später beim FURT eine schöne Single gewesen, vielleicht ... tja.*«

Zusammen mit *Rock Rendezvous* bildet der Song den stets ausufernden Anfang des letzten Zugabenblocks. Bela und Farin dichten dem Song, der aus zwei Strophen und drei verschiedenen Refrains besteht, jeden Abend mit großer Freude spontan neue Strophen hinzu. In Köln fallen Farin folgende Verse ein:

Bela, du denkst, ich hätte dich gern.
Doch Bela im Ernst, das liegt mir fern.
Und weißt du auch, mit wem ich dich betrog?
Mit Kylie – Minogue.

Normalerweise ist nach dem anschließenden *Rock Rendezvous* und dem unvermeidlichen *Zu spät* Schluss, doch die Band will in Köln einfach nicht von der Bühne gehen und hängt noch Lieder wie *Teenager Liebe* oder *Hurra* dran. Das finale *Yoko Ono* (es ist das dritte Mal, dass die Band den Song an diesem Abend spielt) geht auf Kosten eines armen Kellners, der sich schon den ganzen Abend mit einem großen Tablett voll Kölsch durch die wilde Menge schlängelt, um den obergärigen Gerstensaft unters Volk zu bringen. Bela findet solch einen Getränkeservice mitten im Moshpit ziemlich waghalsig und stachelt das Publikum dazu an, sich bei *Yoko Ono* das Kölsch zu krallen. Die Band wartet noch, bis der Kellner genau in der Mitte der Menge ist, und schon mit dem ersten Akkord des Liedes steigt über den Köpfen der Pogo-Fraktion eine große Bierfontäne auf. Immerhin lädt Bela den Kellner anschließend zum Merchandise-Stand ein, wo sich dieser ein sauberes T-Shirt seiner Wahl besorgen kann.

Der erste Tourblock endet am 4. April in Regen – nicht in Niederschlag, sondern der Stadt in Niederbayern. Farin nutzt die freie Zeit bis zum nächsten Konzert, um zusammen mit Uwe Hoffmann letzte Hand an sein Soloalbum anzulegen. Hot Action Records nutzt derweil die Gelegenheit, um mit *Rock'n'Roll-Übermensch* eine letzte Single aus dem aktuellen Album auszukoppeln. Passend zu dem merkwürdigen Song dreht die Band unter der Leitung von Philipp Stölzl ein noch viel merkwürdigeres Video. Stölzl ist, obwohl noch recht jung, bereits ein renommierter Regisseur, der schon zahlreiche Videos mit Rammstein abgedreht hat und jüngst sogar beim

American Pie-Video von Madonna auf dem Regiestuhl saß. Für das neue Die Ärzte-Video hat er sich ein Möbelhaus nahe Berlin als Ort des Geschehens ausgesucht, wo die Band im Stile abgehalfterter Schlager-Interpreten einen Playback-Auftritt spielt.

Um die Uncoolness noch weiter zu steigern, steckt Stölzl die Band in die scheinbar hässlichsten Klamotten, die er auftreiben konnte. So tragen Farin und Rod lila Hemden mit dünnen, weißen Lederschlipsen, während Bela einen altrosa-farbenen Pullover mit *Hard Rock Café*-Schriftzug anhat. Darüber tragen alle drei noch schwarze Lederblousons, die auch als Taxifahrerwesten bekannt sind.

Bela B: »*Ich habe die geliebt!*«

Die sonst so coolen Die Ärzte sehen zum Davonlaufen aus.

Farin Urlaub: »*Da ich ja keinerlei nennenswerten Bartwuchs habe, wurden mir sogar eklige Halbkoteletten angeklebt, denn: Schön sein kann ja jeder.*«

Nach Idee der Band soll das Video eine Found-Footage-Optik[13] haben, die die private Filmaufnahme des Möbelhausbesitzers, gespielt von Matthias Matschke, zeigen soll. Stölzl lässt auf hochwertigen 35mm-Film drehen und arbeitet die Aufnahmen anschließend in mühevoller Arbeit auf Homevideo-Qualität um. Die Qualität ist dann wirklich so schlecht, dass selbst die Band erschrocken ist.

Rodrigo González: »*Rock'n'Roll-Übermensch ist immer noch ein sehr geiles Video – so absurd und so teuer. Eines der größten und aufwendigsten Videos, die wir je gemacht haben. Als wir es zum ersten Mal zu sehen bekamen, fühlten wir uns wie bei* Spinal Tap. *Wir dachten, dass die schlechte Qualität an der Kassette liegt. Erst später hat man uns gesagt, dass es so beabsichtigt ist. Da sind wir kreidebleich geworden.*«[14]

Bela B: »*Es ist eher ein Film denn ein Video. Wieder ist der Sound der Handlung lauter als die Musik, und die Geschichte wird im Stile von Found Footage-Filmen erzählt, die mit* The Blair Witch Project *gerade erst erfunden waren. Definitiv zu hip für* MTV.«

MTV lehnt den Look des Videos sogar schlichtweg ab und verbannt es auf die hinteren Sendeplätze. So taugt das teure Video nicht dazu, die Albumverkäufe nochmals großartig anzukurbeln. Die Ärzte aber beweisen damit, dass sie ihrer Zeit voraus sind, denn nur wenige Jahre später gibt es schon viel mehr solcher Videos und Filme zu sehen, wie beispielsweise den Clip zu *Low* von den Foo Fighters oder J.J. Abrams' Spielfilm *Cloverfield*.

Rodrigo González: »*Da haben teilweise Zuschauer bei MTV angerufen, weil sie dachten, dass etwas mit dem Empfang nicht stimmt. Die haben sich daraufhin dazu entschlossen, das Video nur noch im Nachtprogramm zu zeigen. Ich denke, dass solche Sachen die ansonsten gute Platte etwas kaputt gemacht haben. Die geile Idee eines so abgefahrenen Videos ist dadurch verpufft, weil die wenigsten dieses Video dann tatsächlich gesehen haben. Irgendwie waren wir nicht stringent genug. Es war mehr Kraut und Rüben und nicht von Anfang bis Ende durchdacht, wie bei der 13 oder später bei der Jazz ist anders.*«

Bela B: »*So unterschiedlich kann man das sehen. Ich habe nur Lob für das Video bekommen.*«

Rodrigo González: »*Ja, es gab in meinem Bekanntenkreis, die eher nicht auf unsere Musik standen, sehr viel Respekt und Lob für den Song. Das Video kannten die meist nicht, wie auch, es gab ja noch kein YouTube.*«

Eine Sache, die ebenfalls von den meisten Fans nicht gut angenommen wird, ist die Single selbst. Statt der üblichen Bonussongs befinden sich dieses Mal darauf ausschließlich Remixe des Songs, die diverse DJ-Formationen wie Blank & Jones und Lexy & K-Paul für die Band angefertigt haben. Für die Punkrock-gewöhnten Die Ärzte-Anhänger ist das wohl zu viel des Guten. Wie es so oft in Rock- oder Punkkreisen üblich ist, empfinden auch sie die Remixe als einfallslose Geldmacherei.

Bela B: »*Die Idee war es, mit dem Song in die Dance-Charts zu kommen. Wir hätten es lustig gefunden, wenn zwischen all diesen Künstlern dort auch unser Name gestanden hätte. Um dieses Ziel zu erreichen, haben wir den Song auch für Remixe freigegeben und tatsächlich acht bis zehn Remixe zurückbekommen, und einer davon ging in die Dance-Charts.*«

Rodrigo González: »*Der Blank & Jones-Remix wurde tatsächlich in den Discos gespielt, und ich habe später als Gegenleistung ihren Song* Watching the Waves *für ihre B-Seite remixt, beziehungsweise eigentlich mehr zerstört.*«

Ende Mai 2001 wird die *Rauf auf die Bühne, Unsichtbarer!*-Tour in Österreich fortgesetzt. Anschließend sammelt die Band mit ihrem ersten Konzert in Bozen einen neuen Länderpunkt. Höhepunkte dieses Sommers sind sicherlich die ausverkauften Konzerte in der Berliner Wuhlheide. Die große Open-Air-Arena im Osten der Stadt, die früher der DDR-Führung als Kundgebungsstätte für ihre Pionierfeiern diente, wird zum Schauplatz der bisher größten Einzelkonzerte der Band. Am 22. und 23. Juni kommen jeweils 17.000 Zuschauer, um Die Ärzte zu sehen.

So viel Zuspruch lässt auch die Band sentimental werden. Schon während der gesamten bisherigen Tournee haben sie jeden Abend die Toten in der *Leichenhalle* statt aus Schlumpfhausen aus einem anderen Ort kommen lassen[15]. Als Reminiszenz an den historischen Auftrittsort stimmt die Band den alten Soilent Grün-Song *FDJ Punx* an. Nach Beendigung des Songs kommt Bela zu Farin rüber und fragt diesen sichtlich gerührt: »Hättest du jemals gedacht, dass wir diesen Song einmal vor 17.000 Menschen spielen würden? Ich nicht.« Es dauert eine kurze Weile, bevor die Show weitergehen kann. Derlei private Gefühlsausbrüche von Bela und Farin sind eher selten auf einem Die Ärzte-Konzert anzutreffen. Zur Zugabe kommt Diane Weigmann von den Lemonbabies für *Manchmal haben Frauen ...* mit auf die Bühne – allerdings nicht zu Fuß, sondern an einem riesigen Holzkreuz hängend. Viele der anwesenden Fans werden diese Konzerte auch mit den Beatsteaks verbinden, die im Vorprogramm spielen und sich hier mit den Garlic Boys aus Japan abwechseln. Die Beatsteaks sind die erste Band, die es schafft, das *Ärzte*-Publikum so richtig mitzureißen. Für sie sind die Konzerte ein deutlicher Karriereschub, deren endgültiger Ritterschlag wird jedoch erst in zwei Jahren folgen.

Arnim Teutoburg-Weiß: *»Es war eine fantastische Tour, und es erschien uns alles wie ein Traum. Ich habe nicht eines ihrer Konzerte verpasst. Das Konzert in der Wuhlheide war auch ein ganz besonderes. Wir hatten unsere 30 Minuten ziemlich gut drauf, und in meinen Augen gab es keine bessere Vorband auf diesem Planeten als uns. Wir haben in dieser Zeit sehr viel gelernt und sehr viel gefeiert. Bela, Farin und Rod spielten ein super Konzert nach dem anderen. Die Setlist war eigentlich immer dieselbe, aber die Abende und besonders die Ansagen waren immer anders – immer frisch, immer im Hier und Jetzt, bloß keinen Witz von gestern wiederholen. Das war ihr*

2008 – 2011

Die Ärzte beim Auftakt ihrer *Jazzfäst*-Tournee im Apelsinclub in Moskau (17.05.2008), fotografiert von einem weiblichen Die Ärzte-Fan aus Russland!

Tanzeinlage knackiger Herren bei *Deine Freundin (wäre mir zu anstrengend)* in der Wuhlheide, 2008. Unten: A

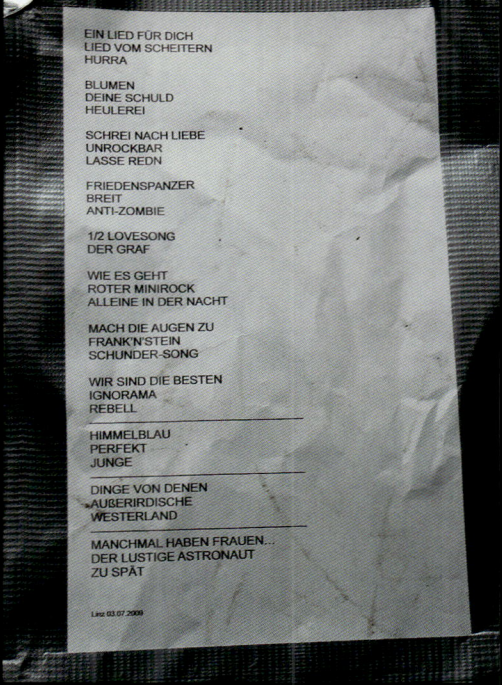

Oben links: Irrer Kletterer in der Wuhlheide anno 2008, der für sein Kunststück sogar Komplimente von der Bühne erntete, gleichzeitig aber auch darum gebeten wurde, er möge wieder heile unten ankommen. Rechts: Bela in

Oben: Live in Ferropolis (21.06.2008). Unten: Live in Bonn (12.08.2008).

Oben: Live in Dresden (04.07.2008). Unten: Live am Chiemsee (20.08.2008).

Oben: Die Ärzte live 2008. Dritte Bildreihe: Knapp dreistündige Konzerte fordern allmählich ihren Tribut. Die Ärzte mit Nordic-Walking-Sticks und Rollator auf der Bühne. Unten links: Bela und Rod mit Tarnkappen bei *Nie gesagt*. Unten rechts: Die Ärzte mit Veranstalter Claude Nobs beim Montreux Jazz Festival 2009.

Oben: Konzert für den DÄOF in Hamburg, 17.06.2009: Die Ärzte in veränderter Bühnenposition, Bela mit DÄOF-Jacke und Farin, der behauptet *Zu spät* auch mit verbundenen Augen spielen zu können. Unten: 5-fach-Gold-Award für die Macher des DÄOF (im Bild links der Autor selbst, für ihn ein bis heute unvergesslicher Tag).

Die Ärzte alias Laternen-Joe, 2011

Bild Mitte rechts: Farin und Bela stellten sich nach dem Auftaktkonzert in Zwickau ihren Wutfans. Unten: Tourpass von der *Small World*-Tour.

Oben: Ladies only: XX-Konzert in der Dortmunder Westfallenhalle 2011. Auch die Crew, sofern nicht weiblich, muss hier als Frau erkennbar sein. Lichtmann Lui Helmig (rechts) hat dies besonders ernst genommen und sich extra chic gemacht.

ben: Zarte Eleganz, wohin man schaut und Bela, der virtuos auf die Triangel haut. Unten: Die Ärzte wurden zu eginn des XX-Konzertes auf einer großen Schaukel von der Decke heruntergelassen. Bela, der unter Höhenangst idet, konnte die Fahrt nicht wirklich genießen. Rechts: Eintrittskarten zum XX-/XY-Konzert

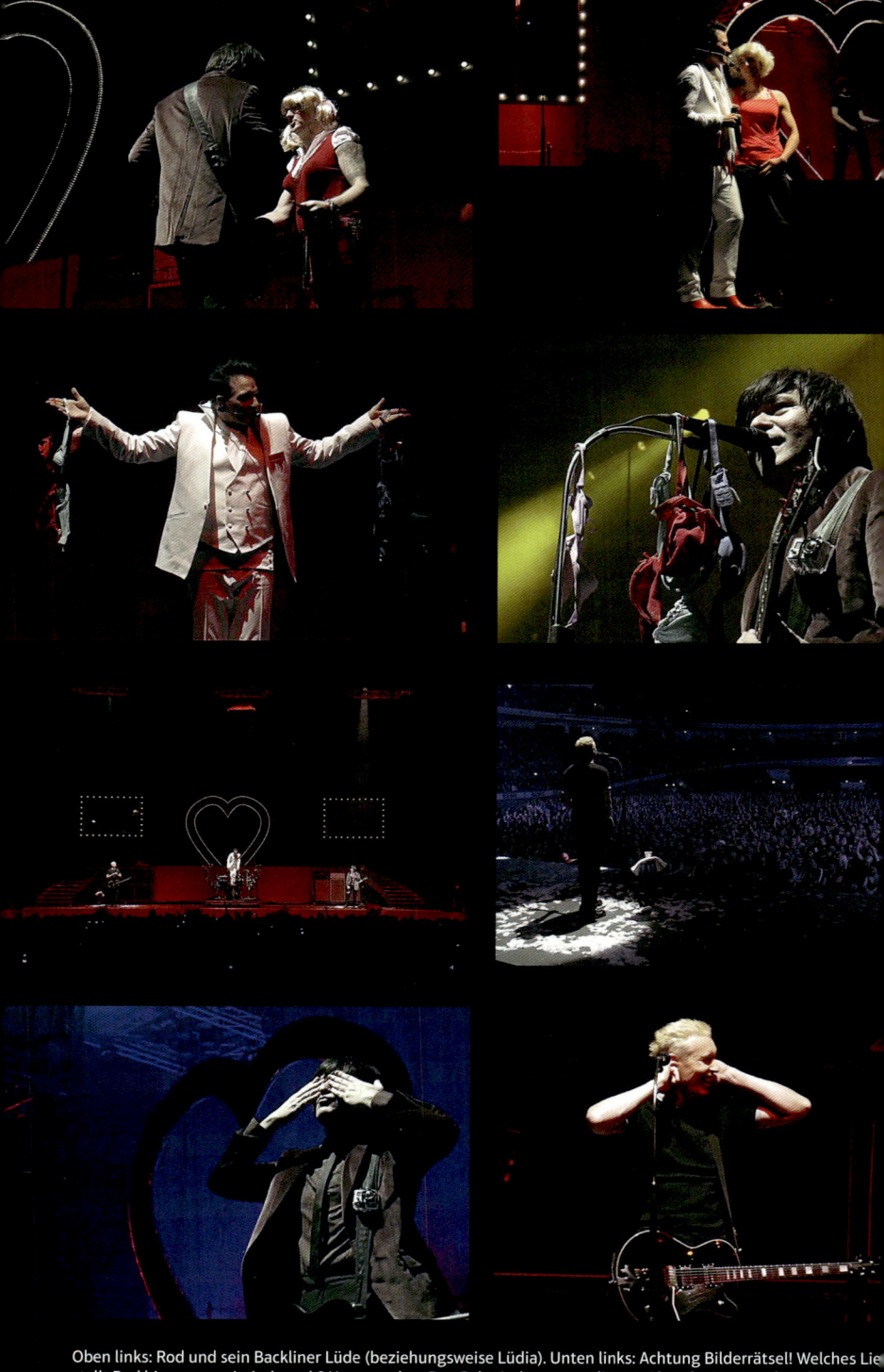

Oben links: Rod und sein Backliner Lüde (beziehungsweise Lüdia). Unten links: Achtung Bilderrätsel! Welches Lie stellt Rod hier pantomimisch nach? Unten rechts: Das Gekreische war an diesem Abend mitunter ohrenbetäuben

Für Die Ärzte ging mit diesem Konzert ein lang gehegter Traum in Erfüllung: Endlich mal ein Konzert zu spielen, bei dem nur Frauen anwesend sind. Entsprechend romantisch war das Bühnenbild gestaltet.

Oben: Drei Herren auf der Bühne und deutlich mehr als 2000 Mädchen im Publikum hatten sichtlich ihren Spaß

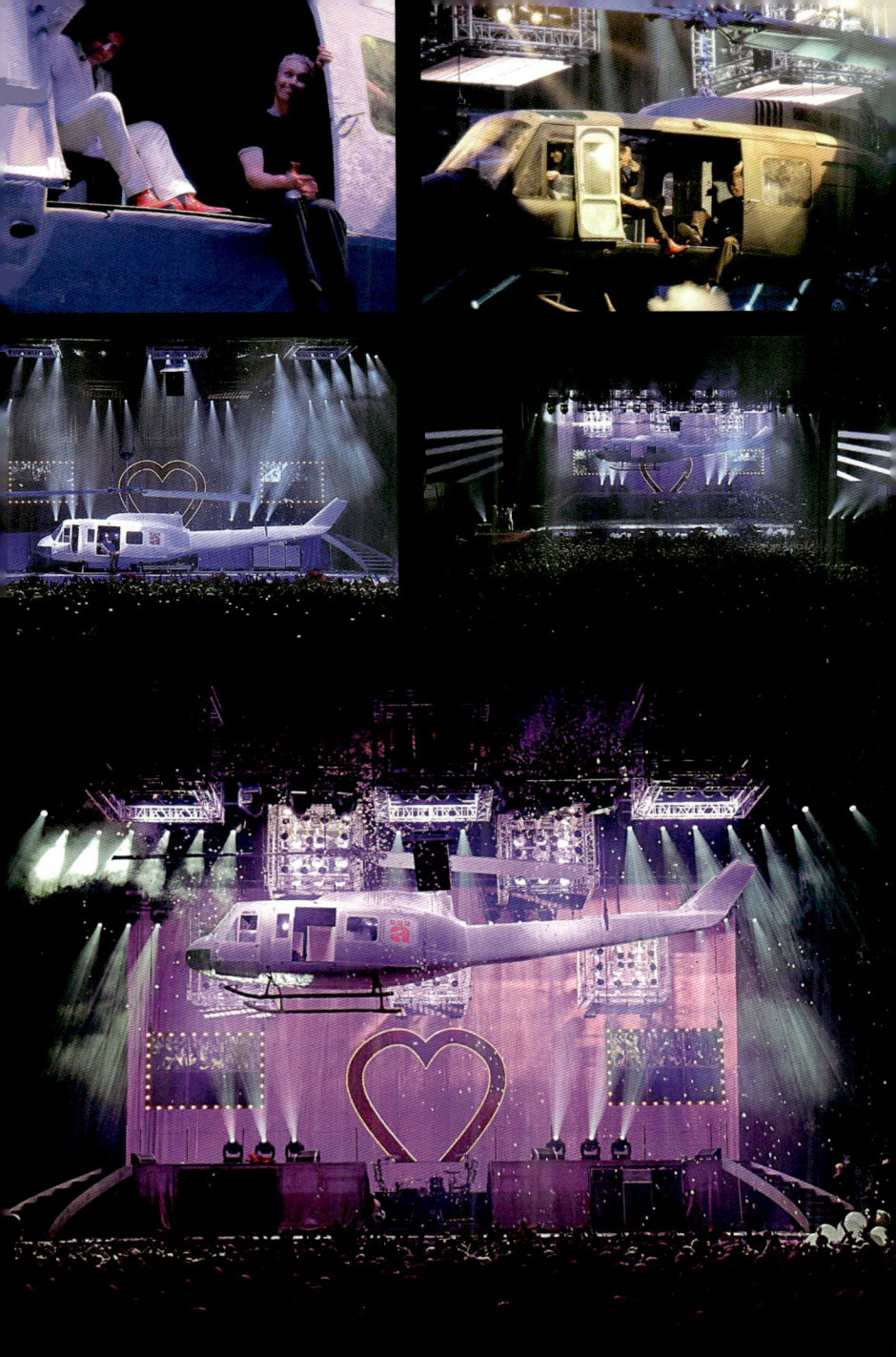

Es wurde wirklich an nichts gespart: Nach den XX- und XY-Konzerten entschwanden Die Ärzte nach Konzertende

Bela und sein Compardre Rodrigo González tranken beim XY-Konzert mit Underberg auf Blutsbrüderschaft. Mitte: Beim Männer-Konzert gab es zur Einstimmung Monster-Truck-Filme. Links unten: Während des langsam vorgetragenen Songs *Omaboy* wurden alle erdenklichen Pyroeffekte ausgepackt und schier sinnlos verballert - sehr zur Freude der Band und des Publikums.

Trick in Perfektion. Ich habe irgendwann auf der Tour Bela in seiner Garderobe unseren neuen Song Let Me In vorgespielt. Er drückte mich und sagte: ›Alter, ihr könnt ja auch Hits.‹ Das hat mich unglaublich stolz gemacht, und selbst wenn es kein Hit geworden wäre für unsere Band – allein dieser Moment hätte mir gereicht.«

Zur großen Überraschung der Fans – und auch von Bela und Farin – erscheint im Laufe der Tournee Rods erste Solosingle *I'll Fight Hell to Hold You*. Rod hat hier aus einem Song vom KISS-Album *Crazy Nights* eine lupenreine Disconummer gemacht, für die er auch ein entsprechendes Video gedreht hat. Bela und Farin erfahren erst durch das Video von der Single und wundern sich, dass Rod ihnen nichts gesagt hat. Dafür übernehmen sie den Song als Intro für die Live-Version von *Ich ess' Blumen*.

Rodrigo González: »*Diese Single war ein absoluter Schnellschuss. Ich hatte kurz vorher einen Song für einen Sampler der KISS Army Deutschland beigetragen, und der kam irgendwie dem Dance-A&R von Motor Music in die Hände. Dann kam ein Anruf, dass sie so gerne diesen Song als Single für den Sommer hätten, weil sie noch keine Disconummer für das Sommerloch hatten. Unter der Bedingung, dass es auch nur die eine Single wird und ich danach nicht noch mehr Discosongs machen müsste, sagte ich zu. Bela und Farin waren da im Urlaub. Da Farins Album ja auch von Motor vermarktet wurde und im Herbst veröffentlicht werden sollte, bin ich davon ausgegangen, dass es von Motor berücksichtigt wird. Es gab auch ein sehr schnell produziertes Video von Kai Sehr dazu, und ich habe mich sehr gefreut, wieder mal etwas mit ihm zu machen. Die Single kam dann im Sommer raus und hat für Motor irgendwie die Disco-Lücke gefüllt – danach war das auch alles schnell ad acta gelegt. Ich fand's gut, dass die Menschen nun auch mal zu einem anderen KISS-Song als* I Was Made for Lovin' You *tanzen konnten.*«

Während die Tour im Gange ist, wird verkündet, dass die Band zum Abschluss ihrer Tournee in Westerland spielen wird. Was folgt, ist ein großer Aufschrei, denn natürlich werden Erinnerungen an das letzte Westerland-Konzert geweckt, und jeder weiß, welche Folgen dieses damals hatte. Die bange Frage, ob dies nun wieder das Ende der Band sein wird, hält die Fans aber nicht davon ab, sich Karten für das Konzert am 8. September zu holen. Wie schon anno

1988 wollen Band und Management auch dieses Mal wieder für ihre Unterstützer eine ordentliche Party steigen lassen. Für Axel Schulz ergibt sich jedoch eine ungeahnte organisatorische Hürde.

Axel Schulz: »*Für mich war es ein Problem, für die vielen Gäste der Platin-Party, die dort am selben Wochenende in Wenningstedt stattfand (und zu der einige Hundert Freunde eingeladen waren), ausreichend geeignete Unterkünfte zu buchen. Passenderweise fand am selben Wochenende auf Sylt ein Ärzte-Kongress statt. Wir haben uns mit denen um die Hotelzimmer kloppen müssen. Am Ende hatten wir zwar genug Betten zusammen, aber lange nicht genug in der Kategorie, die viele unserer Gäste gewohnt waren, und die ich ihnen gerne geboten hätte.*«

Das Konzert soll dieses Mal nicht im Kursaal, sondern in einem Hangar auf dem Inselflughafen stattfinden. Damit die Fans nicht draußen in der Kälte stehen müssen, um auf den ersten Zug zum Festland zu warten, wird die Halle die ganze Nacht gebucht. Auf die Initiative von Axel und der Band hin soll im Anschluss an das Konzert eine große Aftershow-Party stattfinden. Um die Wartezeit für die Fans zu verkürzen, soll jedes Bandmitglied dabei für jeweils eine Stunde als Schallplattenunterhalter fungieren. In der Tat wird die Insel für das Konzert wieder einmal von Die Ärzte-Fans überschwemmt – noch zahlreicher als beim letzten Mal. Der Autor dieses Buches ist auch zugegen.

Der Autor: »*Wir sind am Freitag mit dem Zug vom Rheinland aus Richtung Westerland gestartet. Unterwegs mussten wir mehrmals ungeplant anhalten, was dazu führte, dass unser Zug eine satte Verspätung hatte und es aussichtslos schien, dass wir noch den letzten Zug nach Westerland bekommen würden. Tatsächlich hat dieser aber in Hamburg-Altona über eine Stunde auf uns gewartet, und dementsprechend böse haben uns die Leute in dem wartenden Zug angesehen, als wir eingestiegen sind. Im Zug selbst sind wir bei der dreistündigen Fahrt nach Westerland fast an Langeweile gestorben. Als wir nach gefühlt sieben Jahren auf der Insel angekommen sind, hatten wir noch das klitzekleine Problem, dass wir keinen Schlafplatz hatten. Zum Glück sind wir aber bei irgendjemand untergekommen. Bevor wir da einfielen, sind wir noch durch die menschenleeren Straßen der Insel gelaufen, um noch eine Kneipe oder etwas dergleichen zu suchen, das* noch aufhat. *Aus einer Kneipe stolperte auf einmal ein Mann raus, der eine ziemliche Ähnlichkeit mit einem uns bekannten Schlagzeuger hatte. Als wir da rein wollten, wurden wir kurz vom Türsteher beäugt und dann radikal abgewiesen. Das muss also diese eine Liebe sein, von der Farin in* Westerland *immer so sehnsuchtsvoll singt.«*

Bela B: »*Eigentlich war ich nur mit Teilen der Crew in der Hotelbar und hab privatisiert.«*

Das Konzert selbst gerät zu einem würdigen Ende einer famosen Tournee. Schon der Anfang beschert den ersten Gänsehautmoment, denn statt des bisherigen Konzert-Intros, der Titelmusik der TV-Serie *The Man from U.N.C.L.E.*, ertönen die Fanfare und die Worte »Ladies and Gentlemen: Die beste Band der Welt« – so wie es 1988 war und auch auf dem *Nach uns die Sintflut*-Album zu hören ist. Danach sind aber nicht die ersten Akkorde von *Radio brennt*, sondern Rodrigos zorniger Bass und *Dauerwelle vs. Minipli* zu hören. Zum letzten Mal spielt die Band an diesem Abend ihr fast dreistündiges Tourprogramm, und die über 5.000 Anwesenden gehen frenetisch mit. Wie schon der Kursaal ist auch diese Halle nur mäßig für Konzerte geeignet. Sie ist groß, kalt und hält für die Band noch eine schöne Überraschung parat.

Rodrigo González: »*Wir waren wohl so laut, dass von der Decke Gips auf uns niederregnete. Das war schon ein bisschen eklig.«*

Bela und Rod lassen es sich nicht nehmen, das Publikum mehrfach darauf hinzuweisen, dass bald das erste Soloalbum von Farin Urlaub erscheint. Bela hat sich die erste Single *Glücklich* sogar extra auf sein Sample-Board am Schlagzeug programmiert, um sie während der Show bei jeder sich ihm bietenden Gelegenheit anzuspielen. Darüber hinaus ziehen sich Bela und Rod auch noch weiße Overalls an, die rundum mit dem Cover von Farins Soloalbum bedruckt sind.

Farin Urlaub: »*Ich wusste davon natürlich nichts und war, hier passt das Wort mal, tatsächlich schwer gerührt.«*

Farin ist wohl auch erleichtert, dass das Publikum *Glücklich* bereits begeistert mitsingt. Zur Zugabe ist wieder *Bullenstaat*-Zeit. Schon auf den vorangegangenen Konzerten hat die Band immer wieder einzelne Kostproben ihrer *5, 6, 7, 8 – Bullenstaat!*-CD eingestreut. Nun spielen sie mehr als eine Handvoll Stücke daraus, darunter auch das beim Publikum inzwischen sehr beliebte *Bravopunks*. So richtig von der Bühne gehen mag von den dreien scheinbar heute niemand, und so folgt Zugabe auf Zugabe und Songs wie *Scheisstyp*, *Du willst mich küssen* oder *Zu spät*. Als das Konzert nach über dreieinhalb Stunden vorbei ist, wird für die anschließende Aftershow-Party aufgebaut, auf der es dann neben Freibier auch die DJ-Sets von BelaFarinRod zu hören gibt.

Bela B: »*Ich hab dann von der Bühne runter ein Fass Bier spendiert, das natürlich nicht für alle Leute reichte, aber für eine Lokalrunde waren die paar Zehntausend Leute doch zu viel.*«

Viele Besucher halten bis zum Schluss durch, um von hier aus direkt zum Inselbahnhof weiterzuziehen und einen der ersten Züge zum Festland zu erwischen.

Der Autor: »*Das Wetter war mehr als ungemütlich. Als wir irgendwann zwischen mitten in der Nacht und früh am Morgen den Bahnhof erreichten, platzte dieser aus allen Nähten. Es war kaum noch ein Durchkommen möglich. Als der erste Zug eintraf, gab es kein Halten mehr, sondern ein irrsinniges Gedränge. Manche kletterten sogar über die Fenster in die Abteile, um ja von hier wegzukommen. Es ging zu wie bei einer Massenflucht – Flucht aus Westerland.*«

Die Band, ihr Management und Teile der Crew bleiben allerdings noch für einen Tag auf der Insel, denn sie haben noch einen gemeinsamen Termin. In der Lagerhalle der Sylt-Quelle in Rantum findet am Sonntag ein Gala-Menü zugunsten der Aktion *Kochen gegen Rechts* statt. Dieses wird von Jörg und Ole von der Roten Gourmet Fraktion organisiert, die zusammen mit weiteren Top-Köchen wie Ralf Zacherl oder Stefan Marquard ausgefallene Gerichte wie »Aal Oral« oder »Hannibals Leibgericht« zubereiten. Ein Großteil der Einnahmen der Aktion geht an den Verein *Gesicht zeigen!*, für dessen Arbeit gegen Intoleranz und Rechtsradikalismus.

Jörg Raufeisen: »*Das war eine richtig schöne Veranstaltung. Zusammen mit all den anderen Köchen haben wir an diesem Abend zwölf Gänge serviert und hatten viel Spaß. Wenig später haben Ole und ich unser Buch* Kochen für Rockstars *veröffentlicht, was ich im Nachhinein bereue. Das war auch der Anfang vom Ende der RGF bei den Ärzten. Es heißt, dass da Sachen drinstehen, die die Band blöd fand, und das obwohl Rod noch ein Kapitel dazu beigesteuert hatte. Hinzu kam, dass Ole immer mediengeiler wurde, immer öfter* *im Fernsehen zu sehen war. Farin fühlte sich dann nicht mehr wohl, weil er immer das Gefühl hatte, dass einer mit einer Kamera neben ihm steht, und Bela hat es irgendwann genervt. Ich habe mich da rausgehalten und bin irgendwann, nachdem ich mich komplett überarbeitet hatte, bei der RGF ausgestiegen. Zu meiner Freude hat sich die Band dann irgendwann wieder bei mir gemeldet und angefragt, ob ich 2012 und 2013 nicht mit auf Tour kommen möchte, was ich dann auch gemacht habe.«*

Die entspannte Atmosphäre ist für alle Anwesenden aus dem Ärzte-Tross ein angenehmer Ausklang einer überaus erfolgreichen Tournee. Schon zwei Tage später sieht es allerdings nicht mehr ganz so lustig aus. Am Dienstagmorgen ahnt wohl niemand, dass dieser 11. September 2001 einer dieser Tage wird, an dem jeder später wissen wird, was er wie und wo gemacht hat. Es ist 8:46 Uhr New Yorker Zeit, als eine voll besetzte Passagiermaschine der American Airlines in den Nordturm des World Trade Center (WTC) fliegt und eine gewaltige Explosion verursacht. Als die ersten Nachrichtensender davon berichten, glaubt man noch an einen Unfall, einschließlich der Führung der USA. Präsident George W. Bush sitzt ahnungslos bei einer Schülervorlesung in Sarasota, Florida, als er von seinem Stabschef informiert wird. Als um 9:03 Uhr auch der Südturm des WTC von einer Boeing 767 getroffen wird, ist jedoch allen klar, dass dies kein Unfall, sondern ein kalkulierter Angriff mit menschlichen Waffen ist – eine Attacke, die das Herz von Amerika treffen soll und es auch tut.

Weltweit unterbrechen nun alle Fernseh- und Radiosender ihr laufendes Programm, und so sehen und hören die Menschen, wie um 9:59 Uhr erst der Nordturm und eine halbe Stunde später auch der Südturm des World Trade Center einstürzen und sich eine gigantische Staubwolke über New York City legt. Spätestens jetzt ist jedem klar, dass diese Katastrophe ein gewaltiger Massenmord ist, der Tausende von Menschen das Leben kostet. Als wäre das alles noch nicht schlimm genug, so sickert nun auch durch, dass auch der Sitz des US-Verteidigungsministeriums, das berühmte Pentagon bei Washington. D.C., von einem Passagierflugzeug getroffen worden ist und ferner ein weiteres Passagierflugzeug in Pennsylvania zerschellt ist, das wohl als Anschlagsinstrument für ein Ziel in Washington dienen sollte. Nicht nur in Deutschland sieht man, wie das einst so urbane New York City einer Szenerie aus *Mad Max* gleicht. Die Bilder wirken surreal, doch sie sind leider echt. Wie soll man auch verstehen, was nicht zu verstehen ist? Einen Anschlag solchen Ausmaßes hat die westliche Welt zuvor noch nie erlebt.

Farin hält sich an diesem schicksalhaften Tag bei VIVA in Köln auf. Er ist als Gast für die zweite Stunde der Sendung *Interaktiv* eingeladen, um dort sein Soloalbum *Endlich Urlaub!* zu promoten. In einer Werbepause werden er und Moderatorin Jessica Schwarz über die Terroranschläge in den USA informiert. An eine normale Fortsetzung der Sendung ist nun nicht mehr zu denken, denn niemand möchte jetzt noch über Pop-Songs reden.

Farin Urlaub: »*Ich war so stolz auf das Album, und plötzlich gab es kaum etwas Unwichtigeres auf der Welt als ein Soloalbum. Ich habe nachts auf der Rückfahrt viel nachgedacht und telefoniert, wie wohl viele andere auch. Ich habe dann das geplante Cover meines Albums schweren Herzens für teures Geld zurückgezogen und neu gestalten lassen, da ich kein brennendes Gebäude zeigen wollte.*«

Bela B: »*Jeder Mensch auf der Welt weiß, wo er sich an dem Tag aufgehalten hat. Ich war zu Kostüm- und Setproben in St. Petersburg, und wir haben es erst gar nicht glauben können. In Russland war die Stimmung auch völlig anders. Wir sahen Schlangen vor den Banken, wo Leute noch an dem Tag Dollars kauften.*«

Auch nach dem 11. September steht die Welt unter Schock. Für den bekannten deutschen Journalisten Peter Scholl-Latour bedeutet dieser Tag das Ende der Spaßgesellschaft. Er ist in diesen Tagen ein gern gesehener Experte, denn offenbar gibt es keinen, der die Worte *Al Qaida* so bedrohlich aussprechen kann wie er. Hinter diesen Worten verbirgt sich die Terrororganisation, die für die Anschläge verantwortlich sein soll. Jedem ist klar, dass die USA eine entsprechende Antwort an Al Qaida und ihre Sympathisanten schicken werden, und so ist die Angst vor einem neuen Weltkrieg allgegenwärtig.

Eigentlich sollte am 13. September eine Lesetour der Die Ärzte durch die Säle der CineStar-Multiplex-Kinos starten. Anlass dafür ist die erste offizielle Band-Biografie namens *Ein überdimensionales Meerschwein frisst die Erde auf*, die Die Ärzte in Zusammenarbeit mit ihren Fanclub-Leiter Markus Karg und vielen weiteren Helfern auf die Beine gestellt hat. Doch nun wird ernsthaft überlegt, die ganze Sache abzublasen, denn die Band tut sich sehr schwer damit, angesichts von über 3.000 Toten einen auf lustig zu machen. Es wird heiß diskutiert, doch letztlich beschließen sie, die Tour durchzuziehen. Auf der ersten Lesung in Weimar erklärt Bela auch warum:

Bela B: »*Wir, Die Ärzte aus Berlin, wollten diese Lesereise eigentlich absagen aus verständlichem Grund, warum auch viele Leute in diesen Tagen Events wie diese absagen. Aufgrund der Geschehnisse in Amerika geht's auch uns nicht so wirklich gut. Wir stehen an der Schwelle zu einem dritten Weltkrieg – empfinden jedenfalls einige so. Trotzdem glauben wir, dass das nichts ändert, wenn jetzt jeder zu Hause sitzt im stillen Kämmerlein, und darum haben wir die Lesereise dann doch begonnen und werden sie auch zu Ende führen. Denn wenn die Welt still steht, ist genau das erreicht, was diese Leute erreichen wollen, die andere Menschen umbringen.*«[16]

Am Ende wird die Lesetour eine willkommene Abwechslung für alle Beteiligten. Die Band, Markus Karg und vor allem das Publikum haben viel Spaß an den Lesungen, die nicht selten frei von jeglichem Niveau sind, dafür aber beste Unterhaltung bieten. Die 24 schönsten Geschichten und Auswüchse werden später zur Adventszeit auf *bademeister.com* als kostenloses Download-Album namens *Männer haben kein Gehirn* angeboten. Der Titel ist dabei überaus passend gewählt, denn wie sonst könnte man sich Debatten über das Trocknen von Kot an den eigenen Genitalien oder über Werschwänze erklären.

Bela B: »*Wir waren eine fleischgewordene Übersprungshandlung!*«

Farin Urlaub: »*Ich weiß, das klingt wahrscheinlich höchst unglaubwürdig, aber ich habe nach einem Konzert keinerlei Erinnerung mehr an den Quatsch, den ich oder wir währenddessen erzählt habe/n. Bei der Lesetour war es ähnlich. Als ich mir die Mitschnitte hinterher angehört habe, bin ich laut lachend aus allen Wolken gefallen – was für ein unfassbarer Unfug! Das würde ich gerne jeden Tag machen.*«

Nach der Lesereise macht Rod endlich Urlaub. Bela steht in Russland für seine erste Hauptrolle in dem Spielfilm *Edelweißpiraten* vor der Kamera, und Farin geht für sein Soloalbum auf Promotour. Für seine Soloveröffentlichungen macht sich Farin dieselbe Infrastruktur wie Die Ärzte zunutze und gründet zusammen mit Axel Schulz das

Label Völker hört die Tonträger. Es besteht aus den gleichen Mitarbeitern wie Hot Action Records – ein Schritt, der sowohl für Farin als auch Axel Sinn ergibt.

Endlich Urlaub! findet bei den Fans und in der Presse großen Anklang. Nach *Glücklich* veröffentlicht Farin im November 2001 mit *Sumisu* die zweite Single aus seinem Soloalbum. Das scheinbare seltsame Wort steht für die japanische Aussprache von *Smith* oder *Smiths* (Japaner zerlegen anderssprachige Worte in ihr Silbensystem, was dann oft anders klingt, als man es kennt), denn das Lied ist eine Hommage an die bekannte englische New Wave-Band The Smiths um den charismatischen Sänger Morrissey. Für das Video zu dem Song verwandelt sich Farin in Nosferatu, den Vampir aus dem gleichnamigen Film von Friedrich Wilhelm Murnau aus den 1920ern. Murnau hat die Figur damals von Bram Stokers bekanntem Roman *Dracula* adaptiert, und nun spielt ausgerechnet der Sonnyboy Farin Urlaub den bizarren Grafen.

Farin Urlaub: *»Bela war am Anfang auch ein bisschen beleidigt: ›Ey, du kannst doch kein Vampir-Video machen. Ich bin der Vampir bei den Ärzten.‹ Aber es ist ja mein Soloalbum, da darf ich das. Er hat's mir auch verziehen.«*[17]

Bela B: *»Ich war in Russland und wurde von Freunden, die das nicht wussten, angerufen, ob ich Farins neues Video kenne und was das solle. Man konnte es dort aber nicht sehen. Es gab kein MTV, wo wir wohnten. Dann rief Farin mich an und wollte wissen, wie ich das finde, und ich war zugegebenermaßen nicht so erfreut, war doch für mich jede weitere Chance gestorben, jemals ein Vampir-Video zu drehen. Es gibt ja noch andere Filmmonster, aber das ist nicht dasselbe – schnüff.«*

In der *Harald-Schmidt-Show* erzählt Farin, wie aufwendig seine Verwandlung in den Grafen Orlok (Nosferatu) tatsächlich war, denn neben den falschen Zähnen machten ihm vor allem die langen, angeklebten Fingernägel zu schaffen:

Farin Urlaub und Harald Schmidt:
Farin: »... und die hatten es in sich. Nämlich ich musste irgendwann mal auf Klo gehen.« (Steht auf und zeigt dem Publikum und Schmidt, wie schwer es ist, mit langen Fingernägeln die Hose zu öffnen.)

Schmidt: »Aber hat man da als Rockmusiker nicht einen, der ihn rausholt?«

Farin: »Letzten Endes hat die Maskenbildnerin Mitleid mit mir bekommen und hat mir geholfen. Rausgeholt habe ich ihn aber selber – das ging. Die Hose auf ging nicht so. Worüber wir hier reden ...«[18]

Mit *Sumisu* tritt Farin Urlaub auch in der RTL-Sendung *Top of the Pops* auf. In Abwesenheit echter Backgroundsänger übernehmen Axel Schulz und der inzwischen zum Label-Mitarbeiter aufgestiegene Ravel Rowghani diese Aufgabe. An der Aufzeichnung zu der Sendung nehmen übrigens auch The Cure teil, die neben The Smiths und auch New Order ebenfalls in dem Lied genannt werden. Obwohl Die Ärzte im nächsten Jahr nur wenige Konzerte spielen, so wird 2002 doch ein prägendes Jahr für sie werden, das den eh schon nicht geringen Bekanntheitsgrad der Band auf ein neues und bisher ungeahntes Level heben wird.

18. KÄPITEL
Umbaupause

»*Ach, könnte Kurt Cobain dich jetzt so sehn.*«
(Die Ärzte – *Straight Outta Bückeburg*)

Die Silvesternacht 2001/2002 beschert Europa und damit auch Deutschland eine einheitliche Währung, den Euro. Das neue Zahlungsmittel erleichtert ab sofort den Aufenthalt im europäischen Ausland, denn egal ob man sich in Frankreich oder Spanien aufhält – die Währung ist nun überall gleich. Allerdings geht in Deutschland mit der Umrechnung von D-Mark in Euro auch ein starker Preisanstieg einher, denn der Handel rechnet nicht – wie es eigentlich sein sollte – 2:1, sondern 1:1 um, woraufhin der Euro schon bald als »Teuro« verspottet wird. Die Ärzte machen 2002 das genaue Gegenteil: Anstatt Eintrittskarten teurer werden zu lassen, geben sie die Tickets für ihr nächstes großes Konzert zu einem ungewöhnlichen Schnäppchenpreis heraus. Für ihr Geburtstagskonzert auf dem Berliner Mariannenplatz müssen die Fans schlappe sieben Euro pro Karte zahlen. Dieser äußerst günstige Ticketpreis kann allerdings nur dank eines großzügigen Sponsorings durch die Berliner Verkehrsbetriebe (BVG) und einer lokalen Bierbrauerei erreicht werden. Tatsächlich ist es nun schon 20 Jahre her, dass Bela und Farin die Idee zu dieser Band hatten, und so wollen sie mit ihren Fans am 21. Juni *15 Jahre netto (ohne Pause)* beziehungsweise *20 Jahre brutto (mit Pause)* feiern.

Axel Schulz: »*Das war damals unter veranstalterischen Gesichtspunkten ein ziemlich dickes Ding für meine Konzertagentur* Loft Concerts. *So etwas Großes und Aufwendiges (gut 30.000 Personen im sogenannten »öffentlichen Raum«, also einem Ort, an dem es mitten in der Stadt keinerlei Infrastruktur für Konzertveranstaltungen gab) hatten wir noch nie gemacht. Das erste Treffen mit allen möglichen und unmöglichen Behördenvertretern, knapp ein Jahr vor der Veranstaltung, war kaum Erfolg versprechend. Ich blickte in gut 50 Augenpaare, die mir unmissverständlich sagen wollten: MIT MIR*

NICHT! Es bedurfte also einer enormen Überredungsarbeit, vor allem unseres damaligen technischen Leiters Roger Hass, aber auch meiner, diese Herrschaften in teilweise sehr anstrengenden Einzelgesprächen davon zu überzeugen, dass gerade wegen IHM diese Jahrhundertveranstaltung, von der er noch seinen Enkelkindern erzählen können wird, stattfinden kann. Irgendwann hatten wir tatsächlich alle nötigen und unnötigen Genehmigungen und konnten loslegen. Als dann am Tage der Veranstaltung, circa 30 Minuten vor Öffnung der Einlässe, ein mir bislang unbekannter Herr vom Tiefbauamt (die nun WIRKLICH nichts damit zu tun haben ...) mit der Ansage kam, jetzt die Veranstaltung abnehmen zu wollen, habe ich den Mann von unserer Security rausschmeißen lassen. Weder von dem Typen noch von einem anderen Tiefbauamtler habe ich übrigens jemals wieder gehört.«*

Bevor der Mariannenplatz erbebt, starten Bela, Farin und Rod im Mai 2002 in ihr erstes großes Auslandsabenteuer und spielen ein paar Shows in Japan. Die japanische Punkrock-Band Garlic Boys, die letztes Jahr noch das Vorprogramm bestritt, hilft ihnen hierbei und nimmt die Band mit auf eine gemeinsame Clubtour. Das Wort »Tour« ist dabei vielleicht doch etwas hochgegriffen, denn es handelt sich lediglich um drei Shows, wobei die in Nagoya nur nach Intervention von Bela noch vom Management der Garlic Boys hinzugebucht worden ist.

Bela B: *»Die Garlic Boys haben bei uns in Deutschland sechs Mal vor 5.000 bis 17.500 Leuten gespielt. Ich habe da keine Stadien erwartet, aber zwei Clubgigs in Osaka und Tokio fand ich schon sehr wenig.«*

Rodrigo González: *»Die Garlic Boys hatten kurz vorher schon eine Tour gespielt und uns dann nur noch diese Gigs anbieten können, um ihr Gesicht nicht zu verlieren.«*

Zu diesem Anlass veröffentlichen Die Ärzte auf dem Label der Garlic Boys in Japan auch eine Best-of-CD, die Songs der letzten vier Alben enthält. Für die Band geht mit den ersten Konzerten fernab des europäischen Kontinents ein lang gehegter Traum in Erfüllung. Die Japan-Tour wird aber nicht die einzige Merite in diesem Jahr bleiben, denn sie haben MTV gegenüber zugestimmt, ein Konzert unter dem Dach des berühmten *Unplugged*-Formats des Senders zu spielen. Nach den Fantastischen Vier und Herbert Grönemeyer sind Die Ärzte damit erst der dritte deutschsprachige Interpret, dem diese Ehre zu Teil wird. Wieder ist es Bela, der diese Bombe platzen lässt. Eigentlich soll er in der Fernsehsendung *TV Total* von Stefan Raab nur über seinen neuen Film *Nachts im Park* sprechen, doch dann plaudert er es aus.

Bela B: »*Das Angebot hat uns erst einmal nicht besonders umgehauen, geschweige denn, dass wir es als Ehre angesehen hätten. Wir hatten schon abgelehnt, unsere Meinung dann aber doch noch mal geändert. Ich glaube, letztendlich haben wir es eigentlich nur gemacht, weil wir Zeit hatten und es uns die Gelegenheit gab, mal was anderes zu machen.*«

Mehr als über die Nachricht von dem baldigen *MTV Unplugged*-Konzert sind die Zuschauer jedoch von Belas Frisur überrascht. Statt der gewohnten Haarpracht zeigt er sich bei Raab mit extrem kurz geschorenen Haaren, denn er kommt direkt vom Dreh des Films *Edelweißpiraten*. Für seine Figur des »Bomben-Hans«, der von den Nazis ins KZ gesteckt wird, hat sich Bela eine Glatze rasieren lassen. Mit dieser »Frisur« ist er auch an der Seite von Campino auf der Februar-Ausgabe des *Musikexpress* zu sehen. Hier plaudert er mit dem Sänger der Toten Hosen durchaus kontrovers über Gemeinsamkeiten und Unterschiede beider Bands.

Bela B: »*Campi rief mich an und bat mich darum, dieses Interview zu führen. Da er für unser Meerschwein-Buch zuvor zwei Seiten geschrieben hatte, sah ich das als Gelegenheit, ihm auch einen Gefallen zu tun. Allerdings haben ihm dann ein paar Fragen von mir nicht geschmeckt, und es wurde etwas zickig.*«

Farin ist derweil mit den Vorbereitungen für seine ersten Soloauftritte beschäftigt. Eigentlich wollte er sich damit noch etwas Zeit lassen, doch der Veranstalter Marek Lieberberg hat ihn mit einer äußerst attraktiven Offerte für exklusive Auftritte bei dessen Rock am Ring- und Rock im Park-Festivals umgestimmt, was Farin nun in die Bredouille bringt, auf die Schnelle eine Live-Band zusammenstellen zu müssen, denn auf seinem Soloalbum hat er alle Instrumente, bis auf die Bläser und Streicher, selbst eingespielt. Zu den wenigen Gastmusikern gehören unter anderem die Bläser der Busters, mit denen er im Sommer 2000 bereits eine gemeinsame Single namens

Liebe macht blind veröffentlicht hat. Farin spricht sie als Erstes an, als es darum geht, eine passende Begleitband um sich zu versammeln. Schon bei seinem Auftritt in der Sendung *Top of the Pops* im letzten Jahr hat er für eine Darbietung von *Glücklich* eine weibliche Playback-Band gecastet. Um den größtmöglichen Kontrast zu den Die Ärzte zu erzielen, hat er nun die Idee, die restliche Band auch aus Frauen bestehen zu lassen. Die beiden Musikerinnen von *Top of the Pops* werden sogleich Bestandteil seiner Band, die er das Farin Urlaub Racing Team oder kurz FURT nennt. Die große Generalprobe zu den Festivalauftritten soll schon kurz nach der Japan-Tour in der Hamburger Markthalle stattfinden.

Anfang Mai besteigen Die Ärzte ihren Flieger nach Japan. Sie geben sich nicht groß der Illusion hin, dass aus der Mini-Tour ein fortwährendes Engagement in Japan entstehen könnte – dafür ist ihre Ausrichtung einfach zu speziell. So verstehen sie die Auftritte in Fernost, wo sie jeweils circa eine Stunde im Vorprogramm der Garlic Boys spielen, vor allem als großen Spaß. Ihre Fans folgen ihnen selbst in diesen weit entfernten Winkel der Welt, wo alles so anders ist als in Europa – wo es für jede noch so seltsame Sache einen Automaten zu geben scheint, wo alles blinkt und dröhnt und wo die Menschen sich wie die Ameisen durch die Straßen schlängeln. Für alle Beteiligten ist es ein großes Abenteuer, das mehr einer Klassenfahrt denn einer Rock-'n'-Roll-Tournee gleicht.

Die Japaner zücken auch schon mal ihre Fotoapparate, als sie die Die Ärzte-Fans mit ihren quietschbunten Irokesen-Frisuren erblicken. So ein Anblick bietet sich ihnen offensichtlich nicht sehr oft. Das erste Konzert gibt die Band im Club Quattro in Osaka, der sich in der achten Etage eines Hochhauses befindet. Abgesehen davon, dass allein diese Tatsache schon sehr skurril ist, ist es für viele der mitgereisten Fans kaum vorstellbar, dass hier gleich ihre Die Ärzte spielen sollen, doch das mit japanischen Pin-up-Girls dekorierte Stehschlagzeug von Bela lässt alle Zweifel verschwinden. So sehen dann am 10. Mai 2002 rund 300 Leute die beste Band der Welt bei ihrem ersten Japan-Konzert. Während ein Sechstel davon schier durchdreht, verfolgt der einheimische Rest das Treiben der drei mit weniger Anteilnahme – allerdings ist der Japaner oder die Japanerin an sich auch nicht immer ganz leicht zu durchschauen. Vielleicht stellen sie sich Fragen wie: Worüber singen die da? Warum können die ihre Songs nicht? Reden die immer so viel? Tatsächlich vergeigt die Band ihre Songs gleich reihenweise, und ihr englisch-deutsches Kauderwelsch ist auch für die Leute, die der beiden Sprachen normalerweise mächtig sind, nur schwer verständlich.

Bela B: »*Da wir vorher recht viel auf Tour waren, verließen wir uns auf unsere Routine. Das Leihequipment dort war allerdings nicht allererster Güteklasse, und wir mussten uns erst einmal an alles gewöhnen. Ich hatte einen Kung-Fu-Hamster mit auf der Bühne und mir einen Anzug mit dem japanischen Schriftzug für Die Ärzte (später hat mir jemand erklärt, dass es eher ›Arzt-Menschen‹ bedeutete) schneidern lassen. Da die meisten Japaner nicht gut englisch sprechen, hat Farin es mit seinem Pidgin-Englisch versucht, was aber auch auf ratlose Gesichter stieß. Er hatte Asien viel bereist und wusste, wie er was sagen musste, damit es halbwegs verstanden wird. Ich habe zwischendurch Sachen wie ›Gojira‹ (japanische Aussprache für ›Godzilla‹) und andere Monsternamen oder japanische Auto- und Biermarken dazwischengerufen. Unser Set bestand aus unseren schnellsten und brachialsten Stücken. Das war eventuell nicht so geschickt, um Eindruck zu schinden.*«

Farin Urlaub: »*Ich glaube, wir waren zwar amüsiert, aber auch etwas desillusioniert von der Größe der Veranstaltungen. Im Vorfeld hatte es geheißen, dass die (übrigens unglaublich netten) Garlic Boys ›in Japan ungefähr so berühmt sind wie die Ärzte in Deutschland‹, und als es hieß, wir könnten mit ihnen spielen, hofften wir zuerst schon auf eine richtige Tour in Hallen. Je näher die Auftritte kamen, desto bescheidener wurden die Nachrichten aus Japan: ›Die Band war gerade auf Tour, deshalb ist jetzt nicht mit sooo vielen Auftritten zu rechnen‹ oder ›Es sind übrigens eher etwas kleinere Clubs‹ und so weiter. Letztendlich waren wir froh, dass wir überhaupt etwas spielen konnten, aber, nun ja, es war schon peinlich, wie ungeübt wir waren. Das war uns dann auch eine Lehre für zukünftige Konzerte, und wir haben das virtuelle Proben*[1] *erfunden. Immerhin war der japanische Teil des Publikums viel zu höflich, um uns irgendwelche Mittelfinger zu zeigen oder mit Flaschen zu werfen.*«

Doch das ist nebensächlich. Die Band hat Spaß und mischt sich nach ihrem Auftritt auch unter das Publikum. Natürlich sind sie vor allem daran interessiert, wie sie bei den Einheimischen ankamen, allerdings ist die Verständigung nicht immer ganz leicht – doch zum Glück gibt es noch Hände, Füße und Bandnamen.

Farin Urlaub: »*Gut im Gedächtnis sind mir zwei reizende japanische Damen geblieben, die beide Deutsch studierten, uns gut fanden und jeweils alle drei Konzerte besuchten. Mit denen haben wir uns natürlich besonders ausführlich unterhalten.*«

Während ihres Auftritts hat sich Farin bei den irritiert dreinschauenden Japanern noch für die Pogo-Aktivitäten seiner Landsleute entschuldigt. Für ihn sind diese darauf zurückzuführen, dass die Drogen hier in Japan sehr günstig sind. Tatsächlich ist das Geschubse nur eine Lachnummer gegenüber dem, was im Publikum abgeht, als die Garlic Boys loslegen – das macht selbst die deutschen Touristen sprachlos. Schon am nächsten Tag geht es weiter nach Nagoya, wo der Club noch kleiner ist als am Vorabend.

Bela B: »*Der Laden in Nagoya fasste 80 Leute. Da es keiner Backstage gab und im Publikum kein Platz war, funktionierte der Promoter das Damenklo zur Garderobe um, während das Herrenpendant zur Unisex-Toilette erkoren wurde.*«

Die Bühne ist so klein, dass Band-Roadie Brian Larkin reichlich Mühe hat, sich dort zu bewegen, ohne etwas umzuschmeißen. Dies könnte freilich auch daran liegen, dass er nach Vorgabe der Band während der Auftritte ein Kostüm in Form eines Fußballs tragen muss – in einem Monat startet in dem Land schließlich die Fußball-WM. Dieser etwas eigenwillige Klamauk ist für die japanischen Fans letztlich wohl ebenso schwer verständlich, wie die sinnfreie Aneinanderreihung japanischer Wörter, die Bela, Farin und Rod wieder auf sie loslassen (Godzilla! Tekken! Tamagotchi!). Doch, wie heißt es in Belas Song *Ignorama* so schön: Es könnte mir nichts egaler sein.

Bela B: »*Ich weiß nicht, wie viele Japaner in diesem Konzert waren, weil es mit unseren mitgereisten Fans eigentlich schon voll war. Nach unserer Show gingen wir recht schnell in ein Restaurant, weil es im Club absolut keinen Platz für uns gab. Dort trafen wir Guitar Wolf, eine meiner Lieblings-Live-Bands, die scheinbar in einem noch kleineren Club gespielt und ihre 20 Zuschauer direkt zum Essen eingeladen hatten. Rod, Brian, Farin und ich haben trotz Sprachbarriere exzessiv mit denen gefeiert und sogar den aktuellen Ultraman[2] kennengelernt. Für mich das Highlight der Tour.*«

Farin Urlaub: »*Das war wirklich ein außergewöhnlich unterhaltsamer Abend, in dessen Verlauf ich immerhin lernen durfte, dass man offenbar auch rektal rauchen kann. Verrückt!*«

Nach der letzten Show in Tokio ist das Abenteuer Japan leider schon wieder beendet. Obwohl der Laden mit 1.000 Leuten Fassungsvermögen wesentlich größer als der in Nagoya ist, kommen nur 350 Leute. Die Stimmung ist trotzdem gut, und vor Ort ist auch ein Filmteam, das eine Doku[3] über mehrere deutsche Die Ärzte-Fans dreht. Während Bela und Rod noch etwas im Land bleiben, machen sich Farin und die Crew schnell auf nach Hamburg, denn die ersten Shows des Farin Urlaub Racing Teams nahen.

Bela B: »*Wir lernten noch Leute von Lolita 13 und Freunde der Band Balzac kennen – mit Letzteren haben wir später noch häufiger Gigs in Deutschland gespielt. Rod und ich wurden von einem DJ zum Essen eingeladen, aber leider in ein dänisches Restaurant. Wir alle drei lieben die japanische Küche, aber unser Abschiedsschmaus bestand aus Pumpernickeln mit Krabben drauf. Haha.*«

Rodrigo González: »*Der DJ war ein Freund von mir und heißt DJ Lava. Er wollte uns etwas ganz Besonderes zeigen, und dänische Küche war da wohl gerade sehr exklusiv. Nach zwei Gammel Dansk*[4] *war das dann auch gut. Auf dieser Reise bin ich auf jeden Fall ein großer Fan des Shōchū*[5] *mit heißem Wasser geworden.*«

Um sich nicht komplett ins kalte Wasser zu stürzen, hat Farin für den Tag vor seinen Rock am Ring- und Rock im Park-Auftritten jenes besagte Aufwärm-Konzert in der Hamburger Markthalle ansetzen lassen. Die Proben dazu finden im Gaga-Studio statt. Dort stehen nun erstmals zehn Musiker in einem Raum, die so vorher noch nie zusammen Musik gemacht haben, und üben die Songs von Farins Soloalbum plus B-Seiten ein. Um unter Live-Bedingungen zu proben, wird sogar das riesige Mischpult von Live-Mixer Philipp Nadolny ins Studio befördert. Dies ist allerdings nicht ganz einfach, da das Mischpult nur durch das Fenster im dritten Stock passt und dafür von einem Kran angehoben werden muss. Farin bekommt diesen Aufwand gar nicht mit, er erfährt erst am letzten Tag davon.

Hans-Jürgen Steffen: »*Gegen Ende des letzten Probentags bin ich zu ihm hin und habe ihn gefragt, ob sie das Mischpult noch bräuchten, da es für die folgenden Konzerte abgeholt werden musste. Er hat der*

Abholung zugestimmt, sich nichts dabei gedacht und weiter an die Arbeit begeben. Als der Kran dann da war, bin ich zu ihm hin und habe ihn informiert, dass das Mischpult jetzt abgeholt wird und er sich hoffentlich dadurch nicht gestört fühlt. Als Farin den riesigen Kranhaken am Fenster bemerkte, hat er uns für komplett bescheuert erklärt. Dabei war es gar nicht so wild, wie es aussah.«

Als am nächsten Tag in der Markthalle das Klavier-Intro des Songs *Jeden Tag Sonntag* vom Band läuft, wissen weder Band noch Publikum, was sie gleich erwarten wird. Vor allem beim Racing Team ist die Nervosität groß. Schlagzeugerin Rachel Rep patzt dann auch direkt beim ersten Ton.

Farin Urlaub: *»Da hat wohl jemand vergessen, ihr den Schlagzeughocker bereitzustellen ... ups.«*

Der Rest der Generalprobe verläuft jedoch zur vollsten Zufriedenheit aller Beteiligten, und die anschließende Feuertaufe bei Rock am Ring, die *MTV* live überträgt, wird ebenfalls mit Bravour gemeistert. Die zusammengecastete Band harmoniert besser, als man ihr das zutrauen konnte, und auch privat versteht man sich gut. Nach den guten Erfahrungen werden für das Jahr weitere Festivalauftritte zugesagt und für den Herbst auch eine Clubtour gebucht. Nur eine Woche nach den ersten FURT-Auftritten ist Farin Gast bei der 15-Jahre-Geburtstagsfeier (brutto wie netto) der Busters in deren Heimatstadt Wiesloch. Dort spielt er unter großem Beifall die beiden von ihm mit der Band aufgenommenen Songs *Liebe macht blind* und *Like This*. Danach wendet sich Farin aber wieder den Die Ärzte zu. Die Band verbringt die Zeit bis zum 21. Juni damit, über mögliche Songs und Ideen für das *Unplugged*-Konzert zu beraten und für die *15 Jahre netto*-Show zu proben. Bela und Farin nutzen eine Probenpause dazu, ihren Freunden von den Beatsteaks einen Besuch abzustatten. Diese geben am 10. Juni zunächst eine Autogrammstunde bei VOPO-Records in Berlin, um kurz danach im benachbarten Mauerpark auf einem Lkw ein Umsonstkonzert zu geben. Der Aufbau mit den Instrumenten auf dem Lkw erinnert doch schon sehr an die berühmte Szene im *Richy Guitar*-Film auf der Avus-Rennstrecke. Die circa 100 Anwesenden staunen auch nicht schlecht, als sie Bela und Farin unter den Besuchern ausmachen. Bela erklimmt den Lkw und geht crowdsurfen, was die Beatsteaks mit ihrer Version von *Madonnas Dickdarm* quittieren. Kurz danach besteigt auch Farin den Lkw und rockt mit den Beatsteaks zu deren *Not Ready to Rock*. Wie im *Richy Guitar*-Film ziehen auch die Beatsteaks mit ihrer Darbietung die Polizei an, lassen sich von deren Präsenz aber nicht groß beeindrucken und spielen ihr Konzert zu Ende. Farin und Bela sind dann auch wieder so plötzlich verschwunden, wie sie kamen.

Arnim Teutoburg-Weiß: »*Wir wussten nicht, dass sie kommen würden. Während der Autogrammstunde bei VOPO-Records stand auf einmal Farin in der Schlange. Er grinste und sagte zu Peter: ›Einmal für Jan Vetter bitte.‹ Das Konzert war dann unvergesslich, auch wegen ihrer Anwesenheit.*«

Farin Urlaub: »*Mit Arnim gemeinsam zu shouten, war schon lange ein Traum von mir! Das Autogramm habe ich heute noch.*«

Bela B: »*Arnim machte da ein paar sehr akrobatische Sachen auf dem Lkw. Das hat mich schon schwer begeistert.*«

Das Geburtstagskonzert auf dem Mariannenplatz in Berlin wird die einzig reguläre Die Ärzte-Show in diesem Jahr. Abgesehen davon spielt die Band lediglich ein paar exklusive Festival-Shows. Den Rest der Zeit nehmen vor allem die Vorbereitungen für das *Unplugged*-Konzert in Anspruch. Vor allem auf Rod kommt eine Menge Arbeit zu, denn Bela und Farin übertragen ihm als »einzig echten Musiker in der Band« die Mammutaufgabe, die Songs für die *Unplugged*-Aufführung aufzubereiten. Es ist fast schon selbstredend, dass Die Ärzte ihre ganz eigene Herangehensweise an das *Unplugged*-Konzept haben. Eine wichtige Frage ist, wo das Konzert denn überhaupt stattfinden soll, doch man gelangt schnell zu der Erkenntnis, dass der Ort eigentlich zweitrangig ist. Vielmehr ist wichtig, wie die Songs rübergebracht werden sollen. Infolge dieser Überlegungen schlägt Bela vor, das Konzert in einer Schule stattfinden zu lassen. Der Vorschlag kommt gut an, und schon bald kommt es zu der Idee, die Songs dann auch mit Schülern zu spielen. Dieser Ansatz passt auch besser zu der Band, als sich irgendwelche Profimusiker mit ins Boot zu holen. Außerdem bietet es ihnen auch die Gelegenheit zu zeigen, dass so ein *MTV Unplugged* nicht immer hochgestochen und nüchtern gespielt sein muss, denn so sind auch nicht die Konzerte von Die Ärzte.

Bela B: »*Wir sind nämlich nicht Metallica, wir sind viel cooler.*«[6]

Kurze Zeit später findet sich unter dem Slogan *Rock'n'Roll-Realschule* ein entsprechender Aufruf auf der Homepage der Band wieder, wo um entsprechende Bewerbungen von Schulen gebeten wird. Der Name stammt von Schwarwel und ist eine Anspielung auf den amerikanischen Film *Rock'n'Roll Highschool*, in dem die von der Band und Schwarwel schwer verehrten Ramones mitspielen und auch die Filmmusik dafür schrieben. Bereits im letzten Jahr hat deren Frontmann Joey Ramone das Zeitliche gesegnet, und jüngst ist auch noch Bassist Dee Dee Ramone vor den Schöpfer getreten. Das *Unplugged*-Album wird somit auch eine kleine Hommage an die Meister des *One-two-three-four* werden. Von den über 900 Bewerbungen, die die Band erhält, sticht die des Albert-Schweitzer-Gymnasiums in Hamburg besonders hervor, denn es bietet nicht nur eine schöne Aula als Auftrittsort, sondern auch ein eigenes Orchester und einen Schulchor an. Außerdem ist der Musiklehrer der Schule ein alter Bekannter von Rod – es ist sein ehemaliger Musiklehrer Jochen Arp.

Jochen Arp: *»Ich war immer sehr offen für die Ideen meiner Schüler. So haben wir zum Beispiel mit unserem Orchester auf deren Wunsch hin mal* Nothing Else Matters *von Metallica und solche eher zeitgenössischen Sachen einstudiert. Eines Tages kam die Idee auf, auch mal einen Ärzte-Song zu covern. Das war dann* Manchmal haben Frauen... *Ich habe mir das angehört und eine Umsetzung für das Orchester geschrieben. Das Ergebnis habe ich sogar an Rod geschickt, der es auch sehr schön fand. Ohne dass ich es damals ahnen konnte, hat es die Bewerbung der Schule sicher positiv beeinflusst.«*

Bela B: *»Ich wohnte zu der Zeit in derselben Straße, in der sich auch das Gymnasium befand. Das wusste Rod aber nicht, so wie ich dieses Gymnasium bisher gar nicht wahrgenommen hatte.«*

Nach einer Vor-Ort-Begehung erhält das Albert-Schweitzer-Gymnasium aufgrund des beeindruckenden Gesamtpakets tatsächlich den Zuschlag. Für Rod und Jochen Arp beginnt nun eine besonders arbeitsintensive Zeit, denn sie müssen die Die Ärzte-Songs für das Orchester und den Chor umarrangieren und vor allem proben. Das *15 Jahre netto*-Konzert ist für Rod dabei eine willkommene Abwechslung, die jedoch samt Proben und anschließenden Festivalauftritten auch einiges an Zeit frisst. Tatsächlich hält das Konzert am

21. Juni 2002 ganz Kreuzberg in Atem, denn über 35.000 Fans sind gekommen, um die beste Band der Welt zu sehen und hochleben zu lassen.

Während die Die Ärzte noch ihren Soundcheck machen, spielt die Deutsche Fußballnationalmannschaft derweil im weit entfernten Südkorea gegen die USA um den Einzug ins Halbfinale der Fußball-WM 2002. Als Michael Ballack kurz vor der Halbzeit den 1:0-Endstand erzielt, ist rund um den Mariannenplatz großer Jubel zu hören. Bela wird später auf dem Konzert verkünden, dass das »B« in seinem Namen natürlich für »Ballack« steht. Der lange Mariannenplatz ist an diesem Tag komplett eingezäunt. Die Anwohner haben sich Kissen auf die Fensterbänke gelegt und beobachten von oben das muntere Treiben. An der Nordseite des Platzes ist vor der backsteinfarbenen Michaeliskirche eine große Bühne aufgebaut worden. Im Bühnendach hängen die beiden aufgeblasenen Riesen-Gwendolines. Darunter prangt ein großes »Ä« und »DIE ÄRZTE« in Leuchtbuchstaben. Der Mariannenplatz ist jedoch so lang, dass die große Bühne von der Südseite des Platzes aus kaum noch zu sehen ist. Damit auch hier die Leute noch etwas sehen können, hat man zwei große Videowände aufgebaut. Allerdings wird vergessen, das Live-Videosignal auch entsprechend der Schallausbreitung zu verzögern, und so trifft beim Konzert der passende Ton erst mit ein paar Sekunden Verzögerung zum Bild ein. Dies ist aber nur eine der wenigen negativen Begleiterscheinungen eines ansonsten rundum gelungenen Konzertes.

Als Bela, Farin und Rod um 19:00 Uhr zu den Klängen der neuen Version des *Ärzte-Theme* die Bühne besteigen, bietet sich ihnen ein überwältigendes Bild: Sie können kaum glauben, wie viele Leute gekommen sind. Der Jubel ist schier grenzenlos, als Die Ärzte mit Pyros und *Dauerwelle vs. Minipli* das Konzert beginnen. Ein Ende der Massen ist von der Bühne aus betrachtet nur schwer auszumachen. Dieser Anblick ist atemberaubend und nötigt sogar ihrer Crew gehörigen Respekt ab.

Patty Unwin: »*Als ich die Band auf die Bühne gebracht habe, war ich überwältigt von dieser nach hinten endlos scheinenden Masse von Menschen, die so laut geschrien haben, dass die ersten zwei Lieder völlig untergingen. Das war Gänsehaut pur.*«

Das Publikum ist so zahlreich und laut, dass die Band bei den Ansagen mehr brüllt als spricht, wie Farin in einer Ansage deutlich macht: »*Wisst ihr, was total seltsam ist? Also eigentlich werden wir ja durch Mikrofone verstärkt, aber wenn man vor so vielen Leuten steht, dann BRÜLLT MAN AUTOMATISCH. VÖLLIG SINNLOS!*«[7]
Die 35.000 Besucher sind aber nicht die Einzigen, die dem Konzert beiwohnen. T-Online überträgt das Konzert live im Internet, und Radio Fritz sowie viele andere deutsche Radiostationen senden ebenfalls live. Auch MTV und der rbb sind mit Kameras vor Ort und zeigen in den nächsten Tagen Ausschnitte von dem Konzert. Die Bildregie übernimmt Norbert Heitker, denn Hot Action Records plant, von dem Konzert eine DVD zu veröffentlichen. So sind zur Überraschung der Band auch Helikopter-Kameras im Einsatz. Neben dem Publikum fangen diese auch zwangsläufig die Logos der Sponsoren ein. Neben Radio Fritz und dem Magazin *TIP* ist so also auch das Konterfei einer bekannten Berliner Bierbrauerei groß zu sehen. Für Die Ärzte ist dies ein höchst ungewöhnlicher Vorgang, der laut Managerin Axel Schulz ein einmaliges Ereignis bleiben wird.

Axel Schulz: »*Ich hatte einen ziemlich strammen Deal (ich wollte den annähernd sechsstelligen, kalkulierten Verlust irgendwie minimieren) mit einem namentlich hier nicht erwähnten Bierlieferanten gemacht. Um die Verhandlungspartner ein wenig gnädig zu stimmen, hatte ich unüberlegterweise zugestimmt, dass sie 500 Spielzeug-Trucks mit ihrem Namen und dem Bandnamen herstellen durften, um sie ihren wichtigen Handelspartnern als Gimmick schenken zu können. Das gab zu Recht echt eins auf den Deckel für mich.*«
Bela B: »*Ich war Axel sehr dankbar, dass er das so gut gestemmt bekam. Immerhin fuhren wir bei sieben Euro Eintritt keinen nennenswerten Verlust ein. Diese Trucks waren so panne, da konnte ich gar nicht böse sein.*«
Farin Urlaub: »*Mit dieser Werbe-Sponsoring-Entscheidung haben wir uns sehr, sehr schwer getan. Das ist ein bisschen wie beim Sex: Einmal bedeutet, nie wieder Jungfrau (oder Jungmann?) zu sein. Aber es blieb dann auch die einzige Ausnahme in all den Jahren, worauf ich wirklich stolz bin.*«
Wie es sich für ein Geburtstagskonzert gehört, spielt sich die Band an diesem Abend durch die gesamte Breite ihres bisherigen

Schaffens und beschert ihrem Publikum ein denkwürdiges Erlebnis. Zur ersten Zugabe bleibt Rod allerdings der Bühne fern, denn statt seiner schnallt sich Hagen Liebing den Bass um. Nachdem Bela ihn ausgiebig vorgestellt hat, darf The Incredible Hagen dem Publikum noch eine altbekannte, knifflige Frage stellen: »*Wieviel sind 1.000 Mädchen plus 1.000 Mädchen?*«

Nachdem das Publikum gekonnt mit *2000 Mädchen* antwortet, spielt er mit Bela und Farin auch den Song. Seit dem sagenumwobenen Konzert in Westerland 1988 ist es das erste Mal, dass Hagen wieder mit Bela und Farin auf einer Bühne steht. Hagen ist sichtlich gerührt und erhält zum Dank auch noch eine Flasche seines geliebten Eierlikörs.

Bela B: »*Seine Freude darüber war wirklich herzerweichend. Es war auch schön, dass viele Leute das zu würdigen wussten und ihn wirklich auch noch kannten.*«[8]

Im Gegensatz zu Hagen ist der Gastauftritt von Diane Weigmann bei *Manchmal haben Frauen ...* allerdings nicht mit eingeplant.

Diane Weigmann: »*Ich stand bei dem Konzert eigentlich im hintersten Winkel, bis ich meine Bandkollegin Katy traf, die mich mit hinter die Bühne nahm. Von dort aus landeten wir irgendwann an der Seite der Bühne, wo mich Bela erblickte und fragte, ob ich gleich singen würde. Ich war völlig perplex und hatte keine Zeit, mich seelisch und moralisch auf meine Aufgabe vorzubereiten. Da für mich kein Monitorlautsprecher da war und ich mich nicht hören konnte, habe ich wie eine Bekloppte ins Mikro gebrüllt. Das waren meine drei Minuten unverhoffter Ruhm vor zigtausend Menschen!*«

Bela B: »*Ach, die Süße!*«

Als Farin die ersten Dur-Akkorde von *Zu spät* anstimmt, die wohl wie kein anderes Lied das Die Ärzte-Publikum in sofortige Ekstase versetzen, hat die Band schon 44 Lieder gespielt, darunter auch viele ältere Stücke wie *Mein kleiner Liebling*, *Roter Minirock*, *Wie ein Kind* oder *El Cattivo*. Sogar ihr Hass-Lied *Paul* bringen sie vollständig zu Gehör. Band und Publikum würden wohl noch gerne weitermachen, doch der Berliner Senat hat den Schluss klar auf 22:00 Uhr festgesetzt. Und so geht die Party eben auf den Straßen Kreuzbergs weiter, die an diesem Abend noch mehr als sonst voller Menschen sind.

Bela B: »*Zeitgleich fand in Kreuzberg gerade die Fête de la Musique statt, eine Veranstaltung, wo in so ziemlich allen Kneipen Bands umsonst spielten und die Straße zum Festsaal erhoben wurde. Andere Musiker warfen uns vor, dass wir mit unserem Konzert den Kneipen die Zuschauer abgezogen hätten, aber das Gegenteil war der Fall. Die Straßen waren rappelvoll mit unseren Fans, die bestimmt dem ein oder anderen Laden guten Umsatz beschert haben.*«

Bela und Farin verschwinden nach dem Geburtstagskonzert und den anschließenden Auftritten beim Hurricane- und Southside Festival in den Urlaub. Rod hingegen ist von nun an bis zu der Aufführung am 31. August fast jeden Tag mit den Vorbereitungen für das *Unplugged*-Konzert beschäftigt.

Bela B und Farin Urlaub:
Bela: »*Das ist total super, und wir kassieren dann die Lorbeeren. Oder, Farin, wie immer?*«
Farin: »*So machen wir das. Das Fußvolk schafft, und wir beide sind fein raus.*«[9]

Zusammen mit Jochen Arp tüftelt Rod die Arrangements für die Stücke aus. Schon jetzt ist klar, dass sich kaum alle Ideen der Band realisieren lassen, denn es fehlt schlichtweg an Zeit. Die Schüler des Albert-Schweitzer-Gymnasiums sind zwar gut und redlich bemüht, aber keine Profimusiker, die auf Knopfdruck spielen können. Hinzu kommt, dass die herrschenden Arbeitsbedingungen für Rod nicht immer sonderlich kreativitätsfördernd sind.

Rodrigo González: »*Es war Hochsommer. Ich habe damals noch in einem Dachgeschoss-Loft gewohnt und schwitzend versucht, mir etwas aus den Fingern zu saugen, denn aufgrund des Orchesters gab es einen sehr straffen Zeitplan. Die Schülerinnen und Schüler hatten ja auch noch regulären Unterricht und wurden netterweise vom Rektor Frank Schmidt freigestellt für die vielen Satzproben, zu denen ich immer wieder vorbeischaute.*«

Allen Unwägbarkeiten zum Trotz sind Rod und Jochen Arp aber sehr produktiv und kommen schneller voran als gedacht.

Jochen Arp: »*Das Arrangieren mit Rod ging unglaublich effektiv und schnell vonstatten. Wir haben in vier Tagen an die zwölf Arrangements fertig gehabt. Das war eine super Arbeit.*«

Arp nimmt Rod so viel wie möglich ab. Er probt mit den einzelnen Instrumentengruppen regelmäßig die frisch erstellten Arrangements und überprüft sie auf deren Umsetzbarkeit. Natürlich ist dies schon jetzt für jeden Schüler, der an dem Projekt beteiligt ist, ein Highlight der Schullaufbahn. Rod kommt zu den Proben immer wieder dazu, hört sich die Fortschritte an und stimmt das Tempo des Orchesters mit der Spielweise der Band ab.

Rodrigo González: »*Meine Hauptsorge war immer die Frage, ob wir Band und Orchester vom Beat her synchronisieren können. Wir wollten das Orchester nicht hinter uns herschleppen, sondern es als vierten Arzt dabeihaben.*«

Band und Plattenfirma setzen derweil das Motto »Rock'n'Roll Realschule« konsequent um.

Bela B: »*Allerdings in einem Gymnasium.*«

Für die Band verwendet man einfach deren Kellner-Jacketts von der Vertriebstagungsaktion im Leipziger Zentralstadion und verziert sie mit dem *Rock'n'Roll Realschule*-Emblem. Daran angelehnt werden auch für die Schülerinnen und Schüler spezielle Schuluniformen hergestellt. Auch die Markenzeichen der Band, die Fleisch- und Knochen-Gwendoline sowie die rote Bestie, erhalten entsprechende Pennäler-Kleidung. Die Technik-Abteilung steht derweil vor vielen Aufgaben, denn die Aula des Gymnasiums ist für so eine Aufführung eigentlich nicht geeignet und zu klein. Schulleiter Frank Schmidt und »der beste Hausmeister der Welt« André Schulz setzen aber alle Hebel in Bewegung, um das Unmögliche möglich zu machen. Sogar der Schulbetrieb wird nach den Die Ärzte ausgerichtet. Dabei stellt es sich durchaus als Glücksfall heraus, dass Diane Weigmann von den Lemonbabies derzeit das Team von Hot Action Records verstärkt.

Frank Schmidt: »*Mein Geheimtipp: Diane, Manchmal haben Frauen ... – die süße Stimme am Schluss. Eine tolle Frau, und ich hab sie kennengelernt, ich hab sie fotografiert. Ich bin glücklich.*«[10]

Diane Weigmann: »*Der Schulleiter war ein großer Fan von mir. Wenn wir für irgendwas vor Ort seine Erlaubnis brauchten, wurde immer ich vorgeschickt.*«

Band und Crew unterschätzen vielleicht auch etwas den Aufwand, den dieses besondere Konzert mit sich bringt. So müssen die Leute von der Technik extra einen Statiker hinzuziehen, um in der Decke der Aula Bohrungen für Lichttraversen vornehmen zu können. Auch der über 80-jährige Architekt der Schule kommt eigens deswegen vorbei. Bei all der Terminplanung für die ganzen Proben wird außerdem vergessen, dass in Hamburg bis zum 31. Juli Sommerferien sind, was die verbleibende Zeit bis zur Aufzeichnung Ende August weiter bedrohlich schwinden lässt. Neben dem Zeitproblem ergibt sich für Band und Plattenfirma auch ein Platzproblem, denn das Fassungsvermögen der Aula ist nach den ganzen Technikinstallationen noch mal auf gut ein Drittel zusammengeschrumpft. In diesem Drittel sollen dann die Schüler des Gymnasiums sowie Freunde und Fans der Band Platz finden – ein schier unmögliches Unterfangen.

Aufgrund des Platzmangels ist früh klar, dass es für das Konzert keine Karten im Vorverkauf zu erwerben, sondern nur zu gewinnen gibt. Die Gewinnspiele werden meist von diversen Radiosendern veranstaltet, auch auf *bademeister.com* gibt es Karten zu gewinnen. Um dort in den Lostopf für eines der zehn Tickets zu gelangen, müssen die Fans jedoch 50 überaus knifflige Fragen rund um die Geschichte der Die Ärzte lösen. Das schaffen am Ende tatsächlich die wenigsten. Doch nicht nur die leer ausgegangenen Die Ärzte-Fans sind traurig. Auch viele Schüler des Albert-Schweitzer-Gymnasiums müssen leider draußen bleiben, denn die Aula platzt aus allen Nähten.

Die Band probt derweil in den Hamburger Gaga-Studios für das Konzert. Rod muss ständig zwischen Studio und Gymnasium hin und her pendeln, um Band und Orchester miteinander zu synchronisieren. Die ersten gemeinsamen Proben von Band und Orchester sollen erst in der Woche vor der Aufzeichnung stattfinden. Um noch eine zusätzliche Farbe mit ins Spiel zu bringen, holen sich Die Ärzte noch den befreundeten Markus Paßlick als Percussionisten dazu, der normalerweise in der Band von Götz Alsmann spielt. Die Dramaturgie für die Aufzeichnung ist so ausgelegt, dass zunächst nur Bela, Farin, Rod und Paßlick auf der Bühne stehen. Erst später sollen dann das Orchester und der Chor hinzukommen. Dann gibt es noch ein Problem: Die Band muss während der Darbietung der Songs sitzen, so verlangt es tatsächlich der mit MTV geschlossene Vertrag. Allerdings lässt der Vertrag offen, auf welchen Sitzmöbeln die Band zu sitzen hat. Regisseur Norbert Heitker kommt eine Idee.

Norbert Heitker: »*Während der Vorbereitung habe ich eher beiläufig die ADAC Motorwelt-Zeitschrift durchgeblättert. Da bin ich auf einmal bei den Anzeigen für diese Elektrorollstühle hängen geblieben und hatte dann die Idee, dass es sehr witzig wäre, wenn wir diese verwenden würden. Auch die Band fand es sehr lustig, und so haben wir es dann gemacht.*«

Damit die Band die Rollstühle schon mal Probe fahren kann, lassen sie diese ins Gaga-Studio kommen, wo Bela, Farin, Rod und Studio-Besitzer Hans-Jürgen damit über die Gänge brausen. Für das Unplugged-Konzert werden die Stühle noch ein bisschen aufgepimpt.

Rodrigo González: »*Ich wollte an meinem Rollator unbedingt Rückspiegel dran haben. Hosenträgergurte gingen leider nicht.*«

Farins und Rods Sitze erhalten stylishe Taxifahrer-Holzkugel-Auflagen, und Belas Stuhl bekommt im Stile alter Ami-Protzkarren noch Hörner hinten dran. MTV beäugt jeden einzelnen Schritt der Band, denn schließlich ist *MTV Unplugged* so etwas wie die heilige Kuh des Senders, und einige Leute im Sender befürchten, dass Die Ärzte vorhaben könnten, sie zu schlachten.

Norbert Heitker: »*Als MTV davon erfahren hat, haben die totalen Schiss gehabt, dass wir ihr schönes* Unplugged *in den Dreck ziehen.*«

Schon die Tatsache, dass Die Ärzte Norbert Heitker als Regisseur eingesetzt haben, passt dem Sender nicht so recht, denn bisher war immer eine eigene Crew aus England mit den Aufnahmen betraut worden. Bei all ihren Kontrollgängen beruft sich MTV aber allein auf das Renommee des *Unplugged*-Formats, denn finanziell steuert der Sender keinen Cent dazu bei. Band und Plattenfirma müssen alle Kosten selbst tragen und darauf hoffen, dass bei der Aufzeichnung nix Großes schiefgeht, denn einen zweiten Aufzeichnungstag können sie sich nicht leisten.

Bela B: »*Fairerweise war MTV aber auch zu 50% an den Gewinnen der späteren Bild- und Tonträger-Auswertung beteiligt, und alles, was sie dafür tun mussten, war, das Konzert circa 500 mal zu senden. Sendezeit, für die sie auch noch Einnahmen aus den Werbeblöcken bekamen. Mich hat das echt genervt, so ausgebeutet zu werden.*«

Unterdessen rast die Zeit kontinuierlich davon. Es sind nur noch wenige Tage bis zur Aufzeichnung. Während in der Aula noch die letzten Vorbereitungen für den großen Tag getroffen werden, proben Band und Orchester erstmals zusammen die Songs. Allerdings ufern die Proben nicht sonderlich aus, denn man will sich schon eine gewisse Frische für die Generalprobe und die tags darauf stattfindende Premiere erhalten. Kurz vor der Generalprobe hält die Band eine Pressekonferenz im Chemieraum der Schule ab. An ihr nehmen ausschließlich Redakteure von Schülerzeitungen teil, die natürlich spürbar nervös sind. Die Ärzte sehen dies jedoch nach und beantworten ganz charmant alle Fragen der jungen Journalisten, bevor sie zur Generalprobe schreiten. Es ist wohlgemerkt das einzige Pressegespräch, das die Band zum *Unplugged*-Auftritt führt. Was aus Sicht der Band nachvollziehbar ist, sorgt bei ihrer Plattenfirma schon für den ein oder anderen Wermutstropfen.

Anja Marenbach: »*Durch diese Entscheidung der Band sind ihnen sicher einige Titelseiten durch die Lappen gegangen, denn das Medieninteresse war sehr groß. Aber eine so sympathische Absage – ›Diesmal nur Fanzines und Schülerzeitungen‹ – muss jeder akzeptieren. Die Medien haben dann alle Fragen und Antworten zum ›Abschreiben‹ bekommen.*«

Am 31. August 2002 ist endlich der entscheidende Tag gekommen. Das Publikum erhält Einlass in die Aula und nimmt auf den bereitgestellten Turnbänken Platz. Die Spannung im Saal ist groß. Man fragt sich, was sich Die Ärzte wohl so alles ausgedacht haben, welche Songs sie spielen werden und, und, und. Gegen 20 Uhr beginnt dann das Konzert. Das Licht wird gedimmt, die Scheinwerfer beleuchten den mit silbernen Sternen versehenen blauen Vorhang, und ein Mix von *Rock-'n'-Roll-Übermensch* wird eingespielt. Hinter dem Vorhang leuchtet der bekannte »DIE ÄRZTE«-Schriftzug auf. Der Vorhang geht auf, und Bela kommt mit seinem Elektrorollstuhl aus dem Scheinwerferlicht gefahren. Auf seinen Oberschenkeln liegt eine schwarze Gitarre, die mit dem Konterfei von Elvis Presley geschmückt ist. Bela fährt bis ganz vorne an den Rand, bittet um absolute Ruhe und fängt an, *Tittenmaus* zu spielen. Damit beginnt das *Unplugged*-Konzert so, wie die allerersten Konzerte der Band damals anfingen. Zum Ende der dritten Strophe kommen dann auch Farin und Rod mit ihren Elektromobilen auf die Bühne und bringen mit Bela den Song zu Ende. Danach begibt sich Bela hinter sein knallgelbes Mini-Schlagzeug. Auf dem Fell seiner Bassdrum ist das Gesicht von The Incredible Hagen zu erkennen.

Bela B: »*Ein Schnappschuss von ihm, als er mal im Tourbus eingeschlafen ist.*«

Zu dem vierten Song *Ich ess Blumen* kommt Markus Paßlick mit dazu. Mit ihm zusammen spielen sie eine an den *Egyptian Reggae* von Jonathan Richman angelehnte Version des Songs, in dessen Refrain Farin eine Maultrommel spielt. Bald darauf kommt es zu einer echten Weltpremiere, denn mit *Monsterparty* zaubert die Band einen Song aus dem Hut, der bislang den Fans verborgen blieb. Er wurde einst von Bela und Farin während der Aufnahmen zur zweiten LP *Im Schatten der Ärzte* geschrieben und zuvor nur einmal kurz auf der Lesetour der Band angedeutet. Nun wird er in voller Länge gespielt, und das Publikum feiert den Song ab, der sich bei vielen Fans schnell zum heimlichen Hit der Unplugged-Aufnahmen mausern wird. Als Dank für seine Mühen darf Rod sogar mit einem Bass-Solo an seinem Upright-Kontrabass glänzen.

Rodrigo González: »Monsterparty *war ein herrlich infantiler Quatsch. Bei der Uraufführung brauchten Farin und Bela schon einige Zettel, um den langen Text vortragen zu können.*«

Nach *Monsterparty* folgt die erste große Unterbrechung, denn Belas Schlagzeug weicht einem Cocktail-Schlagzeug-Set (wie er es schon bei den Videos zu *Männer sind Schweine* oder *Wie es geht* gespielt hat). Dies ist die erste von vielen weiteren Umbaupausen. Während die Crew um sie herumschlängelt, nutzt die Band die Zeit, um mal eben einen Umbaupausen-Song aus dem Ärmel zu schütteln. Anschließend folgt im Stil von Skiffle-Groups die Unplugged-Version von *Kopfhaut*.

Bela B: »*Zu diesem Lied wurde so manches besetzte Haus gesprengt.*«

Farin begleitet den Song standesgemäß auf dem Banjo, während Rod den Besenstiel-Bass bedient und Bela mit Waschbrett und Fahrradhupe für den Beat sorgt – so kann man eben auch ein *MTV Unplugged* spielen. Nach dem Song folgt eine längere, ungeplante Unterbrechung, denn es gibt einige technische Probleme zu lösen. Bei der Bühnenbeleuchtung ist eine Folie durchgebrannt, und vor allem gibt es Probleme mit dem Tonabnehmer an Farins Gitarre. Andere Künstler würden wohl nervös werden, doch Die Ärzte bleiben die Ruhe selbst. Um sich die Wartezeit zu vertreiben, kommentieren sie einfach das Treiben um sie herum, in dem sie das bekannte Kinderlied *Ein Loch ist im Eimer* umtexten.

Rodrigo González:
»*Ein Loch ist in der Lampe,
Karl-Otto, Karl-Otto
Ein Loch ist in der Lampe,
Karl-Otto ein Loch.*«

Farin Urlaub:
»*Und was mach ich mit der Gitarre,
die nicht geht, die nicht geht?
Was mach ich mit der Gitarre,
die leider immer noch nicht geht?*«

Bela B: »*Ich tu da ein altes,
Hausmittel kennen,
Ich weiß mit der Gitarre,
kann man nichts machen als verbrennen.*«

Während die Crew beschäftigt ist, die technischen Pannen aus der Welt zu schaffen, haben die Band und das Publikum großen Spaß an der Improvisation. Diese fällt dann länger aus als erwartet, denn am Ende muss Farin seine Gitarre gegen eine von Rods tauschen.

Rodrigo González: »*Das ist doch meine,
meine, meine.
Das ist doch meine,
meine Gitarre.*«

Durch die ganze Warterei hat sich zu allem Übel auch noch Rods zwölfsaitige Gitarre verstimmt. Erst als sie wieder richtig gestimmt ist, können Bela, Farin und Rod endlich den nächsten Song *Ist das alles?* beginnen. Bela stellt sich vor, wie wohl Kurt Cobain reagieren würde, wenn er sie jetzt hier so sehen würde: »*Wenn er nicht schon tot wäre, würde sich Kurt Cobain jetzt umbringen: ›Das ist mein Unplugged, so wird es mit Füßen getreten.‹*«[11]

Tatsächlich unterhalten zwei Leute von MTV während der gesamten Aufzeichnung eine Standleitung nach London und erstatten ihrer Zentrale regelmäßig Bericht über die Vorkommnisse in Hamburg. Ihre Sorgen erweisen sich allerdings spätestens bei *Westerland* als unbegründet. Es ist der erste Song, den die Band gemeinsam mit dem Schulorchester und dem Schulchor spielt, und den Zuschauern bietet sich nun ein überwältigendes Bild. Man kann schon Pipi in den Augen kriegen, wenn man sieht, wie Die Ärzte mit den Schülern des Albert-Schweitzer-Gymnasiums einen ihrer größten Hits präsentieren.

Das Ganze ist sicher mit keinem bis dato gezeigten *MTV Unplugged* zu vergleichen, denn die Band verbindet durch ihre Herangehensweise an das Format völlig unbeschwert und unbekümmert mehrere Generationen von Musikliebhabern. Da stört es auch nicht, dass mal ein Ton nicht richtig sitzt oder ein Einsatz nicht stimmt, denn die ganze Darbietung strahlt so viel Wärme aus, dass dies kaum auffällt. Nach Rods *½ Lovesong* steht auch schon wieder eine Weltpremiere an, denn die Band präsentiert mit der Ballade *Komm zurück* einen Song, den sie zuvor noch nie öffentlich gespielt hat. Jetzt, wo man ihn hört, fragt man sich, warum eigentlich nicht. An der Harfe ist hier übrigens die Gastmusikerin Maria Scheiblhuber zu hören, die heute als MarieMarie[12] bekannt ist. Durch die Begleitung des Orchesters leuchten die Lieder der Die Ärzte heller als je zuvor. Das gilt sowohl für bekannte als auch weniger bekannte Songs der Band. *Lieber Tee*[13] ist einer dieser Songs, die bis zu diesem Tag bislang eher ein Schattendasein gefristet haben.

Rodrigo González: *»Ich habe darum gekämpft, dass wir auch Lieder wie* Lieber Tee *spielen. Ich wollte nicht nur die Hits nehmen, sondern auch Songs, die so vorbeigerauscht sind und dennoch einen gewissen Tiefgang haben.«*

Bela B: *»Farin war damals übrigens sehr sauer darüber, dass wir auf der* Bestie in Menschengestalt *beim Mischen seinem Song noch das Zitat aus* Kinski spricht Villon *vorangestellt haben.«*

Farin Urlaub: *»Quatsch. Ich war überrascht, fand es aber ganz lustig. Sie hätten mich halt nur fragen sollen. Ich gebe aber zu: Hätte* es mir NICHT gefallen, wäre ich sicher schwer sauer geworden – wie wohl jeder andere von uns auch unter vergleichbaren Umständen.«

Den Anfang dieser Anti-Drogen-Hymne präsentiert die Band beim Konzert zunächst im Stile eines indischen Mehfils. Rod spielt dabei eine Sitar, während Percussionist Markus Paßlick vor der Band auf dem Boden sitzt und die traditionellen Tablas spielt. Als das Orchester dann den Metal-Part des Songs interpretiert, kriegt man eine echte Gänsehaut. Doch *Lieber Tee* ist nur eine von vielen ungewöhnlichen Nummern auf dem Album.

Farin Urlaub: »*Wir haben lange überlegt, welche Stücke wir für das* Unplugged-*Konzert nehmen sollen. Die Idee,* Is ja irre *aufzuführen, ging dabei von mir aus. Wir waren alle der Meinung, dass wir auch ein paar schräge Nummern unterbringen müssen – sonst wären es nicht Die Ärzte. Mir ist heute noch schleierhaft, wie ich die anderen zwei dazu überreden konnte, das hat so viel Spaß gemacht!*«

Für *Is ja irre*, das ursprünglich nur als B-Seite auf der *Ein Song namens Schunder*-Single erschien, haben sich Bela, Farin und Rod mit Vibrafonen bewaffnet und hämmern nach dem Trompeten-Intro des Songs wie die Berserker darauf herum – Entertainment DÄluxe sozusagen. Die Band und das Orchester drehen nun anscheinend so richtig auf und schrecken selbst nicht davor zurück, auch das komplett elektronische Synthie-Stück *Bitte, bitte* unplugged zu spielen. In dem neuen akustischen Gewand klingt es nun wie ein Song der Einstürzenden Neubauten.

Bela B: »*Blixa B!*«[14]

Bela und Rod hauen in bester Neubauten-Manier auf allerhand Metallgegenstände (Bleche, Kanister und Ketten) ein, während die andere Gast-Harfenistin Christine Pemsl im Refrain des Stückes eine Blattsäge mit einem Violinbogen zum Singen bringt. Bedingt durch die immer wieder notwendigen Umbau- und Stimmpausen zeigt die Uhr inzwischen schon längst Mitternacht an. Dem Publikum tut der Hintern vom langen Sitzen auf den eher unbequemen Turnbänken weh, und draußen warten schon die Eltern der Schüler. Doch noch immer sind etliche Songs zu spielen, und alle müssen sich weiter in Geduld und Konzentration üben. Allerdings ist es nicht immer ganz leicht, Letztere über einen so langen Zeitraum aufrechtzuerhalten. Vielleicht kann man so Farins Aussetzer beim folgenden *Mit dem*

Schwert nach Polen, warum René? erklären. Nach über vier Stunden Aufzeichnung fällt es ihm jedenfalls mächtig schwer, das gesprochene Intro des Songs fehlerfrei über die Lippen zu bekommen. Stattdessen erleidet er einen heftigen Lachanfall.

Farin Urlaub: »*Bei den Aufnahmen mochte ich* Mit dem Schwert nach Polen *sehr. Allerdings hat mich das gesprochene Intro gefühlt eine Stunde meines Lebens gekostet.*«

Die anderen nehmen es aber mit Humor, und das »Schwere Schwert« landet später zusammen mit weiteren Pannen im Bonusbereich der DVD, wo es wie Farin auch vielen Fans die Tränen vor Lachen ins Gesicht treibt. Bei *3-Tage-Bart* ist dann endlich auch mal der Schulchor in voller Pracht zu hören, der sichtlich Spaß daran hat, den »Geili-Geili-Supertypen« hochleben zu lassen. Um so viele Songs wie möglich zu spielen, werden etliche Lieder zum Schluss noch in einem viereinhalbminütigen Medley untergebracht, das die Band bis auf die Bläser beim *Schunder-Song* aber ohne Hilfe des Schulorchesters spielt. Dann folgt *Das Schlaflied*. Obwohl es eigentlich indiziert ist, hat die Band es trotzdem mit ins Programm genommen. Zusammen mit dem Orchester und Chor spielt sie eine besonders schaurig-schöne Version des Böse-Nacht-Liedes, das am Ende noch eine Huldigung an den bekannten Soundtrack des US-Thrillers *Psycho*[15] enthält. Schon mit der Aufführung des Stückes ist aber klar, dass es aufgrund der Indizierung weder auf der folgenden CD noch DVD Platz finden wird. Trotzdem gelangen die Aufnahmen des Songs wie von Geisterhand in die Hände der Die Ärzte-Fans.

Der Autor: »*Ich habe zu dem Zeitpunkt die Die Ärzte-Fans über meine Fanpage mit Infos und dergleichen versorgt. Eines schönes Tages fand ich einen Briefumschlag in meinem Briefkasten, auf dem kein Absender vermerkt war. Dafür enthielt er eine CD, auf der sich das Video und ein MP3 vom* Schlaflied *in der Unplugged-Version befanden. Woher diese Aufnahmen stammten? Ich kann es mir beim besten Willen nicht erklären. Allerdings habe ich den Inhalt gerne an volljährige Die Ärzte-Fans weitergeleitet. Wäre ja nicht auszudenken gewesen, wenn das Ganze in falsche Hände geraten wäre.*«

Mit *Gute Nacht* endet dann gegen ein Uhr die Aufzeichnung – denken zumindest die Zuschauer in der Aula. Sie haben die Rechnung allerdings ohne Die Ärzte gemacht. Die haben sich natürlich noch etwas Spezielles ausgedacht und stellen damit die Geduld ihres Publikums auf eine sehr harte Probe. Während Bela, Farin und Rod auf sich warten lassen, schafft ihre Crew alle akustischen Instrumente beiseite und schafft Platz für Verstärker und elektrische Gitarren. Bela erhält ein kleines weißes Stehschlagzeug, auf dessen Bassdrumfell nun Sahnie zu sehen ist.

Bela B: »*Ein Foto mit Trachtenhut von unserem ersten Loft-Konzert.*«

Das Publikum ist reichlich verwundert, was denn jetzt um diese nachtschlafende Zeit noch kommen soll, und würde am liebsten eigentlich ins Bett fallen. Als Die Ärzte nach einer gefühlten Ewigkeit endlich wieder auftauchen, bleibt den Leuten jedoch der Atem weg, denn alle drei haben sich in furchteinflößende Black-Metal-Schale geschmissen. Es ist die gleiche Maskerade, mit der sie schon für die *Wie es geht*-Single posiert haben. Zurück in Schwarz, hauen sie dem Publikum *Dauerwelle vs. Minipli* in voller Lautstärke um die Ohren und sind danach auch schon wieder verschwunden. Mit diesem »Plugged«-Song endet das *Unplugged*-Konzert.

Rodrigo González: »*Bei* Dauerwelle vs. Minipli *hat das Umziehen und Schminken des Warpaint eine gefühlte Ewigkeit gedauert. Als wir dann rauskamen, waren die meisten schon gegangen, und es blieben nur die hartnäckigsten Zuschauer, wie zum Beispiel Andy, der Ex-Gitarrist von Sodom, der unseren Death-Metal-Auftritt begeistert abfeierte.*«

Bela B: »*Als sie den Lärm hörten, machten viele Leute am Ausgang wieder kehrt und trauten dann ihren Augen nicht. Für solche Aktionen liebe ich unsere kleine Band!*«

Norbert Heitker: »*Je später der Abend wurde, desto mehr hatten alle Beteiligten ihre Mühe, dem Treiben zu folgen. Es gab sogar vereinzelt Leute im Publikum, die während der langen Umbaupause vor dem großen Finale eingeschlafen sind. Bei* Dauerwelle vs. Minipli *konnte eigentlich keiner mehr, doch es musste eben sein.*«

Uwe Hoffmann: »*Das* Unplugged*-Konzert war eine einmalige Geschichte, und wenn etwas nicht brauchbar war, musste es noch einmal neu gemacht werden – zum Leidwesen der Band, des Orchesters und vor allem des Publikums, die so lange auf den harten Holzbänken sitzen mussten.*«

Der ganze Spaß hat am Ende über fünfeinhalb Stunden gedauert. Allen ist die Erschöpfung anzumerken, doch sie wissen auch, dass sie heute Teil von etwas ganz Besonderem waren. Es ist außerdem dem großen Enthusiasmus der Band geschuldet, dass diese fünfeinhalb Stunden schneller vorbei sind als gedacht.

Bela B: »*Am krassesten war es für Farin, weil der schnell weg musste, um in den, wie soll es anders sein, Urlaub zu fahren. Sein Gesicht war komplett zugekleistert mit dem Black-Metal-Warpaint, und er versuchte sich verzweifelt abzuschminken, damit er weg konnte. Er hat abwechselnd gelacht und höllisch geflucht.*«

Rodrigo González: »*Ich bin danach ins Hotelbett gefallen und konnte am nächsten Morgen nicht mehr aufstehen. Ich war komplett fertig und lag wie angenagelt in meinem Bett. Das Ganze hat mich arbeitsmäßig echt umgehauen, und ich musste mich danach erst einmal ausgiebig erholen.*«

Uwe Hoffmann: »*Wir haben hier zum ersten Mal digital mit einer 48-Spur-Maschine von Sony aufgenommen. Uns hat es verrückt gemacht, dass da ständig irgendein Licht geblinkt hat, das eigentlich nicht hätte blinken sollen. Es hätte also gut sein können, dass am Ende des Tages nichts auf den Bändern drauf ist – war aber Gott sei Dank nicht so. Nach dem Konzert haben wir das Pult direkt eingepackt und die Bänder im Studio auf den Rechner gezogen. Während des Kopiervorgangs sagte mein Kollege Gerdie Gerhardt auf einmal ›Oops‹, was zu der Sorte Wörter gehört, die man in so einer Situation, morgens um vier Uhr, nicht hören will. Hintergrund war, dass die Harddisk vom Rechner sich verabschiedet hatte und erst mal alles weg war. So mussten wir den Kopiervorgang noch mal neu starten, und 1:1 kopieren. Das hat stundenlang gedauert, denn wir hatten fünf bis sechs Stunden Material. Das war ein harter und stressiger Arbeitstag.*«

Während der nächsten Wochen haben die Band und ihre Leute vom Film und Ton genug damit zu tun, das reichlich vorhandene Material zu sichten und für die CD- und DVD-Veröffentlichung aufzubereiten. Die Fans können es derweil kaum erwarten, erste Kostproben zu hören. Nach seinem Urlaub geht Farin mit seinem Racing Team auf große Clubtour und sorgt fast überall für ausverkaufte Läden. Bela ist am 13. Oktober im deutschen Fernsehheiligtum schlechthin zu sehen: In der Folge *Totentanz* des Münchener

Tatort spielt er den tatverdächtigen DJ Lupo. Am Samstag, den 2. November 2002 zeigt MTV erstmals einen Ausschnitt des Konzertes, zwei Tage später erscheint das Album *Rock 'n' Roll Realschule*. Zum Nikolaus steht dann die DVD in den Läden, die kurz darauf auch bei vielen unter dem Weihnachtsbaum liegt. Fans und Bisher-nicht-Fans der Band sind begeistert von den Aufnahmen. Vor allem die DVD bietet dank modernster Bild- und Tontechnik ein einmaliges Sehvergnügen.

Norbert Heitker: *»Das war eines der ersten Konzerte, die wir auf HD gedreht haben. Während der gesamten Aufführung saß ich in einem Vorraum der Aula, wo ich meine zehn Fernseher vor mir stehen hatte. Es war damals schon schwierig, allein zehn HD-Fernseher zu bekommen. Einige haben mich auch für bescheuert erklärt, dass wir auf HD drehen, doch ich war vollends davon überzeugt.«*

Die *Unplugged*-Veröffentlichungen verkaufen sich außerordentlich gut. Darüber hinaus beeinflusst *Rock 'n' Roll Realschule* aber auch die öffentliche Wahrnehmung der Band, denn diese erreicht ein bisher nicht gekanntes Level.

Rodrigo González: *»Wir haben damit Leute erreicht, die sich vorher null für Die Ärzte interessiert haben. Mich haben auf einmal Leute angesprochen, die zum ersten Mal mit mir über die Musik reden wollten. Das zeigte mir, dass die Auswahl der Songs funktioniert hat.«*

Farin Urlaub: *»Es war sehr überraschend für uns, dass dieses Album so gut angekommen ist. Wahrscheinlich waren wir vielen Leuten vorher zu hart.«*

Rodrigo González: *»Hahaha, oder zu schlecht!«*

Bela B: *»Ohne unser Gesicht zu verlieren, haben wir das enge Mainstream-Unplugged-Korsett gesprengt und nebenbei für die letzten Zuschauerrekorde bei MTV Europe gesorgt.«*

Der Autor: *»Früher wurde ich von Klassenkameraden verhöhnt, weil ich Die Ärzte-Fan war. Nun haben mir die gleichen Leute auf einmal auf die Schulter geklopft, mir zu meinem guten Geschmack gratuliert und wollten mehr über diese Band wissen. Das war schon sehr seltsam und machte mir deutlich, in welcher Liga die Band nun angekommen war.«*

Das *MTV Unplugged*-Album wird zum Glücksfall für Die Ärzte, denn von nun an wird alles noch einmal größer als zuvor. Die Ärzte sind mit ihrer Musik von der Schmuddel-Ecke in die guten Stuben umgezogen – und das alles zu ihren eigenen Spielregeln. Das lässt für die Zukunft eigentlich nur Gutes erahnen.

19. KAPITEL

Der Tag / Die Nacht

»*Die Nacht, sie lässt Dich Dinge tun,
die Du bei Tage nicht mal denkst.*«
(Die Ärzte – Die Nacht)

Das Jahr 2003 ist noch recht frisch, als sich ein alter Bekannter der Band öffentlich zu Wort meldet. Mit dem Titel *Meine Jahre mit Die Ärzte* veröffentlicht Ex-Bassist Hagen Liebing unter seinem ehemaligen Künstlernamen The Incredible Hagen seine Tourtagebucheinträge aus den Jahren 1986 bis 1988, eingerahmt von einigen persönlichen Erzählungen. Was für den Fan spannend sein mag, ist für Farin und Bela eher unschön, denn die Einträge verraten teilweise sehr private Details aus dem Tourleben der Band in den Achtzigerjahren.

Bela B: »*Farin und ich waren beide aus unterschiedlichen Gründen enttäuscht davon. Ich kann es generell gut nachvollziehen, wenn Menschen einer Versuchung nachgeben, weil mir das auch schon passiert ist, aber seine internen Erlebnisse aus einer Zeit zu veröffentlichen, in der er letztlich bei uns angestellt war und gut bezahlt wurde, ist ein schwer entschuldbarer Vertrauensbruch. Wir hatten 1993 Die Ärzte wiederbelebt und aus Gründen der Geheimhaltung Hagen nicht eingeweiht. Das war für ihn eine große Enttäuschung. Er war aber damals schon Journalist, und wir hatten nun mal Bedenken, dass er darüber etwas schreiben könnte. Die Wogen haben sich danach aber wieder geglättet, und wir haben ein paar exklusive Storys mit ihm gemacht, um das wieder gutzumachen, und ihn auch eingeladen, mit uns beim 15 Jahre netto-Konzert zu spielen. Für Farin war Hagen nach der Veröffentlichung gestorben. Ich habe Hagen zur Rede gestellt, und er meinte: ›Bela, ich habe einen journalistischen Auftrag.‹ Das mag aus seiner Sicht plausibel sein, doch er war weder Journalist zu dem Zeitpunkt, als er bei uns Bass spielte, noch gab es geheime Machenschaften über uns aufzudecken, die seine Aussage rechtfertigen könnten. Hier sollte mit Intimwissen Geld gemacht oder* wenigstens am neu entstandenen Ruhm partizipiert werden. Hätte er sich mit uns abgesprochen, wären wir eventuell zu einer Einigung gekommen, so aber stehen unwidersprochen ein paar intime Details in dem Buch, die niemanden etwas angehen und die wir auch nicht wieder aus der Welt nehmen können. Ein Weltuntergang ist das nicht, und ich finde, das Leben ist zu kurz, um nachtragend zu sein. Nebenbei bemerkt musste ich sogar oftmals laut lachen, als ich es gelesen habe.«

Farin Urlaub: »*Ich empfand das damals als Verrat und war wirklich sehr sauer auf ihn. Das ändert aber nichts daran, dass ich die gemeinsame Zeit mit ihm nach wie vor in bester Erinnerung trage. Er war damals genau der richtige Mann für den Job bei der besten Band der Welt – und insgesamt ein Guter.*«

Die Mitglieder des Die Ärzte-Fanclubs freuen sich derweil über ein Rundschreiben, das die Deutschland-Tour der italienischen Punkband *Nudo Tra I Cannibali* (*Nackt unter Kannibalen*) für Anfang März ankündigt. Alle Fanclub-Mitglieder können sich nun exklusiv Tickets für diese exklusive Gastspielreise sichern, die unter dem Motto *Giocare Ai Birilli For Montagna Trasversale* (*Kegeln für Kreuzberg*) steht und in Gemeinden wie Rottweil, Leer oder Coesfeld Station macht. Für jeden, der noch nicht überzeugt ist von der Band, gibt es die Website www.nacktunterkannibalen.de, die weitere Informationen über diese Ausnahmeband bereithält – allerdings auf Italienisch. Natürlich gibt es diese Band nicht wirklich, und natürlich verbergen sich hinter diesem Namen Die Ärzte, die bei der Suche nach einem möglichst bescheuerten Pseudonym für eine Geheimtour beim Siebzigerjahre-Film *Nackt unter Kannibalen* des italienischen Regisseurs Joe d'Amato fündig werden. Der Film ist Teil der berühmt-berüchtigten *Black Emanuelle*-Reihe des Exploitation[1]-Regisseurs und vereint Porno- und Splatter-Szenen in einem.

Bela B: »*Eigentlich mein Terrain, aber der Namensvorschlag kam von Farin.*«

Farin Urlaub: »*Dazu muss man wissen, dass wir immer ganze Notizbücher mit möglichen (beziehungsweise eher unmöglichen) Titeln und Namen füllen: Für Songs, für Alben, für Touren und eben auch für Bands, die wir in einem Paralleluniversum gerne wären.*

Gelegentlich entstehen so zum Beispiel aus reinen Songtiteln fertige Lieder, weil der Vorschlag des einen beim anderen eine Ideenkaskade freisetzt.«

Sie wollen diese Tour im kleinen Rahmen spielen, da sie sich bald ins Studio für die Aufnahmen für ein neues Album begeben, und wollen sich entsprechend in Stimmung bringen. Entgegen den sonstigen Gepflogenheiten vermeiden sie dieses Mal allerdings bewusst die Metropolen und suchen sich vornehmlich Städte und Clubs aus, in denen sie zuvor noch nie gespielt haben. Bei Städten wie Fischbachau müssen die Fans dann auch schon mal den Atlas zu Rate ziehen, um deren Lage zu ermitteln.

Bela B: »*Ich kenne tatsächlich Leute, die von dort kommen. Das hab ich aber erst später erfahren.*«

Das recht freudige Ereignis der bevorstehenden Tournee wird jedoch von der politischen Weltlage überschattet, denn es ist wohl nur noch eine Frage der Zeit, bis die USA und ihre »Koalition der Willigen« in den Irak einmarschieren. Nach den Anschlägen vom 11. September 2001 steht das Land ganz oben auf der Liste der »bedrohlichen Staaten«. Laut den Rechtfertigungen der USA soll das Land Massenvernichtungswaffen besitzen und eine Keimzelle der Terrororganisation Al-Qaida sein, die für die Anschläge auf das World Trade Center und das Pentagon verantwortlich sind. Die internationale Diplomatie versucht alles, um einen Einmarsch abzuwenden, doch die USA und Verbündete wie Großbritannien lassen sich nicht von ihrem Kurs abbringen. Tatsächlich sind die Zweifel an der Glaubhaftigkeit der Gründe für den Einmarsch sehr groß.

Die wenigsten nehmen den USA ihre ins Feld geführten Gründe ab, sondern sehen darin eher einen persönlichen Rachefeldzug von US-Präsident George W. Bush, der nun endlich das zu Ende führen will, was seinem Vater einst nicht gelungen ist: Iraks Machthaber Saddam Hussein zu stürzen. Abgesehen davon spielen sicherlich auch wirtschaftliche Interessen eine große Rolle, denn der Irak besitzt ein großes Erdölvorkommen. US-Außenminister Colin Powell plädiert im Februar 2003 vor dem UN-Weltsicherheitsrat für den Sturz Husseins, um mögliche Gefahren für die westliche Welt abzuwenden. Später wird er diese Rede als »Schandfleck« seiner Karriere bezeichnen, denn die von ihm ins Feld geführten Beweise für das Vorhandensein von Massenvernichtungswaffen erweisen sich allesamt als falsch. Während die USA und ihre Verbündeten ihre Truppen mobilisieren, erhebt sich weltweiter Protest gegen diese Angriffspolitik. Überall gehen die Menschen auf die Straßen – auch in Deutschland, das eines der Länder ist, die den USA ihre Unterstützung in diesem Krieg verweigern.

Diese politischen Entwicklungen gehen natürlich auch nicht an den Die Ärzte spurlos vorbei. Während sie im Gaga-Studio für die Clubtour proben, verfolgen sie mit Bestürzung das politische Geschehen. Der bevorstehende Irakkrieg sorgt auch dafür, dass viele Songs für das neue Album ernsthafter als sonst geraten. Doch natürlich ist abseits davon immer noch genug Platz für Quatsch.

Die *Kegeln für Kreuzberg*-Tour von *Nackt unter Kannibalen* startet am 3. März 2003 bei herrlichstem Mistwetter im westfälischen Coesfeld nahe der holländischen Grenze. Nachdem sie auf die Bühne gekommen sind, drehen sich Die Ärzte mit dem Rücken zum Publikum, kleben sich falsche Schnurrbärte über die Lippen und fangen an, das *Ärzte-Theme* zu spielen. Für die folgenden zweieinhalb Stunden ist die Coesfelder Fabrik nun fest in der Hand der besten Band der Welt. Die Tradition, bei Clubshows Songs auf die Setlist zu nehmen, die sonst eher selten gespielt werden, wird auch auf dieser Tour fortgesetzt. Dieses Mal sind es Stücke wie *Teddybär*, *Käfer* oder *No Future (ohne neue Haarfrisur)*, die aus der Mottenkiste geholt werden.

Dazwischen gibt es immer wieder Perlen vom *5, 6, 7, 8 – Bullenstaat!*-Album zu hören. Unter dem Eindruck des drohenden Irakkrieges fließen auch ernsthafte Stücke wie *Friedenspanzer*, *Opfer* oder *Ihr Helden* mit ein. Besonders groß ist der Jubel, als die Band *Komm zurück* und *Monsterparty* anstimmt. Nach der Aufführung bei *MTV Unplugged* werden beide Songs nun zum ersten Mal verstromt gespielt. Vor allem *Monsterparty* wird das ganze Konzert über mehrmals lautstark vom Publikum gefordert. Dies kann man jedoch nicht von dem Song behaupten, den die Band zu Beginn des zweiten Zugabenblocks spielt – dabei klingt die einleitende Ansage von Bela noch recht verheißungsvoll.

Bela B: »*Wir schreiben das Jahr 1978. Bis zu diesem Zeitpunkt haben Rockdinosaurier die Erde beherrscht, verunstalteten diesen*

Planeten, und dann kam die Revolution aus England. Musik, die uns aufrüttelte, die euch aufrüttelte. Musik, die unser Leben veränderte. Und es war ein Song, der die Bewegung anführte. Wir haben diesen Song nicht geschrieben, aber wir hätten gerne. Aber wir haben ihn heute Abend für euch eingeprobt. Macht euch bereit für das wohl wichtigste Stück der Musikgeschichte.«[2]

Was dann folgt, ist ein Witz, den wohl nur eine Band wie Die Ärzte bringen kann. Es ertönt kein Lied von den *Sex Pistols*, *The Clash* oder den *The Damned*. Stattdessen zieht sich die Band weiße Frottee-Stirnbänder über und spielt *Sultans of Swing* von den Dire Straits – und zwar komplett. Farin, der sich für die Tour seine Haare schwarz gefärbt hat, kann die Akkorde und den Text des Stückes sogar so gut, dass man es fast schon mit der Angst zu tun bekommt.

Bela B: »*Farin hatte schon immer ein wahnsinnig gutes Textgedächtnis. Er muss sich auch nie groß anstrengen, sich solche Dinge zu merken. Schon als wir früher zusammen Konzerte besucht haben, hat er sich lieber in die erste Reihe gestellt und alle Texte mitgesungen als zu tanzen.*«

Farin Urlaub: »*Diese Fähigkeit entsetzt die anderen beiden auch schon mal. Ich erinnere mich an eine gemeinsame Taxifahrt in Wien, wo* No Scrubs *von TLC im Radio kam und ich den Text aus vollem Herzen mitgesungen habe, weil ich das Lied echt geil finde. Die anderen beiden waren kurz davor, mich aus der Band zu schmeißen. Wie kann man nur den Text von so einem ekligen Lied kennen, fragten sie mich. Ich konnte es gar nicht verstehen, denn ich finde es total schön.*«

Bela B: »*Welches Lied?*«

Während sich die Band fast totlacht, ist das Publikum totenstill und versteht die Welt nicht mehr.

Bela B: »*Wir haben den Song immer mal wieder im Proberaum gespielt. Als wir die Idee hatten, den live zu spielen, war klar, dass wir das auf keinen Fall ironisch brechen durften. Wir bepissten uns bei der Vorstellung, dieses Lied völlig ernst und originalgetreu zu spielen. Das Schwierigste an dem Song ist Knopflers Gitarrensound, und es ist geil, aber auch schlimm, dass Farin das hinbekam. Bei den Gigs haben immer höchstens fünf Leute gelacht, und drei davon standen auf der Bühne.*«

Nach der Huldigung an Mark Knopfler folgt der Tribut an den kürzlich verstorbenen Joe Strummer[3]. Ihm zu Ehren spielt die Band den Soilent Grün-Song *Spitz wie Lumpi*, der eine »dezente« Ähnlichkeit zu dem The Clash-Song *The Guns of Brixton* aufweist.

Farin Urlaub: »*Spitz wie Lumpi haben wir als Soilent Grün ab und zu im Proberaum angespielt. Hussi und ich waren damals so lausige Musiker, dass wir die Akkorde und das großartige Bassriff von* Guns of Brixton *einfach nicht hinbekamen. So ist es leider immer nur bei der Ähnlichkeit geblieben, gemeint war aber tatsächlich eine Coverversion, ähem.*«

Kurz danach ist das Konzert zu Ende. Bei den nächsten Gigs präsentiert die Band noch schrecklichere Songs als *Sultans of Swing*. Die Sorte Fans, die sich kein Die Ärzte-Konzert entgehen lassen, ahnt noch nicht, dass dieser Song heute mit das Beste sein wird, was ihnen auf dieser Tour jeden Abend an gleicher Stelle von der Band vorgesetzt werden wird. Schon am nächsten Tag in Krefeld kramt die Band ein Stück Musik aus, das sich gegen jeglichen Willen durch die Synapsen der Zuhörer fräst: Die *Dolannes Melodie* von Gheorghe Zamfir. Jene Panflöten-Melodie, mit der Indio-Gruppen ganze Fußgängerzonen terrorisieren, wird geradezu mit Wonne von den Die Ärzte auf ihr Publikum losgelassen.

Rodrigo González: »*Ich hatte mir für die Tour eine schäbige Tischhupe von Casio gekauft. Da waren wirklich lausige Presets drin. Eben auch diese Panflöte, und so spielte ich beim Soundcheck* El Condor Pasa *und die* Dolannes Melodie *darauf. Die anderen lachten sich schlapp, und so kam dieser Klassiker ins Set.*«

Die Band belässt es aber nicht bei dieser einmaligen Aufführung, sondern lässt dieses Volkslied aus den Anden an diesem Abend bei jeder sich ihr passenden Gelegenheit erklingen. Dies wird sogar so schamlos betrieben, dass erste Buhrufe nicht ausbleiben, doch genau das ist ja auch die Absicht dahinter. Wer denkt, dass es eigentlich nicht mehr schlimmer kommen kann, der sieht sich getäuscht, denn nach den ersten beiden Konzerten folgen noch acht weitere, und in jeder Stadt wird ein solches Kleinod vorgetragen, wie die folgende Auswahl zeigt:

05.03.2003, Leer: Kaoma – Lambada
07.03.2003, Rostock: Electronicas – Dance Little Bird (Ententanz)

08.03.2003, Halle/Saale: Richard Clayderman – Ballade pour Adeline
10.03.2003, Braunschweig: Jean-Michel Jarre – Oxygene No. 1
11.03.2003, Magdeburg: City – Am Fenster
Beim großen Finale in Rottweil serviert die Band dem Publikum noch mal ein Best-of und spielt den *Lambada*, *Sultans of Swing* und die *Dolannes Melodie*.

Farin Urlaub: »*Es hat einen Mordsspaß gemacht, diese zum Teil wirklich üblen Songs auf unsere Fans loszulassen ... Klo-Musik im großen Stil, sozusagen!*«

Richtige Einheizer sind die Songs eher nicht. Dabei könnte das Publikum genau das gut gebrauchen. Draußen herrschen eisige Temperaturen, und auch drinnen ist es sehr frostig, denn die Halle des Rottweiler Kraftwerks ist sehr hoch, und es braucht ewig, bis dem Publikum warm geworden ist. Die unterschiedliche Thermik in der Halle sorgt im Verlauf des Konzertes zudem für einen ungewünschten Nebeneffekt, bei dem Lichtmann Lui Helmig gehörig ins Schwitzen kommt.

Lui Helmig: »*Während der Show ging auf einmal die Nebelmaschine kaputt. Die nebelte fleißig weiter und ließ sich vom Pult aus nicht mehr ausschalten. Das hatte zur Folge, dass die Band irgendwann nichts mehr gesehen hat. Ich bin dann während der Show vom Lichtpult weg und habe hinter der Bühne mit meiner Taschenlampe die Nebelmaschine gesucht. Da kamen mir schon Leute von der Crew entgegen und riefen: ›Spinnst du?!‹ Ich habe sie dann gefunden und ausgeschaltet. Da die Heizung in der Halle aber die warme Luft nach unten drückte, zog der Nebel von der Bühne weg ins Publikum rein und blieb auf 2,5 Meter Höhe stehen. Die Band konnte also das Publikum sehen, nur das Publikum die Band nicht mehr.*«

Bela B: »*Solche Pannen passten absolut zu uns und waren besser als die ausgefallensten Spezialeffekte. Es konnte gar nicht genug schiefgehen. Wir haben bei Stromausfall schon akustisch vor 6.000 Leuten brilliert oder drei Songs hinter einem nicht fallenden Vorhang gespielt und das mit dem Publikum abgefeiert.*«

Farin Urlaub: »*Genau diese* Spinal Tap*-Momente haben wir geliebt! Wenn plötzlich bei Open-Air-Konzerten kübelweise Wasser auf die Bühne spritzte, weil irgendeine Plane nach stundenlangem Regen* gerissen war. Diese Schrecksekunde, nach der man realisiert, dass man gerade knapp dem Tod entronnen ist, setzte viel Adrenalin frei.«

Nach dem Konzert wird das Equipment der Band zurück ins Gaga-Studio nach Hamburg gebracht, wo die Aufnahmen zum neuen Album beginnen sollen. An neuen Songideen mangelt es auch dieses Mal nicht. Vor allem bei Rod scheint nach dem *Unplugged*-Album ein Knoten geplatzt zu sein, denn er bringt mehr Demos an als je zuvor. Neu ist, dass auch die Texte seiner Songs schon komplett ausformuliert sind, denn Rod hat sich beim Schreiben der Texte Unterstützung von seiner Freundin Donna Blitz geholt.

Rodrigo González: »*Ich hätte auch gerne wieder mit Bela zusammen geschrieben, doch der war nicht so gut zu erreichen zu der Zeit, weil er selber sehr mit seinen Songs beschäftigt war. So habe ich mir Hilfe von meiner Freundin Donna Blitz geholt, die ich schon lange kenne. Sie ist Übersetzerin, schreibt Bücher, die bis heute nicht veröffentlicht worden sind, und kann unglaublich gut mit Worten umgehen. Sie hat mir dann Zeilen vorgeschlagen, die einfach wunderbar gepasst haben, und auch Farin und Bela hat es gefallen.*«

Die guten Erfahrungen aus dem Arrangieren der *Unplugged*-Songs ermuntern ihn dazu, auch die Songs für das neue Die Ärzte-Album auf dem Klavier zu komponieren. Die Werke der Beatles, Zombies und Beach Boys sind dabei eine große Referenz für ihn. So ist sein Song *Dinge von denen* sehr von *Your Mother Should Know* von den Beatles beeinflusst – zur Freude Farins. Aber auch Bela findet den Song, der sich über scheinbar extrem wichtige Unwichtigkeiten auslässt, großartig.

Rodrigo González: »*Ich hatte mich seit den Arbeiten für das Unplugged-Konzert wieder viel mit dem Klavier beschäftigt. Ich habe mir ein E-Piano gekauft und jeden Tag eine Stunde darauf geübt. Auf diese Weise kam ich mal auf andere Akkordstrukturen und habe die bewährten Gitarrenmuster verlassen. Das hat mir unglaublich gutgetan. In* Dinge von denen *sind nicht nur die Beatles, sondern auch Anleihen von den Zombies, The Left Banke oder Turtles drin. Letztlich ist es eine Melange aus fünf verschiedenen Nummern. Auch* Geisterhaus *entstand komplett am Klavier. Auf der Gitarre wären mir diese Akkordfolgen nie eingefallen.*«

Rod liefert jedoch auch abseitigere Songs ab. Sein Stück *Piercing*, das sich mit dem sogenannten *Prinz-Albert-Piercing*[4] beschäftigt, gleicht aufgrund der übertrieben vielen Nebengeräusche mehr einem Hörspiel als einem Song. Es hat fast den Anschein, als ob dieses Beiwerk von dem eigentlichen Hauptwerk ablenken soll. Während Rod in Sachen Songschreiben gerade einen Lauf hat, läuft es bei Bela dieses Mal nicht ganz so gut. War er beim letzten Album noch fast auf Augenhöhe mit Farin, was die Anzahl der Songs betrifft, so hat er nun schon große Mühe, überhaupt auf eine repräsentative Anzahl an Stücken zu kommen, und kann am Ende eben noch mit Rod gleichziehen. Musik nimmt für ihn gegenwärtig einfach nicht mehr den Stellenwert ein, den sie sonst innehatte. Mittlerweile ist Bela mehr mit der Schauspielerei denn mit dem Musikmachen beschäftigt. Erst kürzlich hat er mit dem berühmten spanischen B-Movie-Regisseur Jess Franco und der mit ihm befreundeten Band The Killer Barbies einen Film gedreht – der jedoch so schlecht ist, dass er schon fast wieder gut ist[5].

Bela B: »*Zu dem Film kam ich, weil ich mit den Killer Barbies das Duett* Candy, *ein Iggy Pop-Cover, gemacht habe. Uwe Hoffmann hatte die aktuelle Platte der Barbies produziert und im Gaga-Studio gemischt. Er rief mich an und fragte, ob ich dabei sei. Ich rief Sylvia Superstar, die Sängerin, an, um mit ihr etwas über den Song zu reden, als sie von dem Film erzählte. Ich kannte Jess Franco natürlich und wollte sofort dabei sein.*«

Die Arbeit mit Franco, der in seiner Karriere über 200 Filme gedreht hat (darunter Streifen wie *Liebesbriefe einer portugiesischen Nonne* oder *Die nackten Superhexen vom Rio Amore*) und Leute wie Klaus Kinski oder Vincent Price vor der Kamera hatte, ist für Belas Anekdotenschatz eine große Bereicherung.

Bela B: »*Da spielten Leute mit, die in den 1970ern richtig große Stars waren: Katja Bienert vom ersten* Schulmädchen-Report, *Aldo Sambrell aus* Spiel mir das Lied vom Tod *und mehr. Ich wurde einfach spontan in die Szenen eingebaut und bekam den originellen Rollennamen* ›Bela‹. *Großartig!*«

Während die Schauspielerei Bela ständig neue Eindrücke verschafft, wird das Musikmachen zunehmend monotoner für ihn. Daran ist auch die Vorgehensweise der Band schuld, denn schon zum dritten Mal in Folge nimmt sie ein Album unter den gleichen Bedingungen auf. Wieder Hamburg-Eidelstedt, wieder das Gaga Studio, wieder der gleiche Produzent.

Bela B: »*Wir waren als Label-Chefs auch viel zu sehr eingebunden in die Mechanismen des Musikmarktes. Wir mussten von Musikern zu Geschäftsleuten switchen und wieder zurück. Die Liebe zur Musik ist mir tatsächlich etwas abhandengekommen.*«

Rodrigo González: »*Für mich hieß das, dass ich wieder drei Monate im Hotel in Hamburg verbringen würde. Das war wie arbeiten gehen. Die anderen konnten wenigstens nach Hause und hatten da ihr Privatleben. Ich bin nach dem Tag im Studio in mein Hotel und hatte nicht sehr viele Möglichkeiten. Nach den Aufnahmen war uns auch allen klar, dass es das jetzt war. Wir mussten da unbedingt etwas verändern. Doch auch wenn die Umstände nicht sehr facettenreich waren, so hat mir das Einspielen der Platte großen Spaß gemacht, denn ich hatte viel zu tun, und nichts ist schlimmer, als im Studio zu sitzen und sich zu langweilen.*«

Uwe Hoffmann: »*Das Gaga-Studio war dieses Mal nur eine Kompromisslösung. Eigentlich wollten wir eine Studio-Hopping-Tour machen. Ich hatte schon entsprechende Adressen in Rom, London und Wien herausgesucht. Irgendwie hatte dann aber doch keiner Bock dazu, also sind wir wieder ins Gaga gegangen.*«

Farin Urlaub: »*Wir waren zuerst Feuer und Flamme von der Idee, als Studionomaden durch verschiedene Metropolen zu ziehen, die Städte zu genießen, die unterschiedlichen Eindrücke zu sammeln und das dann hoffentlich in die Musik einfließen zu lassen. Dann kam aber Axel mit den Kosten um die Ecke; wir realisierten, dass die Aufnahmen auf diese Art deutlich länger dauern würden und, und, und. Letzten Endes haben wir uns für den Trott entschieden, was etwas zu Lasten der Spontaneität ging. Ich hasse seitdem den verfluchten Elbtunnel so sehr, dass ich lieber Riesenumwege in Kauf nehme, als ihn noch mal freiwillig zu durchfahren!*«

Während Die Ärzte im Studio an neuen Songs arbeiten, passiert im Blätterwald Ungeheuerliches. Manuel Andrack, Redaktionsleiter der *Harald-Schmidt-Show* und seit einiger Zeit auch Sidekick im Studio, stößt beim Studium des Feuilletons der *Frankfurter Allgemeinen Zeitung (FAZ)* auf einen Skandal, den er in der Sendung offenlegt.

Harald Schmidt: »*Herrn Andrack ist was aufgefallen. Auch im Feuilleton der FAZ dreht man jetzt gepflegt durch, aber auf sympathische Weise und für den Punk-Feinschmecker.*«[6]
Andrack ist ein großer Fan der Die Ärzte, und ihm fällt auf, dass sich in dem angesehenen Blatt in letzter Zeit Artikel häufen, in denen eindeutige Anspielungen auf Songs der Band enthalten sind. So gab es allein seit dem 28. Februar 2003 folgende Überschriften und Bildunterschriften in den Artikeln.
- *Du hast uns nichts als Pech gebracht, hast uns nur belogen. Roberto Benigni als Pinocchio nervt noch mehr als Yoko Ono.*[7]
- *Doch ob du mich lieb hast, das weiß ich nicht*[8]
- *Gestern Nacht ist seine Sammlung explodiert*[9]
- *Alleine in der Nacht*[10]
- *Ein Lied über Zensur*[11]
- *Sie war ein Augenschmaus*[12]
- *Kultur erzeugt Gegenkultur*[13]
- *Du hast uns dreimal angespuckt, geschlagen und getreten.*[14]
- *Die Welt könnte so schön sein ohne Recht*[15]
- *Nie wieder Hütchenspiel und keine Schokolade.*[16]
- *Du bleibst hier, aber deine Kopfhaut kann gehen*[17]
- *Ich wusste nicht, dass er auch Karate kann*[18]

Harald Schmidt und Manuel Andrack:
Harald Schmidt: Entschuldige, das sind doch versteckte Botschaften.
Manuel Andrack: Natürlich sind das Versteckte. Ich weiß auch nicht, was das soll.
Harald Schmidt: Das ist nicht nur Punk. Mit wem arbeitet denn das Feuilleton der FAZ zusammen? Weiß Donald Rumsfeld davon?
Manuel Andrack: Also, entweder Die Ärzte machen jetzt das Feuilleton der FAZ, oder die drehen komplett durch.[19]

Manuel Andrack: »*Das war schon sehr offensichtlich. Offenbar hat man bei der FAZ gedacht, dass die Schnittmenge zwischen dem gemeinen FAZ-Leser und dem Hardcore-Ärzte-Fan, der dies bemerken könnte, wohl ziemlich klein sein sollte – was sicher so auch stimmt. Hierzu muss man noch wissen, dass ein Autor auf die Überschrift eines Textes, den er für eine Zeitung schreibt, in der Regel keinen Einfluss hat und dass der ehemalige Feuilleton-Chef und heutige USA-Korrespondent der Zeitung, Patrick Bahners, ein absoluter Ärzte-Fan ist.*«

Was genau die *FAZ* damit im Schilde führte, ist bis heute im Verborgenen geblieben. Auf jeden Fall sind Die Ärzte spätestens mit dieser Aktion im Feuilleton angekommen, wenn auch ohne eigenes Verschulden. Bela, Farin und Rod entlockt diese Aktion ein Schmunzeln, mehr jedoch sind sie damit beschäftigt, einen gewissen Drive in ihre Aufnahmen zu bringen, doch die Situation scheint verfahren.

Man steckt in einem Trott fest, und für Teile der Band fühlt es sich so an, als sei man seit der *13* unaufhörlich im Studio, nur die Songs heißen jetzt anders. Diese sind von den einzelnen Songschreibern oft schon so dezidiert ausgearbeitet, dass sie bei den Aufnahmen wenig Platz für die Ideen der anderen Bandmitglieder bieten. Die Song-Demos werden kaum noch zur Diskussion gestellt oder weiter zusammen ausgearbeitet, sondern geben schon ziemlich exakt vor, wie am Ende alles zu klingen hat. Wer also nicht den Song geschrieben hat, fungiert dann bei der Aufnahme mehr als Gastmusiker denn als Bandmitglied. Der ganze Zauber des gemeinsamen Musikmachens scheint zu verblassen.

Bela B: »*Wir waren jetzt im Studio mit so viel anderem konfrontiert. Was machen wir für den Vertrieb? Stellen wir noch einen zusätzlichen Promoter ein? Und solche Sachen. Wir wurden dünnhäutig, und um Ärger aus dem Weg zu gehen, diskutierten wir das, worum es eigentlich ging – die Musik –, viel zu wenig.*«

Trotzdem mangelt es ihnen nicht an Hits. Farin hat mit dem Song *Unrockbar* nicht nur ein neues Wort geschaffen, sondern nach *Yoko Ono* ein weiteres Lied über Freundinnen mit schlechtem Musikgeschmack geschrieben. Der Song wird zur ersten Single auserkoren und setzt den Beatsteaks ein kleines Denkmal.

Wie kannst du bei den Beatsteaks ruhig sitzen bleiben,
wenn dir doch Schlagersänger Tränen in die Augen treiben?
Seit du bei mir wohnst, schallt jeden Tag Shakira durch das Haus.
Ich halt es nicht mehr aus. Ich glaub, ich schmeiß dich raus.

Den Beatsteaks ist dies bis heute eine ganz besondere Ehre.

Arnim Teutoburg-Weiß: »*Es ist bis heute eines der schönsten Komplimente, die wir jemals bekommen haben. Sie zeigten auf uns und machten damit etwas, was eher selten ist unter Musikern. Wir haben es nicht vorher erfahren, sondern einfach bei Radio Fritz ge-*

hört und sind zusammengezuckt vor Freude. Für mich sind Die Ärzte neben Kraftwerk die coolste deutsche Popband aller Zeiten. Ich bin sehr froh, dass sie uns gut leiden konnten und wir ein bisschen in ihrem Fahrwasser mitfahren durften.«
Bela B: »*Statt Schlagersänger hatte Farin eigentlich eine Breitseite gegen einen, sagen wir mal, Musiker im Text, hat das aber ausgetauscht, weil selbst eine negative Erwähnung zu viel Aufmerksamkeit für diese Person gewesen wäre.*«

Im Gegensatz dazu ist der Text des Songs *Deine Schuld* sehr ernst geworden. Dessen eigentlich unsingbarer Refrain soll die Hörer zum Nachdenken anregen und sie dazu ermuntern, sich zu engagieren, statt alles teilnahmslos über sich ergehen zu lassen. Auch wenn der Text vage formuliert ist und jegliche konkrete Empfehlung vermissen lässt, so ist er nicht weniger eindringlich.

Es ist nicht deine Schuld, dass die Welt ist, wie sie ist.
Es wär nur deine Schuld, wenn sie so bleibt.

Es ist das erste Mal, dass Die Ärzte so offensichtlich mit dem Zeigefinger daherkommen. Schuld daran ist vor allem die Bevormundung der Bevölkerung durch verschiedenste Instanzen, frei nach dem Motto: »Wir wissen schon, was gut für dich ist. Denk einfach nicht groß nach, wir kümmern uns schon.« Durch viele Briefe und E-Mails wird der Band bewusst, wie sehr die jungen Leute gerade in solch schwierigen Zeiten zu ihnen aufsehen und darauf hoffen, von ihnen Ratschläge zu erhalten.

Farin Urlaub: »*Was mich sehr überrascht hat, ist, dass uns viele junge Leute um Rat gefragt haben. Was macht man jetzt?*«[20]

Die Ärzte sind sich dieser Verantwortung durchaus bewusst und ermuntern in den neuen Songs ihre Hörer dazu, sich nicht mit dem zufrieden zu geben, was ihnen von der Politik vorgesetzt wird. Vor allem seit den Terroranschlägen vom 11. September 2001 hat die Politik ein noch größeres Interesse daran, die Dinge in Schwarz und Weiß einzuteilen. Belas Song *Die klügsten Männer der Welt* knüpft genau daran an.

Sie wissen wie, sie wissen wann,
und was man uns zumuten kann.
Weil uns der Überblick oft fehlt,
haben wir sie ins Amt gewählt.

Eigentlich steht Bela in der Band sonst immer für den ganzen großen Quatsch, doch dieses Mal haben fast alle seine Songs einen ernsten Hintergrund. So auch *NichtWissen*, bei dem es um Dinge geht, die die Menschen am liebsten gar nicht im Detail wissen wollen, weil sie Angst davor haben, dass ihr Nachdenken darüber sie aus der Komfortzone holen könnte.

Geht es anderen schlecht? Wir wollen's nicht wissen!
Sind wir zu selbstgerecht? Wir wollen's nicht wissen!
Warum dreht plötzlich jemand durch? Wir wollen's nicht wissen!
Und wem nützt unsere Furcht? Wir wollen's nicht wissen!

Bela B: »*Das Lied ist ähnlich zu Rods* Dinge von denen, *nur mit anderem Ansatz. Sein Song war jedoch deutlich bühnentauglicher.*«

Der sehr pessimistische Song entstand in jener Zeit, wo die USA versucht haben, den Irakkrieg mit von ihnen aufbereiteten Informationen so zu rechtfertigen, dass nur eine militärische Intervention als einzige sinnvolle Schlussfolgerung möglich ist. Dass diese Informationen falsch sind, sollten die Menschen lieber nicht wissen. Während der Aufnahmen wird der Band bewusst, dass sie dieses Mal sehr viele ernsthafte Lieder dabeihaben – was ihnen sogar ein bisschen Angst macht. Doch zum Glück landen noch genug Albernheiten auf der Platte – wie der Schweden-Song *Jag älskar Sverige!*

Farin Urlaub: »*Als ich Bela und Rod den Song in seiner ersten Version vorgespielt habe, konnten sie ihm nicht viel abgewinnen, denn der ursprüngliche Text sagte ihnen nichts. Ich fand aber die Musik so schön, sodass ich eben einen neuen Text geschrieben habe und dabei auf die Idee mit der Lobeshymne auf Schweden kam, wo ich als Kind öfters war. Schon beim Schreiben des Textes habe ich mich beömmelt.*«

Als Bela und Rod den Song nun schon zum zweiten Mal hören, winken sie ab: Hatten wir doch schon! Doch der neue Text versetzt sie in Unglauben, und nach dem Hören ist es auch völlig klar, dass der Song nun aufs Album kommt.

Ach Schweden, komm und gib mir deine Hand.
Oh, du beneidenswertes Land,
wo ich damals den Punk erfand.
Du bist so anders, so entspannt.

Bela B: »*So ein genialer Textkniff gelingt einem nicht alle Tage. Du kannst nach Herzenslust auf alle Klischees, die dir einfallen, reimen* *und mit dem Einsatz des Refrains dann alles ad absurdum führen. Farin hat es dann auch so ansteckend begeistert gesungen. Es war das Lieblingslied meiner besten Punkfreundin Dada, die sonst eher unsere harten Songs liebte.«*

Rodrigo González: »*Ich empfand den Text als eine großartige Fortführung von* Sweden (All Quiet on the Eastern Front)*, einer meiner Lieblingssingles von The Stranglers.*«

Doch nicht nur Farin beansprucht die Erfindung des Punks für sich. In dem Song *Als ich den Punk erfand* ... erzählt Bela, wie es mit ihm und dem Punk so anfing.

Als ich den Punk erfand,
da war das alles unerschlossenes Land.
Am Feuer saßen die Leute,
und brieten ihre Beute,
und wuschen sich mit Sand.
Bis ich den Punk erfand!

Während des Songs ist Sarah Steffen, die Tochter von Studiobesitzer Hans-Jürgen Steffen, zu hören, die lauthals »Ein Glück!« brüllt. Der Reim-mich-oder-ich-fress-dich-Song nimmt ein bisschen Bezug auf das abermalige Revival des Punkrocks, das in Deutschland durch Bücher wie *Verschwende deine Jugend* von Jürgen Teipel ausgelöst worden ist. Es ist zugleich der einzige Song auf der Platte, den zwei Bandmitglieder der Die Ärzte zusammen geschrieben haben, nämlich Bela und Farin.

Farin Urlaub: »*Ich hatte Bela besucht, um zusammen an Ideen zu arbeiten, aber leider blieb es bei diesem einen Besuch. Immerhin gab ich ihm den Slogan ›Als ich den Punk erfand ...‹, und wir haben spontan eine Melodie improvisiert, die durch viele Harmonien marschiert. Am nächsten Tag hatte er aus dem kleinen Halbsatz einen großartigen Text gezaubert. So muss das sein!*«

Bela B: »*Und natürlich durften es keine drei Akkorde sein, wie im Punk Usus, sondern es wurden dann 12 oder 13. Ein paar Jahre später habe ich den Song für ein Lied auf meinem zweiten Soloalbum beklaut, ohne es zu merken.*«

Die Tatsache, dass kaum Songs in Zusammenarbeit entstehen, ist schon bezeichnend dafür, dass es bei der Band im Studio mittlerweile ein bisschen so zugeht wie in der Spätphase der Beatles. Auch die haben ihre Stücke nicht mehr zusammen arrangiert, sondern ihre einzeln geschriebenen Songs im Studio zu einem Album zusammengefügt. So kann man die neue LP durchaus als das *White Album* der Die Ärzte ansehen. Am Ende steht auch hier ein Doppelalbum, und auch bei den Die Ärzte steckt mehr Kompromiss als Kalkül dahinter. Die Band möchte nicht darüber streiten, welche Songs denn nun auf das Album kommen und vor allem welche nicht. So erscheinen eben fast alle Songs, die sie aufgenommen haben, auch auf der LP, der man den Titel *Geräusch* gibt.

Farin Urlaub: »*Da fing es an mit den Befindlichkeiten. Geräusch ist ein Kompromiss-Album. Wir haben gemerkt, dass die Kompromiss-Variante stressfreier ist. In dem Augenblick, wo das darwinistische Element der Liedauswahl entfernt wird, kann man sich entspannter auf die bestmögliche Aufnahme des jeweiligen Songs konzentrieren. Ich denke, dass es nötig war, dass wir das so gemacht haben. Für die Fans muss es aber schon das erste Skip-Album gewesen sein, und da schließe ich auch Songs von mir mit ein.*«

Bela B: »*Ich hab mich zum ersten Mal in der Bandgeschichte aus der Nachbearbeitung eines Albums rausgezogen und bin nach dem Mix meiner Songs, wie sonst Farin, in den Urlaub gefahren. Ich fühlte mich zu dieser Zeit nicht besonders wohl mit den anderen. Vielleicht hätte uns ein Jahr Pause gutgetan ...*«

Die sonst übliche Unterteilung in Albumtracks, B-Seiten und Sonstiges entfällt damit. Das Doppelalbum als passendes Format drängt sich dabei zwangsläufig auf, zumal der Band ein solcher Meilenstein auf dem Weg zur Rocklegende noch fehlt. Die Masse an Songs auf dem Album stellt auch ihre eigene Plattenfirma Hot Action Records vor einige Probleme.

Anja Marenbach: »*Auf eine so große Anzahl an Songs war ich schlichtweg nicht vorbereitet. Hätte ich mir damals keine Notizen gemacht, hätte ich zum Ende hin wohl schon nicht mehr gewusst, worüber die ersten Lieder gingen. Erst war ich nicht sonderlich begeistert davon, ein Doppelalbum zu veröffentlichen, aber dann haben alle das Doppel-Konzept durchgezogen. Zwei Cover, zwei Fotografen, Hologramm-Displays, zwei Pressetexte ... das Mammut-Werk.*«

Rodrigo González: »*Es hätten sicherlich ein paar Songs herausgekonnt, aber es hat auch Spaß gemacht, unsere Fans zu überfordern.*

Ich finde, die Platte bietet außerdem einen guten Überblick über unsere damaligen Fähigkeiten.«

Bela B: *»Die wenigsten Lieblingsbands von uns hatten Alben, auf denen nur Hits waren. Die Platte ist immerhin noch so vielseitig, dass es da viel zu entdecken gibt. Der Ist-Zustand einer Band ist auch in Krisenzeiten und jenseits der Hits für den Fan interessant, denke ich.«*

Farin Urlaub: *»Es war halt ganz schön viel, und es waren eigentlich nicht genug Hits, um zwei Alben adäquat zu füllen. Im Nachhinein wäre es wohl besser gewesen, ein Album mit dem Besten vom Besten aufzunehmen. Es musste aber so sein, und es hat uns auch gezeigt, dass wir so nicht weitermachen können. Das nächste Album war dann schon viel kohärenter.«*

Neben Sarah Steffen und weiteren Gastmusikern wie dem Percussionisten Markus Paßlick gibt sich auf diesem Album auch die deutsche Country-Legende Gunter Gabriel ein Stelldichein. Die Idee, ihn ins Studio einzuladen, liefert ein Demo von Farin für den Song *Besserwisserboy*. Der Song über »Klugscheißerman« und »Rechthabewoman« ist gespickt mit musikalischen Zitaten, unter anderem aus *All That Heaven Allows* von den Fehlfarben und *Smooth Operator* von Sade und enthält zudem das Intro von Gabriels Hit *Hey Boss – ich brauch mehr Geld* und bildet damit die Steilvorlage. Den Kontakt zu Gunter Gabriel stellt dann letztlich Hans-Jürgen Steffen her, der eh Gott und die Welt kennt.

Bela B: *»Farin und ich mochten die Trucker-/Arbeitstier-Songs von ihm schon zu unseren gemeinsamen WG-Zeiten. Nach unserer Anfrage erschien Gunter mit seinem Manager, sprach den Satz, den er schon 12.000 Mal gesungen hatte, und bekam dafür einen vierstelligen Betrag. Ich habe mich noch ein bisschen mit ihm unterhalten. Er erzählte hauptsächlich von seinem Treffen mit Johnny Cash, was uns natürlich beeindruckte, da Farin und ich große Cash-Fans waren. Gabriel blieb ein bisschen zu lange für meinen Geschmack, aber für den Song war es großartig.«*

Das »Nein« zur Konfrontation und das »Ja« zum Kompromiss zieht sich auch beim Artwork des Albums durch. Da die Band sich nicht für einen Entwurf von Grafiker Schwarwel entscheiden kann, nimmt sie einfach beide und unterteilt das Album in eine schwarze und eine rote Hälfte. Da sie sich nicht für einen Fotografen entscheiden können, werden eben die Fotostrecken mit beiden Fotografen für das Artwork verwendet. Für die neue Produktion hat Schwarwel ein neues Bandlogo entworfen, das den klein geschriebenen Schriftzug der Band aufgreift und das »ä« nun mit drei Punkten zeigt. Auf der CD-Hülle ist zum ersten Mal auch das Logo *Wie immer: Ohne Kopierschutz* zu sehen. Während große Plattenfirmen viel Geld in die Entwicklung von aufwendigen Kopierschutzverfahren für die Platten ihrer Künstler investieren, gehen Die Ärzte bewusst den entgegengesetzten Weg. Sie wollen den CD-Käufer, der so nett war und ihren Tonträger immerhin gekauft hat, nicht auch noch mit einem Kopierschutz bestrafen, der ihn womöglich noch daran hindert, die CD vernünftig abzuspielen, wie es jüngst beim neuen Album von Herbert Grönemeyer der Fall war. Außerdem sind sie nicht von der Wirksamkeit überzeugt, denn natürlich gibt es Tricks, wie man diesen Schutz umgehen kann.

Bela B: »*Auch das damals neue Album der Foo Fighters hatte einen solchen Kopierschutz, was ich viel schlimmer fand. Ich wollte den ersten Song von denen auf eine CD kompilieren, und es ging nicht. Mann, war ich sauer.*«

Die Band möchte ihren Fans das neue Album *Geräusch* noch in diesem Jahr live präsentieren. Im Dezember soll sie die *Jenseits der Grenze des Zumutbaren*-Tournee durch Deutschland, Österreich und die Schweiz führen. Es ist die erste Tournee, die die Band in den großen Hallen des deutschsprachigen Raumes spielt. Auf ihren Wunsch hin soll die Hamburger Hip-Hop-Band *Fettes Brot* sie auf dieser Tour als Special Guest begleiten. Schon jetzt geben sie den Vorverkauf für ihr Gastspiel in Berlin im Sommer des nächsten Jahres frei. So wie die anderen Konzerte ist auch dieser Auftritt in der Wuhlheide sehr schnell ausverkauft, und der schnell angesetzte Zusatztermin erfährt das gleiche »Schicksal«. Dieser riesige Zuspruch ermuntert die Band dazu, einem lang gehegten Traum nachzugeben, und so verpflichten sie die Village People als Vorband für die Berlin-Konzerte im nächsten Jahr. Es ist ein Geschenk an sie selbst, wenngleich ein sehr kostspieliges.

Bela B: »*Wir haben Tränen gelacht, als wir die Idee dazu hatten. Nachdem wir ihre Gagenforderung bekommen haben, haben wir noch mal Tränen gelacht – das hatte dann aber einen anderen Grund.*

Axel schlug dann vor, die beste Village People-Coverband zu nehmen, die viel günstiger gewesen wäre, aber das wäre absolut nicht dasselbe gewesen. Von allen Spezialgästen war die Verpflichtung der Village People unsere Meisterleistung.«

Farin Urlaub: »*Die Idee mit den Village People kam von Bela. Das war ein bisschen wie der Vorschlag mit Lara Croft damals – wenn man ihn einmal gehört hat, kann man sich ab sofort nichts Perfekteres mehr vorstellen! Dass es dann auch noch so super wurde und die Band (trotz der aus unserer Sicht eher extravaganten Gagenforderung) so nett war, hat den Konzerten das Sahnehäubchen aufgesetzt.*«

Da auch das zweite Zusatzkonzert in Berlin kurz vor Ausverkauft steht, sagen Die Ärzte den Village People zu und freuen sich wie kleine Jungs auf den Cowboy, den Indianer, den Bauarbeiter, den Polizisten, den Rocker und den Soldaten. Als sie die Nachricht offiziell verkünden, sind viele Leute erstaunt, dass es die Village People überhaupt noch gibt.

Für die erste Single *Unrockbar* drehen sie am 13. August 2003 mit Norbert Heitker ein Video, das sie als verweichlichte Männer zeigt, die in einer Selbsthilfegruppe das Rocken beigebracht bekommen. Die Live-Szenen des Videos werden einen Tag später mit echten Fans im Hamburger Schlachthof gedreht. Der Platz vor dem Club ist am Drehtag sprichwörtlich schwarz vor Menschen, die dem Aufruf der Band gefolgt sind. Der Aufruf hätte jedoch besser noch eine Ergänzung um einen Dresscode enthalten sollen, denn es gibt kaum jemanden, der bei den heißen Temperaturen des Jahrhundertsommers nicht im schwarzen T-Shirt gekommen ist. So haben dann die Beleuchter alle Hände voll zu tun, das Publikum im Video auch als solches erkennbar zu machen. Zwischen dem Dreh und der Veröffentlichung der Single spielt die Band noch als Headliner auf dem Terremoto-Festival im niederrheinischen Weeze. Dort spielen sie nach den Foo Fighters als letzte Band auf der Hauptbühne. Zuvor verabschiedet sich Dave Grohl von seinem Publikum mit folgenden Worten: »*Thanks a lot and now have fun with Dei Airzte …*«

Das »die« interpretiert Grohl als das englische »to die«. Als Farin auf die Bühne kommt, bedankt er sich für diese Ansage mit dem Gitarrenriff des Foo Fighters-Song *All My Life*. Bela beginnt den Auftritt mit einem riesigen, weißen Cowboyhut auf dem Kopf, der ihm jedoch schon beim ersten Song *Monsterparty* ins Gesicht rutscht. Um nicht aus dem Takt zu kommen, muss Bela den Song fortan mit gesenktem Kopf weiter spielen, was nicht sonderlich erhaben wirkt. Es folgt ein recht ausuferndes Konzert, bei dem die Band sich wieder um Kopf und Kragen redet und auch erstmals *Unrockbar* live spielt. Zwei Wochen später ist die erste Single vom neuen Album dann auch käuflich zu erwerben, mit der sich die Band erstmals in ihrer Geschichte von 0 auf die 1 in den deutschen Single-Charts katapultiert. Sogar den *Tagesthemen* der ARD ist diese Tatsache einen Beitrag wert. Wie die Single steigt auch *Geräusch* direkt auf Platz 1 der Albumcharts ein. Die CDs sind dieses Mal komplett in Schwarz gehalten und haben eine Rillenoptik wie Vinylschallplatten. Die Entwicklung dieses Designs war nicht ganz unaufwendig.

Diane Weigmann: »*Unser Presswerk musste für die CD extra ein spezielles schwarzes Granulat entwickeln lassen. Um wirklich sicherzugehen, dass die CDs auch von allen möglichen Anlagen abgespielt werden können, haben wir einen Großeinkauf bei einem Elektronikmarkt gemacht. Dort haben wir sechs verschiedene Stereoanlagen gekauft und die CDs getestet – mit Erfolg.*«

Die Homepage der Band erstrahlt anlässlich des neuen Albums in neuem Design. Dort ist aber immer nur eine Hälfte des Albums abgebildet, die sich je nach Tageslicht mit der anderen Hälfte abwechselt. Mit der Veröffentlichung von *Geräusch* werden auch die Termine für die *Unrockstar*-Tour im nächsten Jahr bekannt gegeben. Sie wird von Anfang Mai bis Ende August andauern und die Band in nahezu jede deutsche Großstadt führen – und auch nach Grefrath. Kurz nach dem Erscheinen ihres neuen Albums dreht die Band schon das nächste Video zu Single Nummer zwei. Die Wahl fällt dabei einstimmig auf Rods *Dinge von denen*. Das Video an sich ist eigentlich nicht sonderlich spektakulär, wäre da nicht die Tatsache, dass Bela in der ersten Version des Videos nicht zu sehen ist.

Norbert Heitker: »*Die Idee sah vor, die Band bei einem Auftritt in einer alten TV-Sendung zu filmen. Bela sollte zu spät zu dieser Aufzeichnung kommen, und während Farin und Rod den Song spielen, sollte man sehen, was Bela in der Zwischenzeit so alles passiert ist.*«

Heitker dreht mit Rod und Farin den ganzen Tag im Studio. Da das Budget schon arg strapaziert ist, muss Heitker etwas an der Kulisse sparen und greift auf die Wabenmuster zurück, die vor allem durch die TV-Sendung *Dalli, dalli* berühmt geworden sind. Nachts dreht Heitker dann in einem Hotelzimmer die Szenen mit Bela. Da diese erst später in das Video eingefügt werden sollen, beginnt Heitker zunächst mit dem Schnitt der Studioszene. Dabei kommt ihm eine folgenschwere Idee in den Sinn.

Norbert Heitker: »*Ich hatte das Video bis auf Belas Szenen so weit fertiggestellt und fand es total schön. Ich hatte irgendwie Hemmungen, es durch die Szenen mit Bela kaputt zu machen, und hatte dann die Idee, Bela einfach komplett rauszulassen. Die Leute sollten erst in einer zweiten Version des Videos über sein Schicksal aufgeklärt werden. Bela war zunächst entsetzt, all die ganze Arbeit umsonst, aber dann kam er ins Grübeln und hat die Idee weitergesponnen.*«

Bela B: »*Wie wäre es, wenn ich nicht nur in dem Video fehle, sondern auch auf unserer Website aus der kompletten Geschichte der Band getilgt werden würde. So als hätte es mich nie gegeben.*«

Als die Idee Farin und Rod erreicht, lachen auch sie sich schlapp. Die Ärzte wissen schon jetzt, was dies bei ihren Fans auslösen wird, und geben den Auftrag, Bela von der Website zu entfernen. Die Schnapsidee führt dazu, das Webmaster Jörg »Auge« Augsburg und sein Team in den kommenden Tagen gut damit beschäftigt sind, Bela wie bei der Trotzki-Leugnung unter Stalin[21] aus der Geschichte der Band zu tilgen.

Jörg »Auge« Augsburg: »*Die Herausforderung war vor allem die Genauigkeit, denn Bela musste nicht nur aus allen Texten, sondern auch aus allen Grafiken gestrichen werden. Selbst das ›ä‹ hatte nun wieder nur zwei Punkte. Es war sehr aufwendig, aber hat natürlich auch Spaß gemacht. So etwas verkauft wahrscheinlich keine einzige Single mehr, doch es dient natürlich der Legendenbildung.*«

Bela B: »*Endlich gab es wieder eine Sache, an der wir alle Riesenspaß hatten. Etwas, was wir nur ›aus Scheiß‹ machten. Welche Band sonst macht das? Diese Aktion hat bewirkt, dass meine Zweifel am Musikerdasein nicht schlimmer wurden.*«

Farin Urlaub: »*An dieser großartigen Idee kann man auch gut erkennen, warum wir so gerne mit Norbert zusammenarbeiten: Er hat Mut, und er teilt unseren Humor. Und auch Auge hat dann ganze und sehr anstrengende Arbeit geleistet. Ich gebe zu: Wenn wir solchen*

Schwachsinn unter Riesenaufwand durchgezogen haben, waren wir danach immer sehr, sehr stolz darauf im Bewusstsein, dass so etwas a) keine andere Band tun würde, weil leider b) außerhalb der Ultrafans ohnehin kaum jemand wirklich bemerkt, was die Irren da wieder ausgeheckt haben. Herrlich!«

Als das Video erstmals zu sehen ist und Bela sowohl dort als auch auf der Homepage nicht auftaucht, geht tatsächlich ein Aufschrei durch die Fangemeinde. Was ist mit ihm? Ist er aus der Band geflogen? Die Ärzte und ihr Umfeld amüsieren sich köstlich über diesen großen Spaß und lassen nach zwei Wochen Bela tatsächlich wie von Geisterhand wieder überall auftauchen. Bevor die Proben zu ihrer Tournee starten, geht die Band noch auf eine kurze Promoreise. Dabei besuchen sie auch VIVA und die Sendung *Interaktiv* mit Sarah Kuttner[22]. Als Referenz an die Schwarz-Weiß-Ästhetik ihres neuen Videos wird die Sendung auch in Schwarz-Weiß ausgestrahlt. Tatsächlich rufen in diesen zwei Stunden, die die Sendung dauert, viele Leute beim Sender an, weil sie denken, dass etwas mit dem Signal nicht stimmt. Einen Tag später sind Die Ärzte dann zu Gast in einer der letzten Ausgaben der *Harald-Schmidt-Show* auf Sat.1. Nach einem kurzen Talk mit Schmidt spielen sie zusammen mit dem Werkschor seiner Sendung, dem auch sein Bandleader Helmut Zerlett[23] und Sidekick Manuel Andrack angehören, ihre neue Single *Dinge von denen*.

Rodrigo González: *»Es war großartig, den Song mal auf einem echten Cembalo zu spielen, anstatt auf dem Sampler.«*

Während der Live-Darbietung ändert die Band den Text in nicht ganz so feine Reime um.

Mein Haus, mein Boot, mein Pferd.
Wieviel ist die Villa wert?
Wer macht mit wem 'nen Dreier?
Marius-Müller Grönemeyer.
Was steckt denn dem Kind da im Kopp?
Es ist ein kleines Stück vom King of Pop.[24]

Manuel Andrack: *»Wir hatten ursprünglich noch eine weitere Aktion geplant. Die hätte so ausgesehen, dass sie in der* Harald-Schmidt-Show *aus dem Stegreif Ärzte-Songs hätten spielen sollen, die ich ihnen spontan zurufe. Da hätte ich natürlich auch allerhand absurde Stücke*

ausgewählt, und es wäre sicher sehr lustig geworden. Allerdings beendete Harald Schmidt kurz darauf sein Engagement bei Sat.1, und so wurde daraus leider nichts. Schade.«
Bela B: »*Oh Mann, das ist wirklich schade!*«
Die Hallentournee im Dezember 2003 wird zum großen Erfolg für die Band. Schon vor der Tour wird der Plan gefasst, die beiden Konzerte in Oberhausen für eine Live-DVD in Bild und Ton festzuhalten. Passenderweise finden die Shows am 13. und 14. Dezember statt und fallen damit auf Belas 41. Geburtstag. Für ihr neues Bühnenprogramm hat sich die Band derweil wieder einige Gimmicks ausgedacht. Eine dieser Spielereien löst ein sprichwörtliches geteiltes Echo beim Publikum aus. Es ist der Bühnenvorhang, der nach dem Intro von *Nicht allein* nicht komplett zu Boden fällt, sondern links und rechts zwei Stoffbahnen hängen lässt, die das »ä« mit den drei Punkten zeigen.

Das hat zur Folge, dass die Leute auf den Rängen die Band zwar hören, aber während der ersten drei Lieder kaum erkennen können. Erst mit dem vierten Lied wird auch ihnen der komplette Blick auf die Bühne freigegeben. So sehen sie dann, dass vor Belas Schlagzeug ein riesiger *Crimson Ghost*[25] aufgebaut ist, dessen Augen immer wieder rot aufleuchten und der eine gewisse Ähnlichkeit mit Belas Gesicht hat. Als Rod später anfängt, das auf *Geräusch* enthaltene *WAMMW* zu spielen, wird eine riesige Discokugel von der Decke gelassen. Farin kommt in weißem Anzug auf die Bühne, um der weiblichen Anhängerschaft seine Fantasien vorzutragen.

Live gibt es für das Publikum dabei sogar eine Strophe mehr als auf Platte zu hören.

Zarte Eleganz wohin man schaut,
und keiner, der mir auf die Schnauze haut.
Ich hätt keine Probleme mehr, na ja, eins vielleicht schon:
'Ne Vierundzwanzig-Stunden-Erektion.

Wenn alle Männer Mädchen wären, dann wär die Welt perfekt.
Keine Drogen, keinen Hass, kein Mensch, der dich erschreckt.
Wenn alle Männer Mädchen wären, wär's paradiesisch hier.
Wenn alle Männer Mädchen wären, ich mein natürlich alle außer mir.

Der Zugabenteil der Konzerte beginnt mit *Dinge von denen* und Rod am Klavier, wobei das Publikum den Song begeistert mitsingt. Das Gleiche gilt natürlich auch für das folgende *Schrei nach Liebe*, allerdings sind die Zuschauer kurzzeitig entsetzt, als während des Songs in der Laufschrift über der Band ein Hakenkreuz erscheint. Dies wird jedoch im selben Augenblick zerschmettert, und kurz danach erscheint das Wort »Arschloch«. Danach folgt eine Umbaupause, und die Bühne wird in die Farben der *MTV Unplugged*-Aufführung getaucht. Die Band zieht ihre weinroten Jacketts an, nimmt auf ihren Stühlen Platz und spielt im Sitzkreis Songs vom *MTV Unplugged-Album*. Ihre Darbietung wird jedoch von ihrer Crew unsanft beendet, denn diese entfernt Band und Instrumente noch während des Vortrags von der Bühne.

Rodrigo González: »*Die Unplugged-Zugabe hat mir am Anfang sehr viel Spaß gemacht. Als wir sie aber ein Jahr später auf der Tour immer noch im Programm hatten, hat das Ganze nachgelassen. Da war der Gag dann schon für mich durch.*«

Nachdem alles wieder umgebaut worden ist, kommen Fettes Brot auf die Bühne und singen mit *Nordisch by Nature* einen ihrer bekanntesten Songs, was das Publikum sichtlich begeistert. Die Ärzte bringen sich hinter ihnen in Stellung und antworten ihrerseits mit dem Refrain von *FaFaFa*. Noch einmal kontern die Brote, woraufhin Die Ärzte erneut mit *FaFaFa* antworten und ihre Vorband durch Securitys von der Bühne entfernen lassen. Den ruppigen Umgang mit ihren speziellen Gästen lösen Die Ärzte jedoch schnell auf und lassen Fettes Brot hochleben.

Fettes Brot:
Doktor Renz: »*Das Ärzte-Publikum selbst war sehr gut zu uns. Die meisten hatten, glaube ich, Spaß an unserer Show, und viele konnten wir auch während des Musizierens überzeugen. Manche waren auch stoisch, einfach nicht rumzukriegen und haben uns den Mittelfinger gezeigt.*«
König Boris: »*Innig gehasst haben die uns.*«
Doktor Renz: »*Was auch eine Form der Zuneigung ist.*«

Als die Uhr während der DVD-Aufnahme am 13.12. in Oberhausen schon kurz vor Mitternacht zeigt, steht die Band noch immer auf der Bühne. Natürlich wollen Farin und Rod noch so lange spielen, bis Bela Geburtstag hat, um ihm zusammen mit dem Publikum zu gratulieren. Um etwas Zeit zu schinden, streuen sie vor *Zu spät* noch zusätzliche Songs in das Programm ein und spielen unter anderem *Du willst mich küssen* in einer extralangen Version. Zum Geburtstag darf sich Bela auch noch ein Lied wünschen, der sich für den Song *Meister aller Fotzen* vom neuen Album der Bochumer Punkband *Die Kassierer* entscheidet und sich für diese Entscheidung vom Publikum gehörig Tribut zollen lässt. Nach dem Auftritt kommt es hinter der Bühne zu einem kleinen Tête-à-Tête zwischen Farin und DVD-Regisseur Norbert Heitker.

Norbert Heitker: »*Nach dem Konzert kam Farin wutentbrannt zu mir und hat mich gefragt, was mir denn einfallen würde, die Halle so hell zu machen. Er hätte tierische Probleme gehabt, sich zu konzentrieren. Ich habe ihm erklärt, warum wir das machen mussten, denn ohne Licht kann man bekanntlich nichts sehen – und erst recht nicht das Publikum in der Halle filmen. Wir standen während dieser Debatte wirklich Nase an Nase, und alles um uns herum war totenstill. Am Ende haben wir uns aber wieder vertragen und lagen uns lachend in den Armen. Das ist die einzige ernsthafte Auseinandersetzung mit Farin gewesen, an die ich mich erinnern kann.*«

Farin Urlaub: »*Ich HASSE es, während eines Konzertes geblendet zu werden. Deshalb habe ich auch normalerweise keine Verfolger (so heißen die Scheinwerfer, die meist von der anderen Hallenseite aus versuchen, den Künstler zu beleuchten), denn ich möchte das Publikum sehen können. Ich habe sonst das Gefühl, gegen eine Wand zu spielen. Aber mit der DVD-Produktion hatte Norbert nun einmal die besseren Argumente.*«

Rodrigo González: »*Norbert war nur zum Teil schuldig, denn die Arena in Oberhausen ist leider so gebaut, dass sie auch ohne Videoaufzeichnung sehr hell aussieht. Das fiel mir schon auf, als wir 1996 mit KISS dort spielten und man von der Bühne jedes Detail im Saal bestens ausgeleuchtet betrachten konnte. Das Gefühl auf der Bühne war für mich eher: Kann jemand mal bitte das Putzlicht ausschalten?*«

Die Tour endet einen Tag vor Weihnachten im Wiener Gasometer, die Fortsetzung folgt 2004 mit der *Unrockstar*-Tour. Dort wird die Band wieder von verschiedenen Vorbands begleitet wie La Vela Puerca aus Uruguay, Smoke Blow aus Kiel, Gluecifer aus Norwegen und natürlich den Village People aus New York City. Wie schon zuvor bei der großen Hallentour werden auch diese Konzerte von Martin Klempnow[26] als Ansager vom Band eröffnet: »*In der Halle ist kein Platz mehr, hat früher immer mein Großvater erzählt. Schon mal was von Bela, Farin, Rod gehört? Mein Großvater war Priester in (Stadtname) und pflegte zu sagen: Wenn in der Halle kein Platz mehr ist, kommen Die Ärzte auf die Bühne.*«

Wenn Die Ärzte dann einmal auf die Bühne gekommen sind, gehen sie in der Regel so schnell auch nicht wieder runter. Auf dieser Tour wird die Band mit wahren Marathon-Konzerten den Spannungsbogen jedoch des Öfteren überspannen.

Rodrigo González: »*Die Konzerte waren unglaublich lang. Da haben wir uns und das Publikum extrem strapaziert. Wir dachten immer, wir müssten noch eine Zugabe spielen, um die verloren gegangene Stimmung wiederzukriegen. Doch die Leute konnten deswegen keine Stimmung mehr machen, weil sie kaputt waren. Es gab nach den Konzerten auch oft traurige Aftershow-Partys, weil unsere Freunde und Bekannten meist ebenfalls erledigt oder mittlerweile in einem solchen Zustand waren, dass an eine gescheite Kommunikation nicht mehr zu denken war. Es gab sogar Freunde von mir, die nur den Anfang unseres Konzertes gesehen haben, dann sind sie was essen gegangen, und als sie irgendwann wiederkamen, waren wir immer noch bei der Zugabe. Das gibt einem schon zu denken und war mir eine Lehre, dass man es auch übertreiben kann.*«

Bela B: »*Es musste ja keiner bleiben, und beschwert haben sich die Fans nicht, aber unsere Freunde waren meistens weg nach dem Konzert. Wenn ich nach einer Show auch noch duschen wollte, traf ich danach definitiv niemanden mehr.*«

Für die Band und ihre Fans sind auf dieser Tour vor allem jene besagten Konzerte mit den Village People in der Berliner Wuhlheide ein besonderes Erlebnis. Vor Ort mutet es schon ziemlich seltsam an, wenn Punks mit Irokesen und Nieten locker flockig zu *YMCA* oder *In the Navy* tanzen. Den etwas in die Jahre gekommenen Village People (immerhin sind noch drei Originalmitglieder dabei) fällt hingegen so mancher Tanzschritt sichtlich schwer. Glücklicherweise gesellen sich beim letzten Auftritt in der Wuhlheide noch ein Koch, ein Polizist und ein Feuerwehrmann zu ihnen auf die Bühne und singen und tanzen mit ihnen zu *YMCA* – wozu auch sonst. Die Idee dazu kommt den Die Ärzte recht spontan, und so muss Tourmanagerin Patty Unwin etwas improvisieren.

Patty Unwin: »*Die Band wollte zu YMCA mit auf die Bühne gehen, allerdings in anderen Klamotten als die Village People. Das fiel denen sonntagnachmittags ein, als alle Geschäfte zu hatten. Kostüm Nummer eins war einfach – Koch. Wir hatten ja ausreichend Köche mit, und tatsächlich hatte einer seinen Toque mit. Er lieh dann Farin noch seine Schürze, alles klar. Ich habe dann backstage die Feuerwehrleute angesprochen, und die haben Rod Jacke und Mütze gegeben. Bei Bela fiel mir erst nichts ein, und dann meinte er: ›Ich war doch mal kurz Polizist, wie wär's damit?‹ Polizisten waren ausreichend da, aber die erklärten mir, dass sie ihre Uniformen nicht ausleihen dürften wegen der darauf enthaltenen Insignien. Dann meinte aber einer, dass er in der Nähe wohnt und eine Ersatzuniform holen könnte, die keine Insignien enthält. Er fuhr dann los und holte für Bela die Uniform. Die Zeit reichte dann noch, um zusammen mit den ›Kostümverleihern‹ einige Fotos im Backstage zu machen.*«

Farin Urlaub: »*Abgesehen davon, dass der Indianer mir sehr eindeutig zu verstehen gab, dass er sehr gerne die Bekanntschaft meiner rektalen Regionen machen würde, waren es absolut großartige Konzerte. Die Kombination Village People/Ärzte stellt bis heute die meines Erachtens nicht zu überbietende Gute-Laune-Kombination dar. Außerdem waren die Kollegen wirklich sehr, sehr nett und humorvoll. Dazu kam noch das perfekte Wetter – ein wahrer Höhepunkt meines bisherigen Lebens.*«

Bela B: »*Als ich sah, wie Enrique, der Indianer, mit einer Federboa hinter Farin herumschwurbelte, hätte ich vor Lachen fast nicht mehr spielen können. Farin sah etwas angespannt aus, musste er doch die ganze Zeit singen.*«

Nach den Berlin-Konzerten spielt die Band noch eigene Open-Air-Festivals. Die entsprechenden Werbeplakate weisen die Fans darauf hin, mit dem Besuch eines Die Ärzte-Konzerts nicht länger als unbedingt nötig zu warten: *Sie sind alt! Kommt, solange sie noch nicht riechen!*

Im Darmstädter Böllenfalltor-Stadion teilen sie die Bühne unter anderem mit den Beatsteaks. Diese können in diesem Jahr mit ihrem neuen Album *Smack Smash* einen großen, bundesweiten Erfolg feiern. Bela und Farin schauen sich das Konzert ihrer geschätzten Kollegen mit großer Begeisterung an. Als diese eine Coverversion von *Opel-Gang* spielen, stürmen Bela und Farin spontan auf die Bühne und singen mit ihnen gemeinsam den Toten Hosen-Song. Während der Tour gibt die Band bekannt, dass sie im November gemeinsam mit ihrer Vorband La Vela Puerca eine Tour durch Südamerika bestreiten wird. Die klammen Kassen ihrer besonders reisefreudigen Fans werden durch diese Nachricht noch mehr in Mitleidenschaft gezogen. Für Rodrigo geht aber ein kleiner Traum in Erfüllung, denn er kehrt mit der Band in seine Geburtsstadt Valparaíso zurück. Kurz nach der Bekanntgabe der Südamerika-Tour erscheint die Live-DVD der Band. Eigentlich sollte sie zunächst *Das Auto des Jahres* heißen, aber nun trägt sie den Titel *Die Band, die sie Pferd nannten* und erstreckt sich auf insgesamt zwei DVDs. Von den beiden mitgeschnittenen Konzerten in Oberhausen wurden hier die besten Aufnahmen zu einem Konzerterlebnis zusammengeführt.

Bela B: »*Wir hatten schon recht früh Tarnnamen in den Hotels, in denen wir wohnten, weil öfter mal Fans auf die Idee kamen, die Hotels nach uns abzuklappern. Über die Jahre wurden die Namen immer absonderlicher. Ich nannte mich irgendwann ›Der Mann, den sie Pferd nannten‹ – nach einem wirklich brutalen Indianerfilm aus den 1970ern.*«

Begleitend zu der Doppel-Live-DVD wird auf *bademeister.com* ein Handbuch zum Download angeboten, das ursprünglich der DVD beigelegt werden sollte, aber nicht rechtzeitig fertig wurde. Dank des Internets muss man aber auf dessen hilfreiche Hinweise nicht verzichten. Hier ein Auszug aus Kapitel 4.2 des Handbuchs, *Verwendung der DVD*: »*Entnehmen Sie das Digipack aus dem Schuber und öffnen Sie es. Wählen Sie entsprechend Ihren persönlichen Präferenzen DVD 1 oder DVD 2 aus und entnehmen Sie sie vorsichtig. Legen Sie dazu das aufgeklappte Pack mit der Rückseite auf eine ebene, trockene, saubere, ausreichend große und stabile Fläche, sodass die DVD Ihnen zugewandt ist. Drücken Sie vorsichtig mit dem Zeigefinger der einen Hand auf den Abstandshalter, der in der Mitte der DVD deren Loch ausfüllt. Greifen Sie gleichzeitig mit Daumen und Zeigefinger (möglich ist auch die Verwendung des Mittel- oder Ring-*

DINGE VON DENEN

Dinge von denen ist ein ganz wunderbares Lied. Auf Die Ärzte-Konzerten wird es meist als Zugabe gespielt. Rod kommt dann alleine auf die Bühne und fängt an das Stück auf einem Keyboard oder Synthesizer zu spielen. Erst zur zweiten Strophe kommen auch Bela und Farin dazu. Seit einiger Zeit ist es guter Brauch, dass die Beiden dann in den unmöglichsten Kostümierungen erscheinen, und nur darauf aus sind Rod damit aus dem Konzept zu bringen … was meistens auch funktioniert.

Beim *Ärzte statt Böller*-Konzert erschien Farin als Hase. Auch nachdem *Dinge von denen* zu Ende war, ließ er das Kostüm an um das folgende *Mach die Augen zu* darin zu spielen. Das schöne Liebeslied hat dadurch eine gewisse Komik bekommen.

Oben: Bela hingegen hat sich beim *Ärzte statt Böller*-Konzert als Hühnchen verkleidet. Nicht selten machen es die Kostüme Bela und Farin schwer ihre Instrumente zu bedienen, doch für einen guten Gag sind sie immer schon Kompromisse eingegangen. Unten: Farin und Bela als Gebüsch beim Konzert in Passau (06.07.2008).

Farin und Bela geben Rod christlichen Beistand beim Heimspiel in Berlin, 03.06.2012.

Darth Bela in der Frankfurter Festhalle (29.06.2012).

Obelix Urlaub in München (30.05.2012).

Oben: In Nürnberg am 19.06.2012. Unten: Bela als schöne Gallierin in München.

Farin und Bela zeigen Rod in Köln, was sie haben (27.06.2012). Schon mal versucht, mit so einem Gemächt Gitarre beziehungsweise Schlagzeug zu spielen?

Oben: Benjamin B in Oberhausen (26.05.2012). Mittlere Reihe: In Stuttgart (07.07.2012). Jnten: Live in Dresden am 07.08.2004.

Crazy Giraffe und Pinker Gorilla in Hamburg am 25.08.2013

Der pinke Gorilla will doch nur das eine von der Giraffe.

Schweinchen Dick in Oberhausen (26.05.2012)

Die einstigen Superhelden haben sich gehen lassen und heißen nun Fatbat und Supersizeman (Rock am Ring 2007)

Salem Aleikum! Rod und seine beiden Geschäftspartner in Leipzig (oben, 29.11.2007) und Stuttgart (unten, 24.11.2007).

Oben: Rod in Dresden (04.07.2008) und Ritter Bela in Stuttgart (24.11.2007). Mitte: Bela und Farin tauschen in Berin in ihre Bühnengarderobe (12.07.2008). Rod und die etwas abgemagerten Farin und Bela in Dresden (11.08.2012).

Engel oben, Teufel unten. Die Ärzte live in Dresden (12.08.2012).

fingers, falls die Spannweite zwischen Daumen und Zeigefinger nicht ausreicht) den Rand der DVD, sodass sie zwischen den Fingern festgehalten wird, und ziehen Sie sie vorsichtig aus der Halterung. Legen Sie die DVD dann in das Abspielgerät ein. Die bedruckte Fläche muss dabei vom Abtastlaser abgewandt, i. d. R. also oben liegend, sein.«[27]

Nachdem Die Ärzte am 28. August 2004 ihr vorerst letztes Konzert in Deutschland gespielt haben, wenden sich Bela, Farin und Rod ihren Soloaktivitäten zu. Während Farin sein zweites Soloalbum fertigstellt, legt Rod ein Album mit der Hamburger Punk-Legende Abwärts vor. Gleichzeitig steigt er als festes Mitglied in die Band um Mastermind Frank Z. ein und spielt im Oktober auch erste Konzerte als deren neuer Gitarrist. Die Idee zur Wiederbelebung der Deutschpunk-Institution kam schon vor einigen Jahren auf, als der Die Ärzte-Bassist zusammen mit Frank Z. das Album *Alcohol, Tobacco and Firearms* aufgenommen hat. Neben Rod sind der ehemalige H-Blockx-Schlagzeuger Martin »Dog« Kessler sowie der Die Ärzte-Roadie und Razors-Bassist Thomas Zabel neu in der Band. Abwärts tourt fortan durch die kleinen Clubs des Landes, und Rod hat großen Spaß daran, wieder dorthin zurückzukehren, wo für ihn einst alles begann. Allen Fans, die Morgenluft schnuppern und darauf hoffen, dass er in den kleinen Läden ihre Die Ärzte-Sammlung durchsigniert, erteilt er aber zuvor auf seiner Homepage eine klare Absage.

Bela hingegen macht mit einem besonderen Hörbuch auf sich aufmerksam. Zusammen mit Thomas D hat er Goethes *Faust* als Hörbuch eingesprochen, wofür er Thomas D auf dessen M.A.R.S.-Bauernhof in der Eifel besucht hat. *Faust vs. Mephisto* heißt das Werk, in dem der Fanta 4-Rapper als Faust und Bela als Mephisto in den Ring treten und sich eines der wohl bekanntesten Sprachduelle der Literaturgeschichte liefern. Um das Hörbuch zu bewerben, werden anzügliche Werbeclips nach dem Vorbild der Sex-Hotline-Spots mit den beiden produziert, die im Nachtprogramm der einzelnen Fernsehsender laufen. Ob der Einsatz derer zum Erfolg des Hörbuchs beigetragen hat, ist nicht überliefert. Fest steht allerdings, dass sich *Faust vs. Mephisto* schnell zu einem der erfolgreichsten Literatur-Hörbücher aller Zeiten mausert, was sicher sowohl ein Verdienst der zeitlosen Textvorlage als auch des Bekanntheitsgrades der beiden Sprecher ist.

Anfang November brechen Die Ärzte dann nach Chile auf, um dort die ersten drei Shows ihrer Südamerika-Tournee zu spielen. In der Regel wird ihnen dort eine halbe bis dreiviertel Stunde Spielzeit zugestanden. So bleibt der Band und ihrer Crew noch ausgiebig Zeit für Sightseeing übrig. Rod freut sich sehr, endlich wieder in seinem Heimatland zu sein. Dort trifft er viele Ex-Exil-Chilenen aus seinen Anfangstagen in Hamburg wieder und vernichtet den ein oder anderen *Pisco Sour* mit ihnen.

Rodrigo González: »*Ich bin direkt von der Abwärts-Tour in den Flieger nach Chile gestiegen. Die Konzerte in Südamerika haben totalen Spaß gemacht. Die Bands, mit denen wir gespielt haben, haben ordentlich Leute gezogen, und auch das Publikum war total freundlich zu uns. Die hätten uns auch mit Pisse bewerfen können. Das Konzert in meinem Geburtsort Valparaíso war auch total geil. Bis heute ist dort legendär, wie wir mit dem Aufzug auf die Bühne kamen. Es gab in dem Club dort nämlich einen Lastenaufzug, mit dem man zum Backstage und auf die Straße kam, und wir waren scheinbar die erste und einzige Band, die die Idee hatte, den für unsere Show zu benutzen. Das gab ein Riesengelächter an dem Abend und hat sich offenbar bei den Leuten ins Gedächtnis gebrannt, denn ich wurde vor Kurzem noch bei einem Besuch in Chile darauf angesprochen: ›Ihr wart doch die Spinner, die mit dem Aufzug auf die Bühne kamen.‹*«

Fernab der Heimat hat die Band oft mit schlechtem Sound und für sie ungewohntem Publikum zu kämpfen. Die Reaktionen, die der Band bei den Auftritten in Südamerika entgegenschlagen, reichen dabei von Begeisterung über Gleichgültigkeit bis hin zur Ablehnung. Letzteres kann sogar schon mal dazu führen, dass das Publikum mit Steinen schmeißt, doch dies bleibt der Band glücklicherweise erspart. So führt sie ihre Tournee von Chile über Uruguay bis nach Argentinien. Im uruguayischen Durazno spielen sie sogar vor über 75.000 Menschen auf dem Pilsen Rock Festival. Santiago Butler, Gitarrist von La Vela Puerca, ist dieser Auftritt noch gut in Erinnerung.

Santiago Butler: »*Es hat uns erst mal unglaublich beeindruckt, dass tatsächlich 25–30 deutsche Fans mit rübergekommen sind. Das war vor allem witzig, als wir auf dem Pilsen Rock Festival gespielt haben und diese 25–30 Leute die Einzigen waren, die Die Ärzte kannten. Bei diesem Festival, auf dem 75.000 Leute waren, kannte sonst keiner* *diese drei Typen aus Deutschland. Und dann hat Bela noch den Satz des Tages gebracht: ›Hallo Paraguay!‹«*[28]

Bela B: »Kalauerkönig B. Das war schon recht leichtsinnig, denn einige Leute dort schossen mit Pyros aus dem Publikum in Richtung Bühne, und Security gab es quasi nicht.«

Einen Tag nach dem Auftritt schildert Farin im Gästebuch auf seiner Homepage die dortigen Geschehnisse:

»Stellt euch einfach vor, es gäbe ein Festival, bei dem der Eintritt 3 (in Worten: DREI) Kronenkorken kostet, es dauert zwei Tage, und ihr steht mitten im Nichts auf einer riesigen Wiese, umgeben von saftig grünen Bäumen und 75.000 wild feiernden und fahnenschwenkenden, begeisterten Uruguayanern, die alle ihre Lieblingsbands sehen wollen – und dann, plötzlich, mitten in der Nacht, kurz bevor ENDLICH La Vela Puerca (die nationalen Beatles mindestens) auf die Bühne gehen sollen, sagt deren Sänger eine Band aus Deutschland an, von der ihr noch nie gehört habt und die jetzt unverschämterweise noch mal knapp 40 Minuten auf der Bühne rumalbern ... Wie würdet ihr reagieren? Klar: Mit Begeisterung, mehr Fahnenschwenken, Feuerwerk, Applaus und respektablem Pogo, oder??

Mit anderen Worten: ein freundlicheres Volk als die Uruguayos (sprich: Urruguaschos) ist nur schwer vorstellbar! Und euer Hobbydiktator hat natürlich auch versucht, ihnen die drei Applause beizubringen: Den kleinen, den höflichen und den stürmischen ... boah, dass die uns nicht mit Steinen und Chinaböllern von der Bühne geholt haben, ist wahrlich ein Wunder. So haben wir jetzt auch in Uruguay Kopfschütteln hinterlassen, und morgen geht's weiter nach Argentinien: Ob sie uns wohl DORT endlich die Beine brechen?? :-)«[29]

Bela B: »*Ich hatte mich in eine Uruguay-Fahne gewickelt und bin am Bühnenrand mit Mate-Becher und Strohhalm herumgelaufen, wie ich es bei den Uruguayschos gesehen hatte. Am nächsten Tag war ein Bericht über das Festival auf der Titelseite der größten Zeitung dort, und in der Mitte prangte ein Foto von mir. Jippieh.*«

In Argentinien werden ihnen zwar nicht die Beine gebrochen, doch mit offenen Armen werden sie dort auch nicht gerade empfangen. Vor allem im Estadio Obras Sanitarias in Buenos Aires bekommen sie zu spüren, wie es sich anfühlt, wenn das Publikum ihnen nicht wohlgesinnt ist.

Farin Urlaub und Bela B:
Farin: »In Obras haben wir gegen eine Wand gespielt. Die wollten uns echt nicht sehen.«
Bela: »Ist ja auch verständlich: ›Das nächste Lied ist schnelles Getrümmer auf Deutsch …‹«
Farin: »›… wie die Lieder davor und die, die danach kommen.‹«[30]
Da hilft es auch nicht sonderlich viel, dass die Bläser von La Vela Puerca gemeinsam mit ihnen *Nicht allein* spielen. Doch trotz allem will die Band diese Erfahrung nicht missen.

Farin Urlaub: *»Wir hatten totale Lust darauf, nicht zuletzt aufgrund unserer Freundschaft zu den großartigen La Vela Puerca-Jungs (inklusive deren Crew). Finanziell war es ein absolutes Fiasko, aber das ahnten wir schon vorher. Die Shows waren zum Teil ganz gut, wobei das Publikum uns nicht wirklich sehen wollte. Auch das war mal wieder eine schöne Erfahrung.«*

Bela B: *»La Vela Puerca waren eine Band, die auch gern mal leisere Töne anschlugen. Ihr Sänger ist ein Poet, und da fand ich es falsch, fast ausschließlich Hochgeschwindigkeitspunk zu spielen.«*

Rodrigo González: *»Wir hatten bei den Konzerten unsere komplette Stamm-Crew dabei. Das war in einigen Clubs total absurd. Unsere Leute von der Crew haben da an einem Abend mehr verdient als ein Chilene im ganzen Monat. Die Einheimischen waren total geplättet und fassungslos, dass wir uns das leisten.«*

Bela B: *»Wir wollten mit diesem Trip nach Südamerika auch unsere langjährige Crew belohnen. Im Nachhinein muss man sagen, dass viele von ihnen mit anderen Künstlern, für die sie arbeiten, sicher schon an obskureren Orten waren als an diesen.«*

Als sie aus Argentinien zurückkehren, erhalten Die Ärzte überraschenderweise Post von einer Stelle, die lange nichts mehr von sich hat hören lassen. Die Bundesprüfstelle für jugendgefährdende Medien (ehemals Bundesprüfstelle für jugendgefährdende Schriften) informiert die Band darüber, dass ihr Album *Debil* nach über 17 Jahren Verweildauer vom Index gestrichen worden ist. Das Gremium der Bundesprüfstelle hat nämlich bei einer erneuten Prüfung die Songs *Claudia hat 'nen Schäferhund* und *Das Schlaflied* tatsächlich als nicht länger jugendgefährdend eingestuft. Das Album kann also wieder von jedermann und jederfrau – egal ob unter oder über 18

– bezogen werden. Ungeachtet dessen bleiben der Song *Geschwisterliebe* und die damit verbundenen Alben *Die Ärzte* und *Ab 18* weiter auf dem Index. Demzufolge darf das Lied auch nicht in dem *Die Ärzte Songbook* auftauchen, das seit diesem Jahr im praktischen Taschenbuchformat alle Akkorde zu den Liedern der besten Band der Welt bietet. Mit dem Buch kann nun fortan wirklich jeder beim abendlichen Lagerfeuer im Sommerzeltlager die Songs der Die Ärzte zu Gehör bringen.

Farin Urlaub: »*Ich glaube, 70 Prozent aller Lagerfeuer-kompatiblen Songs haben wir gemacht.*«[31]

Unter den insgesamt 252 Songs ist auch ein Lied namens *Frühjahrsputz* enthalten, das folgenden Text enthält (Auszug):

Seit wir ein Paar sind, hab ich nicht sehr viel zu lachen.

Seit ein paar Wochen sprichst du nur vom Saubermachen.

Jetzt schlägt es 13, und es ist so weit. Es geht nichts über Sauberkeit.

Du bist dafür, ich bin dagegen. Ich geh jetzt einfach mal das Dach fegen.

Wenn man sich das Versmaß anschaut und dazu noch die Akkorde spielt, erkennt man, dass sich hinter der Ärzte-Version von *Das bißchen Haushalt* das indizierte Lied *Geschwisterliebe* verbirgt, das natürlich trotz Indizierung nicht in dem Buch fehlen darf.

Zum Ende des Jahres lässt die Band verlautbaren, dass sie im nächsten Jahr außer bei drei ausgewählten Festivals so gut wie gar nicht live spielen wird. Die Ärzte brauchen nach der langen Tour zu *Geräusch* einfach mal eine Pause. Farin wird in dieser Zeit sein zweites Soloalbum vorlegen und mit seinem Racing Team auf große Tour gehen. Ansonsten wird es still um die Band sein, die sie Pferd nannten.

20. KAPITEL

Ein Wintermärchen

»*Will ein guter Arbeitgeber sein.*«
(Die Ärzte – *Der Grund*)

Das Jahr 2004 endet für die Menschen in Südasien denkbar tragisch, denn ein gigantisches Seebeben im Indischen Ozean löst am zweiten Weihnachtsfeiertag eine Reihe von verheerenden Tsunamis aus, die mit voller Wucht über die angrenzenden Küsten rollen. Am schlimmsten betroffen sind Indonesien, Sri Lanka, Indien und die Touristenhochburgen in Thailand. Insgesamt lassen durch diese Naturkatastrophe über 230.000 Menschen ihr Leben – darunter auch viele Touristen, die zwischen den Jahren hier ihren Urlaub verbringen. Die internationale Anteilnahme und Hilfsbereitschaft sind groß, denn das Leid der Menschen vor Ort ist enorm. Aus Respekt vor den Toten nehmen die deutschsprachigen Radiosender den Song *Perfekte Welle* der Band Juli von ihren Playlisten. Obwohl an sich harmlos, ist dessen Titel zu dieser Zeit einfach unpassend.

Farin Urlaub hat die letzten Monate damit verbracht, sein zweites Soloalbum *Am Ende der Sonne* fertigzustellen. Seine Vorfreude auf dessen Veröffentlichung und die anschließende Tournee ist riesig. Anscheinend können auch die Fans des Farin Urlaub Racing Teams die nächsten Live-Auftritte kaum erwarten, denn in vielen Städten müssen die Konzerte aus den Clubs in große Hallen verlegt werden. Zuvor bekommen Die Ärzte noch den ECHO für *Die Band, die sie Pferd nannten* verliehen, denn der Konzertfilm war die mit Abstand meistverkaufte Musik-DVD im letzten Jahr – ein Umstand, den selbst die Deutsche Phono Akademie nicht leugnen kann. Selbstverständlich nimmt die Band den Preis aber nicht persönlich entgegen.

Bela B: »*Wir waren nicht da, es war uns egal, aber den ECHO haben wir dieses Mal ausnahmsweise trotzdem bekommen.*«

Eine Woche nach Ostern 2005 steht *Am Ende der Sonne* in den Plattenläden. Trotz des recht eigenwilligen Single-Vorboten *Dusche* erklimmt Farins zweites Soloalbum dank der kaufkräftigen Fanschar direkt Platz 1 der deutschen Album-Charts. Wenige Wochen später startet die *Sonnenblumen of Death*-Tour mit dem ersten von insgesamt drei ausverkauften Konzerten in der *Großen Freiheit 36* in Hamburg. Dazwischen spielt Farin mit den Die Ärzte drei exklusive Festival-Shows, die gleichzeitig die einzigen Auftritte der Band in diesem Jahr sind. Dabei spielt die Band auch auf der ersten Ausgabe des Nova Rock-Festivals im österreichischen Nickelsdorf, wo sie am Freitagabend der Headliner auf der Hauptbühne sind. Vor ihnen spielt der etwas eigenwillige Marilyn Manson, von dessen Diva-Gehabe man hinter den Kulissen bereits schwer genervt ist, und auch Manson selbst ist sicher froh, wenn er diesen seiner nicht würdigen Ort wieder verlassen kann.

Rodrigo González: »*Manson wollte, dass der Veranstalter ihm einen blickdichten Tunnel von der Garderobe zur Bühne baut, damit er vor dem Konzert nicht gesehen werden kann. Das wurde aber abgelehnt. Daraufhin haben Bela und ich uns einen Spaß daraus gemacht und Marilyn Manson gesucht. Kurz vor seinem Auftritt haben wir ihn dann gesehen und konnten uns nicht mehr einkriegen vor Lachen. Da ihm sein Tunnel verwehrt blieb, ist Manson nämlich einfach in ein großes Flightcase gestiegen und hat sich von seinen Roadies zur Bühne tragen lassen. Das hatte mehr was von Comedy denn eindrucksvoller Rockshow.*«

Bela B: »*Die satanische Schmeißfliege!*«

Der letzte Auftritt der kleinen Festivaltour findet am Abend des 12. Juni auf dem Hurricane Festival statt, wo sie als letzte Band am Sonntag das Festival in der Nähe von Bremen beenden. Neben Die Ärzte durften die Besucher an diesem Wochenende schon Bands wie Nine Inch Nails, Rammstein, die Beatsteaks, Audioslave und System of a Down bewundern. Bela hat sich für die Auftritte ganz in Weiß gekleidet, und auch sein Schlagzeug ist in der Farbe der Unschuld gehalten. Farin hingegen hat zur allgemeinen Überraschung ein frisches Schwarz gewählt. Das Publikum erlebt eine bestens aufgelegte Band, die sich den ein oder anderen Seitenhieb auf ihre Musikerkollegen nicht verkneifen kann. In *Radio brennt* textet Farin die erste Strophe wie folgt um:

Jedes Mal, wenn ich bei dir bin, schaltest du das Radio ein.
Immer dann, wenn ich dich küssen will, lass ich es lieber sein.

Sie spielen überall dasselbe: Die neue Helden-LP.
Ich höre Juli *und* Silbermond *und* Die Ärzte *sowieso und darum ...*
Das Lieblingslied, von dem in der zweiten Strophe die Rede ist, ist dieses Mal *Walkampf* von den Toten Hosen, das Die Ärzte noch leicht abwandeln:
Schieb den Wal, schieb den Wal, schieb den Wal zurück ins Meer.
Schieb den Wal, schieb den Wal, schieb den Wal zurück ins Meer.
Wir schieben alle den Wal zurück ins Meer,
Wal zurück ins Meer,
Wal zurück ins Meer!
Wir schieben alle den Wal zurück ins Meer (Schinken),
Wal zurück ins Meer (Ei),
Wal zurück ins Meer![1]
Bei *Ich ess' Blumen* findet Bela, dass er und das Fleisch doch eine *Geile Zeit* hatten, und so wird der entsprechende Song von *Juli* gespielt, der Anfang des Jahres die erste Ausgabe des von Stefan Raab abgehaltenen *Bundesvision Song Contest* gewann. Teile des Die Ärzte-Auftritts vom Hurricane werden von MTV live gesendet, und so können die Zuschauer an den Fernsehgeräten Zeuge werden, wie es um das Wesen des Festival-Publikums vor Ort nach drei Tagen Rock bestellt ist.
Farin: »Gebt mir ein ›F‹! Gebt mir ein ›ICKEN‹! Was heißt das?«
Publikum: »F***EN!«
Farin: »Ihr seid so niveaulos.«[2]
Während ihres Aufenthalts auf dem Hurricane Festival gibt die Band für eine Dokumentation des Fernsehsenders Arte auch ein paar Statements ab. Dabei verrät Bela, was das Geheimnis hinter der lang anhaltenden Beziehung zwischen ihm und Farin ist.
Bela: »*Ich bin stolz und glücklich, dass ich es nach so langer Zeit noch immer aushalte, mit ihm in einer Band zu spielen. Da gehört sehr viel Selbstdisziplin dazu ...*«
Farin: »*... und auch Selbstverleugnung und auch Selbsthass eigentlich.*«
Bela: »*Ja. Letztendlich ist es wahrscheinlich Letzteres.*«[3]
Nach dem kurzen Die Ärzte-Intermezzo geht Farin weiter auf Tournee mit seinem FURT, die Ende August da endet, wo sie einst angefangen hat: in Hamburg. Allerdings nicht in der *Großen Frei-*

heit, sondern beim ImPort-Festival in der HafenCity. Bela spricht in der Zwischenzeit mit der Schauspielerin Catherine Flemming das Hörbuch *Venus im Pelz* ein, nach der gleichnamigen Romanvorlage von Leopold von Sacher-Masoch. Neben der Schauspielerei ist das Einsprechen von Hörbüchern inzwischen zu einem dritten Standbein von ihm geworden. Der gemeinsamen Arbeit mit Catherine Flemming gingen schon das besagte *Faust vs. Mephisto* (mit Thomas D) voraus sowie *Die Brautprinzessin* (mit dem Kabarettisten Jochen Malmsheimer) und *The KLF – Der schnelle Weg zum Nr. 1 Hit*. In Anlehnung an das Buch *Venus im Pelz* wirbt Bela zusammen mit Catherine Flemming auch für die Tierrechtsorganisation PETA. Der Slogan über dem Plakatmotiv, bei dem Bela und die Flemming sich gegenüberstehen und sie in Belas Zunge beißt, lautet: »Ich kann mir meine Schmerzen aussuchen, Tiere nicht.«

Während Farin und Bela anderweitig unterwegs sind, macht sich Hot Action Records zusammen mit Sony BMG, die noch immer die Rechte an allen 1980er-Veröffentlichungen der Die Ärzte halten, daran, das »Bernsteinzimmer der deutschen Popmusik« freizulegen. Die Rede ist von dem Album *Debil*, das nun nach dem Wegfall der Indizierung endlich wieder frei zugänglich gemacht werden kann und soll. Anders als in den Achtzigern traut die Bundesprüfstelle für jugendgefährdende Medien den heutigen Jugendlichen wohl eher zu, dass sie aufgrund ihrer Medienerfahrung die Lieder *Claudia hat 'nen Schäferhund* und *Das Schlaflied* ohne Schwierigkeit als Fiktion einordnen können. Man fragt sich schon, ob damit wirklich die Jugendlichen gemeint sind oder nicht eher das prüfende, betagte Gremium selbst, das wohl endlich eingesehen hat, dass ihre befürchteten »Verrohungseffekte« damals wie heute nichts anderes als hanebüchener Unsinn sind. Am 21. Oktober 2005 ist es jedenfalls so weit: Aus *Debil* wird das noch teuflischere *Devil*.

Der dazugehörige Pressetext verrät noch mehr über die neue Version: »*Nachdem das Album wochenlang von Dutzenden Restaurateuren mit kleinen Pinseln und großen Hacken bearbeitet wurde, ist heute der große D-Day. Die Verpackung noch umweltfreundlicher, die Aufmachung umfangreicher und teuflischer, der Sound genauso wie immer, und das alles angereichert mit Bonustracks aus einer längst vergessenen Zeit, als man auf Plattencovern Hawaiihemden und Robert-Smith-Tribute-Frisuren trug, Musik auf Vinyl presste und Bassisten noch Sahnie hießen.«*

Die neue Auflage enthält neben der CD beziehungsweise Vinyl-LP noch ein erweitertes Booklet, das neben den Songtexten noch eine Eloge des Musikjournalisten Ingo Neumayer auf dieses so wichtige Album enthält, der in *Debil* zu Recht den Beginn einer »DÄra« sieht. Als die Platte erscheint, ist Farin schon längst wieder im Urlaub. Dieses Mal hat er sich gleich ein ganzes Jahr lang Auszeit genommen. Für seine Rückkehr im Herbst 2006 hat er schon mal eine neue FURT-Tournee angekündigt, und in der Zwischenzeit soll noch ein Livealbum erscheinen, das Aufnahmen von der letzten Tour des Farin Urlaub Racing Teams enthält. Das lange In-der-Ferne-Weilen von Farin zieht automatisch auch eine lange Die Ärzte-lose Zeit mit sich. Die Fans müssen tapfer sein, denn es wird die bis dato längste Auszeit werden, die sich die Band je in ihrer Geschichte genommen hat – die Zeit, in der sie sich aufgelöst hatte, mal außen vorgelassen.

Bela B: »*Es gab ein finales Treffen, bevor Farin in sein Reisejahr entschwand. Bei dem Treffen eröffnete ich beiden, welche Pläne ich hatte.*«

Während Rod sich einigen Produzenten-Jobs widmet und mit Frank Z. weiter an neuen *Abwärts*-Veröffentlichungen arbeitet, lässt Bela wieder musikalisch etwas von sich hören. Zu Beginn des Jahres 2006 ist auf seiner Homepage *bela-b.de* ein Chor zu hören, der ein Soloalbum des Grafen ankündigt.

Bela B: »*Ein Freund von mir arbeitete an Filmmusik in Prag und rief mich überraschend an. Er sagte, er hätte gerade einen Chor da und noch Zeit, und ob er etwas für mich aufnehmen solle. Mir fiel auf die Schnelle nur ›Bela B-Soloalbum‹ ein, und es ertönte dann im Chor: ›Bela B-B-Bela-B-B-Sohohoholoalbum.‹*«

Wenig später wird verlautbart, dass im April die erste Single *Tag mit Schutzumschlag* erscheinen soll und circa einen Monat später dann das dazugehörige Album *Bingo* – es sind die ersten Veröffentlichungen auf dem Berliner Label BPX 1992. Chef der Plattenfirma ist Fitz Braum, der es als Sublabel von Four Music führt. Die offizielle Pressemeldung zu diesem Deal verrät auch gleichzeitig, wie es zu dem Namen des Labels kam: »*Nachdem es schon keiner mehr glauben wollte, ist es jetzt passiert. Fitz Braum, seit fast 10 Jahren Labelchef von Four Music, gründet ein schon lange angekündigtes neues*

Label namens BPX 1992 (Braums Plattenfirma Kreuzberg, ausgedacht 1992). Das Label soll Heimat werden für Rock, Punk, Punkrock, Alternative Rock und alle anderen Künstler, die sich mit Gitarren beschäftigen. Sitz der Firma wird Berlin sein, und geplant wird mit ca. 1992 Mitarbeitern (daher der Name: Berlin Punk Xplosion 1992). Erster Künstler wird kein Geringerer sein als Bela B., Schlagzeuger und Sänger der Ärzte, mit der Erfahrung von ca. 1992 Konzertauftritten, der dem Label auch den Namen gab (Belas Pension Xasse).«

Für sein Soloalbum hat Bela sich Unterstützung von Musikern wie Lula, die schon den Song *Leave* mit ihm sang, sowie Olsen Involtini und Wayne Jackson geholt, die beide zuvor unter anderem für Rammstein gearbeitet haben. Die beiden Herren werden zugleich Bestandteil von Belas Live-Band Los Helmstedt, der auch Gluecifer-Schlagzeuger Danny Young und Schauspielerin Ina-Paule Klink angehören. Viele Die Ärzte-Fans sind von der Vielfalt auf Belas Soloalbum überrascht, denn neben klassischen Rock-Nummern sind hier auch Rockabilly-, Surf- und Country-Elemente enthalten. Zu den Höhepunkten auf dem Album zählen mit Sicherheit die Duette mit der Moderatorin Charlotte Roche (*1. 2. 3. ...*) und der amerikanischen Produzenten-Legende Lee Hazlewood (*Lee Hazlewood & das erste Lied des Tages*). Hazlewood, der für Frank Sinatras Tochter Nancy Sinatra Lieder wie *These Boots Are Made for Walking* oder *Summer Wine* geschrieben hat, war bereits unheilbar an Nierenkrebs erkrankt, als er für die Aufnahmen zu Belas Album nach Berlin gereist ist. Die gemeinsamen Arbeiten mit Bela und Lula gehören zu den letzten Studio-Aufnahmen des Amerikaners.

Bela B: »*Ich liebte Hazlewood-Songs schon, als ich noch ein kleener Punker war. Ich hab jede Sekunde mit ihm aufgesogen. Zum Glück lebte er noch weitere zwei Jahre, und wir sahen uns noch ein paar Mal.*«

Während er Interviews für sein Soloalbum gibt, verrät Bela in einem Nebensatz auch etwas zu den Zukunftsplänen der Die Ärzte. Diese werden an Silvester ein großes Open Air-Konzert im Rhein Energie Stadion zu Köln (ehemals Müngersdorfer Stadion) spielen.

Bela B: »*Ich hatte grad im Interview die Auflösung meines Comic-Verlages bekannt gegeben, da musste schnell etwas Positives her, über das ich sprechen konnte.*«

Das Motto des Konzertes lautet *Ärzte statt Böller*. Wieder einmal fragt man sich, warum zuvor noch niemand auf so eine Idee gekommen ist. Vielleicht hat auch Harald Schmidt den entscheidenden Anstoß dazu gegeben, denn bei ihrem letzten Auftritt in der *Harald-Schmidt-Show* im Jahr 2003 hatte er ihnen schon vorgehalten, dass normale Hallen-Konzerte eigentlich nicht zu einer Band wie den Die Ärzte passen: »*Eigentlich untypisch für euch. Zu euch würde es passen, Open-Air-Konzerte am ersten Weihnachtsfeiertag zu machen.*«[4]

Der erste Weihnachtsfeiertag wird es nun nicht werden, aber dafür Silvester. Viele Fans sind den Die Ärzte schon jetzt sehr dankbar dafür, dass zu einem die Zeit der Leere endlich vorbei ist und dass sie zum anderen nun nicht mehr lange überlegen müssen, was sie dieses Jahr an Silvester machen werden. Im Berliner *TIP*-Magazin erklärt Bela, wie es zu der Idee kam:

Bela B: »*Ich kann verraten, dass wir Silvester ein Konzert geben werden. Meine Idee war, ein Winter-Open-Air zu spielen, weil die Leute da sowieso alle rausgehen: auf Weihnachtsmärkte zum Beispiel. Wir haben deshalb beschlossen, ein großes Konzert in Köln zu spielen. Das ist zentral und, na ja, die Wuhlheide ist für das, was wir vorhaben, auch einfach zu klein.*«[5]

Die ersten Solo-Veröffentlichungen von Bela werden im Juni 2006 von Auftritten bei Rock am Ring und Rock im Park flankiert, bei denen Bela Songs aus seinem Soloalbum spielt. Bei Rock am Ring kommt dann Charlotte Roche mit auf die Bühne, um mit Bela zusammen *1. 2. 3. ...* zu singen. Der Song wird gleichzeitig die zweite Single aus Belas Soloalbum und erlangt vor allem durch das hüllenlose Cover und Video große Bekanntheit. Der Dreh findet in einem nachgebauten Swinger-Club statt, und Bela und Roche sind in all dieser Zeit wenig bis gar nicht bekleidet.

Bela B: »*Es war echt anstrengend, denn ich war rund acht Stunden lang nackt mit nur einer Socke über dem Genital. Das war zwar einerseits total sinnlos, aber wenigstens eine kleine Sicherheit.*«[6]

2006 ist auch das Jahr, in dem die Fußball-Weltmeisterschaft in Deutschland stattfindet und diesem Land das sogenannte »Sommermärchen« beschert. Vorausgegangen war bereits eine gewaltige Marketing-Kampagne, die über alle Kanäle hinweg mit dem Slogan *Du bist Deutschland* für ein neues Nationalgefühl sorgen sollte. Dass die Deutschen aufgrund ihrer Vergangenheit ein großes Problem mit ihrer nationalen Identität haben, ist bekannt. Das Ganze nun aber mit einer Art Massenhypnose wieder hervorholen zu wollen, ist schon ziemlich daneben. Bela kann dieser Absicht nicht viel abgewinnen und verarbeitet seine Haltung dazu auf seinem Soloalbum in dem Song *Wiehr thind sssuper*.

Wir sind pünktlich, wir sind fleißig, wir sind fromm.
Wir sind sicher, dass wir in den Himmel kommen.
Wir sind eindeutig die Geilen.
Pardon, ich kann die Freude leider nicht ganz teilen.

Deutschland ist ein Eimer mit Strohhalmen drin.
Deutschland sind zwei Zentner mit 'nem Doppelkinn.
Holadihöh, bumsfallera,
Deutschland wär doch viel lieber die USA!

Wir sind super.
Wir sind einfach toll.
Ich mach dir mit »Wir sind wir« 'nen ganzen Eimer voll.
Wir sind super.
Wir sind wieder da.
Supi-dupi, Deutschland, bla bla bla.

Das Ziel der Kampagne wird trotzdem erreicht. Dafür sorgt aber nicht die Kampagne selbst, sondern die deutsche Fußballnationalmannschaft. Nachdem die Elf die Vorrunde ohne Niederlage überstanden hat, kennt die nationale Begeisterung keine Grenzen mehr. »Endlich sind wir wieder wer«, scheint die einheitliche Meinung zu sein, und die *BILD*-Zeitung titelt: »Schwarz-Rot-Geil!« Was früher nur auf Schrebergärten beschränkt war, ist nun allgegenwärtig: Deutschland-Flaggen, wohin man nur schaut. An Häusern, an Autos, selbst auf Hunden. Das Land ist in seiner nationalen Besoffenheit nicht mehr wiederzuerkennen. Die Sportfreunde Stiller landen in diesen Tagen mit ihrem Stimmungslied *'54, '74, '90, 2006* ihren ersten Nummer-eins-Hit, und die Euphorie um Poldi, Schweini und Co. scheint keine Grenzen mehr zu kennen. Doch trotz aller Begeisterung ist für Deutschland im Halbfinale gegen Italien Endstation. Macht aber nichts, gefeiert wird trotzdem – auch wenn am Ende nur Platz 3 steht. Und aus '54, '74, '90, 2006 wird einfach '54, '74, '90, 2010. Der getragene Song *Fußball ist immer noch wichtig*, den Bela zusammen mit Marcus Wiebusch von Kettcar, Carsten Friedrichs von Superpunk und mit Fettes Brot aufgenommen hat, kann dem Song der Sportis jedenfalls nicht das Wasser reichen. Im Herbst tourt Bela mit seiner *Bingo-Show* durch den deutschsprachigen Raum. Seine Solo-Konzerte verbringt er fast die ganze Zeit über vorne im Rampenlicht. Statt mit Schlagzeugstöcken hat er sich mit einer Gitarre bewaffnet, die natürlich nicht unterm Kinn hängt, sondern so platziert ist, dass man seinen »Sack« nicht sehen kann[7]. Eines der größten Konzerte seiner Tour findet im Kölner E-Werk statt. Dieses Spektakel verfolgen auch zwei hochgewachsene Männer: Der eine ist der frühere Die Ärzte-Produzent Micki Meuser, der andere ist Farin Urlaub, der gerade aus seinem langen Urlaub zurückgekehrt ist und nun das erste Mal ein Solokonzert seines Freundes und Geschäftspartners sieht.

Farin Urlaub: *»Ich hab mich sehr gefreut, ihn ›in seinem Element‹ zu sehen! Die Band war auch gut, vor allem die bezaubernde Sitz-Pogerin. Bingo ist ein wirklich ausgereiftes Soloalbum; ich mag einige Lieder darauf sehr.«*

Bela B: *»Ich hatte Farin eine der ersten CDs noch vor dem Release nach Japan, glaub ich, geschickt.«*

»Geschäftspartner« beschreibt die Beziehung der Band untereinander inzwischen recht gut. Statt um kreativen Austausch geht es bei ihrer Kommunikation mittlerweile fast nur noch um geschäftliche Themen.

Bela B: *»Wir waren nun mal Labelbesitzer. Wir hatten Verantwortung für Angestellte und mussten mit Axel über Veröffentlichungsstrategien sprechen. Die Unschuld, die für unsere Nonsens-Ideen immer ein wichtiger Treibstoff war, blieb hier manchmal auf der Strecke.«*

Farin Urlaub: *»Das mit den Geschäftspartnern stimmt einerseits, denn die Kommunikation drehte sich notgedrungen immer wieder hauptsächlich um anstehende Entscheidungen, Planungen und all die Sachen, die den Riesenapparat Ärzte so am Laufen hielten. Andererseits gab es auch immer wieder lustige Auszeiten, in denen wir uns gackernd Dutzende Blödsinns-Nachrichten schickten oder die* *neuesten Musikempfehlungen austauschten. Unser ›Innenverhältnis‹ ist nach all den Jahren schon sehr merkwürdig. Wir kennen uns alle gegenseitig in- und auswendig, aber wir haben gemerkt, dass wir uns gegenseitig das Privatleben lassen müssen.«*

Eine dieser anstehenden Planungen ist ein Best-of-Album, das pünktlich zum Weihnachtsgeschäft fertig werden soll. Zwar wird es in seiner edlen Metallbox, in die ein »ä« mit drei Punkten gestanzt ist, sehr hochwertig aussehen, doch neue Songs enthält es nicht – dafür aber alle Singles und ausgesuchte B-Seiten seit 1993 in neu gemasterter Fassung. Für den Einsteiger allemal lohnenswert, für den Experten allerdings verzichtbar.

Wer neues Material hören will, muss weiter warten. Doch selbst die Band weiß zu diesem Zeitpunkt nicht, ob es überhaupt noch einmal ein neues Album geben wird. Bela, Farin und Rod wollen sich vor den Proben zu dem Silvester-Konzert treffen und erst einmal klären, ob und wie es nach dem Konzert mit der Band weitergeht.

Bela B: *»Wir sind zu dem Treffen gegangen in der Grundvoraussetzung, dass wir jetzt Gründe finden, um weiterzumachen. Im Hinterkopf hatten wir natürlich schon, dass es auch möglich ist, dass wir sagen: ›So, jetzt reicht's aber! Wir machen erst weiter, wenn der Mond besiedelt ist.‹«*[8]

So lange werden die Fans dann aber doch nicht warten müssen, denn die Band findet genug gute Gründe für eine neue Die Ärzte-Platte. Ein wesentlicher Antrieb ist vor allem die Idee, bei den Aufnahmen zu der neuen Platte Grundlegendes zu ändern. Man will den Trott der Vergangenheit abstreifen und neue Impulse setzen. So entsteht die Idee, die Platte in Eigenregie aufzunehmen – ohne Produzenten.

Bela B: *»Ich ging mit Farin in Hamburg an der Elbe spazieren, wie früher. Ich sagte ihm, dass wir etwas ändern müssen und dass vielleicht ein neuer Produzent gut wäre. Überraschenderweise war er gar nicht abgeneigt von der Idee, aber wir kamen einfach nicht auf jemanden, der uns gefallen würde. Ich weiß nicht mehr, wer es zuerst aussprach, aber kurz darauf riefen wir Rod an und teilten ihm unseren Plan mit.«*

Farin Urlaub: *»Immer wieder haben wir die Erfahrung gemacht, dass wir die Dinge zwar gleich sehen, aber keiner den ersten Schritt* *tun und am Boot rütteln will. Wenn wir dann doch endlich reden, sind wir uns meist schnell einig. So war es auch mit der* Jazz ist anders*-Platte und den damit zusammenhängenden Entscheidungen. Es war ein gutes Gefühl, und es wurden dann auch die harmonischsten Aufnahmen seit Langem!«*

Die Band will sich wieder auf das Wesentliche besinnen, auf das, was Die Ärzte ausmacht. Dazu zählt auch, dass sie ihre neue Platte wieder in Berlin aufnehmen wollen, denn sie sind nun mal Die Ärzte aus Berlin (aus Berlin). Kurz nach dem Treffen und noch vor Weihnachten reist die Band nach London, um sich dort die Band Tenacious D um den Schauspieler Jack Black anzusehen. Deren Lied *Fuck Her Gently* ist schon seit Langem ein großer Favorit innerhalb der Band und wurde von Rod bereits mehrfach live angespielt.

Bela B: »*Ein Freund der Band hat mich zu dem Konzert eingeladen, und ich habe wiederum Rod und Farin eingeladen. The Mighty D haben damals ausschließlich in England gespielt, und ich fand, dass die beiden das nicht verpassen durften.*«

Hatte ursprünglich nur Bela diesen Ausflug geplant, so wird er kurzerhand zum spontanen Band-Urlaub. Die gute Laune wird auch nicht durch einen ausgefallenen Flieger, vier Stunden Wartezeit auf dessen Ersatz und Querelen mit dem Flugpersonal getrübt.

Farin Urlaub: »*Ich wäre fast aus dem Flieger geflogen, weil wir so rumgegackert haben und dem Steward nicht genügend Aufmerksamkeit gezollt hatten.*«

Damit die Band nach der langen Live-Pause beim *Ärzte statt Böller*-Konzert nicht gänzlich ins kalte Wasser springt, soll zwei Tage vorher im SO36 in Berlin noch eine Art Generalprobe stattfinden. Die Tickets dafür soll es ausschließlich bei der benachbarten Vorverkaufsstelle KOKA36 geben. Am 27. Dezember besucht Managerin Axel Schulz die Radio Fritz-Sendung *Blue Moon*, die sich um das Silvester-Konzert der Die Ärzte dreht. Er gibt zwar seinen Namen nicht preis, verrät aber gegen 22 Uhr, dass es ab Mitternacht bei KOKA36 Karten für »etwas« geben werde, das am 29. Dezember 2006 in Berlin stattfindet. Schon kurz nachdem Schulz das Studio verlassen hat, führt die Schlange vor der Vorverkaufsstelle schon fast die gesamte Oranienstraße entlang. Nicht alle, die sich anstellen, werden für das Warten belohnt. Doch diejenigen, die Glück hatten, dürfen sich einmal mehr über ein liebevoll gestaltetes Ticket von Axel Schulz höchstpersönlich freuen. Dieser nimmt einfach nicht verkaufte Tickets der britischen Rockband Muse und schreibt *Die Ärzte – Unter anderem Namen* sowie die Daten des Konzerts drauf. Gleichzeitig sind auf jedem Ticket vier Kästchen für die letzten vier Ziffern der Ausweisnummer des Inhabers aufgemalt, um den Schwarzmarkt entsprechend einzudämmen. Die Gestaltung der Tickets setzt sich dann beim Design des einzigen T-Shirt-Motivs fort, das es beim Konzert zu kaufen gibt. Die Bekleidungsfirma Deutschrock hat hier wieder das »*Die Zu Späten*-Prinzip« angewendet und Tour-Shirts von der zurückliegenden *Unrockstar*-Tour mit dem Motto des Abends überdruckt. Recht unglamourös betreten dann Bela, Farin und Rod am 29. Dezember nach fast anderthalb Jahren Pause wieder gemeinsam eine Bühne. Wie es scheint, hat die lange Abstinenz ihre Spuren hinterlassen, denn bei fast jedem Song hakt es im Getriebe. Es beschleicht einen schon der Verdacht, dass dies hier mehr eine öffentliche Probe denn ein normales Konzert ist. Auch Teile der Band sehen es offenbar so, denn Bela singt bei *Rock Rendezvous*:

Farin, wir sollten üben,
sonst verkacken wir die Silvestershow.
Wir sollten üben, du süßer Blondschopf, du mein kleiner Knallpopo.
Wir sollten üben,
und zur Belohnung steck ich dir mein Stöckchen rein.
Ach Farin, das wird fein, ohoho
Farin, nur du und ich allein.

Das Publikum wird dafür mit Liedern wie *Käfer* und *Helmut K.* versöhnt. Das Lied über Helmut und Hannelore aus Oggersheim wollten sie eigentlich nach dem Suizid von Hannelore Kohl im Jahr 2001 überhaupt nicht mehr live spielen, aber sei's drum. Einen Tag vor diesem Konzert ist erstmals der Film *Déjà-Vu* mit Denzel Washington in der Hauptrolle in den Kinos zu sehen. Wenn man Farins Ansage an diesem Abend Glauben schenken mag, so hat ihn der Filmtitel zu einer besonderen Version von *Radio brennt* inspiriert:

Farin Urlaub: »*Habt ihr Lust auf ein psychologisches Experiment? Zufälligerweise ist gerade ein Film raus mit dem Titel* Déjà-Vu. *Lasst euch überraschen …*«[9]

Dieses Mal wird in der zweiten Strophe nach der Zeile »Sie spielten gerade dein Lieblingslied ...« kein anderes Lied zitiert. Stattdessen fangen Die Ärzte das Lied immer wieder von vorne an, was sowohl bei der Band als auch beim Publikum große Lacher erzeugt. Ausnahmsweise finden sich bei diesem besonderen Konzert sowohl *Westerland* als auch *Zu spät*, die beide für gewöhnlich erst ganz zum Schluss gespielt werden, bereits im normalen Set wieder. Als das Saallicht schon angeht und die Rausschmeiß-Musik ertönt, fällt der Band wohl auch auf, dass der Auftritt bislang recht kurz war. Also gehen sie noch mal auf die Bühne und schieben noch *Ein Lied für dich* und *Schrei nach Liebe* hinterher – das große Jahresabschlusskonzert werden sie genau mit diesen beiden Stücken beginnen. Als Die Ärzte tags darauf zum ersten Mal das Kölner Stadion betreten, ist ihre Crew schon den vierten Tag damit beschäftigt, alles für die große Silvestersause herzurichten. Der Regen hat es ihnen dabei nicht gerade leicht gemacht, doch nun ist es schon eine ganze Weile trocken. Bela, Farin und Rod sind sichtlich beeindruckt von der Kulisse. Ein derart großer Rahmen ist selbst für die beste Band der Welt außergewöhnlich. Nachdem die Wettervorhersage für Silvester unglaublich milde 15°C prognostiziert, hat sich auch der Bammel, dass das Konzert möglicherweise noch abgesagt werden muss, vollends verzogen und ist einer enormen Vorfreude gewichen. Bela, Farin und Rod können es kaum erwarten, an diesem Ort mit ihren Fans in das neue Jahr zu rocken.

Farin Urlaub: »*Bis zum Konzerttag war das Wetter meine größte Sorge – bei heftigem Schneeregen oder minus 18 Grad hätten wir absagen müssen. Als klar wurde, dass das Konzert wirklich stattfinden kann, habe ich es nur noch genossen. Ging uns allen so, glaube ich.*«

Bela B: »*Ich hatte den ganzen Tag ein Grinsen im Gesicht und habe im Vorbeigehen immer das Bild vom 1. FC Köln-Maskottchen Hennes gestreichelt.*«

Beim Soundcheck spielen sie noch vor einem leeren Stadion. Doch morgen werden hier 45.000 Leute sein, die nur darauf warten, Die Ärzte endlich wieder live zu sehen. Vor dem Stadion harren derweil schon die ersten Fans aus, um ihre Helden von der ersten Reihe aus zu sehen. Am nächsten Tag wird der hartgesottene Anhang schon früh für den Aufwand entschädigt, denn die Bändchen für den vorderen

Bereich des Innenraums werden schon gegen Mittag ausgehändigt. Insgesamt ist der Innenraum des Stadions aus Sicherheitsgründen in drei Bereiche eingeteilt. Als um 17 Uhr die Tore aufgemacht werden, wartet schon eine große Schar an Leuten auf den Einlass. Auch alle Wege hin zum Stadion sind nun voll mit Die Ärzte-Fans. Die Band wird jedoch erst um 21 Uhr die Bühne betreten. Man kann sich schon jetzt denken, wie lange sie heute wohl spielen werden. Um 18 Uhr beginnt auf der Bühne das Warm-up-Programm. Martin Klempnow, der schon im *Dinge von denen*-Video den Moderator gegeben hat, kommt dieser Aufgabe nun auch hier nach und ist bestrebt, den Fans die Wartezeit etwas zu verkürzen. Doch die wollen natürlich nur Die Ärzte sehen. Nach guter alter Sitte wird auf den riesigen Leinwänden, die neben der Bühne hängen, *Dinner for One* abgespielt. Neben der bekannten Schwarz-Weiß-Version gibt es auch eine alternative Version mit *Bernd, das Brot* zu sehen. Es folgen noch ein Akkordeonspieler und ein DJ, ehe die Uhr kurz vor 21 Uhr zeigt.

Bela B: »*Der Akkordeonspieler war Rods Idee. Er sollte die Fans noch ein bisschen martern.*«

Es sind die letzten Minuten, bevor es losgeht. Die Band wird aus ihren Garderoben abgeholt und fährt mit einem Van direkt zur Bühne vor. Während Farin und Rod sich recht konventionell angezogen haben, hat sich Bela für diesen Abend extra in Frack und Fliege geschmissen. Alle drei sind sichtlich nervös. Der Lärm im Stadion ist schon jetzt enorm, aber wie wird es erst werden, wenn sie gleich richtig loslegen? Als Die Ärzte die Bühne betreten, brandet großer Jubel auf, denn der dünne Vorhang gibt schon jetzt den Blick auf ihre Silhouetten frei. Nun wird von 10 an runter gezählt. Unmittelbar nach »1« spielt Farin das brachiale Gitarrenintro von *Schrei nach Liebe* und eröffnet damit das zweite und letzte Konzert der Die Ärzte in diesem Jahr. Als kurz darauf endlich der Vorhang fällt, steigen auf der Bühne riesige Flammen in den Himmel empor. Die beste Band der Welt ist wieder da. Für die nächsten Stunden haben Band und Publikum den Spaß ihres Lebens, Die Ärzte reihen Hit an Hit, und das Stadion tobt. Bei einem Song allerdings wird es recht still im Rund, denn Die Ärzte spielen zu Ehren der heutigen Spielstätte das Lied *Müngersdorfer Stadion* von der Zeltinger Band. Hierbei handelt es sich um eine Abwandlung des Ramones-Songs *Rockaway Beach*, für das der Kölschrocker Jürgen Zeltinger einst einen kölschen Text geschrieben hat, in dem es allerdings nicht um das Stadion selbst geht, sondern um das benachbarte Freibad. Aber wer will an diesem Abend kleinlich sein? Schon bevor der Song gespielt wird, bittet Farin alle Kölner im Publikum um Nachsicht. Kölsch gehört laut seiner Aussage nicht zu den Sprachen, die er beherrscht. Bela hat eine spezielle Beziehung zu dem Lied, war er als Jugendlicher doch Fan des »Asi mit Niwoh«[10]. Während die Kölner im Publikum den Song abfeiern, reagiert der Rest hingegen eher mit Zurückhaltung.

Bela B: »*Meine Damen und Herren, Die Ärzte auf Kölsch. Wer hätte das gedacht? Der Niedecken sicher nicht.*«[11]

Normalerweise wäre das folgende *Ist das alles?* der letzte Song im regulären Teil ihres Programms, doch es ist 22:54 Uhr, und die Band unternimmt erst gar nicht den Versuch, das Publikum davon zu überzeugen, dass nun das letzte Lied des heutigen Abends kommt. Es würde ihnen ja sowieso keiner glauben. So verlassen sie dann nach *Ist das alles?* die Bühne für eine kurze Verschnaufpause. Die Zugaben beginnen mit *Geisterhaus, Mysteryland, Der lustige Astronaut* und *Teenager Liebe*. Danach folgt wieder eine Pause. Zum zweiten Teil der Zugabe kommt zunächst nur Rod auf die Bühne und fängt an, *Dinge von denen* zu spielen. Während er die Massen unterhält, verkleiden Bela und Farin sich hinter der Bühne als Hahn und Hase. Schon im Laufe der letzten großen Tour entstand der seltsame Brauch, sich bei dem Song möglichst unmöglich zu verkleiden. Die einzige Absicht dahinter ist, Rod so zum Lachen zu bringen, dass dieser im besten Falle völlig aus dem Konzept kommt. Belas und Farins Plan ging schon oft auf, und auch in Köln ist dies nicht anders: Rod kann sich vor Lachen kaum halten, als Hase Urlaub und Hahn B auf die Bühne kommen. Dabei hat er seine Bandkollegen schon in einigen seltsamen Verkleidungen gesehen.

Farin Urlaub: »*Ich mochte (natürlich!) unsere absurd überdimensionierten Mega-Penisse, die wir dann nonchalant auf die Snare (Bela) beziehungsweise über den Gitarrenhals (ich) hängten beim Spielen. Und den Kardinal, und die Büsche, und das Zebra ... ach, es waren schon tolle und völlig idiotische Sachen dabei.*«

Bela B: »*Farin und ich als Pferd war mein Highlight, weil wir so aneinandergeklettet ja auch Gitarre und Schlagzeug spielen mussten.*«

Patty Unwin: »*Einmal hat sich die Band spontan dafür entschieden, den Song zu singen, und ich hatte nichts organisiert an Kostümen. Ich brachte Bela dann einen großen leeren T-Shirt-Karton und Edding-Stifte hinter die Bühne, und er bastelte sich daraus einen Spongebob. Für Farin kippten wir eine der großen Mülltonnen aus, die auf der Bühne standen. Er kletterte rein, und dann wurde er hinter Rod auf die Bühne geschoben mit einem dahinwackelnden Sponge-Bela! Man muss sich vorstellen, das alles passierte, während Rod vorne alleine das Lied spielte.*«

Bela B: »*Und, ich werde nicht müde, es zu erwähnen, wir sind ziemlich große Rockstars.*«

Nachdem die Band den Song halbwegs zu Ende gebracht hat, stellt Farin noch die rhetorische Frage, ob er sein Kostüm nicht lieber anbehalten soll. Natürlich bejaht das Publikum dies kräftig, und so treibt Hase Urlaub weiter sein Unwesen. Bei der anschließenden Ballade *Mach die Augen zu* bleibt die Ernsthaftigkeit dadurch jedoch etwas auf der Strecke, was natürlich auch sehr amüsant ist. Inzwischen macht die Band nach fast jedem Lied eine Durchsage, wie spät es gerade ist, denn 2007 ist nur noch wenige Minuten entfernt. Während die Band *Zu spät* spielt, laufen die letzten Sekunden des alten Jahres ab. Farin bricht den Song ab.

Farin Urlaub: »*Bela, ich muss dir jetzt leider deinen Witz versaun, denn ich fang an mit dem Countdown: 5, 4, 3, 2, 1 ...*«[12]

Dann geht über den Dächern des Stadions ein gewaltiges Feuerwerk los, und Bela, Farin und Rod prosten dem Publikum zu. Bela nutzt die Gelegenheit und verkündet feierlich, dass Die Ärzte weitermachen und im Herbst eine neue Platte veröffentlichen werden. Diese Nachricht sorgt natürlich für großen Jubel – besser kann das neue Jahr nicht starten. Anschließend bringt die Band noch *Zu spät* zu Ende und lässt auch noch *Dauerwelle vs. Minipli* sowie *Elke* erklingen, danach ist Feierabend. Während die Band mit ihren Freunden noch in der VIP-Ebene des Stadions die Silvesternacht ausklingen lässt, machen sich die Fans beseelt und happy auf den Weg nach Hause. Für die meisten ist dieser Silvesterabend schon jetzt unvergesslich. Für Die Ärzte ist dieser erfolgreiche Abend erst der Auftakt zu einem noch viel erfolgreicheren Jahr.

21. KÄPITEL

Die Besten der Besten der Allerbesten

»Weil wir sind ganz perfekt im Unperfektsein.«
(Die Ärzte – *Perfekt, Economy-Version*)

Was sagt es über eine Band aus, wenn deren Managerin sagt, dass sie so gut drauf ist wie schon lange nicht mehr? Nun, zum einen, dass alle in der Band gut drauf zu sein scheinen, und zum anderen, dass genau dies in der Vergangenheit nicht immer der Fall war. Anfang 2007 ist Managerin Axel Schulz jedenfalls schwer damit beschäftigt, dass die auffallend gute Laune seiner Künstler nur ja nicht von irgendetwas in Mitleidenschaft gezogen wird, denn Die Ärzte haben so richtig Bock auf Die Ärzte – und zwar so was von. Schulz weiß nur allzu gut, dass sie in so einer Verfassung zu wahrlich Meisterhaftem imstande sind – man denke nur an die *Le Frisur* –, und so will er tunlichst vermeiden, dass auch nur ein einzelnes Sandkorn in das gut laufende Getriebe gerät.

Mittlerweile haben Bela, Farin und Rod sich im Tritonus-Studio in Kreuzberg breitgemacht, um hier den Nachfolger ihres letzten Viel-Licht-aber-auch-Schatten-Albums *Geräusch* einzuspielen. Ihr großer Wunsch war es, endlich mal wieder eine andere Aufnahmeumgebung vorzufinden. Dazu gehört für sie auch, dass ihr Haus- und Hofproduzent Uwe Hoffmann zum ersten Mal seit 1987 nicht mehr mit an Bord ist. Die Band ist ihm überaus dankbar für alles bisher Geleistete, doch nun ist für sie das Ende des gemeinsamen und so erfolgreichen Weges da. Die Ärzte müssen zu neuen Ufern aufbrechen und neue Häfen erkunden, um den schon etwas in die Jahre gekommenen Dreimaster wieder flottzumachen. Die Trennung von Hoffmann geht jedoch nicht gut aus, die Freundschaft zu ihm zerbricht.

Farin Urlaub: *»Das blieb mal wieder an mir hängen und war nicht einfach. Er wollte nicht glauben, dass es keine Entscheidung gegen ihn, sondern für eine Veränderung war. Leider war er so beleidigt, dass am Ende meine jahrelange Freundschaft zu ihm in die Brüche ging.«*

Uwe Hoffmann: »*Natürlich war ich nicht begeistert, ich war angepisst. Die Band war ja auch ein Teil meines Lebens. Eines der Argumente für den Wechsel, das Farin vorgetragen hatte, war, dass ich keine Zeit für sie hätte, weil ich im fraglichen Zeitraum auch das nächste Sportfreunde Stiller-Album produzieren würde. Ich hielt das für ein ziemlich doofes Argument, denn das hätte man sicher regeln können. Im Nachhinein kann ich ihre Entscheidung aber verstehen, und ich bin sehr dankbar dafür, dass sie mir so lange die Treue gehalten haben.*«

Bela B: »*Während der späteren Produktion traf ich Uwe Hoffmann auf der Straße, da die Sportfreunde Stiller gegenüber dem Studio eine Clubshow spielten. Wir gingen eine Currywurst essen, es war noch zu früh für Schnaps. Es war eigentlich ein netter Nachmittag, wobei wir das gemeinsame Thema umschifften. Mir war klar, dass es nicht einfach für ihn war, aber er ließ sich nichts anmerken.*«

Obwohl Hoffmann immer wusste, dass die Beziehung zu Die Ärzte keine Garantie für einen Bund fürs Leben darstellt, tut es eben trotzdem weh, wenn der Partner sich nach 20 Jahren Ehe etwas anderes sucht – da jubelt bekanntlich keiner. Es wird sehr lange dauern, bis man Hoffmann gegenüber die Worte »Die Ärzte« wieder ungestraft über die Lippen bringen darf.

Uwe Hoffmann: »*Kein Drama, kein Hass. Es ist nur schade. Um es mit William Shatner alias Commander Buck Murdock zu sagen: ›Irgendwann geht alles mal zu Ende.‹*«

Doch nicht nur die Beziehung zu Hoffmann endet im Drama. Auch das Verhältnis zu ihrem langjährigen Wegbegleiter, Mitarbeiter und Fanclub-Chef Markus Karg geht plötzlich in Flammen auf. Die Nachricht, dass sich die Band von ihm getrennt hat, schlägt vor allem in Fankreisen hohe Wellen, denn Karg war der Mittelsmann zwischen Band und Fans und zudem der Autor ihrer bislang einzigen Biografie. Doch die Fans wurden mit der Arbeit des Fanclubs, für den sie auch Mitgliedsbeitrag bezahlten, zunehmend unzufriedener. Die Frage, wann denn endlich der neue *Spacken*, das Fanzine des Fanclubs, fertig sein würde, wurde zum geflügelten Wort – am Ende erwartete man schon fast keine Antwort mehr darauf.

Bela B: »*Auf den Konzerten liefen Leute mit T-Shirts herum, auf denen stand: ›Spacken-Fans sind geduldig‹, dadurch erfuhr ich eigentlich erst von dem Dilemma.*«

Farin Urlaub: »*Was hier vielleicht so klingt wie ›Ach, den schmeißen wir jetzt auch noch raus, weil wir gerade dabei sind‹, war leider in der Realität der traurige, aber notwendige Abschluss einer sehr langen Quälerei. Wir sind – auch wenn man das an dieser Stelle vielleicht gar nicht mehr glauben mag – eine unglaublich loyale Truppe und geben so ziemlich jedem noch eine zweite, dritte und vierte Chance. Aber Markus hatte den Bogen total überspannt. Die Fans bekamen für ihre Jahresbeiträge enttäuschend wenig geboten (von ihm), er gelobte immer wieder Besserung, aber es wurde immer schlimmer. Irgendwann fiel das natürlich auch auf die Band zurück, nach dem Motto: ›Ah, ist euch wohl egal, wie der Fanclub mit uns umgeht?‹ So mussten wir Konsequenzen ziehen.*«

Der Autor: »*Kurz bevor die Nachricht über den Weggang von Markus Karg offiziell mitgeteilt worden ist, erhielt ich Post von Axel Schulz. Zusammen mit mir wollte man über Gestalt und Auftritt eines neuen Fanclubs beraten. Kurze Zeit später stand ich am Ruder und sollte den Kahn wieder flottmachen. Viel Zeit war dafür nicht, denn noch während ich zusammen mit anderen Fans eine neue Struktur erarbeitete, wurden die ersten Live-Termine für dieses Jahr veröffentlicht – und was für welche.*«

Anfang Februar wird verlautbart, dass Die Ärzte zehn Jahre nach ihrem ersten Auftritt wieder einmal die Festivals Rock am Ring und Rock im Park beehren werden – dieses Mal als Headliner. Bevor es dazu kommt, ist zunächst Studioarbeit angesagt. Anders als beim letzten Studiobesuch hat es dieses Mal aber weniger mit Arbeit, sondern vor allem mit viel Spaß zu tun. Bela, Farin und Rod genießen es sehr, endlich wieder, als Die Ärzte aktiv zu sein. Wie viel ihnen an ihrer »kleinen Gurkentruppe« liegt, zeigt allein die Tatsache, dass alle drei unabhängig voneinander ein Lied über die Band geschrieben haben. Farin beschreibt Die Ärzte in dem NDW-haften *Wir sind die Besten* als dick behoste Rockgötter, Belas Reggae *Wir waren die Besten* blickt in die Zukunft der nach damals einhelliger Meinung besten Band der Welt (inklusive *Phil Collins*-Schlagzeug-Solo), und Rod kürt sie in *Wir sind die Lustigsten* zu den Herrschern über ein gewaltiges Gag-Imperium. Überwältigt von so viel Empathie, wollen sie diese drei Songs der neuen Platte als Bonus-EP beilegen.

Bela B: »*Das ist ohne jegliche Absprache passiert – Wahnsinn! Die Idee mit der EP sicherte den drei Songs gleichzeitig eine Veröffentlichung, denn für das reguläre Album hätten wir sicher zwei der Songs eliminiert.*«

Für das eigentliche Album bleibt damit immer noch genug Material über. Das von Rod besungene Gag-Imperium schlägt aber nicht zurück, denn es sind erstaunlich viele Songs dabei, die ohne jegliche Ironie auskommen. Man könnte fast meinen, dass Die Ärzte erwachsen geworden sind, beziehungsweise erwachsenere Songs schreiben – wenn man dieses fast schon diffamierende Attribut gebrauchen möchte. So verbreitet beispielsweise Farins Lied *Himmelblau* völligen Optimismus und ist ein Hohelied auf das Leben.

Die Welt gehört dir! Was wirst du mit ihr machen?
Verrat es mir! Spürst du, wie die Zeit verrinnt?
Jetzt stehst du hier, und du hörst nicht auf zu lachen.
Die Welt gehört dir, und der Rest deines Lebens beginnt.
Yeaaaaaah!
Der Himmel ist blau, so blau, so blau ...

Farin Urlaub: »*Früher hätte ich mich so etwas wie* Himmelblau *nicht getraut, da musste immer ein Schuss Ironie rein. Diese Angst und dieses Bedürfnis hatte ich jetzt einfach nicht mehr.*«[1]

Die Ironie war der Band lange Zeit ein treuer Begleiter und ein probates Mittel gewesen, um möglichst wenig Angriffsfläche zu bieten und sich nicht zu sehr in die Karten schauen zu lassen. Darüber hinaus ist Ironie auch uneindeutig und vernebelt die wahre Absicht einer Aussage. Die Ärzte haben bei dieser Platte jedoch großen Spaß an einer von ihnen bis dato so nicht gekannten Direktheit gefunden. Sie wollen die neuen Songs so schlank wie möglich halten und sich keine Gastmusiker dazuholen, sondern es bei »just the three of us« belassen. Das geht sogar so weit, dass sie ihre Pressefotos mittels Selbstauslöser selbst schießen. Der »Do it yourself«-Gedanke, mit dem einst alles seinen Anfang nahm, beflügelt die Band zu Höchstleistungen, denn sie wissen selbst am besten, wo die Stärken jedes Einzelnen liegen. Dass sie nicht frei von Schwächen sind, wird in Belas Selbstreflexion *Lied vom Scheitern* deutlich. Der »Bauch« der Band, wie man Bela gegenüber dem »Kopf« Farin oft beschreibt, geht in dem Song mit sich und seinen Entscheidungen aus der Ver-

gangenheit harsch ins Gericht, die ihn nicht nur viel Geld, sondern auch etliche Nerven gekostet haben.
Ich war nicht mehr ich selbst, es wurde gefährlich.
Tat, was andere verlangten, war zu mir selbst nicht mehr ehrlich.
Wer Wahrheit simuliert, wird nur kurz akzeptiert.
Ich machte es allen recht, alle sollten mich lieben.
Sah nicht die Dämonen, die mich dazu trieben.
War gefangen und nicht mehr frei, und ich ging kaputt dabei.
Man kann die Welt nicht ewig blenden.
Ich muss den Quatsch sofort beenden.

Bela B: »In dem Text ging es primär nicht um mich, sondern um den Erfolgsdruck, dem sich heutzutage so viele Menschen unterordnen. Statt ihrem Instinkt zu folgen, erfüllen sie Erwartungen und müssen zwangsläufig versagen. Aber wenn ich versage, dann doch lieber nach meinen Regeln. Da konnte ich schon aus eigenen Erfahrungen schöpfen.«

Rodrigo González: »*Der Song ist mein persönliches Highlight auf der Platte. Der ist richtig toll geworden.*«

Bela B: »*Der Text stand schon, und ich war unsicher, ob er nicht zu ernst sein würde. Deshalb habe ich das ganze Lied in positivem Dur gehalten; auch war der ursprüngliche Rhythmus eher ein Shuffle. Farin und Rod ermutigten mich, noch mal an die Musik zu gehen, weil sie diese dem Text gegenüber als nicht angemessen empfanden. Mit ihrem Zuspruch war es dann ganz leicht, und als ich den beiden die neue Version vorspielte, waren sie begeistert. Wir haben zusammengearbeitet, als hätten wir die Band gerade gegründet. So müsste es eigentlich immer laufen.*«

Wie bei den vorangegangenen Produktionen gibt es auch dieses Mal für fast jeden Song eine Demoaufnahme. Diese ist nun aber nicht mehr der Weisheit letzter Schluss, sondern so etwas wie eine Diskussionsgrundlage. So müssen sich Bela und Rod nicht mehr dem Diktat von Farin beugen, der einen Song genauso aufgenommen haben möchte, wie er ihn im Kopf hat.

Rodrigo González: »*Bei der* Geräusch *gab es den Running Gag von Uwe Hoffmann, der meinte, dass Farin erst dann zufrieden ist, wenn das fertig aufgenommene Lied sich beim gleichzeitigen Abspielen mit seinem Demo auslöscht. Dazu muss man wissen, dass Farin* sich mit seinen Demos unglaublich viel Mühe gibt und sogar die ganzen Drumparts bis ins Kleinste programmiert. So viel Mühe würde ich mir gar nicht machen. Auf diese Weise legt er sich schon so früh fest, sodass es ihm später umso schwerer fällt, sich davon zu lösen. Das hat natürlich auch etwas mit seinem Ego zu tun. In diesem Punkt hat er sicher die meisten Probleme von uns allen, und die Arbeit mit dem Racing Team, das ja treu ergeben seine Vorstellungen umsetzt, hat das auch noch mal gefördert. Auf seinem ersten Soloalbum befanden sich Songs, die wir zuvor abgewählt hatten, und ich war sehr erstaunt, dass sie wirklich so geklungen haben wie sein Demo, das er uns damals vorgespielt hat.«

Bela B: »Wir hatten vorher eigentlich abgesprochen, dass wir nur sehr rudimentäre Demos machen und dann gemeinsam Ideen für die Songs entwickeln wollten. Rod machte das dann auch genauso, ich mit ein paar Ausnahmen auch, aber Farin fiel es wohl ziemlich schwer. Bis auf einen oder zwei Songs waren alle seine Demos wieder perfekte Produktionen geworden. Rod und ich haben ihm das aber diesmal eher als sympathische Schwäche ausgelegt, und im späteren Verlauf der Produktion hat er sich für unsere Ideen immer mehr geöffnet.«

Farin Urlaub: »Zu meiner Verteidigung muss ich sagen, dass ich in meinem Kopf immer schon fertige Songs höre, und es hat ja auch ein paar Mal ganz gut geklappt damit ...«

Bela B: »Allerdings!«

Jetzt macht man sich wieder locker und stellt die Befindlichkeiten des Komponisten hintan. Noch mal ein richtig geiles Album machen, so lautet die Maxime, der alles untergeordnet wird. Die Ärzte merken schnell, dass dieses Vorgehen sie selbst reinigt und ihnen den Spaß wiederbringt, den sie zuletzt so sehr vermisst haben und der die Grundlage für ihre Kreativität ist.

Farin Urlaub: »Die Aufnahmen waren sehr geil. Es war so harmonisch und uneitel. Am Ende ist es vielleicht unser bestes Album geworden. Nicht das punkigste, aber das beste Album.«

Vorbei ist vorbei ist einer dieser Songs, der diesen Spirit in sich trägt, denn die aufgenommene Version hat kaum noch etwas mit dem ursprünglichen Demo zu tun. Mit seinem Carpe-Diem-Text ist er so etwas wie das Gegenstück zu *Himmelblau* und wird dementsprechend auch an das Ende des neuen Albums gestellt.

Klammer dich nicht so an gestern.
Heut ist auch ein schöner Tag.
Hab keine Angst, es könnte sehr viel schlimmer sein.
Schließ die Augen und sei stark.

Du hast nur dies' eine Leben – wenn's vorbei ist, ist's vorbei.
Nimm's nicht schwer, denn das Wichtigste ist doch:
Du hattest eine schöne Zeit – eine herrliche Zeit.

Bela B: »*Wir haben ein bisschen Spaß an der Schwermut entdeckt.*«[2]
Die Schwermut hält aber noch lange nicht bei jedem Song Einzug. Auch dieses Mal gibt es sie wieder, die typischen Die Ärzte-Schenkelklopfer, wie das funkige *Deine Freundin (wäre mir zu anstrengend)*, Rods *Niedliches Liebeslied* oder Belas Happy-Grufti-Song *Licht am Ende des Sarges*. Nach all seinen ganzen Oden an die Dunkelheit erklärt Bela hier, dass ihm das Image des dunklen Grafen eigentlich überdrüssig geworden ist und er viel lieber ein lustiger Vampir sein will, der ins Schwimmbad geht und im Moshpit bis zum Kotzen pogt.
Farin Urlaub: »*Licht am Ende des Sarges war textlich eine Offenbarung und ein Hinweis darauf, wie entspannt wir alle bei den Aufnahmen mit unseren jeweiligen Egos umgingen.*«
So ganz frei von der Ironie machen sich Die Ärzte aber nicht. Farins Song *Living Hell* ist sogar so mehrdeutig, dass selbst Bela anfangs Probleme hat, die wirkliche Aussage zu verstehen. Die Idee zu dem Song kam Farin, nachdem er ein Interview mit Jonathan Davis, dem Sänger der amerikanischen Rockband Korn, gelesen hat, in dem dieser sich auf sehr unsympathische Art und Weise über die Schattenseiten seines Ruhms ausgelassen hat.

Ich kann doch nichts dafür, dass ich ein Glückspilz bin,
und jedes Herz gewinn – Tag für Tag.
Das ist der Fluch der Menschen, die zu gut aussehen.
Es hört niemand hin, wenn ich was sag.

Und noch ein Flirt, noch ein Kuss,
nur noch einmal vögeln, dann ist wirklich Schluss.

Mein Leben ist die Hölle.
Wo ist der Notausgang?

Zu viel Sex, zu wenig Schlaf.
Wofür werd ich denn nur bestraft?
Mein Leben ist die Hölle.
Schon viel zu lang.

Bela B: »*Ich bin ein Riesenfan von dem Lied. Es ist kompositorisch ein Knaller, und beim Konzert wird es sicher ein Monster-Tanzlied sein. Den Text habe ich als komplett ironisch empfunden.*«[3]

Für die Aufnahmen hat sich die Band in das Tritonus-Studio in Kreuzberg eingebucht. Früher war hier kaum was los, da nur wenige Meter weiter die Mauer stand. Nun ist hier eine große kulturelle Szene zu Hause mit vielen Clubs, Cafés, Bars und auch Studios. In dem traditionsreichen Tritonus-Studio haben einst schon Ton Steine Scherben den Befehl *Macht kaputt, was euch kaputt macht* für die Ewigkeit festgehalten. Die Ärzte schätzen an dem Studio die perfekte Kombination von analog und digital, denn Besitzer Gerd Krüger kann sowohl mit modernster als auch althergebrachter Technik aufwarten. Außerdem passt der Name des Studios zum wieder vernehmbaren Dreiklang der Band. Jedoch hält die Band sich letztendlich doch nicht ganz allein in den Studioräumen auf, denn das Team Tonic[4], bestehend aus Mirko Schaffer, Oliver Zülch, Rico Spitzner und später noch Philipp Hoppen, leistet ihnen tatkräftige Hilfe beim Aufnehmen und muss auch den ein oder anderen Gag der Band ertragen.

Mirko Schaffer: »*Bela hatte mich für die Aufnahmen vorgeschlagen, da ihm die Gitarren gefielen, die wir damals für Kpt. Blaubär aufgenommen haben. Die Zeit im Studio war wahnsinnig lustig mit den dreien – meistens zu meinem Schaden. Gegen einen von ihnen hat man schon kaum eine Chance, gegen alle drei bist du eigentlich nur ein Opfer. Einmal hatten sie mitbekommen, dass ich irgendwas mit einer Lady hatte, und haben sich daraus einen Spaß gemacht. Farin kam eines Morgens grinsend ins Studio und sagte nur:* ›*Mensch, im World Wide Web ist ja heute ein großer Traffic.*‹ *Ich habe dem aber nicht viel beigemessen. Dann kam Rod:* ›*Mann, Mann, Mann.*

Im Netz ist ja heute was los. Mann, Mann, Mann ...‹ Irgendwann kam dann Bela zu mir und fragte mich: ›Sag mal, warst du heute schon auf mirkos-mutti.de?‹ Ich habe die Seite geöffnet, und da haben sie dann Pornofotos einer 80-jährigen Oma reingestellt, die meine Mutter darstellen sollte und die mir den Ratschlag gegeben hat, dass ich mich vor den Mädchen in Berlin in Acht nehmen solle. Was für ein Aufwand. Dafür haben sie extra ihren Webmaster beauftragt, und ich habe sehr gelacht.«

Bela B: *»Wir waren auch ständig angehalten, Content für unsere Homepage zu liefern. So drehte ich viele kleine Filmchen am Schlagzeug und schickte sie unserem Webmaster Auge zu. Einmal filmte ich aus Quatsch eine Sequenz von einer Website, die Vomit Slaves hieß, ab und schickte sie zu ihm. Kurz darauf waren für zehn Minuten zwei brasilianische junge Frauen auf unserer Homepage zu sehen, die sich den Finger in den Hals steckten und gegenseitig in den Mund erbrachen, so lange bis Auge die ersten Schockmails erhielt. Während er den Film entfernte, sendete er mir eine Nachricht mit den Worten: ›Du Arschloch.‹«*

Das Team Tonic ist aber auch beim Vernichten von Pizzabestellungen behilflich. Denn wenn die Band nicht gerade mit den Aufnahmen beschäftigt ist, isst sie meistens Pizza. Beinahe täglich klingelt der Bringdienst an der Studiotür. Ihre Liebe zum italienischen Fast Food inspiriert sie letztlich dazu, das neue Album in einem Mini-Pizzakarton auszuliefern. Eine geniale Idee, wie sie finden, und denken gleich weiter. Wenn die Packung einem Pizzakarton nachempfunden ist, so muss die CD wie eine Pizza aussehen und die kleine Bonus-EP wie eine Tomate. Grafiker Schwarwel erhält sofort den Auftrag, die entsprechenden Entwürfe anzufertigen.

Mirko Schaffer: *»Ich war dabei, als die Idee zu dem Pizzakarton geboren wurde. Eines Tages saßen wir alle beisammen und aßen wie so oft Pizza, als Schwarwel bei Farin anruft und ihn fragt, ob sie schon einen Einfall bezüglich Verpackung und Artwork hätten. Farin gab daraufhin die Frage in die Runde weiter, und Rod sagte nur lapidar: ›Sag ihm Pizzakarton.‹ Farin meinte dann zu Schwarwel: ›Ja, wir haben lange drüber nachgedacht. Ein Pizzakarton soll es sein.‹ Ich saß daneben und habe mir nichts weiter gedacht und es nach dem Abschluss der Aufnahmen auch nicht weiter verfolgt. Irgendwann* *kurz vor Weihnachten stand ich dann in einem Media Markt und dachte, mich trifft der Schlag. Da stand eine ganze fucking Europalette mit vielen kleinen Pizzakartons. Man könnte jetzt meinen, dass sie so etwas machen können, weil sie Die Ärzte sind. Das ist aber falsch gedacht, denn sie sind deswegen so groß geworden, weil sie aus dem Impuls heraus handeln und sehen wollen, wie ihre Umwelt darauf reagiert.«*

Eine der Entscheidungen, die bei jedem neuen Album gefällt werden müssen, ist die Kür der ersten Single. Ziemlich schnell fällt die Wahl auf den Song *Junge*. Bei diesem Lied reiht Farin all die Floskeln aneinander, die wohl fast jeder einmal in seinem Leben als Teenager gehört beziehungsweise als Elternteil so oder so ähnlich gesagt hat.

Und wie du wieder aussiehst!
Löcher in der Hose!
Und ständig dieser Lärm!
(Was sollen die Nachbarn sagen?)
Und dann noch deine Haare!
Da fehlen mir die Worte!
Musst du die denn färben?
(Was sollen die Nachbarn sagen?)
Nie kommst du nach Hause!
Wir wissen nicht mehr weiter!

Während das Versmaß in den Refrains schon mehr als holprig ist, reimt sich in den Strophen rein gar nichts mehr – der Song funktioniert aber trotzdem.

Farin Urlaub: »*Als die Idee zu dem Lied da war, habe ich all die Sätze aufgeschrieben, die ich in meinem bisherigen Leben entweder selber gehört oder anderweitig aufgeschnappt habe. Als ich diese zusammengefügt habe und in Reimform bringen wollte, habe ich festgestellt, dass sie schon von sich aus eine gewisse Rhythmik hatten. So ist es dann dabei geblieben. Außerdem probiere ich gerne, immer neue Textformen zu finden – sonst wird es ja langweilig.*«

Bela B: »*Ich empfand die Reime und besonders deren Rhythmus in den Strophen sehr innovativ, und live machte es immer total Spaß,* *auf die ein oder andere Zeile eine zweite Stimme zu setzen. Es gibt in Deutschland erfolgreiche Rapper, die eine solche Rhythmik deutlich weniger drauf haben als Farin.«*

Mirko Schaffer: »*Bei* Junge *haben wir den Gesang im Refrain bestimmt an die sechs Mal aufgenommen, doch nie gefiel mir das Ergebnis. Das war mir immer noch zu wenig Punkrock und zu zahm. Da meinte Farin zu mir, dass er gleich noch in die Disco geht und den ganzen Abend laut redet, damit seine Stimme am nächsten Morgen auch schön kaputt ist. Dann schob er noch hinterher:* ›*Wenn es das dann nicht ist, kannst du mich kreuzweise.*‹ *Am nächsten Morgen erschien er, wie versprochen, mit heiserer Stimme, hat den Chorus einmal eingebrüllt, und das war's dann. So wollte ich es hören.*«

Farin Urlaub: »*Welche Band kann die Worte einer Mutter singen und dabei noch so einen kleinen Rest an Coolness bewahren? Ich glaube, das können nur wir. Also, ich hoffe zumindest.*«[5]

Als sie ihrem Haus- und Hofregisseur Norbert Heitker die geplante Single vorspielen, ist dieser mehr als begeistert.

Norbert Heitker: »*Zombiefilm! Zombiefilm! Ich habe da direkt einen Zombiefilm vor mir gesehen. Die Idee dazu hatte ich schon lange, denn schließlich sind wir alle große Fans dieses unterschätzten Filmgenres.*«

Bevor die Dreharbeiten beginnen, müssen Die Ärzte aber noch den Park und den Ring rocken. Für die großen Auftritte unterbricht die Band die laufenden Studioarbeiten und bereitet sich mit großer Akribie vor.

Mirko Schaffer: »*Ich ging davon aus, dass die Band jetzt erst mal eine Zeit lang weg wäre und sich in einer Probenhalle auf die Auftritte vorbereiten würde. Doch sie meinten nur, dass wir ruhig weitermachen sollen. Sie würden in der Zwischenzeit im Aufnahmeraum ihre Songs durchspielen. Eine ihrer ersten Handlungen war dann, den Rico loszuschicken, um ein Ärzte-Songbook zu holen, weil sie nicht mehr wussten, wie einige Songs gingen. Ich glaube, die haben, wenn es hochkommt, de facto vier Stunden für die Auftritte geprobt, und dann stellen sie sich auf diese Riesenbühne und entertainen über 80.000 Leute. Das soll ihnen erst mal einer nachmachen.*«

Erstmals in der langen Geschichte von Rock am Ring ist das Festival am Nürburgring schon im Vorfeld ausverkauft. Über 82.000

Besucher pilgern am ersten Juniwochenende 2007 – wohl auch wegen der Die Ärzte – in die Eifel. MTV überträgt den Auftritt der Band am Sonntagabend live im Fernsehen. Währenddessen wird der Vorverkauf für die im Herbst beginnende Hallentournee vorbereitet, er soll kurz nach Rock am Ring starten. Die Band kommt schon einen Tag vor ihrem Auftritt am Nürburgring an. Dort werden sie Zeuge eines unglaublich guten Auftritts der Beatsteaks auf der großen *Centerstage*. Später sehen sie gegen Mitternacht auf der gegenüberliegenden *Alternastage* noch Slayer, wo Bela und Rod sich so manche Gehirnzelle wegbangen.

Bela B: »*Dave Lombardo war wieder mit dabei, und Rod und ich feierten ihn gebührend.*«

Am Sonntag erwacht der Nürburgring erst gegen Mittag aus seinem Schlaf. Zu diesem Zeitpunkt tummeln sich Bela und Farin schon wieder auf dem Festivalgelände – perfekt getarnt mit Truckermützen, an denen Langhaarperücken befestigt sind. In diesem lächerlichem Outfit stehen sie dann auch diversen Medienpartnern des Festivals im Backstagebereich Rede und Antwort. Vor Die Ärzte spielen an diesem Tag auf der *Centerstage* so schießwütige Bands wie Revolverheld und Velvet Revolver, aber auch Korn. Alle Acts haben auch schon bei Rock im Park vor Die Ärzte gespielt, und vor allem bei Korn scheint der Auftritt von Bela, Farin und Rod einigen Eindruck hinterlassen zu haben, denn Frontmann Jonathan Davis interagiert ungewöhnlich viel mit dem Publikum.

Bela B: »*Unser Umgang und unsere Nähe zum Publikum übt, glaube ich, schon Einfluss auf sehr viele Bands aus. Das haben wir schon bei unserem ersten Rock am Ring-Auftritt 1997 bei Silverchair festgestellt und bei vielen unserer Vorbands wie Muff Potter zum Beispiel.*«

Um 21:45 Uhr betritt dann die beste Band der Welt die riesige Bühne im Fahrerlager des Nürburgrings. Der Anblick, der sich ihnen dabei bietet, ist wahrlich atemberaubend. Es scheint, als ob sich jeder der 82.000 Festivalbesucher vor der Bühne versammelt hat, um Die Ärzte zu sehen. Dieses unglaubliche Menschenmeer müssen auch Bela, Farin und Rod, die sich allesamt in schwarze Anzüge geschmissen haben, erst einmal auf sich wirken lassen. Ihre Kleidung ist übrigens durchaus mit Bedacht gewählt.

Farin Urlaub: »*Wir fühlten uns bei den Aufnahmen zum Album wieder sehr wie eine Gang und wollten das auch mal deutlich zeigen.*« Nachdem sie ihre angestammten Plätze eingenommen haben, ertönt das Intro von *Nicht allein*, das bei der Geräuschkulisse fast untergeht. Als Farin anfängt, das einst als Persiflage auf Die Toten Hosen gedachte Lied zu singen, grölt das ganze Publikum mit. Spätestens jetzt ist der Moment erreicht, wo sich einem die Körperhaare aufrichten.
Möchtest du dich ändern?
Fehlt dir dazu der Mut?
Weil es dir nicht wirklich schlecht geht,
nur leider auch nicht gut ...
Das Konzert gerät zu einem einzigen Rausch. Das Publikum lässt sich an diesem dritten Festivaltag keine Strapazen anmerken, es ist unglaublich laut und enthusiastisch. Jedes Mal, wenn die Band einen Song anspielt, gibt es großen Applaus, und jede Animation von Bela, Farin und Rod wird bravourös umgesetzt. Wenn man da oben steht, können schon mal die Pferde mit einem durchgehen, wie bei Rod und dessen Ansage zu *Popstar*:
Bela, Farin und Rod:
Rod: »*Wisst ihr, was ein Popstar ist? Nein, es ist nicht der da vorne. Der da hinten ist es, der gerade runterkommt mit Stöcken in der Hand und einem tierischen Gemächt zwischen den Schenkeln ...*«
Farin: »*Äh, Rod ...*«
Bela: »*Rod, das wird im Fernsehen übertragen. Deine Mutter schaut zu.*«
Rod: »*Ich meinte natürlich seinen Penis.*«[6]
Nach einer unglaublichen Version von *Erna P.* wird es kurz politisch, denn die Band verliert vor dem Song *Deine Schuld* ein paar Worte über den kommenden G8-Gipfel in Heiligendamm bei Rostock. Seit Wochen schon regt sich großer internationaler Protest gegen diese Veranstaltung und die gewaltigen Sicherheitsvorkehrungen, die mit ihr einhergehen. Sinnbild für die sprichwörtliche Verbarrikadierung der G8-Teilnehmer ist der zwölf Kilometer lange und 2,50 Meter hohe Zaun, der rund um das Tagungshotel an der Ostseeküste errichtet worden ist. Die Band ermuntert das Festivalpublikum dazu, dorthin zu fahren und gemäß dem Text von *Deine*

Schuld ihren Protest lauthals kundzutun. Farin erinnert an das Patti-Smith-Motto »People Have the Power« und versucht, den Gipfel auf eine simple Formel herunterzubrechen:

Farin Urlaub: »*Wenn ihr die Weltbevölkerung wärt, dann wären wir die G8, die beschließen, was mit euch zu passieren hat, Ich find's komisch ... Rockmusiker müssen Dinge vereinfachen, hat Bono mal in einem Telefonat mit mir gesagt ...*«[7]

Nach der Darbietung von *Wie es geht* beginnt Farin mit ausufernden La-Ola-Animationen. Den Anfang macht eine Welle von vorne nach hinten und von hinten nach vorne. Besonders die Rückwärts-La-Ola ist ziemlich beeindruckend. Von der Bühne aus gesehen sieht es so aus, als würde eine gewaltige Menschenmenge auf die Band zurasen. Das war aber erst der Anfang, denn schon kurz darauf wird es sportlicher. Farin gibt sich nämlich als Erfinder der Sitz-La-Ola zu erkennen und fordert das Publikum auf, nun nicht mehr die Arme hochzunehmen, sondern sich stattdessen hinzusetzen und wieder aufzustehen. Die Folgen seiner Worte überwältigen auch ihn:

Farin Urlaub: »*Alter, sieht das geil aus!*«[8]

In den hinteren Reihen lässt die La-Ola-Bereitschaft allerdings etwas zu wünschen übrig. Der geschulte Blick von Farin erkennt sogleich, woran es hapert:

Farin Urlaub: »*Kennt ihr das? Das sind so Leute, die zum Konzert kommen und sagen:* ›*Ich könnt' ja Spaß haben. Nee, ohne mich, ich sing auch nicht mit. Das haben sie jetzt davon!*‹«[9]

Als Kollektivstrafe fordern Die Ärzte vor *Unrockbar* nun das gesamte Publikum dazu auf, sich hinzusetzen. Man schenkt ihnen Gehör, und schon bald sieht es so aus, als ob das Festival einen riesigen Sitzstreik erleben würde. Nach gut zweieinhalb Stunden und etlichen Zugaben verlassen Bela, Farin und Rod schließlich die Bühne. Im Backstage ist man sich schnell einig, dass dies wohl der bislang beste Festival-Auftritt der Bandgeschichte war.

Am Tag nach Rock am Ring startet plangemäß der Vorverkauf für die *Es wird eng*-Tour im Herbst. Mitglieder des neuen offiziellen Fanclubs *DÄOF*[10], der nach Markus Kargs Abgang nun neu an den Start geht, erhalten ein exklusives Vorverkaufsrecht zu einem vergünstigten Kartenpreis. Die Szenen, die sich hierbei ereignen, sind eine Blaupause für das, was sich nur wenige Tage später beim freien Vorverkauf abspielen wird.

Der Autor: »*Der Fanclub war in seiner gesamten Organisation noch in der kompletten Findungsphase. Früh schon hatten wir festgelegt, dass es für einen Beitrag von 13 Euro jährlich zwei Fanzines und weitere Goodies wie solch einen exklusiven Vorverkauf geben sollte. Über Kiki von KKT wurden entsprechende Kontingente für den Fanclub abgezwackt, die schon recht amtlich waren. Als wir dann den Vorverkauf leichtfertig über die Website des Fanclubs starteten, ahnten wir nicht, was passieren würde. Unser Server ging in die Knie, und binnen weniger Minuten waren all unsere Karten weg. Das war unglaublich. Problematisch war noch, dass wir noch nicht mal alle Tickets von den einzelnen Veranstaltern erhalten hatten. Wir hatten also Karten verkauft, die noch nicht mal in unserem Besitz waren.*«

Nicht nur der Fanclubserver bricht zusammen, auch die offizielle Anlaufstelle bademeister.com muss vor dem Ansturm kapitulieren. Die Karten für die Tournee werden der Band förmlich aus den Händen gerissen. Es scheint, als ob einfach jeder Die Ärzte sehen möchte.

Farin Urlaub: »*Das war der sensationellste Vorverkauf, den wir jemals gehabt haben. Wir wurden komplett überrannt.*«[11]

Schon wenige Tage nach Vorverkaufsbeginn sind die ersten Konzerte ausverkauft, und für Hamburg, Frankfurt und Dortmund werden gleich Zusatztermine angesetzt. Dabei sind es allesamt schon Hallen, die über 10.000 Besucher fassen. Der Berlin-Gig im nächsten Jahr ist ebenfalls ausverkauft, auch hier wird noch ein Konzert drangehängt – und noch eins und noch eins. Der gewaltige Andrang auf die Karten versetzt die Band und ihr Umfeld in höchste Wogen der Begeisterung. Auf dieser Welle reiten sie noch lange Zeit weiter. Zunächst aber beenden sie die Aufnahmen zu Studio-Album Nummer 14.

Rodrigo González: »*Wir hatten totalen Bock auf die Platte und dabei null Erfolgsdruck. Ich war froh, dass wir endlich wieder in Berlin aufgenommen haben. Ich habe auch um die Ecke vom Studio gewohnt und die freien Stunden dazu genutzt, meinen Motorradführerschein zu machen. Es hat einfach alles gepasst. Wir waren auch sehr produktiv und konnten viel geplante Studiozeit zusammenstrei-*

chen. Unsere Co-Produzenten Mirko Schaffer und Oliver Zülch waren ebenfalls dazu bereit, extremst zu arbeiten.«

Bela B: »Jeder freute sich auf den nächsten Song. Ich hatte nur etwas Probleme mit meinem Drum-Roadie und hab dann einen anderen empfohlen bekommen. So lernte ich Herrn Schmitt kennen, der bis heute mein Roadie und Freund ist. Ganz nebenbei haben wir eine der wichtigsten Platten unserer Geschichte aufgenommen, was wir uns weder vorgenommen noch erwartet hatten.«

Im Sommer dreht die Band mit Norbert Heitker in Hennigsdorf bei Berlin ihr Zombie-Video zu *Junge*. Für Heitker wird es einer der schönsten Videodrehs, die er bislang mit der Band hatte, denn das üppig angesetzte Budget lässt seinen Traum von der Zombie-Apokalypse wahr werden. So verwandelt der Regisseur mit seinem Team die idyllische Hauptstraße des Dorfes in ein düsteres Endzeitbild.

Norbert Heitker: »*Meine Lieblingsszene bei dem Video ist die, wo Farin am Ende von den Zombies zerrissen wird. Farin stand dabei hinter einem Bügelbrett, auf dem eine Waschschüssel voller Tomatenmark und Schaumstoff stand – für die Eingeweide. Sein Anzug war schon aufgeschnitten, und er hatte schon kurze Hosen, Sandalen und ein T-Shirt an. Als die Zombies dann über ihn herfielen, hat er die ganze Zeit laut aufgestöhnt – ah, oh, uh. Ich habe mir fast in die Hose gemacht vor Lachen.*«

Das Video soll zusammen mit den von Bela geschriebenen Songs *Tut mir leid* und *Das schönste Lied der Welt* zum Bestandteil der *Junge*-Single werden. Allerdings verweigert die FSK[12] der Band eine entsprechende Freigabe, denn das Zombie-Video ist laut deren Ansicht nicht für Jugendliche geeignet. Das gleiche Problem stellt sich auch bei der Ausstrahlung auf den Musiksendern, denn in der normalen Fassung wäre das Video dort erst spätabends ab 22 Uhr zu sehen. Um den Querelen zu entgehen, zensieren sich Die Ärzte einfach selbst. Fotos von Bela, Farin und Rod, die alle brisanten Szenen überdecken, sollen nun das vermeintlich Schlimme weniger schlimm machen. Um das Ganze auch noch zu verniedlichen, zeichnet Schwarwel entsprechende Kopfbekleidungen von Comicfiguren auf ihre Köpfe wie Mickey-Maus-Ohren, Biene-Maja-Fühler oder einen Wikingerhelm. Wo es besonders blutrünstig zugeht, verdecken darüber hinaus noch Hinweistafeln das Geschehen mit Botschaften wie »Diese Szene würde ich meinen Kindern auch nicht zeigen!« oder »Unterhaltung muss familienfreundlicher werden«. Diese jugendfreie Fassung ist nun noch komischer als die eh schon nicht ganz ernst gemeinte Erwachsenen-Version und feiert am 14. September 2007 Weltpremiere bei MTV. Drei Wochen später kann man die Single käuflich erwerben. Der Text des Die Ärzte-Liedes verfehlt seine Wirkung nicht, denn sowohl Jugendlichen wie Erwachsenen kommen Sätze wie »Und immer deine Freunde, ihr nehmt doch alle Drogen« oder »Und ständig dieser Lärm« sehr bekannt vor. Infolgedessen verselbstständigt sich der Song. *Junge* wird von nahezu allen Radiostationen auf »höchste Rotation« gesetzt und verdrängt zwei Wochen später den Rihanna-Song *Don't Stop the Music* vom Thron der deutschen Single-Charts.

Farin Urlaub: »*Ich dachte mir, dass das Lied live gut funktionieren würde. Alles andere habe ich nicht im Entferntesten geahnt.*«

Besser geht's eigentlich nicht – aber noch ist das neue Album nicht erschienen. Dies wurde inzwischen auf den richtigen, aber dennoch sinnfreien Namen *Jazz ist anders* getauft.

Bela B: »*Wir saßen in der Studio-Küche und suchten einen Albumnamen, als ich, inspiriert von einer Zeitungsüberschrift, die sich kritisch mit irgendwas auseinandersetzte,* Jazz ist anders *in die Runde rief. Alle guckten, grinsten, und dann sagte Farin so etwas wie: ›Stimmt, das ist doch eine perfekte Inhaltsangabe des Albums, da kann niemand widersprechen.‹*«

Nach der Single schießt schließlich auch das Album, das am 2. November erscheint, auf Platz eins der Charts. Dort bleibt es ganze acht Wochen lang und lässt sich auch durch die mächtige Konkurrenz im Weihnachtsgeschäft nicht beeindrucken. Mit diesem Erfolg hat die Band wahrlich nicht gerechnet, denn die eher ernstere Ausrichtung der neuen Platte hat bei ihnen schon die Frage aufkommen lassen, ob die Fans ihnen auf diesem Weg folgen werden. Doch alle Zweifel sind unbegründet. Die Band ist so erfolgreich wie nie und kann sich auf eine ausverkaufte Hallentournee freuen. Für das nächste Jahr ist mit dem *Jazzfäst* bereits eine weitere Tournee angesetzt worden, und auch hier werden schon bei den ersten Terminen die Tickets knapp. Zwischen der Veröffentlichung ihres

Albums und dem Beginn der *Es wird eng*-Tour im November dreht die Band das Video für die zweite Album-Auskopplung *Lied vom Scheitern*. Regisseur Norbert Heitker hatte zunächst Probleme, eine gescheite Idee für die visuelle Umsetzung des Songs zu finden.

Norbert Heitker: »*Dann endlich hatte ich eine Eingebung. Diese sah vor, dass Bela, Farin und Rod auf einem Scheiterhaufen stehen und verbrannt werden. Eine Woche vor Drehbeginn habe ich dieses Konzept aber komplett über den Haufen geschmissen, denn ich hatte einen indischen Actionfilm gesehen, in dem jemand mit einer Patronenhülse den Schalter einer Bombe ausgespuckt hat.*«

Bela B: »*Ich traf mich mit Norbert, und wir heckten dann die Geschichte um die Bombe aus, wie Rod und ich verzweifelt versuchen sollten, diese zu entschärfen. Das wurde ein richtiger kleiner Kurzfilm mit Suspense bis zum Abwinken.*«

Nach dem Dreh fährt die Band nach Trier, wo am 14. November das erste von insgesamt 25 Konzerten der *Es wird eng*-Tournee stattfindet. Band und Plattenfirma hätten wohl nicht gedacht, dass dieses vielseitig auslegbare Tourmotto einmal wirklich für den Füllgrad der Hallen stehen würde. Die Besucher des Konzertes in Trier sind die Ersten, die am Merchandise-Stand eine sehr spezielle Version des neuen Albums kaufen können: *Jazz ist anders Economy*. Wo andere Bands ihre Alben mit Bonustracks, Remixen oder hochwertigen Verpackungen aufwerten, gehen Die Ärzte den umgekehrten Weg und führen das »Downsizing« in die Tonträger-Industrie ein. Dies beschränkt sich bei ihnen aber nicht etwa nur auf die Verpackung, sie machen auch vor dem musikalischen Inhalt selbst nicht halt. Aus Scheiß hat die Band nach Abschluss der eigentlichen Aufnahmen nämlich alle Lieder des Albums sowie einige ausgewählte B-Seiten an einem sehr langen, aber umso lustigeren Tag noch mal neu aufgenommen – dieses Mal mit besonders wenig Liebe zum Detail. Dieser Entschluss wurde schon direkt zu Beginn der Aufnahmen gefasst, als man gerade erst das Tritonus-Studio betreten hatte.

Rodrigo González: »*Wir wollten zunächst zu Beginn wieder so etwas wie die* Bullenstaat *machen, doch dieser Drops war schon gelutscht. So kam es zu der Economy-Idee. Anfangs hatten wir vor, das ganze Album einfach nur Mono abzumischen, doch das fanden wir schnell recht einfallslos, und außerdem hätten wohl nur wenige diesen*

Musikerwitz verstanden. So kam es dann dazu, dass wir ein absolut faires Preis-Leistungs-Verhältnis angeboten haben: wenig Geld für wenig Gutes. Bei den Aufnahmen hatten wir sicher auch noch unsere L'Age d'Or-Version von Yoko Ono *im Hinterkopf.«*

Da waren Verspieler nicht nur vorprogrammiert, sondern ausdrücklich erwünscht. Allein diese Idee zeigt nur allzu deutlich, wie viel Spaß die Band im Studio hatte.

Farin Urlaub: »*Bei Breit hat Rod vor lauter Lachkrampf unter dem Tisch gelegen und fast keine Luft mehr bekommen.*«[13]

Das Economy-Prinzip ist allerdings nicht auf dem Mist der Band gewachsen. Der Berliner Zeichner und Entertainer Philip Tägert, kurz Fil, hatte dies schon vor einiger Zeit erfolgreich bei einer Ausgabe seiner Comic-Reihe *Didi & Stulle* angewendet. Dort gab es neben dem normalen Heft auch eine Economy-Ausgabe zu kaufen, die auf schlechterem Papier gedruckt worden ist, besonders schlecht gezeichnet war und extra schlechte Witze enthielt. Farin hat schon damals geheult vor Lachen und wollte diese Idee schon für das letzte Studio-Album *Geräusch* übernehmen, woraus aber dann nichts wurde. Nun aber ist der Zeitpunkt gekommen, und ehrenhalber holen sich Bela und Farin die Zustimmung von Fil ein, seine Idee übernehmen zu dürfen.

Der Autor: »*Ich habe die CD dann auf der Rückfahrt vom Konzert in Trier das erste Mal gehört und musste zwischendurch wirklich anhalten, weil ich mich vor Lachen kaum noch auf den Verkehr konzentrieren konnte.*«

Jazz ist anders Economy ist wahrhaftig ein groß angelegter Angriff auf die Lachmuskeln. Der Ideenreichtum, mit dem die Band hier ihre eigenen Lieder verunstaltet, ist mehr als beeindruckend. Bei *Licht am Ende des Sarges* singt Bela zur Melodie des Songs einfach den Text von *Rettet die Wale*, oder besser: *Rettet die Walle*. Der Text von *Junge* wird aus der Perspektive des Jungen gesungen (»Eltern, warum habt ihr mich gezeugt?«) und in *Die ewige Maitresse* ist die ganze Zeit über ein nervender Pfeif-Lolli anstelle des Gesangs zu hören. Die Ballade *Nur einen Kuss* endet gleich in einem ganz großen Drama, bei dem ein offenbar irre gewordener Farin erst Bela und dann Rod erschießt. Der Hörer erlebt diese Geschehnisse wie bei einem Hörspiel. Hier ein Auszug:

Rod: »B-b-bist du irre, du hast Bela erschossen?«
Farin: »Ach guck mal, seit wann stotterst du denn?«
(Schuss!)
Farin: »Weißt du was, Rodrigo. Ich war immer auf der Seite von Perón!«
Rod: »Aber Perón war doch Argentinier ...«
Farin: »Klugscheißer!«
(Schuss!)
Farin Urlaub: *»Das ist ein Humor, den ich total mag. Wo man den Leuten zunächst weismacht: ›Ah, guck mal, hier hat er sich geirrt‹, und dann offenbart man, dass auch das Absicht ist. I love it.«*
Viele Textänderungen geschehen spontan und sind oft den Gedächtnislücken der Sänger geschuldet. Der Text von *Lasse lebn* wurde hingegen noch kurz vor den Aufnahmen geschrieben.

Lass die Leute leben und schlachte sie nicht ab.
Die meisten Leute liegen nämlich nicht so gern im Grab,
denn da gibt es nun mal, wer wüsste das nicht,
kein' Strom, kein fließend Wasser, kein Klo und kein Licht.

Lass die Leute leben. Du sollst sie nicht zerteilen,
nur um dich dann an den Leichenteilen aufzugeilen.
Lass die Leute leben und sei nicht so gemein.
Sie sterben irgendwann sowieso von allein.

Bela B: *»Jeder durfte mal. Ich bin mitten in Farins Gesangsaufnahmen reingelaufen und habe da mitgegrölt, die Gitarren waren verstimmt, das Schlagzeug extra dumpf gemacht. Für das Cover ließen wir unsere Managerin das eigentliche Cover nachmalen. Fotos für die Platte machten wir mit unseren Mobiltelefonen, und kosten sollte das ganze sieben Euro. Die Idee war, den Leuten, die Raubkopien damit entschuldigten, dass Tonträger zu teuer geworden waren, etwas Günstigeres entgegenzusetzen. Du zahlst weniger, dafür ist es auch ein bisschen schlechter. Eigentlich eine politische Tat, liebe Piratenpartei.«*
Farin Urlaub: *»Dieser Tag war ein totaler Adrenalinkick. Wir stellen selbst immer wieder gerne total unsinnige Regeln auf, die wir dann aber strengstens einhalten (wie damals bei den Moskito-Songs,*

die auch unbedingt an einem Tag komponiert, getextet, aufgenommen und gemischt werden mussten). Nur dieses Mal haben wir ein ganzes Album sozusagen aus dem Ärmel geschüttelt. Außer dem Text von Lasse lebn war wirklich alles spontan, wenn ich mich richtig erinnere. Wir mussten gelegentlich wirklich unterbrechen, weil entweder einer von uns oder einer der Jungs im Mischraum vor Lachen nicht mehr konnte. Mirko wollte bis zuletzt nicht wirklich glauben, dass wir uns trauen, das auch zu veröffentlichen.«

Für alle Beteiligten wird die *Es wird eng*-Tour eine herrliche Zeit. Die Band hat großen Spaß daran, die neuen Songs zu spielen, und das Publikum feiert diese ab, als wären sie schon seit Anbeginn aller Tage im Programm. *Himmelblau* erweist sich nicht nur als idealer Einstieg in das Album, sondern ist auch ein hervorragender Opener für die Konzerte. Es ist Abend für Abend ein magischer Moment, wenn die Band den Song bereits hinter dem Vorhang anfängt zu spielen und dieser beim ersten langgezogenen »Yeaaaaah« mit viel Ballyhoo fällt.

Farin Urlaub: »*Himmelblau zur Hälfte hinterm Vorhang zu singen, wird wohl für alle Zeiten mein Lieblings-Konzertbeginn sein.*«

Mirko Schaffer: »*Himmelblau war eines der ersten Stücke, die wir zusammen für das Album aufgenommen haben. Als ich den Song das erste Mal in einer großen Halle gehört habe, bekam ich Gänsehaut.*«

Neben *Himmelblau* erfreut sich von den neuen Songs vor allem *Junge* großer Beliebtheit. Bei jedem Konzert bilden sich hier beeindruckend große Löcher im Publikum. In manchen Städten sind sie sogar so groß, dass nahezu der gesamte vordere Bereich des Innenraums wie leer gefegt ist. Bei diesen sogenannten *Walls of Death* laufen die Leute dann auf Kommando frontal aufeinander zu. Was von den Rängen aus betrachtet so aussieht, als sei es vom Gott des Gemetzels persönlich erdacht worden, geht in Wahrheit fast immer gut aus. Solche Publikumsaktivitäten sind selbst für solch alte Bühnenhasen wie Die Ärzte neu. Die Fans, die schon länger dabei sind, freuen sich vor allem über den Achtzigerjahre-Part in der Zugabe, bei dem Die Ärzte allabendlich andere Antiquitäten aus ihrem Opus hervorkramen, bevor dann *Zu spät* als ultimativer Immergrün angestimmt wird. Wer dann immer noch nicht glücklich gemacht worden ist, kann der Band im letzten Zugabenteil seinen persönlichen Wunschsong entgegenbrüllen. Mit viel Glück ist man dann der- oder diejenige, dem Die Ärzte Gehör schenken. Besonders erwähnenswert ist auch das Bühnenbild dieser Tour. Es ist die erste Tournee, bei der man sich nicht nur auf eine ausgefeilte Lichtshow beschränkt, sondern auch modernste Multimediatechnik mit vielen Videowänden einsetzt. Die Gastspielreise endet ausgerechnet in Düsseldorf, wo die Band zum ersten Mal im nagelneuen ISS Dome spielt. Bis dahin haben schon über 250.000 Zuschauer die beste Band der Welt gesehen.

Im Frühjahr 2008 bereitet Hot Action Records die dritte Single-Auskopplung aus *Jazz ist anders* vor. Die Wahl ist auf das äußerst eingängige Stück *Lasse redn* gefallen, dessen Text Farin einst auf dem Parkplatz vor einem Supermarkt eingefallen ist. Axel Schulz und seine Kollegen vom Label haben aber mit Engelszungen auf die Band einreden müssen, damit *Lasse redn* überhaupt eine Single wird, denn die Band scheint nicht bemerkt zu haben, dass der Song großes Hitpotenzial besitzt.

Farin Urlaub: »*Hier wird deutlich, wie wenig wir alle überhaupt von Musik verstehen. Die Single hat uns so wenig interessiert, dass wir nicht mal im Video auftauchen wollten. Wir haben das Lied kaum ernst genommen, und auch bei den Aufnahmen hat sich da keine besondere Begeisterung eingestellt.*«

Mirko Schaffer: »*Lasse redn war eine Zeit lang sogar auf dem besten Weg, eine B-Seite zu werden. Das hatten wir überhaupt nicht auf dem Zettel.*«

Statt den Die Ärzte wird Martin Klempnow zum Hauptdarsteller des Videos, der den Song in Gebärdensprache darstellt. Bela, Farin und Rod tauchen lediglich einmal kurz als Fingerpuppen darin auf.

Bela B: »*Während Farin seinen Teil zu Hause aufgenommen hatte, waren Rod und ich für circa eine Stunde im Filmstudio und haben unsere Gesichter filmen lassen, die dann auf Daumen projiziert wurden. Die Daumen waren meine Anregung, damit wir überhaupt irgendwie im Video auftauchen würden. Die Idee hatte ich von ein paar sehr bescheuerten Filmparodien, die im Netz kursierten, wo alle Schauspieler Daumenpuppen sind:* Thumb-Wars, Bat-Thumb, Frankenthumb, *et cetera.*«

Als die Single im April erscheint, passiert genau das, was wohl vor allem die Band am wenigsten erwartet hätte: Der Song geht komplett durch die Decke. Nahezu alle Radiosender spielen das Lied – und das mehrmals am Tag. Der Sender Antenne Bayern, an dem der Axel-Springer-Konzern einen Anteil von 16 Prozent hält, streicht allerdings folgende Passage aus dem Song heraus:

> *Lass die Leute reden und lächle einfach mild.*
> *Die meisten Leute haben ihre Bildung aus der BILD,*
> *und die besteht nun mal, wer wüsste das nicht,*
> *aus Angst, Hass, Titten und dem Wetterbericht.*

Der Sender begründet seine Zensur mit mehr als fragwürdigen »sendetechnischen Gründen«. Nachdem immer mehr Medien sich auf das Thema stürzen, sich viele Hörer beschweren und auch die Band über ihren Anwalt mit Anzeige droht, kehrt der Sender aber zur originalen Version zurück. Wer einen Zusammenhang zwischen dem Springer-Anteil und der *BILD-* und damit Springer-kritischen Stelle des Songs vermutet, liegt natürlich komplett falsch. Jedenfalls kann das Lied noch viel mehr Radioeinsätze verbuchen als *Männer sind Schweine*, und durch den Erfolg der Single werden noch mal doppelt so viele Alben wie vorher verkauft, sodass *Jazz ist anders* Doppel-Platin-Status erreicht. Der große Hit sorgt sogar dafür, dass ein paar Manager von Apple im fernen Cupertino, Kalifornien hellhörig werden, denn *Lasse redn* ist nicht über ihren marktführenden Musikdienst iTunes erhältlich.

Axel Schulz: »*Die Frage, warum Die Ärzte-Songs erst sehr spät bei iTunes erhältlich waren, ist einfach beantwortet. In den von amerikanischen Apple-Anwälten für die gesamte Restwelt verfassten Rahmenbedingungen gab es leider einige Punkte, die absolut indiskutabel waren. Dann kam* Lasse redn *raus, damals eben ›nur‹ als physische Single, verkaufte bekanntlich sehr gut, und DAS wiederum wurde von Marktbeobachtern in Cupertino wahrgenommen, die bemerkten, dass es einen fetten Hit in Germany gab, der NICHT bei iTunes erhältlich war. Daraufhin kam wohl eine Anfrage nach Europa, warum das so sei. Der Rest ging dann schnell: Wir bekamen einen Vertrag, der unterschriftsfähig war. Man hat mir damals gesteckt, dass wir uns mit* unserer standhaften Weigerung, auf die ursprünglichen Konditionen einzugehen, in guter Gesellschaft befanden, denn die Manager von AC/DC, Radiohead und den Beatles (gute Band übrigens!) hatten sich ebenfalls geweigert, den Scheiß zu akzeptieren.«

Bela B: »Igitt! Wir haben das Gleiche wie die Beatles gemacht? Is ja zum Kotzen!«

Lasse redn lässt nun auch die letzten, noch nicht ausverkauften Konzerte der im Mai beginnenden *Jazzfäst*-Tournee voll werden. Für den Auftakt ihrer Tour hat sich die Band nach Unna und Pahlen ein weiteres exotisches Ziel ausgesucht und den Apelsinclub in Moskau gebucht. Das Konzert in Russlands Hauptstadt hält die hiesigen Fans aber nicht davon ab, ihren Idolen auch dorthin zu folgen. Im Club besteht das Publikum dann nicht nur aus deutschen, sondern auch aus einheimischen Fans, von denen manche unvorstellbare Weiten zurückgelegt haben, um Bela, Farin und Rod einmal in ihrem Heimatland sehen zu können. Vor den Die Ärzte spielt eine russische Skapunk-Band namens Elysium, die riesige Fans der Band sind und während ihres Live-Sets sogar Farins Solosong *OK* anspielen.

Bela B: »*Ich hatte im Internet darum gebeten, die russischen Fans nach vorne zu lassen, was unsere deutschen Supporter auch gerne befolgten. Leider hatte Farin keine eigene Gitarre dabei, weshalb wir große technische Probleme auf der Bühne hatten. Sein langjähriger Backliner Mattn brach auch noch im Flieger nach Moskau zusammen, sodass dieser umkehren musste. Diese Show stand leider unter keinem glücklichen Stern.*«

Der Autor: »*Die Reise nach Moskau war schon ein großes Abenteuer. Allein die Fahrt vom Flughafen in das Zentrum, in dem auch unsere Unterkunft lag, war ein einmaliges Erlebnis. Ich bin jedenfalls zuvor noch nie auf achtspurigen Straßen, dort Prospekte genannt, gefahren. Nach dem Konzert im Apelsinclub sprach mich plötzlich jemand von der Seite an. Erst nach einem kurzen Small Talk habe ich realisiert, dass es die Freundin einer guten Freundin von mir war, die spontan auf diesem Konzert war, da sie wegen eines Studienaufenthalts in der Stadt war. Da befindet man sich mehrere Tausend Kilometer von der Heimat entfernt und trifft dort eine Bekannte, die nun gar nichts mit Die Ärzte zu tun hat. Is ja irre.*«

Moskau ist jedoch nicht die einzige Stadt im ehemaligen Ostblock, die sich über ein Gastspiel der Band freuen kann. Im August spielen Die Ärzte ihr erstes Konzert in Prag und nach 2000 und 2004 ein weiteres Mal beim legendären Sziget-Festival in Budapest. Wie zuletzt bei jeder großen Tour spielen sie auch dieses Mal wieder in der Wuhlheide in Berlin, und das sogar insgesamt sechs Mal an zwei verschiedenen Wochenenden vor insgesamt über 100.000 Zuschauern. Während sie bei der ersten Berlin-Rutsche keine Vorbands haben[14], werden für das zweite Wochenende in ihrer Heimatstadt fein säuberlich ausgesuchte Bands eingeladen. Der Support am Freitag ist ein Geschenk für sie selbst, der am Samstag eins für ihre Crew und der am Sonntag für die Fans. So spielen am ersten Abend die Re-Beatles, eine Beatles-Coverband, was zumindest zwei Drittel der Band freut.

Bela B: »*Das war mein Geschenk an Farin und Rod. Ich saß derweil backstage und habe laut Rock gehört.*«

Am zweiten Abend betritt dann mit den 10 kleinen Jägermeistern eine Tote Hosen-Coverband die Bühne. Deren täuschend echte Imitation von Songs der ewigen Rivalen aus Düsseldorf sorgt beim Einlass für leichte Tumulte, denn dieser befindet sich in der Wuhlheide unterhalb der Amphitheater-ähnlichen Freilichtbühne. Von dort aus kann man zwar gut hören, aber eben nichts sehen, und so glauben viele Besucher, die noch in der Schlange stehen, dass tatsächlich die Toten Hosen selbst den Einheizer geben. Für den letzten Tag werden noch einmal die Beatsteaks – oder besser gesagt: die Hello Joes –, als Vorgruppe verpflichtet, die mittlerweile auch allein die Wuhlheide vollmachen.

Bela B: »*Sie wollten eigentlich nicht spielen, um sich für ihre erste Wuhlheide-Show ein paar Wochen später keine Konkurrenz zu machen. Da wir sie eh unter falschem Namen ankündigten, stimmten sie dann aber zu.*«

Farin Urlaub: »*Echte Band-Freundschaften sind ja eher selten; aber die Beatsteaks sind das für uns. Das war wirklich sehr selbstlos von ihnen. Mal sehen, wann wir uns revanchieren …*«

Am 8. August 2008 beginnen in Peking die 29. Olympischen Sommerspiele, die in weiten Teilen der Welt nicht zuletzt aufgrund der dortigen Menschenrechtslage und Einschränkung der Meinungs- und Pressefreiheit kritisch betrachtet werden. Der Berliner Filmemacher, Autor und Plattenfirmenbetreiber George Lindt nähert sich dem Reich der Mitte sowie dessen Sprache und Kultur indes nicht auf sportlichem, sondern auf musikalischem Wege. Er bringt deutschsprachige und chinesische Bands zusammen und lässt sie Lieder in der Sprache des jeweils anderen singen. Neben Wir sind Helden und Die Sterne sind auch Die Ärzte mit dabei. Exklusiv für diesen Sampler hat Farin eine Version von *Junge* auf Mandarin eingesungen.

Farin Urlaub: »*Das war ein Riesenspaß, wenn auch im Fall von Mandarin wirklich schwierig. Damals hatte ich noch nicht damit angefangen, also hatte ich gar kein Gefühl dafür.*«

Damit der Hörer sich weiter darin vertiefen kann, liegt dem Sampler noch ein Mini-Sprachkurs Deutsch und Chinesisch in Buchform bei. Die *Poptastic Conversion China* ist die Fortführung der *Poptastic Conversation Japan*, die ein Jahr zuvor erschien. Auch hier hatten sich Die Ärzte schon beteiligt und mit *Rettet die Wale* einen Song ausgewählt, bei dem es in Verbindung mit Japan durchaus einen politischen Hintergedanken gibt.

Farin Urlaub: »*Für die Japaner ist das Essen von Walen eine traditionelle Sache. Für mich sind Wale einfach wichtige Lebewesen.*«[15]

George Lindt: »*Die Ärzte sangen mal ›Schlechte Noten gehören verboten‹. Ich habe mich von jeher für andere Kulturen interessiert, bin aber genauso unbegabt beim Sprachenlernen wie Farin beim Tanzen. Mit der Serie* Poptastic Conversation *habe ich auf charmante und innovative Weise einen deutsch-asiatischen Kulturaustausch ausgelöst – fernab der Verkrampftheit in der Schule. Musik als internationalste Sprache der Welt, gepaart mit textlichen Inhalten, einer Menge Spaß und keinem zwanghaften Perfektionismus. Bei dem Titel* Junge *habe ich in Absprache mit Farin den Text leicht geändert. Das geschah aus keinem Zwang heraus, sondern weil die Passage mit ›Mit dem Fahrrad nach Tibet‹ in China eine unterschwellige Kritik ist und keine offene Provokation wie die Zeile im Original ›Ihr nehmt doch alle Drogen‹ und somit in diesem Land viel wirkungsvoller. Ein diplomatischer Schachzug der Extraklasse, der erfolgreich aufgegangen ist, denn* Junge *ist in der Szene ein bekannter Song und bereits gecovert worden. In Deutschland haben mich viele Die Ärzte-Fans angeschrie-*

ben mit solchen Worten wie ›Ich hatte keine Ahnung von China, aber eine interessante Kultur‹ und ›Ich habe schon erste chinesische Worte gelernt‹. Die Serie Poptastic Conversation ist mein persönliches Statement zu der vergeigten Immigrationspolitik in Deutschland. Eigentlich müsste eine Fassung in Arabisch her!«

Farin, der bekanntermaßen ein großer Freund von Fremdsprachen ist, machen solche Dinge generell viel Freude.

Farin Urlaub: »*Die japanische Version ging schneller als die chinesische. Ich mochte so was immer, eine Zeile auswendig lernen, dann singen ... und zum Schluss noch mal alles zusammen.*«

Während im fernen China die Spitzensportlerinnen und Spitzensportler aus aller Welt um die Medaillen kämpfen, spielen Die Ärzte im selben Monat also auf dem traditionsreichen Sziget Festival, das jedes Jahr auf der Donauinsel in Budapest stattfindet. Wenn man ihnen in ihren Anfangstagen erzählt hätte, dass sie einmal vor den Sex Pistols auftreten würden, hätten sie einen wohl für bescheuert erklärt. Jetzt kommen sie bei dem Publikum, das zur Hälfte aus deutschsprachigen Besuchern besteht, ziemlich gut an, was Sex Pistols-Sänger Johnny Rotten später mit ein paar Spitzen in ihre Richtung kommentieren wird.

Schon am nächsten Tag sollen Die Ärzte beim Highfield Festival am Stausee Hohenfelden bei Erfurt auftreten. Um unnötige Reisestrapazen zu vermeiden, fliegen sie von Budapest mit einer Privatmaschine nach Erfurt – so ist es zumindest gedacht. Als sie in Budapest die Maschine besteigen, begrüßt sie der Pilot herzlich und bietet ihnen direkt eine beeindruckende Palette an Spirituosen an. Die Ärzte sind aufgrund der noch frühen Tageszeit leicht irritiert und winken ab. Nachdem sie schon eine ganze Weile in der Luft sind, beginnt der Pilot mit dem Landeanflug. Als Bela aus dem Fenster schaut, ist er recht erstaunt, dass Erfurt an einem so großen Fluss liegt – das hatte er gar nicht auf dem Schirm. Als er in die Runde fragt, ob jemand den Namen des Flusses kenne, schaut auch Kiki Ressler, der die Band begleitet, aus dem Fenster. Da er zeitgleich auch der Booker von den Toten Hosen ist, merkt er jedoch schnell, dass die Stadt unter ihnen nicht Erfurt ist, und erkundigt sich beim Piloten, warum sie denn über Düsseldorf fliegen. Der Pilot versteht nicht ganz, denn er soll die Band doch nach Düsseldorf fliegen. Vorsichtshalber fragt er aber noch mal nach: »Sie sind doch Jamiroquai, oder?«

Als Die Ärzte dies verneinen, wird es ein wenig chaotisch an Bord. Ein paar Anrufe und Funksprüche später stellt sich heraus, dass die Band in Budapest in die falsche Maschine gestiegen ist. Diese hier sollte Jamiroquai, die als Headliner ebenfalls auf dem Sziget Festival gespielt haben, zu einem Privatkonzert nach Düsseldorf bringen. Die Band um Frontmann Jay Kay hat den Fehler allerdings bereits kurz nach dem Start gemerkt – wahrscheinlich, weil die zahlreichen Alkoholika fehlten – und ist wieder umgedreht. Als Die Ärzte in der rheinischen Landeshauptstadt landen, würden die Leute, die eigentlich auf Jamiroquai warten, sie am liebsten gleich dabehalten. Daraus wird natürlich nichts, denn Bela, Farin und Rod haben schließlich den Auftrag, die Besucher des Highfield Festival zu Brei zu rocken.

Rodrigo González: »*Da leistet man sich einmal einen Privatjet, und dann geht das so dermaßen in die Hose.*«

Farin Urlaub: »*Wir waren zwar etwas genervt, weil es doch ganz schön knapp wurde, aber vor allem haben wir uns totgelacht. Das wurde dann schnell zum Running Gag: ›Komm, wir fliegen mal eben nach Düsseldorf.‹ Tja, it's a long way to Superstardom.*«

Die letzte Station ihrer *Jazzfäst*-Tournee ist das Rock am See-Festival im Bodenseestadion von Konstanz. Die Sonne meint es an diesem Tag besonders gut mit den Festivalbesuchern und brennt mit voller Wucht auf sie hernieder. Als Deichkind am Nachmittag die Bühne betreten, herrschen dort Temperaturen wie in einem gewaltigen Backofen. Die *Electric Superdance Band* verschafft sich und den Fans aber schnell Abkühlung – mit gravierenden Folgen.

Der Autor: »*Als Deichkind spielten, bin ich an den Zuschauern vorbei Richtung Künstlerbereich marschiert, denn ich hatte einen Interview-Termin mit Bela, Farin und Rod für das damalige Fanzine des Fanclubs. Nachdem dieses dann beendet war, ging ich wieder Richtung Stadion zurück und traute meinen Augen nicht. Das eben noch nett anzuschauende Publikum in den ersten Reihen sah aus wie geteert und gefedert, und die Blicke der Damen, die sich schon jetzt für Die Ärzte hübsch zurechtgemacht hatten, waren mehr als wütend. Man berichtete mir daraufhin, dass Deichkind das Publi-*

kum zunächst mit Wasserschläuchen nass gespritzt haben und dann Federkissen auf ihnen entleerten. Das sah echt zum Schreien aus. Sie konnten ja zu dem Zeitpunkt noch nicht ahnen, was ihnen mit Onkel Iggy noch bevorstand.«

Bela B: »Ich wusste vorher schon von der Bierdusche und ahnte, dass das nicht jedem gefallen würde.«

Als letzter Künstler vor den Die Ärzte betreten Iggy Pop und seine Stooges die Bühne. Pops Auftritt fasziniert und verstört die Leute gleichermaßen. Er grunzt in sein Mikro, springt wild herum und rekelt sich mit nacktem Oberkörper auf der Bühne. Mehr Punk geht definitiv nicht!

Bela B: »Kurz vor dem Gig kamen die Stooges, ohne Iggy, zu jeder Garderobe und schüttelten den anderen Musikern die Hand. Das fand ich echt cool. Iggy kam den Backstagebereich, der etwas oberhalb vom Stadion lag, nicht rauf, weil er eine kaputte Hüfte hatte. Auf der Bühne rastete er dann aber aus wie eh und je und zeigte den Jungspunden, wer der König war. Es gab einen Roadie auf der Bühne, der nur auf Iggy aufpasste. Plötzlich und aus unerfindlichem Grund fing der an, mir zu drohen und dann einem unserer Roadies. Während der gesamten Stooges-Show rannte er immer mal wieder zu mir oder unserem Mann und zeigte uns die Faust – und das ohne Grund. Als wir dann dran waren und hinter unserem Vorhang das Intro abwarteten, hörte ich plötzlich ein lautes Geräusch rechts hinter mir. Da hatte Iggys Roadie, der sich später als sein Bruder herausstellte, versucht, unserem Bühnenmann ein Metallstativ über den Kopf zu ziehen, und wurde nur mit Mühe von zwei Securitys daran gehindert. Iggy entschloss sich daraufhin, seinen Bruder auf dem Gelände sich selbst zu überlassen, und dampfte ohne ihn ab. Weshalb der so sauer war, habe ich bis heute nie erfahren.«

Rodrigo González: »Das Lustige an diesem Auftritt war, dass ausgerechnet unser Kumpel Brownie[16] (der übrigens auch der DJ beim Ärzte statt Böller-Vorprogramm war), der am Bühnenrand stand, von Iggy auf die Bühne gebeten wurde. Gemeinsam sangen die dann No Fun. Das muss Brownies schönster Moment gewesen sein, aber er konnte sich auch nicht erklären, warum Iggy ausgerechnet ihn haben wollte. Ich vermute, dass Iggy King Brownie für Noel Gallagher gehalten hat. Haha.«

Die letzte Show der Tour eröffnen Die Ärzte dann auf höchst ungewöhnliche Weise. Statt *Himmelblau* spielen sie hinter dem Vorhang das Frank Zappa-Medley *Stick It Out/What's the Ugliest Part of Your Body* in voller Länge. Erst danach gehen sie über zu *Himmelblau*. Der Vorhang, auf dem in großen Buchstaben »Achtung Jazz!« steht, bleibt in all der Zeit hängen. Das Konzert am Bodensee wird jedenfalls zu einem würdigen Abschluss einer überaus erfolgreichen Tournee. Die Band ist froh, dass sie sich nun etwas regenerieren kann.

Farin allerdings macht direkt weiter, denn noch in diesem Jahr soll sein drittes Soloalbum *Die Wahrheit übers Lügen* erscheinen. Im vergangenen Winter hat er das Album im warmen Spanien eingespielt, erstmals mit dem kompletten Racing Team. Farin ist voller Vorfreude, doch die Fans und vor allem die Medien scheinen noch eine Überdosis *Ärzte* intus zu haben. So erfährt das Album nicht die Aufmerksamkeit, die seine beiden Vorgänger erlebt haben. Die erste Single *Nichimgriff* geht sogar komplett in den Nachwehen von *Lasse redn* unter, was sicher auch daran liegt, dass der Song nicht sonderlich radiotauglich ist. Passenderweise veröffentlichen Die Toten Hosen zeitgleich eine neue Single mit dem Namen *Strom*, deren Beat dem von *Nichimgriff* sehr ähnelt.

Nachdem die letzten beiden Jahre überwiegend im Zeichen der Die Ärzte standen, soll das Jahr 2009 vor allem den Solo-Unternehmungen von Bela und Farin gehören. Während Farin und sein Racing Team ihre im letzten Jahr begonnene *Krachgarten*-Tour fortsetzen, hat Bela schon die Veröffentlichung seines zweiten Soloalbums für den Herbst angekündigt. Die Ärzte spielen lediglich zwei Einzelshows im österreichischen Linz und auf ein paar ausgesuchten Festivals. Neben abermaligen Auftritten auf dem Hurricane- und Southside Festival werden sie dabei auch das erste Mal auf dem international renommierten Montreux Jazz Festival spielen.

Bela B: »*Wir wollten unbedingt auf dem Jazzfestival spielen. Das passte einfach gut ins Bild mit dem Albumtitel.*«

Farin Urlaub: »*Aus der Serie ›Das haben wir bisher noch nicht gemacht, müssen wir unbedingt tun‹ – diesmal: auf einem renommierten Jazzfestival spielen. Wir dachten gleich an Montreux, obwohl Moers näher gelegen hätte, und es klappte tatsächlich! Zu allem*

Überfluss sollten wir dann auch noch im Grand Hotel untergebracht werden, das schon in Smoke on the Water *erwähnt wurde – perfekt!«*

Als Generalprobe für die Festival-Shows spielen Die Ärzte ein exklusives Konzert nur für die Mitglieder ihres Fanclubs *DÄOF* in Hamburg. Der Eintritt ist frei, jedoch wird um Spenden für den Verein *Hamburg Leuchtfeuer* gebeten, der sich seit einiger Zeit im Rahmen der Aidshilfe in Hamburg engagiert. Um wirklich allen Mitgliedern des Fanclubs Zugang gewähren zu können, der zu dieser Zeit über 6.000 Mitglieder stark ist, hat man die große Alsterdorfer Sporthalle für das Konzert gebucht. Mit Ausnahme der Produktion wird der Fanclub mit der gesamten Organisation des Konzertes beauftragt.

Der Autor: *»Das war für meine Kollegen und mich von der Fanclub-Leitung ein ganz dickes Ding. Wir haben uns sehr über diese außergewöhnliche Aktion der Band gefreut. Das Konzert haben wir unseren Mitgliedern am 1. April verkündet. Da hielt das natürlich jeder für einen Scherz. Als der Termin auch am Tag danach noch auf unserer Homepage stand, haben die Fans das erst so richtig realisiert. Den Spendengedanken fanden wir auch großartig und haben ihn direkt weitergeführt, indem wir zusammen mit unserem Textilproduzenten spezielle Event-Shirts für das Konzert gedruckt haben. Der Preis dieser Shirts beinhaltete bereits eine großzügige Spende an Leuchtfeuer, und selbst unser Produzent hat auf seine übliche Marge verzichtet und die Kosten 1:1 weitergegeben.«*

Den Verlockungen des Gratis-Konzertes können nur die wenigsten widerstehen, und so machen sich am Mittwoch, den 17. Juni 2009 mehrere Tausend Fanclub-Mitglieder auf den Weg nach Hamburg. Sie erwartet ein herrlicher Sommertag, und obwohl es so warm ist, tragen sie fast alle die Mitgliedsjacken des *DÄOF*, die jeweils mit Mitgliedsnamen und Mitgliedsnummer bestickt sind.

Der Autor: *»Vorbild war hier ganz klar die* Turbojugend *von* Turbonegro *mit ihren Jeansjacken. Auch wenn sie vom Style her nicht mein Fall waren, fand ich es immer cool, dass die Turbonegro-Jünger dadurch überall als Gang erkennbar waren. Als wir die ersten DÄOF-Jacken produziert haben, wurden sie uns fast aus den Händen gerissen – so als hätten die Fans nur darauf gewartet. Wir hatten anfangs enorme Lieferschwierigkeiten, da ja jede Jacke noch* *individuell bestickt worden ist. Als wir dann die ersten Exemplare auf den Konzerten gesehen haben, war das schon ein bewegender Moment. Selbst auf dem Roten Platz im fernen Moskau liefen Fans in den Jacken herum.«*

Die Nachfrage nach den Event-Shirts für das Konzert ist so riesig, dass die Leute vom Fanclub schon vor dem Einlass damit beginnen, die T-Shirts an den Mann oder die Frau zu bringen. Die Bilder der langen Schlange vor der Ausgabe erinnern an Warenanlieferungen in den Konsum-Geschäften der ehemaligen DDR.

Der Autor: *»Als Ort für die Ausgabe haben wir uns das kleine Kassenhäuschen vor der Halle ausgesucht. Dort haben wir die ersten Kartons mit Shirts hingetragen und uns dann erst einmal sortiert. Als wir damit fertig waren und wieder aufgeschaut haben, war vor den Scheiben des Häuschen plötzlich alles voller Menschen, die alle mit Scheinen gewedelt haben. Wir kamen gar nicht mehr raus. Die ersten Größen waren dann schon vor Konzertbeginn ausverkauft. Statt in der mitgebrachten Geldkassette wurde das eingenommene Geld irgendwann nur noch in einen der riesigen T-Shirt-Kartons geworfen, der am Ende zu unserer Freude sehr gut gefüllt war.«*

Der Beginn dieses besonderen Konzertes ist allen Anwesenden sicher bis heute noch in guter Erinnerung. Kurz nach 20 Uhr geht das Licht in der ordentlich gefüllten Halle aus – obwohl der Termin mitten in der Woche liegt, sind sicher an die 4.000 Besucher anwesend. Wie auf den letzten beiden Tourneen ertönen auch dieses Mal wieder die ersten Akkorde von *Himmelblau*. Allerdings nur für ein paar Sekunden, dann steigt Farin um auf *Westerland*, und der Vorhang fällt. Ein riesiger Aufschrei geht durch das Publikum, und in den ersten Reihen kommt es zu leichten Tumulten. Grund dafür ist neben dem ungewöhnlichen Anfang auch die veränderte Bühnenaufstellung der Band, denn die Zuschauer sehen Bela nun auf der linken Seite, Rod in der Mitte und Farin zur Rechten. Das Brechen ihrer Tradition führt dazu, dass viele Fans die Seiten wechseln wollen, denn es gibt auf Die Ärzte-Konzerten klare Lager, die jeweils immer vor Bela, Farin oder Rod stehen.

Rodrigo González: *»Die eigentliche Idee war, dass wir unsere Positionen mehrmals während des Konzertes wechseln, um das Publikum komplett zu verwirren. Leider war das dann schwer zu realisieren.«*

Ihr früherer Security-Chef Andi Simon erinnert sich, dass es schon früher mal Überlegungen in dieser Hinsicht gab.

Andi Simon: »*Ich weiß noch, dass wir schon in den 1990ern lose überlegt haben, was wir machen könnten, damit die ersten Reihen endlich mal anders aussehen. Eine Idee war, zwei Bühnen aufzubauen und das Publikum nur auf einer Seite der Halle reinrennen zu lassen und ihnen dann eine 50:50-Chance zu geben. Das wäre aber natürlich mit sehr viel technischem Aufwand verbunden gewesen.*«

Bela B: »*Da tagsüber schon Leute vom Fanclub in der Halle waren, haben wir den Soundcheck noch mit dem üblichen Aufbau mit den Drums im Zentrum gemacht. Als der Vorhang zum Einlass hochgezogen wurde, wurde umgebaut. Wir sind bei solchen Sachen sehr genau.*«

Während sich die Fans noch neu sortieren, bringt die Band *Westerland* zu Ende und geht danach gleich zu *Zu spät* über. Was haben die bloß mit uns vor?, fragen sich die Zuschauer. Nach *Zu spät* jedenfalls verabschiedet sich die Band und geht von der Bühne. Das Hallenlicht geht wieder an, Auslassmusik ertönt, und die Security fängt an, mit Absperrbändern das Publikum Richtung Ausgang zu bewegen. An deren grinsenden Gesichtern kann man jedoch ablesen, dass dies nicht ganz ernst gemeint ist. Bald darauf kommen Bela, Farin und Rod wieder auf die Bühne und fangen nun mit dem richtigen Konzert an. Bela offenbart dem Publikum, dass die Band sich ganz akribisch auf das Konzert vorbereitet hat.

Bela B und Farin Urlaub:

Bela: »*Ihr habt wirklich Glück. Wir haben vier Tage geprobt. Wir wollten vor zehn Tagen anfangen zu proben für das heutige Konzert, da hat Farin in einer E-Mail geschrieben: ›Weißte, ich komme gerade von meiner Solo-Tour. Können wir nicht einen Tag später anfangen?‹ Er hat noch gar nicht ausgesprochen, da haben wir schon ›Ja‹ gesagt.*«

Farin: »*Du hast gesagt ›Ja‹, Rod hat gefragt: ›Wieso nur einen Tag?‹*«[17]

Aus ihrem Proberaum haben sie für das Konzert Songs wie *Die Wiking-Jugend hat mein Mädchen entführt*, *Frank'n'stein* oder *Roter Minirock* mitgebracht. Bei *Ich ess' Blumen* bietet Bela dem Publikum einen schmackhaften Fleischersatz an: Feinstes Nasenkotelett. Die Band spielt daraufhin zum ersten Mal den Song *Nazareth* vom

Album *Planet Punk* live – wenn auch nur kurz. Der auf Die Ärzte-Konzerten obligatorische Seitenwechsel zwischen Farin und Rod fällt aufgrund der Nähe der beiden heute besonders kurz aus, und Rod ist froh, dass er wenigstens für ein paar Songs die für ihn ungewohnte Position in der Mitte verlassen kann.

Rodrigo González: *»Das Problem an der Aufstellung war, dass es keine gewohnte Rückzugsmöglichkeit für mich gab. Ich konnte nicht aus dem Spot verschwinden. Der Fokus lag immer auf mir. Ich glaube, dass ich so eine Aufstellung auf Dauer ziemlich scheiße finden würde, denn es gibt bei einem Drei-Stunden-Konzert schon den einen oder anderen privaten Moment, den ich gerne für mich hätte, um etwas zu trinken oder um mich abzutrocknen, Späßchen mit dem Backliner zu machen et cetera.«*[18]

Bela B: *»Tja, das ist wohl auch der Grund, warum Farin nie in der Mitte stehen wollte. Mist!«*

Neben der neuen Bühnenaufteilung der Band gibt es zu späterer Stunde noch eine weitere Premiere bei einem Die Ärzte-Konzert, denn die Band spielt erstmals eine Zugabe, ohne wirklich eine Zugabe zu spielen. Sie quatschen lieber dummes Zeug, als einen Song zu spielen. Das Konzert endet mit dem Song *12XU (Lest die Prawda)*, zu dem Bela seine eigene *DÄOF*-Mitgliedsjacke angezogen hat. Der Song ist mit Bedacht gewählt, denn er ist der Namenspatron für das Fanzine des Fanclubs *Die Prawda*. Nach gut über zwei Stunden Konzert hat die warme Jacke aber auch so ihre Tücken, wie Bela feststellen muss.

Bela B und Farin Urlaub:
Bela: »Ey, ich schwitz mich zu Tode in diesem Viskose-Panzer!«
Farin: »Weißt du, wie viele Nylons für die Jacke sterben mussten?«
Bela: »Um im Fanclub zu sein, musste ich extra bei Greenpeace austreten.«
Farin: »Stimmt, richtig, das war doch die Jacke, die von blinden Kindern in Bangladesch zusammengetackert worden ist.«
Bela: »Genau, und zwar aus Walpenis.«[19]

Nachdem das Konzert beendet ist, gehen auch noch die letzten Event-Shirts über den Tresen des *DÄOF*-Standes, und viele der Anwesenden ziehen weiter Richtung Reeperbahn, wo im Molotow am Spielbudenplatz noch eine Aftershow-Party stattfindet. Der Die

Ärzte-Tourzirkus zieht anschließend weiter Richtung Süden zum Southside Festival. Zwischen den Konzertterminen dreht die Band ein neues Video – oder besser gesagt: drei neue Videos, denn die Songs *Himmelblau*, *Breit* und *Perfekt* sollen im Herbst als Triple-A-Seiten-Single veröffentlicht werden. Warum? Weil so etwas noch keiner gemacht hat. Die Idee für die Videoumsetzung allerdings könnte komplizierter nicht sein.

Norbert Heitker: »*Mit unserer Idee sollten gleich drei Fliegen mit einer Klappe geschlagen werden. Zum einen sollten alle Videos unabhängig voneinander wirken, dann sollten sie zusammen einen Kurzfilm ergeben und außerdem auch noch wechselseitig funktionieren. Das Video zu* Himmelblau *sollte also auch zur Musik von* Breit *angesehen werden können und andersherum. Das machte die Dreharbeiten unglaublich schwierig.*«

Die Videos zeigen die sehr betagten Bela, Farin und Rod in sexy Seniorenstiften mit adrettem Pflegepersonal. Während die drei sich alle Mühe geben, ihren Tagesablauf abzuarbeiten, laufen auf den Monitoren im Hintergrund alte Videoclips der damals unbestrittenen besten Band der Welt. Diese wurden für den Dreh noch mal aufwendig aufbereitet, denn die Band hat noch mal neue Münder bekommen, damit die Lippenbewegungen auf den Monitoren ebenfalls synchron zum Lied im Video verlaufen. Das Triple-Video zu *BreitHimmelblauPerfekt* soll Teil der neuen DVD *Overkiller* werden, die alle Videos der letzten vier Alben plus zuvor nicht gezeigtes Bonusmaterial enthalten soll. Da die Band gerade so hübsch zurechtgemacht ist, dreht man mit ihnen noch entsprechende Szenen für die Menüführung der DVD. Die aufwendigen Latexmasken, die Bela, Farin und Rod dabei tragen müssen, haben jedoch auch ihre Tücken.

Rodrigo González: »*Die Dreharbeiten fanden im Dachgarten des Mövenpick-Hotels im Hamburger Schanzenpark statt. Es war Hochsommer, die Sonne hat den ganzen Tag schön auf die Fenster geballert, und wir mussten da mit den dicken Bademänteln und Latexmasken herumlaufen. Ich fand das furchtbar, denn dieses Latexzeug fing irgendwann schrecklich an zu jucken, und dann wird man kirre.*«

Farin Urlaub: »*Die Extras für unsere DVD in dieser Maske zu drehen war schon sehr amüsant. Für mich bleibt Belas fünfminütiges,* *debiles Kichern, während er sich hinter einem Tuch versteckt und dann wieder hervorguckt, unvergessen.«*

Bela B: »*Rod hatte während der Dreharbeiten zunehmend schlechte Laune. Da wir aber ›grumpy old men‹ spielten, dachten alle, er wäre in seiner Rolle, was ihn wahrscheinlich noch mehr genervt hat.«*

Für den Bonusbereich machen Bela und Farin es sich außerdem ganz ohne Maske auf einer Couch bequem und schauen sich gemeinsam alte Super-8-Filme an, die Farins Mutter oder sie selbst vor mehr als 25 Jahren gedreht haben. Darunter ist einer der ersten gemeinsamen Auftritte mit Soilent Grün oder ihre Super-8-Experimental-Filme wie *Das unglaublich grauenhafte Schlüsselbund*. Im Rahmen der beiden Konzerte in Linz starten Band und Plattenfirma einen Testballon und verkaufen an den Merchandise-Ständen nach dem Konzert erstmalig USB-Sticks in schöner Gwendoline-Form, die das soeben gespielte Konzert enthalten. Während der beiden Tage, an denen es der Wettergott besonders gut mit allen meint, teilen sich Die Ärzte die große Bühne zusammen mit ausgesuchten Vorgruppen wie Deichkind, Therapy? oder Dampfmaschine und machen damit an beiden Tagen zusammen über 60.000 Menschen glücklich.

Bela B: »*Wir haben uns sehr auf unsere Special Guests gefreut. Farin und ich gingen bei deren Gigs getarnt ins Publikum und sind tatsächlich nicht erkannt worden. Das waren zwei großartige Tage.«*

Farin Urlaub: »*Schon aufgrund der tollen Kulisse waren wir sehr euphorisch, und selbst ich war nachts noch lange auf, weil wir uns mit Therapy? verbrüdert haben (deren Song* Nowhere *das FURT auf der ersten Tour gecovert hatte).«*

Als krönender Abschluss steht anschließend noch das Konzert in Montreux auf dem Plan. Dafür reisen Band und Crew schon zwei Tage früher an und lassen es sich in der Stadt am Genfer See gut gehen. Vor ihrem Auftritt sind Bela, Farin und Rod zu einer Grillparty bei Festival-Veranstalter Claude Nobs eingeladen.

Bela B: »*Ich hatte in den Tourpausen mein zweites Soloalbum aufgenommen, darunter auch das Duett* Liebe und Benzin *mit Emanuelle Seigner. Sie ist Schauspielerin, Sängerin und nebenbei auch die Frau von Roman Polański*[20]. *Als wir in Genf ankamen, schrieb ich ihr eine SMS mit der Frage, ob sie zu unserem Konzert in Montreux kom-*

men möchte, da ich wusste, dass die beiden in der Nähe ein Chalet besaßen. Sie antwortete relativ prompt, dass sie leider in New York sei, aber ihr Mann sich das gern ansehen würde, und fragte, ob sie ihm meine Nummer geben könne. Das machte mich so nervös, dass ich sofort aufs Klo musste. Ich antwortete ›Ja‹, und kurz darauf klingelte mein Telefon. Mit runtergelassener Hose nahm ich ab und hörte eine tiefe Stimme ›Bela? This is Roman‹ sagen. Das war mir richtig peinlich. Ich traf ihn dann am nächsten Tag in Montreux im Hotel, und wir verabredeten uns für den Besuch von Claude Nobs' Villa.«

Auf Rod wirkt die ganze Szenerie auf dem Anwesen von Festivalveranstalter Claude Nobs sehr surreal.

Rodrigo González: »Sein Haus lag über dem Genfer See und glich einem Museum. Da hingen überall Devotionalien von diversen Musikergrößen herum, und wir durften auch das Klavier anfassen, auf dem David Bowie und Freddie Mercury damals Under Pressure geschrieben haben. Das Klavier hat mich nicht sonderlich beeindruckt, doch seine gigantische Modelleisenbahnsammlung fand ich sehr imposant. Da wusste ich, dass der Mann verrückt ist. Er hat uns auch sein riesiges Archiv gezeigt, wo er all die Aufnahmen vom Festival, die über die Jahre entstanden sind, verwahrt hat. Außerdem standen überall Vitrinen mit sauteuren Uhren herum, die auch eine Angabe enthielten, wo man sie kaufen konnte. Er hat auch ein riesiges Archiv. Es war einfach alles extremst übertrieben in dieser eigentlich so beschaulichen Gegend. Trotzdem war es ein schöner Abend, und ich habe mich sehr gut mit Roman Polański unterhalten, der sehr nett und interessiert war.«

Vor dem Montreux-Auftritt von Die Ärzte kommen die Zuschauer im altehrwürdigen Auditorium Stravinski noch in den Genuss von Rocklegende Alice Cooper, was sicherlich Bela, Farin und Rod sowie ihre Crew mehr freut als die Fans.

Bela B: »Gleich nach meinem ersten kurzen Treffen mit Polański vor dem Hotel lief mir ein langhaariger Mann mit Golftasche über den Weg, und ich sprach ihn an: ›Hello Mister Furnier, nice to see you, we'll play tonight in the same hall.‹ Alice Cooper lächelte mich an und schüttelte meine Hand.«

Bei ihrem Auftritt verabschieden sich Die Ärzte dann sowohl für eine längere Zeit von ihrem Publikum als auch von jeglichem guten

Geschmack. Auf ihrem Konzert, das zur Geisterstunde beginnt, scheint irgendetwas in der Luft zu liegen, denn Bela und Farin lassen das Niveau tief im Genfer See versinken – genau der mit dem von Deep Purple einst besungenen *Smoke on the Water*.

Rodrigo González: »*Das Konzert geriet irgendwann völlig aus den Fugen. Es ging nur noch um Geschlechtsteile und Fäkalhumor. Uns war von vornherein klar, dass dieses Konzert, wie alle anderen bei dem Festival auch, aufgezeichnet wird. Mit unserem grenzdebilen Gelaber haben wir aber erfolgreich verhindert, dass das Ding jemals verwendet wird.*«

Bela B: »*Ehrlich gesagt war unsere Managerin dagegen, da Nobs die Aufnahmen ohne jede Gegenleistung für seine Live-DVDs benutzen wollte. Das schmeckte Axel gar nicht.*«

Farin Urlaub: »*Meistens kriegen wir ja nach einer Niveautalsohle noch mal die Kurve, aber diesmal ging es wirklich immer weiter Richtung Erdmittelpunkt. Wir waren erst witzig, dann albern, dann pubertär und mit fortschreitender Stunde schließlich völlig infantil. Ich glaube, Bela und ich wollten den Bogen zur letzten Show einfach mal völlig überspannen. Als wir nur noch sabbernde Lappen waren, kam plötzlich ein völlig verschwitzter Monsieur Nobs auf die Bühne, entledigte sich seines Hemdes und tanzte und umarmte uns! Aah, das ist also dieser Jazz, von dem alle reden?!*«

Der Autor: »*Wir haben später für das Fanclub-Magazin* Die PRAWDA *einen Bericht von dem Konzert verfasst. Natürlich kamen wir nicht umhin, die Sachen abzudrucken, die die Band da an diesem Abend von sich gegeben hat. Selbst für uns war das teilweise harter Stoff, und wir hatten auch viele minderjährige Mitglieder im DÄOF. So kam es dann zu der Idee, dass wir alle deftigen Stellen zensieren und mit Rubbellack überziehen. So konnte dann der geneigte Leser selber entscheiden, ob er wirklich wissen will, was Die Ärzte da von sich gegeben haben, oder ob er sich lieber seinen Teil denkt. Legendär war auch das Telefonat mit unserer Druckerei, wo ich dieser mitgeteilt habe, welche Stellen zensiert werden müssen: Hier in Zeile 1 bitte einmal ›V***e‹, dann in Zeile 2 einmal ›Arschfick‹, und so weiter.*«

Belas zweites Soloalbum *Code B* erscheint im Herbst 2009 und enthält neben der Zusammenarbeit mit Emmanuelle Seigner auch Kooperationen mit seinem Helden aus Jugendtagen, Chris Spedding, dem FC St. Pauli-Kicker Marcel Eger sowie dem italienischen Komponisten Alessandro Alessandroni[21]. Das vorletzte Lied seines neuen Albums *Dein Schlaflied* hat Bela seinem im letzten Jahr geborenen Sohn gewidmet. Der Song wurde von ihm in nur einem Take eingesungen, und sein Gesang ist deswegen so leise, weil sein schlafender Sohn auf seinem Schoß lag – genau das macht das Lied so eindringlich und besonders. Auf der anschließenden *Code B*-Tour wird Bela im Vorprogramm zum ersten Mal für ein paar Gigs von der Band Smokestack Lightnin' begleitet. Die vier Herren aus dem Frankenland spielen für Bela auch eine englische Version von der ersten Single *Altes Arschloch Liebe* ein. Es ist der Anfang ihrer gemeinsamen musikalischen Leidenschaft.

Bela B: »*Ich verfolgte schon auf dem ersten Soloalbum das Konzept, auf jeder B-Seite eine Coverversion der A-Seite von befreundeten Musikern einspielen zu lassen. Neben Olli Schulz, We Are Scientists, Icke & Er und den Chainsaw Hollies waren auch Smokestack Lightnin' dabei.*«

Während Bela mit seinem neuen Album unterwegs ist, hat Rod mit Frank Z. eine neue Abwärts-EP produziert, die ganz im Zeichen der in diesem Jahr so viel zitierten Abwrackprämie steht. Abwärts sehen aber nicht nur alte Autos als mögliche Abwrack-Ziele – ihnen fallen da auch noch ein paar andere Dinge ein, wie beispielsweise Politiker.

Bela B: »*Ich glaube, es war auf dieser Tour, wo Franko das Publikum fragte:* ›*Ey Hamburg, alles okay?*‹ *und dann direkt selbst antwortete:* ›*Nix is okay!*‹ *Unser aller Lieblingsansage of all time!*«

Farin Urlaub: »*Haha, genau, das ist immer noch meine Lieblingsbegrüßung! Was für ein Statement.*«

Für Die Ärzte endet 2009 ein langer Weg, der irgendwann 2006 seinen Anfang nahm und der die Band auf einen noch höheren Gipfel geführt hat. Sie sind so erfolgreich wie nie zuvor, und vielleicht liegt das Geheimnis ihres Erfolges genau darin, dass sie diesen nicht auf Biegen und Brechen erzwingen wollen. Schon vor dem Verkaufsschlager *Jazz ist anders* waren Die Ärzte eine Legende und in nahezu jedem Winkel des Landes bekannt. Mit ihrem bis dato wohl persönlichsten und reifsten Album sind sie nun auch in jedes noch so kleine Hinterstübchen vorgedrungen. Diesen Umstand nehmen sie gerne in Kauf, doch kalkuliert haben sie damit nicht. Genau das würde bei einer Band wie den Die Ärzte auch nicht funktionieren.

Farin Urlaub: »*Wir haben nie probiert, erfolgreich zu sein. Wir haben uns immer gefragt, worauf haben wir Lust, und nicht, was könnte erfolgreich sein, und dadurch ist ein gewisser Rest von Glaubwürdigkeit an uns hängen geblieben. Wir haben uns aber nie dagegen gewehrt, erfolgreich zu sein.*«[22]

22. KAPITEL

2010

»*Da ist nicht so viel.*«
(Die Ärzte – *Sohn der Leere*)

Es ist lange her, dass sich Bela, Farin und Rod getroffen haben. Zwar hat man sich mal untereinander auf Konzerten oder bei ähnlichen Anlässen gesehen, aber Die Ärzte waren seit dem recht merkwürdigen Konzert in Montreux kein Thema mehr gewesen. Im Herbst 2010 kommt die Band nun in einem Lokal im Norden von Berlin erstmals wieder zusammen, um zu bereden, wie es mit den Die Ärzte weitergehen soll. Das Gespräch verläuft unglaublich erfrischend und konstruktiv und zeigt ihnen, dass man noch lange nicht mit den Ideen am Ende ist – eher das Gegenteil ist der Fall. Zu später Stunde sorgt auch noch eine Straßenlaterne für eine besondere Erleuchtung. Die Fans kriegen von alldem jedoch nichts mit. Sie erhalten erst an Silvester eine entsprechende Botschaft über bademeister.com, deren Aussagekraft einen ähnlichen Gehalt hat wie die berühmte Bundestagsrede von Loriot. Mit folgenden klaren Worten gibt die Band ihren Fans ein Update:

»*LIEBE FREUNDINNEN UND FREUNDE DER DIE ÄRZTE!*

Ein – zumindest im Kosmos dieser 3-Mann-Band – äußerst ereignisarmes Jahr geht zu Ende. Da ist es nur verständlich, wenn die Frage auftaucht, wie es denn nun weitergehen wird 2011.
Ohne zu viel verraten zu wollen, können wir doch Folgendes versprechen:
1. Das kommende Jahr wird recht spannend mit einem außergewöhnlich kalten Januar beginnen, gefolgt von verschiedensten Monaten (wir denken da zum Beispiel an Mai und August), in denen es deutlich wärmer zugeht.
2. Viele Bands werden Tonträger veröffentlichen und Konzerte spielen; aber muss man denn jeden Trend mitmachen? Ist Liebe denn

nicht viel wichtiger als Rockmusik?! (Und wenn nicht, dann vielleicht wenigstens Geschlechtsverkehr?)
   3. Es wird voraussichtlich – aber das bleibt bitte unter uns!
   4. Daten, die man sich merken sollte: 2. April, 13. Juli, 15. Juli, 4. Oktober und den eigenen Geburtstag.
   5. Für Getränke wird gesorgt.
   Wir freuen uns auf 2011 und wünschen euch einen guten Rutsch in dieses aufregende Jahr!
   Liebe Grüße,
   Eure **die ärzte**«

23. KAPITEL
Laternenumzug mit Folgen

»Männer und Frauen
sind das nackte Grauen.«
(Die Ärzte – M&F)

Jede Band braucht etwas, was sie antreibt. Allerdings erschöpfen sich irgendwann auch der beste Sex, die härtesten Drugs und der wildeste Rock'n'Roll. Also braucht es neue Erfahrungen, wenn man zu neuen Ufern aufbrechen will. Die Ärzte haben sich mittlerweile von der Vorstellung verabschiedet, den Preis als beste deutsche Nachwuchsband zu erhalten. Dieser Zug ist schon vor Jahren abgefahren, und abgesehen davon nehmen sie solche Preise sowieso nicht an. Zuletzt hat dies der Radiosender 1Live erfahren müssen, der der Band unbedingt eine »Krone für ihr Lebenswerk« überreichen wollte, obwohl man wusste, dass die Band so etwas nie im Leben annehmen würde.

Bela B: »*Wir machten ihnen klar, dass wir auch diesmal nicht kommen würden und dass wir nicht böse wären, wenn den Preis jemand anderer bekommt.*«

Die Ärzte brauchen also neue Herausforderungen. Doch nach so langer Zeit in dem Metier, das man Musikgeschäft nennt, ist dies natürlich nicht so einfach. Denn vieles, was so möglich ist, haben sie bereits erlebt und abgehakt.

Konzeptalbum? Erledigt!
Doppelalbum? Erledigt!
Einmal mit KISS und den Village People gespielt? Erledigt!
Ein ganzes Stadion gerockt? Erledigt!

Dem allmächtigen Wesen, das man verehrt, sei Dank haben Die Ärzte aber noch immer Dinge auf ihrer Liste stehen, die sie schon immer mal machen wollten, und zwei davon wollen sie 2011 in die Tat umsetzen. Eine dieser wahnwitzigen Ideen ist, sich komplett umzubenennen, eine Platte unter dem neuen Namen herauszubringen und damit auf Tour zu gehen. Kurz darauf bricht ein Gehirn-Sturm darüber aus, wie man sich denn nun nennen will. Als

Farin aus dem Fenster schaut und sein Blick auf eine Straßenlaterne fällt, ist der Name gefunden: Laternen-Joe. Bela ist dieses Vorhaben jedoch noch nicht genug. Wenn es nach ihm ginge, würden sich Die Ärzte komplett in Laternen-Joe umbenennen.

Rodrigo González: »*Wir wollten wirklich komplett unter neuem Namen starten. Nach reiflicher Überlegung und nachdem viele Hände über den Köpfen unseres Managements und Plattenfirmenmitarbeiter zusammengeschlagen worden sind, haben wir uns aber dagegen entschieden.*«

Bela B: »*Ein neuer Name war schon extrem, aber dann noch so einer?! Das war Irrsinn, deshalb gefiel uns die Idee so gut, und wir wollten das in dem Moment wirklich machen. Ich denke, hätten wir das durchgezogen, wäre das Jahr anders verlaufen.*«

Farin Urlaub: »*Das wird ewig eine ›Was wäre, wenn …?‹- Geschichte bleiben. Wir wollten quasi von vorne anfangen, mit einem NOCH bescheuerteren Namen als Die Ärzte. Aber letzten Endes waren wir dann doch zu feige.*«

Laternen-Joe ist trotzdem nicht gestorben. Die Band will den Namen wenigstens als Pseudonym für die geplante Clubtour verwenden. Dieses Mal wollen sie das neue Alter Ego aber konsequenter durchziehen, als es in der Vergangenheit der Fall war.

Bela B: »*Wir erfanden eine Vita zur Band und schrieben ein paar Lieder. Wir wollten das Spiel wenigstens für den kurzen Zeitraum zwischen der geheimen Clubtour und einem möglichen neuen Album aufrechterhalten.*«

Um die Metamorphose komplett zu machen, geben sie sich auch neue Künstlernamen und nennen sich in Anspielung an die Mitglieder der Ramones Julia (Bela), Jealousy (Farin) und Jack (Rod) Laterne. So schreiben sie Songs, deren Texte alle etwas mit einer Laterne zu tun haben. Allerdings ist das Spektrum der Sachen, die sich auf »Laterne« reimen, sehr begrenzt. Bela versucht es in der *Hymne wider Willen* trotzdem:

Laterne, Laterne – Sonne, Mond und Sterne.
Laterne, Laterne – Jealousy, ja, gerne.
Laterne, Laterne – Jack in weiter Ferne.
Laterne, Laterne – Julia, die Zisterne.
Laternen-Joe sind Supersterne.

Alle Songs haben den Umstand gemein, dass die Musik starke Ähnlichkeiten zu Bands aufweist, die Die Ärzte in ihren musikalischen Anfangstagen sehr beeinflusst haben, wie etwa die Bad Brains, Tuxedomoon, Killing Joke, Leather Nun oder Discharge. Innerhalb dieser Klammer entsteht schnell ein Haufen Stücke, die kaum länger als zwei Minuten dauern. Diese sollen auch auf der Clubtour gespielt werden, denn schließlich ist es eine Laternen-Joe-Tour, auf der dann auch ein paar Stücke von Die Ärzte gecovert werden sollen. Was für die Band logisch erscheint, wird bei den Fans noch für Stirnrunzeln sorgen. Grafiker Schwarwel und sein Team sollen eine entsprechende Website für die Band einrichten, auf der auch ein paar der entstandenen Songs zu hören sein werden. Tatsächlich erblickt www.laternen-joe.de bald das Licht der Welt und verrät neben den Terminen der *Small World Tour 2011* noch weiteres Wissenswertes über diese geheimnisvolle Band.

Neben nicht wirklich aussagekräftigen Bildern gibt es auch einen Pressetext zum Download, in dem es heißt: »*Damals wie heute ist die Band eine unerschöpfliche Quelle von Kraft und Energie für die ganze Welt und berührt die Herzen von Millionen Menschen, denen sie mit ihren schwermütigen und trotzdem hoffnungsvollen Liedern einen Weg zur Flucht aus dem oftmals so bittern Alltag bieten.*«

Im Gegensatz zu den Strahlen der Laterne sind die Strahlungsaktivitäten im japanischen Fukushima alles andere als erfreulich. Dort ereignet sich am 11. März 2011 infolge eines Erdbebens in einem an der Küste gelegenen Atomkraftwerk eine gigantische Nuklearkatastrophe, die die ganze Welt in Atem hält. Die japanische Regierung und der Betreiber des Atomkraftwerks Tepco sind mit der Serie an Super-GAUs schlichtweg überfordert und versagen beim Krisenmanagement. Leidtragende sind die Menschen, die in unmittelbarer Umgebung wohnen. Über 170.000 Einwohner müssen infolge der Kernschmelzen evakuiert werden. Böden, Wasser und Nahrungsmittel in der Region sind auf Jahre hin kontaminiert. Die schlimmen Ereignisse in Fukushima befeuern die weltweite Diskussion um den Umgang mit Atomenergie. In Deutschland sorgen sie dafür, dass bei der Landtagswahl in Baden-Württemberg zum ersten Mal ein Politiker der Grünen zum Ministerpräsidenten eines Bundeslandes gewählt wird. Der »Fukushima-Effekt« trägt auch dazu bei, dass die Bundesregierung schneller als geplant sieben der ältesten deutschen AKWs stilllegen lässt. Die Ärzte sind seit jeher gegen Atomkraft eingestellt. Auf ihrem Album *13* findet sich der Hinweis wieder, dass der vorliegende Tonträger »aufgrund völlig verfehlter Energiepolitik seitens der Bundesregierung wahrscheinlich teilweise mit Atomstrom aufgenommen worden ist«. Bela gibt nach dem Fukushima-Unglück den Fans den Rat, auf Öko-Stromanbieter umzusteigen. In der Tat ist die Mehrheit der Deutschen inzwischen ganz klar gegen Atomkraft eingestellt. Allerdings wird ein endgültiger Atomausstieg noch lange auf sich warten lassen. Durch die Ereignisse von Fukushima hat er aber ganz sicher eine neue Dynamik erhalten.

Unter den Fans der Die Ärzte gibt es derweil nur noch ein Thema: Die bevorstehende Clubtour der Band. Immerhin ist es die erste seit 2003, und dass die Band überhaupt noch einmal so etwas macht, ist schon ein kleines Kuriosum. Nach den letzten Erfahrungen wollte sie eigentlich keine Clubtour mehr spielen, denn egal wo sie waren, bestand das Publikum fast immer aus bekannten Gesichtern. Die Band will jedoch nicht immer dieselben Leute sehen, denn so stellt sich für sie das gleiche Gefühl ein wie einst bei den fünf aufeinanderfolgenden Shows im Hamburger Docks. Dort hatte es sich am Ende mehr wie Arbeit denn wie Vergnügen angefühlt, und das nimmt der Band jedwede Lust.

Farin Urlaub: *»Da schlagen zwei Herzen in meiner Brust. Zum einen finde ich treue Fans wunderschön. Zum anderen ist es aber auch nervig, jeden Abend die gleichen Leute in den ersten Reihen zu sehen.«*

Dies ist auch einer der Gründe, warum Die Ärzte keine Autogramme mehr nach ihren Shows geben, denn auch hier standen irgendwann fast immer dieselben Leute an, wie sich der ehemalige Security-Chef Andi Simon erinnert.

Andi Simon: *»Früher waren diese Autogrammstunden schon fast obligatorisch, und es hat mich kolossal genervt, dass fast jedes Mal dieselben Leute da waren und zum Zug kamen. Diejenigen, die oft nur auf dieses eine Konzert gingen, haben hingegen kaum eine Chance gehabt, ein Autogramm zu bekommen, dabei waren diese Autogrammstunden genau für die gedacht. Einige waren so dreist und haben extrem viele*

Bilder mit der Band gemacht, die sie dann am nächsten Abend auch alle von der Band unterschrieben bekommen wollten. Aus dieser Zeit stammt ja auch mein legendäres Zitat: ›Ohne Blitz!‹«

Rodrigo González: »*Das Zitat heißt eigentlich korrekt:* ›*Isch hab' gesagt, OHNE BLITZ!*‹ *(hessischer Akzent!)*«

Die Ärzte wollen mit ihren Clubshows auch möglichst vielen Fans das Erlebnis eines intimen Konzerts ermöglichen. Wenn die Hälfte der Besucher aber eh immer dieselben sind, haben dementsprechend weniger Fans diese Möglichkeit. Band und Management haben deswegen lange überlegt, wie sie für eine gerechte Verteilung sorgen könnten, und haben dann die Konzerte so gelegt, dass sie ein bestimmtes Postleitzahlengebiet abdecken. Nur Fans, die in diesem Gebiet wohnen, können dann Tickets für das jeweilige Konzert bestellen. Um den Schwarzmarkt-Handel in Schach zu halten, sollen die Fans sich zusätzlich mit einem Ausweis legitimieren, dessen Nummer sie bei der Bestellung mit angeben müssen.

Bela B: »*Bei der Fußballweltmeisterschaft 2006 hatte ich das ähnlich erlebt und fühlte mich mit diesem Reglement nicht wirklich wohl. Was hatte das noch mit unserer Bandidee zu tun? Andererseits nervten uns die Schwarzhändler kolossal, und es versprach mehr Fairness für die Fans.*«

Als die Clubtour bekannt gegeben wird, sorgt die Ticketvergabe in Fankreisen schnell für großen Aufruhr. Das Ansinnen der Band, dass möglichst viele Fans eine Clubshow zu sehen bekommen, wird jedoch kaum respektiert, und der Glaube daran ist auch recht naiv. Die meisten Fans wollen einfach so viele Konzerte wie möglich auf dieser Tour sehen und versuchen alles Mögliche, um dies zu erreichen. Es hat sich nun mal rumgesprochen, dass kein Die Ärzte-Konzert dem anderen gleicht, und die beste Band der Welt in so einem kleinen Rahmen zu sehen übt hierbei natürlich einen besonderen Reiz aus. So nimmt die Trickserei ihren Lauf, und dadurch, dass jeder Besteller pro Konzert eine Begleitperson mitnehmen kann, sind den Schachereien schnell Tür und Tor geöffnet. Wer mehrere Shows sehen will und entsprechend gut in der Fanszene vernetzt ist, schafft das auch recht locker.

Rodrigo González: »*Die ganze Art und Weise der Ticketvergabe war totaler Quatsch und hat überhaupt nichts genützt. Diejenigen, die* *sowieso hinterher waren, haben sich einfach bei Freunden oder Bekannten vor Ort zur Untermiete angemeldet, oder haben ihren Namen an die Klingel kleben lassen und kamen so trotzdem zu ihren Tickets.«*

Als Bela, Farin und Rod das mitkriegen, sind sie verständlicherweise nicht gerade begeistert. Allerdings haben sie noch einen Trumpf im Ärmel, denn sie spielen als Aufwärmprogramm zu der Tour noch ein Geheimkonzert, das so geheim ist, dass wirklich niemand etwas davon erfährt. Sie finden den Gedanken großartig, wieder einmal vor einem Publikum zu spielen, das nicht ihretwegen zu dem Konzert gekommen ist. Genau das hat damals für sie den Reiz an den Konzerten in Südamerika ausgemacht: sich als gestandene Band wieder von Neuem beweisen zu müssen. Um dies zu erreichen, wollen Die Ärzte vor ihrem Tourauftakt vor einer anderen Band als unangekündigte Vorgruppe auftreten. Das Naheliegendste wäre wohl, die Beatsteaks zu supporten, die aufgrund der Fukushima-Katastrophe eine Benefiz-Show im Berliner Huxley's spielen, zwei Tage vor dem ersten Laternen-Joe-Konzert in Zwickau.

Allerdings wäre das Naheliegende eben auch naheliegend und vorhersehbar. Nein, es soll schon eine Band sein, die man so gar nicht mit den Die Ärzte in Verbindung bringen würde. Eine, auf die diese Beschreibung zutrifft, ist die Berliner Band Bonaparte um den Schweizer Tobias Jundt. Angetrieben von ihrer expressiven Bühnenshow und dem rauen, elektro-punkigen Sound, hat sie sich in den letzten Jahren zu einem Geheimtipp in Berlin und darüber hinaus entwickelt. Wie die Beatsteaks spielen auch sie am 16. April 2011 eine Show in Berlin – allerdings in der Columbiahalle. Nach ein paar Telefonaten ist es also abgemacht, dass Die Ärzte als Laternen-Joe im Vorprogramm von Bonaparte auftreten. Zur großen Freude von Bela, Farin und Rod gelingt es tatsächlich, das Konzert bis kurz vor Showbeginn geheim zu halten.

Farin Urlaub: *»Wir wollten unbedingt vermeiden, dass jemand vorab etwas davon erfährt oder es gar errät. Bonaparte und ihre Crew haben netterweise total dichtgehalten; und es gab einige Fans, die an dem Abend bei den Beatsteaks waren (in der festen Überzeugung, wir würden dort supporten). Es war dann absolut super. Endlich durften wir mal wieder vor einem völlig unvorbereiteten Publikum spielen, und es gab nicht ein bekanntes Gesicht in der ersten Reihe!«*

Rodrigo González: »*Ich hatte sogar den Vorschlag gemacht, eine komplette Tour als Überraschungsvorband zu bestreiten und bei Bands wie The Human League oder Heaven 17 im Vorprogramm zu spielen. Unser Booker war dazu auch in Gesprächen mit mehreren Veranstaltern, doch leider hatten die meisten Veranstalter entweder Angst, dass wir die Party crashen, oder es mangelte schlichtweg an geeigneten Bands, die auf Tour waren. Die Einzigen, die sofort zugestimmt hatten, waren Bonaparte, und das hat auch total Spaß gemacht mit denen.*«

Bela B: »*Einige Bands – respektive deren Managements – sollen auch erst mal nach Geld gefragt haben. The Human League waren auch ohne ›buy on‹*[1] *einverstanden, aber Rod und ich fanden Bonaparte spannender. Grandios war, als wir mit der gesamten Band mit Percussion-Gedöns durchs Publikum zur Bühne gingen. Nur wenige Zuschauer erkannten uns drei in der durchgeknallten Gruppe aus Musikern und Tänzern. Im Publikum sah ich unseren ehemaligen Mitarbeiter Ravel, der augenscheinlich auch nichts wusste und dem die Kinnlade runterfiel.*«

Erst als die Band aus dem Dunkel nach vorne kommt, dämmert den Zuschauern, was hier passiert, und ein ohrenbetäubender Jubel setzt ein. Nach einer kurzen Erklärung beginnen Laternen-Joe, die heute mal als Die Ärzte auftreten, ihr Konzert recht schnörkellos mit *Himmelblau*. Das anfangs ziemlich überrascht wirkende Publikum geht spätestens beim darauf folgenden *Schunder-Song* richtig ab und wird von den Die Ärzte beziehungsweise Laternen-Joe ordentlich auf Bonaparte eingestimmt:

Farin Urlaub: »*Gebt mir ein BO! Gebt mir ein NAPA! Gebt mir ein RTE! Was heißt das?*«[2]

Wie es sich für eine Vorband gehört, ist der Spuk nach einer guten halben Stunde auch schon wieder vorbei. Die Überraschung ist den Die Ärzte ziemlich gut gelungen, und auch die vielen Anhänger der Band, die nicht dabei waren, gratulieren ihnen zu dieser erfolgreichen Aktion. Meckern tun hingegen genau jene Fans, die vorher immer bemängelten, dass die Band nicht mehr zu überraschen weiß. Sie ärgern sich darüber, dass sie von der Band so eiskalt überrascht worden sind. Das erste richtige Konzert der Clubtour in Zwickau wird diese Überraschung noch in ganz andere Dimensionen steigern. Vor der Tour haben sich Bela, Farin und Rod viele Gedanken rund um die Auftritte gemacht und sich für ihre Verhältnisse ungewöhnlich viel Zeit zum Proben genommen. Sie wollen für sich und die Fans ganz besondere Konzerte spielen, die möglichst wenig mit einer normalen Die Ärzte-Show zu tun haben. Kein *Westerland*, kein *Zu spät*, keine ewig dauernden Ansagen, keine großen Seitenwechsel. Sie wollen einfach mal eine stramme Show spielen. Da dies ja eine Tour von Laternen-Joe ist, wollen sie auch ein paar Laternen-Joe-Songs mit einbauen. Zu Konzertbeginn im Ballhaus Neue Welt zu Zwickau lassen Laternen-Joe jedoch noch auf sich warten. Statt ihrer betreten drei unscheinbare Herren die Bühne, die sich die Instrumente von Bela, Farin und Rod beziehungsweise Julia, Jealousy und Jack Laterne greifen. Der recht knappe Text des Songs, den sie auf das Publikum loslassen, verrät, dass es sich hierbei um *Satan aus Schenefeld* handelt. In Wirklichkeit sind es aber die Backliner der Band, namentlich Jochen Hornung, Jörg »Herr Schmitt« Schmitt und Jörg »Lüde« Lüdeking, die den Konzertabend eröffnen.

Bela B: »*Jeden Abend spielen sie vor dem eigentlichen Soundcheck irgendwelche Songs zusammen, um die Bühne für uns vorzubereiten. Eingespielt waren sie also, und an unseren Instrumenten müssen sie sich auch nicht verstecken.*«

So etwas Ähnliches haben Die Ärzte schon in den 1990ern gemacht, als sie zum zehnjährigen Bestehen des Bielefelder PC69 ein Konzert spielten, bei dem sie zunächst eine Die Ärzte-Coverband auf die Bühne schickten, die *Teenager Liebe* zum Besten gaben, bevor sie selbst auftraten. So kommen auch hier Laternen-Joe nach ein paar Minuten auf die Bühne und erlösen das Publikum sowie ihre Backliner. Die drei übernehmen die Instrumente und spielen das zärtliche Stück Musik weiter. Wer sich fragt, wer das eben auf der Bühne war, der wird von Jealousy Laterne sicherheitshalber noch einmal aufgeklärt:

Jealousy Laterne: »*Das war Satan aus Schenefeld.*«[3]

Damit den Leuten, die vielleicht zum ersten Mal ein Konzert von Laternen-Joe sehen, die namentliche Zuordnung entsprechend leichtfällt, haben sich alle Bandmitglieder entsprechende Textilien und Accessoires bedrucken lassen, auf denen ihre Vornamen in silberner Farbe stehen. Nach der Huldigung an ihre Vorband beginnt Farin – oder besser gesagt: Jealousy Laterne – dann das eigentliche Konzert mit *Parlez vous Laterne?*

Laternen-Joe,
wir wirken aus der Ferne roh.
Wir kommen, um zu rocken,
also schüttelt eure Locken,
zu der Musik im Radio.

Und du sagst, hey, ich habe gerade eine Epiphanie!
Und ich sag, schön, aber was ist eine Epiphanie?

Laternen-Joe,
oh, oh Laternen-Joe,
lasst uns den Weg gemeinsam gehen,
was wäre die Welt ohne Risiko?
Von Gütersloh bis Mexiko.
Wir singen die Worte, die euch wärmen.
Wir sind Laternen-Joe.

Es folgt die *Hymne wider Willen*, bevor mit *Junge* der erste richtige Die Ärzte-Song gespielt wird. Danach geht es Schlag auf Schlag weiter. Die Band spielt viele Lieder, die schon längere Zeit nicht mehr zu hören waren und für sie selbst auch eine willkommene Abwechslung und Herausforderung darstellen – zum Beispiel *Dein Vampyr*, *Opfer*, *No Future (ohne neue Haarfrisur)* oder *Uns geht's prima*. Der Song *Am Ende meines Körpers* erlebt sogar seine Uraufführung.

Farin Urlaub: »*Ich war schon immer Fan der frühen Pink Floyd. See Emily Play und Arnold Layne sind sensationell verschrobene Popsongs – und dieses Lied ist quasi meine Verbeugung vor dem psychedelischen Schaffen Syd Barretts.*«

Der Saal tobt. Viele Fans können gar nicht glauben, was für ungewöhnliche Songs Die Ärzte hier und heute spielen. Als sich die Band nach circa anderthalb Stunden und zwei Zugabenblöcken vom Publikum verabschiedet, denkt so ziemlich jeder, dass sie noch mal rauskommen und weiterrocken. Doch dann geht das Licht an, und die Crew fängt an, die Bühne abzubauen. Die Leute halten dies noch für einen Scherz, doch müssen einsehen, dass die Band es ernst meint – das Konzert ist vorbei. Wie in Schockstarre bleiben die meisten im Saal stehen. Das kann es doch nicht gewesen sein, denken sie. Ist es aber. Erste Pfiffe und Buhrufe ertönen, und die Security bekommt die Leute kaum aus dem Saal heraus. Plötzlich kommen Bela und Farin noch einmal auf die Bühne. Da die Mikros schon abgebaut sind, müssen sie so mit dem Publikum reden. Sie machen ihren Fans klar, dass es das wirklich war und sie dieses Mal kein 3-Stunden-Hitfeuerwerk abbrennen wollten.

Bela B: »*Das war total absurd. Die Leute verhielten sich so, als hätten wir versucht, die Mauer wieder aufzubauen. Einige machten eine Sitzblockade, skandierten* ›*Wir sind die Fans*‹, *und wenn Securitys versuchten, sie rauszutragen, damit die Roadies abbauen konnten, wurden sie teilweise als Nazis beschimpft. Es flogen Becher Richtung Bühne, weshalb wir, um unsere Crew und den Abbau zu schützen, rausgingen. Da entlud sich dann die Wut auf uns. Wir hatten den Erwartungen nicht entsprochen und wurden dafür beschimpft. Hohet Jericht, juut Nacht!*«

Unter den Fans wird heftig diskutiert. Das für sie so abrupt wahrgenommene Ende hat viele komplett überfordert – so etwas waren sie von ihrer Lieblingsband bislang nicht gewohnt. Aus der Emotion heraus machen einige Fans ihrer Frustration in Foren und sozialen Netzwerken Luft. Erstmalig erfahren Die Ärzte nun am eigenen Leib, mit welcher Dynamik das Internet solche Geschehnisse ausschlachtet, denn die Ereignisse in Zwickau verbreiten sich wie ein Lauffeuer durch das weltweite Netz. Die anmaßenden Kommentare einiger Fans sind dabei mehr als haarsträubend. Die Band reagiert jedoch recht amüsiert auf den Sturm der Entrüstung.

Farin Urlaub: »*Diese Aufregung nach dem Zwickau-Konzert hat uns eher belustigt. Wir fanden das total bescheuert. Wenn wir eine schlechte Show gespielt hätten, dann hätten die Leute allen Grund gehabt, sich zu beschweren, doch sie haben sich nur darüber beschwert, dass es zu kurz war.*«

Nach dem Konzert in Zwickau wird offensichtlich, dass es viele zu freuen scheint, dass man nun auch endlich einmal etwas Schlechtes bei den Die Ärzte gefunden hat, und nun versucht, nach allen Regeln der heutigen Kommunikationskunst aus einer Mücke einen Elefanten zu machen.

Rodrigo González: »*Da haben sich unsere Wutfans endlich mal gezeigt.*«

All die Kritiker haben jedoch die Rechnung ohne die Band gemacht. Um noch weiter Öl ins Feuer zu gießen, hat diese sich für das tags darauf stattfindende Konzert im bayerischen Fürstenfeldbruck etwas Spezielles ausgedacht. In dem Vorort Münchens, dessen Autokennzeichen FFB einst von der Spider Murphy Gang besungen worden ist, wollen sie zum ersten und einzigen Mal das ganze *Debil*-Album spielen.

Farin Urlaub: »*Das* Debil-*Album hatten wir bereits während der Proben mehrmals einstudiert. Wir wollten es eigentlich viel später auf der Tour spielen. Doch nach dem Aufruhr um Zwickau haben wir uns gesagt: Jetzt erst recht. Es gab sogar den Plan, während der Tour auch* Im Schatten der Ärzte *komplett zu spielen, doch das hätte noch mehr Probenzeit bedurft, und darauf hatten wir keine Lust.*«

Zunächst fragen Die Ärzte die Zuschauer, ob diese nach den gestrigen Ereignissen denn darauf vorbereitet seien, dass das Konzert schon gleich wieder vorbei sein wird. Die Anwesenden können ihr Glück kaum fassen, als die Band kurz darauf erklärt, was sie hier und heute vorhat:

Farin Urlaub und Bela B:

Farin: »*Wir haben uns tatsächlich etwas ganz Besonderes überlegt heute ... und zwar, es gibt eine Platte, die Laternen-Joe erst möglich gemacht hat.*«

Bela: »*Eine Platte, die uns zu dem gemacht hat, was wir heute sind. ... Sie erschien 1984 bei einer Plattenfirma, die es heute nicht mehr gibt, CBS, und es ist die Platte einer unbedeutenden kleinen Band aus Berlin (aus Berlin) ... Und heute exklusiv ...*«

Farin: »*... zum allerersten Mal ...*«

Bela: »*... vielleicht zum letzten Mal spielen wir ein Album mit dem Namen* Debil *...*«

Farin: »*... und zwar komplett in der Originalreihenfolge!*«[4]

Entsprechend selig strahlt das Publikum, als es Perlen wie *Paul, Kamelralley, Claudia hat 'nen Schäferhund* oder *Micha* hört. Um ja nichts auszulassen, spielt die Band zum Ende mit *Erna P.* auch die einzige B-Seite zu dem Album. Die Ereignisse aus Zwickau wirken indes noch nach.

Bela B: »*Im Laufe der Tour haben wir die Leute noch angestachelt, in den einschlägigen Internetforen zu verbreiten, wir hätten mehrere Stunden und länger gespielt. Einige Fans waren da sehr erfinderisch, was die angebliche Länge und das Programm betraf. Deren Humor hat uns sehr amüsiert.*«

Dank der zunehmenden Verbreitung von Smartphones unter den Konzertbesuchern stehen schon nach den ersten Konzerten dieser Tour jede Menge Videomitschnitte auf Portalen wie YouTube zur Ansicht bereit. Die Band zeigt sich indes genervt von den vielen Hobbyfilmern und sagt auf den Konzerten auch sehr deutlich, was sie davon hält. Es ändert jedoch nichts und gehört wohl heutzutage dazu, wenn man Konzerte besucht.

Farin Urlaub: »*Ich finde es bemitleidenswert, dass so viele Menschen das unmittelbare Erlebnis eines Rockkonzertes gegen ein sekundäres tauschen (der Blick auf den winzigen Handybildschirm) mit den jämmerlichen Ergebnissen, die man dann im Internet ›bewundern‹ kann: verwackelte, unscharfe Filmchen mit beschissenem Ton. Da hat sich der Eintritt ja mal so richtig gelohnt, und man hat den weiter hinten Stehenden den Ausblick auf die Bühne auch gleich noch mit versaut. Herzlichen Glückwunsch.*«

Auch wenn viele Fans nach der Darbietung von *Debil* noch darauf hoffen, weitere Alben in all ihrer Vollständigkeit zu hören, verläuft die weitere Tour ohne besondere Vorkommnisse und findet ihr Ende im malerischen Osterholz-Scharmbeck bei Bremen. In der dortigen Stadthalle spielen Julia, Jealousy und Jack Laterne ihr letztes Konzert, denn sie verkünden dem Publikum, dass sie sich genauso wie Satan aus Schenefeld nach dieser Tour auflösen werden.

Vorher gibt's aber noch einmal die volle Ladung. Mit dem unnachahmlichen »1, 2, 3, 4« der Ramones zählen sie nacheinander *Ausserirdische*, *Punkbabies* und das eh von den Ramones geklaute *Die Wiking-Jugend hat mein Mädchen entführt*[5] ein. Beim ebenfalls recht kurzatmigen und punkigen *No Future (ohne neue Haarfrisur)* …

Farin Urlaub und Bela B:
Farin: »... auch der Bierhol-Song genannt – ich weiß nicht wieso.«
Bela: »Also, ich meine, wer bei dem Lied ein Bier bekommt ...«.[6]
... wird noch eben probiert, ob der Song nicht auch in einer Elektro-Version gespielt werden kann, und siehe da, es funktioniert. Bei der Zugabe unterbricht die Band das Konzert, damit ein Fan sich auf die Suche nach seiner verloren gegangenen Brille machen kann. Verloren gegangene Brille – da war doch was? Genau, zu Ehren des Brillensuchenden wird *Buddy Holly's Brille* gespielt. Der Text wird den örtlichen Gegebenheiten angepasst.
Er stieg in ein Flugzeug und kotzte hinaus.
Von oben sah die Erde irgendwie vollgebrochen aus.
Das Flugzeug stürzte ab und die Welt war entsetzt.
Wo ist Buddy Holly's Brille jetzt?
(Auf dem Boden in Osterholz-Scharmbeck)
Unmittelbar nach dem Ende von Laternen-Joe machen sich Die Ärzte an die Aufnahmen zu ihrem neuen Album. Beim Treffen im letzten Herbst haben sie vereinbart, dass jeder von ihnen zu Hause Demos aufnimmt, und dann schaut man mal, ob ein Album daraus wird. Nach der Laternen-Joe-Tour ist also Kassensturz angesagt, und Bela, Farin und Rod sind sich relativ schnell einig, dass genug brauchbares Material für ein neues Album vorhanden ist.

Bela B: »*Im Vorfeld dieser Platte gestaltete sich die Kommunikation unter uns dreien als sehr schwierig. Ich hätte sehr gerne Stücke mit Rod geschrieben, doch es klappte nicht, da er irgendwie auf Tauchstation war. So habe ich mich dann mehr in meine eigenen Songs reingekniet und hatte am Ende zum ersten Mal mehr Songs als Farin geschrieben.*«

Recht schnell ist man sich darüber einig, dass auch dieses Album wieder in Berlin aufgenommen werden soll. Das Tritonus steht aus diversen Gründen nicht mehr zur Wahl, und so macht Rod den Vorschlag, dieses Mal die Candy Bomber Studios im ehemaligen Flughafen Tempelhof zu beziehen. Diese befinden sich im linken Trakt des langgezogenen Gebäudes in den ehemaligen Räumen der US-Streitkräfte und der CIA. Im rechten Flügel hatten Die Ärzte in den Achtzigerjahren ihren Proberaum, damals starteten und landeten in Tempelhof noch Flugzeuge. Seit Ende Oktober 2008 ist damit jedoch Schluss. Der Beschluss zum Bau des neuen Berliner Großflughafens Berlin Brandenburg (BER) bedeutete auch das Ende des Flugbetriebs im ehemaligen Zentralflughafen. Seit dieser Zeit haben sich in der nun für die Öffentlichkeit zugänglichen Tempelhofer Freiheit viele Firmen und Kultureinrichtungen angesiedelt. Das Candy Bomber Studio ist eine davon, es gehört Ingo Krauss, der die Band schon bei den Aufnahmen zum *Die Bestie in Menschengestalt*-Album als Tontechniker begleitet hat, ist bestens ausgestattet und bietet ihnen auf jeden Fall die Möglichkeit, hier in Ruhe ein gutes Album aufzunehmen.

Rodrigo González: *»Das Studio befindet sich am Ende eines langen Ganges. Davor sind lauter Räume, in denen nichts ist außer Dreck und Schmutz. Wir haben diese Räume dann dazu gemietet und sie als Aufenthaltsräume mit eigenen Möbeln und Teppichen hergerichtet. Doch man kann es drehen und wenden, wie man will. Am Ende eines Tages bleibt ein Studio einfach ein fucking Studio. Egal wie schön oder hässlich du es drum herum hast. Die Arbeit bleibt die gleiche, und man hat meistens viel Leerlauf, den man nicht wirklich sinnvoll nutzen kann.«*

Bela B: *»Ein großer Nachteil an dem Studio war, dass es eine sehr kleine Regie hatte. Sie bot nicht mal genug Platz für uns und unsere Co-Produzenten Mirko Schaffer, Olli Zülch und Philipp Hoppen. Auch der Aufnahmeraum war sehr klein, sogar kleiner als mein eigener Proberaum. Irgendwann hatte dann jeder von uns sogar einen eigenen kleinen Aufenthaltsraum, was auch nicht cool war. Durch diese räumliche Trennung kam es nämlich überhaupt nicht zur Interaktion zwischen uns. Es ging nur noch darum, dass sich jeder um seine eigenen Songs kümmert. Wir haben kaum mal zusammengesessen und etwas miteinander besprochen. Es war eine sehr autarke Studiosituation, und ich hatte oft kein gutes Gefühl, als ich morgens ins Studio gefahren bin. Das, was die Jazz ist anders so besonders für uns alle gemacht hat, fand bei diesen Aufnahmen leider kaum statt. So habe ich beispielsweise mehr Zeit mit Olli Zülch als mit meinen Bandkollegen verbracht.«*

Farin Urlaub: *»Ich hatte mir für die Zeit der Aufnahmen eine kleine Dachgeschosswohnung in Kreuzberg gemietet und fuhr meist mit dem Fahrrad ins Studio. Aber obwohl der Sommer schön war* und das Studio sehr gut ausgestattet, fehlte irgendwas. *Keine Ahnung, woran es lag, aber der Zauber der Jazz ist anders war verflogen. Das heißt jetzt nicht, dass wir nur deprimiert rumgesessen hätten; die Aufnahmen haben auch Spaß gemacht – nur über uns selbst hinausgewachsen sind wir diesmal nicht.«*

In der Zeit ihres Studioaufenthalts fällt ihre Managerin Axel Schulz die Entscheidung, dass man sich vom langjährigen Grafiker und Weggefährten Schwarwel trennen muss. Die Ärzte schätzen ihn sehr als Künstler, doch die Zusammenarbeit mit ihm hat sich in den letzten Jahren etwas verbraucht. Die Trennung wird von viel bösem Blut begleitet. Schwarwel bricht jeglichen Kontakt mit der Band ab und verkauft sogar die ihm haufenweise verliehenen Goldenen Schallplatten. Nach dessen Demissionierung schlägt Bela Felix Schlüter von der Grafikagentur Typeholics vor, der dann auch die Ausschreibung von Hot Action Records für sich entscheiden kann.

Bela B: »*Ich hatte über zehn Jahre einen gemeinsamen Comic-Verlag mit ihm und ihn zu meinen Bands gebracht. Das war ganz und gar nicht leicht für mich. Aber sicherlich besser für alle, inklusive ihm selbst.*«

Die Unzufriedenheit mit der neuen Umgebung scheint sich auch etwas auf den Spirit innerhalb der Band zu übertragen. Die selbstlose Dynamik, welche die Aufnahmen zu *Jazz ist anders* begleitete, ist passé.

Rodrigo González: »*Die Aufnahmen waren keine leichte Geburt, denn der anfängliche Esprit ist schnell wieder verloren gegangen. Die Ursprungsidee, dass wir sehr effektiv und alle gleichzeitig an verschiedenen Dingen arbeiten, ist dann leider aus mehreren Gründen überhaupt nicht aufgegangen, was uns zusätzlich frustriert hat.*«

Mirko Schaffer: »*Es war sehr mühselig, dieses Album zu machen. Mir fehlten die Zentrierung und Harmonie des Dreiecks. Die Band hätte sich meiner Meinung nach mehr darauf besinnen sollen, was sie so sexy macht: nämlich das, was sich ergibt, wenn alle drei miteinander interagieren. Ich hätte gerne an* Jazz ist anders *angeknüpft und mir einen Hauch mehr Spirit von der Economy-Platte drin gewünscht. Am Ende des Tages sind auf der* Jazz ist anders *für mich auch die besseren Lieder enthalten.*«

Die von Rod beschriebene schwierige Geburt ist stellenweise noch untertrieben, denn während der Aufnahmen gibt es einen Riesenkrach zwischen Farin und Bela. Dieser ist so heftig, dass alle um sie herum ihren Ohren nicht trauen.

Bela B: »*Der Auslöser war, dass ich ins Studio kam und sah, wie Farin eine Gitarre auf einem meiner Songs einspielte. Er wollte mich damit überraschen, doch ich wollte nicht überrascht werden, sondern die Sachen gemeinsam erarbeiten. Als Farin gesehen hat, welche Fresse ich gezogen habe, ist ihm der Kragen geplatzt. Er hat mir vorgeworfen, ich sei undankbar, rannte aus dem Raum und knallte die Tür hinter sich zu. Dann wurde es sehr laut zwischen uns. Farin hat mir später vorgehalten, dass ich mich im Ton vergriffen hätte, doch das sehe ich nicht so, da ich ja gar nichts gesagt hatte. Ich bin dann sofort in seinen Raum gegangen, und wir haben das etwas zivilisierter besprochen.*«

Farin Urlaub: »*Ich wollte einfach Zeit sparen, anstatt untätig herumzusitzen und auf Bela zu warten. Hätte er einfach gesagt ›Nein, das gefällt mir nicht‹, hätten wir die Gitarrenspuren gelöscht und was anderes aufgenommen – aber er fühlte sich offenbar schrecklich verraten. Nach diesem aus meiner Sicht sinnlosen Streit habe ich dann auf seinen Liedern nur noch genau das gespielt, was er haben wollte – so viel zum Thema Zusammenarbeit.*«

Mirko Schaffer: »*Da haben echt die Studiowände gewackelt. Von außen betrachtet, hatte ich den Eindruck, dass sie gerade Grenzen überschreiten. Der Haussegen hing danach jedenfalls deutlich schief.*«

Es ist jedenfalls kein reinigendes Gewitter, das sich hier entlädt, denn die Kommunikation wird danach nicht besser. Statt Diskussionen zu führen, die sie – wie es bei der *Jazz ist anders* war – wieder einander näherbringen würden, umfahren Bela, Farin und Rod fortan jede mögliche Konfrontation weiträumig. Diese Form der Kommunikation bestimmt auch den Auswahlprozess um die Lieder, die für die Albumaufnahmen infrage kommen. Die Liste derer ist lang wie schon seit Ewigkeiten nicht mehr. Die Band kann aus weit über 40 Stücken auswählen, und damit die Grabenkämpfe nicht schon vor den eigentlichen Aufnahmen beginnen, kommt es zu der Idee, erst einmal von jedem Bandmitglied einen Song auszuwählen. So wollen sie nach und nach die Liste abarbeiten, bis sie die Spreu vom Weizen getrennt haben.

Bela B: »*Wir haben das weiter so durchgezogen, und jeder hat dann, wie immer, um seine Songs gekämpft. Das demokratische System hat sich dann verselbstständigt, und so sind nicht unbedingt die besten beziehungsweise alle guten Songs aufgenommen worden, während weniger gute durchrutschten. Ich habe fünf meiner Songs später umarrangiert und auf meine dritte Soloplatte getan. Darunter waren auch zwei Lieder, die in ihrer Ursprungsversion besser zu Die Ärzte gepasst hätten als zwei der von uns ausgewählten Lieder. Aber wir haben immer weniger über die Songs diskutiert. Die Songs, die am Ende gar nicht genommen wurden, hatten keine Mehrheit.*«

Eine Zusammenarbeit gibt es aber doch: *Tamagotchi*. Hier stammt die Musik von Rod, das Thema von Farin und der Text von Bela. Ein charmanter Song über ein seltsames Phänomen, das sich Mitte der Neunziger weltweit zugetragen hat – die Älteren werden sich erinnern. Auch die Tatsache, dass sie mit *Cpt. Metal* einen alten, einst schon abgelehnten Song von Farin aufgenommen haben, zeugt davon, dass nicht alles über den Jordan gegangen ist.

Rodrigo González: »*Wenn es dann darum geht, die Stücke auszuwählen, die auf das Album kommen, ist das immer mit viel Emotionen verbunden. Jeder kämpft für sein Lied. Ich fand es in diesem Fall total geil, dass die anderen so viele Songs von mir ausgewählt haben. Damit hätte ich nie gerechnet. Natürlich ist es immer schwer, sich von Songs zu verabschieden. Das hat schon oft zu Differenzen bei uns geführt, und irgendwann ist man es auch leid, über solche Sachen zu diskutieren. Da wir keinen Produzenten wie Uwe Hoffmann dabeihatten, mussten wir das zuletzt unter uns klären, und das war wohl vor allem für Farin besonders anstrengend.*«

Auch dieses Mal mangelt es Farin nicht an Ideen. Nach dem Erfolg von *Lasse redn* hat er schon die nächste Nummer in petto, die ein echter Ohrwurm werden könnte. Es ist ein Lied gegen Homophobie, das den Namen *M&F* trägt und folgende Zeilen in einer eingängigen Disco-Melodie verpackt:

Manche Männer lieben Männer, manche Frauen eben Frauen.
Da gibt's nichts zu bedauern und nichts zu bestaunen.
Das ist genauso normal wie Kaugummi kauen,
doch die meisten werden sich das niemals trauen.

Farin Urlaub: »*So wie ich bei* Lasse redn *wollte, dass alle die Zeile gegen die* BILD-Zeitung *inbrünstig mitsingen, so habe ich bei* M&F *gehofft, dass der Song den Leuten so ins Ohr geht und sie ihre Homophobie ablegen. Ich wollte auch hier versuchen, den Leuten über eine harmlose Nummer einen so wichtigen Gedanken unterzujubeln.*«
Doch wie einst *Lasse redn* wird auch dieser Song nicht als Erstes ausgekoppelt, sondern seit Langem mal wieder ein Song von Bela als erste Single vorausgeschickt. *ZeiDverschwÄndung* heißt das Stück, das eine berechtigte Frage aufwirft:

Es gibt so viel zu sehen. Es gibt doch so viel zu lernen.
Hast du nichts Besseres zu tun, als die Die Ärzte zu hören?

Man stelle sich nur mal vor, Metallica würden einen Song veröffentlichen, mit dem sie an ihrer eigenen Legende kratzen. Das wäre nur schwer vorstellbar. So etwas funktioniert tatsächlich nur bei einer Band wie Die Ärzte, und es verwundert nicht, dass Bela diesen Text geschrieben hat. Dessen Ideenreichtum schreckt selten vor einer heiligen Kuh zurück – nicht mal der eigenen. Farin und Rod sind begeistert von der Nummer und dem fluffigen Sixties-Charme, der sie umgibt. Ähnliche Wirkung erzielt in umgekehrter Richtung Farins Song *Ist das noch Punkrock?*. Dabei handelt es sich nämlich nicht um eine Fortsetzung des beliebten Diskussionsthemas, sondern um die Beschreibung einer Beziehung und wie diese Leute verändern kann:

Früher warst du dabei, wenn eine Wanne brannte.
Dieses Jahr am 1. Mai besuchst du ihre Tante.
Seit es Andrea gibt, kommst du nicht mehr saufen.
Ihr geht zu IKEA, um euch für die neue Bude eine Küche zu kaufen.

Aber ist das noch Punkrock?
Wie dein Herz schlägt, wenn sie dich küsst?
Ist das noch Punkrock, dass euer Lieblingslied in den Charts ist.
Ich will euch nicht den Spaß verderben,
aber musste Sid dafür sterben?
Ist das nach noch Punkrock?

Da der Song auch noch mit den einfühlsamen Worten »Fick dich und deine Schwestern ...« anfängt, ist er in den Augen der Band geradezu wie geschaffen – sozusagen prädestiniert –, um das Album zu eröffnen. Bei der weiteren Reihenfolge der Songs wird größtenteils das FBR-Prinzip angewendet: Ein Stück von Farin, ein Stück von Bela und ein Stück von Rod. Das stärkt noch mehr den Eindruck, dass hier einfach drei Songwriter ihre Stücke zu einem Album aneinanderreihen. Mit einer echten Band hat das nicht viel zu tun. Hinzu kommt, dass es dem Album insgesamt an Tiefe fehlt. Technisch betrachtet enthält es sehr gute Songs, doch einen wirklichen doppelten Boden sucht man meist vergebens. Manches wirkt angestrengt albern, manches angestrengt ernst. Vielen Liedern mangelt es neben der Doppelbödigkeit auch einfach an der typischen Die Ärzte-Coolness, und das betrifft sowohl Songs von Bela und Rod als auch von Farin. Ein gutes Beispiel dafür ist Belas Song *Freundschaft ist Kunst* – wenn dieser ironisch gemeint sein soll, so ist die Ironie kaum zu erkennen. Wenn er aber ernst gemeint ist, so lässt er einem angst und bange werden.

Punk ist der Mainstream jetzt, mach du mal schön dein Ding.
Verzeih, wenn ich jetzt keine Parolen mehr mit dir sing.
Dein Zorn ficht mich nicht an, hab mich verändert, Mann.
Und da kommst du mir dumm.
Hau ab, ich häng mit Künstlern rum!

Ich häng mit Künstlern rum, häng jetzt mit Künstlern rum.
Dein Lebenskompromiss war mir schon lange viel zu krumm.
Ich häng mit Künstlern ab, da weiß ich, was ich hab.
Mach mit oder bleib stumm, denn ich häng jetzt mit Künstlern rum.

Bela B: »Der Text spiegelte eine Beobachtung von mir wider. Punk wird heute im Museum ausgestellt, auf Theater-Bühnen zelebriert. Eigentlich ist es meine Fortsetzung von Punk ist ..., aber das Lied kam wohl zu ernst rüber, um verstanden zu werden.«
  Nicht nur Freundschaft ist Kunst, auch ein Meisterwerk zu wiederholen, ist eine Kunst. Mit ihrem neuen Album kommt die Band jedenfalls nicht an ihr Meisterwerk *Jazz ist anders* heran. In ihrer

Gesamtheit ist die Platte eine ähnliche Kompromisslösung geworden, wie es damals die *Geräusch* war. Es ist jedenfalls keine Bandplatte wie die *Le Frisur* oder eben der umjubelte Vorgänger.

Farin Urlaub: »*Am Ende ist es kein überragendes Album geworden; aber weit entfernt davon, mies zu sein. Ich glaube, selbst wenn der Haussegen mal etwas schief hängt bei uns, sind wir doch noch Kumpels genug, um es nicht komplett baden gehen zu lassen.*«

Bela B: »*Einen weiteren Kompromiss gingen wir dann mit der Gestaltung des Tonträgers ein. Das Artwork war cool, aber wir wollten wieder eine außergewöhnliche Verpackung. Ich mochte Axels Vorschlag, ein Cover aus Holz zu machen, aber besonders Rod sträubte sich total dagegen, weil er es albern fand, hier einen Originalitätspreis gewinnen zu wollen. Letztendlich einigten wir uns auf dieses Spiel im Karton, was mich viel zu sehr an die Pizzaschachtel der Jazz ist anders erinnerte. Allerdings hat das Spiel ein paar sehr bescheuerte Regeln, die wieder absolut und typisch Die Ärzte waren.*«

Trotz der »negativen Vibrations« gibt es auch viel zu lachen, denn nicht alles ist schlimm. Genannt sei hier die Phrasenkasse in der Aufnahmeregie, in der sich im Laufe der gut siebenwöchigen Produktion über 400 Euro ansammeln. Besonders eifrige Einzahler sind Herr Schmitt, der die Band während der Aufnahmen als Techniker unterstützt, und Mirko Schaffer. Noch während die Band im Studio ist, werden die ersten Festivaltermine für den Sommer des nächsten Jahres verkündet. Hinter den Kulissen arbeiten Kiki und das Team von KKT bereits an einer großen Hallentournee, die ebenfalls im nächsten Jahr über die Bühnen gehen soll. Bei der Veröffentlichung des Albums hat man sich auf Freitag, den 13. April 2012 festgelegt. Man will sich nicht unnötig unter Termindruck setzen, und außerdem hat die Band für dieses Jahr auch noch etwas vor. Bereits am 1. September wird die *Das Ende ist noch nicht vorbei*-Tour angekündigt. Sie soll die Band ab Mitte 2012 auf die großen Bühnen des deutschsprachigen Raumes führen. Das erste Konzert soll nach den zuletzt »guten Erfahrungen« wieder in Zwickau stattfinden.

Bela B: »*Das war natürlich Absicht! Als der Vorschlag fiel, gab es großes Gelächter, das durchaus auch als diabolisch bezeichnet werden kann. Insgesamt spiegelt sich hier auch eine Einheit wider, die nur* *zur Hälfte zerrissen war. Wenn es um Quatsch ging, waren wir uns immer schnell einig.«*

Bereits zwei Wochen nach dem Beginn des Vorverkaufs werden in Städten wie Oberhausen, Frankfurt am Main, Berlin, Dresden, Wien, Hannover oder Stuttgart Zusatzkonzerte angesetzt. Der Zuspruch für die Band ist nach wie vor ungebrochen. Vielleicht liegt es aber auch daran, dass das bedeutungsschwangere Motto der Tour ein baldiges Ende der Band erahnen lässt. Dies wird ja schließlich schon seit fast 15 Jahren heraufbeschworen, und jetzt müsste es doch endlich mal so weit sein.

Bela B: »*Das Motto war Axels Idee. Auch darüber haben wir uns köstlich amüsiert. Ich habe daraufhin meine Sticks mit ›Das Ende ist aus Holz‹ und zum zweiten Teil der Tour mit ›Abschied ist ein scharfer Stick‹ bedrucken lassen.*«

Kurz nach der Bekanntgabe der Tournee lassen Die Ärzte eine weitere Meldung vom Stapel. Demnach wollen sie am 19. und 20. Dezember 2011 in der Dortmunder Westfalenhalle je ein Konzert nur für Frauen und ein Konzert nur für Männer spielen. Dieses Vorhaben ist ein weiteres Resultat ihres Treffens aus dem letzten Jahr. Schon mit der Bekanntgabe machen sie gleichzeitig klar, dass sie Szenen, wie sie sich bei der Steinigung im Monty Python-Film *Das Leben des Brian* ereignen, nicht dulden: »*Wichtig zu wissen: Es wird an den beiden Abenden keinerlei Ausnahmen geben. Angeklebte Schnurrbärte (außer in Männergesichtern) werden am Abend der Herren genauso gnadenlos nach Hause geschickt wie Männerbeine in Frauenkleidern am Frauentag.*«

Diese Form der getrennten Unterhaltung tauft die Band XX- und XY-Konzerte, benannt nach den Geschlechterchromosomen. Kiki Ressler von KKT ist fest davon überzeugt, dass beide Konzerte trotz der geringen Vorverkaufszeit im Nu ausverkauft sein werden. Anhand dieser Annahme wird dann auch die Bühnenshow geplant, die dieses Mal unter dem Motto steht: »Mal so richtig auf die Kacke hauen.« Wirklich jeder abstruse Gedanke wird daraufhin auf seine Machbarkeit hin überprüft, und was sonst vollkommen hirnrissig erscheinen wird, ist zwar immer noch total bescheuert, aber dieses Mal wird es eben umgesetzt. Ein weiterer Umstand, der die Band frohlocken lässt, ist die Tatsache, dass die Einteilung nach

Geschlechtern sogar so weit getrieben wird, dass selbst all diejenigen, die bei den Konzerten arbeiten, nur Frauen beziehungsweise Männer sein dürfen. Das gilt für die Securitys, für das Personal an den Getränke- und Imbissständen und natürlich erst recht für die Crew der Band. Wenn das Geschlecht dann aufgrund der Qualifikation nicht passen sollte, muss nachgeholfen werden.

Farin Urlaub: »*Der ganze Aufwand hat sich schon allein wegen der Verkleidung der Crewmitglieder gelohnt. Unsere Tourmanagerin Patty als Mann und Lichtmann Lui als Frau zu sehen, waren echt Höhepunkte meines Lebens.*«

Patty Unwin: »*Ich hatte einen künstlichen Bierbauch an, und eine Maskenbildnerin hat mir noch Bartstoppeln gemacht. Einzelne Mitglieder der Crew haben mich daraufhin erst an der Stimme erkannt.*«

Bela B: »*Die Arbeit in Frauenkleidern war für viele Roadies, besonders die Securitys, nicht gerade einfach. Backstage sind wir nur noch mit gezückter Kamera herumgelaufen, um unsere Crew im Fummel zu erwischen.*«

Nach der Trennung von Schwarwel, die in Fankreisen durch dessen Gold-Award-Auktionen beim Online-Auktionshaus eBay mehr oder weniger die Runde gemacht hat, folgt kurz vor den XX/XY-Konzerten der nächste Paukenschlag. Der offizielle Fanclub der Band, *DÄOF*, gibt bekannt, dass Die Ärzte ihm den Status des offiziellen Fanclubs entzogen haben. Zur Erklärung wird eine E-Mail von Managerin Axel Schulz veröffentlicht. Diese besagt im Kern, dass Die Ärzte nicht länger den Eindruck hinterlassen möchten, dass alles, was der Fanclub in scheinbar offiziellem Auftrag so macht und sagt, auch tatsächlich ihr Wohlgefallen findet. Der letzte Tropfen, der dieses Fass zum Überlaufen brachte, war ein sechsseitiges Interview mit dem Prinzen-Sänger Sebastian Krumbiegel im letzten Fanzine. Nach dem Empfinden der Band war dies wohl definitiv zu viel des Guten. Bela, Farin und Rod möchten einfach nicht, dass ihre Anhängerschaft denkt, sie würden Bands wie diese gut finden. Viele Fans sind überrascht von dem ungewohnt harschen Eingreifen ihrer ansonsten so humorvoll wirkenden Idole. Doch auch diese »uncoole Aktion« steht wieder einmal stellvertretend dafür, dass Die Ärzte wirklich alles kontrollieren wollen, was in und mit ihrem Namen geschieht. Da die Band den Fanclub aber nicht lenken will, gibt es wohl nur diese Möglichkeit. In einem Interview mit dem Fanclub erklärt Bela nochmals die Beweggründe:

Bela B: »*Es ist ja nicht so, dass wir das, was ihr macht, scheiße finden, sondern dass wir nur manchmal finden, dass das nicht in unserem Namen passiert. Und der Tropfen auf den heißen Stein waren natürlich sechs Seiten Krumbiegel mit Prinzen-Fotos. Da fanden wir halt: Was hat das denn mit dem Die Ärzte-Fanclub zu tun? Wir führen keinen Krieg gegen die Prinzen, wir hassen die nicht, aber dass wir das nicht gut finden, was die gemacht haben, ist kein Geheimnis.*«[7]

Diese »Entmachtung« des Fanclubs wirft auch die Frage auf, ob eine Band wie Die Ärzte in Zeiten von sozialen Netzwerken wie Facebook, Twitter & Co. überhaupt noch einen Fanclub braucht, denn die Anhängerschaft ist auch so bestens organisiert und informiert. Die Macher des Fanclubs geben selbst die Antwort auf diese Frage, indem sie den Fanclub im nächsten Jahr mit einer großen Party auflösen und die übrigen Gelder nach Zustimmung der Mitglieder an *Ärzte ohne Grenzen* spenden.

Der Autor: »*Ich hatte mich zu diesem Zeitpunkt schon aus der Organisation des Fanclubs verabschiedet, da ich nicht mehr die Zeit dafür aufbringen konnte und wollte. Trotzdem habe ich natürlich das ganze Drama mitbekommen, und es tat mir schon weh, wie es geendet hat. Solche Dinge sind eben immer mit viel Herzblut und Emotionen verbunden. Alles in allem war es eine Zeit, aus der viele Freundschaften entstanden sind und die ich auf keinen Fall missen möchte.*«

Bevor die XX- und XY-Konzerte stattfinden, will die Band mal eben ein Video für das neue Album drehen. Oder besser gesagt: 16 Videos für insgesamt 16 Songs. Diese sollen dann rund um den Veröffentlichungstermin im nächsten Jahr nacheinander in regelmäßigen Abständen über den YouTube-Kanal der Band veröffentlicht werden, und wenn möglich sollen die Videos sowohl einzeln funktionieren als auch aneinandergefügt eine geschlossene Handlung ergeben. Den Die Ärzte ist bewusst, dass der Single-Markt als solcher mehr als tot ist und es sich kaum noch lohnt, eine Single zu bewerben. So wollen sie das Geld eben lieber in die Werbung für ihr Album stecken und für das Budget, das sie sonst für die Produktion von einem einzigen Video ausgegeben haben, gleich 16 Videos drehen lassen.

Bela B: »*Die Idee mit den vielen Videos kam von Axel. Da auf YouTube sowieso ewig viele selbst gemachte Videos kursieren, die das Auffinden unserer Originale erschweren, sollten wir dieses Mal schneller sein und direkt zu jedem Lied ein günstiges Video drehen. Eigentlich sollten zumindest zu den ersten beiden Singles noch aufwendigere Videos entstehen. Als wir aber dann zu jedem Song zwei Versionen hatten, erklärte Axel das für unnötig.*«
Das Budget, das nun für jedes einzelne Video zur Verfügung steht, entspricht damit den Beträgen, die mittlerweile standardmäßig für Musikvideo-Produktionen ausgegeben werden. Seit dem Tod des Musikfernsehens und den damit einhergehenden gesunkenen technischen Anforderungen von Online-Portalen wie YouTube oder Tape.tv sind auch hier die fetten Jahre unwiderruflich vorbei. Mit dieser Maßgabe hat Hot Action Records unter den Medienhochschulen des Landes einen Kreativ-Wettbewerb ausgerufen. Wer das beste Konzept abliefert, bekommt den Zuschlag, 16 Videos für Die Ärzte zu drehen. Es gewinnt schließlich der Ansatz von Tine Kluth. Sie will mit ihrem Team aus zuvor erstellten Fotos und Standbildaufnahmen der Band 16 animierte Cut-out-Videos produzieren, die wiederum alle von verschiedenen Regisseuren gedreht werden. Kluth selbst führt beim Video für die erste Single *zeiDverschwÄndung* Regie. Die Band findet den Ansatz vor allem deswegen überzeugend, weil er sehr künstlerisch ist und außerdem ein geradezu unschlagbares Verhältnis zwischen Aufwand und Ertrag bietet. Außer ein paar Stunden im Studio, in denen sie vor einem sogenannten Green Screen Bewegungen, Gesichtsausdrücke und Gesten vollführen müssen, gibt es für sie nichts zu tun. Hot Action Records hat jedoch Bedenken, nur diese Form von Videos zu veröffentlichen, und ist der Meinung, dass die Fans schon auch richtige Aufnahmen von der Band sehen wollen. Man empfiehlt den Die Ärzte, noch ein zweites Konzept auszuwählen, das auch diesem Wunsch Rechnung trägt. Bela, Farin und Rod lassen sich darauf ein, sollen es aber schon bald bereuen.

Anfang Dezember finden die Dreharbeiten zu den Videos statt, wobei die Studio-Aufnahmen für die Cut-out-Videos den Anfang machen. Hier ist die Stimmung noch sehr entspannt und gelöst. Danach geht es raus in ein altes Kraftwerk irgendwo im Berliner

Stadtteil Rummelsburg. Die Außentemperatur beträgt minus sechs Grad, und die anfangs gute Stimmung schlägt schnell um.

Farin Urlaub: »*Wir waren zwei volle Tage lang in einer unvorstellbar kalten Ruine gefangen; müde, hungrig, erschöpft und durchgefroren bis auf die Knochen. Das schlug tatsächlich auf die Stimmung, nicht nur bei uns. Wir trösteten uns mit dem Gedanken, dass das ganze Unterfangen durchaus ›einen Versuch wert‹ sei. Uns war aber schon während der Dreharbeiten klar, dass die Videos aufgrund des Zeitmangels und der äußeren Umstände nicht so überwältigend aussehen würden.*«

Bela B: »*Ich hatte einen sehr warmen Flanellanzug an, wollte aber öfter das Outfit wechseln. Ein Vorhaben, das ich ob der Kälte nicht mehr umsetzte.*«

Der Gute-Laune-Faktor liegt während der Dreharbeiten ähnlich wie die Temperaturen weit unter Null. Das Team der Studenten von der Hochschule Freiburg, das den Zuschlag erhalten hat, ist zwar redlich bemüht, allerdings auch ziemlich unerfahren im Metier der Musikvideos. All diese Faktoren führen dazu, dass die Band richtig miese Laune hat. Anja Marenbach von Hot Action Records traut sich kaum noch, der Band in die Augen zu sehen.

Anja Marenbach: »*Die Dreharbeiten zu diesen 16 Videos gehören mit zu den heftigsten Erfahrungen, die ich im Laufe meiner Zeit bei Die Ärzte erleben durfte. Ein uraltes Kraftwerk, eine riesige Crew mit Filmstudenten und Minusgrade. Die Band hatte am Ende der zwei Drehtage so schlechte Laune, dass ich mich nicht mehr zu ihnen ins Catering getraut habe. Das letzte Video* Sohn der Leere *wurde fast vergessen und dann ohne Band, aber mit viel Pyrotechnik gedreht.*«

Rodrigo González: »*Ich weiß nicht, warum Anja sich da so einen Stress gemacht hat, denn es waren ja wir, die dem Ganzen zugestimmt haben. Wir haben relativ schnell gemerkt, dass wir uns komplett übernommen hatten und dass das gar nicht in der kurzen Zeit zu schaffen war. Am Ende hätten die sogar noch ein Stück vergessen, wenn wir sie nicht darauf hingewiesen hätten. Da wurde es dann noch mal richtig stressig. Wir haben uns mit dieser Geschichte wirklich keinen Gefallen getan, denn genau diese Art von Videos haben wir eigentlich zur Genüge gemacht. Das hätten wir uns besser sparen sollen.*«

Bela B: »*Rod verlor als Erster die gute Laune. Ihn plagten ziemliche Rückenschmerzen. Je schlechter die Laune wurde, umso mehr hab ich* den Hampelmann gegeben und versucht, das aufzufangen. Ich hab mich sogar verletzt dabei, da musste selbst Rod dann wieder lachen, wie bei M&F gut zu sehen ist.«

Rodrigo González: »*Ich hatte mir beim Videodreh zu den Animationsvideos meine Schulter kaputt gemacht (Blockade der Rotatorenmanschette). Der komplette rechte Arm war danach quasi eingefroren, und ich hatte für ein Jahr Schmerzen, trotz intensiver Physiotherapie.*«

Aus dem kalten Kraftwerk geht es mit Schniefnasen in den warmen Proberaum, denn die Band muss sich auf die besonderen Konzerte in Dortmund kurz vor Weihnachten vorbereiten. Sie ist sehr gespannt darauf, was sie an diesen beiden Abenden erwarten wird. Für jedes Konzert studieren Bela, Farin und Rod ein eigenes Programm ein, das sich zu einem großen Teil aus Songs zusammensetzt, die man klar dem jeweiligen Geschlecht zuordnen kann. Dies ist das erste Mal, dass die Band ein Programm so sehr auf die Zielgruppe ihrer Konzerte zuschneidet. Wer sich dann am 19. Dezember 2011 als Vertreter des männlichen Geschlechts vor der Dortmunder Westfalenhalle aufhält, hat schon das Gefühl, der Hahn im Korb zu sein, denn wohin man auch schaut, ist nur Weibsvolk anwesend. Vereinzelt versuchen ein paar verkleidete Männer, Eintritt zum Konzert zu erlangen, doch die werden gnadenlos abgewiesen: Ladies Day eben. Wie es sich für solch ein ungewöhnliches Konzert gehört, ist auch der Konzertbeginn äußerst ungewöhnlich. Der weiße, geraffte Bühnenvorhang wird langsam nach oben gezogen und gibt den Blick auf die gewaltige Bühne frei. Ein riesiges rotes Herz kommt zum Vorschein, und als der Vorhang weiter nach oben gezogen wird, sieht man endlich auch Die Ärzte. Sie sitzen hoch oben über dem Publikum auf einer langen roten Schaukel, die zu Streicherklängen ganz langsam herabgelassen wird.

Bela B: »*Wir saßen da in circa 15 Meter Höhe auf dieser schwingenden Schaukel und haben gewartet, bis das Konzert anfängt. Ich bin nicht schwindelfrei. Deshalb forderte mir das Grinsen, das ich aufsetzte, als der Vorhang fiel, äußerste Konzentration ab, um nicht zu sagen, es war gespielt.*«

Farin Urlaub: »*Das waren wieder Die Ärzte, wie ich sie liebe: eine völlig absurde, weitgehend sinnlose Aktion, mit enormem Aufwand* *und Liebe zum Detail verwirklicht. Als die Schaukel runterkam, war Bela zwar etwas grün im Gesicht, aber wir waren wieder mal vereint im Blödsinn.«*

Das Gekreische der Damen geht durch Mark und Bein. Bela, Farin und Rod gefällt, was sie sehen – ein lang gehegter Traum wird endlich wahr. Als die Band auf der Bühne angekommen ist, schreitet Rod sofort zu seinem Keyboard und spielt die ersten Töne von *WAMMW* (Wenn alle Männer Mädchen wären). Farin nimmt das Mikro in die Hand und trägt den anwesenden Damen vor, wie für ihn eine perfekte Welt aussehen würde.

Bela B: »*Ich spielte bei dem Lied ganz am Ende einen Ton auf der Triangel, was hier nicht unerwähnt bleiben soll!*«

Der Autor: »*Bela spielte am Ende des Liedes noch einen Ton auf dem wohl schwierigsten Instrument, das man sich nur vorstellen kann: (jetzt mit dramatischer Stimme) der Triangel.*«

Danach folgt mit *2000 Mädchen, Mädchen, Wilde Mädchen* und *Sie kratzt, sie stinkt, sie klebt* so ziemlich alle Songs aus dem Repertoire der Band, die explizit vom weiblichen Geschlecht handeln. In *Mädchen* werden natürlich wieder berühmte Damen der Vergangenheit und Gegenwart erwähnt, dieses Mal:

Renate – Künast
Marilyn – Monroe
Klaus – Wowereit

Bela, Farin und Rod müssen sich zu Beginn des Konzertes erst einmal daran gewöhnen, dass nur Mädchen anwesend sind, und Ansagen wie »Meine Damen und Herren« hier und heute fehl am Platz sind. Auch die Pogo-Aktivitäten im Publikum sind dieses Mal seltsamerweise nicht so zahlreich wie sonst. Wenn sie dann aber stattfinden, so ist der Anblick wild Pogo tanzender Mädchen schon sehr skurril.

In der Hoffnung, endlich ein Publikum vorzufinden, das auch ruhige und melancholische Nummern zu würdigen weiß, spielen sie viele Balladen wie *Mach die Augen zu* oder *Ich weiß nicht (ob das Liebe ist)*. Bei Letzterem verändert Farin den Text so, dass seine Angebetete statt eines Alkoholproblems nun ein hartes Drogenproblem hat:

Am nächsten Tag habe ich dich besucht.
Als das Crack alle war, hast du laut geflucht.
Du lagst auf dem Bett und warst ziemlich breit.
Aber immerhin waren wir allein zu zweit.
Ich wollte mit dir reden über deine Frisur,
und über Liebe, aber du lachtest nur.
Jetzt weiß ich nicht, was mit uns los ist.
Ist es Liebe, oder war's 'ne Überdosis?

Mit dem Einsetzen des markanten Gitarrensolos zum Ende des Songs ergießt sich ein lang andauernder Funkenregen über die Band. Farin nutzt das Solo sogleich für einen ausgiebigen Spaziergang über die Rampen hinter Belas Schlagzeug. Bei diesem etwas anderen Konzert wird deutlich, wie viele Songs der Band die nicht immer ganz leichte Beziehung zwischen Frau und Mann thematisieren. Da wäre zum Beispiel Belas *Manchmal haben Frauen ...* oder Farins *Feminin (Schwanz ab)*, das heute einmal ganz ohne den üblichen Männerchor auskommen muss. Das recht maskuline *Junge* wird trotzdem gespielt – allerdings in einer spontan umgedichteten Mädchen-Version:

Mädchen, warum hast du nichts gelernt?
Guck dir die Ingrid an, die hat sogar ein Piercing.
Warum gehst du nicht zu Tante Helga in den Frisörsalon?
Die gibt dir 'ne Dauerwelle, wenn du darum bittest.
Mädchen, ...

Farin Urlaub: »*Wie immer waren die meisten Textänderungen spontan. Ja, man könnte sich das auch vorher zurechtlegen – aber ich finde es viel schwieriger, mir so etwas dann noch zu merken, als einfach draufloszureimen.*«

Nach einer wieder mal ewig langen Version von *Zu spät*, in der sich Bela und Farin im Freestyle-Reimen probieren, endet das Konzert. Die Ärzte ziehen sich anschließend auf die rechte Seite der Bühne zurück, denn auf sie und das Publikum kommt nun etwas Großes zu: Eine riesengroße Hubschrauber-Attrappe wird zu lauten Rotorengeräuschen von der Decke gelassen. Das Publikum traut seinen Augen nicht und reckt seine Handys in die Höhe. Die sind doch komplett übergeschnappt, denken sie sich – und das zu Recht. Nachdem die Band den Hubschrauber bestiegen hat und damit in die Lüfte gestiegen ist, fällt der Vorhang wieder. Das nächste Die Ärzte-Konzert müssen die Damen wieder zusammen mit den Herren der Schöpfung verbringen.

Bela B: »*Wir winkten aus dem Hubschrauber heraus, und uns liefen die Tränen wegen der Aktion. Ich schaute Farin an, und er sagte mit breitestem Grinsen: ›Und morgen sind die Männer dran!‹*«

So ist es dann auch. Wie schon das XX-Konzert wird auch dieser Männerabend in Bild und Ton festgehalten. Anders als bei den Damen beginnt dieses Konzert ganz unspektakulär, indem der Vorhang fällt und die Band anfängt, *Junge* zu spielen, gefolgt von dem unausweichlichen *Ein Mann*. Für die Herren der Schöpfung legt die Band eine härtere Gangart ein mit Songs wie *Anti-Zombie, Meine Freunde* oder *Vermissen, Baby*. Belas Song *Omaboy* darf natürlich nicht fehlen. Während Die Ärzte diesen ergreifenden Song spielen, toben sich die Männer am Licht- und Pyro-Pult mal so richtig aus. Flammen schießen in die Luft, Funken sprühen, Nebelsäulen steigen auf, und das in stetigem Wechsel und nur bei diesem einen Song. Da sich diese Nummer eigentlich überhaupt nicht für Pyro-Effekte eignet, wirkt es so, als ob jemand aus Versehen an die falschen Knöpfe gekommen ist. Genau dieser Eindruck ist aber so gewollt, und die Band muss sich während ihres Vortrags schon sehr konzentrieren, um den Song nicht zu verhauen.

Bela B und Farin Urlaub:
Bela: »*Ja, Alter, so läuft's bei den Ärzten, wenn sie mal dürfen.*«
Farin: »*Wir hatten vier Wünsche frei. Einmal vor Frauen spielen, einmal vor Männern spielen, einmal so richtig knallen.*«
Bela: »*Der vierte Wunsch hat auch etwas mit Knallen zu tun und unserem Bassisten.*«[8]

Ja, der feine Herrenwitz steht heute besonders hoch im Kurs. Bela singt vor fast jedem Song eine neue Strophe aus seinem gerade eben komponierten Gassenhauer *Ficken und Bier*, und Farin ermuntert die Männer zur ersten offiziellen Rülps-La-Ola, die netterweise nur von vorne nach hinten und nicht von unten nach oben verläuft. Kurzum: Die Band hat sehr viel Spaß. Wie sehr, zeigt sich unter anderem daran, dass Bela und Farin bei *Alleine in der Nacht* aus irgendeinem Grund einen solchen Lachanfall kriegen, dass sie den Song fast abbrechen müssen. Wie bei den Damen steigen Die Ärzte auch heute mit ihrem Helikopter von der Bühne empor. Damit geht ein großer Spaß zu Ende, der sicherlich keine Nachahmung mehr finden wird, denn das Resümee der Band fällt nicht besonders positiv aus.

Rodrigo González: »*Ich bin der Meinung, dass das Frauen-Konzert eindeutig besser war, was in meinen Augen auch an unserer Setlist gelegen hat. Ich war ziemlich enttäuscht vom Männer-Konzert. Da war eine komische Stimmung, und die Halle hat irgendwie nach Furz gestunken. Scheinbar haben Männer mehr Flatulenzen als Frauen.*«
Farin Urlaub: »*Die Idee war total geil, aber es waren keine geilen Konzerte. Es hat halt wirklich was gefehlt. Das fand ich total schade.*«
Bela B: »*Top-Idee, aber die Halle war zu groß dafür. Ich hab's trotzdem geliebt und bin stolz darauf, dass wir das durchgezogen haben.*«

Was den Konzerten unter anderem gefehlt hat, sind Zuschauer, denn beide Shows waren nicht ausverkauft. Die oberen Ränge der Halle sind sogar komplett abgehängt worden. Bei der Wahl des Termins hat man mit Sicherheit unterschätzt, dass viele Leute zu diesem Zeitpunkt schon im Weihnachtsurlaub waren. Außerdem sind viele Pärchen, die sonst gemeinsam auf ein Die Ärzte-Konzert gehen, infolge der Geschlechtertrennung den Konzerten ferngeblieben – dies lassen zumindest Kommentare im weltweiten Netz vermuten, denen man entnehmen konnte, dass Die Ärzte eine Band sind, die man sich gerne gemeinsam mit seinem Partner ansieht. Die fehlenden Zuschauer machen sich natürlich auch in der Gesamtabrechnung bemerkbar, denn bedingt durch die betriebene Effekthascherei der Band steht am Ende ein dickes Minus. Darauf kommt es aber nicht immer an, wie Farin erklärt.

Farin Urlaub: »*Wir machen das alles nicht nur, um Gewinn zu erzielen. Es geht uns auch schon um den Spaß. Der hat dann eben leider nicht so gestimmt. Es waren keine Katastrophen-Konzerte, aber es hat schon seinen Grund, warum wir die Aufnahmen bislang unter Verschluss gehalten haben.*«

Das Jahr 2012 ist noch frisch, als Die Ärzte den Namen und den Veröffentlichungstag ihres neuen Albums mit schlichten Worten

bekannt geben: »*Am 13. April 2012 erscheint ›auch‹, das neue Album!*«
Das zum Ende hin eingesetzte Komma rettet hier zwar kein Leben wie bei »Komm wir essen, Opa!«, aber es verrät immerhin den schlichten Namen, den die Band ihrem neuen Studiowerk gegeben hat. In einem Interview verrät Farin, warum sie nun eine Lanze für das in der geschriebenen Sprache oft gestrichene Füllwort brechen.
Farin Urlaub: »*Wir brauchten halt AUCH mal wieder einen Albumnamen.*«[9]
Bis zur Veröffentlichung ihres neuen Werks gibt die Band noch zahlreiche weitere Interviews. Die meisten Fragen der Journalisten sind wenig bis gar nicht originell, und so vergeht kaum ein Gespräch, in dem nicht die Frage auftaucht, ob das noch Punkrock sei. Eine erfrischende Ausnahme bildet ein Gespräch mit dem Autor und Musiker Nagel, das für das kostenlose Musikmagazin *Intro* geführt wird, aus dem auch Farins Erklärung des Albumtitels stammt. Nagel war bis zu ihrer Auflösung jahrelang Frontmann bei der Deutschpunk-Band Muff Potter, mit der er auch im Vorprogramm von Die Ärzte gespielt hat. Außerdem hat er einen Roman namens *Wo die wilden Maden graben* veröffentlicht, bei dessen Hörbuch-Umsetzung Farin eine Sprecherrolle übernommen hat. Nagel ist also bestens vertraut mit der Band, und er hat immerhin keine Scheu zuzugeben, dass ihm irgendwann keine Fragen mehr einfallen.
Nagel: »*Ich habe jetzt echt keine Fragen mehr.*«
Bela: »*Wie wir uns hier verzweifelt an dieses Interview klammern!*«
Rod: »*Als könnte es das letzte sein. Und: Je länger wir hier sitzen, desto kürzer wird die Fotosession. Taktik!*«
Farin: »*Aaaaah.*«
Vor dieser Feststellung musste Nagel den dreien noch etwas anderes zugestehen.
Nagel: »*Ihr habt schon wahnsinnig viel Krempel gemacht.*«
Rod: »*Krempel!*«
Farin: »*Danke. Die Band mit dem vielen Krempel! Die Ärzte sind zurück!*«
Nagel: »*Ich meinte Gimmicks, Ideen.* **Etwa die Bullenstaat-EPs mit Interpretationen von alten Deutschpunk-Klassikern,**

die Economy-Version vom letzten Album mit absichtlich mieser Produktion und schlecht abgewandelten Texten, die reinen Männer- und Frauen-Konzerte im letzten Jahr. Von außen denkt man sich: Wie viel Spaß müssen diese Typen haben, um sich all das auszudenken? Gibt es da auch den Druck, sich etwas verrücktes Neues ausdenken zu müssen, obwohl man einfach nur eine Platte herausbringen möchte?«

Farin: »Du vertauschst Ursache und Wirkung – wenn wir den ›Krempel‹ nicht machen würden, dann hätten wir keinen Spaß am, na ja: am ›Kerngeschäft‹.

Nagel: »›Kerngeschäft‹ ist ein sehr viel diskreditierenderer Ausdruck als ›Krempel‹!«

Farin: »Es ist ja so: Wir sind in einer völlig unangreifbaren Position. Wenn das Album halb so viel verkauft wie das davor, dann verkauft es immer noch unfassbar viel. Und wenn es nur ein Viertel davon verkauft, dann werden alle entlassen. Eine Win-win-Situation!«

ZeiDverschwÄndung ist der erste neue Song, den die Band nach langer Ruhepause veröffentlicht. Zum ersten Mal seit *Ich ess' Blumen* im Jahr 1988 wird wieder mal ein Song von Bela als erste Single aus einem Album ausgekoppelt. Die physische Single erscheint im EP-Format als Maxi-CD beziehungsweise als Doppel-7"-Vinyl. Neben dem Titelstück ist auf der EP auch jeweils ein Song von Farin, Bela und Rod enthalten, der nicht auf *auch* ist. Darunter ist neben Rods liebevoller Keith Moon-Verbeugung *Quadrophenia* auch das von Bela geschriebene *Will dich zurück*, das dem erfahrenen Musikhörer ein Déjà-Vu-Erlebnis beschert – die Refrainmelodie ist hier exakt dieselbe wie beim Song *Dead Man Walking* von den Donots. Während die Fans Bela dafür feiern, ist diesem der »geistige Diebstahl« mehr als unangenehm.

Bela B: »*Ich habe irgendwann eine Mail von den Donots bekommen, in der sie mich fragten, wie sie den Song von mir jetzt verstehen sollten. Ich wusste erst gar nicht, was sie meinen, bis ich ihren Song gehört habe. Danach bin ich aus allen Wolken gefallen. Ich hatte die Melodie wirklich 1:1 von ihnen geklaut, wenn auch unbewusst, denn die Platte, auf der der Song enthalten ist, hatte ich höchstens ein bis zwei Mal gehört. Ich konnte auch eine ganze Zeit lang mit den Donots* nicht viel anfangen. Die waren mir immer zu ausproduziert gewesen. Ich habe mich dann tausendmal bei ihnen dafür entschuldigt, sie haben gesagt, dass sie ihre Anwälte jetzt zurückpfeifen werden, und seitdem sind wir uns richtig ans Herz gewachsen.«

Anlässlich der Single-Veröffentlichung sind die ersten Animationsvideos im Netz zu sehen. Auch für die drei B-Seiten der Single *zeiDverschwÄndung* können die Fans entsprechende Videos abrufen. Die Animationsvideos zu allen Songs von *auch* sind erstmalig im Rahmen einer Video-Vernissage am Wochenende der Album-Veröffentlichung in fünf deutschen Galerien zu sehen. Eine kurz gehaltene Presseinformation im Feuilleton-Sprech verrät mehr über die Hintergründe und die Intention der Künstler:

»*Was darf Kunst auch und muss Kunst auch dürfen können oder ist Kunst gar auch das Dürfen selbst? Bedarf die Kunst der Bedürftigen auch Bedürfnisse? Was also AUCH darf Kunst? Das seit drei Jahren im öffentlichen Untergrund tätige Künstlertrio Die Ärzte stellt ketzerisch diese Frage, ohne letztlich die Antwort darauf zu erwarten.*

In sechzehn Videostudien ließen sie sechzehn ausgewählte Künstler ihre › Tonale Destruktion der Erwartung‹ in bewegte Bilder umsetzen. Inhaltlich fügen sie starre fotografische Abbildungen ihrer selbst hinzu, die dann allerdings in der schnellen Folge Bewegung simulieren, so also als Metapher auf die Illusion der Künste verstanden werden will. Die sechzehn virtuellen Welten, durch die sich die Avatare der Die Ärzte starr bewegen, wurden von sechzehn Demiurgen völlig frei und neu erschaffen.

Die Die Ärzte begegneten den sechzehn Kunstwerken bisher nur mit verbundenen Augen, ähnlich des Delinquenten bei der Erschießung. Des Weiteren benichttrachteten sie die Werke aural nicht wahrnehmbar in brachialer Stille. Eine bewusste Entscheidung, denn die drei ›Extremisten der Wahrnehmung‹ wollten die Begegnung mit und um den Umgang ihrer Kunst völlig wertfrei begehen. Das radikale Ergebnis dieser Anarchismen der Moderne wird nun in fünf Vernissagen an verschiedenen Orten der Öffentlichkeit zugänglich gemacht, bevor am 15.4. um 18 Uhr eine Dauerausstellung im weltweiten Netz eröffnet wird.

Freibier und Softdrinks solange der Vorrat reicht!
Der Kürator«

Diese Aktion kann als logische Fortsetzung von Belas Text zu *Freundschaft ist Kunst* angesehen werden, denn nun hängen die Werke von den Die Ärzte zusammen mit anderen Künstlern herum.
Bela B: »*Das Ganze war meine Idee, und den Text habe ich auch geschrieben. Allerdings hat Farin ihn dann noch mit dem Wort ›Demiurgen‹ geadelt.*«
Früher hätten Die Ärzte zu dieser Zeit neben den Radioanstalten auch die Musiksender bereist, doch MTV und VIVA sind schon lange kein Medium für Musik mehr, sodass sie nicht mehr relevant und nur noch belanglos sind. Die Termine, an denen Die Ärzte zur Bewerbung ihrer neuen Platte auf den Bildschirmen zu sehen sind, halten sich dieses Mal in ganz, ganz engen Grenzen. Sie gehen lediglich zu Harald Schmidt, um dort mit dessen Hauskapelle und einem angemieteten Chor ihre neue Single *zeiDverschwÄndung* zu spielen. Ein anderer Auftritt soll in der Talkshow *Roche & Böhmermann* stattfinden, die erst seit Kurzem auf dem Spartensender ZDFkultur ausgestrahlt wird. Allerdings betreten nur Bela und Rod das Studio, Farin reist noch vor der Aufzeichnung ab. Der Grund dafür liegt in den Umständen der Sendung, denn die Moderatoren Charlotte Roche und Jan Böhmermann geben die Prämisse aus, dass im Gegensatz zu den üblichen Gepflogenheiten in ihrer Sendung geraucht und Alkohol getrunken werden darf und sie dies auch zu tun gedenken. Farin, der bekannter und überzeugter Nichtraucher und Antialkoholiker ist, will dem jedoch kein Forum bieten und bleibt stattdessen der Sendung lieber komplett fern. Selbst das Versprechen der Moderatoren und der anderen Gäste, dass man ihm zuliebe auch gerne darauf verzichten würde, kann ihn nicht mehr umstimmen. Neben den Die Ärzte sind auch noch König Boris von Fettes Brot und Rocko Schamoni in der Sendung zu Gast.
Rocko Schamoni: »*Als ich im Taxi saß und auf dem Weg zur Sendung war, rief Bela mich an und hat gefragt, ob ich in der Sendung rauchen werde. Ich war etwas perplex und habe geantwortet: ›Wieso, darf man? Wenn ich darf, mache ich's, ansonsten nicht.‹ Als ich ankam, hat Farin gerade die Sendung genau deswegen verlassen. Ich hatte das schlechte Gefühl, dass ich Schuld daran hätte, und habe Bela gebeten, Farin anzurufen. Ich habe wirklich null Wert darauf gelegt, in der Sendung zu rauchen. Farin wollte aber partout nicht in*

die Sendung zurückkommen, und so haben wir eben alle geraucht, und Jan Böhmermann, der laut eigenen Aussagen zuvor nie einen Schluck Alkohol getrunken hat, hat Whisky getrunken.«
Bela B: »*Es hätten sicher alle gut darauf verzichten können, dort zu rauchen. Farin hat zu mir gesagt, dass er nicht in einer Sendung auftreten kann, die das Rauchen propagiert – selbst wenn da nicht geraucht wird. Das fand ich schon ziemlich um die Ecke gedacht. Ich persönlich denke eher, dass Farin keinen Bock hatte. Nervig war, dass Jan Böhmermann wohl am meisten Bock auf Farin gehabt hat. Der war echt mega enttäuscht von der Absage. Abgesehen von Farins Nicht-Erscheinen war aber auch der Rest der Sendung eher dürftig. Die Einspielfilme über uns waren recht unoriginell und haben uns auf Dinge reduziert, die ich so nicht nachvollziehen konnte. Ich habe dann einen Mann aus dem Publikum geholt, und wir haben ihn gemeinsam interviewt, was zumindest recht absurd war.*«

Das Fernbleiben von Farin zieht ein kleines Rauschen im digitalen und analogen Blätterwald nach sich. Die Wochenzeitung *Die Zeit* schreibt über diese Sendung: »*Es gab einmal eine Zeit, die Zeit von Klaus Kinski, Helmut Berger und Nina Hagen, da musste man in einer Talkshow noch besoffen sein, zeigen, wo der G-Punkt liegt, oder den Moderator zur Sau machen (können Sie die Ausfälligkeiten zuordnen?), um ein bisschen aufzufallen. Nun hat sich bei Roche & Böhmermann ein Epochenwechsel angekündigt. Heute erregt man am meisten Aufsehen, wenn man nicht kommt. Obwohl, wahrscheinlich liegt es eher an Farin Urlaubs erstaunlicher Begründung.*«[10]

Farin Urlaub: »*Ich hatte keine Ahnung vom Sendekonzept, weil ich ohnehin nie fernsehe. Als wir auf dem Weg ins Aufnahmestudio an einer Tankstelle hielten, kaufte Rod sich eine Packung Zigaretten. Da er inzwischen auf Elektro-Dampf umgestiegen war, wunderte ich mich, woraufhin er mich aufklärte: ›Das ist ein geiles Konzept, wie in den Siebzigern! In der Sendung wird gequalmt!‹ Ich fiel aus allen Wolken – und sagte daraufhin ab, obwohl ich schon dort war. Tolle Wurst.*«

Nebenbei bemerkt wird Farin im Jahr 2015 wieder als Gast zu einer Fernsehshow von Jan Böhmermann eingeladen werden. Dann wird er auch tatsächlich neben Böhmermann Platz nehmen, um sein neues Soloalbum *Faszination Weltraum* vorzustellen. Als Böhmermann mit ihm *Entscheide dich!* spielt, wird Farin wieder von jener Handlung eingeholt, denn er muss sich bei dem Spiel unter anderem zwischen zwei besonderen Dingen entscheiden.

Farin Urlaub: »*(Liest Frage vor:)* ›Würdest du lieber in einer Talkshow auftreten, in der geraucht und getrunken werden darf oder für Bob Geldof einen Song organisieren, um Geld für Afrika zu sammeln?‹ Ihr seid echt Schweine! Ihr seid echt Schweine!«[11]

Die zweite Option ist ein Seitenhieb gegen Campino, der 2014 Bob Geldof genau jenen Gefallen tun wird. Apropos Die Toten Hosen: Auch sie veröffentlichen in dem Jahr, in dem das neue Die Ärzte-Album erscheint, mit *Ballast der Republik* ein neues Studioalbum. Anlass dafür ist das 30-jährige Jubiläum der Band. Auch Die Ärzte gibt es nun schon seit 30 Jahren brutto, aber im Gegensatz zu den Kollegen aus Düsseldorf hängen sie ihren Geburtstag nicht an die große Glocke. Die Hosen wiederum legen ihrem Album noch eine spezielle Bonus-CD namens *Die Geister, die wir riefen* bei, auf der sie sich der Werke verschiedener deutschsprachiger Künstler annehmen. Neben Erich Kästner, Hermann Hesse, Falco oder Hannes Wader haben sie sich auch den Die Ärzte gewidmet. Ihre Version von *Schrei nach Liebe* möchten sie dabei als lieben Gruß von Düsseldorf nach Berlin verstanden wissen.

Bela B: »*Das hat mich wirklich sehr gefreut. Die Hosen sind wohl die Einzigen, die das Stück so spielen können, dass es nicht schlechter als unsere Version klingt. Ich gebe auch zu, dass ein Teil von mir auch immer Fan der Hosen gewesen ist, und für mich hat sich mit dieser Aktion von ihnen ein Kreis geschlossen.*«

Das neue Album der Toten Hosen geht durch die Decke und beschert der Band einen nicht mehr für möglich gehaltenen Höhenflug. Schuld daran ist der Titel *Tage wie diese*, den die Band als erste Single veröffentlicht.

Farin Urlaub: »*Ich habe das Video dazu gesehen und war mir sicher: Das wird jetzt abgehen.*«

Rodrigo González: »*Mein erster Gedanke war:* ›*Das ist jetzt nicht wahr.*‹ *Für mich persönlich war das ein schwarzer Tag, und ich finde, da hat unsere Plattenfirma total geschlafen. Wir haben sonst immer darauf geachtet, dass wir nicht im selben Zeitraum wie die Hosen Sachen veröffentlichen, weil wir uns nicht gegenseitig Konkurrenz*

machen wollten. *Da haben wir unseren Zeitplan abgearbeitet und uns selber ins Knie geschossen. Für mich ist es ein Wunder, dass wir überhaupt noch so viele Platten verkauft haben. Wir hätten die Veröffentlichung besser nach hinten verschieben sollen, denn bei unserem Treffen in 2010 hatten wir uns geschworen, dass wir nichts mehr über das Knie brechen wollen. Die Hosen haben uns jedenfalls so richtig das Wasser abgegraben.«*
Bela B: *»Was soll sein?! Endlich, im 30. Jahr ihres Bestehens, waren die Düsseldorfer erfolgreicher als wir. Ich habe denen das gegönnt, und ehrlich gesagt mag ich die Platte und sogar die erste Single sehr.«*

Tage wie diese mutiert zur Hymne des Sommers, ja eigentlich des ganzen Jahres. Die ARD setzt ihn während ihrer Übertragungen von der Fußball-EM ein, im Düsseldorfer Stadion läuft er beim entscheidenden Relegationsspiel[12] zwischen der Fortuna und Hertha BSC rauf und runter, die deutschen Geschäftsreisenden wählen ihn zum Song des Jahres, und selbst Die Ärzte kommen auf den Konzerten ihrer großen Sommer-Tournee nicht daran vorbei.

Farin Urlaub und Bela B:
»Du bist mit ihm bei den Hosen gewesen.
Ich hab dir nur die Leviten gelesen. (An Tagen wie diesen.)«[13]

Dabei erlangen Die Ärzte mit ihrer zweiten Single M&F ebenfalls viel Aufmerksamkeit. Wie von Farin erhofft, setzt sich der Song auf den Playlisten der deutschsprachigen Radiosender fest. Wie viele homophobe Hörer er zum Nachdenken bewegt hat, ist indes nicht überliefert. Fest steht jedoch, dass kurz danach auch die letzten verbliebenen Diskriminierungen gleichgeschlechtlicher Partnerschaften in Deutschland per Gesetz beendet werden. Als Video veröffentlicht die Band zu dem Song dieses Mal die Performance-Variante, bei der es, wie bereits erwähnt, zu einem kleinen Unfall kam. Beim genaueren Hinsehen erkennt man, dass Bela sich bei einem Zusammenprall mit seinem Hängemikro eine Platzwunde zugezogen hat.

Farin Urlaub: *»Bela war mit seiner Performance bei M&F sicher einsamer Spitzenreiter, und nein, das war kein Fakeblut. Wir mussten danach tatsächlich die Dreharbeiten unterbrechen, damit Belas Wunde versorgt werden konnte. Das war dann noch die Krönung bei diesen eh schon anstrengenden Videodreharbeiten.«*

Bela B: »*Ich hab beim Rumhampeln plötzlich die verstörten Gesichter gesehen, und als Rod dann lachte, wusste ich, es war was passiert, hatte er doch seit Stunden nicht mehr gelacht. Da trübte sich auch schon mein Blick, weil mir Blut über die Augen lief. Ich hab das Lied aber noch zu Ende gespielt. Ehrensache.*«

Am 16. Mai spielen Die Ärzte das erste Konzert ihrer großen *Das Ende ist noch nicht vorbei*-Tour. Getreu dem Motto »Never change a winning team« startet die Tour also wieder in Zwickau. Dieses Mal gibt es aber keinen faden Beigeschmack wie noch vor einem Jahr. Allerdings ist es für ihre Verhältnisse schon ungewöhnlich, dass sie fast drei Viertel des neuen Albums spielen. Mit ihrem tags darauf stattfindenden Konzert in Frankfurt (Oder) kassieren Die Ärzte einen der letzten verbliebenen weißen Flecke auf der Landkarte, die sie noch nicht bespielt haben. Auch hier gibt es wieder vermehrt Neues statt Altbewährtes zu hören.

Bela B: »*Wir hatten schon auf früheren Touren wechselnde Setlisten, um das Publikum und uns nicht zu langweilen. Auf dieser Tour wollten wir noch mehr anders machen und verstärkt auf Songs gehen, die in der Zeit mit Rod entstanden sind. Wir spielten drei verschiedene Sets und überproportional viel Neues. Wir mussten uns höllisch konzentrieren, was erst mal ganz guttat.*«

Zu spät ist nur eines von insgesamt drei Stücken, das seinen Ursprung in den Achtzigerjahren hat. Dafür bekommt das Publikum in der Messehalle von Frankfurt (Oder) eine der längsten Versionen des Songs zu hören, denn die Band kommt von Hölzchen über Stöckchen und fängt an, dem Publikum die Songs vorzuspielen, die sie in ihrer Jugend als erste Single bekommen hatten. In Belas Fall ist dies *Heute hau'n wir auf die Pauke* von Tony Marshall. Bei Rod ist es *Das Lied der Schlümpfe* von Vader Abraham, das natürlich auch begeistert mitgesungen wird. Lediglich Farin kann mit *Stan the Gunman* von Hank the Knife & the Jets ein paar Coolness-Punkte sammeln, dafür kennt es aber keiner.

Bela B: »*Der Poser hat doch gelogen, haha.*«
Farin Urlaub: »*War meine erste Single. Und mein erstes selbst gekauftes Album: Deep Purple – Made in Japan. Jetzt kommst du …!*«
Bela B: »*Erste selbst gekaufte Single:* Turn It Down *von The Sweet, erstes selbst gekauftes Album: das Suzi-Quatro-Debüt! Aber meine*

ersten Platten hatte mir meine Oma gekauft, und das waren besagter Tony Marshall und Roy Black & Anita mit Schön ist es, auf der Welt zu sein.«

Nachdem die Band mit ihren ersten Sünden durch ist, werden Crew und Publikum befragt. So gibt es noch *Looking for Freedom*[14] von David Hasselhoff oder *Eisbär* von Grauzone zu hören. Danach wird es immer undurchsichtiger und immer später, doch nicht minder unterhaltsam. Mit den ersten richtig großen Shows in Bremen und Kiel streut die Band auch wieder mehr alte Songs wie *Mein kleiner Liebling*, *Tittenmaus* oder *Popstar* ein. Auf dieser Tour bespielen Die Ärzte fast ausschließlich die großen Hallen und Open-Air-Gelände des deutschsprachigen Raumes – vielerorts gleich mehrfach. Dazwischen treten sie auch noch auf ausgesuchten Festivals wie dem Hurricane Festival oder dem Greenfield in der Schweiz auf. Der Partycharakter, der noch einen Großteil der ersten Tourneen nach der Wiederaufnahme des Spielbetriebes der Band anno 1993 ausgemacht hat, ist inzwischen nahezu verschwunden. Spaß machen die Tourneen trotzdem, nur ist eben alles noch professioneller geworden. Da spielen dann verschiedene Elemente eine Rolle: Zum einen ist mit der gestiegenen Besucherzahl auch die Verantwortung gestiegen. Zum anderen ist man eben auch keine 20 mehr – zumindest, wenn keine Scheinwerfer auf einen gerichtet sind. Cateringleiter Jörg Raufeisen fasst das schön zusammen.

Jörg Raufeisen (Cateringleiter): »*Man bewegt sich inzwischen einfach auf einem anderen Niveau. Früher haben wir uns in der Hotelhalle noch die Hose runtergezogen, wenn wir dachten, wir wären unbeobachtet. Heute machen wir das nicht mehr. Anfangs haben wir noch Tittenhefte im Cateringbereich ausgelegt, weil wir das lustig fanden. Heute macht man das nicht mehr, weil es auch nicht mehr lustig ist. Früher haben wir haufenweise Underberg getrunken und die* Church of Underberg *gegründet. Heute genießen wir lieber eine schöne Flasche Wein und haben auch eine schöne Zeit.*«

Bela B: »*Um Spiderman zu zitieren:* ›*Mit großer Kraft kommt große Verantwortung.*‹ *Eine ordentliche La Ola oder Wall of Death kam manchmal besser an als unser Nonsens, der uns berühmt gemacht hatte.*«

Wie schon auf ihrer letzten großen Tour spielt die Band auch dieses Mal wieder insgesamt sechs Mal in Berlin. Jedoch sind die Konzerte nun gerecht auf die Freilichtstätten Wuhlheide und die Waldbühne aufgeteilt. Die drei Konzerte in der Waldbühne werden wie die beiden Shows in der Frankfurter Festhalle von Norbert Heitker und seinem Team für eine neue Live-DVD aufgenommen, die im nächsten Jahr erscheinen soll. Bei den Konzerten in der Waldbühne wird für Die Ärzte einmal mehr ein Teenagertraum wahr, denn vor ihnen spielen Bands, die allesamt musikalische Helden von ihnen sind: The Stranglers, The Undertones und The Damned. Beim Auftritt von The Undertones gehen Bela und Farin mit auf die Bühne und singen zusammen mit Sänger Paul McLoone das unverwüstliche *Teenage Kicks*, das neben *Teenager in Love* von Dion & The Belmonts die Blaupause für *Teenager Liebe* gewesen ist.

Rodrigo González: »*The Undertones waren so gut, und The Damned sind für mich sowieso frei von jeglicher Kritik. Das ist auch einer der Gründe, warum wir überhaupt Vorbands haben, damit wir vor unseren Konzerten geile Bands sehen können. Wir hätten für dieses Wochenende auch gerne The Buzzcocks dabeigehabt, doch das klappte nicht. So habe ich dann The Stranglers vorgeschlagen, die ich ein Jahr zuvor live gesehen habe. Die haben zwar echt viel Geld für die Karte verlangt, dafür aber ein super Konzert gespielt. Bei dieser Musik kommen immer viele gute Erinnerungen in mir hoch, und wir haben durch unsere Aktion diese Bands sicher in viele Köpfe zurückgebracht.*«

Bela B: »*Süß war, als The Undertones mir erzählten, wie aufgeregt sie waren, weil Captain Sensible von The Damned beim Frühstück im Hotel am Nebentisch gesessen hatte und sie später seine Serviette als Souvenir mitgehen ließen. Wir haben die drei Konzerte definitiv sehr genossen.*«

Farin Urlaub: »*Ich bin ohnehin ein riesiger Fan von The Damned. Wir hatten sie ja schon Anfang der 1990er bei einem Festival in der Schweiz kennengelernt und dann nach 2000 auf ein paar Konzerte eingeladen. Diesmal kam Dave Vanian direkt zu uns und fragte, ob wir irgendwelche Lieblingsstücke hätten, die sie dann gerne für uns spielen würden – was für eine Ehre! Ich wünschte mir Anti-Pope und sang dann an der Bühnenkante ehrfürchtig mit. Hach!*«

Ehrlicherweise muss man aber sagen, dass ihre Helden der Jugend nur die zweite Wahl für den Job der Vorgruppe sind. Eigentlich wollte man zuerst die amerikanische Trash-Metal-Band Slayer verpflichten, wofür es sogar konkrete Verhandlungen gab. Slayer forderten für ihre Dienste eine horrende Gage, und Die Ärzte hätten diese sogar bezahlt, aber dann kamen den Amerikanern angeblich diverse Festivaltermine dazwischen, und so zerschlugen sich die Pläne – leider, muss man sagen, denn die Kombination Die Ärzte und Slayer wäre sicher ein Knaller geworden.

Bela B: »*Sie hätten eh nur ein Konzert gespielt, aber Farins Idee mit Slayer war mit Abstand das Einzige, was unseren Konzerten mit den Village People an Absurdität das Wasser hätte reichen können.*«

Noch während die *Das Ende* …-Tour im Gange ist, plant die Band bereits *Das Comeback*. So lautet zumindest das Motto der etwas kleineren Hallentournee, die am 14. Oktober 2012 in Freiburg starten soll und deren Name nach dem eher »apokalypischen« Titel der aktuellen Tour durchaus als logische Fortsetzung angesehen werden kann. Man könnte aber auch einfach sagen: Typisch Die Ärzte! Hat die Band sich bei der Sommertour noch im Wesentlichen bei den letzten drei Alben bedient, sollen nun wieder viele Perlen aus früheren Tagen ins grelle Scheinwerferlicht befördert werden. Die Band will einfach nicht immer dasselbe spielen. Bei den Konzerten wird dann allerdings auch deutlich, dass ein Großteil des Publikums diese Stücke, sofern sie keine Single waren, nicht kennt. Anders sind die meist regungslosen Mienen bei Songs wie *Für uns* oder *Kamelralley* kaum zu erklären.

Bela B: »*Für uns mochte Farin immer sehr. Die ausbleibenden Reaktionen taten schon weh, weil es ein sehr emotionales Lied ist, das ich eigentlich ungern spiele, weil es ein bisschen zu offen ist.*«

Die Konzerte zeigen, wie viele Fans und Sympathisanten die Band in den letzten zehn Jahren dazugewonnen hat. Diese stammen nicht mehr allein aus irgendeiner Szene, sondern sie kommen mitten aus der Gesellschaft; genau von dort, wo die Band inzwischen angekommen ist. Wenn diese Leute nicht gerade Die Ärzte hören würden, lassen sie auch sicher Bands wie Silbermond oder Revolverheld zu. Für sie sind Die Ärzte einfach eine Band, die in ihren Ohren gute Musik macht. Der berühmt-berüchtigte *Ärzte*-Kosmos interessiert sie gar nicht. Dementsprechend verstört sind sie, wenn die bekannten Hits aus dem Radio nicht gespielt werden. Was auch absolut nachvollziehbar ist, denn so würde es wohl jedem gehen, der nur aufgrund eines Radiohits ein Konzert einer Band besucht. Die Ärzte sind aber keine Band, die gerne irgendwelche Erwartungen bedient. Sie dienen nur sich selbst und machen das, worauf sie eben Lust haben. Und Lust haben sie auf jeden Fall eine ganze Menge. Das Programm der *Das Comeback*-Tour ist gespickt mit Liedern, die sie immer wieder gerne spielen. Stücke wie *Außerirdische*, *Gib mir Zeit* oder *Geisterhaus*. Bei ihrem Konzert in Münster fügen sie ihrem Programm aus aktuellem Anlass sogar noch einige Songs hinzu. Es ist der letzte Tag im Oktober, und es ist Halloween – oder Reformationstag, wie wir cool people sagen. So streut die Band noch extra gruselige Songs wie *Leichenhalle*, *Monsterparty* oder ein Lied namens *Halloween* ein. Als sie dieses Stück zum letzten Mal live gespielt haben, hat Sahnie noch den Bass bedient. Das Lied greift die Titelmelodie des gleichnamigen amerikanischen Horrorfilms um den Serienmörder Mike Myers auf, der schon immer einer von Farins und Belas Lieblingsfilmen war.

Heute Nacht ist Halloween
Da seh' ich zehn Kinder durch die Straßen ziehen.
Hinter den Kindern läuft ein schwarzer Mann.
Ein Glück, dass ihn keiner sehen kann,
den schwarzen Mann,
den schwarzen Mann.

Kürbisköpfe lachen mich an.
Kürbisköpfe bringen mich um den Verstand.
Kürbisköpfe, Kürbisköpfe, Kürbisköpfe, Kürbisköpfe,
lachen mich an.

Auch dieser Show wird wieder ein satanisches Intro vorausgeschickt, denn wieder laufen zu dramatischen Klängen merkwürdige und nicht zu verstehende Rückwärts-Botschaften vom Band ab. Nachdem das Intro verstummt ist, hört man das bekannte *Halloween*-Thema von John Carpenter, bevor es mit *Wir sind die Besten* richtig losgeht. Als die drei Vorhänge endlich fallen, haben Bela, Farin und Rod Pappkartons und Masken auf. Das sieht zwar lustig aus, aber zwangsläufig gut singen kann man damit nicht.

Bela B: »*Show ist alles, und bei uns kann ein Großteil des Publikums eh die Texte.*«

Die letzten beiden Konzerte der Tour und des Jahres finden im Düsseldorfer ISS Dome statt. Am ersten Abend erhalten Die Ärzte hohen Besuch von den Toten Hosen: Kuddel und Vom kommen auf die Bühne, um mit ihnen zusammen *Schrei nach Liebe* zu spielen. Der nur circa 1,60 Meter große Vom muss sich dabei ganz schön strecken, um die hohen Crash-Becken an Belas Stehschlagzeug auch richtig zu treffen. Ähnlich wie der stets quirlige Vom rastet auch das Publikum komplett aus. Ende des Monats wird sich Rod revanchieren und die Hosen bei deren Konzert in Berlin beim gleichen Song begleiten. Das Konzert am zweiten Abend gerät zu einem würdigen Abschluss dieser Tour, denn unter den vielen Songs, die die Band außer der Reihe mit ins Programm nimmt, ist auch ihr »schwarzes Schaf« *Männer sind Schweine*.

Bela B: »*Wir wollten etwas Unvergessliches zum Tourabschluss spielen, hatten aber im Laufe der letzten Jahre so ziemlich jedes Lied schon einmal im Programm gehabt – außer unseren größten Hit.*«

Dies ist das erste Mal, dass die Band den Song wieder komplett live spielt, seit sie ihn damals widerwillig der Ballermann- und Schützenfest-Fraktion des Landes überlassen hat. Dementsprechend groß ist die Freude bei den Zuschauern. Für die Band scheint es sich jedoch komisch anzufühlen – wohl in etwa so wie eine Mutter ihren Sohn beäugt, nachdem dieser mit den Schmuddelkindern abgehangen hat. Die Spielfreude scheint bei der Band ungebrochen groß zu sein, denn auch im Verlauf dieser Tour werden schon wieder Termine für eine neue Tour verkündet.

»BELAFARINROD stehen 2013 wieder auf den schönsten Open-Air-Bühnen zwischen Bietigheim-Bissingen und Uelzen und lassen sich diesmal ganz besonders nicht lumpen. Denn mit den ÄRZTIVALS bringen sie einige ihrer Lieblingsbands und ihre eigenen Instrumente gleich mit.

Und es wird laut werden. Sehr, sehr, sehr laut! Aus dem Lärm werden sich süßliche Melodien schälen, die turmhohe Verstärkerwände umschmeicheln und zum Einsturz bringen. Zu erwarten sind aus dem Nichts entstehende Todesmauern, in und an denen man sich seine blauen Flecken noch ehrlich verdienen muss, um kurz darauf mit hemmungslosen Zungenküssen von nicht immer Fremden belohnt zu werden. Die drei Superhelden kommen mit Hits, Obskurem und jenen Songs, an die sich nicht mal mehr die Musiker selbst richtig erinnern können. Und alles für das beste Publikum der Welt. Kurz gesagt: DIE BESTE BAND DER WELT lädt sich Gäste ein, hat Spaß und teilt ihn gern.«

Die Band findet großen Gefallen an dem Namen Ärztivals und ist voller Vorfreude auf die großen Shows. Bela, Farin und Rod freuen sich auch auf die vielen von ihnen geschätzten Bands, die bereits zugesagt haben, das Vorprogramm zu bestreiten, wie NOFX, The Damned, Danko Jones, Bonaparte oder Kraftklub. Parallel zu den Die Ärzte spielen im selben Zeitraum auch die Toten Hosen große Open Air-Shows an oftmals denselben Orten, und wie es der Zufall will, werden beide Bands Anfang August am selben Wochenende auf der Bühne des Rollfeldes vom ehemaligen Flughafen Berlin-Tempelhof stehen. Die Ärzte lassen dies nicht unkommentiert: »Geteilt wird übrigens auch das lange August-Wochenende in Berlin, das am Abend zuvor von einer enorm bekannten Band aus Düsseldorf eröffnet wird.«

Diese Nachricht gibt dem Karten-Vorverkauf für die Berlin-Konzerte ordentlich Feuer, und die Spekulationen in beiden Fan-Lagern schießen wie Unkraut aus dem Boden. Wird dies nun endlich der lang ersehnte große gemeinsame Schulterschluss beider Bands werden? Werden es Tage wie diese werden, an denen man die Unendlichkeit fühlt? Es wird sich zeigen. Vor den Ärztivals spielt die Band auch noch zwei Aufwärmshows in Rostock und Flensburg sowie jeweils ein Konzert in Warschau und in Prag plus etliche Festivalshows. Die große Vorfreude auf die Gigs ist jedoch schon vor Beginn der Tour ziemlicher Ernüchterung gewichen. Während Farin recht gut erholt aus dem Urlaub zurückgekehrt ist und Bela gerade sein drittes Soloalbum fertiggestellt hat, nagen an Rod noch die verpassten Chancen des letzten Jahres. Mit etwas Abstand betrachtet, wurmt es ihn noch mehr, dass Band und Plattenfirma das aktuelle Album so weggeschenkt haben, denn der positive Effekt, den ein neues Album normalerweise mit sich bringt, blieb dieses Mal nahezu komplett aus. Dazu kommt, dass die Band bei ihrem Programm dieses Mal wieder auf Nummer sicher gehen und all das spielen will, was auch todsicher ankommt und jeder kennt – eben weil man riesige Konzerte spielt. Diese sind gleichbedeutend mit einem riesigen Aufwand, was immer mehr zu Lasten der Spontaneität der Band geht, denn ihre berüchtigten Hirngespinste lassen sich mal nicht eben einfach so umsetzen.

Bela B: »*Ich denke, dass Rod sich gegängelt fühlte. Außerdem ging ihm der Aufwand unserer Shows auf die Nerven. Die Ton- und Lichtdepartments und auch unsere Tourmanagerin Patty hatten inzwischen Assistenten. Die Crew war gewaltig angewachsen. Bei den ersten Gigs teilte ich mir noch eine Garderobe mit Rod, und da war seine Laune schon ziemlich unten, was mich automatisch mit runterzog.*«

Rodrigo González: »*Was mir speziell auf dieser Tour wieder auf den Sack ging, war das enge Korsett, das uns diese Produktion auferlegte. Es ließ immer weniger Spielraum zum Rumspinnen. Alles musste vorher mit allen Departments der Crew abgesprochen und abgewogen werden. Aufwendige Sachen hätten für Kleinigkeiten umprogrammiert und konstruiert werden müssen. Die A-/B-Setlisten waren damit endgültig, und das Ganze war für mich wie ›arbeiten gehen‹.*«

Die Voraussetzungen könnten also ungünstiger kaum sein, doch es wird tatsächlich noch schlimmer. Wie fast schon abzusehen war, kracht es gewaltig hinter den Kulissen – doch wer glaubt, dass Bela und Farin sich in die Wolle kriegen, irrt sich. Es sind ausgerechnet Bela und Rod, die »Bad Boys of *Die Ärzte*«, die sich verkrachen.

Farin Urlaub: »*Damit hätte ich nie gerechnet, denn wenn es bisher mal Fronten gab, dann immer die beiden gegen mich. Das hat mich sehr überrascht, und ich habe ein paar Mal den Friedensbotschafter zwischen beiden Parteien spielen müssen. Ich bin auch noch immer nicht schlau daraus geworden, was das sollte. Es war ja keine endlose Tour, und man hätte das schon auf die Zeit danach vertagen können und nicht vor dem Publikum austragen müssen. Das hat mich schon sehr frustriert, denn da hätte ich ein bisschen mehr Professionalität erwartet. Man muss sich ja nicht verstellen.*«

Bela B: »*Ich habe wirklich oft versucht, mit Rod zu sprechen, aber er wich dem Thema aus, und auf der Bühne war kein Rankommen an ihn. Auch gab es deutliche Antipathien von ihm einigen Crewmitgliedern gegenüber, was sich allerdings über die Jahre hinweg aufgebaut hatte. Für mich war die Crew immer auch Familie. Ihn nervte, dass inzwischen fast jedes Department schon Assistenten hatte. Die Soundchecks waren der Horror, und da ist tatsächlich auch Farin einmal ausgetickt und hat sich Rod vorgenommen. Ansonsten hat Farin seinen Frieden gesucht und bei vielem weggeschaut.*«

Letztlich sind es wohl Kleinigkeiten, die in der miesen Stimmung münden. Was alle verwundert, ist, dass das Ganze nicht nach ein paar Tagen gegessen ist, sondern sich über Wochen hinzieht. Das war in der Bandgeschichte noch nie vorgekommen. Natürlich gab es mal Konzerte, wo die interne Stimmung nicht so gut war, doch waren solche Animositäten eigentlich immer recht schnell erledigt. Kurios ist, dass es noch nicht einmal einen heftigen Streit zwischen Bela und Rod gibt.

Bela B: »*Früher war ich oft der Vermittler zwischen Rod und Farin, da Rod oft eher still und auch nicht so leicht zu durchschauen ist. Bei drei, vier Gelegenheiten, wo Farin im Laufe der Jahre mal sauer auf ihn war, hat er mich gebeten, mit ihm zu reden, weil er sich nicht mit ihm streiten konnte. Es ist auch schwer, sich mit Rod zu streiten, denn er ist ein Typ, der eher zumacht, als mal auszuticken. Auf dieser Tour hatte ich erstmals das Gefühl, dass auch ich nicht an ihn herankam. Ich war hilflos und kämpfte außerdem mit der zunehmenden Lautstärke auf der Bühne, die meistens aus der Bass-Ecke kam. Deshalb bestand ich auf Soundchecks, was wiederum Rod unendlich zu nerven schien. Letztendlich hatten wir ein Mega-Arbeitspensum seit der Laternen-Joe-Clubtour hingelegt, und ich denke, Rod fühlte sich bei einigen Entscheidungen, wie beispielsweise der für die zweite Video-Rutsche, übergangen. Darüber hinaus klagte er schon seit Monaten über starke Schmerzen in der Schulter und ließ sich auf Tour oft behandeln, was er uns gegenüber aber wenig thematisierte.*«

Rodrigo González: »*Es war tatsächlich so, dass ich die gesamte Tour unter Schmerzen spielte. Ich wachte nachts manchmal schreiend vor Schmerzen in meinem Arm auf, und auch auf der Bühne genügte manchmal schon ein fester Schritt, um mir Schmerzschübe* in die Arme und Schulter zu schicken, die nicht sofort wieder weggingen, sondern erst allmählich. Ich konnte noch nicht mal ein Plektrum ins Publikum werfen, und bei unserer Verabschiedung am Ende des Konzertes konnte ich nicht mal den rechten Arm richtig nach oben strecken. Ich fühlte mich wie Mick Mars[15] von Mötley Crüe, der ebenfalls wie angewurzelt auf der Bühne steht und nur noch seine Finger bewegen kann. Das körperliche Gefühl war also schon mal scheiße, und dann kam noch hinzu, dass ich mich ab der Hälfte als Prügelknabe und Idiot fühlte, der dafür verantwortlich war, dass Bela einen schlechten Sound auf der Bühne hatte. Dabei hatte ich nichts an meinem Sound, geschweige denn irgendwelche vorher fest programmierten Pegel verändert. Von da an empfand ich die Soundchecks als Strafe. Wir spielten ja sowieso dieselben Setlists und hatten eigentlich genügend kompetente Leute dabei, die sich darum kümmern konnten. Selbst unser FOH-Mann wollte irgendwann keine Soundchecks mehr, doch wir machten sie, und abends war dann alles wieder genauso beschissen wie am Vorabend. Ich sah den Sinn nicht mehr dahinter. Im Endeffekt lag es wohl an Bassresonanzen, die durch den veränderten FOH-Sound ab der Hälfte des Sets, manchmal auch früher, in einigen Hallen entstanden und die Bela aufgrund seiner Bühnenposition am meisten spürte. Das Problem wurde aber nie gelöst, denn das hätte ja bedeutet, dass unsere Bühnenpositionen hätten korrigiert werden müssen, was aber nicht ging (Ton, Licht et cetera). Na, dann brüllt man halt lieber den Bassisten dafür an – super Idee! Zum Glück bekam ich gegen Ende der Tour meine Schmerzen immer besser in den Griff, und die Physiotherapie begann endlich zu wirken. So konnte ich meinen Arm wieder ohne Schmerzstöße belasten oder abends mal auf der rechten Seite einschlafen.«

Die schlechte Stimmung ist leider auch auf der Bühne zu spüren und damit genau dort, wo normalerweise alles wieder auf null gesetzt wird.

Farin Urlaub: »Das hatten wir noch nie. Selbst in den Neunzigerjahren, wo ich mich mit Herrn Felsenheimer öfters mal gefetzt habe, war auf der Bühne Frieden. Das war ein unausgesprochenes Gebot und auch keine Heuchelei, denn wir wussten, wir sind zusammen Die Ärzte und spielen jetzt diese Shows und haben auch Spaß dabei. Und alles, was zwischen uns ist, hat auf der Bühne nicht stattzufinden. Das hat bei den beiden auf den allerletzten Konzerten dieser Tour nicht so richtig hingehauen, und das möchte ich wirklich nie wieder erleben.«

Bela B: »Es gab auf dieser Tour aber auch wirklich herausragende Shows. Die beiden Open Airs in Hamburg zum Beispiel waren mit das Beste, was wir in der Hansestadt je abgeliefert haben. Wir haben jetzt aber auch immer öfter vor einem Publikum gespielt, das nur wegen der Hits da war, was eine Band wie uns schon an den Rand der Verzweiflung bringen kann. Aber das Touren ist mein Lebensinhalt, und auf der Bühne gebe ich immer alles. Leider hat es mit der Kommunikation zwischen Rod und mir diesmal nicht so geklappt, was auch immer die Gründe dafür waren. Der rechts neben mir stehende Farin war nur verwundert, wieso es keine Koalition gegen La-Ola-Man mehr gab, während der links neben mir stehende Rod zwischen den Songs im Schatten seines Bassturms oder am Bühnenrand verschwand. Auf der Tour hätte ich auch gerne mal am Rand gestanden, statt die ganze Zeit fürs Publikum sichtbar in der Mitte zu stehen.«

Da passt es ins Stimmungsbild, dass man auch noch das Konzert in Wien wegen Unbespielbarkeit des Geländes absagen muss. Heftige Regenfälle hatten das Gelände an der Trabrennbahn Krieau im Matsch versinken lassen. Die Band weicht kurz danach auf das Festivalgelände im nahe gelegenen Wiesen[16] aus. Doch erstens ist es viel kleiner und zweitens nicht dasselbe. Auch aus dem geplanten Auftritt beim Kubana-Festival im südrussischen Anapa wird nichts, wofür es gleich mehrere gute Gründe gibt. Entgegen der Absprachen wird die Auftrittszeit der Band nach vorne verlegt, und deren Programm soll auf einmal nur noch 45 statt 90 Minuten dauern.

Kiki Ressler: »In der Zeit haben sich Die Ärzte ja noch nicht mal warmgeredet.«

Außerdem gibt der Veranstalter noch die Warnung aus, dass man sich auf der Bühne keinesfalls in irgendeiner Form pro Homosexualität äußern darf, da das gegen das Gesetz sei. Für Die Ärzte, die Lieder wie *Meine Freunde, Rock Rendezvous* oder *M&F* im Set haben und sich Meinungsäußerung generell nicht von irgendwelchen Instanzen verbieten lassen, ist dies nicht hinnehmbar.

Bela B: »Ich hatte mir schon das Bild einer Pussy Riot-Aktivistin für die Bassdrum anfertigen lassen mit der Aufschrift ›I might be gay‹, was ich auch als T-Shirt tragen wollte.«

Wie rigoros die russischen Behörden derlei Vergehen ahnden, wird später die Bloodhound Gang erfahren. Ihr Bassist Evil Jared zieht sich bei einem Auftritt in Odessa eine russische Flagge durch die Hose, mit der Bitte versehen, dies nicht Putin zu erzählen. Doch diese blieb unerhört, und so wurde der folgende Auftritt der Bloodhound Gang beim Kubana-Festival stante pede vom russischen Kulturminister abgesagt. Nachdem die Band noch einige Schikanen über sich ergehen lassen musste, durfte sie Russland wieder verlassen. Die Ärzte machen derweil die schmerzhafte Erfahrung, dass sie sich viel zu viel zugemutet haben. Sie hätten wohl eher eine Pause denn eine neue Tournee gebraucht. Doch nun müssen sie da durch, und gerade für eine Band wie Die Ärzte könnte genau diese Situation nicht schlimmer sein.

Farin Urlaub: »*An dieser Lage habe ich sicher auch eine gewisse Schuld getragen. Ich wollte keine längere Pause machen und dann erst eine Herbsttour spielen. Ich wollte endlich das nächste Album mit dem Racing Team herausbringen.*«

Die Fans, die schon viele Konzerte der Band gesehen haben, spüren schon, dass hier etwas nicht so ist wie sonst. Der größte Teil des Publikums hingegen nimmt die atmosphärischen Störungen kaum wahr und hat eine gute Zeit. Die könnte die Band eigentlich auch haben, denn der Andrang auf ihre Konzerte ist weiterhin riesig. Allein in Berlin spielen sie an zwei Tagen vor über 80.000 Menschen. Doch gerade bei ihrem Heimspiel ist es am schlimmsten. Hier merken auch Die Toten Hosen, dass der Haussegen bei den Die Ärzte gründlich schief hängt. Das, was sich viele Fans an diesem warmen Sommerwochenende im August wünschen, findet nämlich nicht statt: Obwohl die Voraussetzungen gegeben sind, gibt es keine gemeinsame Einlage von den Die Ärzte und den Toten Hosen.

Campino: »*Wir waren dazu bereit und waren auch alle am Samstag noch da. Ich glaube, das war eine Phase, wo sie untereinander sehr angespannt waren. Wenn sie gut drauf gewesen wären, wäre ein gemeinsamer Auftritt sicher thematisiert worden, doch sie schienen gerade ganz andere Sorgen zu haben. Sie wollten diese Tour einfach irgendwie überstehen und hatten eine gemeinsame Einlage in dem Moment sicher nicht mehr auf dem Schirm. Als Fan hätte ich das auch gerne gesehen. Das wäre schließlich das Sahnehäubchen gewesen.*«

Bela B: »Das mit den Hosen stand gar nicht erst zur Disposition. Erstens hatte ich niemanden von den Hosen backstage gesehen, und zweitens hätte ich Rod nicht fragen wollen. Da war einfach eine permanente Anti-Haltung allem gegenüber, was eventuell zu berechnend gewesen wäre.«

Rodrigo González: »Ich hätte das sogar sehr gut gefunden, weil das wirklich ein einmaliger Moment gewesen wäre und nicht nur so ein Insiderding wie damals auf der Geheimtour im Tor 3 in Düsseldorf. Mir wurde nie zugetragen, dass die Toten Hosen bereit gewesen wären, mit auf die Bühne zu kommen. Ich hatte mich zum Beispiel über Kuddels oder Voms Beitrag bei Schrei nach Liebe in Düsseldorf oder Dresden 2012 sehr gefreut. Das hat den Song ungemein aufgelockert und zu etwas Besonderem gemacht. Für mich war ihre Coverversion eine Verbeugung vor dem Song. Ich bin ja auch Ende 2012 bei den Hosen auf die Bühne gegangen, um mit ihnen bei Schrei nach Liebe die dritte Gitarre zu spielen. Da gab's von mir aus überhaupt kein Problem.«

Trauriger Höhepunkt für Rod ist das Konzert in Uelzen. Hier auf dem platten Land ist für ihn die Band nicht nur weit von einer größeren Stadt entfernt, sondern auch vom Spaß.

Rodrigo González: »Mit solchen Gigs in der Provinz verhält es sich wie folgt: Nur 30 Prozent der Leute, die da sind, kennen überhaupt Die Ärzte, 60 Prozent sind da, weil sonst nichts weiter los ist, und der Rest hat die Karten vom Bürgermeister bekommen. Doch auch diese Leute muss man irgendwie erreichen, und das hieß dann für uns: Augen zu und durch und wieder Zu spät und Westerland spielen. Die ganze Spontaneität, die uns normalerweise ausmacht, ging dabei komplett flöten. Noch schlimmer war aber, dass wir alle eigentlich nur noch Dienst nach Vorschrift gemacht haben. Da konnte und wollte keiner mehr eine Schippe drauflegen, und genau das sind für mich nicht Die Ärzte. Ich habe dann auch irgendwann resigniert und mich dem Schicksal ergeben. Der Streit mit Bela war dann eine Folge davon. Wir waren einfach komplett durch, was schade war, denn wir hatten eigentlich sehr viel Bock auf diese Konzerte gehabt.«

Bela B: »Mir fehlte die Gemeinsamkeit, die wir speziell bei Soundchecks immer noch hatten. Da waren wir dann ohne Publikum wie eine Band im Proberaum, die mal an Songs rumprobiert, Coverversionen anstimmt oder hanebüchenen Quatsch verzapft, und das nur für die beiden anderen. Ich habe nach der Hälfte der Tour resigniert, aber live trotzdem mein Bestes gegeben. Ich hatte mir Rod und Farin zuliebe das Doppelbassdrumspiel beigebracht, was schon im Sitzen nicht so einfach ist, geschweige denn an einem Stehschlagzeug – vor allem damit wir ihren geliebten Song Cpt. Metal adäquat spielen konnten. Aber selbst das schien ihnen irgendwann keinen Spaß mehr zu machen.«

Farin Urlaub: »*Rückblickend betrachtet hätten wir einfach jemanden gebraucht, der uns eine längere Pause verordnet, bevor wir wieder weiter und weiter spielen. Konzerte sind nun einmal der eigentliche Grund, warum wir so gerne Musik machen. Selbst die Tonträger nehmen wir eigentlich nur auf, um live neue Lieder zu singen und Abwechslung zu haben. Aber diese Mammut-Rutsche war dann doch selbst für uns etwas zu viel des Guten.*«

Rodrigo González: »*Wir hätten viel früher mal stoppen und reflektieren müssen, was schiefläuft und was man ändern kann, stattdessen ist die Die Ärzte-Maschine einfach weitergelaufen. Es ging weiter wie gehabt. Wir hatten ja noch nicht mal analysiert, wie unser letztes Album gelaufen war, und haben uns gleich wieder die nächsten Verpflichtungen ans Bein gebunden.*«

Stattdessen zählt der ein oder andere schon die Anzahl der noch zu spielenden Konzerte runter! Zur Freude aller werden aber genau diese Konzerte richtig gut, denn es gelingt ihnen hier, alles andere zu vergessen und wenigstens auf der Bühne Spaß zu haben. Vor allem das vorletzte Konzert im saarländischen Losheim am See bleibt ihnen in guter Erinnerung.

Bela B: »*Farin stimmte* Wot, *einen alten Solo-Hit von Captain Sensible, an, woraufhin der Captain auf die Bühne kam und ihn mit uns spielte. Bei* Der Graf *kam Dave Vanian zu mir und reichte mir seine Hand zum Kusse. Auch zwischen uns lief es ganz gut, doch nach der Show mussten wir noch ewig weit fahren. Farin war schon lange weg, und Rod und ich fuhren zusammen durch die Nacht. Zu einem richtigen Gespräch kam es aber nicht, dafür waren wir dann leider beide zu müde und betrunken.*«

Rodrigo González: »*Losheim war wieder einmal ein einziger Spaß. So eine gute Location, tolles Publikum und dann noch die gan-*

zen Gastauftritte und Gags unserer Crew – toll! Dazu kommt noch, dass wir richtig gut zusammen gespielt haben. Da kam richtig Druck von der Bühne. So hätten von mir aus alle Shows sein können!«
Am Tag nach Losheim sieht die Welt jedoch schon wieder anders aus. Das letzte Konzert dieser Tour in Zürich wird zu einem Desaster. Wie bei den Eidgenossen üblich, gilt auch hier eine Lautstärkebegrenzung. Die Ärzte sind die letzte Band des Festivals und müssen schon am frühen Abend anfangen zu spielen. Der Bereich vor der Bühne gleicht einer einzigen Matschlandschaft, und der Geruch von feuchter Erde ist allgegenwärtig. Bereits mit Einbruch der Dunkelheit gehen sie wieder von der Bühne. Als Die Ärzte in den Backstage-Bereich kommen, ist außer ein paar Reinigungskräften und Organisatoren vom Festival niemand mehr da. Wer konnte, ist bereits abgereist, und man fragt auch bei der Band schon vorsichtig an, ob sie sich denn noch lange im Backstage aufhalten werden.

Bela B: »*Unser bis dato letztes Konzert in der Schweiz war ganz, ganz schlimm. Da war die Stimmung auf der Bühne auch nicht gut, und wir haben das Ding dann routiniert runtergerockt. Später in der Hotelhalle war plötzlich unser ganzes Büro vor Ort. Rod und ich haben uns noch kurz für einen Drink dazugesetzt und sind dann getrennt mit Freunden noch ausgegangen. Farin wirkte auf mich richtig entsetzt, als wir gegangen sind. Er hatte wohl erwartet, dass wir mit dem angereisten Büro den Tourschluss feiern. Zumindest las ich das in seinem Gesicht.«*

Die Szene passt zur Stimmung auf der Tour. Das Gute ist aber, dass diese nun endlich vorbei ist. Sie wirkt allerdings noch lange nach, denn seit diesem 1. September 2013 haben Die Ärzte kein einziges reguläres Konzert mehr gespielt.

Bela B: »*Am nächsten Tag habe ich Farin durch Zufall am Flughafen getroffen. Er wusste nicht, wohin ich fliege. Ich wusste nicht, wohin er fliegt. Wir haben uns zusammen hingesetzt und unterhalten. Es war so wie früher. Das war ein total schöner Moment.«*

24. KÄPITEL

Ist das alles?

*»Es gibt so viel schöne neue Musik – auch deutsch gesungen.
Ich geb ja zu, unsere Karriere ist uns gut gelungen.
Doch manchmal ist es an der Zeit, weiterzuziehen.
Du kannst doch nicht dein Leben lang nur auf eine Band stehen.«*
(Die Ärzte – zeiDverschwÄndung)

1991 erschien in Amerika ein Film namens *Was ist los mit Bob?* (Originaltitel: *What about Bob?*) mit Bill Murray in der Hauptrolle. 2016 könnte man sich dasselbe mit der besten Band der Welt fragen. Was ist los mit Die Ärzte? Es ist beunruhigend still um sie geworden. Doch war es das jetzt mit Die Ärzte oder wird es weitergehen? Die Antwort kennt wohl nur der liebe Gott namens BelaFarinRod.

Sicher ist nur, dass sich die Band wohl nie wieder so mit Pauken und Trompeten verabschieden wird, wie sie es anno 1988 auf Westerland gemacht hat. Die Gefahr, sich womöglich bei einem weiteren Rückzug vom Rückzug der Lächerlichkeit preiszugeben, ist viel zu groß. Und lächerlich sind Die Ärzte in ihrer über 30 Jahre andauernden Karriere noch nie gewesen. Die Ärzte waren und sind zwar eine Band, die sich selbst nicht großartig ernst nimmt, dafür aber das, was sie tut und wie sie es tut, sehr ernst nimmt. Ebendieses »wie« ergibt eine Haltung, für die sie zu Recht bewundert wird und die sie über all die Jahre bewahren konnte. Welche Relevanz diese Band aus Berlin (aus Berlin) noch immer besitzt, hat die *Aktion Arschloch* im Jahr 2015 gezeigt. Angesichts der Flüchtlingskrise und der zunehmenden Gewalt von Rechtsaußen hatte der Lehrer Gerhard Torges über soziale Netzwerke dazu aufgerufen, *Schrei nach Liebe* an die Spitze der deutschen Charts zu hieven, um ein Zeichen für die Menschlichkeit und gegen Fremdenhass zu setzen. Was kurz danach passierte, sucht wohl an Dynamik seinesgleichen. Im September 2015 war *Schrei nach Liebe* wirklich die Nummer eins der deutschen Single-Charts, was sogar der *Washington Post* eine ausführliche Meldung wert war. Die Ärzte und all diejenigen, die für gewöhnlich an der Wertschöpfungskette des Songs beteiligt wären wie Verlag und Downloadanbieter, gaben an, alle Tantiemen und Erlöse an den Verein *Pro Asyl* zu spenden. Die Aktion erfuhr breite Unterstützung in der Öffentlichkeit und wurde von Jung und Alt gleichermaßen getragen. Bundesweit gab es sogar Flashmobs, bei denen Hunderte Beteiligte auf ein Signal hin das Lied öffentlich sangen. Die Band selbst hat immer gesagt, dass *Schrei nach Liebe* ihr wohl wichtigstes Lied sei. Die *Aktion Arschloch* hat das eindrucksvoll bestätigt. Auch die Hörer des besonders in Nordrhein-Westfalen beliebten Jugendradiosenders 1Live hatten den Die Ärzte ein paar Monate zuvor Tribut gezollt und *Schrei nach Liebe* zum Lieblingssong in der 20-jährigen Geschichte des Senders gewählt. Ob Die Ärzte überhaupt noch mal aktiv werden, bleibt jedoch weiter ungewiss. »Es gehören immer drei dazu«, lautet ein altes Sprichwort, und erst wenn Bela es will, Farin es will und Rod es will, wird es eine Fortsetzung dieser Band geben. Dabei darf man nie vergessen, dass es sich bei den Die Ärzte um drei paritätische Charaktere handelt, die zu ein und derselben Frage durchaus drei verschiedene Antworten geben können. Sie könnten unterschiedlicher nicht sein und führen nicht umsonst ein reges Dasein abseits von Die Ärzte. Bela schauspielert, spricht Hörbücher, schart gerne andere Musiker um sich und ist sehr oft zu Gast bei vielen anderen Künstlern. Farin schreibt immer noch haufenweise Songs, reist gerne und viel, fotografiert mit großer Leidenschaft und bringt kiloschwere Bildbände heraus. Auch Rod umgibt sich stets mit Musik. Wenn er nicht gerade mit Abwärts oder seiner eigenen Band ¡Más Shake! tourt, verbringt er viel Zeit im Studio, wo er viel für Film und Fernsehen komponiert und hin und wieder auch andere Künstler produziert. Für den Film *El Viaje* hat er sich sogar auf eine Reise in sein Geburtsland begeben, bei dem er mit Künstlern verschiedener Altersgruppen sprach und Musik gemacht hat. Doch das ist für ihn noch lange kein Ersatz zu den Die Ärzte.

Rodrigo González: »*Wenn du, wie in meinem Fall, mit Abwärts oder ¡Más Shake! spielst, vermisst du schon eine ganze Menge im Gegensatz zu Die Ärzte. Das hat für mich ganz viel mit einem bestimmten Lebensgefühl zu tun, das ich mit der Band verbinde und* *sehr vermisse. Damit meine ich nicht den kalt gestellten Champagner nach dem Konzert, ich komme auch mit einem Dosenbier gut klar. Ich meine dieses Rumspinnen ohne Grenzen, diesen Spaß, dieses Kribbeln, die Möglichkeit, sich selber zu überraschen und nicht einfach nur bedienen zu müssen. Bei den anderen Bands, wo ich spiele, ist es halt nicht so. Das ist einzigartig, und das gibt's nur bei den Ärzten. Wenn die Jungs mich heute noch mal fragen würden, ob ich bei ihnen mitspiele, würde ich es sofort wieder machen, denn eine solche Band läuft einem nicht so oft über den Weg.«*

Abgesehen von den Kunstfiguren Bela, Farin und Rod gibt es natürlich auch noch die Menschen dahinter, die Zeit für sich und ihre Familien benötigen. Obwohl Die Ärzte so sehr bekannt sind, haben sie es verstanden, ihr Privatleben für sich zu behalten. Das ist eine überaus lobenswerte Einstellung, und die sei ihnen von Herzen gegönnt. In einer Zeit, wo nur allzu gerne das Innere nach außen gekehrt wird, wirkt eine solche Haltung schon fast anachronistisch.

Als Bela und Farin die Band 1982 gründeten, wollten sie etwas völlig Neues schaffen. Sie wollten weg von dem Konservatismus der Alternativen, weg vom Bierernst der Punk-Stammtische, weg von der Vorhersehbarkeit der Gegenwart. Sie haben es geschafft. Sie sind ganz oben angekommen, doch so richtig dazu gehören sie nirgends. Natürlich sind sie Mainstream, aber auf der anderen Seite wieder nicht. Natürlich sind sie Punkrock, doch ist dies nur eine von vielen Facetten. Natürlich sind sie die beste Band der Welt, aber eigentlich auch eine kleine Gurkentruppe. Auf jeden Fall sind sie eines nicht: den Leuten egal. Jeder, der mit der Band aufgewachsen ist – und das sind inzwischen mehrere Generationen –, hat wohl eine Meinung zu ihnen, und jeder kennt wohl auch mindestens einen ihrer Songs. Selbst wenn Die Ärzte sich nicht mehr bewegen, so werfen sie noch immer einen ziemlich langen Schatten und hinterlassen große Fußspuren.

Die Bands von heute haben es jedoch schwer, diese zu füllen. Die Zeiten haben sich geändert. Musik hat heute einen anderen Stellenwert. Zwar ist der Weg zum Ruhm kürzer geworden, aber die Halbwertszeit ist es eben auch. Echte Ikonen gibt es kaum noch welche, und wenn, dann werden sie recht schnell vom Sockel gestoßen. Musiker taugen auch schon lange nicht mehr als Vorbilder für die

Jugend – wie auch, wenn der meiste Kram eh belanglos ist und diese Belanglosigkeit auch überall gefördert wird. Die Ärzte hatten das Glück, in einer Zeit Karriere machen zu dürfen, wo man noch ganz langsam die Leiter hinaufsteigen durfte und aus Stars echte Superstars werden konnten und nicht solche, die diesen Ehrentitel nur aufgrund einer dämlichen Fernsehsendung verliehen bekommen.

Bela B: »*Was sind wir für Glückspilze!? Wir waren geschlechtsreif, bevor es Aids gab, wurden Rockstars, bevor die Casting-Shows kamen, und waren erfolgreich, als eine Plattensammlung noch als Statussymbol galt. Jippieh.*«

Es wäre sicher spannend zu erfahren, ob Die Ärzte heute, wenn sie noch mal 20 wären, wieder so eine Karriere hinlegen würden. Vielleicht ja, vielleicht würden sie aber auch entnervt aufgeben, weil sie zum Beispiel keine Lust hätten, jeden Tag etwas völlig Belangloses bei Facebook zu posten. Trotzdem bleibt ein fader Beigeschmack zurück, denn wenn die Band wirklich nicht mehr zusammenfinden sollte, dann hat sie es versäumt, auf dem Höhepunkt abzutreten. Die *Ärztivals* mögen vielleicht sehr erfolgreich gewesen sein, doch es geht eben nicht immer nur ums Geld. Gerade bei dieser Band nicht. Wenn Die Ärzte sich in ihrer Laufbahn nur nach dem schnöden Mammon gerichtet hätten, wären sicher nicht all die von Nagel als »Krempel« bezeichneten Dinge entstanden, die sie so sehr von anderen Bands unterscheiden.

Rodrigo González: »*Wir haben uns mit den Ärztivals nicht gerade auf die nette Art verabschiedet. Es wäre schade, wenn wir so abtreten würden.*«

Doch können sich Bela, Farin und Rod überhaupt noch mal vorstellen, wieder als Die Ärzte aktiv zu werden? Braucht die Menschheit noch die beste Band der Welt? Haben sie noch was zu sagen, oder können sie weg?

Farin Urlaub: »*Ich kann mir schon vorstellen, wieder als Farin Urlaub auf die Bühne zu kommen, allerdings nicht, solange es so aussieht wie auf den letzten Konzerten. Das möchte ich nie wieder in meinem Leben haben. Ich hatte in all den Jahren nie das Gefühl, dass uns irgendwann nichts mehr einfällt, und bin mir sicher, dass wir schon noch einiges von uns zu geben hätten. Doch diese Entscheidung liegt nicht allein bei mir.*«

Rodrigo González: »*Wenn Bela und Farin mich fragen würden, ich wäre sofort wieder dabei. Ich würde jederzeit wieder Konzerte spielen. Allerdings weiß ich nicht, ob die Leute auch ein neues Album von uns brauchen. Viele waren enttäuscht vom letzten Album, obwohl ich es nicht schlecht finde. Und was für einen Tonträger müssen wir denn überhaupt noch machen, um den Leuten zu beweisen, dass wir die beste Band der Welt sind?*«

Bela B: »*Vielleicht schreiben wir auch nur einen sehr langen Song, den wir dann auch endlich und ausschließlich bei Streaming-Diensten anbieten. Unter einer Stunde darf der aber nicht sein.*«

Farin Urlaub: »*Oder wie wärs mit* Yoko Ono – Part 3*? Ein vier Sekunden langes Lied mit sensationeller Melodie – natürlich auch wieder mit Video. Dann hat zumindest niemand Zeit, wegzuschalten.*«

Mirko Schaffer: »*Ich finde, sie sind der Welt noch ein Album schuldig. auch kann nicht das letzte Zeichen von ihnen gewesen sein. Vielleicht sollten sie für ein Album mal keine Demos machen, sondern zusammen Songs schreiben und mal so richtig konsequent bei null anfangen. Ich wäre sehr gespannt darauf, was dabei herauskommen würde.*«

Die Zeit ist wohl dann reif für Die Ärzte, wenn die Zeit eben reif ist, und wenn dem nicht so ist, dann geht die Welt auch nicht unter. Sicher wäre es schade. Sicher wäre es ein herber Verlust für die deutschsprachige Musiklandschaft. Aber hey, die Welt wird sich trotzdem noch drehen, und der Himmel wird wieder blau. Wird schon irgendwie gehen. Bestimmt. Also ganz sicher. Ach menno.

»*Nimm's nicht so schwer, denn das Wichtigste ist doch,*
du hattest eine schöne Zeit – eine herrliche Zeit.«
(Die Ärzte – *Vorbei ist vorbei*)

Äpilog

> Ich hab mir einen Gott ins Regal gestellt,
> und ich hoffe, dass er dort nicht hinunterfällt.
> *(Die Ärzte – Waldspaziergang mit Folgen)*

Der Autor: »Seit zwei Jahren sitze ich nun schon an diesem Buch. Zwei Jahre, in denen ich fast jeden Tag in irgendeiner Form mit Die Ärzte verbracht habe – sei es, dass ich Presseartikel gelesen, mich durch Konzerte gehört, Interviews geführt, diverses Videomaterial gesichtet oder eben neue Zeilen für dieses Buch geschrieben habe. Seit mehr als 20 Jahren begleitet mich diese Band nun schon durch meinen Alltag, doch so intensiv wie in den letzten beiden Jahren war dies noch nie zuvor der Fall gewesen. Und je näher ich mit dem Text an das Hier und Jetzt herankam, umso mehr beschäftigte mich dabei die Frage: Ist das alles? Wie ein Mantra sagte ich dann immer zu mir: ›Nein! Das darf einfach nicht alles sein.‹ Die Ärzte können doch nicht so von der Bildfläche verschwinden. Ich will Die Ärzte sehen! Sie müssen wieder zurückkommen – dringend!

Doch die beste Band der Welt lag brach. Bela, Farin und Rod schienen nicht mal wirklich zerstritten zu sein. Sie wirkten auf mich eher wie ein Ehepaar, das nach mehr als 30 Ehejahren einfach Abend für Abend schweigend vor dem Fernseher sitzt und sich aus dem Weg geht. Ein Bild, das mich traurig stimmte und mir wenig Nahrung für Hoffnung gab. Doch ich verdrängte diese Gedanken und schrieb einfach weiter an dem Buch und durchlebte mit der Band noch einmal all die Phasen ihres Schaffens. Viele tolle Momente tauchten wieder vor meinem geistigen Auge auf – große wie kleine –, und bei all dem stieß ich innerlich auch immer wieder einen Seufzer aus: ›Oh, wie ich sie doch vermisse.‹

Den Schluss des Buches schob ich weiter vor mir her. Ich führte weiterhin Gespräche mit Bela, Farin und Rod, und irgendwann kamen wir zu dem Punkt, wo es um die letzten Jahre ging – also um all das, was seit dem letzten Album auch mit ihnen und um sie herum passiert ist. Hierzu muss ich erklären, dass ich stets Einzelgespräche mit ihnen führte, und als ich nun mit jedem von ihnen über diese Zeitspanne sprach, merkte ich, dass da noch etwas Unausgesprochenes im Raum stand. Es gab in diesen Jahren wohl große Spannungen, und sie hatten sich offenbar noch nicht wirklich damit auseinandergesetzt. So diktierte mir jeder seine Theorie, woran es in seinen Augen gelegen hatte. Nachdem ich alle drei Meinungen zusammengetragen und ihnen einen ersten Textentwurf vorgelegt hatte, fing es plötzlich an zu brodeln – so empfand ich es zumindest als Außenstehender. Verlief die Kommunikation zu diesem Buch bislang eindimensional (Autor fragt Bela – Bela antwortet Autor, Autor fragt Farin – Farin antwortet Autor und so weiter), so war sie nun mehrdimensional geworden (Autor fragt Bela, der fragt Farin und Rod – Farin, Bela und Rod antworten Autor). Die drei sprachen nun wieder miteinander – und nicht nur übers Wetter. Sie setzten sich ernsthaft mit sich selbst auseinander und reflektierten gemeinsam die für sie nicht ganz einfachen letzten Jahre. Ich freute mich sehr darüber. Zum einen war es ein absoluter Segen für das Buch. Zum anderen bestand die Chance, dass sie sich so wieder näherkommen könnten. Bei mir keimte wieder etwas Hoffnung auf. Eine Rückkehr der Die Ärzte schien mir nun nicht mehr völlig illusorisch zu sein.«

27.08.2016

Der Autor: »*Endlich herrschten mal sommerliche Temperaturen in diesem Land. Während draußen die Luft vor Hitze stand, saß ich mit meiner Frau in unserem klimatisierten Auto. Unser Ziel war die Gemeinde Jamel in Mecklenburg-Vorpommern, eine kleine Ortschaft, die lediglich aus ein paar Häusern besteht. Das Besondere daran ist, dass diese zum Großteil in der Hand von Nazis sind, die ihre Gesinnung hier vollkommen frei zur Schau stellen. Seit 2004 lebt das Künstler-Ehepaar Horst und Birgit Lohmeyer hier im schönen Forsthof der Gemeinde und sieht es nicht ein, vor dem braunen Mob zu kapitulieren. Sie bieten ihm die Stirn und organisieren unter anderem seit 2007 das nichtkommerzielle und ehrenamtliche Festival* Jamel rockt den Förster – *und das in ihrem eigenen Garten. Für ihren Mut erhielten sie bereits zahlreiche Ehrungen, und letztes Jahr kamen so-*

gar Die Toten Hosen, um auf ihrem Festival zu spielen – nur wenige Tage nachdem eine Scheune auf ihrem Anwesen wohl wegen Brandstiftung niedergebrannt war. In diesem Jahr hatten sich Fettes Brot, Madsen, Bela B und Wolf Maahn angekündigt. Wir wollten die Gelegenheit nutzen und uns das neue Projekt von Bela ansehen, denn der Gig mit der Band Danube's Banks im Rahmen des Festivals war erst der zweite Auftritt dieser Formation. Der Musikstil von Danube's Banks besteht laut eigenen Angaben zu 60 Prozent aus Gypsy Swing, 25 Prozent aus Klezmer und zu 15 Prozent aus Balkan Beats – genau jene Form von Musik also, die im Dritten Reich einst als »entartet« galt und verboten war. Eine perfekte Paarung für dieses Festival, denn derlei fremde Töne werden den benachbarten Nazis wohl so gar nicht schmecken. Auf dem Weg nach Jamel fielen uns die vielen Wahlplakate auf, die anlässlich der bevorstehenden Landtagswahl überall an den Laternenmasten angebracht waren. Besonders erschreckend war, dass in manchen Gemeinden fast ausschließlich Plakate von AfD und NPD hingen. In Jamel selbst war massig Polizei vor Ort. Schon als wir die Zubringerstraße passierten, tauchten erste Straßensperren auf. Nachdem wir unser Auto auf einem Feld abgestellt hatten, machten wir uns auf den Weg zum Festivalgelände. Alles hier war sehr klein, doch die Stimmung war gigantisch gut.

Daran änderten auch die Nazi-Glatzen gegenüber dem Hof von Familie Lohmeyer nichts, die die schwarz-weiß-rote Fahne gehisst hatten und das Horst-Wessel-Lied sangen. Man konnte förmlich spüren, dass die Festivalbesucher nicht nur wegen der Musik hierhergekommen waren. Es ging auch darum, ein Zeichen zu setzen, und allein die Präsenz der Leute hier vor Ort war ein klares Statement für Liebe und Toleranz sowie gegen Fremdenhass. Kurz nachdem wir ankamen, fingen Captain Planet aus Hamburg an zu spielen, direkt im Anschluss war Bela dran. Danube's Banks fingen zunächst ohne ihn an, erst nach ein paar Minuten betrat er dann im goldenen Anzug die Bühne, winkte dem Publikum zu und reckte den Mittelfinger gen Richtung Nazis. Als Bela und Danube's Banks ihre Version vom Die Ärzte-Song Ignorama spielten, stieg die Stimmung. Bela mischte fortan Songs von seinen Soloalben mit von ihm geschriebenen Die Ärzte-Stücken wie Perfekt oder Geld. Dazu kam eine neue Nummer von ihm namens Ihr seid nicht das Volk sowie der Robert-Mitchum-Song

From A Logical Point of View. *Ich bekam eine Gänsehaut, als ich wieder Ärzte-Songs aus Belas Mund hörte, und fand zudem großen Gefallen an deren neuen musikalischem Gewand. Man konnte einfach gar nicht anders als tanzen.* Tanzen gegen Nazis. *Während mein Blick über das Gelände schweifte, bemerkte ich auf einmal, wie ein groß gewachsener, schwarz gekleideter Mann mit Baseball-Mütze neben der Bühne im Backstage-Zelt verschwand. Er kam mir vertraut vor, doch ich redete es mir aus. Warum sollte ausgerechnet ER hier sein? Doch meine Neugier war geweckt, und nun wechselte mein Blick ständig zwischen Backstage-Zelt und Bühne hin und her. Dann sah ich noch jemanden schnell ins Zelt huschen. Und wieder musste ich mich kneifen, denn auch diese Person kannte ich wohl. Okaaay – ganz ruhig, es ist wohl nicht nur einer der Ärzte hier. Es sind offenbar alle drei hier. Bela und Farin und Rod sind da. Was geht denn hier ab? Kurze Zeit später zeigte sich Farin ganz offen neben der Bühne, und da, wo die Leute ihn erkannten, wurde schwer getuschelt und wurden Handys gezückt. Als Bela den Song* Der Führer's Face[1] *von Spike Jones & His City Slickers spielte, sah man Farin begeistert mitsingen. Jenen Song hatte er früher schon gerne mit Bela gehört, und auch das Publikum in Jamel fand großen Gefallen an der verrückten Nummer und Belas Vortrag.*

Mit dem bekannten jiddischen Swingstück Bei Mir Bistu Shein *endete das Konzert von Bela unter lautem Jubel. Als er das Backstage-Zelt erreichte, konnte man sehen, wie er Farin und Rod freudestrahlend in die Arme fiel. Kurz darauf verschwanden alle drei Richtung Forsthof.*

Die Bühne wurde derweil für den Auftritt von Madsen umgebaut. An einem Merchandise-Stand in der Nähe des Eingangs vom Festival-Gelände lief uns Axel Schulz über den Weg, der über beide Ohren grinste. Ich freute mich, ihn nach längerer Zeit mal wieder zu sehen, und allmählich war ich mir sicher, dass hier und heute noch etwas ganz Besonderes passieren wird. Warum wäre Axel sonst auch hier? Mein Herz schlug schneller. Axel verabschiedete sich mit den Worten, dass er sich mal Madsen ansehen will. Um seinen Hals baumelte eine Kamera. Wir wollten uns das ebenfalls nicht entgehen lassen und suchten uns gute Plätze, um den Auftritt von Madsen zu verfolgen, deren Konzerte uns bislang immer begeistert haben. Kurz vor Schluss des Auftritts stimmte Sänger Sebastian Madsen auf einmal spontan Teenager Liebe an, was begeistert mitgesungen wurde. Man merkte ihm dabei eine seltsame Aufregung an. Dann verkündete er, dass es nach ihrem Konzert noch eine große Überraschung geben werde, auf die er sich sehr freut.«

Sebastian Madsen: »Nachdem wir unser letztes Lied mit Madsen gespielt haben – wie immer Lass die Musik an –, gab ich die Bühne frei mit den Worten: ›Bela hat euch noch etwas zu sagen.‹«

Der Autor: »Während hinter ihm die Bühne eifrig umgebaut wurde, trat Bela vor das Mikrofon. In der Hosentasche hatte er vier schwarze Drumsticks. Er erzählte den Leuten, dass er vorhin das Gefühl hatte, dass er noch ein Lied mehr hätte spielen sollen. Das Problem sei nur, dass er es nicht allein spielen könne. Er bräuchte dazu erst mal einen Bassisten, doch er spiele grundsätzlich nur mit südamerikanischen Bassisten. Da kam auf einmal Rod auf die Bühne und bot sich ihm an. Ein Aufschrei ging durchs Publikum. Mit seinem umgehängten The Rod-Bass marschierte er auf die linke Seite von Bela. Dem fehlte jetzt natürlich noch ein Gitarrist. Doch auch hier gab es wieder eine Einschränkung von ihm, nämlich die, dass er nur mit solchen spiele, die 2,10 groß sind. Da kam Farin mit einer Gitarre von Bela auf die Bühne, der schraubte ihm das Mikro höher, allerdings zu hoch. Farin nahm daraufhin die typische Lemmy-Position am Mikrofon ein, schraubte den Mikroständer dann aber wieder auf normales Niveau herunter. Überall im Publikum waren nun Handys zu sehen. Alle waren total euphorisiert. Farin bat das Publikum noch um einen kleinen Moment Geduld, da er die Gitarre noch stimmen musste. Bela, der am Schlagzeug von Sascha Madsen Platz nahm, und Rod improvisierten derweil einen Stimmpausen-Song. Dann ertönten die ersten Akkorde von Schrei nach Liebe und durchschnitten förmlich die Luft über Jamel.«

Sebastian Madsen: »Wir hatten uns sehr auf den Abend in Jamel gefreut. Ein Festival mit einer wichtigen politischen Botschaft in bester Gesellschaft hinter und vor der Bühne standen uns bevor. Die Ärzte hatten wir schon zu Beginn unserer Karriere vor elf Jahren auf einigen Festivals getroffen und ins Herz geschlossen. Besonders zu Bela hatten wir schnell einen guten Draht, und im Laufe der Jahre war es immer wieder schön, ihn zu treffen und mit ihm zu plaudern. Ein paar Tage vor dem Konzert in Jamel kam dann ein Anruf von Belas Konzertagentur. Humberto von KKT fragte mich, ob wir Bela unser Equipment für einen Song ausleihen würden. Passend zum großen Überthema des Festivals gegen Fremdenhass und für Toleranz handelte es sich natürlich um den Ärzte-Klassiker Schrei nach Liebe. Natürlich sagte ich sofort im Namen der Band ›Ja‹ und musste als alter Ärzte-Fan noch einen Schritt weitergehen. Da wir den Song schon vor 20 Jahren mit unseren ersten Bands coverten, bot ich uns spontan als Backing-Band an. Er verneinte höflich, sagte irgendwas von einem neuen Arrangement, und damit war das Thema erledigt. Als wir in Jamel ankamen, trafen wir auf einen sehr gut gelaunten Bela, der meinen Bruder Sascha und mich schnell zur Seite bat und im Flüsterton verkündete, dass er das Lied wahnsinnig gerne mit uns gespielt hätte. Es kämen allerdings zwei seiner Freunde extra aus Berlin, um den Song mit ihm zu spielen. Ich guckte wie ein Trabi und verstand nicht. ›Wollen die denn auch mit unseren Instrumenten spielen?‹, fragte ich. ›Rod hat auf jeden Fall seinen Bass dabei‹, erwiderte er. Damit war es klar. Ob er sich nun versprochen hatte oder uns bewusst einweihen wollte: Die Ärzte wollten Schrei nach Liebe über unser Equipment spielen! Wahnsinn! Wir freuten uns wie Kinder zu Weihnachten. Bela wollte noch mal sichergehen, ob das alles wirklich okay für uns ist. Das war ja eigentlich unser Konzert und unser Finale. Ich sagte nur: ›1993 war ich zwölf Jahre alt und hab mir Die Bestie in Menschengestalt gekauft. Damals hätte ich mir nicht träumen lassen, dass ihr irgendwann mal mit uns die Bühne teilt, geschweige denn unser Equipment mitbenutzt.‹ Er drückte mich fest und bedankte sich aufrichtig.«

Bela B: »Rock den Förster ist wohl zur Zeit das wichtigste Festival in diesem Land. Ich wollte unbedingt hier spielen, und mein neues Gypsy-Projekt bot sich hier förmlich an. Da ich mit der Band eh einige Ärzte-Stücke spiele, die ich geschrieben habe, kam die Überlegung auf, dass ich hier auch Schrei nach Liebe spielen musste. Allerdings ist das Lied bekanntlich nicht allein von mir. Ich hatte dann zunächst die Idee, den Song mit Madsen oder Turbostaat, die ebenfalls für das Festival vorgesehen waren, zu spielen. Ich wollte Farin als Miturheber des Songs davon unterrichten, da hatte ich plötzlich die Idee, einfach mal zu fragen, was er und Rod an dem Tag machen würden. Zuerst schickte ich Farin eine E-Mail mit zwei Links zum Thema Jamel, weil

ich nicht wusste, ob er darüber im Bild war. Er reagierte amüsiert, aber etwas zurückhaltend, denn er wusste zu dem Zeitpunkt nicht, ob er im Land sein würde. Er schlug vor, doch erst mal Rod zu fragen, was ich direkt und telefonisch tat. Rod sagte sofort: ›Klar, kein Ding!‹ Ich schrieb eine SMS an Farin: ›Rod ist dabei!‹, und zwei Sekunden später kam die Textnachricht: ›Ich habe soeben meinen Urlaub verschoben!‹ Ich machte mich dann an die Organisation, bevor ich wiederum in den Urlaub fuhr. Eine Woche vor dem Festival kam ich zurück und fing an, mit Danube's Banks zu proben. Bis zum eigentlichen Auftritt wussten nur die Lohmeyers, Axel, Stagemanager Humberto und drei Tage vorher unser Mixer Bescheid. Madsen sagte ich es direkt vor ihrem Auftritt. Irgendwie rechnete ich die ganze Zeit noch mit einer Absage oder anderweitigen Problemen. Selbst auf der Bühne konnte ich es noch nicht wirklich glauben, bis dann Farin und Rod am Bühnenrand auftauchten. Da war ich wirklich gerührt von den beiden.«
Farin Urlaub: »Schrei nach Liebe *ist unser mit Abstand wichtigstes Lied. Als Bela den Vorschlag machte, war klar, dass es hier nicht um drei kleine Egos mit ihren persönlichen Befindlichkeiten, sondern um ein Zeichen geht. Ich hab mich sehr gefreut, die beiden Vögel mal wieder zusammen zu sehen! Und über vier Stunden mit Rod im Auto zu sitzen, die Beatles zu hören, lauthals mitzusingen und über die Fab Four zu reden, war ein zusätzlicher Bonus.«*
Der Autor: »Der Moment, auf den ich so lange gewartet habe, war nun endlich da. Das Publikum rastete komplett aus. Ich stürzte mich in die tobende Menge und sang jedes einzelne Wort von Schrei nach Liebe *lauthals mit, besser brüllte es mit – ›Arschloch‹ natürlich ganz besonders laut. Ich hatte den Eindruck, dass alle um mich herum es genauso taten. Alle wollten wohl, dass die nur wenige Meter entfernt sitzenden Nazis das Lied definitiv hören – und zwar so laut es eben ging. Bela, Farin und Rod grinsten derweil um die Wette. Immer wieder suchten sie untereinander den Blickkontakt. Es war schön zu sehen, wie viel Spaß sie hatten, wieder gemeinsam auf der Bühne zu stehen. Gleichzeitig merkte man ihnen an, dass es ihnen ein sehr wichtiges Anliegen war, ausgerechnet hier zu spielen. Nach circa drei Minuten war der Auftritt auch schon wieder vorbei. Die Ärzte verließen unter großem Jubel die kleine Bühne. Das Publikum brüllte lauthals: ›Wir wolln Die Ärzte sehn!‹ Doch eine Zugabe gab es nicht.*

Trotzdem strahlte jeder. Viele konnten nicht fassen, was sie da eben gesehen und gehört hatten. Die Smartphones glühten. Sätze wie ›ICH FLIPP AUS!!!‹ oder ›Du glaubst nicht, wer gerade hier war‹ wurden aus Jamel in die weite Welt entsandt. Die Überraschung war den Die Ärzte definitiv geglückt.«
Sebastian Madsen: »Wir standen verschwitzt am Bühnenrand, neben uns die Jungs von Fettes Brot, Veranstalter, Fotografen und viele andere. Uns wurde klar, dass hier etwas Besonderes passierte. Da standen sie also. Die Ärzte spielten Schrei nach Liebe auf unserem Schlagzeug, mit unseren Verstärkern und mit dem großen Madsen-Logo im Hintergrund. Ich war wieder zwölf Jahre alt und hatte Tränen in den Augen.«
Rodrigo González: »Das war eine super Aktion – obwohl Farin und ich länger im Auto gesessen haben, als wir real auf dem Forsthof waren, hat sich jede Minute gelohnt. Einziger Wermutstropfen war natürlich mein beschädigter Vorderreifen, den die Reichsidioten versucht haben zu zerstechen, es aber dumm, wie sie sind, dann doch nicht geschafft haben. Es geht doch nix über gute Antifa-Reifen!«
Der Autor: »Ich war einfach nur glücklich und grinste wie ein Honigkuchenpferd. Die Ärzte waren endlich wieder da – und das an einem so wichtigen Ort mit einem so wichtigen Song. Was für eine coole Aktion, dachte ich mir. All die lange Zeit der Entbehrung war auf einmal vergessen. Nach der Show trafen wir auf einige Bekannte, die meine Frau und ich von den vielen, vielen Konzerten, die wir bereits von Die Ärzte und deren Soloaktivitäten besucht haben, kennen. Auch sie strahlten um die Wette. Mit so etwas hatten sie nicht gerechnet, und sie freuten sich, dass sie hier waren. Wir schauten uns noch den anschließenden Auftritt von Fettes Brot an. Das Lächeln verschwand nicht mehr aus meinem Gesicht. Der Überraschungsauftritt der Die Ärzte war auch danach noch Gesprächsthema Nummer eins. Als wir weit nach ein Uhr wieder den Parkplatz erreichten, war dieser nahezu verwaist. Unser Auto war eines der wenigen, die hier noch standen. Eine halbe Stunde Fahrt zu unserem Hotel lag noch vor uns, doch von Müdigkeit keine Spur – wir waren voll mit Adrenalin. Unterwegs stellten wir Überlegungen an, wie es denn nun weitergehen mag mit Die Ärzte. Ob es trotz dieses Auftritts überhaupt noch weitergehen wird mit ihnen. Irgendwann stellte ich fest, dass ich wohl mit

BELAS SCHLAGZEUG / 2012 – HEUTE

Bela mit überdimensionalem Bassdrumfell in der Dortmunder Westfalenhalle während der Tour mit KISS (21.12.1996). Das Motiv war angelehnt an die japanischen Schriftzeichen des *Hotter than Hell*-Albums von KISS und sollte statt KISS Die Ärzte bedeuten. Hinter ihm ist ein Backdrop aus zusammengeknoteten BHs zu sehen, den die Crew der Band zum Ende der Tour aus Wurfunterwäsche der Tour gebastelt hat.

Oben links: Bassdrumfell bei Ärzte statt Böller 2006. Rechts: »Look Bruce, it's the Bat Signal!« Belas Bassdrum in Dresden 2012. Mitte links: Sahnie mit Tirolerhut auf der Bassdrum während des Unplugged-Teils auf den Konzerten 2003. Unten rechts: »Guck mal Mutti, alles meins! RS-Fick G8«-Bassdrummotiv bei den Rock am Ring/Rock im Park Shows 2007.

Oben: Bela live in Cottbus (28.05.2008), R.i.P. Dee Dee Ramone-Bassdrumfell beim *15 Jahre retto*-Konzert, die berühmten sechs *ÄRTZTE*-Bassdrums 1994 und *13*-Becken von Bela. Unten: Bedruckte Schlagzeugsticks von Bela aus den 90er-Jahren bis heute.

Die Ärzte fuhren 2012 für ihre Pressebilder schweres Geschütz auf.

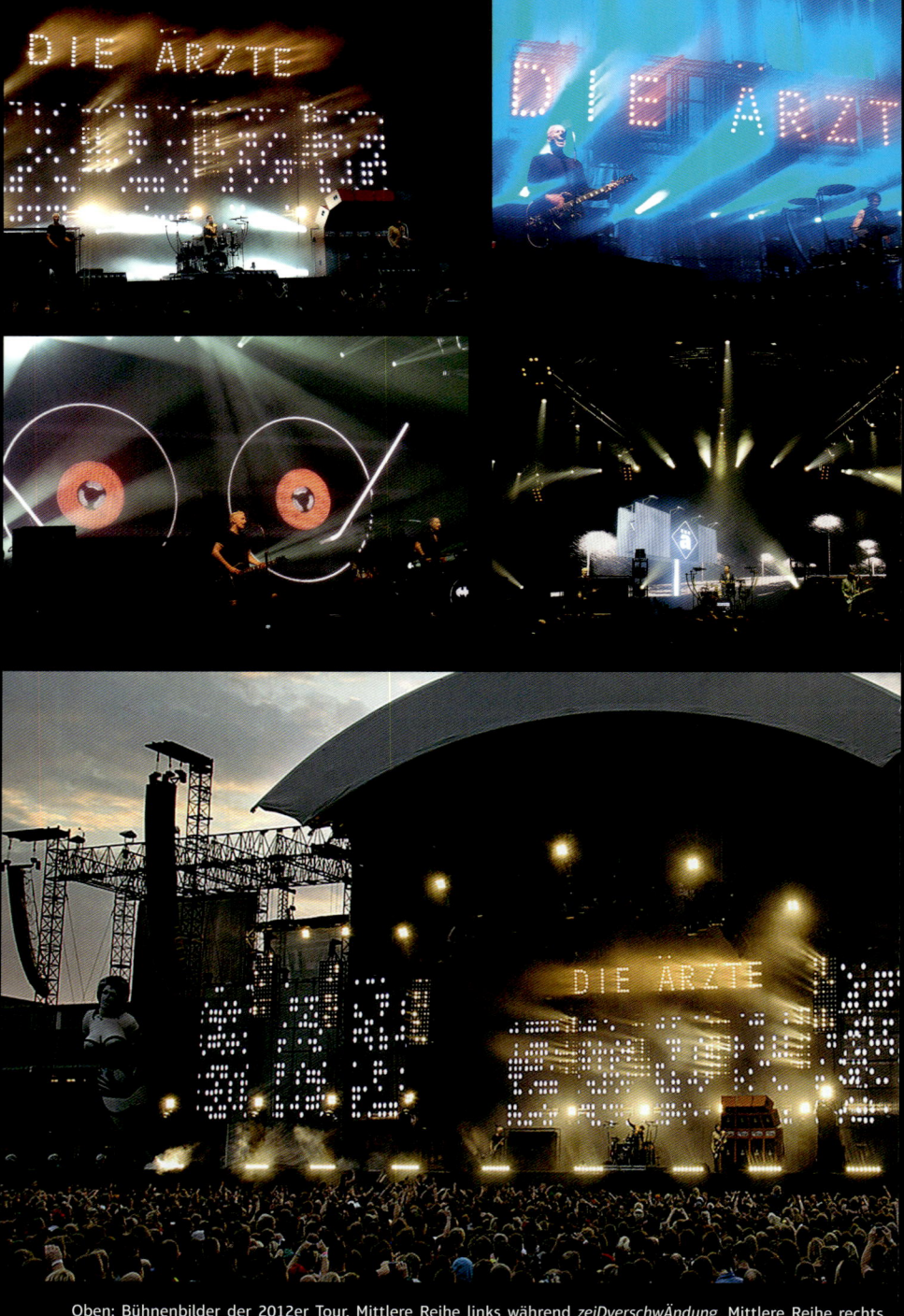

Oben: Bühnenbilder der 2012er Tour. Mittlere Reihe links während *zeiDverschwÄndung*. Mittlere Reihe rechts während *TCR*. Unten: *Ärztival* auf dem Tempelhofer Feld in Berlin (iiiin Berlin), 2013.

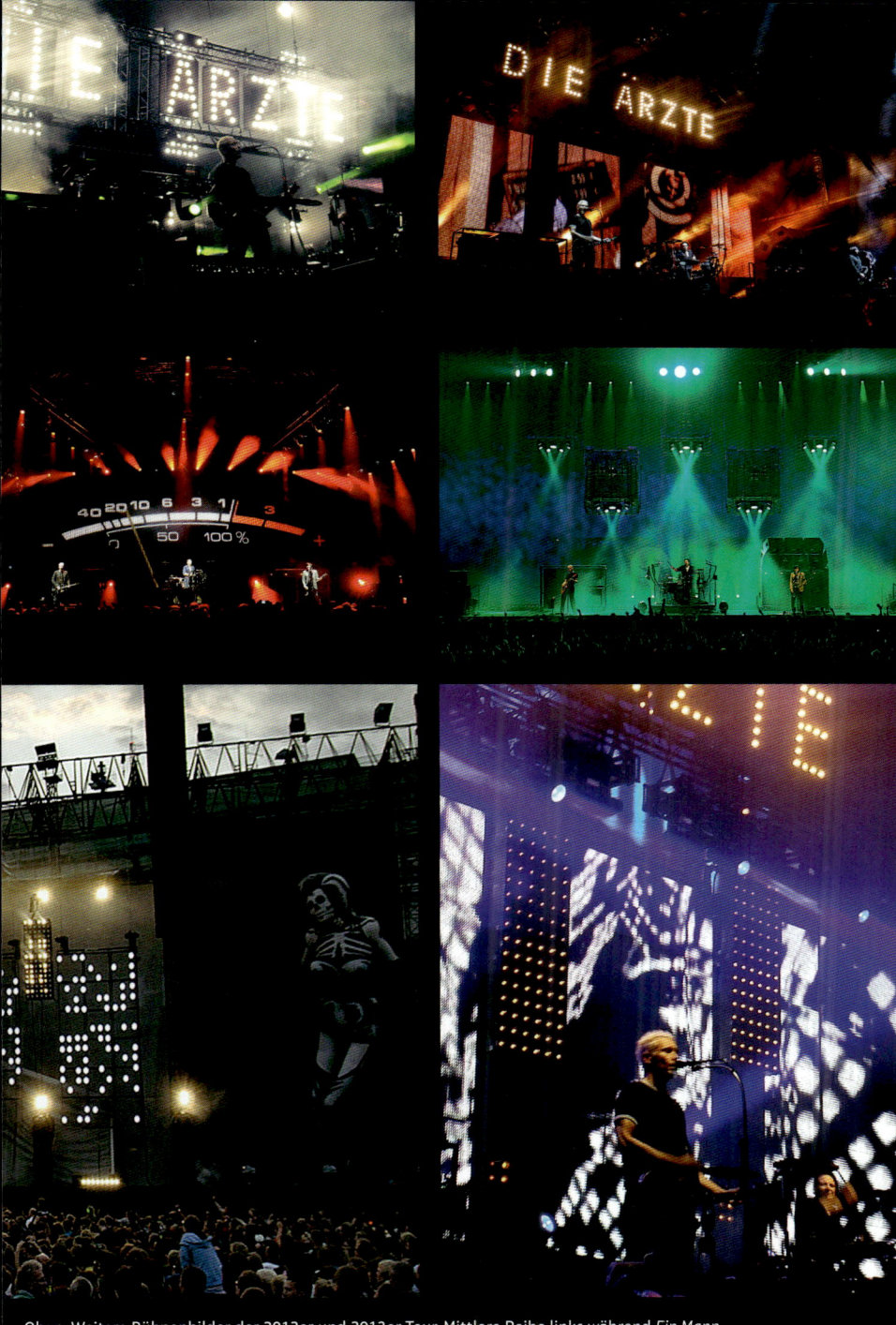

Oben: Weitere Bühnenbilder der 2012er und 2013er Tour. Mittlere Reihe links während *Ein Mann*.
Rechts unten: Live in Uelzen (17.08.2013)

Oben links: Die riesigen Bühnen-Gwendolines, die seinerzeit von der Produktionsfirma zunächst bunt bemalt worden sind und dann kurzerhand schwarz/weiss gestrichen werden mussten. Rechts: Farin an Halloween in Münster 2012 – natürlich mit Macke uff. Unten: Die Ärzte live in Berlin (11.08.2012).

Orange is the new Black: Rods Orange Verstärker-Anlage als Modell und in echt. Währenc der ersten 2012er Tour wurde die Bassanlage während des Konzertes aufgebaut, auf der zweiten dann abgebaut.

Oben rechts: Die Ärzte spielen *Dein Vampyr*. Mitte links: Bela und Farin schmachten Rod an. Mitte rechts: Wenn's gar nicht mehr anders geht, greift die Bildregie zum letzten Mittel, so wie hier in Düsseldorf am 6.11.2012. Unten: Der Himmel ist blau, so blau, so blau …

Oben links: Bela an der Gitarre und Rod am Schlagzeug bei *Tittenmaus*. Mitte links: *Mach die Augen zu und küss mich*. Mitte rechts: Die Ärzte und ihre Fans in der Wuhlheide. Unten: Achtung – diese Bassdrum könnte Faschisten in ihrer Umgebung taube Ohren bereiten.

Oben: Die Ärzte in Warschau. Bela und Farin haben ihre »I love Polish …«-Shirts unabhëngig voneinander gekauft, um sich gegenseitig zu überraschen. Auf Belas Shirts steht übrigens »I love Polish Girls«. Mitte links: Farin mit funkensprühender Sylt-Gitarre.

Oben links: Bela mit Danube's Banks in Jamel 26.08.2016. Mitte rechts: Bela am Schlagzeug von Sascha Madsen.

Oben: Die Ärzte spielten *Schrei nach Liebe*. Es war der erste Auftritt nach fast drei Jahren. Unten rechts: Facebook-Posting von Sascha Madsen einen Tag nach dem Überraschungsauftritt: Spuren, die in Ehren gehalten werden!

beiden Möglichkeiten gut leben könnte. Denn diese Aktion war sowohl ein würdiges Ende als auch ein fantastischer Beginn, und eines ist mir spätestens, seit ich dieses Buch niedergeschrieben habe, eh bewusst geworden: Diese eine Liebe wird nie zu Ende gehn!«

ZUSAMM'FASSUNG

»*Ende der Ballade, der Zug endet hier.*«
(Die Ärzte – *Schlimm*)

DISKOGRAFIE

1983
Zu schön, um wahr zu sein! (EP)

1984
Uns geht's prima … (Mini-LP)
Debil (Album)
Paul (Single)

1985
Original Ärztesoundtrack zum Film »Richy Guitar« (Single)
Zu spät (Single)
Wegen Dir (Single)
Im Schatten der Ärzte (Album)

1986
Du willst mich küssen (Single)
Für immer (Single)
Die Ärzte (Album)
Ist das alles? (Single)

1987
Gehn wie ein Ägypter (Single)
2000 Mädchen (Single)
Ist das alles? 13 Höhepunkte mit den Ärzten (Album)

1988
Radio brennt (Single)
Ich ess' Blumen (Single)
Das ist nicht die ganze Wahrheit … (Album)
Westerland (Single)

Live – Nach uns die Sintflut (Album)
Zu spät ... (live) (Single)

1989
Bitte, bitte (Single)
Die beste Band der Welt (... und zwar live) Teil 1&2 (VHS)
Die Ärzte früher!/Der Ausverkauf geht weiter! (Album)
Teenager Liebe (Single)

1993
Schrei nach Liebe (Single)
Die Bestie in Menschengestalt (Album)
Mach die Augen zu (Single)

1994
Friedenspanzer (Single)
Das Beste von kurz nach früher bis jetze (Album)
Quark – Revolution '94 (Single)

1995
1, 2, 3, 4 – Bullenstaat! (EP)
Ein Song namens Schunder (Single)
Planet Punk (Album)
Hurra (Single)

1996
3-Tage-Bart (Single)
Le Frisur (Album)
Mein Baby war beim Frisör (Single)
Rockgiganten vs. Straßenköter (Split-EP mit Terrorgruppe)
Gefangen im Schattenreich von Die Ärzte (VHS)
Noch mehr gefangen im Schattenreich von Die Ärzte (VHS)

1998
Ein Schwein namens Männer (Single)
13 (Album)
Goldenes Handwerk (Single)
½ Lovesong (Single)

1999
Rebell (Single)
Die Schönen und das Biest – Elke (live) (Single)
Wir wollen nur Deine Seele (Album)
Killer (VHS)

2000
Satanische Pferde (Album)
Wie es geht (Single)
Runter mit den Spendierhosen, Unsichtbarer! (Album)
Killer (DVD)
Manchmal haben Frauen ... (Single)

2001
5, 6, 7, 8 – Bullenstaat! (Album)
Yoko Ono (Single)
Rock'n'Roll-Übermensch (Single)
Ein überdimensionales Meerschwein frisst die Erde auf (Buch)
Männer haben kein Gehirn (Album)

2002
Die Ärzte (Japan-Album)
MTV Unplugged – Rock'n'Roll Realschule (Album, VHS, DVD)
Komm zurück/Die Banane (Single)

2003
Vollkommen gefangen im Schattenreich von Die Ärzte (DVD)
Unrockbar (Single)
Geräusch (Album)
Dinge von denen (Single)

2004
Nichts in der Welt (Single)
Deine Schuld (Single)
Die Band, die sie Pferd nannten (Doppel-Live-DVD)
Die Ärzte Songbook (Buch)
Die klügsten Männer der Welt (Single)

2005
Devil (Debil Re-Release, Album)
Die Ärzte Notenfreund (Buch)

2006
Bäst Of (Album)

2007
Junge (Single)
Jazz ist anders (Album)
Jazz ist anders – Economy (Album)
Lied vom Scheitern (Single)

2008
Lasse redn (Single)
Die beste Band der Welt (… und zwar live) (DVD)

2009
PerfektHimmelblauBreit (Single)
Overkiller (DVD)

2012
zeiDverschwÄndung (Single)
Auch (Album)
M&F (Single)
Ist das noch Punkrock? (Single)

2013
Waldspaziergang mit Folgen/Sohn der Leere (Single)
Die Nacht der Dämonen (Album, DVD, Blu-Ray)
Die Ärzte Songbook für Ukulele (Buch)

2016
Das Buch ä – Die von Die Ärzte
autorisierte Biografie (Buch)

ZU BREI GEROCKTE ORTE

Alle bisherigen Spielorte der besten Band der Welt von Aachen bis Zwickau (featuring Paderborn).

Aachen – Aarau (CH) – Ahlen – Alsfeld – Ansbach – Appenweier – Aschaffenburg – Augsburg – Bad Hersfeld – Bad Reichenhall – Bad Segeberg – Barcelona (E) – Bamberg – Basel (CH) – Baunatal – Bayreuth – Bergen auf Rügen – **Berlin** – Bern (CH) – Biel (CH) – **Bielefeld** – Bietigheim-Bissingen – Bocholt – Bochum – Bonn – Böblingen – Borken – Bozen (I) – Braunschweig – Bregenz (A) – Bremen – Bremerhaven – Brilon – Bruchhausen-Vilsen – Buchholz – Budapest (HU) – Bülach (CH) – Buenos Aires (AR) – Chemnitz – Cloppenburg – Coburg – Coesfeld – Cordoba (AR) – Cottbus – Cuxhaven – Darmstadt – Delmenhorst – Detmold – Dirlos – Dissen – Dornbirn (A) – Dortmund – **Dresden** – Düsseldorf – Duisburg – Durazno (UY) – Einbeck – Ellwangen – Emden – Emmen (CH) – Emsdetten – Erfurt – Erlangen – Esch-sur-Alzette (L) – Eschwege – Espelkamp – Essen – Esslingen – Eupen (BE) – Feldkirch (A) – Fischbachau – Flensburg – Frankfurt am Main – Frankfurt (Oder) – Freiburg – Friedrichshafen – Fürstenfeldbruck – Fürth – Fulda – Gampel (CH) – Gera – Gießen – Gladbeck – Göppingen – Göttingen – Goslar – Gossau (CH) – Gräfenhainichen – Graz (A) – Grefrath – Großpösna – Hagen – Halle (Saale) – **Hamburg** – Hamm – Hannover – Heidelberg – **Heilbronn** – Herford – Herzogenrath – Hildesheim – Hohenfelden – Höxter – Hof – Homberg (Efze) – Ingolstadt – Innsbruck (A) – Interlaken – Jamel – Kaiserslautern – Karlsruhe – Kassel – Kaufbeuren – Kelkheim – Kiel – Kirchweidach – Klagenfurt (A) – Klam (A) – Kleinostheim – Kleve – Koblenz – Köln – Konstanz – Krefeld – Kufstein (A) – Landau – Landsberg – Landshut – Leer – Leinfelden-Echterdingen – Leipzig – Lengerich – Leonberg – Lichtenfels – Lindau – Linz (A) – Lippstadt – Lörrach – Losheim am See – Ludwigsburg – Lübeck – Lüdenscheid – Lüdinghausen – Lüneburg – Luxemburg (L) – Luzern (CH) – Magdeburg – Mainz – Mannheim – Marburg – Mettmann – Minas (UY) – Minden – Moers – Montreux (CH) – Moskau (RUS) – München – Münster – Nagoya (JP) – Neuhausen ob Eck – Neumarkt in der Oberpfalz – Neu-Isenburg – Neumünster – Neustadt – Neu-Ulm – Neuwied – Nickelsdorf (A) – Nordenham – Nürburgring – Nürnberg – Oberhausen – Offenbach – Oldenburg – Osaka (JP) – Osnabrück – Osterholz-Scharmbeck – **Paderborn** – Pahlen – Passau – Pforzheim – Potsdam – Prag (CZ) – Pratteln (CH) – Rastatt – Ravensburg – Regensburg – Reinach (CH) – Regen – Rendsburg – Reutlingen – Rheinbrohl – Ringe (DK) – Rostock – Rothenburg ob der Tauber – Rottweil – Saarbrücken – Salzburg (A) – Salzburgring (A) – San Carlos (UY) – Santiago de Chile (CL) – Schaffhausen (CH) – Scheeßel – Schwabmünchen – Schwäbisch Gmünd – Siegen – Singen – Solothurn (CH) – Stadthagen – Stolberg – Stralsund – Straßburg (F) – Stuttgart – St. Andreasberg – St. Gallen (CH) – St. Goarshausen – St. Wendel – Suhl – Suhr (CH) – Tokyo (JP) – Trier – Tuttlingen – Übersee am Chiemsee – Uelzen – Ulm – Unna – Valparaíso (CL) – Villach (A) – Waldkirch – Walsrode – Warschau (PL) – Weeze – Weil am Rhein – Weimar – Wels (A) – Westerland – **Wien (A)** – Wiesbaden – Wiesen (A) – Wilhelmshaven – Willisau (CH) – Winterberg – Wipperfürth – Wolfsburg – Würzburg – Wunsiedel – Wuppertal – Xanten – **Zürich (CH)** – Zwickau

OPUS DÄ

Die Songs der Besten Band der Welt.
Von *A-Moll* bis *2000 Mädchen*.

A
A-Moll
Ärzte-Theme
Allein
Alleine in der Nacht
Alles
Alles für Dich
Alles so einfach
Als ich den Punk erfand ...
Am Ende meines Körpers
Anders als beim letzten Mal
Angeber
Angekumpelt
Angriff der Fett-Teenager**
Anneliese Schmidt
Anti-Zombie
Aus dem Tagebuch eines
  Amokläufers
Ausserirdische
Australien**

B
Baby
Baby, ich tu's
Backpfeifengesicht
Besserwisserboy
Bettmagnet
BGS*
Biergourmet
Bitte, bitte
Blumen
Boris Becker**
Bravopunks
Breit
B.S.L.
Buddy Holly's Brille
Bullenschwein

C
Chanson d'Albert
Chile 3
Claudia hat 'nen Schäferhund
Claudia II
Claudia III
Claudia (Teil 95)
Cops Underwater
Cpt. Metal

D
Danke für jeden guten Morgen
Das darfst du
Das finde ich gut
Das ist Rock'n'Roll
Das schönste Lied der Welt
Dauerwelle vs. Minipli
Deine Freundin (wäre mir zu
  anstrengend)
Deine Schuld
Dein Vampyr
Der Afro von Paul Breitner
Der Graf
Der Grund
Der Infant
Der lustige Astronaut

Der Misanthrop
Der Optimist
Der Tag
Deutschland verdrecke
Deutschrockgirl
Die Ärzte
Die Allerschürfste
Die Antwort bist Du
Die Banane
Die Einsamkeit des
 Würstchens
Die ewige Maitresse
Die Hard
Die Instrumente des
 Orchesters
Die klügsten Männer der Welt
Die Nacht
Die traurige Ballade von Susi
 Spakowski
Die Welt ist schlecht
Die Wiking-Jugend hat mein
 Mädchen entführt*
Dinge von denen
Dir
Dos Corazones
Du bist nicht mein Freund
Du willst mich küssen

E
Eine Frage der Ehre
Ein Haufen Gebrösel in d-Moll
Ein Lächeln (für jeden Tag deines Lebens)
Ein Lied für dich
Ein Lied über Zensur
Ein Mann
Ein Sommer nur für mich

Ekelpack
El Cattivo
Elektrobier
Elke
Endstück
Erklärung
Erna P.
Eva Braun**
Ewige Blumenkraft

F
FaFaFa
Felicita*
Fiasko
Frank'n'stein
Freundschaft ist Kunst
Friedenspanzer
Frühjahrsputz
Für immer
Für uns
Füße vom Tisch

G
Gabi gibt 'ne Party
Gabi ist pleite
Gabi und Uwe in: Liebe
 und Frieden
Geboren zu verlieren
Geh doch**
Gehirn-Stürm
Geh mit mir
Gehn wie ein Ägypter*
Geisterhaus
Geld
Generation Ä
Geschwisterliebe
Gib mir alles**

Gib mir Zeit
Goldenes Handwerk
Grace Kelly
Grau
Grotesksong
Gute Nacht
Gute Zeit

H
Haar*
Hände Innen
Hair Today, Gone Tomorrow
Halloween**
Halsabschneider
Hass auf Bier
Helmut K.
Herrliche Jahre
Heulerei
Hey Huh (in Scheiben)
Himmelblau
Hurra

I
Ich bin ein Punk
Ich bin glücklich
Ich bin reich
Ich bin wild
Ich weiss nicht (ob es Liebe ist)
Ich will Dich
Ignorama
I hate Hitler*
Ihr Helden*
In den See! Mit einem Gewicht an den Füßen!
Is ja irre
Ist das alles?
Ist das noch Punkrock?

J
Ja (Demo)
Jag älskar Sverige
Jenseits von Eden*
Junge

K
Käfer
Kamelralley
Kann es sein?
Kaperfahrt*
Kein Problem*
Killing Joke
Klaus, Peter, Willi und Petra**
Knäckebrot
Knüppelbullendub
Komm zu Papa
Komm zurück
Kontovollmacht …
Kopfhaut
Kopfüber in die Hölle
Kpt. Blaubär

L
Lady (Sie war eine)
Langweilig
Lasse redn
Las Vegas
Leichenhalle
Licht am Ende des Sarges
Lieber Tee
Liebe und Schmerz
Lied vom Scheitern
Living Hell
Look, Don't Touch
Lovepower

M
M&F
Mach die Augen zu
Madonnas Dickdarm
Mädchen
Mädchen …**
Männer sind Schweine
Manchmal haben Frauen …
Mann mit Gipsbein**
Matthäus 1:5:0
McDonald's
Medusa-Man (Serienmörder Ralf)
Mein Abwasch lebt**
Mein Baby war beim Frisör
Meine Ex(plodierte Freundin)
Meine Freunde
Mein Freund Michael
Mein kleiner Liebling
Methan
Micha
Miststück
Mit dem Schwert nach Polen, warum René?
Mondo Bondage
Monika
Monster aus dem Wald**
Monsterparty
Motherfucker 666
Mr. Sexpistols
Mutig
Mysteryland

N
N 48.3
Namen vergessen*
Nazareth
Nein, nein, nein
Nicht allein
Nichts gesehen
Nichts in der Welt
NichtWissen
Niedliches Liebeslied
Nie gesagt
Nie wieder Krieg, nie mehr Las Vegas!
Nimm es wie ein Mann (a.k.a. Kurt Cobain)
No Future (ohne neue Haarfrisur)
Nur einen Kuss

O
Ohne Dich
Omaboy
Onprangering
Opfer

P
Party stinkt
Paul (der Bademeister)
Perfekt
Peter Parker**
Piercing
Popstar
Poser, Du bist ein …
Powerlove
Pro-Zombie
Punkbabies
Punk ist …
Punkrockgirl

Q
Quadrophenia
Quark

R
Rache
Radio brennt
Rambo in a Chinese
　Whorehouse**
Rebell
Red mit mir
Regierung
Rennen nicht laufen!
Rettet die Wale
Richtig schön evil
Rockabilly Peace
Rockabilly War
Rock'n'Roll-Übermensch
Rock Rendezvous
Rod Army
Rod Loves You
Roter Minirock
Ruhig angehn
Rumhängen*

S
Sahnebonbon**
Samen im Darm*
Saufen
Schädel**
Scheisstyp
Schlaflied
Schlechte Noten
Schlimm
Schneller leben
Schopenhauer
Schrei nach Liebe
Schunder-Song
Schwanz ab
Sex Me, Baby
Shit Piece

Siegerin
Sie kratzt, sie stinkt,
　sie klebt
Sie liegt rum**
Sie tun es
So froh*
Sohn der Leere
Sommer, Palmen,
　Sonnenschein
Stick It Out/What's the Ugliest
　Part of Your Body*
Straight Outta Bückeburg
Studentenmädchen
Super Drei
Sweet Sweet Gwendoline
System

T
Tamagotchi
TCR
Teddybär
Teenager Liebe
T-Error
That's Punkrock
Tittenmaus
Tränengas
Trick 17 m. S.
'Tschuldigung Bier
Tu das nicht
Tut mir leid

U
… und es regnet
Und ich weine
Unholy*
Unrockbar
Uns geht's prima

V
Verlierer müssen leiden**
Vermissen, Baby
Vokuhila
Vollmilch
Vorbei ist vorbei

W
Wahre Liebe
Waldspaziergang mit Folgen
WAMMW
Warrumska
»Was hat der Junge doch für Nerven«
Wegen Dir
Wenn es Abend wird
West Berlin
Westerland
Widerstand
Wie am ersten Tag
Wie ein Kind
Wie es geht
Wilde Mädchen
Wilde Welt
Will dich zurück

Wir sind die Besten
Wir sind die Lustigsten
Wir waren die Besten
Wir werden schön
Worum es geht
Wunderbare Welt des Farin U.

Y
Yoko Ono
You Want to Kiss Me**

Z
zeiDverschwÄndung
Zitroneneis
Zum Bäcker
Zum letzten Mal
Zu spät
Zusamm'fassung (extended 1-13)

½ bis 2000
½ Lovesong
3-Tage-Bart
12XU (Lest die Prawda)*
25 Stunden am Tag*
2000 Mädchen

* *Coverversion*
** *Bislang unveröffentlicht, aber in diesem Buch erwähnt.*

ÄNDNOTEN

1. KÄPITEL: WEST-BERLIN

1. Jack White, eigentlich Horst Nußbaum, ist ein ehemaliger Musikproduzent. Zu seinen größten Hits zählen *When The Rain Begins to Fall* (Pia Zadora & Jermaine Jackson), *Schöne Maid* (*Tony Marshall*), *Eine neue Liebe ist wie ein neues Leben* (Jürgen Marcus), *Gloria* (Laura Branigan) und natürlich *Looking for Freedom* (David Hasselhoff).
2. www.zitty.de, 19.04.2012, Die Ärzte: »Sind ein großes Missverständnis«
3. Wayne County war der erste Transgender-Rockmusiker, der sich umoperieren ließ und fortan als Jayne County weitermachte.
4. www.rollingstone.de, 03.08.2011, Das ungekürzte Blixa Bargeld-Interview: Ein genialer Dilettant.
5. Der Song wurde später von der Berliner Band Bel Ami noch mal auf Deutsch veröffentlicht. Ideal besangen das Berliner Nachtleben auf ihrer ersten Single auch, allerdings eher die Schickeria-Nacht im Dschungel.
6. www.rollingstone.de, 03.08.2011, Das ungekürzte Blixa Bargeld-Interview: Ein genialer Dilettant.

2. KÄPITEL: DIRK FELSENHEIMER

1. *Tom Berry – Der pfiffige Vagabund mit Herz und Colt* war eine deutsche Comicreihe, die die belgischen Lucky Luke-Comics kopierte und von 1968 bis 1972 erschien.
2. Eigentlich heißt der Song *Brand New Cadillac* und stammt aus der Feder von Vince Taylor. Die Renegades machten den Song unerlaubterweise zu ihrem eigenen, ließen das »Brand New« und ein paar Textzeilen einfach weg, und fertig war der Hit.
3. Der Gitarrist Heinz Brandenburg hatte immerhin vorher schon bei PVC ausgeholfen und hat Jahre später mal bei Frau Suurbier gespielt.
4. Der Slogan erschien erstmalig im englischen Sideburns Fanzine und wurde danach zur perfekten Umschreibung für die Punkbewegung.
5. Die bekannteste Rolle des inzwischen verstorbenen amerikanischen Schauspielers Charlton Heston war sicherlich die des Wagenlenkers Ben Hur im gleichnamigen Film aus dem Jahr 1959. Nach seiner

Schauspielkarriere war Heston Präsident der National Rifle Association (NRA), der amerikanischen Waffenlobby.
6. Die Ernst-Merck-Halle ist inzwischen längst abgerissen worden. Vorband von KISS an diesem Abend waren übrigens die damals noch recht unbekannten Iron Maiden.
7. Das KZ 36, der Club mit dem politisch inkorrekten Namen, lag in einem Hinterhof. Über dem Eingang zu diesem Hinterhof befand sich die Zentrale der Rockergang Born to Be Wild, die keinen Hehl daraus machte, was sie von den Punks hielt, und sie des Öfteren aus den Fenstern heraus bespuckte. Allerdings waren es auch die Rocker, die bei einem Skinhead-Überfall auf ein Soilent Grün-Konzert den Punks zu Hilfe eilten. KZ stand übrigens für Kommunikationszentrum.
8. www.spreeblick.com/blog/2005/12/12/von-kreuzberg-nach-kreuzberg, 12.12.2005, Von Kreuzberg nach Kreuzberg

3. KÄPITEL: JAN VETTER

1. www.welt.de, 18.11.2014, Farin Urlaub: »Lebenshilfe ist gefährlich«

4. KÄPITEL: DAS ERSTE MAL

1. Auch bei den Die Ärzte lässt Jan die FDJ (Freie Deutsche Jugend) nicht los. So trägt er deren Abzeichen an seinem Gitarrengurt, wie man zum Beispiel im *Gehn wie ein Ägypter*-Video sehen kann.
2. MTV Masters, Erstausstrahlung: 09.11.2007
3. Antifa ist ein Akronym für die *Antifaschistische Aktion*. Damit sind linke, linksradikale und autonome Gruppierungen gemeint, die ganz klar gegen Nationalismus, Neonazismus und Rassismus jeglicher Couleur eingestellt sind.
4. Das KuKuCK war ein instandbesetztes Haus in der Anhalter Straße 7, das sich als Kunst- und Kultur Centrum Kreuzberg verstand. Auffällig war dessen sich über fünf Stockwerke erstreckende bemalte Hausfassade. Im Juli 1984 wurde es vom Senat geräumt, heute ist es Teil eines Hotelkomplexes.
5. Heute ist Spindler mit seiner Konzertagentur Trinity einer der größten Konzertveranstalter im Berliner Raum – neben Loft Concerts, die einem gewissen Axel Schulz gehört.

6. EP steht für Extended Play und bezeichnet einen Tonträger, der sich zwischen Single und Album befindet. Er hat mehr Songs als eine gewöhnliche 7"-Single, aber eben weniger als eine 12"-LP.
7. Tröndle wird später als Toningenieur am Album Die Ärzte mitwirken.

5. KÄPITEL: DAWN OF DIE ÄRZTE

1. Der Song *Polizei-SA-SS* stammt von der Hamburger Punkband Slime. Er erschien zunächst auf dem Sampler *Soundtracks zum Untergang*, der 1982 unter anderem aufgrund dieses Songs von der Bundesprüfstelle für jugendgefährdende Schriften indiziert wurde. Der Autor dieses Buches musste sich übrigens einst vor Gericht wegen des unerlaubten Abdrucks dieses Songs verantworten und wurde zu zehn Sozialstunden verurteilt.
2. MTV, *Masters*, Erstausstrahlung: 09.11.2007
3. Sänger Campino und Gitarrist Kuddel spielten beide bei ZK. Bassist Andi war ein Freund und eine Art Roadie der Band. Breiti spielte bei Aram und die Schaffner, Trini Trimpop schwang beim KFC (Kriminalitätsförderungsclub) die Stöcke.
4. Dion & The Belmonts waren eine US-amerikanische Popgruppe um den Sänger Dion DiMucci, die den sogenannten Doo-Wop-Stil entscheidend geprägt haben. Ihr größter Hit *Teenager in Love* wurde von den Die Ärzte bereits öfter live gespielt und ist die Steilvorlage für *Teenager Liebe*.
5. Die Comedian Harmonists waren eine berühmte A-capella-Gruppe, die in den goldenen Zwanziger- und Dreißigerjahren in Berlin große Erfolge feierte mit Liedern wie *Mein kleiner grüner Kaktus*, *Veronika, der Lenz ist da* oder *Ein Freund, ein guter Freund*. Nachdem die Nationalsozialisten 1933 an die Macht kamen, endete die Karriere des Sextetts abrupt, denn drei ihrer Mitglieder waren »Nicht-Arier«. 1998 drehte Josef Vilsmayer einen Film über die Gruppe mit Ben Becker, Ulrich Noethen und Heino Ferch in den Hauptrollen.
6. N-TV, *Maischberger*, Erstausstrahlung: 04.12.2003
7. Trio kamen aus Großenkneten bei Bremen. Ihre erste, schlicht selbstbetitelte Platte gilt bis heute als Meilenstein der deutschen Popmusik. Wohl jeder kennt ihren Song *Da Da Da ich lieb dich nicht du liebst mich nicht aha aha aha*. Sänger Stephan Remmler ist bis heute ein gern gesehener Gastmusiker. Gitarrist Kralle Krawinkel erlag 2014

einem Krebsleiden. Schlagzeuger Peter Behrens, der ebenfalls im Stehen spielte, starb 2016 an multiplem Organversagen.

8. Insterburg & Co. war eine Klamauk-Gruppe um Ingo Insterburg und Karl Dall, die vor allem in den Siebzigerjahren große Erfolge feiern konnten. Eines ihrer erfolgreichsten Stücke ist der Song *Ich liebte ein Mädchen*, der 2013 von Fettes Brot für deren Song *Für immer immer* adaptiert wurde.

9. Die britische Komikertruppe Monty Python gehört bis heute zu den weltweit einflussreichsten Humoristen, die schon in den Sechzigern für einen guten Gag bis an die Grenzen des Geschmacks gingen. Ihr Schaffen spiegelt sich in vielen Filmen (unter anderem *Das Leben des Brian* oder *Die Ritter der Kokosnuss*) und unzähligen Projekten wider. Auch musikalisch taten sie sich immer wieder hervor und konnten dabei mit *Always Look on the Bright Side of Life* einen weltweiten Hit landen.

10. Frank Zappa war ein musikalisches Allroundtalent, das in seiner Karriere über 100 Alben veröffentlicht hat. Seine Art Gitarre zu spielen, seine vielschichtigen Kompositionen für Rockbands und Orchester und vor allem seine expliziten, satirischen und absurden Texte waren und sind prägend für eine Vielzahl von Musikern.

11. Sham 69, eine Punkrock-Band aus Hersham, England, um Frontmann Jimmy Pursey, die noch heute aktiv ist. Ihr bekanntestes Lied *If the Kids Are United* wurde vielfach gecovert und zitiert, unter anderem von den Toten Hosen und den Goldenen Zitronen.

12. Bernward Büker ist ein deutscher Musiker und war Chef der Bernward Büker Bande. Nach der Auflösung der Band konnte er mit *Wilde Abenteuer* noch so etwas wie einen Hit landen. Seitdem ist es jedoch still um ihn.

13. Noch heute kann man das Wort »Vollstark« auf Belas Oberarm erkennen. Am besten ist es auf dem Cover der roten Hälfte des 2003er Albums *Geräusch* zu erkennen.

14. Die Kölschrock-Band BAP (nicht zu verwechseln mit der koreanischen Band B.A.P.) wurde 1976 von Wolfgang Niedecken in Köln gegründet. Der Name der Band steht für »Papa«. Nachdem die Band zunächst nur Erfolge im näheren Umkreis Kölns feiern konnte, wurde sie durch das erste Majorlabel-*Album Für Usszeschnigge!*, das den Song *Verdamp lang her* enthielt, auch bundesweit bekannt und beliebt. Niedecken und seine Mitstreiter gehören seitdem zur ersten Garde der Deutsch-

rocker und traten abseits ihrer Konzerttourneen auch bei vielen gesellschaftlich-politischen Veranstaltungen auf.
15. Bots waren eine niederländische Band, die vor allem im Zuge der westdeutschen Friedensbewegung der 1980er große Beliebtheit erlangte. Ihre Adaption des bretonischen Trinkliedes *Son ar Chistr*, das sie unter dem Namen *Sieben Tage lang (Was wollen wir trinken?)* veröffentlichten, wurden zu ihrem größten Erfolg und im Laufe der Zeit unter anderem von Scooter in deren politisch wegweisendem Song *How Much is the Fish?* benutzt.
16. Der NATO-Doppelbeschluss von 1979 setzte sich, wie es der Name schon verrät, aus zwei Beschlüssen zusammen. Erstens sollte Westeuropa mit neuen atomaren Sprengraketen, unter anderem vom Typ Pershing II, ausgestattet werden, um die kolportierte atomare Überlegenheit der Sowjetunion auszugleichen. Zweitens sollten bilaterale Verhandlungen zwischen der USA und der UdSSR über eine Begrenzung der bereits vorhandenen atomaren Mittelstreckenraketen aufgenommen werden. Erst als Michail Gorbatschow Mitte der 1980er neuer Machthaber in der UdSSR wurde, kam es tatsächlich dann auch zu ersten Abrüstungen.
17. Madness sind eine britische Ska-Band aus London, die mit ihrem »Nutty Sound« bis heute zu den einflussreichsten Bands ihres Genres zählen. Ihr Name leitet sich vom gleichnamigen Song des jamaikanischen Ska-Künstlers Prince Buster ab, den sie auch prompt gecovert haben. Alle Mitglieder der Die Ärzte sind große Fans der Band und deren Lieder wie *My Girl* (Farin), *Tomorrow's Just Another Day* (Bela) oder *Baggy Trousers* (Rod).
18. Mutter existiert bis heute, wird in Indie-Kreisen sehr gelobt und steht sogar bei der gleichen Booking-Agentur wie Die Ärzte unter Vertrag.
19. Als Off-Kinos werden Kinos bezeichnet, die fernab von den ganzen Multiplex-Kinos mit ihren Mainstream-Filmen ein alternatives Programm bieten. Sie unterscheiden sich jedoch insofern von den Programmkinos, dass sie sich speziellen, oft trashigen Genres des Films widmen (Exploitation, B-Movies), die abseits des Mainstreams (off Mainstream) laufen.
20. Im Film *Die schönsten Zerstörungen* von Jörg Buttgereit sieht man Farin in die Bildröhre eines Fernsehers pinkeln, den Buttgereit kurz vorher zerstört hat.
21. MTV, *Masters*, Erstausstrahlung: 09.11.2007
22. MTV, *Masters*, Erstausstrahlung: 09.11.2007

23. Der Teufelsberg, ein Trümmerberg im Bezirk Charlottenburg-Wilmersdorf. Aufgrund seiner gewaltigen US-Abhöranlagen ist er noch heute ein markanter Punkt im Stadtbild.
24. Die britische Stilikone Adam Ant, ein Musiker und Schauspieler, war mit seiner Band Adam & The Ants sowie auch als Solokünstler in den Achtzigern sehr erfolgreich. Sein bekanntestes Lied *Stand and Deliver* enthält die gleiche Melodie wie das Gitarrensolo am Schluss von *Manchmal haben Frauen* ... (Zufall?). Der Song *Kings of the Wild Frontier* weist wiederum erstaunliche Ähnlichkeit mit der *Erklärung* vom Die Ärzte-Album *Le Frisur* auf. (Auch hier: Zufall?)
25. Das Linientreu (oder kurz: Treu) war eine Diskothek in der Budapester Straße, direkt gegenüber vom Europa-Center, und lag damit nicht weit entfernt von Belas und Farins Wohnung in der Niebuhrstraße 38b. Es existierte bis 2008.
26. Er hieß so, weil sein Vater bei der Polizei war.
27. TIP, Ausgabe 8/1984, Die Fetzer der Nation
28. Der Schauspieler (*Der Hauptmann von Köpenick, Am Sonntag will mein Süßer mit mir segeln gehn*), Entertainer (*Musik ist Trumpf*) und Sänger (*Ich habe noch einen Koffer in Berlin*) fiel zeit seines Lebens immer wieder durch Eskapaden infolge seiner Alkoholsucht auf und war nicht nur regelmäßiger Stammgast auf den Titelseiten der Boulevardmagazine, sondern auch Idol von bierseligen Vatertagsgruppen (»Und wir haben ein Idol: Harald Juhnke«).
29. 2016 erlag Wolfgang »Wölli« Rhode einem jahrelangen Krebsleiden. Ein Jahr zuvor holten ihn seine Hosen noch mal als Special Guest auf die Bühne bei ihrem riesigen Open-Air-Konzert in Leipzig. Der Autor: »Ich traf ihn ein paar Tage danach als er mit den Suurbiers ein Konzert im Park am Gleisdreieck in Berlin gespielt hatte. Er war deutlich von der Krankheit gezeichnet, doch er war fest entschlossen, weiter dagegen zu kämpfen. Es war beeindruckend wie viel Energie und Lebenslust in ihm steckte. Er erzählte mir, wie viel ihm der gigantische Applaus des Publikums bei dem Hosen-Konzert in Leipzig bedeutet hat, wie viel Kraft es ihm gab. Leider hat ihn ein paar Monate später seine Kraft verlassen, was mich sehr traurig gemacht hat. Er war ein Guter.«
30. Die GEMA ist die Gesellschaft für musikalische Aufführungs- und mechanische Vervielfältigungsrechte, die in Deutschland als Verwertungsgesellschaft für die Urheberrechte der ihr angeschlossenen Mitglieder (Komponisten, Textdichter und Verleger) Inkasso fährt. Unter

GEMA versteht man auch die Gebühr, die unter anderem Konzertveranstalter, Radiostationen, Diskotheken und auch Internet-Portale wie YouTube an sie zahlen müssen oder müssten; wann immer eben musikalische Werke in der Öffentlichkeit aufgeführt werden. Ihre Arbeit, Struktur und Tarife stehen immer wieder auch in der Kritik. Für die Künstler ist sie eine der wichtigsten Einnahmequellen für ihre kreativen Arbeiten.

31. http://prag-ist-anders.blogspot.de/p/deutsches-original.html, 19.08.2008, die ärzte Interview
32. Hinter den Mimmi's steckt in erster Linie Claus »Fabsi« Fabian, der einst mit Kuddel und Campino von den Toten Hosen bei ZK spielte. Da er für die erste Single der Band *Deutscher Meister wird nur der SVW* keinen Verleger gefunden hatte, gründete er in Bremen das Weser Label, wo bald darauf sowohl Bela B (unter anderem die S.U.M.P.-Platte) einige Sachen veröffentlichte, als auch Bands wie The Busters oder Die Goldenen Zitronen ihre Platten herausbrachten. 2014 erschien das bis dato letzte Mimmi's-Album *Fun Punks Not Dead* – natürlich auf dem Weser Label. Live und im Studio wird Sänger Fabsi übrigens derzeit von Elf, Nici und Alex von Slime verstärkt.
33. DIE PRAWDA – *Den Die Ärzte ihr offizielles Fan-Magazin*, Ausgabe #9, Juli 2011
34. So nannte Campino sich vor allem bei ZK und mimte eine Art Magier.
35. Der SFB (Sender Freies Berlin) war der Vorläufer vom heutigen RBB (Rundfunk Berlin-Brandenburg). Der in West-Berlin ansässige Sender war das Gegengewicht zu dem in Ost-Berlin beheimateten, staatlich kontrollierten Rundfunk der DDR, was sich letztlich auch in seinem Namen manifestierte.
36. Die Misfits sind eine amerikanische Punkrock-Band, die sich 1977 um Sänger Glenn Danzig formierte. Sie waren die Begründer des Horrorpunk-Genres und übten damit einen großen Einfluss auf Bands wie Metallica, Volbeat, NOFX und natürlich auch Die Ärzte aus. Danzig, dessen markante Stimme im Laufe der Zeit zu einem Markenzeichen der Band wurde, verließ 1983 die Band, um eine eigene Gruppe zu gründen, die er der Einfachheit halber Danzig nannte und die ebenfalls Berühmtheit erlangte. Bela und Rod spielten 1990 mit Depp Jones im Vorprogramm der Band. Nach dem Ausstieg von Glenn Danzig verloren die Misfits-Platten deutlich an Qualität. Rod hat auf dem Album *Geräusch* mit dem Song *Anti-Zombie* den Misfits sowohl textlich als auch musikalisch Tribut gezollt. Glenn Danzig ist übrigens wie Bela

ein großer Comic-Liebhaber und auch -Verleger. Als Bela noch seinen eigenen Comic-Verlag EEE hatte, kam es sogar zu einer Zusammenarbeit zwischen den beiden. Bela hat Danzig übrigens bis heute nichts von seiner *Skulls*-Coverversion erzählt.

37. Das UJZ (Unabhängiges Jugendzentrum) Kornstraße, oder kurz: Korn, in Hannover ist eines der ältesten autonomen Jugendzentren in Deutschland. Es existiert bis heute.
38. Die DDR brauchte ständig Geld, um ihren maroden Staatshaushalt einigermaßen über Wasser zu halten. Da die eigene Ostmark nur wenig Wert hatte, war man vor allem an ausländischem Geld, sogenannten Devisen, interessiert. Die Intershops waren eine solche Einnahmequelle und größtenteils dazu da, Ausländern das Geld aus der Tasche zu ziehen. Ab 1974 konnten auch DDR-Bürger, die unter anderem durch Verwandte im Besitz von D-Mark waren, dort einkaufen.
39. Die Stray Cats, bestehend aus Brian Setzer an der Gitarre, Lee Rocker am Standup-Bass und Slim Jim Phantom an den Drums, sind eine US-amerikanische Rockabilly-Band, die stark von Rock'n'Roll-Künstlern wie Gene Vincent und Eddie Cochran (daher auch ihr Song Gene and Eddie), Buddy Holly und natürlich Elvis Presley beeinflusst waren und mit ihrem als Neo-Rockabilly beschriebenen Stil Anfang der 1980er für ein Revival dieser Musik sorgten – noch lange bevor es Bands wie Dick Brave & The Backbeats, The Baseballs oder Boppin' B gab. Die Ärzte sind große Fans dieser Band, und ohne sie würde das Album *Debil* sicher nicht so klingen, wie es klingt. Kurz vor dem Album auch hat Bela für ein Duett mit Slim Jim Phantom den Song *Stand Up Drummin Man* geschrieben, der jedoch bislang nicht aufgenommen worden ist.
40. Auszug aus dem Frau Suurbier-Song *Fred Feuerstein* vom Sampler *Ein Vollrausch in Stereo – 20 schäumende Stimmungshits* (Schnick Schnack, 1983)
41. Später auch als Die Einsamkeit des Würstchens bekannt, wie man auf der *Die Ärzte früher!*-LP lesen kann.

6. KÄPITEL: BRAVOPUNKS

1. Die Potsdamer Straße 96 ist heute die Heimat des Varietés Wintergarten. Früher befand sich an dieser Stelle das Quartier Latin, das Künstlern wie Herbert Grönemeyer, Eurythmics oder Ton Steine Scherben eine Bühne bot.

2. NDW ist eine Abkürzung für die Neue Deutsche Welle. Der Name wurde vom Musikjournalisten und Betreiber des Independent-Labels Zick Zack, Alfred Hilsberg, aus der Taufe gehoben und bezieht sich auf den englischen New Wave. Hilsberg gab damit der Bewegung um die ersten deutschen Punkbands wie Abwärts, DAF oder Mittagspause einen entsprechenden Namen. Später wurde der Name dann von der Musikindustrie annektiert und für allerlei unsinnige Musik verwendet.
3. Die Band UKW veröffentlichte 1982 ein Album namens *Ultrakurzwelle*. Darauf befand sich ihr bis heute größter Hit *Sommersprossen*. Kurz danach löste sich die Band auf. Ihr Gitarrist Andreas Schwarz-Ruszczynski gründete danach die Band The Other Ones, deren Schlagzeuger Uwe Hoffmann wurde.
4. Das Café Swing war ein legendärer Musikclub in West-Berlin. Bands wie die Rainbirds, Jingo de Lunch oder Subway to Sally hatten hier ihre ersten Auftritte. Diese fanden seit jeher immer um ein Uhr morgens statt und waren für die Gäste kostenlos. Betreiberin des Cafés war Doro Peters. 2002 wurde es geschlossen.
5. Die anderen drei Gewinner-Bands des Senatsrock-Wettbewerbs waren übrigens Leningrad Sandwich (mit Dimitri Hegemann, dem späteren Gründer/Betreiber des Techno-Clubs Tresor), Reineke Fuchs, eine Rocktheater-Gruppe, in der unter anderem auch Lutz Ulbrich alias Lüül (heute bei den 17 Hippies und als Solist unterwegs) mitwirkte und Saraba, eine im West-Berliner Exil gegründete Afro-Pop-Band.
6. Bela besitzt übrigens die Nummer 51 von 1000 Exemplaren der Axt-Gitarre.
7. ZITTY, 1984 von Peter Radszuhn
8. Ironischerweise sollten die Toten Hosen bei der EMI nicht glücklich werden. Ihr zweites Album *Unter falscher Flagge* ist dort nie erschienen. Schuld daran hatte auch der Wahre Heino. Er trat mit seiner Heino-Parodie einige Zeit im Vorprogramm von den Toten Hosen auf. Dies fand die EMI wiederum nicht so lustig, da der echte Heino bei ihnen unter Vertrag stand. Schließlich kündigten sie den Vertrag mit den Toten Hosen auf.
9. Das Din-A-Null war ein Club in der Akademiestraße in der Altstadt von Düsseldorf.
10. Xao Seffcheque, der eigentlich Alexander Sevschek heißt, ist ein Musiker, Schauspieler und Drehbuchautor. 1981 gründete er mit Peter Hein von den Fehlfarben die Band Family 5, die noch heute aktiv ist.

Farin hat 2001 den Song *Stein des Anstoßes* für einen Family 5-Tributsampler gecovert. Seffcheque hat unter anderem schon Drehbücher für mehrere *Tatort*- und *Polizeiruf 110*-Folgen geschrieben.
11. Das Ballhaus Tiergarten war ein ehemaliges Offizierskasino der Preußischen Armee in der Perleberger Straße im Ortsteil Moabit. Heute beheimatet es die Botschaft von Usbekistan.
12. Barcelona war damals die Partnerstadt von West-Berlin, und auch dort gab es einen Musikwettbewerb ähnlich dem Senatsrockwettbewerb. So kam es, dass eine Band aus Barcelona in West-Berlin spielte und Die Ärzte eben nach Barcelona fuhren.
13. Die Villa Kreuzberg war ein zu einem Jugendclub umfunktioniertes ehemaliges Pumpenhaus, das unterhalb des Wasserfalls am Kreuzberg in Berlin-Kreuzberg steht. Heute beherbergt die Villa ein Restaurant.
14. Spliff bestand aus den Musikern Bernhard Potschka, Herwig Mitteregger, Manfred Praeker und Reinhold Heil. Praeker, Potschka und Mitteregger spielten zuvor in der Politrockband Lokomotive Kreuzberg, bevor sie zusammen mit Reinhold Heil und der frisch aus der DDR abgewanderten Nina Hagen die Nina Hagen Band gründeten. Obwohl sehr erfolgreich, hatte die Band nicht lange Bestand, denn die vier Herren und die äußerst eigenwillige Dame gerieten schnell in Streit. Die zweite LP *Unbehagen* wurde dann auch räumlich getrennt voneinander aufgenommen. Praeker, Potschka, Mitteregger und Heil gründeten daraufhin die Band Spliff (umgangssprachlich für einen Joint). Wie schon bei der Nina Hagen Band war auch hier Jim Rakete der Manager. Die Band wurde von der Musikfachpresse stets in höchsten Tönen für ihr außergewöhnliches Können gelobt. Der gemeine Bundesbürger freute sich vor allem über Songs wie *Carbonara* oder *Heut Nacht*. 1985 ging man getrennter Wege und verfolgte eigene Soloprojekte.
15. Die Zimmermänner – Paderborn, aus dem Album Fortpflanzungssupermarkt (Zick Zack, 2007)
16. Der deutsche Musiker und Produzent Michel van Dyke konnte in den 1990ern als Komponist der Songs der Teenie-Band Echt große Erfolge feiern (unter anderem *Du trägst keine Liebe in dir*). 2006 steuerte Van Dyke zusammen mit Bernd Begemann die Songs für das erste Soloalbum von Jasmin Wagner bei, darunter auch den Song *Männer brauchen Liebe*, auf dem Bela ganz zum Schluss kurz zu hören ist. Seitdem komponiert van Dyke fleißig weiter und tritt mal mit eigenen

Bands (Die Versuchung, Ruben Cossani) und mal als Gastmusiker auf (unter anderem bei Revolverheld).
17. A&R steht für Artists & Repertoire. Die Leute aus der A&R-Abteilung sind so etwas wie die Spürnasen der Musikindustrie, die den Künstlermarkt nach hoffnungsvollen Talenten durchstöbern, sie mit einem Plattenvertrag ausstatten und für die anschließende Betreuung der Künstler zuständig sind.
18. *Assasin-Fanzine*, Ausgabe 8/1984
19. Gary Glitter (geb. Paul Francis Gadd) war wohl die Ikone des Glamrock. Mit sexuell aufgeladenen Titeln wie *Do You Wanna Touch Me? (Oh Yeah!)* oder *Oh Yes! You're Beautiful* und ausgefallener Bühnengarderobe wurde er zum Posterboy der 1970er Jahre. Danach ging es bergab mit ihm – vor allem nachdem man ihn als Pädophilen enttarnt hatte. Wegen mehrerer Sexualdelikte mit minderjährigen Mädchen wurde er 2015 in Großbritannien zu 16 Jahren Gefängnis verurteilt.
20. Der *New Musical Express (NME)* ist eine wöchentlich erscheinende Musikzeitschrift in England, die 1952 zum ersten Mal erschien.
21. MTV, *Masters*, Erstausstrahlung: 09.11.2007
22. *Berliner Zeitung*, 14.05.2005, Farin Urlaub: »Wir sind die Guten«

7. KÄPITEL: VÖLLJER SCHWACHSINN

1. Klaus Lage ist neben dem Titelstück für den ersten Schimanski-Kinofilm (*Faust auf Faust*) vor allem für seinen Song *1000 und 1 Nacht (Zoom!)* bekannt geworden. Am Ende ihres Songs *Wahre Liebe* zitieren Die Ärzte kurz diesen Song.
2. Sade, eigentlich Helen Folasade Adu, ist eine nigerianisch-britische Sängerin. Größter Hit von ihr war *Smooth Operator*, den Farin zum Ende seines Songs *Besserwisserboy* zitiert.
3. Alison Moyet ist eine britische Sängerin, die vor ihrer Solokarriere mit ihrem musikalischen Partner Vince Clarke (Ex-Depeche Mode) das Duo Yazoo bildete. Bereits deren Debütsingle *Only You* wurde zu einem riesigen Erfolg. Bald darauf trennten sie sich, und Clarke gründete wenig später die Band Erasure (Hits: *Sometimes, A Little Respect, Always*). Moyet hatte mit ihrem ersten Soloalbum Alf (nicht nach der TV-Serie, sondern nach ihrem früheren Spitznamen benannt) ebenfalls Erfolg. Größte Bekanntheit erreichten hierzulande 1985 ihre Single *For You Only* – nicht zu verwechseln mit *Only You* von

Yazoo – und *Weak in the Presence of Beauty*. Während es in Deutschland danach still um sie wurde, veröffentlicht sie in ihrem Heimatland noch regelmäßig Alben. Die deutsche Casting-Band No Angels hat mal ihren Song *All Cried Out* aufgenommen, vielleicht kennt das noch jemand.
4. Spandau Ballet ist eine englische New Romantic-Band, die in den 1980ern ihre größten Erfolge mit Hits wie *True* oder *Gold* hatte. Der Name wurde wohl von einer Klotür eines Berliner Nachtklubs entnommen. Teile der Band sollen tatsächlich als Soldaten in Spandau ihren Wehrdienst geleistet haben.
5. Ein Radiojingle ist ein kurzes akustisches Erkennungszeichen für ein bestimmtes Programm eines Radio- oder TV-Senders. In der hiesigen Formatradiolandschaft ist wohl »Hier hören Sie die größten Hits der 60er, 70er, 80er, 90er sowie das Beste von heute« das bekannteste und wohl nervigste Jingle.
6. Wenn man das Wort »Bruttosozialprodukt« hört, muss man wohl zwangsläufig an den bekanntesten Song von Geier Sturzflug denken, oder man fragt sich eben, was das eigentlich sein soll. Bevor sie ihren Hit hatten, waren Geier Sturzflug die wohl bekannteste Ruhrpott-Skaband. Ihr *Bruttosozialprodukt* hat ihnen dann wohl ihre Kredibilität verdorben. Der Autor dieses Buches kann übrigens bis heute noch den Text des Songs auswendig aufsagen. Andere bekannte Lieder dieser Band sind *Pure Lust am Leben* (davon gibt es auch ein umgetextetes Loblied auf Werder Bremen namens *Purer Hass auf Bremen*) und *Besuchen Sie Europa (solange es noch steht)*. Letzterer Song könnte aktueller nicht sein.
7. Der RIAS (Rundfunk im amerikanischen Sektor) war ein vom US-Militär gegründeter Rundfunksender in West-Berlin mit zwei Hörfunkprogrammen und einem Fernsehprogramm. Das Funkhaus befand sich in Schöneberg und ist vor allem durch das Senderlogo auf seinem Dach bekannt gewesen. 1993 wurde der Sender aufgelöst. Die Hörfunkprogramme gingen in das heutige Deutschlandradio Kultur (RIAS 1) und rs2 (RIAS 2) auf.
8. *Musik-Szene*, 1984
9. Notorische Reflexe waren eine Film-Performance-Gruppe aus Berlin um den Filmemacher Knut Hoffmeister, die bei ihren Auftritten viel mit Super-8-Filmen, Dias und Projektionen arbeiteten und sehr avantgardistisch unterwegs waren.
10. *Musikexpress/Sounds*, 11/1984, Plattenkritik

11. *Spex*, 45/1985
12. *Musikexpress/Sounds*, 01/1985, Blind Date
13. *Musikexpress/Sounds*, 03/1985, Blind Date
14. Die Ärzte live in Berlin, Huxley's Neue Welt, 14.06.1994
15. Arte, *Planet Music live – Hurricane Festival 2005*, Erstausstrahlung: 05.07.2005
16. Frauke Langguth, Jan Weyrauch – Irgendwie, irgendwo, irgendwann, die 80er (Ullstein Verlag, 1999)
17. www.farin-urlaub.de/v5/faq, Farin Urlaub FAQ
18. Die Alabamahalle befand sich im Norden Münchens auf dem Gelände eines alten Militärlagers. Seit 1980 sendete der Bayerische Rundfunk aus dieser Halle regelmäßig seine Formate *Rock aus dem Alabama* bzw. *Live aus dem Alabama* und konnte sich über Besuche von Künstlern wie The Damned, Joe Cocker, King Crimson oder Spandau Ballet freuen. Die Sendung war zusammen mit dem *Rockpalast* eines der wenigen Formate im westdeutschen Fernsehen, die den Zuschauern Live-Musik geboten und somit dem sonst grassierenden Playback-Wahnsinn etwas Wertiges entgegengesetzt haben.
19. Farin veredelt seine Initialen FU anfangs noch mit einer Palme, die er aber ab den Neunzigerjahren weglässt, Bela malt um seinen Vornamen eine Fledermaus, und Sahnie setzt seinen Künstlernamen in ein Sahnebonbon.
20. Bela hat den Song später mit seiner Band Depp Jones auf der EP *Welcome To Hell* gecovert.

8. KÄPITEL: DER MOND, DIE SCHATTEN UND DIE ÄRZTE

1. MTV, *Masters*, Erstausstrahlung: 09.11.2007
2. Der gelernte Hauptschullehrer Stephan Remmler war nach seiner Zeit als Sänger und Songwriter von Trio auch als Solokünstler mit Songs wie *Keine Sterne in Athen* oder *Alles hat ein Ende nur die Wurst hat zwei (Krause & Ruth)* überaus erfolgreich. Mit dem Song *Keine Angst hat der Papa mir gesagt* trat Remmler 1988 auch bei *Wetten, dass ..?* auf. Hinter ihm waren zwei Schlagzeugsets aufgebaut, an denen Rodrigo González und Michael Beckmann von den Rainbirds saßen. Zu dem gemeinsamen Auftritt kam es, weil Remmler und die Rainbirds mit George Glueck den gleichen Manager hatten. Heute hat sich Remmler überwiegend ins Private zurückgezogen und gibt gelegentlich den

coolen Gaststar (LaBrassBanda, Sido, Höhner, u.a.). Sein letztes Album veröffentlichte er 2006.
3. *DIE PRAWDA – Den Die Ärzte ihr offizielles Fan-Magazin*, Ausgabe #7, Juli 2010
4. Trevor Horn war einer der prägendsten Produzenten der Achtzigerjahre und auch Mitglied der Band The Buggles. Der Erfolg von Bands wie Frankie Goes to Hollywood, Propaganda oder Seal, ist eng mit seiner Arbeit verbunden.
5. Lutz Fahrenkrog-Petersen ist der Bruder des Nena-Keyboarders Uwe Fahrenkrog-Petersen und war zu der Zeit gleichzeitig Sahnies Basslehrer.
6. Ein Plektrum ist ein Schlagplättchen für die Gitarre oder den Bass.
7. Der Gig ist erwähnenswert, weil Farin und Bela bei diesem auf der Bühne vor den Augen des Publikums spontan die Klamotten getauscht haben, was natürlich am Ende aufgrund der unterschiedlichen Körpergrößen der beiden total bescheuert aussah.
8. Das Saskatchewan-Hochhaus befindet sich noch heute in der Stresemannstraße am Anhalter Bahnhof, Nähe Potsdamer Platz. Es verdankte seinen Namen einem gleichnamigen, schwer angesagten kanadischen Restaurant. Heute befindet sich dort ebenfalls wieder ein angesagtes Restaurant.
9. Bei dieser Gelegenheit nahm Bela mit Micki Meuser einen Song namens *Lady Hell* auf, der an die Einstürzenden Neubauten erinnert. Der Text war auf Englisch und handelte von einem gleichnamigen S/M-Pornofilm, den sich die beiden angesehen hatten. Das Stück sollte zunächst auf der *Ab 18*-Platte erscheinen, wurde dann aber erst später von Bela für dessen Solo-Projekt S.U.M.P. verwendet.
10. www.spreeblick.com/blog/2005/12/12/von-kreuzberg-nach-kreuzberg, 12.12.2005, Von Kreuzberg nach Kreuzberg
11. Bow Wow Wow waren eine englische New Wave-Band um die Sängerin Annabella Lwin, die bei der Gründung der Band durch den legendären Sex Pistols-Manager Malcolm McLaren noch minderjährig war. McLaren gründete die Band nach dem Vorbild seines ehemaligen Protegés Adam Ant, der sich mit dem vom McLaren entworfenen Konzept selbstständig gemacht hatte und zu einer der bekanntesten Ikonen des New Wave wurde. Da sich der Rest von Bow Wow Wow aus Ants ehemaliger Band rekrutierte, war die Musik sehr ähnlich. Der spätere Culture Club-Sänger Boy George wurde dann kurzzeitig auch Mitglied bei Bow Wow Wow.

12. Borken war immerhin der Heimatort der Waltons.
13. Seine Uraufführung erlebte der Song in der Berliner Deutschlandhalle. Dort spielte die Band, wie bereits im Jahr zuvor, ein Konzert im Rahmen der Veranstaltung *Jugend trainiert für Olympia*. Der Gig war gut bezahlt und fand vor circa 2.800 jungen Sportlern statt. In die Halle passten jedoch 10.000 Leute, dementsprechend leer sah es aus, und dementsprechend war auch die Akustik. Im Gegensatz zu Peter Maffay, der wohl an gleicher Stelle ein Jahr zuvor ausgebuht und mit Sachen beworfen wurde, kamen Die Ärzte gut an.
14. Die Ärzte live in Stuttgart, Maxim, 03.03.1986
15. Heute lebt Reinhold Heil in Los Angeles und gilt als einer der angesagtesten Filmkomponisten, der Kassenschlager wie *Lola rennt* oder *Das Parfum* mit seiner Musik unterlegt hat.

9. KÄPITEL: SEXUALETHISCHE DESORIENTIERUNG

1. Der Song geht auf die vielen Interna zurück, die die Band von Grant Stevens, ein Freund Micki Meusers, und später den Klimek-Geschwistern über deren Heimatland Australien überliefert bekamen – unter anderem das Zwergewerfen. Stevens hat später noch Chöre für das erste Depp Jones-Album eingesungen. Die Klimek-Geschwister bildeten zusammen mit Uwe Hoffmann die Band The Other Ones, die 1987 mit *Holiday* einen Riesenhit hatten. Sänger Alf war vorher schon Sänger bei der Spliff Radio Show, aus der dann Spliff hervorgingen. 2011 veröffentlichte Farin Urlaub einen Bildband über Australien und Osttimor – so schließt sich dann der Kreis.
2. Bei dieser Fernsehshow handelte es sich um die Sendung *Die Sonderschau*, die am 29. Oktober 1986 von der ARD live aus dem Metropol in Wien übertragen wurde. Neben den Die Ärzte, die eine Playback-Performance zu *Ich bin reich* hinlegten, waren noch Drafi Deutscher, Udo Lindenberg, Die Ärzte-Manager Jim Rakete und Cyndi Lauper eingeladen. Als Lindenberg zu Bela sagte: »Schnucklige Band habt ihr da!«, ließ dieser ihn einfach stehen. So etwas wollte er sich als Mittzwanziger einfach nicht von einem »Rockopa« wie Lindenberg erzählen lassen. Cyndi Laupers Auftritt mit *True Colors* wollte sich Bela hingegen näher ansehen, wurde daran jedoch von Cyndis Mann und Manager David Wolff gehindert, der damals auch ein Wrestling-Manager bei der damaligen WWF war.

3. Bei der Terrorgruppe nahm Rolf den Namen Zip Schlitzer an. Abgesehen von einer kleinen Unterbrechung spielt er bis heute in der Band.
4. FCKW (Fluorchlorkohlenwasserstoff) wurde lange Zeit als Treibgas für Sprühdosen und Kältemittel für Kühlschränke eingesetzt. Nachdem man herausgefunden hatte, dass FCKW Löcher in die Ozonschicht reißt, wurde sein Einsatz für diese Zwecke verboten.
5. CBS-Tourankündigung *Endlich! Die Ärzte*-Tour 1987
6. Die Bundesprüfstelle für jugendgefährdende Schriften heißt inzwischen Bundesprüfstelle für jugendgefährdende Medien und hat noch immer die Aufgabe, die Jugend vor sie gefährdenden Inhalten zu schützen. Auf ihrem Index sind all diejenigen Medien gelistet, deren Verbreitung an Jugendliche unter 18 Jahren unter Strafe steht. Diese Indizierungen sind 25 Jahre lang gültig. Danach werden die Medien wieder geprüft und ggf. nochmals indiziert.
7. *DIE PRAWDA – Den Die Ärzte ihr offizielles Fan-Magazin*, Ausgabe #7, Juli 2010
8. MTV, *Masters*, Erstaustrahlung: 09.11.2007
9. Bundesprüfstelle für jugendgefährdende Schriften (BPjS), Entscheidung Nr. 2778 (V) vom 27.01.1987
10. *Münstersche Zeitung*, 28.02.1987, »Sitte verbietet Die Ärzte!«
11. Genau jenen Frank Zappa-Song, dessen expliziter Text zunächst auf Deutsch und dann auf Englisch gesungen wird, haben Die Ärzte 1994 zusammen mit einem anderen Zappa-Song als Medley auf der *Friedenspanzer*-Single veröffentlicht.
12. Das Jovel wird von Steffi Stephan, Bassist in Udo Lindenbergs Panikorchester, betrieben. Der Club musste in seiner Karriere bereits mehrmals umziehen und befindet sich jetzt in einem ehemaligen Autohaus in Hafennähe. Die Ärzte haben 1987 im Frühjahr noch im Jovel an der Straße Am Krug und im Herbst dann im Jovel auf dem Gelände der ehemaligen Germania-Brauerei gespielt. Die Band benutzte den Club gerne für ihre Tourproben, da ihre PA-Firma Schallwand (heute Satis&Fy) nur wenige Kilometer entfernt ihren Sitz hat.
13. Bei ihrer Generalprobe für das *Ärzte statt Böller*-Konzert am 29.12.2006 im SO36 in Berlin haben sie dann doch noch mal *Helmut K.* gespielt. Farin kündigte den Song wie folgt an: »*Niemand soll uns den Vorwurf machen können, dass wir nicht eine topaktuelle politische Band sind.*«
14. Mittelbayerische Zeitung, 26.03.1987: »Plakate sorgen für Zündstoff – Frauen gegen ›Ärzte‹-Auftritt«

15. Michael Steinbrecher ist ein deutscher Journalist und Moderator, der vor allem als Gastgeber des Aktuellen Sportstudios und Moderator zahlreicher Großsportereignisse im ZDF bekannt geworden ist.
16. Das Synclavier ist ein Synthesizer und Sampler, das in den 1980er Jahren von NED entwickelt worden und auf vielen Produktionen dieser Dekade zu hören ist, zum Beispiel bei *Beat It* von Michael Jackson.
17. www.chartsurfer.de
18. Bundesprüfstelle für jugendgefährdende Schriften (BPjS), Entscheidung Nr. 2929 (V) vom 10.06.1987
19. Die Ärzte live in West-Berlin, Ballhaus Tiergarten, 25.04.1984
20. *Ist das alles?* erschien 1987 als zweite Single aus dem Album *Die Ärzte*. Da die Band zu dieser Zeit schon mitten in den Querelen der Indizierung steckte, bewilligte die CBS kein großes Budget für die Single, und so wurde keine Maxi-Version angefertigt.
21. Der EFA-Vertrieb (EFA = Energie für alle) wurde 1982 im Umfeld der Ton Steine Scherben und Hausbesetzer-Szene gegründet und wurde schnell zum wichtigsten Vertrieb für Independent-Labels wie zum Beispiel Vielklang, denn er gab sich redlich Mühe, noch unbekannten Künstlern und Labels Gehör zu verschaffen. 2004 musste der Vertrieb Insolvenz anmelden und riss infolgedessen viele der Labels, die er betreute, mit in den Ruin. Die Geschichte des Vertriebes wurde in einem Kapitel in dem Buch *Wir werden immer weitergehen* von George Lindt nachgezeichnet und analysiert.
22. Das 10"-Format bei Schallplatten geht noch auf die Größe der alten Schellackplatten zurück. Die maximale Spieldauer pro Seite beträgt 13,5 Minuten bei 33 RPM und 10 Minuten bei 45 RPM. Es wird bei Vinyl-Veröffentlichungen eher seltener berücksichtigt. Es soll jedoch Bands geben, die ganze Alben als 10"-Vinyl-Box auflegen.
23. Neben den Die Ärzte ist auch die Band The Window Speaks aufgetreten, die aus Micki Meuser und Grant Stevens bestand.
24. MTV, Masters, Erstausstrahlung: 09.11.2007
25. Die Strassenjungs waren Deutschlands zweite gecastete Pseudo-Punkband (die erste war Lokomotive Kreuzberg, die dann zur Nina Hagen Band wurden). Die Urbesetzung wurde von einem Produzententeam nach dem Vorbild der Sex Pistols gecastet und sollte den Punkrock nach Deutschland holen. Das Debüt-Album *Dauerlutscher* erschien sogar bei der CBS und wurde einige Jahre später von der BPjS aufgrund anstößiger Texte indiziert. Auf dem Cover der Platte sind statt Punkern jedoch eindeutig langhaarige Rocker zu sehen, die

dann auch nur schnelle Boogienummern zum Thema Ficken parat hatten. Von der CBS wurden sie dann als Vorband von The Clash eingekauft und wurden gnadenlos bespuckt und ausgepfiffen. Besonders großer Erfolg war der Band nie beschieden, allerdings tourt sie noch immer.
26. Die Ärzte live in München, Alabamahalle, 12.10.1987
27. Die Goldenen Zitronen um Schorsch Kamerun und Ted Gaier gingen zunächst als Punkband ins Rennen. Mit Songs wie den beiden Coverversionen *Am Tag als Thomas Anders starb* und *Für immer Punk* konnten sie Ende der 1980er Szene-Hits landen. Bei *Für immer Punk*, einer Coverversion von Alphavilles *Forever Young*, gelang es ihnen, sowohl die Toten Hosen als auch Die Ärzte als Gaststars zu gewinnen. Bela, Farin und Hagen sangen damals die bedeutungsschwangeren Zeilen: »Zwei Meter lang, so muss er sein, drei Meter lang. Dass kleine Schwestern große Augen kriegen – vier Meter, fünf Meter.« Bela vermittelte der Band für dieses Lied den Alphaville-Sänger und Original-Urheber Marian Gold, der zum Schluss das Original anstimmt. Anfang der 1990er kehrten die Zitronen dem Punkrock aber den Rücken, wandten sich anderen Musikstilen zu und wurden zunehmend ernster und politischer in ihren Texten. In dem Song *Bloß weil ich friere*, der 2009 auf ihrem Album *Die Entstehung der Nacht* erschien, gibt es folgende Textstelle: »Sag mal, Gesa, taugt das Lied Ich bin ein lustiger Astronaut von den Ärzten zu einer Art Anti-Mobbing-Hymne? Jetzt hast du's verstanden, lass uns doch deshalb den Ärzten von Herzen alles Gute wünschen.«
28. ZDFkultur, *Number One!*, Erstaustrahlung: 17.09.2012
29. www.20min.ch/pdf/aerzte_bio2006.pdf
30. Die 1987 von der Frauenrechtlerin Alice Schwarzer gestartete *PorNO!*-Kampagne wollte den Begriff der »Pornografie« neu definieren und ein neues bundesdeutsches Gesetz gegen Pornografie anstreben. Es sollte jegliche »verharmlosende oder verherrlichende, deutlich erniedrigende sexuelle Darstellung von Frauen oder Mädchen in Bildern und/oder Worten« verbieten. Vor allem sadomasochistische Praktiken waren Schwarzer ein Dorn im Auge – unabhängig davon, ob diese einvernehmlich durchgeführt wurden (siehe *Sweet Sweet Gwendoline*). Die *PorNO!*-Kampagne erreichte in den 1980ern keine Gesetzesänderung. Schwarzer, die ihren Namen und ihr Gesicht bereits einer Kampagne der *BILD*-Zeitung lieh, startete danach noch mehrere Versuche, die Kampagne neu zu beleben, doch auch diese blieben im Wesentlichen erfolglos.

31. *Fingered* ist ein experimenteller Kurzfilm von Richard Kern aus dem Jahr 1986. Er zeigt die Hauptdarstellerin Lydia Lunch in expliziten Sexszenen. In einem anderen Kurzfilm von Kern spielt auch Black Flag-Sänger Henry Rollins mit.
32. *Ich bin wild* ist bislang auf keiner Studioplatte erschienen und wurde nur auf ein paar Tourneen live gespielt.
33. Dingleberry ist das englische Wort für Klabusterbeere.

10. KÄPITEL: HINTER UNS EIN MEER VON SCHUTT

1. Ilse Werner war nicht nur eine Kunstpfeiferin, sondern auch eine bekannte Schauspielerin während der Zeit des Dritten Reichs und im Nachkriegsdeutschland. Da sie zur Zeit des Nationalsozialismus nicht nur in Filmen, sondern auch bei der Truppenbetreuung an der Heimatfront mitgewirkt hat, wurde sie kurzzeitig an der Ausübung ihres Berufs gehindert. Auch als dies wieder aufgehoben wurde, musste sie immer wieder Fragen zu ihrer Rolle in der NS-Zeit beantworten.
2. Sat.1, *Die Harald-Schmidt-Show*, Erstausstrahlung: 08.10.1999
3. Montreal – *Solang die Fahne weht*, aus dem Album *Alles auf Schwarz* (Hamburg Rec., 2005)
4. Die Ärzte live in West-Berlin, Ballhaus Tiergarten, 25.04.1984
5. In der ehemaligen DDR waren Informelle Mitarbeiter (IMs) die Schnüffler der Stasi (Ministerium für Staatssicherheit). Im Auftrag des Staates haben sie gezielt Leute aus ihrem Bekannten- und Kollegenkreis oder sogar ihrem familiären Umfeld bespitzelt, um zum Beispiel Fluchtversuche zu vereiteln oder den kommunikativen Austausch mit dem »Klassenfeind« (Westbürger) zu kontrollieren. Manche machten dies freiwillig, viele wurden jedoch auch dazu genötigt. Die Berichte der IMs fanden dann Einzug in die berühmten Stasi-Akten und führten nicht selten zu harten Sanktionen gegenüber den Observierten. In der Regel wusste man damals, wer bei der Stasi war. Als die DDR-Bürger nach der Wende ihre Stasi-Akten einsehen konnten, hat es dann aber dennoch brutale Überraschungen gegeben.
6. Auf den Eintrittskarten zur 1988er Tournee haben Die Ärzte den sinnvollen Hinweis abgedruckt, dass das Mitbringen von lebenden Krokodilen verboten ist. Leider haben sich nicht alle Konzertbesucher gänzlich daran gehalten und brachten aufblasbare Gummi-Krokodile mit.

11. KAPITEL: RODRIGO GONZÁLEZ

1. Die Unidad Popular (UP) war ein Wahlbündnis linker Parteien und Gruppen in Chile, dem Salavador Allende vorstand, der später gewaltsam vom Militärgeneral Auguste Pinochet aus dem Amt geputscht wurde. Anschließend wurden Tausende Anhänger der UP brutal ermordet und verschleppt.
2. MIR steht für Movimiento de Izquierda Revolucionaria (Bewegung der revolutionären Linken).
3. Die letzte Rede von Präsident Salvador Allende (Último Discurso), 11.09.1973
4. Eine Junta ist eigentlich eine Ratsversammlung, die, wie in Chile geschehen, auch durch Militärs gebildet werden kann (Militärjunta).
5. Aus dem Dokumentarfilm *El Viaje* (Mindjazz Pictures, 2016)
6. Víctor Jara war ein beliebter chilenischer Sänger, Musiker und Theaterregisseur, der am 16. September 1973 mit mindestens 44 Schüssen aus den Läufen von Pinochets Schergen hingerichtet worden ist. Seine Lieder wurden daraufhin bei den Exil-Chilenen und der inländischen Opposition immer wieder gespielt, erinnerten sie diese doch an die Zeiten und die Gesellschaft, die sie so sehr vermissten. The Clash erwähnten Jara 1980 in dem Lied *Washington Bullets* auf ihrem Doppelalbum *Sandinista!* Besonders bekannt wurde sein *Manifesto* – der letzte Song, den er vor seiner Hinrichtung schrieb.
7. Patricio Manns ist ein chilenischer Sänger und Komponist, der sich in den 1960ern für Salvador Allende stark machte und infolgedessen nach der Machtergreifung Pinochets ins Exil nach Kuba ging, von wo aus er sich weiter aktiv am Widerstand beteiligte. Seit dem Ende der Militärdiktatur lebt er wieder in Chile. Die erste Tour von Manns in seinem Heimatland war sowohl für ihn als auch die Chilenen eine äußerst emotionale Angelegenheit.
8. Quilapayún kommen ebenfalls aus Chile. Auch sie waren Unterstützer Allendes und spielten noch wenige Tage vor dem Pinochet-Putsch einen umjubelten Auftritt auf einer Massendemonstration. Als Pinochet die Macht ergriff, waren sie in Frankreich, wo sie bis 1988 im Exil bleiben mussten. Flötist Eduardo Carrasco lebt bis heute sowohl in Frankreich als auch in Chile.
9. The Freeze waren eine der Bands, die auf dem Hardcore-Sampler *This is Boston, Not L.A.* vertreten waren, der 1982 veröffentlicht wurde und abgesehen von Hardcore-Bands aus Los Angeles auch die aus Boston

weltweit bekannt machte. Der Name der Compilation wurde später zahlreich zitiert, unter anderem von der deutschen Punkband Pascow bei deren Song *Das ist Gimbweiler, nicht L.A.*
10. Peter Herbolzheimer war ein berühmter deutscher Jazzmusiker und Bandleader, der mit Größen wie Herb Geller, Herbie Hancock oder Bert Kaempfert spielte und arbeitete. Sein Stamminstrument war die Posaune, mit der er auch Teil des Panikorchesters von Udo Lindenberg war.
11. The Buttocks waren aufgrund ihrer musikalischen Härte und ihrer linksradikalen Texte eine der extremsten Punkbands Deutschlands und Wegbereiter für die deutschsprachige Hardcore-Punkszene.

12. KÄPITEL: GANZ OBEN

1. *Die Ärzte Fanzine Nr. 7*, Bericht von Susanne Fichtner
2. Der Kursaal nennt sich heute Westerland-Saal und ist Teil des Kultur- und Kongresszentrums des Ortes.
3. Für eine Goldene Schallplatte musste man damals 250.000 Einheiten eines Tonträgers absetzen. Heute genügen dafür schon 100.000 Stück.
4. The Incredible Hagen – *Meine Jahre mit »Die Ärzte«* (Schwarzkopf & Schwarzkopf, 2003)
5. Der Otto ist ein Preis, den die Leserinnen und Leser der Jugendzeitschrift *BRAVO* seit 1957 an ihre Lieblingsstars verleihen. Es gibt ihn in Gold, Silber und Bronze. Seit den 60er-Jahren hat er die Form eines Indianers, was den Verfilmungen der Karl-May-Bücher mit Pierre Brice (selbst neunfacher Goldener Otto-Gewinner) geschuldet ist.
6. Cashcow, sinngemäß mit Goldesel übersetzt, bezeichnet in der Betriebswirtschaftslehre ein Produkt, das eine hohe Nachfrage hat und hohe Renditen erzielt.
7. Zwei der Prüfer wurden von den beiden Regisseuren des Videos gespielt. Gedreht wurde übrigens in einem Albert Speer-Bau aus der Nazizeit.
8. Das war noch bevor Madonna den von Jean Paul Gaultier entworfenen Cone-Bra auf ihrer *Blonde Ambition*-Tour weltweit berühmt machte.
9. Die Originalversion von *Pogo Dancing* stammt eigentlich von Chris Spedding.
10. Die Düsseldorfer Punkband Stunde X veröffentlichte 1987 die Single *Befreit Martin Semmelrogge* auf Fabsis Weser Label. Der Song wurde

schnell zum Szene-Hit und bezog sich auf einen abermaligen Knastaufenthalt des Schauspielers.
11. *Musikexpress/Sounds*, Autor Martin Brem. Thomas Anders hatte seinerzeit gegen diese Bezeichnung geklagt und 25.000 DM Schadensersatz zugesprochen bekommen.
12. VIVA, *Fast Forward*, Erstausstrahlung: 18.09.2003

13. KÄPITEL: DAS BLATT WENDET SICH

1. Der Witz mit dem skandinavischen »ö« im Namen erschloss sich jedoch den wenigsten. Für die meisten hieß die Gruppe King Kong. Auch die Band übernahm bald diese Sprechweise, behielt aber das »ø« im Namen bei.
2. Als Genscher im März 2016 starb, blickte der ehemalige Titanic-Chefredakteur Hans Zippert 2016 im Deutschlandradio Kultur zurück: »Die Zeitschrift habe zum absoluten Weltruhm von Genscher einiges beigetragen. Meistens sei Genschman siegreich gewesen, auch dank seiner Zauberohren, nur in der Abenteuergeschichte mit den ›Zonen-Zombies‹ sei er letztlich gescheitert.« Unter dem Pseudonym Scheel schrieben Bela, Beckmann, Rod und Wiglaf Droste zusammen mit der Titanic-Redaktion ihre Hymne auf den verkannten Superhelden. Im Songtext heißt es: »Da hilft kein Betteln, hilft kein Beten, nur einer rettet den Planeten: Genschman.«
3. Direkt im Anschluss an die Aufnahmen von *Pogo Dancing* fand die Zusammenarbeit von Bela mit Wiglaf Droste statt. »Grönemeyer kann nicht tanzen, war eine Parodie, die der Satiriker Wiglaf Droste gemeinsam mit dem Berliner Deutschpop-Hanswurst Bela B. (Die Ärzte) ausgeheckt hatte«, so schrieb es eine böse Zunge im SPIEGEL 36/1990, und weiter hieß es dort: »Herbert Grönemeyer jedoch imponieren bis heute die ›Bösartigkeit und Kraft‹ der Star-Verhöhnung: ›Vollkommen okay‹ nennt er ›die zynische Auseinandersetzung mit einem so erfolgreichen Musiker wie mir.‹« Bei dem Stück handelte es sich im Übrigen um die Vertonung einer nicht ganz so wohlwollenden Konzertkritik von Droste. Bela B: »Grönemeyer ist mit der Single gut umgegangen und hat uns auch das Foto auf dem Cover nicht verboten. Er ließ mir ausrichten: ›Den Gefallen tue ich euch nicht, euch dieses Foto zu verbieten!‹ Conny Konzack hatte blöderweise jedoch schon ein Ersatz-Cover entwerfen und auch produzieren lassen, auf dem dann stand

Herbert kann nicht tanzen. PVC blieben nach den Aufnahmen zu *Pogo Dancing* direkt im Preussenton-Studio und fungierten bei der Single als Backing-Band.
4. Das entsprechende Album hieß *Jeans und Elektronik*. Es hat seinen Namen von einem Laden, den Schamoni, Beckmann und Bela nach ihrer Extremwanderung bei ihrem Aufenthalt in Wien erblickten. Für das Album nahm Schamoni eine Coverversion von Michael Holms Schlager *Mendocino* auf, mit ebendiesem als Gastsänger. Bela wurde von Marc Chung (ehemals Mitglied bei Abwärts und Einstürzende Neubauten) und dessen Freibank Musikverlag für die Produktion dazugeholt und hat noch Beckmann als Co-Produzenten sowie Stefan ›Sülzbaron‹ Gross von Lüde & Die Astros als Toningenieur mitgebracht. Bei einem Song hat Bela gemeinsam mit Wolfgang Glum auch das Schlagzeug eingespielt.
5. VIVA, *Jam*, Erstausstrahlung: 1996
6. Glasnost und Perestroika waren zwei Säulen der durch Generalsekretär Michael Gorbatschow eingeleiteten Reformpolitik in der ehemaligen Sowjetunion. Glasnost sollte dem russischen Volk mehr Meinungs-, Rede- und Pressefreiheit zugestehen. Dies war für Gorbatschow Voraussetzung für die zweite Säule, die Perestroika. Darunter verstand man den gesellschaftlichen und wirtschaftlichen Reformprozess, der die Sowjetunion ins 21. Jahrhundert führen sollte. Gorbatschow wollte sein Land mehr und mehr in die Marktwirtschaft führen, damit es den Anschluss an den technologischen Fortschritt nicht noch mehr verliert, und den Bürgern und Unternehmern mehr Verantwortung übertragen. Gorbatschow erkannte – im Gegensatz zum Regime der DDR –, dass sein Land einen politischen Richtungswechsel dringend benötigte, um den Anschluss an die Weltspitze nicht noch mehr zu verlieren.
7. Pressekonferenz, 09.11.1989
8. www.taz.de, 23.11.2014, Farin Urlaub über Musik und die Welt: »Ich habe dieses spezielle Leben«
9. Conny Plank war einer der berühmtesten deutschen Musikproduzenten überhaupt. Die Künstler, mit denen er zeit seines Lebens zusammenarbeitete, lesen sich wie ein Who is Who der nationalen und internationalen Musikszene: Kraftwerk, NEU!, DAF, Ideal, Eurythmics, Ultravox, Killing Joke, Herbert Grönemeyer, Heinz Rudolf Kunze, Scorpions. Die meisten Aufnahmen produzierte er im Conny-Plank-Studio in Wolperath, einem Ortsteil von Neunkirchen-Seelscheid bei

Köln. Er ermunterte seine Künstler dazu, stets in erster Linie an die Musik und erst danach an das Business zu denken, sie sollten sich ihre Eigenwilligkeit bewahren und die Platten so aufnehmen, wie sie sie haben wollen und nicht wie die Plattenfirmen sie gerne hätten. Dafür ging er sogar in Vorleistung, wenn es sein musste. Die ihm verliehenen Auszeichnungen (Goldene Schallplatten u.ä.) bewahrte Plank auf seiner Toilette auf. 1987 verstarb er überraschend an Krebs.
10. VEB steht für Volkseigener Betrieb. In der ehemaligen DDR gab es keine Privatwirtschaft. Alle Produktionsstätten gehörten dem Arbeiter-und-Bauern-Staat.
11. www.taz.de, 23.11.2014, Farin Urlaub über Musik und die Welt: »Ich habe dieses spezielle Leben«
12. Torfrock ist eine Rockband aus dem norddeutschen Raum, die ebenda auch am bekanntesten ist. Bundesweite Aufmerksamkeit erreichte sie durch die Single *Beinhart*, das Titellied der gleichnamigen *Werner*-Comic-Verfilmung. Sänger der Band ist Klaus Büchner, der zuvor Mitglied des Schunkel-Duos Klaus & Klaus (*An der Nordseeküste*) war.
13. VIVA, *Jam*, Erstausstrahlung: 1996
14. Die Band Silly wurde 1978 in Ost-Berlin gegründet. Schon zu Beginn ihrer Karriere musste sie um ihren Bandnamen kämpfen, denn der DDR-Staatsapparat störte sich an dem englischen Begriff. Über Umwege konnten die Musiker ihn aber durchdrücken und wurden schon bald zu einer der beliebtesten und wichtigsten Gruppen des Landes. Zu verdanken hatten sie dies unter anderem der überaus charismatischen Frontfrau Tamara Danz. Sie trug die oft sehr poetisch verfassten Texte der Band – wie etwa *Bataillon d'Amour* – auf unnachahmliche Art und Weise vor. In den Texten konnte man auch immer wieder versteckte Kritik am Staat ausmachen. Versteckt deshalb, weil offensichtliche Kritik niemals durchgegangen wäre, da alle Texte damals stets den DDR-Behörden zur Genehmigung vorgelegt werden mussten. Mit ihrem Album *Februar* erschien in der DDR erstmalig eine Musikproduktion in Koproduktion mit einer westdeutschen Plattenfirma (BMG). Produzent der Platte war Uwe Hoffmann, über den Die Ärzte schließlich auch die Band kennenlernten. So war Bela auf einem Silly-Konzert auf der Trabrennbahn in Berlin-Weißensee und Tamara Danz auch auf der Goldverleihungsparty 1988 im Pinguin-Club. Während der Aufnahmen zum Album *Paradies* wurde bei Tamara Danz Brustkrebs diagnostiziert, woran diese schließlich 1996 starb. Seit

2006 machen die verbliebenen Musiker mit der Schauspielerin Anna Loos als neuer Sängerin weiter.
15. Heute ist Christian Florié niedergelassener Hausarzt in Berlin-Wilmersdorf.
16. In Anlehnung an den amerikanischen Spielfilm *Ford Fairlane – Rock'n'Roll Detective* aus dem Jahr 1990.
17. 2012 stieg Beckmann dann als Bassist bei den wiedervereinigten plan b um Johnny Haeusler ein. Nach dem Suizid von Michael Wahler im Jahr 2014 kümmerte sich Beckmann verstärkt um das musikalische Erbe der Suurbiers – der Band, wo er einst Bass gespielt hat. So erschien im Frühjahr 2015 die via Crowdfunding finanzierte LP *Teenage Rebell*, die einen liebevoll gestalteten Überblick über das Wirken der Suurbiers bietet. Bis heute ist Beckmann ein sehr umtriebiger Musiker geblieben, der unter anderem für die Film-Soundtracks von *Fack Ju Göthe* verantwortlich ist.
18. Ralf Droges Künstlername lautet Ralf Goldkind. In den 1990ern war er zusammen mit Lucy van Org Bestandteil des Duos Lucilectric *(Mädchen)* und hat später mit den Fantastischen Vier, Nina Hagen und Thomas D zusammengearbeitet.
19. *Rock Hard*, Ausgabe Nr. 68/Januar 1993, Depp Jones: Extrem esoterisch, poppig, punkig

14. KÄPITEL: WIEDER VEREINT

1. Bundesprüfstelle für jugendgefährdende Schriften (BPjS), Entscheidung Nr. 2638 (V) vom 15. August 1986
2. Christa Fast war die Lebensgefährtin von Conny Plank, die nach dessen Tod das Conny-Plank-Studio mit dem gemeinsamen Sohn Stephan fortführte. 1992 hat Bela mit Christa Fast die deutsche Version der Geschichte *The Mermaid (Die Nixe)* eingesprochen und gesungen. Die englische Version steuerten Annie Lennox und Peter Gabriel bei. Als Gage bekam Bela fünf Tage Studiozeit, die er an seinen Freund Atze Ludwig weitergab, damit dieser mit seiner Band The Chainsaw Hollies Demos aufnehmen konnte. Auch Fast verstarb 2006 an Krebs. Bela hatte bis zuletzt Kontakt zu ihr und schrieb das Lied *Letzter Tag* für sie, das 2006 auf seinem ersten Soloalbum *Bingo* erschien.
3. *Nackt im Wind* heißt der Song, den verschiedene Künstler unter dem Mantel Band für Afrika 1985 aufnahmen, um Geld für die Opfer der

Hungersnot in Äthiopien zu sammeln. Pate stand hier das von Bob Geldof ins Leben gerufene Projekt Band Aid. Der Text stammt von Wolfgang Niedecken, die Musik von Herbert Grönemeyer. Bei dem Aufnahmen im Studio waren unter anderem BAP, Grönemeyer, Klaus Lage, Udo Lindenberg, Westernhagen, Münchener Freiheit, Ina Deter und Peter Maffay beteiligt – kein Wunder, dass der Song in den Top Ten der Klomusik-Charts von Farin und Bela rangierte.

4. *Kinder an die Macht* ist ein Lied von Herbert Grönemeyer aus dem 1986er Album *Sprünge*.
5. Die Wildecker Herzbuben sind ein schwergewichtiges deutsches Schlager- und Volksmusikduo aus Hessen, das vor allem durch den Titel *Herzilein* bekannt geworden ist. Wilfried Gliem, einer der beiden Herzbuben, ist ein entfernter Verwandter des amerikanischen Schauspielers Bruce Willis.
6. Die MCA war eigentlich eine amerikanische Plattenfirma, die seinerzeit auch versuchte, in Deutschland Fuß zu fassen. Mitte der 1990er wurde die Firma nach Besitzerwechsel in Universal Music Group umbenannt. Später wurde dann noch die PolyGram hinzugekauft, und es entstand die Major-Plattenfirma Universal, so wie wir sie heute kennen.
7. Eines der beiden kleinen Mädchen in dem Video ist übrigens die Ziehtochter von Belas Freund Thorsten Dohm.
8. MTV, *News*, Erstausstrahlung: 29.09.1993
9. Die damalige Plattenfirma Dragnet wollte diese Comicbeilage jedoch nicht finanzieren, und so haben Depp Jones den Comic selber gedruckt und auf ihren Konzerten verkauft.
10. Zum Beispiel hier: www.spiegel.de/kultur/musik/20-deutsche-bands-fordern-besseren-schutz-von-asylbewerbern-a-1051306.html
11. Die Rote Gourmet Fraktion (RGF) wurde von Olaf »Ole« Plogstedt und Jörg Raufeisen ins Leben gerufen. Nachdem sie ihre Lehrjahre mit den Die Ärzte auf Tour verbracht hatten, wurden sie schnell umtriebig und verköstigten anschließend auch Bands wie Fettes Brot, Die Toten Hosen oder Sisters of Mercy auf deren Tourneen. Nachdem Raufeisen ausgestiegen ist, betreibt Plogstedt die Firma alleine weiter.
12. Die Popkomm war seinerzeit die Fachmesse für Musik und ein Highlight für die ganze Musikbranche. Bis 2003 fand sie in Köln statt, danach noch ein paar Jahre in Berlin.
13. Das Stück *Land of Hope and Glory* ist der erste Marsch aus der Reihe *Pomp and Circumstance*, komponiert von Edward Elgar. Es ist so etwas

wie die heimliche britische Nationalhymne. Einige werden das Stück vielleicht auch noch als Einlassmusik für den inzwischen verstorbenen amerikanischen Wrestler »Macho Man« Randy Savage kennen.
14. Die KPD/RZ (Kreuzberger Patriotische Demokraten/Realistisches Zentrum) trat 1995 bei der Wahl des Berliner Senats an. Ihre Spitzenkandidaten waren der Wahre Heino und Bela B. Zu ihren prominentesten Unterstützern zählten neben Die Ärzte auch die Terrorgruppe, die den Wahlkampfslogan der Partei auf einer Single musikalisch vertonten: *Kreuzberg zuerst!* Das Wahlprogramm der Partei der extremen Mitte enthielt viele fundamentale Forderungen. So sah es ein Verbot der Teilnahme an Verkehrsstaus, Umbenennung der Polizei in »Gärtnereibetrieb K. Szerwinczky und Söhne«, die Abschaffung des Trägheitsgesetzes und mehr Glück für ansässige Sportvereine vor. Leider, so muss man sagen, war ihr nicht viel Erfolg im Wahlkampf beschieden. Immerhin konnte sie sich aber mit 1.472 Zweitstimmen als fünftstärkste Kraft in Kreuzberg etablieren.
15. Jürgen Kuttner ist ein bekannter Radio-Moderator und Vater der Moderatorin und Autorin Sarah Kuttner.
16. Der Name war eine Anspielung auf die »Film-Film«-Ankündigung von Sat.1, mit der der Sender seine TV-Blockbuster zu dieser Zeit bewarb.
17. Die KISS Army ist der offizielle Fanclub der Band. Für die Band ist es mittlerweile auch ein Synoym für alle KISS-Fans weltweit. Etliche Bands folgten diesem Beispiel, wie beispielsweise Turbonegro mit ihrer Turbojugend.
18. RBB, *Popsplits*, Erstausstrahlung: 23.11.2007
19. Popkomm Pressekonferenz, 19.08.1994
20. Die aufgemalten Tattoos bezogen sich auf den extrem tätowierten Sänger der Band, Evan Seinfield. Dessen Markenzeichen war neben einem Bandana auf dem Kopf ein großes, halbrundes Brooklyn-Tattoo, das seinen ganzen Bauch bedeckte. In den 2000ern heiratete Seinfield die Pornodarstellerin Tera Patrick, mit der er zahlreiche Filme drehte.
21. MTV, *News*, Erstausstrahlung: 29.09.1993

15. KÄPITEL: HASENHEIDE 9

1. VIVA ist ein deutscher Musiksender, der früher in Köln saß und seit 2005 seinen Sitz in Berlin hat, nachdem er vom amerikanischen Medienkonzern Viacom (MTV) geschluckt wurde. VIVA ging am 1. Dezember 1993 auf Sendung. Erster gespielter Clip war *Zu geil für diese Welt* von den Fantastischen Vier. Schon kurz nach der Aufnahme des Sendebetriebs konnte VIVA zum Marktführer vor seinem Konkurrenten MTV werden. MTV blieb jedoch nicht untätig und installierte bald ebenfalls ein komplett deutschsprachiges Programm. Nachdem der Musikanteil bei beiden Sendern zugunsten von Handy-Klingelton-Werbung deutlich gesenkt wurde, sind beide Sender in der Bedeutungslosigkeit verschwunden und heute nur noch über Pay-TV verfügbar.
2. Mit ihrem Song *Mief! (Nimm mich jetzt, auch wenn ich stinke!)* und dem dazugehörigen Album *Lieder, die die Welt nicht braucht* konnten Dietrich und Boning sogar Nummer-eins-Hits landen.
3. Das Ausrufezeichen hat hier seine Berechtigung, da es ein mathematisches Fakultätszeichen darstellt. Diese Funktion steht für das Produkt aller natürlichen Zahlen (außer Null) kleiner und gleich der Zahl, die vor dem Ausrufezeichen steht. 13! ergibt somit 6.227.020.800 (1x2 x3x4x5x6x7x8x9x10x11x12x13). Diese ungeheuer große Zahl bezog sich wiederum auf die damalige Weltbevölkerung von knapp sieben Milliarden und damit auf den philosophischen Inhalt des Liedes.
4. Offbeats, melodische Betonungen zwischen den eigentlichen Beats eines Stückes, sind vor allem für Reggae und Ska typisch. So findet sich die Bezeichnung in vielen Ska-Songs wieder.
5. In den 1990er-Jahren gab es im Wesentlichen zwei Fanclubs der Band. Zum einen den Ärzte-Fan-Club von Roman Hottgenroth, Markus Karg und Carsten Aufermann und zum anderen den Besten Fanclub der Welt von Maximilian Strnad aus München. Die Ärzte pflegten eine enge Beziehung zu den Fanclubs und unterstützten sie größtmöglich – unter anderem mit exklusiven Ticket-Vorverkäufen für Clubtouren, Interviews, speziellen Vorhör-Aktionen für neue Veröffentlichungen oder Meet&Greets.
6. MTV Unplugged-Pressekonferenz, 31.08.2002
7. *Fachblatt Musikmagazin*, Februar 1996
8. Busby Berkeley war ein amerikanischer Regisseur und Choreograf, der mit seinen aufwendig choreografierten Tanzszenen viel Aufmerk-

samkeit erregte. Er setzte so viele Tänzerinnen ein, dass sich durch die Kamera betrachtet geometrische Elemente ergaben, die mehrdimensional wirkten und dabei über das bisher gekannte Theater- und Musical-Erlebnis hinausgingen.
9. MTV, *Masters*, Erstausstrahlung: 09.11.2007
10. Eberhard »Ebby« Thust ist ein ehemaliger deutscher Box-Promoter, der einst Kämpfe für die Klitschkos, Dariusz Michalczewski und Ralf Rocchigiani veranstaltete. Anfang der Neunzigerjahre wurde Thust zusammen mit seiner Lebensgefährtin Nicole Meissner als Erpresser von Peter Graf, dem Vater der Tennisspielerin Stefanie Graf, bekannt. Beide wollten Vater Graf mit dessen Beziehung zu Meissner erpressen. Dafür wurden sie zu drei Jahren Gefängnis verurteilt.
11. So dann auch der Name der gemeinsamen Split-Single beider Bands, die 1996 erschien.
12. Sie kam 2002 bei einem Autounfall in Honduras ums Leben, weil sie als einzige Insassin des Fahrzeugs nicht angeschnallt war.
13. Pressetext zur *Le Frisur*, Metronome Musik GmbH, 1996
14. Pressetext zur *Le Frisur*, Metronome Musik GmbH, 1996
15. Bei *Haar* handelt es sich um die deutsche Fassung des Titelstückes aus dem Hippie-Musical *Hair (Haare)*, das Ende der 1960er in den USA seine Premiere feierte und die weltweiten Protestbewegungen der Jugendlichen infolge des Vietnamkrieges und der herrschenden Autoritäten aufgriff. Damals galt allein schon das Tragen von langen Haaren als Widerstand gegen das Establishment und die Eltern. So heißt es in dem deutschen Text von *Haar* auch: »*Ging vor rund 2000 Jahren Jesus nicht mit langen Haaren, und Maria liebte ihren Sohn – nur meine Mutter hasst mich.*«
16. Barb Wire, ein amerikanischer Spielfilm aus dem Jahr 1996 mit Sexbombe Pamela Anderson in der Hauptrolle, ist eine Adaption des Hollywood-Klassikers *Casablanca*. Während der sich damals über acht Oscar-Nominierungen freuen konnte, wurde *Barb Wire* lediglich fünf Mal für den Negativ-Filmpreis Goldene Himbeere vorgeschlagen. Dafür wurden die meist männlichen Zuschauer des Films mit vorteilhaften Aufnahmen von Pamela Anderson im hautengen Latexanzug entschädigt.
17. Mr. Ed Jumps The Gun stammten aus Berlin und wurden Mitte der 1990er vorwiegend durch ihre Coverversionen von Songs wie *Wild Thing* oder *Don't Ha Ha* bekannt.
18. *Nordsee-Zeitung*, 01.06.1996: »Seidenslips für Farin Urlaub«

19. RBB, *Popsplits*, Erstausstrahlung: 23.11.2007
20. Vorband an diesem Abend ist die Bielefelder Punkinstitution ZZZ Hacker, die auch gleich noch ihr Hackerballett mitbringen. Schon in den 80ern hatte Bela in Bielefeld immer den Sticker der Band auf seiner Bassdrum, und seit dieser Zeit gab es auch immer ZZZ-Zwischenrufe in Bielefeld und Umgebung. Inzwischen haben sich die Mitglieder beider Bands kennen- und lieben gelernt. Die Hacker gibt es übrigens seit 1980, sie haben in ihrer Laufbahn nur ein paar Singles, eine Splitsingle und ein Album veröffentlicht. Die Ärzte haben der in ihren Augen »faulsten Band der Welt« deshalb die *1, 2, 3, 4 – Bullenstaat!*-EP gewidmet. Ihr Drummer Charles spielt ebenfalls im Stehen. 2003 steuerten sie den Titeltrack für den Film *Operation Dance Sensation* bei, in dem auch Bela als Schauspieler mitwirkt.
21. Das Ambassador war ein altehrwürdiges Hotel am Wilshire Boulevard in Los Angeles. Nachdem sich die Umgebung des Hotels immer mehr in Gangland verwandelt hatte, wurde es 1989 geschlossen und war bis zu seinem Abriss 2005 beliebte Kulisse für Hollywood- und Musikvideo-Produktionen. Als letzter Film wurde hier Bobby gedreht, der sich mit fiktiven Ereignissen rund um die Nacht der Ermordung von Robert F. Kennedy beschäftigt, der in ebenjenem Hotel sein Leben ließ.
22. Rod ist der Hauptdarsteller dieses Videos, der auf einem Catwalk in verschiedenen Outfits zusammen mit einigen Models entlangschlendert, seinen Song singt und sich feiern lässt. Farin und Bela bleibt da nur die Rolle der Hausmeister. Diese verkörperten sie aber offenbar so gut, dass die weiblichen Darstellern sie tatsächlich für solche hielten, als sie sich in den Drehpausen am Set aufhielten. Bela B: »*Ich ging irgendwann wie selbstverständlich in die Garderobe, wo grad einige Models geschminkt und angezogen wurden. Als ich reinkam, gab es einen Aufschrei, und es wurde sich lautstark beschwert, dass da jeder Penner in die Garderobe dürfe.*«
23. Marek Lieberberg ist ein deutscher Konzertveranstalter und unter anderem für die Festivals Rock am Ring, Rock im Park und Rock'n'Heim verantwortlich. Mit seiner Konzertagentur MLK betreute er bereits die Tourneen vieler namhafter Künstler wie Metallica, Depeche Mode, Guns N' Roses oder Bruce Springsteen.
24. *Der Arzthelfer (Fanzine)*, Juni 1997
25. Terrorgruppe – *Sündige Säuglinge hinter Klostermauern zur Lust verdammt* (DVD, Destiny Records, 2013)

26. Ralf König ist vor allem als Zeichner und Autor diverser Comics bekannt. Sein bekanntestes Werk ist mit Sicherheit *Der bewegte Mann*, der 1994 von Sönke Wortmann mit Til Schweiger, Joachim Król und Katja Riemann in den Hauptrollen verfilmt worden ist und zu einem Kassenschlager wurde. Weiterhin ist die Comic-Reihe *Das Kondom des Grauens* populär, die auch Bestandteil der Beschlagnahmeaktion 1996 war.
27. *Der Arzthelfer (Fanzine)*, März 1997
28. *Der Arzthelfer (Fanzine)*, Juni 1997
29. Der Begriff *Bad Boys of Die Ärzte* bezieht sich auf Ace Frehley und Peter Criss, die vor der KISS-Reunion 1996 eine Tour unter dem Namen Bad Boys of KISS gespielt haben. Dies verweist darauf, dass beide zuvor als »Troublemaker« galten und nicht zuletzt auch aufgrund ihres Verhaltens und ihrer Drogenprobleme KISS einst verlassen mussten. Die übrigen beiden Mitglieder Paul Stanley und Gene Simmons haben sich hingegen stets gegen Drogen und Alkohol ausgesprochen.
30. Unter einem Bastard oder Mash-up versteht man die Kombination verschiedener Musikunterstücke meist unterschiedlicher Interpreten zu einem neuen Song – wie zum Beispiel bei *Horny As a Dandy*, das aus *Horny* von Mousse T. und *Bohemian Like You* von den Dandy Warhols zusammengesetzt worden ist.
31. *Der Arzthelfer (Fanzine)*, Dezember 1997

16. KÄPITEL: EIN HIT IST EIN HIT IST EIN HIT

1. Sat.1, *Die Harald-Schmidt-Show*, Erstausstrahlung: 08.12.1998
2. Die SZM-Studios (SZM steht für Sendezentrum München) heißen heute ProSiebenSat.1 Produktion und sind eine Tochterfirma der ProSiebenSat.1 Media AG.
3. Der Name *Ein Schwein namens Männer* geht auf Farin zurück, der Männer sind Schweine als Titel zu plakativ und es zudem lustig fand, dass bereits der Schunder-Song unter dem Namen *Ein Song namens Schunder* veröffentlicht worden ist.
4. VISIONS, Nr. 68, 8/1998, Interview mit Bela B zum Thema Zensur
5. Anno 1983 wurde Bela von einem unbekannten Punk an einer Pissrinne in Wolfsburg ein nahezu unmoralisches Angebot gemacht: »Ey, ich hab auch 'ne Band, und wenn ihr brav seid, dürft ihr mal bei uns

als Vorband spielen. Merk dir mal Die Abgefrästen Bremsbeläge!« Der Name wurde dann bei Farin und ihm zum geflügelten Bandnamen.

6. Der Drummer von Cultured Pearls heißt ebenfalls Bela (mit richtigem Namen) und hat einen Nachnamen der mit B (Brauckmann) anfängt. Dem Hörensagen wollte er sich bei der GEMA als Bela B anmelden, was man ihm nicht gestattete.
7. Ein Runner ist ein besonders ortskundiger Fahrer (samt Kombi oder Transporter), der alles Mögliche zu möglichst jeder Zeit umgehend besorgen kann, was auch immer gerade fehlt, oder Leute von A nach B transportiert. Er ist unabdingbar bei jeder Produktion – wenn diese größer wird, hat man auch gerne mal zwei bis vier davon.
8. Die Ärzte – *Der wunderbare Brunftschrei des F.U.*, aus dem Album *Männer haben kein Gehirn* (Hot Action Records, 2001)
9. Das Ärzte on 45-Medley bestand aus den Songs *Teenager Liebe, Sommer, Palmen, Sonnenschein, Teddybär, Grace Kelly, Mein kleiner Liebling, Anneliese Schmidt* und *Paul*. Das *Ärzte-Theme* und dessen Beat bildeten das Gerüst und wurden währenddessen immer wieder angespielt. Vorbild waren hier die Stars on 45, ein niederländisches Musikprojekt, das Anfang der 80er mit Pop-Medleys von den Beatles, ABBA oder den Rolling Stones große Erfolge feiern konnte. Das 45 im Namen bezog sich auf die Abspielgeschwindigkeit einer 7"-Single.
10. Die Ärzte – *Gefangen im Schattenreich von Die Ärzte* (VHS, Metronome, 1996)
11. MTV, *Masters*, Erstausstrahlung: 09.11.2007
12. Außer den Toten Hosen stehen auch viele andere namhafte deutsche Künstler bei KKT unter Vertrag, wie die Beatsteaks, Donots oder Fettes Brot.
13. Markus Karg war ein enger Vertrauter und Freund der Band. Er war zugleich der Fanclub-Beauftragte der Band und Herausgeber des Fanzines *Der Spacken*. 2001 wurde die von ihm geschriebene offizielle Biografie der Band *Ein überdimensionales Meerschwein frisst die Erde auf* veröffentlicht. 2007 trennten sich die Wege von der Band und ihm.
14. Die amerikanische Gruppe Body Count um den Rapper Ice-T zählt mit zu den bekanntesten Vertretern des Crossover-Genres, da sie in ihren Songs Hip-Hop- und Rap-Parts mit Metal- und Hardcore-Punk-Anleihen mischten. Das Stück *Cop Killer*, in dem sie die Gewalt von weißen Polizisten gegen den schwarzen US-Bürger Rodney King thematisierten, machte sie populär und sorgte zugleich für Kontroversen. Als die Polizisten, die King misshandelten, später freige-

sprochen wurden, brachen in Los Angeles tagelang andauernde, gewalttätige Unruhen aus. Die von Rod produzierte Band Bronx Boys persiflierte 1995 die Gruppe mit ihrem Album *Mutterficker – Fick deine Mutter*. Den Song *Cop Killer* schrieben sie auf Deutsch um und tauften ihn *Kuhmörder*.
15. Der Titel bezieht sich auf ein gleichnamiges, christliches Buch über Satanismus und Okkultismus in der Rockmusik, das sich Bela und Hagen in den Achtzigerjahren auf einer Tour in einem religiösen Buchladen zugelegt hatten.
16. Der Name ist eine Anspielung auf das Live-Album *No Sleep 'til Hammersmith* von Motörhead.

17. KÄPITEL: DISCO 2000 ... IS FUCK!

1. Billy Bragg ist ein englischer Singer-Songwriter, auf den man sich in Sachen Haltung bislang stets verlassen konnte. Ein Song von ihm, der besonders häufig gecovert worden ist, heißt *A New England*: »I don't want to change the world, I'm not looking for a New England, just looking for another girl.« Möge er noch viele gute Platten machen.
2. In dem Film ist die Szene, wo Spin den Satz »Ich bin hier der Arzt« spricht, besonders amüsant. Bela ist diese Doppeldeutigkeit erst bei der Filmpremiere in Leipzig aufgefallen, wo es einige Lacher gab.
3. So sollte zunächst auch der Titel des Filmes lauten.
4. *DIE PRAWDA – Den Die Ärzte ihr offizielles Fan-Magazin*, Ausgabe #4, Dezember 2008
5. Den Sack mit der Grillkohle bekam der Hamburger Eddie, ein dunkelhäutiger Fan, für seine Darbietung. Bei der »Verleihung« hatte der andere Teilnehmer blitzschnell den Lenkradschonbezug gewählt, woraufhin Bela und Farin sich peinlich berührt bei Eddie entschuldigten, der das Ganze aber mit einem Lachen quittierte und dann Stammgast auf Hamburger Konzeren wurde.
6. Wölli musste 1999 seinen Schlagzeughocker für Vom Ritchie räumen, weil er aufgrund mehrerer Bandscheibenvorfälle kaum noch spielen konnte.
7. Gemeint ist hier natürlich *Song 2* von Blur.
8. Ades Zabel, eigentlich Andreas Zabel, ist seit den Achtzigerjahren als Kabarettist und Travestiekünstler tätig. Vor allem die von ihm verkörperte und mit sehr viel dreckigem Berliner Humor ausgestattete

Figur der Langzeitarbeitslosen Edith Schröder ist vielen Leuten ein Begriff.

9. Ein Charango sieht ein bisschen so aus wie eine Ukulele und stammt aus den Andenländern Südamerikas. In seiner Urform wurde sein Korpus aus den getrockneten Panzern von Gürteltieren gefertigt. Im Oktober 1973 wurde es per Dekret von der Militärjunta verboten, weil es in deren Augen als Ausdrucksmittel des politischen Widerstands galt. Mittlerweile wurde das Dekret aber wieder aufgehoben.

10. Am Merchandise-Stand wurde auf dieser Tour ein Poster des Künstlers EMEK angeboten. Bela B: »*Über die Redaktion eines Hot Rod-Magazins bekam ich Kontakt zum Urban Art-Posterkünstler EMEK, einem ehemaligen Kreuzberger, der in den USA mit seiner Posterart ziemlich erfolgreich war. Er kannte uns wohl noch von früher und ließ sich dazu überreden, für unsere Tour ein zusätzliches Poster zu designen. Der unsichtbare Mann mit dem Luftballonkopf, auf dem ein Totenkopf prangte, gefiel zumindest mir ziemlich gut. Leider machten wir davon keine Poster auf der üblichen dicken Pappe, aber wenigstens ein T-Shirt. Das gehörte zu den Aktionen, die wir unbedingt mal machen wollten, genau wie die kleinen Statuen von uns, die es später mal gab.*«

11. http://archiv.rhein-zeitung.de/on/01/03/06/magazin/news/aerzte.html, Die Ärzte kommen, 06.03.2001

12. Der Begriff »Hamburger Schule« beschreibt eine musikalische Bewegung Ende der 80er-/Anfang der 90er-Jahre. In dieser Phase entstand ein neuer Umgang mit der deutschen Sprache in der Popmusik, der zugleich die musikalischen Strömungen des Indie-Rock, Punk oder Grunge aufgriff. Vorreiter waren Bands wie Blumfeld oder Die Sterne, die beide aus Hamburg kamen. Später zählte man noch Tocotronic hinzu. Eine der Schaltzentralen der Hamburger Schule war das Label L'age d'or, wo Die Sterne und Tocotronic ihre ersten Platten veröffentlichten.

13. Das Filmgenre Found Footage wurde vor allem durch Filme wie Blair Witch Project oder Paranormal Activity bekannt. Es beschreibt Filme, die sich aus »gefundenem Filmmaterial« zusammensetzen, das im Zusammenhang mit Verstorbenen oder vermissten Personen aufgetaucht ist. Der Schauspieler nimmt dabei die Rolle des Kameramanns ein.

14. *DIE PRAWDA – Den Die Ärzte ihr offizielles Fan-Magazin*, Ausgabe #6, Dezember 2009

15. Unter anderem hießen die Orte, von denen die Toten aus der *Leichenhalle* stammten, auf der Tour so:

Sagt, ihr Toten, wo kommt ihr denn her?: Vom Jupiter bitte sehr: *Fred vom Jupiter* (Andreas Dorau und die Marinas)
Aus Detroit bitte sehr: *Detroit Rock City* (KISS)
Aus dem U-Boot bitte sehr: *Yellow Submarine* (The Beatles)
Vom Polar bitte sehr: *Eisbär* (Grauzone)
Aus Madagaskar bitte sehr: *Wir lagen vor Madagaskar*
Aus Zaire bitte sehr: *In Zaire* (Johnny Wakelin)
Aus New York bitte sehr: *Englishman in New York* (Sting)
Aus dem Ghetto bitte sehr: *In the Ghetto* (Elvis Presley)
Aus dem Hotel bitte sehr: *Hotel California* (The Eagles)
Aus dem Dschungel bitte sehr: *The Lion Sleeps Tonight* (unter anderem Tight Fit)
16. Die Ärzte live in Weimar, Cinestar, 13.09.2001
17. MTV, *News*, Erstausstrahlung: 04.11.2001
18. Sat.1, *Die Harald-Schmidt-Show*, Erstausstrahlung: 06.11.2001

18. KÄPITEL: UMBAUPAUSE

1. Das virtuelle Proben funktioniert laut Farin so: »*Wir treffen uns im Übungsraum, jemand liest einen Songtitel vor, alle konzentrieren sich kurz, um das Vorzutragende mental zu visualisieren – und dann kommt der nächste Titel.*«
2. Ultraman ist eine japanische Science-Fiction-Serie aus den 60er-Jahren, die seitdem mehrere Neuauflagen erfahren – sei es als Anime-Zeichentrick oder mit realen Personen.
3. Die Doku heißt *Wir wolln Die Ärzte sehn* und erschien 2003. Buch und Regie führte Eva-Maria Weerts.
4. Dänischer Magenbitter. Der Begriff heißt übersetzt »Alter Dänischer«.
5. Das ebenfalls alkoholhaltige Getränk wird von Ausländern oft als »japanischer Wodka« bezeichnet und wird je nach Lust und Laune mit Eis gemischt oder mit heißem Wasser getrunken.
6. MTV, *Masters:* »*Making of MTV Unplugged mit Die Ärzte*«, Erstausstrahlung: 09.11.2002
7. Die Ärzte live in Berlin-Kreuzberg, Mariannenplatz, 21.06.2002 (15 Jahre netto)
8. MTV Unplugged-Pressekonferenz, 31.08.2002
9. MTV, *Masters:* »*Making of MTV Unplugged mit Die Ärzte*«, Erstausstrahlung: 09.11.2002

10. MTV, Masters: »Making of MTV Unplugged mit Die Ärzte«, Erstausstrahlung: 09.11.2002
11. Die Ärzte – Umbaupause,von der DVD/VHS: Rock'n'Roll Realschule – MTV Unplugged (Hot Action Records, 2002)
12. Die Harfenistin Maria Scheiblhuber nahm unter ihrem Künstlernamen MarieMarie 2014 am Vorentscheid zum Eurovision Song Contest teil, wo sie den dritten Platz belegte.
13. Die Inspiration zu dem Lied lieferte Farin das Wortspiel »Kaffee?« – »Nein, Liberté!«.
14. Die Ärzte – Bitte, bitte, von der DVD/VHS Rock'n'Roll Realschule – MTV Unplugged (Hot Action Records, 2002)
15. Den Soundtrack zu dem berühmten Alfred-Hitchcock-Film um den Serienmörder Norman Bates komponierte Bernard Hermann. Die Tötungsszene in der Dusche gehört wohl – nicht nur wegen der Musik von Hermann – zu den bekanntesten Filmszenen der Kinogeschichte.

19. KÄPITEL: DER TAG / DIE NACHT

1. Exploitationfilme sind Filme, bei denen die eigentliche Handlung aufgrund der reißerischen Darstellung von Sex und Gewalt meist in den Hintergrund rückt. Sie wurden meist sehr billig produziert, und man versuchte mit ihnen an dem Erfolg von bestimmten Filmthemen teilzuhaben (wie bei Sex- oder Horrorfilmen). Die Exploitationfilme werden auch mit den Trashfilmen gleichgesetzt und genießen so auch einen entsprechenden Kultstatus bei B-Movie-Fans. Es gibt darüber hinaus noch diverse Subgenres wie Sexploitation- oder Naziploitation-Filme.
2. Die Ärzte live in Coesfeld, Fabrik, 03.03.2003
3. Joe Strummer war Sänger und Gitarrist von The Clash. Nach deren Auflösung Ender der 80er Jahre veröffentlichte er noch einige Soloplatten, bevor er 2002 kurz vor Weihnachten völlig unerwartet an einem zu Lebzeiten nicht diagnostizierten Herzfehler starb. Die Beatsteaks widmeten ihm daraufhin 2004 ihr Stück Hello Joe.
4. Angeblich wollte einst Prinz Albert, Gemahl von Königin Viktoria, mit einem Ring an seinem Penis die Vorhaut von der Eichel zurückhalten, um die Bildung von Smegma zu verhindern. Heute wird der »Ring am Ding« vor allem zur Erhöhung des Lustgewinns getragen. Doch auch hier ist Vorsicht geboten, wie Wikipedia weiß: »Wird bei

einem Träger des Intimschmucks Fellatio ausgeführt, kann dies beim Ausführenden zu Schäden an den Zähnen führen.«
5. Der Film trägt den Titel *Killer Barbys vs. Dracula*. Bela spielt hierin den Urenkel von Dracula.
6. Sat.1, *Die Harald-Schmidt-Show*, Erstausstrahlung: 25.03.2003
7. *Frankfurter Allgemeine Zeitung*, Bildunterschrift bei einem Artikel über Roberto Benignis Pinocchio-Darstellung, 13.03.2003
8. *Frankfurter Allgemeine Zeitung*, Überschrift eines Artikel über neues Stück von Pina Bausch, 25.03.2003
9. *Frankfurter Allgemeine Zeitung*, Überschrift eines Artikels über die Schnütgen-Sammlung in Köln, 25.03.2003
10. *Frankfurter Allgemeine Zeitung*, Überschrift eines Artikel über die Ausstellung des Fotografen Wolfgang Wesener in Berlin, 03.03.2003
11. *Frankfurter Allgemeine Zeitung*, Überschrift eines Artikels über eine junge Belgierin, die nicht am Grand Prix teilnehmen kann, 05.03.2003
12. *Frankfurter Allgemeine Zeitung*, Überschrift eines Artikels über die Tizian-Ausstellung in der Londoner National Gallery, 01.03.2003
13. *Frankfurter Allgemeine Zeitung*, Überschrift eines Artikels über Mikko Fritze, 12.03.2003
14. *Frankfurter Allgemeine Zeitung*, Überschrift eines Artikels über Megan's Law in den USA, 06.03.2003 (im gleichen Artikel heißt es dann noch weiter: »Jetzt stehst du vor uns, und bist ganz allein.«)
15. *Frankfurter Allgemeine Zeitung*, Überschrift eines Artikels über Krieg und die Moral, 24.03.2003
16. *Frankfurter Allgemeine Zeitung*, Bildunterschrift eines Artikels über Krieg und die Moral, 24.03.2003
17. *Frankfurter Allgemeine Zeitung*, Überschrift eines Artikel über die Arbeit von Gunther van Hagen, 04.03.2003
18. *Frankfurter Allgemeine Zeitung*, Überschrift eines Artikels über eine Albert-Ostermaier-Uraufführung, 01.03.2003
19. Sat.1, *Die Harald-Schmidt-Show*, Erstausstrahlung: 25.03.2003
20. N-TV, *Maischberger*, Erstausstrahlung: 04.12.2003
21. Nachdem der russische Revolutionär Leo Trotzki nach dem Tod von Lenin den Machtkampf mit Josef Stalin um die politische Ausrichtung der Sowjetunion verloren hatte, wurde dessen Name und Foto von Stalin und dessen Gefolgsleuten aus allen offiziellen Texten und Dokumenten getilgt. Zudem wurde sein Mitwirken an der Oktoberrevolution geleugnet. Trotzki wurde daraufhin ins Exil geschickt, wo er weiter gegen Stalin und dessen barbarische Herrschaft wetterte

und 1940 von einem sowjetischen Agenten in seinem Haus in Mexiko mit einem Eispickel umgebracht wurde.
22. Die Ärzte waren nicht die einzigen Gäste in dieser Sendung, denn sie duften noch weitere Gäste bestimmen und haben Breiti von den Toten Hosen, Jack Letten von Smoke Blow und Thorsten und Peter von den Beatsteaks eingeladen.
23. Zerlett ist wie Bela ebenfalls ein großer Comic-Fan und war inzwischen Ehrenmitglied im Fanclub von dessen Comic-Verlag EEE.
24. Sat.1, *Die Harald-Schmidt-Show*, Erstausstrahlung: 25.11.2003
25. Der *Crimson Ghost*, auch als »Der Mann mit der Totenmaske« bekannt, ist das Maskottchen der Misfits. 2003 hat Bela diesen adaptiert und sein Gesicht statt der Totenmaske in die Zeichnung einarbeiten lassen.
26. Martin Klempnow ist ein deutscher Schauspieler und Comedian, der bereits mehrfach mit Die Ärzte zusammengearbeitet hat. So hat er im *Lasse redn*-Video den Text des Liedes in Gebärdensprache dargeboten, was er auch bei einigen Konzerten bereits getan hat. Des Weiteren hat er die Tourintros 2004 und 2012 eingesprochen und auch den Ansager im *Dinge von denen*-Video gespielt. Den meisten Leuten ist er heute sicherlich als Teil des Teams der ProSieben-Comedysendung *Switch reloaded* und in seiner Rolle als Dennis aus Hürth bekannt.
27. www.bademeister.com/handbuch/aerzte_pferd_handbuch.pdf
28. *DIE PRAWDA – Den Die Ärzte ihr offizielles Fan-Magazin*, Ausgabe #5, Juli 2009
29. www.farin-urlaub.de, Gästebucheintrag vom 15.11.2004
30. MTV, *Masters*, Erstausstrahlung: 09.11.2007
31. Arte, *Planet Music live – Hurricane Festival 2005*, Erstausstrahlung: 05.07.2005

20. KÄPITEL: EIN WINTERMÄRCHEN

1. Das Lied stammt eigentlich von Funny van Dannen und heißt *Der Wal*, aus dem Album *Authentic Trip* (Trikont, 2005).
2. Die Ärzte live auf dem Hurricane-Festival, Scheeßel, 12.06.2005
3. Arte, *Planet Music live – Hurricane Festival 2005*, Erstausstrahlung: 05.07.2005
4. Sat.1, *Die Harald-Schmidt-Show*, Erstausstrahlung: 25.11.2003
5. *TIP*, Mai 2006

6. www.laut.de/News/Bela-B.-Ich-war-acht-Stunden-lang-nackt-18-07-2006-4364, Bela B: »Ich war acht Stunden lang nackt«, 18.07.2006
7. Man sollte hierbei aufmerksam den Song *Gitarre runter* von Bela B hören und seinen Ratschlag befolgen.
8. MTV, *Masters*, Erstausstrahlung: 09.11.2007
9. Die Ärzte live in Berlin, SO36, 29.12.2006
10. Jürgen Zeltinger ist ein deutscher Rockmusiker aus Köln, der aufgrund seiner Kopfhaardichte auch »De Plaat« (Kölsch für »Die Glatze«) genannt wird. Ende der 70er-/Anfang der 80er-Jahre gründete er mit Musikern wie Jaki Liebezeit oder Arno Steffen die Zeltinger Band, zu deren bekanntesten Liedern *Müngersdorfer Stadion* oder *Asi mit Niwoh* zählen. Das von Conny Plank produzierte Album *De Plaat im Roxy & Bunker live* verschaffte Zeltinger auch bundesweit große Aufmerksamkeit.
11. Die Ärzte live in Köln, Müngersdorfer Stadion, 31.12.2006 (*Ärzte statt Böller*)
12. Die Ärzte live in Köln, Müngersdorfer Stadion, 31.12.2006 (*Ärzte statt Böller*)

21. KÄPITEL: DIE BESTEN DER BESTEN DER ALLERBESTEN

1. *DIE PRAWDA* – Den Die Ärzte ihr offizielles Fan-Magazin, Ausgabe #5, Juli 2009
2. MTV, *Masters*, Erstausstrahlung: 09.11.2007
3. MTV, *Masters*, Erstausstrahlung: 09.11.2007
4. Der Name Team Tonic leitet sich aus dem Lieblingsgetränk der vier Herren ab, die während der Aufnahmen liebend gern Gin Tonic tranken.
5. MTV, *Masters*, Erstausstrahlung: 09.11.2007
6. Die Ärzte live bei Rock am Ring, Nürburgring, 03.06.2007
7. Die Ärzte live bei Rock am Ring, Nürburgring, 03.06.2007
8. Die Ärzte live bei Rock am Ring, Nürburgring, 03.06.2007
9. Die Ärzte live bei Rock am Ring, Nürburgring, 03.06.2007
10. DÄOF stand offiziell für Den Die Ärzte ihr offizieller Fanclub. Die Abkürzung ist eine Anspielung auf einen freien Tag auf Tour, einen sogenannten Day Off. Nachdem man dem Fanclub 2011 den offiziellen Status entzogen hatte, hieß er nur noch DÄFC. 2012 wurde er offiziell aufgelöst und das Vereinsvermögen an Ärzte ohne Grenzen gespendet.

11. *DIE PRAWDA – Den Die Ärzte ihr offizielles Fan-Magazin*, Ausgabe #5, Juli 2009
12. Die Freiwillige Selbstkontrolle der Filmwirtschaft (FSK) prüft die Altersfreigabe jeglicher audiovisueller Medien (Filme, DVDs, Werbeclips), die öffentlich aufgeführt beziehungsweise vertrieben werden sollen. Wohl jeder kennt die schönen Aufkleber, die seit 2008 auf den Hüllen von Blu-Rays oder DVDs prangen.
13. *DIE PRAWDA – Den Die Ärzte ihr offizielles Fan-Magazin*, Ausgabe #5, Juli 2009
14. Eine Idee war es, die Stray Cats für das erste Wuhlheide-Wochenende zu buchen, doch dazu kam es aus verschiedenen Gründen nicht.
15. Japan: Deutsche Bands singen Japanisch, www.youtube.com/watch?v=tJ0w_ndQRYY
16. King Brownie war jahrelang der Joker auf den Tourneen von Lüde & Die Astros. Er war nicht nur für Merchandise und Styling der Band zuständig (Haare toupieren, Kajal Styling etc.), sondern im Allgemeinen für die gute Stimmung auf Tour. Das wohl Erstaunlichste an Brownie war, dass er, obwohl kein Rockstar, immer wie einer aussah. Das führte dazu, dass er oft Autogramme geben muss. Bei einem Gig der Die Ärzte in Augsburg hat er mal Rod besucht und musste während des Konzertes Autogramme im Publikum geben. Die Die Ärzte-Fans waren sich sicher, dort einen Prominenten gesehen zu haben. So erklärte Brownie ihnen, dass er Paco González sei, Rods Bruder. Darauf musste er dann noch mehr Fotos machen und noch mehr Autogramme schreiben.
17. Die Ärzte live in Hamburg, Alsterdorfer Sporthalle, 17.06.2009 (*DÄ ♥ DÄOF*)
18. *DIE PRAWDA – Den Die Ärzte ihr offizielles Fan-Magazin*, Ausgabe #6, Dezember 2009
19. Die Ärzte live in Hamburg, Alsterdorfer Sporthalle, 17.06.2009 (*DÄ ♥ DÄOF*)
20. Roman Polański ist vor allem aufgrund seiner Filme wie *Tanz der Vampire, Rosemarie's Baby* oder *Der Pianist* berühmt geworden. Für negative Schlagzeilen sorgte 1977 eine Anklage wegen außerehelichen Geschlechtsverkehrs mit einer Minderjährigen. Seitdem ist Polański auf der Flucht vor der US-Justiz, die das Verfahren bis heute noch nicht eingestellt hat, auch wenn das Opfer selbst dies bereits gefordert hat. Die Irrungen und Wirrungen darum waren Gegenstand des Dokumentarfilms *Roman Polanski: Wanted and Desired*, der 2008 erschien.

21. Alessandro Alessandroni ist seit seinen Kindertagen mit Ennio Morricone befreundet. Mit ihm zusammen arbeitete er an der Filmmusik für legendäre Italofilm-Klassiker wie *Spiel mir das Lied vom Tod*, wo er auch als Pfeifer zu hören ist. Er hat auch die legendären Fuzzgitarren in den Leone-Western eingespielt, die Chöre gesungen und auch noch Mundharmonika gespielt.
22. Arte, *Planet Music live – Hurricane Festival 2005*, Erstausstrahlung: 05.07.2005

23. KÄPITEL: LATERNENUMZUG MIT FOLGEN

1. Ein sogenannter »buy on« ist nicht unüblich in der Live-Branche. Darunter versteht man, dass sich eine Band oder deren Plattenfirma in eine Tour einer größeren Band einkauft, um a) insgesamt Kosten und Ressourcen zu sparen und b) ein größeres Publikum anzusprechen.
2. Die Ärzte live in Berlin, Columbiahalle, 16.04.2011
3. Die Ärzte live in Zwickau, Ballhaus Neue Welt, 18.04.2011
4. Die Ärzte live in Fürstenfeldbruck, Veranstaltungsforum, 19.04.2011
5. Die Wiking-Jugend hat mein Mädchen entführt ist eine genehmigte Bearbeitung des Ramones-Songs *The KKK Took My Baby Away* und ist faktisch sogar eine Zusammenarbeit zwischen Bela und Joey Ramone, auch wenn dieser nie auch nur eine Ahnung davon hatte. Der Song erschien erstmalig als B-Seite auf der 1994er Friedenspanzer-Single und wurde später noch auf *Todos Somos Ramones (A Hommage)*, einer südamerikanischen Compilation, sowie auf dem deutschen Ramones-Tributalbum *Blitzkrieg Over You* veröffentlicht, auf dem aber auch Bands wie The Adicts, Motörhead oder die Hosen vertreten waren.
6. Die Ärzte live in Osterholz-Scharmbeck, Stadthalle, 29.04.2011
7. *DIE PRAWDA – Den Die Ärzte ihr offizielles Fan-Magazin*, Ausgabe #10, Dezember 2011
8. Die Ärzte live in Dortmund, Westfalenhalle, 20.12.2011 (XX-Konzert)
9. www.intro.de/popmusik/die-band-mit-dem-vielen-krempel-die-arzte-sind-zuruck, Die Band mit dem vielen Krempel. Die Ärzte sind zurück!, 28.03.2012
10. www.zeit.de/2012/18/Gesellschaftskritik-TV-Etikette, Über TV-Etikette, 26.04.2012
11. ZDF.neo, *NEO MAGAZIN ROYALE*, Erstausstrahlung: 30.04.2015

12. Dieses Spiel ging in die Annalen der deutschen Fußball-Geschichte ein. Es endete damit, dass Fortuna Düsseldorf durch ein 2:2 gegen Hertha BSC Berlin in die 1. Bundesliga aufstieg. Doch das war am Ende nur Nebensache, denn ein Platzsturm der Fortuna-Fans Minuten vor dem Ende und Tätlichkeiten seitens der Hertha-Spieler gegen den Schiedsrichter sorgten für mehrere Spielabbrüche und eine angespannte Sicherheitslage. Am Ende wollte die Hertha ein Wiederholungsspiel haben, was ihnen vonseiten des DFB-Sportgerichts nicht zugestanden wurde.
13. Die Ärzte live in Berlin, Waldbühne, 18.08.2012
14. Anmerkung des Autors: Das war mein Beitrag zu dem Thema, besaß ich übrigens als 12"-Single.
15. Mick Mars, der Gitarrist der Glamrock-Band Mötley Crüe (deren überaus unterhaltsame Biografie *The Dirt* übrigens sehr zu empfehlen ist), leidet seit seinem 20. Lebensjahr an Morbus Bechterew. Diese rheumatische Erkrankung sorgt dafür, dass sich die Gelenke versteifen und man sich kaum noch ohne Schmerzen bewegen kann.
16. Die Band stellt das Konzert unter das Motto »An Tagen die Wiesen«, frei nach einem sehr populären Song einer sehr populären Band aus Düsseldorf.

ÄPILOG

1. Hier ein Textauszug:
When der fuehrer says we is de master race.
We heil heil right in der fuehrer's face.
Not to love der fuehrer is a great disgrace.
So we heil heil right in der fuehrer's face.

CRÄDITS

DIE BESTE BAND DER WELT

Bela B
Farin Urlaub
Rodrigo González

DIE ZEUGEN

Die folgenden Damen und Herren wurden gewollt, manche auch ungewollt, Zeuge der besten Band der Welt. In Klammern stehen ihre Lieblingslieder. Vielen Dank an alle für die Zeitnahme und das Kramen in den Synapsen.

- Archi »MC Motherfucker« Alert (*Kopfüber in die Hölle*)
- Manuel Andrack (*Himmelblau*)
- Jochen Arp (*Manchmal haben Frauen ...*)
- Jörg »Auge« Augsburg (*Der lustige Astronaut, Rock'n'Roll-Übermensch (Al-Haca Megamensch Dub*)
- Michael Beckmann (*Schrei nach Liebe*)
- Sabine Bode (*Zu spät*)
- Johnny Bottrop (*Kopfüber in die Hölle*)
- Fitz Braum (*Zu spät, Junge*)
- Michael Braun (*Männer sind Schweine*)
- Matthias »Matzge« Bröckel (*Teenager Liebe*)
- Campino (*Mach die Augen zu*)
- Heinz Canibol (*Schrei nach Liebe*)
- Christian Dahms (*Super Drei*)
- Freddie de Wall (*Wie es geht*)
- Amelie Fried (*Männer sind Schweine*)
- Michael Gaedt (*Schunder-Song*)
- Norbert Hähnel (*Teenager Liebe*)
- Johnny Haeusler (*Schrei nach Liebe*)
- Marc Hairapetian (*Sahnebonbon*)
- Olaf Heine (*½ Lovesong, Schrei nach Liebe, Ignorama*)
- Norbert Heitker (*Madonnas Dickdarm*)
- Lui Helmig (*Wie es geht, Deine Schuld, Mysteryland, Alleine in der Nacht*)
- Uwe Hoffmann (*Rebell*)
- Marc Huelsewede (*Zu spät*)
- Nena Kerner (*Hurra*)

- Dennis King (*Claudia hat 'nen Schäferhund*)
- Andreas Kirnberger (*Für immer*)
- Reinhard »Conny« Konzack (*Schrei nach Liebe*)
- Gabi Kowarik (*Mysteryland*)
- Jochen Leuschner (*Junge*)
- »The Incredible« Hagen Liebing (*Waldspaziergang mit Folgen*)
- Markus Linde (*Ist das alles?, Schrei nach Liebe*)
- George Lindt (*Kartoffeln und Sauerkraut (Demo)*)
- Atze Ludwig (Der Song mit dem Die Ärzte hoffentlich bald wieder ein Konzert beginnen)
- Sebastian Madsen (*Teenager Liebe*)
- Anja Marenbach (*Ein Lied für dich*)
- Konrad Mathieu (*Elke*)
- Micki Meuser (*Schrei nach Liebe*)
- Ulf Meyer zu Kueingdorf (*Gehn wie ein Ägypter*)
- Max Müller (... mag ihre Lieder alle gleich.)
- Jacques Palminger (*Anneliese Schmidt*)
- Jim Rakete (*Anneliese Schmidt*)
- Bernd Rathjen (*2000 Mädchen*)
- Jörg Raufeisen (*Eva Braun, Yoko Ono*)
- Wolfgang Reffert (*Lieber Tee*)
- Christian »Kiki« Ressler (*Himmelblau*)
- Annette Röttgen (*Kopfüber in die Hölle*)
- Ravel Rowghani (*Kpt. Blaubär*)
- Hans »Sahnie« Runge (*Westerland, Zu spät*)
- Mirko Schaffer (*Junge*)
- Rocko Schamoni (*Zum letzten Mal*)
- Christian »Nopper« Schmidt (*Rock 'n' Roll-Übermensch*)
- Axel Schulz (*Anneliese Schmidt, Frauenhaue (Manchmal haben Frauen ...), Vorbei ist vorbei*)
- Axel Schwarzberg (*Claudia hat 'nen Schäferhund*)
- Kai Sehr (... hat keine Ahnung, was sein Lieblingssong ist)
- Jana Seifert (*Westerland*)
- Andi Simon (*Das Schlaflied, Ich weiss nicht (ob es Liebe ist)*)
- Albert Slendebroek (*Zu spät*)
- Louis Spillmann (*Männer sind Schweine*)
- Hans-Jürgen Steffen (*Lady*)
- Arnim Teutoburg-Weiß (*Bravopunks, Teenager Liebe, Zu spät, Rebell, Rock'n'Roll-Übermensch, Schrei nach Liebe*)
- Patty Unwin (*Schrei nach Liebe, Dinge von denen*)
- Hubert Wandjo (*Schrei nach Liebe*)
- Diane Weigmann (*Der Graf*)
- Uli Weissbrod (*Claudia hat 'nen Schäferhund, Waldspaziergang mit Folgen*)
- Gert Zimmermann (*Männer sind Schweine*)

DANKE & GRÜSSE

Großer Dank an alle, die mich während der Arbeit an diesem Buch unterstützt haben – besonders an meine Super-Drei ♥♥♥, meine Eltern, BelaFarin&TheRod, Axel Schulz, Oliver Schwarzkopf, Thorsten »Word-Man« Wortmann, Kathi Chroboczek, Anja Marenbach, Shiva Kirsch, sowie an die vielen Fotografen, die ihre Bilder zur Verfügung gestellt haben, und all die Fans, die Bilder geschickt haben.

Ferner geht ein dickes Dankeschön an Jochen Breit-Tiffe, Daniel Credo, Willy Ehmann, Marcel Thenée @ Guitar Magazin, Chris Heckmann, Jäki Hildisch, Claudia Kaloff, Michael Löffler, Hermann Maier, Mark Reeder, Boris Kaiser & Buffo Schnädelbach @ Rock Hard Magazin, Uwe »Sandy Hobbs« Sandhop, Dennis Stenda, Jens Tröndle, Henry von Fintel und Norman Winter.

Schöne Grüße, dickes Busserl und ein fettes Hey Huh an meine Großmutter, mein Schwesterherz nebst charmanter Familie, die gesamte Familie Henn, Los Otzos (Caro, Geka, Iris, Jenny und Marcy) avec l'Anhang und Nachwuchs, Andreas&Silke&Lara&Lilly, The Schulzens aus Völksens, Nina + Nr. 16, Tanja, Pebi, Nils M., Christian B., Tobias F., Ronny K., die 4M aus Hilden, Housemeister Krause, Geißenpeter, Jasmin&Flo&LaFamilia, meine Kollegen (für die ich wohl immer ein Freak sein werde), the whole GV-Stammtisch (*zwinker*), Clara Georg und Elena Klaus, Familie Baumann, das DÄOF/DÄFC-Team, den Bierschinken-Ältestenrat (you know what I mean), Paddy Kroetz, Guido W., Dirk & Manuela, Christoph P., Tabea Kaplan, Auge Augsburg, Michael Lösl, Valeska mit K & das BLA, SO36, Humberto Perreira, das FURT, Smokestack Lightnin', Abwärts, Más Shake, Pascow mit P aus Gimbweiler mit G, Love A, The Busters, Angelika Express, Terrorgruppe, Donots, Turbostaat, Madsen, die Beatsteaks aus Berlin, Kraftklub, das dreckige Dreirad (Das Pack&Montreal&Sondaschule), Stakeout, Fraktus, Die Suurbiers (inklusive Cäpt'N und Grandmaster im Rock'n'Roll-Himmel), Die Toten Hosen & JKP, ZZZ Hacker und all die vielen, vielen verrückten Menschen, die ich in den unendlichen Weiten von dem Ding, was wir Leben nennen, kennen- und liebengelernt und hier vergessen habe. Smack!

WIDMUNG

Dieses Buch ist all denjenigen gewidmet, die nichts Besseres zu tun haben, als Die Ärzte zu hören, und allen, die bald nichts Besseres mehr zu tun haben werden, als Die Ärzte zu hören. Es ist außerdem für Helmuth Lorenz, Karl Üblacker sen., Line, Enrico und Jogger, die das hier leider nicht mehr lesen können. Ich finde, wir hatten eine schöne Zeit.

Kurz vor der Drucklegung dieses Buches wurde bekannt, dass »The Incredible« Hagen Liebing am 25. September 2016 nach kurzer, schwerer Krankheit gestorben ist. Noch kurz vor seinem Tod hat er mir Fragen für dieses Buch beantwortet, da wusste ich nicht, dass er schon schwer krank war und irgendwie plagt mich das schlechte Gewissen ihn angesichts dessen mit so etwas Unwichtigem gestört zu haben. Doch selbst hier war Hagen so wie ich ihn stets erlebt habe und wie ihn mir alle beschrieben haben: sympathisch, hilfsbereit und aussagekräftig. Ich werde ihn nicht vergessen und habe die Hoffnung, dass er jetzt hoch oben auf irgendeiner Wolke mit Dee Dee Ramone, Lemmy Kilmister und John Entwistle über Bassisten-Witze lacht. Meine Gedanken sind bei denen, die ihn liebten und nun vermissen werden – allen voran seiner geliebten Anja und seinen beiden Kindern.

BILDNACHWEIS

A-01: Olaf Heine / A-02: oben links: ar/gee gleim / oben rechts: Danilo Rößger/allerorts.de / untere Hälfte: oben links: Kolja Schmidt / Rest: Sebastian Greve / A-03: oben: Die Ärzte assistiert von Jörg Steinmetz / unten links: Anastasiya Suravets / unten rechts: Markus Uhr / A-04: Claudia Raschka / A-05: oben links: Philipp Rathmer / oben rechts: Thomas Berger / untere Hälfte: oben links: Isabell Ratzke / oben rechts: Die Ärzte assistiert von Jörg Steinmetz / unten links: Claudia Raschka / unten rechts: Olaf Heine / A-06: oben: Danilo Rößger/allerorts.de / unten links: Philipp Rathmer / unten rechts: Christoph Tiedtke / A-07: Nilz Böhme / A-08/09: ar/gee gleim / A-10: Nela König / A-11: oben links: Nilz Böhme / oben rechts: unbekannter Hochzeitsfotograf auf der Wiener Straße in Kreuzberg in Berlin (in Berlin!) / unten: Olaf Heine / A-12/13: Olaf Heine / A-14: Claudia Raschka / A-15: oben: Markus Hönow / unten: Bela B / A-16: Farin Urlaub

B-01: Detlef Kinsler / B-02/03: ar/gee gleim / B-04: obere Hälfte: oben links: teutopress / oben rechts: Bela B / unten links + rechts: Thomas Franz / B-05: oben links: Die Ärzte / oben rechts: Markus Linde / B-04/05 unten: unbekannt / B-06/07: Götz Seidel / B-08: oben links: unbekannt / oben rechts + unten: Götz Seidel / B-09: linke Seite: Roman Stolz / rechte Seite: CBS / B-10: Gabriele Hinck / B-11: oben: Gabriele Hinck / unten: Götz Seidel / B-12: oben rechts: Gabriele Hinck / Rest Götz Seidel / B-13: Farin Urlaub und Bela B / B-14: oben: Ulf Meyer zu Kueingdorf / unten links: Max Kohr / unten rechts: Bela B / B-15: obere Hälfte: oben links: Die Ärzte / unten links: Frank Ratering / rechts: Bine Ü. / unten: SFB / B-16: B.Y.O.D.

C-01: oben: Martin Becker / unten: Sieckmeyer-Fotografie / C-02: obere Hälfte: oben links: Universal / unten links: Carsten Drescher / rechts: Atze Ludwig / unten: Fred Stichnoth / C-03: Olaf Heine / C-04: unten links: Marco Schulze / Rest Anita Rahn / C-05: obere Hälfte: oben links: Oliver Schepp / unten links: Tanja Reimers / rechts: Olaf Heine / unten: Anita Rahn / C-06/7: Olaf Heine / C-08:

oben: Kerstin Koch / unten: Philipp Rathmer / C-09: Philipp Rathmer / C-10: Carsten Aufermann / C-11: Nilz Böhme / C-12: oben links: Nilz Böhme / oben rechts: Claudia Raschka / unten: Farin Urlaub / C-13: linke Seite: Die Ärzte assistiert von Jörg Steinmetz / rechte Seite: oben + mitte: Olaf Heine / unten: Farin Urlaub / C-14: oben links: Nilz Böhme / oben rechts + unten links: Markus Uhr / unten rechts: Rodrigo González / C-15: oben links + unten rechts: Markus Uhr / oben rechts: Claudia Raschka / unten links: Thomas Berger / C-16: Nela Koenig

D-01: Olaf Heine / D-02/03/04: Carsten Aufermann / D-05: Olaf Heine / D-06/07: Philipp Rathmer / D-08/09/10/11: Carsten Aufermann / D-12/13/14: Olaf Heine / D-15: Tanja Reimers / D-16: Olaf Heine

E-01/02/03: Olaf Heine / E-04: oben: Olaf Heine / unten: Gabor Marusi / E-05: obere Hälfte: links unten: Olaf Heine / Rest: Rodrigo González / unten: Jörg Grosse Geldermann / E-06/07: Olaf Heine / E-08: oben: Stephan Kogelnik / unten: Jörg Grosse Geldermann / E-09: linke Seite: oben: Olaf Heine / Rest: Claudia Raschka / rechts: Helmut Biess / E-10: Claudia Raschka / E-11: obere Hälfte: unten rechts: Lui Helmig / Rest: Rodrigo González / unten: Claudia Raschka / E-12: oben: Jörg Grosse Geldermann / unten: Rodrigo González / E-13: oben: Sylvia Polster / unten: Rodrigo González / E-14: oben rechts: Rodrigo González / Rest: Claudia Raschka / E-15: unten rechts + rechts Mitte: Rodrigo González / Rest: Claudia Raschka / E-16: oben: Rodrigo González / unten: Claudia Raschka

F-01: unbekannt / F-02: André Schulz / F-03: oben: André Schulz / unten: Norbert Heitker / F-04: André Schulz / F-05: oben: André Schulz / unten: Norbert Heitker / F-06/07: Norbert Heitker / F-08: unbekannt / F-09: oben + unten links: Rodrigo González / unten rechts: Nilz Böhme / F-10/11: Rodrigo González / F-12: Nilz Böhme / F-13: Markus Uhr / F-14/15: Markus Uhr / F-16: Curly

G-01: Sandra Schöntag / G-02: oben links: Thomas Berger / oben rechts oben: Rodrigo González / oben rechts unten: Lui Helmig /

unten: Rodrigo González / G-03-07: Claudia Raschka / G-08/09: oben: Silke Wernet / unten: Lui Helmig / G-10: Silke Wernet / G-11: oben: Silke Wernet / untere Hälfte: oben + unten rechts: Friederike Arndt-Walsdorff / unten links: Silke Wernet / G-12: oben: Die Ärzte assistiert von Jörg Steinmetz / unten: Rodrigo González / G-13: oben: Die Ärzte assistiert von Jörg Steinmetz / unten: Schwarwel / G-14: obere Hälfte: oben links: Thomas Berger / Rest: Sebastian Greve / unten: Lui Helmig / G-15: oben: Almut Heinken / unten: Angelika Thimm / G-16: Rodrigo González

H-01: Das Plakat: Die Ärzte / Rest: Екатерина Деникина / H-02: obere Hälfte: links oben: Bine Ü. / rechts oben: Thea Metzner / unten: Danilo Rößger/allerorts.de / unten: Lui Helmig / H-03: oben links: Thomas Berger / oben rechts: Almut Heinken / unten: Bine Ü. / H-04/05: Rodrigo González / H-06: obere Hälfte: oben links: Lui Helmig / oben rechts: Sebastian Greve / unten: Danilo Rößger/allerorts.de / untere Hälfte: oben links: Irina Dazenko / oben rechts: Almut Heinken / unten links: Sebastian Greve / unten rechts: Patrik Seeberger / H-07: obere Hälfte: oben: Thomas Lieb / unten links: Sebastian Greve / unten rechts: Markus Hönow / unten links: Ravel Rowghani / unten rechts: Bine Ü. / H-08: oben: Susanne Schräer / unten: Danilo Rößger/allerorts.de / H-09: obere Hälfte: links: Sebastian Greve / rechts oben: Danilo Rößger/allerorts.de / rechts unten: Astrid Spitz / unten: Bine Ü. / H-10: Lui Helmig / H-11: oben links: Melanie Borchers / Rest: Anne-Kathrin Gliese, almost famous. / H-12: oben rechts: Sandra Weske / Rest: Anne-Kathrin Gliese, almost famous. / H-13: oben: Anne-Kathrin Gliese, almost famous. / unten: Lui Helmig / H-14: oben: Sandra Weske / untere Hälfte: oben links: Sandra Weske / Rest unten: Anne-Kathrin Gliese, almost famous / H-15: obere Hälfte: oben links: Sandra Weske / oben rechts: Markus Hönow / unten: Anne-Kathrin Gliese, almost famous. / unten: Lui Helmig / H-16: Mitte: Lui Helmig / Rest: Kolja Schmidt

I-01/02: Silke Wernet / I-03: oben: Silke Wernet / unten: Almut Heinken / I-04: oben: Markus Hönow / unten: Stephan Bechtloff / I-05: oben: Stephan Bechtloff / unten: Jacqueline Schramm / I-06: oben: Johannes Adelsgruber / unten: Lui Helmig / I-07: oben: Lui